Jürgen Bär • Irene Bauder

Das große Buch zur

Windows
Programmierung

DATA BECKER

Copyright	© 1992 by DATA BECKER GmbH Merowingerstr. 30 4000 Düsseldorf 1
	1. Auflage 1992
Lektorat	Uwe Braun
Schlußredaktion	Susanne Klinkmann
Umschlaggestaltung	Jürgen Modis
Titelfoto	Sascha Kleis
Textverarbeitung und Gestaltung	Uwe Brinkmann
Belichtung	MAC, Studio für Satz und Design GmbH, Düsseldorf
Druck und buchbinderische Verarbeitung	Mohndruck, Gütersloh

Alle Rechte vorbehalten. Kein Teil dieses Buches darf in irgendeiner Form (Druck, Fotokopie oder einem anderen Verfahren) ohne schriftliche Genehmigung der DATA BECKER GmbH reproduziert oder unter Verwendung elektronischer Systeme verarbeitet, vervielfältigt oder verbreitet werden.

ISBN 3-89011-005-3

Wichtiger Hinweis

Die in diesem Buch wiedergegebenen Verfahren und Programme werden ohne Rücksicht auf die Patentlage mitgeteilt. Sie sind für Amateur- und Lehrzwecke bestimmt.

Alle technischen Angaben und Programme in diesem Buch wurden vom Autor mit größter Sorgfalt erarbeitet bzw. zusammengestellt und unter Einschaltung wirksamer Kontrollmaßnahmen reproduziert. Trotzdem sind Fehler nicht ganz auszuschließen. DATA BECKER sieht sich deshalb gezwungen, darauf hinzuweisen, daß weder eine Garantie noch die juristische Verantwortung oder irgendeine Haftung für Folgen, die auf fehlerhafte Angaben zurückgehen, übernommen werden kann. Für die Mitteilung eventueller Fehler ist der Autor jederzeit dankbar.

Wir weisen darauf hin, daß die im Buch verwendeten Soft- und Hardwarebezeichnungen und Markennamen der jeweiligen Firmen im allgemeinen warenzeichen-, marken- oder patentrechtlichem Schutz unterliegen.

Hallo, hier spricht KOALA!

Endlich ist das Buch da, das Windows und die Windows-Programmierung verständlich macht. Besonders habe ich darauf geachtet, daß die Autoren anschauliche Vergleiche zwischen den verschiedenen Programmiersprachen VisualBasic, Turbo Pascal für Windows, Borland C++ für Windows und QuickC für Windows ziehen. Sogar ich habe das meiste verstanden, obwohl ich bisher nur mit meinem Busch-Laptop unter DOS gearbeitet habe. Daher hat mich besonders auch der Umstieg auf Windows interessiert, obwohl es kein Programm gibt, das meine Eukalyptus-Jahresabrechnung macht. Aber dieses Programm kann ich jetzt ja selbst umstellen. Ich arbeite nun mit Hilfe von Dialogblättern unter Windows. Gut fand ich, daß neben den Grundlagen auch moderne Themen wie OLE leicht zu verstehen sind. Zum Glück konnte ich die beiden überreden, das Buch so dick zu machen, damit auch ich Koala alles kapiere, wobei ich jetzt sogar mein Windows selber optimieren kann.

Nur eines verstehe ich nicht, denn während die beiden Autoren schon wieder mal in Australien waren, haben sie dieses Buch geschrieben. Andere Menschen liegen am Strand und stürzen sich in die Wellen, aber die beiden schreiben schon wieder ein Buch über Windows. Obwohl... einmal habe ich sie schon mit ihrem Landcruiser umherkreuzen gesehen. Anscheinend brauchten sie mal Ruhe von Fenstern, Dialogfenstern, DOS-Umstellungen, Initialisierungsdateien, Steuerelementen, Menüs, Eingaben, Ausgaben, Zwischenablagen, DDE und OLE. Aber eines muß ich den beiden schon zugestehen: Obwohl ich bisher nur mit Busch-Basic gearbeitet habe, kann ich jetzt auch mit den anderen Dingern, äh, Compilern meine ich, arbeiten. Kein Wunder, denn die beiden haben schon soooo viele Bücher geschrieben, und außerdem machen sie ja immer noch Kurse über die Windows-Programmierung bei Microsoft.

Ob die beiden jetzt schon wieder in Australien sind, weiß ich nicht, aber eins ist sicher, dieses Buch geb ich nicht mehr her.

Der KOALA-Kommentar

Inhaltsverzeichnis

1.	**Einleitung**	**15**
	1.1 Überblick	15
	1.2 Beschreibung eines Fensters	17
	1.3 Die Windows-Hilfefunktion	19
2.	**Windows für DOS-Profis**	**21**
	2.1 Windows für BASIC-Profis	22
	2.1.1 Realisierung des Taschenrechners in QBasic	30
	2.1.2 Realisierung des Taschenrechners in VisualBasic	33
	2.2 Windows für C-Profis	38
	2.2.1 Realisierung des Taschenrechners in QuickC für DOS	50
	2.2.2 Umstellung des Taschenrechners in QuickC auf Windows	56
	2.2.3 Realisierung des Taschenrechners in QuickC für Windows	59
	2.3 Windows für TurboPascal-Profis	65
	2.3.1 Realisierung des Taschenrechners in TurboPascal für DOS	75
	2.3.2 Realisierung des Taschenrechners in OOP TurboPascal für DOS	82
	2.3.3 Realisierung des Taschenrechners in TurboPascal für Windows	86
	2.4 Windows für C++-Profis	91
	2.4.1 Realisierung des Taschenrechners in Borland C für DOS	95
	2.4.2 Realisierung des Taschenrechners in Borland C++ für DOS	99
	2.4.3 Realisierung des Taschenrechners in Borland C++ für Windows	104
3.	**Das erste wirkliche Windows-Programm**	**111**
	3.1 Das erste Windows-Programm in VisualBasic	111
	3.1.1 Durchführung eines Projektes	119
	3.1.2 Interaktive Erstellung der Programm-Oberfläche	120
	3.1.3 Erstellung eines fehlerfreien Programms	122
	3.1.4 Erweiterung des ersten Projektes	124
	3.1.5 Zusätzliche Möglichkeiten	128
	3.2 Das erste Windows-Programm in QuickC	129
	3.2.1 Erweiterung des ersten Projektes	139
	3.2.2 Die Hauptroutine WinMain	144
	3.2.3 Die Fensterfunktion	160
	3.2.4 Die Module Definition Datei	164
	3.3 Das erste Windows-Programm in TurboPascal	167
	3.3.1 Das erste objektorientierte Beispiel	170
	3.3.2 Dasselbe Beispiel ohne ObjectWindows	183
	3.3.3 Die Klassen-Bibliothek ObjectWindows	184
	3.3.4 Erweiterung des ersten Beispiels	190

3.4	Das erste Windows-Programm in Borland C++	195
3.4.1	Durchführung des ersten Projektes	196
3.4.2	Dasselbe Beispiel ohne ObjectWindows	203
3.4.3	Die Klassen-Bibliothek ObjectWindows	205
3.4.4	Erweiterung des ersten Projektes	207

4. Ausgabe **214**

4.1	Geeigneter Ort der Ausgabe	215
4.1.1	Die Meldung WM_PAINT	215
4.1.2	Das Ereignis Paint	219
4.1.3	Der Device Context (DC)	221
4.1.4	Bezugspunkt der Ausgabe	227
4.2	Farbeinstellungen	229
4.2.1	Einstellung des Fensterhintergrunds	229
4.2.2	Einstellung der Textfarbe	233
4.2.3	Punktfunktionen	234
4.3	Ausgabe von Texten	238
4.3.1	Die Methode Print	238
4.3.2	Die API-Funktionen TextOut und DrawText	240
4.3.3	Beispiel zur Textausgabe	241
4.4	Ausgabe von Grafik	248
4.4.1	Funktionen zum Zeichnen von Linien	248
4.4.2	Funktionen zum Zeichnen von geschlossenen Flächen	252
4.4.3	Beispiel zur Grafikausgabe	256
4.5	Verwendung der Zeichenwerkzeuge	263
4.5.1	Zugriff auf Werkzeuge mit API-Funktionen	263
4.5.2	Das Zeichenwerkzeug Stift	264
4.5.3	Das Zeichenwerkzeug Pinsel	268
4.5.4	Beispiel zu Stift und Pinsel	272
4.5.5	Das Zeichenwerkzeug Font	279
4.5.6	Beispiel zu dem Zeichenwerkzeug Font	285
4.6	Zusätzliche Ausgabemöglichkeiten	295
4.6.1	Die Controls Bezeichnung und Picture Box	301
4.7	Die Koordinatensysteme	305
4.7.1	Einstellungsmöglichkeiten	306
4.7.2	Beispiel zu dem benutzerdefinierten System	309

5. Eingabe **317**

5.1	Eingabe-Möglichkeiten	317
5.2	Die Tastatur	319
5.2.1	Der Focus	320
5.2.2	Die Tastatur-Meldungen bzw. Ereignisse	320
5.2.3	Beispiel zu der Eingabe über die Tastatur	328
5.2.4	Spezielle Editierfenster	333
5.2.5	Zusätzliche Eingabemöglichkeiten	337

5.3	Die Maus	339
5.3.1	Die Maus-Meldungen bzw. -Ereignisse	339
5.3.2	Beispiel zu der Eingabe über die Maus	344
5.3.3	Die Drag'n Drop-Operation	349
5.4	Der Zeitgeber	358
5.4.1	Die Meldung WM_TIMER	359
5.4.2	Das Objekt Timer	360
5.4.3	Beispiel zu der Eingabe über den Zeitgeber	361

6. Benutzerführung — 369

6.1	Resources als Benutzerkomfort	370
6.1.1	Hinzufügen von Resources	370
6.1.2	Erstellung von Resources	372
6.2	Symbole (Icons)	376
6.2.1	Standard-Symbole	376
6.2.2	Selbstgezeichnete Symbole	378
6.2.3	Beispiel zu den selbstgezeichneten Symbolen	384
6.3	Cursor (Mauszeiger)	388
6.3.1	Standard-Mauszeiger	388
6.3.2	Selbstgezeichneter Cursor	390
6.3.3	Beispiel zu den selbstgezeichneten Cursorn	393
6.4	Stringtable (Tabelle für Zeichenketten)	398
6.4.1	Definition	398
6.4.2	Einbinden ins Programm	400
6.5	Menü mit Tastenkürzel	401
6.5.1	Definition eines Menüs	402
6.5.2	Arbeiten mit einem Menü	407
6.5.3	Einfaches Menü-Beispiel	413
6.5.4	Dynamische Menüänderungen	422
6.5.5	Accelerator (Tastenkürzel)	428
6.5.6	Das zweite Menü-Beispiel	432

7. Fenster mit definierten Fähigkeiten — 445

7.1	Selbständige Kontrollelemente	446
7.1.1	Arbeiten mit den Kontrollelementen	446
7.1.2	Die Buttons (Schaltflächen)	458
7.1.3	Das statische und das editierbare Textfeld	459
7.1.4	Die List- und die Combobox	466
7.1.5	Die Scrollbar	480
7.2	Dialogbox	482
7.2.1	Definition einer Dialogbox	483
7.2.2	Arbeiten mit einer Dialogbox	490
7.2.3	Beispielprogramm zur Dialogbox	507
7.2.4	Standard-Dialogboxen	522
7.3	Erweiterung der Funktionalität von Klassen	532
7.3.1	Ablauf des Subclassing-Verfahrens	533
7.3.2	Beispiel zu Subclassing	538

8.	**Spezielle Windows-Dateien**		**549**
	8.1 Die Initialisierungsdateien		549
	8.1.1 Ändern der INI durch den Benutzer		550
	8.1.2 Ändern der INI durch den Programmierer		589
	8.2 Die Registrations-Datenbank (Win3.1)		613
	8.2.1 Funktionsweise		613
	8.2.2 Einsatz für OLE		620
	8.2.3 Unterstützung des Dateimanagers		626
9.	**Testen von Windows-Applikationen**		**633**
	9.1 Fehlerarten		633
	9.1.1 Programmfehler im Detail		634
	9.2 Fehlerbeseitigung		642
	9.2.1 Fehlersuche ist eine Kunst		642
	9.2.2 Programmstart		643
	9.2.3 Breakpoint - Haltepunkt		646
	9.2.4 Einzelschritt		650
	9.2.5 Variable analysieren		653
	9.2.6 Variable ändern		657
	9.2.7 Prozessor-Register		658
	9.3 Programmerweiterung und ihre Tücken		659
	9.3.1 VisualBasic-Programm in Nöten		660
	9.3.2 QuickC-Programm in Nöten		663
	9.3.3 C++-Programm in Nöten		673
	9.3.4 TurboPascal-Programm in Nöten		681
	9.4 Helfer bei der Analyse		686
	9.4.1 Spionieren nach Meldungen mit dem Spy		686
	9.4.2 WinSight sieht Meldungen und Klassen		687
10.	**Datenaustausch innerhalb von Windows**		**691**
	10.1 Die Zwischenablage		693
	10.1.1 Kontrollelemente und die Zwischenablage		695
	10.1.2 Bitmap oder Text mit Zwischenablage		705
	10.1.3 Beispiel zu Bitmap und Text mit Zwischenablage		712
	10.1.4 Besonderheiten der Zwischenablage		729
	10.2 OLE bettet und verkettet Objekte		731
	10.2.1 Konzept von OLE		732
	10.2.2 Kunde (Client) sein bei OLE		733
	10.2.3 Benutzerführung für den OLE-Kunden		734
	10.2.4 OLE-Klassenname		738
	10.2.5 Dokument erzeugen		740
	10.2.6 Formate für Zwischenablage registrieren		741
	10.2.7 Einbetten von OLE-Objekten (Embedding)		743
	10.2.8 Verketten (Linking) von OLE-Objekten		749
	10.2.9 Zeichnen eines OLE-Objektes		754

10.2.10	OLE-Callback-Funktion	755
10.2.11	OLE und Netzwerk	756
10.2.12	Beispiel für OLE-Kunden-Anwendung	756
10.2.13	Objekt-Pakete	772
10.2.14	Speichern und Laden eines Objektes	773
10.2.15	Server	777
10.3	DDE	784
10.3.1	Verbindung herstellen	785
10.3.2	DDE in der Praxis	788
10.3.3	Daten mit DDE übertragen	790

Anhang: Die Diskette im Buch und Hinweise zur Compilierung **792**

Stichwortverzeichnis **793**

1. Einleitung

Wenn Sie dieses Buch zum ersten Mal in die Hand nehmen, interessiert es Sie wahrscheinlich am meisten, welche Themen in diesem Buch behandelt werden. Deswegen wird anschließend ein kurzer Überblick über die Kapitelinhalte gegeben, die jeweils in den verschiedenen Programmiersprachen realisiert sind.

Somit können Sie selber entscheiden, welche Sprache am geeignetsten ist, Ihre spezielle Programmieraufgabe zu lösen. Generell kann man sagen, daß mit VisualBasic eine kleine Windows-Anwendung am schnellsten entwickelt werden kann. Die beiden Softwarepakete TurboPascal und C++ (TurboC) von Borland basieren auf dem Konzept der objektorientierten Programmierung. Mit QuickC besitzen Sie eine Sprache, die für die Windows-Programmierung alle Möglichkeiten bietet.

Neben diesem Überblick über die einzelnen Kapitel werden die einzelnen Komponenten eines Fensters beschrieben, um gleich zu Beginn einige Begriffe zu klären. Zudem wird die Bedienung der Hilfefunktion erläutert, da Sie wahrscheinlich häufig darauf zugreifen werden, um Informationen über ein bestimmtes Thema zu bekommen.

1.1 Überblick

Kapitel 1
Sie befinden sich gerade in diesem Kapitel, das vor allem einen Kurzüberblick über alle Kapitel auflistet. Zudem können Sie noch Informationen über die Bedienung der Hilfefunktion und über die Bestandteile eines Fensters nachlesen.

Kapitel 2
Dieses Kapitel beschäftigt sich mit der Umstellung eines DOS-Programms nach Windows anhand eines Taschenrechners. Für die Portierung in den Sprachen QuickC, Borland C++ und TurboPascal stehen Sprach-Hilfsmittel zur Verfügung, die einen Textbildschirm unter Windows emulieren. Sie heißen QuickWin, WinCrt und EasyWin.

Kapitel 3
Es werden alle notwendigen Schritte und Entwicklungswerkzeuge beschrieben, die zur Erstellung eines kleinen Windows-Programms notwendig sind. In QuickC werden die Arbeiten mit QuickCase:W durchgeführt; in den beiden Sprachen von Borland, TurboPascal und C++, wird auf die Klassen-Bibliothek ObjectWindows eingegangen. Die erste Applikation besteht aus einem Fenster und wird in einem zweiten Beispiel mit kleinen Erweiterungen ergänzt.

Kapitel 4

Ausgaben werden in fast jedem Programm getätigt. Bei der Programmierung in Windows müssen dabei bestimmte Richtlinien eingehalten werden. Die Meldung WM_PAINT ist z.B. normalerweise der einzig richtige Platz für die Ausgabe von Text und Grafik. Zudem können Texte und Zeichnungen mit Zeichen-Werkzeugen, dem Stift, dem Pinsel und der Schriftart verschönert werden.

Kapitel 5

Damit ein Anwender mit einem Windows-Programm arbeiten kann, muß die Applikation auf Eingaben reagieren können, die vor allem durch die Tastatur, die Maus und den Zeitgeber entstehen. Mit Hilfe der Maus ist es zudem möglich, Drag'n Drop-Operationen auszuführen, die z.B. auch der Dateimanager beim Kopieren von Dateien erlaubt.

Kapitel 6

Um mit einem Windows-Programm effizient arbeiten zu können, muß es fast zwingend ein Menü besitzen. Die Definition und das Arbeiten mit einem Menü ist der Hauptpunkt dieses Kapitels. Daneben beschäftigt es sich noch mit der Erstellung und Benutzung anderer Resourcen wie Symbol, Cursor, String- und Accelerator-Tabellen.

Kapitel 7

Für die Einstellung von Parametern etc. besitzt ein Programm normalerweise Dialogboxen, die jeweils eine mehr oder weniger große Sammlung von Kontrollelementen enthalten, damit das Setzen von Werten auf einfache Weise durchgeführt werden kann. Diese Controls sind selbständige Fenster mit einem vordefinierten Verhalten, das durch Windows-Klassen oder OOP-Klassen bestimmt wird. Falls dieses Verhalten geändert werden soll, muß mit Subclassing gearbeitet werden.

Kapitel 8

Viele wichtige Schalter, mit deren Hilfe bestimmte Einstellungen von Windows verändert und optimiert werden können, sind in einer der beiden Initialisierungsdateien WIN.INI und SYSTEM.INI definiert. Ab der Windows-Version 3.1 gibt es zusätzlich die Registrations-Datenbank, mit der vor allem OLE und der Dateimanager zusammenarbeiten.

Kapitel 9

Sobald Programme geschrieben werden, treten Fehler auf, die gefunden und verbessert werden müssen. Für eine effektive Suche sind möglichst gute Testhilfen notwendig, die Thema dieses Kapitels sind. Es wird sowohl auf den Umgang mit den Debuggern der vier Sprachen als auch auf Zusatzhilfen wie die Windows-Applikation Spy eingegangen. Die Testmöglichkeiten werden an einem praktischen Beispiel, der Erweiterung des Taschenrechners, gezeigt.

Kapitel 10

Da in Windows meist mehrere Programme gleichzeitig laufen, müssen sie miteinander kommunizieren und Daten austauschen können. Für die Lösung dieser Aufgabe kann die Zwischenablage, DDE (Dynamic Data Exchange) und OLE (Object Embedding and

Linking) verwendet werden. Dabei bietet OLE die meisten Möglichkeiten. Sowohl bei DDE als auch bei OLE werden die Programme in Client (Kunden)- und Server (Lieferanten)-Anwendungen aufgeteilt, wobei eine Applikation auch beide Funktionen besitzen kann.

1.2 Beschreibung eines Fensters

Aus der Perspektive des Anwenders ist ein Fenster ein rechteckiger Bereich, mit dessen Hilfe ein Programm einen Teil des Bildschirms oder das gesamte Desktop belegt. Die meisten Fenster können vom Bediener geöffnet, geschlossen, verschoben und in ihrer Größe verändert werden. Ein Fenster dient dabei zur Anzeige einer Anwendung oder eines Dokumentes. Aufgrund dieser Aufgabenbereiche existieren sowohl Anwendungs- als auch Dokumentenfenster, wobei das erstgenannte das Hauptfenster und somit den Hauptarbeitsbereich eines Programms darstellt. Die Anwendungsfenster besitzen jeweils eine Menüleiste und können ein oder mehrere Dokumente enthalten. Dagegen beinhaltet ein Dokumentenfenster ein einzelnes Dokument bzw. eine Datendatei. Der Fachbegriff für das Zusammenspiel des Hauptfensters mit seinen Dokumentenfenstern lautet Multiple Document Interface (MDI). Die meisten Editoren sind heutzutage MDI-fähig. Aus der Sicht des Programmierers ist ein Fenster ein Objekt, das durch Ereignisse gesteuert wird. Wenn eine Applikation mehrere Fenster besitzt, gibt es im Normalfall nur ein Hauptfenster, dem die übrigen Fenster untergeordnet werden. Man spricht dann von Popup- oder Child-Fenstern, je nachdem, welche Abhängigkeit zwischen dem Haupt- und dem anderen Fenster besteht. Alle Schaltflächen sind z.B. Kindfenster und besitzen als Elternfenster dasjenige, in dem sie sich befinden, das häufig als Dialogbox realisiert ist. Ein Fenster kann aus folgenden Komponenten bestehen:

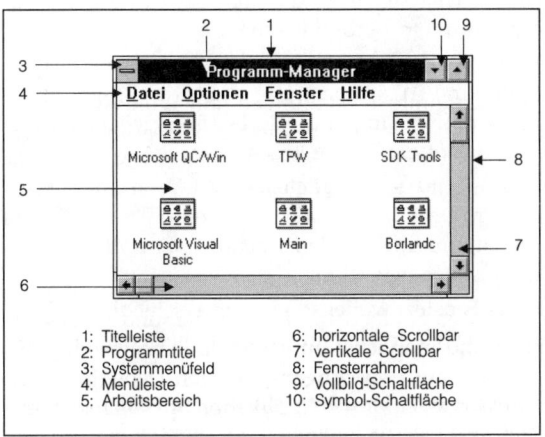

Abb. 1: Komponenten eines Fensters des Windows-Systems

Einige dieser Grundelemente sind in jedem Fenster vorhanden, wie z.B. der Arbeitsbereich, andere können programmtechnisch ergänzt bzw. weggelassen werden. Ein typisches Fenster der Windows-Oberfläche besteht aus einer Titelleiste mit dem Programmtitel, dem Systemmenüfeld, der Minimize- und der Maximize-Box, dem Arbeitsbereich und einem Menü. Diese Komponenten werden von einem Fensterrahmen umgeben und besitzen eine fest von Windows definierte Position und eine bestimmte Aufgabe, die nachfolgend geschildert wird.

1   Die Titelleiste wird durch eine horizontale Leiste am oberen Fensterrand dargestellt und enthält den Titel des Programms. Die Leiste des aktiven Fensters wird zur besseren Erkennung in einer anderen Farbe als die Titelleisten der übrigen gestarteten Anwendungen hervorgehoben. Diese Farben können über die Systemsteuerung geändert werden.

2   Der Programmtitel enthält im Normalfall den Namen des Programms. Falls das Fenster als Dokumentenfenster realisiert ist, kann der Programmtitel auch der Name einer Gruppe, wie z.B. beim Programm-Manager, eines Verzeichnisses oder einer Datei sein.

3   Das Systemmenüfeld, das durch das Symbol der Leertaste dargestellt wird, liegt immer in der linken oberen Ecke des Fensters. Es besitzt mehrere Menüpunkte, mit denen und mit Hilfe der Tastatur das Fenster an eine andere Position verschoben und in der Größe verändert werden kann. Zudem kann auf die Task-Liste umgeschaltet werden. Dies ist übrigens auch jederzeit mit der Tastenkombination [Ctrl]+[Esc] möglich. Bei Nicht-Windows-Anwendungen stellt das Systemmenü je nach Art des Programms zusätzliche Funktionen bereit, um z.B. mit Windows-Applikationen Daten über die Zwischenablage austauschen zu können.

4   In der Menüleiste werden alle verfügbaren Untermenüs und Menüpunkte der obersten Menüebene aufgelistet. Damit es dem Anwender leichter fällt, ein neues Windows-Programm bedienen zu können, sollten alle Applikationen die Untermenüs *Datei* und *Bearbeiten* besitzen. Zudem bieten heutzutage die meisten Menüs auch das Untermenü *Hilfe* an, über das man sich Informationen über die Handhabung des Programms etc. besorgen kann.

5   Der Arbeitsbereich (Client Area) ist für uns Programmierer besonders wichtig, da in diesem Teil die meisten Ein- und Ausgaben erfolgen. Bei der Programmierung muß man z.B. dafür sorgen, daß der Inhalt dieses Bereichs gegebenenfalls aktualisiert wird, und nicht mehr benötigte Teile gelöscht werden.

6 + 7   Die horizontalen und vertikalen Scrollbars ermöglichen es, die Teile eines Dokuments oder Bildes, welches zu groß ist um vollständig dargestellt werden zu können, in das Fenster zu bringen, um diese Teile zu bearbeiten. Im Deutschen werden die Scrollbars als Bildlaufleisten bezeichnet.

8   Der Fensterrahmen begrenzt das Fenster, wobei er eine unterschiedliche Dicke besitzen kann. Zur Kennzeichnung einer Dialogbox wird meist ein dickerer Rahmen verwendet.

9   Die Vollbild-Schaltfläche (Maximize-Box) ist durch ein kleines Feld mit einem nach unten zeigenden Pfeil realisiert, das rechts neben der Symbol-Schaltfläche liegt. Wenn der Bediener dieses Feld mit der Maus anwählt, wird das Fenster auf die Größe des gesamten Bildschirms (Desktop-Bereiches) vergrößert.

10 Die Symbol-Schaltfläche (Minimize-Box) wird durch ein kleines Feld mit einem nach unten zeigenden Pfeil dargestellt, das sich zwischen der Titelleiste und der Vollbild-Schaltfläche befindet. Das Anklicken dieses Feldes mit der Maus bewirkt ein Verkleinern des Fensters auf Symbolgröße, d.h. das zum Fenster gehörende Icon wird angezeigt.

1.3 Die Windows-Hilfefunktion

Windows Hilfe benutzen

Die Softwarepakete der vier in diesem Buch besprochenen Programmiersprachen liefern jeweils eine ausführliche Hilfedatei mit, die mit Hilfe der WindowsHilfefunktion gelesen werden kann. Jeder Editor dieser vier Sprachen besitzt als letztes Untermenü in der Menüzeile den Punkt *Hilfe* bzw. *Help*, der wiederum verschiedene Menüpunkte aufblättert. Wenn Sie den Menüpunkt *Index* bxw. *Contents* selektieren, wird die Hilfefunktion gestartet, der entsprechende Hilfetext geladen und die Übersicht angezeigt.

Abb. 2: Hilfefunktion mit Hilfetext von TurboPascal

Zu dieser Übersicht können Sie auch jederzeit gelangen, indem Sie die Schaltfläche *Inhalt* der Hilfefunktion anwählen.

Wenn Sie nach einem bestimmten Thema suchen möchten und das Fenster der Hilfefunktion sichtbar ist, können Sie entweder mit der Maus die Schaltfläche *Suchen* anklicken oder die Taste [S] drücken. Dadurch erscheint eine Dialogbox mit dem Titel Suchen, die u.a. eine Liste anzeigt, in der alle vorhandenen Schlüsselworte alphabetisch sortiert aufgelistet werden. Um nun das gewünschte Thema zu bekommen, geben Sie z.B. den gesuchten Begriff ganz oder teilweise in das Textfeld oberhalb dieser Liste ein. Anschließend drücken Sie die Schaltfläche *Themen auflisten* oder betätigen die [Enter]-Taste, damit alle zu diesem Stichwort zur Verfügung stehenden Themen in der unteren Liste angezeigt werden. Das gewünschte Thema erreichen Sie nun durch das Drücken der *Gehe Zu*-Schaltfläche oder der [Enter]-Taste.

Bei der Erstellung eines Programms tritt häufig der Fall ein, daß man sich nicht mehr erinnern kann, wie viele und welche Parameter eine bestimmte Funktion besitzen. Da man für seinen Editor meist die Vollbild-Darstellung gewählt hat, kann der Suchvorgang nicht aus der Hilfefunktion heraus gestartet werden. Dies ist auch nicht nötig, da es eine bequemere Lösung gibt, die jedoch unterschiedlich in den einzelnen Editoren verwirklicht ist. Um aus dem QuickC- oder VisualBasic-Editor Informationen zu einer bestimmten Funktion oder Meldung zu bekommen, müssen Sie den Begriff mit der Maus selektieren und dann die Taste [F1] betätigen. Wenn Sie mit dem TurboC-Editor arbeiten, wird zusätzlich zur Funktionstaste die Taste `Ctrl` benötigt. Bei dem TurboPascal-Editor muß statt der Funktionstasten die rechte Maustaste gedrückt werden.

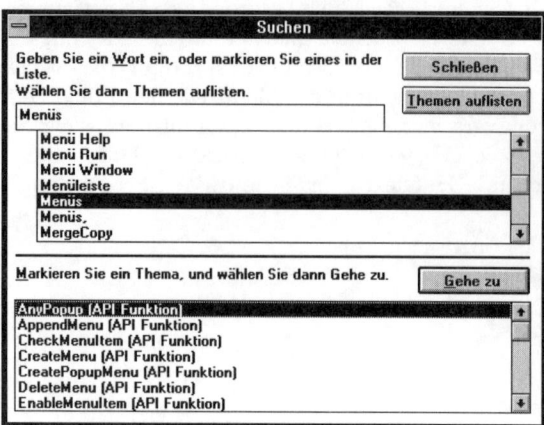

Abb. 3: Suchen mit Hilfe der Suchen-Dialobox

Wenn die Hilfefunktion derzeit den Text der VisualBasic-Hilfedatei anzeigt, Sie jetzt aber in der Hilfedatei von TurboPascal ein Stichwort nachschlagen wollen, müssen Sie nicht zuerst TurboPascal starten, sondern können über den Menüpunkt *Öffnen* aus dem Untermenü *Datei* den gewünschten Hilfetext direkt laden. Diese Dateien besitzen die Endung HLP und lauten folgendermaßen:

Sprache	Hilfedatei
QuickC	QCWIN.HLP
TurboC	TCWHELP.HLP
TurboPascal	TPW.HLP
VisualBasic	VB.HLP

Zusammenfassung

Am Ende eines jeden Kapitels werden Sie mich finden, da ich für eine kurze Zusammenfassung zuständig bin, die sich jedoch für dieses Kapitel erübrigt.

2. Windows für DOS-Profis

In diesem Kapitel werden folgende Themen behandelt:

DOS
- einfache Menüzeile
- ein Eingabefeld
- keine Mausunterstützung
- optisch wenig ansprechend

DOS unter Windows
- Zwischenlösung
- QuickWin
- WinCrt
- EasyWin
- sieht aus wie Windows

Windows
- Einsatzfähig unter Windows
- Aussehen wie wirklicher Taschenrechner
- einfache Handhabung
- realisiert mit Objekten
- wie es der Kunde wünscht

DOS ↔ Windows

Das Zusammenspiel DOS und Windows ist ähnlich dem Verhältnis zwischen Katz und Hund. Beide müssen häufig zusammenleben, mögen sich aber eigentlich überhaupt nicht. Nachdem sich der Bediener an die etwas angestaubte Oberfläche der meisten DOS-Programme gewöhnt hat, ist er damit meist zufrieden. Denn das Programm kann, was er braucht, wobei es natürlich nicht so ansprechend wie ein Windows-Programm aussieht. Nachdem Microsoft bereits Millionen von Windows-Programmen verkauft hat, wird es immer interessanter, auch spezielle Applikationssoftware für Windows zu schreiben. Aber welcher Programmierer möchte schon seine altbewährten Programme verwerfen und völlig neu mit Windows beginnen? Wenn Sie auch zu denen gehören, die wegen Windows nicht ihr Know-how aus dem Fenster werfen möchten, dann sind Sie hier genau richtig.

Eigentlich ist Windows das Ende für die bisherigen textorientierten DOS Ein-/Ausgaben. Davon betroffen sind Funktionen wie WriteLn von TurboPascal oder printf von C, aber auch die C++-Methode cout. Die Konsequenz wäre der Verlust von langjähriger Arbeit, die in die Entwicklung von Programmen investiert wurde. Glücklicherweise stimmt dies jedoch nicht. Wie das Programm von der DOS-Welt in die Windows-Welt mit möglichst geringem Aufwand kommt, werden wir uns nachfolgend genau ansehen. Als erster Tip sei gesagt, daß alle hier behandelten Programmiersprachen Mechanismen zur Verfügung stellen, um textorientierte Ein- und Ausgaben nachzubilden.

Textbildschirm

Eines muß noch klargestellt werden: Windows kann direkt DOS-Programme ausführen, aber dann sieht dies natürlich auch so aus. Wir dagegen möchten ein Windows-Programm als Ergebnis erhalten.

Das direkte Übersetzen eines DOS-Programm als Windows-Programm scheitert meist am Compiler oder Linker, der die Standard-Ein-/Ausgabefunktionen nicht mehr kennt. Bereits ein C printf funktioniert nicht mehr ohne spezielle Maßnahmen, und wir erhalten die Linker-Fehlermeldung: error L2029: '_printf': unresolved external. Bei TurboPascal beschwert sich der Compiler auf ähnlich unfreundliche Weise. Dies ist bedingt durch die Tatsache, daß Windows die Standard-Ein-/Ausgaben nicht mehr unterstützt. Als Ersatz stehen jedoch EasyWin für Borland C++, QuickWin für QuickC und WinCrt für TurboPascal zur Verfügung, mit deren Hilfe ein Textbildschirm unter Windows nachgebaut wird. Dieser Vorgang wird in der Fachwelt auch als Emulieren bezeichnet. Ein bisheriges printf, WriteLn oder cout würde auf den Bildschirm direkt ausgeben. Das wäre eine Katastrophe unter Windows, da dort viele Anwendungen und deren Fenster gleichzeitig auf den Bildschirm schreiben wollen. Aus diesem Grund ist es keinem Programm erlaubt, direkte Ausgaben durchzuführen. Es müssen alle Text-, Grafik-, Drucker- oder sonstige Darstellungen mit Hilfe von Windows-Aufrufen erfolgen, und es gibt keine Ausnahme dafür. Die Folgen wären ansonsten vermutlich ein sofortiger Rechnerabsturz mit möglichem Datenverlust. Daher müssen diese Standard-Ausgaben für Windows emuliert und Windows-konform umgeleitet werden. Die erforderlichen Funktionen befinden sich in den bereits genannten Bibliotheken bzw. Units. Der Basic-Programmierer fragt sich jetzt sicher mit Recht: Wo bleibt mein PRINT-Kommando? Der Grund, warum dieser nicht mit den entsprechenden Befehlen der anderen Programmiersprachen in einen Topf geworfen wird, liegt an dem etwas anderen Konzept von VisualBasic. Hier wurden viele der bisherigen Standard-Ein-/Ausgaben direkt übernommen und durch zusätzliche Spracherweiterungen ergänzt. Dies ist doch recht elegant, oder?.

Um eine Umstellung von DOS nach Windows möglichst praxisorientiert zu zeigen, soll ein Beispielprogramm in den unterschiedlichen Sprachen realisiert werden. Ausgewählt wurde hierfür ein Taschenrechner, der die Bedienungsunterschiede zwischen DOS und Windows sehr deutlich hervorhebt. Damit Sie auch sehen, wie viele Teile Ihres bisherigen DOS-Programms verwendet werden können, und was unbedingt geändert werden muß, werden Sie die Programme als DOS-Version, als sanft umgestellte Version und als hundertprozentiges Windows-Programm wiederfinden.

2.1 Windows für BASIC-Profis

Nachfolgend wird sich zeigen, ob Ihr bisheriges BASIC-Programm einen strukturierten Aufbau besitzt und damit in leicht überschaubare Einheiten aufgeteilt ist. Vom grundsätzlichen Aufbau unterscheidet sich VisualBasic erheblich von einem manchmal unsauber programmierten Basic-Programm. Im speziellen ist das bereits viel gescheiterte

GOTO gemeint, das auch das kleinste Programm in einen fast undurchdringlichen Code-Dschungel verwandeln kann. Ist dies der Fall, kann ich Ihnen jetzt schon versprechen, daß Sie bei der direkten Umsetzung auf VisualBasic auf große Probleme stoßen werden. Worin liegt nun der Unterschied zwischen Basic und VisualBasic?

Beide Programmiersprachen sind dafür geeignet, auch ohne große Vorplanung eine Applikation zu erstellen. Allerdings wird uns VisualBasic hieraus einen strukturierten, objekt- und meldungsorientierten Programmaufbau liefern. Nachfolgend ein typisches Basic-Beispielprogramm, das ein Auswahlmenü besitzt, um einen von drei Menüpunkten auszuwählen und darüber X2, X3 oder X4 berechnen zu können. Das Programm ist zwar recht übersichtlich, aber die Verwendung des Befehls GOTO führt zu Sprüngen zwischen Programmteilen.

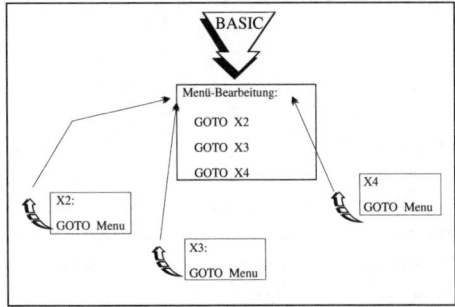

Abb. 4: Struktur eines Basic-Programms

Beispiel

```
*************** BASIC.BAS ********************
Menu:
PRINT "************* M E N U E ****************"
PRINT "Berechnet     X2              ->2"
PRINT "Berechnet     X3              ->3"
PRINT "Berechnet     X4              ->4"
PRINT ""
PRINT "Programm Ende                 ->E"

INPUT Z

IF Z = 2 THEN GOTO X2
IF Z = 3 THEN GOTO X3
IF Z = 4 THEN GOTO X4
IF Z = E THEN END
PRINT "********** Falsche Eingabe *****"
GOTO Menu

REM ****** Berechnung von X2 **********
X2:
INPUT "X ="; X
X = X * X
```

```
PRINT "X2 = "; X
GOTO Menu

REM ****** Berechnung von X3 **********
X3:
INPUT "X ="; X
X = X * X * X
PRINT "X3 = "; X
GOTO Menu

REM ****** Berechnung von X4 **********
X4:
INPUT "X ="; X
X = X * X * X * X
PRINT "X4 = "; X
GOTO Menu
```

GOTO + INPUT

Eine direkte Umstellung des kleinen Basic-Programms nach VisualBasic wird in diesem Fall durch zwei Umstände erschwert. Dies ist zum einen ein GOTO-Sprung auf eine Marke (Menue:), die sich außerhalb eines Unterprogramms befindet, und zum anderen der INPUT-Befehl. Um aber trotzdem bereits investierte Entwicklungszeit in bestehenden Basic-Programmen zu retten, sollten Sie die Programme in möglichst kleine Prozeduren unterteilen. Es ist zu beachten, daß zwischen den einzelnen Prozeduren nicht durch GOTO hin und her gesprungen werden darf. Vielmehr müssen diese Prozeduren eine in sich geschlossene Einheit darstellen. Falls das bestehende Basic-Programm nicht in obiger Weise bearbeitet werden kann, können Sie das Programm als Notlösung in ein Unterprogramm packen. In unserem Beispiel würde sich das Prozedur-Ereignis Form_Load eignen, da es bei Programmstart automatisch angesprungen wird. Nachdem das komplette Programm in das Form_Load-Ereignis eingebracht wurde, ist es auch wieder möglich, den GOTO-Befehl zu verwenden. Etwas problematischer verhält es sich mit dem INPUT- Befehl, der in der bisher üblichen Weise nicht mehr existiert. Bevor wir nach einem Ersatz für das INPUT suchen, ist es zuvor noch wichtig, einiges mehr über die Struktur von VisualBasic zu erfahren.

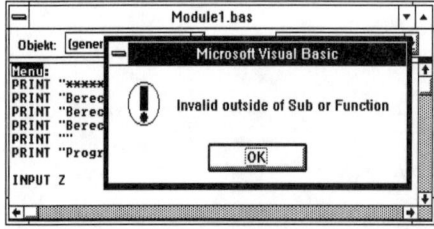

Abb. 5: GOTO ist außerhalb eines Unterprogramms verboten

Konzept von VisualBasic

Um mehr über VisualBasic zu verstehen, bleiben wir bei unserem kleinen Basic-Beispiel, das recht einfach mit Hilfe von VisualBasic zu schreiben ist. Die Realisierung eines VisualBasic-Programms geschieht meist in zwei Stufen. Als erstes erfolgt die Visualisierung der Oberfläche, um anschließend den Programmcode einzufügen. Hier zeigt sich bereits ein bedeutender Unterschied zur bisherigen Programmierweise. Um eine Bedieneroberfläche zu erstellen, braucht kein Code mehr erzeugt werden, da dies interaktiv durchgeführt wird. Für unser Beispiel ergibt sich damit nachfolgender Ablauf:

1. Fenster (Form) erzeugen
2. Menü erzeugen
3. entsprechenden Code zu den Menü-Ereignissen ergänzen.

Interaktiv

Das Erzeugen des Hauptfensters (Form) erfolgt fast automatisch, da es bereits nach dem Start von VisualBasic als Form1 vorliegt. Das Menü wird über den Menüeditor interaktiv erzeugt. Dies geschieht durch die Erstellung des Hauptmenüpunktes *Berechnung* und den drei Menüpunkten: $x2$, $x3$ und $x4$. Als Menünamen geben wir Menu1, Menu2 bzw. Menu3 an. Hierdurch entstehen die drei Objekte Menu1, Menu2 und Menu3. Sie werden sich jetzt sicher fragen, was denn jetzt wieder ein Objekt ist? Muß ich denn hier sogar objektorientiert programmieren? Keine Sorge, der objektorientierte Aufbau ist bereits durch die Definition der Menüpunkte entstanden. Form ist ebenso als Objekt anzusehen, genauso wie das Hauptmenü *Befehle*. Verallgemeinert bedeutet dies, daß jede interaktive Erstellung einer Tätigkeit wie Menü, Listboxen, Fileboxen etc. zu Objekten führt. Aus dieser Tatsache entstehen für den Programmierer vordefinierte Objekte, die bereits mit einer Sammlung von Eigenschaften, Methoden und Ereignissen versehen sind. Diese Sammlung ist vom jeweiligen Objekttyp abhängig.

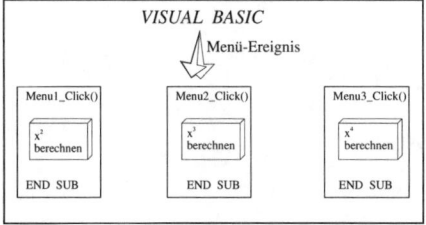

Abb. 6: Struktur eines VisualBasic-Programms

Menü

Kommen wir auf unser Menü zurück: Ein Menüpunkt besitzt immer das Ereignis, 'angeklickt zu werden', auch Click genannt. Natürlich ist ebenso ein zweimaliges Anklicken möglich, wodurch das DblClick-Ereignis entsteht. Von diesen Ereignissen gibt es nun je nach Objekttyp, wie z.B. Menü, viele verschiedene. Müßte man jedes dieser Ereignisse, die man auch meldungsgesteuerte Ereignisse nennen kann, bearbeiten, so wäre die Programmierung schlimmer denn je.

Menü-Ereignis

Innerhalb von VisualBasic braucht jedoch nur das Ereignis bearbeitet werden, das spezielle Aufgaben erfüllen soll. Im Beispiel soll auf den Click eines Menüpunktes reagiert werden. Es interessiert uns somit nicht, ob das Hauptmenü betätigt oder ein Menüpunkt zweimal angeklickt wurde. Wir brauchen uns nur um die Dinge zu kümmern, die wir unbedingt benötigen, also in diesem Fall um das Ereignis Click.

Namensgebung

Um den Umgang mit den entstehenden Ereignis-Prozeduren zu erleichtern, besitzen diese eine einheitliche Namensgebung. Diese beginnt mit dem Namen des Objektes plus dem Ereignis. Bei dem Click auf einen Menüpunkt bedeutet dies Menu1_Click(). Daher müssen wir die Berechnung des Quadrates in der Prozedur Menu1_Click() durchführen. Die Namensgebung geschieht somit automatisch; sie kann, sollte aber nicht geändert werden. Das VisualBasic-Programm sieht dann folgendermaßen aus:

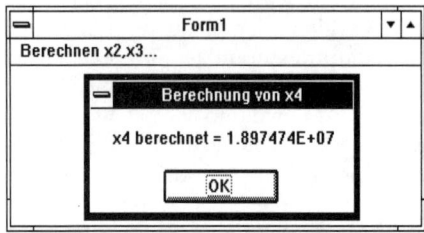

Abb. 7: Aussehen des VisualBasic-Programms VBasic1

Beispiel

```
*************** VBASIC1.FRM ********************
Sub Menu1_Click ()
 Rem ****** Berechnung von X2 **********
 Msg$ = "x eingeben"

 Title$ = "Berechnung von x2"    ' Titelzeile.
 Inp$ = InputBox$(Msg$, Title$)  ' Meldung ausgeben.
 X = Val(Inp$)

 X = X * X
 Msg$ = "x2 berechnet =" + Str$(X)
 MsgBox Msg$, 0, Title$ ' Meldung ausgeben.

End Sub

Sub Menu2_Click ()
 Rem ****** Berechnung von x3 **********
 Msg$ = "x eingeben"

 Title$ = "Berechnung von x3"    ' Titelzeile.
 Inp$ = InputBox$(Msg$, Title$)  ' Meldung ausgeben.
 X = Val(Inp$)
```

```
X = X * X * X
Msg$ = "x3 berechnet =" + Str$(X)
MsgBox Msg$, 0, Title$ ' Meldung ausgeben.

End Sub

Sub Menu3_Click ()
Rem ****** Berechnung von x4 **********
Msg$ = "x eingeben"

Title$ = "Berechnung von x4" ' Titelzeile.
Inp$ = InputBox$(Msg$, Title$) ' Meldung ausgeben.
X = Val(Inp$)
X = X * X * X * X
Msg$ = "x4 berechnet =" + Str$(X)
MsgBox Msg$, 0, Title$ ' Meldung ausgeben.

End Sub
```

Print + INPUT

Nachdem uns jetzt sowohl die Basic- als auch die VisualBasic-Version bekannt ist, können wir uns an die Unterschiede heranwagen. In dem Programm haben Sie wahrscheinlich die allen Basic-Programmierern wohl sehr bekannten Befehle INPUT und PRINT vermißt. Den Befehl PRINT unterstützt VisualBasic natürlich auch, nur gibt es eine viel komfortablere Möglichkeit durch das Meldungsfenster, das durch die Funktion MsgBox aufgerufen wird. Der Text wird damit in Form eines Dialogfensters zusammen mit einem Fenstertitel und einer Befehlsschaltfläche dargestellt.

Form und PRINT

Im Gegensatz zu INPUT wurde der Befehl PRINT voll in VisualBasic aufgenommen. Der PRINT-Befehl wurde durch die Möglichkeit erweitert, das Fenster zu bestimmen, in das die Ausgabe erfolgt. Dies geschieht durch das Voranstellen des Fensternamens (Form) an den Print-Befehl zusammen mit einem Punkt. Eine Anweisung *Form2.Print zahl* würde den Wert zahl in das Fenster Form2 ausgeben. Wird kein Form-Name vor dem PRINT definiert, erfolgt die Ausgabe in dem Fenster, in dem der Befehl definiert ist. Alternativ dazu kann für die Ausgabe ein Textfeld benutzt werden, wie z.B. *Text1.Text STR$(x)*. Durch das eben beschriebene Verfahren können somit direkt in verschiedene Objekte Daten ausgegeben werden. Anders ist es jedoch bei dem INPUT-Befehl, da dieser nicht mit der Philosophie von Windows und der Eingabe über Dialogfenster o.ä. zu vereinbaren ist. Der Verlust des INPUT-Befehles bedeutet für den Programmierer aber viel mehr Vorteile als Nachteile. Denn die VisualBasic-Methoden, wie InputBox$, die ein Eingabefenster erzeugt, bringen komfortable Eigenschaften von Texteditoren mit, die somit sofort Ihrem Programm zur Verfügung stehen. Aus der Tatsache des ereignisgesteuerten Programmablaufes kann die direkte Tastaturabfrage nicht unterstützt werden, sondern wird durch die Bearbeitung der Ereignisse wie KeyPress oder KeyDown durchgeführt. Der genaue Ablauf wird noch Thema der nächsten Kapitel sein.

Ersatz für INPUT

Als Ersatz für den INPUT-Befehl kann Ihnen VisualBasic die Funktion InputBox$ zusammen mit STR$ und VAL anbieten. Nehmen wir den Eingabebefehl des Basic-Beispiels, der folgendermaßen lautet:

```
INPUT "X ="; X
X = X * X * X
```

Die INPUT-Befehlszeile können wir durch zwei Zeilen nachbilden, deren Kern die Funktion InputBox$ bildet. Da nur die Eingabe einer Zeichenkette möglich ist, wird zusätzlich die Funktion VAL verwendet, um eine Umwandlung in eine Gleitkommazahl zu ermöglichen. Folgende Zeilen führen eine entsprechende Operation aus:

```
Msg$ = "x eingeben"
Title$ = "Berechnung von x3"   ' Titelzeile.
Inp$ = InputBox$(Msg$, Title$)   ' Eingabe.
X = Val(Inp$)
X = X * X * X
```

Die zusätzlichen Programmzeilen vergrößern zwar das Programm, aber anschließend erhält es bereits eine wesentlich größere Ähnlichkeit zu einer Windows-Applikation.

FOR und WHILE in Windows

Eine Windows-Eigenschaft sollte es sein, daß mehrere Dinge gleichzeitig ablaufen können. Eine lang zu bearbeitende FOR-Schleife blockiert aber diesen Prozeß. Durch die Programmbearbeitung von Schleifen, wie FOR kann es dazu führen, daß andere Ereignisse nicht mehr an die Reihe kommen. Das Programm würde somit den gesamten Rechner beanspruchen. Als Lösung dieses Problems ist der Befehl DoEvents vorgesehen. Werden gezielt DoEvents an kritischen Stellen eingebaut, so kann trotz unsauberer Programmierung ein vernünftiges Ergebnis erzielt werden. Mit Hilfe von DoEvents können andere Ereignisse ebenfalls erzeugt und abgearbeitet werden, um andere Programme auch an die Reihe kommen zu lassen. Ein typisch negativer Fall sind verschachtelte FOR-Schleifen, die zu einer fast vollständigen Blockade des Rechners führen.

```
for nr% = 1 TO 30000
    for no% = 1 TO 1000
        NEXT no%
    PRINT nr%
NEXT nr%
```

DoEvents

Nachdem die Anweisung DoEvents eingefügt wurde, erhalten wir zwar immer noch keine schöne Lösung, aber eine, mit der gelebt werden kann. Eine geeignete Stelle ist z.B. vor der Erhöhung des Schleifenzählers.

```
for nr% = 1 TO 30000
    for no% = 1 TO 1000
        NEXT no%
    PRINT nr%
    DoEvents
NEXT nr%
```

Meldungsorientiert

Bedingt durch den meldungsorientierten, teils auch objektorientierten Aufbau von Windows können manche Basic-Befehle von VisualBasic nicht realisiert werden. Meist sind das spezielle Funktionen, die direkt auf Hardware-Schnittstellen zugreifen. Dies verbietet Windows jedoch strikt, denn Aus- und Eingaben dürfen dort nur mit Hilfe von Windows über die sogenannten Device-Treiber bedient werden. Einige typische Basic-Befehle widersprechen aber genau diesem Konzept.

Typische Basic-Befehle mit Problemen

Problematische Befehle	Kurzbeschreibung
INPUT	liest Eingaben über die Tastatur ein
DELAY	Programmunterbrechung für Zeitdauer
KEY n, "String"	ermöglicht die Funktionstastenbelegung
ON KEY (n) GOSUB vvvv	verzweigt nach Tastendruck zum Unterprogramm
KEY(n) ON	aktiviert definierte Funktionstaste
KEY ON	Bildschirmausgabe der def. Funktionstasten
CSRLIN	liefert aktuelle Zeilenposition des Cursors
POS	ermittelt akt. Spaltenposition des Cursors
LOCATE	setzt Cursor an X-Y-Position

Lösung

Eine Hilfestellung erhalten Sie aus nachfolgender Tabelle, die Ersatzlösungen anbietet. Abhängig von dem Befehl ist diese Lösung natürlich unterschiedlich aufwendig. Aber nur in seltenen Fällen gibt es überhaupt keinen Ersatz. Einer dieser Befehle ist das Delay, das den Rechner für einige Sekunden schlafen legt. Da natürlich auch andere Programme unter Windows laufen sollen, muß auf diesen Befehl völlig verzichtet werden. Der Grund dafür ergibt sich von selbst.

Ersatzlösung

Problematische Befehle	Kurzbeschreibung
INPUT	MsgBox
DELAY	widerspricht Windows-Philosophie
KEY n, "String"	Abfrage des KeyDown Ereignis mit eigener
ON KEY (n) GOSUB vvvv	Routine und Select Case
KEY(n) ON	"
KEY ON	"
CSRLIN	Eigenschaft = CurrentX
POS	Eigenschaft = CurrentY
LOCATE	CurrentX = bzw. CurrentY =

Nachfolgend sind die Befehle aufgelistet, die von VisualBasic aus den oben genannten und anderen Gründen nicht unterstützt werden.

Nicht unterstützte Basic-Befehle

Befehl	Befehl	Befehl	Befehl
BLOAD	BSAVE	CALL ABSOLUTE	CALLS
CHAIN	CLEAR	COLOR	COM
CSRLIN	CVD	CVDMBF	CVI
CVS	CVSMFB	DATA	DEF FN
DEF SEG	DRAW	ERDEV	ERDEV$
FIELD	FILES	FRE	INKEY$
INP	IOCTL	IOCTL$	KEY
LOCATE	LPOS	LPRINT	MKD$
MKI$	MKL$	MKS$	MKSMBF$
ON COM	ON KEY	ON PLAY	ON STRIG
ON TIMER	OUT	PAINT	PALETTE
PCOPY	PEEK	PEN	PLAY
PMAP	POKE	POS	PRESERVE
PRESET	RESTORE	RUN	SADD
SCREEN	SETMEM	SLEEP	SOUND
STICK	STRIG	SWAP	TROFF
TRON	USING$	VARPTR	VARPTR$
VIEW	WAIT	WIDTH LPRINT	WINDOW

2.1.1 Realisierung des Taschenrechners in QBasic

Funktionsweise

Als Ausgangspunkt soll ein in DOS mit QBasic realisierter Taschenrechner dienen. Uns wird dabei besonders die Umstellung auf Windows interessieren. Damit die Unterschiede am besten herauskommen, ist es nötig, die grundsätzliche Arbeitsweise des Taschenrechners zu verstehen. Die Bedienung geschieht entweder durch eine Menüzeile, die in der 25. Bildschirmzeile dargestellt wird, oder über die Operationstasten, die von dem handelsüblichen Taschenrechner bekannt sind. Eine Berechnung kann sich dabei aus zwei Zahlen und einer Operation oder auch nur aus einer Zahl und einer Operation, wie z.B. der Berechnung der Wurzel, zusammensetzen. Die Durchführung einer Addition, Subtraktion, Division oder Multiplikation erfordert in jedem Fall die Eingabe zweier Zahlen.

Programm Kurzbeschreibung

Aufgrund dieser Bedienungsmöglichkeit ergibt sich auch die programmtechnische Umsetzung. Um zwei Zahlen durch eine Operation verbinden zu können, werden die beiden Variablen Op1 und Op2 benötigt. Durch das Feld *LetzteEingabe* merkt sich das Programm den Typ der letzten Eingabe. Daraus ergibt sich, ob als letztes eine Zahl oder ein Operator eingegeben wurde. Abhängig von der Eingabe werden die unterschiedlichen Unterprogramme für die Zahleneingabe "Prozedur Nummer" oder eine der Berechnungsfunktionen Prozedur Operator bzw. Wurzel aufgerufen. Sobald eine Zahl eingegeben oder eine Operation ausgeführt wurde, wird das Ergebnis als Textfeld ausgegeben. Dazu dient die Variable *AusgabeFeld* als Zwischenspeicher für den auszugebenden Text. Eine Darstellung auf den Bildschirm kann durch das Unterprogramm Ausgabe koordinatengesteuert erfolgen.

Blick auf problematische Stellen für die Umstellung

Aus dem bisherigen Kapitel haben wir bereits Problemstellen der Umstellung von Basic auf VisualBasic kennengelernt. Natürlich finden wir einige davon in dem Taschenrechner wieder. Dies sind speziell die Ein- und Ausgabe-Funktionen, die im Programm innerhalb des Unterprogramms Ausgabe verwendet werden. Mit Sicherheit wird auch die Realisierung der Funktionstasten in VisualBasic so nicht mehr möglich sein. Da der Taschenrechner aber doch ganz gut modular aufgebaut ist, was Sie von Ihrem Programm hoffentlich auch behaupten können, werden wir die Unterprogramme fast unverändert verwenden können.

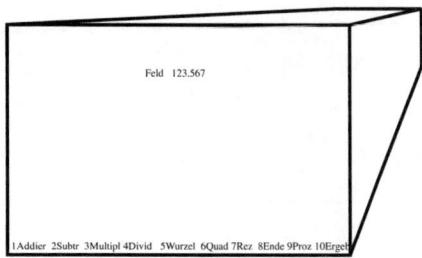

Abb. 8: Aussehen des mit QBasic erstellten Taschenrechners für DOS

Beispiel

```
/*************** QBRechD.BAS ****************/
 1  DECLARE SUB Prozent ()
 2  DECLARE SUB Dezimal ()
 3  DECLARE SUB Abbruch ()
 4  DECLARE SUB AbbruchEingabe ()
 5  DECLARE SUB Nummer ()
 6  DECLARE SUB Reziprok ()
 7  DECLARE SUB RechnerInit ()
 8  DECLARE SUB Operator ()
 9  DECLARE SUB Wurzel ()
10  DECLARE SUB Quadrat ()
11  DECLARE SUB Ausgabe (zeile!, spalte!, text$, wert$, laenge!)
12  DIM SHARED Op1 AS DOUBLE        ' Erste Eingabe
13  DIM SHARED Op2 AS DOUBLE        ' Zweite Eingabe
14  DIM SHARED DezimalPunkt AS INTEGER ' zeigt an, ob
15                                  ' der Dezimalpunkt vorhanden ist
16  DIM SHARED NumOps AS INTEGER    ' Anzahl der
17                                  ' Operanden
18  DIM SHARED LetzteEingabe AS STRING ' zeigt den Typ
19                                  ' der letzten Tasteneingabe an
20  DIM SHARED OpFlag AS STRING     ' zeigt die
21                                  ' Operation an
22  DIM SHARED OpTaste AS STRING    ' zeigt die Taste
23                                  ' an
24  DIM SHARED AusgabeFeld AS STRING ' Berechnungsfeld
25
26  CONST TRUE = -1
27  CONST FALSE = 0
28
29  ' Initialisierungsroutine für den Taschenrechner
30  ' Es werden alle Variablen auf ihren Anfangswert
31  ' gesetzt
32  CALL RechnerInit
33  CALL Ausgabe(1, 30, "Feld ", AusgabeFeld, 40)
34
35  'Text, der in Zeile 25 jeweils sichtbar wird
36  KEY 1, "Addieren": KEY 2, "Subtr"
37  KEY 3, "Multipl": KEY 4, "Divid"
38  KEY 5, "Wurzel": KEY 6, "Quadrat"
39  KEY 7, "Reziprk": KEY 8, "Ende"
40  KEY 9, "Prozent": KEY 10, "Ergebnis"
41
42  'Auswahl der Funktionstasten
43  ON KEY(1) GOSUB OpAdd
44  ON KEY(2) GOSUB OpSub
45  ON KEY(3) GOSUB OpMul
46  ON KEY(4) GOSUB OpDiv
47  ON KEY(5) GOSUB OpWur
48  ON KEY(6) GOSUB OpQua
49  ON KEY(7) GOSUB OpRez
50  ON KEY(8) GOSUB Programmende
51  ON KEY(9) GOSUB OpPro
52  ON KEY(10) GOSUB OpErg
53
54
55  'Die Tastenfunktion aktivieren
56  KEY(1) ON: KEY(2) ON: KEY(3) ON: KEY(4) ON
57  KEY(5) ON: KEY(6) ON: KEY(7) ON: KEY(8) ON
58  KEY(9) ON: KEY(10) ON
59  'Tastenbelegung in Zeile 25 anzeigen
60  KEY ON
61
62  ' ***** Hauptprogramm *****
63  OpTaste = INKEY$
64  WHILE (OpTaste <> CHR$(ESC))
65      IF (OpTaste >= CHR$(48)) AND (OpTaste <= CHR$(57)) THEN
66          CALL Nummer 'Ziffer
67      END IF
68      IF (OpTaste = CHR$(46)) THEN
69          CALL Dezimal  'Dezimalpunkt
70      END IF
71      IF (OpTaste = CHR$(67)) THEN
72          CALL Abbruch  'Abbruch mit Cancel
73      END IF
74      IF (OpTaste = CHR$(99)) THEN
75          CALL AbbruchEingabe  'Abbruch mit CE
76      END IF
77
78      IF (OpTaste = CHR$(43)) OR (OpTaste = CHR$(65)) OR
79      (OpTaste = CHR$(97)) THEN
80          GOSUB OpAdd  'Addieren
81      END IF
82      IF (OpTaste = CHR$(45)) OR (OpTaste = CHR$(83)) OR
83      (OpTaste = CHR$(115)) THEN
84          GOSUB OpSub  'Subtrahieren
85      END IF
86      IF (OpTaste = CHR$(42)) OR (OpTaste = CHR$(77)) OR
87      (OpTaste = CHR$(109)) THEN
88          GOSUB OpMul  'Multiplizieren
89      END IF
90      IF (OpTaste = CHR$(47)) OR (OpTaste = CHR$(68)) OR
91      (OpTaste = CHR$(100)) THEN
92          GOSUB OpDiv  'Dividieren
93      END IF
94      IF (OpTaste = CHR$(87)) OR (OpTaste = CHR$(119)) THEN
95          GOSUB OpWur  'Wurzel
96      END IF
97      IF (OpTaste = CHR$(81)) OR (OpTaste = CHR$(113)) THEN
98          GOSUB OpQua  'Quadrat
99      END IF
100     IF (OpTaste = CHR$(82)) OR (OpTaste = CHR$(114)) THEN
101         GOSUB OpRez  'Reziprok
102     END IF
```

```
103         IF (OpTaste = CHR$(ESC)) OR (OpTaste = CHR$(69)) OR
104         (OpTaste = CHR$(101)) THEN
105           GOSUB Programmende
106         END IF
107         IF (OpTaste = CHR$(37)) OR (OpTaste = CHR$(80)) OR
108         (OpTaste = CHR$(112)) THEN
109           GOSUB OpPro    'Prozent
110         END IF
111         IF (OpTaste = CHR$(61)) OR (OpTaste = CHR$(73)) OR
112         (OpTaste = CHR$(105)) OR (OpTaste = CHR$(13)) THEN
113           GOSUB OpErg    'Ergebnis
114         END IF
115
116         OpTaste = INKEY$
117       WEND
118     END
119
120     ' Unterprogramm wird durch Taste <A>, <F1>, <+>
121     ' ausgelöst
122     '
123     OpAdd:
124       OpTaste = "+"
125       CALL Operator
126     RETURN
127
128     ' Unterprogramm wird durch Taste <S>, <F2>, <->
129     ' ausgelöst
130     '
131     OpSub:
132       OpTaste = "-"
133       CALL Operator
134     RETURN
135
136     ' Unterprogramm wird durch Taste <M>, <F3>, <*>
137     ' ausgelöst
138     '
139     OpMul:
140       OpTaste = "*"
141       CALL Operator
142     RETURN
143
144     ' Unterprogramm wird durch Taste <D>, <F4>, </>
145     ' ausgelöst
146     '
147     OpDiv:
148       OpTaste = "/"
149       CALL Operator
150     RETURN
151
152     ' Unterprogramm wird durch Taste <W>, <F5> ausgelöst
153     '
154     OpWur:
155       CALL Wurzel
156     RETURN
157
158     ' Unterprogramm wird durch Taste <Q>, <F6> ausgelöst
159     '
160     OpQua:
161       CALL Quadrat
162     RETURN
163
164     ' Unterprogramm wird durch Taste <R>, <F7> ausgelöst
165     '
166     OpRez:
167       CALL Reziprok
168     RETURN
169
170     ' Unterprogramm wird durch Taste <E>, <F8> ausgelöst
171     '
172     Programmende:
173       END
174     RETURN
175
176     ' Unterprogramm wird durch Taste <R>, <F10>, <=>,
177     ' <Enter> ausgelöst
178     '
179     OpErg:
180       OpTaste = "="
181       CALL Operator
182     RETURN
183
184     ' Unterprogramm wird durch Taste <P>, <%>, <F9>
185     ' ausgelöst
186     '
187     OpPro:
188       CALL Prozent
189     RETURN
190
191     ' Unterprogramm für C (Cancel) Taste
192     ' Löschen der Anzeige und Initialisierung der
193     ' Variablen
194     '
195     SUB Abbruch
196       AusgabeFeld = "0."
197       CALL RechnerInit
198       CALL Ausgabe(1, 30, "Feld ", AusgabeFeld, 40)
199     END SUB
200
201     ' Unterprogramm für CE (cancel entry) Taste
202     '
203     SUB AbbruchEingabe
204       AusgabeFeld = "0."
205       CLS
206       CALL Ausgabe(1, 30, "Feld ", AusgabeFeld, 40)
207       DezimalPunkt = FALSE
208       LetzteEingabe = "CE"
209     END SUB
210

211     ' Ausgaberoutine, die Text an gewünschter Stelle
212     ' ausgibt
213     '
214     SUB Ausgabe (zeile, spalte, text$, wert$, laenge)
215       ' gibt an der Stelle -zeile- -spalte- den Wert
216       ' mit Text aus Parameter laenge bestimmt die
217       ' Anzahl der Leerzeichen
218     '
219     altzeile = CSRLIN: altspalte = POS(0)
220     LOCATE zeile, spalte: PRINT STRING$(laenge, " ");
221     LOCATE zeile, spalte: PRINT text$; wert$;
222     SLEEP (1): LOCATE altzeile, altspalte
223     END SUB
224
225     ' Unterprogramm für Dezimalpunkt (.)
226     ' Wenn die letzte Taste ein Operator war, die
227     ' Ausgabe mit "0." vorbesetzen. Im anderen Fall
228     ' einen Dezimalpunkt an die Anzeige anfügen
229     '
230     SUB Dezimal
231       IF LetzteEingabe <> "NUMS" THEN
232         AusgabeFeld = "0."
233       ELSEIF DezimalPunkt = FALSE THEN
234         AusgabeFeld = AusgabeFeld + "."
235       END IF
236       CALL Ausgabe(1, 30, "Feld ", AusgabeFeld, 40)
237
238       DezimalPunkt = TRUE
239       LetzteEingabe = "NUMS"
240     END SUB
241
242     ' Unterprogramm für die Nummerntasten (0-9).
243     ' Es wird eine neue Ziffer an die Anzeige angefügt
244     '
245     SUB Nummer
246       IF LetzteEingabe <> "NUMS" THEN
247         AusgabeFeld = ""
248         DezimalPunkt = FALSE
249       END IF
250
251       AusgabeFeld = AusgabeFeld + OpTaste
252       CALL Ausgabe(1, 30, "Feld ", AusgabeFeld, 40)
253       LetzteEingabe = "NUMS"
254     END SUB
255
256     ' Prozedur für die Operator-Tasten (+, -, x, /, =).
257     ' Wenn der Tastendruck Teil einer Nummer war, wird
258     ' die Variable NumOps um eins erhöht. Ist es nur ein
259     ' Operant, so wird die Variable Op1 gesetzt. Sind
260     ' jedoch 2 Operanden vorhanden, wird Op1 mit dem
261     ' Ergebnis der Operation aus Op1 und dem aktuellen
262     ' Eingabewert gleichgesetzt. Zudem erfolgt die
263     ' Anzeige des Ergebnisses.
264     '
265     SUB Operator
266       IF LetzteEingabe = "NUMS" THEN
267         NumOps = NumOps + 1
268       END IF
269       IF NumOps = 1 THEN
270         Op1 = VAL(AusgabeFeld)
271       ELSEIF NumOps = 2 THEN
272         Op2 = VAL(AusgabeFeld)
273         SELECT CASE OpFlag
274           CASE "+"
275             Op1 = Op1 + Op2
276           CASE "-"
277             Op1 = Op1 - Op2
278           CASE "X"
279             Op1 = Op1 * Op2
280           CASE "/"
281             IF Op2 = 0 THEN
282               CALL Ausgabe(5, 30, "Division durch 0 geht nicht", "", 0)
283             ELSE
284               Op1 = Op1 / Op2
285             END IF
286           CASE "="
287             Op1 = Op2
288         END SELECT
289         AusgabeFeld = STR$(Op1)
290         CALL Ausgabe(1, 30, "Feld ", AusgabeFeld, 40)
291         NumOps = 1
292       END IF
293
294       LetzteEingabe = "OPS"
295       OpFlag = OpTaste
296     END SUB
297
298     ' Unterprogramm für Prozent-Taste (%).
299     ' Berechnet die Prozent des ersten Operators und
300     ' zeigt diesen an
301     '
302     SUB Prozent
303       AusgabeFeld = STR$(Op1 * VAL(AusgabeFeld) / 100)
304       CALL Ausgabe(1, 30, "Feld ", AusgabeFeld, 40)
305     END SUB
306
307     ' Unterprogramm zur Berechnung des Quadrates
308     '
309     SUB Quadrat
310       Op1 = VAL(AusgabeFeld)
311       IF Op1 < 1E+20 THEN
312         Op1 = Op1 * Op1
313       END IF
314       AusgabeFeld = STR$(Op1)
315       CALL Ausgabe(1, 30, "Feld ", AusgabeFeld, 40)
316
317       NumOps = 1
318       LetzteEingabe = "OPS"
```

```
319       OpFlag = " "
320
321  END SUB
322
323  ' Initialisierungsroutine für den Taschenrechner
324  ' Es werden alle Variablen auf ihren Anfangswert
325  ' gesetzt
326  '
327  SUB RechnerInit
328       CLS
329       DezimalPunkt = FALSE
330       NumOps = 0
331       LetzteEingabe = "NONE"
332       OpFlag = " "
333       AusgabeFeld = "0."
334  END SUB
335
336  'Unterprogramm zur Berechnung des Reziprokwertes
337  '
338  SUB Reziprok
339       Op1 = VAL(AusgabeFeld)
340       IF Op1 = 0 THEN
341            CALL Ausgabe(5, 30, "Division durch 0 geht nicht", "", 0)
342       ELSE
343            Op1 = 1 / Op1
344       END IF
345       AusgabeFeld = STR$(Op1)
346       CALL Ausgabe(1, 30, "Feld ", AusgabeFeld, 40)
347
348       NumOps = 1
349       LetzteEingabe = "OPS"
350       OpFlag = " "
351
352  END SUB
353
354  ' Unterprogramm zur Berechnung der Wurzel
355  '
356  SUB Wurzel
357       Op1 = VAL(AusgabeFeld)
358       IF Op1 < 0 THEN
359            CALL Ausgabe(5, 30, "Negative Wurzel geht nicht", "", 0)
360       ELSE
361            Op1 = SQR(Op1)
362       END IF
363       AusgabeFeld = STR$(Op1)
364       CALL Ausgabe(1, 30, "Feld ", AusgabeFeld, 40)
365
366       NumOps = 1
367       LetzteEingabe = "OPS"
368       OpFlag = " "
369
370  END SUB
```

2.1.2 Realisierung des Taschenrechners in VisualBasic

Nachdem wir den zwar funktionsfähigen, aber doch recht unkomfortablen Taschenrechner als Basic-DOS-Programm realisiert haben, sollten wir uns daran machen, diesen als optisch ansprechende Windows-Variante zu lösen. Die Oberfläche des Taschenrechners wird interaktiv erstellt und besteht aus einem Textfeld für die Anzeige der Eingaben und des Ergebnisses. Für die Eingabe der Zahlenwerte und für das Auslösen von Operationen dienen mehrere Befehlsschaltflächen. Die mathematischen Operationen wie das Wurzelziehen werden durch Picture-Boxen ausgelöst. Hierdurch haben wir die Möglichkeit, Bildsymbole als Befehlsschaltflächen zu verwenden. Die Bitmaps hierzu wurden in der Eigenschaft Picture direkt eingetragen.

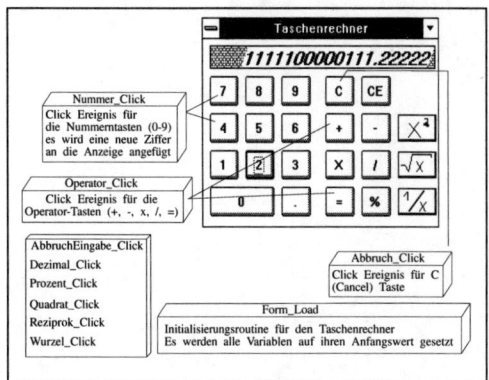

Abb. 9: Ereignisse des Taschenrechners

RechnerInit() wird zu Form_Load()

Aus der früheren Initialisierungsroutine RechnerInit ergibt sich jetzt die Ereignis-Prozedur Form_Load. Die Funktionsweise ist fast identisch geblieben, mit der Ausnahme, daß die Variable Ausgabefeld jetzt Bestandteil eines VisualBasic-Textfeldes geworden ist. Da das Textfeld bereits bei der interaktiven Erstellung auf den Anfangswert 0 gesetzt wurde, braucht dies in der Initialisierungsroutine nicht mehr durchgeführt werden.

Wichtig ist vielleicht noch zu wissen, warum die Prozedur jetzt den Namen Form_Load trägt. Der Grund liegt darin, daß bei jedem Programmstart von VisualBasic die Prozedur automatisch aufgerufen wird. Diese Prozedur besitzt nach wie vor die Aufgabe, alle Variablen auf ihren Anfangswert zu setzen.

```
Sub Form_Load ()
    DezimalPunkt = FALSE
    NumOps = 0
    LetzteEingabe = "NONE"
    OpFlag = " "
End Sub
```

Operator() wird zu Operator_Click()

In dem früheren DOS-Programm wurde eine Tastenbetätigung dazu benutzt, eine Reaktion auszulösen. Jetzt geschieht die eigentliche Berechnung der Taschenrechner-Funktionen in den Ereignissen. Die Click-Meldungen werden zur Eingabe der Zahlenwerte oder zum Auslösen von Operationen verwendet. Hierbei führt ein Operator_Click dazu, daß eine Operator-Taste (+, -, x, /, =) abgearbeitet wird. Wenn der Tastendruck Teil einer Nummer war, wird die Variable NumOps um eins erhöht. Ist es nur ein Operand, wird die Variable Op1 gesetzt. Sind jedoch zwei Operanden vorhanden, wird Op1 mit dem Ergebnis der Operation aus Op1 und dem aktuellen Eingabewert gleichgesetzt.

Ausgabe() wird zu AusgabeFeld.Caption

Die Anzeige des Ergebnisses erfolgt jetzt nicht mehr durch die Prozedur Ausgabe, sondern wird direkt der Eigenschaft Caption des Textfeldes übergeben. Sobald die Eigenschaft Caption beschrieben wird, erscheint der Wert innerhalb des Taschenrechners im Textfeld.

```
Sub Operator_Click (Index As Integer)
    If LetzteEingabe = "NUMS" Then
       NumOps = NumOps + 1
    End If
    If NumOps = 1 Then
       Op1 = Val(AusgabeFeld.Caption)
    ElseIf NumOps = 2 Then
       Op2 = Val(AusgabeFeld.Caption)
       Select Case OpFlag
         Case "+"
           Op1 = Op1 + Op2
         Case "-"
           Op1 = Op1 - Op2
         Case "X"
           Op1 = Op1 * Op2
         Case "/"
           If Op2 = 0 Then
              MsgBox "Division durch 0 geht nicht",
                     48, "Taschenrechner"
           Else
              Op1 = Op1 / Op2
           End If
         Case "="
           Op1 = Op2
```

```
            End Select
            AusgabeFeld.Caption = Str$(Op1)
            NumOps = 1
        End If

        LetzteEingabe = "OPS"
        OpFlag = Operator(Index).Caption
    End Sub
```

Nummer wird zu Nummer_Click()

Das Ereignis Nummer_Click wird von den Nummerntasten (0-9) erzeugt. Damit unterschiedliche Command-Buttons das gleiche Ereignis hervorrufen, müssen deren Eigenschaft *CtlName* alle auf Nummer eingestellt sein. Nur so wird die Verbindung zwischen der Betätigung des Buttons und dem Auslösen des Ereignisses Nummer_Click gewährleistet. Tritt dieses Ereignis ein, z.B. durch Anklicken des Schaltfläche 5, wird eine neue Ziffer an die Anzeige angefügt. Da mehrere Controls die gleiche Reaktion (Click-Ereignis) erzeugen, müssen die Kontrollelemente durch einen Index unterschieden werden können. Durch diesen Index, der als Prozedur-Parameter von VisualBasic mitgegeben wird, erfolgt die Unterscheidung, welcher Button der Auslöser war.

```
    Sub Nummer_Click (Index As Integer)
        If LetzteEingabe <> "NUMS" Then
          AusgabeFeld.Caption = ""
          DezimalPunkt = FALSE
        End If

        AusgabeFeld.Caption = AusgabeFeld.Caption + 
                              Nummer(Index).Caption
        LetzteEingabe = "NUMS"
    End Sub
```

Dezimal wird zu Dezimal_Click()

Für den Dezimalpunkt (.) ist die Click-Ereignis-Prozedur Dezimal_Click zuständig. Wenn die letzte Taste ein Operator war, wird die Ausgabe mit "0." vorbesetzt. Im anderen Fall erfolgt das Anfügen eines Dezimalpunkts an die Anzeige.

```
    Sub Dezimal_Click ()
        If LetzteEingabe <> "NUMS" Then
          AusgabeFeld.Caption = "0."
        ElseIf DezimalPunkt = FALSE Then
          AusgabeFeld.Caption = AusgabeFeld.Caption + 
                                "."
        End If

        DezimalPunkt = TRUE
        LetzteEingabe = "NUMS"
    End Sub
```

Abbruch wird zu Abbruch_Click()

Durch die C(Cancel)-Taste soll ein generelles Rücksetzen erfolgen. Die Anzeige wird gelöscht und die Variablen neu initialisiert.

```
    Sub Abbruch_Click ()
        AusgabeFeld.Caption = "0."
        Form_Load
    End Sub
```

Wurzel(), Reziprok() und Quadrat() werden Ereignis-Prozeduren

Für die Berechnung der Wurzel, des Reziprok-Wertes und des Quadrates dienen eigene Unterprogramme. Dort wird jeweils der Inhalt des Ausgabefeldes gelesen und die entsprechende Berechnung vorgenommen. Teilweise sind Fehleranalysen nötig, wie z.B. bei der Wurzelerrechnung, bei der nur positive Zahlen erlaubt sind. Derartige Situationen werden durch eine MessageBox und den dazugehörigen Meldungstext abgewiesen.

Fehlermeldung durch MsgBox

```
    Sub Wurzel_Click ()
        Op1 = Val(AusgabeFeld.Caption)
        If Op1 < 0 Then
          MsgBox "Negative Wurzel geht nicht",
                 48, "Taschenrechner"
        Else
          Op1 = Sqr(Op1)
        End If
        AusgabeFeld.Caption = Str$(Op1)

        NumOps = 1
        LetzteEingabe = "OPS"
        OpFlag = " "
    End Sub
```

Die Click-Ereignis-Prozedur für die Prozent-Taste (%), berechnet die Prozente des ersten Operators und zeigt sie an.

```
    Sub Prozent_Click ()
        AusgabeFeld.Caption = Format$(Op1 *
                    Val(AusgabeFeld.Caption) / 100)
    End Sub
```

Auf den nächsten Seiten finden Sie das gesamte Listing des gerade besprochenen VisualBasic-Programms.

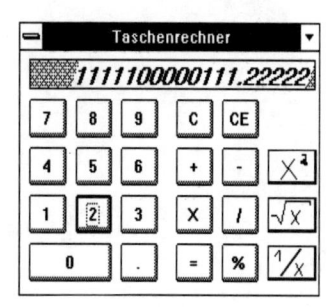

Abb. 10: Aussehen des mit VisualBasic erstellten Taschenrechners für Windows

Beispiel

/******************* VBRechW.FRM *****************/

```vb
1   Dim Op1 As Double              ' Erste Eingabe
2   Dim Op2 As Double              ' Zweite Eingabe
3   Dim DezimalPunkt As Integer    ' zeigt an ob der
4                                  ' Dezimalpunkt vorhanden ist
5   Dim NumOps As Integer          ' Anzahl der Operanden
6   Dim LetzteEingabe As String    ' zeigt den Typ der
7                                  ' letzten Tasteneingabe an
8   Dim OpFlag As String           ' zeigt die Operation an
9
10  Const TRUE = -1
11  Const FALSE = 0
12
13  ' Initialisierungsroutine für den Taschenrechner
14  ' Es werden alle Variablen auf ihren Anfangswert
15  ' gesetzt
16  '
17  Sub Form_Load ()
18      DezimalPunkt = FALSE
19      NumOps = 0
20      LetzteEingabe = "NONE"
21      OpFlag = " "
22  End Sub
23
24  ' Click Ereignis Prozedur für die Operator-Tasten
25  ' (+, -, x, /, =).
26  ' Wenn der Tastendruck Teil einer Nummer war, wird
27  ' die Variable NumOps um eins erhöht. Ist es nur ein
28  ' Operant, so wird die Variable Op1 gesetzt. Sind
29  ' jedoch 2 Operanden vorhanden, wird Op1 mit dem
30  ' Ergebnis der Oparation aus Op1 und dem aktuellen
31  ' Eingabewert gleichgesetzt. Zudem erfolgt die
32  ' Anzeige des Ergebnisses.
33  '
34  Sub Operator_Click (Index As Integer)
35      If LetzteEingabe = "NUMS" Then
36          NumOps = NumOps + 1
37      End If
38      If NumOps = 1 Then
39          Op1 = Val(AusgabeFeld.Caption)
40      ElseIf NumOps = 2 Then
41          Op2 = Val(AusgabeFeld.Caption)
42          Select Case OpFlag
43              Case "+"
44                  Op1 = Op1 + Op2
45              Case "-"
46                  Op1 = Op1 - Op2
47              Case "X"
48                  Op1 = Op1 * Op2
49              Case "/"
50                  If Op2 = 0 Then
51                      MsgBox "Division durch 0 geht nicht",
52                          48, "Taschenrechner"
53                  Else
54                      Op1 = Op1 / Op2
55                  End If
56              Case "="
57                  Op1 = Op2
58          End Select
59          AusgabeFeld.Caption = Str$(Op1)
60          NumOps = 1
61      End If
62
63      LetzteEingabe = "OPS"
64      OpFlag = Operator(Index).Caption
65  End Sub
66
67  ' Click Ereignis für die Nummerntasten (0-9).
68  ' Es wird eine neue Ziffer an die Anzeige angefügt
69  '
70  Sub Nummer_Click (Index As Integer)
71      If LetzteEingabe <> "NUMS" Then
72          AusgabeFeld.Caption = ""
73          DezimalPunkt = FALSE
74      End If
75
76      AusgabeFeld.Caption = AusgabeFeld.Caption +
77                              Nummer(Index).Caption
78      LetzteEingabe = "NUMS"
79  End Sub
80
81  ' Click Ereignis Prozedur für Dezimalpunkt (.)
82  ' Wenn die letzte Taste ein Operator war, die
83  ' Ausgabe mit "0." vorbesetzen. In anderen Fall
84  ' einen Dezimalpunkt an die Anzeige anfügen
85  '
86  Sub Dezimal_Click ()
87      If LetzteEingabe <> "NUMS" Then
88          AusgabeFeld.Caption = "0."
89      ElseIf DezimalPunkt = FALSE Then
90          AusgabeFeld.Caption = AusgabeFeld.Caption +
91                                  "."
92      End If
93
94      DezimalPunkt = TRUE
95      LetzteEingabe = "NUMS"
96  End Sub
97
98  ' Click Ereignis Prozedur für CE (cancel entry)
99  ' Taste
100 '
101 Sub AbbruchEingabe_Click ()
102     AusgabeFeld.Caption = "0."
103     DezimalPunkt = FALSE
104     LetzteEingabe = "CE"
105 End Sub
106
107 ' Click Ereignis für C (Cancel) Taste
108 ' Löschen der Anzeige und Initialisierung der
109 ' Variablen
110 '
111 Sub Abbruch_Click ()
112     AusgabeFeld.Caption = "0."
113     Form_Load
114 End Sub
115
116 ' Click Ereignis für die Quadrat Taste
117 '
118 Sub Quadrat_Click ()
119     Op1 = Val(AusgabeFeld.Caption)
120     Op1 = Op1 * Op1
121     AusgabeFeld.Caption = Str$(Op1)
122
123     NumOps = 1
124     LetzteEingabe = "OPS"
125     OpFlag = " "
126
127 End Sub
128
129 ' Click Ereignis für die Reziprok Taste
130 '
131 Sub Reziprok_Click ()
132     Op1 = Val(AusgabeFeld.Caption)
133     If Op1 = 0 Then
134         MsgBox "Division durch 0 geht nicht",
135             48, "Taschenrechner"
136     Else
137         Op1 = 1 / Op1
138     End If
139     AusgabeFeld.Caption = Str$(Op1)
140
141     NumOps = 1
142     LetzteEingabe = "OPS"
143     OpFlag = " "
144
145 End Sub
146
147 ' Click Ereignis für die Wurzel-Taste
148 '
149 Sub Wurzel_Click ()
150     Op1 = Val(AusgabeFeld.Caption)
151     If Op1 < 0 Then
152         MsgBox "Negative Wurzel geht nicht",
153             48, "Taschenrechner"
154     Else
155         Op1 = Sqr(Op1)
156     End If
157     AusgabeFeld.Caption = Str$(Op1)
158
159     NumOps = 1
160     LetzteEingabe = "OPS"
161     OpFlag = " "
162
163 End Sub
164
165 ' Click Ereignis Prozedur für Prozent-Taste (%).
166 ' Berechnet die Prozent des ersten Operators und
167 ' zeigt diesen an
168 '
169 Sub Prozent_Click ()
170     AusgabeFeld.Caption = Format$(Op1 *
171         Val(AusgabeFeld.Caption) / 100)
172 End Sub
```

2.2 Windows für C-Profis

QuickWin hilft nach Windows

Als Ziel werden wir uns jetzt setzen, aus der Welt der printf und scanf nach Windows zu finden. Bereits zu Kapitelanfang erwähnte ich, daß ein reinrassiges Windows-Programm ein printf nicht duldet. Das printf ist in den Bibliotheken zur Windows-Entwicklung nicht mehr enthalten, und daher sollte man meinen, daß völlig auf die Standard-C Eingabe-/Ausgabefunktionen verzichtet werden muß. In bezug auf die Erstellung eines normalen Windows-Programms ist dies auch richtig, denn dort hat ein printf-Aufruf wirklich nichts mehr zu suchen. Durch eine spezielle Library, die als QuickWin bezeichnet wird, gibt es aber trotzdem eine Notlösung. Hierin sind einige der Standard-C Eingabe-/Ausgabefunktionen enthalten, die somit ein DOS-Programm in ein Windows-Programm verwandeln. Gleich zu Beginn möchte ich Ihnen aber nicht zu viele Hoffnungen machen, daß das Ergebnis ein voll einsetzbares Windows-Programm sein wird. Denn QuickWin ermöglicht zwar die Ausgabe in ein Windows-Fenster, jedoch bleibt die optische Ähnlichkeit zu einem DOS-Programm immer noch erhalten. Daher sollte QuickWin mehr als Zwischenlösung zu einem Windows-Programm als eine Vollösung angesehen werden. Für den Anfang ist es aber ein recht brauchbares Hilfsmittel, wenn auch mit Schwächen. Wo die Schwächen liegen, werden wir noch im Punkt 2.2.2 sehen, wenn der DOS-Taschenrechner mit Hilfe von QuickWin nach Windows gebracht werden soll. An dieser Stelle sei auch ein bißchen Kritik nötig, denn viele Funktionen aus der Standard C-Bibliothek sind einfach weggelassen worden, wie z.B. getch. Das führt dazu, daß zeichenorientierte Programme wie unser Taschenrechner fast nicht umzustellen sind. Diesen Punkt hat Borland mit EasyWin erheblich besser gelöst als Microsoft mit QuickWin. Im Punkt 2.4.1 können Sie sich selbst davon überzeugen.

Leistung von QuickWin

Als Ersatz für die Standard C Ein-/Ausgabefunktionen steht QuickWin zur Verfügung, mit dessen Hilfe ein Textbildschirm unter Windows nachgebaut wird. Dieser Vorgang des Emulierens verhindert, daß z.B. printf direkt auf dem Bildschirm ausgibt. Wie wir wissen, wäre dies unter Windows eine Katastrophe, da die Fenster anderer Anwendungen gleichzeitig auf den Bildschirm vorhanden sind. Aus diesem Grund ist es keinem Programm erlaubt, direkte Ausgaben zu machen. Alle Text-, Grafik-, Drucker- oder sonstigen Darstellungen müssen mit Hilfe von Windows-Aufrufen erfolgen, und auch printf muß sich daran halten. Daher muß QuickC für Windows diese Standard-Ausgaben emulieren und Windows-konform umleiten. Die erforderlichen Funktionen befinden sich in der QuickWin Library, die für alle Speichermodelle des Compilers zur Verfügung steht. Durch das Einstellen der Compiler-Option auf QuickWin können die Ausgaben wie unter DOS mit Hilfe der Standardbefehle z.B. printf und write an ein Windows-Fenster umgeleitet werden. Dasselbe gilt für die Eingaben mit Hilfe von read und scanf. Das Eröffnen eines Applikations-Fensters übernimmt QuickWin völlig selbständig für uns. Dies geschieht automatisch, sobald Ihr Programm gestartet wird. In dieses Fenster können auf die gleiche Art und Weise Ein- oder Ausgaben erfolgen, so als ob wir uns unter der DOS-Oberfläche befinden würden. Zusätzlich dazu wird der Komfort der Windows-Fenster geliefert, der ein Verkleinern, Vergrößern oder ein Verschieben ermöglicht.

Was kann QuickWin nicht?

Die Grenzen von QuickWin sind dann erreicht, wenn Funktionen verwendet werden, die sich mit der zeichenweisen Ein-/Ausgabe beschäftigen. Dies sind im allgemeinen die Funktionen der Include-Datei conio.h. Eine Funktion getch(), die häufig zur Realisierung eines Menüsystems verwendet wird, um ein einzelnes Zeichen von der Tastatur einzulesen, gibt es unter QuickWin nicht mehr. Ebenso muß leider auf eine Funktion wie putch() oder kbhit() verzichtet werden. Verständlicherweise erleichtert dies die Umstellung nicht sehr. Eine Lösung diese Problems können Sie unter 2.2.2 nachlesen.

Schreiben in Grafikkarte ist Tabu

Viele in C geschriebene DOS-Programme benutzen die Grafikkarte für direkte Ausgaben, indem der Grafikspeicher beschrieben wird. Wenn Ihr Programm das tut, dann würde ich Ihnen gleich empfehlen, auf ein volles Windows-C-Programm umzusteigen. Denn alle Ausgaben, die Sie direkt an die Grafikkarte durchführen, müssen leider neu realisiert werden. In diesem Fall sollten Sie gleich bei Punkt 2.2.3 weiterlesen.

ANSI-Treiber ist out

Programme, die ANSI Escape-Sequenzen benutzen, haben unter QuickWin auch so gut wie ausgedient. Sie bewirken unter QuickWin nämlich nicht mehr die von DOS her bekannte Funktion, sondern werden nur noch als Schmierzeichen dargestellt. Einen Lösungsansatz finden Sie wieder unter 2.2.2.

Geeignete Programme

Dagegen können alle Programme, die sogenannte Stream-Ein-/Ausgaben wie z.B. printf() oder scanf() verwenden, ohne Probleme mit Hilfe von QuickWin umgestellt werden. Für dem Umstieg muß dann keine einzige Zeile Code geändert werden, sondern der C-Quellcode kann unverändert übernommen werden. Außer dem Ändern der QuickC-Optionen auf QuickWin sind keine Maßnahmen zum Umstieg von DOS nach Windows nötig.

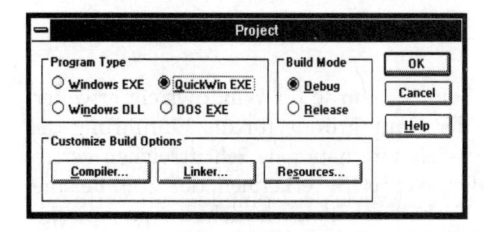

Abb. 11: QuickC-Optionen für QuickWin

Ein typisches Beispiel, das mehrere Zeilen Text unter Zuhilfenahme der Funktion printf() in einem Windows-Fenster ausgibt, finden Sie nachfolgend:

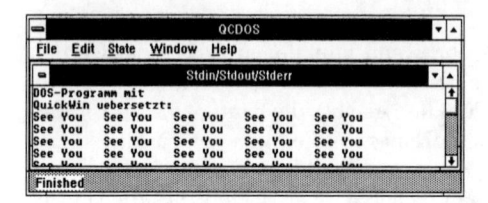

Abb. 12: QuickWin DOS-Programm

Beispiel

```
/****** QCDos.C ********/
#include <string.h>
#include <stdio.h>
void main()
{
  static char cText[] = "See You   ";
  char cZeile[100];
  int i;

  strcpy( cZeile, cText);
  strcat( cZeile, cText);
  strcat( cZeile, cText);
  strcat( cZeile, cText);
  strcat( cZeile, cText);
  strcat( cZeile, "\n");
  printf("DOS-Programm mit \n");
  printf("QuickWin uebersetzt:\n");
  for (i = 0; i <= 20; i++)
  {
    printf( cZeile);
  }
}
```

ANSI Zeichensatz

Anders als DOS, das den ASCII-Zeichensatz benutzt, wurde für Windows ein erweiterter Code verwendet, der ANSI-Code. Einer der Hauptgründe für die Einführung des ANSI-Codes ist die Tatsache, daß in ihm sehr viele internationale Schriftzeichen vertreten sind. Sobald Sie ein C DOS-Programm laden, werden Sie erkennen, daß zum Beispiel die deutschen Umlaute anders definiert sind. Deshalb erhalten wir nicht das gewünschte Ergebnis. Eine Lösung für dieses Problem ist die Konvertierung von ASCII nach ANSI. Nichts leichter als das, denn das Windows-Programm Write kann dies für uns erledigen. Hierzu braucht nur die ASCII-Programmdatei in Write geöffnet werden. Da Write erkennt, daß es sich um einen anderen Zeichensatz handelt, erscheint eine Dialogbox mit der Frage "Möchten Sie diese Datei in das Write Format umwandeln?". Nach der Bestätigung des *OK*-Buttons wird die Umwandlung von ASCII nach ANSI vorgenommen. Beim Abspeichern der Datei sollten Sie das Dateiformat "Alle Dateien (*.*)" wählen, damit nicht Write-spezifische Steuerzeichen versehentlich in den Text geraten.

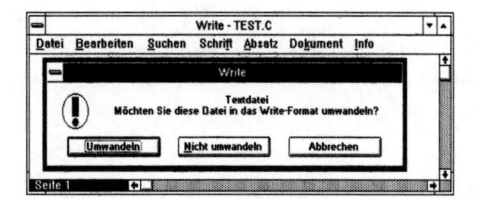

Abb. 13: Zeichensatz umwandeln mit Write

Innerhalb von Windows wird häufig als Bezeichnung für den ASCII-Code der Name OEM verwendet. Für die meisten Belange ist damit der ASCII-Code gemeint.

QuickWin erzeugt Rahmenfenster

Sobald das Programm gestartet wird, erscheint ein Fenster mit einem Menü und dem Fenstertitel des Programmnamens QCDOS. Die Textausgabe, die wir programmiert haben, erfolgt in einem eigenem Fenster, das den Titel Stdin/Stdout/Stderr trägt. Quick-Win stellt uns einen virtuellen Bildschirm zur Verfügung, der sich für uns wie ein normaler Textbildschirm darstellt. Hierin könnten wie im Textmodus unter DOS auch z.B. 80 Spalten und 25 Zeilen an Zeichen dargestellt werden. Das bedeutet jedoch nicht eine Grenze wie unter DOS. Der sichtbare Bereich ist nämlich, wie es unter Windows so üblich ist, vom Bediener abhängig, der vor dem Rechner sitzt. Als Voreinstellung kann das Fenster maximal 2048 Zeichen aufnehmen. Es ist außerdem möglich, mehr Spalten oder Zeilen auszugeben, denn der Bediener kann durch Scrollen den entsprechenden Fensterausschnitt anwählen. Die Anzahl der Zeichen, die in ein solches Fenster passen, kann jederzeit verändert werden.

Automatisches Scrollen

Kann ein Text innerhalb des Fensters nicht mehr dargestellt werden, erscheinen am rechten bzw. unteren Bildschirmrand die Rolleisten (Scrollbars), die dem Anwender ein entsprechendes Umblättern ermöglichen. Diese Leistungen bringt QuickWin bereits mit und brauchen daher nicht programmiert zu werden. Das automatisch entstehende Standard-Ein-/Ausgabefenster wird von einem Rahmenfenster eingeschlossen, das wie der Programm- bzw. Dateimanager auch eine sogenannte MDI-Applikation (multiple document interface) ist. In dem bereits vorhandenen Menü sind Menüpunkte enthalten, die es ermöglichen, Fenster nebeneinander, übereinander oder die Symbole neu anzuordnen. Zudem können Daten in die Zwischenablage übertragen werden, oder die QuickWin-Anwendung angehalten werden.

QuickWin-Bibliothek

Durch das Ändern der Projekt-Optionen auf QuickWin erfolgt nicht mehr das Binden mit den Standard-C-Bibliotheken SLibCE, MLibCE, CLibCE und LLibCE. Zusammen mit QuickC kommen die neuen Bibliotheken für QuickWin, die die Namen SLibCEWQ, MLibCEWQ, CLibCEWQ und LLibCEWQ abhängig vom Compiler-Speichermodell tragen. Der erste Buchstabe ergibt sich wie bei den Standard-C-Bibliotheken somit auch aus dem Modell, wobei S für Small, M für Medium, C für Compact und L für Large Modell steht. Neben diesen neuen Bibliotheken für den Linker wird noch die Konstante #define _WINDOWS für den Compiler definiert.

QuickWin-Fenster ändern

Nachdem das C-DOS-Programm grundsätzlich unter Windows lauffähig ist, kann begonnen werden, Feineinstellungen am Programm vorzunehmen. Hierzu besitzt Quick-Win zusätzliche Funktionen.

QuickWin - neue Funktionen

Funktion	Kurzbeschreibung
_fwopen	öffnet ein neues QuickWin-Fenster als Stream
_wabout	setzt den Text für die "About"-Dialogbox
_wclose	schließt ein QuickWin-Fenster
_wgetfocus	ermittelt das Fenster, das den Focus besitzt
_wgetscreenbuf	gibt die aktuelle Größe des Fenster-Puffers zurück
_wgetsize	gibt die Position und Größe eines Fensters zurück
_wmenuclick	wählt einen Menüpunkt aus
_wopen	öffnet ein neues QuickWin-Fenster
_wsetfocus	setzt den Focus auf ein Fenster
_wsetscreenbuf	legt die Größe des Fenster-Puffers fest
_wsetsize	setzt die Position und Größe eines Fensters
_wyield	übergibt die Prozessorkontrolle an Windows

Sobald das ehemalige DOS-Programm gestartet wurde, erscheint ein Fenster für die Standardeingaben bzw.-ausgaben. Die Größe des virtuellen Bildschirms läßt sich mit Hilfe einer Funktion auf die speziellen Erfordernisse anpassen. Durch _wsetsize kann die Fenstergröße des Standardfensters dynamisch verändert werden. Eine Anwendung ersehen Sie aus dem nachfolgenden Beispiel.

```c
#include <io.h>
#include <fcntl.h>
#include <stdlib.h>
void main()
{
  int iFensterHandle;
  struct _wsizeinfo wsizeinfo;

  iFensterHandle = _wgetfocus();
  wsizeinfo._version = _WINVER;
  wsizeinfo._type = _WINSIZECHAR;
  wsizeinfo._x = 12;
  wsizeinfo._y = 2;
  wsizeinfo._h = 25;
  wsizeinfo._w = 55;
  _wsetsize( iFensterHandle, &wsizeinfo);
}
```

Funktion _wsetsize()

Dabei setzt die Funktion _wsetsize die aktuelle Größe und Position eines bestimmten Fensters. Über das Argument iFensterHandle wird das zu verändernde Fenster definiert. Der Parameter wsizeinfo ist der Zeiger auf eine _wsizeinfo-Struktur, die die neue Größe und Position enthält. Wenn das Strukturelement der Konstanten _WINSIZECHAR entspricht, müssen die Werte _x, _y, _h und _w der Struktur gefüllt werden. Diese bestimmen die linke obere Ecke, die Höhe und die Breite des Fensters in Zeicheneinheiten (char). Weiter können folgende Konstanten als Strukturvariable _type genannt werden.

Konstante	Bedeutung
_WINSIZEMIN	stellt das Fenster als Symbol dar
_WINSIZEMAX	stellt das Fenster als Vollbild dar
_WINSIZERESTORE	stellt das Fenster auf seine ursprüngliche Größe ein
_WINSIZECHAR	es werden die Größenangaben in der Struktur verwendet

Funktion _wgetfocus()

Häufig wird die Funktion _wgetfocus zusammen mit _wsetsize verwendet, da es das aktive Kindfenster, das den Focus besitzt, erkennt. Die Routine gibt den Verweis auf die Datei des aktiven Kindfensters zurück.

Funktion _wsetfocus()

Durch die Funktion _wsetfocus und das Fensterhandle kann der Focus auf ein bestimmtes Kindfenster übergeben werden, wodurch das Fenster aktiv wird.

```
#include <io.h>
#include <fcntl.h>
#include <stdlib.h>
void main()
{
  int wfh;
  int wfh1;
  struct _wopeninfo wopeninfo;

  wopeninfo._version = _WINVER;
  wopeninfo._title = "QuickWin-Fenster";
  wopeninfo._wbufsize = _WINBUFDEF;

  wfh1 = _wgetfocus();
  wfh = _wopen( &wopeninfo, NULL, _O_RDWR);
  _wsetfocus( wfh1);
}
```

Funktion _wgetsize()

Die Position und Größe eines Fensters ermittelt die Funktion _wgetsize, die als Parameter wfh (Verweis auf die Fensterdatei) benötigt, um die Verbindung zu dem Fenster herzustellen. Die Größe und Position des Elternfensters (MDI Client Fenster) kann mit Hilfe der vordefinierten Konstanten _WINFRAMEHAND als Übergabe an den Parameter wfh abgefragt werden. Eine maximale Größe dieses Elternfensters ergibt sich aus den Hardware-Eigenschaften der verwendeten Grafikkarte und des Treibers. Das Argument reqtype legt die Art der Anfrage fest. Es stehen die beiden nachfolgend aufgeführten Möglichkeiten zur Verfügung.

Wert	Bedeutung
_WINCURRREQ	gibt die aktuelle Größe des Fensters zurück
_WINMAXREQ	gibt die maximal mögliche Größe an

Das dritte Argument wsize ist ein Zeiger auf eine _wsizeinfo-Struktur, die die Größe und die Positionsinformation zurückgibt. Die Struktur enthält einen Typ, der einen der folgenden Werte annehmen kann:

Wert	Bedeutung
_WINSIZEMIN	Das Fenster wird als Symbol dargestellt
_WINSIZEMAX	Das Fenster wird als Vollbild dargestellt
_WINSIZECHAR	Das Fenster hat die bestimmte Größe

Wenn der zurückgegebene Typ _WINSIZECHAR lautet, enthalten die Werte _x, _y, _h und _w Größenangaben über das Fenster. Die Werte beziehen sich auf die linke obere Ecke (_x, _y) mit einer Höhe (_h) und Breite (_w). Alle Angaben für das Fensters erfolgen in Zeicheneinheiten. Die zurückgegebene Größe ist der verfügbare Arbeitsbereich, der somit nicht den Raum einschließt, der von der Titelzeile bzw. der Scrollbar in Anspruch genommen wurde.

```
#include <io.h>
#include <stdio.h>
#include <fcntl.h>
void main()
{
  int wfh1;
  struct _wsizeinfo wsizeinfo;

  wfh1 = _wgetfocus();
  _wgetsize( wfh1, _WINCURRREQ,
                   &wsizeinfo);
  printf( "%d %d %d %d",
    wsizeinfo._x, wsizeinfo._y,
    wsizeinfo._h, wsizeinfo._w);
}
```

oder

```
#include <io.h>
#include <stdio.h>
#include <fcntl.h>
void main()
{
  int wfh;
  struct _wopeninfo wopeninfo;
  struct _wsizeinfo wsizeinfo;

  wopeninfo._version = _WINVER;
  wopeninfo._title = "Fenster";
  wopeninfo._wbufsize = _WINBUFDEF;

  wfh = _wopen( &wopeninfo,
            NULL, _O_RDWR);
  _wgetsize( wfh, _WINMAXREQ,
                  &wsizeinfo);
```

```
    printf( "%d %d %d %d",
      wsizeinfo._x, wsizeinfo._y,
      wsizeinfo._h, wsizeinfo._w);
}
```

QuickWin-Fenstertitel

Viele Windows-Applikationen verwenden als Fenstertitel den Programmnamen der Applikation. Auch QuickWin hält sich an diese Regel, indem es den Programmnamen als Titel des Hauptfensters einsetzt. Neben dem Hauptfenster besitzt auch das Standard Ein-/Ausgabefenster eine vorgegebene Titelzeile. Die Fenster, die mit Hilfe von Quick-Win selbst erzeugt werden, können bzw. sollten mit einem eigenen Fenstertitel versehen werden. Dies geschieht, indem vor dem Eröffnen des Fensters der gewünschte Name in die Struktur _wopeninf kopiert wird. Im folgenden Beispiel erfolgt die Erzeugung eines neuen Fensters mit eigenem Titel.

```
#include <io.h>
#include <stddef.h>
#include <fcntl.h>
void main()
{
  int wfh;
  struct _wopeninfo wopeninfo;

  wopeninfo._version = _WINVER;
  wopeninfo._title =
              "eigenes Fenster";
  wopeninfo._wbufsize = _WINBUFDEF;

  wfh = _wopen( &wopeninfo,
          NULL, _O_RDWR);
}
```

Funktion _wopen()

Für das Öffnen eines neuen QuickWin-Fensters ist die Funktion *_wopen* zuständig. Als Ergebnis gibt sie einen Verweis (Handle) auf das erzeugte Fenster zurück. Dieses Handle kann anschließend für Standard C Ein-/Ausgabefunktionen (z.B. read, write, usw.) benutzt werden. Zusätzlich sind die Argumente wopeninfo und wsizeinfo erforderlich, die Zeiger auf die Strukturen _wopeninfo bzw. _wsizeinfo darstellen. Sollen voreingestellte Werte verwendet werden, wird NULL übergeben. Über den Parameter olflag erfolgt die Festlegung des Ein-/Ausgabe-Modus mit folgenden Möglichkeiten:

Wert	Bedeutung
_O_APPEND	an bestehende Datei anhängen.
_O_BINARY	öffnet Datei im Binär-Modus.
_O_RDONLY	öffnet Datei nur für Lesezugriff.
_O_RDWR	öffnet Datei für Lesen und Schreiben.
_O_TEXT	öffnet Datei im Text-Modus.
_O_WRONLY	öffnet Datei nur für Schreibzugriff.

Funktion _wclose()

Das mit _wopen geöffnete Fenster kann nur mit _wclose wieder geschlossen werden. Das Argument wfh ist der Verweis auf die Fensterdatei. Durch das Flag persist kann der Zustand des Fensters nach dem Schließen bestimmt werden, wobei folgende Möglichkeiten bestehen.

Wert	Bedeutung
_WINNOPERSIST	Löschen des Fensters
_WINPERSIST	Beibehalten des Fensters auf dem Bildschirm

Unabhängig davon, welche Option beim Schließen benutzt wird, ist der Verweis zu allen weiteren Ein-/Ausgabeoperationen der Fensterdatei geschlossen und darf daher an keine Funktionen mehr übergeben werden. Ein durch _WINPERSIST geschlossenes Fenster kann durch einen erneuten Aufruf der Funktion _wclose zusammen mit _WINNOPERSIST entfernt werden.

Funktion _fwopen()

Für die Bearbeitung von Streams durch Standard-Funktionen (stdio) wie fread, fwrite und fprintf dient die Funktion _fwopen, die wiederum wie _wopen ein neues Quick-Win-Fenster öffnet.

```
#include <stdio.h>
void main()
{
  FILE *pStream;
  pStream = _fwopen(NULL, NULL,
                    "r+w");
  fprintf( pStream ,
           "Stream-Fenster");
}
```

oder

```
#include <stdio.h>
void main()
{
  FILE *pStream;
  struct _wopeninfo wopeninfo;
  FILE *handle;

  wopeninfo._version = _WINVER;
  wopeninfo._title =
            "Stream-Fenster";
  wopeninfo._wbufsize = _WINBUFDEF;
  pStream = _fwopen(&wopeninfo,
                    NULL, "r+w");
  fprintf( pStream ,
      "Ausgabe an Stream-Fenster");
}
```

Um einen offenen Stream zu schließen, wird die Stdio-Funktion fclose() benutzt. Wie schon bei der Funktion _wopen() werden Angaben über die Vorbesetzung und die Größe des Fensters benötigt. Die Parameter wopeninfo und wsizeinfo sind Zeiger auf Stukturen vom Typ _wopeninfo bzw. _wsizeinfo. Als Argument kann auch NULL übergeben werden, um die voreingestellten Werte für _fwopen zu verwenden. Das dritte Argument mode legt den Typ des Zugriffs auf das Fenster fest. Da mode einen Pointer auf einen String darstellt, erfolgt die Angabe als Zeichenkette. Erlaubte Typen sind "r" (lesen), "w" (schreiben) und "a" (anhängen). Falls einer davon von einem "+"-Zeichen gefolgt wird, werden beide Operationen Lesen und Schreiben ("r+w") ermöglicht. Der Übersetzungsmodus für neue Zeilen kann durch Hinzufügen von einem "t" (text) oder einem "b" (binär) angegeben werden.

QuickWin-Programmende

Bei Beendigung des QuickWin-Programms ist zwar dessen Ausführung abgeschlossen, das vorher von QuickWin erzeugte Rahmenfenster bleibt jedoch erhalten. Um dem Anwender jedoch das Programm-Ende zur Kenntnis zu bringen, verändert QuickWin den Inhalt der Meldungszeile des Rahmenfensters auf Finished. Das Fenster verschwindet, wenn Sie das Meldungfenster, das nach Ende des Programms erscheint, entsprechend mit Ja bestätigen, oder erst nach dem direkten Schließen durch den Bediener. Diese zweite Möglichkeit bietet den Vorteil, daß der Anwender entscheiden kann, wie lange er die Resultate des Programms betrachten möchte. Das Fensterschließen erfolgt dann erst durch den *Schließen*-Befehl des Windows-Systemmenüs oder durch die Tastenkombination `Alt`+`F4`.

Bildschirmpuffer

Da das Standard Ein-/Ausgabe-Fenster, in das der printf-Befehl Ausgaben vornimmt, nur 2048 Zeichen aufnehmen kann, ergibt sich eine Begrenzung auf 80*25 Zeichen. Für ein normales DOS-Programm ist dies völlig ausreichend, bei Bedarf kann der Bildschirmpuffer jedoch auch vergrößert werden.

```
#include <io.h>
void main()
{
  int wfh;
  wfh = _wgetfocus();
  _wsetscreenbuf( wfh, 4096);
}
```

oder

```
#include <io.h>
#include <fcntl.h>
#include <stdlib.h>
void main()
{
  int wfh;
  struct _wopeninfo wopeninfo;

  wopeninfo._version = _WINVER;
  wopeninfo._title = "Anweisung für Rhumpole";
  wopeninfo._wbufsize = _WINBUFDEF;
```

```
wfh = _wopen( &wopeninfo, NULL, _O_RDWR);
_wsetscreenbuf( wfh, 4096);
}
```

Funktion _wsetscreenbuf()

Die maximale Anzahl der auszugebenden Zeichen wird durch den zur Verfügung stehenden Bildschirmpuffer bestimmt. Durch die Funktion _wsetscreenbuf kann dieser Puffer auf eigene Werte eingestellt werden. Können nicht alle Zeilen oder Spalten gleichzeitig sichtbar gemacht werden, so sind sie durch Scrollen erreichbar. Die Funktion _wsetscreenbuf benötigt als Parameter wfh den Verweis (Handle) auf die Fensterdatei. Mit Hilfe von bufsiz wird die neue Speichergröße in Bytes festgelegt. Der Wert der Speichergröße kann entweder einer der nachfolgenden Konstanten oder eine selbst definierte Größe sein.

Wert	Bedeutung
_WINBUFDEF	benutzt die voreingestellte BildschirmSpeichergröße.
_WINBUFINF	benutzt einen Bildschirmspeicher, der nahezu unbegrenzt groß ist (gibt fortlaufend Speicher frei, so daß die gesamte Bildschirmausgabe gespeichert ist).

Funktion _wgetscreenbuf()

Zur Ermittlung der Größe des Fenster-Puffers kann die Funktion _wgetscreenbuf benutzt werden. Als Argument wfh wird der Verweis auf die Fensterdatei benötigt. Sobald der zurückgegebene Wert von _WINBUFINF ist, besitzt der Bildschirmspeicher eine "unbegrenzte" Größe. Alle anderen Werte ergeben die aktuelle Größe des Bildschirmspeichers in Bytes.

```
#include <io.h>
#include <stdio.h>
void main()
{
  int wfh1;
  long lBuff;

  wfh1 = _wgetfocus();
  lBuff = _wgetscreenbuf( wfh1);
  printf( "%d\n",lBuff);
}
```

oder

```
#include <io.h>
#include <stdio.h>
#include <fcntl.h>
void main()
{
  int wfh;
  long lBuff;
  struct _wopeninfo wopeninfo;
```

```
    wopeninfo._version = _WINVER;
    wopeninfo._title = "Fenster";
    wopeninfo._wbufsize = _WINBUFDEF;

    wfh = _wopen( &wopeninfo,
               NULL, _O_RDWR);
    lBuff = _wgetscreenbuf( wfh);
    printf( "%d\n",lBuff);
}
```

Funktion _wabout

Das Menü des QuickWin-Rahmenfensters enthält einen Menüpunkt mit der Bezeichnung About. Viele Windows-Programme benutzen diesen, um Informationen über die Software selbst zu geben. Mit der Funktion _wabout wird der Text gesetzt, der in der "About"-Dialogbox erscheint. Als Parameter wird dabei ein Pointer auf eine Zeichenkette übergeben. Die maximale Länge des Strings beträgt 256 Bytes und darf Carriage Returns und Linefeeds enthalten. Das Beispiel legt als Text in der About-Dialogbox die Versionsnummer des Programms fest.

```
#include <io.h>
void main()
{
  _wabout(
      "Programm Version 1.02");
}
```

Funktion _wmenuclick()

Die vorgegebenen Menüpunkte des QuickWin-Rahmenfensters können zwar nicht verändert oder ergänzt werden, jedoch kann durch die Funktion _wmenuclick eine Menübedienung erfolgen, als ob sie durch einen Benutzer durchgeführt würde. Dabei geschieht die Auswahl des Menüpunktes über das Argument menuitem, das mit einer voreingestellten Konstante versorgt wird.

Wert	Bedeutung
_WINTILE	Fenster nebeneinander
_WINCASCADE	Fenster übereinander
_WINARRANGE	Anordnen der Icons
_WINSTATBAR	Ein-/Ausschalten der Statuszeile

```
#include <io.h>
#include <stddef.h>
#include <fcntl.h>
void main()
{
  int wfh;
  struct _wopeninfo wopeninfo;

  wopeninfo._version = _WINVER;
  wopeninfo._title =
            "Menü auslösen";
  wopeninfo._wbufsize = _WINBUFDEF;
```

```
wfh = _wopen( &wopeninfo,
         NULL, _O_RDWR);
_wmenuclick( _WINTILE);
}
```

Funktion _wyield()

Ein Problem für DOS-Programme, die nach Windows umgestellt werden, entsteht bei der Verwendung von Schleifen. Da Windows nicht ein Zeitscheiben-Multitaskingsystem ist, sondern nur Programme zur Bearbeitung zuläßt, wenn ein anderes die Prozessorkontrolle an Windows zurückgibt, entsteht durch die Schleifenbearbeitung eine Rechnerblockade. Um trotzdem mit diesem non-preemptiven Multitasking von Windows leben zu können, sollte durch den Einbau der Funktion _wyield die Prozessorkontrolle an Windows ab und zu übergeben werden. Eine Windows-Anwendung, wie es auch QuickWin ist, muß ihre Meldungswarteschlange (Message Queue) periodisch abfragen, um die fließende und schnelle Abwicklung sicherzustellen. Hierdurch können andere Meldungen von Windows bearbeitet werden bzw. andere Applikationen ablaufen.

```
#include <io.h>
void main()
{
int i;

  for( i = 0; i <= 10000; i++ )
  {
    if( i%200 )
    _wyield();
  }
}
```

2.2.1 Realisierung des Taschenrechners in QuickC für DOS

Der Taschenrechner wird Standardfunktionen verwenden, wofür eine Auffrischung des C-Sprachschatzes nie schlecht ist. Deshalb soll an dieser Stelle ein kurzer Einblick in die Funktionsweise von printf() und scanf() gegeben werden. Die nachfolgenden Zeilen sind die einfachste Form von printf.

```
#include <stdio.h>
void main()
{
   printf( "Der Hund Rhumpole");
}
```

Die durch Anführungszeichen begrenzte Zeichenkette, die als Steuer-String bezeichnet wird, kommt auf dem Bildschirm zur Anzeige. Dieser Steuer-String kann neben den auszugebenden Zeichen noch Steueranweisungen enthalten. Mit diesen Anweisungen, die auch Escape-Sequenzen heißen, kann z.B. eine neue Zeile (\n) oder ein Tabulator (\t) erzeugt werden.

```
#include <stdio.h>
void main()
{
  printf( "Rhumpole ist ein\n");
  printf( "Neufundländer\t in Australien");
}
```

Als Ausgabe ergeben sich auf dem Bildschirm zwei Zeilen Text. Nachfolgende Escape-Sequenzen stehen in QuickC zur Verfügung, wobei die nur für DOS und nicht für QuickWin zur Verfügung stehenden mit der Bemerkung "nur DOS" versehen sind.

printf Escape Sequenzen

Escape Sequenz	Ergebnis
\a nur DOS	Signalton (Bell)
\b	ein Zeichen zurück (Backspace)
\f nur DOS	neue Seite (Formfeed)
\n	neue Zeile (Linefeed)
\r	Zeilenanfang (Carriage return)
\t nur DOS	Tabulator (Horizontal tab)
\v nur DOS	Tabulator (Vertical tab)
\'	einfaches Anführungszeichen
\"	doppeltes Anführungszeichen
\\	Backslash
\0ddd	ASCII Zeichen in Oktaldarstellung
\xdd	ASCII Zeichen in Hexadezimaldarstellung

Die Escape-Sequenzen können innerhalb einer Anweisungszeile beliebig kombiniert werden. So kann z.B. ein Tabulator \t mit \n zusammen Verwendung finden. Eine Besonderheit ist die Escape-Sequenz bestehend aus zwei Backslashs \\, da es nur hiermit möglich ist, die Ausgabe eines Backslash zu erreichen. Ansonsten leitet \ eine Steueranweisung ein und könnte nicht ausgegeben werden. Für die Zeichen ' bzw. " gilt dies entsprechend.

```
#include <stdio.h>
void main()
{
  printf("Backslash auf Bildschirm: \\");
}
```

Zusätzlich zu den Escape-Sequenzen kann ein Steuer-String noch ein Format-Zeichen enthalten. Hiermit wird festgelegt, welche Variablen und auf welche Weise sie dargestellt werden können. Eine häufige Anwendung geschieht durch den Formatbezeichner %d, der eine Integer-Zahl an die Stelle setzt, an der sich der Bezeichner aktuell innerhalb der Zeichenkette befindet. Ein Beispiel dazu, daß die Meldung "Rhumpole ist 1 Jahr alt" ausgibt, könnte folgendermaßen lauten:

```
#include <stdio.h>
void main()
{
  printf("Rhumpole ist %d Jahr alt", 1);
}
```

Mit dem Formatbezeichner %d wird der Funktion printf mitgeteilt, daß es sich bei dem Wert nach dem Steuer-String um eine Integer-Zahl handelt. Um mehrere Variablen auszugeben, braucht der Steuer-String nur weitere %d Formatbezeichner enthalten. Natürlich müssen anschließend entsprechend viele Variablen durch Komma getrennt an den Steuer-String angehängt werden.

```
#include <stdio.h>
void main()
{
  int i,x;

  printf("%d + %d = %d", i, x, i + x);
}
```

In der nachfolgenden Tabelle finden Sie gebräuchliche Formatbezeichner, die in QuickC für printf zur Verfügung stehen:

printf Formatbezeichner

Formatbezeichner	Datentyp
%d %i	ganzzahlig int
%o	ganzzahlig Oktal int
%x %X	ganzzahlig Hexadezimal int
%f	Gleitpunktzahl
%e %E	Gleitpunktzahl mit Exponent
%u	ganzzahlig unsigned int
%c	ASCII-Zeichen
%s	Zeichenkette
%p	Pointer

Eine weiterere Stream-Funktion ist scanf, die aber für die Eingabe zuständig ist. Die Funktionsweise ist der von printf sehr ähnlich. Das anschließende Beispiel demonstriert dies. Hierzu soll über die Tastatur eine Zahl mit Hilfe von scanf eingegeben und anschließend durch printf auf dem Bildschirm ausgegeben werden. Für eine Integer-Zahl kommt der Formatbezeichner %d sowohl für die Eingabe als auch für die Ausgabe zum Einsatz.

```
#include <stdio.h>
void main()
{
  int iZahl;

  scanf("%d", &iZahl);
  printf("Der Wert der Zahl ist: %d", iZahl);
}
```

Damit die Funktion scanf() über den Ort der Variablen Bescheid weiß, muß diese Variable als Referenzparameter durch ihre Adresse übergeben werden. Wie bereits beim printf() können mehrere Eingaben durch das Anfügen von weiteren Formatbezeichnern erreicht werden.

scanf + QuickWin Statuszeile

Erfolgt die Anwendung einer scanf()-Funktion innerhalb eines QuickWin-Programms, erscheint eine Meldungszeile am unteren Rand des QuickWin-Fensters, die zur Eingabe auffordert. Da dieser Vorgang nicht extra programmiert werden muß, ist das eine recht schöne Funktionserweiterung, die QuickWin mitbringt.

Es ist jetzt an der Zeit, sich an den Taschenrechner für DOS mit QuickC heranzumachen. Die Funktionsweise kennen wir bereits von der Basic- und der VisualBasic-Version. Eine Besonderheit der QuickC für die DOS-Version ist aber doch von Interesse. Sie liegt in der Positionierung von Ausgaben auf dem Bildschirm. Eine printf() Funktion ermöglicht nur geringe Einflußmöglichkeiten auf die Bildschirmposition, an der die Ausgabe erfolgen soll. Als Lösung bietet sich die direkte Ausgabe an die Grafikkarte oder die Verwendung von ANSI-Escape-Sequenzen an. In dem Beispiel werden die Ausgaben durch printf()-Funktionen zusammen mit ANSI-Escape-Sequenzen auf dem Bildschirm positioniert. Voraussetzung dafür ist die Installation des ANSI.SYS-Treibers in der CONFIG.SYS-Datei von DOS. Der Eintrag dafür lautet z.B. DEVICE=c:\DOS5\ANSI.SYS.

Nachdem der ANSI.SYS-Treiber installiert ist, können ANSI-Escape-Sequenzen in den printf() Steuer-String eingebaut werden, um die Textausgabe zu positionieren. Dies erfolgt im Beispiel innerhalb der Prozedur Ausgabe().

```
/* Ausgaberoutine, die Text an gewünschter Stelle
   ausgibt */
void Ausgabe(int zeile, int spalte, char *text,
             char *wert, int laenge)
{
  /* gibt an der Stelle -zeile- -spalte- den Wert
     mit Text aus Parameter laenge bestimmt die
     Anzahl der Leerzeichen
  */
  int i;

  printf( "\x1B[%d;%dH", zeile, spalte);
  for (i=1;i<=laenge;i++)
      putch(' ');
  printf( "\x1B[%d;%dH", zeile, spalte);
  printf("%s%s", text,wert);
}
```

Für die Positionierung des Schreibzeigers auf dem Bildschirm ist die Zeile printf("\x1B [%d;%dH", zeile, spalte); zuständig. Diese setzt sich aus der ANSI-Escape-Sequenz "ESC1B[Zeile Spalte H" zusammen. Nachdem die Position gesetzt ist, erfolgt die Ausgabe eines Textes über das ganz gewöhnliche printf().

Das eigentliche Hauptprogramm besteht aus einer while-Schleife, innerhalb der die Tastatur abgefragt wird. Zum einen geschieht dies durch die Funktion kbhit(), die TRUE zurückliefert, sobald eine Taste betätigt wurde. Sobald hieraus eine Tastenbetätigung erkannt wurde, wird die Taste über die Funktion getch() eingelesen. Anschließend wird entsprechend der gedrückten Taste zu den Unterprogrammen gesprungen. Die Entscheidung geschieht über eine switch-case-Abfrage.

```
while (1)
{
  /* Taste abfragen */
  while( !kbhit() ) ;
  OpTaste = getch();
    switch (OpTaste)
    {
```

Die Übersetzung des DOS-Programms erfolgt durch Einstellung der Projekt-Option auf DOS. Nach erfolgreicher Übersetzung kann das Programm auch direkt aus QuickC für Windows gestartet werden, jedoch gibt es keine Testmöglichkeiten durch Debug-Funktionen, wie sie z.B. für QuickWin- oder Windows-Programme möglich sein werden.

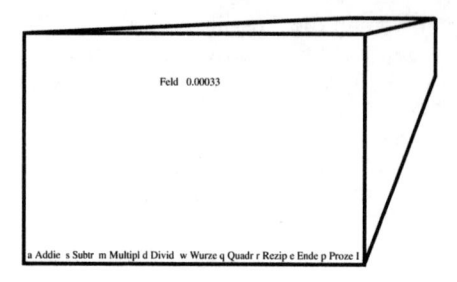

Abb. 14: Aussehen des mit QuickC erstellten Taschenrechners für DOS

Beispiel

```
/************** QCRechD.C ************************/
 1  /************** Achtung ANSI.SYS installieren ******/
 2  #include <conio.h>
 3  #include <stdio.h>
 4  #include <io.h>
 5  #include <math.h>
 6  #include <string.h>
 7  #include <stdlib.h>
 8  #include <fcntl.h>
 9
10  void Programmende(void);
11  void Prozent(void);
12  void Dezimal(void);
13  void Abbruch(void);
14  void AbbruchEingabe(void);
15  void Nummer(void);
16  void Reziprok(void);
17  void RechnerInit(void);
18  void Operator(void);
19  void Wurzel(void);
20  void Quadrat(void);
21  void Ausgabe(int zeile, int spalte, char *text,
22                char *wert, int laenge);
23  void Dezimal(void);
24  void Abbruch(void);
25  void AbbruchEingabe(void);
26  void OpAdd(void);
27  void OpSub(void);
28  void OpMul(void);
29  void OpDiv(void);
30  void OpErg(void);
31  void OpPro(void);
32  void OpRez(void);
33  void OpQua(void);
34  void OpWur(void);
35
36
37  double Op1;            /* Erste Eingabe */
38  double Op2;            /* Zweite Eingabe */
39  int    DezimalPunkt;   /* zeigt an, ob der
40                            Dezimalpunkt vorhanden ist */
41  int    NumOps;         /* Anzahl der Operanden */
42  int    LetzteEingabe;  /* zeigt den Typ der letzten
43                            Tasteneingabe an */
44  char   OpFlag;         /* zeigt die Operation an */
45  char   OpTaste;        /* zeigt die Taste an */
46  char   AusgabeFeld[30];/* Berechnungsfeld */
47
48  #define TRUE -1
49  #define FALSE 0
50
51  #define NONE 0x00
52  #define NUMS 0x01
53  #define OPS  0x02
54  #define CE   0x03
55
56  void main()
57  {
58    printf("\x1B[2J");
59    /* Initialisierungsroutine für den Taschenrechner
60       Es werden alle Variablen auf ihren Anfangswert
61       gesetzt */
62    RechnerInit();
63    Ausgabe(1, 30, "Feld ", AusgabeFeld, 40);
64
65    /* Text, der in Zeile 25 sichtbar wird */
66    Ausgabe(25,  0, "a Addie", "", 80);
67    Ausgabe(25,  8, "s Subtr", "", 0);
68    Ausgabe(25, 16, "m Multi", "", 0);
69    Ausgabe(25, 24, "d Divid", "", 0);
70    Ausgabe(25, 32, "w Wurze", "", 0);
71    Ausgabe(25, 40, "q Quadr", "", 0);
72    Ausgabe(25, 48, "r Rezip", "", 0);
73    Ausgabe(25, 56, "e Ende ", "", 0);
74    Ausgabe(25, 64, "p Proze", "", 0);
75    Ausgabe(25, 72, "l Ergeb", "", 0);
76
77    /* ***** Hauptprogramm ***** */
78    while (1)
79    {
80      /* Taste abfragen */
81      while( !kbhit() ) ;
82      OpTaste = getch();
83      switch (OpTaste)
84      {
85        case '0':
86        case '1':
87        case '2':
88        case '3':
89        case '4':
90        case '5':
91        case '6':
92        case '7':
93        case '8':
94        case '9':
```

```
            Nummer();     /* Ziffer */
            break;

        case '.':
            Dezimal();    /* Dezimalpunkt */
            break;

        case 'C':
            Abbruch();    /* Abbruch mit Cancel */
            break;

        case 'c':
            AbbruchEingabe(); /* Abbruch mit CE */
            break;

        case '+':
        case 'A':
        case 'a':
            OpAdd();      /* Addieren */
            break;

        case '-':
        case 'S':
        case 's':
            OpSub();      /* Subtrahieren */
            break;

        case '*':
        case 'M':
        case 'm':
            OpMul();      /* Multiplizieren */
            break;

        case '/':
        case 'D':
        case 'd':
            OpDiv();      /* Dividieren */
            break;

        case 'W':
        case 'w':
            OpWur();      /* Wurzel */
            break;

        case 'Q':
        case 'q':
            OpQua();      /* Quadrat */
            break;

        case 'R':
        case 'r':
            OpRez();      /* Reziprok */
            break;

        case 'E':
        case 'e':
            Programmende();
            break;

        case '%':
        case 'P':
        case 'p':
            OpPro();      /* Prozent */
            break;

        case 0x0d:
        case '=':
        case 'I':
        case 'i':
            OpErg();      /* Ergebnis */
            break;
        }
    }
}
/* Unterprogramm wird durch Taste <A>, <+> ausgelöst */
void OpAdd()
{
    OpTaste = '+';
    Operator();
}

/* Unterprogramm wird durch Taste <S>, <-> ausgelöst */
void OpSub()
{
    OpTaste = '-';
    Operator();
}

/* Unterprogramm wird durch Taste <M>, <*> ausgelöst */
void OpMul()
{
    OpTaste = '*';
    Operator();
}

/* Unterprogramm wird durch Taste <D>, </> ausgelöst */
void OpDiv()
{
    OpTaste = '/';
    Operator();
}

/* Unterprogramm wird durch Taste <W> ausgelöst
*/
void OpWur()
{
    Wurzel();
}

/* Unterprogramm wird durch Taste <Q> ausgelöst
*/
void OpQua()
{
    Quadrat();
}

/* Unterprogramm wird durch Taste <R> ausgelöst
*/
void OpRez()
{
    Reziprok();
}

/* Unterprogramm wird durch Taste <E> ausgelöst
*/
void Programmende()
{
    exit(0);
}

/* Unterprogramm wird durch Taste <R>, <=>, <Enter>
   ausgelöst
*/
void OpErg()
{
    OpTaste = '=';
    Operator();
}

/* Unterprogramm wird durch Taste <P>, <%> ausgelöst */
void OpPro()
{
    Prozent();
}

/* Unterprogramm für C (Cancel) Taste
   Löschen der Anzeige und Initialisierung der
   Variablen
*/
void Abbruch()
{
    strcpy(AusgabeFeld, "0.");
    RechnerInit();
    Ausgabe(1, 30, "Feld ", AusgabeFeld, 40);
}

/* Unterprogramm für CE (cancel entry) Taste
*/
void AbbruchEingabe()
{
    strcpy(AusgabeFeld, "0.");
    Ausgabe(1, 30, "Feld ", AusgabeFeld, 40);
    DezimalPunkt = FALSE;
    LetzteEingabe = CE;
}

/* Ausgaberoutine, die Text an gewünschter Stelle
   ausgibt */
void Ausgabe(int zeile, int spalte, char *text,
             char *wert, int laenge)
{
    /* gibt an der Stelle -zeile- -spalte- den Wert
       mit Text aus Parameter laenge bestimmt die
       Anzahl der Leerzeichen
    */
    int i;

    printf("\x1B[%d;%dH", zeile, spalte);
    for (i=1;i<=laenge;i++)
        putch(' ');
    printf("\x1B[%d;%dH", zeile, spalte);
    printf("%s%s", text,wert);
}

/* Unterprogramm für Dezimalpunkt (.)
   Wenn die letzte Taste ein Operator war, die
   Ausgabe mit "0." vorsetzen. Im anderen Fall
   einen Dezimalpunkt an die Anzeige anfügen
*/
void Dezimal()
{
    if (LetzteEingabe != NUMS)
        strcpy(AusgabeFeld, "0.");
    else if (DezimalPunkt == FALSE)
        strcat(AusgabeFeld, ".");
    Ausgabe(1, 30, "Feld ", AusgabeFeld, 40);

    DezimalPunkt = TRUE;
    LetzteEingabe = NUMS;
}

/* Unterprogramm für die Nummerntasten (0-9).
   Es wird eine neue Ziffer an die Anzeige angefügt
*/
void Nummer()
{
    static char cStr[]={0,0};
    if (LetzteEingabe != NUMS)
    {
        *AusgabeFeld = 0;
        DezimalPunkt = FALSE;
    }
    cStr[0] = OpTaste;
    strcat(AusgabeFeld, cStr);
    Ausgabe(1, 30, "Feld ", AusgabeFeld, 40);
```

```
311      LetzteEingabe = NUMS;
312   }
313
314   /* Prozedur für die Operator-Tasten (+, -, x, /, =).
315      Wenn der Tastendruck Teil einer Nummer war, wird
316      die Variable NumOps um eins erhöht. Ist es nur
317      ein Operant, so wird die Variable Op1 gesetzt.
318      Sind jedoch 2 Operanden vorhanden, wird Op1 mit
319      dem Ergebnis der Oparation aus Op1 und dem
320      aktuellen Eingabewert gleichgesetzt. Zudem
321      erfolgt die Anzeige des Ergebnisses.
322   */
323   void Operator()
324   {
325      if (LetzteEingabe == NUMS)
326         NumOps = NumOps + 1;
327      if (NumOps == 1)
328         Op1 = atof(AusgabeFeld);
329      else if (NumOps == 2)
330      {
331         Op2 = atof(AusgabeFeld);
332
333         switch (OpFlag)
334         {
335            case '+':
336               Op1 = Op1 + Op2;
337               break;
338
339            case '-':
340               Op1 = Op1 - Op2;
341               break;
342
343            case '*':
344               Op1 = Op1 * Op2;
345               break;
346
347            case '/':
348               if (Op2 == 0)
349                  Ausgabe(5, 30,
350                     "Division durch 0 geht nicht", "", 0);
351               else
352                  Op1 = Op1 / Op2;
353               break;
354
355            case '=':
356               Op1 = Op2;
357               break;
358         }
359         sprintf(AusgabeFeld,"%f" ,Op1);
360         Ausgabe(1, 30, "Feld ", AusgabeFeld, 40);
361         NumOps = 1;
362      }
363
364      LetzteEingabe = OPS;
365      OpFlag = OpTaste;
366   }
367
368   /* Unterprogramm für Prozent-Taste (%).
369      Berechnet die Prozent des ersten Operators und
370      zeigt diesen an
371   */
372   void Prozent()
373   {
374      sprintf(AusgabeFeld,"%f" ,
375         Op1 * atof(AusgabeFeld) / 100);
376      Ausgabe(1, 30, "Feld ", AusgabeFeld, 40);
377   }
378
379   /* Unterprogramm zur Berechnung des Quadrates
380   */
381   void Quadrat()
382   {
383      Op1 = atof(AusgabeFeld);
384      if (Op1 < 1E+20)
385         Op1 = Op1 * Op1;
386      sprintf(AusgabeFeld,"%f" ,Op1);
387      Ausgabe(1, 30, "Feld ", AusgabeFeld, 40);
388
389      NumOps = 1;
390      LetzteEingabe = OPS;
391      OpFlag = ' ';
392   }
393
394   /* Initialisierungsroutine für den Taschenrechner
395      Es werden alle Variablen auf ihren Anfangswert
396      gesetzt
397   */
398   void RechnerInit()
399   {
400      DezimalPunkt = FALSE;
401      NumOps = 1;
402      LetzteEingabe = NONE;
403      OpFlag = ' ';
404      strcpy(AusgabeFeld, "0.");
405   }
406
407   /* Unterprogramm zur Berechnung des Reziprokwertes
408   */
409   void Reziprok()
410   {
411      Op1 = atof(AusgabeFeld);
412      if (Op1 == 0)
413         Ausgabe(5, 30,
414            "Division durch 0 geht nicht", "", 0);
415      else
416         Op1 = 1 / Op1;
417      sprintf(AusgabeFeld,"%f" ,Op1);
418      Ausgabe(1, 30, "Feld ", AusgabeFeld, 40);
419
420      NumOps = 1;
421      LetzteEingabe = OPS;
422      OpFlag = ' ';
423   }
424
425   /* Unterprogramm zur Berechnung der Wurzel
426   */
427   void Wurzel()
428   {
429      Op1 = atof(AusgabeFeld);
430      if (Op1 < 0)
431         Ausgabe(5, 30,
432            "Negative Wurzel geht nicht", "", 0);
433      else
434         Op1 = sqrt(Op1);
435      sprintf(AusgabeFeld,"%f" ,Op1);
436      Ausgabe(1, 30, "Feld ", AusgabeFeld, 40);
437
438      NumOps = 1;
439      LetzteEingabe = OPS;
440      OpFlag = ' ';
441   }
```

2.2.2 Umstellung des Taschenrechners in QuickC auf Windows

Die Übersetzung unseres QuickC-DOS-Taschenrechners mit der Option QuickWin scheitert leider an mehreren Kleinigkeiten. Wenn Sie sich noch erinnern, verwendeten wir die Funktionen kbhit() und getch() für die zeichenweise Eingabe. Beim Linker-Lauf wird unsere Hoffnung auf schnelle Umstellung durch eine Fehlermeldung jäh beendet. Denn die Funktionen kbhit() und getch(), aber auch putch() sind in der QuickWin-Bibliothek von Microsoft nicht inplementiert worden. Aber es kommt für uns noch schlimmer, denn die ANSI-Escape-Sequenzen werden nicht mehr verstanden und nur als Schmierzeichen auf dem Bildschirm dargestellt. Da ein Aufgeben nicht in Frage kommt, wird nach Ersatzlösungen gesucht.

kbhit() + getch() ersetzen

Auf die Funktion kbhit() muß ganz verzichtet werden, wogegen getch() durch getchar() ersetzt wird.

```
OpTaste = (char)getchar();
```

Damit ist jedoch kein optimales Ergebnis zu erzielen, da eine Zeichenübernahme durch getchar() erst nach Abschluß mit der `Enter`-Taste durch den Benutzer erfolgt. Der Taschenrechner besitzt jetzt mehr die Funktion eines Zeicheneditors, aber immerhin ist nicht alles verloren.

ANSI-Escape-Sequenz

Die gezielte Textausgabe über ANSI-Escape-Sequenzen ist, wie schon gesagt, nicht mehr möglich. Damit das Programm in seiner Struktur aber trotzdem noch erhalten bleibt, greifen wir hauptsächlich nur in die Prozedur Ausgabe ein.

```
/* Ausgaberoutine, die Text ausgibt
*/
void Ausgabe( char *text, char *wert, int lf)
{
  printf("%s%s", text,wert);
  if (lf)
    printf( "\n");
}
```

Bei der Positionierung muß man sich dabei auf die Zeilenvorschübe beschränken. Es ist ganz klar, daß hierdurch eine Einbuße im Bedienungskomfort entsteht, aber besser eine Teillösung als gar keine.

Abb. 15: Aussehen des mit QuickC und QuickWin erstellten Taschenrechners für Windows

Beispiel

/************ QCRechwD.C ************************/

```
 1  #include <conio.h>
 2  #include <stdio.h>
 3  #include <io.h>
 4  #include <math.h>
 5  #include <string.h>
 6  #include <stdlib.h>
 7  #include <fcntl.h>
 8
 9  void Programmende(void);
10  void Prozent(void);
11  void Dezimal(void);
12  void Abbruch(void);
13  void AbbruchEingabe(void);
14  void Nummer(void);
15  void Reziprok(void);
16  void RechnerInit(void);
17  void Operator(void);
18  void Wurzel(void);
19  void Quadrat(void);
20  void Ausgabe(char *, char *, int);
21  void Dezimal(void);
22  void Abbruch(void);
23  void AbbruchEingabe(void);
24  void OpAdd(void);
25  void OpSub(void);
26  void OpMul(void);
27  void OpDiv(void);
28  void OpErg(void);
29  void OpPro(void);
30  void OpRez(void);
31  void OpQua(void);
32  void OpWur(void);
33
34  double Op1;            /* Erste Eingabe */
35  double Op2;            /* Zweite Eingabe */
36  int DezimalPunkt;      /* zeigt an, ob der
37                           Dezimalpunkt vorhanden ist */
38  int NumOps;            /* Anzahl der Operanden */
39  int LetzteEingabe;     /* zeigt den Typ der letzten
40                           Tasteneingabe an */
41  char OpFlag;           /* zeigt die Operation an */
42  char OpTaste;          /* zeigt die Taste an */
43  char AusgabeFeld[30];  /* Berechnungsfeld */
44
45  #define TRUE -1
46  #define FALSE 0
47
48  #define NONE 0x00
49  #define NUMS 0x01
50  #define OPS  0x02
51  #define CE   0x03
52
53  void main()
54  {
55    /* Initialisierungsroutine für den Taschenrechner
56       Es werden alle Variablen auf ihren Anfangswert
57       gesetzt */
58    RechnerInit();
```

```c
    Ausgabe("Feld ", AusgabeFeld, TRUE);

    /* Menü */
    Ausgabe("a Addie s Subtr m Multi d Divid w Wurze ",
      "q Quadr r Rezip e Ende  p Proze I Ergeb", TRUE);

    /* ***** Hauptprogramm ***** */
    while (1)
    {
      /* Taste abfragen */
      /* kbhit wird von QuickWin nicht unterstützt */
      /* auch getch() wird nicht unterstützt */
      OpTaste = (char)getchar();
      switch (OpTaste)
      {
        case '0':
        case '1':
        case '2':
        case '3':
        case '4':
        case '5':
        case '6':
        case '7':
        case '8':
        case '9':
          Nummer();   /* Ziffer */
          break;

        case '.':
          Dezimal();  /* Dezimalpunkt */
          break;

        case 'C':
          Abbruch();  /* Abbruch mit Cancel */
          break;

        case 'c':
          AbbruchEingabe();  /* Abbruch mit CE */
          break;

        case '+':
        case 'A':
        case 'a':
          OpAdd();   /* Addieren */
          break;

        case '-':
        case 'S':
        case 's':
          OpSub();   /* Subtrahieren */
          break;

        case '*':
        case 'M':
        case 'm':
          OpMul();   /* Multiplizieren */
          break;

        case '/':
        case 'D':
        case 'd':
          OpDiv();   /* Dividieren */
          break;

        case 'W':
        case 'w':
          OpWur();   /* Wurzel */
          break;

        case 'Q':
        case 'q':
          OpQua();   /* Quadrat */
          break;

        case 'R':
        case 'r':
          OpRez();   /* Reziprok */
          break;

        case 'E':
        case 'e':
          Programmende();
          break;

        case '%':
        case 'P':
        case 'p':
          OpPro();   /* Prozent */
          break;

        case 0x0d:
        case '=':
        case 'I':
        case 'i':
          OpErg();   /* Ergebnis */
          break;
      }
    }
}

/* Unterprogramm wird durch Taste <A>, <+> ausgelöst */
void OpAdd()
{
  OpTaste = '+';
  Operator();
}

/* Unterprogramm wird durch Taste <S>, <-> ausgelöst */
void OpSub()
{
  OpTaste = '-';
  Operator();
}

/* Unterprogramm wird durch Taste <M>, <*> ausgelöst */
void OpMul()
{
  OpTaste = '*';
  Operator();
}

/* Unterprogramm wird durch Taste <D>, </> ausgelöst */
void OpDiv()
{
  OpTaste = '/';
  Operator();
}

/* Unterprogramm wird durch Taste <W>, ausgelöst
*/
void OpWur()
{
  Wurzel();
}

/* Unterprogramm wird durch Taste <Q>, ausgelöst
*/
void OpQua()
{
  Quadrat();
}

/* Unterprogramm wird durch Taste <R> ausgelöst
*/
void OpRez()
{
  Reziprok();
}

/* Unterprogramm wird durch Taste <E> ausgelöst
*/
void Programmende()
{
  exit(0);
}

/* Unterprogramm wird durch Taste <R>, <=> ausgelöst */
void OpErg()
{
  OpTaste = '=';
  Operator();
}

/* Unterprogramm wird durch Taste <P>, <%> ausgelöst */
void OpPro()
{
  Prozent();
}

/* Unterprogramm für C (Cancel) Taste
   Löschen der Anzeige und Initialisierung der
   Variablen
*/
void Abbruch()
{
  strcpy(AusgabeFeld, "0.");
  RechnerInit();
  Ausgabe("Feld ", AusgabeFeld, TRUE);
}

/* Unterprogramm für CE (cancel entry) Taste
*/
void AbbruchEingabe()
{
  strcpy(AusgabeFeld, "0.");
  Ausgabe( "Feld ", AusgabeFeld, TRUE);
  DezimalPunkt = FALSE;
  LetzteEingabe = CE;
}

/* Ausgaberoutine, die Text ausgibt
*/
void Ausgabe( char *text, char *wert, int lf)
{
  printf("%s%s", text,wert);
  if (lf)
    printf( "\n");
}

/* Unterprogramm für Dezimalpunkt (.)
   Wenn die letzte Taste ein Operator war, die
   Ausgabe mit "0." vorbesetzen. Im anderen Fall
   einen Dezimalpunkt an die Anzeige anfügen
*/
void Dezimal()
{
  if (LetzteEingabe != NUMS)
    strcpy(AusgabeFeld, "0.");
  else if (DezimalPunkt == FALSE)
    strcat(AusgabeFeld, ".");

  DezimalPunkt = TRUE;
  LetzteEingabe = NUMS;
}

/* Unterprogramm für die Nummerntasten (0-9).
```

```
275      Es wird eine neue Ziffer an die Anzeige angefügt
276   */
277   void Nummer()
278   {
279      static char cStr[]={0,0};
280      if (LetzteEingabe != NUMS)
281      {
282         *AusgabeFeld = 0;
283         DezimalPunkt = FALSE;
284      }
285      cStr[0] = OpTaste;
286      strcat(AusgabeFeld, cStr);
287      LetzteEingabe = NUMS;
288   }
289
290   /* Prozedur für die Operator-Tasten (+, -, x, /, =).
291      Wenn der Tastendruck Teil einer Nummer war, wird
292      die Variable NumOps um eins erhöht. Ist es nur
293      ein Operant, so wird die Variable Op1 gesetzt.
294      Sind jedoch 2 Operanden vorhanden, wird Op1 mit
295      dem Ergebnis der Operation aus Op1 und dem
296      aktuellen Eingabewert gleichgesetzt. Zudem
297      erfolgt die Anzeige des Ergebnisses.
298   */
299   void Operator()
300   {
301      if (LetzteEingabe == NUMS)
302         NumOps = NumOps + 1;
303      if (NumOps == 1)
304         Op1 = atof(AusgabeFeld);
305      else if (NumOps == 2)
306      {
307         Op2 = atof(AusgabeFeld);
308
309         switch (OpFlag)
310         {
311            case '+':
312               Op1 = Op1 + Op2;
313               break;
314
315            case '-':
316               Op1 = Op1 - Op2;
317               break;
318
319            case '*':
320               Op1 = Op1 * Op2;
321               break;
322
323            case '/':
324               if (Op2 == 0)
325                  Ausgabe( "Division durch 0 geht nicht",
326                           "", TRUE);
327               else
328                  Op1 = Op1 / Op2;
329               break;
330
331            case '=':
332               Op1 = Op2;
333               break;
334         }
335         sprintf(AusgabeFeld,"%f" ,Op1);
336         Ausgabe( "Feld ", AusgabeFeld, TRUE);
337         NumOps = 1;
338      }
339
340      LetzteEingabe = OPS;
341      OpFlag = OpTaste;
342   }
343
344   /* Unterprogramm für Prozent-Taste (%).
345      Berechnet die Prozent des ersten Operators und
346      zeigt diesen an
347   */
348   void Prozent()
349   {
350      sprintf(AusgabeFeld,"%f" ,
351             Op1 * atof(AusgabeFeld) / 100);
352      Ausgabe( "Feld ", AusgabeFeld, TRUE);
353   }
354
355   /* Unterprogramm zur Berechnung des Quadrates
356   */
357   void Quadrat()
358   {
359      Op1 = atof(AusgabeFeld);
360      if (Op1 < 1E+20)
361         Op1 = Op1 * Op1;
362      sprintf(AusgabeFeld,"%f" ,Op1);
363      Ausgabe( "Feld ", AusgabeFeld, TRUE);
364
365      NumOps = 1;
366      LetzteEingabe = OPS;
367      OpFlag = ' ';
368   }
369
370   /* Initialisierungsroutine für den Taschenrechner
371      Es werden alle Variablen auf ihren Anfangswert
372      gesetzt
373   */
374   void RechnerInit()
375   {
376      DezimalPunkt = FALSE;
377      NumOps = 0;
378      LetzteEingabe = NONE;
379      OpFlag = ' ';
380      strcpy(AusgabeFeld, "0.");
381   }
382
383   /* Unterprogramm zur Berechnung des Reziprokwertes
384   */
385   void Reziprok()
386   {
387      Op1 = atof(AusgabeFeld);
388      if (Op1 == 0)
389         Ausgabe( "Division durch 0 geht nicht",
390                  "", TRUE);
391      else
392         Op1 = 1 / Op1;
393      sprintf(AusgabeFeld,"%f" ,Op1);
394      Ausgabe("Feld ", AusgabeFeld, TRUE);
395
396      NumOps = 1;
397      LetzteEingabe = OPS;
398      OpFlag = ' ';
399   }
400
401   /* Unterprogramm zur Berechnung der Wurzel
402   */
403   void Wurzel()
404   {
405      Op1 = atof(AusgabeFeld);
406      if (Op1 < 0)
407         Ausgabe( "Negative Wurzel geht nicht",
408                  "", TRUE);
409      else
410         Op1 = sqrt(Op1);
411      sprintf(AusgabeFeld,"%f" ,Op1);
412      Ausgabe( "Feld ", AusgabeFeld, TRUE);
413
414      NumOps = 1;
415      LetzteEingabe = OPS;
416      OpFlag = ' ';
417   }
```

2.2.3 Realisierung des Taschenrechners in QuickC für Windows

QuickCase:W übernimmt Programmrahmen

Die Umstellung auf die volle Windows-Version wird uns leichter fallen, als es auf den ersten Blick erscheinen mag. Denn das Entwicklungshilfsmittel QuickCase:W nimmt einen Großteil der Arbeit ab. Die Hauptaufgabe wird es sein, die Oberfläche des Taschenrechners zu erstellen, und diese dann mit den bestehenden Unterprogrammen zu verknüpfen. Der eigentliche Taschenrechner wird durch ein Dialogfenster dargestellt, das die Buttons für die Tastaturfunktionen enthält. Das Dialogfenster wird als erstes mit dem Dialog-Editor von QuickC erstellt und anschließend in QuickCase:W als Dialogbox eingebunden. Dies hat den Vorteil, daß hierdurch die erforderliche Dialogboxroutine von QuickCase:W als C-Code erstellt wird. Der so erstellte Programmrahmen kann jetzt mit dem bestehenden Code verbunden werden.

Initialisierung in WM_INITDIALOG

Bereits nach dem Programmstart erscheint sofort der Taschenrechner als Dialogbox. Dies geschieht durch den Aufruf der Dialogbox in der WM_CREATE-Meldung des Hauptfensters. Sobald die Dialogbox aufgerufen wird, entsteht die Meldung WM_INITDIALOG, die an die Dialogboxroutine gesendet wird, und die wir zur Initialisierung des Taschenrechners benutzen.

```
case WM_CREATE:
  lpfnDIALOGSMsgProc = MakeProcInstance(
                  (FARPROC)RechnerMsgProc, hInst);
  nRc = DialogBox(hInst, (LPSTR)"RechnerBox",
                  hWnd, lpfnDIALOGSMsgProc);
  FreeProcInstance(lpfnDIALOGSMsgProc);
  if (nRc == TRUE)
    PostMessage( hWnd, WM_CLOSE, 0, 0L);
  break;       /* Ende von WM_CREATE          */
case WM_INITDIALOG:
  /* Initialisierungsroutine für den
     Taschenrechner. Es werden alle Variablen auf
     ihren Anfangswert gesetzt */
  RechnerInit();
  Ausgabe( AusgabeFeld);
  /* Initialisierung der Arbeits-Variablen   */
  return (FALSE); /* Ende von WM_INITDIALOG   */
  break;
```

Als Funktion zur Textausgabe auf dem Bildschirm dient nach wie vor das Unterprogramm Ausgabe, das einen Text an das Textfeld der Dialogbox übergibt. Da das Textfeld jetzt eine feste Position einnimmt, braucht keine Textpositionierung mehr für die Ausgabe vorgenommen werden. Die Programmzeilen dafür können somit entfallen. Die Identifikation des Textfeldes erfolgt durch die Konstante IDC_FELD, die in der Include Datei QCRechW.H mit einem Wert versehen wurde. Natürlich muß der ID-Wert während der Erstellung mit dem Dialogeditor für das Textfeld genauso gesetzt sein.

```
/* Ausgaberoutine an Textfeld */
void Ausgabe( char *text)
{
  SetDlgItemText(hWndDlg, IDC_FELD, text);
  SetFocus(GetDlgItem(hWndDlg, IDC_FELD));
}
```

Fehlermeldungen, die bisher auch durch die Ausgaberoutine realisiert wurden, sind durch die Windows-Funktion MessageBox ersetzt worden. Beim Auftreten eines Fehlers entsteht hierdurch ein Meldungsfenster, das der Bediener durch den *OK*-Button bestätigen muß.

```
MessageBox( hWndMain,
            "Negative Wurzel geht nicht",
            "Rechner", MB_OK);
```

Die Eingabe des Taschenrechners findet jetzt nicht mehr über Tastatur statt, sondern über Befehlsschaltflächen, die einen Taschenrechner optisch nachbilden. Dementsprechend werden anstelle des Tastencodes die ID-Werte der Buttons abgefragt. Dieser ID-Wert wird als Parameter in der Variablen wParam der WM_COMMAND-Meldung der Dialogboxroutine übergeben. Damit braucht der ID-Wert nur noch über eine switch-Abfrage untersucht werden. Entsprechend des gedrückten Buttons wird dann zu dem Unterprogramm zur Verarbeitung verzweigt. Diese Unterprogramme konnten dabei fast unverändert von der DOS-Version übernommen werden. Für die Abfrage der Ziffern wurde ein kleiner Trick angewandt, um auf den Ziffernwert zu kommen. Da der ID-Wert der Buttons 0 - 9 auch den Wert 0 - 9 besitzt, braucht nur noch hexadezimal dreißig dazu gezählt zu werden, um den Tastencode zu erlangen.

```
case WM_COMMAND:
 switch (wParam)
 {
   case IDC_0:
   case IDC_1:
   case IDC_2:
   case IDC_3:
   case IDC_4:
   case IDC_5:
   case IDC_6:
   case IDC_7:
   case IDC_8:
   case IDC_9:
     OpTaste = (char)wParam + (char)0x30;
     Nummer();   /* Ziffer */
     break;

   case IDC_G:
     Dezimal();  /* Dezimalpunkt */
     break;

   case IDC_C:
     Abbruch();  /* Abbruch mit Cancel */
     break;

   case IDC_CE:
     AbbruchEingabe();  /* Abbruch mit CE */
     break;

   case IDC_A:
     OpAdd();   /* Addieren */
     break;
```

Nachfolgend sehen Sie das QuickC-Programm, das den abgebildeten Taschenrechner anzeigt und dessen Funktionalität gewährleistet. Außer der Datei für den C-Sourcecode werden noch weitere Dateien benötigt, die bei der Arbeit mit QuickCase:W bzw. mit dem Dialogeditor automatisch angelegt werden. Auf sie wird in den nachfolgenden Kapiteln noch genau eingegangen.

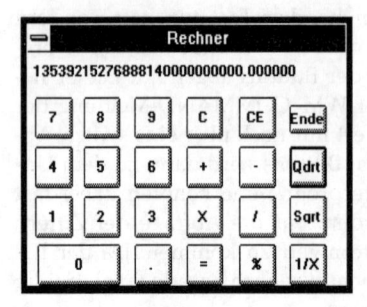

Abb. 16: Aussehen des mit QuickC erstellten Taschenrechners für Windows

Beispiel

/****************** QCRechW.C ******************/

```
  1  /* QuickCase:W */
  2  #include "QcRechW.h"
  3
  4  int PASCAL WinMain(HANDLE hInstance, HANDLE hPrevInstance,
  5  LPSTR lpszCmdLine, int nCmdShow)
  6  {
  7  /*****************************************************/
  8  /* HANDLE hInstance;      Handle dieser Instanz       */
  9  /* HANDLE hPrevInstance;  Handle der vorher-          */
 10  /*                        gehenden Instanz            */
 11  /* LPSTR  lpszCmdLine;    Zeiger auf die              */
 12  /*                        Kommandozeile               */
 13  /* int    nCmdShow;       Code zur Anzeige des        */
 14  /*                        Hauptfensters               */
 15  /*****************************************************/
 16
 17  MSG msg;              /* MSG-Struktur für die
 18                           Meldungen              */
 19  int nRc;              /* Rückgabewert der Klassen-
 20                           Registrierung(en) */
 21
 22  strcpy(szarAppName, "Rechner");
 23  hInst = hInstance;
 24  if(!hPrevInstance)
 25    {
 26    /* Registrieren der Fensterklasse(n) bei der 1.
 27                                           Instanz */
 28    if ((nRc = nCwRegisterClasses()) == -1)
 29      {
 30      /* Registrierung schlug fehl           */
 31      LoadString(hInst, IDS_ERR_REGISTER_CLASS,
 32        szarString, sizeof(szarString));
 33      MessageBox(NULL,szarString,
 34        NULL,MB_ICONEXCLAMATION);
 35      return nRc;
 36      }
 37    }
 38  /* Hauptfenster erzeugen                   */
 39  hWndMain = CreateWindow(szarAppName,
 40                       /* Klassennamen      */
 41    NULL,               /* Text in der Titelzeile */
 42    WS_CAPTION        | /* Titel zufügen          */
 43    WS_SYSMENU        | /* Systemmenübox zufügen  */
 44    WS_MINIMIZEBOX    | /* Minimize Box zufügen   */
 45    WS_MAXIMIZEBOX    | /* Maximize Box zufügen   */
 46    WS_THICKFRAME     | /* in der Größe veränderbar */
 47    WS_CLIPCHILDREN   | /* kein Zeichnen in den
 48                                           Kindfenstern */
 49    WS_OVERLAPPED,
 50    CW_USEDEFAULT, 0, /* Defaultwerte für X, Y */
 51    CW_USEDEFAULT, 0, /* Defaultwerte für Breite
 52                                           und Höhe */
 53    NULL,             /* Handle des Elternfensters */
 54    NULL,             /* Handle des Menüs          */
 55    hInst,            /* Handle der Instanz        */
 56    NULL);            /* Struktur für WM_CREATE    */
 57
 58  if(hWndMain == NULL)
 59    {
 60    LoadString(hInst, IDS_ERR_CREATE_WINDOW,
 61      szarString, sizeof(szarString));
 62    MessageBox(NULL, szarString, NULL,
 63      MB_ICONEXCLAMATION);
 64    return IDS_ERR_CREATE_WINDOW;
 65    }
 66  ShowWindow(hWndMain, nCmdShow);  /* Anzeigen des
 67                                           Hauptfensters */
 68
 69  while(GetMessage(&msg, NULL, 0, 0))  /* bis
 70                                    WM_QUIT eintritt */
 71    {
 72    TranslateMessage(&msg);
 73    DispatchMessage(&msg);
 74    }
 75  /* Aufräumarbeiten, bevor die Applikation
 76                                        beendet wird */
 77  CwUnRegisterClasses();
 78  return msg.wParam;
 79  } /* Ende der WinMain                               */
 80
 81  /*****************************************************/
 82  /*                                                   */
 83  /* Fensterroutine des Hauptfensters:                 */
 84  /*                                                   */
 85  /* Diese Prozedur stellt Service-Routinen für die    */
 86  /* Windows Ereignisse (Meldungen) bereit, die        */
 87  /* Windows oder der Benutzer an das Fenster          */
 88  /* sendet. Sie initialisiert Ereignisse              */
 89  /* (Meldungen), die entstehen, wenn der Anwender     */
 90  /* z.B. einen Menüpunkt oder ein Tastenkürzel        */
 91  /* anwählt                                           */
 92  /*                                                   */
 93  /***************************************************/
 94
 95  LONG FAR PASCAL WndProc(HWND hWnd, WORD Message,
 96                       WORD wParam, LONG lParam)
 97  {
 98  HMENU    hMenu=0;       /* Menühandle               */
 99  HBITMAP  hBitmap=0;     /* Handle für Bitmaps       */
100  HDC      hDC;           /* Handle für den Display
101                                           Context */
102  PAINTSTRUCT ps;         /* enthält Zeichen-
103                                           Informationen */
104  int      nRc=0;         /* Rückgabewert             */
105  FARPROC lpfnDIALOGSMsgProc;
106
107  switch (Message)
108    {
109    case WM_CREATE:
110      lpfnDIALOGSMsgProc = MakeProcInstance(
111              (FARPROC)RechnerMsgProc, hInst);
112      nRc = DialogBox(hInst, (LPSTR)"RechnerBox",
113              hWnd, lpfnDIALOGSMsgProc);
114      FreeProcInstance(lpfnDIALOGSMsgProc);
115      if (nRc == TRUE)
116         PostMessage( hWnd, WM_CLOSE, 0, 0L);
117      break;     /* Ende von WM_CREATE */
118
119    case WM_MOVE:   /* Bewegen des Fensters */
120      break;
121
122    case WM_SIZE:    /* Größenänderung der Client
123                                           Area */
124      break;  /* Ende von WM_SIZE */
125
126    case WM_PAINT:  /* Neuzeichnen der Client Area */
127    /* bekommt ein Handle auf den Device Context */
128    /* BeginPaint wird, falls nötig, WM_ERASEBKGND
129                                           senden */
130      memset(&ps, 0x00, sizeof(PAINTSTRUCT));
131      hDC = BeginPaint(hWnd, &ps);
132    /* falls der Hintergrund keine reine Farbe
133                                           besitzt */
134      SetBkMode(hDC, TRANSPARENT);
135
136    /* Das Neuzeichnen ist abgeschlossen         */
137      EndPaint(hWnd, &ps);
138      break;   /* End of WM_PAINT */
139
140    case WM_CLOSE:  /* Schließen des Fensters */
141    /* Zerstören der Kindfenster, modeless
```

```
                         Dialogboxen    */
    /* Zerstören dieses Fensters                */
        DestroyWindow(hWnd);
        if (hWnd == hWndMain)
            PostQuitMessage(0); /* Beenden der
                                   Application */
        break;

    default:
    /* alle Meldungen, für die keine eigene Service-
       Routine zur Verfügung gestellt wird, sollten an
       Windows gereicht werden, damit eine Default-
       Verarbeitung stattfinden kann              */
        return DefWindowProc(hWnd, Message, wParam,
                                              lParam);
    }
    return 0L;
}   /* Ende von WndProc                          */

/************************************************/
/*                                              */
/* Dialog Fensterroutine                        */
/*                                              */
/* Diese Prozedur ist mit der Dialogbox verbunden,*/
/* die im Funktionsname dieser Prozedur genannt */
/* wird. Sie liefert die Service-Routinen für die*/
/* Ereignisse (Meldungen), die eintreten können, */
/* wenn der Anwender mit den Controls arbeitet. */
/*                                              */
/************************************************/

BOOL FAR PASCAL RechnerMsgProc(HWND hwndDlg, WORD
                Message, WORD wParam, LONG lParam)
{

    hWndDlg = hwndDlg;
    switch (Message)
    {
    case WM_INITDIALOG:
        /* Initialisierungsroutine für den
           Taschenrechner. Es werden alle Variablen auf
           ihren Anfangswert gesetzt */
        RechnerInit();
        Ausgabe( AusgabeFeld);
        /* Initialisierung der Arbeits-Variablen   */
        return (FALSE); /* Ende von WM_INITDIALOG */
        break;

    case WM_CLOSE:
        /* Schließen der Dialogbox bedeutet dasselbe
           wie Cancel */
        PostMessage(hWndDlg, WM_COMMAND, IDC_E, 0L);
        break; /* Ende von WM_CLOSE               */

    case WM_COMMAND:
        switch (wParam)
        {
        case IDC_0:
        case IDC_1:
        case IDC_2:
        case IDC_3:
        case IDC_4:
        case IDC_5:
        case IDC_6:
        case IDC_7:
        case IDC_8:
        case IDC_9:
            OpTaste = (char)wParam + (char)0x30;
            Nummer(); /* Ziffer */
            break;

        case IDC_G:
            Dezimal(); /* Dezimalpunkt */
            break;

        case IDC_C:
            Abbruch(); /* Abbruch mit Cancel */
            break;

        case IDC_CE:
            AbbruchEingabe(); /* Abbruch mit CE */
            break;

        case IDC_A:
            OpAdd(); /* Addieren */
            break;

        case IDC_S:
            OpSub(); /* Subtrahieren */
            break;

        case IDC_M:
            OpMul(); /* Multiplizieren */
            break;

        case IDC_D:
            OpDiv(); /* Dividieren */
            break;

        case IDC_W:
            OpWur(); /* Wurzel */
            break;

        case IDC_Q:
            OpQua(); /* Quadrat */
            break;

        case IDC_R:
            OpRez(); /* Reziprok */
            break;

        case IDC_E:
            EndDialog(hWndDlg, TRUE);
            break;

        case IDC_P:
            OpPro(); /* Prozent */
            break;

        case IDC_I:
            OpErg(); /* Ergebnis */
            break;

        default:
            return FALSE;
            break;

        }
        break;  /* Ende von WM_COMMAND            */

    default:
        return FALSE;
    }
    return TRUE;
}   /* Ende von RechnerMsgProc                   */

/************************************************/
/*                                              */
/* nCwRegisterClasses Funktion:                 */
/*                                              */
/* Die folgende Funktion registriert alle Klassen*/
/* von allen Fenstern, die mit dieser Applikation*/
/* verbunden sind. Die Funktion liefert einen   */
/* Fehlercode zurück, falls sie nicht erfolgreich*/
/* war, ansonsten wird 0 zurückgegeben.         */
/*                                              */
/************************************************/

int nCwRegisterClasses(void)
{
    WNDCLASS  wndclass;  /* Struktur, um eine Klasse
                            zu definieren */
    memset(&wndclass, 0x00, sizeof(WNDCLASS));
    /* Füllen von WNDCLASS mit Fenster-Eigenschaften */
    wndclass.style = CS_HREDRAW | CS_VREDRAW |
                              CS_BYTEALIGNWINDOW;
    wndclass.lpfnWndProc = WndProc;
    /* zusätzlicher Speicher für Klassen- und
       Fensterobjekte          */
    wndclass.cbClsExtra = 0;
    wndclass.cbWndExtra = 0;
    wndclass.hInstance = hInst;
    wndclass.hIcon = LoadIcon(NULL, IDI_APPLICATION);
    wndclass.hCursor = LoadCursor(NULL, IDC_ARROW);
    /* Erzeugen eines Pinsels, um den Hintergrund zu
       löschen                 */
    wndclass.hbrBackground = (HBRUSH)(COLOR_WINDOW+1);
    wndclass.lpszMenuName = szAppName;  /*
                   Klassenname = Menüname */
    wndclass.lpszClassName = szAppName; /*
                   Klassenname = App.-Name */
    if(!RegisterClass(&wndclass))
        return -1;

    return(0);
} /* End von nCwRegisterClasses                 */

/************************************************/
/*                                              */
/* CwUnRegisterClasses Function:                */
/*                                              */
/* löscht jeden Bezug zu den Fenster-Resourcen, */
/* die für diese Applikation erzeugt wurden,    */
/* gibt Speicher frei, löscht die Instanz, die  */
/* Handles und tätigt andere Aufräumarbeiten    */
/*                                              */
/************************************************/

void CwUnRegisterClasses(void)
{
    WNDCLASS  wndclass;  /* Struktur, um eine Klasse
                            zu definieren */
    memset(&wndclass, 0x00, sizeof(WNDCLASS));
    UnregisterClass(szAppName, hInst);
}   /* Ende von CwUnRegisterClasses             */

/* Unterprogramm wird durch Button <+> ausgelöst */
void OpAdd()
{
    OpTaste = '+';
    Operator();
}

/* Unterprogramm wird durch Button <-> ausgelöst */
void OpSub()
{
    OpTaste = '-';
    Operator();
}

/* Unterprogramm wird durch Button <*> ausgelöst */
void OpMul()
{
    OpTaste = '*';
    Operator();
```

```c
359  }
360
361  /* Unterprogramm wird durch Button </> ausgelöst */
362  void OpDiv()
363  {
364    OpTaste = '/';
365    Operator();
366  }
367
368  /* Unterprogramm wird durch Button <W> ausgelöst */
369  void OpWur()
370  {
371    Wurzel();
372  }
373
374  /* Unterprogramm wird durch Button <Q> ausgelöst */
375  void OpQua()
376  {
377    Quadrat();
378  }
379
380  /* Unterprogramm wird durch Button <R> ausgelöst */
381  void OpRez()
382  {
383    Reziprok();
384  }
385
386  /* Unterprogramm wird durch Button <=> ausgelöst */
387  void OpErg()
388  {
389    OpTaste = '=';
390    Operator();
391  }
392
393  /* Unterprogramm wird durch Button <%> ausgelöst */
394  void OpPro()
395  {
396    Prozent();
397  }
398
399  /* Unterprogramm für C (Cancel) Button
400     Löschen der Anzeige und Initialisierung der
401     Variablen */
402  void Abbruch()
403  {
404    strcpy(AusgabeFeld, "0.");
405    RechnerInit();
406    Ausgabe( AusgabeFeld );
407  }
408
409  /* Unterprogramm für CE (cancel entry) Button */
410
411  void AbbruchEingabe()
412  {
413    strcpy(AusgabeFeld, "0.");
414    Ausgabe( AusgabeFeld );
415    DezimalPunkt = FALSE;
416    LetzteEingabe = CE;
417  }
418
419  /* Ausgaberoutine an Textfeld */
420  void Ausgabe( char *text)
421  {
422    SetDlgItemText(hWndDlg, IDC_FELD, text);
423    SetFocus(GetDlgItem(hWndDlg, IDC_FELD));
424  }
425
426  /* Unterprogramm für Dezimalpunkt (.)
427     Wenn die letzte Taste ein Operator war, die
428     Ausgabe mit "0." vorbesetzen. Im anderen Fall
429     einen Dezimalpunkt an die Anzeige anfügen
430  */
431  void Dezimal()
432  {
433    if (LetzteEingabe != NUMS)
434      strcpy(AusgabeFeld, "0.");
435    else if (DezimalPunkt == FALSE)
436      strcat(AusgabeFeld, ".");
437    Ausgabe( AusgabeFeld );
438
439    DezimalPunkt = TRUE;
440    LetzteEingabe = NUMS;
441  }
442
443  /* Unterprogramm für die Nummerntasten (0-9).
444     Es wird eine neue Ziffer an die Anzeige angefügt
445  */
446  void Nummer()
447  {
448    static char cStr[]={0,0};
449    if (LetzteEingabe != NUMS)
450    {
451      *AusgabeFeld = 0;
452      DezimalPunkt = FALSE;
453    }
454    cStr[0] = OpTaste;
455    strcat(AusgabeFeld, cStr);
456    Ausgabe( AusgabeFeld );
457    LetzteEingabe = NUMS;
458  }
459
460  /* Prozedur für die Operator-Tasten (+, -, x, /, =).
461     Wenn der Tastendruck Teil einer Nummer war, wird
462     die Variable NumOps um eins erhöht. Ist es nur
463     ein Operant, so wird die Variable Op1 gesetzt.
464     Sind jedoch 2 Operanden vorhanden, wird Op1 mit
465     dem Ergebnis der Operation aus Op1 und dem
466     aktuellen Eingabewert gleichgesetzt. Zudem
467     erfolgt die Anzeige des Ergebnisses.
468  */
469  void Operator()
470  {
471    if (LetzteEingabe == NUMS)
472      NumOps = NumOps + 1;
473    if (NumOps == 1)
474      Op1 = atof(AusgabeFeld);
475    else if (NumOps == 2)
476    {
477      Op2 = atof(AusgabeFeld);
478
479      switch (OpFlag)
480      {
481        case '+':
482          Op1 = Op1 + Op2;
483          break;
484
485        case '-':
486          Op1 = Op1 - Op2;
487          break;
488
489        case '*':
490          Op1 = Op1 * Op2;
491          break;
492
493        case '/':
494          if (Op2 == 0)
495            MessageBox( hWndMain,
496              "Division durch 0 geht nicht",
497              "Rechner", MB_OK);
498          else
499            Op1 = Op1 / Op2;
500          break;
501
502        case '=':
503          Op1 = Op2;
504          break;
505      }
506      sprintf(AusgabeFeld,"%f" ,Op1);
507      Ausgabe( AusgabeFeld );
508      NumOps = 1;
509    }
510
511    LetzteEingabe = OPS;
512    OpFlag = OpTaste;
513  }
514
515  /* Unterprogramm für Prozent-Taste (%).
516     Berechnet die Prozent des ersten Operators und
517     zeigt diesen an
518  */
519  void Prozent()
520  {
521    sprintf(AusgabeFeld,"%f" ,Op1 * atof(AusgabeFeld)
522             / 100);
523    Ausgabe( AusgabeFeld );
524  }
525
526  /* Unterprogramm zur Berechnung des Quadrates */
527  void Quadrat()
528  {
529    Op1 = atof(AusgabeFeld);
530    if (Op1 < 1E+20)
531      Op1 = Op1 * Op1;
532    sprintf(AusgabeFeld,"%f" ,Op1);
533    Ausgabe( AusgabeFeld );
534
535    NumOps = 1;
536    LetzteEingabe = OPS;
537    OpFlag = ' ';
538  }
539
540  /* Initialisierungsroutine für den Taschenrechner
541     Es werden alle Variablen auf ihren Anfangswert
542     gesetzt
543  */
544  void RechnerInit()
545  {
546    DezimalPunkt = FALSE;
547    NumOps = 0;
548    LetzteEingabe = NONE;
549    OpFlag = ' ';
550    strcpy(AusgabeFeld, "0.");
551  }
552
553  /* Unterprogramm zur Berechnung des Reziprokwertes
554  */
555  void Reziprok()
556  {
557    Op1 = atof(AusgabeFeld);
558    if (Op1 == 0)
559      MessageBox( hWndMain,
560           "Division durch 0 geht nicht",
561           "Rechner", MB_OK);
562    else
563      Op1 = 1 / Op1;
564    sprintf(AusgabeFeld,"%f" ,Op1);
565    Ausgabe( AusgabeFeld );
566
567    NumOps = 1;
568    LetzteEingabe = OPS;
569    OpFlag = ' ';
570  }
571
572  /* Unterprogramm zur Berechnung der Wurzel
573  */
574  void Wurzel()
```

```c
{
    Op1 = atof(AusgabeFeld);
    if (Op1 < 0)
        MessageBox( hWndMain,
                    "Negative Wurzel geht nicht",
                    "Rechner", MB_OK);
    else
        Op1 = sqrt(Op1);
    sprintf(AusgabeFeld,"%f" ,Op1);
    Ausgabe( AusgabeFeld);

    NumOps = 1;
    LetzteEingabe = OPS;
    OpFlag = ' ';
}

/****************** QCRechW.H ******************/

/* QuickCase:W */
#include <windows.h>
#include <string.h>
#include <math.h>
#include <stdio.h>

#define IDS_ERR_REGISTER_CLASS  1
#define IDS_ERR_CREATE_WINDOW   2

char szarString[128]; /* Variable zum Laden der Resource-Texte */
char szarAppName[20]; /* Klassenname des Fensters           */
HWND hInst;
HWND hWndMain;
HWND hWndDlg;

LONG FAR PASCAL WndProc(HWND, WORD, WORD, LONG);
int nCwRegisterClasses(void);
void CwUnRegisterClasses(void);
BOOL FAR PASCAL RechnerMsgProc(HWND, WORD, WORD, LONG);

#define IDC_0       0
#define IDC_1       1
#define IDC_2       2
#define IDC_3       3
#define IDC_4       4
#define IDC_5       5
#define IDC_6       6
#define IDC_7       7
#define IDC_8       8
#define IDC_9       9
#define IDC_C       10
#define IDC_CE      11
#define IDC_A       12
#define IDC_S       13
#define IDC_M       14
#define IDC_D       15
#define IDC_Q       16
#define IDC_W       17
#define IDC_G       18
#define IDC_I       19
#define IDC_P       20
#define IDC_R       21
#define IDC_FELD    22
#define IDC_E       23

void Prozent(void);
void Dezimal(void);
void Abbruch(void);
void AbbruchEingabe(void);
void Nummer(void);
void Reziprok(void);
void RechnerInit(void);
void Operator(void);
void Wurzel(void);
void Quadrat(void);
void Ausgabe(char *);
void Dezimal(void);
void Abbruch(void);
void AbbruchEingabe(void);
void OpAdd(void);
void OpSub(void);
void OpMul(void);
void OpDiv(void);
void OpErg(void);
void OpPro(void);
void OpRez(void);
void OpQua(void);
void OpWur(void);

double  Op1;        /* Erste Eingabe */
double  Op2;        /* Zweite Eingabe */
int     DezimalPunkt;   /* zeigt an, ob der Dezimalpunkt vorhanden ist */
int     NumOps;     /* Anzahl der Operanden */
int     LetzteEingabe;  /* zeigt den Typ der letzten Tasteneingabe an */
char    OpFlag;     /* zeigt die Operation an */
char    OpTaste;    /* zeigt die Taste an */
char    AusgabeFeld[30]; /* Berechnungsfeld */

#define NONE    0x00
#define NUMS    0x01
#define OPS     0x02
#define CE      0x03

/****************** QCRechW.RC ******************/

#include "windows.h"
#include "qcrechw.h"
#include "qcrechw.dlg"

STRINGTABLE
BEGIN
    IDS_ERR_CREATE_WINDOW,   "Window creation failed!"
    IDS_ERR_REGISTER_CLASS,  "Error registering window class"
END

/****************** QCRechW.DLG ******************/

DLGINCLUDE RCDATA DISCARDABLE
BEGIN
    "QCRECHW.H\0"
END

RECHNERBOX DIALOG 70, 22, 158, 117
STYLE DS_MODALFRAME | WS_POPUP | WS_VISIBLE | WS_CAPTION | WS_SYSMENU
CAPTION "Rechner"
FONT 8, "Helv"
BEGIN
    PUSHBUTTON  "7", IDC_7, 4, 22, 18, 21
    PUSHBUTTON  "8", IDC_8, 28, 22, 18, 21
    PUSHBUTTON  "9", IDC_9, 53, 22, 18, 21
    PUSHBUTTON  "C", IDC_C, 79, 22, 18, 21
    PUSHBUTTON  "CE", IDC_CE, 105, 22, 18, 21
    PUSHBUTTON  "4", IDC_4, 4, 47, 18, 21
    PUSHBUTTON  "5", IDC_5, 28, 47, 18, 21
    PUSHBUTTON  "6", IDC_6, 53, 47, 18, 21
    PUSHBUTTON  "+", IDC_A, 79, 47, 18, 21
    PUSHBUTTON  "-", IDC_S, 105, 47, 18, 21
    PUSHBUTTON  "Qdrt", IDC_Q, 130, 47, 18, 21
    PUSHBUTTON  "1", IDS_ERR_REGISTER_CLASS,
                                4, 72, 18, 21
    PUSHBUTTON  "2", IDS_ERR_CREATE_WINDOW,
                                28, 72, 18, 21
    PUSHBUTTON  "3", IDC_3, 53, 72, 18, 21
    PUSHBUTTON  "X", IDC_M, 79, 72, 18, 21
    PUSHBUTTON  "/", IDC_D, 105, 72, 18, 21
    PUSHBUTTON  "Sqrt", IDC_W, 130, 72, 18, 21
    PUSHBUTTON  "0", IDC_0, 5, 96, 41, 21
    PUSHBUTTON  ".", IDC_G, 53, 96, 18, 21
    PUSHBUTTON  "=", IDC_I, 79, 96, 18, 21
    PUSHBUTTON  "%", IDC_P, 105, 96, 18, 21
    PUSHBUTTON  "1/X", IDC_R, 130, 96, 18, 21
    PUSHBUTTON  "Ende", IDC_E, 130, 26, 18, 14
    LTEXT       "Text", IDC_FELD, 3, 5, 152, 12
END

/****************** QCRechW.DEF ******************/

NAME        RECHNER
EXETYPE     WINDOWS
STUB        'WINSTUB.EXE'
CODE        PRELOAD MOVEABLE
DATA        PRELOAD MOVEABLE MULTIPLE
HEAPSIZE    4096
STACKSIZE   5110
EXPORTS     WndProc         @1
EXPORTS     RechnerMsgProc  @2
```

2.3 Windows für TurboPascal-Profis

TurboPascal ohne WriteLn, das wäre doch wirklich unvorstellbar. Aber funktioniert dieser textorientierte Befehl auch unter TurboPascal für Windows? Wenn wir uns sofort in die objekt- und meldungsorientierte Welt von Windows begeben, dann ist das Ende für ReadLn und WriteLn angebrochen. Wenn da nicht noch WinCrt wäre, das eine Brücke zwischen der DOS- und der Windows-Welt herstellt. Unter TurboPascal für DOS heißt die Unit CRT, die für die textorientierte Ein-/Ausgabe zuständig ist. Diese Unit steht in

TurboPascal für Windows nicht mehr zur Verfügung. Die Aufgaben der Unit CRT werden aber durch die Unit WinCrt übernommen. Damit sind auch unsere alten Programme, an die man sich so gewöhnt hat, nach Windows zu bringen. Wertvolle Entwicklungszeit, die in die Programme investiert wurde, kann damit gerettet werden.

CRT => WinCrt

Wo liegen jetzt aber die Unterschiede zwischen einem Windows-Programm, das mit WinCrt erstellt wurde und einem vollen Windows-Programm? Die Unit WinCrt ersetzt CRT, indem sie die CRT-Ausgaben emuliert und Windows-konform umleitet. Die erforderlichen Prozeduren und Funktionen befinden sich in der WINCRT-Unit. Durch das Einbinden dieser Unit können die Ausgaben wie unter DOS mit Hilfe der Befehle WriteLn und Write an ein Windows-Fenster umgeleitet werden. Das gleiche gilt für die Eingaben mit Hilfe von Read und ReadLn.

Grafik nur für ObjectWindows

Das Eröffnen eines Applikations-Fensters übernimmt WINCRT völlig selbständig für uns. Dies erfolgt automatisch, sobald Ihr Programm einen dieser Aus- oder Eingabe-Befehle ausführt. In dieses Fenster können auf die gleiche Art und Weise Ein- oder Ausgaben erfolgen, als ob wir uns unter der DOS-Oberfläche befinden würden. Aber wir erhalten jetzt den Komfort der Windows-Fenster, die verkleinert, vergrößert oder verschoben werden können.

Dabei ist aber immer noch zu beachten, daß das Programm nach wie vor wie ein DOS-Programm arbeitet. Es muß z.B. auf die Programmierung eines Windows-Menüs oder eines Buttons verzichtet werden. Das Programm erhält zwar ein eigenes Windows-Fenster, aber die grafischen Möglichkeiten von Windows bleiben einem ObjectWindows-Programm vorbehalten.

Virtueller Bildschirm

Für den Umstieg von DOS nach Windows ist außer dem Einfügen der WINCRT-Unit durch uses wincrt keine weitere Änderung nötig. Durch die Unit WINCRT entsteht ein virtueller Bildschirm, der die Fähigkeiten eines normalem Textbildschirms besitzt. Die Größe ist somit 80 Spalten und 25 Zeilen, entsprechend dem Textmodus unter DOS. Das bedeutet jedoch nicht eine Ober- oder Untergrenze wie unter DOS. Vielmehr ist der sichtbare Bereich vom Bediener abhängig, da er diesen durch Mausbewegungen verändern kann. Damit ist 80x25 Zeichen nur eine Voreinstellung der Fenstergröße zum Zeitpunkt des Öffnens. Eine größere Anzahl an Spalten und Zeilen ist möglich, da der Bediener den entsprechenden Fensterausschnitt durch Scrollen erreichen kann.

Sobald ein virtueller Bildschirm innerhalb eines Fensters nicht mehr dargestellt werden kann, erscheinen am rechten bzw. unteren Bildschirmrand die Rolleisten (Scrollbars), die dem Anwender ein entsprechendes Umblättern ermöglichen. Mit all diesen Leistungen braucht sich der Programmierer nicht zu beschäftigen, da dies WINCRT erledigt. Der virtuelle Bildschirm wurde so entworfen, daß maximal 65520 Zeichen Platz finden.

Windows-Zeichensatz

ANSI ↕ OEM
Fconvert

Windows besitzt im Gegensatz zu DOS einen sprachenunabhängigen Zeichensatz, der bereits nationale Zeichen vorsieht. Hierdurch entsteht leider eine Differenz in bezug auf deutsche Umlaute. Daneben existieren natürlich noch weitere Unterschiede. Borland bietet hierzu gleich eine Lösung an, falls Sie das Programm nicht per Hand ändern wollen. Dem TurboPascal für das Windows-Paket liegt das Programm mit dem Namen FConvert.PAS bei. Hiermit können Dateien zwischen dem DOS-ASCII-Code und dem Windows-ANSI-Code konvertiert werden. Die Programmbedienung ist sehr einfach, da über ein Dialogfenster die zu wandelnde Datei gewählt wird. Eine kleine Namensverwirrung tritt durch die Bezeichnung OEM auf, die für den ASCII-Code steht. Innerhalb von Windows wird leider der Name OEM anstelle von ASCII verwendet. Wenn Sie das Programm FConvert.Pas nicht sofort finden, dann sehen Sie doch einmal in Ihrem TurboPascal für Windows-Verzeichnis unter \TPW\OWLDEMOS\ nach. Das Programm brauchen Sie nur über die TurboPascal-Oberfläche zu laden, indem die Datei FConvert.Pas geöffnet wird. Anschließend führen Sie das Programm durch den Menüpunkt *Ausführen* aus. Bei der Konvertierung eines DOS-Programms sollten Sie darauf achten, daß von OEM nach ANSI konvertiert wird.

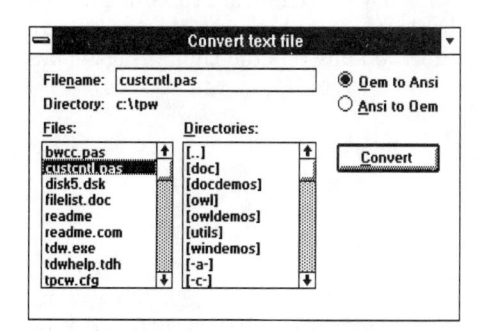

Abb. 17: FConvert wandelt den Zeichensatz

WinCrt-Fenstervariablen

Wir haben gesehen, daß durch einen Ein- bzw. Ausgabe-Aufruf automatisch ein Textfenster entsteht. Wenn die Standardeinstellungen für die Applikation nicht mehr ausreichen, so können durch das Setzen von WinCrt-Variablen Änderungen am Fenster vorgenommen werden. Es ist dabei darauf zu achten, daß sich alle WINCRT-Variablen nur dann auswirken, wenn sie vor dem ersten Öffnen des Textfensters eingestellt werden. Ein späteres Verändern verursacht keinerlei Reaktion mehr. Die Variablen müssen vor dem ersten Aufruf von Write oder Read gesetzt werden, da ansonsten die internen Voreinstellungen von WINCRT gelten.

QuickWin-Variable	Kurzbeschreibung
AUTOTRACKING	legt Roll-Modus des Fensters fest
InactiveTitle	Inhalt der inaktiven Fenster-Titelleiste
InactiveTitle %s	Inhalt der inaktiven Fenster-Titelleiste + alter Inhalt
SCREENSIZE.x	Fenstergröße zu Beginn, Anzahl an Spalten
SCREENSIZE.y	Fenstergröße zu Beginn, Anzahl an Zeilen
WindowOrg.X	Fensterursprung x-Koordinate in Pixel
WindowOrg.Y	Fensterursprung Y-Koordinate in Pixel
WindowSize.X	Fenstergröße in Pixel x-Wert
WindowSize.Y	Fenstergröße in Pixel y-Wert
WindowTitle	Inhalt der Fenster-Titelleiste

WindowTitle

Jedes Windows-Programm sollte einen Fenstertitel besitzen, wobei dieser entweder den Programmnamen oder den Namen der verwendeten Datei tragen sollte. Dementsprechend verfügt ein mit WINCRT erzeugtes Fenster über einen Titel im Fenster, der als Voreinstellung den Namen des Pascal-Programms inklusive Pfadangabe enthält. Jedoch kann der Fenstertitel durch eine WINCRT-Variable verändert werden. Die Variable WindowTitle ist dabei ein Array, das eine C-Zeichenkette aufnehmen kann. Daher kann an diese Variable nicht direkt ein Pascal-String übergeben werden. Die Prozedur StrCopy dient deshalb dazu, eine C-Typ-konforme Zeichenkette in die Variable WindowTitle zu kopieren. Zu beachten ist, daß für die Verwendung von StrCopy die Unit Strings in das Programm eingebunden werden muß.

```
uses WinCrt, Strings;
begin
  StrCopy(WindowTitle,'Platypus');
  WriteLn('Setzen des Fenstertitels');
end.
```

Inaktiver Fenstertitel

Neben dem Fenstertitel, der während der Programmlaufzeit sichtbar ist, definiert WinCrt noch den Begriff des inaktiven Fenstertitels. Nachdem sich das WinCrt-Hauptprogramm beendet hat, wird zwar die Ausführung des Programms abgeschlossen, das vorher von WINCRT erzeugte Fenster bleibt jedoch erhalten. Das Fenster verschwindet erst nach dem direkten Schließen durch den Bediener über das Windows-Systemmenü oder die Tastenkombination [Alt]+[F4]. Um dem Anwender das Programmende mitzuteilen, wird das Wort Inactive vor den bisherigen Titel gestellt. Dabei kann der Fenstertitel entweder die Vorbesetzung von WinCrt oder der Inhalt der Variablen WindowTitle sein. Soll dieser Vorgang nicht eingeleitet werden, so kann der inaktive Fenstertitel direkt durch die Variable InactiveTitle bestimmt werden. Der Grund, warum WinCrt bei Programmende das Fenster stehen läßt, ist die Schaffung von mehr Bedienungskomfort. Hierdurch kann der Bediener selbst entscheiden, wie lange er Resultate des Programms betrachten möchte.

```
uses WinCrt, Strings;
begin
  StrCopy( InactiveTitle, 'Wombat');
  WriteLn('Setzen des inaktiven Fenstertitels');
end.
```

Benutzt wird die Variable InactiveTitle wie WindowTitle. Es muß eine C-Zeichenkette in die Variable InactiveTitle kopiert werden. Sobald InactiveTitle neu besetzt wird, ist die Fähigkeit verlorengegangen, den aktiven Inhalt zusätzlich zu erhalten. Über den Platzhalter '%s' kann auf diesen alten Inhalt zugegriffen werden (siehe nächstes Beispiel).

```
uses WinCrt, Strings;
begin
  StrCopy( InactiveTitle, 'Wombat '+'%s');
  WriteLn('Setzen des inaktiven Fenstertitels, zusätzlich mit altem Inhalt');
end.
```

Fenstergröße

Die Größe des virtuellen Bildschirms läßt sich über vordefinierte Variablen auf die speziellen Erfordernisse einstellen. Durch die WinCrt-Variablen SCREENSIZE.y (Zeilen) und SCREENSIZE.x (Spalten) kann die Fenstergröße festgelegt werden, die das Fenster beim ersten Öffnen einnimmt. Die Einstellung ist jedoch nur vor dem Anzeigen des Fensters wirksam. Dabei ist zu beachten, daß die Fenstergröße vor einem Ein-/Ausgabebefehl festgelegt wird, da dieser das Fenster öffnet und die Variablen anschließend unbeachtet läßt.

```
uses WinCrt;
begin
  SCREENSIZE.x := 30;
  SCREENSIZE.y := 50;
  WriteLn('Setzen des Fenstergröße');
end.
```

Wenn Sie das kleine Programm übersetzen und ausprobieren, werden Sie auch feststellen, daß sich das Fenster in der Breite nicht mehr vergrößern läßt. Normalerweise ist es unter Windows üblich, sowohl die Fenstergröße als auch die Fensterhöhe durch den Bediener verändern zu können. Da dies nicht funktioniert, scheint es sich um einen kleinen Fehler zu handeln.

Fensterposition

Eine Windows-Fenster-Eigenschaft ist es, eine bestimmte Position und eine definierte Breite bzw. Höhe zu besitzen. Diese Einstellungen übernimmt WinCrt durch vordefinierte Werte. Natürlich können diese auch auf individuelle Werte gesetzt werden. Die Variable WindowOrg.X bzw. WindowOrg.Y gestattet die Festlegung des Punktes, an dem das Fenster mit der linken oberen Kante beginnen soll. Dabei bestimmt die Positionsangabe 0,0 die linke obere Ecke des Bildschirms. Durch entsprechende Erhöhung des X- bzw. Y- Wertes wandert unser Textfenster um die entsprechenden Werte nach rechts oder nach unten.

```
uses WinCrt;
begin
  WindowOrg.X := 0;
  WindowOrg.Y := 0;
  WriteLn('Setzen des Fensterursprungs');
end.
```

Der Aufbau eines Fenster besteht neben dem eigentlichen Inhalt, der auch die Bezeichnung Client Area trägt, noch aus weiteren Bestandteilen, wie z.B. den Scrollbars, die auch Rolleisten genannt werden, und der Titelleiste. Durch WindowSize.X bzw. WindowSize.Y erfolgt die Wahl der Fenstergröße, jedoch handelt es sich bei X und Y nicht um eine Koordinate bestehend aus einer Zeicheneinheit, sondern es wird die Angabe von Pixeln erwartet. Es kommt noch hinzu, daß genaugenommen die Titelzeile und die Scrollbars von der Fenstergröße abgezogen werden müssen, um auf die Client Area zu kommen. Als Faustformel können für ein Zeichen ca. neun Pixel, für die Titelleiste ca. 15 und für eine Scrollbar ca. 12 Pixel angenommen werden. Mit diesen Werten kann die Fenstergröße in Pixel ungefähr umgerechnet werden. Multiplizieren Sie die Anzahl der Zeichen, die sichtbar sein sollen, mit neun Pixel. Anschließend geben Sie den Zuschlag für Titelleiste und Scrollbar dazu und Sie erhalten einen brauchbaren Näherungswert.

```
uses WinCrt;
begin
  WindowSize.X := 300;
  WindowSize.Y := 200;
  WriteLn('Setzen der Fenstergröße');
end.
```

Scrollen

Ein Bewegen des Bildschirm-Cursors bewirkt auch ein automatisches Rollen des Fensterinhaltes, das bei kleinen Fenstern oder viel Fensterinhalt zu lästigen Zeitverzögerungen oder zu unangenehmem Flackern des Textes führen kann. Dieser Vorgang wird als Autotracking bezeichnet und ist per Voreinstellung durch WinCrt eingeschaltet. Indem die Variable AUTOTRACKING auf FALSE (falsch) gesetzt wird, kann diese Eigenschaft ausgeschaltet werden.

```
uses WinCrt;
begin
  AUTOTRACKING := FALSE;
  { oder }
  AUTOTRACKING := TRUE;
  WriteLn('Scroll-Modus');
end.
```

QuickWin-Funktionen

QuickWin-Funktion	Kurzbeschreibung
ClrEol	löscht Zeichen ab Cursor bis Zeilenende
ClrScr	löscht den kompletten Fensterinhalt
CursorTo	bewegt den Cursor an X- oder Y-Position
DoneWinCrt	entfernt das Textfenster
GotoXY	bewegt den Cursor an X- oder Y-Position
InitWinCrt	erzeugt ein Textfenster
KeyPressed	überprüft, ob Taste gedrückt wurde
ReadKey	liest eine Taste von Tastatur
WhereX WhereY	liefert X- oder Y-Koordinate des Cursors

Im Gegensatz zu den WinCrt-Variablen, wirken sich die WinCrt-Funktionen und Prozeduren auch auf ein geöffnetes Fenster aus.

Fenster öffnen

Üblicherweise wird bei Programmstart sofort ein Hauptfenster für die Windows-Applikation geöffnet. Bei einem WinCrt- Programm erfolgt dies jedoch erst bei dem erstmaligen Auftreten eines Ein- oder Ausgabeaufrufes. Durch die Prozedur InitWinCrt besteht die Möglichkeit, das Fenster gezielt zu öffnen. Allerdings kann nur ein Fenster geöffnet werden. Ein erneuter Aufruf von InitWinCrt bzw. ein Aufruf dieser Prozedur nach einem ersten Write- oder Read-Befehl führt zu keinem wiederholten Fenster-Öffnen.

```
uses WinCrt;
begin
  InitWinCrt;
end.
```

Fenster schließen

Ein vorzeitiges Schließen des Fensters kann durch DoneWinCrt erreicht werden. Hiermit wird bewirkt, daß das Fenster nach Programmende nicht in den inaktiven Zustand gelangt. Der Benutzer muß damit das WinCrt-Fenster nicht mehr manuell schließen.

```
uses WinCrt;
begin
  WriteLn('Fenster schließen');
  DoneWinCrt;
end.
```

Funktionen CursorTo, GotoXY

Um eine gezielte Textausgabe zu erreichen, muß das genaue Setzen des Schreibzeigers möglich sein. Hierdurch wird erreicht, daß trotz eines Write oder Writeln, die bekanntlich keine Positionsangaben besitzen, gezielt an eine gewünschte Fensterposition ausgegeben werden kann. Die Prozedur CursorTo(x,y) bewegt den Schreibzeiger (Cursor) an die Position Spalte x und Zeile y. Die linke obere Ecke ist der Ursprung mit den Koordinaten (0,0). Nachdem die Position gesetzt ist, erfolgt die nachfolgende Ausgabe an der bezeichneten Stelle. Es ist dabei zu beachten, daß die Ausgabeaufrufe den Cursor entsprechend weiterstellen.

```
uses WinCrt;
begin
  CursorTo(10,10);
  WriteLn('Setzen der Schreibzeigers');
end.
```

Die Prozedur GotoXY(x,y) unterscheidet sich von CursorTo nur durch das geänderte Koordinatensystem. Die linke obere Ecke trägt jetzt nicht mehr die Koordinate (0,0), sondern der Ursprung beginnt bei (1,1).

Fensterinhalt löschen

Die Prozeduren ClrEol und ClrScr bewirken das Löschen von Teilen bzw. des gesamten virtuellen Bildschirms. Einen leeren Bildschirminhalt bewirkt die Prozedur ClrScr. Anschließend befindet sich der Cursor auf der Anfangsposition, der linken oberen Ecke. Außerdem enthält das Fenster die ursprüngliche Fenster-Hintergrundfarbe. Soll nur ein Teil einer Bildschirmzeile gelöscht werden, kommt die Prozedur CrlEol zur Anwendung. Der Text wird ab der aktuellen Cursor-Position bis zum Zeilenende gelöscht, wobei die Position des Schreibzeigers erhalten bleibt.

```
uses WinCrt;
begin
  ClrScr;
  WriteLn('Löschen');
  ClrEol;
end.
```

Funktionen Cursor.X, Cursor.Y, WhereX, WhereY

Neben dem Setzen des Cursors ist die Abfrage seiner aktuellen Position von Interesse. Hierfür stehen die Variablen Cursor.X und Cursor.Y zur Verfügung, die aber nur gelesen und nicht geschrieben werden dürfen. Das Ergebnis von Cursor.X und Cursor.Y wird eine Koordinate sein, die sich auf das Koordinatensystem (0,0) bezieht. Die Cursor-Positon kann nur abgefragt werden, da für das entsprechende Setzen die Prozedur CursorTo zur Verfügung steht. Zwischen den Funktionen WhereX bzw. WhereY und Cursor.x bzw. Cursor.y besteht nur der Unterschied in dem unterschiedlichen Koordinatenursprung. Die Funktionen WhereX bzw. WhereY liefern die Cursor-Koordinaten relativ zu (1,1) zurück und besitzen daher um jeweils eins erhöhte Werte gegenüber Cursor.x bzw. Cursor.y. Demzufolge sollte als Gegenstück zu WhereX bzw. WhereY immer GotoXY zum Setzen des Cursors verwendet werden. Das nachfolgende Beispiel zeigt eine typische Anwendung für die Abfrage der Cursor-Position. Es erfolgt die gezielte Ausgabe innerhalb des Fensters, ohne jedoch die aktuelle Position zu verändern. Hierzu wird zu Beginn die aktuelle Cursor-Koordinate ermittelt und zwischengespeichert. Nach erfolgter Ausgabe kann die ursprüngliche Position des Schreibzeigers mit CursorTo zurückgestellt werden.

```
uses WinCrt;
var
  altzeile, altspalte: Integer;
begin
  altzeile  := Cursor.Y;
  altspalte := Cursor.X;
  CursorTo(5, 5);
  WriteLn('positionierte Ausgabe');
  CursorTo( altspalte, altzeile);
end.
```

Ausgabe an virtuellen Bildschirm

WriteChar, WriteBuf

Eine der am häufigsten verwendeten Ausgabefunktionen in TurboPascal ist das Write und WriteLn. Beide führen die Ausgabe einer Zeichenkette, einer Konstanten oder einer Variablen durch. Die Ausgabe erfolgt immer ab der aktuellen Cursor-Position. Nach Beendigung wird der Cursor um die entsprechende Anzahl an Zeichen weiterpositioniert. Zwischen Write und WriteLn besteht nur der kleine Unterschied, daß WriteLn zusätzlich den Cursor auf den Anfang der neuen Zeile stellt.

```
uses WinCrt;
begin
  Write( 'Wallabie + ');
  WriteLn( 'Kookaburra');
end.
```

Zusätzlich zu den beiden genannten Prozeduren stehen noch weitere zur Verfügung. Die Prozedur WriteChar schreibt ab dem aktuellen Schreibzeiger ein einzelnes Zeichen in das Textfenster.

```
uses WinCrt;
begin
  WriteChar( 'Z');
end.
```

Für die Darstellung von mehreren Zeichen kann auch WriteBuf verwendet werden. Dazu ist die Anzahl der Zeichen anzugeben, die im Puffer enthalten sind bzw. die behandelt werden sollen. Die Ausgabe von WriteChar und WriteBuf erfolgt auch ab der Cursor-Position, zusammen mit dem anschließenden Einstellen des Cursors.

```
uses WinCrt;
begin
  WriteBuf('Kookaburra heißt auch lachender Hans',10);
end.
```

Funktionen Read, ReadLn, KeyPressed, ReadKey

Neben den Texteingabefunktionen Read und ReadLn stellt WinCrt noch KeyPressed, ReadKey und ReadBuf zur Verfügung. Mit Hilfe von KeyPressed kann abgefragt werden, ob eine Taste gedrückt wurde. Zusammen mit ReadKey erfolgt dann das Auslesen des Tasteninhalts. Die Arbeitsweise der beiden Funktionen ergänzt sich damit. Die Funktion KeyPressed gibt den logischen Wert wahr (TRUE) zurück, sobald eine Taste betätigt wurde, im anderen Fall ergibt sie falsch (FALSE). Die Kombination aus KeyPressed und ReadKey verhindert im Gegensatz zu Read bzw. ReadLn die Ausgabe des eingegebenen Zeichens. Dabei ist zu beachten, daß nur auf die Standard-ASCII-Zeichen reagiert wird, und die Funktions- oder Cursor-Tasten davon ausgenommen sind. Da das Zeichen verdeckt eingegeben wird, ist sie auch für die Realisierung eines Paßwortes geeignet. Dies könnte z.B. so aussehen, daß auf die Eingabe eines Paßwortes gewartet wird, wobei bei jedem Tastendruck das Lesen eines Zeichens erfolgt. Es wird solange mit der Funktion KeyPressed auf das Drücken einer Taste gewartet, bis diese den logischen Wert TRUE zurückgibt. Anschließend kann die Taste durch die Funktion ReadKey übernommen werden.

```
uses WinCrt;
Const
  passtext = 'emu'#0;
var
  Zaehler:integer;
  text:Array[0..(Length(passtext)-1)] of Char;
begin
  Zaehler := Length(passtext)-1;
  while Zaehler >0 Do
  begin
```

```
    if KeyPressed = TRUE then
    begin
      text[Length(passtext)- 1 -Zaehler] :=
                                      ReadKey;
      Zaehler := Zaehler - 1;
    end;
  end;
  if text <> passtext then
    WriteLn('keine Berechtigung')
  else
    WriteLn('Zutritt erlaubt!');
end.
```

ReadBuf

Bei der Eingabe über Read besteht ein Problem darin, daß die maximale Anzahl an Zeichen nicht begrenzt werden kann. Diese Fähigkeit bringt die Funktion ReadBuf mit. Die eingegebene Zeichenkette wird in den Buffer übertragen, aber nur solange die maximale Anzahl der Zeichen nicht erreicht ist. Hierbei sind jedoch die Zeilenende-Markierungen #13 und #10 mit einzuberechnen. Das bedeutet, daß auf die gewünschte Anzahl an einzugebenden Zeichen noch der Wert zwei aufzurechnen ist. Die Zeilenende-Markierung wird angefügt, sobald der Bediener seine Eingabe mit der Enter-Taste abschließt. Wenn die WINCRT-Variable CheckEof auf TRUE gesetzt ist, kann der Benutzer die Eingabe zudem mit Ctrl+Z abbrechen. Zur Kennzeichnung wird das Steuerzeichen #26 an das Ende der Zeichen in den Puffer eingefügt.

```
uses WinCrt;
var
  Text: array [0..20] of Char;
begin
  ReadBuf( Text, 19);
  Write('der Puffer lautet:');
  WriteLn( Text);
end.
```

Funktion ScrollTo

Ein Anwender der Windows-Oberfläche kann zu jedem Zeitpunkt die Fenstergröße verändern bzw. jede Stelle innerhalb des Fensters durch Scrollen erreichen. Daher ist es nicht immer sichergestellt, daß der Bediener den Text, den das Programm ihm zeigen möchte, auch tatsächlich sieht. Wurde die Variable AutoTracking auf TRUE gesetzt, so tritt dieses Problem meist nicht auf, da der Fensterinhalt immer auf die letzte Ausgabe hingerollt wird. Sobald die Variable aber auf FALSE steht, besteht keine Gewähr mehr dafür, daß der Bediener den Text auch sehen kann. Durch die Prozedur ScrollTo kann eine Textstelle gezielt per Programm einem Benutzer sichtbar gemacht werden. Dazu muß nur die gewünschte Position angegeben werden, die auf das Koordinatensystem (0,0) bezogen ist.

```
uses WinCrt;
begin
  WriteLn('Scrollen zu Textstelle');
  ScrollTo( 50, 5);
end.
```

Funktion TrackCursor

Mit der Prozedur TrackCursor wird erreicht, daß die aktuelle Cursor-Position immer sichtbar bleibt.

```
uses WinCrt;
begin
  WriteLn('Cursor sichtbar machen');
  TrackCursor;
end.
```

2.3.1 Realisierung des Taschenrechners in TurboPascal für DOS

Falls Ihr TurboPascal-Programm ähnlich wie die nachfolgenden Zeilen aussieht, sollten Sie sich vielleicht überlegen, ob es nicht sinnvoller wäre, eine volle OWL Windows-Applikation zu erstellen. Zur Erinnerung sei gesagt, daß direkte Ausgaben an Geräteschnittstellen für die Windows-Programmierung tabu sind (Ausnahme: Gerätetreiber).

```
uses DOS;
const
  msg : String = 'Drucker-Ausgabe';
var
  regs : Registers;
begin
  regs.ah := 9; { Zeichenkette an Drucker }
  regs.ds := Seg(msg); { setzen  von DS:DX
                                 auf Adresse }
  regs.dx := Ofs(msg[1]); { erstes Zeichen}
  Intr($21,regs); { DOS aufrufen }
end.
```

Die gezeigten Programmzeilen, die eine direkte Ausgabe an die Druckerschnittstelle unter DOS durchführen, sind so als Windows-Programm nicht mehr zu realisieren. Diese Programmteile müßten schlichtweg umgeschrieben werden.

Besteht das bestehende DOS-Programm jedoch aus Standardaufrufen, die auch CRT-Funktionen und Prozeduren verwenden dürfen, so wird die Umstellung ohne größere Probleme möglich sein. Die TurboPascal-Welt ist derzeit in zwei Lager gespalten. Das eine sind die Anhänger der strukturierten Programmierung und das andere die Verfechter der Objektorientierung. Auch wir, die Autoren, haben mit der strukturierten Programmierung begonnen und vor einigen Jahren nur zaghaft auf die Objektorientierung geäugt. Die eingefleischten Programmierer herkömlicher Art sollten jetzt langsam beginnen, sich mit der Objektorientierung anzufreunden, denn TurboPascal mit Windows und OOP sind eng verbunden. Um die Unterschiede zwischen der herkömlichen und der OOP-Programmierung mit TurboPascal einmal deutlich hervorzuheben, finden Sie zwei Versionen des Taschenrechners.

Die strukturierte DOS-Version des Taschenrechners wurde bereits so entworfen, daß sie sofort als WinCrt-Programm lauffähig ist. Einen kleinen Trick haben wir in das Programm noch eingebaut, um einen späteren Umstieg auf die ObjectWindows-Version zu erleichtern. Dies geschieht durch die Verwendung von C-Zeichenketten im Pascal-Programm. Aus diesem Grund werden wir zuerst die von TurboPascal für Windows neu zur Verfügung stehenden C-Strings etwas genauer betrachten.

Von der Konzeption ist Windows stärker an der Sprache C orientiert als an Pascal. Dies zeigt sich bei den Funktionen zur Windows-Programmierung, die es generell nicht erlauben, Pascal-Strings zu bearbeiten. Die Verarbeitung von Zeichenketten ist etwas unterschiedlich zu den Pascal-Strings. Daher wird von TurboPascal für Windows ein neuer Datentyp unterstützt, der zu dem C-Format kompatibel ist. Bei einem Pascal-String werden die einzelnen Zeichen im Speicher aneinandergereiht, und an die erste Position die Länge der Zeichenkette angefügt.

Durch diesen strikten Aufbau kann eine Zeichenkette unter TurboPascal maximal 255 Zeichen aufnehmen. Für die Programmierung unter Windows wäre dies eine sehr hinderliche Begrenzung, die durch C-Strings gelöst wird.

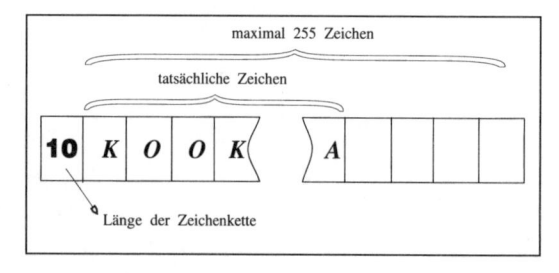

Abb. 18: TurboPascal-String

Das Ziel ist nun die Aufhebung der Längenbegrenzung. Hierzu verzichtet die Sprache C auf die vorangestellte Längenangabe von TurboPascal und fügt zur Kennzeichnung des Endes eine Null an. Daraus entstand der Name der C-Zeichenkette, die als nullbegrenzte Zeichenkette oder auch als nullterminierter String bezeichnet wird. Rein theoretisch können jetzt Zeichenketten von unbegrenzter Länge erzeugt werden, jedoch wird häufig der Speicher die Grenze setzen.

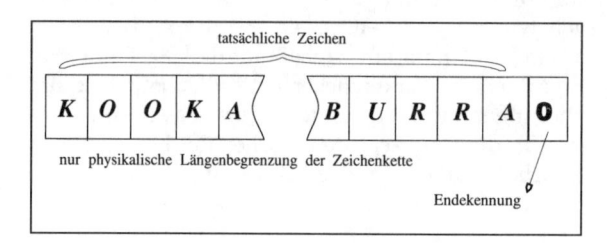

Abb. 19: C-String für Windows

Damit TurboPascal diesen für ihn neuen Datentyp behandeln kann, wurde die neue Unit Strings entworfen. Das Einbinden geschieht über uses Strings. Hiermit stehen zahlreiche Funktionen und Prozeduren zur Manipulation von C-Strings zur Verfügung.

Das Nachbilden eines C-Strings kann in TurboPascal durch Standard-Sprachmittel erreicht werden. Dies erfolgt, indem ein Feld aus Zeichen (Char-Array) definiert wird. Dabei ist darauf zu achten, daß der Index des Feldes immer von 0 an beginnen muß, da ansonsten TurboPascal das Array nicht als C-String identifizieren kann.

```
type
  Titel = array[0..40] of Char;
  AusgabeFeld = array[0..1024] of Char;
```

Ein großer Unterschied besteht in der Behandlung der C-Strings zu den Pascal-Strings. Hierzu wurde auch die Bearbeitung von C übernommen, da dort C-Zeichenketten mit Hilfe von Zeigern (Pointern) behandelt werden. Deshalb besitzt TurboPascal für Windows einen neuen Zeigertyp, der den Namen PChar trägt.

Hinter dem Namen verbirgt sich der Begriff Pointer of Character, den man mit Zeiger auf Zeichen übersetzen könnte. Dieser Zeiger mit dem Datentyp PChar kann mit der Adresse eines C-Strings geladen werden. Da ein C-String eine abschließende Null enthalten muß, wird das Zeichen #0 an eine Zeichenkette angehängt.

```
const
  Name : Array [0..30] of Char = 'Der Name ist unbekannt'#0;
var
  PString :PChar;

begin
  PString := @Name;
end.
```

Eine Kurzform, die aber zum gleichen Ergebnis führt, ist durch die Definition einer Konstanten mit dem Typ von PChar. Durch die Typbindung kann TurboPascal selbst feststellen, daß es sich um einen C-String handelt, und fügt deshalb selbständig die abschließende Null an.

```
const
  PString :PChar = 'Der Name ist unbekannt';

begin
end.
```

Die genannten C-Strings können mit den Standard-Möglichkeiten von TurboPascal nicht mehr bearbeitet werden. Hierfür existiert die schon weiter oben erwähnte Unit-Strings, die nachfolgende Prozeduren und Funktionen besitzt.

C-String-Prozedur	Kurzbeschreibung
StrCat	fügt zwei C-Strings zusammen
StrComp	vergleicht zwei C-Strings
StrCopy	kopiert C-String
StrECopy	kopiert C-String, zeigt auf das Ende
StrEnd	Zeiger auf das Ende
StrIComp	vergleicht zwei C-Strings, ohne Beachtung der Groß-und Kleinschreibung
StrLCat	fügt zwei C-Strings zusammen, Länge begrenzbar
StrLComp	vergleicht zwei C-Strings, Länge begrenzbar
StrLCopy	kopiert C-String Länge begrenzbar
StrDispose	gibt einen allocierten C-String frei
StrLen	ermittelt die Länge eines C-Strings
StrLIComp	wie StrIComp, Länge begrenzbar
StrLower	Umwandlung in Kleinbuchstaben
StrMove	verschiebt einen C-String
StrNew	allociert einen C-String
StrPas	wandelt C-String in Pascal-String um
StrPos	ermittelt die Position eines Zeichens
StrPCopy	kopiert Pascal-String nach C-String
StrRScan	letztes Vorkommen eines Zeichens
StrScan	erstes Vorkommen eines Zeichens
StrUpper	Umwandlung in Großbuchstaben

PChar hilft auf 100% Windows

Innerhalb des Taschenrechners werden C-Strings zum Zusammensetzen der Zahl verwendet, die ausgegeben werden soll. Da bei einem Taschenrechner Ziffern einzeln eingegeben werden, müssen diese auf irgendeine Art und Weise zusammengesetzt werden. In der Applikation hat ein Array mit der Bezeichnung AusgabeFeld die Aufgabe, die Zahl des Rechners aufzunehmen. Sobald eine neue Ziffer eingegeben ist, muß an den bestehenden C-String in dem Array AusgabeFeld die Ziffer angefügt werden. Um zwei C-Strings zusammenzuhängen, kann die Prozedur StrCat Verwendung finden. Die Umwandlung eines Zeichens in einen C-String ist jedoch etwas problematischer. Als Hilfestellung wird ein Char-Array cStr mit zwei Zellen verwendet. Wenn in der ersten Position das Zeichen und in der zweiten eine Null steht, kann das Ganze als C-String weiterverarbeitet werden.

```
AusgabeFeld: array[0..30] of char;
...
  cStr: array[0..1] of char;
...
  cStr[0] := OpTaste;
  cStr[1] := #0;
  StrCat(AusgabeFeld, cStr);
  Ausgabe(1, 30, 'Feld ', AusgabeFeld, 40);
```

Der in dem Char-Array AusgabeFeld erzeugte C-String wird anschließend an die eigene Prozedur Ausgabe als PChar-Zeiger übergeben, um die Zeichenkette auf dem Bildschirm sichtbar zu machen.

```
uses WinCrt;
var
  AusgabeFeld: String;
  OpTaste: Char;
begin
  OpTaste := 'a';
  AusgabeFeld := AusgabeFeld + OpTaste;
  WriteLn(AusgabeFeld);
end.
```

Jetzt werden Sie vielleicht auch denken, eine Definition als Pascal-String würde die Verknüpfung von String und Char vereinfachen. Das mag stimmen, aber wenn wir zu einem späteren Zeitpunkt einen C-String als Übergabe an Windows, Funktionen benötigen werden, warum sollten wir uns dann doppelte Arbeit machen? Jetzt aber zurück zu dem Taschenrechner.

Menüzeile

Das Hauptprogramm übernimmt die beiden Aufgaben Darstellung einer Menüzeile und Realisierung der Tasteneingabe. Für die Menüzeile wird eine Ausgaberoutine mehrfach aufgerufen und jeweils die entsprechende Textposition mit übergeben.

```
{ Text, der in Zeile 25 sichtbar wird }
Ausgabe( 25,  0, 'a Addie', '', 80);
Ausgabe( 25,  8, 's Subtr', '', 0);
Ausgabe( 25, 16, 'm Multi', '', 0);
Ausgabe( 25, 24, 'd Divid', '', 0);
Ausgabe( 25, 32, 'w Wurze', '', 0);
Ausgabe( 25, 40, 'q Quadr', '', 0);
Ausgabe( 25, 48, 'r Rezip', '', 0);
Ausgabe( 25, 56, 'e Ende ', '', 0);
Ausgabe( 25, 64, 'p Proze', '', 0);
Ausgabe( 25, 72, 'l Ergeb', '', 0);

while (true) DO
begin
  { Taste abfragen }
  while keypressed = false do;
  OpTaste := readkey;
    case OpTaste of
      '0','1','2','3','4','5','6','7','8','9':
        Nummer;  { Ziffer }

      '.':
        Dezimal; { Dezimalpunkt }

      'C':
        Abbruch; { Abbruch mit Cancel }
...
```

Das eigentliche Hauptprogramm besteht aus einer while-Schleife, die ständig bis zum Programmende durchlaufen wird. Deren Abbruch geschieht erst durch eine Benutzerbetätigung. Innerhalb dieser Schleife wird kontinuierlich abgefragt, ob eine Taste betätigt wurde. Die Abfrage übernimmt KeyPressed für uns. Sobald eine Taste gedrückt wurde, liefert KeyPressed logisch True zurück und die Taste kann gelesen werden. Die ReadKey-Funktion liefert den Tastencode, der dann innerhalb einer CASE-Verzweigung bearbeitet werden kann. Entsprechend dem Tastencode erfolgt der Aufruf unterschiedlicher Funktionen.

Die Prozedur Ausgabe hat eine recht interessante Funktion, denn sie gibt Text an eine bestimmte Position innerhalb unseres virtuellen Textfensters aus. Dabei verändert Ausgabe die letzte Cursor-Position nicht. Genauer gesagt wird die letzte Cursor-Position durch WhereY bzw. WhereX ermittelt und gemerkt. Durch die alten Positionsangaben kann nach Beendigung der Ausgabe der Cursor wieder an die alte Position zurückgestellt werden. Das Rücksetzen des Cursors erfolgt mit Hilfe der Prozedur GotoXY.

Abb. 20: Aussehen des mit TurboPascal erstellten Taschenrechners für DOS/WinCrt

Beispiel

{********** TPRechD.PAS *************************}

```
 1  program TPRechD;
 2  uses  WinCrt, Strings;
 3
 4  const
 5    NONE      = 00;
 6    NUMS      = 01;
 7    OPS       = 02;
 8    CE        = 03;
 9
10  { Verwaltung des Rechners }
11  var
12    Op1:           Real;              { Erste Eingabe }
13    Op2:           Real;              { Zweite Eingabe }
14    DezimalPunkt:  Boolean;           { zeigt an, ob der
15                                       Dezimalpunkt vorhanden ist }
16    NumOps:        Integer;           { Anzahl der
17                                       Operanden }
18    LetzteEingabe: Integer;           { zeigt den Typ der
19                                       letzten Tasteneingabe an }
20    OpFlag:        char;              { zeigt die
21                                       Operation an }
22    OpTaste:       char;              { zeigt die Taste an }
23    AusgabeFeld:   array[0..30] of char;
24                                      { Berechnungsfeld }
25
26  { Ausgaberoutine, die Text an gewünschter Stelle
27    ausgibt
28  }
29  procedure Ausgabe( zeile: Integer;
30                    spalte: Integer; text: PChar;
31                    wert: PChar; laenge: Integer);
32  { gibt an der Stelle -zeile- -spalte- den Wert
33    mit Text aus Parameter laenge bestimmt die
34    Anzahl der Leerzeichen
35  }
36  var
37    altzeile, altspalte, i: Integer;
38
39  begin
40    altzeile  := wherey;
41    altspalte := wherex;
42    gotoxy( spalte, zeile);
43    for i:=1 TO laenge DO
44      write(' ');
45    gotoxy( spalte, zeile);
46    write( text);
47    write( wert);
48    gotoxy( altspalte, altzeile);
49  end;
50
51  { Prozedur für die Operator-Tasten (+, -, x, /, =).
52    Wenn der Tastendruck Teil einer Nummer war, wird
53    die Variable NumOps um eins erhöht. Ist es nur
54    ein Operand, so wird die Variable Op1 gesetzt.
55    Sind jedoch 2 Operanden vorhanden, wird Op1 mit
56    dem Ergebnis der Operation aus Op1 und dem
57    aktuellen Eingabewert gleichgesetzt. Zudem
58    erfolgt die Anzeige des Ergebnisses.
59  }
60  procedure Operator;
61  var Code: Integer;
62  begin
63    if (LetzteEingabe = NUMS) then
64      NumOps := NumOps + 1;
65    if (NumOps = 1) then
66      Val(AusgabeFeld, Op1, Code)
67    else
68    begin
69      if (NumOps = 2) then
70      begin
71        Val(AusgabeFeld, Op2, Code);
72
73        case OpFlag of
74
75          '+':
76            Op1 := Op1 + Op2;
77
78          '-':
79            Op1 := Op1 - Op2;
80
81          '*':
82            Op1 := Op1 * Op2;
```

```pascal
         '/':
           if (Op2 = 0) then
             Ausgabe( 10, 40, 'Rechner: ',
                     'Division durch 0 geht nicht', 30)
           else
             Op1 := Op1 / Op2;

         '=':
           Op1 := Op2;
       end;
       Str( Op1, AusgabeFeld);
       Ausgabe(1, 30, 'Feld ', AusgabeFeld, 40);
       NumOps := 1;
     end;
  end;
  LetzteEingabe := OPS;
  OpFlag := OpTaste;
end;

{ Prozedur für die Nummerntasten (0-9).
  Es wird eine neue Ziffer an die Anzeige angefügt
}
procedure Nummer;
var
  cStr: array[0..1] of Char;

begin
  if (LetzteEingabe <> NUMS) then
    begin
      AusgabeFeld[0] := #0;
      DezimalPunkt := FALSE;
    end;
  cStr[0] := OpTaste;
  cStr[1] := #0;
  StrCat(AusgabeFeld, cStr);
  Ausgabe(1, 30, 'Feld ', AusgabeFeld, 40);
  LetzteEingabe := NUMS;
end;

{ Prozedur wird durch Taste <+> ausgelöst
}
procedure OpAdd;
begin
  OpTaste := '+';
  Operator;
end;

{ Prozedur wird durch Taste <-> ausgelöst
}
procedure OpSub;
begin
  OpTaste := '-';
  Operator;
end;

{ Prozedur wird durch Taste <*> ausgelöst
}
procedure OpMul;
begin
  OpTaste := '*';
  Operator;
end;

{ Prozedur wird durch Taste </> ausgelöst
}
procedure OpDiv;
begin
  OpTaste := '/';
  Operator;
end;

{ Prozedur wird durch Taste <=>, <Enter> ausgelöst
}
procedure OpErg;
begin
  OpTaste := '=';
  Operator;
end;

{ Initialisierungsroutine für den Taschenrechner
  Es werden alle Variablen auf ihren Anfangswert
  gesetzt
}
procedure RechnerInit;
begin
  DezimalPunkt := FALSE;
  NumOps := 0;
  LetzteEingabe := NONE;
  OpFlag := ' ';
  StrCopy(AusgabeFeld, '0.');
end;

{ Prozedur für C (Cancel) Taste
  Löschen der Anzeige und Initialisierung der
  Variablen
}
procedure Abbruch;
begin
  StrCopy(AusgabeFeld, '0.');
  RechnerInit;
  Ausgabe(1, 30, 'Feld ', AusgabeFeld, 40);
end;

{ Prozedur für CE (cancel entry) Taste
}
procedure AbbruchEingabe;
begin
  StrCopy(AusgabeFeld, '0.');
  Ausgabe(1, 30, 'Feld ', AusgabeFeld, 40);
  DezimalPunkt := FALSE;
  LetzteEingabe := CE;
end;

{ Prozedur für Dezimalpunkt (.)
  Wenn die letzte Taste ein Operator war, die
  Ausgabe mit '0.' vorbesetzen. Im anderen Fall
  einen Dezimalpunkt an die Anzeige anfügen
}
procedure Dezimal;
begin
  if (LetzteEingabe <> NUMS) then
    begin
      StrCopy(AusgabeFeld, '0.');
    end
  else
    begin
      if (DezimalPunkt = FALSE) then
        StrCat(AusgabeFeld, '.');
    end;
  Ausgabe(1, 30, 'Feld ', AusgabeFeld, 40);

  DezimalPunkt := TRUE;
  LetzteEingabe := NUMS;
end;

{ Prozedur für Prozent-Taste (%).
  Berechnet die Prozent des ersten Operators und
  zeigt diesen an
}
procedure Prozent;
var
  Command: Integer;
  Op: Real;

begin
  Val(AusgabeFeld, Op, Command);
  Str( Op1 * Op / 100,
       AusgabeFeld );
  Ausgabe(1, 30, 'Feld ', AusgabeFeld, 40);
end;

{ Prozedur zur Berechnung des Quadrates
}
procedure Quadrat;
var  Command: Integer;

begin
  Val(AusgabeFeld, Op1, Command);
  if (Op1 < 1E+20) then
    Op1 := Op1 * Op1;
  Str( Op1, AusgabeFeld);
  Ausgabe(1, 30, 'Feld ', AusgabeFeld, 40);

  NumOps := 1;
  LetzteEingabe := OPS;
  OpFlag := ' ';
end;

{ Prozedur zur Berechnung des Reziprokwertes
}
procedure Reziprok;
var  Command: Integer;

begin
  Val(AusgabeFeld, Op1, Command);
  if (Op1 = 0) then
    Ausgabe( 10, 40, 'Rechner: ',
            'Division durch 0 geht nicht', 30)
  else
    Op1 := 1 / Op1;
  Str( Op1, AusgabeFeld);
  Ausgabe(1, 30, 'Feld ', AusgabeFeld, 40);

  NumOps := 1;
  LetzteEingabe := OPS;
  OpFlag := ' ';
end;

{ Prozedur zur Berechnung der Wurzel
}
procedure Wurzel;
var  Command: Integer;

begin
  Val(AusgabeFeld, Op1, Command);
  if (Op1 < 0) then
    Ausgabe( 10, 40, 'Rechner: ',
            'Negative Wurzel geht nicht', 30)
  else
    Op1 := sqrt(Op1);
  Str( Op1, AusgabeFeld);
  Ausgabe(1, 30, 'Feld ', AusgabeFeld, 40);

  NumOps := 1;
  LetzteEingabe := OPS;
  OpFlag := ' ';
end;

begin
  { ***** Hauptprogramm ***** }

  { Initialisierung des Taschenrechners
    Es werden alle Variablen auf ihren Anfangswert
    gesetzt }
```

```
299    RechnerInit;
300    Ausgabe(1, 30, 'Feld ', AusgabeFeld, 40);
301
302    { Text, der in Zeile 25 sichtbar wird }
303    Ausgabe( 25,  0, 'a Addie', '', 80);
304    Ausgabe( 25,  8, 's Subtr', '',  0);
305    Ausgabe( 25, 16, 'm Multi', '',  0);
306    Ausgabe( 25, 24, 'd Divid', '',  0);
307    Ausgabe( 25, 32, 'w Wurze', '',  0);
308    Ausgabe( 25, 40, 'q Quadr', '',  0);
309    Ausgabe( 25, 48, 'r Rezip', '',  0);
310    Ausgabe( 25, 56, 'e Ende ', '',  0);
311    Ausgabe( 25, 64, 'p Proze', '',  0);
312    Ausgabe( 25, 72, 'I Ergeb', '',  0);
313
314    while (true) DO
315    begin
316      { Taste abfragen }
317      while keypressed = false do;
318      OpTaste := readkey;
319      case OpTaste of
320        '0','1','2','3','4','5','6','7','8','9':
321          Nummer; { Ziffer }
322
323        '.':
324          Dezimal; { Dezimalpunkt }
325
326        'C':
327          Abbruch; { Abbruch mit Cancel }
328
329        'c':
330          AbbruchEingabe; { Abbruch mit CE }
331

332        '+', 'A', 'a':
333          OpAdd;  { Addieren }
334
335        '-', 'S', 's':
336          OpSub;  { Subtrahieren }
337
338        '*', 'M', 'm':
339          OpMul;  { Multiplizieren }
340
341        '/', 'D', 'd':
342          OpDiv;  { Dividieren }
343
344        'W', 'w':
345          Wurzel; { Wurzel }
346
347        'Q', 'q':
348          Quadrat; { Quadrat }
349
350        'R', 'r':
351          Reziprok; { Reziprok }
352
353        'E', 'e':
354          halt(255);
355
356        '%', 'P', 'p':
357          Prozent; { Prozent }
358
359        chr($000D), '=', 'I', 'i':
360          OpErg;  { Ergebnis }
361      end;
362    end;
363
364    end.
```

2.3.2 Realisierung des Taschenrechners in OOP TurboPascal für DOS

Das nachfolgende Beispiel soll eine Hilfestellung geben und zugleich ein Vergleich zu dem gerade aufgelisteten strukturierten Pascal-Programm sein. Wenn Programme eine identische Tätigkeit ausführen, aber auf verschiedene Arten programmiert wurden, ist die Konzentration auf die Unterschiede am besten möglich. Die wohl prägnanteste Differenz ist die Größe des Hauptprogramms. Bei einem objektorientierten Programm, wie es unser Beispiel ist, beschränkt sich das Hauptprogramm typischerweise nur auf wenige Programmzeilen. Hier zeigt sich bereits, daß alle Programmfähigkeiten von den Objekten ausgehen. Da die Applikation nicht zu kompliziert ist, wurde der Taschenrechner als eine Klasse definiert. Diese Klasse trägt den Namen TTaste und wird dazu verwendet, ein Objekt zu erzeugen, das aufgerufen werden kann und die Fähigkeiten des Taschenrechners besitzt. Definiert wird die Klasse über die Schlüsselwörter type und object. Alle Variablen, die für Berechnungen und Zwischenergebnisse notwendig sind, werden als Objektvariablen an die Klasse angefügt. Die bisherigen Prozeduren werden zu Methoden der Klasse und sind damit zusammen mit den Daten zu einer Einheit verkapselt. Einen kurzen Auszug der Klasse TTaste sehen Sie aus den nachfolgenden Programmzeilen.

```
type  TTaste = object
  Op1:     Real;           { Erste Eingabe }
  Op2:     Real;           { Zweite Eingabe }
  ...
  constructor Init;
  procedure Run; virtual;
  procedure Dezimal; virtual;
  procedure Abbruch; virtual;
  ...
```

Objekt

Vor dem Hauptprogramm wird ein Objekt RechnerApp der Klasse TTaste erzeugt. Erst nachdem das Objekt, das auch die Bezeichnung Instanz trägt, deklariert wurde, steht der Funktionsumfang des Taschenrechners zur Verfügung.

```
var
  RechnerApp: TTaste;

begin
  RechnerApp.Init;
  RechnerApp.Run;
end.
```

Konstruktor Init

Zu Beginn eines OOP-Programms wird normalerweise der Konstruktor aufgerufen. Der Name des Konstruktors kann zwar frei gewählt werden, sollte aber aus Gründen der Übersichtlichkeit Init heißen. Damit wird sich bereits an die Namensgebung von ObjectWindows angelehnt. Der Konstruktor wurde innerhalb der Klassendefinition mit dem Schlüsselwort constructor festgelegt. Er kann Parameter besitzen, die er in diesem Fall aber nicht benötigt. Die Aufgabe des Konstruktors wird es sein, Initialisierungen und eine Verbindung zwischen der erzeugten Instanz und der VMT der jeweiligen Klasse herzustellen. Aufgerufen werden die Methoden des Objektes unter Nennung des Objektnamens RechnerApp zusammen mit der Methodenbezeichnung. Durch die Anweisung RechnerApp.Init erfolgt daher der Aufruf des Konstruktors. Hierin werden die Variablen auf den Anfangswert gesetzt und eine Menüzeile aufgebaut.

Run

Normalerweise wird die Methode Run dazu verwendet, um die Aktionen eines Objektes anzustoßen. Daher haben wir eine Methode Run der Klasse TTaste geschrieben, die für die kontinuierliche Tastenabfrage zuständig ist. Der daran anschließende Programmcode wird natürlich ähnlich dem des herkömmlichen TurboPascal-Programms sein.

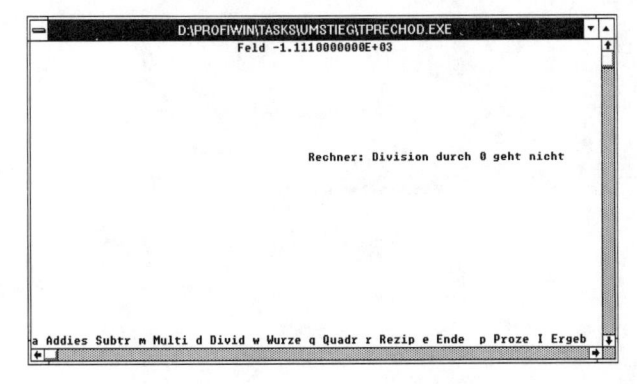

Abb. 21: Aussehen des mit OOP TurboPascal erstellten Taschenrechners für DOS/WinCrt

Beispiel

{********** TPRechOD.PAS *************************}

```pascal
1    program TPRechOD;
2    uses WinCrt, Strings;
3
4    const
5      NONE     = 00;
6      NUMS     = 01;
7      OPS      = 02;
8      CE       = 03;
9
10   { Verwaltung des Rechner-Object }
11   type TTaste = object
12     Op1:          Real;            { Erste Eingabe }
13     Op2:          Real;            { Zweite Eingabe }
14     DezimalPunkt: Boolean;         { zeigt an, ob der
15                                      Dezimalpunkt vorhanden ist }
16     NumOps:       Integer;         { Anzahl der
17                                      Operanden }
18     LetzteEingabe: Integer;        { zeigt den Typ der
19                                      letzten Tasteneingabe an }
20     OpFlag:       char;            { zeigt die
21                                      Operation an }
22     OpTaste:      char;            { zeigt die Taste an }
23     AusgabeFeld: array[0..30] of char;
24                                    { Berechnungsfeld }
25
26     constructor Init;
27     procedure Run; virtual;
28     procedure Dezimal; virtual;
29     procedure Abbruch; virtual;
30     procedure AbbruchEingabe; virtual;
31     procedure OpAdd; virtual;
32     procedure OpSub; virtual;
33     procedure OpMul; virtual;
34     procedure OpDiv; virtual;
35     procedure Wurzel; virtual;
36     procedure Quadrat; virtual;
37     procedure Reziprok; virtual;
38     procedure Prozent; virtual;
39     procedure OpErg; virtual;
40     procedure RechnerInit;
41     procedure Nummer;
42     procedure Operator;
43     procedure Ausgabe( zeile: Integer;
44              spalte: Integer; text: PChar; wert: PChar;
45              laenge: Integer); virtual;
46   end;
47
48   constructor TTaste.Init;
49   begin
50     { Initialisierungsroutine für den Taschenrechner
51       Es werden alle Variablen auf ihren Anfangswert
52       gesetzt
53     }
54     RechnerInit;
55     Ausgabe(1, 30, 'Feld ', AusgabeFeld, 40);
56
57     { Text, der in Zeile 25 sichtbar wird }
58     Ausgabe( 25, 0, 'a Addie', '', 80);
59     Ausgabe( 25, 8, 's Subtr', '', 0);
60     Ausgabe( 25, 16, 'm Multi', '', 0);
61     Ausgabe( 25, 24, 'd Divid', '', 0);
62     Ausgabe( 25, 32, 'w Wurze', '', 0);
63     Ausgabe( 25, 40, 'q Quadr', '', 0);
64     Ausgabe( 25, 48, 'r Rezip', '', 0);
65     Ausgabe( 25, 56, 'e Ende ', '', 0);
66     Ausgabe( 25, 64, 'p Proze', '', 0);
67     Ausgabe( 25, 72, 'I Ergeb', '', 0);
68   end;
69
70   { Methode für die Nummerntasten (0-9).
71     Es wird eine neue Ziffer an die Anzeige angefügt
72   }
73   procedure TTaste.Nummer;
74   var
75     cStr: array[0..1] of Char;
76
77   begin
78     if (LetzteEingabe <> NUMS) then
79     begin
80       AusgabeFeld[0] := #0;
81       DezimalPunkt := FALSE;
82     end;
83     cStr[0] := OpTaste;
84     cStr[1] := #0;
85     StrCat(AusgabeFeld, cStr);
86     Ausgabe(1, 30, 'Feld ', AusgabeFeld, 40);
87     LetzteEingabe := NUMS;
88   end;
89
90   { Methode wird durch Taste, <+> ausgelöst
91   }
92   procedure TTaste.OpAdd;
93   begin
94     OpTaste := '+';
95     Operator;
96   end;
97
98   { Methode wird durch Taste <-> ausgelöst
99   }
100  procedure TTaste.OpSub;
101  begin
102    OpTaste := '-';
103    Operator;
104  end;
105
106  { Methode wird durch Taste <*> ausgelöst
107  }
108  procedure TTaste.OpMul;
109  begin
110    OpTaste := '*';
111    Operator;
112  end;
113
114  { Methode wird durch Taste </> ausgelöst
115  }
116  procedure TTaste.OpDiv;
117  begin
118    OpTaste := '/';
119    Operator;
120  end;
121
122  { Methode wird durch Taste <=>, <Enter> ausgelöst
123  }
124  procedure TTaste.OpErg;
125  begin
126    OpTaste := '=';
127    Operator;
128  end;
129
130  { Methode für C (Cancel) Taste
131    Löschen der Anzeige und Initialisierung der
132    Variablen
133  }
134  procedure TTaste.Abbruch;
135  begin
136    StrCopy(AusgabeFeld, '0.');
137    RechnerInit;
138    Ausgabe(1, 30, 'Feld ', AusgabeFeld, 40);
139  end;
140
141  { Methode für CE (cancel entry) Taste
142  }
143  procedure TTaste.AbbruchEingabe;
144  begin
145    StrCopy(AusgabeFeld, '0.');
146    Ausgabe(1, 30, 'Feld ', AusgabeFeld, 40);
147    DezimalPunkt := FALSE;
148    LetzteEingabe := CE;
149  end;
150
151  { Methode für Dezimalpunkt (.)
152    Wenn die letzte Taste ein Operator war, die
153    Ausgabe mit '0.' vorbesetzen. Im anderen Fall
154    einen Dezimalpunkt an die Anzeige anfügen
155  }
156  procedure TTaste.Dezimal;
157  begin
158    if (LetzteEingabe <> NUMS) then
159    begin
160      StrCopy(AusgabeFeld, '0.');
161    end
162    else
163    begin
164      if (DezimalPunkt = FALSE) then
165        StrCat(AusgabeFeld, '.');
166    end;
167    Ausgabe(1, 30, 'Feld ', AusgabeFeld, 40);
168
169    DezimalPunkt := TRUE;
170    LetzteEingabe := NUMS;
171  end;
172
173  { Ausgaberoutine, die Text an gewünschter Stelle
174    ausgibt
175  }
176  procedure TTaste.Ausgabe( zeile: Integer;
177              spalte: Integer; text: PChar;
178              wert: PChar; laenge: Integer);
179    { gibt an der Stelle -zeile- -spalte- den Wert
180      mit Text aus Parameter laenge bestimmt die
181      Anzahl der Leerzeichen
182    }
183  var
184    altzeile, altspalte, i: Integer;
185
186  begin
187    altzeile := wherey;
188    altspalte := wherex;
189    gotoxy( spalte, zeile);
190    for i:=1 TO laenge DO
191      write(' ');
192    gotoxy( spalte, zeile);
193    write( text);
194    write( wert);
195    gotoxy( altspalte, altzeile);
196  end;
197
198  { Prozedur für die Operator-Tasten (+, -, x, /, =).
199    Wenn der Tastendruck Teil einer Nummer war, wird
200    die Variable NumOps um eins erhöht. Ist es nur
```

```pascal
      ein Operand, so wird die Variable Op1 gesetzt.
      Sind jedoch 2 Operanden vorhanden, wird Op1 mit
      dem Ergebnis der Opararation aus Op1 und dem
      aktuellen Eingabewert gleichgesetzt. Zudem
      erfolgt die Anzeige des Ergebnisses.
    }
    procedure TTaste.Operator;
    var Code: Integer;
    begin
      if (LetzteEingabe = NUMS) then
        NumOps := NumOps + 1;
      if (NumOps = 1) then
        Val(AusgabeFeld, Op1, Code)
      else
      begin
        if (NumOps = 2) then
        begin
          Val(AusgabeFeld, Op2, Code);

          case OpFlag of

            '+':
              Op1 := Op1 + Op2;

            '-':
              Op1 := Op1 - Op2;

            '*':
              Op1 := Op1 * Op2;

            '/':
              if (Op2 = 0) then
                Ausgabe( 10, 40, 'Rechner: ',
                  'Division durch 0 geht nicht', 30)
              else
                Op1 := Op1 / Op2;

            '=':
              Op1 := Op2;
          end;
          Str( Op1, AusgabeFeld);
          Ausgabe(1, 30, 'Feld ', AusgabeFeld, 40);
          NumOps := 1;
        end;
      end;
      LetzteEingabe := OPS;
      OpFlag := OpTaste;
    end;

    { Initialisierungsroutine für den Taschenrechner
      Es werden alle Variablen auf ihren Anfangswert
      gesetzt
    }
    procedure TTaste.RechnerInit;
    begin
      DezimalPunkt := FALSE;
      NumOps := 0;
      LetzteEingabe := NONE;
      OpFlag := ' ';
      StrCopy(AusgabeFeld, '0.');
    end;

    { Methode für Prozent-Taste (%).
      Berechnet die Prozent des ersten Operators und
      zeigt diesen an
    }
    procedure TTaste.Prozent;
    var
      Command: Integer;
      Op: Real;
    begin
      Val(AusgabeFeld, Op, Command);
      Str( Op1 * Op / 100,
              AusgabeFeld );
      Ausgabe(1, 30, 'Feld ', AusgabeFeld, 40);
    end;

    { Methode zur Berechnung des Quadrates
    }
    procedure TTaste.Quadrat;
    var Command: Integer;

    begin
      Val(AusgabeFeld, Op1, Command);
      if (Op1 < 1E+20) then
        Op1 := Op1 * Op1;
      Str( Op1, AusgabeFeld);
      Ausgabe(1, 30, 'Feld ', AusgabeFeld, 40);

      NumOps := 1;
      LetzteEingabe := OPS;
      OpFlag := ' ';
    end;

    { Methode zur Berechnung des Reziprokwertes
    }
    procedure TTaste.Reziprok;
    var Command: Integer;

    begin
      Val(AusgabeFeld, Op1, Command);
      if (Op1 = 0) then
        Ausgabe( 10, 40,·'Rechner: ',
          'Division durch 0 geht nicht', 30)
      else
        Op1 := 1 / Op1;
      Str( Op1, AusgabeFeld);
      Ausgabe(1, 30, 'Feld ', AusgabeFeld, 40);

      NumOps := 1;
      LetzteEingabe := OPS;
      OpFlag := ' ';
    end;

    { Methode zur Berechnung der Wurzel
    }
    procedure TTaste.Wurzel;
    var  Command: Integer;

    begin
      Val(AusgabeFeld, Op1, Command);
      if (Op1 < 0) then
        Ausgabe( 10, 40, 'Rechner: ',
          'Negative Wurzel geht nicht', 30)
      else
        Op1 := sqrt(Op1);
      Str( Op1, AusgabeFeld);
      Ausgabe(1, 30, 'Feld ', AusgabeFeld, 40);

      NumOps := 1;
      LetzteEingabe := OPS;
      OpFlag := ' ';
    end;

    { Rechner erzeugen
    }
    procedure TTaste.Run;
    begin
    { ***** Hauptprogramm ***** }
      while (true) DO
      begin
        { Taste abfragen }
        while keypressed = false do;
        OpTaste := readkey;
        case OpTaste of
          '0','1','2', '3', '4','5','6','7','8','9':
            Nummer; { Ziffer }

          '.':
            Dezimal; { Dezimalpunkt }

          'C':
            Abbruch; { Abbruch mit Cancel }

          'c':
            AbbruchEingabe; { Abbruch mit CE }

          '+', 'A', 'a':
            OpAdd; { Addieren }

          '-', 'S', 's':
            OpSub; { Subtrahieren }

          '*', 'M', 'm':
            OpMul; { Multiplizieren }

          '/', 'D', 'd':
            OpDiv; { Dividieren }

          'W', 'w':
            Wurzel; { Wurzel }

          'Q', 'q':
            Quadrat; { Quadrat }

          'R', 'r':
            Reziprok; { Reziprok }

          'E', 'e':
            halt(255);

          '%', 'P', 'p':
            Prozent; { Prozent }

          chr($00D), '=', 'I', 'i':
            OpErg; { Ergebnis }
        end;
      end;

    end;

    var
      RechnerApp: TTaste;

    begin
      RechnerApp.Init;
      RechnerApp.Run;
    end.
```

2.3.3 Realisierung des Taschenrechners in TurboPascal für Windows

OWL = OOP

Wenn Sie von einem objektorientierten Programm ähnlich unserem OOP-DOS-Taschenrechner kommen, werden Sie feststellen, daß der Umstieg auf Windows ObjectWindows gar nicht mehr so schwer fällt. Ist der Ursprung aber ein normales TurboPascal-Programm, ist spätestens jetzt die Zeit gekommen, sich mit OOP zu beschäftigen.

Resource

Die ersten Schritte für den Taschenrechner wird die Erstellung der Oberfläche mit dem Borland Resource Workshop sein. Die Tastatur wird durch Befehlsschaltflächen (Pushbutton) nachgebildet, wobei jeder Button einen eindeutigen ID-Wert erhalten muß. Über diese Identifikationsnummer können später die Buttons im Programm unterschieden werden. Die Verbindung zwischen den mit dem Workshop erstellten Resourcen und dem Programm geschieht durch die Anweisungszeile {$R TPRechW.RES}. Hierdurch erfährt TurboPascal für Windows, welche Resourcedatei eingebunden werden muß. Es sollte unbedingt darauf geachtet werden, daß die ID-Werte der Buttons denen im konstanten Teil des Programms entsprechen.

Das Hauptprogramm läuft sehr ähnlich dem des OOP-DOS-Rechners ab. Nachdem das Objekt definiert wurde, erfolgt der Aufruf des Konstruktors. Hierüber wird bereits die Oberfläche des Taschenrechners, die als Dialogfenster realisiert ist, aufgeblendet.

Konstruktor erzeugt Dialogbox

Für diejenigen, die bereits mehrere Windows-Programme geschrieben haben, wird von Interesse sein, daß es kein Popup-Window gibt. Die Dialogbox erscheint somit sofort auf dem Bildschirm. Realisiert wird dies durch den Aufruf des Konstruktors von TDlgWindow. Diesem wird als Vaterfenster der Wert nil und der Windows-Klassenname der Dialogbox, der in dem Resource Workshop definiert wurde, als Parameter mitgegeben. Dabei ist der Ablauf so, daß zu Beginn der Konstruktor der niedersten Ebene aufgerufen wird. Anschließend muß jeder Konstruktor den Konstruktor seines Vorfahren aufrufen. Über diesen Weg wird auch die Dialogbox des Taschenrechners erzeugt.

Objekt über new

Im Programm wird nur ein Objekt der Klasse TApplication statisch definiert. Hierüber wird auch nur die Grundeigenschaft einer Windows-Applikation festgelegt. Das Objekt, das für die Fähigkeiten des Taschenrechners verantwortlich ist, wird dagegen über die Methode new dynamisch als Instanz erzeugt.

```
procedure TRechnerApp.InitMainWindow;
begin
  MainWindow := New( PTaste, Init);
end;
```

Die Methode TRechnerApp.InitMainWindow wird automatisch angesprungen, sobald der Konstruktor von TApplication aufgerufen wird. Ein Überschreiben der Methode

InitMainWindow ist notwendig, da dieses für die Erzeugung des Hauptfensters in ObjectWindows verantwortlich ist. Alles bisher genannte läuft automatisch durch den Aufruf der Konstruktor-Methode RechnerApp.Init ab.

```
{ Hauptprogramm
}
var
  RechnerApp: TRechnerApp;

begin
  RechnerApp.Init(PROGNAME);
  RechnerApp.Run;
  RechnerApp.Done;
end.
```

Nachdem die Konstruktoren ihre Arbeit erledigt haben, steht der Taschenrechner rein optisch schon zur Verfügung. Die Funktionalität wird erst durch den Aufruf der Run-Methode erreicht. Hierdurch werden Meldungen abgefragt, die Windows, z.B. durch die Betätigung eines Buttons, erzeugt. Für jeden Button wird eine eigene Methode geschrieben, die automatisch durch dessen Betätigen angesprungen wird. Die Verbindung zwischen der Methode und dem Button geschieht in der Klassendefinition, bei der der ID-Wert mit der Methode genannt wird.

```
...
  procedure WMCID_0(var Msg: TMessage);
            virtual id_First + IDC_0;
  procedure WMCID_1(var Msg: TMessage);
            virtual id_First + IDC_1;
...
```

So werden z.B. die Methoden WMCID_0 bis WMCID_9 durch die Ziffern-Buttons ausgelöst. Entsprechende Methoden stehen für die anderen Buttons zur Verfügung. Nebenbei sei erwähnt, daß das derzeitige Programm nicht auf die Betätigung einer Taste der Tastatur reagiert.

```
  procedure TTaste.WMCID_0(var Msg: TMessage);
  begin
    OpTaste := '0';
    Nummer;  { Ziffer }
    TDlgWindow.DefChildProc(Msg);
  end;
```

Durch den Druck auf den Button mit der Bezeichnung 0 erfolgt der Anstoß der Methode TTaste.WMCID_0. Da sich dahinter die Taste '0' verbergen soll, wird die Variable OpTaste darauf eingestellt. Die eigentliche Verarbeitung der Ziffer übernimmt dann die Methode Nummer, die auch Bestandteil der Klasse TTaste ist. Bevor die Bearbeitung einer Ziffer oder eines anderen Buttons abgeschlossen ist, muß zuvor noch die Standardbearbeitung von ObjectWindows aufgerufen werden. Diese Methode DefChildProc ist Bestandteil von TWindowsObject und aktiviert die Standard-Meldungsbearbeitung. Hierdurch kann eine Nachbearbeitung des Buttons, der ein Kindfenster der Dialogbox ist, durchgeführt werden. Für den Aufruf von DefChildProc ist als Übergabeparameter die TMessage-Struktur erforderlich. Diese wird wiederum der Methode mitgegeben, die der Button auslöst.

Die Ausgabe ist natürlich zu dem bisherigen Programm vollkommen unterschiedlich. Ein Textfeld innerhalb der Dialogbox dient jetzt zur Darstellung des Textes. Da die Position innerhalb der Dialogbox fest vorgegeben ist, entfällt eine Positionsangabe. Mit Hilfe des ID-Wertes des Textfeldes und der Windows-Funktion SetDlgItemText kann ein C-String ausgegeben werden. Die Ausgaberoutine wird immer dann angesprungen, sobald ein Button betätigt wurde.

```
{ Ausgaberoutine an Textfeld
}
procedure TTaste.Ausgabe( text: PChar);
begin
  SetDlgItemText( HWindow, IDC_FELD, text);
  SetFocus(GetDlgItem(HWindow, IDC_FELD));
end;
```

Im ursprünglichen DOS-Programm wurde auch für Fehlermeldungen die Prozedur Ausgabe benutzt. Da innerhalb von Windows eine wesentlich bessere Möglichkeit besteht, wird diese in Form eines Meldungsfensters umgesetzt. Der Aufruf eines Meldungsfensters geschieht durch die Windows-Funktion MessageBox.

```
MessageBox( HWindow,
            'Negative Wurzel geht nicht',
            'Rechner', MB_OK)
```

Auf einen Punkt möchte ich Sie noch hinweisen. Der Taschenrechner verfügt noch über ein eigenes Symbol (Icon), das einen verkleinerten Taschenrechner zeigt. Da immer nur eine Dialogbox dargestellt wird, ist es jedoch nur bei Programmstart möglich, den Taschenrechner als Icon darzustellen. Dies geschieht im Datei- bzw. Programmmanager, indem beim Programmstart gleichzeitig die ⟨Shift⟩-Taste betätigt wird. Der Grund dafür liegt darin, daß eine Dialogbox in Windows nie ein Feld für die Symboldarstellung besitzt. Die Zuordnung des Symbols, das sich in der Resourcedatei befindet, geschieht durch die Windows-Funktion LoadIcon.

```
procedure TRechner.GetWindowClass(var AWndClass: TWndClass);
begin
  TDlgWindow.GetWindowClass(AWndClass);
  AWndClass.hIcon := LoadIcon(
           HInstance, PROGNAME);
end;
```

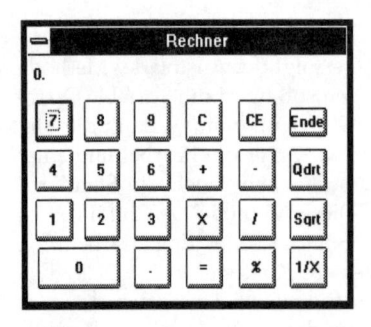

Abb. 22: Aussehen des mit TurboPascal erstellten Taschenrechners für Windows

Beispiel

{****************** TPRechW.PAS ******************}

```pascal
1   program TPRechw;
2   uses WObjects, WinTypes, WinProcs, StdWnds, Strings;
3   {$R TPRechW.RES}
4   const
5     PROGNAME :PChar = 'Rechner';
6
7     IDC_0    = 100;
8     IDC_1    = 101;
9     IDC_2    = 102;
10    IDC_3    = 103;
11    IDC_4    = 104;
12    IDC_5    = 105;
13    IDC_6    = 106;
14    IDC_7    = 107;
15    IDC_8    = 108;
16    IDC_9    = 109;
17    IDC_C    = 110;
18    IDC_CE   = 111;
19    IDC_A    = 112;
20    IDC_S    = 113;
21    IDC_M    = 114;
22    IDC_D    = 115;
23    IDC_Q    = 116;
24    IDC_W    = 117;
25    IDC_G    = 118;
26    IDC_I    = 119;
27    IDC_P    = 120;
28    IDC_R    = 121;
29    IDC_FELD = 122;
30    IDC_E    = 123;
31
32    NONE     = 00;
33    NUMS     = 01;
34    OPS      = 02;
35    CE       = 03;
36    Rechner  = 200;
37
38
39    { Rechner Dialog-Fenster-Object }
40    type TRechner = object( TDlgWindow)
41      constructor Init;
42      function GetClassName: PChar; virtual;
43      procedure GetWindowClass(
44              var AWndClass: TWndClass); virtual;
45    end;
46
47    { Verwaltung des Rechner-Object }
48    type
49      PTaste = ^TTaste;
50      TTaste = object( TRechner)
51        Op1:        Real;       { Erste Eingabe }
52        Op2:        Real;       { Zweite Eingabe }
53        DezimalPunkt: Boolean;  { zeigt an, ob der
54                                  Dezimalpunkt vorhanden ist }
55        NumOps:     Integer;    { Anzahl der
56                                  Operanden }
57        LetzteEingabe: Integer; { zeigt den Typ der
58                                  letzten Tasteneingabe an }
59        OpFlag:     char;       { zeigt die
60                                  Operation an }
61        OpTaste:    char;       { zeigt die Taste an }
62        AusgabeFeld: array[0..30] of char;
63                                { Berechnungsfeld }
64
65        constructor Init;
66        procedure WMCID_0(var Msg: TMessage);
67                 virtual id_First + IDC_0;
68        procedure WMCID_1(var Msg: TMessage);
69                 virtual id_First + IDC_1;
70        procedure WMCID_2(var Msg: TMessage);
71                 virtual id_First + IDC_2;
72        procedure WMCID_3(var Msg: TMessage);
73                 virtual id_First + IDC_3;
74        procedure WMCID_4(var Msg: TMessage);
75                 virtual id_First + IDC_4;
76        procedure WMCID_5(var Msg: TMessage);
77                 virtual id_First + IDC_5;
78        procedure WMCID_6(var Msg: TMessage);
79                 virtual id_First + IDC_6;
80        procedure WMCID_7(var Msg: TMessage);
81                 virtual id_First + IDC_7;
82        procedure WMCID_8(var Msg: TMessage);
83                 virtual id_First + IDC_8;
84        procedure WMCID_9(var Msg: TMessage);
85                 virtual id_First + IDC_9;
86        procedure WMCID_E(var Msg: TMessage);
87                 virtual id_First + IDC_E;
88        procedure Dezimal(var Msg: TMessage);
89                 virtual id_First + IDC_G;
90        procedure Abbruch(var Msg: TMessage);
91                 virtual id_First + IDC_C;
92        procedure AbbruchEingabe(var Msg: TMessage);
93                 virtual id_First + IDC_CE;
94        procedure OpAdd(var Msg: TMessage);
95                 virtual id_First + IDC_A;
96        procedure OpSub(var Msg: TMessage);
97                 virtual id_First + IDC_S;
98        procedure OpMul(var Msg: TMessage);
99                 virtual id_First + IDC_M;
100       procedure OpDiv(var Msg: TMessage);
101                virtual id_First + IDC_D;
102       procedure Wurzel(var Msg: TMessage);
103                virtual id_First + IDC_W;
104       procedure Quadrat(var Msg: TMessage);
105                virtual id_First + IDC_Q;
106       procedure Reziprok(var Msg: TMessage);
107                virtual id_First + IDC_R;
108       procedure Prozent(var Msg: TMessage);
109                virtual id_First + IDC_P;
110       procedure OpErg(var Msg: TMessage);
111                virtual id_First + IDC_I;
112       procedure RechnerInit;
113       procedure Nummer;
114       procedure Operator;
115       procedure Ausgabe( Text: PChar);
116   end;
117
118   constructor TTaste.Init;
119   begin
120     TRechner.Init;
121     { Initialisierungsroutine für den Taschenrechner
122       Es werden alle Variablen auf ihren Anfangswert
123       gesetzt
124     }
125     RechnerInit;
126   end;
127
128   procedure TTaste.WMCID_0(var Msg: TMessage);
129   begin
130     OpTaste := '0';
131     Nummer;   { Ziffer }
132     TDlgWindow.DefChildProc(Msg);
133   end;
134
135   procedure TTaste.WMCID_1(var Msg: TMessage);
136   begin
137     OpTaste := '1';
138     Nummer;   { Ziffer }
139     TDlgWindow.DefChildProc(Msg);
140   end;
141
142   procedure TTaste.WMCID_2(var Msg: TMessage);
143   begin
144     OpTaste := '2';
145     Nummer;   { Ziffer }
146     TDlgWindow.DefChildProc(Msg);
147   end;
148
149   procedure TTaste.WMCID_3(var Msg: TMessage);
150   begin
151     OpTaste := '3';
152     Nummer;   { Ziffer }
153     TDlgWindow.DefChildProc(Msg);
154   end;
155
156   procedure TTaste.WMCID_4(var Msg: TMessage);
157   begin
158     OpTaste := '4';
159     Nummer;   { Ziffer }
160     TDlgWindow.DefChildProc(Msg);
161   end;
162
163   procedure TTaste.WMCID_5(var Msg: TMessage);
164   begin
165     OpTaste := '5';
166     Nummer;   { Ziffer }
167     TDlgWindow.DefChildProc(Msg);
168   end;
169
170   procedure TTaste.WMCID_6(var Msg: TMessage);
171   begin
172     OpTaste := '6';
173     Nummer;   { Ziffer }
174     TDlgWindow.DefChildProc(Msg);
175   end;
176
177   procedure TTaste.WMCID_7(var Msg: TMessage);
178   begin
179     OpTaste := '7';
180     Nummer;   { Ziffer }
181     TDlgWindow.DefChildProc(Msg);
182   end;
183
184   procedure TTaste.WMCID_8(var Msg: TMessage);
185   begin
186     OpTaste := '8';
187     Nummer;   { Ziffer }
188     TDlgWindow.DefChildProc(Msg);
189   end;
190
191   procedure TTaste.WMCID_9(var Msg: TMessage);
192   begin
193     OpTaste := '9';
194     Nummer;   { Ziffer }
195     TDlgWindow.DefChildProc(Msg);
196   end;
197
198   procedure TTaste.WMCID_E(var Msg: TMessage);
199   begin
200     TDlgWindow.DefChildProc(Msg);
```

```pascal
201     CloseWindow;
202   end;
203
204   { Methode für die Nummerntasten (0-9).
205     Es wird eine neue Ziffer an die Anzeige angefügt
206   }
207   procedure TTaste.Nummer;
208   var
209     cStr: array[0..1] of Char;
210
211   begin
212     if (LetzteEingabe <> NUMS) then
213     begin
214       AusgabeFeld[0] := #0;
215       DezimalPunkt := FALSE;
216     end;
217     cStr[0] := OpTaste;
218     cStr[1] := #0;
219     StrCat(AusgabeFeld, cStr);
220     Ausgabe( AusgabeFeld);
221     LetzteEingabe := NUMS;
222   end;
223
224   { Methode wird durch Button, <+> ausgelöst
225   }
226   procedure TTaste.OpAdd(var Msg: TMessage);
227   begin
228     OpTaste := '+';
229     Operator;
230     TDlgWindow.DefChildProc(Msg);
231   end;
232
233   { Methode wird durch Button <-> ausgelöst
234   }
235   procedure TTaste.OpSub(var Msg: TMessage);
236   begin
237     OpTaste := '-';
238     Operator;
239     TDlgWindow.DefChildProc(Msg);
240   end;
241
242   { Methode wird durch Button <*> ausgelöst
243   }
244   procedure TTaste.OpMul(var Msg: TMessage);
245   begin
246     OpTaste := '*';
247     Operator;
248     TDlgWindow.DefChildProc(Msg);
249   end;
250
251   { Methode wird durch Button </> ausgelöst
252   }
253   procedure TTaste.OpDiv(var Msg: TMessage);
254   begin
255     OpTaste := '/';
256     Operator;
257     TDlgWindow.DefChildProc(Msg);
258   end;
259
260   { Methode wird durch Button <=>, <Enter> ausgelöst
261   }
262   procedure TTaste.OpErg(var Msg: TMessage);
263   begin
264     OpTaste := '=';
265     Operator;
266     TDlgWindow.DefChildProc(Msg);
267   end;
268
269   { Methode für C (Cancel) Button
270     Löschen der Anzeige und Initialisierung der
271     Variablen
272   }
273   procedure TTaste.Abbruch(var Msg: TMessage);
274   begin
275     StrCopy(AusgabeFeld, '0.');
276     RechnerInit;
277     Ausgabe( AusgabeFeld);
278     TDlgWindow.DefChildProc(Msg);
279   end;
280
281   { Methode für CE (cancel entry) Button
282   }
283   procedure TTaste.AbbruchEingabe(var Msg: TMessage);
284   begin
285     StrCopy(AusgabeFeld, '0.');
286     Ausgabe( AusgabeFeld);
287     DezimalPunkt := FALSE;
288     LetzteEingabe := CE;
289     TDlgWindow.DefChildProc(Msg);
290   end;
291
292   { Methode für Dezimalpunkt (.)
293     Wenn die letzte Taste ein Operator war, die
294     Ausgabe mit "0." vorbesetzen. Im anderen Fall
295     einen Dezimalpunkt an die Anzeige anfügen
296   }
297   procedure TTaste.Dezimal(var Msg: TMessage);
298   begin
299     if (LetzteEingabe <> NUMS) then
300     begin
301       StrCopy(AusgabeFeld, '0.');
302     end
303     else
304     begin
305       if (DezimalPunkt = FALSE) then
306         StrCat(AusgabeFeld, '.');
307     end;
308     Ausgabe( AusgabeFeld);
309     DezimalPunkt := TRUE;
310     LetzteEingabe := NUMS;
311     TDlgWindow.DefChildProc(Msg);
312   end;
313
314   { Ausgaberoutine an Textfeld
315   }
316   procedure TTaste.Ausgabe( text: PChar);
317   begin
318     SetDlgItemText( HWindow, IDC_FELD, text);
319     SetFocus(GetDlgItem(HWindow, IDC_FELD));
320   end;
321
322   { Prozedur für die Operator-Tasten (+, -, x, /, =).
323     Wenn der Tastendruck Teil einer Nummer war, wird
324     die Variable NumOps um eins erhöht. Ist es nur
325     ein Operand, so wird die Variable Op1 gesetzt.
326     Sind jedoch 2 Operanden vorhanden, wird Op1 mit
327     dem Ergebnis der Operation aus Op1 und dem
328     aktuellen Eingabewert gleichgesetzt. Zudem
329     erfolgt die Anzeige des Ergebnisses.
330   }
331   procedure TTaste.Operator;
332   var Code: Integer;
333   begin
334     if (LetzteEingabe = NUMS) then
335       NumOps := NumOps + 1;
336     if (NumOps = 1) then
337       Val(AusgabeFeld, Op1, Code)
338     else
339     begin
340       if (NumOps = 2) then
341       begin
342         Val(AusgabeFeld, Op2, Code);
343
344         case OpFlag of
345           '+':
346             Op1 := Op1 + Op2;
347
348           '-':
349             Op1 := Op1 - Op2;
350
351           '*':
352             Op1 := Op1 * Op2;
353
354           '/':
355             if (Op2 = 0) then
356               MessageBox( HWindow,
357                 'Division durch 0 geht nicht',
358                 'Rechner', MB_OK)
359             else
360               Op1 := Op1 / Op2;
361
362           '=':
363             Op1 := Op2;
364         end;
365         Str( Op1, AusgabeFeld);
366         Ausgabe( AusgabeFeld);
367         NumOps := 1;
368       end;
369     end;
370     LetzteEingabe := OPS;
371     OpFlag := OpTaste;
372   end;
373
374   { Initialisierungsroutine für den Taschenrechner
375     Es werden alle Variablen auf ihren Anfangswert
376     gesetzt
377   }
378   procedure TTaste.RechnerInit;
379   begin
380     DezimalPunkt := FALSE;
381     NumOps := 0;
382     LetzteEingabe := NONE;
383     OpFlag := ' ';
384     StrCopy(AusgabeFeld, '0.');
385   end;
386
387   { Methode für Prozent-Taste (%).
388     Berechnet die Prozent des ersten Operators und
389     zeigt diesen an
390   }
391   procedure TTaste.Prozent(var Msg: TMessage);
392   var
393     Command: Integer;
394     Op: Real;
395
396   begin
397     Val(AusgabeFeld, Op, Command);
398     Str( Op1 * Op / 100,
399          AusgabeFeld );
400     Ausgabe( AusgabeFeld);
401     TDlgWindow.DefChildProc(Msg);
402   end;
403
404   { Methode zur Berechnung des Quadrates
405   }
406   procedure TTaste.Quadrat(var Msg: TMessage);
407   var  Command: Integer;
408
409   begin
410     Val(AusgabeFeld, Op1, Command);
411     if (Op1 < 1E+20) then
412       Op1 := Op1 * Op1;
413     Str( Op1, AusgabeFeld);
414     Ausgabe( AusgabeFeld);
```

```
417    NumOps := 1;
418    LetzteEingabe := OPS;
419    OpFlag := ' ';
420    TDlgWindow.DefChildProc(Msg);
421  end;
422
423  { Methode zur Berechnung des Reziprokwertes }
424
425  procedure TTaste.Reziprok(var Msg: TMessage);
426  var  Command: Integer;
427
428  begin
429    Val(AusgabeFeld, Op1, Command);
430    if (Op1 = 0) then
431      MessageBox( HWindow,
432                 'Division durch 0 geht nicht',
433                 'Rechner', MB_OK)
434    else
435      Op1 := 1 / Op1;
436    Str( Op1, AusgabeFeld);
437    Ausgabe( AusgabeFeld);
438
439    NumOps := 1;
440    LetzteEingabe := OPS;
441    OpFlag := ' ';
442    TDlgWindow.DefChildProc(Msg);
443  end;
444
445  { Methode zur Berechnung der Wurzel }
446  }
447  procedure TTaste.Wurzel(var Msg: TMessage);
448  var  Command: Integer;
449
450  begin
451    Val(AusgabeFeld, Op1, Command);
452    if (Op1 < 0) then
453      MessageBox( HWindow,
454                 'Negative Wurzel geht nicht',
455                 'Rechner', MB_OK)
456    else
457      Op1 := sqrt(Op1);
458    Str( Op1, AusgabeFeld);
459    Ausgabe( AusgabeFeld);
460
461    NumOps := 1;
462    LetzteEingabe := OPS;
463    OpFlag := ' ';
464    TDlgWindow.DefChildProc(Msg);
465  end;
466
467  { Applikation-Object }
468  }
469  type TRechnerApp = object( TApplication)
470         procedure InitMainWindow; virtual;
471  end;
472
473  { TRechner constructor. }
474  constructor TRechner.Init;
475  begin
476    TDlgWindow.Init( nil, PROGNAME);
477  end;
478
479  { Da die Klasse der Dialogbox verwendet wird,
480    muß der Klassenname auch geliefert werden
481  }
482  function TRechner.GetClassName: PChar;
483  begin
484    GetClassName := PROGNAME;
485  end;
486
487  { Laden des eigenen Icons }
488  }
489  procedure TRechner.GetWindowClass(var AWndClass: TWndClass);
490  begin
491    TDlgWindow.GetWindowClass(AWndClass);
492    AWndClass.hIcon := LoadIcon(
493           HInstance, PROGNAME);
494  end;
495
496  { Rechner erzeugen }
497  }
498  procedure TRechnerApp.InitMainWindow;
499  begin
500    MainWindow := New( PTaste, Init);
501  end;
502
503  { Hauptprogramm }
504  }
505  var
506    RechnerApp: TRechnerApp;
507
508  begin
509    RechnerApp.Init(PROGNAME);
510    RechnerApp.Run;
511    RechnerApp.Done;
512  end.
```

2.4 Windows für C++-Profis

Ein C-DOS-Programm nach Windows umzustellen, das mit Standard C-Ein-/Ausgabefunktionen auskommt, ist wirklich sehr einfach. Das Zauberwort dafür heißt EasyWin. Eigentlich benötigte man dafür gar keine andere Bezeichnung, da Borland C++ alles vollautomatisch übernimmt. Innerhalb der Turbo C++ für Windows-Entwicklungsumgebung braucht das DOS-Programm einfach nur noch einmal neu übersetzt zu werden. Die Optionseinstellung für Turbo C++ wird dafür auf Windows APP gesetzt. Dies ist im übrigen die gleiche Einstellung wie bei einem reinen Windows-Programm.

Keine WinMain

Da es sich um ein DOS-Programm handelt, besitzt es auch nicht die Funktion WinMain, die typisch für ein Windows-Programm ist. Aus der Tatsache, daß keine WinMain vorhanden ist, wird Turbo C++ daraus automatisch ein EasyWin-Windows-Programm erstellen. Daraufhin wird das Programm nicht mit den Windows-Bibliotheken, sondern mit der EasyWin-Library gebunden.

Textbildschirm

Als Ergebnis entsteht ein Windows-Programm, das ein Fenster besitzt. In dieses Fenster können jetzt Aus-/ Eingaben erfolgen, die sonst nur unter DOS mit Standard-FILE oder IOSTREAM-Funktionen möglich wären. Die Fähigkeit entsteht, indem EasyWin einen

Zeichenbildschirm (TTY) nachbildet. Alle Aus- oder Eingaben, die sonst an die Schnittstellen stdin, stdout, stderr, stdaux oder cerr gesendet oder empfangen werden, gelangen jetzt an das Fenster von EasyWin.

Funktion printf()

Ein typischer Anwendungsfall ist die Funktion printf von C oder die Methode cout von C++. Zudem wollen wir kurz die Unterschiede zwischen printf, scanf zu cout und cin betrachten.

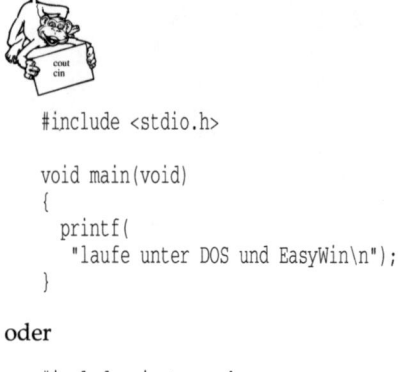

```
#include <stdio.h>

void main(void)
{
  printf(
    "laufe unter DOS und EasyWin\n");
}
```

oder

```
#include <iostream.h>
int main(void)
{
  cout <<
    "laufe unter DOS und EasyWin\n");
  return 0;
}
```

Alle diejenigen, die bereits mehrere C-Programme geschrieben haben, werden auch schon an die Grenzen von printf gestoßen sein. Diese Funktion kommt mit einer Reihe von Formatbezeichnern, die die Ausgabe von verschiedenen Datentypen ermöglicht. Aber sobald andere Formate wie z.B. komplexe Zahlen ausgegeben werden sollen, ist die Leistung von printf, aber auch von scanf zu Ende. Es gibt keine Möglichkeit, eigene Formatbezeichner zu ergänzen. Denjenigen, die den Quellcode der printf-Funktion besitzen und diesen umschreiben wollen, wünsche ich hier viel Vergnügen. Zur Lösung des Problems der Erweiterbarkeit sind die Streams von C++ viel besser geeignet. Zudem sind die C++-Funktionen in der Benutzung erheblich komfortabler. Ein typischer Fall ist die Ausgabe einer Variablen mit printf, die durch die Definition eines Formatbezeichners geschieht.

```
#include <stdio.h>
void main(void)
{
  int i = 5;
  printf( "die Zahl lautet %d", i);
}
```

oder

```
#include <iostream.h>
int main(void)
{
  int i = 5;
  cout << "die Zahl lautet " << i;
  return 0;
}
```

Der direkte Vergleich zeigt, daß sich der C- Programmierer selbst bei der Ausgabe um den richtigen Datentyp in Form des Formatbezeichners %d kümmern muß. In C++ mit cout ist dies wesentlich eleganter, da der Compiler aus der Definition der Variablen i bereits den Typ kennt und dieser daher nicht mehr angegeben werden muß. Dabei dient << als Ausgabeoperator, der wie die anderen Operatoren auch verkettet werden kann. Für eine Eingabe mit cin würde dann entsprechend der Eingabeoperator >> zur Verwendung kommen.

```
#include <stdio.h>
void main(void)
{
  int i;

  printf( "Bitte Zahl eingeben ");
  scanf( "%d", &i);
  printf( "die Zahl lautet %d", i);
}
```

oder

```
#include <iostream.h>
int main(void)
{
  int i;

  cout << "Bitte Zahl eingeben ";
  cin >> i;
  cout << "die Zahl lautet " << i;
  return 0;
}
```

cin.width

Eine einfache Lösung der Eingabebegrenzung ist durch die Methode cin.width möglich. Wird dem Bediener die Eingabe einer Zeichenkette ermöglicht, besteht immer die Gefahr, daß der Eingabepuffer nicht groß genug sein kann. Werden mehr Zeichen eingegeben, als der Puffer aufnehmen kann, so führt dies zu einem Überschreiben von Speicherbereichen.

```
#include <iostream.h>
int main(void)
{
  char c[5];
```

```
    cout << "Bitte Text eingeben ";
    cin.width(sizeof(c));
    cin >> c;
    cout << "der Text lautet " << c;
    return 0;
}
```

Mit Hilfe der Methode cin.width wird die Eingabe in dem Beispiel auf vier Zeichen und eine abschließende Null begrenzt. Der Zeichenpuffer c kann daher in keinem Fall mehr überlaufen. Daneben gibt es noch eine ganze Reihe anderer Methoden zur Stream-Bearbeitung, wobei wir hier nur kurz einen wiederholenden Blick darauf werfen wollten.

EasyWin in 100% Windows-Programm

Wie einfach die Umstellung auf Windows mit EasyWin ist, haben wir bereits kennengelernt, aber EasyWin geht noch weiter. Es ist sogar möglich, innerhalb eines vollständigen Windows-Programms, das selbstverständlich eine WinMain-Funktion besitzt, eine Standard- Ein-/Ausgabefunktion wie printf zu verwenden. Wie auch schon bei einem DOS-Programm entsteht ein EasyWin-Fenster, das einen Textbildschirm emuliert. Diese Möglichkeit kann recht gut für Testzwecke eingesetzt werden, da auf einfache Weise Zwischenergebnisse auf einem extra Fenster durch printf oder cout darstellbar sind.

Um EasyWin in einem Windows-Programm zu verwenden, braucht nur einmal im Programm die Funktion _InitEasyWin() aufgerufen zu werden. Anschließend steht der Zeichenbildschirm zu Verfügung.

```
#include <windows.h>
#include <iostream.h>
#include <stdio.h>

int PASCAL WinMain(HANDLE hInstance, HANDLE hPrevInstance,
   LPSTR lpszCmdLine, int cmdShow)
{
   _InitEasyWin();

   printf("EasyWin und WinMain\n");
   cout << "EasyWin und WinMain\n";
   return 0;
}
```

Spezielle EasyWin Funktionen

Zur Positionierung innerhalb des Textbildschirms stellt C++ im Zusammenhang mit EasyWin noch einige Funktionen zur Verfügung. Sie sind spezielle Funktionen von Borland, die in anderen Compilern so nicht eingesetzt werden können. Unter der DOS-Version existieren sie auch. Um die Funktionen zu verwenden, muß die Include-Datei conio.h in das Programm mit eingebracht werden. Nachfolgend sind die Funktionen in Kurzfassung aufgelistet.

Funktion	Kurzbeschreibung
clreol	löscht bis zum Zeilenende
clrscr	löscht den ganzen Textbildschirm
gettext	kopiert Inhalt des Textbildschirms in einen Speicher
gotoxy	setzt den Schreibzeiger auf die Position X und Y
puttext	kopiert Speicherbereich in den Textbildschirm
wherex	ermittelt die X-Position des Schreibzeigers
wherey	ermittelt die Y-Position des Schreibzeigers

Funktion clrscr()

Die Funktionen, die in dem späteren Taschenrechner-Beispiel nicht verwendet werden, sollten zumindest jetzt eine kurze Erläuterung finden. Hierzu gehört die Funktion clrscr(), die den Inhalt des gesamten Textbildschirms löscht. Zudem wird der Schreibzeiger auf die linke obere Ecke gestellt, die als Position (1,1) bezeichnet wird.

```
#include <conio.h>
int main(void)
{
  printf( "Taste drücken !");
  getch();
  clrscr();
  return 0;
}
```

Funktion clreol()

Alle Inhalte einer Zeile des Bildschirmspeichers werden durch die Funktion clreol() bis zum Zeilenende gelöscht. Dabei bleibt die Position des Schreibzeigers an der bisherigen Stelle erhalten.

```
#include <conio.h>
int main(void)
{
  clreol();
  printf( "Erst Löschen, dann ausgeben");
  return 0;
}
```

2.4.1 Realisierung des Taschenrechners in Borland C für DOS

Der nachfolgende Taschenrechner baut stark auf die speziellen Textbildschirm (TTY)-Funktionen von Borland auf. Daher werden wir die Teile, in denen diese Funktionen Verwendung finden, etwas genauer betrachten. Wundern Sie sich jetzt nicht, warum der Taschenrechner zuerst als C-Programm realisiert ist, obwohl wir uns in Borland C++ befinden. Aber die Gelegenheit eines Vergleichs zwischen der Lösung als C-Programm und der als objektorientierten Klassenlösung sollten wir uns nicht entgehen lassen.

Sowohl die C- als auch die C++-Applikation ist zwischen der DOS- und der EasyWin-Version absolut identisch. Dies gibt die Möglichkeit, das Programm sofort mit EasyWin laufen zu lassen.

Funktionen wherey() wherex()

Die Funktionen zur Textbildschirmbearbeitung werden hauptsächlich in der Ausgaberoutine benutzt. Dabei besitzen die Funktionen wherey() und wherex() die Aufgabe, die aktuelle Position des Schreibzeigers zu ermitteln. Der Wert der beiden Koordinaten x und y bewegt sich dabei in einem fest vorgegebenen Rahmen, der auch nicht verändert werden kann. So kann wherex einen Integer-Wert zwischen 1 und 80 zurückgeben. Dagegen kann wherey die Werte 1 bis 25, 1 bis 43, oder 1 bis 50 annehmen.

```
/* Ausgaberoutine, die Text an gewünschter Stelle
   ausgibt
*/
void Ausgabe(int zeile, int spalte, char *text,
             char *wert, int laenge)
{
  /* gibt an der Stelle -zeile- -spalte- den Wert
     mit Text aus Parameter laenge bestimmt die
     Anzahl der Leerzeichen
  */
  int altzeile,altspalte,i;

  altzeile = wherey();
  altspalte = wherex();
  gotoxy( spalte, zeile);
  for (i=1;i<=laenge;i++)
     putch(' ');
  gotoxy( spalte, zeile);
  printf("%s%s", text,wert);
  gotoxy( altspalte, altzeile);
}
```

Funktion gotoxy()

Mit der Funktion gotoxy() ist es möglich, den Schreibzeiger auf eine exakte Zeichenkoordinate innerhalb des Bildschirms zu setzen. Eine X-Y-Position ist in Zeicheneinheiten definiert, und daher ist es auch unter Windows mit EasyWin möglich, eine genaue Position im Fenster zu erreichen, auch wenn die Schriftgröße und Schriftart eines Zeichens nicht bekannt ist. Nachdem die Position gesetzt ist, geben Funktionen wie printf() oder auch putch, das ein einzelnes Zeichen darstellt, ab der genannten Stelle aus. Es ist dabei zu beachten, daß eine Ausgabe die Position des Schreibzeigers verändert. Deshalb wird am Ende der Ausgaberoutine, nachdem der gewünschte Text dargestellt ist, der Schreibzeiger wieder auf die ursprüngliche Position durch gotoxy() zurückgestellt.

EasyWin gegen QuickWin

Wenn Sie das Kapitel von QuickC und die Umstellung mit Hilfe von QuickWin gelesen haben, erinnern Sie sich, daß QuickWin die zeichenweisen Ein-/Ausgaben nicht mehr unterstützt. Dagegen funktionieren Funktionen wie getch(), putch() oder kbhit() einwandfrei mit EasyWin. Daher werden diese Funktionen im Beispiel auch mit EasyWin verwendet, um die Tastatur abzufragen.

Windows für DOS-Profis

```
┌─────────────────────────────────────────────────────┐
│              D:\PROFI\WIN\TASKS\UMSTIEG\TCRECHD.EXE │
│                      Feld 0.000000                  │
│                                                     │
│                Division durch 0 geht nicht          │
│                                                     │
│                                                     │
│                                                     │
│                                                     │
│                                                     │
│                                                     │
│                                                     │
│                                                     │
│                                                     │
│ a Addies Subtr m Multi d Divid w Wurze q Quadr r Rezip e Ende  p Proze I Ergeb │
└─────────────────────────────────────────────────────┘
```

Abb. 23: Aussehen des mit Borland C erstellten Taschenrechners für DOS

Beispiel

/******************** TCRechD.C ********************/

```c
 1  #include <conio.h>
 2  #include <stdio.h>
 3  #include <io.h>
 4  #include <math.h>
 5  #include <string.h>
 6  #include <stdlib.h>
 7  #include <fcntl.h>
 8
 9  void Programmende(void);
10  void Prozent(void);
11  void Dezimal(void);
12  void Abbruch(void);
13  void AbbruchEingabe(void);
14  void Nummer(void);
15  void Reziprok(void);
16  void RechnerInit(void);
17  void Operator(void);
18  void Wurzel(void);
19  void Quadrat(void);
20  void Ausgabe(int zeile, int spalte, char *text,
21               char *wert, int laenge);
22  void Dezimal(void);
23  void Abbruch(void);
24  void AbbruchEingabe(void);
25  void OpAdd(void);
26  void OpSub(void);
27  void OpMul(void);
28  void OpDiv(void);
29  void OpErg(void);
30  void OpPro(void);
31  void OpRez(void);
32  void OpQua(void);
33  void OpWur(void);
34
35
36
37  double  Op1;              /* Erste Eingabe */
38  double  Op2;              /* Zweite Eingabe */
39  int     DezimalPunkt;     /* zeigt an, ob der
40                               Dezimalpunkt vorhanden ist */
41  int     NumOps;           /* Anzahl der Operanden */
42  int     LetzteEingabe;    /* zeigt den Typ der letzten
43                               Tasteneingabe an */
44  char    OpFlag;           /* zeigt die Operation an */
45  char    OpTaste;          /* zeigt die Taste an */
46  char    AusgabeFeld[30];  /* Berechnungsfeld */
47
48  #define TRUE  -1
49  #define FALSE  0
50
51  #define NONE  0x00
52  #define NUMS  0x01
53  #define OPS   0x02
54  #define CE    0x03
55
56  void main()
57  {
58    /* Initialisierungsroutine für den Taschenrechner
59       Es werden alle Variablen auf ihren Anfangswert
60       gesetzt
61    */
62    RechnerInit();
63    Ausgabe(1, 30, "Feld ", AusgabeFeld, 40);
64
65    /* Text, der in Zeile 25 sichtbar wird */
66    Ausgabe(25, 0, "a Addie", "", 80);
67    Ausgabe(25, 8, "s Subtr", "", 0);
68    Ausgabe(25, 16, "m Multi", "", 0);
69    Ausgabe(25, 24, "d Divid", "", 0);
70    Ausgabe(25, 32, "w Wurze", "", 0);
71    Ausgabe(25, 40, "q Quadr", "", 0);
72    Ausgabe(25, 48, "r Rezip", "", 0);
73    Ausgabe(25, 56, "e Ende ", "", 0);
74    Ausgabe(25, 64, "p Proze", "", 0);
75    Ausgabe(25, 72, "I Ergeb", "", 0);
76
77    /* ***** Hauptprogramm ***** */
78    while (1)
79    {
80      /* Taste abfragen */
81      while( !kbhit() ) ;
82      OpTaste = getch();
83      switch (OpTaste)
84      {
85        case '0':
86        case '1':
87        case '2':
88        case '3':
89        case '4':
90        case '5':
91        case '6':
92        case '7':
93        case '8':
94        case '9':
95          Nummer();  /* Ziffer */
96          break;
97
98        case '.':
99          Dezimal();  /* Dezimalpunkt */
100         break;
101
102       case 'C':
103         Abbruch();  /* Abbruch mit Cancel */
104         break;
105
106       case 'c':
107         AbbruchEingabe();  /* Abbruch mit CE */
108         break;
109
110       case '+':
111       case 'A':
112       case 'a':
113         OpAdd();  /* Addieren */
114         break;
115
116       case '-':
117       case 'S':
118       case 's':
119         OpSub();  /* Subtrahieren */
120         break;
121
122       case '*':
123       case 'M':
124       case 'm':
125         OpMul();  /* Multiplizieren */
126         break;
127
128       case '/':
129       case 'D':
130       case 'd':
131         OpDiv();  /* Dividieren */
132         break;
```

```c
        case 'W':
        case 'w':
            OpWur();    /* Wurzel */
            break;

        case 'Q':
        case 'q':
            OpQua();    /* Quadrat */
            break;

        case 'R':
        case 'r':
            OpRez();    /* Reziprok */
            break;

        case 'E':
        case 'e':
            Programmende();
            break;

        case '%':
        case 'P':
        case 'p':
            OpPro();    /* Prozent */
            break;

        case 0x0d:
        case '=':
        case 'I':
        case 'i':
            OpErg();    /* Ergebnis */
            break;
        }
    }
}

/* Unterprogramm wird durch Taste <A>, <+>
   ausgelöst
*/
void OpAdd()
{
    OpTaste = '+';
    Operator();
}

/* Unterprogramm wird durch Taste <S>, <->
   ausgelöst
*/
void OpSub()
{
    OpTaste = '-';
    Operator();
}

/* Unterprogramm wird durch Taste <M>, <*>
   ausgelöst
*/
void OpMul()
{
    OpTaste = '*';
    Operator();
}

/* Unterprogramm wird durch Taste <D>, </>
   ausgelöst
*/
void OpDiv()
{
    OpTaste = '/';
    Operator();
}

/* Unterprogramm wird durch Taste <W> ausgelöst
*/
void OpWur()
{
    Wurzel();
}

/* Unterprogramm wird durch Taste <Q> ausgelöst
*/
void OpQua()
{
    Quadrat();
}

/* Unterprogramm wird durch Taste <R> ausgelöst
*/
void OpRez()
{
    Reziprok();
}

/* Unterprogramm wird durch Taste <E> ausgelöst
*/
void Programmende()
{
    exit(0);
}

/* Unterprogramm wird durch Taste <R>, <=>,
   <Enter> ausgelöst
*/
void OpErg()
{
    OpTaste = '=';
    Operator();
}

}
/* Unterprogramm wird durch Taste <P>, <%>
   ausgelöst
*/
void OpPro()
{
    Prozent();
}

/* Unterprogramm für C (Cancel) Taste
   Löschen der Anzeige und Initialisierung der
   Variablen
*/
void Abbruch()
{
    strcpy(AusgabeFeld, "0.");
    RechnerInit();
    Ausgabe(1, 30, "Feld ", AusgabeFeld, 40);
}

/* Unterprogramm für CE (cancel entry) Taste
*/
void AbbruchEingabe()
{
    strcpy(AusgabeFeld, "0.");
    Ausgabe(1, 30, "Feld ", AusgabeFeld, 40);
    DezimalPunkt = FALSE;
    LetzteEingabe = CE;
}

/* Ausgaberoutine, die Text an gewünschter Stelle
   ausgibt
*/
void Ausgabe(int zeile, int spalte, char *text,
             char *wert, int laenge)
{
    /* gibt an der Stelle -zeile- -spalte- den Wert
       mit Text aus Parameter laenge bestimmt die
       Anzahl der Leerzeichen
    */
    int altzeile,altspalte,i;

    altzeile  = wherey();
    altspalte = wherex();
    gotoxy( spalte, zeile);
    for (i=1;i<=laenge;i++)
        putch(' ');
    gotoxy( spalte, zeile);
    printf("%s%s", text,wert);
    gotoxy( altspalte, altzeile);
}

/* Unterprogramm für Dezimalpunkt (.)
   Wenn die letzte Taste ein Operator war, die
   Ausgabe mit "0." vorbesetzen. Im anderen Fall
   einen Dezimalpunkt an die Anzeige anfügen
*/
void Dezimal()
{
    if (LetzteEingabe != NUMS)
        strcpy(AusgabeFeld, "0.");
    else if (DezimalPunkt == FALSE)
        strcat(AusgabeFeld, ".");
    Ausgabe(1, 30, "Feld ", AusgabeFeld, 40);

    DezimalPunkt = TRUE;
    LetzteEingabe = NUMS;
}

/* Unterprogramm für die Nummerntasten (0-9).
   Es wird eine neue Ziffer an die Anzeige angefügt
*/
void Nummer()
{
    static char cStr[]={0,0};
    if (LetzteEingabe != NUMS)
    {
        *AusgabeFeld = 0;
        DezimalPunkt = FALSE;
    }
    cStr[0] = OpTaste;
    strcat(AusgabeFeld, cStr);
    Ausgabe(1, 30, "Feld ", AusgabeFeld, 40);
    LetzteEingabe = NUMS;
}

/* Prozedur für die Operator-Tasten (+, -, x, /, =).
   Wenn der Tastendruck Teil einer Nummer war, wird
   die Variable NumOps um eins erhöht. Ist es nur
   ein Operant, so wird die Variable Op1 gesetzt.
   Sind jedoch 2 Operanden vorhanden, wird Op1 mit
   dem Ergebnis der Operation aus Op1 und dem
   aktuellen Eingabewert gleichgesetzt. Zudem
   erfolgt die Anzeige des Ergebnisses.
*/
void Operator()
{
    if (LetzteEingabe == NUMS)
        NumOps = NumOps + 1;
    if (NumOps == 1)
        Op1 = atof(AusgabeFeld);
    else if (NumOps == 2)
    {
        Op2 = atof(AusgabeFeld);

        switch (OpFlag)
        {
```

```
349        case '+':
350          Op1 = Op1 + Op2;
351          break;
352
353        case '-':
354          Op1 = Op1 - Op2;
355          break;
356
357        case '*':
358          Op1 = Op1 * Op2;
359          break;
360
361        case '/':
362          if (Op2 == 0)
363            Ausgabe(5, 30,
364                "Division durch 0 geht nicht", "", 0);
365          else
366            Op1 = Op1 / Op2;
367          break;
368
369        case '=':
370          Op1 = Op2;
371          break;
372      }
373      sprintf(AusgabeFeld,"%f" ,Op1);
374      Ausgabe(1, 30, "Feld ", AusgabeFeld, 40);
375      NumOps = 1;
376    }
377
378    LetzteEingabe = OPS;
379    OpFlag = OpTaste;
380  }
381
382  /* Unterprogramm für Prozent-Taste (%).
383     Berechnet die Prozent des ersten Operators und
384     zeigt diesen an
385  */
386  void Prozent()
387  {
388    sprintf(AusgabeFeld,"%f" ,Op1 * atof(AusgabeFeld) / 100);
389    Ausgabe(1, 30, "Feld ", AusgabeFeld, 40);
390  }
391
392  /* Unterprogramm zur Berechnung des Quadrates
393  */
394  void Quadrat()
395  {
396    Op1 = atof(AusgabeFeld);
397    if (Op1 < 1E+20)
398      Op1 = Op1 * Op1;
399    sprintf(AusgabeFeld,"%f" ,Op1);
400    Ausgabe(1, 30, "Feld ", AusgabeFeld, 40);
401  }

402    NumOps = 1;
403    LetzteEingabe = OPS;
404    OpFlag = ' ';
405  }
406
407  /* Initialisierungsroutine für den Taschenrechner
408     Es werden alle Variablen auf ihren Anfangswert
409     gesetzt
410  */
411  void RechnerInit()
412  {
413    DezimalPunkt = FALSE;
414    NumOps = 0;
415    LetzteEingabe = NONE;
416    OpFlag = ' ';
417    strcpy(AusgabeFeld, "0.");
418  }
419
420  /* Unterprogramm zur Berechnung des Reziprokwertes
421  */
422  void Reziprok()
423  {
424    Op1 = atof(AusgabeFeld);
425    if (Op1 == 0)
426      Ausgabe(5, 30,
427          "Division durch 0 geht nicht", "", 0);
428    else
429      Op1 = 1 / Op1;
430    sprintf(AusgabeFeld,"%f" ,Op1);
431    Ausgabe(1, 30, "Feld ", AusgabeFeld, 40);
432
433    NumOps = 1;
434    LetzteEingabe = OPS;
435    OpFlag = ' ';
436  }
437
438  /* Unterprogramm zur Berechnung der Wurzel
439  */
440  void Wurzel()
441  {
442    Op1 = atof(AusgabeFeld);
443    if (Op1 < 0)
444      Ausgabe(5, 30,
445          "Negative Wurzel geht nicht", "", 0);
446    else
447      Op1 = sqrt(Op1);
448    sprintf(AusgabeFeld,"%f" ,Op1);
449    Ausgabe(1, 30, "Feld ", AusgabeFeld, 40);
450
451    NumOps = 1;
452    LetzteEingabe = OPS;
453    OpFlag = ' ';
454  }
```

2.4.2 Realisierung des Taschenrechners in Borland C++ für DOS

Ein Vergleich für die unterschiedliche Programmiertechnik zwischen der bisherigen strukturierten Programmierung und der objektorientierten Programmierung soll das nachfolgende Beispiel sein. Die Funktion zwischen dem Taschenrechner als Borland C-Programm und der Borland C++-Version ist dabei identisch.

Ein großer Unterschied zeigt sich bei der Betrachtung des Hauptprogramms. Das C++-Programm besteht nur aus ein paar wenigen Zeilen, die dazu dienen, ein Objekt von der Klasse TRechner zu definieren, um anschließend das Rechnerobjekt Rechner zu starten. Alle Fähigkeiten, die der Taschenrechner besitzt, befinden sich hinter der Klasse TRechner verborgen.

```
int main()
{
  TRechner RechnerApp;

  RechnerApp.Run();
  return 1;
}
```

Eine Klasse kann ähnlich einer C-Struktur verstanden werden, die mehrere Daten zusammenfaßt. Diese Fähigkeit erweitert C++ durch die Möglichkeit, Funktionen anzufügen. Dabei werden die Funktionen, die innerhalb einer Klasse definiert sind, als Methoden bezeichnet. Eine verkürzte Fassung der Klasse TRechner finden Sie nachfolgend:

```
/* Verwaltung des Rechner-Object */
class TRechner {
private:
  double  Op1;            /* Erste Eingabe */
  double  Op2;            /* Zweite Eingabe */
  char    AusgabeFeld[30]; /* Berechnungsfeld */
public:
   TRechner();
   virtual ~TRechner();
   virtual void Run();
}
```

Eine Klasse wird durch das Schlüsselwort class zusammen mit dem Klassennamen definiert. Sobald eine Klasse definiert ist, kann hieraus ein Objekt erzeugt werden, das auch den Namen Instanz trägt. Dabei entsteht das Objekt (Instanz) entweder statisch oder dynamisch durch die Methode new. Im Beispiel wird das Objekt RechnerApp statisch im Hauptprogramm erzeugt.

Die Bearbeitung der Tastatur verbirgt sich in der Methode Run, die dafür zuständig ist, entsprechend der gedrückten Taste eine Methode aufzurufen. Dabei fällt auf, daß die Tastendekodierung dem C-Programm sehr ähnlich ist, mit dem Unterschied des Aufrufes von Methoden.

Konstruktor

Eine Initialisierung des Taschenrechners findet jetzt nicht mehr wie früher im Hauptprogramm statt, sondern geschieht durch den Konstruktor, der automatisch bei der Definition des Objektes gestartet wird. Dies kann C++ durch den Namen der Konstruktor-Methode erkennen, der dem Klassennamen entsprechen muß.

Alle für den Taschenrechner erforderlichen Variablen sind jetzt Teile der Klasse TRechner und nicht mehr globale Variable wie bei der C-Version.

Funktion vorbesetzen

Zu einer starken Vereinfachung der Ausgaberoutine führt eine C++-Eigenschaft, die es erlaubt, eine Funktion mit Parametern vorzubesetzen. Genau diese Möglichkeit wird für die Methode Ausgabe benutzt, damit die Parameterversorgung vereinfacht wird. So wird ein Wert für die Positionierung am Bildschirm bereits vorgeschlagen. Wenn diese Standardwerte passend sind, brauchen die Parameter nicht mehr alle versorgt zu werden. Die Festlegung der Defaultwerte geschieht in der Definition des Prototypen innerhalb der Klasse.

```
class TRechner {
...
private:
    virtual void Ausgabe(char *wert, char
                  *text="Feld ", int laenge=40,
                  int zeile=1, int spalte=30);
...
}
```

Erfolgt jetzt ein Aufruf der vorbesetzten Methode, die in unserem Fall Ausgabe heißt, braucht nur noch der erste Parameter angegeben werden, da dieser keine Vorbesetzung besitzt. Alle anderen können von rechts nach links weggelassen werden, wobei aber nicht ein mittlerer Parameter besetzt werden kann, und die anderen nicht belegt werden können.

```
Ausgabe( AusgabeFeld);
```

Die Angabe des ersten Parameters führt damit zu einer Ausgabe an der Bildschirmposition (1,30), wobei 40 Zeichen gelöscht werden und als erstes der Text "Feld " erscheint. Sind die Vorgaben nicht passend, können die Werte wie an eine normale Funktion übergeben werden.

```
Ausgabe( "a Addie", "", 80, 25, 0);
```

Ein weiterer kleiner Unterschied besteht noch darin, daß an Stelle der C-Funktion printf() die Methode cout verwendet wird. Beide führen zum gleichen Ergebnis, nur ist die Methode cout einfacher verständlich und zudem wesentlich flexibler anzuwenden.

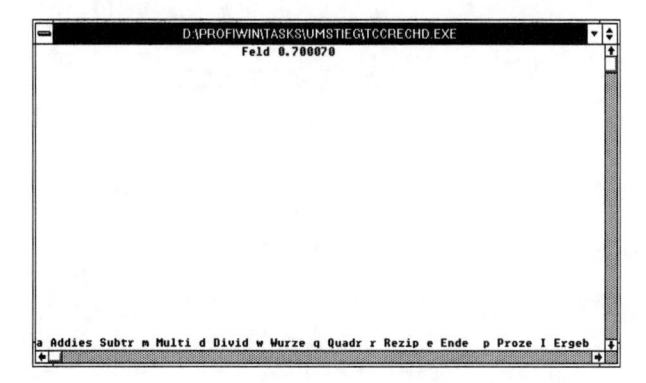

Abb. 24: Aussehen des mit Borland C++ erstellten Taschenrechners für DOS

Beispiel

/******************* **TCCRechD.CPP** ***************/

```
 1  #include "tccrechd.h"
 2
 3  /* Verwaltung des Rechner-Object */
 4  class TRechner {
 5  private:
 6      double  Op1;           /* Erste Eingabe */
 7      double  Op2;           /* Zweite Eingabe */
 8      int     DezimalPunkt;  /* zeigt an, ob der
 9                               Dezimalpunkt vorhanden ist */
10      int     NumOps;        /* Anzahl der
                                              Operanden */
11
12      int     LetzteEingabe; /* zeigt den Typ der
13                               letzten Tasteneingabe an */
14      char    OpFlag;        /* zeigt die
15                                              Operation an */
16      char    OpTaste;       /* zeigt die Taste an */
17      char    AusgabeFeld[30]; /* Berechnungsfeld */
18  public:
19      TRechner();
20      virtual ~TRechner();
```

```cpp
 21        virtual void Run();
 22    private:
 23        virtual void Ausgabe(char *wert, char
 24                    *text=*Feld *, int laenge=40,
 25                    int zeile=1, int spalte=30);
 26        virtual void Dezimal();
 27        virtual void Abbruch();
 28        virtual void AbbruchEingabe();
 29        virtual void OpAdd();
 30        virtual void OpSub();
 31        virtual void OpMul();
 32        virtual void OpDiv();
 33        virtual void Wurzel();
 34        virtual void Quadrat();
 35        virtual void Reziprok();
 36        virtual void Prozent();
 37        virtual void OpErg();
 38        void RechnerInit();
 39        void Nummer();
 40        void Operator();
 41    };
 42
 43  /* Methode für die Nummerntasten (0-9).
 44     Es wird eine neue Ziffer an die Anzeige angefügt
 45  */
 46  void TRechner::Nummer()
 47  {
 48    static char cStr[]={0,0};
 49    if (LetzteEingabe != NUMS)
 50    {
 51      *AusgabeFeld = 0;
 52      DezimalPunkt = FALSE;
 53    }
 54    cStr[0] = OpTaste;
 55    strcat(AusgabeFeld, cStr);
 56    Ausgabe( AusgabeFeld);
 57    LetzteEingabe = NUMS;
 58  }
 59
 60  /* Methode wird durch Button <+> ausgelöst */
 61  void TRechner::OpAdd()
 62  {
 63    OpTaste = '+';
 64    Operator();
 65  }
 66
 67  /* Methode wird durch Button <-> ausgelöst */
 68  void TRechner::OpSub()
 69  {
 70    OpTaste = '-';
 71    Operator();
 72  }
 73
 74  /* Methode wird durch Button <*> ausgelöst */
 75  void TRechner::OpMul()
 76  {
 77    OpTaste = '*';
 78    Operator();
 79  }
 80
 81  /* Methode wird durch Button </> ausgelöst */
 82  void TRechner::OpDiv()
 83  {
 84    OpTaste = '/';
 85    Operator();
 86  }
 87
 88  /* Methode wird durch Button <=>,
 89     <Enter> ausgelöst */
 90  void TRechner::OpErg()
 91  {
 92    OpTaste = '=';
 93    Operator();
 94  }
 95
 96  /* Methode für C (Cancel) Button
 97     Löschen der Anzeige und Initialisierung der
 98     Variablen
 99  */
100  void TRechner::Abbruch()
101  {
102    strcpy(AusgabeFeld, "0.");
103    RechnerInit();
104    Ausgabe( AusgabeFeld);
105  }
106
107  /* Methode für CE (cancel entry) Button */
108
109  void TRechner::AbbruchEingabe()
110  {
111    strcpy(AusgabeFeld, "0.");
112    Ausgabe( AusgabeFeld);
113    DezimalPunkt = FALSE;
114    LetzteEingabe = CE;
115  }
116
117  /* Methode für Dezimalpunkt (.)
118     Wenn die letzte Taste ein Operator war, die
119     Ausgabe mit "0." vorbesetzen. Im anderen Fall
120     einen Dezimalpunkt an die Anzeige anfügen
121  */
122  void TRechner::Dezimal()
123  {
124    if (LetzteEingabe != NUMS)
125      strcpy(AusgabeFeld, "0.");
126    else if (DezimalPunkt == FALSE)
127      strcat(AusgabeFeld, ".");
128    Ausgabe( AusgabeFeld);

129    DezimalPunkt = TRUE;
130    LetzteEingabe = NUMS;
131  }
132
133
134  /* Prozedur für die Operator-Tasten (+, -, x, /, =).
135     Wenn der Tastendruck Teil einer Nummer war, wird
136     die Variable NumOps um eins erhöht. Ist es nur
137     ein Operant, so wird die Variable Op1 gesetzt.
138     Sind jedoch 2 Operanden vorhanden, wird Op1 mit
139     dem Ergebnis der Opäration aus Op1 und dem
140     aktuellen Eingabewert gleichgesetzt. Zudem
141     erfolgt die Anzeige des Ergebnisses.
142  */
143  void TRechner::Operator()
144  {
145    if (LetzteEingabe == NUMS)
146      NumOps = NumOps + 1;
147    if (NumOps == 1)
148      Op1 = atof(AusgabeFeld);
149    else if (NumOps == 2)
150    {
151      Op2 = atof(AusgabeFeld);
152
153      switch (OpFlag)
154      {
155        case '+':
156          Op1 = Op1 + Op2;
157          break;
158
159        case '-':
160          Op1 = Op1 - Op2;
161          break;
162
163        case '*':
164          Op1 = Op1 * Op2;
165          break;
166
167        case '/':
168          if (Op2 == 0)
169            Ausgabe(
170                "Division durch 0 geht nicht",
171                "Rechner", 40, 10, 30);
172          else
173            Op1 = Op1 / Op2;
174          break;
175
176        case '=':
177          Op1 = Op2;
178          break;
179      }
180      sprintf(AusgabeFeld,"%f" ,Op1);
181      Ausgabe( AusgabeFeld);
182      NumOps = 1;
183    }
184
185    LetzteEingabe = OPS;
186    OpFlag = OpTaste;
187  }
188
189  /* Initialisierungsroutine für den Taschenrechner
190     Es werden alle Variablen auf ihren Anfangswert
191     gesetzt
192  */
193  void TRechner::RechnerInit()
194  {
195    DezimalPunkt = FALSE;
196    NumOps = 0;
197    LetzteEingabe = NONE;
198    OpFlag = ' ';
199    strcpy(AusgabeFeld, "0.");
200  }
201
202  /* Methode für Prozent-Taste (%).
203     Berechnet die Prozent des ersten Operators und
204     zeigt diesen an
205  */
206  void TRechner::Prozent()
207  {
208    sprintf(AusgabeFeld,"%f" ,
209            Op1 * atof(AusgabeFeld) / 100);
210    Ausgabe( AusgabeFeld);
211  }
212
213  /* Methode zur Berechnung des Quadrates */
214  void TRechner::Quadrat()
215  {
216    Op1 = atof(AusgabeFeld);
217    if (Op1 < 1E+20)
218      Op1 = Op1 * Op1;
219    sprintf(AusgabeFeld,"%f" ,Op1);
220    Ausgabe( AusgabeFeld);
221
222    NumOps = 1;
223    LetzteEingabe = OPS;
224    OpFlag = ' ';
225  }
226
227  /* Methode zur Berechnung des Reziprokwertes
228  */
229  void TRechner::Reziprok()
230  {
231    Op1 = atof(AusgabeFeld);
232    if (Op1 == 0)
233      Ausgabe(
234          "Division durch 0 geht nicht",
235          "Rechner", 40, 10, 30);
```

```
237     else
238       Op1 = 1 / Op1;
239     sprintf(AusgabeFeld,"%f" ,Op1);
240     Ausgabe( AusgabeFeld );
241
242     NumOps = 1;
243     LetzteEingabe = OPS;
244     OpFlag = ' ';
245   }
246
247   /* Methode zur Berechnung der Wurzel
248    */
249   void TRechner::Wurzel()
250   {
251     Op1 = atof(AusgabeFeld);
252     if (Op1 < 0)
253       Ausgabe(
254             "Negative Wurzel geht nicht",
255             "Rechner", 40, 10, 30);
256     else
257       Op1 = sqrt(Op1);
258     sprintf(AusgabeFeld,"%f" ,Op1);
259     Ausgabe( AusgabeFeld );
260
261     NumOps = 1;
262     LetzteEingabe = OPS;
263     OpFlag = ' ';
264   }
265
266   /* TRechner constructor. */
267   TRechner::TRechner()
268   {
269     /* Initialisierungsroutine fnr den Taschenrechner
270        Es werden alle Variablen auf ihren Anfangswert
271        gesetzt
272      */
273     RechnerInit();
274     Ausgabe(AusgabeFeld);
275
276     /* Text, der in Zeile 25 sichtbar wird */
277     Ausgabe( "a Addie", "", 80, 25, 0);
278     Ausgabe( "s Subtr", "", 0, 25, 8);
279     Ausgabe( "m Multi", "", 0, 25, 16);
280     Ausgabe( "d Divid", "", 0, 25, 24);
281     Ausgabe( "w Wurze", "", 0, 25, 32);
282     Ausgabe( "q Quadr", "", 0, 25, 40);
283     Ausgabe( "r Rezip", "", 0, 25, 48);
284     Ausgabe( "e Ende",  "", 0, 25, 56);
285     Ausgabe( "p Proze", "", 0, 25, 64);
286     Ausgabe( "I Ergeb", "", 0, 25, 72);
287   }
288
289   /* TRechner destructor. */
290   TRechner::~TRechner()
291   {
292   }
293
294   /* Rechner erzeugen */
295   void TRechner::Run()
296   {
297     while (1)
298     {
299       /* Taste abfragen */
300       while( !kbhit() ) ;
301       OpTaste = getch();
302       switch (OpTaste)
303       {
304         case '0':
305         case '1':
306         case '2':
307         case '3':
308         case '4':
309         case '5':
310         case '6':
311         case '7':
312         case '8':
313         case '9':
314           Nummer(); /* Ziffer */
315           break;
316
317         case '.':
318           Dezimal(); /* Dezimalpunkt */
319           break;
320
321         case 'C':
322           Abbruch(); /* Abbruch mit Cancel */
323           break;
324
325         case 'c':
326           AbbruchEingabe(); /* Abbruch mit CE */
327           break;
328
329         case '+':
330         case 'A':
331         case 'a':
332           OpAdd(); /* Addieren */
333           break;
334
335         case '-':
336         case 'S':
337         case 's':
338           OpSub(); /* Subtrahieren */
339           break;
340
341         case '*':
342         case 'M':
343         case 'm':
344           OpMul(); /* Multiplizieren */
345           break;
346
347         case '/':
348         case 'D':
349         case 'd':
350           OpDiv(); /* Dividieren */
351           break;
352
353         case 'W':
354         case 'w':
355           Wurzel(); /* Wurzel */
356           break;
357
358         case 'Q':
359         case 'q':
360           Quadrat(); /* Quadrat */
361           break;
362
363         case 'R':
364         case 'r':
365           Reziprok(); /* Reziprok */
366           break;
367
368         case 'E':
369         case 'e':
370           exit(0);
371           break;
372
373         case '%':
374         case 'P':
375         case 'p':
376           Prozent(); /* Prozent */
377           break;
378
379         case 0x0d:
380         case '=':
381         case 'I':
382         case 'i':
383           OpErg(); /* Ergebnis */
384           break;
385       }
386     }
387   }
388 }
389
390 /* Ausgaberoutine, die Text an gewünschter Stelle
391    ausgibt
392  */
393 void TRechner::Ausgabe(char *wert, char *text, int
394                        laenge, int zeile, int spalte)
395 {
396   /* gibt an der Stelle -zeile- -spalte- den Wert
397      mit Text aus Parameter laenge bestimmt die
398      Anzahl der Leerzeichen
399    */
400   int altzeile,altspalte,i;
401
402   altzeile  = wherey();
403   altspalte = wherex();
404   gotoxy( spalte, zeile);
405   for (i=1;i<=laenge;i++)
406     cout << ' ';
407   gotoxy( spalte, zeile);
408   cout << text << wert;
409   gotoxy( altspalte, altzeile);
410 }
411
412
413 int main()
414 {
415   TRechner RechnerApp;
416
417   RechnerApp.Run();
418   return 1;
419 }
420
421 /****************** TCCRechD.H ******************/
422
423 #include <iostream.h>
424 #include <string.h>
425 #include <math.h>
426 #include <stdio.h>
427 #include <conio.h>
428 #include <stdlib.h>
429
430 #define IDC_0      100
431 #define IDC_1      101
432 #define IDC_2      102
433 #define IDC_3      103
434 #define IDC_4      104
435 #define IDC_5      105
436 #define IDC_6      106
437 #define IDC_7      107
438 #define IDC_8      108
439 #define IDC_9      109
440 #define IDC_C      110
441 #define IDC_CE     111
442 #define IDC_A      112
443 #define IDC_S      113
444 #define IDC_M      114
445 #define IDC_D      115
446 #define IDC_Q      116
447 #define IDC_W      117
448 #define IDC_G      118
449 #define IDC_I      119
450 #define IDC_P      120
451 #define IDC_R      121
452 #define IDC_FELD   122
```

```
453 #define IDC_E        123        458 #define CE     0x03
454                                 459 #define Rechner       200
455 #define NONE  0x00               460 #define FALSE  0
456 #define NUMS  0x01               461 #define TRUE   -1
457 #define OPS   0x02
```

2.4.3 Realisierung des Taschenrechners in Borland C++ für Windows

Wenn der Ausgangspunkt ein C++-Programm ist, wird die Umstellung auf ein volles Windows-Programm erheblich einfacher sein. In diesem Fall ist die Objektorientierung bereits gegeben, und die Einbringung der eigenen Klasse für den Taschenrechner wird recht leicht fallen. Daher werden wir uns mehr auf die Einbindung in die Klassen von ObjectWindows kümmern. Der Taschenrechner wird jetzt durch eine Dialogbox repräsentiert, die die Tasten eines Rechners durch Buttons nachbildet. Entstanden ist die Dialogbox mit Hilfe des Resource Workshop von Borland. Hierin wurde die Dialogbox interaktiv erstellt und als Resource in der Datei TCCRECW.RES und TCCRECW.RC hinterlegt. Über den Eintrag der Resource-Datei TCCRECW.RC in die Projektdatei von Borland C++ ensteht dann die Verbindung zu dem Programm.

Unterschied OWL C++ zu TurboPascal

Um eine Dialogbox darstellen zu können, steht in ObjektWindows von C++ die Klasse TDialog zur Verfügung. Wenn Sie das Kapitel von TurboPascal gelesen haben, ist Ihnen vielleicht aufgefallen, daß dort die Klasse TDialogWindow verwendet wurde. Wir haben es hier mit einem Unterschied zwischen der OWL von C++ und TurboPascal zu tun.

Aufruf der Dialogbox

Der Aufruf der Dialogbox geschieht innerhalb des Konstruktors der Klasse TRechner. Sobald ein Objekt der Klasse TRechner definiert wird, erfolgt automatisch der Aufruf der Konstruktors TRechner, der wiederum den Konstruktor TDialog aufruft. Diesem wird der Name der Dialogbox als Übergabeparameter mitgegeben, damit die Dialogbox aufgeblendet werden kann.

```
/* TRechner constructor. */
TRechner::TRechner() : TDialog(NULL, PROGNAME)
{
}
```

Der Auslöser für den Aufruf des Konstruktors TRechner ist der Konstruktor der Klasse TTaste. Diese Klasse ist ein Kind von TRechner und ruft daher den Konstruktur seines Vaters TRechner auf.

```
TTaste::TTaste():TRechner()
{
  /* Initialisierungsroutine für den Taschenrechner
     Es werden alle Variablen auf ihren Anfangswert
     gesetzt
  */
  RechnerInit();
}
```

Da ein Objekt der Klasse TTaste durch die Methode new erzeugt wird, erfolgt dort der eigentliche Anstoß zum Aufruf der Konstruktoren.

```
/* Rechner erzeugen */
void TRechnerApp::InitMainWindow()
{
  MainWindow = new TTaste();
}
```

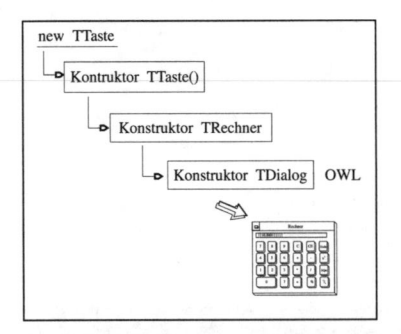

Abb. 25: Entstehung des Taschenrechners als Dialogbox

Da der Taschenrechner jetzt aus Buttons besteht, werden diese zum Auslösen jeweils einer Methode benutzt. Die Funktion, die sich dahinter verbirgt, ist die gleiche, die wir bereits bei dem DOS C++-Taschenrechner kennengelernt haben. Nur wurden dort die Methoden durch Tasten der Tastatur ausgelöst.

Wenn Ihnen vielleicht negativ aufgefallen ist, das der Taschenrechner aus vielen kleinen Methoden besteht, die nur wenig Code enthalten, dann können Sie das Schlüsselwort inline vor diese Methoden schreiben. Hierdurch sieht der Quellcode gleich aus, nur daß ein Methodenaufruf nicht mehr zu einem Sprung in eine Funktion führt, sondern der Code direkt an die Stelle eingebaut wird.

main -> WinMain

Das eigentliche Hauptprogramm besteht wiederum nur aus einigen wenigen Programmzeilen. Ein Vergleich zu dem C++-DOS-Programm zeigt auch hier wieder eine starke Ähnlichkeit. Der Einsprung in das Programm ist jedoch nicht mehr die Funktion main, sondern WinMain, die von Windows bei jedem Programmstart angesprungen wird. Nachdem das OWL-Rahmenobjekt bestehend aus TApplication erzeugt ist, wird die Startroutine Run von TApplikation aufgerufen. Nebenbei sei erwähnt, daß in einem TurboPascal OWL-Programm keine WinMain vorhanden ist, denn dort ist die WinMain implizit im Hauptprogramm enthalten.

```
int PASCAL WinMain(HANDLE hInstance, HANDLE hPrevInstance,
    LPSTR lpCmd, int nCmdShow)
{
  TRechnerApp RechnerApp(PROGNAME, hInstance, hPrevInstance,
    lpCmd, nCmdShow);
```

```
    RechnerApp.Run();
    return RechnerApp.Status;
}
```

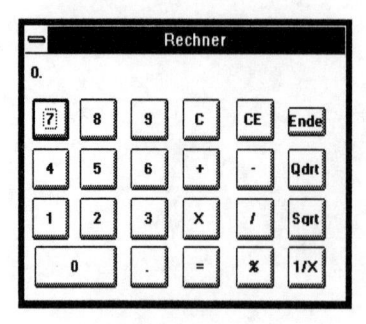

Abb. 26: *Aussehen des mit Borland C++ erstellten Taschenrechners für Windows*

Beispiel

/***************** TCCRechW.CPP ****************/

```
 1  #include "tccrechw.h"
 2
 3  #define PROGNAME "Rechner"
 4
 5  /* Rechner Dialog-Fenster-Object */
 6  class TRechner : public TDialog {
 7  public:
 8      TRechner();
 9      virtual ~TRechner();
10      virtual LPSTR GetClassName();
11      virtual void GetWindowClass(WNDCLASS&);
12  };
13
14  /* Verwaltung des Rechner-Object */
15  class TTaste : public TRechner {
16  private:
17      double  Op1;              /* Erste Eingabe */
18      double  Op2;              /* Zweite Eingabe */
19      int     DezimalPunkt;     /* zeigt an, ob der
20                                   Dezimalpunkt vorhanden ist */
21      int     NumOps;           /* Anzahl der
22                                   Operanden */
23      int     LetzteEingabe;    /* zeigt den Typ der
24                                   letzten Tasteneingabe an */
25      char    OpFlag;           /* zeigt die
26                                   Operation an */
27      char    OpTaste;          /* zeigt die Taste an */
28      char    AusgabeFeld[30];  /* Berechnungsfeld */
29  public:
30      TTaste();
31      virtual ~TTaste();
32      virtual void WMCID_0()
33                                   = [ID_FIRST + IDC_0];
34      virtual void WMCID_1()
35                                   = [ID_FIRST + IDC_1];
36      virtual void WMCID_2()
37                                   = [ID_FIRST + IDC_2];
38      virtual void WMCID_3()
39                                   = [ID_FIRST + IDC_3];
40      virtual void WMCID_4()
41                                   = [ID_FIRST + IDC_4];
42      virtual void WMCID_5()
43                                   = [ID_FIRST + IDC_5];
44      virtual void WMCID_6()
45                                   = [ID_FIRST + IDC_6];
46      virtual void WMCID_7()
47                                   = [ID_FIRST + IDC_7];
48      virtual void WMCID_8()
49                                   = [ID_FIRST + IDC_8];
50      virtual void WMCID_9()
51                                   = [ID_FIRST + IDC_9];
52      virtual void WMCID_E()
53                                   = [ID_FIRST + IDC_E];
54      virtual void Dezimal()
55                                   = [ID_FIRST + IDC_G];
56      virtual void Abbruch()
57                                   = [ID_FIRST + IDC_C];
58      virtual void AbbruchEingabe()
59                                   = [ID_FIRST + IDC_CE];
60      virtual void OpAdd()
61                                   = [ID_FIRST + IDC_A];
62      virtual void OpSub()
63                                   = [ID_FIRST + IDC_S];
64      virtual void OpMul()
65                                   = [ID_FIRST + IDC_M];
66      virtual void OpDiv()
67                                   = [ID_FIRST + IDC_D];
68      virtual void Wurzel()
69                                   = [ID_FIRST + IDC_W];
70      virtual void Quadrat()
71                                   = [ID_FIRST + IDC_Q];
72      virtual void Reziprok()
73                                   = [ID_FIRST + IDC_R];
74      virtual void Prozent()
75                                   = [ID_FIRST + IDC_P];
76      virtual void OpErg()
77                                   = [ID_FIRST + IDC_I];
78  private:
79      void RechnerInit();
80      void Nummer();
81      void Operator();
82      void Ausgabe( char *);
83  };
84
85  TTaste::TTaste():TRechner()
86  {
87      /* Initialisierungsroutine für den Taschenrechner
88         Es werden alle Variablen auf ihren Anfangswert
89         gesetzt
90      */
91      RechnerInit();
92  }
93
94  TTaste::~TTaste()
95  {
96  }
97
98  void TTaste::WMCID_0()
99  {
100     OpTaste = (char)'0';
101     Nummer(); /* Ziffer */
102 }
103
104 void TTaste::WMCID_1()
105 {
106     OpTaste = (char)'1';
107     Nummer(); /* Ziffer */
108 }
109
110 void TTaste::WMCID_2()
111 {
112     OpTaste = (char)'2';
113     Nummer(); /* Ziffer */
114 }
115 void TTaste::WMCID_3()
116 {
117     OpTaste = (char)'3';
118     Nummer(); /* Ziffer */
119 }
120 void TTaste::WMCID_4()
121 {
122     OpTaste = (char)'4';
123     Nummer(); /* Ziffer */
124 }
125 void TTaste::WMCID_5()
126 {
```

```
127       OpTaste = (char)'5';
128       Nummer();   /* Ziffer */
129     }
130     void TTaste::WMCID_6()
131     {
132       OpTaste = (char)'6';
133       Nummer();   /* Ziffer */
134     }
135     void TTaste::WMCID_7()
136     {
137       OpTaste = (char)'7';
138       Nummer();   /* Ziffer */
139     }
140     void TTaste::WMCID_8()
141     {
142       OpTaste = (char)'8';
143       Nummer();   /* Ziffer */
144     }
145     void TTaste::WMCID_9()
146     {
147       OpTaste = (char)'9';
148       Nummer();   /* Ziffer */
149     }
150
151     void TTaste::WMCID_E()
152     {
153       CloseWindow();
154     }
155
156     /* Methode für die Nummerntasten (0-9).
157        Es wird eine neue Ziffer an die Anzeige angefügt
158     */
159     void TTaste::Nummer()
160     {
161       static char cStr[]={0,0};
162       if (LetzteEingabe != NUMS)
163       {
164         *AusgabeFeld = 0;
165         DezimalPunkt = FALSE;
166       }
167       cStr[0] = OpTaste;
168       strcat(AusgabeFeld, cStr);
169       Ausgabe( AusgabeFeld );
170       LetzteEingabe = NUMS;
171     }
172
173     /* Methode wird durch Button, <+> ausgelöst */
174     void TTaste::OpAdd()
175     {
176       OpTaste = '+';
177       Operator();
178     }
179
180     /* Methode wird durch Button <-> ausgelöst */
181     void TTaste::OpSub()
182     {
183       OpTaste = '-';
184       Operator();
185     }
186
187     /* Methode wird durch Button <*> ausgelöst */
188     void TTaste::OpMul()
189     {
190       OpTaste = '*';
191       Operator();
192     }
193
194     /* Methode wird durch Button </> ausgelöst */
195     void TTaste::OpDiv()
196     {
197       OpTaste = '/';
198       Operator();
199     }
200
201     /* Methode wird durch Button <=>, <Enter> ausgelöst */
202     void TTaste::OpErg()
203     {
204       OpTaste = '=';
205       Operator();
206     }
207
208     /* Methode für C (Cancel) Button
209        Löschen der Anzeige und Initialisierung der
210        Variablen
211     */
212     void TTaste::Abbruch()
213     {
214       strcpy(AusgabeFeld, "0.");
215       RechnerInit();
216       Ausgabe( AusgabeFeld );
217     }
218
219     /* Methode für CE (cancel entry) Button */
220
221     void TTaste::AbbruchEingabe()
222     {
223       strcpy(AusgabeFeld, "0.");
224       Ausgabe( AusgabeFeld );
225       DezimalPunkt = FALSE;
226       LetzteEingabe = CE;
227     }
228
229     /* Methode für Dezimalpunkt (.)
230        Wenn die letzte Taste ein Operator war, die
231        Ausgabe mit "0." vorbesetzen. Im anderen Fall
232        einen Dezimalpunkt an die Anzeige anfügen
233     */
234     void TTaste::Dezimal()
235     {
236       if (LetzteEingabe != NUMS)
237         strcpy(AusgabeFeld, "0.");
238       else if (DezimalPunkt == FALSE)
239         strcat(AusgabeFeld, ".");
240       Ausgabe( AusgabeFeld );
241
242       DezimalPunkt = TRUE;
243       LetzteEingabe = NUMS;
244     }
245
246     /* Ausgaberoutine an Textfeld */
247     void TTaste::Ausgabe( char *text)
248     {
249       SetDlgItemText( HWindow, IDC_FELD, text);
250       SetFocus(GetDlgItem(HWindow, IDC_FELD));
251     }
252     /* Prozedur für die Operator-Tasten (+, -, x, /, =).
253        Wenn der Tastendruck Teil einer Nummer war, wird
254        die Variable NumOps um eins erhöht. Ist es nur
255        ein Operant, so wird die Variable Op1 gesetzt.
256        Sind jedoch 2 Operanden vorhanden, wird Op1 mit
257        dem Ergebnis der Operation aus Op1 und dem
258        aktuellen Eingabewert gleichgesetzt. Zudem
259        erfolgt die Anzeige des Ergebnisses.
260     */
261     void TTaste::Operator()
262     {
263       if (LetzteEingabe == NUMS)
264         NumOps = NumOps + 1;
265       if (NumOps == 1)
266         Op1 = atof(AusgabeFeld);
267       else if (NumOps == 2)
268       {
269         Op2 = atof(AusgabeFeld);
270
271         switch (OpFlag)
272         {
273           case '+':
274             Op1 = Op1 + Op2;
275             break;
276
277           case '-':
278             Op1 = Op1 - Op2;
279             break;
280
281           case '*':
282             Op1 = Op1 * Op2;
283             break;
284
285           case '/':
286             if (Op2 == 0)
287               MessageBox( HWindow,
288                   "Division durch 0 geht nicht",
289                   "Rechner", MB_OK);
290             else
291               Op1 = Op1 / Op2;
292             break;
293
294           case '=':
295             Op1 = Op2;
296             break;
297         }
298         sprintf(AusgabeFeld,"%f" ,Op1);
299         Ausgabe( AusgabeFeld );
300         NumOps = 1;
301       }
302
303       LetzteEingabe = OPS;
304       OpFlag = OpTaste;
305     }
306
307     /* Initialisierungsroutine für den Taschenrechner
308        Es werden alle Variablen auf ihren Anfangswert
309        gesetzt
310     */
311     void TTaste::RechnerInit()
312     {
313       DezimalPunkt = FALSE;
314       NumOps = 0;
315       LetzteEingabe = NONE;
316       OpFlag = ' ';
317       strcpy(AusgabeFeld, "0.");
318     }
319
320     /* Methode für Prozent-Taste (%).
321        Berechnet die Prozent des ersten Operators und
322        zeigt diesen an
323     */
324     void TTaste::Prozent()
325     {
326       sprintf(AusgabeFeld,"%f" ,
327               Op1 * atof(AusgabeFeld) / 100);
328       Ausgabe( AusgabeFeld );
329     }
330
331     /* Methode zur Berechnung des Quadrates */
332     void TTaste::Quadrat()
333     {
334       Op1 = atof(AusgabeFeld);
335       if (Op1 < 1E+20)
336         Op1 = Op1 * Op1;
337       sprintf(AusgabeFeld,"%f" ,Op1);
338       Ausgabe( AusgabeFeld );
339
340       NumOps = 1;
341       LetzteEingabe = OPS;
342       OpFlag = ' ';
```

```cpp
}

/* Methode zur Berechnung des Reziprokwertes
*/
void TTaste::Reziprok()
{
  Op1 = atof(AusgabeFeld);
  if (Op1 == 0)
    MessageBox( HWindow,
                "Division durch 0 geht nicht",
                "Rechner", MB_OK);
  else
    Op1 = 1 / Op1;
  sprintf(AusgabeFeld,"%f" ,Op1);
  Ausgabe( AusgabeFeld);

  NumOps = 1;
  LetzteEingabe = OPS;
  OpFlag = ' ';
}

/* Methode zur Berechnung der Wurzel
*/
void TTaste::Wurzel()
{
  Op1 = atof(AusgabeFeld);
  if (Op1 < 0)
    MessageBox( HWindow,
                "Negative Wurzel geht nicht",
                "Rechner", MB_OK);
  else
    Op1 = sqrt(Op1);
  sprintf(AusgabeFeld,"%f" ,Op1);
  Ausgabe( AusgabeFeld);

  NumOps = 1;
  LetzteEingabe = OPS;
  OpFlag = ' ';
}

/* Applikation-Object */
class TRechnerApp : public TApplication {
public:
  TRechnerApp(LPSTR AName, HANDLE hInstance,
    HANDLE hPrevInstance, LPSTR lpCmd,
    int nCmdShow)
      : TApplication (AName, hInstance,
        hPrevInstance, lpCmd, nCmdShow) {};
  virtual void InitMainWindow();
  virtual void InitInstance();
};

/* TRechner constructor. */
TRechner::TRechner() : TDialog(NULL, PROGNAME)
{
}

/* TRechner destructor. */
TRechner::~TRechner()
{
}

/* Da die Klasse der Dialogbox verwendet wird,
   muß der Klassenname auch geliefert werden
*/
LPSTR TRechner::GetClassName()
{
  return PROGNAME;
}

/* Laden des eigenen Icons */
void TRechner::GetWindowClass(WNDCLASS& AWndClass)
{
  TDialog::GetWindowClass(AWndClass);
  AWndClass.hIcon = LoadIcon(
        GetApplication()->hInstance, PROGNAME);
}

/* Rechner erzeugen */
void TRechnerApp::InitMainWindow()
{
  MainWindow = new TTaste();
}

void TRechnerApp::InitInstance()
{
  TApplication::InitInstance();
}

int PASCAL WinMain(HANDLE hInstance, HANDLE hPrevInstance,
                   LPSTR lpCmd, int nCmdShow)
{
  TRechnerApp RechnerApp(PROGNAME, hInstance, hPrevInstance,
    lpCmd, nCmdShow);
  RechnerApp.Run();
  return RechnerApp.Status;
}

/******************** TCCRechW.H ******************/

#include <owl.h>
#include <dialog.h>
#include <string.h>
#include <math.h>
#include <stdio.h>

#define IDC_0     100
#define IDC_1     101
#define IDC_2     102
#define IDC_3     103
#define IDC_4     104
#define IDC_5     105
#define IDC_6     106
#define IDC_7     107
#define IDC_8     108
#define IDC_9     109
#define IDC_C     110
#define IDC_CE    111
#define IDC_A     112
#define IDC_S     113
#define IDC_M     114
#define IDC_D     115
#define IDC_Q     116
#define IDC_W     117
#define IDC_G     118
#define IDC_I     119
#define IDC_P     120
#define IDC_R     121
#define IDC_FELD  122
#define IDC_E     123

#define NONE  0x00
#define NUMS  0x01
#define OPS   0x02
#define CE    0x03
#define Rechner  200

/******************** TCCRechW.RC ******************/

RECHNER DIALOG 70, 22, 158, 123
CAPTION "Rechner"
FONT 8, "Helv"
CLASS "Rechner"
STYLE DS_MODALFRAME | WS_POPUP | WS_VISIBLE | WS_CAPTION | WS_SYSMENU
BEGIN
CONTROL "7", 107, "BUTTON", BS_PUSHBUTTON | WS_TABSTOP,
        4, 22, 18, 21
CONTROL "8", 108, "BUTTON", BS_PUSHBUTTON | WS_TABSTOP, 28, 22, 18, 21
CONTROL "9", 109, "BUTTON", BS_PUSHBUTTON | WS_TABSTOP, 53, 22, 18, 21
CONTROL "C", 110, "BUTTON", BS_PUSHBUTTON | WS_TABSTOP, 79, 22, 18, 21
CONTROL "CE", 111, "BUTTON", BS_PUSHBUTTON | WS_TABSTOP, 105, 22, 18, 21
CONTROL "4", 104, "BUTTON", BS_PUSHBUTTON | WS_TABSTOP, 4, 47, 18, 21
CONTROL "5", 105, "BUTTON", BS_PUSHBUTTON | WS_TABSTOP, 28, 47, 18, 21
CONTROL "6", 106, "BUTTON", BS_PUSHBUTTON | WS_TABSTOP, 53, 47, 18, 21
CONTROL "+", 112, "BUTTON", BS_PUSHBUTTON | WS_TABSTOP, 79, 47, 18, 21
CONTROL "-", 113, "BUTTON", BS_PUSHBUTTON | WS_TABSTOP, 105, 47, 18, 21
CONTROL "Qdrt", 116, "BUTTON", BS_PUSHBUTTON | WS_TABSTOP, 130, 47, 18, 21
CONTROL "1", 101, "BUTTON", BS_PUSHBUTTON | WS_TABSTOP, 4, 72, 18, 21
CONTROL "2", 102, "BUTTON", BS_PUSHBUTTON | WS_TABSTOP, 28, 72, 18, 21
CONTROL "3", 103, "BUTTON", BS_PUSHBUTTON | WS_TABSTOP, 53, 72, 18, 21
CONTROL "X", 114, "BUTTON", BS_PUSHBUTTON | WS_TABSTOP, 79, 72, 18, 21
CONTROL "/", 115, "BUTTON", BS_PUSHBUTTON | WS_TABSTOP, 105, 72, 18, 21
CONTROL "Sqrt", 117, "BUTTON", BS_PUSHBUTTON | WS_TABSTOP, 130, 72, 18, 21
CONTROL "0", 100, "BUTTON", BS_PUSHBUTTON | WS_TABSTOP, 5, 96, 41, 21
CONTROL ".", 118, "BUTTON", BS_PUSHBUTTON | WS_TABSTOP, 53, 96, 18, 21
CONTROL "=", 119, "BUTTON", BS_PUSHBUTTON | WS_TABSTOP, 79, 96, 18, 21
CONTROL "%", 120, "BUTTON", BS_PUSHBUTTON | WS_TABSTOP, 105, 96, 18, 21
CONTROL "1/X", 121, "BUTTON", BS_PUSHBUTTON | WS_TABSTOP, 130, 96, 18, 21
CONTROL "Ende", 123, "BUTTON", BS_PUSHBUTTON | WS_TABSTOP, 130, 26, 18, 14
CONTROL "0.", 122, "STATIC", SS_LEFT | WS_GROUP, 3, 5, 152, 12
END

RECHNER ICON tccrechw.ico
```

Zusammenfassung

Dieses Kapitel beschäftigt sich bis ins Detail mit der Umstellung eines DOS-Programms auf Windows. Ein bestehendes Basic-Programm kann entweder sanft auf Windows oder als volles VisualBasic-Programm umgestellt werden. Im ersten Fall müssen hauptsächlich spezielle Bildschirmbefehle angepaßt werden. Ein geringer Aufwand ist für die Anpassung des Befehls INPUT auf InputBox$ unter Zuhilfenahme der Funktionen Val und Str$ notwendig. Der Schritt auf die Vollversion bedeutet eine Neuerstellung der Oberfläche, die VisualBasic durch sein interaktives Konzept sehr stark unterstützt. Für die Programmiersprachen QuickC, TurboPascal und C++ für Windows ist auch eine sanfte Umstellung auf Windows möglich. Hierzu stehen Hilfsmittel zur Verfügung, die einen Textbildschirm unter Windows emulieren. Diese Systeme tragen die Bezeichnungen QuickWin für QuickC, WinCrt für TurboPascal und EasyWin für Borland C++. Besonders ist dabei zu beachten, daß nur Standardaufrufe wie printf, WriteLn und cout auf Windows portierbar sind. Spezielle Systemaufrufe, die direkt in die Hardwareschnittstelle ausgeben, können nicht mehr verwendet werden. Beschränkt sich das Programm nur auf Standardaufrufe für die Ein-/Ausgabe, ist meist nur ein neuer Übersetzungslauf nötig. Zusätzlich erlauben alle Systeme durch Erweiterungen mehr Windows-Funktionalität in das Programm zu bringen. Eine Umstellung auf ein hundertprozentiges Windows-Programm ist um so einfacher möglich, je modularer das Programm aufgebaut ist. Speziell die realisierten Beispiel-Taschenrechner in den verschiedenen Sprachen zeigen, daß ein strukturiertes Programm gut nach Windows zu integrieren ist. Wenn das Programm zudem bereits objektorientiert programmiert wurde, gelingt der Umstieg noch besser.

3. Das erste wirkliche Windows-Programm

In diesem dritten Kapitel werden folgende Themen behandelt:

Microsoft Visual Basic

- Die Formdatei
- Einstellung der Eigenschaften
- Implementierung der Ereignis-Prozeduren
- Übersetzen und Testen

QC/Win

- Arbeiten mit QuickCase:W
- Die Hauptroutine WinMain
- Die Fensterfunktion
- Die Module Definition Datei
- Erstellung eines ablauffähigen Programms

Turbo Pascal

- Die kleinste Applikation
- Die wichtigsten Objekte in ObjectWindows
- Notwendige Methoden
- Erstellung eines lauffähigen Programms

Turbo C++

- Die kleinste Applikation
- Unterschiede in der objektorientierten Bibliothek zu TurboPascal
- Erstellung eines lauffähigen Programms

3.1 Das erste Windows-Programm in VisualBasic

Wenn Sie VisualBasic starten, werden mehrere Fenster geöffnet und auf dem Bildschirm sichtbar dargestellt, die Sie bei der Erstellung eines Programms unterstützen. Weitere Fenster können bei Bedarf über bestimmte Menüpunkte hinzugefügt werden.

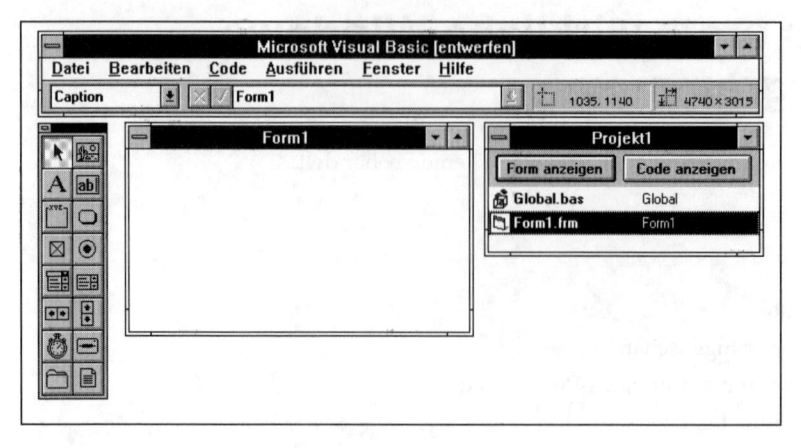

Abb. 27: VisualBasic nach dem Starten

Einer der Vorteile von VisualBasic liegt in der einfachen Gestaltung einer Windows-Programm-Oberfläche. Es kann über eine Toolbar auf viele standardisierte Steuerelemente wie Scrollbars und Schaltflächen zugegriffen werden. Das gewünschte Element wird dabei einfach mit der Maus selektiert und an die richtige Position innerhalb des Fensters gesetzt. Das Hinzufügen eines Menüs erfolgt mit Hilfe eines Menüentwurfsfensters, in dem die einzelnen Menüpunkte schrittweise eingegeben werden.

Clip Art Library

Mit dem Softwarepaket VisualBasic wird zusätzlich eine Bibliothek (Clip Art Library) von zahlreichen Symbolen mit ausgeliefert, die Sie beliebig verwenden können, um Ihre Programme zu verschönern.

VisualBasic als Interpreter

Wenn ein VisualBasic-Programm direkt aus der Umgebung von VisualBasic gestartet wird, arbeitet diese Basic-Sprache wie die meisten Basic-Dialekte als Interpreter. Jede Zeile wird somit erst bei dem Ablauf des Programms einzeln verarbeitet. Dies ist vor allem dann sinnvoll, wenn Sie sich in der Testphase befinden, Haltepunkte setzen, Felder auslesen wollen etc.

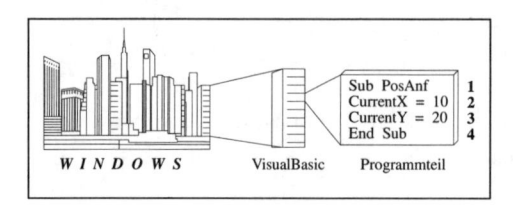

Abb. 28: VisualBasic als Interpreter

VisualBasic als Compiler

Jedoch können Sie auch Ihren fehlerfreien Code übersetzen lassen, um eine recht kleine EXE-Datei zu generieren, die dann außerhalb der VisualBasic-Umgebung ablaufen kann.

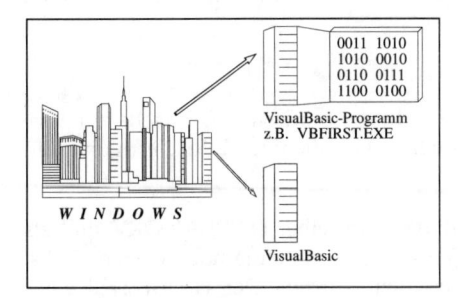

Abb. 29: VisualBasic-Programm als selbständige Einheit

Dynamic Link Library

In diesem Fall wird eine bestimmte Bibliothek namens VBRUN100.DLL benötigt, die bei der Installation in das Windows-Verzeichnis kopiert wird, wo Sie auch noch andere Dynamic Link Libraries finden können. Alle DLLs sind dabei eine Art Erweiterung von Windows, da dieses System selber aus mehreren DLLs besteht. Die drei wichtigsten Bibliotheken, die die meisten API-Funktionen beinhalten, lauten folgendermaßen:

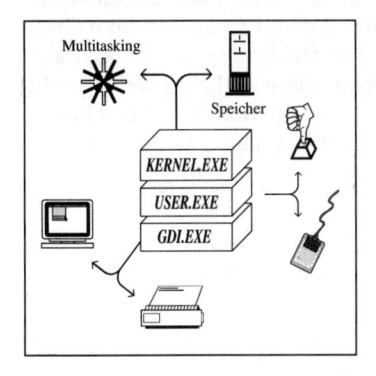

Abb. 30: Die drei wichtigsten Windows-DLLs

KERNEL

Diese drei Teile sind für unterschiedliche Aufgaben innerhalb von Windows zuständig. Die KERNEL-Bibliothek kümmert sich sowohl um die Verwaltung des Speichers und der Resourcen. Zudem ist sie für den korrekten Ablauf des Multitasking-Verfahrens von Windows zuständig. Wenn mit DOS-Dateien gearbeitet wird, geschieht dies auch mit Hilfe des KERNEL.

USER

Die Verwaltung der Fenster und aller Eingaben, die durch die Tastatur, den Timer und die Maus entstehen können, übernimmt die USER-Bibliothek. Da Windows ein Multitasking-System ist, muß der USER-Teil sich z.B. auch merken, an welches Programm die Eingaben weitergeleitet werden müssen.

GDI

Die GDI-Bibliothek (Graphical Device Interface) stellt die grafische Oberfläche zur Verfügung und kümmert sich um alle Ausgaben, die hauptsächlich den Bildschirm und den Drucker betreffen.

Auch die Standard-Gerätetreiber wie z.B. der Bildschirmtreiber DISPLAY.DRV sind als DLLs verwirklicht worden. Seit der Windows-Version 3.1 existieren noch weitere DLLs, die zur Durchführung bestimmter Aufgaben ergänzt wurden. Der Haupvorteil einer Dynamic Link Library besteht darin, daß sie nur einmal im Speicher vorhanden sein muß, egal wie viele unterschiedliche Programme auf Funktionen zugreifen, die innerhalb dieser DLL definiert sind. Dadurch wird viel Speicherplatz eingespart.

Projekt

Kehren wir wieder zu VisualBasic zurück. Jedes VisualBasic-Programm wird als Projekt realisert. Dies können Sie schon daran erkennen, wenn Sie sich die oberen vier Menüpunkte des Untermenüs Datei ansehen, die sich alle auf Projekte und nicht auf Dateien mit dem Quellcode beziehen. Ein Projekt ist eine Sammlung von Forms und Modulen, die zusammen das komplette Programm ergeben. Ein Form, das im Deutschen teilweise mit Formular bezeichnet wird, ist ein Windows-Fenster, das mit Code verbunden sein kann. Module enthalten auch Code von Prozeduren und Deklarationen, die sich aber nicht auf ein bestimmtes Fenster beziehen. Für Variablen, die innerhalb aller Prozeduren, d.h. in allen Forms bekannt sein sollen, gibt es das globale Modul, das pro Projekt nur höchstens einmal vorkommen kann. Es kann z.B. folgende Zeilen enthalten:

```
Global XCenter        As Single
Global YCenter        As Single

Declare Function WinHelp Lib "User" (ByVal  hwnd, ByVal HelpFile$, ByVal wCommand, ByVal
dwData As Long)

Global Const SRCINVERT = &H660046
Global Const BLACKNESS = &H42&
```

Somit kann ein Projekt bis zu drei verschiedene Arten von Dateien enthalten.

- Formdatei(en): z.B. ICONEDIT.FRM
- Modul-Datei(en): z.B ICONWRKS.BAS
- Eine Globale Moduldatei: z.B.ICONWRKS.GBL

Es existiert für jedes Projekt mindestens eine Formdatei, da jede Windows-Applikation mindestens ein Fenster besitzt. Die anderen beiden Dateiarten enthalten jewails nur Code und keine grafischen Elemente, wie z.B. Schaltflächen. Jedes größere Projekt besteht sowohl aus mehreren Formdateien als auch aus Moduldateien.

Objekte

VisualBasic wurde als objektorientierte Programmiersprache realisiert, um die ereignisgesteuerte Windows-Philosophie am besten nutzen zu können. Somit gibt es eine Vielzahl unterschiedlicher Objekte, die auf bestimmte Ereignisse reagieren. Diese Ereignisse (Meldungen) entstehen z.B., wenn der Anwender über die Tastatur eine Eingabe vornimmt oder mit der Maus ein Feld bzw. das Fenster anklickt. Folgende Objekte sind in VisualBasic definiert:

Objekt	Bedeutung
Forms:	Fenster
Controls:	grafische Objekte (Steuerelemente), die sich im Fenster befinden
Timer-Controls:	Zeitmesser-Mechanismus
Clipboard-Objekte	zur Benutzung der Zwischenablage
Debug-Objekte	für die Ausgabe im Testfall
Printer-Objekte	für die Ausgabe auf den Drucker
Screen-Objekte	zur Aktivierung eines speziellen Fensters oder Controls während der Programmlaufzeit

Aufgrund des ereignis-gesteuerten Ablaufs sieht der Programmcode auch anders aus als der eines früheren Basic-Programms. Es wird weder kreuz und quer mit dem Goto-Befehl gesprungen, noch wird der Code linear von oben nach unten abgearbeitet, sondern es wird automatisch nur das entsprechende Unterprogramm, das auf das aktuelle Ereignis reagieren soll, aktiviert. Zudem muß keine Schleife programmiert werden, die immer wieder abfragt, ob eine Eingabe gemacht wurde, und somit andere Programme blockiert, sondern die Applikation bleibt innerhalb von Windows in Warteposition, ohne daß andere Programme behindert würden.

Jedes Objekt wird durch folgende drei Themengebiete charakterisiert, auf die anschließend genauer eingegangen wird:

- Eigenschaften
- Ereignisse
- Methoden

Eigenschaften

Eigenschaften sind in VisualBasic Attribute, die z.B. das Aussehen oder die Verhaltensweise eines Objektes festlegen. Dabei besitzt jeder Objekttyp einen fest definierten Satz von Eigenschaften. Ein Form kann z.B. auf die Eigenschaft Caption zugreifen, um den Titel in seiner Titelleiste zu lesen oder zu verändern. Dagegen besitzt das Objekt Printer diese Eigenschaft nicht. Jede Eigenschaft besteht aus seinem Namen und dem Inhalt (Datum).

Diese fünf genannten Eigenschaften stellen nur eine Auswahl dar, das Objekt Form besitzt insgesamt über vierzig verschiedene. Es gibt sowohl Eigenschaften, deren Inhalte beliebig gesetzt werden können, wie es z.B. bei Caption der Fall ist, als auch solche, bei denen ein Wert aus einer festdefinierten Anzahl von Möglichkeiten gewählt werden muß, z.B. wahr oder falsch für die Eigenschaft MaxButton.

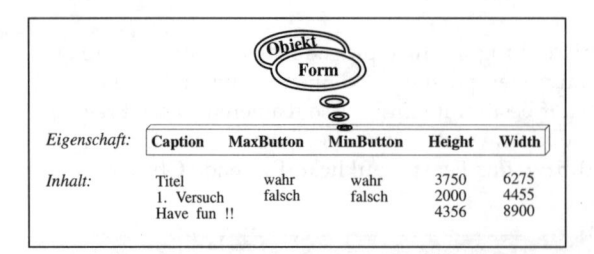

Eigenschaft:	Caption	MaxButton	MinButton	Height	Width
Inhalt:	Titel	wahr	wahr	3750	6275
	1. Versuch	falsch	falsch	2000	4455
	Have fun !!			4356	8900

Abb. 31: einige Eigenschaften des Objektes Form

Wenn wir die Eigenschaft Caption mit dem Wort Urlaub besetzen und die Eigenschaft MinButton mit dem boolschen Ausdruck falsch, besitzt das Fenster einen speziellen Titel, aber keine Schaltfläche Symbol.

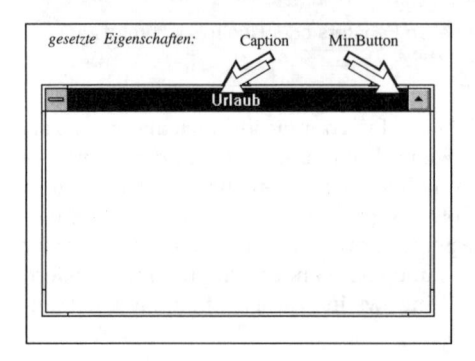

Abb. 32: Form mit Titel, aber ohne die Schaltfläche Symbol

CtlName

Alle Control-Objekte besitzen die Eigenschaft CtlName, die für den Namen des Controls steht. Er wird bei der interaktiven Erstellung des Forms und der Steuerelemente automatisch von VisualBasic aufgrund der Controlart (Option, Command etc.) und der schon vorhandenen Anzahl (Option1, Option2 etc.) entsprechend gesetzt. Sie als Programmierer können ihn aber auch ändern. Dieser Name wird als Objektnamen bezeichnet und sowohl für das programmtechnische Setzen der Eigenschaften als auch für die Ereignis-Prozeduren (s.u.) benötigt.

In VisualBasic existieren drei Typen von Eigenschaften, die sich dadurch unterscheiden, daß sie zu unterschiedlichen Zeitpunkten gesetzt werden können. Auf die eine Gruppe kann sowohl während des Zeichnens der Fensteroberfläche als auch während der Laufzeit des Programms zugegriffen werden. Mit der zweiten Gruppe kann nur über Code-Statements und somit beim Programmlauf gearbeitet werden. Die Eigenschaften der letzten Gruppe sind nur während der interaktiven Erstellung veränderbar. Dazu existiert die Eigenschaftsleiste. Im anderen Fall wird der Eigenschaft der Objektname vorangestellt, um zu definieren, auf welches Objekt sich die Eigenschaft bezieht:

- Form2.Caption = "Urlaub"
- Form1.MinButton = 0

Ereignisse

Ein Objekt kann auf eine festgelegte Anzahl von Ereignissen reagieren. Ein Ereignis entsteht durch eine bestimmte Aktion, die meist von dem Anwender ausgelöst wird, wie z.B. das Drücken einer Tastatur- oder Maustaste. Die Menge der Ereignisse ist für jedes Objekt unterschiedlich groß. So kann z.B. ein Form auf das Ereignis Load antworten, eine Befehlsschaltfläche (Command bzw. Pushbutton) jedoch nicht. Das Ereignis Load entsteht beim Laden des Fensters, wobei dies für das erste Fenster automatisch am Programmanfang geschieht. Mit Hilfe eines bestimmten Befehls ist es auch möglich, weitere Fenster zu laden. Anschließend an jeden Ladevorgang werden automatisch die Ereignisse Resize, Paint und GetFocus in dieser angegebenen Reihenfolge aktiviert. Das Load-Ereignis wird häufig dazu verwendet, Variablen zu initialisieren und Steuerelemente wie Listboxen mit Einträgen zu füllen.

Es ist nicht notwendig, auf alle Ereignisse zu reagieren, sondern Sie müssen nur die Ereignisse behandeln, d.h. Code ergänzen, die zur Lösung der Programmieraufgabe wichtig sind. Falls keine Initialisierung durchgeführt werden soll, werden Sie z.B. das Load-Ereignis nicht weiter beachten. Bei der einfachsten Applikation, die wir als erstes Beispiel schreiben werden, wird z.B. auf kein einziges Ereignis reagiert, und trotzdem besitzt die Applikation ein Fenster, das verschoben und in seiner Größe verändert werden kann. Die Programmzeilen, die Sie schreiben, werden als Unterprogramme realisiert, wobei jeweils ein Unterprogramm einem Ereignis zugeordnet wird. Deswegen werden diese Unterprogramme auch als Ereignis-Prozeduren bezeichnet. Der Aufbau dieser Prozeduren muß folgenden Rahmen besitzen:

```
Sub Objektname_Ereignisname
' Programmzeilen
End Sub

zum Beispiel:
    Sub Form_Load
            CurrentX = 10
            CurrentY = 20
    End Sub

    Sub Befehl1_Click
            End
    End Sub
```

Der Prozedurname, der von VisualBasic automatisch vergeben wird, muß immer aus der Kombination von Objekt- und Ereignisnamen bestehen, damit VisualBasic beim Ablauf des Programms in der Lage ist, das jeweils zur ankommenden Meldung korrespondierende Unterprogamm aufzurufen. Aufgrund dieser Namensgebung kann für ein Objekt immer nur eine Prozedur pro Ereignis existieren.

FormName

Wie schon weiter oben erwähnt, ist der Objektname eines Controls immer der Inhalt der Eigenschaft CtlName. Bei einem Fenster sieht es etwas anders aus. Alle Ereignisse, die sich auf ein Form beziehen, bekommen als Objektnamen das Wort Form vorangestellt, unabhängig davon, ob es sich um das erste oder ein zusätzliches Form handelt. Da alle Ereignis-Prozeduren, die sich auf ein bestimmtes Form bzw. dessen Steuerelemente beziehen, in einer eigenen Formdatei verwaltet werden, kann es trotz eventuell gleicher Prozedurnamen nicht zu Konflikten kommen. Der Inhalt der Eigenschaft FormName hingegen wird verwendet, um Eigenschaften eindeutig einem Fenster zuordnen zu können.

Die Entstehung und Bearbeitung von Ereignissen läuft z.B. beim Starten einer einfachen Applikation, die nur aus einem Fenster besteht, folgendermaßen ab:

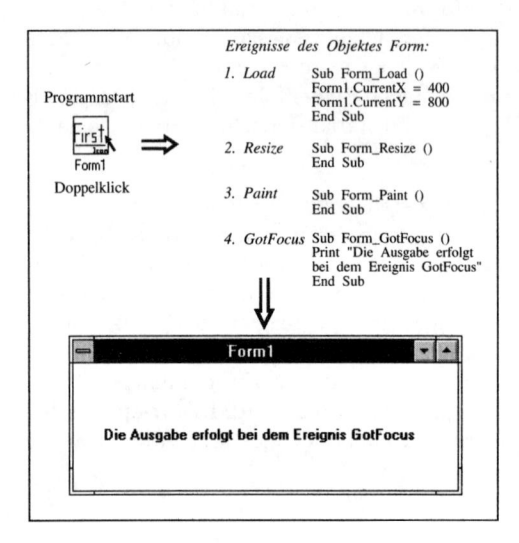

```
Programmstart           Ereignisse des Objektes Form:

   First                1. Load      Sub Form_Load ()
   Form1                             Form1.CurrentX = 400
                                     Form1.CurrentY = 800
 Doppelklick                         End Sub

                        2. Resize    Sub Form_Resize ()
                                     End Sub

                        3. Paint     Sub Form_Paint ()
                                     End Sub

                        4. GotFocus  Sub Form_GotFocus ()
                                     Print "Die Ausgabe erfolgt
                                       bei dem Ereignis GotFocus"
                                     End Sub

                  ┌─────────── Form1 ───────────┐
                  │                             │
                  │ Die Ausgabe erfolgt bei dem Ereignis GotFocus │
                  │                             │
                  └─────────────────────────────┘
```

Abb. 33: Ablauf beim Programmstart

Der Anwender startet das Programm, indem er dessen Symbol mit der Maus doppelt anklickt. Dadurch entstehen die Ereignisse Load, Resize, Paint und GotFocus. VisualBasic überprüft bei jedem Ereignis, ob es für das Fenster eine entsprechende Prozedur mit Basic-Statements gibt. Nur die erste und letzte Ereignis-Prozedur werden durch selbstgeschriebenen Code ergänzt, um die Position für die Ausgabe einzustellen und einen Text auszugeben. Nachdem diese Prozeduren abgearbeitet wurden, wird auf das nächste Ereignis gewartet.

Methode

Als letzten Themenbereich, der einen Objekttyp definiert, sind die Methoden zu nennen. Methoden sind Funktionen oder Anweisungen, die sich auf ein bestimmtes Objekt beziehen und eine Aktion auslösen.

Wie auch bei den Eigenschaften und Ereignissen können einige Methoden recht allgemein sein und bei fast jedem Objekttyp verwendet werden, andere hingegen sind nur bei einem Objekt anwendbar. Für den Aufruf einer Methode wird wiederum der Objektname und der Methodenname benötigt, die durch einen Punkt voneinander getrennt sind.

```
Objektname.Methodenname
Beispiele:
    Form1.Show
    Printer.EndDoc
    Befehl3.SetFocus
```

Um ein zuvor verstecktes Fenster sichtbar darzustellen, wird die Methode Show verwendet. Die Methode EndDoc kann nur beim Objekttyp Printer angewandt werden, da sie den Druckvorgang beendet. Mithilfe der Methode SetFocus kann bestimmt werden, welches Fenster oder welches Control auf die Tastatur-Eingaben reagieren soll.

Neben den Methoden und den Basic-Funktionen und -Anweisungen können zudem bei Bedarf die API-Funktionen benutzt werden, die wir z.B. auch bei QuickC oder Turbo-Pascal verwenden.

3.1.1 Durchführung eines Projektes

VisualBasic-Programme werden anhand von Projekten realisiert, wobei die folgende Reihenfolge bei der Erstellung in etwa eingehalten werden sollte.

1) Neues Projekt anlegen
2) Neues Form (oder mehrere Forms) richtig positionieren und ihre Größe(n) einstellen
3) Steuerelemente aus der Toolbox wählen und in das Form setzen
4) Form- und Control-Eigenschaften einstellen
5) Code (Ereignis-Prozeduren) hinzufügen
6) Projekt-, Form- und Moduldateien sichern
7) Applikation testen
8) ausführbare (EXE-) Datei erzeugen

Für unser erstes wirkliches Windows-Programm werden wir gar nicht alle Schritte benötigen, da wir noch keinen Code hinzufügen und noch keine Steuerelemente verwenden werden. Deswegen werden wir nach der Fertigstellung des ersten Projektes dieses gleich ein wenig erweitern. Unser erstes fertiges Programm wird folgendes Aussehen besitzen:

1. VisualBasic-Programm

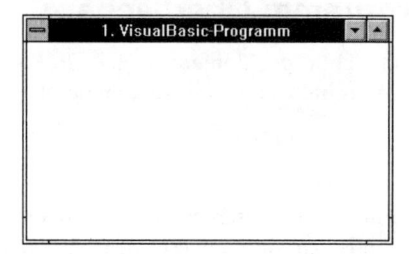

Abb. 34: Das erste VisualBasic-Programm

Beispiel

Dieses einfache Beispiel besteht aus einem Fenster mit dem Titel "1. VisualBasic-Programm". Dieses Fenster kann verschoben, vergrößert, verkleinert und wieder geschlossen werden. Eine Funktionalität besitzt es noch nicht.

Jedes neue Projekt wird über den Menüpunkt Neues Projekt aus dem Menü Datei angelegt. Es kann aus nur einem Form wie bei unserem ersten Programm oder aus einer Sammlung von Fenstern und Modulen bestehen. Das erste Form, das in den meisten Fällen das Hauptfenster unseres Projektes darstellt, bekommt von VisualBasic defaultmäßig sowohl die Eigenschaft Caption als auch die Eigenschaft FormName mit dem Wort Form1 besetzt.

Projektfenster

Alle Form- und Moduldateien, die zu dem aktuell geladenen Projekt gehören, werden in dem Projektfenster angezeigt. Wenn Sie dieses Fenster nach dem Starten von VisualBasic nicht sehen, so können Sie es sich über den Menüpunkt Projektfenster aus dem Menü Fenster auf den Bildschirm holen.

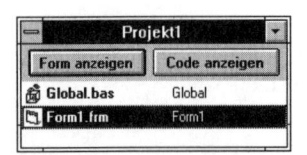

Abb. 35: Das Projektfenster

Zu Beginn eines neuen Projektes wird immer eine globale Moduldatei namens GLOBAL.BAS und die Formdatei FORM1.FRM in dem Projektfenster angezeigt. Beim Sichern Ihres Projektes können Sie für diese Dateien und für das Projekt selber andere Namen vergeben. Wenn Sie z.B. in Ihr Form1 ein Steuerelement bringen wollen, jedoch dieses Fenster von anderen Applikationen verdeckt ist, können Sie es über den Button *Form anzeigen* in den Vordergrund bringen. Die andere Schaltfläche mit der Aufschrift *Code anzeigen* hat die Aufgabe, den Code, also die Ereignis-Prozeduren, der selektierten Form-Datei im Codefenster darzustellen (s.u.).

3.1.2 Interaktive Erstellung der Programm-Oberfläche

Wir müssen als nächste Aufgabe dieses Hauptfenster richtig positionieren, seine Größe einstellen und die Eigenschaft Caption mit dem gewünschten Titel besetzen. Steuerelemente soll das Form noch nicht besitzen.

Eigenschaftenleiste

Beginnen wir mit dem Füllen der Titelleiste. Mit Hilfe der Eigenschaftenleiste können alle Eigenschaften, die während der Design-Zeit veränderbar sind, angesehen und neu gesetzt werden. Die somit getätigten Einstellungen werden als Initialisierungswerte bei Programmstart verwendet.

Das erste wirkliche Windows-Programm 121

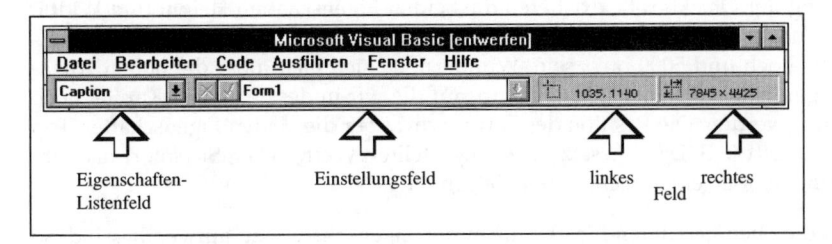

```
┌─────────────────────────────────────────────────────────────┐
│ ─          Microsoft Visual Basic [entwerfen]         ▼ ▲  │
│ Datei  Bearbeiten  Code  Ausführen  Fenster  Hilfe          │
│ Caption        ±  X ✓  Form1              ±   1035, 1140  7845 x 4425 │
└─────────────────────────────────────────────────────────────┘
        ⇧                ⇧               ⇧          ⇧
  Eigenschaften-    Einstellungsfeld   linkes     rechtes
  Listenfeld                            Feld
```

Abb. 36: Die Eigenschaftenleiste

Um den Wert einer Eigenschaft einzustellen, muß zuerst in dem Eigenschaften-Listenfeld diese Eigenschaft selektiert werden. Dazu klicken Sie den Pfeil in dieser Box an, wodurch eine Liste mit allen Eigenschaften des Fensters heruntergeklappt wird. Beim Anwählen der gewünschten Eigenschaft verschwindet die Liste wieder.

Der aktuelle Inhalt der selektierten Eigenschaft wird von VisualBasic automatisch in das Einstellungsfeld geschrieben. Dieses Feld ist abhängig von der Eigenschaft unterschiedlich realisiert. Es kann, wie z.B. bei der Eigenschaft MinButton, eine Liste darstellen, um alle möglichen Werte (wahr, falsch) anzuzeigen, aus denen Sie den gewünschten auswählen können. Das Feld ist aber auch teilweise ein Eingabefeld, um z.B. den gewünschten Titel eintragen zu können. In diesem Fall ist der Pfeil rechts außen grau hinterlegt. Sobald Sie die `Enter`-Taste oder den *Enter*-Button, der durch einen Haken (Checkmark) dargestellt wird, drücken, wird der neue Wert übernommen. Neben dem *Enter*-Button befindet sich die *Cancel*-Schaltfläche (X), über die der überschriebene Wert wieder zurückgeholt werden kann. Als dritte Möglichkeit kann das Einstellungsfeld statt des Pfeils als Symbol drei Punkte besitzen. Werden diese Punkte mit der Maus angeklickt, erscheint ein Dialogfenster, mit dessen Hilfe eine Datei mit der aktuellen Eigenschaft verbunden wird, wie es z.B. bei der Eigenschaft Icon der Fall ist.

Eigenschaft Caption

Um den Titel zu setzen, selektieren wir aus der Liste des Eigenschaften-Listenfeldes den Ausdruck Caption, wenn er nicht schon angezeigt wird, und schreiben anschließend den gewünschten Titel: 1. VisualBasic-Programm in das Einstellungsfeld.

Größe und Position

Das Fenster Form1 wird in einer Defaultgröße und an einer von VisualBasic spezifizierten Stelle auf dem Bildschirm angezeigt. Die Position und Größe dieses Fensters können wir nun auf zwei unterschiedliche Weisen einstellen: entweder über die Eigenschaftenleiste, da es sich hierbei auch um Eigenschaften handelt, oder durch direktes Verändern des Fensters. Die aktuellen Werte werden immer in den zwei Feldern aufgelistet, die sich in der gleichen Zeile wie das Eigenschaften-Listenfeld und das Einstellungsfeld befinden. In dem linken Feld wird die Position des angewählten Objektes, das ein Form oder ein Steuerelement sein kann, angezeigt, in dem rechten dessen Größe. Falls es sich um ein Form handelt, ist die Position relativ zur linken oberen Ecke des Bildschirms zu sehen, bei einem Control ist der Bezugspunkt die linke obere Ecke des Forms, in dem es sich befindet.

Zur Einstellung der Objektgröße existieren die beiden Eigenschaften Height und Width, die die Höhe und Breite des Objektes bestimmen. Das Fenster unseres ersten Beispiels soll etwa 3000 hoch und 5000 breit sein. Wundern Sie sich nicht über die hohen Angaben, sie erfolgen nämlich in der Einheit Twip, auf die wir in dem Ausgabe-Kapitel noch näher eingehen werden. Die Position des Forms wird über die beiden Eigenschaften Top (z.B. 1500) und Left (z.B. 2500) gesetzt. Die eingestellten Werte sehen Sie sofort nach ihrer Bestätigung in den beiden rechts außen liegenden Feldern.

Wenn Ihnen die eben getätigten Einstellungen der Eigenschaften zu aufwendig sind, so können wir die Lage des Fensters auch durch einfaches Verschieben bestimmen. Dazu stellen Sie den Mauszeiger auf die Titelzeile, drücken die linke Maustaste und können nun mit gedrückter Taste das Form bewegen. Um das Fenster auf die richtige Größe zu bringen, stellen Sie den Mauscursor auf den Fensterrahmen. Dadurch verändert der Cursor seine Form und stellt einen Doppelpfeil dar. Wenn Sie nun wiederum die linke Maustaste drücken, können Sie an dem Rahmen ziehen.

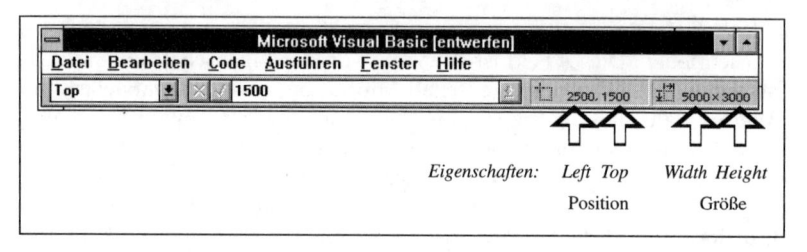

Abb. 37: Setzen der Fenstergröße und -position

Zu der interaktiven Erstellung der Programm-Oberfläche gehört auch das Einfügen der Controls in das Form und das Setzen der Eigenschaften. Mit der Toolbox können auf einfache Weise Steuerelemente in ein Form gebracht werden. Unser erstes Programm besitzt jedoch noch keine Controls. Deswegen möchte ich Ihnen erst etwas später in diesem Kapitel die Vorgehensweise zeigen.

3.1.3 Erstellung eines fehlerfreien Programms

Da das erste Beispiel auch nicht speziell auf bestimmte Ereignisse reagieren soll, sind wir nun schon so weit, daß wir unsere Einstellungen sichern und das Programm testen können.

Speichern
Dazu selektieren wir aus dem Untermenü Datei den Menüpunkt *Projekt speichern* unter. Eine Dialogbox wird sichtbar, die uns fragt, ob wir unser Form1 sichern wollen.

Wir wollen die Formdatei speichern, somit bestätigen wir. Daraufhin erscheint die nächste Dialogbox mit der Frage nach dem Namen für die Formdatei. Das Verzeichis, das Sie für Ihre Projekte vorgesehen haben, stellen Sie über die Listbox ein. Ich habe für den Dateinamen VBFIRST.FRM gewählt.

Abb. 38: Erste Dialogbox zum Sichern des Projektes

Abb. 39: Dialogbox zum Sichern der Formdatei

Nach dieser Eingabe müssen wir noch den Namen des gesamten Projektes bestimmen, der als Dateiname für die Projektdatei mit der Endung MAK dient. Um die Namensvergebung möglichst übersichtlich zu gestalten, heißt bei mir diese Datei genauso wie die Formdatei: VBFIRST.MAK. In diese Datei schreibt VisualBasic u.a. alle Namen der Form- und Moduldateien, die zu diesem Projekt gehören. Das Projektfenster besitzt ab sofort als Titel den Namen der Projektdatei.

Abb. 40: Dialogbox zum Sichern des Projektes

Bei späteren Projekterweiterungen werden zum Teil andere Dialogboxen aufgerufen, um die Änderungen zu sichern, da der Name der ersten Formdatei z.B. schon bekannt ist. Sie können bei allen weiteren Sicherungen auch den Menüpunkt Projekt speichern benutzen.

Testen

Nachdem unser Projekt auf Platte gespeichert ist, wollen wir das Programm ablaufen lassen und testen. Zu diesem Zweck existiert das Untermenü Ausführen. Um das Beispiel zu starten, wählen Sie den Menüpunkt Starten oder drücken die Funktionstaste ⌜F5⌝. Wenn Ereignis-Prozeduren implementiert wären, würde VisualBasic sie auf Syntaxfehler überprüfen und diese gegebenenfalls anzeigen. Dann wird das Hauptfenster des Projektes in den Vordergrund gestellt. Nun können Sie das Fenster vergrößern, verkleinern und verschieben. Über den Menüpunkt *Beenden des Untermenüs Ausführen* oder durch das Schließen des Forms über sein Systemmenü beenden Sie wieder die Testumgebung, mit der wir u.a. auch Haltepunkte setzen können. Sobald wir Code in unser Beispiel eingefügt haben, werden wir sie benutzen.

Erstellung der EXE-Datei

Als letzter Schritt für die Realisierung unseres ersten Projektes bleibt uns jetzt noch die Erstellung einer EXE-Datei, damit unser Programm auch außerhalb der VisualBasic-Umgebung ablaufen kann. Dazu selektieren wir den Menüpunkt *EXE-Datei erstellen...* im Menü Datei. Der Name, nach dem gefragt wird, ist der Name der ablauffähigen EXE-Datei, die ich VBFIRST.EXE nenne.

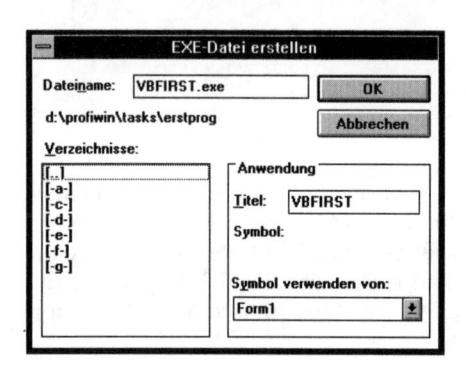

Abb. 41: Dialogbox zur Erstellung einer EXE-Datei

3.1.4 Erweiterung des ersten Projektes

Um auf die noch nicht besprochenen Punkte zur Durchführung eines Projektes eingehen zu können, werden wir nun das erste Beispiel ein wenig erweitern. In das Form werden zwei Befehlsschaltflächen (Push- bzw. Command Buttons) gestellt, mit deren Hilfe ein kleiner Text ausgegeben bzw. wieder gelöscht werden kann.

Abb. 42: Erweiterung zum ersten VisualBasic-Programm

Wenn Sie dieses Beispiel selber nachvollziehen möchten und das erste Programm aber nicht überschreiben wollen, sollten Sie zuerst über den Menüpunkt *Datei speichern unter...* aus dem Untermenü Datei die Formdatei unter dem neuen Namen VBFIRST2.FRM und dann das Projekt unter demselben Namen nur mit der Endung MAK speichern.

Toolbox

Da das Fenster zwei Command Buttons besitzen soll, wählen wir diese Button-Art aus der Toolbox, die sich meist schon links von dem Form liegend sichtbar auf dem Bildschirm befindet. Falls Sie das Toolbox-Fenster nicht sehen, so holen Sie es über den Menüpunkt Toolbox aus dem Menü Fenster.

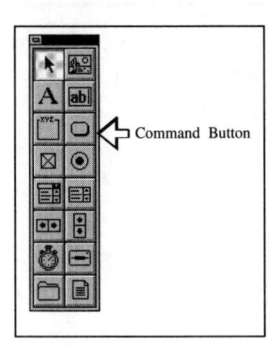

Abb. 43: Die Toolbox

Der Command Button steht in der Toolbox in der dritten Zeile und der rechten Spalte und wird in der Ellipsenform dargestellt. Um ein Steuerelement aus der Toolbox in ein Form zu bekommen, klicken Sie das gewünschte Control-Bild mit der Maus an, und bewegen dann den Mauscursor etwa an die Stelle, an die Sie das Objekt positionieren möchten.

Der Cursor besitzt die Figur eines Kreuzes, sobald er sich innerhalb des Fensters befindet. Nun drücken Sie die linke Maustaste und ziehen den dadurch entstehenden Rahmen auf die Ausmaße, die das Control besitzen soll, und lassen dann wieder die Maustaste los.

Einstellung der Eigenschaften

Um eine Eigenschaft eines Objektes zu setzen, muß das jeweilige Objekt selektiert sein. Im ersten Beispiel war dies automatisch das Form, da es kein weiteres Objekt gab. Um nun die Eigenschaft Caption des linken Pushbuttons zu setzen, müssen Sie ihn zuerst mit der Maus anwählen.

Das aktuell markierte Objekt können Sie an den kleinen schwarzen Punkten an seinem äußeren Rahmen erkennen. Insgesamt sind in diesem Projekt folgende Eigenschaften während der interaktiven Erstellung der Programm-Oberfläche gesetzt worden:

Objekt	Eigenschaft	Inhalt
Form1	Caption	Schaltflächen und Textausgabe
	Height	3000
	Width	5000
	Top	1500
	Left	2500
Befehl1	Caption	Ausgabe
Befehl2	Caption	Löschen

Codefenster

In der VisualBasic-Umgebung gibt es einen Editor, der nicht den ganzen Code, sondern immer genau eine Ereignis-Prozedur anzeigt. Dieser Editor ist das Codefenster, das über die Schaltfläche *Code anzeigen* des Projektfensters geöffnet werden kann.

```
                    VBFIRST2.FRM
Objekt: Befehl1          Prozedur: Click
                                   Click
Sub Befehl1_Click ()               DragDrop
    Form1.Print "Urlaub in Austral DragOver
End Sub                            GotFocus
                                   KeyDown
                                   KeyPress
                                   KeyUp
                                   LostFocus
```

Abb. 44: Das Codefenster

Dieses Codefenster kann aber auch zur Anzeige gebracht werden, indem das entsprechende Form oder Control zweimal kurz hintereinander mit der Maus angeklickt wird. In der oberen Zeile des Fensters befinden sich zwei aufklappbare Listenfelder. Das linke Feld enthält eine Liste von allen Objekten, die zu der Formdatei gehören, die in der Titelzeile genannt wird. In unserem Beispiel sind dies das Form selber und die beiden Pushbuttons Befehl1 und Befehl2. Falls das Projekt aus mehr als einer Formdatei besteht, existieren auch mehrere Codefenster.

Das rechte Listenfeld im Codefenster zeigt alle verfügbaren Ereignisse des Objektes an, das derzeit in dem linken Feld eingeblendet ist. Außerdem steht in der linken Liste noch ein 'generell', zu dem es nur eine Deklarationen-Prozedur gibt. Diese Prozedur wird häufig benutzt, um Konstanten oder Variablen zu defnieren, die für alle Objekte dieser Formdatei gelten sollen.

Wenn Sie den Code aller Objekte einer Formdatei auf einen Blick sehen möchten, können Sie ihn über den Menüpunkt *Text speichern* in dem Untermenü Code in eine ASCII-Textdatei sichern. Eine Änderung in dieser Textdatei bewirkt aber keine Änderung im Code selber.

Ereignis-Prozeduren

Da durch das Anklicken der linken Befehlsschaltfläche ein kurzer Text ausgegeben werden soll, der durch das Anklicken des rechten Pushbuttons wieder gelöscht werden kann, müssen wir auf die beiden Click-Ereignisse der Steuerelemente reagieren. Visual-

Basic vergibt als Objektnamen für die beiden Buttons die Namen Befehl1 und Befehl2, wie Sie es aus der Eigenschaft CtlName ablesen können. Somit heißen die zwei Ereignis-Prozeduren Befehl1_Click und Befehl2_Click. Um den Prozedurrahmen müssen wir uns nicht kümmern, den stellt schon VisualBasic zur Verfügung:

```
' VBFIRST2.FRM
Sub Befehl2_Click ()
    Form1.Cls
End Sub

Sub Befehl1_Click ()
    Form1.Print "Urlaub in Australien zu
                         gewinnen !!!"
End Sub
```

Da der Text in das Hauptfenster ausgegeben werden soll, müssen wir vor die Methode Print den Objektnamen des Fensters Form1 stellen. Der Text selber wird als ASCII-Zeichenkette angegeben. Um ihn zu löschen, wird die Methode Cls verwendet. Diese beiden Methoden werden wir in dem Kapitel für die Ausgabe noch genauer betrachten.

Setzen eines Haltepunktes

Nach dem Sichern der Form- und Projektdatei wollen wir unseren Programmtest beginnen. Dazu setzen wir einen Haltepunkt auf die Zeile: Form1.Print "...", indem zuerst der Eingabecursor in diese Zeile gesetzt wird und dann der Menüpunkt *Haltepunkt ein/aus* oder die Taste F9 selektiert wird. Die Zeile wird daraufhin in einer dickeren Schrift dargestellt. Mit der Taste F5 starten wir das Programm. Wenn jetzt mit der Maus der linke Pushbutton betätigt wird, wird der Haltepunkt aktiviert. Sie sehen es daran, daß das Codefenster mit der Ereignis-Prozedur *Befehl1_Click* in den Vordergrund gebracht wird, und der Cursor auf der Zeile mit dem Haltepunkt steht. Um nun den Inhalt von Variablen, von zur Laufzeit verfügbaren Eigenschaften und vieles mehr abfragen oder neu setzen zu können, benötigen Sie das Direktfenster, das bei jedem Programmstart aus der VisualBasic-Umgebung von VisualBasic erzeugt wird. Sie können dieses Fenster nach vorne auf den Bildschirm holen, indem Sie den Menüpunkt *Direktfenster* aus dem Untermenü *Fenster* anwählen.

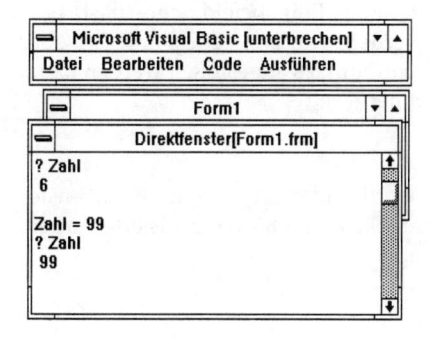

```
┌─────────────────────────────────────────┐
│ =   Microsoft Visual Basic [unterbrechen]  ▼ ▲ │
│ Datei  Bearbeiten  Code  Ausführen            │
│ ┌─────────────────────────────────────┐ │
│ │ =           Form1              ▼ ▲   │ │
│ │ ┌─────────────────────────────────┐ │ │
│ │ │ =     Direktfenster[Form1.frm]  │ │ │
│ │ │ ? Zahl                          │ │ │
│ │ │ 6                               │ │ │
│ │ │                                 │ │ │
│ │ │ Zahl = 99                       │ │ │
│ │ │ ? Zahl                          │ │ │
│ │ │ 99                              │ │ │
│ │ └─────────────────────────────────┘ │ │
│ └─────────────────────────────────────┘ │
└─────────────────────────────────────────┘
```

Abb. 45: Das Direktfenster

Um z.B. den Inhalt der Eigenschaft Caption des rechten Pushbuttons abzufragen, schreiben Sie die gewünschte Eigenschaft inklusive des Objektnamens und stellen diesem Ausdruck ein Fragezeichen voran (s. Abb.). Es ist auch möglich, eine Codezeile in das Direktfenster einzugeben, die durch Drücken der `Enter`-Taste ausgeführt wird. Dadurch kann der Code während der Laufzeit noch geändert werden.

3.1.5 Zusätzliche Möglichkeiten

Ganz klar gibt es noch mehr Möglichkeiten, die Programm-Oberfläche mit VisualBasic zu gestalten. Wenn z.B. ein Form eine Menüzeile mit mehreren Untermenüs und Menüpunkten besitzen soll, können Sie auf das Menüentwurfsfenster zugreifen, das Sie über den gleichnamigen Menüpunkt aufrufen. Damit dieser Punkt anwählbar ist, muß das Form zuvor selektiert werden.

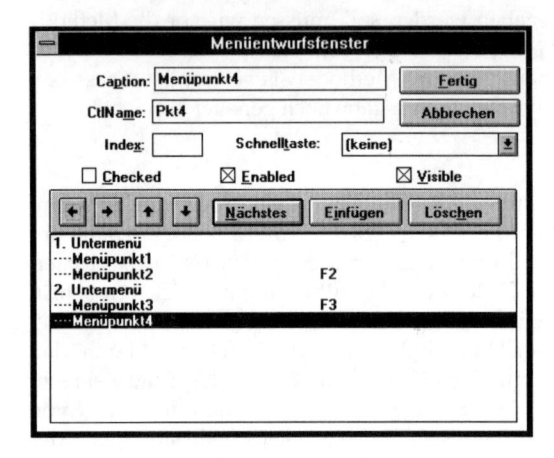

Abb. 46: Das Menüentwurfsfenster

Die einzelnen Untermenüs und Menüpunkte werden der Reihe nach eingetragen. In das Textfeld, das durch Caption gekennzeichnet ist, wird jeweils der gewünschte Name des Punktes geschrieben. Zu jedem Punkt kann zudem in das Eingabefeld Schnelltaste eine Taste bzw. eine Tastenkombination zugeordnet werden, wie z.B. `Ctrl` mit `A` oder `F2`, mit dessen Hilfe auch die Ausführung des Menüpunktes angestoßen werden kann. Diese Tasten werden auch als Acceleratoren bezeichnet.

Farbpalette

Als letztes Fenster zur Erstellung der Programm-Oberfläche, das aus dem Menü Fenster aktiviert werden kann, ist die Farbpalette zu nennen. Sie zeigt 48 standardisierte Farben, zu denen auch noch eigene ergänzt werden können.

für die Vordergrundfarbe

für die Hintergrundfarbe

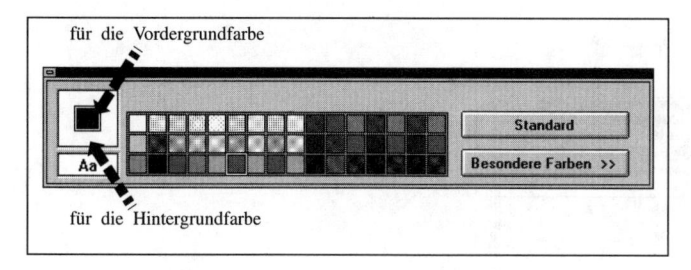

Abb. 47: Die Farbpalette

Aus diesen Farben kann sowohl die Hintergrund- als auch die Vordergrundfarbe eines Forms oder Controls gewählt werden. Dazu existiert im linken Bereich der Farbpalette ein Rahmen mit einem inneren Rechteck. Um die Hintergrundfarbe zu setzen, muß zuerst der äußere Rahmen mit der Maus angewählt werden und anschließend das gewünschte Farbenfeld. Wenn Sie zuvor ein Objekt selektiert haben, wird sofort die neue Farbe als Hintergrund gesetzt. Für die Vordergrundfarbe ist der Ablauf derselbe, nur daß das innere Rechteck verwendet werden muß.

3.2 Das erste Windows-Programm in QuickC

Mit dem Softwarepaket QuickC für Windows von Microsoft wird nicht nur eine leistungsfähige Entwicklungsumgebung mit Editor, Compiler, Linker, mehreren Hilfedateien etc. geliefert, sondern es beinhaltet auch die Software QuickCase:W zur einfachen Erstellung Ihrer Programmoberfläche und des Programmgerüsts, das als Prototyp bezeichnet wird. Case ist dabei die Abkürzung für Computer Aided Software Engineering. QuickCase:W wurde aufgrund der Überlegung konzipiert, daß jede etwas größere Windows-Applikation in zwei Teile gegliedert werden kann. Der eine Bereich, dessen Entwicklungsaufwand mit Hilfe von QuickCase:W stark reduziert werden kann, beschäftigt sich mit dem Graphical User Interface von Windows (GUI), in dem anderen Teil werden die anwenderspezifischen Probleme gelöst. Der zuletzt genannte Bereich, wie z.B. die Auswertung von getätigten Einstellungen in einer Dialogbox und die Ausgabe in das Fenster, muß ganz klar noch selber vom Programmierer implementiert werden.

Das Entwicklungswerkzeug QuickCase:W ist selber als Windows-Applikation realisiert worden. Nach seinem Start präsentiert sich die Oberfläche von QuickCase:W als Fenster im Fenster. Das äußere Fenster stellt dabei QuickCase:W dar, das Ihr Hauptfenster umgibt. Dieses Hauptfenster können Sie nun mit Fenster-Attributen wie Scrollbars, Menü, Farben etc. versehen.

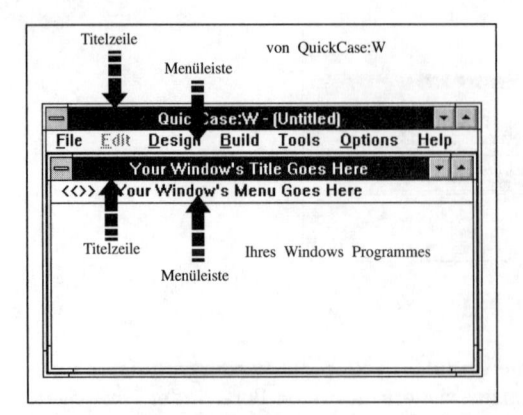

Abb. 48: QuickCase:W zur Erstellung eines Prototypen

Nachdem mit QuickCase:W die Programmoberfläche fertig erstellt wurde, werden mit Hilfe seines Codegenerators alle zum Übersetzen erforderliche Dateien generiert, die dann im QuickC-Editor modifziert und ergänzt werden können.

Der Vorteil von QuickCase:W liegt auch darin, daß eine einheitliche Vorgehensweise bei der Erstellung mehrerer Windows-Programme durchgeführt werden kann. Dies ist dann besonders wichtig, wenn ein größeres Entwicklungsteam ein Projekt realisieren soll. Wir werden mit diesem Werkzeug auch gleich unser erstes Beispiel in C durchführen.

Erstellung eines Prototypen

Genauso wie beim Schreiben eines VisualBasic-Programms sollte bei der Erstellung eines Prototypen mit QuickCase:W ein bestimmter Ablauf von Punkten eingehalten werden.

1. Die Oberfläche der Applikation planen bzw. mit dem Kunden besprechen (Pflichtenheft).
2. Dialogboxen, Cursor und Icons mit den entsprechenden Editoren wie DLGEDIT und IMAGEDIT erstellen.
3. Das Aussehen des Fensters mit QuickCase:W zeichnen.
4. Programmcode von QuickCase:W generieren lassen.
5. Anwender-spezifischen Code in den von QuickCase:W erstellten Programmcode mit Hilfe des QuickC-Editors einbauen.
6. Ablauffähiges Programm erstellen und dieses testen.
7. eventuell später die Änderungen in der QuickCase:W-Datei nachziehen.

Die Schritte 1), 3) und 4) werden wir in diesem Kapitelabschnitt nachvollziehen, die restlichen Punkte folgen anschließend.

Planung der Oberfläche

Der Kunde besitzt meist bestimmte Vorstellungen und Wünsche, wie die fertige Applikation aussehen soll. Bei Projektbeginn werden erst einmal diese Vorschläge gesammelt, um ein Konzept erstellen zu können, wie die Programmoberfläche aussehen soll. Wir wollen genauso einfach beginnen, wie es schon in VisualBasic erfolgte, d.h. unsere Applikation besitzt ein Fenster mit einem selbstdefinierten Titel. Weitere Möglichkeiten ergänzen wir erst später.

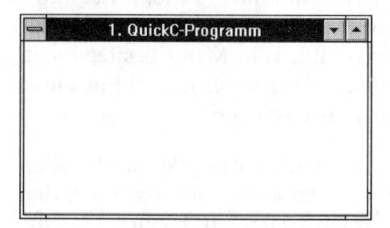

Abb. 49: Das erste QuickC-Programm

Zeichnen der Fensteroberfläche

Nun beginnt das Arbeiten mit QuickCase:W, wobei wir uns zuerst mit dem Untermenü Design beschäftigen werden. Für das Beschreiben der Titelzeile existiert der Menüpunkt Title. Wenn Sie ihn selektieren, erscheint eine Dialogbox mit einem Textfeld, in das ich den Titel 1. QuickC-Programm eingetragen habe.

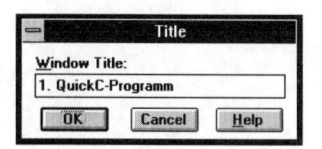

Abb. 50: Definieren des Titels

Um sicherzugehen, daß dieser Titel auch später im ablauffähigen Programm in der Titelzeile erscheint, wählen wir den Menüpunkt Style an, der uns verschiedene Fenster-Stilarten anzeigt. Diese Stilarten beziehen sich auf Bereiche, die sich an den Fensterrändern befinden. Dies sind die Titelzeile, das Systemmenü, der Rahmen selber etc.

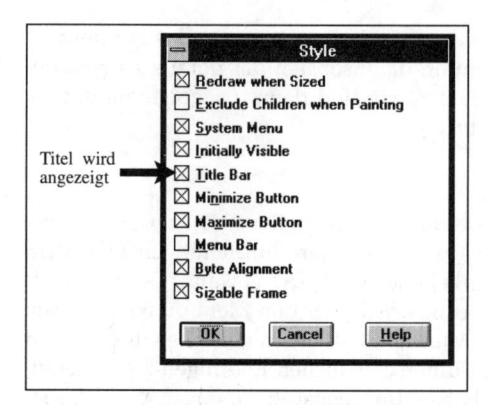

Abb. 51: Einstellen der Fenster-Stilarten

Standardmäßig befinden sich alle Kontrollfelder bis auf das zweite von oben im eingeschalteten Zustand. Somit wird auch die Titelzeile mit Titel dargestellt. Falls Sie dieses Kontrollfeld Title Bar ausschalten, indem Sie dieses Feld einmal anklicken, werden automatisch auch die Kreuze der folgenden Felder entfernt: Minimize Button, Maximize Button, Menu Bar und System Menu. Somit würde Ihr Fenster nur aus dem Arbeitsbereich und einem Rahmen bestehen. Da das erste Programm kein Menü besitzen soll, können Sie das korrespondierende Kontrollfeld ausschalten. Wenn Sie es nicht machen, macht es QuickCase:W für Sie, sobald wir unsere Einstellungen sichern.

Bei der Gestaltung des VisualBasic-Programms haben wir auch die Größe und Position des Fensters selber bestimmt. Diese Angaben könnten wir jetzt auch einstellen, da es den Menüpunkt Size and Location gibt. In der dazugehörigen Dialogbox können Sie eine von vier Möglichkeiten auswählen.

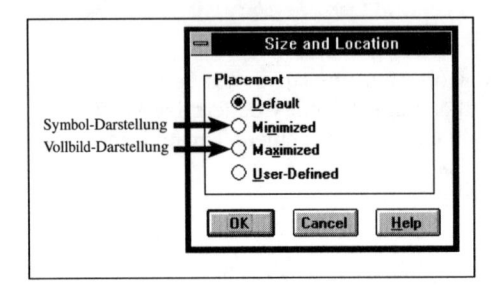

Abb. 52: Größe und Position des Fensters bestimmen

Falls das Fenster bei Programmstart in der Vollbild- oder Symbol-Darstellung erscheinen soll, wählen Sie den entsprechenden Radio-Button. Um die Größe und Lage selber anzugeben, müßten Sie den untersten Button (User Defined) selektieren und diese Eingabe mit OK bestätigen. Sie würden dann über ein Meldungsfenster aufgefordert werden, das Fenster zu vergrößern bzw. zu verkleinern und es an die gewünschte Position zu verschieben. Das Ende der Einstellung wird Windows über das Anklicken des Menüpunktes Schließen bzw.Close aus dem Systemmenü des eben eingestellten Fensters mitgeteilt.

Wir wollen es jedoch in diesem Beispiel Windows überlassen, wohin es das Fenster plaziert und welche Größe es zugewiesen bekommt, da ansonsten der daraus zu generierende Code um einiges komplizierter wird. Die Werte sind dann u.a. abhängig davon, wie viele andere Applikationen bereits gestartet sind.

Generierung

Unser Fenster besitzt nun das von uns gewünschte Aussehen. Bevor QuickCase:W daraus einen Code erzeugen kann, müssen wir erst noch unsere Einstellungen über dem Menüpunkt Save As abspeichern. Als Namen habe ich QCFIRST gewählt. QuickCase:W fügt daran die Endung WIN an. Die Generierung wird über den Menüpunkt Generate aus dem Untermenü Build angestoßen. Alle Dateien, die dadurch entstehen, bekommen von QuickCase:W denselben Namen nur mit unterschiedlichen Endungen zugewiesen, den wir zuvor für den Prototypen vergeben haben. Im Gegensatz zu einem VisualBasic-Programm werden schon bei einem kleinen QuickC-Programm mindestens sechs Dateien benötigt, um daraus eine ablauffähige EXE-Datei erstellen zu können.

Das erste wirkliche Windows-Programm 133

- QuickCase:W-Datei für den Prototypen (.WIN)
- Datei mit C-Quellcode (.C)
- Headerdatei (.H)
- Module Definition Datei (.DEF)
- Resource Script Datei (.RC)
- Projektdatei (.MAK)

Außer der zuerst genannten WIN-Datei werden diese Dateien von dem C-Compiler, RC-Compiler oder Linker benutzt. Daneben kann es noch weitere Dateien geben, die z.B. ein Bild eines Symbols (.ICO), eines Mauszeigers (.CUR) oder einer kleinen Abbildung (.BMP) enthalten oder eine Dialogbox (.DLG) definieren. Sie werden normalerweise schon beim Zeichnen der Programmoberfläche mit Hilfe von QuickCase:W mit dem Prototypen verbunden (s.u.).

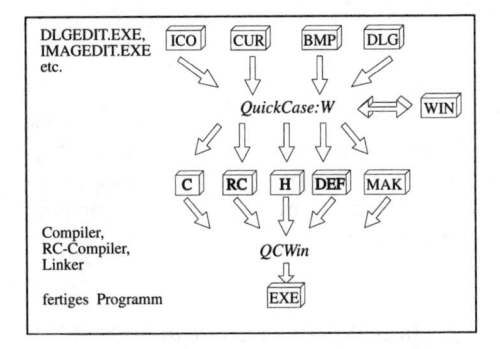

```
DLGEDIT.EXE,   ICO  CUR  BMP  DLG
IMAGEDIT.EXE
etc.
                  QuickCase:W  ⇔  WIN

                  C  RC  H  DEF  MAK
Compiler,
RC-Compiler,      QCWin
Linker
fertiges Programm  EXE
```

Abb. 53: Ablauf einer Programmerstellung mit QuickCase:W und QuickC

Während QuickCase:W die Informationen des Prototypen in Quellcode übersetzt und die dazu notwendigen Dateien anlegt, wird innerhalb seines Fensters das Generierungs-Fenster als Symbol angezeigt. Um mitzuverfolgen, wie weit die Generierung fortgeschritten ist, können Sie dieses Symbol durch einen Doppelklick als Fenster vergrößern. Oder Sie legen eine kleine Verschnaufpause ein. Wenn QuickCase:W fertig ist, meldet es sich mit einer MessageBox.

QuickC-Editor

Das Ergebnis sehen wir uns mit dem QuickC-Editor (QDE) an, der bei der Installation von QuickC auch in der QuickC-Gruppe als Symbol eingerichtet wurde. Dieser Editor besteht aus einem Hauptfenster, das beliebig viele Dokumentenfenster anzeigen kann, die jeweils eine Datei darstellen. Genauso wie bei VisualBasic muß zuerst das Projekt mit Hilfe des Menüpunktes Open des Untermenüs Project geöffnet werden, bevor eine Übersetzung u.ä. gestartet werden kann. Dadurch wird u.a. das Laufwerk und Verzeichnis eingestellt, in dem sich die Dateien des Projektes befinden. Obwohl die Projektdateien von VisualBasic und QuickC die Endung MAK besitzen, können sie nicht untereinander ausgetauscht werden.

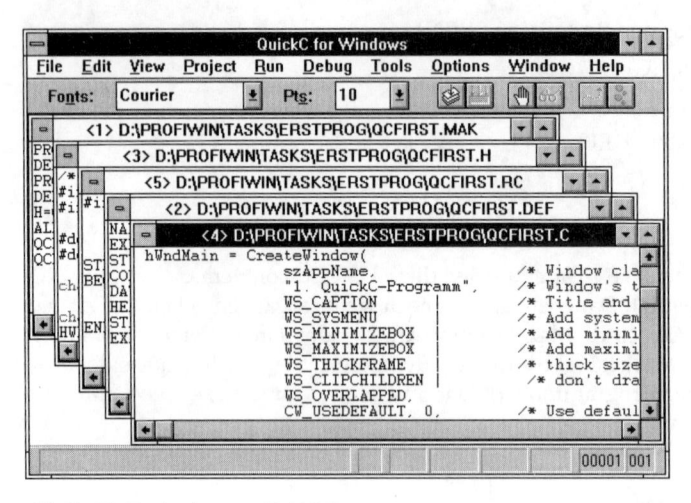

Abb. 54: Die Dateien des ersten QuickC-Programms

Aufgrund des Ereignis-gesteuerten Ablaufs von Windows besitzt der in C geschriebene Quellcode einer Windows-Applikation auch ein anderes Aussehen als der eines C-DOS-Programms. Er wird nicht mehr linear von oben nach unten abgearbeitet, sondern es wird auf die einzelnen Meldungen reagiert, die durch den Anwender oder durch Windows entstehen können und für das Programm relevant sind.

Kommentare

Nachfolgend sind die Dateien QCFIRST.C, QCFIRST.RC, QCFIRST.H und QCFIRST.DEF aufgelistet, wie sie durch QuickCase:W entstanden sind. Da wir dort die Kommentarstufe nicht verändert hatten, war sie standardmäßig auf low, d.h. geringer Kommentar, gesetzt. Die Kommentare sind in englischer Sprache. Für die weiteren Beispiele habe ich sie zum besseren Verständnis ins Deutsche übersetzt. Wenn Sie möchten, können Sie in QuickCase:W über den Menüpunkt Comments des Untermenüs Options die Kommentarstufe auch auf moderate oder high einstellen.

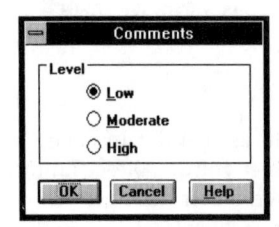

Abb. 55: Setzen der Kommentarstufe in QuickCase:W

Ich spare mir diese beiden Möglichkeiten, da ansonsten das Buch mindestens doppelt so dick werden würde.

Beispiel

/************** QCFIRST.C **************/

```c
  1  /* QuickCase:W KNB Version 1.00 */
  2  #include "QCFIRST.h"
  3
  4  int PASCAL WinMain(HANDLE hInstance, HANDLE hPrevInstance,
  5  LPSTR lpszCmdLine, int nCmdShow)
  6  {
  7  /*************************************/
  8  /* HANDLE hInstance;  handle for this instance    */
  9  /* HANDLE hPrevInstance;  handle for possible     */
 10  /*                        previous instances      */
 11  /* LPSTR  lpszCmdLine;   long pointer to exec     */
 12  /*                       command line             */
 13  /* int    nCmdShow;      Show code for main       */
 14  /*                       window display           */
 15  /*************************************/
 16
 17      MSG     msg;         /* MSG structure to     */
 18                           /* store your messages  */
 19      int     nRc;         /* return value from    */
 20                           /* Register Classes     */
 21
 22      strcpy(szAppName, "QCFIRST");
 23      hInst = hInstance;
 24      if(!hPrevInstance)
 25      {
 26          /* register window classes if first instance */
 27          /* of application                            */
 28          if ((nRc = nCwRegisterClasses()) == -1)
 29          {
 30              /* registering one of the windows failed */
 31              LoadString(hInst, IDS_ERR_REGISTER_CLASS,
 32                         szString, sizeof(szString));
 33              MessageBox(NULL, szString, NULL,
 34                         MB_ICONEXCLAMATION);
 35              return nRc;
 36          }
 37      }
 38
 39      /* create application's Main window */
 40      hWndMain = CreateWindow(
 41          szAppName,             /* Window class name        */
 42          "1. QuickC-Programm",  /* Window's title           */
 43          WS_CAPTION       |     /* Title and Min/Max        */
 44          WS_SYSMENU       |     /* Add system menu box      */
 45          WS_MINIMIZEBOX   |     /* Add minimize box         */
 46          WS_MAXIMIZEBOX   |     /* Add maximize box         */
 47          WS_THICKFRAME    |     /* thick sizeable frame     */
 48          WS_CLIPCHILDREN  |     /* don't draw in child      */
 49                                 /* windows areas            */
 50          WS_OVERLAPPED,
 51          CW_USEDEFAULT, 0,      /* Use default X, Y         */
 52          CW_USEDEFAULT, 0,      /* Use default X, Y         */
 53          NULL,                  /* Parent window's handle   */
 54          NULL,                  /* Default to Class Menu    */
 55          hInst,                 /* Instance of window       */
 56          NULL);                 /* Create struct for WM_CREATE */
 57
 58      if(hWndMain == NULL)
 59      {
 60          LoadString(hInst, IDS_ERR_CREATE_WINDOW,
 61                     szString, sizeof(szString));
 62          MessageBox(NULL, szString, NULL,
 63                     MB_ICONEXCLAMATION);
 64          return IDS_ERR_CREATE_WINDOW;
 65      }
 66
 67      ShowWindow(hWndMain, nCmdShow);
 68      /* display main window */
 69
 70      while(GetMessage(&msg, NULL, 0, 0))
 71      /* Until WM_QUIT message */
 72      {
 73          TranslateMessage(&msg);
 74          DispatchMessage(&msg);
 75      }
 76
 77      /*Do clean up before exiting from the application*/
 78      CwUnRegisterClasses();
 79      return msg.wParam;
 80  } /* End of WinMain */
 81  /*************************************/
 82  /*                                   */
 83  /* Main Window Procedure             */
 84  /*                                   */
 85  /* This procedure provides service routines for */
 86  /* the Windows events (messages) that Windows   */
 87  /* sends to the window, as well as the user     */
 88  /* initiated events (messages) that are generated */
 89  /* when the user selects the action bar and     */
 90  /* pulldown menu controls or the corresponding  */
 91  /* keyboard accelerators.                       */
 92  /*                                   */
 93  /*************************************/
 94
 95  LONG FAR PASCAL WndProc(HWND hWnd, WORD Message, WORD wParam, LONG lParam)
 96  {
 97      HMENU       hMenu=0;   /* handle for the menu    */
 98      HBITMAP     hBitmap=0; /* handle for bitmaps     */
 99      HDC         hDC; /* handle for the display device */
100      PAINTSTRUCT ps;  /* holds PAINT information       */
101      int         nRc=0;     /* return code            */
102
103      switch (Message)
104      {
105          case WM_CREATE:
106              break;   /* End of WM_CREATE            */
107
108          case WM_MOVE:  /* code for moving the window */
109              break;
110
111          case WM_SIZE:  /* code for sizing client area */
112              break;   /* End of WM_SIZE              */
113
114          case WM_PAINT: /* code for the window's      */
115                         /* client area                */
116              /* Obtain a handle to the device context. */
117              /* BeginPaint will sends WM_ERASEBKGND    */
118              /* if appropriate                         */
119              memset(&ps, 0x00, sizeof(PAINTSTRUCT));
120              hDC = BeginPaint(hWnd, &ps);
121
122              /* Included in case the background is    */
123              /* not a pure color                      */
124              SetBkMode(hDC, TRANSPARENT);
125
126              /* Inform Windows painting is complete   */
127              EndPaint(hWnd, &ps);
128              break;   /* End of WM_PAINT             */
129
130          case WM_CLOSE:  /* close the window          */
131              /* Destroy child windows, modeless       */
132              /* dialogs, then, this window            */
133              DestroyWindow(hWnd);
134              if (hWnd == hWndMain)
135                  PostQuitMessage(0);
136                  /* Quit the application              */
137              break;
138
139          default:
140              /* For any message for which you don't   */
141              /* specifically provide a serviceroutine,*/
142              /* you should return the message to Windows */
143              /* for default message processing.       */
144              return DefWndProc(hWnd, Message, wParam,
145                                lParam);
146      }
147      return 0L;
148  }  /* End of WndProc */
149  /*************************************/
150  /*                                   */
151  /* nCwRegisterClasses Function       */
152  /*                                   */
153  /* The following function registers all the      */
154  /* classes of all the windows associated with    */
155  /* this application. The function returns an     */
156  /* error code if unsuccessful, otherwise it      */
157  /* returns 0.                                    */
158  /*                                   */
159  /*************************************/
160
161  int nCwRegisterClasses(void)
162  {
163      WNDCLASS wndclass;
164      /* struct to define a window class */
165      memset(&wndclass, 0x00, sizeof(WNDCLASS));
166
167      /* load WNDCLASS with window's characteristics */
168      wndclass.style = CS_HREDRAW | CS_VREDRAW |
169                       CS_BYTEALIGNWINDOW;
170      wndclass.lpfnWndProc = WndProc;
171      /* Extra storage for Class and Window objects  */
172      wndclass.cbClsExtra = 0;
173      wndclass.cbWndExtra = 0;
174      wndclass.hInstance = hInst;
175      wndclass.hIcon = LoadIcon(NULL, IDI_APPLICATION);
176      wndclass.hCursor = LoadCursor(NULL, IDC_ARROW);
177      /* Create brush for erasing background         */
178      wndclass.hbrBackground = (HBRUSH)(COLOR_WINDOW+1);
179      wndclass.lpszMenuName = szAppName;
180      /* Menu Name is App Name                       */
181      wndclass.lpszClassName = szAppName;
182      /* Class Name is App Name                      */
183      if(!RegisterClass(&wndclass))
184          return -1;
185
186      return(0);
187  }  /* End of nCwRegisterClasses */
188  /*************************************/
189  /*                                   */
190  /* CwUnRegisterClasses Function      */
191  /*                                   */
192  /* Deletes any refrences to windows resources    */
193  /* created for this application, frees memory,   */
194  /* deletes instance, handles and does clean up   */
195  /* prior to exiting the window                   */
196  /*                                   */
197  /*************************************/
198
199  void CwUnRegisterClasses(void)
200  {
```

Das erste wirkliche Windows-Programm

```
201  {
202     WNDCLASS  wndclass;
203     /* struct to define a window class         */
204     memset(&wndclass, 0x00, sizeof(WNDCLASS));
205
206     UnregisterClass(szAppName, hInst);
207  }   /* End of CWUnRegisterClasses              */
208
209
210
211  /* QCFIRST.RC */
212  #include "QCFIRST.h"
213
214  STRINGTABLE
215  BEGIN
216     IDS_ERR_CREATE_WINDOW,  "Window creation failed!"
217     IDS_ERR_REGISTER_CLASS, "Error registering window class"
218  END
219
220
221
222  /* QCFIRST.H */
223  /* QuickCase:W KNB Version 1.00 */
224  #include <windows.h>
225  #include <string.h>

226
227  #define IDS_ERR_REGISTER_CLASS   1
228  #define IDS_ERR_CREATE_WINDOW    2
229
230  char szString[128];
231  /* variable to load resource strings          */
232  char szAppName[20];  /* class name for the window */
233  HWND hInst;
234  HWND hWndMain;
235
236  LONG FAR PASCAL WndProc(HWND, WORD, WORD, LONG);
237  int nCwRegisterClasses(void);
238  void CWUnRegisterClasses(void);
239
240
241
242  ; QCFIRST.DEF
243  NAME      QCFIRST
244  EXETYPE   WINDOWS
245  STUB      'WINSTUB.EXE'
246  CODE      PRELOAD MOVEABLE
247  DATA      PRELOAD MOVEABLE MULTIPLE
248  HEAPSIZE  4096
249  STACKSIZE 5110
250  EXPORTS   WndProc           @1
```

Compiler, RC-Compiler, Linker

Der Inhalt und die Funktion dieser vier Dateien wird in den nächsten Punkten erklärt. Wir wollen nun keinen zusätzlichen Code einfügen, sondern aus diesen Dateien ein ablauffähiges Programm erstellen. Bei einem C-Programm wird immer sowohl ein Compiler, der die C-Dateien in Objektdateien (.OBJ) übersetzt, als auch ein Linker benötigt, der das Ergebnis der Übersetzung mit Bibliotheken verbindet, um eine EXE-Datei zu erstellen. Bei einem Windows-Programm kommt normalerweise noch der RC-Compiler hinzu, der die RC-Datei in eine binäre Datei (.RES) übersetzt, um sie in die EXE-Datei einfügen zu können.

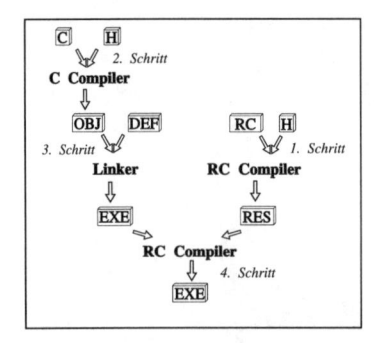

Abb. 56: Ablauf einer Windows-Programmerstellung

Die beiden Schritte 1 und 2 können auch in der Reihenfolge ausgetauscht werden. Damit die Übersetzungs- und Bindevorgänge richtig durchgeführt werden können, müssen wir zunächst die dazu nötigen Optionen einstellen. Mit der Entwicklungsumgebung von QuickC ist es nämlich möglich, auch andere als Windows-Programme zu erstellen. Da wir als Ergebnis eine Windows-Applikation erhalten wollen, markieren wir in der Dialogbox, die durch das Anwählen des Menüpunktes *Projects* aus dem Untermenü *Options* auf dem Bildschirm erscheint, den Radio-Button (Optionsschaltfläche) *Windows EXE*. Außerdem sollten Sie für Ihre Projekte als Build Mode Debug einstellen, da Sie nur dann Ihr Programm in der QuickC-Umgebung testen können. Nach dieser grundsätzlichen Programmwahl können noch separat die Compiler- und die Linkeroptionen gesetzt werden, für die jeweils ein Pushbutton existiert. Für all unsere Programme, die wir in diesem Buch mit QuickC schreiben werden, gelten folgende Einstellungen:

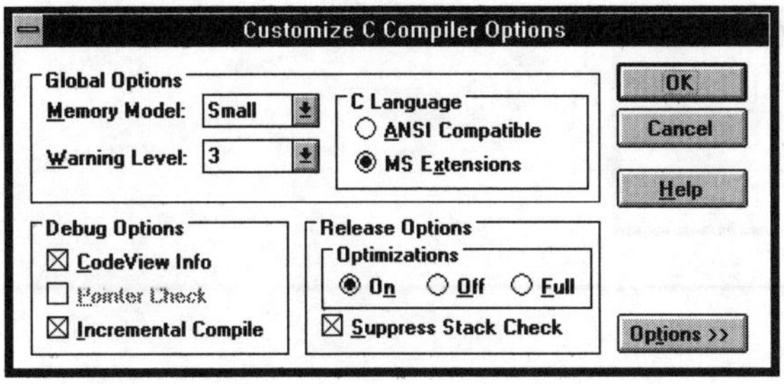

Abb. 57: Compiler-Einstellungen

Der eingeschaltete Radio-Button *MS Extensions* bewirkt, daß bei Verwendung von Microsoft-Spracherweiterungen, wie z.B. die Kennzeichnung einzeiliger Kommentarzeilen (//), keine Warnung generiert wird. Wenn Sie den Pushbutton *Options* betätigen, sehen Sie die von QuickC eingetragenen Compiler-Schalter, die durch die Einstellung Windows EXE und Debug Mode entstanden sind. Sie können hier bei Bedarf noch zusätzliche Schalter eintragen.

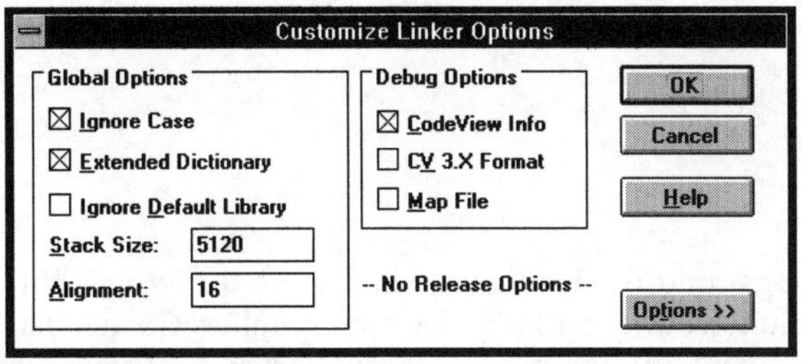

Abb. 58: Linker-Einstellungen

Verzeichnisse

Neben diesen Eintragungen müssen auch noch die Verzeichnisse angegeben werden, in denen der Compiler bzw. der Linker die notwendigen Headerdateien bzw. Bibliotheken findet. Für diese Angaben existiert die Dialogbox des Menüpunktes *Directories* aus demselben Untermenü *Options*.

Nachdem wir alle Einstellungen durchgeführt haben, können wir über den Menüpunkt *Build* oder *Rebuild All* des Untermenüs *Project* ein ablauffähiges Windows-Programm erstellen. Bei der Wahl des erstgenannten Menüpunktes werden nur die geänderten Dateien bearbeitet. Wenn Sie z.B. später in dem Quellcode Funktionen ergänzen, wird der RC-Compiler nur einmal am Ende des Erstellungsvorgangs aufgerufen. Die Entwicklungsumgebung teilt über eine Dialogbox mit, wie weit die Arbeit fortgeschritten ist, und ob Fehler oder Warnungen aufgetreten sind. Bei einem Abbruch wird die Fehlermeldung(en) in das Fenster Errors ausgegeben. Dieses Fenster kann auch jederzeit über den Menüpunkt Errors aus dem Untermenü Window nach vorne auf den Bildschirm gebracht werden.

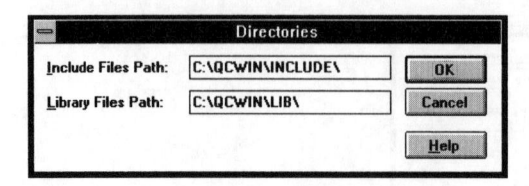

[Dialog: Directories — Include Files Path: C:\QCWIN\INCLUDE\ — Library Files Path: C:\QCWIN\LIB\ — OK / Cancel / Help]

Abb. 59: Einstellen der Verzeichnisse

Toolbar von QuickC

Heutzutage besitzen schon viele Windows-Applikationen eine Toolbar, um bestimmte Aktionen per Knopfdruck schneller ausführen zu können. Auch die Entwicklungsumgebung von QuickC zeigt solch eine Leiste an, die sich unterhalb der Menüzeile befindet. Mit den beiden Schaltern, die neben der Liste zur Einstellung der Schriftgröße liegen, kann die Übersetzung bzw. die Erstellung eines ablauffähigen Programms angestoßen werden. Die restlichen vier Symbole beziehen sich auf das Debuggen.

[Symbole: Übersetzung der aktiven Datei / Erstellung des aktuellen Projektes]

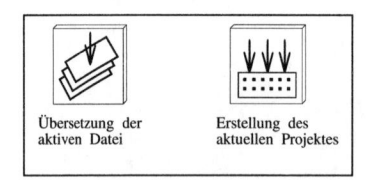

Abb. 60: Schalter der Toolbar

Nach einem fehlerfreien Übersetzungs- und Bindevorgang können Sie Ihr fertiges Programm direkt aus der Entwicklungsumgebung mit Hilfe des Menüpunktes Go aus dem Untermenü Run oder der Taste F5 genauso wie in VisualBasic starten. Im Gegensatz zu dem Ablauf in VisualBasic ist unser Beispiel jedoch nicht mehr abhängig von der Entwicklungsumgebung. Wenn Sie diese Umgebung (QCWin.EXE) beenden, ist das selbstgeschriebene Programm QCFIRST.EXE nicht davon betroffen und bleibt weiterhin sichtbar auf dem Bildschirm.

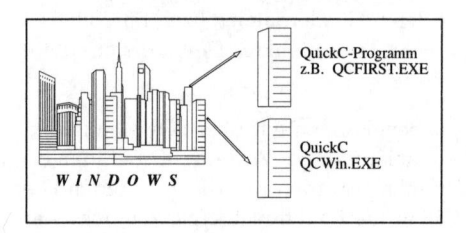

[Abbildung: WINDOWS mit QuickC-Programm z.B. QCFIRST.EXE und QuickC QCWin.EXE]

Abb. 61: QuickC-Programm als selbständige Einheit

Das erste wirkliche Windows-Programm 139

Ich hoffe, daß auch Ihr erstes Beispiel einwandfrei läuft, und sein Fenster beliebig in der Größe verändert und verschoben werden kann. Normalerweise entstehen bei den meisten größeren Projekten zusätzliche Wünsche, nachdem man Funktionen zur Lösung der anwendungsspezifischen Aufgabe eingebaut hat. Wenn diese Zusatzwünsche das Aussehen des Programms betreffen, z.B. wenn das Menü durch drei weitere Punkte ergänzt werden soll, können diese Arbeiten wiederum mit QuickCase:W durchgeführt werden, damit auch die WIN-Datei aktualisiert wird. Nachdem die Änderungen erfolgt sind, müssen Sie statt des Menüpunktes Generate den darunterliegenden Punkt Update wählen. Dadurch wird der Code, den Sie in einem der Quellcodes ergänzt haben, nicht verändert oder entfernt, sondern nur die neue Eigenschaft, die über QuickCase:W gesetzt wurde, in den bestehenden Programmcode zusätzlich eingefügt.

3.2.1 Erweiterung des ersten Projektes

Bevor wir uns den von QuickCase:W generierten Code genauer ansehen, wollen wir noch unsere Kenntnisse über dieses Entwicklungswerkzeug erweitern, da wir bis jetzt nur die einfachsten Einstellungen verwendet haben. Mit QuickCase:W ist man z.B. auch in der Lage, das Programm mit einem Symbol zu verbinden, das zur Anzeige kommt, wenn für die Applikation die Symbol-Darstellung gewählt wird. Auch die Erstellung eines Menüs und die Verbindung eines Menüpunktes mit einer Dialogbox, wie es in den meisten Windows-Applikationen vorkommt, werden wir zu unserem ersten QuickC-Projekt hinzufügen.

Symbol einfügen

Wir starten erneut QuickCase:W und laden die Datei QCFIRST.WIN. Über den Menüpunkt *Title* vergeben wir einen neuen Titel, den ich "Menü mit Dialogbox" genannt habe. Normalerweise besitzt ein Windows-Programm ein selbstgezeichnetes charakteristisches Symbol, damit der Anwender es einfacher von anderen Applikationen unterscheiden kann. Dieses Symbol kann mit unterschiedlichen Programmen erstellt werden. Das Softwarepaket QuickC enthält z.B. das Zeichenprogramm IMAGEDIT.EXE, mit dem auch noch Cursor und Bitmaps gezeichnet werden können. Für unser Beispiel habe ich ein schon vorhandenes Symbol aus der Icon-Bibliothek von VisualBasic verwendet. Jedes Symbol ist in einer Datei abgelegt, die die Endung ICO besitzt. Über den Menüpunkt Icon aus dem Untermenü Design stellen wir die Verbindung zwischen unserem Programm und der Icon-Datei QCFIRST2.ICO her.

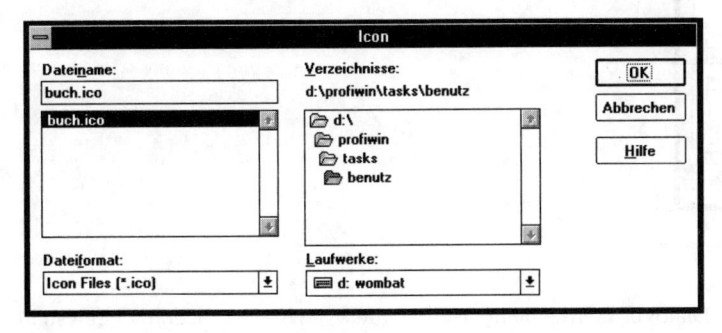

Abb. 62: Verbindung zwischen Programm und Icon herstellen

Auf dieselbe Art könnten Sie Ihrer Applikation auch einen eigenen Mauszeiger als Default-Cursor hinzufügen. Der korrespondierende Menüpunkt lautet Cursor. Mit Hilfe der restlichen Punkte des Untermenüs Design kann das Programmfenster mit senkrechten und waagrechten Scrollbars versehen werden, seine Hintergrund- und Vordergrundfarbe können gesetzt, und der Code von Dialogboxen implementiert werden, die nicht über einen Menüpunkt aktiviert werden sollen. Diese Themen werden in späteren Kapiteln behandelt.

Menü-Definition

Wir wollen als nächsten Schritt ein Menü erstellen. Dazu müssen wir die Dialogbox des Menüpunktes *Style* aufrufen, um dort das Kontrollfeld Menu Bar einzuschalten, ansonsten besitzt unser Hauptfenster keine Menüzeile. Die Definition eines Menüs erfolgt direkt Punkt für Punkt in der Menüleiste des Fensters, indem die doppelten spitzen Klammern <> angeklickt werden.

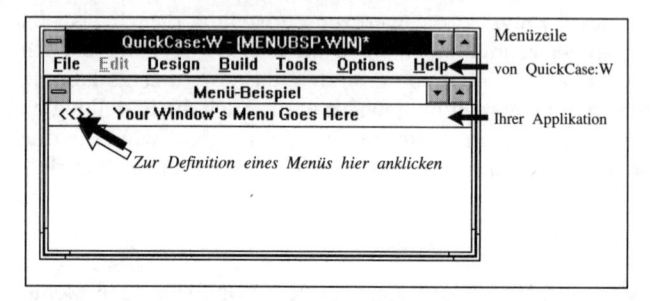

Abb. 63: Ein Menü definieren

Abb. 64: Einen Menüpunkt definieren

Daraufhin wird eine Dialogbox eingeblendet, über die verschiedene Details eingestellt werden können. Wenn es sich um einen Eintrag in der Menüzeile handeln soll, können Sie zwischen einem normalen Text (String) und einem Trennstrich (Separator) wählen, bei einem Menüpunkt, der in einem Untermenü liegt, besteht zusätzlich die Möglichkeit der Bitmap-Darstellung. Ein Text-Menüpunkt kann wiederum als Untermenü (Dropdown Menu) realisiert werden, mit einem speziellen Code (User defined Code) oder einer Diaologbox (Dialog Box) verbunden werden, die jeweils in einer eigenen Datei stehen, oder seine weitere Verarbeitung kann noch offen gelassen werden (None). Eine dieser vier Möglichkeiten wählen Sie aus der Liste des unteren Bereichs Link To.

Menüpunkt mit Dialogbox verbinden

Das Menü, das wir mit unserem Fenster verbinden wollen, besitzt zwei Untermenüs, von denen das eine zwei Menüpunkte beinhaltet, die nichts bewirken, und das andere einen Menüpunkt aufklappt, der bei seiner Selektion eine kleine Dialogbox anzeigt. Die Dialogbox habe ich schon für dieses Beispiel mit dem Programm DLGEDIT.EXE, das auch mit dem Softwarepaket QuickC mitkommt, erstellt und in eine Datei mit der Endung DLG gespeichert. Wir werden diese Aufgabe in einem späteren Kapitel auch noch selber durchführen. Um das erste Untermenü in die Menüzeile einzutragen, klicken Sie die doppelten spitzen Klammern an, tragen in das Textfeld Name den gewünschten Begriff für das Untermenü ein und bestätigen die Eingabe. Auf dieselbe Weise können Sie die beiden Menüpunkte und das zweite Untermenü definieren. Für den Menüpunkt des zweiten Untermenüs wählen wir aus der unteren Liste den Eintrag Dialog Box aus und drücken den Pushbutton Configure Link, um diesen Punkt mit der entsprechenden DLG-Datei zu verbinden, die in unserem Fall QCDIALOG.DLG heißt.

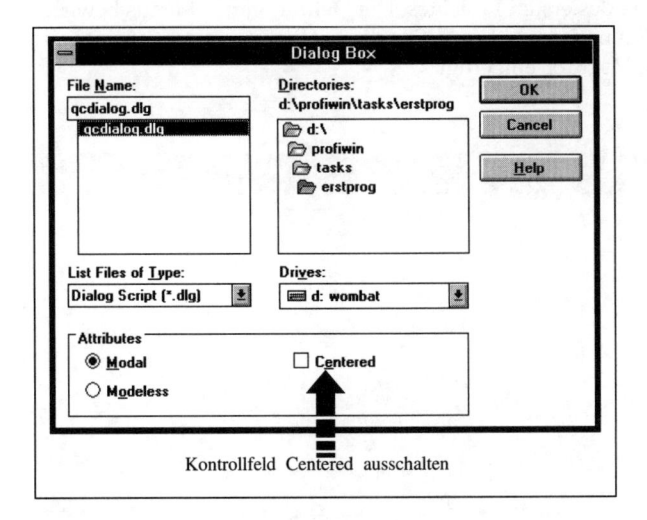

Abb. 65: Menüpunkt mit Dialogbox verbinden

Das Kontrollfeld Centered befindet sich im eingeschalteten Zustand. Dadurch wird bei Programmablauf die Dialogbox immer in der Mitte des Hauptfensters angezeigt. Diese Position muß bei jeder Anzeige erneut berechnet werden. Um den Programmcode nicht zu groß werden zu lassen, habe ich dieses Kontrollfeld gelöscht. Die gesamten Erweiterungen werden unter dem Namen QCFIRST2 abgespeichert, um anschließend die Generierung anstoßen zu können. Die dadurch entstandenen Dateien werden als Projekt in den QuickC-Editor geladen und in ein ablauffähiges Programm übersetzt, das folgendes Aussehen besitzt.

Abb. 66: Erweiterung des ersten QuickC-Projektes

Diese Listings, die nun von mir ins Deutsche übersetzte Kommentare enthalten, sind schon um einiges länger als die des ersten Projektes. Die Definition des Menüs bewirkte z.B. eine Vergrößerung der RC- und der C-Datei. Für die Dialogbox wurde eine weitere Funktion namens QCDIALOGMsgProc eingefügt.

Beispiel

/* QCFIRST2.C */

```
1   /* QuickCase:W */
2   #include "QCFIRST2.h"
3
4   int PASCAL WinMain(HANDLE hInstance, HANDLE
5   hPrevInstance, LPSTR lpszCmdLine, int nCmdShow)
6   {
7   /*************************************************/
8   /* hInstance;        Handle dieser Instanz       */
9   /* hPrevInstance;Handle der vorhergehenden Instanz*/
10  /* lpszCmdLine; Zeiger auf die Kommandozeile     */
11  /* nCmdShow;    Code zur Anzeige des Hauptfensters*/
12  /*************************************************/
13
14  MSG msg;        /* MSG-Struktur für die Meldungen */
15  int nRc;        /* Rückgabewert der Klassen-      */
16                  /* Registrierung(en)              */
17
18  strcpy(szAppName, "QCFIRST2");
19  hInst = hInstance;
20  if(!hPrevInstance)
21      {
22      /* Registrieren der Fensterklasse(n) bei der */
23      /* 1.Instanz                                 */
24      if ((nRc = nCwRegisterClasses()) == -1)
25          {
26          /* Registrierung schlug fehl             */
27          LoadString(hInst, IDS_ERR_REGISTER_CLASS,
28              szString, sizeof(szString));
29          MessageBox(NULL, szString, NULL,
30              MB_ICONEXCLAMATION);
31          return nRc;
32          }
33      }
34
35  /* Hauptfenster erzeugen                         */
36  hWndMain = CreateWindow(
37      szAppName,      /* Klassennamen             */
38      "Menü mit Dialogbox",
39                      /* Text in der Titelzeile   */
40      WS_CAPTION    | /* Titel zufügen            */
41      WS_SYSMENU    | /* Systemmenübox zufügen    */
42      WS_MINIMIZEBOX| /* Minimize Box zufügen     */
43      WS_MAXIMIZEBOX| /* Maximize Box zufügen     */
44      WS_THICKFRAME | /* in der Größe veränderbar */

45      WS_CLIPCHILDREN |
46                      /* kein Zeichnen in den Kindfenstern */
47      WS_OVERLAPPED,
48      CW_USEDEFAULT, 0, /* Defaultwerte für X, Y   */
49      CW_USEDEFAULT, 0,
50                      /* Defaultwerte für Breite und Höhe */
51      NULL,           /* Handle des Elternfensters */
52      NULL,           /* Handle des Menüs          */
53      hInst,          /* Handle der Instanz        */
54      NULL);          /* Struktur für WM_CREATE    */
55
56  if(hWndMain == NULL)
57      {
58      LoadString(hInst, IDS_ERR_CREATE_WINDOW,
59          szString, sizeof(szString));
60      MessageBox(NULL, szString, NULL,
61          MB_ICONEXCLAMATION);
62      return IDS_ERR_CREATE_WINDOW;
63      }
64  ShowWindow(hWndMain, nCmdShow);
65  /* Anzeigen des Hauptfensters */
66
67  while(GetMessage(&msg, NULL, 0, 0))
68  /* bis WM_QUIT eintritt   */
69      {
70      TranslateMessage(&msg);
71      DispatchMessage(&msg);
72      }
73
74  /* Aufräumarbeiten, bevor die Applikation beendet */
75  /* wird                                           */
76  CwUnRegisterClasses();
77  return msg.wParam;
78  } /* Ende der WinMain                             */
79
80  /*************************************************/
81  /*                                               */
82  /* Fensterroutine des Hauptfensters:             */
83  /*                                               */
84  /* Diese Prozedur stellt Service-Routinen für die*/
85  /* Windows Ereignisse (Meldungen) bereit, die   */
86  /* Windows oder der Benutzer an das Fenster sendet*/
87  /* Sie initialisiert Ereignisse (Meldungen), die*/
88  /* entstehen, wenn der Anwender z.B. einen Menü- */
```

```c
 89   /* punkt oder ein Tastenkürzel anwählt         */
 90   /*                                             */
 91   /***********************************************/
 92
 93   LONG FAR PASCAL WndProc(HWND hWnd, WORD Message,
 94   WORD wParam, LONG lParam)
 95   {
 96     HMENU       hMenu=0;       /* Menühandle                 */
 97     HBITMAP     hBitmap=0;     /* Handle für Bitmaps         */
 98     HDC         hDC;           /* Handle für den Display Context */
 99     PAINTSTRUCT ps;  /* enthält Zeichen-Informationen */
100     int         nRc=0; /* Rückgabewert           */
101
102     switch (Message)
103     {
104       case WM_COMMAND:
105   /* Die Windows Meldungen für die Menüpunkte werden*/
106   /* hier verarbeitet                            */
107         switch (wParam)
108         {
109           case IDM_U_MENPUNKT1:
110   /* Platz für den eigenen Code, um auf den      */
111   /* Menüpunkt "&Einstellungen" zu reagieren     */
112             break;
113
114           case IDM_U_MENPUNKT2:
115   /* Platz für den eigenen Code, um auf den      */
116   /* Menüpunkt "&Einstellungen" zu reagieren     */
117             break;
118
119           case IDM_U_DIALOGBOX:
120   /* Platz für den eigenen Code, um auf den      */
121   /* Menüpunkt "&Einstellungen" zu reagieren     */
122             {
123               FARPROC lpfnQCDIALOGMsgProc;
124
125               lpfnQCDIALOGMsgProc = MakeProcInstance(
126                   (FARPROC)QCDIALOGMsgProc, hInst);
127               nRc = DialogBox(hInst, MAKEINTRESOURCE
128                   (100), hWnd, lpfnQCDIALOGMsgProc);
129               FreeProcInstance(lpfnQCDIALOGMsgProc);
130             }
131             break;
132
133           default:
134             return DefWindowProc(hWnd, Message,
135                                  wParam, lParam);
136         }
137         break;     /* Ende von WM_COMMAND        */
138
139       case WM_CREATE:
140         break;     /* Ende von WM_CREATE         */
141
142       case WM_MOVE:  /* Bewegen des Fensters       */
143         break;
144
145       case WM_SIZE:
146   /* Größenänderung der Client Area              */
147         break;     /* Ende von WM_SIZE           */
148
149       case WM_PAINT: /* Neuzeichnen der Client Area */
150   /* bekommt ein Handle auf den Device Context   */
151   /* BeginPaint wird evtl. WM_ERASEBKGND senden  */
152         memset(&ps, 0x00, sizeof(PAINTSTRUCT));
153         hDC = BeginPaint(hWnd, &ps);
154   /* falls der Hintergrund keine reine Farbe besitzt*/
155         SetBkMode(hDC, TRANSPARENT);
156
157   /* Das Neuzeichnen ist abgeschlossen           */
158         EndPaint(hWnd, &ps);
159         break;     /* Ende von WM_PAINT          */
160
161       case WM_CLOSE:  /* Schließen des Fensters    */
162   /* Zerstören der Kindfenster, modeless Dialogboxen*/
163   /* Zerstören dieses Fensters                   */
164         DestroyWindow(hWnd);
165         if (hWnd == hWndMain)
166           PostQuitMessage(0);
167   /* Beenden der Applikation                     */
168         break;
169
170       default:
171   /* alle Meldungen, für die keine eigene Service- */
172   /* Routine zur Verfügung gestellt wird, sollten an*/
173   /* Windows gereicht werden, damit eine Default- */
174   /* Verarbeitung stattfinden kann               */
175         return DefWindowProc(hWnd, Message, wParam, lParam);
176     }
177     return 0L;
178   }  /* Ende von WndProc                         */
179
180   /***********************************************/
181   /*                                             */
182   /* Dialog Fensterroutine                       */
183   /*                                             */
184   /* Diese Prozedur ist mit der Dialogbox verbunden, */
185   /* die im Funktionsnamen dieser Prozedur genannt */
186   /* wird. Sie liefert die Service-Routinen für die */
187   /* Ereignisse (Meldungen), die eintreten können, */
188   /* wenn der Anwender mit den Controls arbeitet. */
189   /*                                             */
190   /***********************************************/
191
192   BOOL FAR PASCAL QCDIALOGMsgProc(HWND hWndDlg, WORD
193   Message, WORD wParam, LONG lParam)
194   {
195
196     switch(Message)
197     {
198       case WM_INITDIALOG:
199         /* Initialisierung der Arbeits-Variablen  */
200         break; /* Ende von WM_INITDIALOG         */
201
202       case WM_CLOSE:
203   /* Schließen der Dialogbox bedeutet dasselbe   */
204   /* wie Cancel                                  */
205         PostMessage(hWndDlg, WM_COMMAND, IDCANCEL, 0L);
206         break; /* End von WM_CLOSE               */
207
208       case WM_COMMAND:
209         switch(wParam)
210         {
211           case 101: /* Edit Control              */
212             break;
213
214           case IDCANCEL:
215             /* eingegebene Werte ignorieren       */
216             /* Dialogbox mit FALSE entfernen      */
217             EndDialog(hWndDlg, FALSE);
218             break;
219         }
220         break;   /* Ende von WM_COMMAND          */
221
222       default:
223         return FALSE;
224     }
225     return TRUE;
226   } /* Ende von QCDIALOGMsgProc                   */
227
228   /***********************************************/
229   /*                                             */
230   /* nCwRegisterClasses Funktion:                */
231   /*                                             */
232   /* Die folgende Funktion registriert alle Klassen */
233   /* von allen Fenstern, die mit dieser Applikation */
234   /* verbunden sind. Die Funktion liefert einen  */
235   /* Fehlercode zurück, falls sie nicht erfolgreich */
236   /* war, ansonsten wird 0 zurückgegeben.        */
237   /*                                             */
238   /***********************************************/
239
240   int nCwRegisterClasses(void)
241   {
242     WNDCLASS  wndclass;
243   /* Struktur, um eine Klasse zu definieren      */
244     memset(&wndclass, 0x00, sizeof(WNDCLASS));
245   /* Füllen von WNDCLASS mit Fenster-Eigenschaften */
246     wndclass.style = CS_HREDRAW | CS_VREDRAW |
247                                 CS_BYTEALIGNWINDOW;
248     wndclass.lpfnWndProc = WndProc;
249   /* zusätzlicher Speicher für Klassen- und      */
250   /* Fensterobjekte                              */
251     wndclass.cbClsExtra = 0;
252     wndclass.cbWndExtra = 0;
253     wndclass.hInstance = hInst;
254     wndclass.hIcon = LoadIcon(hInst, "QCFIRST2");
255     wndclass.hCursor = LoadCursor(NULL, IDC_ARROW);
256   /* Erzeugen eines Pinsels, um den Hintergrund  */
257   /* zu löschen                                  */
258     wndclass.hbrBackground = (HBRUSH)(COLOR_WINDOW+1);
259     wndclass.lpszMenuName = szMenuName;
260   /* Klassenname = Menüname */
261     wndclass.lpszClassName = szAppName;
262   /* Klassenname = App.-Name */
263     if(!RegisterClass(&wndclass))
264       return -1;
265
266     return(0);
267   } /* Ende von nCwRegisterClasses                */
268
269   /***********************************************/
270   /* CWUnRegisterClasses Function:               */
271   /*                                             */
272   /* löscht jeden Bezug zu den Fenster-Resourcen, */
273   /* die für diese Applikation erzeugt wurden, gibt */
274   /* Speicher frei, löscht die Instanz, die Handles */
275   /* und tätigt andere Aufräumarbeiten           */
276   /*                                             */
277   /***********************************************/
278
279   void CWUnRegisterClasses(void)
280   {
281     WNDCLASS  wndclass;
282   /* Struktur, um eine Klasse zu definieren      */
283     memset(&wndclass, 0x00, sizeof(WNDCLASS));
284
285     UnregisterClass(szAppName, hInst);
286   } /* Ende von CWUnRegisterClasses              */
287
288
289
290   /* QCFIRST2.RC */
291   #include "QCFIRST2.h"
292   QCFIRST2 ICON  QCFIRST2.ICO
293
294   QCFIRST2 MENU
295     BEGIN
296       POPUP "Untermenü1"
297         BEGIN
298           MENUITEM "Menüpunkt1", IDM_U_MENPUNKT1
299           MENUITEM "Menüpunkt2", IDM_U_MENPUNKT2
300         END
301       POPUP "Untermenü2"
302         BEGIN
303           MENUITEM "&Dialogbox", IDM_U_DIALOGBOX
304         END
```

```
305      END
306
307      #include "QCDIALOG.DLG"
308
309      STRINGTABLE
310      BEGIN
311          IDS_ERR_CREATE_WINDOW,    "Window creation failed!"
312          IDS_ERR_REGISTER_CLASS,   "Error registering window class"
313      END
314
315
316
317      /* QCFIRST2.H */
318      /* QuickCase:W */
319      #include <windows.h>
320      #include <string.h>
321
322      #define IDM_UNTERMEN1       1000
323      #define IDM_U_MENPUNKT1        1050
324      #define IDM_U_MENPUNKT2        1100
325      #define IDM_UNTERMEN2       2000
326      #define IDM_U_DIALOGBOX        2050
327      #define IDS_ERR_REGISTER_CLASS    1
328      #define IDS_ERR_CREATE_WINDOW     2

329
330      char szString[128];
331      /* Variable zum Laden der Resource-Texte */
332      char szAppName[20];
333      /* Klassenname des Fensters              */
334      HWND hInst;
335      HWND hWndMain;
336
337      LONG FAR PASCAL WndProc(HWND, WORD, WORD, LONG);
338      BOOL FAR PASCAL QCDIALOGMsgProc(HWND, WORD, WORD, LONG);
339      int nCwRegisterClasses(void);
340      void CwUnRegisterClasses(void);
341
342
343      ; QCFIRST2.DEF
344      NAME          QCFIRST2
345      EXETYPE       WINDOWS
346      STUB          'WINSTUB.EXE'
347      CODE          PRELOAD MOVEABLE
348      DATA          PRELOAD MOVEABLE MULTIPLE
349      HEAPSIZE      4096
350      STACKSIZE     5110
351      EXPORTS       WndProc              @1
352                    QCDIALOGMsgProc      @2
```

3.2.2 Die Hauptroutine WinMain

Nachdem wir schon zwei QuickC-Projekte erstellt und zum Laufen gebracht haben, wollen wir uns nun genauer ansehen, was sich hinter dem Code verbirgt, den Quick-Case:W generiert. Dabei ist für uns zu Beginn der C-Quellcode am interessantesten. Die anschließenden Erklärungen, die sich häufig auf den Ablauf von Windows beziehen, gelten auch für Windows-Programme, die in anderen Sprachen als C geschrieben wurden, nur sieht die Implementierung bei diesen Sprachen anders aus. Jede in der Sprache C erstellte Windows-Applikation besteht aus mindestens zwei Komponenten:

WinMain - Startadresse und Hauptroutine

Window-Funktion - Fensterfunktion, in der die Meldungen verarbeitet werden

Die Headerdatei WINDOWS.H

Zudem muß immer die Headerdatei WINDOWS.H eingebunden werden, die Sie im Unterverzeichnis \INCLUDE von QuickC finden. Sie beinhaltet die Prototypen aller Windows-Funktionen, viele Datentypen, Windows-Meldungen und andere Konstante. Wenn Sie sich diese Datei überblicksmäßig ansehen, werden Sie viele neue Datentypen lesen, die speziell für Windows eingeführt wurden und von bestehenden C-Datentypen abgeleitet wurden. Auch wenn es für Sie zu Beginn etwas aufwendig ist, diese Windows- Datentypen zu verwenden, sollten Sie möglichst mit ihnen arbeiten, da dann der Code verschiedener Windows-Programme ein einheitliches Aussehen erhält und somit auch für andere Programmierer lesbar ist. Häufig ist die Schreibweise der Windows-Datentypen kürzer gestaltet als die der korrespondierenden Standard-C-Datentypen. Um einen gewissen Überblick zu bekommen, habe ich nachfolgend die wichtigsten Windows-Datentypen und ihre Bedeutung in C als Tabelle aufbereitet.

Grundlegende Datentypen

Windows-Datentyp	C-Schreibweise
BOOL	int
BYTE	unsigned char
WORD	unsigned int
DWORD	unsigned long

Datentypen für Zeiger

Windows-Datentyp	C-Schreibweise
PSTR	char _near *
NPSTR	char _near *
LPSTR	char _far *
PBYTE	BYTE _near *
LPBYTE	BYTE _far *
PINT	int _near *
LPINT	int _far *
PWORD	WORD _near *
LPWORD	WORD _far *
PLONG	long _near *
LPLONG	long far *
PDWORD	DWORD near *
LPDWORD	DWORD far *
LPVOID	void far *

Handle-Datentypen

Windows-Datentyp	entspricht Datentyp	Objekt
HANDLE	WORD	
HWND	HANDLE	Fenster
PHANDLE	HANDLE *	
SPHANDLE	HANDLE NEAR *	
LPHANDLE	HANDLE FAR *	
GLOBALHANDLE	HANDLE	
LOCALHANDLE	HANDLE	
HSTR	HANDLE	String-Resource
HICON	HANDLE	Symbol
HDC	HANDLE	Device Context
HMENU	HANDLE	Menü
HPEN	HANDLE	Stift
HFONT	HANDLE	Font
HBRUSH	HANDLE	Pinsel
HBITMAP	HANDLE	Bitmap
HCURSOR	HANDLE	Cursor
HRGN	HANDLE	Region
HPALETTE	HANDLE	Farbpalette

Datentypen für die Windows-Funktionsübergabe

Windows-Datentyp	C-Schreibweise
FARPROC	int (_far PASCAL *FARPROC)()
NEARPROC	int (_near PASCAL *NEARPROC)()

Handle

Die vorletzte Tabelle listet Handles auf, die von Windows benutzt werden, um geladene Objekte zu verwalten. Diese Objekte können Fenster, Zeichenwerkzeuge wie Pinsel oder Stift, Menüs, Symbole, Cursor etc. sein. Informationen über diese Objekte werden in einer internen Tabelle gespeichert, wobei die Handles auf Einträge in dieser Tabelle verweisen. Statt den einzelnen Handletypen könnten Sie auch immer nur den Typ HANDLE verwenden, wodurch jedoch die Fehlersuche um einiges komplizierter werden würde. Für die Variablen, die von den oben genannten Datentypen abgeleitet werden, schlägt Windows eine einheitliche Schreibweise vor, die in vielen Programmen verwendet und als Hungarian Notation bezeichnet wird, da sie von dem Ungarn Charles Simonyi eingeführt wurde. Den Variablen wird ihr Typ in ihrem Namen als erste(n) Buchstaben mitgegeben, um sofort feststellen zu können, welcher Datentyp einer Variablen zugrunde liegt. Dadurch können z.B. folgende Variablen-Vereinbarungen entstehen:

Hungarian Notation

```
int         iZahl;
HWND        hWndMain;
MSG         msg;
PAINTSTRUCT ps;
```

Mit Hilfe der Hungarian Notation lassen sich sehr schnell Fehler erkennen, die z.B. entstehen, wenn eine long-Variable einer int-Variablen zugewiesen wurde.

Neben der Definition der Datentypen möchte ich Ihnen einige weitere Ausschnitte aus der Headerdatei WINDOWS.H zeigen.

```
/* Prototypen von Meldungs-Funktionen */
BOOL FAR PASCAL GetMessage(LPMSG,HWND,WORD,WORD);
BOOL FAR PASCAL TranslateMessage(LPMSG);
LONG FAR PASCAL DispatchMessage(LPMSG);

/* Fenster-Meldungen */
#define WM_CREATE      0x0001
#define WM_DESTROY     0x0002
#define WM_MOVE        0x0003
#define WM_SIZE        0x0005

/* übergabewerte der Funktion GetSystemMetrics */
#define SM_CXSCREEN    0
#define SM_CYSCREEN    1
#define SM_CXVSCROLL   2
#define SM_CYHSCROLL   3
#define SM_CYCAPTION   4
```

Wenn Sie die C-Datei unseres ersten Projektes QCFIRST betrachten, wird hier nicht direkt die Datei WINDOWS.H eingebunden, sondern nur die eigene Headerdatei QCFIRST.H, in der dann das Einbinden der Windows-Headerdatei und der Datei STRING.H erfolgt. Die zweitgenannte Datei wird für Stringoperationen wie Kopieren einer Zeichenkette benötigt.

```
/*  QCFIRST.H  */
#include <windows.h>
#include <string.h>
```

WinMain

Wir werden uns jetzt die Hauptroutine WinMain schrittweise ansehen. Diese Routine muß bestimmte festdefinierte Aufgaben erledigen, damit ein Fenster angezeigt werden kann, das auf Tastendruck oder andere Ereignisse reagiert. Diese Aufgaben sind im folgenden Struktogramm zusammengestellt.

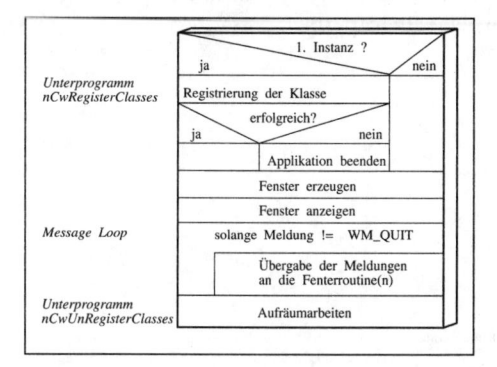

		1. Instanz ?	
	ja		nein
Unterprogramm nCwRegisterClasses	Registrierung der Klasse		
	erfolgreich?		
	ja		nein
			Applikation beenden
	Fenster erzeugen		
	Fenster anzeigen		
Message Loop	solange Meldung != WM_QUIT		
		Übergabe der Meldungen an die Fensterroutine(n)	
Unterprogramm nCwUnRegisterClasses	Aufräumarbeiten		

Abb. 67: Struktogramm der Hauptroutine WinMain

Darüber hinaus können noch weitere Initialisierungen vorhanden sein, je nachdem wie viele Fenster Ihre Applikation besitzen soll. Die Routine WinMain ersetzt die main-Routine eines C-DOS-Programms und wird mit vier Parametern aufgerufen, die von Windows versorgt werden.

```
int PASCAL WinMain(HANDLE hInstance,
           HANDLE hPrevInstance,
           LPSTR lpszCmdLine,
           int nCmdShow)
```

Alle Windows-Funktionen, die in einer der Windows Dynamic Link Libraries stehen, sind mit der Konvention PASCAL definiert. Aufgrund dieser Konvention werden die Parameter von links nach rechts auf den Stack abgelegt, und es ist die Aufgabe der aufgerufenen Funktion, den Stack zu säubern. In einem normalen C-Programm ohne die Angabe von PASCAL würden die Parameter genau in der entgegengesetzen Reihenfolge auf den Stack gebracht werden. Die Übergabe von Parametern wird durch die PASCAL-Konvention beschleunigt, jedoch ist es nun nicht mehr möglich, eine variable Anzahl von Parametern anzugeben.

hInstance

Der Anfangsbuchstabe der beiden Variablen hInstance und hPrevInstance sagt laut Hungarian Notation aus, daß die Variablen vom Datentyp HANDLE sind. Die Variable hInstance stellt dabei eine eindeutige Kennziffer für das aktuell gestartete Programm dar. Da die meisten Windows-Applikationen mehr als einmal gestartet werden können, muß Windows die einzelnen Kopien, die als Instanzen bezeichnet werden, unterscheiden können. Bei jedem Start einer neuen Kopie vergibt Windows ein neues Instanzhandle. Dieses Handle zeigt dabei genaugenommen auf das Datensegment der aktuellen Kopie, wobei ich davon ausgehe, daß die Applikation im Small- oder Compact-Modell programmiert wurde und somit nur ein Datensegment besitzt. Alle QuickC-Programme in diesem Buch sind mit dem Small-Speichermodell erstellt worden. Beim mehrmaligen Starten eines dieser Beispiele wird immer nur ein neues Datensegment angelegt, das zur Aufnahme der unterschiedlichen Daten notwendig ist. Nur beim Aufruf der ersten Instanz wurde auch das Codesegment in den Speicher geladen, auf das alle Kopien zugreifen. Durch diese Methode wird viel Speicherplatz eingespart.

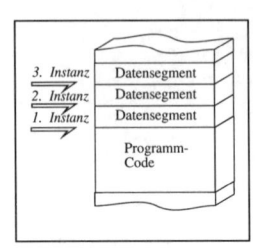

Abb. 68: Programmsegmente nach mehrfachem Starten im Small Modell

hPrevInstance

Die Abbildung stellt einen Ausschnitt des Hauptspeichers dar, nachdem unser erstes Projekt dreimal gestartet wurde. Der zweite Parameter hPrevInstance der Routine WinMain beinhaltet einen Verweis auf das Datensegment der Vorgänger-Instanz (Previous). Beim erstmaligen Starten einer Anwendung gibt es noch kein vorheriges Datensegment, deswegen setzt in diesem Fall Windows diese Variable auf NULL. Wir benötigen sie, da bestimmte Initialisierungen nur einmal durchgeführt werden dürfen.

lpszCmdLine, nCmdShow

Mit Hilfe der Variablen lpszCmdLine kann auf den String zugegriffen werden, der die Kommandozeile bei Programmstart mit Dateinamen und Optionen beinhaltet. Die Anfangsbuchstaben geben wiederum über den Datentyp (LPSTR) Auskunft. Sie bedeuten 'long pointer' auf einen String mit abschließender Null (zero). Über den letzten Parameter von WinMain wird das Aussehen und der aktive Zustand des Fensters beim Start festgelegt. Diese Variable nCmdShow wird an die Funktion ShowWindow weitergegeben, um das Fenster nach seiner Erstellung sichtbar zu machen.

Registrierung der Klasse

Jedes Fenster in Windows basiert auf einer bestimmten Klasse, die jedoch eine andere Bedeutung besitzt als eine Klasse bei einer objektorientierten Sprache wie TurboPascal (s.u.). Deswegen muß zu Beginn erst die gewünschte(n) Klasse(n) registriert werden, bevor die Fenster aufgebaut werden können. Eine Klasse definiert dabei einige grundsätzliche Fenster-Attribute wie z.B. welches Symbol und welche Figur für den Mauszeiger verwendet werden sollen. Außerdem wird ein Zeiger auf die mit der Klasse verbundene Window-Funktion angegeben. In den Dynamic Link-Bibliotheken von Windows existieren schon einige Standard-Klassen z.B. "edit" oder "button" mit ihren vordefinierten Fensterfunktionen. Eine Klasse bezieht sich dabei immer genau auf eine Window-Funktion. Die gesamten Registrierungsattribute werden in einer Struktur namens WNDCLASS gespeichert, die in der Headerdatei WINDOWS.H folgendermaßen definiert ist:

WNDCLASS-Struktur

```
typedef struct tagWNDCLASS
{
WORD     style;             // Stilarten
LONG     (FAR PASCAL *lpfnWndProc)();  // Zeiger auf
                            // die Window-Funktion
int      cbClsExtra;        // Angabe zusätzlicher
                            // Bytes für die Klasse
int      cbWndExtra;        // Angabe zusätzlicher
                            // Bytes für das Fenster
HANDLE   hInstance;         // aktuelles Instanzhandle
HICON    hIcon;             // Handle auf das Symbol
HCURSOR  hCursor;           // Handle auf den Cursor
HBRUSH   hbrBackground;     // Handle auf den Pinsel
                            // für die Hintergrundfarbe
LPSTR    lpszMenuName;      // Zeiger auf den Menünamen
LPSTR    lpszClassName;     // Zeiger auf den Klassen-
                            // namen
} WNDCLASS;
```

Die wichtigsten Felder dieser Struktur sind die drei Felder hInstance, lpszClassName und lpfnWndProc. Wenn das Programmgerüst mit QuickCase:W generiert wird, wird das Besetzen der einzelnen Felder und die anschließende Registrierung in einem Unterprogramm mit dem Namen nCwRegisterClasses durchgeführt. Die Variable hInst, die dem WNDCLASS-Feld hInstance übergeben wird, ist eine globale Variable, deren Definition in der Headerdatei QCFIRST.H steht, und die zu Beginn mit dem Übergabeparameter hInstance der Hauptroutine WinMain besetzt wird, damit im gesamten Programm auf dieses Handle problemlos zugegriffen werden kann. Falls Sie kein großer Freund von globalen Variablen sind, da sie den Code unübersichtlicher gestalten, können Sie auch dem Unterprogramm nCwRegisterClasses das Instanzhandle als Parameter mit übergeben.

```
int nCwRegisterClasses(void)
{
WNDCLASS  wndclass;
memset(&wndclass, 0x00, sizeof(WNDCLASS));

wndclass.style = CS_HREDRAW | CS_VREDRAW |
                 CS_BYTEALIGNWINDOW;
wndclass.lpfnWndProc = WndProc;
wndclass.cbClsExtra = 0;
wndclass.cbWndExtra = 0;
wndclass.hInstance = hInst;
wndclass.hIcon = LoadIcon(NULL, IDI_APPLICATION);
wndclass.hCursor = LoadCursor(NULL, IDC_ARROW);
wndclass.hbrBackground = (HBRUSH)(COLOR_WINDOW+1);
wndclass.lpszMenuName = szAppName;
```

```
    wndclass.lpszClassName = szAppName;
    if(!RegisterClass(&wndclass))
      return -1;

    return(0);
} /* Ende von nCwRegisterClasses              */
```

Angabe des Klassennamens

Jeder Klassennamen darf im gesamten Windows-System nur einmal vorkommen. Deswegen vergibt QuickCase:W als Klassennamen immer den Projektnamen, in unserem ersten Beispiel also QCFIRST, da normalerweise nicht zwei unterschiedliche Anwendungen mit demselben Namen gleichzeitig auf einem Rechner eingesetzt werden. Falls ein Menü existiert, bekommt es auch diesen Namen zugewiesen, der bei Programmbeginn mit dem Standard-C-Befehl strcpy in die globale Variable szAppName kopiert wird.

```
    strcpy(szAppName, "QCFIRST");
```

Angabe der Window-Funktion

Die Fensterfunktion kann einen beliebigen Namen besitzen, QuickCase:W nennt sie immer WndProc. Falls Sie einen anderen Namen vergeben, sollte dieser auch den Begriff WndProc beinhalten, um sie für andere Programmierer, die Ihren Code lesen, eindeutig als Window-Funktion zu kennzeichnen.

Default-Einstellungen

Da wir in unserem ersten Projekt weder einen eigenen Cursor noch ein eigenes Symbol über die entsprechenden Menüpunkte eingestellt haben, werden in beiden Fällen die Standardfiguren verwendet, die mit den Konstanten IDI_APPLICATION für das Icon und IDC_ARROW für den Mauszeiger definiert sind. Die Hintergrundfarbe der Fenster, die sich auf diese Klasse bezieht, wird mit einer Standard-Systemfarbe für den Fensterhintergrund (COLOR_WINDOW) besetzt, die über die Systemsteuerung von Windows eingestellt wird.

Die zwei Konstanten CS_VREDRAW und CS_HREDRAW für das Feld style wurden aufgrund des eingeschalteten Kontrollfeldes "Redraw when Sized" gesetzt, das u.a. in QuickCase:W über den Menüpunkt *Style* eingestellt werden kann. Die Angabe bedeutet, daß der gesamte Fensterinhalt bei einer Größenveränderung neu ausgegeben wird. Auch die Konstante CS_BYTEALIGNWINDOW wird durch das Setzen des vorletzten Kontrollfeldes aus derselben Dialogbox wie oben dem Feld wndclass.style hinzugefügt. Sie richtet die Fenster, die sich auf diese Klasse beziehen, auf Bytegrenze aus.

Über die beiden Felder cbClsExtra und cbWndExtra könnten der Klasse oder jedem Fenster eine bestimmte Anzahl von Bytes zugewiesen werden, die dann nur von dieser Klasse bzw. dem entsprechenden Fenster benutzt werden könnten. Unser Projekt hat aber keinen zusätzlichen Speicherplatz definiert.

Funktion RegisterClass

Nach der korrekten Versorgung der WNDCLASS-Struktur kann die eigentliche Registrierung mit Hilfe der Funktion RegisterClass durchgeführt werden. Falls die Registrierung nicht erfolgreich war, z.B. weil nicht genügend Speicher frei ist, oder weil der Klassenname schon von einem anderen Programm registriert wurde, muß die Applikation beendet werden. In diesem Fall gibt das Unterprogramm nCwRegisterClasses den Wert -1 zurück, der bewirkt, daß ein Meldungsfenster mit dem Text "Error registering window class" angezeigt wird. Diese Meldung wird von QuickCase:W in einer Stringtabelle in der RC-Datei verwaltet, und über seinen ID-Wert IDS_REGISTER_CLASS angesprochen, der in der Headerdatei QCFIRST.H mit dem Wert 1 definiert ist.

```
if(!hPrevInstance)
{
  if ((nRc = nCwRegisterClasses()) == -1)
  {
     LoadString(hInst, IDS_ERR_REGISTER_CLASS,
              szString, sizeof(szString));
     MessageBox(NULL, szString, NULL,
              MB_ICONEXCLAMATION);
     return nRc;
  }
}
```

Das Unterprogramm nCwRegisterClasses darf nur beim ersten Starten des Programms, also bei der ersten Instanz, aufgerufen werden, da jede Klasse nur einmal registriert werden kann. Deswegen wird die Variable hPrevInstance zu Programmbeginn auf den Wert NULL überprüft, der aussagt, daß die Applikation zum ersten Mal gestartet wurde. Bei größeren Projekten wird meist mehr als eine Klasse registriert, da mehrere Fenster mit unterschiedlichen Aufgaben existieren. Normalerweise werden alle Registrierungen in demselben Unterprogramm vorgenommen.

Fenster erzeugen und anzeigen

Sobald es eine Klasse gibt, können mit der Funktion CreateWindow Fenster zu dieser Klasse geschaffen werden. Dieser Funktion werden mehrere Parameter übergeben, um das Fenster mit einer Klasse zu verbinden und bestimmte Fensterattribute zu setzen.

Syntax	Beispiel
CreateWindow(	hWndMain = CreateWindow(
lpClassName,	szAppName,
lpWindowName,	"1. QuickC-Programm",
dwStyle,	WS_CAPTION I WS_SYSMENU I
	WS_MINIMIZEBOX I
	WS_MAXIMIZEBOX I
	WS_THICKFRAME I
	WS_CLIPCHILDREN I
	WS_OVERLAPPED,
X, Y,	CW_USEDEFAULT, 0,
nWidth, nHeight,	CW_USEDEFAULT, 0,
hwndParent	NULL,
hMenu	NULL,
hInstance	hInst,
lpParam);	NULL);

Angabe der Klasse

Der erste Parameter lpClassName muß zwingend mit dem Klassennamen in der WND-CLASS-Struktur übereinstimmen, die wir zuvor belegt haben, um eine eindeutige Verbindung zwischen dem Fenster und der Klasse herzustellen. Falls Sie unterschiedliche Namen vergeben, wird das Fenster nicht erzeugt werden können. Zur Vermeidung dieses Fehlers verwendet QuickCase:W die String-Variable szAppName.

Im zweiten Parameter lpWindowName steht der Text, der in der Titelzeile des Fensters angezeigt werden soll. Den Titel "1. QuickC-Programm" haben wir in QuickCase:W in das Textfeld der Dialogbox geschrieben, die über den Menüpunkt Title des Untermenüs Design aktiviert wurde.

Fenster-Stilarten

Auch das Dialogfenster des Menüpunktes Style bewirkt eine Definition bestimmter Werte in der Funktion CreateWindow. Dadurch werden einzelne Bits des dritten Parameters dwStyle auf den Wert 1 gesetzt. Diese Variable wurde als 32 Bit großes Feld implementiert, um mehrere Schalter zu beinhalten, die mit dem OR-Operator miteinander verknüpft werden können. Die Flags des höherwertigen Wortes sind als Konstante in der Datei WINDOWS.H definiert.

Bit-Nr.	Bezeichnung	Bedeutung
16	WS_MAXIMIZEBOX	Maximize-Box ist vorhanden
17	WS_MINIMIZEBOX	Minimize-Box ist vorhanden
18	WS_THICKFRAME	Größe ist veränderbar
19	WS_SYSMENU	Systemmenü ist vorhanden
20	WS_HSCROLL	horizontale Scrollbar
21	WS_VSCROLL	vertikale Scrollbar
22	00: kein Rahmen; 01: WS_DLGFRAME	Rahmenart
23	10: WS_BORDER; 11: WS_CAPTION	
24	WS_MAXIMIZE	Vollbild-Darstellung
25	WS_CLIPCHILDREN	Kindfenster werden nicht übermalt
26	WS_CLIPSIBLINGS	Kindfenster übermalen sich nicht
27	WS_DISABLED	keine Bedienung ist möglich
28	WS_VISIBLE	sichtbare Darstellung
29	WS_MINIMIZE	Symbol-Darstellung
30	00: WS_OVERLAPPED	Fenstertyp
31	01: WS_CHILD; 11: WS_POPUP	

Das Hauptfenster (WS_OVERLAPPED) unseres ersten Projektes besitzt Stilarten, die eine Titelzeile (WS_CAPTION), ein Systemmenü (WS_SYSMENU), ein Feld für die Symbol-Darstellung (WS_MINIMIZEBOX) und eine Feld für die Vollbild-Darstellung (WS_MAXIMIZEBOX) bewirken. Aufgrund des Schalters WS_THICKFRAME kann der Anwender das Fenster in seiner Größe verändern. Falls sich in dem Fenster untergeordnete (Kind-)Fenster befinden, so werden sie bei einer Aufbereitung des Arbeitsbereiches nicht übermalt, sondern bleiben weiterhin sichtbar (WS_CLIPCHILDREN). Dise Einstellungen sind durch das Einschalten folgender Kontrollfelder entstanden.

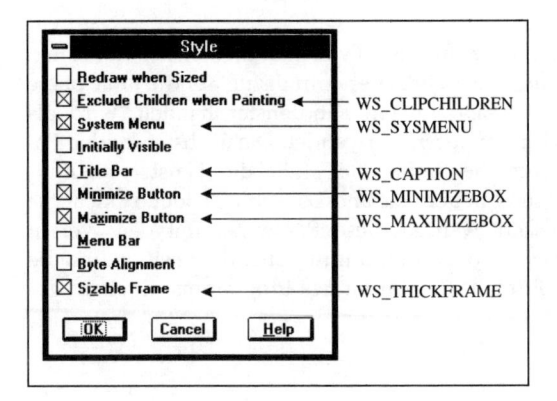

Abb. 69: Style-Dialogbox von QuickCase:W

Häufig werden bei der Versorgung der Funktion CreateWindow die Schalter nicht einzeln angegeben, sondern es wird nur das Flag WS_OVERLAPPEDWINDOW genannt, das eine Kombination mehrerer Bits darstellt. Dasselbe gilt auch für die beiden Stilarten WS_POPUPWINDOW und WS_CHILDWINDOW. Die anschließenden Zeilen wurden der Datei WINDOWS.H entnommen.

```
/* Kombination bestimmter Fenster-Stilarten */
#define WS_OVERLAPPEDWINDOW
    (WS_OVERLAPPED | WS_CAPTION | WS_SYSMENU |
     WS_THICKFRAME | WS_MINIMIZEBOX | WS_MAXIMIZEBOX)
#define WS_POPUPWINDOW
    (WS_POPUP | WS_BORDER | WS_SYSMENU)
#define WS_CHILDWINDOW
    (WS_CHILD)
```

Fenstertyp

Diese drei Kombination beziehen sich jeweils auf einen anderen Fenstertyp. Bei der Erstellung der Programmoberfläche mit Hilfe von QuickCase:W wird immer ein Hauptfenster angelegt, das jede Windows-Applikation benötigt und durch das Flag WS_OVERLAPPED gekennzeichnet wird. Hauptfenster werden im Normalfall in der Routine WinMain geöffnet, wie es auch bei unserem Beispiel der Fall ist, und bleiben bis zum Programmende bestehen. Von ihnen können weitere Fenster abhängen, die dann entweder Kind- (WS_CHILD) oder Popup-Fenster (WS_POPUP) darstellen. Kindfenster können nur innerhalb des Elternfensters verschoben werden. Notfalls werden sie nur teilweise dargestellt, z.B. wenn das Elternfenster so verkleinert wird, daß nicht mehr das gesamte Kindfenster zur Anzeige kommen kann. Mit Hilfe dieses Fenstertyps kann der Arbeitsbereich (Client Area) des Hauptfensters in mehrere Bereiche aufgeteilt werden, die z.B. für die Ausgabe besser verwaltet werden können. Popup-Fenster, die sich auf ein übergeordnetes Fenster beziehen, unterscheiden sich von Kindfenstern dadurch, daß sie auch außerhalb des Elternfensters liegen und ein Menü besitzen können. Zudem existieren auch noch Popup-Fenster, die von keinem anderen Fenster abhängig sind und deswegen auch als eigener Eintrag in der Task-Liste geführt werden.

Fenstergröße und -position

Die nächsten vier Parameter der Funktion CreateWindow stellen die Fenster-Koordinaten dar, wobei die ersten beiden die linke obere Fensterecke in Bezug auf die linke obere Ecke des Bildschirms angeben. Falls es sich um ein Kindfenster handelt, wird als Bezugspunkt die linke obere Ecke des Elternfensters verwendet. Die nächsten beiden Parameter nWidth und nHeight definieren die Breite und Höhe des Fensters in Bildschirmkoordinaten. Da wir in QuickCase:W in der Size and Location Dialogbox nicht die Standard-Einstellung Default verändern, werden diese Parameter mit den Werten CW_USEDEFAULT bzw. 0 versorgt. Windows bestimmt nun selber die Position und die Anfangsgröße des Fensters, die bei mehrmaligem Starten des Programms durchaus anders ausfallen können.

Handle des Elternfensters

Falls mit der Funktion CreateWindow ein Kind- oder ein Popup-Fenster mit Eltern erzeugt werden soll, muß in den Parameter hwndParent das Fensterhandle des übergeordneten Fensters geschrieben werden. In unserem Beispiel ist er NULL, da es sich um ein Hauptfenster handelt. Ein Menü, das sich nicht auf die gesamte Klasse, sondern nur auf ein bestimmtes Fenster beziehen soll, kann über sein Handle im neunten Parameter hMenu genannt werden.

Windows benötigt bei jedem Erzeugen eines Fensters die Verbindung zu der aktuellen Instanz, damit die Daten aus dem richtigen Datensegment benutzt werden. Aus diesem Grund muß die globale Variable hInst übergeben werden. Im letzten Parameter lpParam kann ein Verweis auf zusätzliche Daten stehen, auf die von der Fensterfunktion aus zugegriffen werden kann.

Bei einem erfolgreichen Aufruf der Funktion CreateWindow wird ein Fensterhandle zurückgeliefert, das einen Verweis auf das aktuell erzeugte Fenster darstellt. Im anderen Fall gibt die Funktion den Wert NULL zurück, der genauso wie bei einem Fehlversuch der Klassenregistrierung bewirkt, daß der Anwender über eine Messagebox informiert wird, und daß anschließend die Applikation beendet wird.

```
if(hWndMain == NULL)
{
    LoadString(hInst, IDS_ERR_CREATE_WINDOW,
        szString, sizeof(szString));
    MessageBox(NULL, szString, NULL,
        MB_ICONEXCLAMATION);
    return IDS_ERR_CREATE_WINDOW;
}
```

Anzeigen des Fensters

Damit das Fenster auch für den Anwender sichtbar wird, ist die anschließende Funktion ShowWindow nötig, der als zweiter Parameter die von Windows versorgte Variable nCmdShow übergeben wird. Wenn Sie zusätzliche Kindfenster anzeigen, können Sie statt dieser Variablen einen konstanten Wert angeben, der z.B. SW_SHOWMINIMIZED lauten kann, um das Fenster als Symbol darzustellen.

Das erste wirkliche Windows-Programm 155

Meldungsschleife

Damit der Anwender auch mit diesem Fenster arbeiten kann, um z.B. Texte zu editieren und Zeichnungen zu erstellen, muß eine Meldungsschleife MessageLoop implementiert werden. Ihre Aufgabe ist es, alle Meldungen, die durch die Bedienung oder durch Windows entstehen können, entgegenzunehmen und an die entsprechende Fensterfunktion weiterzuleiten. Dazu ist eine Schleife notwendig, die in der Sprache C mit einem while-Statement realisiert wird, und die solange durchlaufen wird, bis der Anwender das Programm beendet.

```
while(GetMessage(&msg, NULL, 0, 0))
{
    TranslateMessage(&msg);
    DispatchMessage(&msg);
}
```

Meldungen

Bevor wir uns ansehen, von welchem Datentyp die Variable msg ist und welche Aufgabe die drei Funktionen haben, möchte ich Ihnen noch etwas über die Meldungen erzählen, die im Windows-System auftreten können, da sie für das Gesamtverständnis von Windows wichtig sind. Meldungen können aufgrund unterschiedlichster Aktionen generiert werden. Der Bediener drückt eine Taste der Tastatur oder der Maus, ein Timer wurde gestartet und meldet sich jedesmal, wenn die eingestellte Zeit abgelaufen ist, die Applikationen können sich untereinander Meldungen senden, ein Programm sendet sich selber Nachrichten, oder Windows generiert Meldungen aufgrund seiner Fensterverwaltung oder aufgrund anderer Verwaltungsaufgaben.

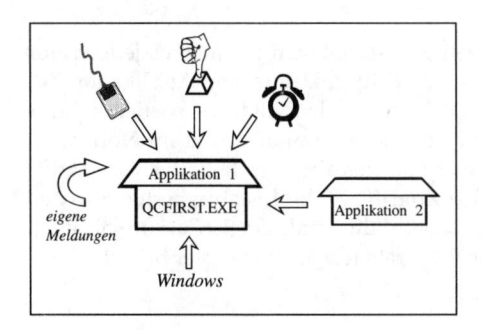

Abb. 70: Entstehung von Meldungen

Da die Meldungen zu jedem Zeitpunkt und für verschiedene Applikationen entstehen können, muß sie Windows irgendwo zwischenspeichern können, damit keine Meldung verlorengeht. Dafür ist der USER-Teil verantwortlich, der in seinem Datensegment Platz für Warteschlangen zur Verfügung stellt, die Message-Queues genannt werden und als eine Art FIFO-Puffer (First In First Out) aufgebaut sind. Es existieren eine System-Message-Queue und mehrere Application-Message-Queues, deren Anzahl durch die Zahl der gestarteten Applikationen bestimmt wird. Jedes eigene Windows-Programm hat somit Zugriff auf eine eigene Warteschlange. Alle Meldungen werden zuerst in der System-Message-Queue gesammelt. Anschließend nimmt Windows jede Meldung einzeln aus dem Puffer und legt sie in die entsprechende Application-Message-Queue ab.

Message Queues

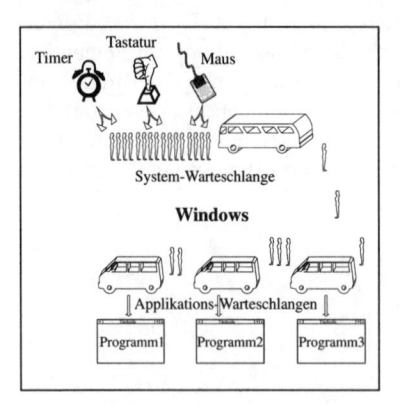

Abb. 71: Message Queues

Bei jedem Tastendruck entsteht z.B. eine Meldung, die in einem Textverarbeitungsprogramm verarbeitet wird. Falls diese Bearbeitung eine gewisse Zeit in Anspruch nimmt, kann es geschehen, daß der Anwender schon die nächste Taste gedrückt hat. Die dadurch entstehende neue Meldung wird von Windows in die Queue gelegt, ohne die Reaktion auf den letzten Tastendruck zu behindern. Somit wird nicht mehr gewartet, daß eine Taste betätigt wird, sondern die Verarbeitung des Tastendrucks kann zeitlich getrennt von der Eingabe erfolgen.

Capture und Focus

Da in Windows mehrere Programme gleichzeitig gestartet sein können, es jedoch nur eine Tastatur und eine Maus gibt, kann zu einem Zeitpunkt nur eine Applikation Tastatur- und eine Applikation Mausmeldungen bekommen. In Windows existieren dafür die beiden Begriffe Capture und Focus. Ein Windows-Programm besitzt im Normalfall den Capture, sobald sich der Mauszeiger innerhalb des Fensters befindet. Die aktive Applikation, mit der derzeit gearbeitet wird, hat Zugriff auf die Tastatur, besitzt also den Focus. In beiden Fällen gibt es Ausahmen, da sowohl die Funktion SetCapture als auch SetFocus existiert, die jeweils eines dieser Eingabegeräte fest an ein Fenster bindet.

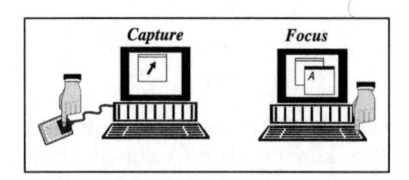

Abb. 72: Die beiden Begriffe Capture und Focus

Die Informationen über den Focus und den Capture benötigt auch Windows, um die Meldungen an die entsprechende Application-Message-Queue weiterreichen zu können.

Die Struktur MSG

Die erste Funktion GetMessage der MessageLoop hat die Aufgabe, aus der Application-Message-Queue die als nächstes anstehende Meldung herauszuholen, damit auf sie programmtechnisch reagiert werden kann. Zur Weiterverarbeitung legt GetMessage die Meldung mit zusätzlichen Informationen in eine Variable ab, die meist msg genannt wird und den Datentyp MSG besitzt. Die restlichen drei Parameter der Funktion GetMessage besitzen meist den Wert 0. Dadurch findet keine Filterung bestimmter Meldungen statt. Die Struktur MSG enthält sechs Felder, von denen die ersten vier die wichtigen sind:

```
typedef struct tagMSG
{
    HWND    hwnd;
    WORD    message;
    WORD    wParam;
    LONG    lParam;
    DWORD   time;
    POINT   pt;
} MSG;
```

Das erste Feld hwnd stellt ein Fensterhandle dar und kennzeichnet das Fenster, an das die Meldung gerichtet ist. Vielleicht denken Sie, daß diese Informationen in unserem ersten Beispiel nicht nötig wären, da es nur ein Fenster gibt. Jedoch ist das Handle auch hier schon notwendig, da die Applikation mehrfach gestartet werden kann, und alle Instanzen auf dieselbe Application-Message-Queue zugreifen. Somit können in der Variablen hwnd unterschiedliche Werte stehen. Mithilfe des Fensterhandles kann auf das Instanzhandle zugegriffen werden, da beide Handles in derselben durch die Funktion CreateWindow aufgebauten internen Struktur abgelegt sind.

Das zweite Feld message gibt über die Meldung selber Auskunft, indem es die Meldungsnummer enthält. Wenn man eine Meldung von der Bitebene aus betrachtet, ist sie nichts anderes als ein bestimmter hexadezimaler Wert, der vom USER-Teil aufgrund spezieller Informationen gesetzt wird. Diese Informationen werden normalerweise von Windows oder von einem Treiber generiert. So entsteht bei einem Tastendruck zunächst ein Interrupt, der vom Tastaturtreiber behandelt wird. Aufgrund der besseren Lesbarkeit wurde jede Meldung in der Headerdatei WINDOWS.H mit einem häufig recht aussagekräftigen Namen versehen.

```
#define WM_PAINT    0x000F
#define WM_CLOSE    0x0010
#define WM_QUIT     0x0012
```

Die Meldung WM_PAINT wird bestimmt etwas mit der Ausgabe zu tun haben, die Meldungen WM_CLOSE und WM_QUIT tauchen beim Schließen der Applikation auf. Die meisten Meldungen beginnen mit den beiden Anfangsbuchstaben WM, die für Window Message stehen.

Die nächsten beiden Felder der Struktur MSG, die wParam und lParam heißen, können, müssen aber nicht Zusatzinformationen zur Meldung enthalten. In einem Textverarbeitungsprogramm ist es z.B. unbedingt notwendig, zu wissen, welche Taste gedrückt wurde. Der ASCII-Wert der Taste steht bei der entsprechenden Meldung WM_CHAR im wParam-Parameter. Für ein Zeichenprogramm wie Paintbrush ist die Lage des Mauszeigers innerhalb des Fensters interessant, wenn z.B. mit seiner Hilfe ein Zeichenobjekt angeklickt wird. Diese Positionsangabe wird in lParam mitgeliefert.

Die letzten beiden Felder time und pt werden selten verwendet. Sie definieren den Zeitpunkt, zu dem die Meldung abgesetzt wurde, und die Position, an der sich der Cursor befand, als die Meldung entstand. Diese Position kann aber zur Zeit der Meldungsverarbeitung schon nicht mehr die aktuelle sein.

Nachdem die Meldung inklusive weiterer Angaben von der Funktion GetMessage in die Variable msg geschrieben wurde, wird sie durch die Funktion DispatchMessage an die Window-Funktion weitergeleitet, die in der zum Fenster gehörenden Klasse steht und in unserem Beispiel WndProc lautet. Dadurch findet eine strikte Trennung zwischen den Initialisierungen in der Routine WinMain und der Verarbeitung der Meldungen in der Fensterfunktion statt.

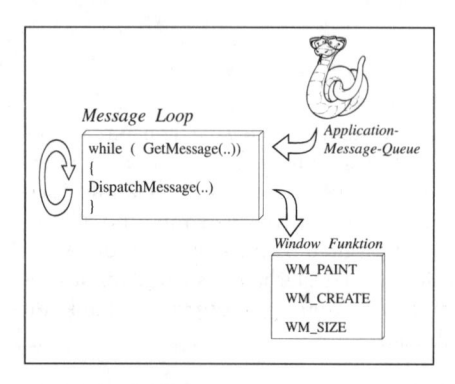

Abb. 73: Aufgabe der MessageLoop

Wenn Sie noch einmal einen Blick in das Listing werfen, werden Sie feststellen, daß innerhalb der Schleife noch eine weitere Funktion aufgerufen wird. Diese Funktion TranslateMessage ist für Tastatur-Eingaben wichtig, da sie die Meldung WM_CHAR generiert, wenn in der Variablen msg die Meldung WM_KEYDOWN übergeben wird. Wir werden in dem Kapitel über die Eingaben näher darauf eingehen. Da unser erstes Projekt keine eigene Funktionalität besitzt und nicht auf das Drücken einer Taste reagiert, kann die Funktion TranslateMessage weggelassen werden, ohne daß sich etwas an der Funktionalität des Programms ändert.

Non-preemptives Multitasking

Bestimmt haben Sie öfter in Berichten gelesen, daß Windows multitasking-fähig ist. Dieses non-preemptive Multitasking unterscheidet sich von dem Multitasking von OS/2, das auch als time-slice-Verfahren bezeichnet wird, dadurch, daß nicht jede ablauffähige Einheit für eine bestimmte Zeit die CPU benutzen kann, sondern daß die Einheit selber bestimmt, wie lange sie die CPU benötigt. Ein Windows-Programm behält solange die CPU, wie Meldungen in seiner Application-Message-Queue vorhanden sind. Die Funktion GetMessage spielt dabei eine sehr wichtige Rolle, da es ihre Aufgabe ist, aus der Queue die Meldungen zu holen bzw. festzustellen, daß die Warteschlange derzeit leer ist. Dies tritt z.B. ein, wenn der Bediener eine Kaffee- oder Denkpause einlegt und keine weiteren Eingaben tätigt. Wenn GetMessage meldet, daß keine Meldungen mehr vorliegen, bleibt das Programm auf dieser Funktion stehen und gibt die CPU an Windows zurück. Windows reicht die CPU an das nächste Programm weiter, das nun in der Lage ist, die Meldungen aus seiner Warteschlange abzuarbeiten. Alle wartenden Windows-Applikationen verwaltet Windows in einer Liste.

Beenden der Applikation

Es muß also kein Programm unter Windows beendet werden, wenn es für eine Weile zur Seite gelegt wird, um mit einer anderen Applikation weiterzuarbeiten. Trotzdem ist die MessageLoop keine Endlos-Schleife, sondern wird beendet, wenn die Funktion Get Message den Wert FALSE zurückliefert, nachdem sie eine bestimmte Meldung aus der Queue geholt hat. Diese Meldung ist die WM_QUIT-Meldung, die z.B. durch das Anwählen des Menüpunktes Schließen aus dem Systemmenü oder über die Tastenkombination [Alt]+[F4] entsteht. Nach dem Verlassen der while-Schleife wird noch das Unterprogramm CwUnRegisterClasses aufgerufen, das über die Funktion UnregisterClass die zu Beginn registrierte Klasse wieder löscht. Die Klasse wird dabei aus der internen Klassen-Tabelle entfernt, und der von ihr belegte Speicherplatz wird freigegeben. Diese Funktion darf erst aufgerufen werden, nachdem alle Fenster, die mit dieser Klasse verbunden waren, zerstört sind.

```
void CwUnRegisterClasses(void)
{
WNDCLASS   wndclass;
memset(&wndclass, 0x00, sizeof(WNDCLASS));
UnregisterClass(szAppName, hInst);
}
```

Sie können in diese von QuickCase:W angelegte Routine noch eigene Aufräumarbeiten einfügen, um z.B. Handles oder anderen Speicher freizugeben.

Als Abschluß dieses Punktes werden noch einmal alle verwendeten Windows API-Funktionen, die in der WinMain-Routine des ersten Projektes verwendet werden, in einer Tabelle aufgelistet, da sie in jeder QuickCase:W erstellten Windows-Applikation vorkommen.

Window-Funktionen	Kurzbeschreibung
WinMain	Hauptroutine
RegisterClass	registriert eine Klasse
UnregisterClass	löscht eine registrierte Klasse
CreateWindow	erzeugt ein Fenster
ShowWindow	zeigt ein Fenster auf dem Bildschirm an
GetMessage	holt Meldungen aus der Warteschlange
TranslateMessage	übersetzt Tastaturmeldungen
DispatchMessage	reicht Meldungen an die Fensterfunktion weiter
LoadString	lädt einen Text aus der String-Tabelle
MessageBox	stellt ein Meldungsfenster mit Text dar
LoadIcon	lädt eine Symbol-Resource
LoadCursor	lädt eine Cursor-Resource

3.2.3 Die Fensterfunktion

Jede in QuickC erstellte Windows-Applikation beinhaltet mindestens eine Window-Funktion, da es auch immer eine Klasse gibt, in der diese Funktion angegeben werden muß. Die Größe der Fensterfunktion ist sehr von der gestellten Programmaufgabe abhängig, jedoch besitzt sie immer denselben Aufbau und dieselben Übergabeparameter. Diese vier Parameter sind mit den ersten vier Feldern der MSG-Struktur identisch, damit hier die Verarbeitung der Meldungen mit ihren Zusatzinformationen erfolgen kann.

```
LONG FAR PASCAL WndProc(
          HWND hWnd,     // Fensterhandle
          WORD Message,  // Meldung
          WORD wParam,   // Zusatz-
          LONG lParam)   // Informationen
```

FAR PASCAL

Jede Fensterroutine muß mit FAR PASCAL definiert werden. Die Konvention PASCAL, die schon bei der Routine WinMain erklärt wurde, ist für die Reihenfolge der Übergabeparameter auf den Stack zuständig, das Schlüsselwort FAR muß angegeben werden, damit bei dem Funktionsaufruf ein Sprung zu einem anderen Segment stattfinden kann. Dies ist notwendig, da die Fensterfunktion nicht als Unterprogramm, sondern von Windows aus aufgerufen wird. Der Auslöser des Aufrufs stellt dabei die Funktion DispatchMessage dar, die Windows mitteilt, daß die zum Fenster gehörende Fensterroutine aktiviert werden soll. Windows findet die richtige Window-Funktion über den Klassennamen.

Default-Fensterfunktion

In der Fensterfunktion werden mit Hilfe eines switch-Statements nur die Meldungen abgefragt und Reaktionen darauf programmiert, die für das Programm interessant sind. Alle anderen Meldungen werden an eine in Windows immer vorhandene Fensterroutine weitergeleitet, die DefWindowProc heißt.

```
switch (Message)
{
   case WM_CREATE:
        break;

   case WM_COMMAND:
        break;

   default:
        return DefWindowProc(hWnd, Message,
                             wParam, lParam);
}
   return 0L;
```

Die Default-Fensterroutine, die dieselben Parameter wie unsere selbstgeschriebene Fensterfunktion übergeben bekommt, reagiert auf einige Meldungen, um das Standardverhalten einer Windows-Applikation zu gewährleisten, und ignoriert die restlichen. Sie fängt z.B. die Meldung WM_LBUTTONDOWN ab, um das Fenster zu aktivieren, das sich derzeit unter dem Mauszeiger befindet, da in Windows ein Fenster entweder über eine Tastenkombination wie `Alt`+`Esc` oder durch ein Anklicken mit der linken Maustaste in den aktiven Zustand versetzt wird. Wenn selber auf eine Meldung reagiert wird, und bei der Bearbeitung kein Fehler aufgetreten ist, wird normalerweise der Wert 0 zurückgegeben. Bei einigen Meldungen kann aber auch der Fall eintreten, daß diese Meldungen anschließend auch noch an die Default-Fensterfunktion gesendet werden müssen. Falls z.B. die oben genannte Meldung WM_LBUTTONDOWN nicht zusätzlich an die DefWindowProc weitergereicht wird, kann der Anwender das Fenster nicht mehr über die linke Maustaste aktiv schalten.

Ablauf der Window-Funktion

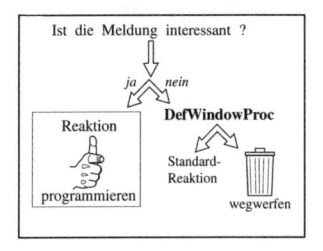

Abb. 74: Die Window-Funktion

Wenn Sie sich mit Hilfe von QuickCase:W den Code generieren lassen, werden immer mindestens die folgenden fünf Meldungen selber behandelt:

WM_CREATE
WM_MOVE
WM_SIZE
WM_PAINT
WM_CLOSE

WM_CREATE
Auf die ersten drei Meldungen wird jedoch nicht speziell reagiert, sondern sie sind schon für mögliche eigene Erweiterungen eingefügt, da sie in größeren Projekten häufig abgefragt werden. Die Meldung WM_CREATE wird beim Erstellen des Fensters von der Funktion CreateWindow erzeugt und ist eine der ersten Meldungen, die die Window-Funktion nach dem Starten der Applikation erreicht. An dieser Stelle werden Initialisierungen durchgeführt. Falls Sie hier den Wert -1 zurückgeben, beendet sich die Applikation, da in diesem Fall kein Fensterhandle erzeugt wird. Dem Anwender wird der Abbruch über eine MessageBox mit dem Text "Window creation failed" mitgeteilt. Falls Sie diese Mitteilung in deutscher Sprache ausgeben wollen, müssen Sie nur den englischen Text in der Datei QCFIRST.RC ersetzen und Ihr Projekt neu bauen lassen. Die Meldung WM_CREATE wird nicht in der Application-Message-Queue abgelegt und somit auch nicht mit Hilfe der Funktion DispatchMessage an die Fensterfunktion weitergereicht, sondern sie gelangt direkt zur Window-Funktion. Deswegen wird sie auch im Gegensatz zur queued Meldung als non-queued Meldung bezeichnet. Es existieren im System noch mehrere andere Meldungen, die Windows als non-queued Meldungen sendet, damit etwas sofort ausgeführt wird.

WM_SIZE, WM_MOVE

Sobald sich die Größe des Fensters geändert hat, entsteht die WM_SIZE-Meldung, die im Parameter lParam die neue Fenstergröße übergibt, wobei die Breite im niederwertigen Wort steht. Wenn der Benutzer das Fenster auf dem Bildschirm verschiebt, sendet Windows die Meldung WM_MOVE an die korrespondierende Fensterfunktion. Der Parameter lParam enthält bei dieser Meldung die linke obere Ecke des Arbeitsbereiches bezogen auf die linke obere Ecke des Bildschirms. Die x-Koordinate liegt im unteren Teil, die y-Koordinate im höherwertigen Teil der Variablen.

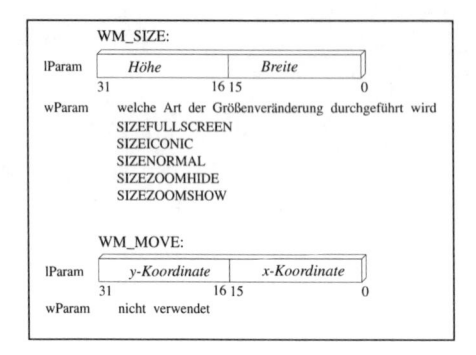

```
             WM_SIZE:
lParam     |   Höhe      |   Breite    |
            31         16 15          0
wParam     welche Art der Größenveränderung durchgeführt wird
             SIZEFULLSCREEN
             SIZEICONIC
             SIZENORMAL
             SIZEZOOMHIDE
             SIZEZOOMSHOW

             WM_MOVE:
lParam     | y-Koordinate | x-Koordinate |
            31          16 15           0
wParam     nicht verwendet
```

Abb. 75: Zusatzinformationen bei WM_MOVE und WM_SIZE

WM_PAINT

Die WM_PAINT-Meldung, die auch von QuickCase:W in die Fensterroutine geschrieben wird, wird z.B. jedesmal von Windows generiert, wenn das zuvor teilweise oder ganz verdeckte Fenster in den Vordergrund geholt wird, damit der Inhalt des Arbeitsbereiches neu ausgegeben werden kann. Für diese Ausgabe wird stets ein Handle auf einen sogenannten Device Context benötigt, der mit der Funktion BeginPaint besorgt wird und die Applikation mit dem Bildschirm oder genauer gesagt mit dem Bildschirmtreiber verbindet.

```
case WM_PAINT:
  memset(&ps, 0x00, sizeof(PAINTSTRUCT));
  hDC = BeginPaint(hWnd, &ps);
  SetBkMode(hDC, TRANSPARENT);
  EndPaint(hWnd, &ps);
  break;
```

Die Funktion SetBkMode stellt den Hintergrund-Modus auf TRANSPARENT ein, damit eine eventuell gesetzte Hintergrundfarbe nicht beachtet wird. Am Ende jeder WM_PAINT Meldung muß das Handle des Device Contextes durch die Funktion EndPaint wieder freigegeben werden.

WM_CLOSE

Bei der Besprechung der MessageLoop habe ich Ihnen schon erzählt, daß diese Schleife und somit die gesamte Applikation durch die Meldung WM_QUIT geschlossen wird. Wenn der Anwender das Programm z.B. über das Systemmenü beendet, entsteht jedoch nicht sofort diese Meldung, sondern Windows sendet aufgrund dieser Aktion mehrere andere Meldungen wie z.B. WM_SYSKEYDOWN, WM_SYSCOMMAND und WM_CLOSE an das zu schließende Fenster. Die zuletzt genannte Meldung WM_CLOSE wird in unserer Fensterfunktion abgefangen, um das Fenster mit der Funktion DestroyWindow zu zerstören.

```
case WM_CLOSE:
   DestroyWindow(hWnd);
   if (hWnd == hWndMain)
      PostQuitMessage(0);
   break;
```

Da eine Applikation auch mehr als ein Fenster besitzen kann, die sich alle auf dieselbe Klasse und somit auf dieselbe Fensterroutine beziehen, muß explizit abgefragt werden, ob es sich bei dem gelöschten Fenster um das Hauptfenster handelt, denn nur in diesem Fall soll das Programm beendet werden. Bei positivem Ergebnis der IF-Abfrage wird die Funktion PostQuitMessage aufgerufen, die die Meldung WM_QUIT erzeugt und in die Application-Message-Queue stellt, aus der sie wieder von der Funktion GetMessage geholt wird. Dadurch entsteht als Rückgabewert dieser Funktion der Wert FALSE und die MessageLoop wird verlassen.

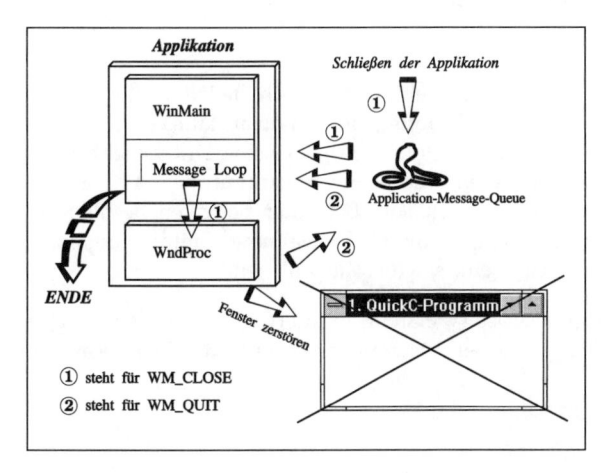

Abb. 76: Ablauf des Schließens einer Applikation

Senden von Meldungen

Neben der Möglichkeit, mit Hilfe von Funktionen wie PostQuitMessage ganz bestimmte Meldungen an ein Fenster zu schicken, können beliebige Meldungen auch mit den Funktionen SendMessage und PostMessage gesendet werden. Diese beiden Funktionen unterscheiden sich in der Benutzung der Application-Message-Queue, da die erstgenannte Funktion nicht mit ihr arbeitet, sondern die Meldung als non-queued Meldung an die Window-Funktion reicht. Beide Funktionen besitzen dieselben vier Parameter wie die Window-Funktion.

```
z.B.   SendMessage( hWndMain, WM_CLOSE, 0, 0L)
oder   PostMessage( hWndMain, WM_CLOSE, 0, 0L)

LONG FAR PASCAL WndProc( HWND hWnd, WORD Message,
                         WORD wParam, LONG lParam)
```

Abschließend werden alle für die Fensterfunktion verwendeten Window-Funktionen, die von QuickCase:W eingefügt wurden, in der nachfolgenden Tabelle aufgelistet.

Window-Funktionen	Kurzbeschreibung
BeginPaint	besorgt einen Device Context
EndPaint	gibt einen Device Context frei
SetBkMode	setzt den Hintergrund-Mode
DestroyWindow	zerstört ein Fenster
PostQuitMessage	stellt die Meldung WM_QUIT in die Queue
DefWindowProc	Default-Fensterroutine

3.2.4 Die Module Definition Datei

DEF-Datei

Den Quellcode der C-Datei kennen wir nun, uns fehlt jedoch noch die DEF-Datei, die der Linker zusätzlich zur übersetzten OBJ-Datei benötigt, um ein ablauffähiges Programm oder eine DLL erstellen zu können. Wenn ein QuickC-Projekt keine DEF-Datei besitzt, und Sie wollen daraus eine Applikation bauen, werden Sie gewarnt und gefragt, ob eine Standard-Definitiondatei dazugebunden werden soll. Bei einer positiven Bestätigung wird Ihnen diese Datei im Editor vorgelegt, da Sie noch bestimmte Einträge ergänzen müssen. Im anderen Fall müssen Sie selber eine solche Datei anlegen.

Wird das Projekt mit Hilfe von QuickCase:W erstellt, existiert nach der Generierung immer eine Module Definition Datei, die bei unserem ersten Projekt folgendermaßen aussieht:

```
NAME        QCFIRST
EXETYPE     WINDOWS
STUB        'WINSTUB.EXE'
CODE        PRELOAD MOVEABLE
DATA        PRELOAD MOVEABLE MULTIPLE
HEAPSIZE    4096
STACKSIZE   5110
EXPORTS     WndProc        @1
```

Die einzelnen Statements haben dabei folgende Bedeutung.

NAME

Dieses Schlüsselwort sollte immer als erstes Statement in der Module Definition Datei stehen. Für den anschließenden Namen wird normalerweise der Name der Windows-Applikation verwendet, in diesem Fall QCFIRST.

EXETYPE

Über diese Zeile wird das Betriebssystem spezifiziert, unter dem das fertige Programm oder die DLL laufen soll. Sie müssen immer das Schlüsselwort WINDOWS angeben, da die Defaulteinstellung OS2 ist.

STUB

Das in dieser Zeile genannte Programm WINSTUB.EXE wird mit dem QuickC-Paket ausgeliefert. Sein Aufruf erfolgt, wenn ein Anwender versucht, die Windows-Applikation von DOS aus ohne Windows zu starten. WINSTUB.EXE gibt dann auf den Bildschirm den Satz "Dieses Programm erfordert Microsoft Windows" aus und beendet die Applikation sofort wieder. Sie können aber auch ein anderes als das WINSTUB-Programm angeben.

CODE, DATA

Diese zwei Statements definieren Einstellungen für das Code- und das Datensegment der Applikation. Beide Segmente werden meist auf MOVEABLE gesetzt. Wenn das Programm derzeit nicht die CPU besitzt, und Windows für andere Anwendungen Speicherplatz benötigt, kann Windows diese Segmente beliebig im Speicher verschieben. Beim CODE-Statement kann zudem noch das Schlüsselwort DISCARDABLE stehen. Dadurch wird Windows erlaubt, bei Speicherplatzmangel das Codesegment aus dem Speicher zu entfernen. Durch die Option MULTIPLE bei dem DATA-Statement bekommt jede Instanz der Applikation bei ihrem Start ein eigenes Datensegment zugeordnet. Diese Option muß bei einer Windows-Applikation immer angegeben werden, jedoch darf bei einer DLL nur ein Datensegment existieren. Statt MULTIPLE muß dann SINGLE geschrieben werden. Das Schlüsselwort PRELOAD definiert, daß sofort bei Programmstart die Segmente in den Speicher geladen werden und nicht erst, wenn auf sie zugegriffen wird. Das Gegenstück dazu lautet LOADONCALL.

HEAPSIZE

Die Größe des lokalen Heaps wird in dieser Zeile festgelegt, die wiederum die Größe des Datensegmentes beeinflußt, da sich sowohl der lokale Heap als auch der Stack innerhalb dieses Segmentes befinden. Falls dieses Statement fehlt, wird kein Heap eingerichtet.

STACKSIZE

Jedes Windows-Programm muß einen Stack besitzen, dessen Größe in Bytes angegeben wird. Der Stack wird z.B. für das temporäre Speichern von Funktionsargumenten benutzt. 5110 Byte wird von QuickCase:W als Minimum einer kleinen Windows-Applikation eingesetzt. Eine DLL besitzt keinen eigenen Stack. Falls Sie die Stackgröße auch in der Dialogbox für die Linker-Optionen eingestellt haben, überschreibt diese Angabe den Wert aus der Definitionsdatei.

EXPORTS

Das EXPORT-Statement definiert die Namen und optional die Ordinalnummern aller zu exportierenden Funktionen. Funktionen müssen exportiert werden, wenn sie nicht als Unterprogramm, sondern von Windows oder einer anderen Applikation aufgerufen werden und deswegen auch mit der Konvention FAR definiert wurden. In unserem ersten Projekt ist es nur die Fensterroutine WndProc, im zweiten Beispiel kommt die Routine der Dialogbox mit dem Namen QCDIALOGMsgProc hinzu. Alle Funktionen, die Windows aufruft, werden auch als CALLBACK FUNCTIONS bezeichnet. Die Ordinalnummer ist dabei eine zusätzliche Identifizierung und kann einen beliebigen Integerwert annehmen, der innerhalb einer Module Definition Datei eindeutig sein muß. Durch den Gebrauch von Ordinalnummern wird der Aufruf einer Funktion etwas schneller ausgeführt. QuickCase:W vergibt diese Nummern beginnend bei 1 in aufsteigender Reihenfolge.

Neben diesen Statements existieren noch einige zusätzliche, die irgendwelche Erweiterungen darstellen oder bei der Erstellung einer Dynamic Link Library benötigt werden.

Statement	Bedeutung
LIBRARY	Name der DLL
DESCRIPTION	einzeilige Beschreibung
PROTMODE	Programm läuft nur im Protected Mode
REALMODE	gleichbedeutend mit EXETYPE WINDOWS
SEGMENTS	Attribute für zusätzliche Codesegmente
OLD	Angabe einer anderen DLL
IMPORTS	Namen der zu importierenden Funktionen

Sie haben sich vielleicht bei der Erklärung des Statements IMPORTS gefragt, welche Funktionen importiert werden müssen. Es handelt sich dabei um Funktionen, die von der Applikation aufgerufen werden, aber weder in deren Quelldateien noch in den statisch zu diesem Programm gelinkten Bibliotheken, sondern in DLLs definiert sind.

Theoretisch müßten somit alle Window-Funktionen wie CreateWindow und DispatchMessage, die wir in unserem Projekt aufgerufen haben, bei dem Statement IMPORTS angegeben werden. Je größer die Programme werden, desto größer würde dafür der Aufwand und die Fehlerwahrscheinlichkeit werden. Für diese Unannehmlichkeiten gibt es in Form einer speziellen Bibliotheksart, die Import Library genannt wird, Abhilfe. Solch eine Bibliothek beinhaltet statt eines Codes bestimmte Informationen, die Auskunft geben, in welcher DLL und mit welcher Ordinalnummer die gewünschte Funktion zu finden ist. Für die drei Windows DLL's GDI, USER und KERNEL wird die Import Library namens LIBW.LIB von Microsoft mitgeliefert. Diese Bibliothek wird automatisch beim Linkaufruf übergeben, sobald Sie über den Menüpunkt Project aus dem Untermenü Options den Programmtyp Windows EXE eingestellt haben.

Resource-Datei

Die RC-Datei möchte ich an dieser Stelle noch nicht besprechen, da auf sie in den nachfolgenden Kapiteln ausführlich eingegangen wird. Bei unserem ersten Projekt enthält sie nur zwei Texte, die als Fehlermeldungen dienen, in der RC-Datei des zweiten Projektes stehen zusätzlich die Menüdefinition und Verweise auf die verwendete Symbol- und Dialogbox-Datei.

3.3 Das erste Windows-Programm in TurboPascal

Die Erstellung eines Windows-Programms in TurboPascal kann auf zwei unterschiedliche Weisen erfolgen. Entweder entspricht der Programmaufbau dem eines QuickC-Programms, nur daß die Pascal-Sprachelemente berücksichtigt werden müssen, oder die Applikation wird objektorientiert mit Hilfe der Klassen-Bibliothek ObjectWindows programmiert. Wir werden uns auf die zweite Möglichkeit konzentrieren, da sie einige Erleichterungen und Neuerungen mit sich bringt. Nur das erste Beispiel wird auch ohne ObjectWindows realisiert, um die Ähnlichkeiten zu einem QuickC-Programm zu unterstreichen.

Entwicklungsumgebung

Nach der Installation von TurboPascal, die genauso wie die von VisualBasic und QuickC direkt unter Windows abläuft, starten Sie die Entwicklungsumgebung durch einen Doppelklick auf das in der TurboPascal-Gruppe eingerichtete TP-Icon. Diese Umgebung ist auch wie die von QuickC als MDI-Applikation realisiert, d.h. Sie können innerhalb des Editors gleichzeitig mehrere Dateien in verschiedene Dokumentenfenster laden und anzeigen.

Abb. 77: Die Entwicklungsumgebung von TurboPascal

Wenn Sie durch die Wahl des Menüpunktes *Neu* ein leeres Fenster bekommen, um ein neues Programm zu editieren, bekommt die dazugehörige Datei den Namen NONAME00.PAS zugewiesen, den Sie beim Sichern in beliebiger Weise ändern können. Die Statuszeile, die sich am unteren Rand des Editor-Fensters befindet, wird vor allem zur Anzeige der Position innerhalb des aktuellen Dokumentes und von Fehlermeldungen, die bei der Übersetzung entstehen, benutzt.

Speichern der Umgebung

Wenn man mehrere Programme in TurboPascal schreibt, will man sich im Normalfall nicht nach jedem erneuten Start der Entwicklungsumgebung um die Voreinstellungn und Optionen kümmern müssen, sondern sie sollen solange gelten, bis man selber Änderungen vornimmt. Um dies zu erreichen, müssen Sie in der Dialogbox des Menüpunktes *Vorgaben* aus dem Untermenü *Optionen* die beiden Punkte *Desktop* und *Konfiguration*, die Sie im Bereich *Automatisches Speichern* finden, durch Anklicken mit einem Haken versehen. Aufgrund dieser Einstellung werden bei jedem Beenden von TurboPascal eine Konfigurations- und eine Desktopdatei aktualisiert. In der zuerst genannten Datei, die unter dem Namen TPW.CFG gespeichert wird, stehen alle in dem Untermenü *Optionen* gesetzten Werte. Die Desktopdatei enthält alle Dateinamen, mit denen während der Sitzung gearbeitet wurde, und von denen eine gewisse Anzahl beim nächsten Start als Menüpunkte im Untermenü *Datei* erscheinen. Ihr Dateiname ist identisch mit dem Namen der Konfigurationsdatei, nur lautet die Endung DSK. Über den Menüpunkt *Speichern unter* des Untermenüs *Optionen* kann auch ein anderer Namen für diese beiden Dateien vergeben werden. Der derzeit aktuelle Name ist in der Initialisierungsdatei TPW.INI von TurboPascal eingetragen.

Objektorientierte Programmierung

Die objektorientierte Klassen-Bibliothek ObjectWindows erleichtert die Programmierarbeit, da sie viele Standardobjekte wie z.B. ein Editierfenster beinhaltet, deren Funktionsweise schon implementiert und verfügbar ist. Häufig wurden dafür mehrere Windows-Funktionen zu einer Methode zusammengefaßt, auf die ein Objekt zugreifen kann. Wir haben uns ja schon ein wenig bei VisualBasic mit der objektorientierten Programmierung (OOP) beschäftigt. Jetzt möchte ich genauer darauf eingehen, um die grundsätzliche Denkweise und wichtige Begriffe von OOP zu erklären.

Bei der objektorientierten Programmierung beginnt man nicht sofort mit dem Schreiben von Funktionen, sondern mit der Definition von Objektklassen, deren Methoden anschließend schrittweise verfeinert werden. Das objektorientierte Konzept wurde aus der realen Welt übernommen, da wir im Alltag mit unzähligen Objekten in Berührung kommen, die alle bestimmte Eigenschaften mit definiertem Verhalten bzw. Funktionsweise besitzen. Das Objekt Katze z.B. hat ein Fell, Schnurrbarthaare etc., bewegt sich scheinbar lautlos und mag gestreichelt werden. Die Kommunikation zwischen Objekten findet durch den Austausch von Nachrichten statt. Beim Empfang einer Nachricht wird der zugehörige Algorithmus, d.h. eine bestimmte Methode ausgeführt.

Klasse <-> Objekt

Häufig werden die beiden Begriffe Klasse und Objekt gleichbedeutend verwendet, was jedoch nicht korrekt ist. Eine Klasse stellt nämlich ein statisches Konzept dar, das man sich als Art Verbund vorstellen kann, der in der Programmiersprache TurboPascal als Record bezeichnet wird. So beschreibt nämlich eine Klasse genauso wie ein Record die gemeinsame Struktur einer Gruppe von Objekten. Diese Strukturen enthalten sowohl Datenfelder als auch Prozeduren und Funktionen, die als Methoden bezeichnet werden, und deren Aufgabe es ist, mit diesen Datenfeldern zu arbeiten. Jedes Objekt wird als Exemplar oder als Instanz der Klasse, von der es abgeleitet wird, bezeichnet und muß erst im Speicher angelegt werden. Die Begriffe Klasse und Instanz kennen Sie schon von der

Programmierung mit QuickC, jedoch kann ihre Bedeutung in der Windows-Sprache und in der objektorientierten Sprache nicht gleichgesetzt werden. Dies führt leider öfter zu Verwirrungen.

Klassen sind bei der objektorientierten Programmierung rein statische Beschreibungen einer Menge möglicher Objekte. Zur Laufzeit des Programms gibt es nur Objekte bzw. Instanzen. Eine Instanz wird wie eine Variable vereinbart und bearbeitet. Der Compiler reserviert für ein Objekt den notwendigen Speicher, auf den über den Namen der Instanz zugegriffen werden kann. Dabei werden häufig Objekte nicht statisch bei Programmbeginn, sondern dynamisch, also zur Programmlaufzeit erzeugt. In TurboPascal existiert dazu die Funktion New.

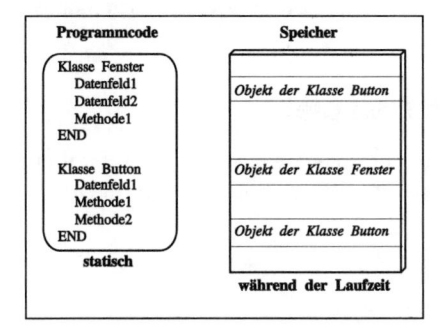

```
Programmcode              Speicher
┌─────────────────┐  ┌─────────────────────────┐
│ Klasse Fenster  │  │ Objekt der Klasse Button│
│   Datenfeld1    │  │                         │
│   Datenfeld2    │  │                         │
│   Methode1      │  │                         │
│ END             │  │                         │
│                 │  │                         │
│ Klasse Button   │  │ Objekt der Klasse Fenster│
│   Datenfeld1    │  │                         │
│   Methode1      │  │                         │
│   Methode2      │  │                         │
│ END             │  │ Objekt der Klasse Button│
│                 │  │                         │
│    statisch     │  │   während der Laufzeit  │
└─────────────────┘  └─────────────────────────┘
```

Abb. 78: Zusammenhang von Klasse und Objekt / Instanz

Das objektorientierte Konzept wird vor allem mit Hilfe von drei Punkten realisiert:

- Kapselung
- Vererbung
- Polymorphismus

Kapselung

Als Kapselung wird die Zusammenfassung einer Datenstruktur mit den dafür zulässigen Methoden zu einer Klasse bezeichnet. Dadurch kann die Fehleranfälligkeit eines Systems verringert werden, da nur die Methoden derselben Klasse die Daten verändern dürfen. Bei der Erstellung eines Programms ohne objektorientierten Ansatz werden normalerweise die Daten zu Beginn definiert, auf die dann überall im gesamten Code zugegriffen werden kann, besonders wenn sie als globale Variable vereinbart wurden. Falls man beim Testen feststellen muß, daß ein Datenfeld falsch versorgt wurde, ist es häufig recht schwer zu erkennen, in welcher Funktion diese Fehlbesetzung erfolgte. Mit Hilfe der Kapselung kann die Fehlerquelle viel schneller gefunden, und somit auch die Qualität gesteigert werden.

Vererbung

Da eine Klasse alle Eigenschaften, die in ihr festgelegt sind, an weitere Klassen weitergeben kann, müssen bereits vorhandene Methoden nicht mehrfach definiert werden, sondern sie werden vererbt. Nur die Methoden müssen neu geschrieben werden, die sich gegenüber dem Vorgänger verändert haben. Dadurch kann die Änderungsfreundlichkeit eines Programms wesentlich erhöht werden. Aufgrund dieses Vererbungsmechanismus kann eine hierarchische Struktur aller Nachfolgerobjekte gebildet werden. Klassen dieser Hierarchie sind durch Erbschaftsbeziehungen gekennzeichnet. So gibt es wie auch in der realen Welt Nachkommen und Vorfahren, wobei diese Beziehungen über beliebig viele Ebenen fortgesetzt werden kann. Wir werden uns später die Hierachie der Klassen-Bibliothek ObjectWindows ansehen.

Polymorphismus

Der Begriff Polymorphismus bedeutet Vielgestaltigkeit und ist die Fähigkeit, einen Verweis zur Laufzeit des Programms mit Exemplaren verschiedener Klassen zu verbinden. Diese Möglichkeit werden wir bei der nachfolgenden Erstellung der ersten Applikation anhand der Methodentabellen kennenlernen.

3.3.1 Das erste objektorientierte Beispiel

Auch in TurboPascal wollen wir mit unserem ersten Beispiel klein beginnen und nur ein in seiner Größe veränderbares Fenster mit eigenem Titel auf den Bildschirm bringen.

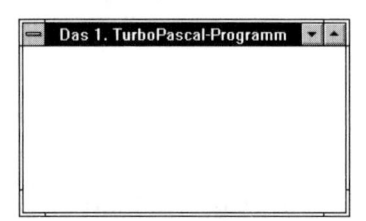

Abb. 79: Das erste TurboPascal-Programm

In TurboPascal existieren keine Werkzeuge zur Programmerstellung wie es in VisualBasic mit der Eigenschaftenleiste oder in QuickC mit QuickCase:W der Fall ist, sondern wir müssen den Code Zeile für Zeile selber eingeben. Ein TurboPascal-Quellcode ist jedoch dafür um einiges kürzer als der Quellcode eines QuickC-Programms, wenn die Bibliothek ObjectWindows verwendet wird. Unsere erste Applikation besteht nur aus einer Quell-Datei, Projektdateien gibt es in TurboPascal nicht.

```
{ Erstes Programm: TPFIRST.PAS}

program TPFirst;
uses WObjects;

type
     TRahmen = object(TApplication)
               procedure InitMainWindow; virtual;
     end;

procedure TRahmen.InitMainWindow;
begin
  MainWindow := New(PWindow, Init(nil, 'Das 1. TurboPascal-Programm'));
end;
```

```
{ Hauptprogramm }
var MeinRahmen : TRahmen;

begin
  MeinRahmen.Init('TPFirst');
  MeinRahmen.Run;
  MeinRahmen.Done;
end.
```

Compiler, Linker

Diese wenigen Zeilen reichen aus, um eine Applikation mit einem Fenster zu erzeugen. Nach ihrer Eingabe sollten Sie diese Datei unter dem Namen TPFIRST speichern. Turbo-Pascal fügt die Endung PAS an. Bevor wir den Übersetzungslauf starten, sollten wir noch einige Einstellungen für den Compiler und Linker vornehmen. Dafür existieren im Untermenü Optionen die gleichnamigen Menüpunkte. Für die TurboPascal-Beispiele in diesem Buch wurden folgende Werte gesetzt.

Compiler-Optionen

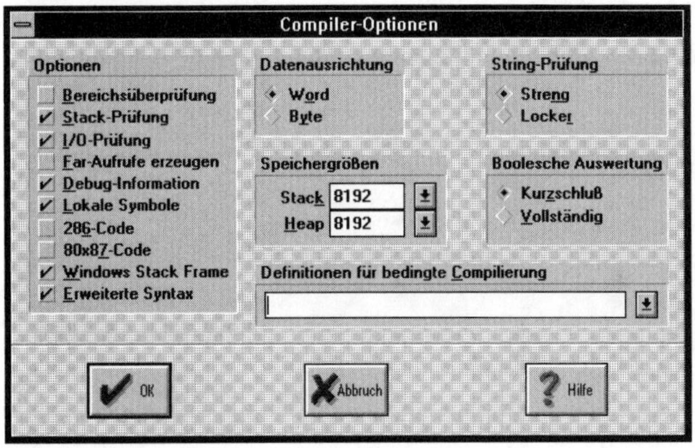

Abb. 80: Compiler-Einstellungen

Die normalen Optionen im linken Teil der Dialogbox sind - glaube ich - recht verständlich, da sie bei den meisten Compilern in ähnlicher Weise existieren. Aufgrund der strengen String-Prüfung überprüft der Compiler, ob formale und aktuelle Übergabeparameter den identischen Typ besitzen. Vorhandene Unterschiede werden als Fehler gemeldet. Da bei der Booleschen Auswertung der Schalter *Kurzschluß* gesetzt ist, werden Boolesche Ausdrücke nur soweit ausgewertet, bis sich am Gesamtergebnis nichts mehr ändern kann.

Linker-Optionen

Neben diesen beiden Dialogfenstern sind auch noch die Arbeitsverzeichnisse interessant, die über den Menüpunkt *Verzeichnisse* des Untermenüs *Optionen* angezeigt werden. Hier sollten die beiden Textfelder für die Unit- und Ressourcen-Verzeichnisse Angaben enthalten, damit z.B. auf die Unit WObjects zugegriffen werden kann. Aufgrund der Installation wurden auf meinem Rechner folgende Verzeichnisse eingetragen, die für beide Felder identisch sind:

```
c:\tpw; c:\tpw\owl; c:\tpw\owldemos;
c:\tpw\windemos; c:\tpw\docdemos;
```

Aus dem Untermenü *Kompilieren* wird zum Übersetzen unserer Datei TPFIRST.PAS der gleichnamige Punkt oder die Tastenkombination [Alt]+[F9] gewählt. Die aktuell übersetzten Zeilen werden in einem Dialogfenster angezeigt. Wenn das Programm fehlerfrei übersetzt werden konnte, wird die Meldung 'Erfolgreich kompiliert' zusätzlich ausgegeben. Ansonsten verschwindet die Dialogbox automatisch und der Eingabecursor befindet sich in der Zeile, in der der erste Fehler vorliegt. Die erklärende Fehlermeldung erscheint in der Statuszeile. Für einen sofortigen Start der Applikation nach einer fehlerfreien Übersetzung steht der Menüpunkt Ausführen oder die Tasten [Ctrl]+[F9] zur Verfügung. In diesem Fall wird jedoch nur der Compiler angestoßen, falls sich der Programmcode seit der letzten Übersetzung geändert hat.

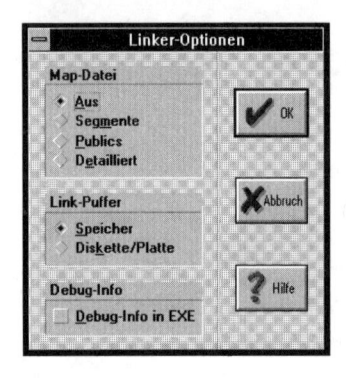

Abb. 81: Linker-Einstellungen

Unit WObjects

Damit ein TurboPascal-Programm auf Klassen wie TApplication zugreifen kann, die innerhalb von ObjectWindows definiert sind, muß die Unit WObjects eingebunden werden. Den Interface-Teil dieser Unit können Sie sich ansehen, er wird in das Unterverzeichnis \DOC von TurboPascal abgelegt. Neben der Definition der meisten Klassen finden Sie in dieser Unit noch einige Konstanten-Vereinbarungen, z.B. folgende, die sich auf die Klasse TCheckBox bezieht:

```
{ TCheckBox check states }
  bf_Unchecked = 0;
  bf_Checked   = 1;
  bf_Grayed    = 2;
```

TApplication

In den meisten Listings wird zu Beginn ein Nachkomme von der Klasse TApplication angelegt, von dem dann im Hauptprogramm eine Instanz definiert wird, die den Rahmen des Programms bildet. Es wird fast nie ein Objekt der Klasse TApplication selber benutzt, sondern immer nur das Objekt einer Klasse, dessen Vorfahre die Klasse TApplication darstellt. Der Grund liegt darin, daß nur so das Programm das gewünschte Aussehen und die nötigen Eigenschaften erhalten kann, da dafür geerbte Methoden überschrieben werden müssen. Dies kann nur bei neu definierten Objekttypen wie TRahmen erfolgen. Meist beginnen die Namen der Klassen mit dem Buchstaben 'T', der für 'Type' steht.

Klassen-Deklaration

Klassen werden auf ähnliche Weise wie ein Record deklariert, nur daß das Schlüsselwort object heißt und neben den Daten auch die Methoden angegeben werden.

```
type
   TRahmen = object(TApplication)
      procedure InitMainWindow; virtual;
   end;
```

Unsere Klasse TRahmen ist ein Nachkomme von TApplcation, dessen Namen aus diesem Grund in Klammern dem Schlüsselwort object folgt. Falls die selbstdefinierte Klasse keinen Vorfahren besitzt, entfällt die Klammer mit Inhalt. Mit dem reservierten Wort End wird jede Deklaration eines Objektes abgeschlossen.

Vererbung

Aufgrund der Vererbung bekommt unsere neue Klasse TRahmen alle Datenfelder und Methoden von TApplication vererbt. Nur die Methode InitMainWindow wird nicht übernommen, sondern neu geschrieben, damit das Fenster einen eigenen Titel in seiner Titelzeile besitzt. Wegen der Neudefinition der Methode InitMainWindow wird sie bei der Klassen-Deklaration genannt. Dabei wird immer nur der Kopf der Routine aufgelistet, der dazugehörige Programmcode befindet sich nicht innerhalb, sondern außerhalb des Objektes. Aus diesem Grund muß bei der vollständigen Methodendeklaration der Name des Objekttyps getrennt durch einen Punkt vor dem Namen der Methode stehen.

```
procedure TRahmen.InitMainWindow;
begin
end;
```

Die Methode InitMainWindow muß mit dem Wort virtual versehen werden, da sie auch so in dem Objekt TApplication deklariert wurde. Dadurch ist sie keine statische, sondern eine virtuelle Methode, die den Polymorphismus des OOP-Konzeptes realisiert. Bei einer statischen Methode wird deren Startadresse bei der Übersetzung des Programms vom Compiler fest in den Code eingetragen. Dabei muß der Compiler die zu dieser Methode gehörende Klasse feststellen können, um die richtige Adresse ermitteln zu können. Diese statischen Methoden führen zu Problemen, wenn bei der Übersetzung noch nicht feststeht, welche Klasse die richtige ist.

Diesen Sachverhalt möchte ich Ihnen an einem Beispiel verdeutlichen. Dazu deklarieren wir die beiden Klassen TFenster und TSchalter, die Nachkommen der erstgenannten Klasse sind.

```
type
TFenster = object
  procedure Move (var xPos, yPos: integer);
  procedure Anzeige;
  ....
end;

TSchalter = object (TFenster)
  procedure Anzeige;
  ...
end
```

Beide Methoden Move und Anzeige werden an die Klasse Schalter vererbt, die ihrerseits die Methode Anzeige überschreibt, da z.B. ein Schalter eine runde und keine eckige Form wie ein Fenster besitzt. Die Methode Move wird übernommen, der Bewegungsablauf ist bei beiden Objekten derselbe. Bei jeder Bewegung muß das Objekt neu gezeichnet werden, deswegen ruft die Methode Move u.a. die Methode Anzeige auf:

```
TFenster.Move (var xPos, yPos: integer);
begin
  ...
  TFenster.Anzeige;
end;
```

Da die Klasse TSchalter ein Nachkomme der Klasse TFenster ist und somit die Methode Move verwenden kann, können im Anweisungsteil des Programms folgende Zeilen stehen:

```
var Pushbutton : TSchalter;
begin
  Pushbutton.Move (20, 45);
  ...
end;
```

Statische Methoden

Durch die Kompilierung wird an die Stelle von Move(20,45); die Startadresse der Methode TFenster.Move eingesetzt, da die Methode auf diese Weise deklariert und vererbt wurde. Somit wird beim Programmablauf die Methode Move so ausgeführt, wie sie oben definiert wurde. Dabei wird u.a. die Funktion *TFenster.Anzeige* aufgerufen, da deren Adresse wiederum fest im Code der Methode TFenster.Move steht. Auch wenn bei dem Aufruf der Methode Anzeige der Klassenname TFenster nicht genannt worden wäre, hätte sich nichts an dem falschen Ergebnis geändert, da der Aufruf in der Methode TFenster.Move erfolgte und somit der Bezug zur Klasse TFenster benutzt wird. Es wird dadurch die falsche Methode aufgerufen, da statt der Methode Anzeige des Objektes *TFenster* die Methode Anzeige des Objektes *TSchalter* verwendet werden sollte. Damit die richtige Methode TSchalter.Anzeige aktiviert wird, müßte eine eigene Methode Move für die Klasse TSchalter implementiert werden, die dann die richtige Methode Anzeige aufrufen könnte. Diese Vorgehensweise widerspricht aber dem objektorientierten Konzept.

Virtuelle Methoden

Abhilfe schaffen die virtuellen Methoden, die mit dem Schlüsselwort virtual vereinbart werden. Durch die folgende Deklaration, die bei beiden Klassen angegeben werden muß,

```
procedure Anzeige; virtual
```

wird festgelegt, daß beim Übersetzen der Move-Methode noch keine feste Adresse für die dort aufgerufene Prozedur Anzeige eingetragen wird. Sobald eine Methode einmal mit virtual deklariert wird, müssen alle Nachkommen, die diese Methode überschreiben, sie auch mit dem Schlüsselwort virtual deklarieren. Außerdem muß immer dieselbe Anzahl von Parametern mit dem gleichen Typ übergeben werden.

Konstruktor

Sobald eine Klasse eine virtuelle Methode besitzt, muß zusätzlich eine spezielle Prozedur mit dem Schlüsselwort constructor statt des Wortes procedure deklariert werden. Dieser Konstruktor führt automatisch bestimmte Initialisierungen aus, die für den Gebrauch von virtuellen Methoden unbedingt notwendig sind. Die Routine muß vor dem ersten Aufruf einer virtuellen Methode in jeder Instanz angesprungen werden. Wenn dies nicht erfolgt, stürzt die Applikation in der Regel ab. Ein Konstruktor kann genauso wie jede andere Methode an die Nachkommen vererbt werden. In der Bibliothek ObjectWindows heißen alle Konstruktoren Init.

Wenn wir in unserem oberen Beispiel die Methode Anzeige in beiden Klassen als virtuelle Methode deklarieren, und in der Klasse TFenster zusätzlich einen Konstruktor vereinbaren, so ist diese Routine dafür verantwortlich, daß zur Programmlaufzeit die Methode Anzeige der Klasse TSchalter aktiviert wird. Wir bekommen somit unser gewünschtes Ergebnis, ohne die Methode Move zweimal definieren zu müssen.

Virtuelle Methodentabelle

Jedes Objekt, wie z.B. die weiter oben vereinbarte Instanz Pushbutton der Klasse TSchalter, besitzt in seinem Datensegment u.a. eine virtuelle Methodentabelle (VMT). In dieser Tabelle ist neben der Größe des Objektes und anderen Werten für jede virtuelle Methode, unabhängig, ob es sich dabei um eine geerbte oder eine selbstdefinierte Methode handelt, ein 32-Bit-Zeiger auf den entsprechenden Code in der Reihenfolge der Deklaration eingetragen.

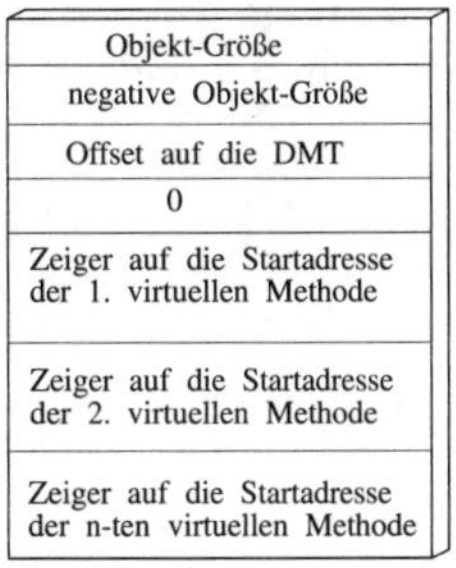

Objekt-Größe
negative Objekt-Größe
Offset auf die DMT
0
Zeiger auf die Startadresse der 1. virtuellen Methode
Zeiger auf die Startadresse der 2. virtuellen Methode
Zeiger auf die Startadresse der n-ten virtuellen Methode

Abb. 82: Aufbau einer virtuellen Methodentabelle

Die Aufgabe des Konstruktors ist es nun, die Instanz, die ihn aufruft, mit der virtuellen Methodentabelle zu verbinden. Zu diesem Zweck reserviert der Compiler ein zusätzliches Feld im Objekt, sobald die korrespondierende Klasse mindestens eine virtuelle Methode besitzt. Dieses 16-Bit-Feld namens VMT-Feld wird für jede Instanz durch den jeweiligen Konstruktor mit dem Offset auf die VMT initialisiert. Zudem erzeugt der Compiler für jeden Aufruf einer virtuellen Methode einen speziellen Code, der aus dem VMT-Feld die Adresse der virtuellen Methodentabelle liest, um dann aus dieser Tabelle den Zeiger auf die gewünschte virtuelle Methode bekommen zu können. Sobald Ihr Programm mit virtuellen Methoden arbeitet, sollten Sie zu Testzwecken den Compiler-Schalter {$R+} zu Beginn im Quellcode mit angeben. Dann überprüft der Compiler bei allen Aufrufen von virtuellen Methoden, ob der Konstruktor zuvor aufgerufen wurde. Dazu fügt er eine Überprüfungsfunktion vor jedem Aufruf ein, die die ersten beiden Worte aus der VMT aufaddiert. Wenn das Ergebnis Null lautet, wurde der Konstruktor ordnungsgemäß aufgerufen, da der Konstruktor die negative Objektgröße in das zweite Feld der Methodentabelle einträgt. Diese Erklärungen sollen anhand eines Beispiels noch einmal verdeutlicht werden. Als Grundlage benutzen wir unsere zwei Klassen TFenster und TSchalter und erweitern sie.

```
type
TFenster = object
   Zustand : Boolean;
   constructor Init;
   procedure Move (var xPos, yPos: integer);
   procedure Anzeige; virtual;
   procedure Open (var Top, Left,
        Bottom, Right: integer); virtual;
end;
```

Die Klasse TSchalter erbt alle Methoden und somit auch den Konstruktor der Klasse TFenster. Die Methode Anzeige wird überschrieben, und zusätzlich eine weitere Methode namens SetDefault vereinbart.

```
TSchalter = object (TFenster)
   DefaultButton : Boolean;
   procedure Anzeige; virtual;
   procedure SetDefault (var Old: integer);
                                virtual;
end;
```

Im Hauptprogramm wird zu jeder Klasse eine Instanz angelegt, und einige Methoden der beiden Klassen aufgerufen, wobei immer noch die Methode Anzeige innerhalb der Methode Move aktiviert wird.

```
var MeinFenster : TFenster;
    Pushbutton  : TSchalter;
begin
   MeinFenster.Init;
   Pushbutton.Init;
   MeinFenster.Open;
   MeinFenster.Move;
   Pushbutton.SetDefault;
   Pushbutton.Move;
end.
```

Vererbung der Daten

Die Konstruktoren beider Objekte müssen zwingend zu Beginn aufgerufen werden, da in beiden Fällen mit virtuellen Methoden gearbeitet wird. Die Datenbereiche der beiden Instanzen MeinFenster und Pushbutton sind folgendermaßen aufgebaut.

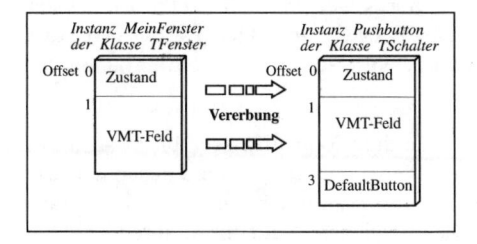

Abb. 83: Datenbereiche der Instanzen MeinFenster und Pushbutton

Das Datenfeld Zustand und das VMT-Feld des Objektes MeinFenster werden an das Objekt Pushbutton vererbt, d.h. diese Felder werden an den Anfang des Datenbereiches der Instanz Pushbutton kopiert. Aus diesem Grund steht das VMT-Feld nicht mehr am Ende des Datenbereichs, sondern noch vor dem zusätzlichen Feld DefaultButton. Dadurch besitzt der in Bytes angegebene Offset auf das VMT-Feld sowohl bei dem Objekt MeinFenster der Klasse TFenster als auch bei allen Nachkommen dieser Klasse dieselbe Größe, die in unserem Beispiel 1 ist.

Neben den Datenbereichen ist auch der Aufbau der beiden virtuellen Methodentabellen interessant. Die Größe der Objekte, die jeweils im ersten Feld steht, ergibt sich dabei aus der Größe des Datenbereiches inklusive des VMT-Feldes. In der Abbildung wurden zwei Felder aus jeder VMT weggelassen, da erst später die DMT erklärt wird. Somit sind die dargestellten Tabellen genaugenommen VMTs unter DOS und nicht unter Windows, da in DOS keine DMT existiert.

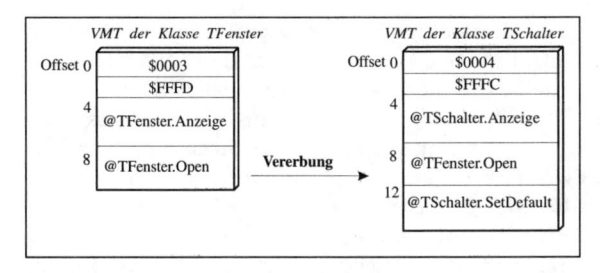

Abb. 84: virtuelle Methodentabellen der Klassen TFenster und TSchalter

Vererbung der Methoden

Auf dieselbe Weise wie der Compiler die Datenfelder von dem Datenbereich des Vorfahrens TFenster in den Bereich des Nachkommens TSchalter überträgt, kopiert er auch die geerbten virtuellen Methoden von einer virtuellen Methodentabelle in die andere. Bei dem ersten Objekt TFenster werden die Methoden in der Reihenfolge ihrer Deklaration innerhalb des Objekttyps eingetragen. Diese Ordnung wird auch in allen VMTs der

Nachkommen wie TSchalter beibehalten. Dabei ist es nicht von Bedeutung, ob die Methoden wie z.B. die Prozedur Open vererbt oder die Anzeige überschrieben werden. Die neu hinzukommenden virtuellen Methoden werden anschließend an den vererbten Methoden in die VMT gestellt. Dadurch bleibt auch hier der Offset auf eine Methode derselbe, unabhängig davon, ob er auf die Routine in der Methodentabelle des Vorfahrens oder auf die geerbte Methode in der Tabelle der Klasse TSchalter zeigt. Der Offset auf die virtuelle Methode Anzeige beträgt in beiden VMTs vier Bytes. Da die Prozedur Move als statische Methode implementiert wurde, wird sie nicht in den Tabellen geführt.

Zum Abschluß dieses Beispiels wollen wir uns noch den Code auf Assemblerbasis ansehen, den der Compiler für den Aufruf der virtuellen Methode Anzeige absetzt. Diese Methode wird aus der Prozedur Move aufgerufen und muß in Abhängigkeit des vorangestellten Objektes einmal die Methode der Klasse TFenster und im anderen Fall die Methode der Klasse TSchalter sein.

```
MeinFenster.Move;   => Aufruf der Methode
                       TFenster.Anzeige
Pushbutton.Move;    =>Aufruf der Methode
                       TSchalter.Anzeige
```

Der Assemblercode für den Aufruf der virtuellen Methode Anzeige sieht folgendermaßen aus:

```
mov  di, ptr
push ds
push di
mov  di, [di + 01]
call far [di + 04]

mit di : Index-Register
    ds : Datensegment-Register
    ptr: Zeiger auf den Datenbereichsanfang
```

Der Zeiger ptr zeigt auf den Anfang des Datenbereiches der Instanz, MeinFenster bzw. Pushbutton, die bei dem Methodenaufruf Move (s.o.) vor dem Punkt genannt wird und somit auch bei dem Aufruf der virtuellen Methode Anzeige die maßgebende Instanz darstellt. Unter der Annahme, daß die Zeile MeinFenster.Move ausgeführt werden soll, wird somit in das Register DI die Adresse des Datenbereiches von der Instanz MeinFenster geladen. Nach dem Ablegen zweier Werte auf den Stack wird der Inhalt aus der Datenzelle mit dem Offset 1 in das Register DI gestellt. Genau diese Zelle ist das VMT-Feld, in das der Konstruktor den Verweis auf die zu diesem Objekt gehörende virtuelle Methodentabelle schrieb. Der call-Befehl ruft anschließend die virtuelle Methode auf, die in der Methodentabelle der Klasse TFenster unter dem Offset 4 gefunden wird, d.h. es wird die richtige Methode TFenster.Anzeige angesprungen.

Betrachten wir abschließend noch die andere Möglichkeit, daß die Zeile Pushbutton.Move ausgeführt wird, die bei Verwendung von rein statischen Methoden ein falsches Ergebnis lieferte. Der Assemblercode bleibt derselbe, da er ja ein Teil des Codes der Prozedur Move ist, die es aufgrund der Vererbung nur einmal gibt. Der Zeiger ptr verweist nun auf den Anfang des Datenbereiches von der Instanz Pushbutton und wird in das

Register DI geschrieben. Dadurch wird auf die VMT der Klasse TSchalter zugegriffen und von dort die Adresse der richtigen Methode Anzeige ermittelt.

Dynamische Methodentabelle

In der ersten Abbildung der virtuellen Methodentabellen war in der Tabelle auch jeweils ein Verweis auf eine dynamische Methodentabelle (DMT) eingetragen. Diese Tabelle wurde in TurboPascal für objektorientierte Windows-Programme entwickelt, um Speicherplatz einzusparen, der von den virtuellen Methodentabellen unnötigerweise belegt wird. Je mehr virtuelle Methoden eine Klasse besitzt, desto größer ist die dazugehörige VMT. Alle VMTs der Nachkommen enthalten mindestens die gleiche Anzahl an 32-Bit-Zeigern wie die VMT des Vorfahrens, unabhängig davon, ob die vererbten Methoden überschrieben oder unverändert übernommen werden. Dadurch wird viel Platz mit redundanter Information verbraucht, da die Zeiger auf die vererbten virtuellen Methoden immer auf dieselbe Startadresse verweisen.

Aus diesem Grund wurden zusätzlich zu den virtuellen die dynamischen Methoden eingeführt, die neben dem Schlüsselwort virtual noch einen Index besitzen. Der Index muß innerhalb einer Klassen-Hierarchie eindeutig sein und kann zwischen 0 und 65535 liegen.

```
type
TFenster = object
   Zustand : Boolean;
   constructor Init;
   procedure Move (var xPos, yPos: integer);
   procedure Anzeige; virtual 30;
   procedure Open (var Top, Left,
       Bottom, Right: integer); virtual 100;
end;

TSchalter = object (TFenster)
   DefaultButton : Boolean;
   procedure Anzeige; virtual 30;
   procedure SetDefault (var Old: integer);
                              virtual 200;
end
```

Im Normalfall besitzt somit eine Klasse sowohl eine virtuelle als auch eine dynamische Methodentabelle. Das erste Wort einer DMT stellt den Offset auf die DMT des Vorfahrens dar bzw. ist Null, wenn es keinen Vorfahren gibt. Im zweiten Wort steht der Index der zuletzt aufgerufenen Methode. Der dazu korrespondierende Offset, der auf den Methodenzeiger innerhalb der DMT zeigt, füllt das dritte Wort. Diese beiden Einträge werden gespeichert, um bei einem erneuten Aufruf der zuletzt benutzten Methode die Ausführung beschleunigen zu können. Das vierte Wort gibt Auskunft über die Anzahl der eingetragenen Zeiger. Es folgt eine Liste der Indizes, die bei der Deklaration der Methoden angegeben wurden, und eine Liste der entsprechenden Zeiger.

VMT und DMT

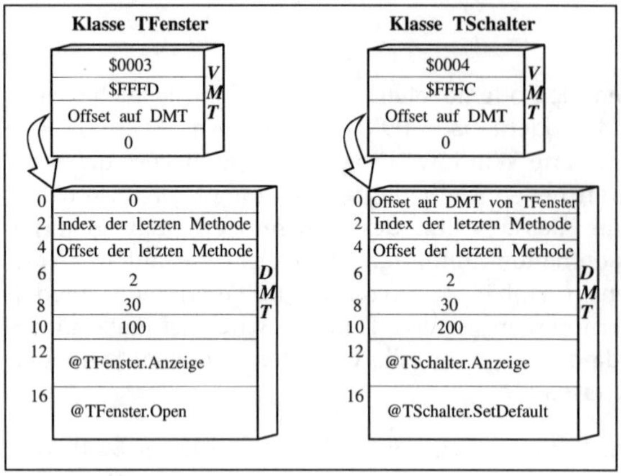

Klasse TFenster		
$0003		V
$FFFD		M
Offset auf DMT		T
0		

0	0	
2	Index der letzten Methode	
4	Offset der letzten Methode	
6	2	D
8	30	M
10	100	T
12	@TFenster.Anzeige	
16	@TFenster.Open	

Klasse TSchalter		
$0004		V
$FFFC		M
Offset auf DMT		T
0		

0	Offset auf DMT von TFenster	
2	Index der letzten Methode	
4	Offset der letzten Methode	
6	2	D
8	30	M
10	200	T
12	@TSchalter.Anzeige	
16	@TSchalter.SetDefault	

Abb. 85: Zusammenhang zwischen der dynamischen und virtuellen Methodentabelle

Da in unserem Beispiel alle zuvor virtuellen Methoden in dynamische Methoden umgewandelt wurden, enthalten die beiden virtuellen Methodentabellen keine Methoden mehr, sondern nur noch einen Verweis auf die DMT. In anderen Fällen können aber auch noch anschließend an das vierte Feld mehrere Anfangsadressen von virtuellen Methoden stehen.

Bei der Betrachtung der virtuellen und dynamischen Methodentabellen der Klasse TFenster können Sie noch keine Verbesserung erkennen. Die Platzersparnis wird jedoch sichtbar, wenn die Tabellen der Nachkommen, wie z.B. der Klasse TSchalter, betrachtet werden. Es wird nun in der VMT des Nachkommens nicht noch einmal ein Verweis auf die Methode Open eingetragen, da dieser ja schon in der VMT des Vorfahrens existiert. Anstelle dieses Eintrags wird in das erste Wort der DMT von TSchalter der Offset auf die DMT von TFenster geschrieben. Über diesen Offset kann auf die geerbte und nicht veränderte Methode Open zugegriffen werden. Unter der Annahme, daß die Klasse TSchalter nicht nur auf eine vererbte, sondern z.B. auf zehn übernommene Methoden zugreift, können dadurch viele Verweise in ihrer VMT eingespart werden. Falls die Klasse TSchalter keine eigenen dynamischen Methoden deklariert und alle geerbten Methoden unverändert übernommen hätte, würde keine eigene DMT dieser Klasse existieren, sondern die DMT ihres Vorfahrens TFenster würde benutzt werden. In diesem Fall würde in dem dritten Wort der VMT von TSchalter der Offset auf die dynamische Methodentabelle des Objektes TFenster stehen.

Dynamische Objekte

Kommen wir zu unserem ersten Programm TPFIRST zurück. Die virtuelle Methode InitMainWindow wird von dem Konstruktor Init aufgerufen.

```
procedure TRahmen.InitMainWindow;
begin
   MainWindow := New(PWindow, Init(nil,
             'Das 1. TurboPascal-Programm'));
end;
```

Wir überschreiben diese Methode, um unserem Fenster einen beliebigen Titel übergeben zu können. Dieses Fenster erzeugen wir mit Hilfe der Funktion New als dynamisches Objekt, das auf dem Heap angelegt wird. Der Typ des Objektes wird durch den ersten Parameter PWindow genannt, der einen in der Unit WObjects definierten Zeiger auf die Klasse TWindow darstellt. Jede Klasse in dieser Unit besitzt einen Zeiger, dessen Name mit Ausnahme des Anfangsbuchstabens P identisch zum Klassennamen ist. Der zweite Parameter der Funktion New ist der Konstruktor der Klasse TWindow, der als Parameter den Textstring für den Titel übergeben bekommt.

Da wir nur ein Fenster öffnen wollen, gibt es weder ein Elternfenster noch einen Zeiger dazu. Deswegen wird in der Routine Init als erster Wert nil angegeben. Der Rückgabewert MainWindow der Funktion New ist ein Datenfeld der Klasse TApplication und zeigt auf die neu geschaffene Instanz der Klasse TWindow.

Hauptprogramm

In unserem ersten Beispiel legen wir keine weiteren Klassen an oder überschreiben bestimmte Methoden. Deswegen muß nun nur noch das Hauptprogramm implementiert werden.

```
var MeinRahmen : TRahmen;
begin
  MeinRahmen.Init('TPFirst');
  MeinRahmen.Run;
  MeinRahmen.Done;
end.
```

Da es sich bei der Deklaration einer Klasse wie z.B. TRahmen um eine Typvereinbarung handelt, müssen für den Ablauf des Programms Variablen zur Klasse deklariert werden, wie es auch in dem Punkt "Konzept" von TurboPascal beschrieben wurde. Diese Variablen stellen die Objekte bzw. Instanzen einer Klasse dar. Wir legen eine Instanz mit dem Namen MeinRahmen zu der selbstdefinierten Klasse TRahmen an.

Die Methoden Init, Run und Done werden in fast jeder Hauptroutine aufgerufen, die auf die Klassenbibliothek ObjectWindows zugreift. Diese drei Routinen erbt unsere Klasse TRahmen von der vorhandenen Klasse TApplication. Der Instanzname wird durch einen Punkt getrennt dem Methodennamen vorangestellt.

Konstruktor Init

Der Konstruktor Init führt Initialisierungen durch, wie z.B. die Herstellung der Verbindung zwischen der Instanz MeinRahmen und der virtuellen Methodentabelle der Klasse TRahmen. Bei dem dabei übergebenen String 'TPFirst' handelt es sich nur um eine interne Information, die beim Testen des Programms mit dem Debugger hilfreich sein kann. Da in der Klasse TRahmen der geerbte Konstruktor nicht überschrieben wird, wird die Methode Init seines Vorgängers TApplication verwendet. Diese besetzt mehrere Datenfelder und ruft ihrerseits die beiden Methoden InitApplication und InitInstance auf.

```
                ⎧ Initialisierung von Datenfeldern
         ⎧      │ TObject.Init
TApplication.Init│ TApplication.InitApplication
         ⎨      │                        ⎧ TApplication.InitMainWindow
         ⎩      │ TApplication.InitInstance⎨ TApplication.MakeWindow
                ⎩                        ⎩ TWindowsObject.Show
```

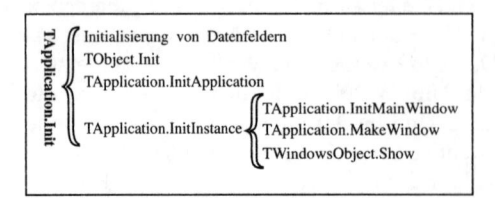

Abb. 86: Interner Ablauf des Konstruktors TApplication.Init

Die Klasse TObject ist der Vorfahre der Klasse TApplication. Deswegen wird in dem Konstruktor von TApplication zu Beginn der Konstruktor Init von TObject angesprungen. Die Methode InitApplication wird nur dann aktiviert, wenn das Programm zum ersten Mal gestartet wurde, da sie für die Registrierung der benötigten Windows-Klassen zuständig ist.

Die Routine InitInstance ruft ihrerseits wieder drei weitere Methoden auf, von denen wir die Methode InitMainWindow überschrieben haben. Da der Aufruf dieser Methode immer aus der Methode InitInstance erfolgt, werden Sie ihn nie direkt im Hauptprogramm finden können. Alle in der Abbildung genannten Methoden, außer den Konstruktoren, sind als virtuelle Methoden deklariert, damit sie bei Bedarf problemlos verändert werden können.

Methode Run

Nach der Ausführung des Konstruktors TApplication.Init wird die Methode Run aufgerufen. Der in der nächsten Abbildung gezeigte Ablauf kann teilweise auch in einer etwas unterschiedlichen Reihenfolge erfolgen.

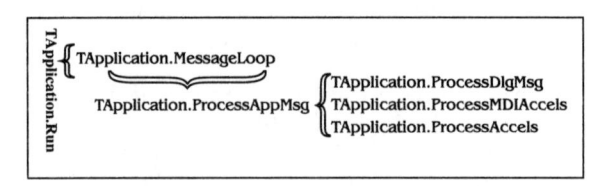

```
              ⎧ TApplication.MessageLoop
TApplication.Run⎨                          ⎧ TApplication.ProcessDlgMsg
              ⎩ TApplication.ProcessAppMsg⎨ TApplication.ProcessMDIAccels
                                          ⎩ TApplication.ProcessAccels
```

Abb. 87: Interner Ablauf der Methode TApplication.Run

Wenn Sie schon das erste Projekt mit QuickC durchgeführt haben, wird Ihnen bestimmt der Begriff MessageLoop bekannt vorkommen. Die Methode MessageLoop hat in etwa dieselben Aufgaben wie die Meldungsschleife in einem C-Programm zu erledigen. Sie nimmt also Ereignisse wie z.B. das Drücken von Tasten entgegen, um diese Meldungen an die entsprechende Methode des richtigen Objektes weiterzuleiten. Dieses Objekt kann ein Fenster sein, das derzeit den Focus besitzt.

Erst wenn der Anwender die Applikation beendet, wird diese Schleife wieder verlassen. Die von der MessageLoop aufgerufenen Methoden übersetzen Meldungen, die an bestimmte Dialogboxen, an Acceleratoren eines Menüs und an Acceleratoren von MDI-Anwendungen gerichtet sind.

Das erste wirkliche Windows-Programm

Destruktor Done

Damit das Programm an einem definierten Punkt aufhört und u.a. den Speicherplatz auf dem Heap, der durch das dynamische Fensterobjekt belegt wurde, wieder ordnungsgemäß freigibt, existiert der Destruktor Done des Objektes TApplication, der wiederum den Destruktor seines Vorfahrens aufruft.

Durch diese drei Beispiele konnten Sie schon etwas den internen Ablauf von Programmen erkennen, die mit der Klassen-Bibliothek ObjectWindows arbeiten. Auf der einen Seite wird der Quellcode dieser Applikationen durch die Verwendung von vorhandenen Methoden um einiges kürzer und besser lesbar. Andererseits ist es teilweise etwas schwer zu erkennen, welche Methoden von anderen aufgerufen werden, und welche neu definiert werden müssen, um bestimmte Aufgaben lösen zu können. Als hilfreich erweist sich dabei das Hilfesystem bzw. die Handbücher, die häufig den Leser darauf hinweisen, wann das Überschreiben einer Methode sinnvoll ist.

3.3.2 Dasselbe Beispiel ohne ObjectWindows

Obwohl das erste Programm in QuickC und in TurboPascal dieselben Aufgaben erledigt, besitzen die Quellcodes der beiden Sprachen recht wenig Ähnlichkeiten, da in TurboPascal die Klassen-Bibliothek ObjectWindows benutzt wurde. Es können aber auch Windows-Applikationen mit der Sprache TurboPascal ohne Berücksichtigung des objektorientierten Konzepts, d.h. ohne ObjectWindows geschrieben werden. Dies wollen wir jetzt anhand des gerade erstellten Beipiels realisieren.

Beispiel

{ TPFIRST2.PAS ohne ObjectWindows }

```
 1  program First2;
 2  uses WinTypes, WinProcs;
 3
 4  { Fensterroutine }
 5  function WndProc(Window: HWnd; Message, WParam:
 6                   Word; LParam: Longint): Longint; export;
 7  begin
 8    WndProc := 0;
 9    case Message of
10      WM_CLOSE:
11        Begin
12          DestroyWindow(Window);
13          PostQuitMessage(0);
14          Exit;
15        end;
16    end;
17    WndProc := DefWindowProc(Window, Message, WParam,
18                              LParam);
19  end;
20
21  procedure WinMain;
22  var
23    Window: HWnd;
24    Message: TMsg;
25  const
26    wcFirstClass: TWndClass = (
27      style: 0;
28      lpfnWndProc: @WndProc;
29      cbClsExtra: 0;
30      cbWndExtra: 0;
31      hInstance: 0;
32      hIcon: 0;
33      hCursor: 0;
34      hbrBackground: 0;
35      lpszMenuName: nil;
36      lpszClassName:'TPFirst2');
37
38  { Registrierung der Klasse }
39  begin
40    if HPrevInst = 0 then
41    begin
42      wcFirstClass.hInstance := HInstance;
43      wcFirstClass.hIcon := LoadIcon(0,IDI_APPLICATION);
44      wcFirstClass.hCursor := LoadCursor(0, IDC_ARROW);
45      wcFirstClass.hbrBackground :=HBRUSH
46                              (COLOR_WINDOW+1);
47      if not RegisterClass(wcFirstClass)
48      then Halt(255);
49    end;
50
51  { Erstellung des Fensters }
52    Window := CreateWindow(
53      'TPFirst2',
54      'TP-Programm ohne ObjectWindows',
55      WS_OVERLAPPEDWINDOW,
56      CW_USEDEFAULT,
57      CW_USEDEFAULT,
58      CW_USEDEFAULT,
59      CW_USEDEFAULT,
60      0,
61      0,
62      HInstance,
63      nil);
64    ShowWindow(Window, CmdShow);
65
66  { MessageLoop }
67    while GetMessage(Message, 0, 0, 0) do
68    begin
69      TranslateMessage(Message);
70      DispatchMessage(Message);
71    end;
72    Halt(Message.wParam);
73  end;
74
75  begin
76    WinMain;
77  end.
```

Wenn Sie sich zuvor das QuickC-Programm angesehen haben, kommt Ihnen bestimmt vieles bekannt vor. Die Unterschiede liegen vor allem in der Schreibweise der beiden Sprachen C und Pascal. So wird in die Sprache C zwischen Groß- und Kleinschreibung unterschieden, Pascal ist jedoch nicht case-sensitiv aufgebaut. In C existieren Strukturen, die in Pascal als Records definiert werden. In Pascal werden statt Include-Dateien Units verwendet. So enthalten die beiden Units WinTypes und WinProcs alle Windows-Funktionen, Konstanten und Datenstrukturen.

Die TurboPascal-Applikation besitzt nun auch eine Routine mit dem Namen WinMain, deren Aufruf das gesamte Hauptprogramm darstellt, und eine Window-Funktion namens WndProc. In der Prozedur WinMain, die im Gegensatz zum C-Programm keine Übergabeparameter besitzt, wird eine Variable des Records TWndClass als Konstante angelegt, um gewisse Vorbesetzungen durchführen zu können. Die restlichen Werte, die durch Funktionsaufrufe in diesen Record eingetragen werden, werden nur bei der ersten Instanz des Programms durchgeführt, wenn HPrevInst gleich 0 ist. Falls die Windows-Klasse nicht registriert werden kann, wird die Applikation beendet (Halt(255)). Ansonsten wird das Fenster erzeugt und angezeigt, um dann in die MessageLoop verzweigen zu können.

In der Fensterfunktion WndProc wird zu Beginn der Rückgabewert dieser Funktion auf den Wert 0 gesetzt, um eine fehlerfreie Verarbeitung zu signalisieren. Es wird nur auf die Meldung WM_CLOSE reagiert, indem das Fenster zerstört, und mit Hilfe der Funktion PostQuitMessage die Meldung WM_QUIT in die Application-Message-Queue gestellt wird, damit die MessageLoop und somit die gesamte Applikation beendet wird. Alle anderen Meldungen werden an die Default-Fensterroutine weitergereicht.

Somit sind alle notwendigen Teile, die ein Windows-Programm benötigt, implementiert. Im QuickC-Quellcode wurden noch einige Meldungen mehr abgefangen, und eine Endbearbeitung nach der Meldungsschleife eingefügt, wobei beides jedoch nicht zwingend vorgeschrieben ist. In der folgenden Tabelle sind die wichtigsten Unterschiede der beiden Sprachen C und Pascal bezogen auf das erste Windows-Programm zusammengefaßt.

TurboPascal	Sprache C
WinTypes, WinProcs	Windows.H
procedure WinMain;	int PASCAL WinMain(hInstance,hPrevInstance, lpszCmdLine, nCmdShow)
Record TMsg	Struktur MSG
Record TWndClass	Struktur WNDCLASS

Die Statements der Definition-Datei werden in Pascal durch die Einstellungen in der Linker-Dialogbox und durch die Angabe export realisiert, die an die Fensterfunktion angefügt wird.

3.3.3 Die Klassen-Bibliothek ObjectWindows

In unserem ersten Beispiel, das mit Hilfe der Klassen-Bibliothek ObjectWindows erstellt wurde, haben wir bereits die beiden Klassen TApplication und TWindow benutzt. Dabei wurde eine Instanz eines selbst angelegten Nachkommens der erstgenannten Klasse mit dem Schlüsselwort var als Variable definiert, um den Programmrahmen zu bilden. Die Klasse TWindow wurde verwendet, um ein dynamisches Objekt auf dem Heap anzulegen, das unser Fenster mit definiertem Titel darstellte. Neben diesen beiden Klassen existieren noch mehr als zwanzig weitere in ObjectWindows, die eine fest definierte Ordnung besitzen.

Bevor wir uns die Hierarchie ansehen, möchte ich Ihnen noch die kleinstmögliche Applikation in TurboPascal zeigen. Dazu ist nur die Klasse TApplication notwendig.

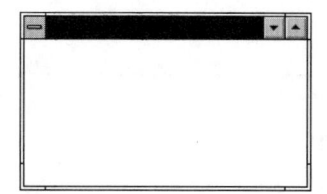

Abb. 88: Das kleinste TurboPascal-Programm

Beispiel
```
{ Kleinstes Programm: TPMINI.PAS }
program TPMini;
uses WObjects;

{ Hauptprogramm }
var MeinRahmen : TApplication;

begin
  MeinRahmen.Init('Mini');
  MeinRahmen.Run;
  MeinRahmen.Done;
end.
```

In diesem Programm wird direkt eine Instanz von TApplication definiert, um die drei Methoden Init, Run und Done aufzurufen. Da wir keine eigene Klasse ableiten, können wir keine Methode überschreiben und müssen somit auf einen Titel verzichten. Die Titelzeile bleibt in diesem Beispiel leer. Sobald ein Objekt nicht nur das Standard-Aussehen und -Verhalten besitzen soll, müssen somit eigene Klassen als Nachkommen geschaffen und Methoden überschrieben werden.

Für einen Überblick über die vorhandenen Klassen in der Klassen-Bibliothek ObjectWindows soll die nächste Abbildung und die anschließenden Kurzbeschreibungen der einzelnen Klassen dienen.

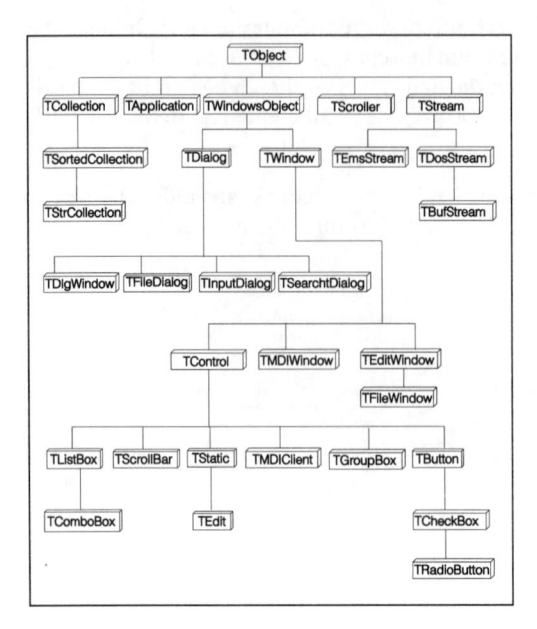

Abb. 89: Hierarchie der Klassen-Bibliothek ObjectWindows für TurboPascal

TObject

Die Klasse TObject ist der Urvater aller anderen Klassen in ObjectWindows. Somit besitzt er keinen Vorfahren, aber viele Nachkommen. Durch TObject wird der Ausgangspunkt für alle weiteren Klassen gelegt, deshalb wird sie auch als das Basisobjekt bezeichnet.

TApplication

Der Vorfahre der Klasse TApplication ist die Klasse TObject. Sie wird für jede Applikation benötigt, da sie für die grundsätzlichen Verhaltensweisen eines Windows-Programms zuständig ist. Ihre Aufgabe kann somit mit der von der Windows-Hauptroutine WinMain verglichen werden.

TWindowsObject

Der Vorfahre der Klasse TWindowsObject ist die Klasse TObject. Sie definiert das grundlegende Verhalten aller TurboPascal-Fenstertypen, wie Fenster, Dialogfenster und Steuerelemente. Es handelt sich dabei um eine abstrakte Klasse, von der nicht selber Instanzen abgeleitet werden können, sondern nur von ihren Nachkommen, wie z.B. TWindow und TDialog.

TWindow

Der Vorfahre der Klasse TWindow ist die Klasse TWindowsObject. Von ihr werden wir in dem Buch die meisten selbstdefinierten Nachkommen ableiten, da sie für das Verhalten und Aussehen eines Fensters zuständig ist. Mit ihren Methoden kann einem Fenster z.B. ein Menü oder ein eigenes Symbol zugewiesen werden. Auch bei einer Ausgabe wird eine Methode der Klasse TWindow benötigt. Da wir sie so häufig als Vorfahre unserer eigenen Klasse, von der wir dann dynamische Objekte erzeugen, verwenden werden, möchte ich Ihnen zeigen, welche Datenfelder und Methoden diese Klasse selber definiert.

Datenfelder	Bedeutung
Attr	Attribute zum Erzeugen von Fenstern
DefaultProc	Adresse der Default-Fensterroutine
FocusChildHandle	Handle des zuletzt aktiven Kindfensters
Scroller	Zeiger auf ein TScroller-Objekt

Methoden	Bedeutung
Create	erzeugt ein Fenster wie die Funktion CreateWindow
DefWndProc	ruft die Default-Fensterfunktion auf
Done	Destruktor
GetID	ermittelt den ID-Wert eines Fensters
GetWindowClass	füllt den TWndClass-Record mit Defaultwerten
Init	erzeugt Fenster mit angegebenem Titel
InitResource	initialisiert ein ObjectWindows-Objekt, das einem als Resource erstelltes Steuerelement zugeordnet wird
Load	initialisiert und lädt ein Fenster aus einem Stream
Paint	wird für die Ausgabe von der Methode WMPaint aktiviert
SetupWindow	stellt ein neu erzeugtes Fenster dar
Store	speichert das Fenster in einen Stream
WMActivate	wird durch eine WM_ACTIVATE Meldung aufgerufen
WMCreate	wird durch eine WM_CREATE Meldung aufgerufen
WMHScroll	wird durch eine WM_HSCROLL Meldung aufgerufen
WMLButtonDown	wird durch eine WM_LBUTTONDOWN Meldung aktiviert
WMMove	wird durch eine WM_MOVE Meldung aufgerufen
WMPaint	wird durch eine WM_PAINT Meldung aufgerufen
WMSize	wird durch eine WM_SIZE Meldung aufgerufen
WMVScroll	wird durch eine WM_VSCROLL Meldung aufgerufen

TMDIWindow

Der Vorfahre der Klasse TMDIWindow ist die Klasse TWindow. Sie erzeugt ein Rahmenfenster einer MDI-Applikation (Multiple Document Interface), in dem mehrere Dokumentenfenster enthalten sein können.

TEditWindow

Der Vorfahre der Klasse TEditWindow ist die Klasse TWindow. Sie definiert ein Fenster, das einen einfachen Texteditor darstellt. Dieser Editor besitzt die Fähigkeit, Textabschnitte in die Zwischenablage zu kopieren oder aus ihr zu holen. Zudem kann nach Worten gesucht oder können Begriffe durch andere ersetzt werden. Die Definition dieser Klasse steht nicht in der Unit WObjects, sondern in der Unit StdWnds, dessen Quellcode im TurboPascal-Paket enthalten ist.

TFileWindow

Der Vorfahre der Klasse TFileWindow ist die Klasse TEditWindow. Die Fenster dieser Klasse können zusätzlich zu den bei der Klasse TEditWindow genannten Eigenschaften auch noch Dateien öffnen und die getätigten Änderungen wieder abspeichern. Auch diese Definition ist in der Unit StdWnds enthalten.

TControl

Der Vorfahre der Klasse TControl ist die Klasse TWindow. Sie ist eine abstrakte Klasse und dient als Vorfahre aller Steuerelemente wie TStatic oder TListbox, die in erster Linie nicht als Bestandteile einer Dialogbox, sondern als Kindfenster erzeugt werden.

TListBox

Der Vorfahre der Klasse TListBox ist die Klasse TControl. Sie dient zur Realisierung von Listen, die sich innerhalb des Arbeitsbereiches eines normalen Fensters befinden.

TCombobox

Der Vorfahre der Klasse TCombobox ist die Klasse TListbox. Sie definiert eine Combobox, die durch eine Kombination aus einem Textfeld und einer Listbox entsteht und im Deutschen häufig als einzeiliges Listenfeld bezeichnet wird.

TScrollBar

Der Vorfahre der Klasse TScrollBar ist die Klasse TControl. Objekte dieser Klasse repräsentieren selbständige waagrechte oder senkrechte Scrollbars und nicht die Rolleisten, die mit einem Fenster fest verbunden sind und am rechten bzw. unteren Fensterrand liegen.

TStatic

Der Vorfahre der Klasse TStatic ist die Klasse TControl. Sie definiert ein statisches Textfeld, das sich normalerweise in der Client Area eines Fensters befindet.

TEdit

Der Vorfahre der Klasse TEdit ist die Klasse TStatic. Mit ihr können Textfelder als Kindfenster erzeugt werden, die auch mehrzeiligen Text aufnehmen können. Diese Editierfelder besitzen jedoch nicht wie Objekte der Klasse TEditWindow oder TFileWindow die Fähigkeit, nach Textstücken zu suchen und mit Dateien zu arbeiten.

TMDIClient

Der Vorfahre der Klasse TMDIClient ist die Klasse TControl. Jedes Rahmenfenster einer MDI-Applikation besitzt statt eines normalen Arbeitsbereiches ein Clientfenster, das diesen Bereich vollständig ausfüllt. Mit der Klasse TMDIClient wird ein solches Clientfenster angelegt, dessen Aufgabe es ist, die einzelnen Dokumentenfenster darzustellen.

TGroupBox

Der Vorfahre der Klasse TGroupBox ist die Klasse TControl. Instanzen dieser Klasse besitzen die Aufgabe, mehrere Radio-Buttons oder Kontrollfelder optisch in einer Gruppe zusammenzufassen, damit der Anwender einen besseren Überblick hat.

TButton

Der Vorfahre der Klasse TButton ist die Klasse TControl. Sie stellt einen Pushbutton als Kindfenster dar. Für diese Controlart existieren mehrere Namen, wie z.B. Command Button, Befehlsschaltfläche oder Aktionsschalter. Dieses Steuerelement wird normalerweise verwendet, damit der Anwender eine Aktion anstoßen kann.

TCheckBox

Der Vorfahre der Klasse TCheckBox ist die Klasse TButton. Objekte dieser Klasse werden auch als Kontrollfeld bezeichnet und können ein- bzw. ausgeschaltet werden. Der aktuelle Zustand wird mit Hilfe eines gesetzten bzw. gelöschten Kreuzes innerhalb des Feldes angezeigt.

TRadioButton

Der Vorfahre der Klasse TRadioButton ist die Klasse TCheckBox. Ein eingeschalteter Radio-Button, der auch den Namen Optionsschaltfläche trägt, enthält einen schwarzen Punkt. Wenn mehrere dieser Steuerelemente zu einer Gruppe zusammgefaßt werden, kann gleichzeitig nur einer gesetzt sein.

TDialog

Der Vorfahre der Klasse TDialog ist die Klasse TWindowsObject. Zu einem TDialog-Objekt gehört eine Dialogbox-Resource, die z.B. mit dem Resource Workshop gezeichnet wurde und das Aussehen und die Position seiner Steuerelemente wie Listboxen und Buttons bestimmt. Diese Dialogboxen können je nach der verwendeten Methode als modale und als modeless Dialogbox erzeugt werden.

TDlgWindow

Der Vorfahre der Klasse TDlgWindow ist die Klasse TDialog. Dialogboxen, die durch diese Klasse definiert werden, besitzen Eigenschaften sowohl von Dialogboxen (TDialog) als auch von normalen Fenstern (TWindow). Somit existiert sowohl eine Dialogbox-Resource als auch eine Fensterklasse.

TFileDialog

Der Vorfahre der Klasse TFileDialog ist die Klasse TDialog. Sie erzeugt Dialogboxen, die den Anwender auffordern, einen Dateinamen einzugeben, damit die spezifizierte Datei geöffnet oder gespeichert wird. Die Definition dieser Klasse befindet sich nicht in der Unit WObjects, sondern in der Unit StdDlgs.

TInputDialog

Der Vorfahre der Klasse TInputDialog ist die Klasse TDialog. Sie stellt eine Dialogbox zur Verfügung, die auf eine Texteingabe durch den Anwender wartet. Die Definition dieser Klasse befindet sich nicht in der Unit WObjects, sondern in der Unit StdDlgs.

TSearchDialog

Der Vorfahre der Klasse TSearchDialog ist die Klasse TDialog. Objekte dieser Klasse stellen Dialogboxen zum Suchen oder Ersetzen von Text dar und werden z.B. von der Klasse TEditWindow benutzt. Die Definition dieser Klasse befindet sich nicht in der Unit WObjects, sondern in der Unit StdWnds.

TCollection

Der Vorfahre der Klasse TCollection ist die Klasse TObject. Sie bildet die Grundlage für die Sammlung von Daten und Objekten zu Kollektionen, die mit Arrays oder Listen zu vergleichen sind. Der Vorteil von Kollektionen liegt darin, daß sie ihre Größe während der Laufzeit dynamisch ändern können.

TSortedCollection

Der Vorfahre der Klasse TSortedCollection ist die Klasse TCollection. Die Einträge dieser Kollektion werden nach einem Schlüssel sortiert. Der Vergleich für den Sortiervorgang muß durch eine bestimmte zu überschreibende Methode vorgenommen werden.

TStrCollection

Der Vorfahre der Klasse TStrCollection ist die Klasse TSortedCollection. Die Kollektionen dieser Klasse verwalten eine sortierte Liste von ASCII-Strings.

TScroller

Der Vorfahre der Klasse TScroller ist die Klasse TObject. Mithilfe von Instanzen der Klasse TScroller können horizontale und vertikale Scrollbars an den rechten bzw. unteren Fensterrand angefügt werden. Da diese Objekte immer zu Fenstern gehören, übernehmen diese im Normalfall auch die Initialisierung und Steuerung.

TStream

Der Vorfahre der Klasse TStream ist die Klasse TObject. Sie stellt eine abstrakte Klasse dar, die Ein-/Ausgaben ähnlich wie bei einer sequentiellen Datei ermöglicht. Im Gegensatz zu diesen sequentiellen Dateien können Streams jedoch komplette Objekte speichern.

TEmsStream

Der Vorfahre der Klasse TEmsStream ist die Klasse TStream. Ihre Objekte dienen zur Implementierung von Streams im EMS-Speicher. Zur Realisierung existieren zusätzliche Datenfelder für ein EMS-Handle, einen Seitenzähler, die Stream-Größe und die aktuelle Position.

TDosStream

Der Vorfahre der Klasse TDosStream ist die Klasse TStream. Die Klasse definiert Streams, die ungepufferte DOS-Dateien bearbeiten. Mithilfe des Konstruktors kann die DOS-Datei erzeugt oder geöffnet werden. Die Klasse besitzt ein zusätzliches Datenfeld, das ein DOS-Dateihandle speichert.

TBufStream

Der Vorfahre der Klasse TBufStream ist die Klasse TDosStream. Die Klasse definiert Streams, die im Gegensatz zu dem Vorfahren gepufferte DOS-Dateien bearbeiten.

3.3.4 Erweiterung des ersten Beispiels

Zum Abschluß des TurboPascal-Punktes wollen wir unser erstes Beispiel, das mit Hilfe von ObjectWindows ein Fenster mit definiertem Titel darstellte, ein wenig erweitern.

Das erste wirkliche Windows-Programm   191

Das Fenster soll mit einem Warnton auf das Loslassen der rechten Maustaste reagieren. Wenn es als Symbol dargestellt wird, erscheint nicht mehr das normale Symbol, sondern ein Stoppschild. Beim Beenden der Applikation wird der Anwender noch einmal gefragt, ob er wirklich aufhören möchte. Wenn er sich für nein entscheidet, läuft das Programm weiter.

Um diese Wünsche zu realisieren, muß das Fenster auf Meldungen in bestimmter Weise reagieren können und definierte Aufgaben durchführen. Dafür müssen wir nun eine eigene Klasse von der Standard-Klasse TWindow ableiten. Unsere neue Klasse erbt alle Methoden, die zum Darstellen etc. eines Fensters notwendig sind. Wir brauchen uns nur noch um die Lösung der anwendungsspezifischen Probleme zu kümmern.

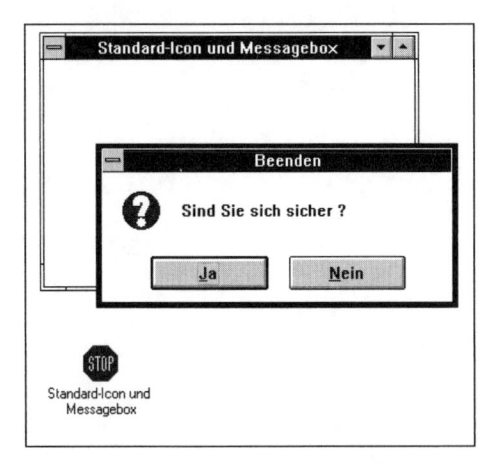

Abb. 90: Erweiterung zum ersten TurboPascal-Beispiel

Neue Methoden	Kurzbeschreibung
TWindowsObject.CanClose	wird beim Fensterschließen aufgerufen
TWindow.GetWindowClass	füllt den TWndClass-Record

Neue Objektvariable	Kurzbeschreibung
TWindowsObject.HWindow	Fensterhandle

```
{ Erweitertes Programm: TPFIRST3.PAS }
program TPFirst3;
uses WObjects, WinTypes, WinProcs;

type
  TRahmen = object(TApplication)
    procedure InitMainWindow; virtual;
  end;

type
```

```
      PFenster = ^TFenster;
      TFenster = object(TWindow)
        procedure GetWindowClass (var AWndClass:
                            TWndClass); virtual;
        function CanClose: Boolean; virtual;
        procedure WMRButtonUp (var Msg: TMessage);
                    virtual WM_First+WM_RBUTTONUP;
      end;

    procedure TRahmen.InitMainWindow;
    begin
      MainWindow := New(PFenster, Init(nil,
                    'Standard-Icon und MessageBox'));
    end;

    procedure TFenster.GetWindowClass (var AWndClass: TWndClass);
    begin
      TWindow.GetWindowClass(AWndClass);
      AWndClass.hIcon := LoadIcon(0, IDI_HAND);
    end;

    function TFenster.CanClose: Boolean;
    var Return : integer;
    begin
      CanClose := TRUE;
      Return := MessageBox(HWindow, 'Sind Sie sich sicher ?', 'Beenden',
    MB_YESNO+MB_IconQuestion);
      IF Return = ID_NO
      THEN CanClose := FALSE;
    end;

    procedure TFenster.WMRButtonUp (var Msg: TMessage);
    begin
      MessageBeep(0);
    end;

    { Hauptprogramm }
    var MeinRahmen : TRahmen;

    begin
      MeinRahmen.Init('TPFirst3');
      MeinRahmen.Run;
      MeinRahmen.Done;
    end.
```

Units WinProcs und WinTypes

In jedem weiteren TurboPascal-Programm werden wir genauso wie in diesem Beispiel zusätzlich zu der Unit WObjects die beiden Units WinProcs und WinTypes benötigen, die auch schon in der Applikation ohne ObjectWindows eingebunden wurden. In der Unit WinProcs stehen sämtliche Windows- API-Funktionen, die Unit WinTypes enthält Deklarationen von Datentypen und viele Konstante, die z.B. die Meldungen repräsentieren.

Da das Fenster auf sein Schließen reagieren und eine eigenes Icon für die Symbol-Darstellung besitzen soll, müssen die beiden virtuellen Methoden CanClose und GetWindowClass in der neu geschaffenen Klasse TFenster deklariert werden. Dieses Fensterobjekt wird genauso wie im ersten Programm als dynamisches Objekt auf dem Heap erzeugt. Der einzige Unterschied bei der Funktion New liegt im ersten Parameter, der nun den Zeiger PFenster, der selber deklariert werden muß, auf die neue Klasse TFenster darstellt.

Auf Windows-Meldungen kann entweder mit einer Funktion wie CanClose oder mit einer Prozedur wie WMRButtonUp reagiert werden. Diese virtuellen Methoden werden in TurboPascal auch als Botschaftsantwort-Methoden bezeichnet. Die Methoden CanClose und GetWindowClass sind dabei geerbt worden und werden nun überschrieben. Die Methode WMRButtonUp ist eine selbstdefinierte virtuelle Methode bzw. genauer gesagt eine dynamische Methode, da sie einen Index besitzt. Aufgrund der besseren Lesbarkeit erhalten häufig selbstdefinierte Methoden denselben Namen wie die Meldungen, die diese Routinen aktivieren.

Methode GetWindowClass

Wenn ein Feld der Windows-Fensterklasse mit einem anderen Wert als dem Defaultwert besetzt werden soll, muß die Methode GetWindowClass überschrieben werden. Diese Methode bekommt eine Variable des Records TWndClass übergeben, dessen Aufbau identisch zu der Struktur WNDCLASS in einem QuickC-Programm ist. Da wir nicht alle Felder, sondern nur das Feld für das Iconhandle verändern wollen, rufen wir für die restliche Versorgung zuerst die Methode GetWindowClass des Vorfahrens TWindow auf, die die Default-Einstellungen durchführt. Anschließend stellen wir nur das Iconhandle neu ein. Wir haben in diesem Beispiel nicht wie in QuickC ein selbstgezeichnetes Symbol zur Verfügung, sondern ein Standard-Icon, das mit der Konstanten IDI_HAND bezeichnet wird und ein Stoppschild darstellt.

```
procedure TFenster.GetWindowClass (var AWndClass: TWndClass);
begin
  TWindow.GetWindowClass(AWndClass);
  AWndClass.hIcon := LoadIcon(0, IDI_HAND);
end;
```

Methode CanClose

Wenn der Anwender das Fenster schließt, entsteht genauso wie bei einem QuickC-Programm eine WM_CLOSE-Meldung, die Windows an das Hauptfenster der Applikation sendet. Unser Fensterobjekt ruft daraufhin die Methode CanClose von TRahmen auf, die wiederum CanClose von TFenster aktiviert. Nur wenn diese Methode in allen angesprochenen Objekten den Wert TRUE zurückliefert, wird das Fenster geschlossen.

Ein Meldungsfenster wird in Windows mit der Funktion MessageBox auf den Bildschirm gebracht. Die Funktion bekommt neben dem Titel und einem Text die Anzahl und den Inhalt der darzustellenden Pushbuttons mitgegeben. Über die Konstante MB_YESNO wird ein Button mit Ja und einer mit Nein festgelegt. Durch das Anklicken einer Schaltfläche wird in Abhängigkeit des gewählten Buttons der Wert ID_YES oder ID_NO zurückgeliefert. Aufgrund dieses Wertes wird der Rückgabewert der Funktion CanClose auf FALSE gesetzt, damit das Programm weiterläuft, oder behält den zu Beginn eingestellten Wert TRUE, um die Applikation zu beenden.

```
function TFenster.CanClose: Boolean;
var Return : integer;
begin
  CanClose := TRUE;
  Return := MessageBox(HWindow, 'Sind Sie sich sicher ?', 'Beenden',
MB_YESNO+MB_IconQuestion);
  IF Return = ID_NO
  THEN CanClose := FALSE;
end;
```

Durch die Konstante MB_IconQuestion wird in der MessageBox zusätzlich ein Fragezeichen angezeigt.

Meldungen der rechten Maustaste

Wenn der Anwender die rechte Maustaste drückt, entsteht die Meldung WM_RBUTTONDOWN, beim anschließenden Loslassen die Meldung WM_RBUTTONUP, auf die unser Beispiel reagieren soll, indem es die Methode WMRButtonUp aufruft. Die Verbindung zwischen der Meldung und der korrespondierenden Methode erfolgt durch die Index-Angabe WM_First + WM_RBUTTONUP am Ende der Prozedur-Deklaration. Die Konstante WM_First ist in der Unit WObjects definiert, die Konstante WM_RBUTTONUP steht in der Unit WinTypes.

```
procedure WMRButtonUp (var Msg: TMessage);
           virtual WM_First+WM_RBUTTONUP;
```

Bei jedem Aufruf der Methode wird mit Hilfe der Funktion MessageBeep ein Warnton ausgegeben. Der Übergabeparameter Msg wird in diesem Beispiel nicht verwendet, ich habe ihn jedoch angegeben, da die meisten Methoden, die auf Meldungen reagieren, diesen Parameter übergeben bekommen. Der Record TMessage besitzt dieselben ersten vier Felder wie die in QuickC erklärte Struktur MSG, nur daß die Felder für die Zusatzinformationen noch feiner unterteilt sind.

TurboPascal	QuickC
TMessage = record	typedef struct tag.i.MSG; {
Receiver: HWnd;	HWND hwnd;
Message: Word;	WORD message;
case Integer of	
0:	(
WParam: Word;	WORD wParam;
LParam: Longint;	LONG lParam;
Result: Longint);	
1:	(
WParamLo: Byte;	
WParamHi: Byte;	
LParamLo: Word;	
LParamHi: Word;	
ResultLo: Word;	
ResultHi: Word);	
end;	} MSG;

Somit kann bei der Verarbeitung einer Meldung genauso wie in einer Window-Funktion auf all die Informationen zugegriffen werden, die die Windows-Funktion GetMessage bzw. die MessageLoop-Methode aus der Application-Message-Queue holt.

3.4 Das erste Windows-Programm in Borland C++

Mit Borland C++ kann genauso objektorientiert programmiert werden wie mit Turbo-Pascal. Es existiert somit auch eine Klassen-Bibliothek ObjectWindows, in der viele Standard-Klassen, z.B. für Fenster und Dialogboxen, implementiert sind, die große Gemeinsamkeiten mit den Klassen von TurboPascal aufweisen. Es wird Ihnen somit einiges bekannt vorkommen, wenn Sie den vorigen Punkt gelesen haben. Andererseits sind auch Ähnlichkeiten zu QuickC vorhanden, da beide Sprachen C-Dialekte sind. Somit werden Sie in Windows-Applikationen, die in Borland C++ geschrieben wurden, auch die Routine WinMain finden. Sie können auch C++ ohne ObjectWindows verwenden, um auf das objektorientierte Konzept von C++ zugreifen zu können, ohne jedoch die Windows-spezifische Klassen-Bibliothek nutzen zu müssen. Wir werden auch zu dieser Möglichkeit ein kleines Beispiel erstellen. Wenn Sie das Kapitel "Windows für DOS-Profis" gelesen haben, dann haben Sie auch schon gesehen, daß man Borland C++ auch als gewöhnlichen C-Compiler verwenden kann. Wenn Sie sich dafür interessieren, so schlagen Sie im Punkt von QuickC nach, da es in diesem Fall keinen Unterschied zur Windows-Programmierung mit QuickC gibt.

Entwicklungsumgebung

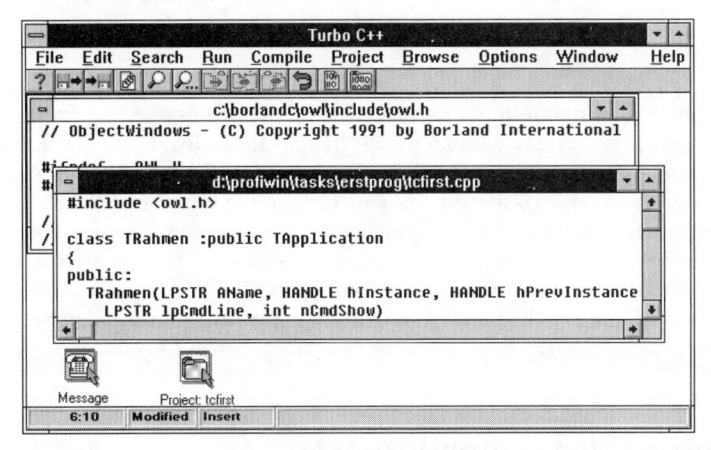

Abb. 91: Die Entwicklungsumgebung von TurboC++ für Windows

Im Gegensatz zu den anderen drei Sprachen wird Borland C++ unter DOS installiert. Zur Erstellung unserer Beispiele verwenden wir den TurboC++-Editor für Windows (TCW.EXE). Auch bei diesem Editor handelt es sich wieder um eine MDI-Applikation, die mehrere Dateiinhalte gleichzeitig darstellen kann. Direkt unter der Menüzeile befindet sich eine zusätzliche Leiste, die viele Symbole zur schnelleren Ausführung bestimmter Aktionen enthält und deswegen auch als Speedbar bezeichnet wird. Je nachdem, welches Fenster derzeit das aktive ist, sind mehr oder weniger dieser Icons verfügbar. Beim Editieren können z.B. folgende Symbole benutzt werden.

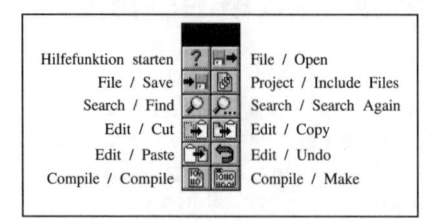

```
Hilfefunktion starten        File / Open
          File / Save        Project / Include Files
        Search / Find        Search / Search Again
           Edit / Cut        Edit / Copy
         Edit / Paste        Edit / Undo
     Compile / Compile       Compile / Make
```

Abb. 92: Die Speedbar des TurboC++-Editors

Diese Leiste kann an den oberen oder linken Fensterrand gelegt, als Popup-Fenster angezeigt oder ganz ausgeschaltet werden. Zum Setzen einer dieser vier Möglichkeiten existiert die Dialogbox des Menüpunktes Desktop, der sich im Untermenü Environment befindet, das Sie wiederum im Untermenü Options finden. Sie sehen schon an diesem Beispiel, daß über das Untermenü fast unzählig viele Einstellungen für den Editor, den Compiler, den Linker etc. vorgenommen werden können. So habe ich z.B. eingestellt, daß die Endung CPP, die als Abkürzung für C plus plus (C++) steht, an Dateien angefügt wird, wenn keine andere Angabe getätigt wird. Sie können auch über die Dialogbox Make des Untermenüs Options definieren, welche Aktionen ausgeführt werden sollen, wenn die Taste F9 bzw. der Menüpunkt Make aus dem Untermenü Compile gewählt wird.

Objektorientierte Programmierung

Auf die Grundsätze der objektorientierten Programmierung wurde bereits im Punkt 3.3.1 eingegangen. Wegen ihrer Sprachunabhängigkeit gelten diese Regeln in gleicher Weise wie für TurboPascal auch für die Sprache C++. Somit wird in C++ die Kapselung von Datenfeldern und den dazugehörigen Methoden auch mit Hilfe von Klassen durchgeführt, die nur etwas anders als in der Pascal-Sprache definiert werden. Klassen können von anderen abgeleitet werden oder besitzen selber Nachkommen, wodurch die Objektvariablen und Methoden vererbt werden. Das Konzept des Polymorphismus wird wiederum durch ein spätes Binden (late binding) erreicht, das erst zur Programmlaufzeit ausgeführt wird. Dadurch wird die richtige Methode des angegebenen Objektes aufgerufen.

3.4.1 Durchführung des ersten Projektes

Unser erstes in Borland C++ geschriebenes Beispiel soll wiederum nur aus einem Fenster mit selbstdefiniertem Titel bestehen, um besser einen Vergleich zu den anderen drei Sprachen ziehen zu können. Den dazu nötigen Code müssen wir selber editieren, da im Borland C++-Paket noch kein Hilfsmittel zur Erstellung der Programmrahmen mitgeliefert wird.

Das erste wirkliche Windows-Programm 197

Um eine Windows-Applikation zu erstellen, wird wie in QuickC und VisualBasic ein Projekt benötigt, das alle erforderlichen Dateien und andere Projektinformationen enthält. Ein bestehendes Projekt, dessen Dateinamen immer die Endung PRJ besitzt, wird über den Menüpunkt Open Project aus dem Untermenü Project geöffnet. Bei der Erstellung eines neuen Projektes geben wir in das Textfeld den Namen ein, den unser neues Projekt tragen soll. Ich habe unser erstes Projekt TCFIRST genannt. Anschließend können wir über den Menüpunkt Add Item diesem Projekt Dateien hinzufügen, auch wenn sie bis jetzt noch nicht existierten, wie z.B. die Datei TCFirst.CPP. In diesem Fall legt uns der Editor ein leeres Dokumentenfenster vor, in das wir nun unseren Code eingeben können.

Ganz klar hätten wir auch in einer anderen Reihenfolge beginnen können, indem wir z.B. erst in ein leeres Fenster den Code editieren, ihn unter dem gewünschten Namen abspeichern, um dann ein neues Projekt zu öffnen, dem wir die gerade erstellte Datei hinzufügen.

Auf alle Fälle sollte unsere fertige Applikation, nachdem wir sie gesichert, übersetzt und gebunden haben, das in der nächsten Abbildung gezeigte Aussehen besitzen.

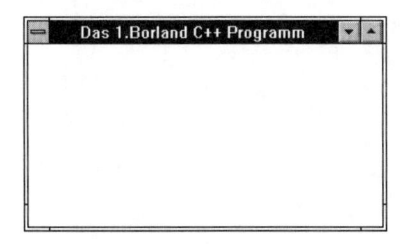

Abb. 93: Das erste Borland C++-Programm

Beispiel
```
// TCFIRST.CPP
#include <owl.h>

class TRahmen :public TApplication
{
public:
  TRahmen(LPSTR AName, HANDLE hInstance, HANDLE
    hPrevInstance, LPSTR lpCmdLine, int nCmdShow)
    : TApplication(AName, hInstance, hPrevInstance,
                   lpCmdLine, nCmdShow) {};
  virtual void InitMainWindow();
};

void TRahmen::InitMainWindow()
{
  MainWindow = new TWindow(NULL,
                  "Das 1.Borland C++ Programm");
}
```

```
int PASCAL WinMain(HANDLE hInstance, HANDLE
    hPrevInstance, LPSTR lpCmdLine, int nCmdShow)
{
  TRahmen MeinRahmen ("TCFirst", hInstance,
    hPrevInstance, lpCmdLine, nCmdShow);
  MeinRahmen.Run();
  return MeinRahmen.Status;
}
```

Compiler, Linker

Wenn Sie dieses Listing kurz überfliegen, werden Sie Begriffe lesen, die in QuickC wie z.B. hInstance erklärt wurden, andere kommen Ihnen vielleicht von TurboPascal bekannt vor wie z.B. die Methode InitMainWindow, und einige neue Sachen sind auch dabei. Bevor wir auf diese Einzelheiten genauer eingehen, wollen wir aus diesem Code eine ablauffähige EXE-Datei erstellen. Dazu stellen wir wie auch bei QuickC in den Compiler-Optionen das Small Modell ein und geben den Programmtyp Windows EXE an. In der Dialogbox des Menüpunktes Options / Linker / Libraries habe ich in allen drei Bereichen den Radio-Button static eingeschaltet.

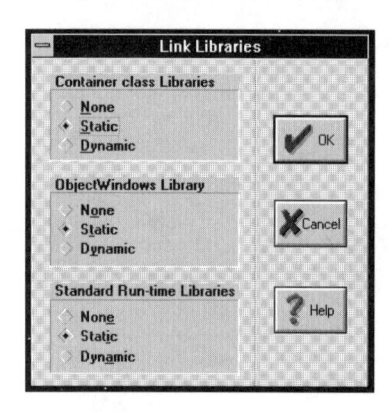

Abb. 94: Dialogbox für die Link-Bibliotheken

Durch diese Einstellungen legen Sie fest, ob Sie die Klassen-Bibliotheken statisch zu Ihrer Applikation binden wollen oder dynamisch in der Form von DLLs zugreifen möchten. Wenn Sie die zweite Möglichkeit wählen, müssen Sie jedoch als Speichermodell Large wählen. In der Container Klassen-Bibliothek ist z.B die Funktion New enthalten, ObjectWindows benötigen wir u.a. für die Klasse TApplication.

Bei meinen ersten Versuchen, eine EXE-Datei zu erstellen, hatte ich außerdem noch mit den durch die Installation gesetzten Verzeichnissen Schwierigkeiten. Wenn Sie ein Beispiel ausprobieren, das sich in einem der Examples-Verzeichnisse von BorlandC befindet, funktioniert bei Ihnen wahrscheinlich die Compilierung und das Binden einwandfrei. Sobald Sie jedoch ein eigenes Verzeichnis für Ihre Beipiele anlegen, bekommen Sie Fehlermeldungen, daß die Include-Dateien nicht gefunden werden können. Um diesen Fehler zu beseitigen, müssen Sie die Dialogbox des Menüpunktes Directories des Untermenüs Options aufrufen. Hier sind die Verzeichnisse in Abhängigkeit des BorlandC-

Verzeichnisses und nicht absolut zum Root-Verzeichnis eingetragen. Ich habe in den beiden Textfeldern für die Include- und Library-Directories folgende Einstellungen vorgenommen:

```
Include Directories:
c:\borlandc\include;c:\borlandc\owl\include;c:\borlandc\classlib\include;
Library Directories:
c;\borlandc\owl\lib;c:\borlandc\classlib\lib;c:\borlandc\lib;
```

Den Compiler- und Linkervorgang können Sie z.B. über das jeweilige Symbol aus der Speedbar anstoßen. Jetzt hoffe ich, daß bei Ihnen keine allzu großen Probleme mehr bei der Erstellung Ihres ersten BorlandC-Beispiels auftauchen. Da wir dem Projekt keine Definitiondatei zugefügt haben, gibt der Linker in dem Meldungsfenster eine Warnung aus und benutzt eine Default-Definition-Datei.

TApplication

In jedes Windows-Programm, das mit Borland C++ und der Klassen-Bibliothek Object-Windows realisiert wird, muß die Headerdatei OWL.H eingebunden werden, die ihrerseits auf zwei weitere Include-Dateien, _DEFS.H und APPLICAT.H, verweist. Die Datei APPLICAT.H enthält hauptsächlich die Klassendeklaration von TApplication, die genauso wie in TurboPascal immer benötigt wird, da sie den Windows-Programmrahmen darstellt. Aus diesem Grund wird normalerweise ein Nachkomme der Klasse TApplication gebildet, damit bestimmte Methoden wie z.B. InitMainWindow überschrieben werden können, um ein anderes Verhalten oder ein anderes Aussehen als das der Standardklasse zu erzielen.

Eine Klasse in Borland C++ kann mit einer C-Struktur verglichen werden. Sie unterscheiden sich in zwei Punkten. Das Schlüsselwort struct wird durch das neue Schlüsselwort class ersetzt, und in Klassen können auch Funktionen eingeschlossen werden.

```
class komplexeZahl
{
private:
    double Realteil, ImagTeil;
public:
    void Berechne(double r, double i);
}
```

Wenn eine Klasse definiert werden soll, die einen Vorfahren besitzt, wird der Vorfahre durch einen Doppelpunkt dem neuen Klassennamen nachgestellt.

```
class TRahmen :public TApplication
```

Das Wort public sagt dabei aus, daß alle Datenfelder und Funktionen der Klasse TApplication, die mit public angelegt wurden, auch in der neuen Klasse als public-Felder bzw. Methoden definiert sind. Auf sie kann überall innerhalb des Programms zugegriffen werden. Sobald der Definition von Objektvariablen das Schlüsselwort private vorangestellt wird, können diese Variablen nur innerhalb der Klasse, d.h. in den zu ihr gehörenden Methoden verwendet werden. Dasselbe gilt auch für Funktionen einer Klasse. Wenn

Sie bei der Klassendefinition von TRahmen das Schlüsselwort public weglassen, bekommen Sie die Fehlermeldung, daß weder auf die im Hauptprogramm aufgerufene Methode Run noch auf die dort verwendete Objektvariable Status zugegriffen werden kann, obwohl beide mit dem Schlüsselwort public in der Standardklasse TApplication definiert sind.

Objekt

Alle Klassen, die in der Klassen-Bibliothek ObjectWindows definiert sind, beginnen mit dem Buchstaben 'T', um auszusagen, daß es sich um eine Typvereinbarung handelt. Um einen Platz im Speicher zu belegen, muß erst ein Objekt bzw. eine Instanz erzeugt werden. Dies kann statisch oder dynamisch erfolgen. Beide Möglichkeiten sind in unserem Beispiel enthalten. Die Instanz von TRahmen wird durch folgende Zeile statisch angelegt:

```
TRahmen MeinRahmen ("TCFirst", hInstance,
   hPrevInstance, lpCmdLine, nCmdShow);
```

Die Parameter, die bei dieser Definition in Klammern angegeben werden, sind die Übergabewerte für den Konstruktor, auf den wir gleich noch zu sprechen kommen. Für eine dynamische Speicherplatzbelegung wird die Funktion new benötigt, der derjenige Klassenanme bzw. derjenige Konstruktor übergeben wird, von dem die Instanz geschaffen werden soll.

```
MainWindow = new TWindow(NULL,
              "Das 1.Borland C++ Programm");
```

Durch diese Codezeile wird für ein dynamisches Objekt der Standardklasse TWindow im Speicher Platz reserviert. Wiederum stellen die beiden Werte in den Klammern die Übergabeparameter des Konstruktors dar.

Konstruktor

Ein Konstruktor ist eine spezielle Methode, die Initialisierungen durchführt und für die Belegung der richtigen Speicherplatzgröße zuständig ist. Fast jede Klasse besitzt einen selbstdefinierten Konstruktor, im anderen Fall generiert der Compiler einen Default-Konstruktor. Diese Methode muß nach bestimmten Richtlinien aufgebaut werden. Ein Konstruktor, dessen Name identisch mit dem Namen der korrespondierenden Klasse sein muß, besitzt keinen Rückgabewert, nicht einmal den Wert void. Konstruktoren können nicht vererbt werden, jedoch kann ein Nachkomme den Konstruktor seines Vorfahrens aufrufen. Deswegen müssen wir bei der Klassendefinition TRahmen einen eigenen Konstruktor mit dem Namen TRahmen angeben.

```
TRahmen(LPSTR AName, HANDLE hInstance, HANDLE
   hPrevInstance, LPSTR lpCmdLine, int nCmdShow)
   : TApplication(AName, hInstance, hPrevInstance,
                  lpCmdLine, nCmdShow) {};
```

Unser selbstdefinierter Konstruktor hat nur die Aufgabe, den Konstruktor der Vorfahren TApplication aufzurufen, wobei dies als Inline Code realisiert ist. Deswegen steht direkt nach der Angabe des Konstruktors TRahmen der auszuführende Befehl, d.h. der Konstruktor TApplication, an den dieselben Parameter von TRahmen weitergereicht werden.

Konstruktoren können wie die meisten anderen C++-Funktionen auch Default-Werte für Argumente besitzen. Dadurch müssen nicht wie bei einer normalen C-Funktion Werte für alle Parameter angegeben werden, sondern nur die, die geändert werden sollen. Um dies zu verdeutlichen, betrachten wir noch einmal die Zeile

```
MainWindow = new TWindow(NULL,
                "Das 1.Borland C++ Programm");
```

Dem Konstruktor TWindow werden in diesem Beispiel zwei Werte übergeben, obwohl er in der Klassen-Bibliothek mit drei Übergabeparametern definiert ist.

```
TWindow(PTWindowsObject AParent, LPSTR ATitle,
        PTModule AModule = NULL);
```

Dem dritten und letzten Argument wird der Wert NULL zugewiesen, der automatisch immer dann benutzt wird, wenn bei einem Aufruf der Funktion nur zwei Werte angegeben werden. Da unsere Applikation nur aus einem Fenster besteht, existiert kein Elternfenster und der Funktion new wird als erster Parameter NULL übergeben. Das zweite Argument enthält den Inhalt der Titelzeile unseres Fensters.

Destruktor

Da jede Klasse einen Konstruktor besitzt, gibt es auch jeweils einen Destruktor, der auch denselben Namen wie die Klasse trägt, nur daß er mit dem Tilde-Zeichen (~) beginnt. Somit heißt der Destruktor der Klasse TApplication: ~TApplication. Diese Methoden sind das Gegenstück zu den Konstruktoren und geben deswegen den zuvor belegten Speicherplatz wieder frei.

Methode

Unsere Klasse TRahmen erbt alle Datenfelder und Methoden ihres Vorgängers TApplication, wobei wir die Methode InitMainWindow überschreiben wollen. Daher wird sie in der Klassendeklaration aufgelistet. Die Funktionalität dieser Methode kann entweder als Inline Code gleich der Prototyp-Angabe folgen oder im Anschluß der Klassendeklaration stehen. Bei der zweiten Möglichkeit, die meist übersichtlicher ist, muß vor dem Methodennamen noch der Klassennamen genannt werden, um eine eindeutige Zuordnung zu der Klasse herzustellen zu können. Die beiden Namen werden durch zwei Doppelpunkte voneinander getrennt.

```
void TRahmen::InitMainWindow()
{
}
```

Virtuelle Methode

Da die Funktion InitMainWindow in der Standardklasse mit dem Schlüsselwort virtual definiert wurde, müssen wir sie in unserer Klasse auf die gleiche Weise und somit auch ohne Parameter implementieren, damit sie eine virtuelle Funktion bleibt. Das Konzept der virtuellen Methoden ermöglicht es, daß Nachkommen verschiedene Versionen einer Methode anbieten können, obwohl sie alle von derselben Basisklasse abstammen. Aufgrund der Angabe virtual trägt der Compiler bei dem Funktionsaufruf nicht direkt die Startadresse ein, sondern nur einen Verweis auf ein internes Feld. Dadurch wird zur Laufzeit des Programms die Methode des aktuellen Objekts aktiviert. Falls Sie die Zahl oder den Typ der Argumente ändern oder das Wort virtual weglassen, wird das Konzept des Polymorphismus nicht berücksichtigt, und die redefinierte Funktion wird als statische Methode behandelt.

WinMain

Die Hauptroutine WinMain enthält bei einem kleinen Borland C++-Programm nur drei Zeilen. Wenn Sie sich an die Realisierung der Routine WinMain in einer QuickC-Applikation erinnern, wurde dort die Klasse registriert, das Fenster erzeugt und in die MessageLoop verzweigt. Dieselben Aufgaben werden auch hier ausgeführt, nur sind sie alle in der Methode Run der Klasse TApplication zusammengefaßt. Der Vorteil liegt darin, daß auf diese Weise das Hauptprogramm recht klein bleibt und meist nicht geändert werden muß. Mögliche Erweiterungen werden durch Zusatz-Methoden realisiert.

Aufruf des Konstruktors

Sobald das Objekt definiert wird, das in unserem Beispiel MeinRahmen heißt, wird automatisch der Konstruktor der korrespondierenden Klasse aufgerufen. Deswegen werden direkt anschließend die aktuellen Parameter des Konstruktors in Klammern genannt.

```
TRahmen MeinRahmen ("TCFirst", hInstance,
   hPrevInstance, lpCmdLine, nCmdShow);
```

TApplication::Run

Die Methode Run ruft ihrerseits wieder mehrere andere Methoden auf, deren Namen Ihnen wahrscheinlich schon von TurboPascal bekannt vorkommen, nur daß dort einige dieser Aufrufe durch die Methode TApplication.Init erfolgten.

```
TApplication::Run
    ┌ TApplication::InitApplication
    │                           ┌ TeigeneKlasse::InitMainWindow
    │ TApplication::InitInstance ┤ TModule::MakeWindow
    │                           └ TWindowsObject::Show
    │ TApplication::MessageLoop
    │                                   ┌ TApplication::ProcessAccels
    └ TApplication.ProcessAppMsg ┤ TApplication::ProcessDlgMsg
                                        └ TApplication::ProcessMDIAccels
```

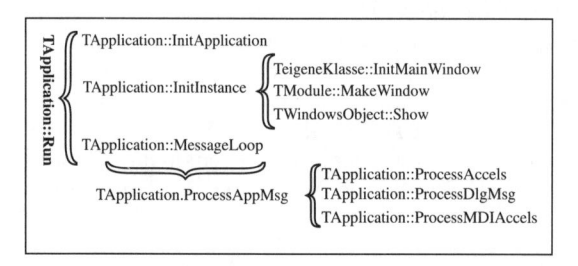

Abb. 95: Interner Ablauf der Methode TApplication::Run

Die Methode InitApplication wird nur beim ersten Programmstart aufgerufen, um die Registrierung der Klasse(n) vorzunehmen. Die anschließende Funktion ruft ihrerseits wieder drei weitere Methoden auf, von denen wir die Methode InitMainWindow überschrieben haben. Deswegen habe ich in diesem Fall als Klassennamen TeigeneKlasse angegeben. Die Methode MakeWindow der Klasse TModule, die der Vorfahre der Klasse TApplication ist, aktiviert nochmals mehrere Methoden, um das Fenster zu erstellen. Dies wäre aber für die Abbildung zu ausführlich gewesen. Falls die Objektvariable Status während dieser Initialisierungsphase nicht gesetzt wurde, kann nun in die Meldungsschleife verzweigt werden. Die dort genannten Methoden beziehen sich auf das Erkennen bestimmter Tasten, die an Menüs, Dialogboxen etc. gerichtet sind. Bei Pro-

Das erste wirkliche Windows-Programm 203

grammende wird der Inhalt des Datenfeldes Status an Windows weitergereicht, genauso wie es in einem QuickC-Programm mit der Zusatzinformation msg.wParam geschieht.

Browser

Sobald das Projekt auf eine EXE-Datei zugreifen kann, und in der Dialogbox *Advanced Code Generation*, die über den gleichnamigen Menüpunkt des Untermenüs *Options/Compiler* aufgerufen wird, der Schalter "Browser Info in OBJs" gesetzt ist, können Sie sich mit Hilfe des Untermenüs Browse interessante Informationen anzeigen lassen.

Über den Menüpunkt *Classes* werden alle verfügbaren Klassen angezeigt, unter denen sich auch unsere eigene Klasse TRahmen befindet. Wenn Sie auf einen Blick wissen möchten, welche Objektvariablen und Methoden in dieser Klasse selbst definiert sind, müssen Sie nur den Eingabecursor auf das Wort TRahmen in dem Editierfenster stellen und anschließend den Menüpunkt Symbol at Cursor selektieren.

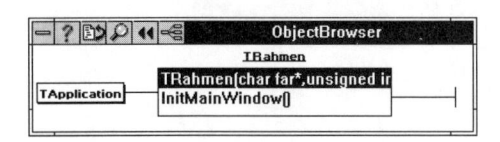

Abb. 96: Anzeige von Klassen-Informationen durch den Browser

Da die Klasse TRahmen keine Nachkommen besitzt, hört die rechte Linie auf. Auf der linken Seite wird der Vorfahre TApplication genannt. Durch einen Doppelklick auf diesen Klassennamen werden in dem Browse-Fenster die Methoden und Variablen dieser Klasse dargestellt.

3.4.2 Dasselbe Beispiel ohne ObjectWindows

Da Windows-Programme in der Sprache Borland C++ auch ohne die Klassen-Bibliothek ObjectWindows objektorientiert geschrieben werden können, möchte ich Ihnen anhand unserer ersten Applikation auch diese Möglichkeit vorstellen. Das fertige Programm wird wiederum ein in der Größe veränderbares Fenster mit einem eigenen Titel auf dem Bildschirm darstellen.

Beispiel

```
/* TCFIRST2.CPP */
 1  #include <windows.h>
 2  #include <stdlib.h>
 3
 4  long FAR PASCAL _export WndProc( HWND hWnd,
 5      WORD Message, WORD wParam, LONG lParam );
 6
 7  class Main
 8  {
 9  public:
10      static HANDLE hInstance;
11      static HANDLE hPrevInstance;
12      static int    nCmdShow;
13      static LPSTR  lpszCmdLine;
14      static int    MessageLoop( void );
15  };
16
17  class Window
18  {
19  protected:
20      HWND hWnd;
21  public:
22      BOOL Show( int nCmdShow )
23          { return ShowWindow( hWnd, nCmdShow ); }
24  };
25
26  class MainWindow : public Window
27  {
28  private:
29      static char szAppName[10];
30  public:
31      // Methode MainWindow::Register
32      static void Register( void )
33      {
34          WNDCLASS wndclass;
35          wndclass.style        = CS_HREDRAW | CS_VREDRAW;
36          wndclass.lpfnWndProc  = ::WndProc;
37          wndclass.cbClsExtra   = 0;
38          wndclass.cbWndExtra   = 0;
39          wndclass.hInstance    = Main::hInstance;
40          wndclass.hIcon        = LoadIcon(NULL,
41                                  IDI_APPLICATION);
42          wndclass.hCursor      = LoadCursor(NULL, IDC_ARROW);
43          wndclass.hbrBackground = (HBRUSH)
44                                  (COLOR_WINDOW+1);
```

Das erste wirkliche Windows-Programm

```
45      wndclass.lpszMenuName  = NULL;
46      wndclass.lpszClassName = szAppName;
47
48      if ( ! RegisterClass( &wndclass ) )
49         exit( FALSE );
50   }
51
52   // Konstruktor MainWindow::MainWindow
53   MainWindow( void )
54   {
55      hWnd = CreateWindow( szAppName,
56                  "C++ ohne ObjectWindows",
57                  WS_OVERLAPPEDWINDOW,
58                  CW_USEDEFAULT,0,
59                  CW_USEDEFAULT,0,
60                  NULL,
61                  NULL,
62                  Main::hInstance,
63                  (LPSTR) NULL );
64      if (! hWnd)
65         exit( FALSE );
66
67      Show( Main::nCmdShow );
68   }
69   };      // Ende der Klassendeklaration MainWindow
70
71   HANDLE Main::hInstance = 0;
72   HANDLE Main::hPrevInstance = 0;
73   int    Main::nCmdShow = 0;
74   LPSTR  Main::lpszCmdLine = NULL;
75
76   int Main::MessageLoop( void )
77   {
78      MSG msg;
79
80      while( GetMessage( &msg, NULL, 0, 0 ) )
81      {
82         TranslateMessage( &msg );
83         DispatchMessage( &msg );
84      }

85      return msg.wParam;
86   }
87
88   char MainWindow::szAppName[] = "TPFIRST2";
89
90   long FAR PASCAL _export WndProc( HWND hWnd, WORD
91         Message, WORD wParam, LONG lParam )
92   {
93      switch (Message)
94      {
95         case WM_CREATE:
96            break;
97         case WM_CLOSE:
98            PostQuitMessage(0);
99            break;
100        default:
101           return DefWindowProc( hWnd, Message, wParam,
102                                 lParam );
103     }
104     return 0;
105  }
106
107  int PASCAL WinMain( HANDLE hInstance, HANDLE
108  hPrevInstance, LPSTR lpszCmdLine, int nCmdShow)
109  {
110     Main::hInstance = hInstance;
111     Main::hPrevInstance = hPrevInstance;
112     Main::nCmdShow = nCmdShow;
113     Main::lpszCmdLine = lpszCmdLine;
114
115     if ( ! Main::hPrevInstance )
116        MainWindow::Register();
117
118     // Definition der Instanz + Aufruf des
119     // Konstruktors
120     MainWindow MainWnd;
121
122     return Main::MessageLoop();
123  }
```

Verwendete Klassen

In diesem Programm werden die drei Klassen Main, Window und MainWindow deklariert, wobei die zuletzt genannte Klasse ein Nachkomme von Window ist.

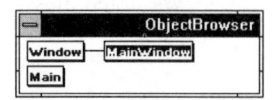

Abb. 97: Verwendete Klassen im Beispiel TCFirst2

Die Klasse Main ist für den eigentlichen Programmablauf zuständig, deswegen enthält sie die Methode MessageLoop. Die Aufgabe der Klasse Window ist das Anzeigen eines beliebigen Fensters, und die Klasse MainWindow kümmert sich um die Initialisierungen, die das Registrieren einer Klasse und das Erzeugen eines Fensters betreffen. Die beiden dafür nötigen Methoden werden als Inline Code realisiert.

Die Hauptroutine lautet wie bei einem Borland C++ mit ObjectWindows oder wie bei einem QuickC-Programm WinMain. Zu Beginn werden vier Objektvariablen der Klasse Main besetzt. Da diese Felder mit static angelegt wurden, ist kein Objekt nötig, um auf sie zugreifen zu können. Das Schlüsselwort static sagt zudem aus, daß diese Variablen nur einmal existieren, unabhängig davon, wie viele Instanzen es gibt. Dasselbe kann auch für Methoden gelten, die mit static definiert werden wie z.B. die Methode Register der Klasse MainWindow. Deswegen muß bei ihrem Aufruf, der nur beim ersten Start der Applikation erfolgt, noch kein Objekt definiert worden sein. Diese Methode besetzt eine Variable der WNDCLASS-Struktur mit fast den gleichen Werten, die wir im ersten QuickC-Beispiel benutzt haben. Der Unterschied liegt in der Versorgung des Feldes hInstance, das mit der Objektvariablen von Main besetzt wird, und des Feldes lpfn Wnd Proc, das den Ausdruck ::WndProc übergeben bekommt, wodurch mitgeteilt wird, daß

WndProc außerhalb des Bereiches definiert ist. Die Registrierung selber erfolgt mit der API-Funktion RegisterClass. Erst nach einer erfolgreichen Registrierung wird eine Instanz der Klasse MainWindow vereinbart, wodurch automatisch der gleichnamige Konstruktor MainWindow aktiviert wird, der das Fenster mit der API-Funktion Create Window erzeugt. Anschließend wird es mit Hilfe der von der Vorfahr-Klasse Window geerbten Methode Show angezeigt, die ihrerseits die API-Funktion ShowWindow aktiviert. In einem QuickC-Programm wird nach der Darstellung des Fensters in die Meldungsschleife verzweigt. Der Ablauf ist in diesem Programm derselbe, nur daß er über die Methode MessageLoop der Klasse Main erfolgt. Da diese Methode wiederum als static vereinbart wurde, ist kein Objekt nötig. Die MessageLoop selber und die Fensterfunktion sind identisch mit denen eines QuickC-Programms. Damit keine Definitiondatei erstellt werden muß, wird die Window-Funktion mit dem Schlüsselwort _export deklariert.

3.4.3 Die Klassen-Bibliothek ObjectWindows

Da wir schon in TurboPascal eine Minimalversion geschrieben haben, die aus nur acht Codezeilen besteht, wollen wir auch das kleinstmögliche Programm in Borland C++ erstellen, das sogar mit noch einer Zeile weniger auskommt. Wir benötigen dazu nur die Klasse TApplication.

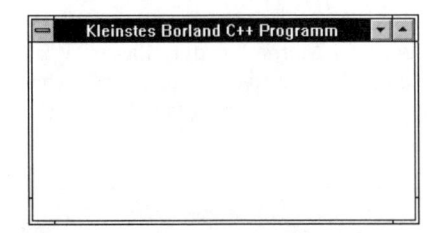

Abb. 98: Das kleinste Borland C++-Programm

```
// TCMINI.CPP
#include <owl.h>

int PASCAL WinMain(HANDLE hInstance, HANDLE
     hPrevInstance, LPSTR lpCmdLine, int nCmdShow)
{
  TApplication MeinRahmen("Kleinstes Borland C++ Programm", hInstance, hPrevInstance,
lpCmdLine, nCmdShow);
  MeinRahmen.Run();
  return MeinRahmen.Status;
}
```

Im Gegensatz zur TurboPascal-Version kann bei Borland C++ sogar die Titelzeile des Fensters mit einem eigenen Text besetzt werden. Der Grund dafür liegt in der Definition des Konstruktors der Klasse TApplication. Wenn nicht die Methode InitMainWindow überschrieben wird, dann wird der Wert des ersten Argumentes für den Titel verwendet. In der nächsten Abbildung sehen Sie die Beziehungen der einzelnen Klassen zueinander, die in der Klassen-Bibliothek ObjectWindows definiert sind. Wenn Sie dieses Bild mit dem von TurboPascal im Punkt 3.3.4 vergleichen, werden Sie gewisse Änderungen und einige Zusätze feststellen können.

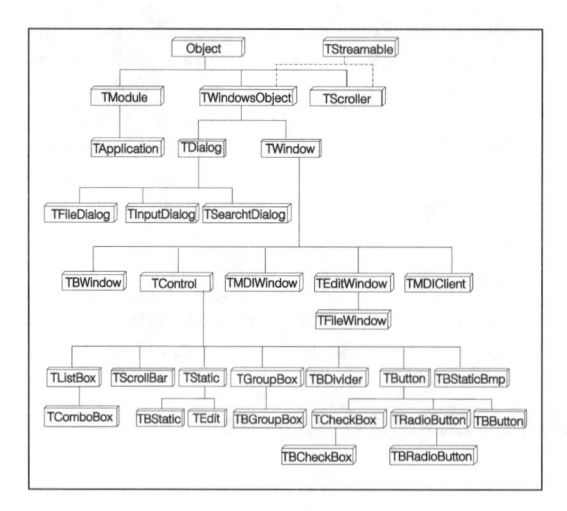

Abb. 99: Hierarchie der Klassen-Bibliothek ObjectWindows für C++

Anschließend werden nur die Klassen genannt, deren Aufgaben unterschiedlich zu den Aufgaben der Klassen von TurboPascal sind, da die übrigen schon bei TurboPascal kurz erklärt wurden. Zudem werden die Objektvariablen und Methoden der Klasse TWindow aufgelistet, da von dieser Klasse häufig Methoden überschrieben werden. Sie können dann auch leichter den Vergleich zu der Klasse TWindow von TurboPascal ziehen.

TWindow

Methoden	Bedeutung
ActivationResponse	stellt die Tastatur-Schnittstelle für die Controls des Fensters zur Verfügung
AssignMenu	weist dem Fenster ein Menü zu
build	erzeugt ein Fenster mit Daten aus einem Stream
Create	erzeugt ein Fenster wie die Funktion CreateWindow
GetClassName	liefert den Default-Klassennamen OWLWindows zurück
GetWindowClass	füllt den TWndClass-Record mit Defaultwerten
isA	wird von Container-Klassen benötigt
nameOf	wird von Container-Klassen benötigt
Paint	wird für die Ausgabe von der Methode WMPaint aktiviert
read	Fensterattribute werden aus einem Stream gelesen
SetupWindow	stellt ein neu erzeugtes Fenster dar
~TWindow	Destruktor
TWindow	Konstruktor
WMCreate	wird durch eine WM_CREATE Meldung aufgerufen
WMHScroll	wird durch eine WM_HSCROLL Meldung aufgerufen
WMLButtonDown	wird durch eine WM_LBUTTONDOWN Meldung aktiviert
WMMDIActivate	wird durch eine WM_MDIACTIVATE Meldung aufgerufen
WMMove	wird durch eine WM_MOVE Meldung aufgerufen
WMPaint	wird durch eine WM_PAINT Meldung aufgerufen
WMSize	wird durch eine WM_SIZE Meldung aufgerufen
WMVScroll	wird durch eine WM_VSCROLL Meldung aufgerufen
write	Fensterattribute werden in einen Stream geschrieben

Datenfelder	Bedeutung
Attr	Attribute zum Erzeugen von Fenstern
FocusChildHandle	Handle des zuletzt aktiven Kindfensters
Scroller	Zeiger auf ein TScroller-Objekt

Im Gegensatz zu der gleichnamigen Klasse in ObjectWindows von TurboPascal wird kein Datenfeld DefaultProc in TWindow vereinbart, sondern dieses Feld steht in dem Vorfahren TWindowsObject als 'protected' Objektvariable. Auch diejenigen Methoden, die Sie in TurboPascal bei TWindow zusätzlich finden, sind in C++ meist schon im Vorfahren definiert.

Object

Die Klasse Object ist der Urvater der anderen Klassen in ObjectWindows und kann mit der Klasse TObject in TurboPascal verglichen werden.

TModule

In TurboPascal stammt TApplication direkt von dem Urvater TObject ab, hier in C++ ist noch die Klasse TModule dazwischengestellt worden, die schon bestimmte Methoden für die Fehlerbehandlung und Speicherverwaltung der Fenster definiert, auf die dann die Klasse TApplication zugreifen kann.

TMDIClient

Die Klasse TMDIClient stellt ein Nachkomme der Klasse TWindow dar. In TurboPascal ist der Vorfahre dieser Klasse TControl.

TB..

Alle Klassen, die mit den beiden Buchstaben beginnen, besitzen das Borland-Style-Aussehen, das Sie z.B. schon von den Dialogboxen für die Optionen des Linkers und Compilers kennen. Ihr Verhalten entspricht dem Verhalten ihres Vorfahrens. Die zwei von TControl abstammenden Klassen sind für Spezialeffekte entwickelt worden.

Vorfahre	Klasse mit Borland Style Aussehen
TWindow	TBWindow
TStatic	TBStatic
TGroupBox	TBGroupBox
TButton	TBButton
TRadioButton	TBRadioButton
TCheckBox	TBCheckBox
TControl	TBDivider
TControl	TBStaticBmp

3.4.4 Erweiterung des ersten Projektes

Zwischen einem kleineren TurboPascal und einem Borland C++ existieren große Übereinstimmungen, wenn beide objektorientiert mit Hilfe der Klassen-Bibliothek geschrieben wurden. Um Ihnen diese Ähnlichkeiten zu zeigen, wollen wir zum Abschluß dieselben Erweiterungen, die wir in das TurboPascal-Beispiel eingebaut haben, auch in der C++-Applikation ergänzen. Im Detail sind das die drei folgenden Punkte:

- Ein Warnton ertönt beim Loslassen der rechten Maustaste.
- Das Fenster bekommt ein anderes Standard-Icon zugewiesen.
- Beim Schließen wird der Anwender noch einmal gefragt, ob er die Applikation wirklich beenden möchte.

Für die nächste Abbildung ist unser erweitertes erstes Beispiel zweimal gestartet worden, um sowohl das Fenster mit der MessageBox als auch das neue Symbol zeigen zu können.

Abb. 100: Ergänzungen zum ersten Borland C++-Beispiel

Neue Methoden	Kurzbeschreibung
TWindowsObject::CanClose	wird beim Fensterschließen aufgerufen
TWindow::GetWindowClass	füllt den TWndClass-Record

Neue Objektvariable	Kurzbeschreibung
TWindowsObject::HWindow	Fensterhandle

Beispiel
```
/* TCFIRST3.CPP */
#include <owl.h>

class TRahmen :public TApplication
{
public:
  TRahmen(LPSTR AName, HANDLE hInstance, HANDLE
```

```
              hPrevInstance, LPSTR lpCmdLine, int nCmdShow)
      : TApplication(AName, hInstance, hPrevInstance,
          lpCmdLine, nCmdShow) {};
    virtual void InitMainWindow();
};

class TFenster : public TWindow
{
public:
    TFenster(PTWindowsObject AParent, LPSTR ATitle)
      : TWindow(AParent, ATitle) {};
    virtual BOOL CanClose();
    virtual void GetWindowClass (WNDCLASS &);
    virtual void WMRButtonUp (RTMessage) =
                            [WM_FIRST+WM_RBUTTONUP];
};

void TRahmen::InitMainWindow()
{
    MainWindow = new TFenster(NULL, "Standard-Icon und
                                    MessageBox");
}

BOOL TFenster::CanClose()
{
    BOOL MsgReturn;
    MsgReturn = TRUE;
    if (IDNO == MessageBox(HWindow, "Sind Sie sich sicher ?",
        "Beenden", MB_YESNO | MB_ICONQUESTION))
          MsgReturn = FALSE;
    return (MsgReturn);
}

void TFenster::GetWindowClass (WNDCLASS & AWndClass)
{
    TWindow::GetWindowClass(AWndClass);
    AWndClass.hIcon = LoadIcon(NULL, IDI_HAND);
}

void TFenster::WMRButtonUp(RTMessage Msg)
{
    MessageBeep(0);
}

int PASCAL WinMain(HANDLE hInstance, HANDLE
      hPrevInstance, LPSTR lpCmdLine, int nCmdShow)
{
    TRahmen MeinRahmen ("TCFirst", hInstance,
          hPrevInstance, lpCmdLine, nCmdShow);
    MeinRahmen.Run();
    return MeinRahmen.Status;
}
```

TWindow

Neben einem eigenen Nachkommen der Klasse TApplication brauchen wir nun auch einen der Klasse TWindow, da wir bestimmte Eigenschaften des Fensters verändern wollen. Die neue Klasse heißt TFenster und besitzt vier eigene Methoden, die teilweise vom Vorfahren überschrieben, wie z.B. CanClose, und teilweise neu definiert werden, wie z.B. WMRButtonUp. Zudem benötigt diese Klasse einen eigenen Konstruktor, der sofort den Konstruktor TWindow aufruft und keine weiteren Initialisierungen durchführt, da diese speziellen Methoden nicht vererbt werden können.

Methode CanClose

Wenn der Anwender die Applikation schließen will, wird u.a. die Methode CanCLose aufgerufen, die den Wert TRUE zurückliefert, wenn das zu dieser Methode korrespondierende Fenster und alle Kindfenster beendet werden können. Abhängig von dem gedrückten Button in der MessageBox bestimmen wir über die Variable MsgReturn, ob TRUE oder FALSE zurückgegeben wird. Falls der Rückgabewert FALSE lautet, läuft das Programm normal weiter. Über den letzten Parameter der Funktion MessageBox wird bestimmt, wie viele und welche Pushbuttons dargestellt werden sollen. Außer den beiden Ja- und Nein-Schaltflächen wird durch die Angabe der Konstanten MB_ICONQUESTION ein Fragezeichen-Symbol angezeigt.

Damit bei einer Symbol-Darstellung des Fensters das Stoppschild angezeigt wird, muß die geerbte Methode GetWindowClass überschrieben werden, die die Adresse einer Variablen der Struktur WNDCLASS übergeben bekommt.

In der Sprache C++ gibt es für die Übergabe einer Adresse eine verkürzte Schreibweise, auf die ich hier kurz eingehen möchte. Wenn wir eine Funktion schreiben, die den Inhalt zweier Integer-Variablen austauschen soll, sieht die Lösung in C etwa folgendermaßen aus:

```
void Tausche(int * a, int * b)
{
   int temp;

   temp = *a;
   *a = *b;
   *b = temp;
}
```

Der Aufruf der Funktion Tausche lautet dann:

```
Tausche( &Zahl1, &Zahl2);
```

wobei die beiden Argumente Zahl1 und Zahl2 als Integer-Variablen definiert sind und einen bestimmten Wert enthalten. Genaugenommen werden in diesem Beispiel Zeiger (Pointer) auf diese beiden Variablen übergeben. Die Schreibweise mit * und & kann recht unleserlich und lästig werden, deswegen wurde in C++ ein spezieller Typ eingeführt, der einen Bezug auf etwas darstellt und als Referenz bezeichnet wird. Unter Verwendung dieser Referenz hat sich das Aussehen der Funktion Tausche ein wenig geändert:

```
void Tausche(int & a, int & b)
{
   int temp;

   temp = a;
   a = b;
   b = temp;
}
```

Eine Referenz wird durch den &-Operator bestimmt, genauso wie der *-Operator einen Zeiger definiert. Der Unterschied zwischen einem Zeiger auf etwas und einer Referenz auf etwas liegt darin, daß bei einer Referenz die Variable direkt als Übergabeparameter angegeben werden kann, und automatisch die Adressen dieser Argumente übergeben werden.

```
Tausche( Zahl1, Zahl2);
```

Referenz-Parameter sind effizient und sollten immer dann verwendet werden, wenn große Strukturen, wie z.B. WNDCLASS, an Funktionen übergeben werden. Dadurch kann viel Platz auf dem Stack eingespart werden, da dann nur die Adresse abgelegt werden muß. Zudem kann innerhalb der Funktion leichter auf die einzelnen Felder der Struktur zugegriffen werden. Diese C++- Referenzen können mit der VAR-Angabe in Pascal verglichen werden.

Methode GetWindowClass

Der Methode GetWindowClass wird die Referenz der Variablen AWndClass übergeben, damit auf ein Feld dieser Struktur leicht zugegriffen werden kann, wie z.B. AWndClass. hIcon. Da nur ein anderes Symbol gesetzt werden, alle anderen Einstellungen aber unverändert bleiben sollen, wird zuerst die Methode GetWindowClass des Vorfahrens TWindow aktiviert. Das Standard-Icon, das ein Stoppschild anzeigt, ist über die Konstante IDI_HAND definiert. Die Methode WMRButtonUp ist eine von uns selbst erstellte Methode, die es im Vorfahren nicht gibt, dadurch entstehen jedoch keine Unterschiede bei ihrer Deklaration. Sie soll immer dann aufgerufen werden, wenn der Anwender die rechte Maustaste gedrückt hatte und sie wieder losläßt. Dies erreichen wir, indem wir anschließend an den Prototypen der Funktion durch ein Gleichheitszeichen getrennt die Meldung WM_RBUTTONUP in eckigen Klammern angeben, zu der noch die Konstante WM_FIRST addiert wird.

```
virtual void WMRButtonUp (RTMessage) =
               [WM_FIRST+WM_RBUTTONUP];
```

Struktur TMessage

Der Ton, der jedesmal bei der Aktivierung dieser Methode ausgegeben wird, wird über die Funktion MessageBeep erzeugt. Die Methode besitzt einen Parameter vom Typ RTMessage, der jedoch in unserem Beispiel noch nicht verwendet wird. Deswegen gibt der Compiler die Warnung aus: Parameter 'Msg' is never used. In den weiteren C++-Programmen werden wir sehr häufig mit der Struktur TMessage zu tun haben, da ihre Adresse fast jeder Methode übergeben wird, die über eine Windows-Meldung aktiviert wird. Diese Struktur enthält dieselben ersten vier Felder wie die MSG-Struktur, mit der wir in QuickC gearbeitet haben. Die Zusatzinformationen wParam und lParam sind für einen leichteren Zugriff noch zusätzlich aufgegliedert worden.

```
struct TMessage {              typedef struct tagMSG {
  HWND Receiver;                 HWND   hwnd;
  WORD Message;                  WORD   message;
  union {
    WORD WParam;                 WORD   wParam;
    struct tagWP {
      BYTE Lo;
      BYTE Hi;
    } WP;
  };
  union {
    DWORD LParam;                LONG   lParam;
    struct tagLP {
      WORD Lo;
      WORD Hi;
    } LP;
  };                             .....
  long Result;
};                             } MSG;
```

Der Datentyp RTMessage ist in der Headerdatei WINDOBJ.H folgendermaßen definiert:

```
typedef TMessage _FAR &RTMessage;
```

Dadurch wird den Methoden, die diesen Typ verwenden, die Referenz auf die Variable Msg übergeben.

Das Hauptprogramm der Applikation TCFirst3 ist identisch mit dem Hauptprogramm des ersten Beispiels, da wir wiederum nur ein Objekt der Klasse TRahmen definieren müssen, wodurch der Konstruktor dieser Klasse aufgerufen wird, und anschließend die Methode Run aktivieren.

Zusammenfassung

Dieses Kapitel hat die einzelnen Schritte in den vier Sprachen erklärt, die notwendig sind, um ein einfaches Windows-Programm zu schreiben. Zuerst sollte nur ein Fenster mit eigenem Titel dargestellt werden. Diese Aufgabe läßt sich am leichtesten In VisualBasic lösen, da das Fenster, das hier als Form bezeichnet wird, schon von der Entwicklungsumgebung zur Verfügung gestellt wird. Der Titel ist dabei als Eigenschaft des Objektes Form definiert. Neben den Eigenschaften existieren Methoden und Ereignisse, die sich jeweils auf ein bestimmtes Objekt beziehen. Um auf bestimmte Meldungen reagieren zu können, müssen Ereignis-Prozeduren geschrieben werden.

Zur Erstellung des Programmrahmens wird mit QuickC die Software QuickCase:W mitgeliefert, mit der das Aussehen des Fensters, die Menüzeile etc. bestimmt wird, und Verbindungen zu Dialogboxen hergestellt werden können. QuickCase:W generiert aufgrund der getätigten Einstellungen mehrere Dateien, die die Endungen C, RC, DEF und H besitzen. Jedes QuickC-Programm besteht aus der Hauptroutine WinMain und mindestens einer Window-Funktion. Anhand eines C-Programms kann am besten der interne Ablauf von Windows wie z.B. die Warteschlangen er klärt werden. Mit den beiden Sprachen TurboPascal und Borland C++ können Programme geschrieben werden, die einen ähnlichen Aufbau wie eine QuickC-Applikation besitzen. Zusätzlich existiert in beiden Sprachen eine Klassen-Bibliothek namens ObjectWindows, mit deren Hilfe ein Windows-Programm auch objektorientiert aufgebaut werden kann. ObjectWindows enthält viele Standardobjekte mit vordefinierten Methoden. Die zwei am häufigsten verwendeten Klassen heißen TApplication, die für den Programmrahmen zuständig ist und TWindow, die das Aussehen und die Reaktionen eines normalen Fensters definiert.

4. Ausgabe

In diesem vierten Kapitel werden folgende Themen behandelt:

QC/Win

- Textfunktionen
- Grafische Grundfunktionen
- Werkzeuge zum Zeichnen:
    Pinsel
    Stift
    Font
- Koordinatensysteme
- Farbeinstellungen

Turbo Pascal   Turbo C++

- Device Context
- Die Meldung WM_PAINT
- Die Funktionen BeginPaint und EndPaint
- Die Textfunktionen TextOut und DrawText
- Linien- und Ellipsen-Funktionen
- Erstellung eigener Zeichenwerkzeuge
- Die Methoden WMPaint und Paint

Microsoft Visual Basic

- Die Eigenschaft AutoRedraw
- Die Eigenschaften BackColor und ForeColor
- Die Funktionen RGB und QBColor
- Das Ereignis Paint
- Die Methode Print
- Die Methoden TextHeight und TextWidth
- Die Methoden Cls und PSet
- Die Methoden Point, Line und Circle

4.1 Geeigneter Ort der Ausgabe

Sobald in Windows eine Ausgabe getätigt wird, wobei es unerheblich ist, ob sie auf dem Drucker oder auf dem Bildschirm erfolgt, wird vor allem mit dem GDI-Teil (Graphical Device Interface) von Windows zusammengearbeitet. Hier sind z.B. die API-Ausgabefunktionen definiert, die wir bei der Programmierung mit QuickC, TurboPascal und Borland C++ verwenden. GDI ist auch dafür verantwortlich, daß die Verbindung zu dem entsprechenden Gerätetreiber hergestellt werden kann.

4.1.1 Die Meldung WM_PAINT

Bei der Programmierung unter DOS war es dem Programmierer überlassen, zu welchem Zeitpunkt und in welcher Funktion er die Bildschirm-Ausgabe implementierte. Bei Windows gibt es dafür gewisse Richtlinien, die man beachten sollte. Die Ausgabe sollte im Normalfall nur bei der Meldung WM_PAINT oder einem dadurch angestoßenen Ereignis bzw. einer dadurch aktivierten Methode erfolgen.

Der Grund für diese Bestimmungen liegt darin, daß unter Windows gleichzeitig mehr als eine Applikation gestartet sein kann, die alle innerhalb ihrer Fenster Text oder Grafik ausgeben. Diese Fenster liegen häufig übereinander, so daß Teile der Ausgabe verdeckt sind. Sobald ein Fenster in den Vordergrund gebracht wird, muß aber die getätigte Ausgabe vollständig sichtbar sein, da der Anwender damit arbeiten möchte. Aus diesem Grund wurde in Windows die Meldung WM_PAINT eingeführt, die z.B. immer dann entsteht, wenn Windows feststellt, daß der Inhalt eines Teils oder des gesamten Arbeitsbereiches (Client Area) des Fensters nicht mehr aktuell ist. Diese Meldung wird in die entsprechende Application-Message-Queue gestellt, aus der sie dann wieder mit der Funktion GetMessage geholt und mit Hilfe von DispatchMessage an die Fensterroutine weitergeleitet wird.

Wenn das Fenster nur teilweise durch ein anderes überlagert war, wird bei der Meldung WM_PAINT die Information mitgegeben, welcher Bereich der Client Area neu aufbereitet werden muß. Dieser Teil wird als *Clipping Region* oder *invalider* Bereich bezeichnet. Windows erlaubt nur das Zeichnen in diese Clipping Region, aber nicht außerhalb, um sowohl aktuelle Bereiche der Client Area als auch andere Fenster vor einem unerlaubten Überschreiben zu schützen.

CS_HREDRAW, CS_VREDRAW

Eine WM_PAINT-Meldung kann aufgrund mehrerer Möglichkeiten entstehen. Das Fenster wird durch ein Anklicken auf den Bildschirm nach vorne geholt, wie bereits erwähnt wurde, oder der Anwender verändert die Größe des Fensters. Die beiden Stilparameter CS_HREDRAW für horizontal und CS_VREDRAW für vertikal sind in der WNDCLASS-Struktur gesetzt. In diesem Fall wird außer einer WM_SIZE-Meldung auch immer eine WM_PAINT-Meldung generiert, wobei die gesamte Client Area als ungültig markiert wird, damit der Inhalt insgesamt neu aufbereitet werden kann.

```
WNDCLASS wndclass;
wndclass.style = CS_HREDRAW | CS_VREDRAW;
```

Ausgabe

In einem QuickC-Programm, dessen Aussehen mit QuickCase:W erstellt wurde, werden diese zwei Konstanten automatisch dem style-Feld übergeben, wenn in der Dialogbox, die über den Menüpunkt *Style* aufgerufen wird, das erste Kontrollfeld (Redraw when Sized) markiert wurde. Bei einer in TurboPascal oder Borland C++ geschriebenen Applikation werden sie durch die Methode GetWindowClass der Klasse TWindow gesetzt. Falls die beiden Konstanten CS_HREDRAW und CS_VREDRAW nicht angegeben sind, wird nur dann die Meldung WM_PAINT generiert, wenn das Fenster vergrößert wird. Zudem wird nur der neu hinzugekommene Teil als ungültig markiert.

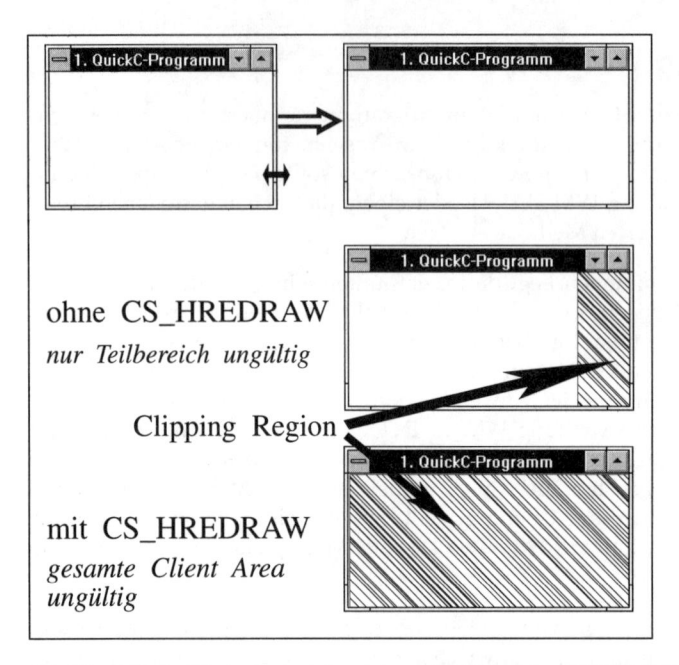

Abb. 101: Größe der Clipping Region bei gesetztem und nicht gesetztem CS_HREDRAW

Wenn der Anwender das Fenster des ersten QuickC-Programms vergrößert, und das Flag CS_HREDRAW nicht gesetzt ist, wird bei der entstehenden WM_PAINT-Meldung nur der vergrößerte Fensterteil mitgeliefert. Nur in diesem ungültigen Bereich kann etwas ausgegeben werden. Bei gesetztem Stilparameter kann statt dessen die Ausgabe in die gesamte Client Area erfolgen, um z.B. bei einem mehrzeiligen Text neue Zeilenumbrüche erstellen zu können.

Bei bestimmten Aktionen versucht Windows selber, einen Teil des Bildschirms zu sichern, um ihn später wieder restaurieren zu können. Falls dies jedoch aus Mangel an Speicherplatz o.ä. nicht möglich ist, sendet Windows WM_PAINT-Meldungen an die betroffenen Fenster. Diese Aktionen sind z.B. das Entfernen einer Dialogbox oder das Wegblättern eines Untermenüs. In bestimmten Situationen sichert Windows immer den überschriebenen Bildschirmbereich und stellt ihn anschließend wieder her. Der typische Fall dafür ist das Bewegen des Mauszeigers über die Client Area.

CS_SAVEBITS

Mit Hilfe der Konstanten CS_SAVEBITS, die genauso wie CS_HREDRAW als Stilparameter bei der Klassen-Registrierung gesetzt werden, ist es auch möglich, daß Windows selber den Bildschirmbereich als Bitmap sichert, der von einem anderen Fenster überlagert wird. Mit dieser Sicherung kann Windows dann den Bildschirm wiederherstellen, wenn das Fenster z.B. bewegt wird. Dabei wird das Bitmap an die ursprüngliche Stelle gezeichnet, und die zuvor verdeckten Fenster erhalten keine WM_PAINT-Meldung, da ja Windows die Aufbereitung übernimmt. Trotz dieser vermeintlichen Vorteile sollte die Konstante CS_SAVEBITS nur bei kleinen Fenstern gesetzt werden, die sich kurzzeitig auf dem Bildschirm befinden, da Windows für diese Sicherungs-Bitmaps sehr viel Speicherplatz benötigt. Auch wird durch CS_SAVEBITS die Zeit der Aufbereitung und Ausgabe des Fensters um einiges erhöht. Wir werden uns diese Möglichkeit anschließend bei VisualBasic ein wenig genauer ansehen, da sie dort über die Eigenschaft AutoRedraw realisiert wird.

InvalidateRect

Neben der Generierung einer WM_PAINT-Meldung durch Windows können auch wir als Programmierer fordern, daß diese Meldung erzeugt wird. Dafür gibt es zum einen die Funktion UpdateWindow, die eine WM_PAINT-Meldung als eine non-queued Meldung generiert, die direkt an die Window-Funktion gesendet wird, zum anderen existieren die beiden Funktionen InvalidateRect und InvalidateRgn, die viel häufiger als die zuerstgenannte Funktion benutzt werden. Der Grund dafür liegt in der Langsamkeit der Ausgabe. Eine Ausnahme stellt die Ausgabe eines neuen Abschnittes dar, wenn mit Scrollbars gearbeitet wird. In der Queue wird die WM_PAINT-Meldung immer als letzte Meldung an die anderen angehängt.

In vielen Programmen wird eine Ausgabe über einen Menüpunkt oder über eine bestimmte Taste angestoßen. Programmtechnisch gesehen wird jedoch der Text oder die Grafik nicht direkt bei einer WM_COMMAND-Meldung oder bei einer WM_CHAR-Meldung in das Fenster geschrieben, sondern hier wird nur die Funktion InvalidateRect aktiviert, die eine WM_PAINT-Meldung in die Application-Message-Queue stellt.

```
QuickC und C++:
     void InvalidateRect(HWND hWnd, LPRECT lpRect,
            BOOL bErase)
TurboPascal:
     procedure InvalidateRect(Wnd: HWnd; Rect:
            LPRect; Erase: Bool);
```

Parameter	Beschreibung
hWnd	Handle des Fensters, das modifiziert werden soll
lpRect	Zeiger auf eine Rechtecksstruktur, die den ungültigen Bereich kennzeichnet
bErase	TRUE: Hintergrund wird vor Neuausgabe gelöscht FALSE: Hintergrund bleibt bestehen

Die Funktion InvalidateRgn beinhaltet als zweiten Parameter keinen Zeiger auf eine Rechtecksstruktur, sondern ein Handle auf eine Region, die aus mehreren Teilbereichen zusammengesetzt sein kann.

Methode Refresh

Das Äquivalent zu der Funktion InvalidateRect ist in VisualBasic die Methode Refresh. Durch ihren Aufruf wird ein Paint-Ereignis erzeugt. Dies kann nicht nur bei einem Form, sondern auch bei Controls angewendet werden.

```
Form2.Refresh
Befehl3.Refresh
```

QC/Win: Auf die WM_PAINT-Meldung wird in QuickC in der Window-Funktion im switch-Zweig für die Meldungen reagiert. Dabei müssen die erste Funktion BeginPaint und die letzte Funktion EndPaint lauten, da sie für das Besorgen und die Freigabe eines Device Contextes zuständig sind (s.u.).

```
LONG FAR PASCAL WndProc(HWND hWnd, WORD Message, WORD wParam, LONG lParam)
{
    HDC         hDC;
    PAINTSTRUCT ps;

    switch (Message)
    {
      case WM_PAINT:
        hDC = BeginPaint(hWnd, &ps);
        // Ausgaben
        EndPaint(hWnd, &ps);
    }
}
```

Turbo Pascal, Turbo C++: Wenn Sie in Borland C++ oder TurboPascal mit der Klassen-Bibliothek ObjectWindows arbeiten, existieren in der Klasse TWindow die zwei Methoden WMPAINT und Paint, wobei die zweitgenannte Methode von der ersten aktiviert wird.

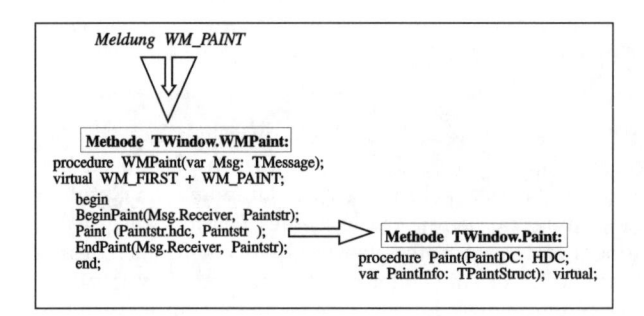

```
Meldung WM_PAINT
        ⇓
Methode TWindow.WMPaint:
procedure WMPaint(var Msg: TMessage);
virtual WM_FIRST + WM_PAINT;
  begin
    BeginPaint(Msg.Receiver, Paintstr);
    Paint (Paintstr.hdc, Paintstr );   ⇒   Methode TWindow.Paint:
    EndPaint(Msg.Receiver, Paintstr);      procedure Paint(PaintDC: HDC;
  end;                                     var PaintInfo: TPaintStruct); virtual;
```

Abb. 102: Aktivierung der Methoden WMPaint und Paint in TurboPascal

Die Abbildung zeigt den Ablauf mit der TurboPascal-Syntax. Die Definition der beiden Methoden in Borland C++ lautet folgendermaßen:

```
virtual void WMPaint(RTMessage Msg) =
            [WM_FIRST + WM_PAINT];

virtual void Paint(HDC PaintDC, PAINTSTRUCT
            _FAR & PaintInfo);
```

Normalerweise wird die Methode Paint verwendet, weil sie den Vorteil bietet, das Handle auf den Device Context als ersten Parameter zu übergeben. Somit muß nicht mehr das Funktionspaar BeginPaint und EndPaint geschrieben werden, da es schon in der WMPaint-Methode aufgerufen wird. Diese beiden Methoden sind fast die einzigen Unterschiede zwischen einer Ausgabe in QuickC und einer Ausgabe in TurboPascal bzw. Borland C++.

4.1.2 Das Ereignis Paint

Bei der Programmierung mit VisualBasic wird auf Ereignisse reagiert, die eigentlich nichts anderes als die Windows-Meldungen sind und nur etwas anders heißen. So wird das Ereignis-Gegenstück zur WM_PAINT-Meldung mit dem Namen Paint bezeichnet. Wenn die Meldung an ein Fenster gerichtet ist, kann sie verarbeitet werden, indem die Ereignis-Prozedur Form_Paint behandelt und z.B. ein Kreis gezeichnet wird.

Microsoft Visual Basic

```
Sub Form_Paint
   Circle (2500, 2000), 1500
End Sub
```

Eigenschaft AutoRedraw

Die Entstehung eines Paint-Ereignisses hängt von der Einstellung der Form-Eigenschaft AutoRedraw ab. Sie bestimmt, ob es die Aufgabe von Windows oder des Programmierers ist, die zuvor verdeckten Bereiche der Ausgabe in dem nun aktiven Fenster zu erneuern, wenn es in den Vordergrund geholt wird. Wenn die Eigenschaft AutoRedraw den Wert falsch (FALSE) besitzt, entsteht das Ereignis Paint, und der Programmierer muß sich bei diesem Ereignis um die Ausgabe kümmern, wie es auch im Normalfall in den anderen drei Sprachen der Fall ist.

Warum es so wichtig ist, die Texte und Grafiken bei dem Paint-Ereignis bzw. bei der WM_PAINT-Meldung auszugeben, kann leicht mit Hilfe eines kleinen VisualBasic-Beispiels demonstriert werden. In einem Fenster soll immer eine Raute und ein Rechteck angezeigt werden. Falls die Zeichnung z.B. beim Anklicken des Fensters ausgegeben wird, und ein Fensterteil von einem anderen Fenster überdeckt wird, wird nach dessen Entfernen die Zeichnung nicht erneuert. Der Anwender müßte erst wieder das Click-Ereignis auslösen. Wurde jedoch ordnungsgemäß die Ausgabe bei dem Paint-Ereignis getätigt, so wird die Raute und das Rechteck neu gezeichnet, sobald das darüberliegende Fenster verschwunden ist.

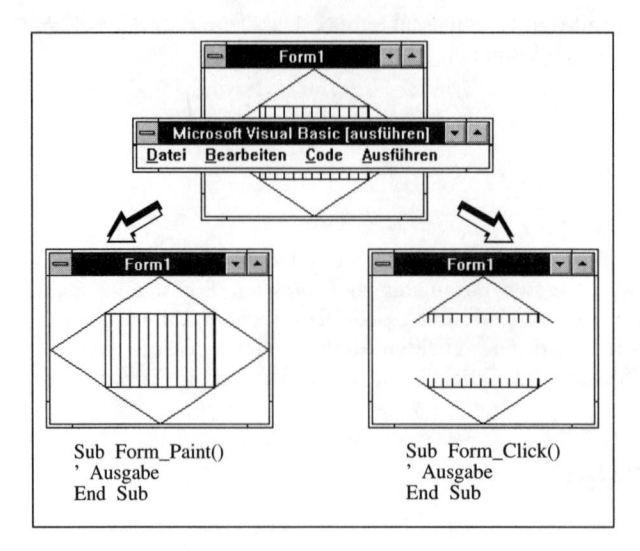

```
           Sub Form_Paint()        Sub Form_Click()
           ' Ausgabe               ' Ausgabe
           End Sub                 End Sub
```

Abb. 103: *Ausgabe beim Ereignis Paint*

Die Ereignis-Prozedur Form_Paint enthält folgenden Code, um die beiden Grafiken darzustellen. Wir werden uns ein wenig später noch genauer mit der Funktion Line beschäftigen.

```
Sub Form_Paint ()
    HalbeBreite = ScaleWidth / 2
    HalbeHoehe = ScaleHeight / 2
    Line (HalbeBreite / 2, HalbeHoehe / 2)-
        (3 * ScaleWidth / 4, 3 * ScaleHeight / 4), , B
    Line (0, HalbeHoehe)-(HalbeBreite, 0)
    Line -(ScaleWidth, HalbeHoehe)
    Line -(HalbeBreite, ScaleHeight)
    Line -(ScaleLeft, HalbeHoehe)
End Sub
```

Ein Paint-Ereignis tritt auch genauso wie eine WM_PAINT-Meldung bei der Größenänderung eines Fensters ein. Deswegen dürfen in dieser Prozedur keine Eigenschaften wie Width und ForeColor beschrieben werden, die ein erneutes Paint-Ereignis bewirken, da man ansonsten eine Endlos-Schleife programmiert.

AutoRedraw = wahr

Wenn Ihr Fenster keine Paint-Ereignisse erhalten soll, können Sie die Eigenschaft AutoRedraw auf wahr (TRUE) einstellen. In diesem Fall legt Windows dasselbe anzuzeigende Bild als Bitmap in den Speicher ab, um bei Bedarf den Fensterinhalt restaurieren zu können. Auf dieses Bitmap kann man programmtechnisch über die Eigenschaft Image zugreifen, die ein Handle darauf enthält. Das Handle kann nur gelesen, aber nicht überschrieben werden. Es kann z.B. der Eigenschaft Picture eines Fensters zugewiesen werden, um das Bitmap als Bild in ein anderes Fenster auszugeben.

```
Form2.Picture = Form1.Image
```

Wenn wir unser kleines Beispiel von vorhin noch einmal betrachten, so erscheint bei der auf wahr gesetzten Eigenschaft AutoRedraw keine Zeichnung, wenn die Ausgabe bei dem Paint-Ereignis erfolgt, jedoch wird sie automatisch immer wieder vollständig ausgegeben, wenn sie einmal durch ein Click-Ereignis in das Fenster geschrieben wurde.

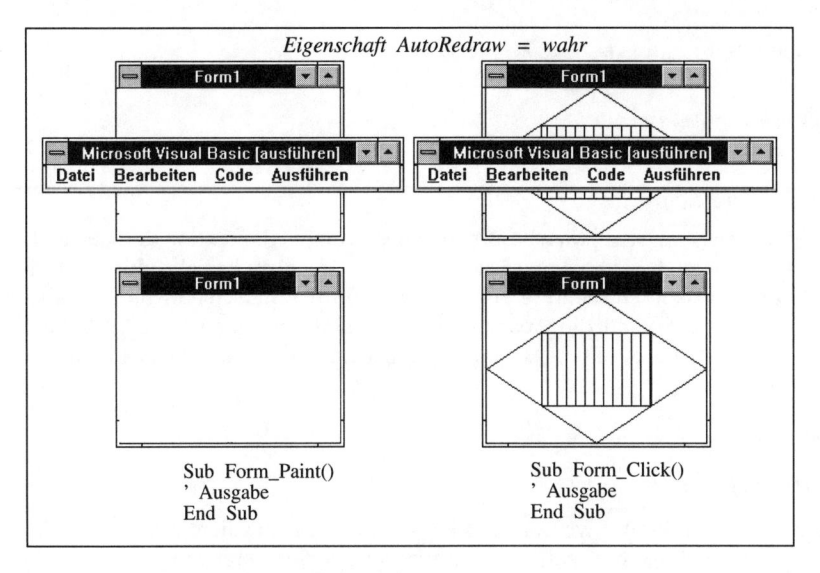

Abb. 104: Setzen der Eigenschaft AutoRedraw auf wahr

Der Nachteil dieser Möglichkeit liegt in dem großen Verbrauch von Speicherplatz und der langsameren Ausgabe.

4.1.3 Der Device Context (DC)

Um einen Text oder eine Grafik ausgeben zu können, ist immer ein Device Context notwendig, unabhängig davon, ob die Ausgabe auf einen Drucker oder in ein Fenster erfolgen soll. Ein Device Context stellt die Beziehung zwischen einem Windows-Programm, einem Gerätetreiber und dem Ausgabegerät her. Erst nachdem diese Verbindung existiert, kann eine Ausgabe geschehen, wobei Sie dieselben Ausgabefunktionen für den Drucker und für den Bildschirm benutzen können, da Windows sie an den richtigen Treiber weiterleiten kann.

Device Context = Zeichenunterlage

Die Ausgabe unter Windows wird häufig mit dem Erstellen von Zeichnungen auf dem Papier verglichen. Der Zeichner sucht erst die notwendigen Utensilien wie ein Blatt Papier, Stifte, Pinsel etc. zusammen, bevor er zu malen beginnt. Der Ablauf in Windows sieht genauso aus. Dabei kann der Device Context als Zeichen-Unterlage betrachtet werden.

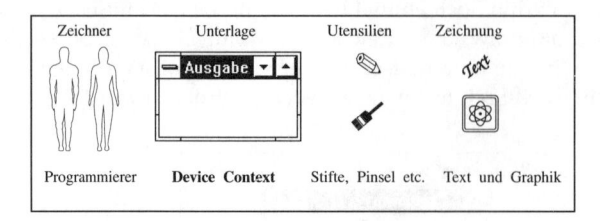

Abb. 105: Erstellen einer Zeichnung

Besorgen eines Device Contextes

Zu Beginn jeder Ausgabe steht das Besorgen eines Device Contextes, der auch als Display Context bezeichnet wird, wenn er sich auf den Bildschirm bezieht. Zur Ausführung dieser Aufgabe existieren mehrere Funktionen, die für unterschiedliche Ausgabebereiche zuständig sind. Sobald die Ausgabe in ein Fenster bei der WM_PAINT-Meldung erfolgt, wird auf die Funktion BeginPaint zurückgegriffen, der zwei Parameter übergeben werden.

```
HDC BeginPaint(hWnd, lpPaint)s3.4.1  Das Konzept von Borland C++
```

Datentyp PAINTSTRUCT

Die Variable hWnd stellt den Verweis auf das Fenster dar, dessen Client Area ganz oder teilweise neu gezeichnet werden soll. Das Argument lpPaint zeigt auf eine PAINTSTRUCT-Datenstruktur, die in der Headerdatei WINDOWS.H definiert ist. Die Variable dieser Struktur wird von Windows durch den Funktionsaufruf BeginPaint mit aktuellen Werten gefüllt. In der C-Schreibweise sieht die Definition der Datenstruktur PAINTSTRUCT folgendermaßen aus:

```
typedef struct tagPAINTSTRUCT {
   HDC  hdc;                    Device Context Handle
   BOOL fErase;                 TRUE = Hintergrund wird
                                vor der Ausgabe gelöscht
   RECT rcPaint;                Rechteck des ungültigen
                                Bereiches
   BOOL fRestore;               reserviert
   BOOL fIncUpdate;             reserviert
   BYTE rgbReserved[16];        reserviert
} PAINTSTRUCT;
```

Das DC-Handle kann nach dem erfolgreichen Aufruf der Funktion BeginPaint entweder aus dem ersten Feld der Struktur geholt werden, oder Sie benutzen den Rückgabewert der Funktion. Er wird für fast jede Ausgabefunktion als erster Parameter benötigt.

```
hDC = BeginPaint(hWnd, &ps);
TextOut(hDC, .....);
oder
TextOut(ps.hdc, .....);
```

WM_ERASEBKGND

Wenn das Flag fErase auf TRUE steht, soll der zu aktualisierende Bereich vor der erneuten Ausgabe gelöscht werden. Dazu sendet die Funktion BeginPaint eine WM_ERASE-BKGND-Meldung, die meist an die Default-Fensterroutine weitergereicht wird und dort bewirkt, daß der Hintergrund mit dem Brush, dessen Handle in der WNDCLASS-Struktur dem Feld hbrBackground zugewiesen wurde, übermalt wird.

Datentyp RECT

Das Feld rcPaint ist vom Datentyp RECT, der die obere linke und untere rechte Ecke des ungültigen Bereiches bezogen auf die linke obere Ecke der Client Area angibt. Die Struktur RECT bzw. in TurboPascal der Record TRect wird häufig in Windows verwendet, z.B. auch von der Funktion GetClientRect, um die Größe der Client Area zu ermitteln.

```
typedef struct tagRECT
{
   int left;
   int top;
   int right;
   int bottom;
} RECT;
```

Am Ende jeder WM_PAINT-Bearbeitung muß das Gegenstück EndPaint zur Funktion BeginPaint aufgerufen werden, um den Device Context bzw. genauer gesagt um den durch ihn belegten Platz im GDI-Datensegment und das DC-Handle wieder freizugeben.

Außerdem setzt die Funktion EndPaint den bis dahin als ungültig markierten Bereich auf gültig, d.h. der Inhalt der Client Area wird wieder als aktuell angesehen. Falls Sie selber keine Ausgabe bei der WM_PAINT-Meldung durchführen, sollten Sie diese Meldung an die Default-Fensterfunktion weiterleiten, die dann die folgenden zwei Zeilen durchführt:

```
case WM_PAINT:
     BeginPaint(hWnd, &ps);
     EndPaint(hWnd, &ps);
break;
```

Wenn wie in diesem Fall keine andere Funktion zwischen BeginPaint und EndPaint aufgerufen wird, so wird nur das zuvor ungültige Rechteck wieder als gültig gekennzeichnet. Zudem wird von Windows noch eine WM_ERASEBKGND-Meldung gesendet, die den Hintergrund löscht. Dadurch sind auch alle Ausgaben gelöscht, die bei einer anderen Meldung als bei WM_PAINT in das Fenster geschrieben wurden. Dieses Verhalten kann auch nicht dadurch geändert werden, daß auf die WM_PAINT-Meldung nur mit der Anweisung break reagiert wird.

In diesem Fall erzeugen wir nur eine Endlos-Schleife, da immer wieder neue WM_PAINT-Meldungen in die Application-Message-Queue gestellt werden, weil keine Funktion den invalid-Bereich auf gültig setzt.

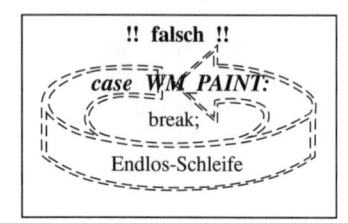

Abb. 106: Falsche Bearbeitung der Meldung WM_PAINT

Methode Paint

Wenn Sie auf die Methode Paint der Klasse TWindow in Borland C++ oder TurboPascal zugreifen, so wird das Handle auf den Device Context als Argument übergeben und muß nicht mehr mit Hilfe der Funktion BeginPaint besorgt werden. Der zweite Parameter ist auch ein Zeiger auf eine Variable der Struktur PAINTSTRUCT bzw. des Records TPaintStruct. Die Methode WMPaint wird selten überschrieben, da ansonsten derselbe negative Effekt wie durch das break-Statement bei der WM_PAINT-Meldung auftreten kann.

DC-Arten

Neben dem Funktionspaar BeginPaint/EndPaint existieren noch andere Paare, die einen Device Context für unterschiedliche Ausgabebereiche und -geräte besorgen bzw. wieder freigeben. Bei einer Ausgabe auf einen Drucker muß das DC-Handle eines Druckers mit der Funktion CreateDC besorgt werden. Das Gegenstück dazu lautet DeleteDC. Wenn Sie ein geräteabhängiges Bitmap in die Client Area ausgeben wollen, benötigen Sie zusätzlich zum Display Context einen Memory DC, in den Sie zuerst das Bitmap schreiben müssen, um es dann von dort aus in den Bildschirmkontext kopieren zu können. Dabei wird der Memory DC immer als Kopie eines real vorhandenen DCs angelegt. Um bestimmte Informationen wie z.B. die Größe und den Namen der eingestellten Schriftart zu bekommen, die Bestandteil eines Bildschirmkontextes sind, können Sie sich auch bei einer anderen als der WM_PAINT-Meldung ein Handle auf diesen Display Context besorgen. Dazu gibt es das Paar GetDC/ReleaseDC, wobei aber kein ungültiger Bereich mitgegeben wird. Für spezielle Maleffekte kann auch ein DC geholt werden, mit dem man die Erlaubnis bekommt, auch in Bereiche, die sich außerhalb des Arbeitsbereiches befinden, zu zeichnen. Dadurch ist es möglich, über die Titelzeile und die Scrollbars zu schreiben, was Windows ansonsten gar nicht zuläßt. Sie sollten jedoch von dieser Möglichkeit recht selten Gebrauch machen, da durch sie viele unerwünschte Effekte auftreten können. In der anschließenden Liste sind die genannten Funktionspaare noch einmal zusammengefaßt.

Device Context-Arten	Funktionspaar
Bildschirmkontext bezogen auf	
die Clipping Region	BeginPaint / EndPaint
die ganze Client Area	GetDC / ReleaseDC
das gesamte Fenster	GetWindowDC / ReleaseDC
allgem. Geräte DC	CreateDC / DeleteDC
Memory DC	CreateCompatibleDC / DeleteDC

Unterschiede bei den Bildschirmkontexten

Da in diesem Kapitel die Ausgabe in ein Fenster erfolgen soll, arbeiten wir dementsprechend nur mit Display Contexten (Bildschirmkontexten). Sobald Sie die Funktion BeginPaint aufrufen, wird ein allgemeiner DC aus einem existierenden Cache von fünf Bildschirmkontexten besorgt. Nachdem die Ausgabe vollständig durchlaufen ist, muß dieser Kontext wieder freigegeben werden, wobei alle eingestellten Attribute vergessen werden. Die Freigabe muß erfolgen, da ansonsten einer der fünf Cache-DCs blockiert wäre und kein anderes Programm mehr darauf zugreifen und etwas ausgeben könnte.

Das Besorgen und Freigeben eines allgemeinen DCs sollte bei der Bearbeitung von nur einer Meldung geschehen, da ansonsten nie völlig sichergestellt werden kann, daß die andere Meldung, bei der die Funktion EndPaint aufgerufen werden soll, auch direkt anschließend eintritt.

Außer diesem allgemeinen Display Context kann noch mit drei anderen Arten von Bildschirmkontexten gearbeitet werden, die aufgrund bestimmter Flags erzeugt werden.

Flag	Bedeutung
CS_CLASSDC	Klassen-Bildschirmkontext
CS_OWNDC	privater Bildschirmkontext
CS_PARENTDC	Eltern-Bildschirmkontext

Das gewünschte Flag wird mit den anderen Stilparametern des Feldes style aus der WNDCLASS-Struktur bitweise verodert, wobei sich die drei Möglichkeiten gegenseitig ausschließen.

```
QuickC:
WNDCLASS wndclass;
wndclass.style = CS_VREDRAW | CS_HREDRAW |
                 CS_CLASSDC

TurboPascaL:
procedure TFenster.GetWindowClass (var
                   AWndClass: TWndClass);
begin
  TWindow.GetWindowClass(AWndClass);
  AWndClass.style:=AWndClass.style or CS_OWNDC;
end;

Borland C++:
void TFenster::GetWindowClass(WNDCLASS & AWndClass)
{
  TWindow::GetWindowClass(AWndClass);
  AWndClass.style=AWndClass.style |
                  CS_PARENTDC;;
}
```

In VisualBasic existiert dazu kein Pendant, da hier auch keine WNDCLASS-Struktur versorgt werden muß.

Klassen-DC

Ein Klassen-DC wird von allen Fenstern benutzt, die sich auf dieselbe Windows-Klasse mit der Stilart CS_CLASSDC beziehen, auch wenn diese Fenster zu unterschiedlichen Windows-Instanzen gehören, d.h. auch wenn das Programm mehrfach gestartet wird.

Dieser DC muß einmal besorgt werden, anschließend kann mit ihm gearbeitet werden, ohne ihn wieder freigeben zu müssen, da er nicht aus dem Cache genommen wird. Somit bleiben die eingestellten Attribute erhalten, und dieselben Werte werden von allen Fenstern benutzt, wodurch es auch zu unerwünschten Effekten kommen kann.

Privater DC

Diese Effekte können verhindert werden, wenn ein `privater` Display Context verwendet wird, der genau zu einem Fenster gehört. Die Klasse, auf die sich das Fenster bezieht, bekommt die Stilart CS_OWNDC zugewiesen. Auch dieser Bildschirmkontext muß nicht nach jeder Ausgabe wieder sofort freigegeben werden, sondern bleibt solange vorhanden, bis das Fenster geschlossen wird.

Der Nachteil eines privaten Bildschirmkontextes liegt in der recht hohen Speicheranforderung von 800 Bytes, die vom Heap des GDI-Teils verbraucht werden.

Eltern-DC

Die Stilart CS_PARENTDC kann nur auf Fenster bezogen werden, die als Kindfenster erzeugt wurden. Alle Fenster, die auf eine Klasse zugreifen, die diesen Stil besitzt, haben nämlich keinen eigenen Bildschirmkontext, sondern benutzen den des Elternfensters mit.

DC-Attribute

Der Device Context wurde weiter oben mit einer Zeichen-Unterlage verglichen. Sie können sich ihn aber auch als virtuelle Oberfläche vorstellen, die mit bestimmten Attributen verknüpft ist. Um den Inhalt dieser Attribute speichern zu können, besitzt jeder Device Context Zugriff auf eine interne Datenstruktur, die wir über verschiedene GDI-Funktionen lesen und verändern können.

Die Funktionen für das Lesen beginnen häufig mit der Silbe Get, wie z.B. GetTextColor, die Funktion zum Setzen mit der Silbe Set, z.B. SetTextColor.

Jedes Mal, wenn ein neuer Device Context angelegt wird, füllt ihn Windows mit Defaultwerten, z.B. wird für die Textfarbe die Farbe schwarz gesetzt. In der nachfolgenden Tabelle sind die Attribute mit ihren Intialisierungswerten und einigen Funktionen zum Verändern dieser Werte aufgelistet.

Attribut	Standardwert	GDI-Funktionen
aktuelle Position	(0,0)	MoveTo
Bitmap	----	CreateBitmap
		CreateBitmapIndirect
		CreateCompatibleBitmap
		SelectObject
Brush	WHITE_BRUSH	CreateBrushIndirect
		CreateDIBPatternBrush
		CreateHatchBrush
		CreatePatternBrush
		CreateSolidBrush
		SelectObject
Brush Origin	(0,0)	SetBrushOrg
		UnrealizeObject
Clipping Region	Client Area	ExcludeClipRect
		IntersectClipRect
		OffsetClipRgn
		SelectClipRgn
Color Palette	DEFAULT_PALETTE	CreatePalette
		RealizePalette
		SelectPalette
Drawing Mode	R2_COPYPEN	SetROP2
Font	SYSTEM_FONT	CreateFont
		CreateFontIndirect
		SelectObject
Hintergrundfarbe	WHITE	SetBkColor
Hintergrund Mode	OPAQUE	SetBkMode
Intercharacter Spacing	0	SetTextCaracterExtra
Mapping Mode	MM_TEXT	SetMapMode
Pen	BLACK_PEN	CreatePen
		CreatePenIndirect
		SelectObject
Polygon-Filling Mode	ALTERNATE	SetPolyFillMode
relative-absolute Flag	ABSOLUTE	SetRelAbs
Stretching Mode	BLACKONWHITE	SetStretchBltMode
Textfarbe	schwarz	SetTextColor
Viewport Extent	(1,1)	SetViewportExt
Viewport Ursprung	(0,0)	SetViewportOrg
Window Extent	(1,1)	SetWindowExt
Window Ursprung	(0,0)	SetWindowOrg

In diesem Kapitel werden wir mit vielen dieser Attribute arbeiten und häufig die genannte Funktion SelectObject aufrufen, um eine Änderung vorzunehmen.

4.1.4 Bezugspunkt der Ausgabe

Die meisten Ausgabefunktionen besitzen u.a. als Parameter einen x- und einen y-Wert, der die Anfangsposition des Textes oder z.B. eine Ecke des Rechteckes bestimmt. Wenn Sie das standardmäßig eingestellte Koordinatensystem verwenden, so liegt der Bezugspunkt immer in der oberen linken Ecke der Client Area. In VisualBasic lautet der Default

Scale Mode TWIP (1), wohingegen in den anderen Sprachen als Standard Mode MM_TEXT eingestellt ist. Trotzdem ist der Bezugspunkt für alle vier Sprachen identisch.

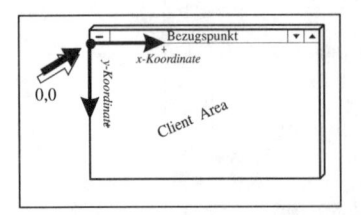

Abb. 107: Bezugspunkt der Ausgabe

Die x-Werte steigen somit nach rechts an, die y-Werte werden nach unten größer. Diese Einstellung hätten Sie wahrscheinlich als selbverständlich vorausgesetzt, da die Europäer auch auf einem Blatt Papier von links nach rechts und von oben nach unten schreiben.

Aktuelle Position

Ein Attribut der Datenstruktur des Device Contextes wurde in der oberen Tabelle als aktuelle Position bezeichnet, die nach dem Besorgen eines DCs mit (0,0) vorbesetzt ist. Diese Angabe wird in den Sprachen QuickC, Borland C++ und TurboPascal vor allem dazu benutzt, um mit der Funktion MoveTo den Anfangspunkt einer Linie festzulegen (s. Linienfunktionen). Nach dem Zeichnen einer Linie ist die aktuelle Position auf den Linien-Endpunkt eingestellt. Bei einer Textausgabe mit TextOut beziehen sich die angegebenen Koordinaten im Normalfall auf die linke obere Ecke der Client Area und nicht auf die im DC gespeicherte aktuelle Position. Nur wenn zuvor die Funktion SetTextAlign mit dem Parameter TA_UPDATECP aufgerufen wird, wird die aktuelle Position berücksichtigt, die mit der Funktion GetCurrentPosition jederzeit abgefragt werden kann.

CurrentX, CurrentY

In VisualBasic wird von der aktuellen Position mehr Gebrauch gemacht. Ein Form besitzt die beiden Eigenschaften CurrentX und CurrentY, die die x- und y-Koordinaten dieses Punktes enthalten. Diese Eigenschaften sind nur während der Laufzeit des Programms verfügbar und zeigen zu Beginn auf den Bezugspunkt (0,0). Ihr Inhalt wird von folgenden Methoden gelesen und verändert:

Methode	neue aktuelle Position
Circle	Mittelpunkt
Cls	Bezugspunkt: 0,0
Line	Linien-Endpunkt
Print	nächste Print-Position
PSet	gesetzter bzw. gelöschter Punkt
NewPage	0,0

Bei den drei Methoden PSet, Circle und Line kann zusätzlich das Schlüsselwort Step angegeben werden, wodurch sich der anschließend definierte Punkt auf die aktuelle Position und nicht auf die linke obere Ecke der Client Area bezieht.

4.2 Farbeinstellungen

Heutzutage besitzen schon sehr viele Computer einen Farbbildschirm, der die Ausgaben farbig gestaltet. Abhängig vom Bildschirm können acht bis fast unendlich viele Farben angezeigt werden. Dieser Punkt liefert Ihnen das nötige Wissen, auf welche Weise man bei der Windows-Programmierung Farben verwenden kann.

4.2.1 Einstellung des Fensterhintergrunds

In unseren ersten Beispielen besaß das Fenster die Farbe, die über die Systemsteuerung als aktueller Fensterhintergrund definiert ist. Diese Einstellungen können in den Sprachen VisualBasic und QuickC schon während der Entwurfsphase, in allen Sprachen durch bestimmte Funktionen bzw. mit Hilfe einer Eigenschaft geändert werden.

Microsoft Visual Basic

In VisualBasic kann die Hintergrundfarbe aus der Farbpalette gewählt werden, die über den gleichnamigen Menüpunkt aus dem Untermenü *Fenster* aufgerufen wird.

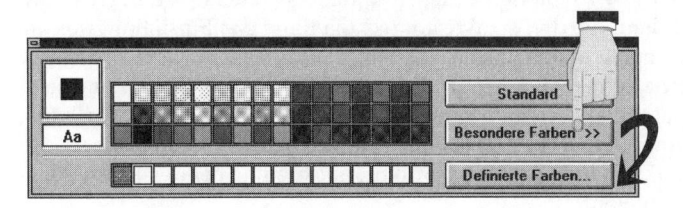

Abb. 108: Die Farbpalette von VisualBasic

Zu Beginn werden 48 standardisierte Farben aufgelistet. Bei Bedarf können Sie noch 16 selbstdefinierte ergänzen. Dazu wählen Sie die Befehlsschaltfläche *Besondere Farben >>* an, wodurch das Fenster der Farbpalette nach unten vergrößert wird. Um eines der sechzehn leeren Felder mit einem eigenen Farbmuster zu versehen, klicken Sie entweder dieses Feld doppelt an oder wählen den Button *Definierte Farben*. Dadurch wird ein neues Fenster angezeigt, in dem Sie über verschiedene Eingabefelder die einzelnen Farbkomponenten etc. bestimmen können. In dem kleinen Feld links unten wird die neue Farbe sofort dargestellt.

Farbpalette
Aus den Standard- und selbstdefinierten Farben kann nun eine Farbe für den Hintergrund gewählt werden. Dazu existiert am linken Rand der Farbpalette ein Rahmen mit einem inneren Rechteck. Um die Hintergrundfarbe zu setzen, muß zuerst der äußere Rahmen mit der Maus selektiert werden und dann das gewünschte Farbenfeld. Falls derzeit ein Form markiert ist, sehen Sie gleich die neue Farbe als Hintergrund in diesem Fenster.

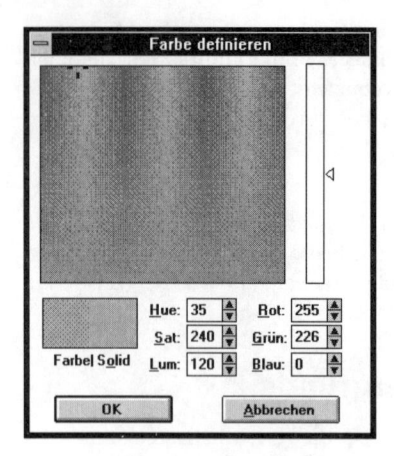

Abb. 109: Definition einer neuen Farbe in VisualBasic

Eigenschaft BackColor

Wenn Sie anschließend aus dem Eigenschaften-Listenfeld die Eigenschaft BackColor wählen, wird in dem Einstellungsfeld ein hexadezimaler Wert sichtbar, der die über die Farbpalette gesetzte Farbe verkörpert. Somit können Sie auch die Hintergrundfarbe eines Fensters während der Entwurfsphase einstellen, indem Sie zuerst die Eigenschaft BackColor selektieren und dann die drei Punkte am rechten Rand des Einstellungsfeldes anklicken, um sich die Farbpalette anzeigen zu lassen. Wenn Sie den hexadezimalen Wert der gewünschten Farbe kennen, können Sie ihn auch direkt in das Einstellungsfeld eintragen, ohne die Farbpalette aktivieren zu müssen. Die Eigenschaft BackColor kann auch während der Programmlaufzeit gelesen und verändert werden. Den Farbwert bekommen Sie durch die Funktionen RGB oder QBColor, auf die wir bei der Einstellung der Textfarbe näher eingehen werden.

```
Sub Form_Click ()
    Form1.BackColor = RGB(0, 255, 0)
End Sub
```

Aufgrund der Ereignis-Prozedur Form_Click wird die Hintergrundfarbe auf grün gesetzt, sobald das Fenster mit der Maus angeklickt wird.

Wenn Sie bei der Programmierung mit QuickC das Aussehen des Fensters mit Quick Case:W festlegen, können Sie den Hintergrund über den Menüpunkt *Colors* aus dem Untermenü *Design* definieren. Es wird eine Dialogbox angezeigt, mit der Sie wie auch in VisualBasic sowohl die Hintergrund- als auch Vordergrund- (Text-) Farbe bestimmen können.

Dabei ist der Ausdruck Hintergrundfarbe eigentlich nicht ganz richtig gewählt, da es sich im Sinne von Windows nicht um eine Farbe, sondern um einen Pinsel handelt. Dieser Brush für den Hintergrund ist Bestandteil der WNDCLASS-Struktur.

```
WNDCLASS wndclass;
wndclass.hbrBackground = CreateSolidBrush(
                    RGB(0, 255, 0));
```

Die drei Anfangsbuchstaben des Feldnamens hbrBackground sagen laut der Hungarian Notation aus, daß es sich um ein Handle auf einen Brush handeln muß. Pinsel können gemustert oder einfarbig sein. Somit wird durch die genannte Codezeile, die durch die Farbeinstellung von QuickCase:W generiert wird, der Fensterhintergrund mit der Farbe Grün gefüllt.

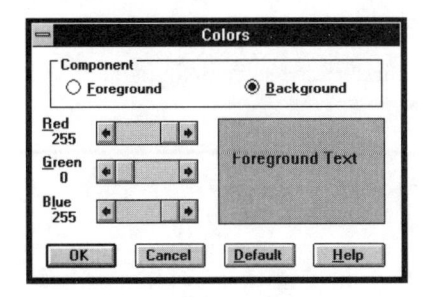

Abb. 110: Die Einstellung von Farben mit QuickCase:W

In dem letzten Kapitel haben wir uns nicht um den Hintergrund gekümmert und ihn nicht verändert. QuickCase:W schreibt in diesen Fällen folgende Zeile in das Unterprogramm nCwRegisterClasses:

```
wndclass.hbrBackground = (HBRUSH)(COLOR_WINDOW+1);
```

Dadurch bekommt der Hintergrund dieselbe Farbe zugewiesen, die in der Systemsteuerung für den Fensterhintergrund eingestellt wurde. Wenn der Anwender die Farben in der Systemsteuerung ändert, und die Applikation daraufhin eine WM_PAINT- bzw. eine WM_ERASEBKGND-Meldung erhält, wird der Hintergrund in der neuen Farbe ausgegeben. Sie könnten ganz klar auch den Fensterhintergrund von einer anderen Einstellung aus der Systemsteuerung abhängig machen. Für jedes Fensterteil, dessen Farbe über dieses Standard-Windows-Programm eingestellt werden kann, gibt es einen System-Color-Index, die alle in der Headerdatei WINDOWS.H definiert sind.

Farbwahl über die Systemsteuerung

System-Color-Index	Bedeutung in der Systemsteuerung
COLOR_SCROLLBAR	Bildlaufleisten
COLOR_BACKGROUND	Desktop
COLOR_ACTIVECAPTION	Aktive Titelleiste
COLOR_INACTIVECAPTION	Inaktive Titelleiste
COLOR_MENU	Menüleiste
COLOR_WINDOW	Fensterhintergrund
COLOR_WINDOWFRAME	Fensterrahmen
COLOR_MENUTEXT	Menütext
COLOR_WINDOWTEXT	Fenstertext
COLOR_CAPTIONTEXT	Text in Titelleiste
COLOR_ACTIVEBORDER	Aktiver Rahmen
COLOR_INACTIVEBORDER	inaktiver Rahmen
COLOR_APPWORKSPACE	Programmarbeitsbereich eines Client-Fensters bei einer MDI-Applikation

SetClassWord

Wenn der Hintergrund während der Programmlaufzeit verändert werden soll, kann dies mit Hilfe der Funktion SetClassWord erfolgen, die die Inhalte verschiedener Felder innerhalb einer registrierten Klasse verändern kann.

```
WORD SetClassWord (HWND hWnd, int nIndex, WORD
                   wNewWord)
```

Über den zweiten Parameter nIndex wird das zu verändernde Klassenfeld definiert, wobei Sie zwischen folgenden Möglichkeiten wählen können:

2. Parameter	Klassenfeld
GCW_CBCLSEXTRA	cbClsExtra
GCW_CBWNDEXTRA	cbWndExtra
GCW_HBRBACKGROUND	hbrBackground
GCW_HCURSOR	hCursor
GCW_HICON	hIcon
GCW_STYLE	style

Um bei einer bestimmten Meldung den Hintergrundpinsel mit der schwarzen Farbe zu versehen, müßte die dazu notwendige Codezeile in etwa folgendermaßen aussehen, wobei die Funktion GetStockObject ein Handle auf einen bestimmten Brush zurückliefert:

```
SetClassWord(hWnd, GCW_HBRBACKGROUND,
             GetStockObject(BLACK_BRUSH));
```

Diese Änderung betrifft alle Fenster, die sich auf die Klasse beziehen, in der die neue Einstellung vorgenommen wurde. Jedoch wird der Hintergrund nicht sofort in der neuen Farbe dargestellt, sondern erst beim Erhalt der nächsten WM_ERASEBKGND Meldung.

Turbo Pascal — Wenn in Borland C++ oder in TurboPascal die Methode GetWindowClass der Klasse TWindows nicht überschrieben wird, so wird genauso wie in QuickC der Hintergrund mit der Systemfarbe für den Fensterhintergrund gefüllt. Falls bei Programmstart der Hintergrund in schwarzer Farbe erscheinen soll, sieht die überschriebene Methode GetWindowClass in TurboPascal folgendermaßen aus:

```
procedure TFenster.GetWindowClass (var AWndClass: TWndClass);
begin
  TWindow.GetWindowClass(AWndClass);
  AWndClass.hbrBackground:= GetStockObject
                            (BLACK_BRUSH);;
end;
```

4.2.2 Einstellung der Textfarbe

Eigenschaft ForeColor

Die Textfarbe wird in VisualBasic analog der Hintergrundfarbe behandelt. Entweder stellen Sie sie während der Erstellungszeit über die Farbpalette ein oder beschreiben später die Eigenschaft ForeColor. Um z.B. für eine Geheimschrift den Text unsichtbar zu machen, wird der Inhalt der Eigenschaft BackColor der Eigenschaft ForeColor übergeben.

```
Form1.ForeColor = Form1.BackColor
```

Buchstabenzelle

In den anderen drei Sprachen ist es nicht nur möglich, die Textfarbe einzustellen, sondern auch eine Hintergrund(text)farbe, die den Raum zwischen den Buchstaben und den unterbrochenen Linien füllt. Diese Hintergrundfarbe wird jedoch nur berücksichtigt, wenn der Hintergrundmodus auf OPAQUE gesetzt ist.

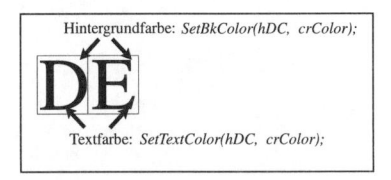

Abb. 111: Text- und Hintergrundfarbe

Die aktuellen Werte der beiden Farben und des Hintergrundmodi stehen im Device Context. Bei der Erstellung der Window-Funktion durch QuickCase:W wird bei der WM_PAINT-Meldung der Modus auf TRANSPARENT eingestellt, wodurch eine möglicherweise gesetzte Hintergrundfarbe nicht weiter beachtet wird.

```
case WM_PAINT:
    memset(&ps, 0x00, sizeof(PAINTSTRUCT));
    hDC = BeginPaint(hWnd, &ps);
    SetBkMode(hDC, TRANSPARENT);
    EndPaint(hWnd, &ps);
    break;
```

Auch die Text- und die Hintergrund(text)farben können genauso wie der Hintergrundpinsel von einer Einstellung in der Systemsteuerung abhängen. Dies kann z.B. folgendermaßen aussehen:

```
SetBkMode(hDC, OPAQUE);
SetTextColor(hDC, GetSysColor(COLOR_WINDOWTEXT));
SetBkColor(hDC, GetSysColor(COLOR_WINDOW));
```

Da der zweite Parameter der Funktionen SetTextColor und SetBkColor einen RGB-Wert und kein Handle darstellt, wird die Funktion GetSysColor benötigt, die den RGB-Wert der gesuchten Farbe ermittelt, die über einen System-Color-Index angegeben wird.

4.2.3 Punktfunktionen

Diese Funktionsgruppe gehört genaugenommen zu den grafischen Grundfunktionen, da durch sie eine Ausgabe von ein oder mehreren Punkten erfolgt. Da diese Punkte mit beliebigen Farben versehen werden können, werden die Punktfunktionen bei der Farbeinstellung besprochen. Bei der Besprechung der letzten beiden Punkte wurde schon der RGB-Wert und die Systemfarben erwähnt, von denen wir uns jetzt die Hexadezimalwerte ansehen wollen.

Microsoft Visual Basic

Um in VisualBasic die Eigenschaften ForeColor und BackColor während der Programmlaufzeit zu besetzen, können entweder die Funktionen RGB und QBColor oder die System-Farben verwendet werden. Die Funktion RGB, die es als Makro auch in den anderen drei Sprachen gibt, besitzt für die drei Grundfarben Rot, Grün und Blau jeweils einen 1 Byte großen Parameter. Um z.B. die schwarze Farbe einzustellen, müssen alle drei Werte auf 0 gesetzt sein.

Die Funktion RGB

```
Form1.ForeColor = RGB(255, 255, 255)   'weiß
Kontroll2.BackColor = RGB(0, 0, 255)   'reines blau
Befehl3.BackColor = RGB(0, 255, 255)   'reines gelb
```

Die Funktion QBColor

Wenn Sie bis jetzt mit Quick Basic programmiert haben, dann ist Ihnen wahrscheinlich die zweite Möglichkeit lieber, da Sie schon die Funktion Color kennen, die in VisualBasic den Namen QBColor trägt. Diese Funktion benötigt nur ein Argument mit Werten zwischen 0 und 15, die jeweils eine bestimmte Farbe repräsentieren.

Wert	Farbe	Wert	Farbe
0	schwarz	8	grau
1	blau	9	hellblau
2	grün	10	hellgrün
3	cyan	11	hellcyan
4	rot	12	hellrot
5	magenta	13	pink
6	braun	14	gelb
7	hellgrau	15	weiß

Somit können Sie die Vordergrund- und Hintergrundfarben für verschiedene Objekte auch folgendermaßen angeben:

```
Form1.ForeColor =     QBColor(15)   'weiß
Kontroll2.BackColor = QBColor(1)    'blau
Befehl3.BackColor =   QBColor(14)   'gelb
```

Die Tönung der Farben fällt bei den Funktionen RGB und QBColor unterschiedlich aus, d.h. die blaue Farbe, die durch QBColor(1) gesetzt wird, sieht anders als das Blau aus, das durch den Aufruf RGB(0,0,255) entsteht. Beide Funktionen liefern eine Long-Variable zurück, deren höchstwertigstes Byte auf 00 gesetzt ist.

Farbwahl aus der Systemsteuerung

In VisualBasic besteht genauso, wie wir es schon bei den anderen drei Sprachen gesehen haben, die Möglichkeit, auf die über die Systemsteuerung einstellbaren Farben zuzugreifen. Dafür gibt es spezielle Konstanten, die in der Datei GLOBAL.TXT definiert sind und bei Bedarf in das globale Modul kopiert werden.

```
Global Const SCROLL_BARS =           &H80000000
Global Const DESKTOP =               &H80000001
Global Const ACTIVE_TITLE_BAR =      &H80000002
Global Const INACTIVE_TITLE_BAR =    &H80000003
Global Const MENU_BAR =              &H80000004
Global Const WINDOW_BACKGROUND =     &H80000005
Global Const WINDOW_FRAME =          &H80000006
Global Const MENU_TEXT =             &H80000007
Global Const WINDOW_TEXT =           &H80000008
Global Const TITLE_BAR_TEXT =        &H80000009
Global Const ACTIVE_BORDER =         &H8000000A
Global Const INACTIVE_BORDER =       &H8000000B
Global Const APPLICATION_WORKSPACE = &H8000000C
```

Die Reihenfolge und die Bedeutung dieser Konstanten ist dieselbe, wie sie weiter oben für den Hintergrundbrush angegeben wurde. Bei diesen Farbwerten ist das Bit 31 gesetzt, d.h. das höchstwertigste Byte enthält den Wert &H80. In unseren ersten VisualBasic-Beispielen haben wir die beiden Form-Eigenschaften ForeColor und BackColor nicht verändert, somit besitzen sie die Standard-Einstellungen, die auch jedesmal gesetzt werden, wenn Sie in der Farbpalette den Button-Standard anwählen.

```
ForeColor = &H80000008 ' = Fenstertext
BackColor = &H80000005 ' = Fensterhintergrund
```

00	blau	grün	rot		
Bit 31			0	*Rückgabewert von*	*RGB QBColor*

80	00	00	Wert	
Bit 31			0	*Systemfarbe*

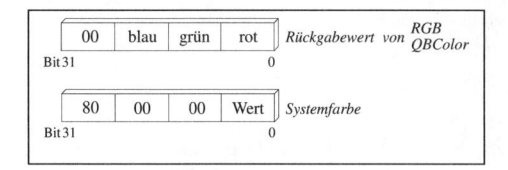

Abb. 112: Hexadezimale Werte der normalen RGB- und der System-Farben

Die Methode PSet

Um in VisualBasic einzelne Punkte innerhalb eines Forms mit einer bestimmten Farbe zu versehen, gibt es die Methode PSet, die auch für Picture Boxen und für das Objekt Printer angewandt werden kann.

```
[object.]PSet [Step](x!, y!)[,color&]
```

Wenn beim Aufruf der Methode kein Farbwert als letzter Parameter genannt wird, dann wird die Farbe benutzt, die durch die Eigenschaft ForeColor definiert ist.

```
PSet (335, 400)
Form2.PSet (1200, 2300), RGB(2555, 255, 0)
Bild1.PSet Step (555, 700), QBColor(5)
```

Die Angabe des Punktes bezieht sich auf die linke obere Ecke des Fensters bzw. der Picture Box. Wenn das Schlüsselwort STEP genannt wird, so wird als Bezugspunkt die aktuelle Position verwendet. Die Methode PSet wird häufig nicht zum Setzen, sondern zum Löschen bestimmter Punkte verwendet. Dazu muß zuerst die Punktkoordinate ermittelt werden, um dann an diese Position den Inhalt der Eigenschaft BackColor ausgeben zu können.

```
PSet (550, 225), BackColor
```

Point

Um zu erfahren, welche Farbe ein bestimmter Punkt besitzt, existiert die Methode Point, die man somit als Pendant zur PSet-Methode ansehen kann. Ihr Rückgabewert stellt den RGB-Farbcode dar.

```
Form1.PSet (550, 225), RGB(255, 0, 0)
RGBRet = Form1.Point(550, 225)
```

Nach der Ausführung dieser beiden Zeilen steht in der Variablen RGBRet der Long-Wert der roten Farbe.

Die Funktion SetPixel

Um einen Punkt (ein Pixel) in den anderen drei Sprachen mit einer bestimmten Farbe zu versehen, wird mit der Funktion SetPixel gearbeitet. Der gewünschte Farbwert wird als Variable vom Datentyp COLORREF angegeben. Dieser 32-Bit-Wert kann auf drei verschiedene Arten interpretiert werden, abhängig von der Einstellung des höchstwertigen Bytes.

Bedeutung	32-Bit Wert
explizite Werte für rot, grün und blau	0x00bbggrr
ein Index auf eine logische Farbpalette	0x0100iiii
ein paletten-bezogener RGB-Wert	0x02bbggrr

Das Makro RGB für das explizite Einstellen kennen wir schon von VisualBasic. Auch hier bekommt es für jede Grundfarbe einen Wert, der zwischen 0 und 255 liegen kann, übergeben. Durch die dreimalige Übergabe des Werts 255 wird der Punkt in weiß gezeichnet.

Farbcode

Rot	Grün	Blau	Reine Farbe
0	0	0	Schwarz
0	0	255	Blau
0	255	0	Grün
0	255	255	Cyan
255	0	0	Rot
255	0	255	Magenta
255	255	0	Gelb
255	255	255	Weiß

Der hexadezimale Wert der gewünschten Farbe kann aber auch direkt als LONG-Wert der Funktion SetPixel übergeben werden. In beiden Fällen enthält das niederwertigste Byte den Farbanteil für die rote Farbe, und das höchstwertigste Byte steht auf 00, da es sich um die explizite Farbangabe handelt.

```
SetPixel(hDC, 350, 200, $0000FF);
RGBRet = SetPixel(PaintDC, x1,y1, RGB(255,0,0));
```

Beide Punkte werden mit der roten Farbe versehen. Der Rückgabewert RGBRet liefert den RGB-Farbcode für die Farbe, in der der Punkt tatsächlich gezeichnet wurde. Der Wert kann sich von der gewünschten Farbe unterscheiden, wenn aufgrund der Möglichkeiten des Bildschirms bzw. der Grafikkarte nur ein Näherungswert dieser Farbe benutzt werden konnte.

Das Gegenstück der Funktion SetPixel lautet GetPixel und ist analog zu der Methode Point in VisualBasic zu sehen. Mit Hilfe der Funktion GetPixel kann die Farbe eines bestimmten Punktes ermittelt werden.

```
SetPixel(hDC, 25, 60, RGB(0,0,255));
dwRGBRet = GetPixel (hDC, 25, 60);
```

In der Variablen dwRGBRet steht anschließend der RGB-Farbwert der blauen Farbe (0x00FF0000).

Farbpalette

Falls das höchstwertigste Byte den Wert 1 beinhaltet, handelt es sich nicht mehr um einen normalen RGB-Code, sondern um einen Index auf einen Eintrag in einer virtuellen Farbpalette. Das zweite Byte des höherwertigen Wortes muß dabei zwingend auf 0 stehen. Der Index mit dem Wert 0x0100000A verweist auf den 11. Eintrag der virtuellen Farbpalette, da der Index auf den ersten Eintrag den Wert 0 besitzt. Mit Hilfe des Makros PaletteIndex können diese Indizes in Werte des Typs COLORREF umgewandelt werden, den die Funktion SetPixel benötigt.

```
COLORRREF PIndex;
PIndex = PaletteIndex(10);
SetPixel(hDC, 20, 50, PIndex);
```

Bei der dritten Möglichkeit, eine Variable des Datentyps COLORREF zu interpretieren, ist das höchstwertigste Byte auf den Wert 2 gesetzt. In diesem Fall definieren die anderen drei Bytes genauso wie bei einem normalen RGB-Farbcode die Farbintensitäten für Rot, Grün und Blau. Sie unterscheiden sich aber dadurch, daß nun der Wert automatisch an die ähnlichste Farbe in der aktuell eingestellten Farbpalette angepaßt wird. Das Makro PaletteRGB wandelt einen normalen RGB-Wert in einen paletten-bezogenen RGB-Wert vom Typ COLORREF um, um ihn z.B. wieder für die Funktion SetPixel benutzen zu können.

```
COLORREF PalRGB;
PalRGB = PaletteRGB(255, 0, 255);
SetPixel( PaintDC, 333, 0, PalRGB);
```

Durch den Makroaufruf PaletteRGB wird die Farbe Magenta in einen paletten-bezogenen Farbwert umgerechnet. Falls das Ausgabegerät keine System-Farbpalette unterstützt, wird dieser Wert wie ein normaler RGB-Code behandelt.

In der nächsten Abbildung sind noch einmal die drei Möglichkeiten zusammengefaßt worden, auf welche Weise eine Variable vom Datentyp COLORREF interpretiert werden kann.

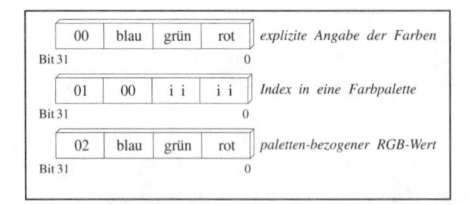

Bit 31	00	blau	grün	rot	0	explizite Angabe der Farben
Bit 31	01	00	i i	i i	0	Index in eine Farbpalette
Bit 31	02	blau	grün	rot	0	paletten-bezogener RGB-Wert

Abb. 113: Mögliche Interpretationen des Datentyps COLORREF

4.3 Ausgabe von Texten

Wenn man eine neue Programmiersprache erlernt, handelt fast immer das erste Beispiel von einer Textausgabe, wie das allseits bekannte "Hello World". In diesem Buch haben wir jedoch anders begonnen, da in Windows immer erst ein Fenster benötigt wird, in das die Ausgaben erfolgen können. Dieses Fenster haben wir im letzten Kapitel oft genug erzeugt, so daß nun die Voraussetzungen für eine Textausgabe erfüllt sind.

4.3.1 Die Methode Print

Wenn Sie schon einmal mit Basic unter DOS programmiert haben, ist Ihnen bestimmt die Funktion print bekannt, die wir nun als Methode der Objekte Form, Picture Box oder Printer verwenden können. Ihre Syntax besitzt folgendes Aussehen:

```
[objekt.]Print [expressionlist][{; | ,}]
```

Die Methode Print gibt an der aktuellen Position in der Farbe, die in der Eigenschaft ForeColor steht, eine Zeichenkette, einen numerischen Ausdruck oder eine Leerzeile aus, falls nichts für expressionlist angegeben wird.

```
Sub Form_Click
  Form1.Print "Hello World"
  Print
  Form1.Print 333
End Sub
```

Durch diese Ereignis-Prozedur werden, sobald das Form mit der Maus angeklickt wird, die folgenden drei Zeilen ausgegeben:

```
Hello World

333
```

Für mehrere Ausgaben sind nicht unbedingt mehrere Print-Aufrufe nötig. Die einzelnen Teile werden dann durch einen Leerraum, ein Komma oder einen Strichpunkt voneinander getrennt.

```
Print "Hello World", 45; "Zahl:" 89
```

VisualBasic ersetzt bei seinem internen Test automatisch jeden Leerraum durch einen Strichpunkt. Das Komma und der Strichpunkt unterscheiden sich in der Plazierung des Textcursors für die nächste Ausgabe. Bei der Verwendung eines Strichpunktes bzw. eines Leerraums wird der Cursor direkt hinter das zuletzt angezeigte Zeichen gesetzt. Dagegen stellt das Komma den Cursor auf den Anfang der nächsten Print-Zone ein, die alle 14 Spalten beginnt. Dabei wird die Spaltenbreite aus der Durchschnittsbreite eines Buchstabens gebildet. Dies ist nötig, da in Windows normalerweise mit einer Proportional-Schrift gearbeitet wird, d.h. daß die Buchstaben unterschiedlich breit sind. So verbraucht der Buchstabe 'W' um einiges mehr Platz als der Buchstabe 'l'. Mit der Funktion Tab kann auch um eine bestimmte Anzahl von Spalten (Buchstaben) weitergeschaltet werden, wobei die gleiche Spaltenberechnung gilt.

```
Form2.Print "Start"; Tab(10); "10 Spalten weiter"
```

Um zwei Zeichenketten durch ein oder mehrere Leerzeichen voneinander zu trennen, können die Leerräume direkt in den String geschrieben werden. Wenn jedoch mehr als fünf Blanks eingefügt werden sollen, wird aufgrund der Übersichtlichkeit eher die Basic-Funktion Spc benutzt, der die gewünschte Zahl von Leerzeichen übergeben wird.

```
Bild4.Print "Hallo    Welt"
Print "Hallo"; Spc(16); "16 Blanks weiter: Welt"
```

Bei der Darstellung einer Tabelle sollen u.U. die Buchstaben aller Zeilen genau untereinander zu liegen kommen. Dafür kann über die Eigenschaft FontName ein nicht proportionaler Font (fixed pitch) wie z.B. die Schreibmaschinenschrift Courier eingestellt werden, bei dem alle Buchstaben exakt eine Spalte breit sind. Der Nachteil liegt in dem für das Auge nicht so angenehmen Schriftbild.

Normalerweise beginnt jeder Aufruf der Print-Methode in einer neuen Zeile. Wenn jedoch kein Carriage Return angefügt werden soll, beenden Sie den Print-Aufruf mit einem Strichpunkt.

```
Form1.Print "Zeile 1";
Form1.Print "Wir befinden uns immer noch in Zeile 1"
Form1.Print "Zeile 2"
```

Es besteht genauso die Möglichkeit, mit einem einzigen Print-Aufruf und der Funktion Chr$ eine mehrzeilige Textausgabe vorzunehmen.

```
Print "1. Zeile"; Chr$(13); "neue Zeile"
```

Methoden TextHeight und TextWidth

Über die beiden Methoden TextHeight und TextWidth kann die Höhe und Breite einer Zeichenkette bestimmt werden. Falls es sich um einen mehrzeiligen String handelt, berechnet TextHeight die Summe aller Zeilenhöhen. Die Methode TextWidth liefert die Breite der längsten Zeile zurück.

4.3.2 Die API-Funktionen TextOut und DrawText

Bei der Programmierung in QuickC, Borland C++ und TurboPascal lauten die zwei meist verwendeten Funktionen zur Textausgabe TextOut und DrawText. Außer diesen beiden Textfunktionen gibt es noch ExtTextOut und TabbedTextOut, die von TextOut abstammen und einige Besonderheiten besitzen und die Funktion GrayString, die recht kompliziert aufgebaut ist. Alle besitzen als ersten Parameter das Handle auf einen Device Context, in dem z.B. der zu verwendende Font steht.

TextOut

Der Funktion TextOut wird außerdem die Anfangsposition in logischen x- und y-Koordinaten, die Zeichenkette und deren Länge übergeben.

```
BOOL TextOut(hDC, nXStart, nYStart,
             lpszString, cbString)
```

Parameter	Datentyp	Beschreibung
hDC	HDC	Handle auf einen Device Context
nXStart,nYStart	int	Position des Text-Startpunktes
lpszString	LPSTR	Zeiger auf die Zeichenkette
cbString	int	Anzahl der auszugebenden Zeichen

Falls mit der Funktion SetTextAlign zuvor definiert wurde, daß sich die Funktion TextOut auf die aktuelle Position beziehen soll, werden die beiden Parameter nXStart und nYStart nicht berücksichtigt. Die Länge des Strings wird benötigt, da die Funktion nicht auf \0 abprüft. ASCII-Steuerzeichen wie Linefeed oder Tab werden bei der Ausgabe nicht richtig interpretiert und sollten deswegen nicht im Text vorkommen.

Die beiden mit der Funktion TextOut verwandten Funktionen TabbedTextOut und ExtTextOut besitzen noch zusätzliche Parameter, um einen Text, der Tab-Zeichen (\t) enthält, an Spalten auszurichten, um die Abstände zwischen den Buchstaben selber variieren zu können etc.

DrawText

Um einen Text innerhalb eines Rechtecks zu formatieren, kann die Funktion DrawText verwendet werden, der dafür ein Zeiger auf eine Rechtecksstruktur übergeben wird. Wenn es sich bei der auszugebenden Zeichenkette um einen normalen C-String mit abschließender Null handelt, kann im dritten Parameter statt der Längenangabe auch der Wert -1 stehen. In diesem Fall berechnet die Funktion die Länge des Textes selbst.

```
int DrawText(hDC, lpszString, nCount, lpRect, wFormat)
```

Parameter	Datentyp	Beschreibung
hDC	HDC	Handle auf einen Device Context
lpszString	LPSTR	Zeiger auf die Zeichenkette
nCount	int	Anzahl der auszugebenden Zeichen
lpRect	LPRECT	Zeiger auf eine Rechecksstruktur
wFormat	WORD	Methode der Formatierung

Der letzte Parameter definiert die Methode der Formatierung, die aus einer Kombination mehrerer Flags bestehen kann, wobei sich aber einige gegenseitig beeinflussen. Wenn Sie z.B. den Text in der Senkrechten zentriert dargestellt haben möchten und dazu den Merker DT_VCENTER setzen, muß auch DT_SINGLELINE angegeben werden, das wiederum das Flag DT_WORDBREAK ausssschließt. Die ASCII-Steuerzeichen Carriage return (13) und Linefeed (10) werden außer bei gesetztem Merker DT_SINGLELINE als Zeilenumbruch interpretiert.

GetTextExtent

So wie es in VisualBasic die Methoden TextHeight und TextWidth gibt, um die Länge und Höhe eines Strings zu berechnen, können wir in den anderen drei Sprachen auf die Funktion GetTextExtent zurückgreifen. Für die Berechnung wird der im Device Context aktuelle stehende Font benutzt.

```
         DWORD  GetTextExtent(hDC,
                              lpszString, nCount)
               ↙        ↘
| Höhe des Strings | Länge des Strings |
Bit 31                                 0
```

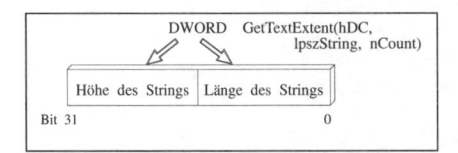

Abb. 114: Die Funktion GetTextExtent

4.3.3 Beispiel zur Textausgabe

Die Beispiele der drei Sprachen QuickC, Borland C++ und TurboPascal sind sich so ähnlich, daß die Aufgabenstellung und die Erklärungen zusammengefaßt werden können.

Mit der Funktion DrawText wird ein Text in der unteren Fensterhälfte ausgegeben, der bei einer Verkleinerung des Fensters automatisch umformatiert wird, damit er immer vollständig angezeigt werden kann. Die Funktion TextOut wird mehrmals aufgerufen, wobei in dem einen Fall als Bezugspunkt die linke obere Ecke der Client Area verwendet wird und im anderen Fall die aktuelle Position, die bei beiden Ausgaben angezeigt wird.

Für alle Ausgaben wird der Texthintergrund mit gelber Farbe gefüllt.

242 Ausgabe

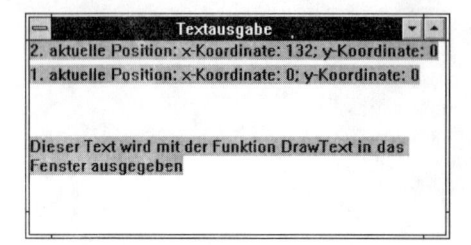

Abb. 115: Beispiel zur Textausgabe

Windows-Funktionen	Kurzbeschreibung
BeginPaint	besorgt einen Display Context
DrawText	gibt formatierten Text aus
EndPaint	gibt den Display Context wieder frei
GetClientRect	berechnet die Ausmaße der Client Area
GetCurrentPosition	ermittelt die aktuelle Position
GetTextExtent	ermittelt die Länge einer Zeichenkette
SetBkColor	stellt die Farbe für den Hintergrund ein
SetBkMode	stellt den Mode für den Hintergrund ein
SetTextAlign	stellt die Attribute für die Textausgabe ein
TextOut	gibt Text aus
wvsprintf	bereitet einen String auf

Windows-Meldungen	Kurzbeschreibung
WM_PAINT	Inhalt der Client Area muß aktualisiert werden

Beispiel

/*************** **QCTEXT.C** ***************/

```
1   /* QuickCase:W */
2   #include "QCText.h"
3
4   int PASCAL WinMain(HANDLE hInstance, HANDLE
5   hPrevInstance, LPSTR lpszCmdLine, int nCmdShow)
6   {
7   /*****************************************/
8   /* hInstance;         Handle dieser Instanz   */
9   /* hPrevInstance;Handle der vorhergehenden Instanz*/
10  /* lpszCmdLine; Zeiger auf die Kommandozeile  */
11  /* nCmdShow;    Code zur Anzeige des Hauptfensters */
12  /*****************************************/
13
14  MSG  msg;   /* MSG-Struktur für die Meldungen */
15  int  nRc;   /* Rückgabewert der Klassen-     */
16              /* Registrierung(en)              */
17
18  strcpy(szAppName, "QCTEXT");
19  hInst = hInstance;
20  if(!hPrevInstance)
21  {
22  /* Registrieren der Fensterklasse(n) bei der  */
23  /* 1.Instanz                                  */
24      if ((nRc = nCwRegisterClasses()) == -1)
25      {
26  /* Registrierung schlug fehl            */

27          LoadString(hInst, IDS_ERR_REGISTER_CLASS,
28              szString, sizeof(szString));
29          MessageBox(NULL, szString, NULL,
30              MB_ICONEXCLAMATION);
31          return nRc;
32      }
33  }
34
35  /* Hauptfenster erzeugen                      */
36  hWndMain = CreateWindow(
37      szAppName,    /* Klassennamen             */
38      "Textausgabe",
39                    /* Text in der Titelzeile   */
40      WS_CAPTION     | /* Titel zufügen          */
41      WS_SYSMENU     | /* Systemmenübox zufügen  */
42      WS_MINIMIZEBOX | /* Minimize Box zufügen   */
43      WS_MAXIMIZEBOX | /* Maximize Box zufügen   */
44      WS_THICKFRAME  | /* in der Größe veränderbar */
45      WS_CLIPCHILDREN |
46                     /* kein Zeichnen in den Kindfenstern */
47      WS_OVERLAPPED,
48      CW_USEDEFAULT, 0, /* Defaultwerte für X, Y  */
49      CW_USEDEFAULT, 0,
50                     /* Defaultwerte für Breite und Höhe */
51      NULL,          /* Handle des Elternfensters */
52      NULL,          /* Handle des Menüs         */
```

```
 53      hInst,            /* Handle der Instanz      */
 54      NULL);            /* Struktur für WM_CREATE  */
 55
 56    if(hWndMain == NULL)
 57    {
 58      LoadString(hInst, IDS_ERR_CREATE_WINDOW,
 59         szString, sizeof(szString));
 60      MessageBox(NULL, szString, NULL,
 61          MB_ICONEXCLAMATION);
 62      return IDS_ERR_CREATE_WINDOW;
 63    }
 64    ShowWindow(hWndMain, nCmdShow);
 65  /* Anzeigen des Hauptfensters */
 66
 67    while(GetMessage(&msg, NULL, 0, 0))
 68  /* bis WM_QUIT eintritt  */
 69    {
 70      TranslateMessage(&msg);
 71      DispatchMessage(&msg);
 72    }
 73
 74  /* Aufräumarbeiten, bevor die Applikation beendet */
 75  /*  wird       */
 76    CwUnRegisterClasses();
 77    return msg.wParam;
 78  } /* Ende der WinMain              */
 79
 80  /*****************************************************/
 81  /*                                                   */
 82  /* Fensterroutine des Hauptfensters:                 */
 83  /*                                                   */
 84  /* Diese Prozedur stellt Service-Routinen für die    */
 85  /* Windows Ereignisse (Meldungen) bereit, die        */
 86  /* Windows oder der Benutzer an das Fenster sendet*/
 87  /* Sie initialisiert Ereignisse (Meldungen), die     */
 88  /* entstehen, wenn der Anwender z.B. einen Menü-     */
 89  /* punkt oder ein Tastenkürzel anwählt               */
 90  /*                                                   */
 91  /*****************************************************/
 92
 93  LONG FAR PASCAL WndProc(HWND hWnd, WORD Message,
 94  WORD wParam, LONG lParam)
 95  {
 96    HMENU      hMenu=0;              /* Menühandle       */
 97    HBITMAP    hBitmap=0; /* Handle für Bitmaps         */
 98    HDC        hDC;/* Handle für den Display Context    */
 99    PAINTSTRUCT ps; /* enthält Zeichen-Informationen    */
100    int         nRc=0; /* Rückgabewert                  */
101    static char szAusgabe[20];
102    static char szaktPos[] = "1. aktuelle Position: ";
103    DWORD dwPos, dwAusm;
104    RECT rect;
105
106    switch (Message)
107    {
108      case WM_CREATE:
109        break;           /* Ende von WM_CREATE           */
110
111      case WM_MOVE:      /* Bewegen des Fensters         */
112        break;
113
114      case WM_SIZE:
115  /*  Größenänderung der Client Area                    */
116        break;           /* Ende von WM_SIZE             */
117
118      case WM_PAINT:  /* Neuzeichnen der Client Area    */
119  /* bekommt ein Handle auf den Device Context           */
120  /* BeginPaint wird evtl. WM_ERASEBKGND senden          */
121        memset(&ps, 0x00, sizeof(PAINTSTRUCT));
122        hDC = BeginPaint(hWnd, &ps);
123  /* falls der Hintergrund keine reine Farbe besitzt*/
124        SetBkMode(hDC, OPAQUE);
125        SetBkColor(hDC, RGB(255,255,0));
126
127        GetClientRect(hWnd, &rect);
128        rect.top = rect.bottom /2;
129        DrawText(hDC, "Dieser Text wird mit der Funktion DrawText
130        in das Fenster ausgegeben",
131            -1, &rect, DT_WORDBREAK);
132
133        TextOut(hDC, 0,20, szaktPos, strlen(szaktPos));
134        dwAusm = GetTextExtent(hDC, szaktPos,
135                         strlen(szaktPos));
136        dwPos = GetCurrentPosition(hDC);
137        wvsprintf(szAusgabe, "x-Koordinate: %d; y-Koordinate:
138         %d",(LPSTR)&dwPos);
139        TextOut(hDC, LOWORD(dwAusm),20, szAusgabe,
140                         strlen(szAusgabe));
141
142        SetTextAlign(hDC,TA_UPDATECP);
143        TextOut(hDC,0,0, "2. aktuelle Position: ", 22);
144        dwPos = GetCurrentPosition(hDC);
145        wvsprintf(szAusgabe, "x-Koordinate: %d; y-Koordinate:
146         %d",(LPSTR)&dwPos);
147        TextOut(hDC, 0, 0, szAusgabe, strlen(szAusgabe));
148  /* Das Neuzeichnen ist abgeschlossen                  */
149        EndPaint(hWnd, &ps);
150        break;         /* Ende von WM_PAINT              */
151
152      case WM_CLOSE:  /* Schließen des Pensters          */
153  /* Zerstören der Kindfenster, modeless Dialogboxen*/
154  /* Zerstören dieses Pensters                          */
155        DestroyWindow(hWnd);
156            if (hWnd == hWndMain)
157              PostQuitMessage(0);
158  /* Beenden der Applikation                            */
159        break;
160
161      default:
162  /* alle Meldungen, für die keine eigene Service-      */
163  /* Routine zur Verfügung gestellt wird, sollten an   */
164  /* Windows gereicht werden, damit eine Default-      */
165  /* Verarbeitung stattfinden kann                      */
166            return DefWindowProc(hWnd, Message, wParam, lParam);
167    }
168    return 0L;
169  }    /* Ende von WndProc                              */
170
171  /*****************************************************/
172  /*                                                   */
173  /* nCwRegisterClasses Funktion:                      */
174  /*                                                   */
175  /* Die folgende Funktion registriert alle Klassen    */
176  /* von allen Fenstern, die mit dieser Applikation    */
177  /* verbunden sind. Die Funktion liefert einen        */
178  /* Fehlercode zurück, falls sie nicht erfolgreich    */
179  /* war, ansonsten wird 0 zurückgegeben.              */
180  /*                                                   */
181  /*****************************************************/
182
183  int nCwRegisterClasses(void)
184  {
185    WNDCLASS   wndclass;
186  /* Struktur, um eine Klasse zu definieren             */
187    memset(&wndclass, 0x00, sizeof(WNDCLASS));
188  /* Füllen von WNDCLASS mit Fenster-Eigenschaften     */
189    wndclass.style = CS_HREDRAW | CS_VREDRAW |
190                               CS_BYTEALIGNWINDOW;
191    wndclass.lpfnWndProc = WndProc;
192  /* zusätzlicher Speicher für Klassen- und            */
193  /* Fensterobjekte                                     */
194    wndclass.cbClsExtra = 0;
195    wndclass.cbWndExtra = 0;
196    wndclass.hInstance = hInst;
197    wndclass.hIcon = LoadIcon(NULL, IDI_APPLICATION);
198    wndclass.hCursor = LoadCursor(NULL, IDC_ARROW);
199  /* Erzeugen eines Pinsels, um den Hintergrund        */
200  /* zu löschen                                         */
201    wndclass.hbrBackground = (HBRUSH)(COLOR_WINDOW+1);
202    wndclass.lpszMenuName = szAppName;
203  /* Klassenname = Menüname */
204    wndclass.lpszClassName = szAppName;
205  /* Klassenname = App.-Name */
206    if(!RegisterClass(&wndclass))
207      return -1;
208
209    return(0);
210  }  /* Ende von nCwRegisterClasses                    */
211
212  /*****************************************************/
213  /* CwUnRegisterClasses Function:                     */
214  /* löscht jeden Bezug zu den Fenster-Resourcen,      */
215  /* die für diese Applikation erzeugt wurden, gibt*/
216  /* Speicher frei, löscht die Instanz, die Handles*/
217  /* und tätigt andere Aufräumarbeiten                 */
218  /*****************************************************/
219
220  void CwUnRegisterClasses(void)
221  {
222    WNDCLASS   wndclass;
223  /* Struktur, um eine Klasse zu definieren             */
224    memset(&wndclass, 0x00, sizeof(WNDCLASS));
225
226    UnregisterClass(szAppName, hInst);
227  }  /* Ende von CwUnRegisterClasses                   */
```

Neue Methoden	Kurzbeschreibung
TWindow.Paint	stellt Fensterinhalt neu dar
TWindow.SetupWindow	stellt ein neu erzeugtes Fenster dar

244 Ausgabe

Beispiel

```pascal
{ Programm zur Textausgabe: TPTEXT.PAS }

program TPText;
uses WObjects, WinTypes, WinProcs, Strings;
const
  Ausgabetxt = '1. aktuelle Position: ';

type
  TRahmen = object(TApplication)
    procedure InitMainWindow; virtual;
  end;

type
  PFenster = ^TFenster;
  TFenster = object(TWindow)
    Textpuffer: array[0..40] of char;
    TextOutPtr: PChar;
    procedure SetupWindow; virtual;
    procedure Paint (PaintDC: HDC; var PaintInfo:
                     TPaintStruct); virtual;
  end;

procedure TRahmen.InitMainWindow;
begin
  MainWindow := New(PFenster, Init(nil,
                    'Textausgabe'));
end;

procedure TFenster.SetupWindow;
begin
  TWindow.SetupWindow;
  TextOutPtr := @Textpuffer;
end;

procedure TFenster.Paint (PaintDC: HDC; var
                          PaintInfo: TPaintStruct);
var rect: TRect;
    dwAusm, dwPos: Longint;
begin
  SetBkMode(PaintDC, OPAQUE);
  SetBkColor(PaintDC, RGB(255,255,0));

  GetClientRect(HWindow, rect);
  rect.top := rect.bottom DIV 2;
  DrawText(PaintDC, 'Dieser Text wird mit der Funktion DrawText
  in das Fenster ausgegeben',
           -1, rect, DT_WORDBREAK);

  StrCopy(TextOutPtr, Ausgabetxt);
  TextOut(PaintDC, 0,20, TextOutPtr,
                         StrLen(TextOutPtr));
  dwAusm := GetTextExtent(PaintDC, TextOutPtr,
                          StrLen(TextOutPtr));
  dwPos := GetCurrentPosition(PaintDC);
  wvsprintf(Textpuffer, 'x-Koordinate: %d; y-Koordinate: %d', dwPos);
  TextOut(PaintDC, LOWORD(dwAusm),20, TextOutPtr,
                         StrLen(TextOutPtr));

  SetTextAlign(PaintDC,TA_UPDATECP);
  TextOut(PaintDC,0,0,'2. aktuelle Position: ',22);
  dwPos := GetCurrentPosition(PaintDC);
  wvsprintf(Textpuffer, 'x-Koordinate: %d; y-Koordinate: %d', dwPos);
  TextOut(PaintDC, 0,0, TextOutPtr,
                         StrLen(TextOutPtr));
end;

{ Hauptprogramm }
var MeinRahmen : TRahmen;

begin
  MeinRahmen.Init('TPFirst');
  MeinRahmen.Run;
  MeinRahmen.Done;
end.
```

Turbo C++

Neue Methoden	Kurzbeschreibung
TWindow::Paint	stellt Fensterinhalt neu dar

Beispiel

/***************** TCTEXT.CPP *****************/

```cpp
#include <owl.h>
#include <string.h>

class TRahmen :public TApplication
{
public:
  TRahmen(LPSTR AName, HANDLE hInstance, HANDLE
    hPrevInstance, LPSTR lpCmdLine, int nCmdShow)
    : TApplication(AName, hInstance, hPrevInstance,
                   lpCmdLine, nCmdShow) {};
  virtual void InitMainWindow();
};

class TFenster : public TWindow
{
public:
  TFenster(PTWindowsObject AParent, LPSTR ATitle)
    : TWindow(AParent, ATitle) {};
  virtual void Paint(HDC, PAINTSTRUCT &);
};

void TRahmen::InitMainWindow()
{
  MainWindow = new TFenster(NULL, "Textausgabe");
}

void TFenster::Paint (HDC PaintDC, PAINTSTRUCT & PaintInfo)
{
  static char szAusgabe[20];
  static char szaktPos[] = "1. aktuelle Position: ";
  DWORD dwPos, dwAusm;
  RECT rect;

  SetBkMode(PaintDC, OPAQUE);
  SetBkColor(PaintDC, RGB(255,255,0));

  GetClientRect(HWindow, &rect);
  rect.top = rect.bottom /2;
  DrawText(PaintDC, "Dieser Text wird mit der Funktion
  DrawText in das Fenster ausgegeben",
           -1, &rect, DT_WORDBREAK);

  TextOut(PaintDC, 0, 20, szaktPos,
                         strlen(szaktPos));
  dwAusm = GetTextExtent(PaintDC, szaktPos,
                         strlen(szaktPos));
  dwPos = GetCurrentPosition(PaintDC);
  wvsprintf(szAusgabe, "x-Koordinate: %d; y-Koordinate:
%d", (LPSTR)&dwPos);
  TextOut(PaintDC, LOWORD(dwAusm),20, szAusgabe,
                         strlen(szAusgabe));

  SetTextAlign(PaintDC,TA_UPDATECP);
  TextOut(PaintDC,0,0,"2. aktuelle Position: ",22);
  dwPos = GetCurrentPosition(PaintDC);
  wvsprintf(szAusgabe, "x-Koordinate: %d; y-Koordinate:
%d", (LPSTR)&dwPos);
  TextOut(PaintDC,0,0,szAusgabe,strlen(szAusgabe));
}

int PASCAL WinMain(HANDLE hInstance, HANDLE hPrevInstance,
  LPSTR lpCmdLine, int nCmdShow)
{
  TRahmen MeinRahmen ("TCFirst", hInstance,
            hPrevInstance, lpCmdLine, nCmdShow);
  MeinRahmen.Run();
  return MeinRahmen.Status;
}
```

Alle Aktionen erfolgen bei der WM_PAINT-Meldung bzw. in der Paint-Methode. Nur in dem TurboPascal-Beispiel muß zusätzlich die Methode SetupWindow überschrieben werden, um einen Zeiger auf einen Textpuffer für die spätere Ausgabe zu setzen.

Damit der Buchstaben-Hintergrund in gelber Farbe erscheint, wird der Hintergrund-Modus auf OPAQUE gesetzt, und anschließend die Farbe über das Makro RGB eingestellt.

```
SetBkMode(hDC, OPAQUE);
SetBkColor(hDC, RGB(255,255,0));
```

Der Text, der mit der Funktion DrawText ausgegeben wird, soll in der unteren Hälfte der Client Area zu liegen kommen. Dazu wird mit der Funktion GetClientRect die Größe des Arbeitsbereches ermittelt, und anschließend das Feld top auf die halbe Höhe dieses Bereiches gesetzt. Aufgrund des Formates DT_WORDBREAK wird bei einer Größenänderung des Fensters der Text automatisch umformatiert, damit er immer vollständig zu lesen ist.

```
GetClientRect(hWnd, &rect);
rect.top = rect.bottom /2;
DrawText(hDC, "Dieser Text wird mit der Funktion DrawText in das
Fenster ausgegeben",
-1, &rect, DT_WORDBREAK);
```

Mit der Funktion TextOut werden mehrere Texte angezeigt. Der erste Text beginnt an dem Punkt (0,20) und lautet: 1. aktuelle Position: . Um den nachfolgenden Text, der noch aufbereitet werden muß, direkt an diese Ausgabe anschließen zu können, muß die Länge des Strings mit der Funktion GetTextExtent berechnet werden. Sie steht nach dem Aufruf in dem niederwertigen Wort der Variablen dwAusm, das mit Hilfe des Makros LOWORD angesprochen werden kann. Der an dieser Stelle auszugebende Text soll die derzeit aktuelle Position anzeigen, die durch die Funktion GetCurrentPosition ermittelt wird und auf dem Punkt (0,0) steht. Mit der Funktion wvsprintf wird der Text aufbereitet, indem aus dem letzten Parameter immer ein WORD-großer Wert an die Stelle %d in den Text eingetragen wird.

```
TextOut(hDC, 0,20, szaktPos, strlen(szaktPos));
dwAusm = GetTextExtent(hDC, szaktPos,
                strlen(szaktPos));
dwPos = GetCurrentPosition(hDC);
wvsprintf(szAusgabe, "x-Koordinate: %d; y-Koordinate: %d", (LPSTR)&dwPos);
TextOut(hDC, LOWORD(dwAusm),20, szAusgabe,
                strlen(szAusgabe));
```

Die nächste Ausgabe mit der Funktion TextOut soll sich auf die aktuelle Position beziehen, daher wird die Funktion SetTextAlign mit dem Parameter TA_UPDATECP aufgerufen. Da diese Position zu Beginn die Koordinaten des Urprungs enthält, wird der Text in die erste Zeile geschrieben. Wenn wir nun zwei Texte hintereinander ausgeben, müssen wir nicht mehr den Startpunkt des zweiten Textes berechnen, da die Funktion TextOut an der aktuellen Position beginnt und diese Position nach einer Ausgabe an das Textende setzt. Die Koordinaten der aktuellen Position nach der ersten Ausgabe werden wiederum für die zweite Ausgabe berechnet und aufbereitet.

```
SetTextAlign(hDC,TA_UPDATECP);
TextOut(hDC,0,0, "2. aktuelle Position: ", 22);
dwPos = GetCurrentPosition(hDC);
wvsprintf(szAusgabe, "x-Koordinate: %d; y-Koordinate: %d",(LPSTR)&dwPos);
TextOut(hDC, 0,0, szAusgabe, strlen(szAusgabe));
```

Der Code des TurboPascal-Programms unterscheidet sich insofern von den gerade getätigten Erklärungen, als daß die Zeichenketten für die API-Funktionen in C-Strings umgewandelt werden müssen. Deswegen existiert eine eigene SetupWindow-Methode, die zeitlich vor der Paint-Methode aktiviert wird. Somit ist dies der geeignete Platz, um den Zeiger TextOutPtr auf den Anfang des Zeichenpuffers Textpuffer zu stellen. Beide Variablen sind als Datenfelder der Klasse TFenster definiert.

```
procedure TFenster.SetupWindow;
begin
  TWindow.SetupWindow;
  TextOutPtr := @Textpuffer;
end;
```

Dadurch können anschließend in der Paint-Methode die Ausgabetexte in den Puffer kopiert und der Zeiger TextOutPtr an die Funktion TextOut übergeben werden.

Microsoft Visual Basic

In VisualBasic sieht das Beispiel etwas anders aus, da es z.B. keine Funktion DrawText und keine Einstellungsmöglichkeit für die Hintergrundfarbe der Buchstaben gibt. Da sich die Methode Print immer auf die aktuelle Position bezieht, müssen wir kein Äquivalent zur API-Funktion SetTextAlign aufrufen. Der gesamte Text wird in gelber Farbe geschrieben. Zusätzlich zu den ersten zwei Zeilen werden die Höhe und Breite des ersten Strings angezeigt.

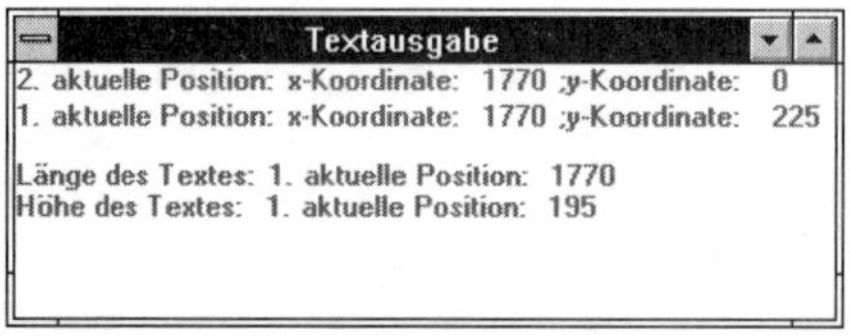

```
Textausgabe
2. aktuelle Position: x-Koordinate: 1770 ;y-Koordinate: 0
1. aktuelle Position: x-Koordinate: 1770 ;y-Koordinate: 225
Länge des Textes: 1. aktuelle Position: 1770
Höhe des Textes: 1. aktuelle Position: 195
```

Abb. 116: Textausgabe in VisualBasic

Objekt	Eigenschaft	Inhalt
Form1	Caption	Textausgabe
	ForeColor	&H000000FF&

Neue Ereignisse	Kurzbeschreibung
Form_Paint	Fensterinhalt muß aktualisiert werden

Neue Eigenschaften	Kurzbeschreibung
Form1.CurrentX	x-Koordinate der aktuellen Position
Form1.CurrentY	y-Koordinate der aktuellen Position

Neue Methoden	Kurzbeschreibung
Form1.Print	Ausgabe eines Textes
Form1.TextHeight	ermittelt die Texthöhe
Form1.TextWidth	ermittelt die Textlänge

Beispiel
```
' VBTEXT.FRM
Sub Form_Paint ()
    Text$ = "1. aktuelle Position: "

    Form1.CurrentY = 220
    Form1.CurrentX = 0
    Form1.Print Text$;
    Form1.Print "x-Koordinate: "; Form1.CurrentX; ";y-Koordinate: "; Form1.CurrentY
    Form1.CurrentY = 0
    Form1.Print "2. aktuelle Position: ";
    Form1.Print "x-Koordinate: "; Form1.CurrentX; ";y-Koordinate:  "; Form1.CurrentY

    Form1.CurrentY = 600
    Breite% = TextWidth(Text$)
    Hoehe% = TextHeight(Text$)
    Print "Länge des Textes:  "; Text$; Breite%
    Print "Höhe des Textes:   "; Text$; Hoehe%
End Sub
```

Um die oberste Zeile für eine spätere Ausgabe freizulassen, wird die Eigenschaft CurrentY, die die y-Koordinate der aktuellen Position definiert, mit dem Wert 220 besetzt. Da in VisualBasic als Einheit TWIP verwendet wird, müssen die Werte immer um einiges größer als bei den anderen drei Sprachen angegeben werden.

Damit nach der Ausgabe der Zeichenkette Text$ keine neue Zeile begonnen wird, steht nach dem ersten Print-Methodenaufruf ein Strichpunkt. Der nächste Text schließt sich somit direkt an den ersten an. Die Koordinaten der aktuellen Position können aus den beiden Eigenschaften CurrentX und CurrentY gelesen werden.

```
Form1.Print "x-Koordinate: "; Form1.CurrentX; ";y-Koordinate:  "; Form1.CurrentY
```

Die nächste Ausgabe erfolgt in der ersten Zeile, da CurrentY auf den Wert 0 gesetzt wird. Ansonsten ist es derselbe Ablauf wie zuvor. Der x-Wert der aktuellen Position nach der Ausgabe von Text$ stellt gleichzeitig die Länge dieser Zeichenkette dar. Der Beweis steht nach dem Methodenaufruf TextWidth in der Variablen Breite%.

4.4 Ausgabe von Grafik

Alle grafischen Grundfunktionen, denen die Koordinaten in logischen Einheiten übergeben werden, um geräteunabhängiger zu sein, können in drei Gruppen eingeteilt werden:

- Gruppe der Punkt-Funktionen
- Gruppe der Linien-Funktionen
- Gruppe der Ellipsen- und Polygon-Funktionen

Die erste Gruppe haben wir schon in dem Punkt der Farbeinstellungen besprochen. Sowohl die API-Funktionen SetPixel und GetPixel als auch die VisualBasic-Methoden PSet und Point gehören zu dieser Gruppe. In diesem Punkt werden wir uns mit den restlichen beiden Gruppen beschäftigen. Die dazu in VisualBasic existierenden Methoden Line und Circle unterscheiden sich dabei von den API-Funktionen, da sie sowohl die zweite als auch die dritte Gruppe repräsentieren.

4.4.1 Funktionen zum Zeichnen von Linien

Methode Line

Um eine Linie in VisualBasic zu zeichnen, könnten Sie z.B. die Methode PSet verwenden und Punkt für Punkt aneinanderfügen. Dies ist jedoch auf Dauer recht umständlich. Einfacher funktioniert die Ausgabe von Linien mit der Methode Line. Mit der Anweisung

```
Form2.Line -(2500, 4000)
```

wird ein Strich von der aktuellen Position bis zum Punkt (2500, 4000) gezogen, dessen Angabe sich wieder auf die linke obere Ecke der Form2 bezieht. Anschließend ist die aktuelle Position auf den Endpunkt eingestellt, d.h. die Eigenschaft CurrentX besitzt als Wert die Zahl 2500, die Eigenschaft CurrentY die Zahl 4000. Der Linie kann aber auch als Startpunkt ein definierter Punkt mitgegeben werden, der sich auf den Ursprung des Fensters bezieht, außer wenn das Schlüsselwort Step genannt wird. Die Farbe des Strichs wird durch die aktuelle Vordergrundfarbe bestimmt, oder Sie geben der Methode eine eigene Farbe mit.

```
' Linie im Form1: P1 (1225,235); P2 (2000,555);
' Vordergrundfarbe
     Form1.Line (1225, 235) - (2000, 555)

' Linie in einer Picture Box: P1 (20,75);
' P2 (130,200); Farbe: blau
     Bild1.Line (20,75) - (130,200), RGB(0,0,255)
'keine Veränderung der aktuellen Position des Forms

' Linie im Form1: P1 (CurrentX,CurrentY);
' P2 (100,100); Farbe: blau
     Form1.Line - (100,100), QBColor(1)
```

```
' direkt anschließender Aufruf
' Linie in Form1: P1 (100+110, 100+250);
' P2 (P1+300, P1+300), Vordergrundfarbe
    Form1.Line Step(110, 250) - Step(300, 300)
    Form1.Line (210, 350) - (510, 650)
```

Die letzten beiden Aufrufe geben die identische Linie aus, da sich das erste Schlüsselwort Step auf die aktuelle Position bezieht, die durch den davor getätigten Aufruf auf (100,100) gesetzt wurde, und das zweite Step auf die Anfangsposition der Linie (210,350).

Methode Circle

Der Name der Methode Circle sagt schon aus, daß sie vor allem zum Zeichnen von Kreisen verwendet wird. Es ist aber auch genauso möglich, einen Bogen auszugeben. Der dazu notwendige Aufruf kann folgendermaßen aussehen:

```
Circle (2000, 1300), 1000, , 3.14, 1.5 * 3.14
```

Aufgrund dieser Zeile wird ein Bogen gezeichnet, der zwischen 180 Grad und 270 Grad, also im dritten Quadranten liegt. Der erste Parameter in Klammern bestimmt den Mittelpunkt des imaginären Kreises, aus dem der Bogen gebildet wird. Die Zahl 1000 definiert den Kreisradius. Da wir keine Farbe als dritten Parameter angegeben haben, wird die Vordergrundfarbe benutzt. Bei den Parametern aller VisualBasic-Methoden handelt es sich um Stellungsparameter, d.h. falls einer nicht genannt wird, wie in unserem Fall die Farbe, muß trotzdem das Komma dafür stehen. Deswegen sehen Sie nach der Angabe des Radius zwei Kommas, dann kommt der Anfangs- und Endpunkt des Bogens. Die Einheit dieser beiden Punkte wird im Bogenmaß und nicht in Grad definiert. Bogenmaß wird auch für trigonometrische Funktionen wie Cos und Sin benötigt. Da sich die meisten Menschen unter 90 Grad mehr vorstellen können als unter $1/2\ \pi$, habe ich das nächste Bild erstellt. Ich hoffe, daß Ihnen damit die Umrechnung ein wenig leichter fällt. Für die Zahl π wird meist näherungsweise die Zahl 3.1415 verwendet.

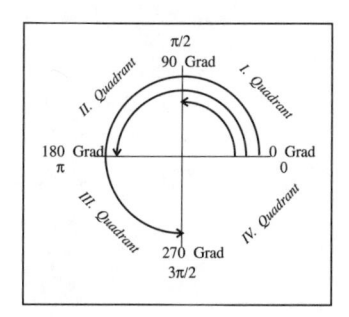

Abb. 117: Umrechnung von Grad in Bogenmaß

In dem nächsten kleinen Beispiel habe ich viele Möglichkeiten zur Darstellung verschiedener Bögen ausprobiert, wobei alle Start- und Endpunkte auf einen der folgenden vier Werte gesetzt sind: 0, 0.5 * 3.14, 3.14, 1.5 * 3.14. Sobald das Form mit der Maus angeklickt wird, werden die Bögen gezeichnet.

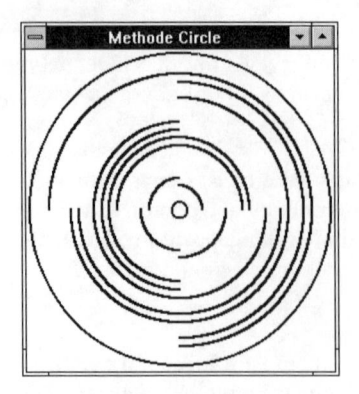

Abb. 118: Zeichnen verschiedener Bögen

```
Sub Form_Click ()
    Circle (2000, 2000), 100
    Circle (2000, 2000), 1950

    ' 1. Quadrant
    Circle (2000, 2000), 300, , 0, .5 * 3.14
    ' 2. Quadrant
    Circle (2000, 2000), 400, , .5 * 3.14, 3.14
    ' 3. Quadrant
    Circle (2000, 2000), 500, , 3.14, 1.5 * 3.14
    ' 4. Quadrant
    Circle (2000, 2000), 600, , 1.5 * 3.14, 0

    ' 1. + 2. Quadranten
    Circle (2000, 2000), 800, , 0, 3.14
    ' 1. - 3. Quadranten
    Circle (2000, 2000), 900, , 0, 1.5 * 3.14

    ' 2. + 3. Quadranten
    Circle (2000, 2000), 1000,,.5 * 3.14, 1.5 * 3.14
    ' 2. + 3. + 4. Quadranten
    Circle (2000, 2000), 1100, , .5 * 3.14, 0

    ' 3. + 4. Quadranten
    Circle (2000, 2000), 1300, , 3.14, 0
    ' 3. + 4. + 1. Quadranten
    Circle (2000, 2000), 1400, , 3.14, .5 * 3.14

    ' 4. + 1. Quadranten
    Circle (2000, 2000), 1600,,1.5 * 3.14, .5 * 3.14
    ' 4. + 1. + 2. Quadranten
    Circle (2000, 2000), 1700, , 1.5 * 3.14, 3.14
End Sub
```

Funktion MoveTo, LineTo

In den drei anderen Sprachen werden die Bögen und Linien jeweils mit denselben API-Funktionen erstellt. Zum Zeichnen eines Strichs werden meist zwei Funktionen benötigt, um zum einen den Anfangspunkt einzustellen und zum anderen eine Linie bis zu einem Endpunkt zu zeichnen. Wenn der erste Schritt weggelassen wird, so wird als Startwert die aktuelle Position verwendet. Die Aufgabe der Funktion MoveTo ist somit keine Ausgabe eines Punktes oder einer Linie, sondern das Setzen der aktuellen Position. Nach der Ausführung der Funktion LineTo, die die eigentliche Linie zeichnet, steht die aktuelle Position auf dem Endpunkt, wie es auch in VisualBasic nach dem Methodenaufruf Line der Fall ist.

```
MoveTo (hDC, 30, 50);
LineTo (hDC, 100, 60);
```

Aufgrund dieser beiden Zeilen wird eine Linie von dem Punkt mit den Koordinaten (30,50) zu dem zweiten Punkt (100,60) gezeichnet. Der erste Parameter muß das Handle des Device Contextes sein, da dort u.a. die aktuelle Position vermerkt ist.

Funktion Polyline

Um einen Linienzug auszugeben, der aus mehreren zusammengesetzten Linien besteht, kann entweder mehrmals die Funktion LineTo aufgerufen werden, oder es wird die Funktion Polyline verwendet. Sie bekommt als zweiten Parameter einen Zeiger auf ein Array des Datentyps POINT übergeben, das die zu verbindenden Punkte enthält. Die Anzahl der Punkte muß im nächsten Parameter mitgeteilt werden.

entweder:

```
MoveTo(hDC, 30,50);
LineTo(hDC, 30,100);
LineTo(hDC, 70,100);
LineTo(hDC, 70,50);
```

oder:

```
POINT ptArray[4] = {30, 50, 30,100,
                    70,100, 70, 50};
Polyline(hDC, (LPPOINT)&ptArray, 4);
```

Beide Möglichkeiten zeichnen zwei senkrechte Linien, deren untere Eckpunkte durch eine waagrechte Linie verbunden sind.

Funktion Arc

Mit der Funktion Arc werden Bögen dargestellt, die jedoch keine Angaben in Bogenmaß benötigen, sondern zwei Eckpunkte eines imaginären Rechteckes und den Anfangs- und Endpunkt des Bogens übergeben bekommt.

```
BOOL Arc(hdc, nLeftRect, nTopRect,
         nRightRect, nBottomRect,
         nXStartArc, nYStartArc,
         nXEndArc, nYEndArc)
```

Die vier zu nennenden Punkte werden in der nächsten Abbildung noch einmal verdeutlicht. Auch die meisten API-Funktionen zum Zeichnen von geschlossenen Flächen sind nach diesem Schema aufgebaut. Zuerst wird das Rechteck definiert, das die Figur umschließt, dann - falls nötig - zusätzliche Punkte.

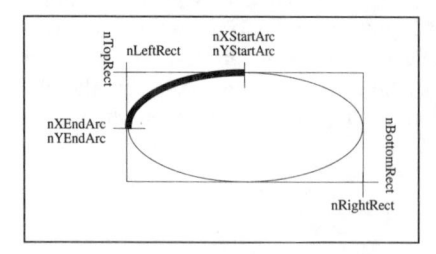

Abb. 119: Die Funktion Arc

Der Aufruf zu dieser Abbildung könnte z.B. folgendermaßen lauten:

```
Arc (hDC, 30,30, 530, 230, 280,30, 30,130);
```

Die Anfangs- und Endpunkte eines Bogens müssen nicht unbedingt auf dem imaginären Rechteck liegen, wie es in unserem Beispiel der Fall ist, und Sie können auch beliebig andere Winkel als 90 Grad-Winkel beschreiben.

Funktion LineDDA

Die zuletzt zu nennende Linien-Funktion lautet LineDDA und benötigt als einzige Ausgabefunktion kein Handle auf einen Device Context. Diese Funktion führt eine Ausgabe nicht direkt durch, sondern ruft ihrerseits eine Callback-Funktion auf. Die drei Buchstaben DDA stehen als Abkürzung für digital differential analyzer.

4.4.2 Funktionen zum Zeichnen von geschlossenen Flächen

Funktion Line

Mit der Methode Line können in VisualBasic außer Linien auch noch Rechtecke gezeichnet werden, wenn zum Schluß der Buchstabe B angegeben wird. Die vollständige Syntax lautet folgendermaßen:

```
[object.]Line [[Step](x1!, y1!)] - [Step]
    (x2!, y2!) [,[color&], B[F]]]
```

Die Größe und Lage des Rechtecks wird durch die beiden Punkte bestimmt, die für zwei gegenüberliegende Ecken stehen. Auch beim Zeichnen eines Rechteckes kann die Angabe des ersten Punktes weggelassen werden, dann wird statt dessen die aktuelle Position benutzt, die nach der Ausgabe auf den Endpunkt (x2!, y2!) gesetzt ist. Falls nach dem Buchstaben B noch der Buchstabe F geschrieben wird, wird die Rechtecksfläche mit derselben Farbe gefüllt, in der der Rand gezeichnet wurde. Im anderen Fall hängt das Aussehen dieser Fläche von den Eigenschaften FillColor und FillStyle ab, die Thema des nächsten Punktes sein werden. Die folgenden Aufrufe stellen einige Möglichkeiten dar.

```
'aktuelle Position auf den Punkt (0,0) einstellen:
  Cls

' Rechteck: P1 (0,0); P2 (2500, 1300);
' Rand und Fläche in der Vordergrundfarbe
  Line -(2500, 1300), , B

' Rechteck: P1 (800,750); P2 (2050,0);
' Rand in gelber Farbe
' Fläche in der Vordergrundfarbe
  Form1.Line (800,750)-(2050,0), RGB(255, 255, 0),B

' Rechteck: P1 (800,750); P2 (1000, 850);
' Rand und Fläche in roter Farbe
  Form1.Line (800,750)- Step (200,100), &HFF&, BF
```

Funktion Circle

Kommen wir noch einmal zur Methode Circle zurück, um mit ihr nun Kreise zu zeichnen, wie es der Methodenname schon sagt. Zudem können auch die geschlossenen Flächen Ellipse und Pie erzeugt werden. Aufgrund dieser Vielzahl von Möglichkeiten ist auch die Syntax etwas komplizierter:

```
[object.]Circle [Step](x!, y!), radius!
[,[color&] [,[start!] [,[end!] [,aspect!] ] ] ]
```

Das Zeichnen eines Kreises stellt die einfachste Möglichkeit dar, da nur die Angaben des Mittelpunktes und des Radius benötigt werden.

```
Form1.Circle (2300, 500), 400
```

Der Radius bezieht sich dabei immer auf die waagrechte Größe der eingestellten Einheit. Falls bei dem aktuellen Koordinatensystem die horizontalen und vertikalen Einheiten dieselbe Länge besitzen, wie es im gesetzten Scale Mode TWIP der Fall ist, entsteht auch wirklich ein Kreis. Im Pixel-Mode wird hingegen eine Ellipse angezeigt, obwohl ein Kreis gewünscht war, da ein Pixel meist nicht quadratisch ist.

Wenn man wirklich eine Ellipse ausgeben möchte, muß der letzte Parameter aspect! versorgt werden, der das Verhältnis zwischen der waagrechten und der senkrechten Dimension definiert. Wenn Sie für aspect! einen Wert wählen, der kleiner als 1 ist, z.B. 1/3, wird die Ellipse in Richtung der x-Achse gestreckt, bei Werten größer 1 stellt die y-Achse die Streckrichtung dar. Die Radius-Angabe bezieht sich dabei immer auf die Richtung (x- oder y-Achse), in die die Ellipse gezogen wird.

```
Form1.Circle (2550, 2400), 2300,,,, 4
Circle (550, 350), 300,,,, 1/7
```

Durch den ersten Aufruf der Methode Circle wird die Ellipse in Richtung der y-Achse gedehnt. Der Radius-Wert 2300 ist dabei der Abstand, der von dem Mittelpunkt (2550,2400) senkrecht nach oben bzw. nach unten zum Ellipsenrand gemessen wird. Die zweite Zeile erzeugt eine Ellipse, die in x-Richtung gestreckt wird, und deren Radius 300 sich auch auf diese waagrechte Richtung bezieht.

Wie oben schon erwähnt, kann mit der Methode Circle auch ein Pie gezeichnet werden, das die Form eines Kuchenstückes besitzt. Dafür muß wie bei einem Bogen ein Start- und ein Endpunkt im Bogenmaß genannt werden, die diesmal jedoch ein negatives Vorzeichen besitzen müssen. Aufgrund dieser negativen Werte weiß VisualBasic, daß außer der Bogenlinie zusätzlich zwei Striche ausgegeben werden müssen, die den Start- bzw. Endpunkt des Bogens mit dem Mittelpunkt verbinden.

```
' 4. Quadrant
Circle (1500, 2400), 1050,,-1.5 * 3.14,-2 * 3.14
' 2. - 4. Quadrant
Circle (1500, 2400), 850,,-.5 * 3.14, -2 * 3.14
' 1. Quadrant
Circle (1500, 2400), 650,,-2 * 3.14, -.5 * 3.14
```

Die Zeichenrichtung verläuft genauso wie bei Erstellung eines Bogens gegen den Uhrzeigersinn.

Zum Zeichnen von geschlossenen Flächen existieren mehrere API-Funktionen, deren Aufgabengebiete nicht so umfangreich sein müssen, wie es in VisualBasic bei den beiden Methoden Circle und Line der Fall ist.

Funktion Polygon

Falls der Anfangs- und der Endpunkt eines Linienzuges miteinander verbunden werden sollen, kann dies mit Hilfe eines zusätzlichen Aufrufs der Funktion Polyline erfolgen, oder wir benutzen die Funktion Polygon, die automatisch einen geschlossenen Linienzug darstellt. Beide Funktionen bekommen als Parameter dieselben Datentypen übergeben:

```
POINT    ptArray[4] = {100, 40,  80,120,
                       100,120, 100, 40};
Polyline(hDC,(LPPOINT)&ptArray, 4);
Polygon(hDC, (LPPOINT)&ptArray, 3);
```

Der Unterschied liegt nur in der Angabe des letzten Parameters, da die Funktion Polyline ein um eine POINT-Variable größeres Array benötigt als die Funktion Polygon, um den Anfangspunkt zweimal aufzulisten.

Funktion PolyPolygon

Zusätzlich gibt es für die Darstellung von Linienzügen noch die Funktion PolyPolygon, die eine Reihe von Polygonen zeichnet. Bei dieser Funktion müssen die Startpunkte der einzelnen Flächen wie bei der Linienzug Polyline jeweils zweimal genannt werden, da ansonsten keine geschlossene Fläche entsteht. Neben dem Array für die einzelnen Punkte benötigt die Funktion noch ein zweites Array, in dem steht, wie viele Punkte pro Linienzug verwendet werden sollen.

Als letzter Parameter wird die Anzahl der Elemente dieses Arrays genannt. Der Aufruf kann z.B. folgendermaßen aussehen:

```
static int polyarray[2] = {5, 5};
static POINT pktarray[10] =
    { 20,20, 20, 80,  80,80, 80,20, 20,20,
```

```
       0,50, 50,100, 100,50, 50, 0,  0,50};
PolyPolygon(hDC, pktarray, polyarray, 2);
```

Dadurch werden zwei Flächen gezeichnet, wobei jeweils fünf Punkte zu einem Polygon gehören. Damit die Flächen geschlossen werden, muß bei beiden Figuren der zuerst- und der zuletztgenannte Punkt identisch sein.

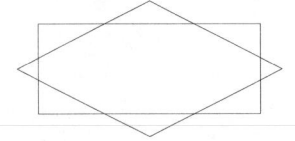

Abb. 120: Grafik mit Hilfe der Funktion PolyPolygon

Polygon-Füllmodus

Abhängig von dem aktuellen Polygon-Füllmodus werden die Flächen teilweise oder ganz mit dem aktuellen Brush gefüllt. Dieser Füllmodus kann über die Funktion SetPolyFillMode auf ALTERNATE oder WINDING eingestellt werden.

```
SetPolyFillMode(hDC, WINDING);
```

Wenn die gesamte Figur mit einem Muster versehen werden soll, so muß das Schlüsselwort WINDING übergeben werden. Im anderen Fall bleiben aufgrund eines Berechnungsverfahrens bestimmte Flächen leer.

Funktion Rectangle

Auch ein Rechteck könnte mit den Funktionen Polyline oder Polygon erstellt werden. Einfacher geht es jedoch mit der Funktion Rectangle, die direkt die vier Werte für zwei gegenüberliegende Eckpunkte übergeben bekommt.

```
Rectangle(hDC, X1, Y1, X2, Y2)
```

Dieser Aufbau wird für mehrere Funktionen verwendet. Zusätzliche Parameter werden an diese fünf angeschlossen, wie wir es z.B. schon bei der Funktion Arc gesehen haben.

```
Ellipse  (hDC, X1, Y1, X2, Y2)
RoundRect(hDC, X1, Y1, X2, Y2, X3, Y3)
Pie      (hDC, X1, Y1, X2, Y2, X3,Y3, X4,Y4)
Chord    (hDC, X1, Y1, X2, Y2, X3,Y3, X4,Y4)
```

Mit der Funktion RoundRect wird ein Rechteck mit abgerundeten Ecken gezeichnet. Die Rundung wird über eine Ellipse definiert, die sich imaginär in jeder Ecke des Rechtecks befindet, und deren Breite und Höhe in den letzten beiden Parametern genannt werden.

Die Darstellungsmöglichkeiten der VisualBasc-Methode Circle werden bei den API-Funktionen von vier verschiedenen Funktionen ausgeführt. Die erste von diesen Funktionen haben wir schon bei den Linien-Funktionen kennengelernt, es war die Funktion Arc. Die anderen drei lauten Ellipse, Pie und Chord und zeichnen Ellipsen bzw. Kreise, Kuchenstücke und Sekanten. Die Ellipse wird dabei in das durch die zwei Punkte definierte unsichtbare Rechteck ausgegeben, die anderen beiden Funktionen benötigen zusätzlich noch den Anfangs- und Endpunkt des Bogens, um sie mit dem Kreismittelpunkt oder direkt miteinander zu verbinden. Der Bogen wird wie auch in VisualBasic gegen den Uhrzeigersinn gezeichnet.

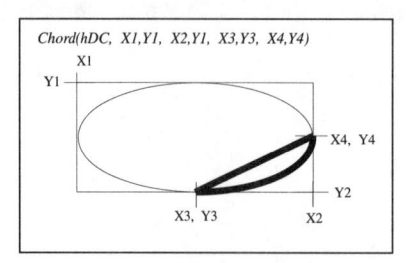

Abb. 121: Die Funktion Chord

4.4.3 Beispiel zur Grafikausgabe

Wir wollen nun einige der oben genannten Funktionen benutzen, um die Client Area unseres Fensters zu verschönern. Wie bei dem Beispiel zur Textausgabe kann die Aufgabenstellung für die Programme in den Sprachen QuickC, TurboPascal und Borland C++ identisch festgelegt werden. Nur in VisualBasic werden wir davon etwas abweichen. Von links oben nach rechts unten werden Ellipsen, von rechts oben nach links unten Sterne ausgegeben.

Diese Ausgabe erfolgt jedoch nicht bei einer einzigen WM_PAINT-Meldung, da ansonsten alle anderen Windows-Programme blockiert werden, sondern es werden immer nur eine Ellipse und ein Stern gezeichnet. Über eine eigene Meldung, die am Ende der WM_PAINT-Meldung in die Warteschlange gestellt wird, falls noch nicht über den Fensterrand hinausgemalt wurde, wird immer wieder die nächste WM_PAINT-Meldung erzeugt. Außerdem wird noch ein Achsenkreuz und ein Bogen in der Client Area dargestellt.

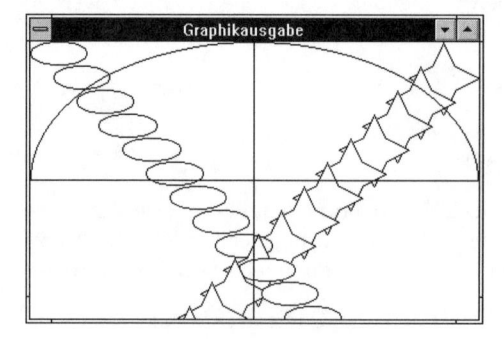

Abb. 122: Beispiel zur Grafikausgabe

Ausgabe

QC/Win

Windows-Funktionen	Kurzbeschreibung
Arc	zeichnet einen Bogen
Ellipse	zeichnet eine Ellipse
InvalidateRect	erzeugt eine WM_PAINT-Meldung
LineTo	zeichnet eine Linie
MoveTo	ändert die aktuelle Position
Polygon	zeichnet einen geschlossenen Linienzug
PostMessage	Stellt eine Meldung in die Warteschlange

Beispiel

/*************** QCGRAFIK.C ****************/

```
1   /* QuickCase:W */
2   #include "QCGrafik.h"
3
4   int PASCAL WinMain(HANDLE hInstance, HANDLE
5   hPrevInstance, LPSTR lpszCmdLine, int nCmdShow)
6   {
7   /********************************************
8   * hInstance;         Handle dieser Instanz  */
9   /* hPrevInstance;Handle der vorhergehenden Instanz*/
10  /* lpszCmdLine; Zeiger auf die Kommandozeile */
11  /* nCmdShow;    Code zur Anzeige des Hauptfensters */
12  /********************************************
13
14  MSG  msg;    /* MSG-Struktur für die Meldungen */
15  int  nRc;    /* Rückgabewert der Klassen-     */
16               /* Registrierung(en)              */
17
18  strcpy(szAppName, "QCGRAFIK");
19  hInst = hInstance;
20  if(!hPrevInstance)
21  {
22  /* Registrieren der Fensterklasse(n) bei der */
23  /* 1.Instanz                                  */
24      if ((nRc = nCwRegisterClasses()) == -1)
25      {
26  /* Registrierung schlug fehl                  */
27          LoadString(hInst, IDS_ERR_REGISTER_CLASS,
28              szString, sizeof(szString));
29          MessageBox(NULL, szString, NULL,
30              MB_ICONEXCLAMATION);
31          return nRc;
32      }
33  }
34
35  /* Hauptfenster erzeugen                      */
36  hWndMain = CreateWindow(
37      szAppName,    /* Klassennamen             */
38      "Grafikausgabe",
39                    /* Text in der Titelzeile   */
40      WS_CAPTION    | /* Titel zufügen          */
41      WS_SYSMENU    | /* Systemmenübox zufügen  */
42      WS_MINIMIZEBOX | /* Minimize Box zufügen  */
43      WS_MAXIMIZEBOX | /* Maximize Box zufügen  */
44      WS_THICKFRAME  | /* in der Größe veränderbar */
45      WS_CLIPCHILDREN |
46                    /* kein Zeichen in den Kindfenstern */
47      WS_OVERLAPPED,
48      CW_USEDEFAULT, 0, /* Defaultwerte für X, Y */
49      CW_USEDEFAULT, 0,
50                    /* Defaultwerte für Breite und Höhe */
51      NULL,         /* Handle des Elternfensters */
52      NULL,         /* Handle des Menüs          */
53      hInst,        /* Handle der Instanz        */
54      NULL);        /* Struktur für WM_CREATE    */
55
56  if(hWndMain == NULL)
57  {
58      LoadString(hInst, IDS_ERR_CREATE_WINDOW,
59          szString, sizeof(szString));
60      MessageBox(NULL, szString, NULL,
61          MB_ICONEXCLAMATION);
62      return IDS_ERR_CREATE_WINDOW;
63  }
64  ShowWindow(hWndMain, nCmdShow);
65  /* Anzeigen des Hauptfensters */
66
67  while(GetMessage(&msg, NULL, 0, 0))
68  /* bis WM_QUIT eintritt */
69  {
70      TranslateMessage(&msg);
71      DispatchMessage(&msg);
72  }
73
74  /* Aufräumarbeiten, bevor die Applikation beendet */
75  /* wird                                           */
76  CwUnRegisterClasses();
77  return msg.wParam;
78  } /* Ende der WinMain                            */
79
80  /********************************************
81  *                                            */
82  /* Fensterroutine des Hauptfensters:         */
83  /*                                            */
84  /* Diese Prozedur stellt Service-Routinen für die */
85  /* Windows Ereignisse (Meldungen) bereit, die */
86  /* Windows oder der Benutzer an das Fenster sendet*/
87  /* Sie initialisiert Ereignisse (Meldungen), die */
88  /* entstehen, wenn der Anwender z.B. einen Menü- */
89  /* punkt oder ein Tastenkürzel anwählt       */
90  /*                                            */
91  /********************************************
92
93  LONG FAR PASCAL WndProc(HWND hWnd, WORD Message,
94  WORD wParam, LONG lParam)
95  {
96  HMENU    hMenu=0;    /* Menühandle           */
97  HBITMAP  hBitmap=0;  /* Handle für Bitmaps   */
98  HDC      hDC;/* Handle für den Display Context */
99  PAINTSTRUCT ps; /* enthält Zeichen-Informationen */
100 int      nRc=0; /* Rückgabewert                */
101 RECT     rect;
102 static int i;
103 POINT ptArray[8];
104
105 switch (Message)
106 {
107     case WM_CREATE:
108         break;    /* Ende von WM_CREATE       */
109
110     case WM_MOVE:    /* Bewegen des Fensters  */
111         break;
112
113     case WM_SIZE:
114         i = 0;
115 /* Größenänderung der Client Area */
116         break;    /* Ende von WM_SIZE          */
117
118     case WM_PAINT:  /* Neuzeichnen der Client Area */
119 /* bekommt ein Handle auf den Device Context */
120 /* BeginPaint wird evtl. WM_ERASEBKGND senden */
121         memset(&ps, 0x00, sizeof(PAINTSTRUCT));
122         hDC = BeginPaint(hWnd, &ps);
123 /* falls der Hintergrund keine reine Farbe besitzt*/
124         SetBkMode(hDC, TRANSPARENT);
125
126         GetClientRect(hWnd, &rect);
127         Arc (hDC, 0,0, rect.right, rect.bottom,
128             rect.right,rect.bottom/2, 0, rect.bottom/2);
129
130         MoveTo (hDC, 0, rect.bottom/2);
131         LineTo (hDC, rect.right,rect.bottom/2);
132         MoveTo (hDC, rect.right/2, 0);
133         LineTo (hDC, rect.right/2,rect.bottom);
134
135         Ellipse(hDC, i, i, i+50, i+20);
136
137         ptArray[0].x = rect.right-30-i;
138         ptArray[0].y = 0+i;
```

258 Ausgabe

```
139         ptArray[1].x = rect.right-40-i;              204  /* Füllen von WNDCLASS mit Fenster-Eigenschaften */
140         ptArray[1].y = 20+i;                         205  wndclass.style = CS_HREDRAW | CS_VREDRAW |
141         ptArray[2].x = rect.right-60-i;              206                                CS_BYTEALIGNWINDOW;
142         ptArray[2].y = 30+i;                         207  wndclass.lpfnWndProc = WndProc;
143         ptArray[3].x = rect.right-40-i;              208  /* zusätzlicher Speicher für Klassen- und      */
144         ptArray[3].y = 40+i;                         209  /* Fensterobjekte                               */
145         ptArray[4].x = rect.right-30-i ;             210  wndclass.cbClsExtra = 0;
146         ptArray[4].y = 60+i;                         211  wndclass.cbWndExtra = 0;
147         ptArray[5].x = rect.right-20-i;              212  wndclass.hInstance = hInst;
148         ptArray[5].y = 40+i;                         213  wndclass.hIcon = LoadIcon(NULL, IDI_APPLICATION);
149         ptArray[6].x = rect.right-i;                 214  wndclass.hCursor = LoadCursor(NULL, IDC_ARROW);
150         ptArray[6].y = 30+i;                         215  /* Erzeugen eines Pinsels, um den Hintergrund   */
151         ptArray[7].x = rect.right-20-i;              216  /* zu löschen                                   */
152         ptArray[7].y = 20+i;                         217  wndclass.hbrBackground = (HBRUSH)(COLOR_WINDOW+1);
153         Polygon(hDC, (LPPOINT)&ptArray, 8);          218  wndclass.lpszMenuName = szAppName;
154                                                      219  /* Klassenname = Menüname */
155         i = i + 20;                                  220  wndclass.lpszClassName = szAppName;
156         if ((i<rect.right) && (i<rect.bottom))       221  /* Klassenname = App.-Name */
157             PostMessage(hWnd, WM_OWN, 0, 0L);        222  if(!RegisterClass(&wndclass))
158     /* Das Neuzeichnen ist abgeschlossen       */    223      return -1;
159         EndPaint(hWnd, &ps);                         224
160         break;      /* Ende von WM_PAINT       */    225  return(0);
161                                                      226  } /* Ende von nCwRegisterClasses             */
162     case WM_CLOSE:  /* Schließen des Fensters  */    227
163     /* Zerstören der Kindfenster, modeless Dialogboxen*/ 228 /***************************************************/
164     /* Zerstören dieses Fensters               */    229  /* CwUnRegisterClasses Function:                */
165         DestroyWindow(hWnd);                         230  /*                                              */
166         if (hWnd == hWndMain)                        231  /* löscht jeden Bezug zu den Fenster-Resourcen, */
167             PostQuitMessage(0);                      232  /* die für diese Applikation erzeugt wurden, gibt*/
168     /* Beenden der Applikation                  */   233  /* Speicher frei, löscht die Instanz, die Handles*/
169         break;                                       234  /* und tätigt andere Aufräumarbeiten            */
170                                                      235  /*                                              */
171     case WM_OWN:                                     236  /***************************************************/
172         InvalidateRect(hWnd, NULL, FALSE);           237
173         break;                                       238  void CwUnRegisterClasses(void)
174                                                      239  {
175     default:                                         240   WNDCLASS   wndclass;
176     /* alle Meldungen, für die keine eigene Service- */ 241 /* Struktur, um eine Klasse zu definieren       */
177     /* Routine zur Verfügung gestellt wird, sollten an*/ 242  memset(&wndclass, 0x00, sizeof(WNDCLASS));
178     /* Windows gereicht werden, damit eine Default- */ 243
179     /* Verarbeitung stattfinden kann            */    244  UnregisterClass(szAppName, hInst);
180         return DefWindowProc(hWnd, Message, wParam,  245  }   /* Ende von CwUnRegisterClasses */
181                              lParam);                 246
182     }                                                247
183     return 0L;                                       248  /* QCGRAFIK.H */
184  }   /* Ende von WndProc                */           249  /* QuickCase:W */
185                                                      250  #include <windows.h>
186                                                      251  #include <string.h>
187  /***************************************************/ 252
188  /*                                              */    253  #define WM_OWN WM_USER+1
189  /* nCwRegisterClasses Funktion:                 */    254
190  /*                                              */    255  #define IDS_ERR_REGISTER_CLASS   1
191  /* Die folgende Funktion registriert alle Klassen*/   256  #define IDS_ERR_CREATE_WINDOW    2
192  /* von allen Fenstern, die mit dieser Applikation*/   257
193  /* verbunden sind. Die Funktion liefert einen   */    258  char szString[128];
194  /* Fehlercode zurück, falls sie nicht erfolgreich*/   259  /* Variable zum Laden der Resource-Texte */
195  /* war, ansonsten wird 0 zurückgegeben.         */    260  char szAppName[20];
196  /*                                              */    261  /* Klassenname des Fensters               */
197  /***************************************************/ 262
198                                                       263  HWND hInst;
199  int nCwRegisterClasses(void)                         264  HWND hWndMain;
200  {                                                    265
201   WNDCLASS   wndclass;                                266  LONG FAR PASCAL WndProc(HWND, WORD, WORD, LONG);
202  /* Struktur, um eine Klasse zu definieren       */   267  int nCwRegisterClasses(void);
203   memset(&wndclass, 0x00, sizeof(WNDCLASS));          268  void CwUnRegisterClasses(void);
```

Turbo C++

Neue Methoden	Kurzbeschreibung
TWindow::WMSize	wird durch eine WM_SIZE-Meldung erzeugt

Beispiel

/*************** TCGRAFIK.CPP ***************/

```
 1  #include <owl.h>                                     13  };
 2                                                       14
 3  #define WM_OWN WM_USER+1                             15  class TFenster : public TWindow
 4                                                       16  {
 5  class TRahmen :public TApplication                   17  public:
 6  {                                                    18    int i;
 7  public:                                              19    TFenster(PTWindowsObject AParent, LPSTR ATitle)
 8    TRahmen(LPSTR AName, HANDLE hInstance, HANDLE      20      : TWindow(AParent, ATitle) {};
 9      hPrevInstance, LPSTR lpCmdLine, int nCmdShow)    21    virtual void Paint(HDC, PAINTSTRUCT &);
10      : TApplication(AName, hInstance, hPrevInstance,  22    virtual void WMSize (RTMessage) =
11                     lpCmdLine, nCmdShow) {};          23                        [WM_FIRST+WM_SIZE];
12    virtual void InitMainWindow();                     24    virtual void WMOwn () = [WM_FIRST+WM_OWN];
```

Ausgabe

```cpp
25  };
26
27  void TRahmen::InitMainWindow()
28  {
29    MainWindow = new TFenster(NULL, "Grafikausgabe");
30  }
31
32  void TFenster::WMSize(RTMessage Msg)
33  {
34    i = 0;
35  }
36
37  void TFenster::Paint (HDC PaintDC, PAINTSTRUCT & PaintInfo)
38  {
39    RECT rect;
40    POINT ptArray[8];
41
42    GetClientRect(HWindow, &rect);
43    Arc (PaintDC, 0,0, rect.right, rect.bottom,
44        rect.right,rect.bottom/2, 0, rect.bottom/2);
45
46    MoveTo (PaintDC, 0, rect.bottom/2);
47    LineTo (PaintDC, rect.right,rect.bottom/2);
48    MoveTo (PaintDC, rect.right/2, 0);
49    LineTo (PaintDC, rect.right/2,rect.bottom);
50
51    Ellipse(PaintDC, i, i, i+50, i+20);
52
53    ptArray[0].x = rect.right-30-i;
54    ptArray[0].y = 0+i;
55    ptArray[1].x = rect.right-40-i;
56    ptArray[1].y = 20+i;
57    ptArray[2].x = rect.right-60-i;
58    ptArray[2].y = 30+i;
59    ptArray[3].x = rect.right-40-i;
60    ptArray[3].y = 40+i;
61    ptArray[4].x = rect.right-30-i ;
62    ptArray[4].y = 60+i;
63    ptArray[5].x = rect.right-20-i;
64    ptArray[5].y = 40+i;
65    ptArray[6].x = rect.right-i;
66    ptArray[6].y = 30+i;
67    ptArray[7].x = rect.right-20-i;
68    ptArray[7].y = 20+i;
69    Polygon(PaintDC, (LPPOINT)&ptArray, 8);
70
71    i = i + 20;
72    if ((i<rect.right) && (i<rect.bottom))
73      PostMessage(HWindow, WM_OWN, 0, 0L);
74  }
75
76  void TFenster::WMOwn()
77  {
78    InvalidateRect (HWindow, NULL, FALSE);
79  }
80
81  int PASCAL WinMain(HANDLE hInstance, HANDLE hPrevInstance,
82                     LPSTR lpCmdLine, int nCmdShow)
83  {
84    TRahmen MeinRahmen ("TCGrafik", hInstance, hPrevInstance,
85                        lpCmdLine, nCmdShow);
86    MeinRahmen.Run();
87    return MeinRahmen.Status;
88  }
```

Der Methode WMOwn, die durch das Senden der eigenen Meldung aktiviert wird, kann, muß aber nicht die Adresse einer Variablen der TMessage-Struktur übergeben werden. Dagegen muß die WMSize-Methode dieses Argument besitzen, auch wenn nicht darauf zugegriffen wird, und der Compiler deswegen eine Warnung ausgibt, da diese virtuelle Methode mit diesem Parameter in der Klasse des Vorfahrens TWindow definiert steht.

Turbo Pascal

Neue Methoden	Kurzbeschreibung
TWindow.WMSize	wird durch eine WM_SIZE-Meldung erzeugt

Beispiel

```pascal
1   { Programm zur Grafikausgabe: TPGRAFIK.PAS }
2
3   program TPGrafik;
4   uses WObjects, WinTypes, WinProcs;
5   const
6     WM_OWN = WM_USER+1;
7
8   type
9     TRahmen = object(TApplication)
10      procedure InitMainWindow; virtual;
11    end;
12
13  type
14    PFenster = ^TFenster;
15    TFenster = object(TWindow)
16      i: Integer;
17      procedure WMSize(var Msg: TMessage); virtual
18                              WM_FIRST+WM_SIZE;
19      procedure Paint (PaintDC: HDC; var PaintInfo:
20                              TPaintStruct); virtual;
21      procedure WMOwn(var Msg: TMessage); virtual
22                              WM_FIRST+WM_OWN;
23    end;
24
25  procedure TRahmen.InitMainWindow;
26  begin
27    MainWindow := New(PFenster, Init(nil,
28                        'Grafikausgabe'));
29  end;
30
31  procedure TFenster.WMSize(var Msg: TMessage);
32  begin
33    i := 0;
34  end;
35
36  procedure TFenster.Paint (PaintDC: HDC; var PaintInfo: TPaintStruct);
37  var rect: TRect;
38      ptArray: ARRAY[0..7] of TPOINT;
39
40  begin
41    GetClientRect(HWindow, rect);
42    Arc (PaintDC, 0,0, rect.right, rect.bottom,
43        rect.right,rect.bottom DIV 2,
44        0, rect.bottom DIV 2);
45
46    MoveTo (PaintDC, 0, rect.bottom DIV 2);
47    LineTo (PaintDC, rect.right,rect.bottom DIV 2);
48    MoveTo (PaintDC, rect.right DIV 2, 0);
49    LineTo (PaintDC, rect.right DIV 2,rect.bottom);
50
51    Ellipse(PaintDC, i, i, i+50, i+20);
52
53    ptArray[0].x := rect.right-30-i;
54    ptArray[0].y := 0+i;
55    ptArray[1].x := rect.right-40-i;
56    ptArray[1].y := 20+i;
57    ptArray[2].x := rect.right-60-i;
58    ptArray[2].y := 30+i;
59    ptArray[3].x := rect.right-40-i;
60    ptArray[3].y := 40+i;
61    ptArray[4].x := rect.right-30-i ;
62    ptArray[4].y := 60+i;
63    ptArray[5].x := rect.right-20-i;
64    ptArray[5].y := 40+i;
65    ptArray[6].x := rect.right-i;
66    ptArray[6].y := 30+i;
67    ptArray[7].x := rect.right-20-i;
68    ptArray[7].y := 20+i;
69    Polygon(PaintDC, ptArray, 8);
70
71    i := i + 20;
72    IF ((i<rect.right) AND (i<rect.bottom))
```

```
73      THEN PostMessage(HWindow, WM_OWN, 0, 0);          81  { Hauptprogramm }
74    end;                                                82  var MeinRahmen : TRahmen;
75                                                        83
76    procedure TFenster.WMOwn(var Msg: TMessage);        84  begin
77    begin                                               85    MeinRahmen.Init('TPGrafik');
78      InvalidateRect(HWindow, nil, FALSE);              86    MeinRahmen.Run;
79    end;                                                87    MeinRahmen.Done;
80                                                        88  end.
```

Es werden vier Grafiken ausgegeben, wobei mit einem Halbkreis begonnen wird, der in der oberen Hälfte der Client Area liegt und mit Hilfe der Funktion Arc gezeichnet wird. Für dessen Lage und für die weiteren Berechnungen wird die Funktion GetClientRect benötigt, die die Größe des Arbeitsbereiches berechnet. Die Startpunkte der beiden Linien des Achsenkreuzes, das in der Mitte der Client Area erscheint, werden mit MoveTo gesetzt und mit LineTo mit den Endpunkten verbunden.

```
GetClientRect(hWnd, &rect);
Arc (hDC, 0,0, rect.right, rect.bottom,
     rect.right,rect.bottom/2, 0, rect.bottom/2);
MoveTo (hDC, 0, rect.bottom/2);
LineTo (hDC, rect.right,rect.bottom/2);
MoveTo (hDC, rect.right/2, 0);
LineTo (hDC, rect.right/2,rect.bottom);
```

Anschließend wird die erste Ellipse in die linke obere Ecke und der Stern mit Hilfe der Funktion Polygon in die rechte obere Ecke gezeichnet. Damit bei der nächsten Ausgabe die beiden Figuren versetzt nach unten in dem Fenster erscheinen, werden die Koordinaten über die Integer-Variablen i bestimmt, die zu Beginn und bei jeder Veränderung der Fenstergröße auf den Wert 0 zurückgesetzt wird und ansonsten immer um den Wert 20 vergrößert wird. Solange die Ellipse noch nicht nach rechts und nach unten aus dem Fenster hinaus gezeichnet wird, wird eine eigene Meldung mit der Kennzeichnung WM_OWN in die eigene Application-Message-Queue gestellt.

```
if ((i<rect.right) && (i<rect.bottom))
   PostMessage(hWnd, WM_OWN, 0, 0L);
```

Wenn diese Meldung an der Reihe ist und über die MessageLoop an die Window-Funktion weitergereicht wird, so wird bei ihrer Verarbeitung nur die Funktion InvalidateRect aktiviert, um eine neue WM_PAINT-Meldung zu erzeugen, bei der die nächste Ellipse und der nächste Stern ausgegeben werden. Damit die schon angezeigten Figuren nicht gelöscht werden, lautet der dritte Parameter FALSE. Aufgrund dieses Wertes wird keine WM_ERASEBKGND-Meldung generiert.

```
case WM_OWN:
    InvalidateRect(hWnd, NULL, FALSE);
    break;
```

In dem Borland C++- und TurboPascal-Programm aktiviert die eigene Meldung WM_OWN die Methode WMOwn, in der der Aufruf der API-Funktion InvalidateRect erfolgt.

WM_USER

In den bisherigen Applikationen haben wir immer nur mit Meldungen gearbeitet, die schon im Window-System vorhanden sind. Diese System-Meldungen besitzen einen

Wert zwischen 0 und WM_USER-1, wobei die Meldung WM_USER in der Headerdatei WINDOWS.H bzw. in der Unit WinTypes definiert ist.

```
WinTypes.TPU
const wm_User  = $0400;
Windows.H
#define WM_USER  0x0400
```

Falls Sie ein eigenes Meldungssystem aufbauen wollen, müssen Ihre selbstdefinierten Meldungen zwischen WM_USER und dem hexadezimalen Wert 7FFFH liegen. Deswegen habe ich für unsere eigene Meldung den Wert WM_USER+1 gewählt.

Microsoft Visual Basic — Das Aussehen des VisualBasic-Programms unterscheidet sich fast nicht vom Aussehen der Beispiele in den anderen drei Sprachen. Programmtechnisch müssen wir aber gewisse Änderungen durchführen, z.B. senden wir keine eigenen Meldung.

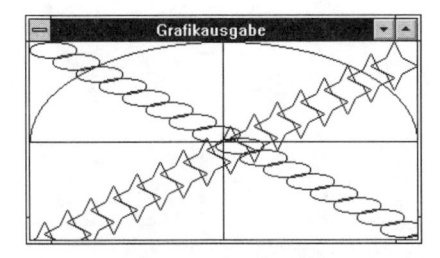

Abb. 123: Grafikausgabe in VisualBasic

Objekt	Eigenschaft	Inhalt
Form1	Caption	Grafikausgabe

Neue Ereignisse	Kurzbeschreibung
Form_Resize	Fenstergröße wurde verändert

Neue Eigenschaften	Kurzbeschreibung
Form1.ScaleHeight	Höhe des Fenster-Arbeitsbereiches
Form1.ScaleWidth	Breite des Fenster-Arbeitsbereiches

Neue Methoden	Kurzbeschreibung
Form1.Circle	zeichnet Kreise, Ellipsen, Bögen etc.
Form1.Line	zeichnet Linien und Rechtecke
Form1.Refresh	bewirkt sofort ein Paint-Ereignis

```
' VBGRAFIK.FRM

Sub Form_Paint ()
    Breite = ScaleWidth / 2
    Hoehe = ScaleHeight / 2
    Circle (Breite, Hoehe), Breite, , 0, 3.14, 1 / 2
    Line (0, Hoehe)-(ScaleWidth, Hoehe)
    Line (Breite, 0)-(Breite, ScaleHeight)

    For i = 1 To ScaleWidth Step 150
      Circle (300 + 2 * i, 100 + i), 300, , , ,1/3
        Line (ScaleWidth - 300 - 2 * i, i) -
            (ScaleWidth - 400 - 2 * i, 200 + i)
        Line (ScaleWidth - 400 - 2 * i, 200 + i)-
            (ScaleWidth - 600 - 2 * i, 300 + i)
        Line (ScaleWidth - 600 - 2 * i, 300 + i)-
            (ScaleWidth - 400 - 2 * i, 400 + i)
        Line (ScaleWidth - 400 - 2 * i, 400 + i)-
            (ScaleWidth - 300 - 2 * i, 600 + i)
        Line (ScaleWidth - 300 - 2 * i, 600 + i)-
            (ScaleWidth - 200 - 2 * i, 400 + i)
        Line (ScaleWidth - 200 - 2 * i, 400 + i)-
            (ScaleWidth - 2 * i, 300 + i)
        Line (ScaleWidth - 2 * i, 300 + i)-
            (ScaleWidth - 200 - 2 * i, 200 + i)
        Line (ScaleWidth - 200 - 2 * i, 200 + i)-
            (ScaleWidth - 300 - 2 * i, i)
    Next
End Sub

Sub Form_Resize ()
    Refresh
End Sub
```

Wie auch in den anderen drei Beispielen wird bei jeder WM_PAINT-Meldung bzw. bei jedem Paint-Ereignis ein Bogen und ein Achsenkreuz gezeichnet. Der Bogen beschreibt dabei eine Ellipsenform, sein Mittelpunkt liegt in der Fenstermitte. Die beiden Eigenschaften ScaleWidth und ScaleHeight liefern genauso wie die Funktion GetClientRect die Größe der Client Area, d.h. ohne Fensterrand und ohne Titelzeile. Die x- und y-Achsen werden mit zwei Line-Methoden erzeugt.

In VisualBasic können nur Meldungen gesendet werden, wenn API-Funktionen verwendet werden. Dies wollen wir in diesem Beispiel aber noch nicht ausprobieren. Wir könnten zwar ein Ereignis, wie z.B. das Form_Click-Ereignis, als Unterprogramm aufrufen, um eine Stelle wie die WMOwn-Methode zu bekommen, nur fehlt uns dann das Äquivalent zur Funktion InvalidateRect. In VisualBasic existiert die Methode Refresh, die jedoch das Paint-Ereignis sofort aktiviert und nicht über die Application-Message-Queue geht. Die Methode Refresh kann mit der API-Funktion UpdateWindow verglichen werden. Somit führen folgende Zeilen nicht zum gewünschten Ergebnis, sondern nur zu einem Überlauf, da wir dadurch ein Kaskaden-Ereignis erzeugen. VisualBasic gibt die Meldung "Stapelspeicher voll" aus.

```
Sub Form_Paint ()
   Form_Click
End Sub

Sub Form_Click
   Refresh
End Sub
```

Aus diesem Grund geben wir alle Ellipsen und alle Sterne bei nur einem Paint-Ereignis aus. Diese Realisierung ist ganz klar nicht so schön wie die in QuickC, da wir für einen gewissen Zeitraum alle anderen Programme blockieren.

Die Ellipse wird über die Methode Circle erstellt, der Stern mit Hilfe von acht Aufrufen der Methode Line, wobei der Anfangspunkt auch hätte weggelassen werden können - außer beim ersten Aufruf -, da dann die aktuelle Position verwendet wird, die auf dem Endpunkt der zuletzt gezeichneten Linie eingestellt ist. Sobald das Fenster in seiner Größe verändert wird, entsteht ein Resize-Ereignis, bei dem wir die Methode Refresh aktivieren, um eine sofortige Neuaufbereitung des Fensterinhalts zu bewirken.

4.5 Verwendung der Zeichenwerkzeuge

Das Konzept zur Benutzung verschiedener Zeichenwerkzeuge ist in allen vier Sprachen sehr ähnlich. Mit diesen Werkzeugen kann die Ausgabe abwechslungsreicher gestaltet werden. Mit Hilfe des Stiftes (Pen) können Linien in ihrem Aussehen verändert werden, Pinsel (Brush) sind für das Füllen geschlossener Flächen zuständig, und mit dem Werkzeug Font kann der Text in unterschiedlichen Schriftarten und -größen ausgegeben werden. Die Werkzeuge müssen nicht bei jeder Ausgabefunktion neu eingestellt werden, sondern nur einmal gesetzt werden und sind solange aktuell, bis ein neuer Wert gewünscht wird.

4.5.1 Zugriff auf Werkzeuge mit API-Funktionen

Der Unterschied zwischen der Tool-Benutzung in VisualBasic und in den anderen drei Sprachen liegt in den Einstellungsmöglichkeiten. In VisualBasic existieren dazu verschiedene Eigenschaften, die sich meist auf ein Form beziehen, und denen die gewünschten Attribute wie z.B. gestrichelte Linie zugewiesen werden.

```
Form1.DrawStyle = 2   ' gestrichelt
```

Bei der Verwendung der API-Funktionen und eines Device-Contextes werden dagegen diese Werkzeuge über Funktionen erstellt und dem DC zugeordnet. Dabei gibt es zwei Werkzeug-Arten, die Standard-Tools und die selbstdefinierten Werkzeuge.

Standard-Werkzeug

Die Standard-Werkzeuge sind im Windows-System implementiert. Um mit einem dieser Tools arbeiten zu können, wird das Handle benötigt, das mit der Funktion Get Stock-Object besorgt wird. Diese Funktion bekommt als einzigen Parameter eine Konstante übergeben, die das gewünschte Werkzeug bestimmt, z.B. GetStockObject (BLACK_PEN).

selbstdefiniertes Werkzeug

Sobald jedoch mit Farbe gearbeitet werden soll, werden selbstdefinierte Zeichenwerkzeuge benötigt. Sie werden mit Funktionen erzeugt, die mit dem Wort Create beginnen und ein Handle zurückliefern. Für diese Handles sind in der Headerdatei Windows.H bzw. in der Unit WinTypes spezielle Datentypen definiert, die HPEN, HBRUSH und HFONT heißen.

DC und Tools

Um mit Werkzeugen und einem Device Context arbeiten zu können, muß ein bestimmter Ablauf eingehalten werden:

einzelne Schritte	benötigte Funktion
DC besorgen	BeginPaint
Werkzeug besorgen	CreatePen
Werkzeug dem DC bekanntgeben	SelectObject
Ausgabe durchführen	
altes Werkzeug in den DC zurückstellen	SelectObject
selbstdefinierte Werkzeuge löschen	DeleteObject
DC freigeben	EndPaint

Das Handle eines Zeichenwerkzeugs wird für den Device Context benötigt, um ihm die neue Einstellung mitteilen zu können. Programmtechnisch wird dies durch die Funktion SelectObject durchgeführt, die das Handle des bis jetzt aktuellen Tools der gleichen Werkzeugart zurückgibt. Ein Device Context kann somit gleichzeitig nur auf einen Stift, einen Pinsel und einen Font zugreifen. Das Handle des alten Werkzeuges wird aufgehoben, da der DC am Ende wieder die gleichen Attribute besitzen sollte wie zu Beginn. Nachdem die Funktion SelectObject ordnungsgemäß ausgeführt wurde, berücksichtigen alle Ausgaben das neu eingestellte Tool. Falls es nicht mehr gebraucht wird, sollte das Werkzeug wieder in den Kontext selektiert werden, der dort am Anfang stand. Alle selbstdefinierten Werkzeuge werden zum Schluß mit der Funktion DeleteObject gelöscht, da nur eine begrenzte Anzahl von Handles verfügbar ist.

4.5.2 Das Zeichenwerkzeug Stift

Zu Beginn des Ausgabe-Kapitels habe wir den Device Context als Zeichen-Unterlage betrachtet, die wir benutzen, um mit Stiften etc. Zeichnungen zu entwickeln. Dabei werden häufig Stifte mit unterschiedlich breiten Minen verwendet; es können gestrichelte und gepunktete Linien gezeichnet und Buntstifte benutzt werden. All diese Möglichkeiten können in der Windows-Programmierung nachgebildet werden.

DrawWidth

In VisualBasic existieren dafür mehrere Eigenschaften, die sich meist auf ein Form oder eine Picture Box beziehen. Der Einsatz von Buntstiften wird über die schon besprochene Eigenschaft ForeColor realisiert. Mit der Eigenschaft *DrawWidth* wird die Strichstärke eingestellt, die ein Pixel breit ist. DrawWidth hat zudem Einfluß auf die Größe des Punktes, der mit der Methode PSet (s.o.) gezeichnet wird. Bei ihrer Default-Einstellung (1) ist der zu zeichnende Punkt genau ein Pixel groß. In allen anderen Fällen wird er entsprechend dicker und auf die angegebenen Koordinaten zentriert ausgegeben. Somit kann die Methode PSet auch für eine Art von Pinsel-Effekten verwendet werden.

DrawStyle

Die Strichart wird über die Eigenschaft *DrawStyle* bestimmt, wobei folgende Stilarten zur Verfügung stehen:

Wert	Bedeutung
0	durchgezogen(Standardeinstellung)
1	Strich (gestrichelt)
2	Punkt (gepunktet)
3	Strich-Punkt
4	Strich-Punkt-Punkt
5	unsichtbar
6	innerhalb durchgezogen

Damit die Stilarten auch zur Wirkung kommen können, muß die Eigenschaft DrawWidth mit dem Standardwert 1 besetzt sein. Werden dickere Linie gewünscht, können diese z.B. nicht gestrichelt gezeichnet werden, sondern werden automatisch immer durchgezogen dargestellt.

DrawMode

Zusätzlich zu diesen auch im täglichen Leben vorhandenen Möglichkeiten, eine Linie zu zeichnen, kommt in Windows noch die Art und Weise der grafischen Aufbereitung hinzu. Wenn zwei Muster bzw. Farben übereinander gelegt werden, kann entschieden werden, auf welche Weise die Farben miteinander kombiniert werden sollen. Dies tritt z.B. schon dann ein, wenn ein Strich auf einem Hintergrund ausgegeben wird, egal ob dieser weiß oder farbig ist. In VisualBasic existiert die Eigenschaft DrawMode, mit der eine der sechzehn Möglichkeiten eingestellt werden kann. Wenn Sie den Standardwert 13 verwenden, dann wird mit der eingestellten Vordergrundfarbe gezeichnet und das darunterliegende Muster bzw. die Farbe verdeckt, wie Sie es auch normalerweise von einer Zeichnung auf einem Stück Papier kennen. Alle Einstellungs-Möglichkeiten für die Eigenschaft DrawMode sind in der folgenden Tabelle aufgelistet.

Wert	Bedeutung	Wert	Bedeutung
1	Schwarz	9	Stift-Maskieren
2	Nicht-Stift-Mischen	10	Nicht-Stift-Xor
3	Maskieren-Nicht-Stift	11	keine Operation
4	Nicht-Stift-Kopieren	12	Mischen-Nicht-Stift
5	Stift-Maskieren-Nicht	13	Stift-Kopieren
6	Invers	14	Stift-Mischen-Nicht
7	Stift-Xor	15	Stift-Mischen
8	Nicht-Stift-Maskieren	16	Weiß

Wenn Sie in der Eigenschaft DrawMode den Wert 16 (weiß) einstellen, werden immer alle Linien in weißer Farbe ausgegeben, mit dem Wert 11 unterbinden Sie die Ausgabe. Wir werden noch einmal auf diese Kombinationen zu sprechen kommen, wenn wir anschließend bei den API-Funktionen auf das Äquivalent SetROP2 stoßen.

Auf alle vier Eigenschaften (ForeColor, DrawWidth, DrawStyle und DrawMode) kann sowohl während der interaktiven Erstellung des Forms als auch zur Laufzeit des Programms zugegriffen werden. Somit könen Sie jederzeit beliebige Einstellungen vornehmen. In den anderen drei Sprachen existieren dieselben vier Punkte, um alle Möglichkeiten einer Stift-Darstellung festzulegen. Sie sind nur anders zusammengefügt worden, da die ersten drei Punkte: Stiftfarbe, Strichstärke und Linienart zu einer Struktur gehören bzw. von einer Funktion eingestellt werden, und der DrawMode über eine eigene Funktion bestimmt wird.

Standard-Stift

Wenn ein Standard-Stift verwendet werden soll, können Sie eine von den drei folgenden Möglichkeiten auswählen, wobei die zuerstgenannte als Initialisierungswert im Device Context steht.

- BLACK_PEN
- WHITE_PEN
- NULL_PEN

Alle drei Stifte besitzen die Linienbreite 1 und die Stilart durchgezogen. Ihre Handles, die für die weiteren Arbeiten mit dem Device Context gebraucht werden, werden immer mit der Funktion GetStockObject besorgt. Der NULL_PEN stellt eine unsichtbare Linie dar und ist z.B. sinnvoll, wenn eine gefüllte Fläche ohne Umrandung dargestellt werden soll.

Selbstdefinierter Stift

Sobald Sie etwas Farbe ins Spiel bringen wollen, müssen Sie mit Hilfe der Funktionen CreatePen oder CreatePenIndirect Ihren gewünschten Stift selber definieren. Der einzige Unterschied zwischen diesen beiden Funktionen liegt in der Übergabe der Parameter, da die erstgenannte die drei Bestimmungspunkte direkt übergeben bekommt, und die andere Funktion auf eine Variable der Struktur LOGPEN bzw. des Records TLogPen zugreift, die zuvor entsprechend versorgt wurde.

```
HPEN CreatePen(fnPenStyle, nWidth, clrref)

int fnPenStyle;   /* Linienart    */
int nWidth;       /* Strichstärke */
COLORREF clrref;  /* Stiftfarbe   */
oder
HPEN CreatePenIndirect(lplgpn)
LOGPEN FAR* lplgpn;
mit
typedef struct tagLOGPEN
{
   WORD  lopnStyle; /* Linienart    */
   POINT lopnWidth; /* Strichstärke */
   DWORD lopnColor; /* Stiftfarbe   */
} LOGPEN;
```

In der LOGPEN-Struktur ist die Breite lopnWidth vom Typ POINT definiert worden, wobei jedoch die y-Koordinate nicht verwendet wird. Der Parameter Stil kann genauso wie die in VisualBasic verwendete Eigenschaft DrawStyle Werte mit unterschiedlichen Bedeutungen enthalten, die jeweils mit einem Namen versehen wurden. Diese Bezeichnungen können Sie wie üblich in der Datei WINDOWS.H bzw. in der Unit WinTypes.TPU finden.

Bezeichnung	Wert	Aussehen
PS_SOLID	0	———
PS_DASH	1	- - - -
PS_DOT	2	....
PS_DASHDOT	3	_._._._
PS_DASHDOTDOT	4	_.._.._
PS_NULL	5	
PS_INSIDEFRAME	6	

Genauso wie in VisualBasic können Linien, die als Strichstärke einen Wert größer als 1 besitzen, nicht mehr gepunktet, gestrichelt oder in einer Kombination aus Punkten und Strichen dargestellt werden.

SetROP2

Der vierte Punkt zur Einstellung der Stift-Eigenschaften wurde in VisualBasic mit der Eigenschaft DrawMode gesetzt. Bei den API-Funktionen existiert dafür die Funktion Set ROP2, die definiert, wie die Farbkombination zwischen den Pixeln des Stiftes und den Pixeln des Arbeitsbereich-Hintergrundes durchgeführt werden soll. Diese Aufgabe wird als Raster Operation bezeichnet, die Abkürzung dafür lautet ROP und ist ein Teil des Funktionsnamens. Die Ziffer 2 bedeutet, daß zwei Eingabeparameter, die Stift- und die Hintergrundfarbe, miteinander kombiniert werden. Wird dieser Mode nicht geändert, so ist er im Device Context auf R2_COPYPEN gesetzt, der für den Wert 12 steht, und somit um 1 kleiner ist als der Standardwert Stift-Kopieren für die Eigenschaft DrawMode in VisualBasic. Dieser Unterschied existiert deswegen, weil in VisualBasic bei dem Wert 1 zu zählen begonnen wird, bei der Funktion SetROP2 bei 0. Dieser Wert 0 entsteht durch die erste binäre Kombinations-Möglichkeit, die Sie in der anschließenden Tabelle sehen können. Insgesamt können sechzehn unterschiedliche Kombinationen verwendet werden, die alle über einen definierten Namen angesprochen werden und folgendermaßen entstehen:

Stift	1 1 0 0		
Hintergrund	1 0 1 0	Dezimal	Name
Kombinationen	0 0 0 0	0	R2_BLACK
	0 0 0 1	1	R2_NOTMERGEPEN
	0 0 1 0	2	R2_MASKNOTPEN
	0 0 1 1	3	R2_NOTCOPYPEN
	0 1 0 0	4	R2_MASKPENNOT
	0 1 0 1	5	R2_NOT
	0 1 1 0	6	R2_XORPEN
	0 1 1 1	7	R2_NOTMASKPEN
	1 0 0 0	8	R2_MASKPEN
	1 0 0 1	9	R2_NOTXORPEN
	1 0 1 0	10	R2_NOP
	1 0 1 1	11	R2_MERGENOTPEN
	1 1 0 0	12	R2_COPYPEN
	1 1 0 1	13	R2_MERGEPENNOT
	1 1 1 0	14	R2_MERGEPEN
	1 1 1 1	15	R2_WHITE

Um diese Modes etwas einfacher erklären zu können, stellen wir uns einen Schwarzweiß-Bildschirm vor, der nur weiße (gesetzte) und schwarze (gelöschte) Pixel besitzt. Wir wählen nun einen schwarzen Stift und stellen den Zeichenmode z.B. auf R2_NOTCOPYPEN ein.

```
SetROP2(hDC, R2_NOTCOPYPEN);
hStift = GetStockObject(BLACK_PEN);
hAltStift = SelectObject(hDC, hStift);
```

Dies bedeutet, daß unabhängig von der Hintergrundfarbe alle Pixel gesetzt werden, die eigentlich aufgrund des schwarzen Stiftes gelöscht wären. Bei einem weißen Stift (WHITE_PEN) und demselben Zeichenmode würden dementsprechend trotz der weißen Farbe (1) die übermalten Pixel auf 0 stehen, d.h. in schwarzer Farbe erscheinen.

4.5.3 Das Zeichenwerkzeug Pinsel

Nachdem wir nun mit verschiedenen Stiften die Umrisse der Figuren gezeichnet haben, wollen wir im nächsten Schritt den Malkasten benutzen, um einige der geschlossenen Flächen mit Farben und Muster versehen zu können. Windows verwaltet die Pinsel intern als 8 mal 8 Pixel große Bitmaps, die bei ihrer Benutzung in waagrechter und senkrechter Richtung so oft wiederholt werden, bis das Innere einer geschlossenen Fläche gefüllt ist. Genauso wie es bei dem Zeichenwerkzeug Stift der Fall ist, werden die Möglichkeiten in VisualBasic anhand von Eigenschaften und in den anderen drei Sprachen mit bestimmten Funktionen eingestellt.

FillColor

Die beiden Eigenschaften FillColor und FillStyle beeinflussen in VisualBasic alle geschlossenen Flächen, die mit den Methoden Line und Circle durch einen Aufruf gezeichnet wurden. Somit wird ein Rechteck mit der eingestellten Farbe oder einem definierten Muster gefüllt, jedoch der Stern aus unserem letzten Beispiel nicht, da er durch mehrere Aufrufe der Methode Line generiert wurde. Der Name der Eigenschaft FillColor beschreibt schon die Aufgabe dieser Eigenschaft: Über sie wird die gewünschte Farbe gewählt. Der übergebene Farbwert kann dabei aus dem Rückgabewert der Farb-Funktionen RGB oder QBColor gewonnen werden, oder es wird eine Standard-Systemfarbe benutzt.

```
Form1.FillColor = &H80000005   'Fensterhintergrund
Bild3.FillColor = RGB(0, 0, 255)     ' blau
      FillColor = QBColor(5)          ' magenta
```

FillStyle

Damit die eingestellte Farbe auch angezeigt wird, darf die zweite Pinsel-Eigenschaft FillStyle nicht die Default-Einstellung tranparent besitzen. Diese Eigenschaft kann mit der Stift-Eigenschaft DrawStyle verglichen werden. Bei beiden gibt es mehrere Möglichkeiten, die sich auf Linien auswirken. Mit FillStyle wird ein Linienmuster definiert, mit dem die Flächen gefüllt werden sollen.

Wert	Bedeutung
0	gefüllt
1	transparent
2	waagrechte Linien
3	senkrechte Linien
4	aufwärtsdiagonal
5	abwärtsdiagonal
6	Kreuz
7	Diagonalkreuz

Wenn die Eigenschaft FillStyle auf einem Wert zwischen 2 und 7 steht, werden nur die Linien und nicht die gesamte Innenfläche in der Farbe gezeichnet, die in der Eigenschaft FillColor steht.

Standard-Pinsel

Wenn Sie ein Windows-Programm in QuickC, Borland C++ oder TurboPascal schreiben, haben Sie Zugriff auf weitere Möglichkeiten zur Einstellung des Pinsels. Die Pinsel füllen Flächen, die durch eine der Ellipsen- und Polygon-Grundfunktionen entstanden sind. Auch bei den Pinseln existieren einige Standard-Pinsel, deren Handles wiederum über die Funktion GetStockObject besorgt werden.

```
HBRUSH hPinsel;
hPinsel = GetStockObject(WHITE_BRUSH);
```

Diese Standard-Pinsel sind alle einfarbig und zeigen neben der schwarzen und weißen Farbe verschiedene Grautöne an.

- BLACK_BRUSH
- DKGRAY_BRUSH
- GRAY_BRUSH
- HOLLOW_BRUSH
- LTGRAY_BRUSH
- NULL_BRUSH
- WHITE_BRUSH

Selbstdefinierter Pinsel

Sobald Sie mit Mustern und Farben arbeiten wollen, müssen Sie sich eigene Pinsel definieren. Dabei können Sie genauso wie beim Erzeugen von Stiften eine Datenstruktur verwenden, die den Namen LOGBRUSH bzw. TLogBrush trägt und der Funktion CreateBrushIndirect übergeben wird. Das Pendant zu der Funktion CreatePen lautet nicht CreateBrush, sondern für die direkte Parameterübergabe existieren vier Funktionen, die die Versorgung der Parameter um einiges leichter gestalten. Neben einfarbigen und mit einer Schraffur versehenen Pinseln können auch Pinsel erzeugt werden, deren Aussehen durch ein Bitmap bestimmt wird. Dieses Bitmap kann entweder als geräteabhängiges oder geräteunabhängiges (DIB) Bitmap vorliegen. Die zuletztgenannte Art gibt es seit der Windows-Version 3.0 und muß für den Pinsel in gepackter Form definiert sein. Aufgrund dieser Möglichkeiten sind die folgenden Funktionen implementiert:

```
CreateSolidBrush         // einfarbiger Pinsel
CreateHatchBrush         // mit Schraffur
CreatePatternBrush       // Muster als Bitmap
CreateDIBPatternBrush    // Muster als DIB
```

Funktion CreateSolidBrush

Ein einfarbiger Pinsel kann somit mit Hilfe der Funktion CreateBrushIndirect oder der Funktion CreateSolidBrush definiert werden.

```
LOGBRUSH LogBr;
HBRUSH   hPinsel;
entweder
LogBr.lbStyle = BS_SOLID;
LogBr.lbColor = RGB(0,255,255);
LogBr.lbHatch = 0;
hPinsel = CreateBrushIndirect(&LogBr);
oder
hPinsel = CreateSolidBrush(RGB(0,255,255));
```

Wenn mit QuickCase:W über den Menüpunkt *Colors* der Hintergrund des Fensters farbig gestaltet wurde, so wird bei der Registrierung der Klasse ein selbstdefinierter Pinsel mit der gerade genannten Funktion CreateSolidBrush erzeugt, der in dem Unterprogramm CwUnRegisterClass für die Aufräumarbeiten wieder gelöscht werden muß. Die Funktion GetClassInfo ermittelt dazu die eingestellten Attribute aus der Klasse.

```
void CwUnRegisterClasses(void)
{
 WNDCLASS   wndclass;
 memset(&wndclass, 0x00, sizeof(WNDCLASS));

 GetClassInfo(hInst, szAppName, &wndclass);
 DeleteObject(wndclass.hbrBackground);
 UnregisterClass(szAppName, hInst);
}
```

Funktion CreateHatchBrush

Möchte man einen Pinsel mit einem Linienmuster benutzen, so können Sie diesen Brush mit der Funktion CreateHatchBrush oder wiederum mit der Funktion CreateBrushIndirect erstellen. Die Farbe, die u.a. angegeben wird, bezieht sich auf die Linien und nicht auf die Zwischenräume. Jede der sechs möglichen Schraffuren kann über einen Namen spezifiziert werden.

Bezeichnung	Wert	Aussehen
HS_HORIZONTAL	0	--------
HS_VERTICAL	1	llllllll
HS_FDIAGONAL	2	\\\\\\\\
HS_BDIAGONAL	3	////////
HS_CROSS	4	++++++++
HS_DIAGCROSS	5	xxxxxxxx

In VisualBasic gibt es zusätzlich die beiden Einstellungen transparent und gefüllt. Die zuletzt genannte Möglichkeit ist identisch mit der Funktion CreateSolidBrush, wobei die Farbe benutzt wird, die in der Eigenschaft FillColor steht. Um einen Pinsel mit waagerechter roter Schraffur zu erstellen, können Sie einen der beiden nachfolgenden Aufrufe verwenden:

```
LogBr.lbStyle = BS_HATCHED;
LogBr.lbColor = RGB(255,0,0);
LogBr.lbHatch = HS_HORIZONTAL;
hPinsel = CreateBrushIndirect(&LogBr);
oder
hPinsel = CreateHatchBrush(HS_HORIZONTAL,
                           RGB(255,0,0));
```

Bitmap als Pinsel

Wenn das Muster nicht liniert sein, sondern z.B. aus kleinen Autos bestehen soll, müssen wir zuerst ein solches Bitmap zeichnen, dessen Größe nicht die Ausmaße von 8x8 Pixeln überschreiten darf, da ansonsten Teile abgeschnitten werden. Anschließend muß ein Handle (hBitmap) auf dieses Bitmap besorgt werden, über das es identifiziert werden kann. In Abhängigkeit des Bitmap-Formats (geräteabhängig oder DIB) wird mit folgenden Funktionen ein Pinsel mit eigenem Design geschaffen:

```
geräteabhängiges Bitmap:
LogBr.lbStyle = BS_PATTERN;
LogBr.lbColor = 0;
```

```
LogBr.lbHatch = hBitmap;
hPinsel = CreateBrushIndirect(&LogBr);
oder
hPinsel = CreatePatternBrush(hBitmap);

geräte-unabhängiges Bitmap (DIB):
LogBr.lbStyle = BS_DIBPATTERN;
LogBr.lbColor = DIB_RGB_COLORS;
LogBr.lbHatch = hBitmap;
hPinsel = CreateBrushIndirect(&LogBr);
oder
hPinsel = CreateDIBPatternBrush(hBitmap,
                    DIB_RGB_COLORS);
```

4.5.4 Beispiel zu Stift und Pinsel

Wir benutzen das letzte Beispiel als Grundlage und verschönern die Figuren mit verschiedenen Pinseln und Stiften. Damit die Listings nicht zu lang werden, wollen wir jedoch nur noch Ellipsen sowohl von links oben nach rechts unten als auch von rechts oben nach links unten ausgeben. Außerdem wird der Hintergrund in gelb dargestellt.

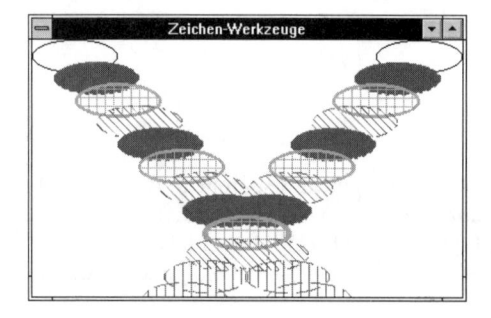

Abb. 124: Beispiel zu den Werkzeugen Stift und Pinsel

Windows-Funktionen	Kurzbeschreibung
CreatePen	erzeugt einen selbstdefinierten Stift
CreateHatchBrush	erzeugt einen eigenen schraffierten Pinsel
CreateSolidBrush	erzeugt einen eigenen einfarbigen Pinsel
DeleteObject	löscht ein selbstdefiniertes Objekt
GetClassInfo	ermittelt Informationen über die Klasse
GetStockObject	besorgt ein Handle auf ein Standard-Tool
SelectObject	setzt das Tool als aktuelles Tool in den DC

Beispiel

/*************** **QCTOOLS.C** ***************/

```
  1  /* QuickCase:W */
  2  #include "QCTools.h"
  3
  4  int PASCAL WinMain(HANDLE hInstance, HANDLE
  5  hPrevInstance, LPSTR lpszCmdLine, int nCmdShow)
  6  {
  7  /********************************************/
  8  /* hInstance;          Handle dieser Instanz */
  9  /* hPrevInstance;Handle der vorhergehenden Instanz*/
 10  /* lpszCmdLine; Zeiger auf die Kommandozeile */
 11  /* nCmdShow;   Code zur Anzeige des Hauptfensters */
 12  /********************************************/
 13
 14   MSG msg;    /* MSG-Struktur für die Meldungen */
 15   int nRc;    /* Rückgabewert der Klassen-      */
 16               /* Registrierung (en)             */
 17
 18   strcpy(szAppName, "QCTOOLS");
 19   hInst = hInstance;
 20   if(!hPrevInstance)
 21   {
 22   /* Registrieren der Fensterklasse(n) bei der */
 23   /* 1.Instanz                                 */
 24        if ((nRc = nCwRegisterClasses()) == -1)
 25        {
 26        /* Registrierung schlug fehl */
 27            LoadString(hInst, IDS_ERR_REGISTER_CLASS,
 28                szString, sizeof(szString));
 29            MessageBox(NULL, szString, NULL,
 30                MB_ICONEXCLAMATION);
 31            return nRc;
 32        }
 33   }
 34
 35   /* Hauptfenster erzeugen                    */
 36   hWndMain = CreateWindow(
 37        szAppName,       /* Klassennamen        */
 38        "Zeichen-Werkzeuge",
 39                         /* Text in der Titelzeile */
 40        WS_CAPTION      | /* Titel zufügen      */
 41        WS_SYSMENU      | /* Systemmenübox zufügen */
 42        WS_MINIMIZEBOX  | /* Minimize Box zufügen */
 43        WS_MAXIMIZEBOX  | /* Maximize Box zufügen */
 44        WS_THICKFRAME   | /* in der Größe veränderbar */
 45        WS_CLIPCHILDREN |
 46                         /* kein Zeichnen in den Kindfenstern */
 47        WS_OVERLAPPED,
 48        CW_USEDEFAULT, 0, /* Defaultwerte für X, Y */
 49        CW_USEDEFAULT, 0,
 50                         /* Defaultwerte für Breite und Höhe */
 51        NULL,            /* Handle des Elternfensters */
 52        NULL,            /* Handle des Menüs    */
 53        hInst,           /* Handle der Instanz  */
 54        NULL);           /* Struktur für WM_CREATE */
 55
 56   if(hWndMain == NULL)
 57   {
 58        LoadString(hInst, IDS_ERR_CREATE_WINDOW,
 59            szString, sizeof(szString));
 60        MessageBox(NULL, szString, NULL,
 61            MB_ICONEXCLAMATION);
 62        return IDS_ERR_CREATE_WINDOW;
 63   }
 64   ShowWindow(hWndMain, nCmdShow);
 65   /* Anzeigen des Hauptfensters */
 66
 67   while(GetMessage(&msg, NULL, 0, 0))
 68   /* bis WM_QUIT eintritt   */
 69   {
 70        TranslateMessage(&msg);
 71        DispatchMessage(&msg);
 72   }
 73
 74   /* Aufräumarbeiten, bevor die Applikation beendet */
 75   /* wird                                       */
 76   CwUnRegisterClasses();
 77   return msg.wParam;
 78   } /* Ende der WinMain                       */
 79
 80  /********************************************/
 81  /*                                           */
 82  /* Fensterroutine des Hauptfensters:         */
 83  /*                                           */
 84  /* Diese Prozedur stellt Service-Routinen für die */
 85  /* Windows Ereignisse (Meldungen) bereit, die */
 86  /* Windows oder der Benutzer an das Fenster sendet */
 87  /* Sie initialisiert Ereignisse (Meldungen), die */
 88  /* entstehen, wenn der Anwender z.B. einen Menü- */
 89  /* punkt oder ein Tastenkürzel anwählt       */
 90  /*                                           */
 91  /********************************************/
 92
 93   LONG FAR PASCAL WndProc(HWND hWnd, WORD Message,
 94   WORD wParam, LONG lParam)
 95   {
 96   HMENU    hMenu=0;           /* Menühandle   */
 97   HBITMAP  hBitmap=0; /* Handle für Bitmaps   */
 98   HDC      hDC; /* Handle für den Display Context */
 99   PAINTSTRUCT ps; /* enthält Zeichen-Informationen */
100   int      nRc=0; /* Rückgabewert             */
101   RECT     rect;
102   static int i;
103   static HBRUSH hPinsel, hAltPinsel;
104   static HPEN hStift, hAltStift;
105
106   switch (Message)
107   {
108        case WM_CREATE:
109            break;    /* Ende von WM_CREATE   */
110
111        case WM_MOVE:  /* Bewegen des Fensters */
112            break;
113
114        case WM_SIZE:
115            if (i != 20)
116            {
117                DeleteObject(hPinsel);
118                DeleteObject(hStift);
119            }
120            hPinsel = GetStockObject(WHITE_BRUSH);
121            hStift  = GetStockObject(BLACK_PEN);
122            i = 0;
123   /* Größenänderung der Client Area           */
124            break;    /* Ende von WM_SIZE     */
125
126        case WM_PAINT: /* Neuzeichnen der Client Area */
127   /* bekommt ein Handle auf den Device Context */
128   /* BeginPaint wird evtl. WM_ERASEBKGND senden */
129            memset(&ps, 0x00, sizeof(PAINTSTRUCT));
130            hDC = BeginPaint(hWnd, &ps);
131   /* falls der Hintergrund keine reine Farbe besitzt*/
132            SetBkMode(hDC, TRANSPARENT);
133
134            GetClientRect(hWnd, &rect);
135            hAltStift   = SelectObject(hDC, hStift);
136            hAltPinsel  = SelectObject(hDC, hPinsel);
137            Ellipse(hDC, i, i, i+80, i+30);
138            Ellipse(hDC, rect.right-80-i, i,
139                rect.right-i, i+30);
140            SelectObject(hDC, hAltStift);
141            SelectObject(hDC, hAltPinsel);
142
143            i = i + 20;
144            if ((i<rect.right) && (i<rect.bottom))
145                PostMessage(hWnd, WM_OWN, 0, 0L);
146   /* Das Neuzeichnen ist abgeschlossen         */
147            EndPaint(hWnd, &ps);
148            break;    /* Ende von WM_PAINT    */
149
150        case WM_CLOSE: /* Schließen des Fensters */
151   /* Zerstören der Kindfenster, modeless Dialogboxen*/
152   /* Zerstören dieses Fensters                */
153            if (i != 20)
154            {
155                DeleteObject(hPinsel);
156                DeleteObject(hStift);
157            }
158            DestroyWindow(hWnd);
159            if (hWnd == hWndMain)
160                PostQuitMessage(0);
161   /* Beenden der Applikation                   */
162            break;
163
164        case WM_OWN:
165            if (i != 20)
166            {
167                DeleteObject(hPinsel);
168                DeleteObject(hStift);
169            }
170            switch (i)
171            {
172                case 20:
173                case 80:
174                case 140:
175                    hPinsel =CreateSolidBrush(RGB(255,0,0));
176                    hStift = CreatePen(PS_DOT, 1,
177                                       RGB(0,255,0));
178                    break;
179                case 40:
180                case 100:
181                case 160:
182                    hPinsel = CreateHatchBrush(HS_CROSS,
183                                       RGB(0,255,255));
184                    hStift = CreatePen(PS_SOLID, 3,
185                                       RGB(0,255,255));
186                    break;
187                case 60:
188                case 120:
189                case 180:
190                    hPinsel = CreateHatchBrush(HS_FDIAGONAL,
191                                       RGB(0,255,0));
192                    hStift = CreatePen(PS_DASHDOT, 1,
193                                       RGB(255,0,0));
194                    break;
195                default:
196                    hPinsel = CreateHatchBrush(HS_VERTICAL,
197                                       RGB(0,0,255));
198                    hStift = CreatePen(PS_DASH, 1,
199                                       RGB(0,0,255));
200                    break;
```

274 Ausgabe

```
201          }
202          InvalidateRect(hWnd, NULL, FALSE);
203          break;
204
205     default:
206 /* alle Meldungen, für die keine eigene Service-    */
207 /* Routine zur Verfügung gestellt wird, sollten an  */
208 /* Windows gereicht werden, damit eine Default-     */
209 /* Verarbeitung stattfinden kann                    */
210          return DefWindowProc(hWnd, Message, wParam, lParam);
211     }
212     return 0L;
213 }   /* Ende von WndProc                             */
214
215
216 /************************************************/
217 /*                                              */
218 /* nCwRegisterClasses Funktion:                 */
219 /*                                              */
220 /* Die folgende Funktion registriert alle Klassen */
221 /* von allen Fenstern, die mit dieser Applikation */
222 /* verbunden sind. Die Funktion liefert einen   */
223 /* Fehlercode zurück, falls sie nicht erfolgreich */
224 /* war, ansonsten wird 0 zurückgegeben.         */
225 /*                                              */
226 /************************************************/
227
228 int nCwRegisterClasses(void)
229 {
230     WNDCLASS    wndclass;
231 /* Struktur, um eine Klasse zu definieren       */
232     memset(&wndclass, 0x00, sizeof(WNDCLASS));
233 /* Füllen von WNDCLASS mit Fenster-Eigenschaften */
234     wndclass.style = CS_HREDRAW | CS_VREDRAW |
235                              CS_BYTEALIGNWINDOW;
236     wndclass.lpfnWndProc = WndProc;
237 /* zusätzlicher Speicher für Klassen- und       */
238 /* Fensterobjekte                               */
239     wndclass.cbClsExtra = 0;
240     wndclass.cbWndExtra = 0;
241     wndclass.hInstance = hInst;
242     wndclass.hIcon = LoadIcon(NULL, IDI_APPLICATION);
243     wndclass.hCursor = LoadCursor(NULL, IDC_ARROW);
244 /* Erzeugen eines Pinsels, um den Hintergrund   */
245 /* zu löschen                                   */
246     wndclass.hbrBackground = CreateSolidBrush(
247                              RGB(255, 255, 0));
248     wndclass.lpszMenuName = szAppName;
249 /* Klassenname = Menüname                       */
250     wndclass.lpszClassName = szAppName;
251 /* Klassenname = App.-Name                      */
252     if(!RegisterClass(&wndclass))
253         return -1;
254
255     return(0);
256 } /* Ende von nCwRegisterClasses                */
257
258 /************************************************/
259 /*                                              */
260 /* CwUnRegisterClasses Function:                */
261 /*                                              */
262 /* löscht jeden Bezug zu den Fenster-Resourcen, */
263 /* die für diese Applikation erzeugt wurden, gibt*/
264 /* Speicher frei, löscht die Instanz, die Handles*/
265 /* und tätigt andere Aufräumarbeiten            */
266 /*                                              */
267 /************************************************/
268 void CwUnRegisterClasses(void)
269 {
270     WNDCLASS    wndclass;
271 /* Struktur, um eine Klasse zu definieren       */
272     memset(&wndclass, 0x00, sizeof(WNDCLASS));
273
274     GetClassInfo(hInst, szAppName, &wndclass);
275     DeleteObject(wndclass.hbrBackground);
276     UnregisterClass(szAppName, hInst);
277 }   /* Ende von CwUnRegisterClasses             */
```

Turbo Pascal

Beispiel

```
 1  { Programm mit Zeichen-Werkzeugen: TPTOOLS.PAS }
 2
 3  program TPTools;
 4  uses WObjects, WinTypes, WinProcs;
 5  const
 6              WM_OWN = WM_USER+1;
 7
 8  type
 9    TRahmen = object(TApplication)
10      procedure InitMainWindow; virtual;
11    end;
12
13  type
14    PFenster = ^TFenster;
15    TFenster = object(TWindow)
16      i: Integer;
17      hPinsel: HBrush;
18      hStift: HPen;
19      procedure GetWindowClass (var AWndClass:
20                                    TWndClass); virtual;
21      procedure WMSize(var Msg: TMessage); virtual
22                                    WM_FIRST+WM_SIZE;
23      procedure Paint (PaintDC: HDC; var PaintInfo:
24                                    TPaintStruct); virtual;
25      function CanClose: Boolean; virtual;
26      procedure WMOwn(var Msg: TMessage); virtual
27                                    WM_FIRST+WM_OWN;
28    end;
29
30  procedure TRahmen.InitMainWindow;
31  begin
32    MainWindow := New(PFenster, Init(nil,
33                            'Zeichen-Werkzeuge'));
34  end;
35
36  procedure TFenster.GetWindowClass (var AWndClass: TWndClass);
37  begin
38    TWindow.GetWindowClass(AWndClass);
39    AWndClass.hbrBackground := CreateSolidBrush(
40                            RGB(255, 255, 0));
41  end;
42
43  procedure TFenster.WMSize(var Msg: TMessage);
44  begin
45    if (i <> 20)
46    then begin
47      DeleteObject(hPinsel);
48      DeleteObject(hStift);
49    end;
50    hPinsel := GetStockObject(WHITE_BRUSH);
51    hStift  := GetStockObject(BLACK_PEN);
52    i := 0;
53  end;
54
55  procedure TFenster.Paint (PaintDC: HDC; var PaintInfo: TPaintStruct);
56  var rect: TRect;
57      hAltPinsel: HBrush;
58      hAltStift: HPen;
59
60  begin
61    GetClientRect(HWindow, rect);
62    hAltStift  := SelectObject(PaintDC, hStift);
63    hAltPinsel := SelectObject(PaintDC, hPinsel);
64    Ellipse(PaintDC, i, i, i+80, i+30);
65    Ellipse(PaintDC, rect.right-80-i, i,
66      rect.right-i, i+30);
67    SelectObject(PaintDC, hAltStift);
68    SelectObject(PaintDC, hAltPinsel);
69
70    i := i + 20;
71    IF ((i<rect.right) AND (i<rect.bottom)
72    THEN  PostMessage(HWindow, WM_OWN, 0, 0);
73  end;
74
75  procedure TFenster.WMOwn(var Msg: TMessage);
76  begin
77    IF (i <> 20)
78    Then begin
79      DeleteObject(hPinsel);
80      DeleteObject(hStift);
81    end;
82    case (i) of
83      20,80,140:
84        begin
85          hPinsel := CreateSolidBrush(RGB(255,0,0));
86          hStift := CreatePen(PS_DOT, 1, RGB(0,255,0));
87        end;
88      40, 100, 160:
89        begin
90          hPinsel := CreateHatchBrush(HS_CROSS,
91                              RGB(0,255,255));
92          hStift := CreatePen(PS_SOLID, 3,
93                              RGB(0,255,255));
94        end;
95      60, 120, 180:
96        begin
97          hPinsel := CreateHatchBrush(HS_FDIAGONAL,
98                              RGB(0,255,0));
99          hStift := CreatePen(PS_DASHDOT, 1,
100                             RGB(255,0,0));
101       end;
102     else
103       hPinsel := CreateHatchBrush(HS_VERTICAL,
104                             RGB(0,0,255));
105       hStift := CreatePen(PS_DASH, 1, RGB(0,0,255));
106     end;
107     InvalidateRect(HWindow, nil, FALSE);
108  end;
```

```
109  function TFenster.CanClose: Boolean;      119  end;
110  var Return : integer;                    120
111  begin                                    121  { Hauptprogramm }
112    if (i <> 20)                           122  var MeinRahmen : TRahmen;
113    then begin                             123
114      DeleteObject(hPinsel);               124  begin
115      DeleteObject(hStift);                125    MeinRahmen.Init('TPGrafik');
116    end;                                   126    MeinRahmen.Run;
117    CanClose := TRUE;                      127    MeinRahmen.Done;
118                                           128  end.
```

Beispiel

/****************** **TCTOOLS.CPP** ******************/

```
  1  #include <owl.h>                                60      SelectObject(PaintDC, hAltStift);
  2                                                  69      SelectObject(PaintDC, hAltPinsel);
  3  #define WM_OWN WM_USER+1                        70
  4                                                  71      i = i + 20;
  5  class TRahmen :public TApplication              72      if ((i<rect.right) && (i<rect.bottom))
  6  {                                               73        PostMessage(HWindow, WM_OWN, 0, 0L);
  7  public:                                         74  }
  8    TRahmen(LPSTR AName, HANDLE hInstance, HANDLE 75
  9      hPrevInstance, LPSTR lpCmdLine, int nCmdShow) 76 void TFenster::WMOwn()
 10      : TApplication(AName, hInstance, hPrevInstance, 77 {
 11                     lpCmdLine, nCmdShow) {};     78    if (i != 20)
 12    virtual void InitMainWindow();                79    {
 13  };                                              80      DeleteObject(hPinsel);
 14                                                  81      DeleteObject(hStift);
 15  class TFenster : public TWindow                 82    }
 16  {                                               83    switch (i)
 17  public:                                         84    {
 18    int i;                                        85      case 20:
 19    HBRUSH hPinsel;                               86      case 80:
 20    HPEN hStift;                                  87      case 140:
 21    TFenster(PTWindowsObject AParent, LPSTR ATitle) 88      hPinsel = CreateSolidBrush(RGB(255,0,0));
 22      : TWindow(AParent, ATitle) {};              89        hStift = CreatePen(PS_DOT, 1, RGB(0,255,0));
 23    virtual void GetWindowClass(WNDCLASS &);      90        break;
 24    virtual void Paint(HDC, PAINTSTRUCT &);       91      case 40:
 25    virtual void WMSize (RTMessage) =             92      case 100:
 26                  [WM_FIRST+WM_SIZE];             93      case 160:
 27    virtual BOOL CanClose();                      94        hPinsel = CreateHatchBrush(HS_CROSS,
 28    virtual void WMOwn () = [WM_FIRST+WM_OWN];    95                            RGB(0,255,255));
 29  };                                              96        hStift = CreatePen(PS_SOLID, 3,
 30                                                  97                            RGB(0,255,255));
 31  void TRahmen::InitMainWindow()                  98        break;
 32  {                                               99      case 60:
 33    MainWindow = new TFenster(NULL,              100      case 120:
 34                   "Zeichen-Werkzeuge");         101      case 180:
 35  }                                              102        hPinsel = CreateHatchBrush(HS_FDIAGONAL,
 36                                                 103                            RGB(255,0,0));
 37  void TFenster::GetWindowClass (WNDCLASS & AWndClass) 104    hStift = CreatePen(PS_DASHDOT, 1,
 38  {                                              105                            RGB(255,0,0));
 39    TWindow::GetWindowClass(AWndClass);          106        break;
 40    AWndClass.hbrBackground = CreateSolidBrush(  107      default:
 41                        RGB(255, 255, 0));       108        hPinsel = CreateHatchBrush(HS_VERTICAL,
 42  }                                              109                            RGB(0,0,255));
 43                                                 110        hStift = CreatePen(PS_DASH,1, RGB(0,0,255));
 44  void TFenster::WMSize(RTMessage Msg)           111        break;
 45  {                                              112    }
 46    if (i != 20)                                 113    InvalidateRect(HWindow, NULL, FALSE);
 47    {                                            114  }
 48      DeleteObject(hPinsel);                     115
 49      DeleteObject(hStift);                      116  BOOL TFenster::CanClose()
 50    }                                            117  {
 51    hPinsel = GetStockObject(WHITE_BRUSH);       118    if (i != 20)
 52    hStift = GetStockObject(BLACK_PEN);          119    {
 53    i = 0;                                       120      DeleteObject(hPinsel);
 54  }                                              121      DeleteObject(hStift);
 55                                                 122    }
 56  void TFenster::Paint (HDC PaintDC, PAINTSTRUCT & PaintInfo) 123  return (TRUE);
 57  {                                              124  }
 58    RECT rect;                                   125
 59    HBRUSH hAltPinsel;                           126  int PASCAL WinMain(HANDLE hInstance, HANDLE
 60    HPEN hAltStift;                              127      hPrevInstance, LPSTR lpCmdLine, int nCmdShow)
 61                                                 128  {
 62    GetClientRect(HWindow, &rect);               129    TRahmen MeinRahmen ("TCTools", hInstance,
 63    hAltStift = SelectObject(PaintDC, hStift);   130      hPrevInstance, lpCmdLine, nCmdShow);
 64    hAltPinsel = SelectObject(PaintDC, hPinsel); 131    MeinRahmen.Run();
 65    Ellipse(PaintDC, i, i, i+80, i+30);          132    return MeinRahmen.Status;
 66    Ellipse(PaintDC, rect.right-80-i, i,         133  }
 67      rect.right-i, i+30);
```

Die Hintergrundfarbe kann bei dem QuickC-Programm schon während der Erstellung des Fensters mit QuickCase:W über den Menüpunkt *Colors* auf gelb eingestellt werden. Bei der Generierung des Codes wird dadurch in dem Unterprogramm nCwRegisterClass der Hintergrundbrush nicht mehr von der Einstellung in der Systemsteuerung abhängig gemacht, sondern es wird ein einfarbiger gelber Pinsel erzeugt.

```
wndclass.hbrBackground = CreateSolidBrush(
                         RGB(255, 255, 0));
```

Der selbstdefinierte Brush muß bei Programmende wieder freigegeben werden. Diese Aufgabe wird von QuickCase:W in dem Unterprogramm CwUnregisterClass durchgeführt. Dabei muß zuerst das Handle aus der internen Klassenstruktur mit der Funktion GetClassInfo ermittelt werden, damit es dann an die Funktion DeleteObject übergeben werden kann.

In den beiden Programmen, die mit Hilfe der Klassenbibliothek ObjectWindows geschrieben sind, muß dementsprechend die Methode GetWindowClass der Klasse TWindow überschrieben werden. Damit alle anderen Einstellungen für die Windows-Klasse versorgt werden, darf nicht vergessen werden, zu Beginn die Methode des Vorfahrens aufzurufen. Das Löschen dieses Pinsels am Programmende führt ObjectWindows selbständig durch.

```
procedure TFenster.GetWindowClass (var AWndClass:
   TWndClass);
begin
  TWindow.GetWindowClass(AWndClass);
  AWndClass.hbrBackground := CreateSolidBrush(
                             RGB(255, 255, 0));
end;
```

Für das unterschiedliche Aussehen der Ellipsen sind sowohl das Zeichen-Werkzeug Stift als auch der Pinsel verantwortlich, die wir vor dem Aufruf der Funktion Ellipse dem Display Context bekanntgeben müssen. Am Ende der Ausgabe müssen die alten Tools in den DC zurück selektiert werden, damit die selbstdefinierten Werkzeuge wieder gelöscht werden können. Somit sieht der Ablauf der Ausgabe in allen drei Sprachen identisch aus:

```
hAltStift = SelectObject(hDC, hStift);
hAltPinsel = SelectObject(hDC, hPinsel);
Ellipse(hDC, i, i, i+80, i+30);
Ellipse(hDC, rect.right-80-i, i,
  rect.right-i, i+30);
SelectObject(hDC, hAltStift);
SelectObject(hDC, hAltPinsel);
```

Damit die Abarbeitung der WM_PAINT-Meldung bzw. der Paint-Methode nicht zu lange dauert, werden die verschiedenen Stifte und Pinsel nicht hier erstellt und gelöscht, sondern in Abhängigkeit des Zählers i in der eigenen Meldung WM_OWN bzw. in der der darauf regierenden Methode WMOwn.

Die zwei Ellipsen, die in der ersten Zeile ausgegeben werden, werden in der WM_SIZE-Meldung bzw. in der WMSize-Methode mit Standard-Tools versehen. Nach ihrer Ausgabe wird der Zähler i auf den Wert 20 erhöht und in die WM_OWN-Meldung verzweigt. Da Standard-Werkzeuge nicht gelöscht werden dürfen, ist die Abfrage notwendig, ob i den Wert 20 besitzt. In allen anderen Fällen werden zuerst die zuletzt benutzten selbstdefinierten Tools gelöscht und anschließend neue erstellt, mit denen bei der nächsten WM_PAINT-Meldung gearbeitet wird.

```
if (i != 20)
{
  DeleteObject(hPinsel);
  DeleteObject(hStift);
}
switch (i)
{
  case 20:
  case 80:
  case 140:
    ..........
}
```

Für die verschiedenen Stifte und Pinsel habe ich mehrere Möglichkeiten ausprobiert, wobei jede Einstellung mindestens bei drei Ausgaben Verwendung findet.

Das Löschen der zuletzt verwendeten Zeichen-Werkzeuge muß an zwei weiteren Stellen eingefügt werden. Die eine Stelle ist die WM_SIZE-Meldung, da in diesem Fall die Variable i auf 0 gesetzt wird, wodurch i bei der WM_PAINT-Meldung auf 20 erhöht wird, und somit nicht der THEN-Teil der IF-Abfrage bei der WM_OWN-Meldung durchlaufen wird. Der zweite Ort ist die WM_CLOSE- bzw. CanClose-Methode, da ansonsten die letzten beiden Tools nicht mehr gelöscht werden. In der WM_OWN-Meldung werden nämlich immer zuerst die alten gelöscht und dann neue geschaffen. Falls Sie nicht ordnungsgemäß alle Handles wieder freigeben, wird immer mehr Speicherplatz im Datensegment des GDI-Teils von Windows belegt. Wenn dieser Platz verbraucht ist, kann mit keiner Windows-Applikation weitergearbeitet werden, d.h. ein Neustart müßte erfolgen, von dem kein Anwender begeistert sein wird.

Wenn Sie die Programme in allen vier Sprachen starten, werden Sie bei dem VisualBasic-Programm nur etwas kleinere Ellipsen erkennen können, ansonsten existieren keine optischen Unterschiede. Vielleicht braucht die eine oder andere Applikation etwas länger, um das Fenster zu aktualisieren. Da ich mit einem 80486er- Rechner arbeite, konnte ich keine Verzögerungen feststellen.

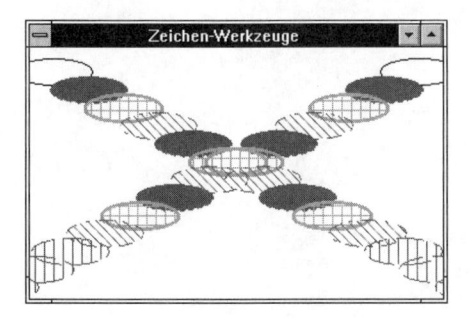

Abb. 125: Beispiel zu den Zeichen-Werkzeugen in VisualBasic

Objekt	Eigenschaft	Inhalt
Form1	Caption	Zeichen-Werkzeuge
	BackColor	&H0000FFFF& ' gelb
	FillColor	&H00FFFFFF& ' weiß
	FillStyle	0 ' gefüllt

Neue Eigenschaften	Kurzbeschreibung
Form1.FillColor	Farbe des Pinsels
Form1.FillStyle	Schraffur des Pinsels
Form1.ForeColor	Vordergrundfarbe
Form1.DrawStyle	Linienart
Form1.DrawWidth	Strichstärke

Beispiel

```
' VBTOOLS.FRM

Sub Form_Paint ()
   For i = 0 To ScaleWidth Step 150
     Select Case i
     Case 0
       FillColor = &HFFFFFF
       FillStyle = 0
       DrawWidth = 1
       DrawStyle = 0
       ForeColor = &H80000008
     Case 150, 600, 1050
       FillColor = RGB(255, 0, 0)
       FillStyle = 0
       DrawWidth = 1
       DrawStyle = 2
       ForeColor = RGB(0, 255, 0)
     Case 300, 750, 1200
       FillColor = RGB(0, 255, 255)
       FillStyle = 6
       DrawWidth = 3
       DrawStyle = 0
       ForeColor = RGB(0, 255, 255)
     Case 450, 900, 1350
       FillColor = RGB(0, 255, 0)
       FillStyle = 4
       DrawWidth = 1
       DrawStyle = 3
       ForeColor = RGB(255, 0, 0)
     Case Else
       FillColor = RGB(0, 0, 255)
       FillStyle = 3
       DrawWidth = 1
       DrawStyle = 1
       ForeColor = RGB(0, 0, 255)
```

```
      End Select
      Circle (300 + 3 * i, 300 + 1.5 * i),500,,,,1/3
      Circle (ScaleWidth - 300 - 3 * i,300 + 1.5*i),
                                    500,,,, 1/3
   Next

End Sub

Sub Form_Resize ()
   Refresh
End Sub
```

Die switch/case-Abfrage des Zählers i, die in den anderen drei Sprachen bei der Verarbeitung der eigenen Meldung erfolgte, wird im VisualBasic-Programm innerhalb des Paint-Ereignisses durchgeführt. In jedem Case-Zweig werden die fünf folgenden Form-Eigenschaften neu gesetzt:

ForeColor	Stift-Eigenschaften
DrawWidth	
DrawStyle	
FillColor	Pinsel-Eigenschaften
FillStyle	

Die Einstellungen sind dabei den anderen drei Programmen nachempfunden worden. Der Zustand, daß der Zähler i gleich 0 ist, kann in etwa mit der Verarbeitung einer WM_SIZE-Meldung verglichen werden, da in diesem Fall die Grundeinstellung gewählt wird, wie sie während der interaktiven Erstellung gesetzt wurde. Die beiden Ellipsen werden mit Hilfe der Methode Circle gezeichnet.

4.5.5 Das Zeichenwerkzeug Font

Font Als drittes Zeichenwerkzeug ist noch der Font zu nennen, der sich auf den auszugebenden Text bezieht. Ein Font besteht aus vielen einzelnen Komponenten, wie z.B. aus dem Fontnamen, der Fontgröße und aus verschiedenen Attributen, die bestimmen, ob die Schrift kursiv, in Fettschrift, durchgestrichen oder unterstrichen dargestellt werden soll. Diese Komponenten werden in VisualBasic über mehrere Eigenschaften und in den anderen drei Sprachen über bestimmte Datenstrukturen eingestellt.

Microsoft Visual Basic Nicht in jedem Windows-System können dieselben Fonts für die Bildschirmausgabe benutzt werden, da die verfügbaren Schriftarten von der Installation des Bildschirmtreibers abhängen. Bei Ausgaben auf unterschiedlichen Druckern kann die Anzahl der möglichen Fonts sehr stark voneinander abweichen, je nachdem, ob es sich um einen Postcript-, Nadeldrucker etc. handelt. Um zu erfahren, mit welchen Fonts im speziellen Fall gearbeitet werden kann, gibt es in VisualBasic zwei Eigenschaften, die sich sowohl auf das Screen- als auch auf das Printer-Objekt beziehen.

Eigenschaft	Bedeutung
Fonts	Array der Fontnamen
FontCount	Anzahl der verfügbaren Schriftarten

Die Eigenschaft Fonts ist als ein Array realisiert, das die Namen aller vorhandenen Schriftarten enthält. Die Anzahl der Fonts und somit auch die Anzahl der Einträge des Arrays befindet sich in der Eigenschaft FontCount. Diese zwei Eigenschaften werden von Windows mit Werten aus der internen Fonttabelle (s.u.) versorgt, die bei der Installation angelegt wird und durch ein Zufügen weiterer Fonts über die Systemsteuerung vergrößert werden kann.

Durch die folgenden Zeilen, die ich in die Paint-Ereignis-Prozedur geschrieben habe, können auf sehr einfache Weise alle verfügbaren Bildschirm-Fonts in dem Form aufgelistet werden.

```
Sub Form_Paint ()
    Cls
    For i = 0 To Screen.FontCount - 1
        Form1.Print Screen.Fonts(i)
    Next i
End Sub
```

Abb. 126: Auflistung der verfügbaren Bildschirm-Schriftarten

Die Namen aller im System vorhandenen Fonts bekommen Sie auch, wenn Sie im Eigenschaften-Listenfeld die Eigenschaft FontName wählen und dann die Liste in dem Einstellungsfeld aufklappen. Da dieses Buch mit der Windows-Version 3.1 entstanden ist, werden die Fonts Symbol, Arial und Times New Roman jeweils zweimal angezeigt, da sie einmal den Rasterfont und im anderen Fall den TrueType-Font spezifizieren.

Zur Einstellung der gewünschten Schriftart gibt es in VisualBasic sieben verschiedene Eigenschaften, die alle mit dem Wort Font beginnen. Diese Eigenschaften beziehen sich nicht nur auf Ausgaben, die mit der Methode Print erfolgen, sondern auch auf die Control-Eigenschaften Text und Caption.

Eigenschaft	Vorbesetzung	Kurzbeschreibung
FontName	unterschiedlich	Name der Schriftart
FontSize	unterschiedlich	Größe der Schriftart
FontBold	wahr (-1)	Fettdruck
FontItalic	falsch(0)	kursiv
FontStrikethru	falsch(0)	durchgestrichen
FontUnderline	falsch(0)	unterstrichen
FontTransparent	wahr (-1)	Hintergrund erscheint zwischen den Zeichenzellen

Der Fontname und die -größe hängen u.a. von der installierten Windows-Version ab. Auf meinem Rechner ist als Vorbesetzung der Helvetica-Font in der Schriftgröße 8,25 eingestellt.

Auch der Font ist genauso wie der Stift und der Pinsel Bestandteil der Datenstruktur des Device Contextes und kann mit Hilfe der Funktion SelectObject neu eingestellt werden. Das dafür nötige Handle auf den Font kann entweder über die Funktion GetStockObject erhalten werden, falls es sich um einen Standard-Font handelt, oder mit einer der beiden Funktionen CreateFont oder CreateFontIndirect, wenn ein eigener erzeugt werden soll.

Standard-Font

Es existieren sechs Standard-Fonts, die in verschiedenen Windows-Systemen und auf verschiedenen Rechnern unterschiedlich ausfallen können.

Standard-Font	Bedeutung
ANSI_FIXED_FONT	ANSI-Zeichensatz, nicht-proportionaler Font
ANSI_VAR_FONT	ANSI-Zeichensatz, proportionaler Font
DEVICE_DEFAULT_FONT	geräte-abhängiger Font
OEM_FIXED_FONT	OEM-Zeichensatz, proportionaler Font
SYSTEM_FONT	ANSI-Zeichensatz, proportionaler Font, wird u.a. für Menüs benutzt, ist immer verfügbar
SYSTEM_FIXED_FONT	ANSI-Zeichensatz, nicht-proportionaler Font kompatibel zum Systemfont früherer Versionen

Der Unterschied zwischen den einzelnen Standard-Fonts liegt vor allem darin, daß teils eine proportionale (variable-pitch) und teils eine nicht-proportionale (fixed-pitch) Schrift verwendet wird. Dadurch wird festgelegt, ob die Zeichenzellen, die jeden Buchstaben umgeben, variable Ausmaße oder immer dieselbe Größe besitzen.

Selbstdefinierter Font

Sobald Sie definitiv die Schrift Times Roman oder eine kursive Schrift verwenden wollen, müssen Sie einen eigenen logischen Font erstellen. Die Datenstruktur, auf die die Funktion CreateFontIndirect zugreift, beginnt wie die beiden Strukturen LOGBRUSH und LOGPEN auch mit der Silbe LOG und heißt LOGFONT. Sie ist aber um einiges umfangreicher als die eben genannten Strukturen, da sie u.a. alle Attribute enthält, die in VisualBasic mit den Font-Eigenschaften eingestellt werden.

```
typedef struct tagLOGFONT
{
    int   lfHeight;            // Fontgröße
    int   lfWidth;
    int   lfEscapement;
    int   lfOrientation;
    int   lfWeight;            // Fettdruck
    BYTE  lfItalic;            // kursiv
    BYTE  lfUnderline;   // unterstrichen
    BYTE  lfStrikeOut;   // durchgestrichen
    BYTE  lfCharSet;     // Zeichensatz
    BYTE  lfOutPrecision;
    BYTE  lfClipPrecision;
    BYTE  lfQuality;
    BYTE  lfPitchAndFamily;
    BYTE  lfFaceName[LF_FACESIZE]; // Fontname
} LOGFONT;
```

Wenn Sie in das Feld lfHeight einen negativen Wert schreiben, so definieren Sie die Größe des Zeichens; bei einem positiven Wert wird die Größe der umgebenden Zeichenzelle bestimmt. Häufig wird nur die Fonthöhe festgelegt und nicht die Fontbreite. In diesem Fall benutzt Windows eine Breite, die am besten zu der angegebenen Höhe paßt. Durch das Feld lfWeight bestimmen Sie, in welcher Strichstärke die Schrift erscheinen soll. Fast jeder Font kann auf Normal- (FW_NORMAL bzw. FW_REGULAR) und Fettdruck (FW_BOLD) eingestellt werden, einige Fonts besitzen auch noch Zwischenstufen, wie leicht (FW_LIGHT) oder extra-fett (FW_EXTRABOLD). Die Familie des Fonts und die Proportionalität werden über das Feld lfPitchAndFamily bestimmt. Um einen Font selbst zu definieren, müssen mindestens die Felder des Fontnamens und der Fonthöhe mit sinnvollen Werten besetzt werden.

```
LOGFONT lfNeuFont;
HFONT   hNeuFont;

memset(&lfNeuFont, 0x00, sizeof(LOGFONT));
strcpy(lfNeuFont.lfFaceName, "TmsRmn");
lfNeuFont.lfHeight = 12;
hNeuFont = CreateFontIndirect(&lfNeuFont);
```

Falls Sie lieber mit der Funktion CreateFont arbeiten, so werden dort dieselben Parameter in fast der gleichen Reihenfolge, wie sie oben in der Struktur LOGFONT aufgelistet sind, direkt angegeben.

Durch den Aufruf der Funktion SelectObject, der den logischen Font dem Device Context übergeben soll, sieht der Font-Manager des GDI-Teils in seiner internen Fonttabelle nach, in der alle installierten Schriften stehen, und wählt die Schriftart aus, die am besten mit den Anforderungen des logischen Fonts übereinstimmt. Dieser dadurch physikalisch eingestellte Font kann im günstigsten Fall genau der gewünschte sein, im schlimmsten Fall aber auch ein völlig anderes Aussehen besitzen. Ab der Windows-Version 3.1 wird häufig ein TrueType-Font gewählt, da er gegenüber einem normalen Rasterfont viele Vorteile aufweisen kann, z.B. die stufenlose Vergrößerung ohne Rasterung.

Fonttabelle

Die Fonttabelle enthält für jeden installierten Font eine Beschreibung seiner Attribute und einen Zeiger auf die dazu korrespondierende Fontdatei, die ein oder mehrere Größen eines bestimmten Schriftsatzes definiert.

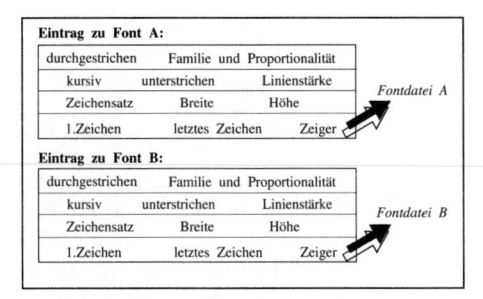

```
Eintrag zu Font A:
durchgestrichen    Familie und Proportionalität
kursiv          unterstrichen        Linienstärke
Zeichensatz        Breite            Höhe                  Fontdatei A
1.Zeichen       letztes Zeichen      Zeiger

Eintrag zu Font B:
durchgestrichen    Familie und Proportionalität
kursiv          unterstrichen        Linienstärke
Zeichensatz        Breite            Höhe                  Fontdatei B
1.Zeichen       letztes Zeichen      Zeiger
```

Abb. 127: Grundsätzlicher Aufbau der internen Fonttabelle

Bei der Wahl eines physikalischen Fonts vergleicht der Font-Manager die Attribute des logischen Fonts mit denen aus seiner Fonttabelle. Immer, wenn eine Schriftart eine gewünschte Eigenschaft nicht besitzt, wird diese Schrift niedriger bewertet. Als Ergebnis nimmt GDI den Font, der am besten bewertet wurde, wobei es sich häufig um einen TrueType-Font handelt, sobald nicht exakt alle Attribute zu einem bestehenden Rasterfont passen.

Funktion GetTextExtent

Bei Textausgaben ist es oft notwendig, zu wissen, wie groß die Buchstaben sind, um z.B. mit der Funktion TextOut mehrere Zeilen untereinander ausgeben zu können. Die Funktion GetTextExtent haben wir schon weiter oben kennengelernt, die eine Zeichenkette übergeben bekommt und davon die Länge und Höhe zurückliefert. Bei diesen Berechnungen verwendet sie den aktuell selektierten Font.

```
char chText[] = "Welche Ausmaße besitze ich?";
DWORD dwDimens;
WORD  wYDimens, wXDimens;

dwDimens = GetTextExtent(hDC, chText,
                         strlen(chText);
wYDimens = HIWORD(dwDimens );
wXDimens = LOWORD(dwDimens );
```

Funktion GetTextMetrics

Es existiert dazu auch noch eine zweite Möglichkeit über die Datenstruktur TEXT-METRIC, die Sie in vielen Programmen sehen können. Diese Struktur besitzt die meisten Felder wie die Struktur LOGFONT, nur daß sie dabei den aktuellen physikalischen Font und nicht eine logische Schrift beschreibt. Durch den Aufruf der Funktion GetText Metrics wird eine Variable dieser Struktur mit den aktuellen Werten gefüllt. Wenn nur der Default-Font verwendet wird, können die Höhe und Breite eines Buchstabens schon bei der Meldung WM_CREATE ermittelt werden:

```
HDC hDC;
static short xChar, yChar;
TEXTMETRIC tm;

case WM_CREATE:
  hDC = GetDC(hWnd);
  GetTextMetrics(hDC, &tm);
  xChar = tm.tmAveCharWidth;
  yChar = tm.tmHeight + tm.tmExternalLeading;
  ReleaseDC(hWnd, hDC);
  break;
```

Um Zugriff auf den Display Context zu bekommen, darf in diesem Fall nicht die Funktion BeginPaint aufgerufen werden, da wir uns nicht bei der WM_PAINT-Meldung befinden. In der Variablen xChar steht nur die durchschnittliche Breite eines Buchstabens, da diese Breite bei einem proportionalen Font meist variiert. Der Wert der Variablen yChar ist die Summe aus Buchstabenhöhe und Leerraum, der zwischen den einzelnen Textreihen gelassen werden soll und vom Font-Designer bestimmt wurde. Auf diese beiden Variablen kann nun z.B. bei der WM_SIZE-Meldung zugegriffen werden, um die Anzahl der Zeilen, die in den Arbeitsbereich passen, und die durchschnittliche Anzahl der Buchstaben in einer Zeile zu berechnen.

```
static short xClient, yClient;
static short Zeilenanzahl, Charanzahl

case WM_SIZE:
  xClient = LOWORD(lParam);
  yClient = HIWORD(lParam);
  Zeilenanzahl = yClient / yChar;
  Charanzahl = xClient / xChar;
  break;
```

Bei jeder WM_SIZE-Meldung enthält der Parameter lParam im höherwertigen Teil die neue Höhe und im niederwertigen Teil des Doppelwortes die neue Breite des Arbeitsbereiches.

Funktion GetTextFace

Im Gegensatz zu der Struktur LOGFONT steht in der TEXTMETRIC-Datenstruktur nicht der Fontname der in dem Device Context selektierten Schriftart. Ihn kann man sich aber über die Funktion GetTextFace ermitteln, die als Rückgabewert die Länge des Namens liefert.

```
HDC hDC;
int len;
char chFontName[50];

len = GetTextFace(hDC, sizeof(chFontName),
                  chFontName);
```

Funktionen EnumFonts, EnumFontFamilies

In VisualBasic konnte man über die beiden Eigenschaften Fonts und FontCount auf einfache Weise ermitteln, welche Schriften der Bildschirm darstellen kann. Wenn Sie mit den API-Funktionen arbeiten, müssen Sie leider etwas mehr programmieren, um zum gewünschten Ergebnis zu kommen. Bis einschließlich Windows-Version 3.0 gab es zur Bestimmung die Funktion EnumFonts, in der neuen 3.1 Version ist aufgrund der True-Type-Schriften die Funktion EnumFontFamilies hinzugekommen. Beide Funktionen liefern nicht direkt die Namen der verfügbaren Fonts, sondern rufen über Windows eine selbstgeschriebene Callback-Funktion auf. Windows übergibt dieser Funktion u.a. einen Parameter vom Datentyp LOGFONT, aus dem jeweils ein Fontname gelesen werden kann. Die Funktion EnumFonts bzw. EnumFontFamilies aktiviert solange immer wieder ihre Callback-Funktion, bis Windows feststellt, daß alle Fonts ermittelt sind.

4.5.6 Beispiel zu dem Zeichenwerkzeug Font

Bei diesem Beispiel werden die Programme in den Sprachen Borland C++, TurboPascal und QuickC unterschiedlich ausfallen, da wir in der QuickC-Applikation die Standard-Dialogbox zur Auswahl eines Fonts benutzen werden, die eine der Neuerungen der Windows-Version 3.1 darstellt und im SDK (Software Development Kit) enthalten ist.

Die Aufgabe aller Programme ist es, einen Text, der Informationen über die aktuelle Schrift anzeigt, in einem selbstdefinierten Font auszugeben. In den drei Sprachen VisualBasic, TurboPascal und Borland C++ wird dieser Font programmtechnisch festgelegt, bei QuickC hat der Anwender über die Dialogbox die Möglichkeit, die gewünschte Schrift auszuwählen.

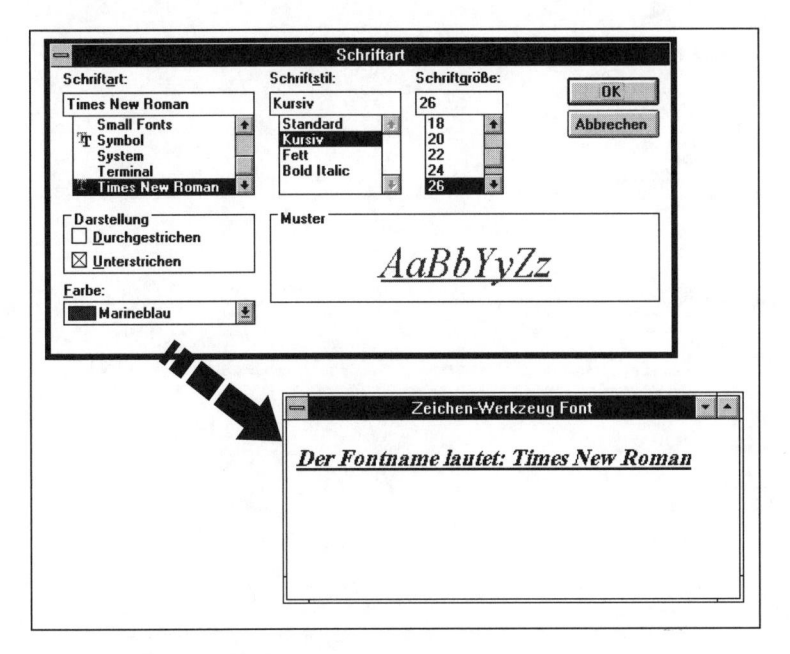

Abb. 128: Beispiel zu dem Werkzeug Font in QuickC

Ausgabe

Windows-Funktionen	Kurzbeschreibung
ChooseFont	zeigt die Dialogbox zum Fonteinstellen an
CreateFontIndirect	erzeugt einen logischen Font
GetTextFace	ermittelt den Fontnamen
GetTextMetrics	ermittelt Werte des aktuellen Fonts
GetDC	besorgt einen Device Context
ReleaseDC	gibt den Device Context wieder frei

Beispiel

/***************** QCFONT.C *****************/

```c
  1  /* QuickCase:W */
  2  #include "QCFont.h"
  3
  4  int PASCAL WinMain(HANDLE hInstance, HANDLE
  5  hPrevInstance, LPSTR lpszCmdLine, int nCmdShow)
  6  {
  7  /*************************************************/
  8  /* hInstance;           Handle dieser Instanz    */
  9  /* hPrevInstance;Handle der vorhergehenden Instanz*/
 10  /* lpszCmdLine; Zeiger auf die Kommandozeile     */
 11  /* nCmdShow;    Code zur Anzeige des Hauptfensters*/
 12  /*************************************************/
 13
 14  MSG msg;   /* MSG-Struktur für die Meldungen   */
 15  int nRc;   /* Rückgabewert der Klassen-        */
 16             /* Registrierung(en)                */
 17
 18  strcpy(szAppName, "QCFONT");
 19  hInst = hInstance;
 20  if(!hPrevInstance)
 21     {
 22     /* Registrieren der Fensterklasse(n) bei der */
 23     /* 1.Instanz                                 */
 24        if ((nRc = nCwRegisterClasses()) == -1)
 25          {
 26          /* Registrierung schlug fehl */
 27          LoadString(hInst, IDS_ERR_REGISTER_CLASS,
 28                szString, sizeof(szString));
 29          MessageBox(NULL, szString, NULL,
 30                MB_ICONEXCLAMATION);
 31          return nRc;
 32          }
 33     }
 34
 35  /* Hauptfenster erzeugen                     */
 36  hWndMain = CreateWindow(
 37     szAppName,      /* Klassennamen              */
 38     "Zeichen-Werkzeug Font",
 39                     /* Text in der Titelzeile    */
 40     WS_CAPTION     | /* Titel zufügen            */
 41     WS_SYSMENU     | /* Systemmenübox zufügen    */
 42     WS_MINIMIZEBOX | /* Minimize Box zufügen     */
 43     WS_MAXIMIZEBOX | /* Maximize Box zufügen     */
 44     WS_THICKFRAME  | /* in der Größe veränderbar */
 45     WS_CLIPCHILDREN |
 46                    /* kein Zeichnen in den Kindfenstern */
 47     WS_OVERLAPPED,
 48     CW_USEDEFAULT, 0, /* Defaultwerte für X, Y   */
 49     CW_USEDEFAULT, 0,
 50                /* Defaultwerte für Breite und Höhe */
 51     NULL,      /* Handle des Elternfensters      */
 52     NULL,      /* Handle des Menüs               */
 53     hInst,     /* Handle der Instanz             */
 54     NULL);     /* Struktur für WM_CREATE         */
 55
 56  if(hWndMain == NULL)
 57     {
 58     LoadString(hInst, IDS_ERR_CREATE_WINDOW,
 59           szString, sizeof(szString));
 60     MessageBox(NULL, szString, NULL,
 61           MB_ICONEXCLAMATION);
 62     return IDS_ERR_CREATE_WINDOW;
 63     }
 64  ShowWindow(hWndMain, nCmdShow);
 65  /* Anzeigen des Hauptfensters */
 66
 67  while(GetMessage(&msg, NULL, 0, 0))
 68  /* bis WM_QUIT eintritt   */
 69     {
 70     TranslateMessage(&msg);
 71     DispatchMessage(&msg);
 72     }
 73
 74  /* Aufräumarbeiten, bevor die Applikation beendet */
 75  /* wird                                           */
 76  CwUnRegisterClasses();
 77  return msg.wParam;
 78  } /* Ende der WinMain                             */
 79
 80  /*************************************************/

 81  /*                                                  */
 82  /* Fensterroutine des Hauptfensters:                */
 83  /*                                                  */
 84  /* Diese Prozedur stellt Service-Routinen für die   */
 85  /* Windows Ereignisse (Meldungen) bereit, die       */
 86  /* Windows oder der Benutzer an das Fenster sendet  */
 87  /* Sie initialisiert Ereignisse (Meldungen), die    */
 88  /* entstehen, wenn der Anwender z.B. einen Menü-    */
 89  /* punkt oder ein Tastenkürzel anwählt              */
 90  /*                                                  */
 91  /****************************************************/
 92
 93  LONG FAR PASCAL WndProc(HWND hWnd, WORD Message,
 94  WORD wParam, LONG lParam)
 95  {
 96  HMENU     hMenu=0;        /* Menühandle         */
 97  HBITMAP   hBitmap=0;   /* Handle für Bitmaps    */
 98  HDC       hDC;/* Handle für den Display Context */
 99  PAINTSTRUCT ps;  /* enthält Zeichen-Informationen */
100  int         nRc=0; /* Rückgabewert                */
101  static CHOOSEFONT chf;
102  LOGFONT lf;
103  static HFONT hFont=NULL;
104  TEXTMETRIC tm;
105  static short xChar, yChar;
106  HFONT hFontOld;
107  static char szText[80], szFontName[40];
108
109  switch (Message)
110     {
111     case WM_CREATE:
112       memset(&lf, 0x00, sizeof(LOGFONT));
113       lf.lfHeight = -24;
114       lf.lfWeight = FW_BOLD;
115       lf.lfItalic = 1;
116       lf.lfStrikeOut = 1;
117       strcpy(lf.lfFaceName, "Modern");
118       hFont = CreateFontIndirect( &lf );
119
120       memset(&chf, 0x00, sizeof(CHOOSEFONT));
121       chf.lStructSize = sizeof (CHOOSEFONT);
122       chf.hwndOwner = hWnd;
123       chf.lpLogFont = &lf;
124       chf.Flags = CF_SCREENFONTS | CF_EFFECTS |
125              CF_INITTOLOGFONTSTRUCT;
126       chf.nFontType = SCREEN_FONTTYPE;
127       chf.rgbColors = RGB(255,0,0);
128
129       if (ChooseFont(&chf))
130          hFont = CreateFontIndirect( &lf );
131
132       hDC = GetDC(hWnd);
133       hFontOld = SelectObject(hDC, hFont);
134       GetTextMetrics(hDC, &tm);
135       xChar = tm.tmAveCharWidth;
136       yChar = tm.tmHeight + tm.tmExternalLeading;
137       SelectObject(hDC, hFontOld);
138       ReleaseDC(hWnd, hDC);
139       break;    /* Ende von WM_CREATE          */
140
141     case WM_MOVE:   /* Bewegen des Fensters    */
142       break;
143
144     case WM_SIZE:
145  /* Größenänderung der Client Area              */
146       break;    /* Ende von WM_SIZE            */
147
148     case WM_PAINT: /* Neuzeichnen der Client Area */
149  /* bekommt Handle auf den Device Context        */
150  /* BeginPaint wird evtl. WM_ERASEBKGND senden   */
151       memset(&ps, 0x00, sizeof(PAINTSTRUCT));
152       hDC = BeginPaint(hWnd, &ps);
153  /* falls der Hintergrund keine reine Farbe besitzt*/
154       SetBkMode(hDC, TRANSPARENT);
155
156       hFontOld = SelectObject(hDC, hFont);
157       SetTextColor(hDC, chf.rgbColors);
158       GetTextFace(hDC,sizeof(szFontName), szFontName);
159       strcpy(szText, "Der Fontname lautet: ");
160       strcat(szText, szFontName);
```

```
161         TextOut(hDC, xChar, yChar, szText,
162                                  strlen(szText));
163         SelectObject(hDC, hFontOld);
164 /* Das Neuzeichnen ist abgeschlossen        */
165         EndPaint(hWnd, &ps);
166         break;       /* Ende von WM_PAINT   */
167
168     case WM_CLOSE: /* Schließen des Fensters */
169 /* Zerstören der Kindfenster, modeless Dialogboxen*/
170 /* Zerstören dieses Fensters                 */
171         if (hFont != NULL)
172             DeleteObject(hFont);
173         DestroyWindow(hWnd);
174         if (hWnd == hWndMain)
175             PostQuitMessage(0);
176 /* Beenden der Applikation                   */
177         break;
178
179     default:
180 /* alle Meldungen, für die keine eigene Service- */
181 /* Routine zur Verfügung gestellt wird, sollten an*/
182 /* Windows gereicht werden, damit eine Default- */
183 /* Verarbeitung stattfinden kann              */
184         return DefWindowProc(hWnd, Message, wParam,
185                                              lParam);
186     }
187     return 0L;
188 }    /* Ende von WndProc              */
189
190
191 /****************************************************/
192 /*                                                  */
193 /*  nCwRegisterClasses Funktion:                    */
194 /*                                                  */
195 /*  Die folgende Funktion registriert alle Klassen  */
196 /*  von allen Fenstern, die mit dieser Applikation  */
197 /*  verbunden sind. Die Funktion liefert einen      */
198 /*  Fehlercode zurück, falls sie nicht erfolgreich  */
199 /*  war, ansonsten wird 0 zurückgegeben.            */
200 /*                                                  */
201 /****************************************************/
202
203 int nCwRegisterClasses(void)
204 {
205     WNDCLASS wndclass;
206 /* Struktur, um eine Klasse zu definieren     */
207     memset(&wndclass, 0x00, sizeof(WNDCLASS));
208 /* Füllen von WNDCLASS mit Fenster-Eigenschaften */
209     wndclass.style = CS_HREDRAW | CS_VREDRAW |
210                                 CS_BYTEALIGNWINDOW;
211     wndclass.lpfnWndProc = WndProc;
212 /* zusätzlicher Speicher für Klassen- und     */
213 /* Fensterobjekte                             */
214     wndclass.cbClsExtra = 0;
215     wndclass.cbWndExtra = 0;

216     wndclass.hInstance = hInst;
217     wndclass.hIcon = LoadIcon(NULL, IDI_APPLICATION);
218     wndclass.hCursor = LoadCursor(NULL, IDC_ARROW);
219 /* Erzeugen eines Pinsels, um den Hintergrund */
220 /* zu löschen                                 */
221     wndclass.hbrBackground = (HBRUSH)(COLOR_WINDOW+1);
222     wndclass.lpszMenuName = szAppName;
223 /* Klassenname = Menüname */
224     wndclass.lpszClassName = szAppName;
225 /* Klassenname = App.-Name */
226     if(!RegisterClass(&wndclass))
227         return -1;
228
229
230 } /* Ende von nCwRegisterClasses           */
231
232 /****************************************************/
233 /*  CwUnRegisterClasses Function:                   */
234 /*                                                  */
235 /*  löscht jeden Bezug zu den Fenster-Resourcen,    */
236 /*  die für diese Applikation erzeugt wurden, gibt*/
237 /*  Speicher frei, löscht die Instanz, die Handles*/
238 /*  und tätigt andere Aufräumarbeiten             */
239 /*                                                  */
240 /****************************************************/
241
242 void CwUnRegisterClasses(void)
243 {
244     WNDCLASS wndclass;
245 /* Struktur, um eine Klasse zu definieren     */
246     memset(&wndclass, 0x00, sizeof(WNDCLASS));
247     UnregisterClass(szAppName, hInst);
248 }   /* Ende von CwUnRegisterClasses */
249
250
251 /* QCFONT.H */
252 /* QuickCase:W */
253 #include <windows.h>
254 #include <string.h>
255 #include <commdlg.h>
256
257 #define IDS_ERR_REGISTER_CLASS  1
258 #define IDS_ERR_CREATE_WINDOW   2
259
260 char szString[128];
261 /* Variable zum Laden der Resource-Texte */
262 char szAppName[20];
263 /* Klassenname des Fensters              */
264 HWND hInst;
265 HWND hWndMain;
266
267 LONG FAR PASCAL WndProc(HWND, WORD, WORD, LONG);
268 int nCwRegisterClasses(void);
269 void CwUnRegisterClasses(void);
```

Standard-Dialogbox

Es existieren in der Windows-Version 3.1 mehrere Standard-Dialogboxen, die die Programmierung einer Windows-Applikation um einiges erleichtern. Mit ihnen können z.B. Dateien geöffnet und deren Inhalt gesichert, nach Texten gesucht und Fonts selektiert werden. Damit mit diesen Dialogboxen gearbeitet werden kann, muß die zusätzliche Headerdatei commdlg.h eingebunden werden und dem Projekt die Import-Bibliothek COMMDLG.LIB hinzugefügt werden. Dadurch werden beim Linken in dem Code Ihres Programms die notwendigen Querverweise zu der Dynamic Link Library COMMDLG.DLL erzeugt.

Bevor das Hauptfenster auf dem Bildschirm erscheint, soll die Standard-Dialogbox zum Einstellen der gewünschten Schrift angezeigt werden. Aus diesem Grund werden wir uns um die WM_CREATE-Meldung kümmern. Die Font-Dialogbox wird durch die Funktion ChooseFont aufgerufen, die als Parameter die Adresse einer Variablen der Datenstruktur CHOOSEFONT besitzt. Somit wird unsere erste Aufgabe sein, diese Struktur mit den nötigen Initialisierungswerten zu versorgen. Die gesamte Struktur CHOOSEFONT besteht aus den folgenden Feldern.

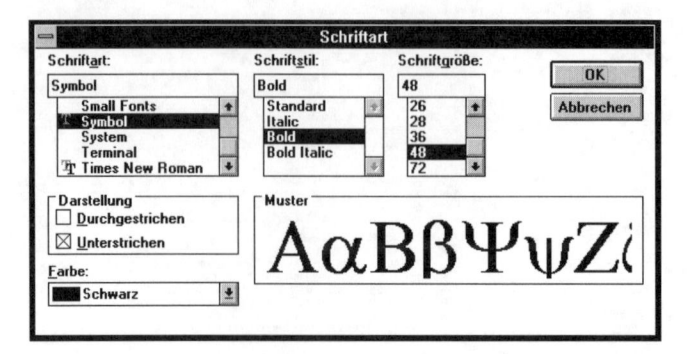

Abb. 129: Standard-Dialogbox zur Einstellung der Schriftart

CHOOSEFONT

Feldname	Datentyp	Beschreibung
lStructSize	DWORD	Größe dieser Struktur (in Bytes)
hwndOwner	HWND	gültiges Fensterhandle oder NULL
hDC	HDC	bei gesetztem Flag CF_PRINTERFONTS oder CF_BOTH: Device Context des Druckers, dessen Fonts aufgelistet werden
lpLogFont	LPLOGFONT	Rückgabewert: Aussehen des Fonts
iPointSize	int	Rückgabewert: Größe des selektierten Fonts in 1/10 eines Punktes angegeben
Flags	DWORD	Kombination aus verschiedenen Möglichkeiten
rgbColors	DWORD	eingestellte Textfarbe
lCustData	DWORD	selbstdefinierte Daten, die im Parameter lParam an die Hook-Prozedur übergeben wird.
lpTemplateName	LPSTR	Namen der Dialogbox, falls nicht die Standard-Box angezeigt werden soll
hInstance	HANDLE	nur bei gesetztem Flag CF_ENABLETEMPLATE interessant
lpszStyle	LPSTR	bei gesetztem Flag CF_USESTYLE: Puffer mit Stildaten z.B. "Bold"
nFontType	WORD	Art des selektierten Fonts
nSizeMin	int	kleinste zur Auswahl stehende Punktgröße
nSizeMax	int	größte zur Auswahl stehende Punktgröße
(FAR PASCAL *lpfnHook) (HWND, unsigned, WORD, LONG)	BOOL	Hook-Prozedur

Glücklicherweise ist es nicht unbedingt notwendig, alle Felder zu initialisieren. In unserem Beispiel haben wir sechs Felder mit eigenen Werten versehen, alle anderen wurden mit der memset-Funktion definitiv auf 0 gesetzt.

```
memset(&chf, 0x00, sizeof(CHOOSEFONT));
chf.lStructSize = sizeof (CHOOSEFONT);
chf.hwndOwner = hWnd;
chf.lpLogFont = &lf;
```

```
chf.Flags = CF_SCREENFONTS | CF_EFFECTS |
      CF_INITTOLOGFONTSTRUCT;
chf.nFontType = SCREEN_FONTTYPE;
chf.rgbColors = RGB(255,0,0);
```

Die Größe der Struktur muß immer im Feld lStructSize angegeben werden. Als Eigentümer dieser Dialogbox tragen wir das Handle unseres Hauptfensters ein. Aufgrund des Fonttyps SCREEN_FONTTYPE und des Flags CF_SCREENFONTS werden keine Schriften eines Druckers, sondern alle im System verfügbaren Bildschirm-Fonts aufgelistet. Damit der Bereich mit dem Namen Darstellung in der Font-Dialogbox erscheint, muß das Flag CF_EFFECTS gesetzt werden. Ansonsten könnte der Anwender weder eine Textfarbe noch die Attribute durchgestrichen und unterstrichen einstellen. Da zu Beginn in der Dialogbox die rote Farbe selektiert sein soll, versorgen wir das Feld rgbColors mit dem entsprechenden RGB-Farbcode. Normalerweise sollten beim Sichtbarwerden der Dialogbox auch Einträge in den übrigen Listen markiert sein, und ein Muster der Schrift angezeigt werden. Dafür müssen wir das Flag CF_INITTOLOGFONTSTRUCT angeben und eine Variable, deren Adresse in dem Feld lpLogFont genannt wird und die vom Datentyp LOGFONT ist, mit den Werten für die Fontgröße, den Fontnamen und für Attribute (kursiv, Fettdruck etc.) versorgen.

```
memset(&lf, 0x00, sizeof(LOGFONT));
lf.lfHeight = -24;
lf.lfWeight = FW_BOLD;
lf.lfItalic = 1;
lf.lfStrikeOut = 1;
strcpy(lf.lfFaceName, "Modern");
```

Falls bei der Einstellung des Fonts über die Dialogbox irgendein Fehler auftritt, wird der Font verwendet, der über die eben besprochene LOGFONT-Struktur zur Initialisierung geschaffen wurde. Es handelt sich dabei um die Schrift Modern, die in Fettdruck, kursiv und durchgestrichen dargestellt wird. Die Fontgröße wird intern in ein anderes Maß umgerechnet, wodurch die Größe 18 in der Dialogbox markiert wird.

Wenn der Anwender die Schrift nach seinen speziellen Wünschen eingestellt hat und die Dialogbox mit OK beendet, schreibt die Funktion ChooseFont die gesetzten Werte in dieselbe Variable der Datenstruktur LOGFONT, die für die Initialisierungen zuständig war, und liefert TRUE zurück, wenn kein Fehler auftrat.

Damit der anschließend auszugebende Text in Abhängigkeit der Fontgröße eine Anfangsposition im Fenster zugewiesen bekommt, werden die Höhe und die durchschnittliche Breite eines Buchstabens mit der Funktion GetTextMetrics ermittelt und in die statischen Variablen xChar und yChar geschrieben. Da diese Funktion nur Zugriff auf den Font hat, der derzeit aktuell in dem Device Context steht, muß zuerst der Font dorthin selektiert werden.

```
hDC = GetDC(hWnd);
hFontOld = SelectObject(hDC, hFont);
GetTextMetrics(hDC, &tm);
xChar = tm.tmAveCharWidth;
yChar = tm.tmHeight + tm.tmExternalLeading;
SelectObject(hDC, hFontOld);
ReleaseDC(hWnd, hDC);
```

Bei jeder WM_PAINT-Meldung wird die über die Font-Dialogbox eingestellte Schrift auf dieselbe Weise wie die anderen beiden Werkzeuge Stift und Pinsel dem Display Context zugewiesen. Die gewünschte Textfarbe wurde von der Funktion ChooseFont in das Feld chf.rgbColors geschrieben und kann nun der Funktion SetTextColor übergeben werden. Der Name des aktuellen Fonts wird mit der Funktion GetTextFace ermittelt und angezeigt.

```
hFontOld = SelectObject(hDC, hFont);
SetTextColor(hDC, chf.rgbColors);
GetTextFace(hDC,sizeof(szFontName), szFontName);
strcpy(szText, "Der Fontname lautet: ");
strcat(szText, szFontName);
TextOut(hDC, xChar, yChar, szText,
             strlen(szText));
SelectObject(hDC, hFontOld);
```

Bei Programmende, z.B. bei der WM_CLOSE-Meldung, sollte nicht vergessen werden, den selbstdefinierten Font wieder mit Hilfe der Funktion DeleteObject zu löschen.

In den beiden Sprachen Borland C++ und TurboPascal wird der gewünschte Font fest codiert und kann vom Anwender nicht selber ausgewählt werden. Dafür werden die Informationen über die Schrift, die in der TEXTMETRIC-Struktur enthalten sind, in die Client Area ausgegeben.

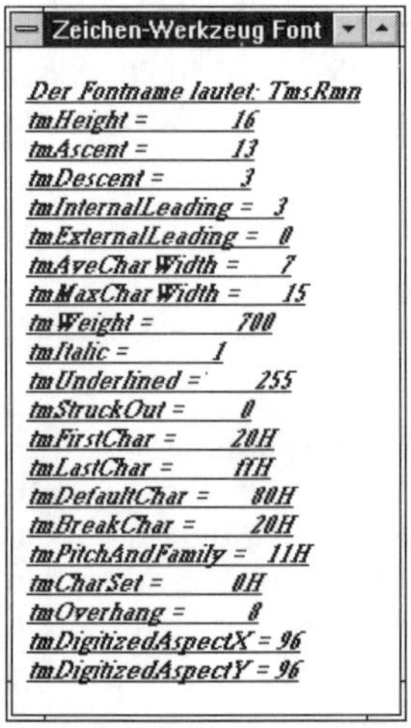

Abb. 130: Beispiel zu dem Werkzeug-Font in TurboPascal und Borland C++

Beispiel

{ Programm zur Textausgabe: TPFONT.PAS }

```pascal
program TPFont;
uses WObjects, WinTypes, WinProcs, Strings;
type
  TRahmen = object(TApplication)
    procedure InitMainWindow; virtual;
  end;

type
  PFenster = ^TFenster;
  TFenster = object(TWindow)
    sztmName: array[0..20] of ARRAY[0..30] of char;
    hNeuFont: HFONT;
    xChar, yChar: Byte;
    tm: TTEXTMETRIC;
    procedure SetupWindow; virtual;
    procedure Paint (PaintDC: HDC; var PaintInfo:
                                    TPaintStruct); virtual;
    function CanClose: Boolean; virtual;
  end;

procedure TRahmen.InitMainWindow;
begin
  MainWindow := New(PFenster, Init(nil,
                     'Zeichen-Werkzeug Font'));
end;

procedure TFenster.SetupWindow;
var lf: TLogFont;
    PaintDC: HDC;
    hAltFont: HFONT;
begin
  TWindow.SetupWindow;

  lf.lfHeight := 18;
  lf.lfWidth := 0;
  lf.lfEscapement := 0;
  lf.lfOrientation := 0;
  lf.lfWeight := FW_BOLD;
  lf.lfItalic := 1;
  lf.lfUnderline := 1;
  lf.lfStrikeOut := 0;
  lf.lfCharSet := 0;
  lf.lfOutPrecision := 0;
  lf.lfClipPrecision := 0;
  lf.lfQuality := 0;
  lf.lfPitchAndFamily := 0;
  StrCopy(@lf.lfFaceName, 'TmsRmn');
  hNeuFont := CreateFontIndirect( lf);

  PaintDC := GetDC (HWindow);
  hAltFont := SelectObject(PaintDC, hNeuFont);
  GetTextMetrics (PaintDC, tm);
  xChar := tm.tmAveCharWidth;
  yChar := tm.tmHeight + tm.tmExternalLeading;
  SelectObject(PaintDC, hAltFont);
  ReleaseDC (HWindow, PaintDC);
end;

procedure TFenster.Paint (PaintDC: HDC; var PaintInfo: TPaintStruct);
var i: Integer;
    hAltFont: HFONT;
    szFontName: array[0..20] of char;
    szFontAusgabe: array[0..40] of char;
    CharToInt: Integer;
begin
  hAltFont := SelectObject(PaintDC, hNeuFont);
  GetTextFace(PaintDC, SizeOf(szFontName),
                                    szFontName);
  StrCopy(szFontAusgabe, 'Der Fontname lautet: ');
  StrCat( szFontAusgabe, szFontName);
  TextOut( PaintDC, xChar, yChar ,szFontAusgabe,
                                    strlen(szFontausgabe));

  wvsprintf(sztmName[0],'tmHeight =            %d',
              tm.tmHeight);
  wvsprintf(sztmName[1],'tmAscent =            %d',
              tm.tmAscent);
  wvsprintf(sztmName[2],'tmDescent =           %d',
              tm.tmDescent);
  wvsprintf(sztmName[3],'tmInternalLeading =   %d',
              tm.tmInternalLeading);
  wvsprintf(sztmName[4],'tmExternalLeading =   %d',
              tm.tmExternalLeading);
  wvsprintf(sztmName[5],'tmAveCharWidth =      %d',
              tm.tmAveCharWidth);
  wvsprintf(sztmName[6],'tmMaxCharWidth =      %d',
              tm.tmMaxCharWidth);
  wvsprintf(sztmName[7],'tmWeight =            %d',
              tm.tmWeight);
  CharToInt := tm.tmItalic;
  wvsprintf(sztmName[8],'tmItalic =            %d',
              CharToInt);
  CharToInt := tm.tmUnderlined;
  wvsprintf( sztmName[9],'tmUnderlined =       %d',
              CharToInt);
  CharToInt := tm.tmStruckOut;
  wvsprintf(sztmName[10],'tmStruckOut =        %d',
              CharToInt);
  CharToInt := tm.tmFirstChar;
  wvsprintf(sztmName[11],'tmFirstChar =        %xH',
              CharToInt);
  CharToInt := tm.tmLastChar;
  wvsprintf(sztmName[12],'tmLastChar =         %xH',
              CharToInt);
  CharToInt := tm.tmDefaultChar;
  wvsprintf(sztmName[13],'tmDefaultChar =      %xH',
              CharToInt);
  CharToInt := tm.tmBreakChar;
  wvsprintf(sztmName[14],'tmBreakChar =        %xH',
              CharToInt);
  CharToInt := tm.tmPitchAndFamily;
  wvsprintf(sztmName[15],'tmPitchAndFamily =   %xH',
              CharToInt);
  CharToInt := tm.tmCharSet;
  wvsprintf(sztmName[16],'tmCharSet =          %xH',
              CharToInt);
  wvsprintf(sztmName[17],'tmOverhang =         %d',
              tm.tmOverhang);
  wvsprintf(sztmName[18],'tmDigitizedAspectX = %d',
              tm.tmDigitizedAspectX);
  wvsprintf(sztmName[19],'tmDigitizedAspectY = %d',
              tm.tmDigitizedAspectY);
  for i := 0 TO 19 do
  begin
    TextOut( PaintDC, xChar, yChar*(i+2),
              sztmName[i], strlen(sztmName[i]));
  end;
  SelectObject(PaintDC, hAltFont);
end;

function TFenster.CanClose: Boolean;
var Return : integer;
begin
  if (hNeuFont <> 0)
    then DeleteObject(hNeuFont);
  CanClose := TRUE;
end;

{ Hauptprogramm }
var MeinRahmen : TRahmen;

begin
  MeinRahmen.Init('TPFirst');
  MeinRahmen.Run;
  MeinRahmen.Done;
end.
```

neue Methoden	Kurzbeschreibung
TWindow::SetupWindow	stellt ein neu erzeugtes Fenster dar

Beispiel
```cpp
/* TCFONT.CPP */
#include <owl.h>
#include <string.h>

class TRahmen :public TApplication
{
public:
  TRahmen(LPSTR AName, HANDLE hInstance, HANDLE
            hPrevInstance, LPSTR lpCmdLine, int nCmdShow)
            : TApplication(AName, hInstance, hPrevInstance,
                           lpCmdLine, nCmdShow) {};
  virtual void InitMainWindow();
};

class TFenster : public TWindow
{
public:
  HFONT hFont;
  short xChar, yChar;
  TEXTMETRIC tm;

  TFenster(PTWindowsObject AParent, LPSTR ATitle)
            : TWindow(AParent, ATitle) {};
  virtual void Paint(HDC, PAINTSTRUCT &);
  virtual void SetupWindow();
  virtual BOOL CanClose();
};

void TRahmen::InitMainWindow()
{
  MainWindow = new TFenster(NULL,
                     "Zeichen-Werkzeug Font");
}

void TFenster::SetupWindow()
{
  LOGFONT lf;
  HDC PaintDC;
  HFONT hAltFont;

  TWindow::SetupWindow();
```

```
193    memset(&lf, 0x00, sizeof(LOGFONT));              240    wsprintf( sztmName[7], "tmWeight =           %d",
194    lf.lfHeight = 18;                                241              tm.tmWeight);
195    lf.lfWeight = FW_BOLD;                           242    wsprintf( sztmName[8], "tmItalic =           %d",
196    lf.lfItalic = 1;                                 243              tm.tmItalic);
197    lf.lfUnderline = 1;                              244    wsprintf( sztmName[9], "tmUnderlined =       %d",
198    strcpy(lf.lfFaceName, "TmsRmn");                 245              tm.tmUnderlined);
199    hFont = CreateFontIndirect( &lf);                246    wsprintf( sztmName[10],"tmStruckOut =        %d",
200                                                     247              tm.tmStruckOut);
201    PaintDC = GetDC (HWindow);                       248    wsprintf( sztmName[11],"tmFirstChar =        %xH",
202    hAltFont = SelectObject(PaintDC, hFont);         249              tm.tmFirstChar);
203    GetTextMetrics (PaintDC, &tm);                   250    wsprintf( sztmName[12],"tmLastChar =         %xH",
204    xChar = tm.tmAveCharWidth;                       251              tm.tmLastChar);
205    yChar = tm.tmHeight + tm.tmExternalLeading;      252    wsprintf( sztmName[13],"tmDefaultChar =      %xH",
206    SelectObject(PaintDC, hAltFont);                 253              tm.tmDefaultChar);
207    ReleaseDC (HWindow, PaintDC);                    254    wsprintf( sztmName[14],"tmBreakChar =        %xH",
208    }                                                255              tm.tmBreakChar);
209                                                     256    wsprintf( sztmName[15],"tmPitchAndFamily =   %xH",
210    void TFenster::Paint (HDC PaintDC, PAINTSTRUCT & PaintInfo)  257     tm.tmPitchAndFamily);
211    {                                                258    wsprintf( sztmName[16],"tmCharSet =          %xH",
212    char szFontName[20];                             259              tm.tmCharSet);
213    char szFontAusgabe[40];                          260    wsprintf( sztmName[17],"tmOverhang =         %d",
214    char   sztmName[20][30];                         261              tm.tmOverhang);
215    HFONT hFontOld;                                  262    wsprintf( sztmName[18],"tmDigitizedAspectX = %d",
216    int i;                                           263              tm.tmDigitizedAspectX);
217                                                     264    wsprintf( sztmName[19],"tmDigitizedAspectY = %d",
218    hFontOld = SelectObject(PaintDC, hFont);         265              tm.tmDigitizedAspectY);
219    GetTextFace(PaintDC, sizeof(szFontName),         266    for (i = 0; i < 20; i++)
220                               szFontName);          267      TextOut( PaintDC, xChar, yChar*(i+2),
221    strcpy( szFontAusgabe, "Der Fontname lautet: "); 268              sztmName[i], strlen(sztmName[i]));
222    strcat( szFontAusgabe, szFontName);              269    SelectObject(PaintDC, hFontOld);
223    TextOut( PaintDC, xChar, yChar ,szFontAusgabe,   270    }
224              strlen(szFontAusgabe));                271
225                                                     272    BOOL TFenster::CanClose()
226    wsprintf( sztmName[0], "tmHeight =      %d",     273    {
227              tm.tmHeight);                          274    if (hFont != NULL)
228    wsprintf( sztmName[1], "tmAscent =      %d",     275      DeleteObject(hFont);
229              tm.tmAscent);                          276    return (TRUE);
230    wsprintf( sztmName[2], "tmDescent =     %d",     277    }
231              tm.tmDescent);                         278
232    wsprintf( sztmName[3], "tmInternalLeading = %d", 279    int PASCAL WinMain(HANDLE hInstance, HANDLE
233              tm.tmInternalLeading);                 280         hPrevInstance, LPSTR lpCmdLine, int nCmdShow)
234    wsprintf( sztmName[4], "tmExternalLeading = %d", 281    {
235              tm.tmExternalLeading);                 282    TRahmen MeinRahmen ("TCFirst", hInstance,
236    wsprintf( sztmName[5], "tmAveCharWidth = %d",    283              hPrevInstance, lpCmdLine, nCmdShow);
237              tm.tmAveCharWidth);                    284    MeinRahmen.Run();
238    wsprintf( sztmName[6], "tmMaxCharWidth = %d",    285    return MeinRahmen.Status;
239              tm.tmMaxCharWidth);                    286    }
```

Die beiden Beispiele in den Sprachen Borland C++ und TurboPascal sehen für den Anwender identisch aus und sind sich auch in der Programmierung sehr ähnlich. In der Methode SetupWindow wird mit Hilfe der Funktion CreateFontIndirect ein eigene Schriftart erzeugt, die als Times-Roman-Font mit den Attributen fett, kursiv und unterstrichen definiert wird. Alle übrigen Felder der Variablen lf vom Datentyp LOGFONT bzw. TLogFont in TurboPascal werden auf 0 gesetzt.

```
memset(&lf, 0x00, sizeof(LOGFONT));
lf.lfHeight = 18;
lf.lfWeight = FW_BOLD;
lf.lfItalic = 1;
lf.lfUnderline = 1;
strcpy(lf.lfFaceName, "TmsRmn");
hFont = CreateFontIndirect( &lf);
```

Der Startpunkt der Textausgabe wird aus der durchschnittlichen Breite und der Höhe eines Buchstabens ermittelt. Die Variable tm der Datenstruktur TEXTMETRIC bzw. des Records TTextMetric ist als Objektvariable der Klasse TFenster angelegt worden, damit wir in der Paint-Methode auf die schon gefüllte Variable zugreifen können und nicht noch einmal die Funktion GetTextMetrics aufrufen müssen.

```
PaintDC = GetDC (HWindow);
hAltFont = SelectObject(PaintDC, hFont);
GetTextMetrics (PaintDC, &tm);
xChar = tm.tmAveCharWidth;
yChar = tm.tmHeight + tm.tmExternalLeading;
SelectObject(PaintDC, hAltFont);
ReleaseDC (HWindow, PaintDC);
```

Um die Informationen von der selbstdefinierten Schrift zu bekommen, muß dieser Font erst einem Display Context zugeordnet werden, und dann kann die Funktion GetTextMetrics aktiviert werden.

In der Paint-Methode muß auch wieder zu Beginn der Times Roman Font in den DC selektiert werden, um dann über die Funktion GetTextFace den Fontnamen ermitteln und die anschließenden Textzeilen in dieser Schrift darstellen zu können. Jede Zeile wird mit Hilfe der Funktion wsprintf in Borland C++ bzw. mit Hilfe der Funktion wvsprintf in TurboPascal mit dem Inhalt eines Feldes aus der TEXTMETRIC-Struktur aufbereitet und in ein zweidimensionales Zeichen-Array abgelegt, um sie am Ende in einer for-Schleife gesammelt ausgeben zu können. Da für die Funktion wvsprintf die Argumente mindestens ein WORD groß sein müssen, muß eine Umwandlung der Byte-Felder z.B. tmLastChar in Integer-Größe stattfinden.

```
CharToInt := tm.tmLastChar;
wvsprintf(sztmName[12],'tmLastChar = %xH', CharToInt);
```

Bei Programmende wird in der CanClose-Methode der selbstdefinierte Font gelöscht, um den dafür belegten Speicherplatz im Datensegment des GDI wieder freizugeben.

Da es in VisualBasic so einfach ist, alle Schriften aufzulisten, mit denen eine Ausgabe auf dem Bildschirm stattfinden kann, wollen wir diesen Zusatz in unser Font-Beispiel aufnehmen. Die Schriftart, in der die Textzeilen ausgegeben werden, kann gleich während der interaktiven Erstellung gesetzt werden. Diese Einstellungsmöglichkeit ist um einiges schneller und mit weniger Fehlern verbunden, als es bei der programmtechnische Lösung in den anderen drei Sprachen der Fall ist. Immer, wenn der Anwender das Fenster vergrößert oder verkleinert, ändern die vier Font-Eigenschaften kursiv, unterstrichen, durchgestrichen und Fettdruck ihren Zustand.

Abb. 131: Beispiel zu dem Werkzeug Font in VisualBasic

Objekt	Eigenschaft	Inhalt
Form1	Caption	Zeichen-Werkzeug Font
	FontBold	falsch
	FontItalic	wahr
	FontName	Modern
	FontSize	12
	FontUnderline	wahr

Neue Eigenschaften	Kurzbeschreibung
Form1.FontBold	Font-Attribut: Fettdruck
Form1.FontItalic	Font-Attribut: kursiv
Form1.FontUnderline	Font-Attribut: unterstrichen
Form1.FontStrikeThru	Font-Attribut: durchgestrichen
Screen.FontCount	Anzahl der verfügbaren Schriften
Screen.Fonts	Array mit den verfügbaren Schriften

Beispiel

```
' VBFONT.FRM
Const wahr = -1
Const falsch = 0
Dim FNamen(20) As String

Sub Form_Load ()
    For i = 0 To Screen.FontCount - 1
       FNamen(i) = Screen.Fonts(i)
    Next i
End Sub

Sub Form_Paint ()
    Cls
    If FontBold = wahr Then
        Text$ = "in Fettdruck "
    End If
    If FontItalic = wahr Then
        Text$ = Text$ + "kursiv "
    End If
    If FontUnderline = wahr Then
        Text$ = Text$ + "unterstrichen "
    End If
    If FontStrikeThru = wahr Then
        Text$ = Text$ + "durchgestrichen "
    End If
    Print Text$

    For i = 0 To Screen.FontCount - 1
      Print FNamen(i)
    Next i
End Sub
```

```
Sub Form_Resize ()
    FontBold = Not FontBold
    FontItalic = Not FontItalic
    FontUnderline = Not FontUnderline
    FontStrikeThru = Not FontStrikeThru
    Refresh
End Sub
```

Beim Laden des Forms werden die für die Bildschirmausgabe verwendbaren Schriften ermittelt und in einem String-Array gespeichert, um sie dann bei jedem Paint-Ereignis anzeigen zu können. Bei jeder Größenänderung des Forms werden die vier Font-Eigenschaften invertiert, und über die Methode Refresh wird ein Paint-Ereignis erzeugt. In dieser Paint-Prozedur wird zu Beginn der Arbeitsbereich gelöscht, um auch die aktuelle Position wieder auf den Ursprung einzustellen. Von jeder der vier Font-Eigenschaften wird der Zustand bestimmt, und aufgrund des Ergebnisses werden die eingeschalteten Zustände in die erste Zeile geschrieben. Anschließend wird das in dem Load-Ereignis versorgte Array ausgegeben.

4.6 Zusätzliche Ausgabemöglichkeiten

Die Meldungsfenster, die dem Anwender eine kurze Mitteilung bzw. Auswahloption bekanntgeben, sind eine weitere Möglichkeit der Interaktion mit dem Anwender. Häufig werden diese Messageboxen, wie sie im Englischen heißen, als Anhang zu den Dialogboxen genannt, da sich beide Boxen im Aussehen recht ähneln. Der Unterschied zwischen diesen beiden Fenstern liegt in der Programmierung. Für Dialogboxen muß einiger Code wie z.B. eine Dialogboxroutine oder neue Methoden eingefügt werden. Ein Meldungsfenster hingegen wird über eine einzige Funktion mit den notwendigen Parametern versorgt und angezeigt. Deswegen eignet sich ein solches Fenster sehr gut für die Darstellung kurzer Texte, Fehlertexte.

Abb. 132: Meldungsfenster

Ein Meldungsfenster besitzt eine Titelzeile, einen statischen Text, der die Meldung darstellt, und mindestens eine Befehlsschaltfläche. Sie kann mit einem oder zwei zusätzlichen Buttons und einem Symbol erweitert werden. Nachdem dieses Fenster über einen Menüpunkt oder durch das Entstehen eines Fehlers aufgerufen wurde, bleibt es solange sichtbar angezeigt, bis der Anwender einen Button drückt.

Die Darstellung eines Meldungsfensters erfolgt in den drei Sprachen QuickC, Borland C++ und TurboPascal mit Hilfe der API-Funktion MessageBox. In VisualBasic existiert dafür die Funktion MsgBox.

Ausgabe

Funktion MessageBox

Wenn Sie mit QuickCase:W Ihr Programm erstellt haben, werden bei der Generierung in den Quellcode automatisch immer zwei Aufrufe der Funktion MessageBox eingefügt, um gegebenenfalls dem Anwender mitteilen zu können, daß die Klasse nicht registriert oder das Fenster nicht erzeugt werden konnte.

```
MessageBox(NULL, szString, NULL,
     MB_ICONEXCLAMATION);
```

Im ersten Parameter wird das Elternfenster des Meldungsfensters angegeben, das meistens das Hauptfenster ist, von dem aus die Box aufgerufen wird. Falls es noch kein Fensterhandle gibt, kann auch NULL eingetragen werden. Der zweite Parameter definiert die Adresse des auszugebenden Textes, der im oberen Beispiel in der Stringvariablen szString steht. Der Titel wird anschließend festgelegt. Falls keiner bestimmt wird, so erscheint das Wort Fehler in der Titelzeile.

Das vierte und letzte Argument sagt aus, wie viele und welche Buttons das Meldungsfenster besitzen soll und ob es ein Standard-Symbol anzeigen soll. Die Möglichkeiten werden über Bezeichnungen festgelegt, die in der Headerdatei WINDOWS.H bzw. in der Unit WinTypes.TPU definiert sind. Dabei kann jeweils ein Name aus jeder der vier nachfolgenden Tabellen durch eine logische OR-Operation miteinander kombiniert werden.

Bezeichnung	Anzahl und Art der Button(s)
MB_ABORTRETRYIGNORE	Abbrechen, Wiederholen, Ignorieren
MB_OK	OK
MB_OKCANCEL	OK, Abbrechen
MB_RETRYCANCEL	Wiederholen, Abbrechen
MB_YESNO	Ja, Nein
MB_YESNOCANCEL	Ja, Nein, Abbrechen

Bezeichnung	Aussehen des Symbols
MB_ICONASTERISK	Kleinbuchstabe i
MB_ICONEXCLAMATION	Ausrufezeichen
MB_ICONHAND	Stoppschild
MB_ICONINFORMATION	identisch mit MB_ICONASTERISK
MB_ICONQUESTION	Fragezeichen
MB_ICONSTOP	identisch mit MB_ICONHAND

Bezeichnung	Art des Meldungsfensters
MB_APPLMODAL	Anwender muß Meldungsbox vor einer Weiterarbeit bestätigen; Defaultwert
MB_SYSTEMMODAL	alle Applikationen sind angehalten, bis Meldungsbox bestätigt wird
MB_TASKMODAL	ähnlich wie MB_APPLMODAL

Ausgabe

Bezeichnung	Setzen des Default-Buttons
MB_DEFBUTTON1	erster Button; Standardwert
MB_DEFBUTTON2	zweiter Button
MB_DEFBUTTON2	dritter Button

Ein möglicher Aufruf der Funktion MessageBox könnte somit in den drei Sprachen QuickC, Borland C++ und TurboPascal folgendermaßen aussehen:

```
QuickC:
MessageBox(hWnd, "Ich werde bei der Meldung WM_CHAR aktiviert", "QuickC",
MB_RETRYCANCEL | MB_ICONEXCLAMATION |
MB_SYSTEMMODAL);

Borland C++:
MessageBox(HWindow, "Ich werde aus einer Methode aktiviert", "Borland C++",
MB_OKCANCEL | MB_DEFBUTTON2 | MB_ICONASTERISK);

TurboPascal:
MessageBox(HWindow, 'Ich werde aus einer Methode aktiviert',
'TurboPascal', mb_Ok or mb_IconStop);
```

Der Rückgabewert der Funktion MessageBox gibt Auskunft, welcher Button betätigt wurde, um entsprechend darauf reagieren zu können. Er kann einen der folgenden Werte annehmen oder 0 sein, wenn nicht mehr genug Speicher zur Darstellung des Meldungsfensters verfügbar ist.

Rückgabewert	betätigter Button
IDABORT	Abbrechen wurde gewählt
IDCANCEL	Cancel (Abbrechen) wurde gewählt
IDIGNORE	Ignorieren wurde gewählt
IDNO	Nein wurde gewählt
IDOK	OK wurde gewählt
IDRETRY	Wiederholen wurde gewählt
IDYES	Ja wurde gewählt

Falls das Meldungsfenster eine Abbrechen- (Cancel) Schaltfläche besitzt, kann auch die `Esc`-Taste gedrückt werden, um als Rückgabewert IDCANCEL zu erhalten.

Turbo Pascal   **Turbo C++**

Wenn Sie mit den Editoren von TurboPascal oder Borland C++ arbeiten, werden Ihnen wahrscheinlich schon die etwas anders aussehenden Schaltflächen und die poppigen Symbole in den Meldungsfenstern aufgefallen sein. Diese Messageboxen werden über eine spezielle Funktion erzeugt, die BWCCMessageBox heißt und in der Dynamic Link Library (BWCC.DLL) definiert ist, die mit den beiden Sprachen ausgeliefert wird.

298 Ausgabe

Beispiel
Das kleine Beispiel zeigt vor der Darstellung des Hauptfensters ein Meldungsfenster mit einem Symbol und zwei Schaltflächen im Borland-Stil an.

Abb. 133: Beispiel zum Meldungsfenster im Borland-Stil

```
{ MessageBox mit Borland-Look TPMSGBOX.PAS }
program TPMsgBox;
uses WObjects, WinTypes, WinProcs, BWCC;

type
  TRahmen = object(TApplication)
    procedure InitMainWindow; virtual;
  end;

  PFenster = ^TFenster;
  TFenster = object(TWindow)
    procedure SetupWindow; virtual;
  end;

procedure TRahmen.InitMainWindow;
begin
  MainWindow := New(PFenster, Init(nil,
            'Die Borland MessageBox'));
end;

procedure TFenster.SetupWindow ;
begin
  TWindow.SetupWindow;
  BWCCMessageBox(HWindow, 'Dies ist eine MessageBox mit Buttons im Borland-Look',
'Meldungsfenster',
    MB_RETRYCANCEL OR MB_ICONASTERISK );
end;

{ Hauptprogramm }
var MeinRahmen : TRahmen;

begin
  MeinRahmen.Init('Borland');
  MeinRahmen.Run;
  MeinRahmen.Done;
end.
```

Um auf die Funktion BWCCMessageBox, die dieselben Parameter wie die normale Funktion MessageBox besitzt, zugreifen zu können, muß die Unit BWCC mit eingebunden werden.

```cpp
/* TCMSGBOX.CPP */
#include <owl.h>
#include <bwcc.h>

class TRahmen :public TApplication
{
public:
  TRahmen(LPSTR AName, HANDLE hInstance, HANDLE
    hPrevInstance, LPSTR lpCmdLine, int nCmdShow)
    : TApplication(AName, hInstance, hPrevInstance,
          lpCmdLine, nCmdShow) {};
  virtual void InitMainWindow();
};

class TFenster : public TWindow
{
public:
  TFenster(PTWindowsObject AParent, LPSTR ATitle)
    : TWindow(AParent, ATitle) {};
  virtual void SetupWindow();
};

void TRahmen::InitMainWindow()
{
  MainWindow = new TFenster(NULL, "Dies ist eine MessageBox mit Buttons im Borland-Look");
}

void TFenster::SetupWindow()
{
  TWindow::SetupWindow();
  BWCCMessageBox(HWindow, "Dies ist eine MessageBox mit Buttons im Borland-Look",
"Meldungsfenster",
    MB_RETRYCANCEL | MB_ICONASTERISK );
}

int PASCAL WinMain(HANDLE hInstance, HANDLE hPrevInstance,
  LPSTR lpCmdLine, int nCmdShow)
{
  TRahmen MeinRahmen ("TCFirst", hInstance,
    hPrevInstance, lpCmdLine, nCmdShow);
  MeinRahmen.Run();
  return MeinRahmen.Status;
}
```

Bei der Programmierung in Borland C++ muß die Headerdatei BWCC.H angegeben werden und über den Menüpunkt *Add Item* des Untermenüs *Project* dem Projekt TCMSGBOX.PRJ die Import-Bibliothek BWCC.LIB hinzugefügt werden.

Funktion MsgBox

Wenn Sie in VisualBasic ein Meldungsfenster aufrufen wollen, brauchen Sie die Funktion MsgBox, die ähnliche Möglichkeiten wie die API-Funktion MessageBox besitzt. Der Anwender kann im Normalfall nicht unterscheiden, durch welche Funktion die MessageBox entstand. Ein Elternfenster wird nicht angegeben, die anderen drei Parameter existieren jedoch genauso. Die vollständige Syntax lautet folgendermaßen:

```
MsgBox (msg$ [, type% [, title$] ] )
```

Falls hier der Titel nicht definiert wird, so schreibt VisualBasic den Namen des Projektes in die Titelzeile. Die Meldung kann aus bis zu 1024 Zeichen bestehen, der Rest wird abgeschnitten. Der Zeilenumbruch wird automatisch durchgeführt.

Der zweite Parameter type% wird auch aus einer Summe von drei Werten gebildet, die die Anzahl und Namen der Buttons, ein mögliches Symbol und einen Default-Button spezifizieren. Es existieren in VisualBasic dafür jedoch keine Konstanten. Wenn Sie einen Blick in die Datei WINDOWS.H werfen, in der für die QuickC-Programme die Definitionen aller Windows-Konstanten stehen, werden Sie sehen, daß die oben genannten Bezeichnungen wie MB_OK mit demselben Wert wie in VisualBasic definiert sind. Alle Meldungsfenster werden implizit mit dem Parameter MB_APPLMODAL erzeugt.

1. Summand	Inhalt	Command Button(s)
	0	OK
	1	OK, Abbrechen
	2	Abbrechen, Wiederholen, Ignorieren
	3	Ja, Nein, Abbrechen
	4	Ja, Nein
	5	Wiederholen, Abbrechen

2. Summand	Inhalt	Icon
	16	Stoppschild
	32	Fragezeichen
	48	Ausrufezeichen
	64	Kleinbuchstabe 'i'

3. Summand	Inhalt	Default-Button
	0	1. Button
	256	2. Button
	512	3. Button

Durch das Drücken eines Buttons liefert die Funktion MsgBox einen von sieben möglichen Werten zurück, der angibt, welche Befehlsschaltfläche betätigt wurde.

Rückgabewert	betätigter Button
1	OK wurde gewählt
2	Cancel (Abbrechen) wurde gewählt
3	Abbrechen wurde gewählt
4	Wiederholen wurde gewählt
5	Ignorieren wurde gewählt
6	Ja wurde gewählt
7	Nein wurde gewählt

Aufrufe der Funktion MsgBox können z.B. wie nachfolgend lauten:

```
MsgBox "nur Text und Default Ok-Button"
MsgBox "Text, Titel und zwei Buttons", 4,
                        "Titel"
MsgBox "Text, Titel, drei Buttons und Stoppschild", 2 + 16, "Titel"
MsgBox "Text, Titel, dritter Button ist Defaultbutton", 3 + 512, "Titel"
```

Außer der Funktion MsgBox gibt es in VisualBasic auch noch die Anweisung MsgBox. Der einzige Unterschied zwischen diesen beiden Befehlen liegt in dem nicht existierenden Rückgabewert bei der Anweisung.

4.6.1 Die Controls Bezeichnung und Picture Box

Font Wenn Sie sich den Code mehrerer VisualBasic-Programme ansehen und die Programme ausprobieren, so werden Sie wahrscheinlich feststellen, daß mit vielen Kontrollelementen gearbeitet wird. Der Grund liegt in der einfachen Erstellung und Verarbeitung solcher Controls. Da wir jedoch in allen vier Sprachen dieselbe Reihenfolge der Themen einhalten wollen, kommt das Kapitel über die Steuerelemente erst später. Hier möchte ich Ihnen aber trotzdem schon etwas über zwei Kontrollelemente erzählen, da sie häufig für Ausgaben von Text und Bildern verwendet werden. Es sind das Control Bezeichnung (Label) und die Picture Box.

Toolbox

Unsere erste Aufgabe wird es sein, ein Control in ein Form zu bekommen. Dafür existiert das Hilfsmittel Toolbox, das normalerweise automatisch beim Starten von VisualBasic als Fenster angezeigt wird. Falls Sie es nicht auf Ihrem Bildschirm entdecken können, so wählen Sie den Menüpunkt *Toolbox* aus dem Untermenü *Fenster*. Diese Toolbox besteht aus 16 Bildern, die jeweils ein bestimmtes Steuerelement definieren. In diesem Kapitel interessieren uns nur die beiden Bilder in der ersten Zeile, rechte Spalte, und in der zweiten Zeile, linke Spalte.

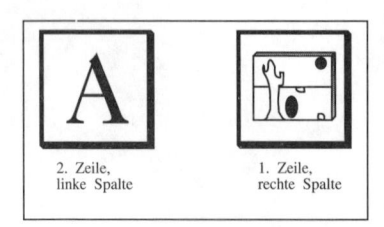

Abb. 134: Die Controls Bezeichnung und Picture Box aus der Toolbox

Um ein Control zu erzeugen, klicken wir in der Toolbox das gewünschte Element, z.B. die Bezeichnung, mit der Maus an. Wir bewegen dann den Cursor in das Fenster an die Stelle, an der es liegen soll. Die Cursor-Figur wird dabei in ein Kreuz umgewandelt. Nun bewegen wir mit gedrückter linker Maustaste den Cursor so weit, bis das Control die gewünschte Größe besitzt. Dann lassen wir die Maustaste wieder los. Somit wird durch den ersten Klick die linke obere Ecke des Steuerelementes bestimmt, durch das Loslassen der Maustaste seine Ausmaße. Falls Sie ein Control wieder aus dem Form löschen wollen, brauchen Sie nur dieses Element mit der Maus zu markieren und dann die `Del`-Taste zu drücken.

Das Control Bezeichnung

Um einen Text auszugeben, der z.B. eine Überschrift zu einem Textfeld oder Informationen über den Fortgang der Installation darstellen soll, wird häufig dieses statische Feld verwendet. Dem Anwender ist es nicht möglich, den Inhalt zu ändern, jedoch können Sie ihn programmtechnisch jederzeit verändern.

Alle Controls besitzen genauso wie ein Form verschiedene Eigenschaften, werden durch Methoden aktiviert und können auf bestimmte Ereignisse reagieren. Bei dem Element Bezeichnung kann auf die oben besprochenen Font-Eigenschaften zugegriffen werden und somit das Aussehen der Schriften fast beliebig festgelegt werden. Der Text, den das Control anzeigen soll, wird in seine Eigenschaft Caption geschrieben. Um sicherzugehen, daß das Ausgabefeld nicht zu klein eingerichtet wird, kann die Eigenschaft AutoSize auf wahr gesetzt werden. Dann wird die Größe des Elementes Bezeichnung automatisch der Höhe und der Länge des Textes angepaßt, d.h. die Ausmaße des Labels werden vergrößert oder verkleinert. Dies erfolgt auch dann, wenn während der Laufzeit des Programms der alte Text durch einen neuen ersetzt wird.

Wenn Sie den Inhalt innerhalb des Feldes positionieren möchten, können Sie unter drei Möglichkeiten wählen und eine der Eigenschaften Alignment zuweisen.

0: linksbündig

1: rechtsbündig

2: zentriert

Die eingestellte Ausrichtung wird schon während der interaktiven Erstellung berücksichtigt, jedoch nur, wenn die Eigenschaft AutoSize auf falsch gesetzt ist. Damit der Text in mehreren Zeilen ausgegeben wird, müssen Sie den Zeilenumbruch auf folgende Weise angeben:

```
Bezeichnung1.Caption = "erste Zeile" + Chr$(13)
+ "zweite Zeile" + Chr$(13) + "dritte Zeile"
```

Durch diese Anweisung wird der Text in drei untereinander liegenden Zeilen angezeigt. Über die Eigenschaft Enabled können Sie durch die Übergabe des Wertes "falsch" festlegen, daß der Text in grauer Farbe erscheint. Damit wird dem Anwender mitgeteilt, daß z.B. mit dem Listenfeld, dessen Überschrift das Control Bezeichnung darstellt, derzeit nicht gearbeitet werden kann, da es sich im nicht anwählbaren (disabled) Zustand befindet. Sie müssen in diesem Fall dann aber auch die Eigenschaft Enabled des Listenfeldes disablen.

Mit den Methoden und Ereignissen des Elementes Bezeichnung wird nur selten gearbeitet, da das Control meist ein rein statisches und kein dynamisches Feld darstellt, das eine Aktion auslösen soll.

Das Control Picture Box

Das zweite Control, das häufig für Ausgaben zuständig ist, heißt Picture Box oder Bild. Sein Name sagt schon aus, daß mit ihm meistens Grafiken wie Symbole und Bitmaps dargestellt werden. Sie können jedoch in der Picture Box auch Text ausgeben, da dieses Feld auf fast alle Ausgabe-Methoden wie ein Form zugreifen kann. Deswegen besitzt es auch Eigenschaften zur Einstellung der Schrift, des Pinsels, des Stiftes und des Koordinatensystems.

```
Bild2.DrawWidth = 4
Bild2.FontName = "Script"
Bild2.FontSize = 20
Bild2.Cls
Bild2.Circle(2500,2000), 1500,,,,1/3
Bild2.Print ""Ausgabe in das Control Bild"
```

Durch diese sechs Zeilen wird der Inhalt der Picture Box mit dem CtlName Bild2 gelöscht, um dann eine Ellipse in der Strichstärke 4 und einen Text mit der Schrift Script in der Größe 20 auszugeben.

Wenn Bilder in der Picture Box zur Anzeige kommen sollen, kann wie auch bei dem Control Bezeichnung auf die Eigenschaft AutoSize zugegriffen werden, damit sich die Größe des Feldes automatisch an das darzustellende Bild anpassen kann. Die Bilder sind in Dateien gespeichert, die je nach der Bildart die Endungen ICO, BMP oder WMF besitzen können. Die Verbindung zwischen anzuzeigendem Symbol oder Bitmaps und der Picture Box kann entweder während der interaktiven Erstellung oder zur Programm-Laufzeit aufgebaut werden.

Zur Realisierung der ersten Möglichkeit selektieren Sie in dem Eigenschaften-Listenfeld die Eigenschaft Picture, wodurch am rechten Rand des Einstellungsfelds drei Punkte erscheinen. Wenn Sie mit dem Mauscursor darauf klicken, wird eine Dialogbox sichtbar, über die die gewünschte Datei ausgewählt werden kann.

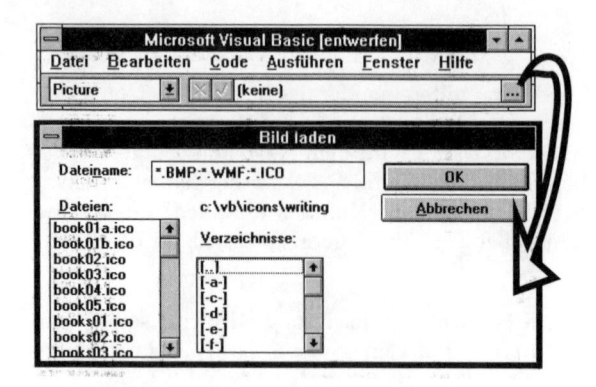

Abb. 135: Aufbau der Verbindung zwischen einer Picture Box und einem Bild

Aufgrund dieser Verbindung wird meist bei Programmstart die eingestellte Datei mit in den Speicher geladen, damit das Bild verfügbar ist. Falls der Picture Box erst während der Laufzeit ein Bild zugewiesen wird, muß programmtechnisch dieser Ladevorgang durchgeführt werden. Dazu wird die Funktion LoadPicture benötigt, die das gewünschte Symbol, Bitmap oder Metafile in den Speicher bringt und der Eigenschaft Picture übergibt.

```
Bild2.Picture = LoadPicture("bild.bmp")
Bild1.Picture = LoadPicture("book01.ico")
Bild3.Picture = LoadPicture("grafik.wmf")
Bild1.Picture = LoadPicture()
```

Wenn Sie die Funktion LoadPicture ohne Argument aufrufen, wie es in der letzten Zeile steht, wird das bis jetzt aktuelle Bild aus der Picture Box gelöscht. Mit diesem Control und dem Zeitgeber lassen sich auf recht einfache Weise bewegbare Abläufe realisieren.

Beispiel

Da wir noch nicht über den Timer gesprochen haben, soll der Anwender für die Bewegung eines Bildes verantwortlich sein. Immer wenn er das Fenster in seiner Größe verändert, wird ein Auto, das sich zu Beginn in der oberen linken Ecke befindet, ein Stück nach rechts unten bewegt. Sobald es über den Fensterrand hinausfährt, wird es wieder auf seine Anfangsposition gesetzt, und ein Bezeichnungsfeld meldet den Neustart.

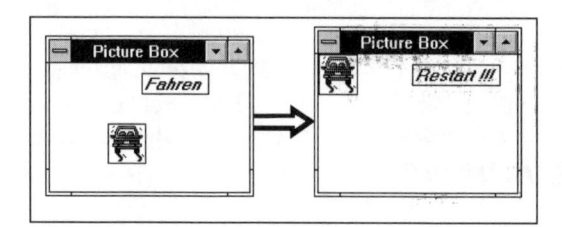

Abb. 136: VisualBasic-Beispiel zur Picture Box und zur Bezeichnung

Objekt	Eigenschaft	Inhalt
Form1	Caption	Picture Box
Bezeichnung1	AutoSize	wahr
	BorderStyle	1 'einfach
	FontSize	9,75
	FontItalic	wahr
Bild1	AutoSize	wahr
	Picture	auto.ico

Neue Eigenschaft	Kurzbeschreibung
Bezeichnung1.Caption	Text des Controls Bezeichnung

Neue Methode	Kurzbeschreibung
Bild1.Move	Position der Picture Box wird verändert

```
' VBAUSGAB.FRM
Sub Form_Resize ()
    Static i As Integer
    If i = 0 Then
        Bezeichnung1.Caption = "Fahren"
    End If
    i = i + 250
    If i > ScaleHeight Or i > ScaleWidth Then
        i = 0
        Bezeichnung1.Caption = "Restart !!!"
    End If
    Bild1.Move i, i
End Sub

Sub Form_Load ()
    Bild1.Move 0, 0
End Sub
```

In der interaktiven Erstellungsphase wird die Picture Box mit dem Symbol AUTO.ICO verbunden. In dem Load-Ereignis des Forms setzen wir das Bild mit Hilfe der Move-Methode in die linke obere Ecke. Bei jedem Auftreten eines Resize-Ereignisses wird das Auto ein Stück weiterbewegt. Zu Beginn und jedesmal, wenn das Bild aus dem Fenster verschwindet, wird in dem statischen Textfeld das Wort Restart !!! angezeigt, ansonsten steht darin die Tätigkeit des Autos: Fahren.

4.7 Die Koordinatensysteme

In diesem Kapitel ist schon mehrmals das Koordinatensystem, der Mapping Mode bzw. Scale Mode erwähnt worden. Wir wollen uns nun zum Abschluß damit genauer beschäftigen. Jede Ausgabe wird vom GDI-Modul erst in einer logischen Umgebung erstellt und anschließend auf das spezifizierte physikalische Gerät gebracht. Der Mapping

Mode, der in VisualBasic als Scale Mode bezeichnet wird, definiert die Beziehung zwischen den Zeicheneinheiten in der logischen Umgebung und den Pixeln eines Gerätes. Der eingestellte Mode bestimmt somit, wie das vom Programmierer verwendete Koordinatensystem auf dem Ausgabegerät abgebildet werden soll.

4.7.1 Einstellungsmöglichkeiten

In VisualBasic ist das Koordinatensystem der logischen Umgebung auf die Einheit TWIP eingestellt. TWIP ist die Abkürzung für "twentieth of a point". Eine logische Einheit entspricht bei diesem Mode 1/1440 Zoll physikalische Einheiten. Da diese Einheit sehr klein ist, mußten wir beim Zeichnen von Linien, Rechtecken und Kreisen Werte für die Koordinaten angeben, die häufig größer als 500 waren.

Um das Koordiantensystem des Forms zu ändern, gibt es fünf Eigenschaften, von denen wir schon die beiden Eigenschaften ScaleWidth und ScaleHeight benutzt haben, um auf die Größe der Client Area zugreifen zu können.

ScaleLeft	x-Koordinate der linken oberen Ecke
ScaleTop	y-Koordinate der linken oberen Ecke
ScaleWidth	Breite
ScaleHeight	Höhe
ScaleMode	Scale Mode

Eine Veränderung der Eigenschaft ScaleMode hat zur Folge, daß die beiden Eigenschaften ScaleWidth und ScaleHeight automatisch einen neuen Wert zugewiesen bekommen. In allen Scale Modes außer in dem benutzerdefinierten Mode sind die beiden Eigenschaften ScaleTop und ScaleLeft fest auf den Wert 0 gesetzt. Sie können unter acht verschiedenen Scale Modes wählen.

Scale Mode	1 log.Einheit = x phys. Einheiten
0 Benutzer	Abhängig von der Einstellung
1 TWIP	x = 1/1440 Zoll
2 Punkt	x = 1/72 Zoll
3 Pixel	x = 1 Pixel (kleinste Bildschirm-Auflösung)
4 Zeichen	x = 1/12 Zoll breit, 1/6 Zoll hoch
5 Zoll	x = 1 Zoll = 2,54 cm
6 Millimeter	x = 1 mm
7 Zentimeter	x = 1 cm

Damit Sie einen besseren Überblick über die einzelnen Scale Modes bekommen, habe ich in der nachfolgenden Tabelle für alle außer dem benutzerdefinierten Mode die Werte der Eigenschaften ScaleWidth und ScaleHeight aufgelistet. Die Maße beziehen sich dabei immer auf das gleiche Form.

Scale Mode	ScaleWidth	ScaleHeight
TWIP	2835	1695
Punkt	141,75	84,75
Pixel	189	113
Zeichen	23,625	7,0625
Zoll	1,9688	1,1771
Millimeter	50,006	29,897
Zentimeter	5,0006	2,9897

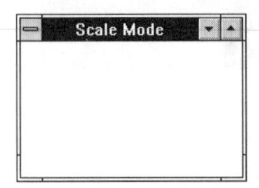

Abb. 137: Das dazugehörige Form zur Einstellung der Scale Modes

Bei allen sechs Modes werden die x-Werte nach rechts größer, und die y-Werte wachsen nach unten an, so daß es keine negativen Werte gibt.

Die benutzerdefinierte Einstellung wird z.B. verwendet, um ein kartesisches Koordinatensystem nachzubilden, bei dem das Achsenkreuz in der Fenstermitte liegt, damit alle vier Quadranten dargestellt werden können. Für ein solches selbstdefiniertes System reicht es aus, die Eigenschaften ScaleWidth und ScaleHeight zu verändern, dadurch wird automatisch der Scale Mode auf 0 eingestellt. Sie können dazu aber auch die Methode Scale benutzen.

```
Form1.Scale (300, 100)-(800, 400)
```

Der erste Punkt spezifiziert die linke obere Ecke des eigenen Koordinatensystems, d.h die Eigenschaft ScaleLeft wird mit dem Wert 300 und ScaleTop mit dem Wert 100 besetzt. Die Inhalte der Eigenschaften ScaleWidth und ScaleHeight werden aus der Differenz der beiden angegebenen Punkte gebildet:

```
ScaleWidth  = 800 - 300 = 500
ScaleHeight = 400 - 100 = 300
```

Die Eigenschaft ScaleMode enthält nach dem Aufruf der Methode Scale den Wert 0. Um mit Hilfe der Methode Scale den Standardmode TWIP zu setzen, müssen Sie die Methode ohne Parameter aufrufen.

Mapping Mode

Alle Texte und Grafiken, die wir in den Beispielen mit den Sprachen QuickC, TurboPascal und Borland C++ ausgegeben haben, haben sich nicht auf den Mode TWIP, sondern auf einen geräteabhängigen Mode bezogen, der auch als Textmode bezeichnet wird und der Pixel-Einstellung in VisualBasic gleichgesetzt werden kann. Fast alle Funktionen, die als ersten Parameter das Handle des DC's übergeben bekommen, arbeiten mit logischen

Koordinaten und sind somit von dem jeweils aktuellen Mapping Mode abhängig. So liefert z.B. die Funktion GetTextMetrics die Buchstabendimensionen des aktuellen Fonts in Abhängigkeit des aktuellen Mapping Modes zurück. Im Gegensatz dazu benutzen Meldungen wie WM_SIZE und WM_MOUSEMOVE immer Gerätekoordinaten, die dann die Einheit Pixel haben.

Das Setzen eines Mapping Modes erfolgt über die Funktion SetMapMode, wobei Sie unter folgenden Einstellungen wählen können:

Wert	Bezeichnung	1 log.Einheit = x phys. Einheiten
1	MM_TEXT	x = 1 Pixel
2	MM_LOMETRIC	x = 0,1 mm
3	MM_HIMETRIC	x = 0,01 mm
4	MM_LOENGLISH	x = 0,01 Zoll
5	MM_HIENGLISH	x = 0,001 oll
6	MM_TWIPS	x = 1/1440 Zoll
7	MM_ISOTROPIC	abhängig von der Einstellung
8	MM_ANISOTROPIC	abhängig von der Einstellung

```
SetMapMode (hDC, MM_HIMETRIC);
SetMapMode (hDC, MM_TEXT);
```

Die meisten dieser Modes besitzen ein Pendant in VisualBasic, nur daß z.B. die Einheit um eine Zehnerpotenz größer bzw. kleiner ist. Der Unterschied liegt jedoch in der Richtung der y-Achse. Bei allen fünf metrischen Maßen (2-6) liegen die Werte der y-Achse nach unten im negativen Zahlenbereich. Da der Ursprung sich aber immer noch in der linken oberen Ecke der Client Area befindet, wird dadurch der vierte Quadrant eines kartesischen Koordinatensystems angezeigt.

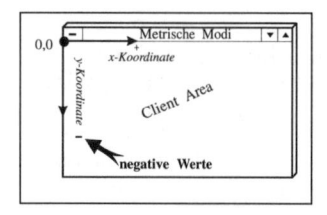

Abb. 138: Metrische Modes

Um z.B. ein Rechteck sichtbar darstellen zu können, müssen die angegebenen y-Werte negativ sein.

```
Rectangle (hDC, 20, -10, 100, -75);
```

Benutzerdefinierte Modes

Zudem können Sie mit der Funktion SetMapMode zwischen zwei benutzerdefinierten Modes wählen, die MM_ISOTROPIC und MM_ANISOTROPIC heißen. Sie besitzen den großen Vorteil gegenüber den übrigen Modes, daß eine Zeichnung auch bei einer

Verkleinerung des Fensters immer vollständig angezeigt werden kann, da die Ausgabe automatisch an die jeweils neue Größe des Arbeitsbereiches angepaßt wird.

Die linke obere Ecke und die Ausmaße eines benutzerdefinierten Koordinatensystems werden durch zwei Funktionen eingestellt:

```
SetWindowOrg(hDC, xStart, yStart);       // Ursprung
SetWindowExt(hDC, Breite, Höhe); // Ausmaße
```

Bei der Festlegung der Ausmaße des Bildausschnittes mit der Funktion SetWindowExt muß die Richtung der Achsen im selbstdefinierten Koordinatensystem berücksichtigt werden, d.h. die beiden Extents-Parameter sind vorzeichenbehaftet. Die x-Extent ist die waagerechte Entfernung vom Ursprung zur gegenüberliegenden Ecke, die y-Extent stellt die senkrechte Entfernung dar.

Zusätzlich zu der Bestimmung des eigenen Koordinatensystems muß noch definiert werden, auf welchen Teil der Client Area sich dieses System beziehen soll. Häufig wird der gesamte Arbeitsbereich gewünscht, dessen Ausmaße über die Funktion GetClientRect ermittelt werden, um sie anschließend den beiden Viewport-Funktionen übergeben zu können.

```
GetClientRect(hDC, &rect);
SetViewportOrg(hDC, rect.left, rect,top);
SetViewportExt(hDC, rect.right, rect.bottom);
```

Der Unterschied zwischen den beiden benutzerdefinierten Modes liegt in der Wiedergabe des darzustellenden Bildes. Im MM_ISOTROPIC-Mode wird die Darstellung originalgetreu wiedergegeben, d.h. es existiert sowohl im logischen als auch im physikalischen System dasselbe Höhe:Breite-Verhältnis. Dadurch kann es geschehen, daß ein Teil des Viewportes bei der Ausgabe nicht genutzt wird. Der MM_ANISOTROPIC-Mode versucht dagegen den Viewport möglichst gut zu nutzen, auch wenn dadurch Verzerrungen am Original entstehen.

Die beiden Funktionen SetWindowOrg und SetViewportOrg, mit denen der Ursprung des Bildausschnittes (window) und der Geräteoberfläche (viewport) neu gesetzt werden, können auch bei den metrischen und dem geräteabhängigen Modes verwendet werden. Die Ausmaße hingegen sind bei diesen Modes nicht veränderbar. Alle Informationen über den Mapping Mode und somit auch die aktuellen Viewport- und Window-Koordinaten sind Bestandteil der internen Datenstruktur des Device Contextes.

4.7.2 Beispiel zu dem benutzerdefinierten System

Wir wollen ein kartesisches Koordinatensystem definieren, dessen vier Quadranten immer sichtbar in der Client Area dargestellt werden. Der Anwender sieht ein Achsenkreuz, dessen Ursprung gleichzeitig den Mittelpunkt eines Kreises darstellt. Im ersten Quadranten wird zusätzlich eine diagonale Linie gezeichnet. Bei jeder Veränderung der Fenstergröße wird die Grafik an die neuen Ausmaße angepaßt.

310 Ausgabe

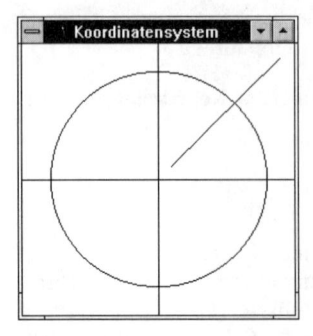

Abb. 139: Beispiel zu einem selbstdefinierten Koordinatensystem

Windows-Funktionen	Kurzbeschreibung
SetMapMode	stellt den Mapping Mode ein
SetViewportExt	setzt die Ausmaße des Ausgabegerätes
SetViewportOrg	setzt den Ursprung des Ausgabegerätes
SetWindowExt	setzt die Ausmaße des eigenen Systems
SetWindowOrg	setzt den Ursprung des eigenen Systems

Beispiel

/**************** QCKOSYST.C ****************/

```
1   /* QuickCase:W */
2   #include "QCKoSyst.h"
3
4   int PASCAL WinMain(HANDLE hInstance, HANDLE
5   hPrevInstance, LPSTR lpszCmdLine, int nCmdShow)
6   {
7   /*****************************************************/
8   /* hInstance;        Handle dieser Instanz          */
9   /* hPrevInstance;Handle der vorhergehenden Instanz*/
10  /* lpszCmdLine; Zeiger auf die Kommandozeile       */
11  /* nCmdShow;    Code zur Anzeige des Hauptfensters */
12  /*****************************************************/
13
14  MSG msg;    /* MSG-Struktur für die Meldungen   */
15  int nRc;    /* Rückgabewert der Klassen-        */
16              /* Registrierung(en)                */
17
18      strcpy(szAppName, "QCKOSYST");
19      hInst = hInstance;
20      if(!hPrevInstance)
21      {
22      /* Registrieren der Fensterklasse(n) bei der */
23      /* 1.Instanz                                 */
24          if ((nRc = nCwRegisterClasses()) == -1)
25          {
26          /* Registrierung schlug fehl */
27              LoadString(hInst, IDS_ERR_REGISTER_CLASS,
28                  szString, sizeof(szString));
29              MessageBox(NULL, szString, NULL,
30                  MB_ICONEXCLAMATION);
31              return nRc;
32          }
33      }
34
35      /* Hauptfenster erzeugen */
36      hWndMain = CreateWindow(
37          szAppName,         /* Klassennamen      */
38          "Koordinatensystem",
39                             /* Text in der Titelzeile */
40          WS_CAPTION    | /* Titel zufügen        */
41          WS_SYSMENU    | /* Systemmenübox zufügen */
42          WS_MINIMIZEBOX | /* Minimize Box zufügen */

43          WS_MAXIMIZEBOX | /* Maximize Box zufügen */
44          WS_THICKFRAME  | /* in der Größe veränderbar */
45          WS_CLIPCHILDREN |
46                          /* kein Zeichnen in den Kindfenstern */
47          WS_OVERLAPPED,
48          CW_USEDEFAULT, 0, /* Defaultwerte für X, Y */
49          CW_USEDEFAULT, 0,
50                  /* Defaultwerte für Breite und Höhe */
51          NULL,      /* Handle des Elternfensters */
52          NULL,      /* Handle des Menüs          */
53          hInst,     /* Handle der Instanz        */
54          NULL);     /* Struktur für WM_CREATE    */
55
56      if(hWndMain == NULL)
57      {
58          LoadString(hInst, IDS_ERR_CREATE_WINDOW,
59              szString, sizeof(szString));
60          MessageBox(NULL, szString, NULL,
61              MB_ICONEXCLAMATION);
62          return IDS_ERR_CREATE_WINDOW;
63      }
64      ShowWindow(hWndMain, nCmdShow);
65      /* Anzeigen des Hauptfensters */
66
67      while(GetMessage(&msg, NULL, 0, 0))
68      /* bis WM_QUIT eintritt */
69      {
70          TranslateMessage(&msg);
71          DispatchMessage(&msg);
72      }
73
74      /* Aufräumarbeiten, bevor die Applikation beendet */
75      /* wird                                          */
76      CWnRegisterClasses();
77      return msg.wParam;
78  } /* Ende der WinMain */
79
80  /*****************************************************/
81  /*                                                   */
82  /* Fensterroutine des Hauptfensters:                 */
83  /*                                                   */
84  /* Diese Prozedur stellt Service-Routinen für die   */
```

```
 85  /* Windows Ereignisse (Meldungen) bereit, die     */
 86  /* Windows oder der Benutzer an das Fenster sendet*/
 87  /* Sie initialisiert Ereignisse (Meldungen), die  */
 88  /* entstehen, wenn der Anwender z.B. einen Menü-  */
 89  /* punkt oder ein Tastenkürzel anwählt            */
 90  /*                                                */
 91  /**************************************************/
 92
 93  LONG FAR PASCAL WndProc(HWND hWnd, WORD Message,
 94  WORD wParam, LONG lParam)
 95  {
 96    HMENU       hMenu=0;          /* Menühandle             */
 97    HBITMAP     hBitmap=0; /* Handle für Bitmaps            */
 98    HDC         hDC;/* Handle für den Display Context       */
 99    PAINTSTRUCT ps; /* enthält Zeichen-Informationen        */
100    int         nRc=0; /* Rückgabewert                      */
101    RECT        rect;
102
103    switch (Message)
104    {
105    case WM_CREATE:
106      break;      /* Ende von WM_CREATE           */
107
108    case WM_MOVE:    /* Bewegen des Fensters        */
109      break;
110
111    case WM_SIZE:
112    /* Größenänderung der Client Area                */
113      break;      /* Ende von WM_SIZE             */
114
115    case WM_PAINT:  /* Neuzeichnen der Client Area */
116    /* bekommt ein Handle auf den Device Context    */
117    /* BeginPaint wird evtl. WM_ERASEBKGND senden   */
118      memset (&ps, 0x00, sizeof(PAINTSTRUCT));
119      hDC = BeginPaint(hWnd, &ps);
120    /* falls der Hintergrund keine reine Farbe besitzt*/
121      SetBkMode(hDC, TRANSPARENT);
122      SetMapMode(hDC, MM_ANISOTROPIC);
123      GetClientRect (hWnd, &rect);
124      SetWindowOrg(hDC, -1000,1000);
125      SetWindowExt(hDC, 2000,-2000);
126      SetViewportOrg(hDC, rect.left, rect.top);
127      SetViewportExt(hDC, rect.right, rect.bottom);
128
129      Ellipse(hDC, -800, 800, 800, -800);
130      MoveTo(hDC, -1000, 0);
131      LineTo(hDC, 1000,0);
132      MoveTo(hDC, 0, 1000);
133      LineTo(hDC, 0,-1000);
134
135      MoveTo(hDC, 100, 100);
136      LineTo(hDC, 900,900);
137    /* Das Neuzeichnen ist abgeschlossen            */
138      EndPaint(hWnd, &ps);
139      break;     /* Ende von WM_PAINT            */
140
141    case WM_CLOSE:  /* Schließen des Fensters      */
142    /* Zerstören der Kindfenster, modeless Dialogboxen*/
143    /* Zerstören dieses Fensters                    */
144      DestroyWindow(hWnd);
145      if (hWnd == hWndMain)
146        PostQuitMessage(0);
147    /* Beenden der Applikation                      */
148      break;
149
150    default:
151    /* alle Meldungen, für die keine eigene Service- */
152    /* Routine zur Verfügung gestellt wird, sollten an*/
153    /* Windows gereicht werden, damit eine Default-  */
154    /* Verarbeitung stattfinden kann                 */
155        return DefWindowProc(hWnd, Message, wParam, lParam);
156    }
157    return 0L;
158  }    /* Ende von WndProc                         */
159
160  /**************************************************/
161  /*                                                */
162  /* nCwRegisterClasses Funktion:                   */
163  /*                                                */
164  /* Die folgende Funktion registriert alle Klassen */
165  /* von allen Fenstern, die mit dieser Applikation */
166  /* verbunden sind. Die Funktion liefert einen     */
167  /* Fehlercode zurück, falls sie nicht erfolgreich */
168  /* war, ansonsten wird 0 zurückgegeben.           */
169  /*                                                */
170  /**************************************************/
171
172  int nCwRegisterClasses(void)
173  {
174    WNDCLASS  wndclass;
175  /* Struktur, um eine Klasse zu definieren         */
176    memset(&wndclass, 0x00, sizeof(WNDCLASS));
177  /* Füllen von WNDCLASS mit Fenster-Eigenschaften  */
178    wndclass.style = CS_HREDRAW | CS_VREDRAW
179                                  | CS_BYTEALIGNWINDOW;
180    wndclass.lpfnWndProc = WndProc;
181  /* zusätzlicher Speicher für Klassen- und         */
182  /* Fensterobjekte                                 */
183    wndclass.cbClsExtra = 0;
184    wndclass.cbWndExtra = 0;
185    wndclass.hInstance = hInst;
186    wndclass.hIcon = LoadIcon(NULL, IDI_APPLICATION);
187    wndclass.hCursor = LoadCursor(NULL, IDC_ARROW);
188  /* Erzeugen eines Pinsels, um den Hintergrund     */
189  /* zu löschen                                     */
190    wndclass.hbrBackground = (HBRUSH)(COLOR_WINDOW+1);
191    wndclass.lpszMenuName = szAppName;
192  /* Klassenname = Menüname                         */
193    wndclass.lpszClassName = szAppName;
194  /* Klassenname = App.-Name */
195    if(!RegisterClass(&wndclass))
196      return -1;
197
198    return(0);
199  } /* Ende von nCwRegisterClasses                  */
200
201  /**************************************************/
202  /* CwUnRegisterClasses Function:                  */
203  /*                                                */
204  /* löscht jeden Bezug zu den Fenster-Resourcen,   */
205  /* die für diese Applikation erzeugt wurden, gibt */
206  /* Speicher frei, löscht die Instanz, die Handles*/
207  /* und tätigt andere Aufräumarbeiten              */
208  /*                                                */
209  /**************************************************/
210
211  void CwUnRegisterClasses(void)
212  {
213    WNDCLASS  wndclass;
214  /* Struktur, um eine Klasse zu definieren         */
215    memset (&wndclass, 0x00, sizeof(WNDCLASS));
216
217    UnregisterClass(szAppName, hInst);
218  } /* Ende von CwUnRegisterClasses                 */
```

Beispiel

{ Programm zum Mapping Mode: TPKOSYST.PAS }

```
 1  program TPKoSyst;
 2  uses WObjects, WinTypes, WinProcs;
 3
 4  type
 5    TRahmen = object(TApplication)
 6      procedure InitMainWindow; virtual;
 7    end;
 8
 9  type
10    PFenster = ^TFenster;
11    TFenster = object(TWindow)
12      procedure Paint (PaintDC: HDC; var PaintInfo:
13                          TPaintStruct); virtual;
14    end;
15
16  procedure TRahmen.InitMainWindow;
17  begin
18    MainWindow := New(PFenster, Init(nil,
19                        'Koordinatensystem'));
20  end;
21
22  procedure TFenster.Paint (PaintDC: HDC; var PaintInfo: TPaintStruct);
23  var rect: TRect;
24  begin
25    SetMapMode(PaintDC, MM_ANISOTROPIC);
26    GetClientRect(HWindow, rect);
27    SetWindowOrg(PaintDC, -1000,1000);
28    SetWindowExt(PaintDC, 2000,-2000);
29    SetViewportOrg(PaintDC, rect.left, rect.top);
30    SetViewportExt(PaintDC, rect.right, rect.bottom);
31
32    Ellipse(PaintDC, -800, 800, 800, -800);
33    MoveTo(PaintDC, -1000, 0);
34    LineTo(PaintDC, 1000,0);
35    MoveTo(PaintDC, 0, 1000);
36    LineTo(PaintDC, 0,-1000);
37
38    MoveTo(PaintDC, 100, 100);
39    LineTo(PaintDC, 900,900);
40  end;
41
42  { Hauptprogramm }
43  var MeinRahmen : TRahmen;
44
45  begin
46    MeinRahmen.Init('TP');
47    MeinRahmen.Run;
48    MeinRahmen.Done;
49  end.
```

Beispiel

```
/**************** TCKOSYST.CPP ****************/
```

```cpp
 1  #include <owl.h>
 2
 3  class TRahmen :public TApplication
 4  {
 5  public:
 6      TRahmen(LPSTR AName, HANDLE hInstance, HANDLE
 7          hPrevInstance, LPSTR lpCmdLine, int nCmdShow)
 8          : TApplication(AName, hInstance, hPrevInstance,
 9              lpCmdLine, nCmdShow) {};
10      virtual void InitMainWindow();
11  };
12
13  class TFenster : public TWindow
14  {
15  public:
16      TFenster(PTWindowsObject AParent, LPSTR ATitle)
17          : TWindow(AParent, ATitle) {};
18      virtual void Paint(HDC, PAINTSTRUCT &);
19  };
20
21  void TRahmen::InitMainWindow()
22  {
23      MainWindow = new TFenster(NULL,
24              "Koordinatensystem");
25  }
26
27  void TFenster::Paint (HDC PaintDC, PAINTSTRUCT & PaintInfo)
28  {
29      RECT rect;
30      SetMapMode(PaintDC, MM_ANISOTROPIC);
31      GetClientRect(HWindow, &rect);
32      SetWindowOrg(PaintDC, -1000,1000);
33      SetWindowExt(PaintDC, 2000,-2000);
34      SetViewportOrg(PaintDC, rect.left, rect.top);
35      SetViewportExt(PaintDC, rect.right,rect.bottom);
36
37      Ellipse(PaintDC, -800, 800, 800, -800);
38      MoveTo(PaintDC, -1000, 0);
39      LineTo(PaintDC, 1000,0);
40      MoveTo(PaintDC, 0, 1000);
41      LineTo(PaintDC, 0,-1000);
42
43      MoveTo(PaintDC, 100, 100);
44      LineTo(PaintDC, 900,900);
45  }
46
47  int PASCAL WinMain(HANDLE hInstance, HANDLE
48      hPrevInstance, LPSTR lpCmdLine, int nCmdShow)
49  {
50      TRahmen MeinRahmen ("TCFirst", hInstance,
51          hPrevInstance, lpCmdLine, nCmdShow);
52      MeinRahmen.Run();
53      return MeinRahmen.Status;
54  }
```

Auch bei diesem Beispiel benötigen wir nur die WM_PAINT-Meldung bzw. die Paint-Methode. Durch den Aufruf der Funktion SetMapMode und den Übergabeparameter definieren wir ein eigenes Koordinatensystem, dessen Zahlenbereich sowohl für die x-Achse als auch für y-Achse zwischen -1000 und +1000 liegt.

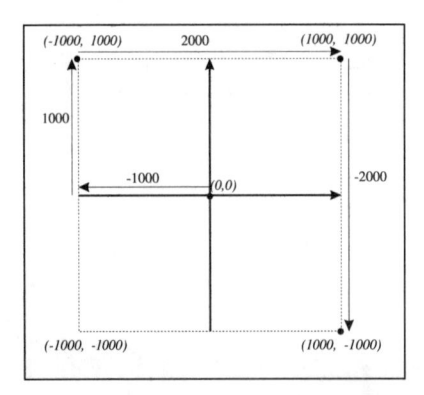

Abb. 140: Eigenes Koordinatensystem in QuickC, TurboPascal und Borland C++

Diesen Wertebereich stellen wir über die beiden Funktionen SetWindowOrg und SetWindowExt ein. Abhängig von der in der Abbildung dargestellten Pfeilrichtung sind die übergebenen Werte vorzeichenbehaftet.

```
SetWindowOrg(hDC, -1000,1000);
SetWindowExt(hDC, 2000,-2000);
```

Dieses kartesische Koordinatensystem soll immer vollständig in die Client Area projiziert werden. Aus diesem Grund wird als Viewport der gesamte Arbeitsbereich gewählt, dessen Größe über die Funktion GetClientRect ermittelt wird.

```
GetClientRect (hWnd, &rect);
SetViewportOrg(hDC, rect.left, rect.top);
SetViewportExt(hDC, rect.right, rect.bottom);
```

Da der MM_ANISOTROPIC Mode gesetzt wurde, wird unsere Grafik teilweise verzerrt dargestellt, um die Bereiche der Client Area optimal auszunutzen.

Die Koordinaten der anschließenden grafischen Funktionen beziehen sich nun auf unser Koordinatensystem. Man kann sich vorstellen, daß die Ellipse und die Linien zuerst auf ein Stück Papier gezeichnet und dann erst in den Arbeitsbereich projiziert werden.

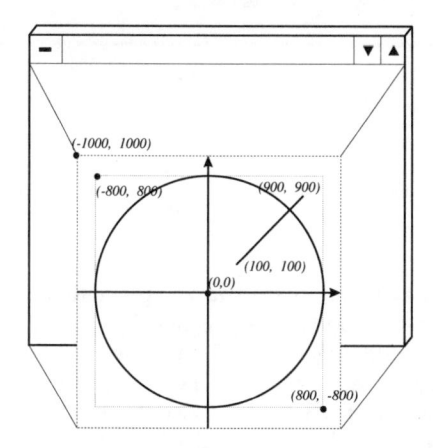

Abb. 141: Projizierung der Zeichnung in die Client Area

Microsoft Visual Basic

Objekt	Eigenschaft	Inhalt
Form1	Caption	Koordinatensystem

Neue Eigenschaft	Kurzbeschreibung
ScaleHeight	Höhe des eigenen Systems
ScaleLeft	x-Koordinate des eigenen Systems
ScaleTop	y-Koordinate des eigenen Systems
ScaleWidth	Breite des eigenen Systems

Beispiel
```
' VBKOSYST.FRM
Sub Form_Paint ()
    Cls
'horizontal: links nach rechts
    Line (-1000, 0)-(1000, 0)
```

```
' vertikal: oben nach unten
   Line (0, 1000)-(0, -1000)
   Circle (0, 0), 800
   Line (100, 100)-(900, 900)
End Sub

Sub Form_Load ()
   ScaleTop = 1000
   ScaleLeft = -1000
   ScaleWidth = 2000
   ScaleHeight = -2000
End Sub

Sub Form_Resize ()
   ' Ausmaße müssen immer wieder
   ' neu eingestellt werden
   ScaleWidth = 2000
   ScaleHeight = -2000
   Refresh
End Sub
```

Das Beispiel in VisualBasic ist sehr ähnlich im Aussehen und Aufbau wie die anderen drei. Wir definieren ein eigenes System, indem wir die beiden Eigenschaften ScaleWitdh und ScaleHeight ändern. Automatisch wird dadurch die Eigenschaft ScaleMode auf den Wert 0 gesetzt. Das Setzen der zwei Eigenschaften ScaleTop und ScaleLeft ist gleichbedeutend mit dem Aufruf der Funktion SetWindowOrg, das Setzen der zwei Eigenschaften ScaleWidth und ScaleHeight ist gleichbedeutend mit dem Aufruf der Funktion SetWindowExt.

VisualBasic	QuickC, Borland C++ und TurboPascal
ScaleLeft = -1000 ScaleTop = 1000	SetWindowOrg(PaintDC, -1000,1000);
ScaleWidth = 2000 ScaleHeight = -2000	SetWindowExt(PaintDC, 2000,-2000);

Sobald die Fenstergröße durch den Benutzer verändert wird, müssen erneut die Ausmaße des eigenen Systems eingestellt werden. Der beste Platz für die Durchführung dieser Aufgabe ist die Ereignis-Prozedur Form_Resize. Mit dem Aufruf der Methode Refresh wird direkt zu dem Ereignis Paint verzweigt, bei dem die Ausgabe erfolgt.

Das Achsenkreuz und die diagonale Linie im ersten Quadranten bekommen dieselben Koordinaten übergeben, die wir bei den API-Funktionen MoveTo und LineTo benutzt haben. Nur die Methode Circle benötigt andere Werte, da in VisualBasic ein Kreis über seinen Mittelpunkt und seinen Radius und nicht wie bei der Funktion Ellipse über das umgebende Rechteck definiert ist.

Da sich der Kreis immer an der x-Achse orientiert, kann es bei Vergrößerung der Fensterbreite geschehen, daß der Kreis in seiner Höhe etwas abgeschnitten dargestellt wird.

Zusammenfassung

In einem Programm, das mit QuickC, TurboPascal oder Borland C++ geschrieben wird, sollte die Ausgabe möglichst immer bei der Meldung WM_PAINT, in VisualBasic bei dem Ereignis Paint erfolgen, da ansonsten Windows nicht weiß, wie es den Fensterinhalt restaurieren soll. Eine Erneuerung der Ausgabe ist häufig notwendig, weil sich z.B. mehrere Fenster überdecken können. Zur Darstellung von Text und Grafik existieren in VisualBasic verschiedene Möglichkeiten, die Zeichenwerkzeuge, die vor allem aus dem Stift, dem Pinsel und der Schriftart bestehen und über Eigenschaften eingestellt werden.

Eine Ausgabe in den anderen drei Sprachen verläuft fast identisch, nur daß dank der Methode Paint in TurboPascal und Borland C++ schon auf einen vorhandenen Device Context zugegriffen werden kann. Texte und Zeichnungen können mit verschiedenen Funktionen ausgegeben werden, bei den Zeichenwerkzeugen kann zwischen Standard- und selbstdefinierten Werkzeugen gewählt werden. In der Standard-Einstellung beziehen sich alle Koordinaten-Angaben bei den Ausgaben auf die linke obere Ecke der Client Area. Dies kann durch das Setzen eines anderen Mapping Modes bzw. Scale Modes geändert werden.

5. Eingabe

In diesem fünften Kapitel werden folgende Themen behandelt:

QC/Win

- Eingabe über die Tastatur:
    - Focus besitzen
    - Tastencode
    - Tastatur-Meldungen bzw. -Ereignisse
    - Zeichen-Meldungen

Turbo Pascal   Turbo C++

- Eingabe über die Maus
    - Capture besitzen
    - Maus-Meldungen bzw. -Ereignisse
    - Drag'n Drop-Operation

- Eingabe durch den Zeitgeber
    - Starten und Beenden des Timers
    - Die Meldung WM_TIMER

- Die Objekte TEditWindow und TFileWindow

Microsoft Visual Basic

- Die Funktion InputBox$

5.1 Eingabe-Möglichkeiten

Da jedes Anwendungsprogramm auch bedienbar sein muß, wollen wir uns in diesem Kapitel mit den Eingaben und deren Verarbeitung beschäftigen. In den Anfangszeiten des PCs konnte der Bediener nur auf die Tastatur zurückgreifen und auf der Prompt-Ebene Eingaben vornehmen, heutzutage ist die Maus unter Windows nicht mehr wegzudenken.

CUA-Richtlinie

Um als Programmierer die standardisierte Oberfläche von Windows zu gewährleisten, sollten bestimmte Grundregeln, die u.a. in den CUA-Richtlinien niedergelegt sind, eingehalten werden. Die Bewegungsfreiheit des Mauszeigers sollte z.B. nicht eingeschränkt werden, damit der Bediener die Maus jederzeit von Fenster zu Fenster verschieben kann. Um die physikalische Beziehung zwischen dem Mauszeiger (Cursor) und der Hardware-Maus nicht zu unterbrechen, sollte die Position des Cursors nicht unabhängig von der Maus verändert werden, auch wenn dies programmtechnisch möglich ist. Außerdem werden mit der linken und rechten Maustaste unterschiedliche Aktionen ausgelöst. Das Herunterdrücken der linken Maustaste bewirkt normalerweise die Auswahl und Manipulation von Objekten, wie z.B. die Übergabe des Focus an das angeklickte Fenster oder die Selektierung eines Menüpunktes. Durch ein zweifaches Anklicken der linken Maustaste in einer definierten Zeit wird z.B. ein Programm aus dem Dateimanager gestartet oder das Dialogfeld der Task-Liste auf den Bildschirm gebracht. Im Gegensatz dazu wird die rechte Maustaste von vielen Applikationen recht selten verwendet. Durch ihre Wahl kann z.B. eine Popup-Liste mit Optionen dargestellt werden.

Maus — Diese Einteilung der Maustasten kann innerhalb der Systemsteuerung vertauscht werden. Neben dieser Einstellungsmöglichkeit für alle Linkshänder können auch noch die Geschwindigkeit des Mauszeigers und des Doppelklicks geändert werden.

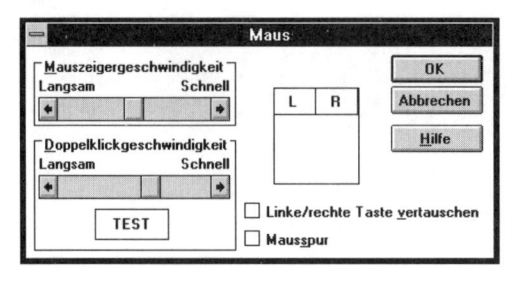

Abb. 142: Mauseinstellungen mit Hilfe der Systemsteuerung

Die erstgenannte Einstellung beeinflußt die Länge des Weges, der mit der Hardware-Maus auf dem Tisch zurückgelegt werden muß, um den Mauszeiger von einem zum gegenüberliegenden Bildschirmrand zu bewegen. Als Doppelklickgeschwindigkeit wird das Zeitintervall bezeichnet, das zwischen den beiden Betätigungen der Maustaste vergehen darf, damit Windows auf den Doppelklick entsprechend reagiert.

Tastatur — Alle Aktionen, die über die Mausbedienung ausgeführt werden können, müssen auch mit Hilfe der Tastatur durchführbar sein. Dabei werden häufig Tastenkombinationen mit den Pfeil- und Tab-Tasten benutzt. Genauso wie für die Maus existiert innerhalb der Systemsteuerung auch ein eigenes Symbol für bestimmte Tastatureinstellungen.

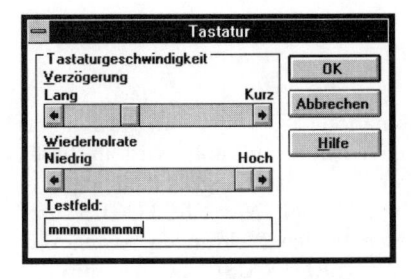

Abb. 143: Tastatureinstellungen mit Hilfe der Systemsteuerung

Die Wiederholrate definiert dabei, wie viele Zeichen in dem Eingabefenster erscheinen, wenn der Bediener eine Taste eine bestimmte Zeit gedrückt hält. Die Verzögerungszeit wird mit dem oberen Rollbalken gesetzt. Jede Veränderung dieser beiden Werte schreibt Windows in seine Initialisierungsdatei SYSTEM.INI (s. Kap. Spezielle Windows-Dateien).

Message-Queue

Wir haben uns schon im Kapitel "Das 1. wirkliche Windows-Programm" mit den Warteschlangen für die Meldungen (Message Queue) beschäftigt. Alle Eingaben, die von der Tastatur, der Maus und dem Zeitgeber stammen und direkt durch einen Hardware-Interrupt verursacht werden, gelangen zuerst in die System-Message-Queue, von der aus sie dann in die entsprechende Application-Message-Queue gestellt werden. Dadurch erfolgt eine Trennung zwischen dem Entstehen der Meldungen, die in VisualBasic als Ereignisse bezeichnet werden, und deren Verarbeitung. In diesem Kapitel werden Sie erfahren, wie diese Meldungen lauten und in welcher Weise auf sie reagiert werden kann. Bei den beiden objektorientierten Sprachen TurboPascal und C++ von Borland existieren jeweils zwei Klassen, die bereits wie ein richtiges Textverarbeitungsprogramm auf die Tastatur- und Mauseingaben reagieren und somit dem Programmierer viel Arbeit ersparen. In VisualBasic wird für die Texteingabe häufig auch die Funktion InputBox$ verwendet.

5.2 Die Tastatur

Da mit der Tastatur wie mit einer Schreibmaschine gearbeitet werden kann, benutzen viele PC-Anfänger zu Beginn nur die Tastatur. Mit ihr können alle Aufgaben in einem Textverarbeitungsprogramm durchgeführt werden.

Abb. 144: Eingabe mit Hilfe der Tastatur

5.2.1 Der Focus

WM_SETFOCUS WM_KILLFOCUS

Wenn der Anwender entweder mit der Tastenkombination [Alt]+[Tab] oder durch Anklicken des Fensters mit der Maus ein Fenster in den Vordergrund holt, wird an dieses Fenster die Meldung WM_SETFOCUS bzw. in VisualBasic das Ereignis GetFocus gesendet, und das Fenster, das bis jetzt die Tastatur besaß, erhält WM_KILLFOCUS bzw. LostFocus. Der Parameter wParam enthält bei diesen beiden Meldungen jeweils das Handle des Fensters, das zuvor den Focus besaß (WM_SETFOCUS) bzw. das nun die Tastatur zugeteilt bekommt (WM_KILLFOCUS).

Funktion SetFocus

Wird mit einer Dialogbox gearbeitet, so möchte man häufig, daß sofort beim Sichtbarwerden dieses Fensters ein bestimmtes Kontrollelement wie ein Editierfeld den Focus besitzt, damit der Benutzer nicht erst mit der Maus dieses Feld selektieren muß, sondern direkt mit der Tastatur-Eingabe beginnen kann. Dafür existiert die Funktion SetFocus, die als Parameter das Handle des entsprechenden Fensters übergeben bekommt. Wenn Sie erfahren wollen, welches Fenster derzeit den Focus besitzt, rufen Sie die Funktion GetFocus auf.

```
SetFocus(hWnd);
hWndaktuell = GetFocus();
```

In VisualBasic wird die Tastatur mit der gleichnamigen Methode SetFocus einem anderen Objekt zugewiesen. Durch den Methodenaufruf Text1.SetFocus besitzt eine TextBox, deren Eigenschaft CtlName den Namen Text1 beinhaltet, den Focus.

5.2.2 Die Tastatur-Meldungen bzw. Ereignisse

WM_KEYDOWN WM_KEYUP

Bei jedem Tastendruck entsteht ein Hardware-Interrupt, der den Tastatur-Treiber veranlaßt, dieses Tasten-Ereignis an Windows weiterzuleiten. Windows generiert daraus die WM_KEYDOWN-Meldung und stellt sie zuerst in die System-Message-Queue. Wenn der Anwender die Taste wieder losläßt, wird zusätzlich die Meldung WM_KEYUP in die Warteschlange geschrieben.

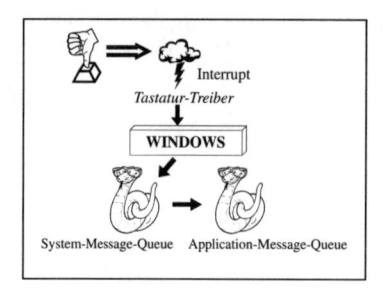

Abb. 145: Ablauf eines Tastendrucks

Beide Meldungen, die in VisualBasic durch die Ereignisse KeyDown und KeyUp realisiert sind, sendet Windows an die Applikation bzw. genauer gesagt an das Fenster weiter, das derzeit den Focus besitzt. Bei der Programmierung mit QuickC kann in der Window-Funktion, die mit diesem Fenster verbunden ist, auf diese Meldungen reagiert werden. In VisualBasic erfolgt die Verarbeitung beim Ereignis selber. Für die beiden objektorientierten Sprachen Borland C++ und TurboPascal wird eine eigene Tastatur-Methode geschrieben. Das Ergebnis der nächsten Beispiele ist immer dasselbe. Beim Drücken einer Taste wird ein Warnton ausgegeben.

QuickC

```
LONG FAR PASCAL WndProc(HWND hWnd, WORD
Message, WORD wParam, LONG lParam)
{
   switch (Message)
   {
     case WM_KEYDOWN:
             MessageBeep(0);
             break;
     ....
   }
}
```

TurboPascal

```
type
  TFenster = object(TWindow)
    procedure WMKeyDown (var Msg: TMessage);
            virtual WM_First+WM_KEYDOWN;
  end;

procedure TFenster.WMKeyDown (var
            Msg:TMessage);
begin
     MessageBeep(0);
end;
```

C++

```
class TFenster : public TWindow
{
public:
  TFenster(PTWindowsObject AParent, LPSTR
  ATitle) : TWindow(AParent, ATitle) {};
       virtual void WMKeyDown (RTMessage) =
                   [WM_FIRST+WM_KEYDOWN];
};

void TFenster::WMKeyDown(RTMessage Msg)
{
     MessageBeep(0);
}
```

VisualBasic
```
Sub Form_KeyDown (Tastencode As Integer,
            Umschalten As Integer)
    Beep
End Sub
```

Als Zusatzinformation wird im Parameter wParam jeder Tastaturmeldung der virtuelle Tastencode der Taste, die gedrückt bzw. losgelassen wurde, mitgeliefert. In QuickC wird dieser Parameter der Window-Funktion übergeben, so daß direkt auf ihn zugegriffen werden kann. Sowohl bei Borland C++ als auch bei TurboPascal wird allen Methoden, die aufgrund einer Meldung angesprungen werden, die gesamte Meldungsstruktur mitgegeben, in der der Inhalt von wParam mit Msg.WParam angesprochen werden kann. In VisualBasic liefern die Ereignisse KeyDown und KeyUp den Code der gedrückten Taste im ersten Parameter (s.u.).

Virtueller Tastencode

Ein virtueller Tastaturcode ist ein geräteunabhängiger Wert für eine bestimmte Taste, wobei nicht zwischen Groß- und Kleinbuchstaben unterschieden wird. Alle Tasten besitzen Namen, die in der Header-Datei WINDOWS.H bzw. in der Unit WinTypes.TPU definiert sind. Der Präfix dieser Tasten lautet VK und bedeutet Virtual Key. Wenn Sie mit VisualBasic programmieren, gibt es entsprechend zur Header-Datei WINDOWS.H die Datei CONSTANT.TXT, in der viele Konstanten-Definitionen enthalten sind. Entweder können Sie die gesamte Datei in dem globalen Modul Ihres Projektes aufnehmen, oder Sie kopieren nur die für Sie wichtigen Teile in den Deklarationen-Teil des Forms.

In der nachfolgenden Tabelle stehen die Konstantennamen der virtuellen Tastencodes, sowohl wie sie in der Header-Datei WINDOWS.H als auch wie sie in der VisualBasic-Datei CONSTANT.TXT definiert sind, mit ihrem hexadezimalen und dezimalen Wert.

WINDOWS.H	CONSTANT.TXT	Hexa	Dezimal	Taste
VK_LBUTTON	KEY_LBUTTON	01	1	linke Maustaste
VK_RBUTTON	KEY_RBUTTON	02	2	rechte Maustaste
VK_CANCEL	KEY_CANCEL	03	3	Strg + Untbr
VK_MBUTTON	KEY_MBUTTON	04	4	mittlere Maustaste
		05-07	5-7	nicht definiert
VK_BACK	KEY_BACK	08	8	Backspace
VK_TAB	KEY_TAB	09	9	Tab
tt	tt	0A-0B	10-11	nicht definiert
VK_CLEAR	KEY_CLEAR	0C	12	Zehnerblocktaste 5, bei ausgeschalt. Num-Taste
VK_RETURN	KEY_RETURN	0D	13	Return
VK_SHIFT	KEY_SHIFT	10	16	Umsch
VK_CONTROL	KEY_CONTROL	11	17	Strg
VK_MENU	KEY_MENU	12	18	Alt
VK_PAUSE	KEY_PAUSE	13	19	Pause
VK_CAPITAL	KEY_CAPITAL	14	20	Caps Lock
		15-1A	21-26	nicht definiert
VK_ESCAPE	KEY_ESCAPE	1B	27	Esc
		1C-1F	28-31	nicht definiert
VK_SPACE	KEY_SPACE	20	32	Leertaste

WINDOWS.H	CONSTANT.TXT	Hexa	Dezimal	Taste
VK_PRIOR	KEY_PRIOR	21	33	Seite nach oben
VK_NEXT	KEY_NEXT	22	34	Seite nach unten
VK_END	KEY_END	23	35	Ende
VK_HOME	KEY_HOME	24	36	Pos1
VK_LEFT	KEY_LEFT	25	37	Pfeil nach links
VK_UP	KEY_UP	26	38	Pfeil nach oben
VK_RIGHT	KEY_RIGHT	27	39	Pfeil nach rechts
VK_DOWN	KEY_DOWN	28	40	Pfeil nach unten
VK_SELECT	KEY_SELECT	29	41	
		2A	42	OEM spezifisch
VK_EXECUTE	KEY_EXECUTE	2B	43	
VK_SNAPSHOT	KEY_SNAPSHOT	2C	44	Druck
VK_INSERT	KEY_INSERT	2D	45	Einfg
VK_DELETE	KEY_DELETE	2E	46	Entf
VK_HELP	KEY_HELP	2F	47	
VK_0 - VK_9	KEY_0 - KEY_9	30-39	48-57	0 - 9
		3A-40	58-64	nicht definiert
VK_A - VK_Z	KEY_A - KEY_Z	41-5A	65-90	A - Z
VK_NUMPAD0	KEY_NUMPAD0	60	96	Zehnerblock:
- VK_NUMPAD9	- KEY_NUMPAD9	- 69	- 105	1 - 9
VK_MULTIPLY	KEY_MULTIPLY	6A	106	Zehnerblock *
VK_ADD	KEY_ADD	6B	107	Zehnerblock +
VK_SEPARATOR	KEY_SEPARATOR	6C	108	
VK_SUBTRACT	KEY_SUBTRACT	6D	109	Zehnerblock -
VK_DECIMAL	KEY_DECIMAL	6E	110	
VK_DIVIDE	KEY_DIVIDE	6F	111	Zehnerblock /
VK_F1 - VK_F16	KEY_F1 -KEY_F16	70-7F	112-127	Funktionstasten
		80-87	128-135	OEM spezifisch
		88-8F	136-143	nicht definiert
VK_NUMLOCK	KEY_NUMLOCK	90	144	Num
		91-FF	145-255	OEM spez./nicht def.

Die zweite Zusatzinformation lParam, die jeder Tastatur-Meldung mitgegeben wird, ist in sechs Bereiche aufgeteilt: Anzahl der Wiederholungen, OEM Scancode, Status der [Alt]-Taste (Context Code), früherer Tastenstatus, aktueller Tastenstatus (Transition Code) und ein für Windows reservierter Bereich.

```
     reserviert  OEM Scan Code    Anzahl der Wiederholungen
31 30 29      25              16                            0
       ▶ Status der ALT-Taste
       ▶ früherer Tastenstatus
       ▶ aktueller Tastenstatus
```

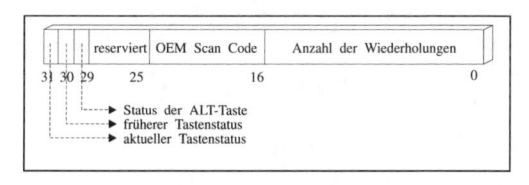

Abb. 146: Zusatzinformationen im Parameter lParam

Normalerweise besitzt der Wiederholungszähler den Wert 1. Nur wenn der Benutzer eine Taste gedrückt hält und die Window-Funktion es nicht schafft, die ankommenden Tastatur-Meldungen genauso schnell zu verarbeiten, dann fügt Windows mehrere

WM_KEYDOWN Meldungen zu einer einzigen Meldung zusammen und erhöht den Wiederholungszähler entsprechend. Wenn Sie mit dem Scancode arbeiten, wird Ihre Applikation von der Hardware Ihres Rechners abhängig, da dieser Code rechnerspezifisch generiert wird. Das Bit 29 sagt im gesetzten Zustand aus, daß zusätzlich auch noch die [Alt]-Taste gedrückt war. Sobald Sie jedoch wissen wollen, in welchem Zustand sich die Steuertasten [Shift] oder [Ctrl] befinden, müssen Sie auf die Funktion GetKeyState zurückgreifen, mit deren Hilfe der Status jeder virtuellen Taste abgefragt werden kann.

Funktion GetKeyState
```
UmschStatus = GetKeyState(VK_SHIFT);
StrgStatus = GetKeyState(VK_CONTROL);
```

Falls das Ergebnis negativ ist und somit das höchstwertige Bit auf 1 steht, ist die angegebene Taste gedrückt.

In VisualBasic können Sie den Zustand der drei Tasten [Alt], [Shift] und [Ctrl] ohne Aufruf einer Funktion erfahren, da sie im zweiten Parameter der Ereignisse KeyDown und KeyUp mitgeliefert werden.

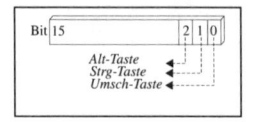

Abb. 147: Parameter Umschalten der Ereignisse KeyDown und KeyUp

Diese drei Bits können mit Hilfe von vordefinierten Masken abgefragt werden, die wie auch die virtuellen Tastencodes in der Datei GLOBAL.TXT stehen und folgendermaßen lauten:

```
Global Const SHIFT_MASK = 1
Global Const CTRL_MASK = 2
Global Const ALT_MASK = 4
```

Um zu erfahren, ob beim Betätigen einer beliebigen Taste zusätzlich die [Ctrl]-Taste gedrückt ist, kann der folgende Code verwendet werden. Falls das Bit 1 des Argumentes Umschalten gesetzt ist, lautet das Ergebnis der logischen AND-Verknüpfung TRUE.

```
Sub Form_KeyDown (Tastencode As Integer,
                  Umschalten As Integer)
    Const CTRL_MASK = 2

    If (CTRL_MASK And Umschalten) > 0 Then
        'Ctrl-Taste ist im gedrückten Zustand
        Beep
    End If
End Sub
```

Neben den Meldungen WM_KEYDOWN und WM_KEYUP existieren die Tastatur-Meldungen WM_SYSKEYDOWN und WM_SYSKEYUP, die entstehen, wenn gleichzeitig die [Alt]-Taste und noch eine weitere Taste gedrückt wird, wie z.B. [Alt]+[F3]. Aus diesem Grund ist bei einer WM_Keydown-Meldung das Bit 29 des Parameters lParam, das Auskunft über den Zustand der `Alt`-Taste gibt, immer gelöscht. Sobald es nämlich mit dem Wert 1 besetzt ist, entsteht keine WM_KEYDOWN-, sondern eine WM_SYS-KEYDOWN-Meldung. In den meisten Fällen werden diese Meldungen direkt an die Default-Fensterroutine weitergereicht, da sie die grundsätzliche Arbeitsweise von Windows mitbestimmen, z.B. daß mit der Kombination `Alt`+`Tab` auf die nächste Applikation geschaltet werden kann.

WM_CHAR

Viele Applikationen, die mit der Tastatur arbeiten, sollen nicht auf alle Tasten, sondern nur auf die Tasten mit druckbaren Zeichen reagieren, um diese Zeichen z.B. sofort wieder in das Fenster mit dem Focus ausgeben zu können. Sie könnten bei der Bearbeitung der WM_Keydown-Meldung eine entsprechende Abfrage einbauen, die jedoch recht aufwendig werden würde. Eine bessere Lösung bietet die Character-Meldung WM_CHAR, die entsteht, wenn in der Meldungsschleife Ihrer Applikation die Funktion TranslateMessage aufgerufen wird. Bei der objektorientierten Programmierung geschieht dies automatisch innerhalb der Methode TApplication.MessageLoop. Auch QuickCase:W baut diese Funktion immer in die Meldungsschleife mit ein.

```
while(GetMessage(&msg, NULL, 0, 0))
{
    TranslateMessage(&msg);
    DispatchMessage(&msg);
}
```

Funktion TranslateMessage

Die Funktion TranslateMessage bekommt von der Funktion GetMessage jede Meldung weitergereicht, um prüfen zu können, ob es sich um eine WM_KEYDOWN- oder WM_SYSKEYDOWN-Meldung handelt. Falls eine derartige Meldung erkannt wird, die zudem durch ein darstellbares Zeichen generiert wurde, erzeugt die Funktion TranslateMessage zusätzlich eine neue Meldung, die WM_CHAR bzw. WM_SYSCHAR heißt. Diese neue Meldung wird an den Anfang der Application-Message-Queue gestellt und als nächste Meldung mit Hilfe der beiden Funktionen GetMessage und DispatchMessage an die Window-Funktion übergeben, die somit zuerst die WM_KEYDOWN- und dann die WM_Char-Meldung zur Verarbeitung erhält. Häufig wird die erstgenannte Meldung direkt an die Default-Fensterroutine weitergesendet, und nur die WM_Char-Meldung wird selber verarbeitet. Das niederwertige Byte des Parameters wParam enthält keinen virtuellen Tastencode, sondern den ANSI-Character-Code der gedrückten Taste. Dieser ANSI-Zeichensatz, der in Windows von den meisten Applikationen verwendet wird, stimmt mit dem ASCII-Zeichensatz zwischen den Hexadezimal-Werten 20H und 7EH überein. Der Parameter lParam besitzt dieselbe Aufteilung wie bei einer WM_Keydown-Meldung.

KeyPress

In VisualBasic entsteht beim Drücken einer Taste, die ein druckbares Zeichen darstellt, zusätzlich zu den Ereignissen KeyUp und KeyDown das Ereignis KeyPress. Genauso wie bei einer WM_Char-Meldung wird dieses Ereignis nicht bei den Funktionstasten, den Richtungstasten oder anderen speziellen Tasten mit Ausnahme der `Enter`- und der `Backspace`-Taste, die über den ASCII-Wert 13 bzw. 8 definiert sind, generiert. Statt der

Zusatzinformation wParam wird der Parameter TastenAscii übergeben, der Auskunft über den Code der gedrückten Taste gibt. Das nächste Beispiel, das wieder in allen vier Sprachen gezeigt wird, gibt eine Messagebox aus, wenn die Tastenkombination ⌈Shift⌉ und ⌈B⌉, d.h. der Großbuchstabe B gedrückt wird, und läßt bei der Betätigung der Taste ⌈c⌉ einen Warnton ertönen.

QuickC
```
case WM_CHAR:
    switch (wParam)
    {
       case 'B':
         MessageBox(NULL, "Großbuchstabe B",
             "Titel", MB_ICONEXCLAMATION);
       break;
       case 'c':
          MessageBeep(0);
       break;
    }
    break;
```

TurboPascal
```
type
  TFenster = object(TWindow)
     procedure WMChar (var Msg: TMessage);
                  virtual WM_First+WM_CHAR;
  end;

procedure TFenster.WMChar (var Msg: TMessage);
begin
   case Chr(Msg.wParamLo) of
     'B':
     begin
         MessageBox(HWindow,'Großbuchstabe B',
                 'Titel', MB_ICONEXCLAMATION);
     end;
     'c':
     begin
         MessageBeep(0);
     end;
   end;
end;
```

C++
```
void TFenster::WMChar(RTMessage Msg)
{
    switch (Msg.WParam)
    {
       case 'B':
         MessageBox(NULL, "Großbuchstabe B",
             "Titel", MB_ICONEXCLAMATION);
       break;
       case 'c':
```

```
        MessageBeep(0);
      break;
   }
}
```

VisualBasic
```
Sub Form_KeyPress (TastenAscii As Integer)
    If (TastenAscii = Asc("B")) Then
        MsgBox "Großbuchstabe B", 48, "Titel"
    End If
    If (TastenAscii = Asc("c")) Then
        Beep
    End If
End Sub
```

Bei der Lösung in VisualBasic ermittelt die Funktion ASC den numerischen Wert des ersten Zeichens der angegebenen Zeichenkette. Es wäre auch möglich, den Inhalt des Parameters TastenAscii in einen String umzuwandeln, jedoch wird die Ausführung des Codes mit der Funktion ASC etwas schneller.

WM_KEYDOWN ↔ WM_CHAR

Aus dem oberen Beispiel können Sie klar erkennen, daß die WM_Char-Meldung im Gegensatz zu einer WM_Keydown-Meldung zwischen Groß- und Kleinbuchstaben unterscheidet und den entsprechenden ANSI-Code im Parameter wParam zur Verfügung stellt. Zur Verdeutlichung dieses Unterschieds soll die nächste Tabelle dienen, die die Reihenfolge der Meldungen und den Inhalt des Parameters wParam zeigt, wenn die Taste [B] alleine und mit der [Shift]-Taste gedrückt wird.

Drücken der Taste [B]

Meldung	wParam	Bedeutung
WM_KEYDOWN	42H	virtueller Tastencode für [B]
WM_CHAR	62H	ANSI-Code für Kleinbuchstaben b
WM_KEYUP	42H	virtueller Tastencode für [B]

Drücken der Tastenkombination [Shift] *und* [B]

Meldung	wParam	Bedeutung
WM_KEYDOWN	10H	virtueller Tastencode für [Shift]
WM_KEYDOWN	42H	virtueller Tastencode für [B]
WM_CHAR	42H	ANSI-Code für Großbuchstaben B
WM_KEYUP	42H	virtueller Tastencode für [B]
WM_KEYUP	10H	virtueller Tastencode für [Shift]

5.2.3 Beispiel zu der Eingabe über die Tastatur

Wir wollen in unserem Beispielprogramm sowohl auf jeden Tastendruck und auf jedes Loslassen als auch zusätzlich auf alle darstellbaren Zeichen reagieren und die mitgelieferten Zusatzinformationen in die Client Area ausgeben.

```
┌─ Tastatur-Eingabe      ▼ ▲ ┐
│ WM_KEYDOWN virtueller Tastencode für M: 4DH │
│ WM_CHAR ANSI-Code für m: 6DH                │
│ WM_KEYUP virtueller Tastencode für M: 4DH   │
│                                             │
└─────────────────────────────────────────────┘
```

Abb. 148: Beispiel zur Tastatur-Eingabe

Windows-Meldungen	Kurzbeschreibung
WM_CHAR	eine Taste mit darstellbarem Zeichen wurde gedrückt
WM_KEYDOWN	eine beliebige Taste wurde gedrückt
WM_KEYUP	die Taste wurde wieder losgelassen

Beispiel

```
/**************** QCTASTE.C ****************/

 1  /* QuickCase:W */
 2  #include "QCTaste.h"
 3
 4  int PASCAL WinMain(HANDLE hInstance, HANDLE
 5  hPrevInstance, LPSTR lpszCmdLine, int nCmdShow)
 6  {
 7  /*****************************************************/
 8  /* hInstance;           Handle dieser Instanz        */
 9  /* hPrevInstance;Handle der vorhergehenden Instanz*/
10  /* lpszCmdLine; Zeiger auf die Kommandozeile         */
11  /* nCmdShow;    Code zur Anzeige des Hauptfensters   */
12  /*****************************************************/
13
14  MSG msg;   /* MSG-Struktur für die Meldungen */
15  int nRc;   /* Rückgabewert der Klassen-      */
16             /* Registrierung(en)              */
17
18    strcpy(szAppName, "QCTaste");
19    hInst = hInstance;
20    if(!hPrevInstance)
21    {
22    /* Registrieren der Fensterklasse(n) bei der */
23    /* 1.Instanz                                 */
24      if ((nRc = nCwRegisterClasses()) == -1)
25      {
26      /* Registrierung schlug fehl */
27        LoadString(hInst, IDS_ERR_REGISTER_CLASS,
28                   szString, sizeof(szString));
29        MessageBox(NULL, szString, NULL,
30                   MB_ICONEXCLAMATION);
31        return nRc;
32      }
33    }
34
35    /* Hauptfenster erzeugen */
36    hWndMain = CreateWindow(
37        szAppName,        /* Klassennamen              */
38        "Tastatur-Eingabe", /* Text in der Titelzeile  */
39        WS_CAPTION        | /* Titel zufügen           */
40        WS_SYSMENU        | /* Systemmenübox zufügen   */
41        WS_MINIMIZEBOX    | /* Minimize Box zufügen    */
42        WS_MAXIMIZEBOX    | /* Maximize Box zufügen    */
43        WS_THICKFRAME     | /* in der Größe veränderbar */
44        WS_CLIPCHILDREN   |

45        /* kein Zeichnen in den Kindfenstern */
46        WS_OVERLAPPED,
47        CW_USEDEFAULT, 0, /* Default-Werte für X, Y  */
48        CW_USEDEFAULT, 0,
49        /* Default-Werte für Breite und Höhe */
50        NULL,        /* Handle des Elternfensters */
51        NULL,        /* Handle des Menüs          */
52        hInst,       /* Handle der Instanz        */
53        NULL);       /* Struktur für WM_CREATE    */
54
55    if(hWndMain == NULL)
56    {
57      LoadString(hInst, IDS_ERR_CREATE_WINDOW,
58                 szString, sizeof(szString));
59      MessageBox(NULL, szString, NULL,
60                 MB_ICONEXCLAMATION);
61      return IDS_ERR_CREATE_WINDOW;
62    }
63    ShowWindow(hWndMain, nCmdShow);
64    /* Anzeigen des Hauptfensters */
65
66    while(GetMessage(&msg, NULL, 0, 0))
67    /* bis WM_QUIT eintritt */
68    {
69      TranslateMessage(&msg);
70      DispatchMessage(&msg);
71    }
72
73    /* Aufräumarbeiten, bevor die Applikation beendet */
74    /* wird                                          */
75    CwUnRegisterClasses();
76    return msg.wParam;
77  } /* Ende der WinMain */
78
79  /*****************************************************/
80  /*                                                   */
81  /* Fensterroutine des Hauptfensters:                 */
82  /*                                                   */
83  /* Diese Prozedur stellt Service-Routinen für die    */
84  /* Windows-Ereignisse (Meldungen) bereit, die        */
85  /* Windows oder der Benutzer an das Fenster sendet*/
86  /* Sie initialisiert Ereignisse (Meldungen), die     */
87  /* entstehen, wenn der Anwender z.B. einen Menü-     */
88  /* punkt oder ein Tastenkürzel anwählt               */
```

```
 89    /*                                               */
 90    /*************************************************/
 91
 92    LONG FAR PASCAL WndProc(HWND hWnd, WORD Message,
 93    WORD wParam, LONG lParam)
 94    {
 95      HMENU     hMenu=0;             /* Menü-Handle      */
 96      HBITMAP   hBitmap=0;  /* Handle für Bitmaps        */
 97      HDC       hDC;/* Handle für den Display Context    */
 98      PAINTSTRUCT ps; /* enthält Zeichen-Informationen   */
 99      int       nRc=0; /* Rückgabewert                   */
100      static char szTaste1[60]="Drücken Sie eine Taste!";
101      static char     szTaste2[60] = "";
102      static char     szTaste3[60] = "";
103
104      switch (Message)
105      {
106      case WM_CREATE:
107        break;           /* Ende von WM_CREATE          */
108
109      case WM_MOVE:       /* Bewegen des Fensters        */
110        break;
111
112      case WM_SIZE:
113    /* Größenänderung der Client Area                    */
114        break;           /* Ende von WM_SIZE            */
115
116      case WM_KEYDOWN:
117        wsprintf(szTaste1, "WM_KEYDOWN virtueller Tastencode
118            für %c: %XH", wParam, wParam);
119        szTaste2[0] = '\0';
120        InvalidateRect(hWnd, NULL, TRUE);
121        break;
122
123      case WM_CHAR:
124        wsprintf(szTaste2, "WM_CHAR ANSI-Code für %c: %XH",
125            wParam, wParam);
126        InvalidateRect(hWnd, NULL, TRUE);
127        break;
128
129      case WM_KEYUP:
130        wsprintf(szTaste3, "WM_KEYUP virtueller Tastencode
131            für %c: %XH", wParam, wParam);
132        InvalidateRect(hWnd, NULL, TRUE);
133        break;
134
135      case WM_PAINT:  /* Neuzeichnen der Client Area     */
136    /* bekommt ein Handle auf den Device Context         */
137    /* BeginPaint wird evtl. WM_ERASEBKGND senden        */
138        memset(&ps, 0x00, sizeof(PAINTSTRUCT));
139        hDC = BeginPaint(hWnd, &ps);
140    /* falls der Hintergrund keine reine Farbe besitzt*/
141        SetBkMode(hDC, TRANSPARENT);
142        TextOut(hDC, 10, 10, szTaste1,strlen(szTaste1));
143        TextOut(hDC, 10, 30, szTaste2,strlen(szTaste2));
144        TextOut(hDC, 10, 50, szTaste3,strlen(szTaste3));
145    /* Das Neuzeichnen ist abgeschlossen                 */
146        EndPaint(hWnd, &ps);
147        break;           /* Ende von WM_PAINT           */
148
149      case WM_CLOSE:  /* Schließen des Fensters          */
150    /* Zerstören der Kindfenster, modeless Dialogboxen*/
151    /* Zerstören dieses Fensters                         */
152        DestroyWindow(hWnd);
153        if (hWnd == hWndMain)
154            PostQuitMessage(0);
155    /* Beenden der Applikation                           */
156        break;
157

158      default:
159    /* alle Meldungen, für die keine eigene Service-     */
160    /* Routine zur Verfügung gestellt wird, sollten an*/
161    /* Windows gereicht werden, damit eine Default-     */
162    /* Verarbeitung stattfinden kann                     */
163        return DefWindowProc(hWnd, Message, wParam,
164                                           lParam);
165      }
166      return 0L;
167    }  /* Ende von WndProc                               */
168
169    /*************************************************/
170    /*                                                 */
171    /* nCwRegisterClasses Funktion:                    */
172    /*                                                 */
173    /* Die folgende Funktion registriert alle Klassen  */
174    /* von allen Fenstern, die mit dieser Applikation  */
175    /* verbunden sind. Die Funktion liefert einen      */
176    /* Fehlercode zurück, falls sie nicht erfolgreich  */
177    /* war, ansonsten wird 0 zurückgegeben.            */
178    /*                                                 */
179    /*************************************************/
180    int nCwRegisterClasses(void)
181    {
182      WNDCLASS wndclass;
183    /* Struktur, um eine Klasse zu definieren          */
184      memset(&wndclass, 0x00, sizeof(WNDCLASS));
185    /* Füllen von WNDCLASS mit Fenster-Eigenschaften   */
186      wndclass.style = CS_HREDRAW | CS_VREDRAW |
187                                   CS_BYTEALIGNWINDOW;
188      wndclass.lpfnWndProc = WndProc;
189    /* zusätzlicher Speicher für Klassen- und          */
190    /* Fensterobjekte                                  */
191      wndclass.cbClsExtra = 0;
192      wndclass.cbWndExtra = 0;
193      wndclass.hInstance = hInst;
194      wndclass.hIcon = LoadIcon(NULL, IDI_APPLICATION);
195      wndclass.hCursor = LoadCursor(NULL, IDC_ARROW);
196    /* Erzeugen eines Pinsels, um den Hintergrund      */
197    /* zu löschen                                      */
198      wndclass.hbrBackground = (HBRUSH)(COLOR_WINDOW+1);
199      wndclass.lpszMenuName = szAppName;
200    /* Klassenname = Menüname                          */
201      wndclass.lpszClassName = szAppName;
202    /* Klassenname = App.-Name */
203      if(!RegisterClass(&wndclass))
204            return -1;
205
206      return(0);
207    } /* Ende von nCwRegisterClasses                    */
208
209    /*************************************************/
210    /* CwUnRegisterClasses Function:                   */
211    /*                                                 */
212    /* löscht jeden Bezug zu den Fenster-Resources,    */
213    /* die für diese Applikation erzeugt wurden, gibt*/
214    /* Speicher frei, löscht die Instanz, die Handles*/
215    /* und tätigt andere Aufräumarbeiten               */
216    /*                                                 */
217    /*************************************************/
218    void CwUnRegisterClasses(void)
219    {
220      WNDCLASS  wndclass;
221    /* Struktur, um eine Klasse zu definieren          */
222      memset(&wndclass, 0x00, sizeof(WNDCLASS));
223
224      UnregisterClass(szAppName, hInst);
225    }  /* Ende von CwUnRegisterClasses
```

Turbo Pascal

Neues Windows Makro	Kurzbeschreibung
MAKELONG	wandelt zwei WORD-Werte in einen LONG-Wert um

Beispiel

{ Tastatur-Programm: TPTaste.PAS }

```
 1   program TPTaste;
 2   uses WObjects, WinTypes, WinProcs, Strings;
 3
 4   type
 5     TRahmen = object(TApplication)
 6       procedure InitMainWindow; virtual;
 7     end;
 8
 9   type

10     PFenster = ^TFenster;
11     TFenster = object(TWindow)
12       szTaste1: array[0..60] of char;
13       szTaste2: array[0..60] of char;
14       szTaste3: array[0..60] of char;
15       wParamDoppelt: Longint;
16       procedure WMKeyDown (var Msg: TMessage);
17                virtual WM_First+WM_KEYDOWN;
18       procedure WMKeyUp (var Msg: TMessage);
```

```
19            virtual WM_First+WM_KEYUP;
20    procedure WMChar (var Msg: TMessage);
21            virtual WM_First+WM_CHAR;
22    procedure SetupWindow; virtual;
23    procedure Paint (PaintDC: HDC; var PaintInfo:
24                    TPaintStruct); virtual;
25  end;
26
27  procedure TRahmen.InitMainWindow;
28  begin
29    MainWindow := New(PFenster, Init(nil,
30                       'Tastatur-Eingabe'));
31  end;
32
33  procedure TFenster.SetupWindow;
34  begin
35    TWindow.SetupWindow;
36    StrCopy(szTaste1, 'Drücken Sie eine Taste!');
37    StrCopy(szTaste2, '');
38    StrCopy(szTaste3, '');
39  end;
40
41  procedure TFenster.Paint (PaintDC: HDC; var PaintInfo: TPaintStruct);
42  begin
43    TextOut(PaintDC, 10, 10, szTaste1,
44                    strlen(szTaste1));
45    TextOut(PaintDC, 10, 30, szTaste2,
46                    strlen(szTaste2));
47    TextOut(PaintDC, 10, 50, szTaste3,
48                    strlen(szTaste3));
49  end;
50

51  procedure TFenster.WMKeyDown (var Msg: TMessage);
52  begin
53    wParamDoppelt := MAKELONG(Msg.WParam,Msg.WParam);
54    wvsprintf(szTaste1, 'WM_KEYDOWN virtueller Tastencode
55      für %c: %XH', wParamDoppelt);
56    szTaste2[0] := #0;
57    InvalidateRect(HWindow, nil, TRUE);
58  end;
59
60  procedure TFenster.WMKeyUp (var Msg: TMessage);
61  begin
62    wParamDoppelt := MAKELONG(Msg.WParam,Msg.WParam);
63    wvsprintf(szTaste3, 'WM_KEYUP virtueller
64      Tastencode für %c: %XH', wParamDoppelt);
65    InvalidateRect(HWindow, nil, TRUE);
66  end;
67
68  procedure TFenster.WMChar (var Msg: TMessage);
69  begin
70    wParamDoppelt := MAKELONG(Msg.WParam,Msg.WParam);
71    wvsprintf(szTaste2, 'WM_CHAR ANSI-Code für %c: %XH', wParamDoppelt);
72    InvalidateRect(HWindow, nil, TRUE);
73  end;
74
75  { Hauptprogramm }
76  var MeinRahmen : TRahmen;
77
78  begin
79    MeinRahmen.Init('TPTaste');
80    MeinRahmen.Run;
81    MeinRahmen.Done;
82  end.
```

Beispiel

/***************** **TCTaste.CPP** *****************/

```
1   #include <owl.h>
2   #include <string.h>
3
4   class TRahmen :public TApplication
5   {
6   public:
7     TRahmen(LPSTR AName, HANDLE hInstance, HANDLE
8       hPrevInstance, LPSTR lpCmdLine, int nCmdShow)
9       : TApplication(AName, hInstance, hPrevInstance,
10        lpCmdLine, nCmdShow) {};
11    virtual void InitMainWindow();
12  };
13
14  class TFenster : public TWindow
15  {
16  public:
17    char    szTaste1[60];
18    char    szTaste2[60];
19    char    szTaste3[60];
20    TFenster(PTWindowsObject AParent, LPSTR ATitle)
21     : TWindow(AParent, ATitle)
22    {
23      strcpy(szTaste1, 'Drücken Sie eine Taste!');
24      strcpy(szTaste2, "");
25      strcpy(szTaste3, "");
26    };
27    virtual void WMKeyDown (RTMessage) =
28                    [WM_FIRST+WM_KEYDOWN];
29    virtual void WMKeyUp (RTMessage) =
30                    [WM_FIRST+WM_KEYUP];
31    virtual void WMChar (RTMessage) =
32                    [WM_FIRST+WM_CHAR];
33    virtual void Paint(HDC, PAINTSTRUCT &);
34  };
35
36  void TRahmen::InitMainWindow()
37  {
38    MainWindow = new TFenster(NULL,
39                   "Tastatur-Eingabe");
40  }
41

42  void TFenster::WMKeyDown(RTMessage Msg)
43  {
44    wsprintf(szTaste1, "WM_KEYDOWN virtueller Tastencode
45      für %c: %XH", Msg.WParam, Msg.WParam);
46    szTaste2[0] = '\0';
47    InvalidateRect(HWindow, NULL, TRUE);
48  }
49
50  void TFenster::WMKeyUp(RTMessage Msg)
51  {
52    wsprintf(szTaste3, "WM_KEYUP virtueller Tastencode
53      für %c: %XH", Msg.WParam, Msg.WParam);
54    InvalidateRect(HWindow, NULL, TRUE);
55  }
56
57  void TFenster::WMChar(RTMessage Msg)
58  {
59    wsprintf(szTaste2, "WM_CHAR ANSI-Code für %c: %XH",
60      Msg.WParam, Msg.WParam);
61    InvalidateRect(HWindow, NULL, TRUE);
62  }
63
64  void TFenster::Paint (HDC PaintDC, PAINTSTRUCT & PaintInfo)
65  {
66    TextOut(PaintDC, 10, 10, szTaste1,
67                    strlen(szTaste1));
68    TextOut(PaintDC, 10, 30, szTaste2,
69                    strlen(szTaste2));
70    TextOut(PaintDC, 10, 50, szTaste3,
71                    strlen(szTaste3));
72  }
73
74  int PASCAL WinMain(HANDLE hInstance, HANDLE hPrevInstance,
75      LPSTR lpCmdLine, int nCmdShow)
76  {
77    TRahmen MeinRahmen ("TCFirst", hInstance,
78      hPrevInstance, lpCmdLine, nCmdShow);
79    MeinRahmen.Run();
80    return MeinRahmen.Status;
81  }
```

Die drei oben aufgelisteten Programme in den Sprachen QuickC, TurboPascal und Borland C++ besitzen sehr große Ähnlichkeiten. Der Unterschied liegt nur darin, daß in QuickC auf die drei Meldungen WM_KEYDOWN, WM_KEYUP und WM_CHAR innerhalb der Fensterroutine reagiert wird, in den beiden objektorientierten Sprachen existiert für jede Meldung eine eigene Methode. Die Aufbereitung des Textes, wobei es für jede Meldung einen eigenen Textpuffer gibt, erfolgt bei der Verarbeitung der entsprechenden Meldung, die Ausgabe wird bei der WM_Paint-Meldung bzw. der Paint-Methode durchgeführt. Zu Beginn wird das erste Text-Array mit der Aufforderung, eine

Taste zu drücken, und die anderen beiden Arrays mit einem Leer-String vorbesetzt. In QuickC wird dies durch statische Variablen realisiert, bei TurboPascal wird dafür die Methode SetupWindow und bei Borland C++ der Konstruktor verwendet.

```
TurboPascal:
procedure TFenster.SetupWindow;
begin
    TWindow.SetupWindow;
    StrCopy(szTaste1,
        'Drücken Sie eine Taste!');
    StrCopy(szTaste2, '');
    StrCopy(szTaste3, '');
end;

C++:
 TFenster(PTWindowsObject AParent,
    LPSTR ATitle)
    : TWindow(AParent, ATitle)
  {
    strcpy(szTaste1,
        "Drücken Sie eine Taste!");
    strcpy(szTaste2, "");
    strcpy(szTaste3, "");
  };
```

Der gedrückte Tastencode, der sowohl als Zeichen als auch als hexadezimaler Wert in dem Fenster dargestellt werden soll, kann in QuickC aus dem Parameter wParam ermittelt werden, der das dritte Argument der Window-Funktion darstellt. In den anderen beiden Sprachen wird die Struktur bzw. der Record TMessage, in dem u.a. das Feld WParam definiert ist, den Methoden übergeben. Die Aufbereitung des Textes muß in TurboPascal mit der Funktion wvsprintf erfolgen, da in dieser Sprache keine variable Anzahl von Parametern übergeben werden kann, wie es bei der Funktion wsprintf der Fall ist. Mit dem Makro MAKELONG können zwei Variablen vom Datentyp WORD in eine LONGINT-Variable abgelegt werden. Um eine erneute Ausgabe zu erzwingen, wird anschließend die Funktion InvalidateRect aktiviert.

```
TurboPascal:
  procedure TFenster.WMKeyUp (var Msg: TMessage);
  begin
    wParamDoppelt :=MAKELONG(Msg.WParam,Msg.WParam);
    wvsprintf(szTaste3, 'WM_KEYUP virtueller Tastencode für %c: %XH', wParamDoppelt);
    InvalidateRect(HWindow, nil, TRUE);
  end;

QuickC:
  case WM_KEYUP:
    wsprintf(szTaste3, "WM_KEYUP virtueller Tastencode fnr %c: %XH", wParam, wParam);
    InvalidateRect(hWnd, NULL, TRUE);
    break;
```

Objekt	Eigenschaft	Inhalt
Form1	Caption	Tastatur-Eingabe

Neue Ereignisse	Kurzbeschreibung
Form_KeyDown	eine Taste wurde gedrückt
Form_KeyPress	die gedrückte Taste ist ein darstellbares Zeichen
Form_KeyUp	eine Taste wurde losgelassen

Beispiel

```
' VBTASTE.FRM
Dim szTaste1 As String
Dim szTaste2 As String
Dim szTaste3 As String

Sub Form_Load ()
  szTaste1 = "Drücken Sie eine Taste!"
  szTaste2 = ""
  szTaste3 = ""
End Sub

Sub Form_Paint ()
  Cls
  CurrentX = 100
  CurrentY = 50
  Print szTaste1
  CurrentX = 100
  CurrentY = 350
  Print szTaste2
  CurrentX = 100
  CurrentY = 650
  Print szTaste3
End Sub

Sub Form_KeyDown (Tastencode As Integer, Umschalten As Integer)
  szTaste1 = "WM_KEYDOWN virtueller Tastencode für "
  + Chr$(Tastencode) + ":" + Hex$(Tastencode) + "H"
  szTaste2 = ""
  Refresh
End Sub

Sub Form_KeyUp (Tastencode As Integer, Umschalten As Integer)
  szTaste3 = "WM_KEYUP virtueller Tastencode für " +
  Chr$(Tastencode) + ":" + Hex$(Tastencode) + "H"
  Refresh
End Sub
```

```
Sub Form_KeyPress (TastenAscii As Integer)
  szTaste2 = "WM_CHAR ANSI-Code für " +
  Chr$(TastenAscii) + ":" + Hex$(TastenAscii) + "H"
  Refresh
End Sub
```

Analog zu den Programmen in QuickC, TurboPascal und Borland C++ kann die Visual-Basic-Applikation geschrieben werden. Statt in dem Parameter wParam steht nun der Code der gedrückten Taste bei den Ereignissen KeyDown und KeyUp in dem Argument Tastencode und bei dem Ereignis KeyPress in dem Argument TastenAscii. Bei jedem dieser Ereignisse wird der entsprechende Text aufbereitet, um ihn bei dem nächsten Paint-Ereignis ausgeben zu können. Dabei wird der Text aus konstanten Zeichenketten und dem jeweiligen ÜbergabeParameter, der mit der Funktion Chr$ in ein Zeichen und mit der Funktion Hex$ in die hexadezimale Form umgewandelt wird, zusammengesetzt. Mit der Methode Refresh wird das Paint-Ereignis aktiviert. Um die Lesbarkeit der drei Zeilen zu erhöhen, werden die Anfangspunkte der drei Texte über die Eigenschaften CurrentX und CurrentY eingestellt.

5.2.4 Spezielle Editierfenster

Sie haben sich vielleicht bei dem Tastatur-Beispiel überlegt, daß der Aufwand recht groß sein muß, um einen kleinen Editor wie z.B. die Windows-Applikation Notizbuch selber zu schreiben. Glücklicherweise werden in den beiden objektorientierten Sprachen TurboPascal und Borland C++ vordefinierte Klassen mitgeliefert, die viel Arbeit abnehmen. Diese beiden Klassen lauten TEditWindow und TFileWindow, wobei TFileWindow ein Nachkomme der erstgenannten Klasse ist, die wiederum von TWindow abstammt und zusätzlich auf Dateien zugreifen kann. Um diese kleinen Textverarbeitungsprogramme noch auf spezielle Kundenwünsche anpassen zu können, sind der Sourcecode der Unit StdWnds, in der bei TurboPascal die beiden Objekte definiert sind, bzw. die zwei C++ Source-Dateien EDITWND.CPP und FILEWND.CPP im jeweiligen SoftwarePaket enthalten.

TEditWindow

Die Klasse TEditWindow besteht genaugenommen aus einem Hauptfenster, über dessen Gesamtgröße ein Kindfenster von der Klasse TEdit gelegt wurde. Aufgrund der Methoden von TEditWindow wird dieses Kindfenster bei jeder Größenänderung des Elternfensters automatisch an die neue Größe angepaßt und bekommt den Focus übergeben. Außerdem stellen die Methoden das Arbeiten mit der Zwischenablage und das Suchen nach Zeichenketten innerhalb des Editierfeldes, die auch durch neue Strings ausgetauscht werden können, zur Verfügung.

TFileWindow

Falls Sie die getätigten Eingaben in eine Datei abspeichern wollen bzw. auf vorhandene Daten zugreifen wollen, benötigen Sie die Klasse TFileWindow, der dafür einige zusätzliche Methoden besitzt.

Die Menüpunkte, Acceleratoren und Dialogboxen, die zur Lösung der oben genannten Aufgaben notwendig sind, müssen nicht erst selber editiert werden, sondern sind bereits in verschiedenen Resource-Dateien abgelegt. Bei der Programmierung mit TurboPascal ist in der Unit StdWnds eine gleichnamige Resource-Datei StdWnds.RES miteingebunden, in der die entsprechenden Menüs für das Objekt TEditWindow mit dem Namen EditCommands und für das Objekt TFileWindow mit dem Namen FileCommands und die korrespondierenden Hot Keys vorhanden sind. Diese Resources müssen in Ihrem Programm nur noch geladen werden. Dieses Thema wird ausführlich in einem eigenen Kapitel behandelt. Die Definition der Dialogboxen befindet sich in einer weiteren Resource-Datei namens STDDLGS.RES, auf die ein Verweis in der erstgenannten Resource-Datei eingetragen ist.

```
          Edit             Search
  Undo    Alt+BkSp     Find...
  Cut     Shift+Del    Replace...
  Copy    Ctrl+Ins     Next   F3
  Paste   Shift+Ins
  Delete        Del
  Clear All Ctrl+Del
```

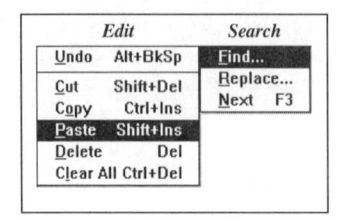

Abb. 149: Menü EDITCOMMANDS der Klasse TEditWindow

```
  File            Edit              Search
  New       Undo    Alt+BkSp     Find...
  Open...   Cut     Shift+Del    Replace...
  Save      Copy    Ctrl+Ins     Next   F3
  Save As...Paste   Shift+Ins
  Exit      Delete        Del
            Clear All Ctrl+Del
```

Abb. 150: Menü FILECOMMANDS der Klasse TFileWindow

Wenn Sie mit Hilfe der Sprache Borland C++ Ihre Programme schreiben, müssen Sie dem Projekt eine eigene Resource-Datei hinzufügen, die Verweise auf schon vorhandene Resources oder die Resources selbst beinhaltet. Diese RC-Dateien finden Sie in dem Unterverzeichnis OWL\INCLUDE des C++-Verzeichnis. Da in der aktuellen Version von Borland C++ bei der Bildung einer EXE-Datei kein Resource-Compiler aufgerufen wird, der eine RC-Datei in eine RES-Datei übersetzt, können Sie zwar Ihrem Projekt eine RC-Datei hinzufügen, müssen aber dafür sorgen, daß es dazu auch die übersetzte RES-Datei gibt, die Sie z.B. mit Hilfe des Resource Workshops erstellen können. Die Menünamen und die Namen der Accelerator-Tabellen lauten genauso wie bei TurboPascal.

Beispiel

Wir wollen in den beiden Sprachen, die mit Hilfe der Bibliothek ObjectWindows objektorientiert arbeiten können, einen kleinen Texteditor erstellen, der auf der Klasse TEditWindow basiert. Dafür sind nur wenige Zeilen Code nötig.

Eingabe **335**

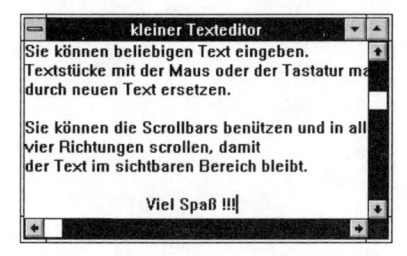

Abb. 151: Beispiel zu einem objektorientierten Editierprogramm

Turbo Pascal

Neue Methoden	Kurzbeschreibung
TApplication.InitInstance	initialisiert die Programm-Instanzen
TEditWindow.Init	erzeugt ein Fenster der Klasse TEditWindow

Beispiel
```
{einfacher Texteditor: TPEDIT.PAS}
program TPEdit;
uses WObjects, WinProcs, StdWnds;

type
  TRahmen = object(TApplication)
    procedure InitMainWindow; virtual;
    procedure InitInstance; virtual;
  end;

  PEditFenster = ^TEditFenster;
  TEditFenster = object(TEditWindow)
    constructor Init(AParent: PWindowsObject;
                                ATitle: PChar);
  end;

constructor TEditFenster.Init(AParent:
    PWindowsObject; ATitle: PChar);
begin
  TEditWindow.Init(AParent, ATitle);
  Attr.Menu := LoadMenu(HInstance, 'EditCommands');
end;

procedure TRahmen.InitMainWindow;
begin
  MainWindow := New(PEditFenster, Init(nil, 'Texteditor'));
end;

procedure TRahmen.InitInstance;
begin
```

```
    TApplication.InitInstance;
    HAccTable := LoadAccelerators(HInstance,
                      'EditCommands');
  end;

{ Hauptprogramm }
var
  MeinRahmen : TRahmen;

begin
  MeinRahmen.Init('TPEdit');
  MeinRahmen.Run;
  MeinRahmen.Done;
end.
```

Turbo C++

Neue Methoden	Kurzbeschreibung
TApplication::InitInstance	initialisiert die Programm-Instanzen
TEditWindow::TEditWindow	erzeugt ein Fenster der Klasse TEditWindow

/*************** TCEdit.CPP ****************/

```
 1  #include <owl.h>
 2  #include <editwnd.h>
 3
 4  class TRahmen :public TApplication
 5  {
 6  public:
 7    TRahmen(LPSTR AName, HANDLE hInstance, HANDLE
 8        hPrevInstance, LPSTR lpCmdLine, int nCmdShow)
 9      : TApplication(AName, hInstance, hPrevInstance,
10                    lpCmdLine, nCmdShow) {};
11    virtual void InitMainWindow();
12    virtual void InitInstance();
13  };
14
15  class TEditFenster : public TEditWindow
16  {
17  public:
18    TEditFenster(PTWindowsObject AParent, LPSTR
19        ATitle) : TEditWindow(AParent, ATitle)
20    {
21      AssignMenu("EditCommands");
22    };
23  };
24
25  void TRahmen::InitMainWindow()
26  {
27    MainWindow = new TEditFenster(NULL, "Texteditor");
28  }
29
30  void TRahmen::InitInstance()
31  {
32    TApplication::InitInstance();
33    HAccTable = LoadAccelerators(hInstance,
34                    "EditCommands");
35  }
36
37  int PASCAL WinMain(HANDLE hInstance, HANDLE
38    hPrevInstance, LPSTR lpCmdLine, int nCmdShow)
39  {
40    TRahmen MeinRahmen ("TCEditier", hInstance,
41        hPrevInstance, lpCmdLine, nCmdShow);
42    MeinRahmen.Run();
43    return MeinRahmen.Status;
44  }
45
46
47  /* TCEDIT.RC */
48  #include <owlrc.h>
49  #include <stdwnds.dlg>
50
51  EDITCOMMANDS MENU LOADONCALL MOVEABLE PURE DISCARDABLE
52  BEGIN
53    POPUP "&Edit"
54    BEGIN
55      MenuItem "&Undo\aAlt+BkSp", CM_EDITUNDO
56      MenuItem SEPARATOR
57      MenuItem "&Cut\aShift+Del", CM_EDITCUT
58      MenuItem "C&opy\aCtrl+Ins", CM_EDITCOPY
59      MenuItem "&Paste\aShift+Ins", CM_EDITPASTE
60      MenuItem "&Delete\aDel", CM_EDITDELETE
61      MenuItem "C&lear All\aCtrl+Del", CM_EDITCLEAR
62    END
63    POPUP "&Search"
64    BEGIN
65      MenuItem "&Find...", CM_EDITFIND
66      MenuItem "&Replace...", CM_EDITREPLACE
67      MenuItem "&Next\aF3", CM_EDITFINDNEXT
68    END
69  END
70
71  EDITCOMMANDS ACCELERATORS
72  BEGIN
73    VK_DELETE, CM_EDITCUT, VIRTKEY, SHIFT
74    VK_INSERT, CM_EDITCOPY, VIRTKEY, CONTROL
75    VK_INSERT, CM_EDITPASTE, VIRTKEY, SHIFT
76    VK_DELETE, CM_EDITCLEAR, VIRTKEY, CONTROL
77    VK_BACK, CM_EDITUNDO, VIRTKEY, ALT
78    VK_F3, CM_EDITFINDNEXT, VIRTKEY
79  END
```

Die Listings beider Sprachen sind, glaube ich, noch recht überschaubar geblieben, da die Methoden zur Lösung der Aufgaben schon existieren. Es wird bei diesem Beispiel kein selbstdefinierter Nachkomme von TWindow, sondern von TEditWindow erzeugt.

Bei TurboPascal muß die Unit StdWnds eingebunden werden. Darüber können die richtigen Methoden angesprochen und bei Bedarf die Such- bzw. Ersetze-Dialogbox angezeigt werden. Das Menü mit dem Namen EditCommands wird in dem Konstruktor des selbstdefinierten Nachkommens von TEditWindow geladen, für die Accelerator-Tabelle, die denselben Namen wie das Menü besitzt, erfolgt das Laden bei der überschriebenen Methode InitInstance der Klasse TApplication.

Anstelle einer speziellen Unit wird in dem C++-Programm zusätzlich die Header-Datei EDITWND.H eingebunden, die die Deklaration der Klasse TEditWindow und TFileWindow enthält. Es werden dieselben Methoden wie bei TurboPascal verwendet, nur das Menü wird nicht mit Hilfe einer API-Funktion, sondern über die Methode AssignMenu geladen. In der RC-Datei steht sowohl ein Verweis auf eine Dialogbox-Datei, in der die Suche- und Ersetze-Dialogfenster definiert sind, als auch das Menü und die Accelerator-Tabelle, die aus der schon vorhandenen Datei EDITMENU.RC bzw. EDITACC.RC in die eigene RC-Datei kopiert wurden. In der Header-Datei OWLRC.H sind die ID-Werte der einzelnen Menüpunkte definiert.

5.2.5 Zusätzliche Eingabemöglichkeiten

Microsoft Visual Basic

In VisualBasic existiert eine spezielle Dialogbox für Eingaben, die mit der Funktion InputBox$ aufgerufen wird und eine fest definierte Größe besitzt.

Abb. 152: Das Dialogfenster der Funktion InputBox$

Dieses Fenster beinhaltet immer die beiden Schaltflächen OK und Abbrechen, einen statischen Text und ein einzeiliges Editierfeld, das am unteren Fensterrand liegt. Der Inhalt der Titelzeile, des festen Textes und die Vorbesetzung der Text-Box ist frei wählbar:

```
InputBox$(prompt$ [, title$ [, default$
                [, xpos%, ypos% ] ] ])
```

Außer dem statischen Text prompt$, der dafür zuständig ist, den Anwender zu einer Eingabe aufzufordern, können die anderen Vorgaben auch entfallen. Somit könnte der einfachste Aufruf folgendermaßen aussehen:

```
Antwort$ = InputBox$ "Bitte eine Zahl eingeben"
```

Normalerweise wird jedoch auch die Titelzeile versorgt, um das Thema der Frage angeben zu können, und das Textfeld wird über das Argument default$ mit einem Text vorbesetzt. Die Position der Dialogbox wird über die letzten beiden Werte festgelegt, die die linke obere Ecke des Dialogfensters in der Einheit TWIP definieren, wobei der Bezugspunkt die linke obere Ecke des Bildschirms ist. Falls kein Punkt genannt wird, werden die beiden Koordinaten auf 1/3 der Bildschirmbreite bzw. -höhe gesetzt.

Die Applikation bleibt an der Stelle des Aufrufs dieser Funktion so lange stehen, bis der Anwender den OK- oder Abbrechen-Button drückt, damit das Dialogfenster wieder vom Bildschirm verschwindet. Erst dann können die nächsten Befehle und Ereignisse abgearbeitet werden. Als Rückgabewert liefert die Funktion InputBox$ bei einer positiven Bestätigung den eingetragenen Text, ansonsten einen Leer-String.

Im nachfolgenden Beispiel wird die Dialogbox sichtbar, sobald das Form mit der Maus angeklickt wird. Abhängig von der getätigten Eingabe wird als Reaktion einer von fünf Texten in einem Meldungsfenster ausgegeben.

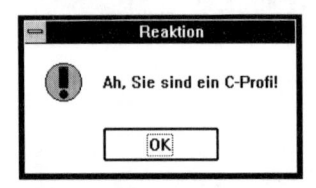

Abb. 153: Eine Reaktion auf das Eingabe-Dialogfenster

```
Sub Form_Click ()
    Frage$ = "In welcher Sprache wollen Sie programmieren?"
    Titel$ = "Programmiersprachen"
    Default$ = "QuickC"
    Antwort$ = InputBox$(Frage$, Titel$, Default$,
                                        500, 200)
    Select Case Antwort$
    Case "QuickC"
       Reaktion$ = "Ah, Sie sind ein C-Profi!"
    Case "C++"
       Reaktion$ = "Sie lieben wohl die Objektorientierung?"
    Case "TurboPascal"
       Reaktion$ = "Ah, Sie sind ein Pascal-Fan!"
    Case "VisualBasic"
       Reaktion$ = "Ah, Sie wollen schnell ein Ergebnis haben!"
    Case Else
       Reaktion$ = "Dies ist keine gute Sprache !!!"
    End Select
    MsgBox Reaktion$, 48, "Reaktion"
End Sub
```

Ausblick

Im nächsten Abschnitt werden die zusätzlichen Eingabemöglichkeiten erklärt. Darunter fallen eigentlich auch die Textfelder, die Kontrollelemente sind und als Kindfenster in ein Fenster bzw. in ein Form gesetzt werden können. Diese Text-Boxen, wie sie auch genannt werden, reagieren auf jede WM_Char-Meldung und stellen das gedrückte Zeichen in ihrem Fenster dar. Zudem können Texte mit der Maus selektiert, gelöscht, ergänzt etc. werden. Wir werden uns mit dieser Art der Eingabe noch genauer in einem späteren Kapitel beschäftigen.

5.3 Die Maus

Für die meisten Personen, die auf ihrem Rechner Windows installiert haben, ist ein Arbeiten ohne Maus nicht mehr denkbar. Mir geht es da nicht anders. Die Schwierigkeiten beginnen dann ja schon bei der Anwahl eines bestimmten Fensters aus dem Programm-Manager, um eine Applikation zu starten. Deswegen wollen wir in diesem Punkt auf die Maus und auf die durch sie entstehenden Meldungen eingehen.

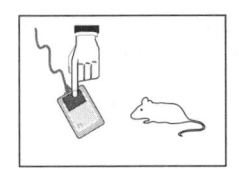

Abb. 154: Eingabe mit Hilfe der Maus

Funktion GetSystemMetrics

Wenn Sie z.B. ein Zeichenprogramm schreiben wollen, bei dem die Maus eine wichtige Rolle spielt, sollten Sie zu Beginn erst abfragen, ob derzeit eine Maus auf dem Rechner installiert ist. Dafür existiert die Funktion GetSystemMetrics, der der Parameter SM_MOUSEPRESENT übergeben wird. Wird als Rückgabewert TRUE geliefert, so kann mit der Maus gearbeitet werden.

Funktion ShowCursor

Es können aber auch Situationen entstehen, in denen der Mauszeiger trotz vorhandener Hardware-Maus unsichtbar sein sollte. Durch die Funktion ShowCursor kann der interne Maus-Anzeige-Zähler dekrementiert oder inkrementiert werden. Der Mauscursor ist sichtbar, wenn dieser Zähler größer oder gleich 0 ist. Falls eine Hardware-Maus installiert ist, so weist Windows diesem Anzeige-Zähler den Initialisierungswert 0 zu, ansonsten -1. Aufgrund der Tatsache, daß es nur einen Cursor gibt, der von allen Windows-Applikationen benutzt wird, sollte er vor dem Verlassen der Client Area bzw. vor dem Verlust des Focus wieder seinen Original-Anzeige-Zustand einnehmen.

5.3.1 Die Maus-Meldungen bzw. -Ereignisse

Windows unterstützt Mäuse mit einer, zwei oder drei Maustasten. Jedes Mal, wenn eine dieser Tasten gedrückt wird, entsteht eine Meldung, das Loslassen wird durch eine weitere Meldung signalisiert, wie es auch bei der Tastatur der Fall ist. Diese Meldungen, auf die in den Sprachen QuickC, TurboPascal und Borland C++ reagiert werden kann, heißen WM_xBUTTONDOWN und WM_xBUTTONUP, wobei der Buchstabe x als Platzhalter für L (Left), für R (Right) oder für M (Middle) steht, je nachdem, welche

Maustaste aktiviert wurde. Falls die Hardware-Maus nur zwei Tasten besitzt, so können keine WM_MBUTTONDOWN- und WM_MBUTTONUP-Meldungen generiert werden. Jede Bewegung der Hardware-Maus wird zudem in eine Meldung namens WM_MOUSEMOVE umgesetzt.

Meldung	Vorangegangene Aktion
WM_LBUTTONDOWN	linke Maustaste wurde gedrückt
WM_LBUTTONUP	linke Maustaste wurde losgelassen
WM_RBUTTONDOWN	rechte Maustaste wurde gedrückt
WM_RBUTTONUP	rechte Maustaste wurde losgelassen
WM_MBUTTONDOWN	mittlere Maustaste wurde gedrückt
WM_MBUTTONUP	mittlere Maustaste wurde losgelassen
WM_MOUSEMOVE	Maus wurde bewegt

Alle in der Tabelle aufgelisteten Meldungen besitzen dieselben Zusatzinformationen. Der Inhalt des Parameters wParam besteht aus mehreren Flags, die jeweils ein Bit groß sind und den aktuellen Zustand der Maustasten und der zwei Tastaturtasten `Shift` und `Ctrl` angeben. Für die Abfrage dieser Bits stehen Konstanten zur Verfügung, die in der Header-Datei WINDOWS.H bzw. in der Unit WinTypes definiert sind.

```
#define MK_LBUTTON    0x0001
#define MK_RBUTTON    0x0002
#define MK_SHIFT      0x0004
#define MK_CONTROL    0x0008
#define MK_MBUTTON    0x0010
```

Die Position des Mauszeigers kann bei allen Mausmeldungen aus dem Parameter lParam ermittelt werden.

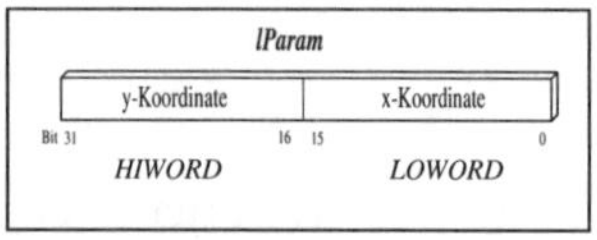

Abb. 155: Position des Mauszeigers im Parameter lParam

Dabei beziehen sich die Koordinaten auf die linke obere Ecke der Client Area. Mit Hilfe der beiden Makros LOWORD und HIWORD kann auf den x- bzw. y-Wert einzeln zugegriffen werden.

Microsoft Visual Basic

In VisualBasic sind die Maus-Ereignisse den Mausmeldungen sehr ähnlich. Bei jeder Mausbewegung entsteht das Ereignis MouseMove für das Objekt, das derzeit den Capture besitzt. Dieses Objekt kann entweder ein Form, eine List Box, ein Datei-Listenfeld, ein Label oder eine Picture Box sein. Daneben gibt es für alle Maustasten nur ein MouseDown- und ein MouseUp-Ereignis. Die drei bis jetzt besprochenen Maus-Ereignisse besitzen dieselben vier Parameter: Maustaste, Umschalten, X und Y.

```
Sub Form_MouseMove (Maustaste As Integer,
        Umschalten As Integer, X As Single,
                            Y As Single
End Sub
```

Dabei werden die einzelnen Tasten durch die drei niederwertigsten Bits des ersten Argumentes Maustaste unterschieden, das bezogen auf den Zustand der Maustasten das Äquivalent zu dem Parameter wParam der Mausmeldungen darstellt. Wenn das Bit 0 gesetzt ist, wurde die linke Maustaste betätigt, Bit 1 steht für die rechte und Bit 2 für die mittlere Taste. Um die Programme lesbarer zu machen, gibt es auch in VisualBasic für diese Tasten-Abfragen drei Konstanten, die in der Datei CONSTANT.TXT definiert sind und deren Definitionen Sie z.B. in den Deklarationen-Teil des Forms kopieren können:

```
Const LEFT_BUTTON   =   1
Const RIGHT_BUTTON  =   2
Const MIDDLE_BUTTON =   4
```

Das zweite Argument Umschalten gibt Auskunft, ob eine oder mehrere der Shift-, Ctrl- und Alt-Tasten derzeit gedrückt sind. Sie kennen diesen Parameter schon von den Ereignissen KeyDown und KeyUp. Die aktuelle Position des Cursors, die bei den Maus-Meldungen im Parameter lParam steht, wird durch die Parameter X und Y übergeben. Für einen besseren Überblick soll der nächste Codeauszug dienen, der eine mögliche programmtechnische Reaktion auf das Loslassen der linken Maustaste zeigt. Die Mausposition wird in zwei Variablen gespeichert, und es ertönt ein Warnton, wenn die linke Maustaste wieder losgelassen wird und gleichzeitig die Shift-Taste gedrückt ist.

QuickC

```
In der Fensterroutine
static WORD xMausPos, yMausPos;
    case WM_LBUTTONUP:
        xMausPos = LOWORD(lParam);
        yMausPos = HIWORD(lParam);
        if (wParam & MK_SHIFT)
            // <Shift>-Taste ist gedrückt
            MessageBeep(0);
        break;
```

TurboPascal

```
type
 TFenster = object(TWindow)
   xMausPos, yMausPos : Word;
   procedure WMLButtonUp (var Msg: TMessage);
            virtual wm_First + WM_LBUTTONUP;
 end;

procedure TFenster.WMLButtonUp(var Msg: TMessage);
begin
  xMausPos := LOWORD(msg.LParam);
  yMausPos := HIWORD(msg.LParam);
  if (MK_SHIFT And Msg.WParam) > 0
      then MessageBeep(0);
end;
```

C++

```
class TFenster : public TWindow
{
public:
  WORD xMausPos, yMausPos;
  TFenster(PTWindowsObject AParent, LPSTR ATitle)
   : TWindow(AParent, ATitle) {};
  virtual void WMLButtonUp (RTMessage) =
                  [WM_FIRST+WM_LBUTTONUP];
};

void TFenster::WMRButtonUp(RTMessage Msg)
{
  xMausPos = LOWORD(Msg.LParam);
  yMausPos = HIWORD(Msg.LParam);
  if (MK_SHIFT & Msg.WParam)
    MessageBeep(0);
}
```

VisualBasic

```
Const LEFT_BUTTON = 1
Const SHIFT_MASK = 1
Dim xMausPos, yMausPos As Integer

Sub Form_MouseUp (Maustaste As Integer,
   Umschalten As Integer,X As Single,Y As Single)
   xMausPos = X
   yMausPos = Y
   If (Maustaste And LEFT_BUTTON) > 0 Then
     If (Umschalten And SHIFT_MASK) > 0 Then
       Beep
     End If
   End If
End Sub
```

Doppelklick

In den drei Sprachen QuickC, TurboPascal und Borland C++ existiert für jede Maustaste außerdem eine spezielle Meldung, z.B. WM_LBUTTONDBLCLK, die generiert wird, wenn innerhalb einer festgelegten Zeit diese Taste zweimal angeklickt wird. Diese Doppelklickgeschwindigkeit kann entweder durch den Anwender in der Systemsteuerung über das Maus-Symbol oder programmtechnisch durch die Funktion Set DoubleClickTime geändert werden.

```
SetDoubleClickTime(400);
```

Durch diesen Aufruf wird die Zeit, die zwischen dem ersten und zweiten Klick verstreichen darf und systemweit gilt, auf 400 Millisekunden, also auf 0,4 Sekunden eingestellt.

CS_DBLCLKS

Damit aber überhaupt Doppelklick-Meldungen von Windows generiert werden, muß bei der Registrierung der Window-Klasse dem Feld für die Stilparameter zusätzlich das Flag CS_DBLCLKS angegeben werden.

```
QuickC: Unterprogramm CwRegisterClasses
wndclass.style = CS_HREDRAW | CS_VREDRAW |
                         CS_DBLCLKS;

TurboPascal: überschriebene Methode von TWindow
procedure TFenster.GetWindowClass (var
                  AWndClass: TWndClass);
begin
  TWindow.GetWindowClass(AWndClass);
  AWndClass.style := AWndClass.style or
                         CS_DBLCLKS;
end;

C++: überschriebene Methode von TWindow
void TFenster::GetWindowClass (WNDCLASS & AWndClass)
{
  TWindow::GetWindowClass(AWndClass);
  AWndClass.style = AWndClass.style |
                         CS_DBLCLKS;
}
```

Ereignis DblClick

In VisualBasic heißt das entsprechende Ereignis DblClick, bei dem jedoch nicht unterschieden wird, welche Maustaste zweimal angewählt wurde. Zusätzlich zum MouseUp-Ereignis entsteht beim Loslassen einer Maustaste das Click-Ereignis, das wir häufig schon für kleinere Beispiele verwendeten. Der Unterschied zwischen den beiden Ereignissen liegt in der Übergabe von Parametern, die das Click-Ereignis nicht besitzt.

Bevor die Meldung WM_LBUTTONDBLCLK bzw. das Ereignis DblClick entsteht, wird immer beim ersten Drücken der Maustaste eine normale WM_LBUTTONDOWN-Meldung bzw. ein MouseDown-Ereignis erzeugt, da zu diesem Zeitpunkt Windows noch nicht wissen kann, ob der Anwender ein zweites Mal die Taste betätigt. Die Reihenfolge dieser Meldungen sieht deswegen folgendermaßen aus:

QuickC, TurboPascal, C++	VisualBasic
WM_LBUTTONDOWN	MouseDown
WM_LBUTTONUP	MouseUp
WM_LBUTTONDBLCLK	DblClick
WM_LBUTTONUP	MouseUp

Neben den besprochenen Mausmeldungen existieren elf weitere, die sich jedoch nicht auf den Arbeitsbereich des Fensters beziehen und deswegen mit dem Präfix NC (Non Client Area) beginnen, z.B. WM_NCLBUTTONDOWN. Normalerweise werden diese Meldungen direkt an die Default-Fensterroutine weitergereicht.

5.3.2 Beispiel zu der Eingabe über die Maus

Mit Hilfe der Maus können recht schnell einfache Zeichenprogramme geschrieben werden. Mit gedrückter linker Maustaste sollen Freihandzeichnungen erstellt werden. Sobald die Taste losgelassen wird, wird der Strich nicht weitergezeichnet. Das gesamte Bild kann jederzeit wieder durch einen Doppelklick auf die rechte Maustaste gelöscht werden. Dieses Beispiel kann in den vier Sprachen so ähnlich programmiert werden, daß der Anwender keinen Unterschied zwischen den Versionen erkennt.

Abb. 156: Beispiel zu der Maus

Windows-Meldungen	Kurzbeschreibung
WM_LBUTTONDOWN	linke Maustaste wurde gedrückt
WM_MOUSEMOVE	die Maus wurde bewegt
WM_RBUTTONDBLCLK	rechte Maustaste wurde zweimal gedrückt

Beispiel

/*************** **QCMAUS.C** ***************/

```
 1  /* QuickCase:W */
 2  #include "QCMaus.h"
 3
 4  int PASCAL WinMain(HANDLE hInstance, HANDLE
 5  hPrevInstance, LPSTR lpszCmdLine, int nCmdShow)
 6  {
 7  /*******************************************************/
 8  /* hInstance;          Handle dieser Instanz  */
 9  /* hPrevInstance;Handle der vorhergehenden Instanz*/
10  /* lpszCmdLine; Zeiger auf die Kommandozeile  */
11  /* nCmdShow;   Code zur Anzeige des Hauptfensters */
12  /*******************************************************/
13
14  MSG msg;   /* MSG-Struktur für die Meldungen   */
15  int nRc;   /* Rückgabewert der Klassen-        */
16             /* Registrierung(en)                */
17
18    strcpy(szAppName, "QCMAUS");
19    hInst = hInstance;
20    if(!hPrevInstance)
21    {
22    /* Registrieren der Fensterklasse(n) bei der */
23    /* 1.Instanz                                 */
24      if ((nRc = nCwRegisterClasses()) == -1)
25      {
26      /* Registrierung schlug fehl */
27        LoadString(hInst, IDS_ERR_REGISTER_CLASS,
28              szString, sizeof(szString));
29        MessageBox(NULL, szString, NULL,
30              MB_ICONEXCLAMATION);
31        return nRc;
32      }
33    }

34
35  /* Hauptfenster erzeugen                        */
36  hWndMain = CreateWindow(
37      szAppName,    /* Klassennamen               */
38      "Zeichnen mit der Maus",
39                    /* Text in der Titelzeile     */
40      WS_CAPTION    | /* Titel zufügen            */
41      WS_SYSMENU    | /* Systemmenübox zufügen    */
42      WS_MINIMIZEBOX | /* Minimize Box zufügen    */
43      WS_MAXIMIZEBOX | /* Maximize Box zufügen    */
44      WS_THICKFRAME | /* in der Größe veränderbar */
45      WS_CLIPCHILDREN |
46                    /* kein Zeichnen in den Kindfenstern */
47      WS_OVERLAPPED,
48      CW_USEDEFAULT, 0, /* Default-Werte für X, Y */
49      CW_USEDEFAULT, 0,
50                    /* Default-Werte für Breite und Höhe */
51      NULL,         /* Handle des Elternfensters  */
52      NULL,         /* Handle des Menüs           */
53      hInst,        /* Handle der Instanz         */
54      NULL);        /* Struktur für WM_CREATE     */
55
56  if(hWndMain == NULL)
57  {
58    LoadString(hInst, IDS_ERR_CREATE_WINDOW,
59        szString, sizeof(szString));
60    MessageBox(NULL, szString, NULL,
61        MB_ICONEXCLAMATION);
62    return IDS_ERR_CREATE_WINDOW;
63  }
64  ShowWindow(hWndMain, nCmdShow);
65  /* Anzeigen des Hauptfensters */
66
```

```c
 67    while(GetMessage(&msg, NULL, 0, 0))
 68  /* bis WM_QUIT eintritt     */
 69    {
 70      TranslateMessage(&msg);
 71      DispatchMessage(&msg);
 72    }
 73
 74  /* Aufräumarbeiten, bevor die Applikation beendet */
 75  /* wird                                         */
 76    CwUnRegisterClasses();
 77    return msg.wParam;
 78  } /* Ende der WinMain                           */
 79
 80  /*************************************************/
 81  /*                                               */
 82  /* Fensterroutine des Hauptfensters:             */
 83  /*                                               */
 84  /* Diese Prozedur stellt Service-Routinen für die*/
 85  /* Windows-Ereignisse (Meldungen) bereit, die    */
 86  /* Windows oder der Benutzer an das Fenster sendet*/
 87  /* Sie initialisiert Ereignisse (Meldungen), die */
 88  /* entstehen, wenn der Anwender z.B. einen Menü- */
 89  /* punkt oder ein Tastenkürzel anwählt           */
 90  /*                                               */
 91  /*************************************************/
 92
 93  LONG FAR PASCAL WndProc(HWND hWnd, WORD Message,
 94  WORD wParam, LONG lParam)
 95  {
 96    HMENU       hMenu=0;        /* Menü-Handle    */
 97    HBITMAP     hBitmap=0;  /* Handle für Bitmaps */
 98    HDC         hDC;/* Handle für den Display Context */
 99    PAINTSTRUCT ps; /* enthält Zeichen-Informationen */
100    int         nRc=0; /* Rückgabewert           */
101    static WORD xPosAlt, yPosAlt;
102    WORD xPosNeu, yPosNeu;
103
104    switch (Message)
105    {
106    case WM_CREATE:
107      break;          /* Ende von WM_CREATE       */
108
109    case WM_MOVE:     /* Bewegen des Fensters     */
110      break;
111
112    case WM_SIZE:
113  /* Größenänderung der Client Area               */
114      break;          /* Ende von WM_SIZE         */
115
116    case WM_MOUSEMOVE:
117      if (wParam & MK_LBUTTON)
118        {
119        xPosNeu = LOWORD(lParam);
120        yPosNeu = HIWORD(lParam);
121        hDC = GetDC(hWnd);
122        MoveTo(hDC, xPosAlt, yPosAlt);
123        LineTo(hDC, xPosNeu, yPosNeu);
124        ReleaseDC(hWnd, hDC);
125        xPosAlt = xPosNeu;
126        yPosAlt = yPosNeu;
127        }
128      break;
129
130    case WM_LBUTTONDOWN:
131      xPosAlt = LOWORD(lParam);
132      yPosAlt = HIWORD(lParam);
133      break;
134
135    case WM_RBUTTONDBLCLK:
136      InvalidateRect(hWnd, NULL, TRUE);
137      break;
138
139    case WM_PAINT: /* Neuzeichnen der Client Area  */
140  /* bekommt ein Handle auf den Device Context    */
141  /* BeginPaint wird evtl. WM_ERASEBKGND senden   */
142      memset(&ps, 0x00, sizeof(PAINTSTRUCT));
143      hDC = BeginPaint(hWnd, &ps);
144  /* falls der Hintergrund keine reine Farbe besitzt*/
145      SetBkMode(hDC, TRANSPARENT);
146  /* Das Neuzeichnen ist abgeschlossen            */
147      EndPaint(hWnd, &ps);
148      break;          /* Ende von WM_PAINT        */
149
150    case WM_CLOSE:    /* Schließen des Fensters   */
151  /* Zerstören der Kindfenster, modeless Dialogboxen*/
152  /* Zerstören dieses Fensters                    */
153      DestroyWindow(hWnd);
154      if (hWnd == hWndMain)
155        PostQuitMessage(0);
156  /* Beenden der Applikation                      */
157      break;
158
159    default:
160  /* alle Meldungen, für die keine eigene Service- */
161  /* Routine zur Verfügung gestellt wird, sollten an*/
162  /* Windows gereicht werden, damit eine Default- */
163  /* Verarbeitung stattfinden kann                */
164      return DefWindowProc(hWnd, Message, wParam, lParam);
165    }
166    return 0L;
167  }    /* Ende von WndProc                        */
168
169  /*************************************************/
170  /*                                               */
171  /* nCwRegisterClasses Funktion:                  */
172  /*                                               */
173  /* Die folgende Funktion registriert alle Klassen*/
174  /* von allen Fenstern, die mit dieser Applikation*/
175  /* verbunden sind. Die Funktion liefert einen    */
176  /* Fehlercode zurück, falls sie nicht erfolgreich*/
177  /* war, ansonsten wird 0 zurückgegeben.          */
178  /*                                               */
179  /*************************************************/
180
181  int nCwRegisterClasses(void)
182  {
183    WNDCLASS   wndclass;
184  /* Struktur, um eine Klasse zu definieren       */
185    memset(&wndclass, 0x00, sizeof(WNDCLASS));
186  /* Füllen von WNDCLASS mit Fenster-Eigenschaften */
187    wndclass.style = CS_HREDRAW | CS_VREDRAW |
188                     CS_DBLCLKS | CS_BYTEALIGNWINDOW;
189    wndclass.lpfnWndProc = WndProc;
190  /* zusätzlicher Speicher für Klassen- und       */
191  /* Fensterobjekte                               */
192    wndclass.cbClsExtra = 0;
193    wndclass.cbWndExtra = 0;
194    wndclass.hInstance = hInst;
195    wndclass.hIcon = LoadIcon(NULL, IDI_APPLICATION);
196    wndclass.hCursor = LoadCursor(NULL, IDC_ARROW);
197  /* Erzeugen eines Pinsels, um den Hintergrund   */
198  /* zu löschen                                   */
199    wndclass.hbrBackground = (HBRUSH)(COLOR_WINDOW+1);
200    wndclass.lpszMenuName = szAppName;
201  /* Klassenname = Menüname */
202    wndclass.lpszClassName = szAppName;
203  /* Klassenname = App.-Name */
204    if(!RegisterClass(&wndclass))
205      return -1;
206
207    return(0);
208  } /* Ende von nCwRegisterClasses                */
209
210  /*************************************************/
211  /* CwUnRegisterClasses Function:                 */
212  /*                                               */
213  /* löscht jeden Bezug zu den Fenster-Resources,  */
214  /* die für diese Applikation erzeugt wurden, gibt*/
215  /* Speicher frei, löscht die Instanz, die Handles*/
216  /* und tätigt andere Aufräumarbeiten             */
217  /*                                               */
218  /*************************************************/
219
220  void CwUnRegisterClasses(void)
221  {
222    WNDCLASS   wndclass;
223  /* Struktur, um eine Klasse zu definieren       */
224    memset(&wndclass, 0x00, sizeof(WNDCLASS));
225
226    UnregisterClass(szAppName, hInst);
227  } /* Ende von CwUnRegisterClasses               */
```

Turbo Pascal

Neue Methoden	Kurzbeschreibung
TWindow.WMLButtonDown	wird durch die Meldung WM_LBUTTONDOWN ausgelöst

Beispiel

{ Maus-Programm: TPMaus.PAS }

```pascal
program TPMaus;
uses WObjects, WinTypes, WinProcs;

type
  TRahmen = object(TApplication)
    procedure InitMainWindow; virtual;
  end;

type
  PFenster = ^TFenster;
  TFenster = object(TWindow)
    xPosAlt, yPosAlt: Word;
    procedure GetWindowClass (var AWndClass:
                          TWndClass); virtual;
    procedure WMRButtonDblClk (var Msg: TMessage);
      virtual WM_First+WM_RBUTTONDBLCLK;
    procedure WMLButtonDown (var Msg: TMessage);
      virtual WM_First+WM_LBUTTONDOWN;
    procedure WMMouseMove (var Msg: TMessage);
      virtual WM_First+WM_MOUSEMOVE;
  end;

procedure TRahmen.InitMainWindow;
begin
  MainWindow := New(PFenster, Init(nil,
                'Zeichnen mit der Maus'));
end;

procedure TFenster.GetWindowClass (var AWndClass: TWndClass);
begin
  TWindow.GetWindowClass(AWndClass);
  AWndClass.style := AWndClass.style Or CS_DBLCLKS;
end;

procedure TFenster.WMRButtonDblClk (var Msg: TMessage);
begin
  InvalidateRect(HWindow, nil, TRUE);
end;

procedure TFenster.WMLButtonDown (var Msg: TMessage);
begin
  xPosAlt := LOWORD(Msg.LParam);
  yPosAlt := HIWORD(Msg.LParam);
end;

procedure TFenster.WMMouseMove (var Msg: TMessage);
var xPosNeu, yPosNeu: Word;
    hDCFenster: HDC;
begin
  if (Msg.WParam And MK_LBUTTON) >0 then
  begin
    xPosNeu := LOWORD(Msg.LParam);
    yPosNeu := HIWORD(Msg.LParam);
    hDCFenster := GetDC(HWindow);
    MoveTo(hDCFenster, xPosAlt, yPosAlt);
    LineTo(hDCFenster, xPosNeu, yPosNeu);
    ReleaseDC(HWindow, hDCFenster);
    xPosAlt := xPosNeu;
    yPosAlt := yPosNeu;
  end;
end;

{ Hauptprogramm }
var MeinRahmen : TRahmen;

begin
  MeinRahmen.Init('TPMaus');
  MeinRahmen.Run;
  MeinRahmen.Done;
end.
```

Turbo C++

Neue Methoden	Kurzbeschreibung
TWindow::WMLButtonDown	wird durch die Meldung WM_LBUTTONDOWN ausgelöst

Beispiel

/*************** TCMAUS.CPP ****************/

```cpp
#include <owl.h>

class TRahmen :public TApplication
{
public:
  TRahmen(LPSTR AName, HANDLE hInstance, HANDLE
          hPrevInstance, LPSTR lpCmdLine, int nCmdShow)
          : TApplication(AName, hInstance, hPrevInstance,
          lpCmdLine, nCmdShow) {};
  virtual void InitMainWindow();
};

class TFenster : public TWindow
{
public:
  WORD xPosAlt, yPosAlt;
  TFenster(PTWindowsObject AParent, LPSTR ATitle)
          : TWindow(AParent, ATitle) {};
  virtual void GetWindowClass (WNDCLASS &);
  virtual void WMRButtonDblClk (RTMessage) =
                [WM_FIRST+WM_RBUTTONDBLCLK];
  virtual void WMLButtonDown (RTMessage) =
                [WM_FIRST+WM_LBUTTONDOWN];
  virtual void WMMouseMove (RTMessage) =
                [WM_FIRST+WM_MOUSEMOVE];
};

void TRahmen::InitMainWindow()
{
  MainWindow = new TFenster(NULL,
                  "Zeichnen mit der Maus");
}

void TFenster::GetWindowClass (WNDCLASS & AWndClass)
{
  TWindow::GetWindowClass(AWndClass);
  AWndClass.style = AWndClass.style | CS_DBLCLKS;
}

void TFenster::WMRButtonDblClk(RTMessage Msg)
{
  InvalidateRect(HWindow, NULL, TRUE);
}

void TFenster::WMLButtonDown(RTMessage Msg)
{
  xPosAlt = LOWORD(Msg.LParam);
  yPosAlt = HIWORD(Msg.LParam);
}

void TFenster::WMMouseMove(RTMessage Msg)
{
HDC hDC;
WORD xPosNeu, yPosNeu;

  if (Msg.WParam & MK_LBUTTON)
  {
    xPosNeu = LOWORD(Msg.LParam);
    yPosNeu = HIWORD(Msg.LParam);
    hDC = GetDC(HWindow);
    MoveTo(hDC, xPosAlt, yPosAlt);
    LineTo(hDC, xPosNeu, yPosNeu);
    ReleaseDC(HWindow, hDC);
    xPosAlt = xPosNeu;
    yPosAlt = yPosNeu;
  }
}
```

```
69  int PASCAL WinMain(HANDLE hInstance, HANDLE hPrevInstance,      73       hPrevInstance, lpCmdLine, nCmdShow);
70      LPSTR lpCmdLine, int nCmdShow)                              74     MeinRahmen.Run();
71  {                                                               75     return MeinRahmen.Status;
72    TRahmen MeinRahmen ("TCMaus", hInstance,                      76  }
```

Für dieses Zeichenprogramm muß auf die drei Meldungen WM_MOUSEMOVE, WM_LBUTTONDOWN und WM_RBUTTONDBLCLK reagiert werden. Damit überhaupt ein Doppelklick erkannt und die zuletzt genannte Meldung generiert wird, muß dem style-Feld der WNDCLASS-Struktur bzw. des TWndClass-Records zusätzlich die Stilart CS_DBLCLKS übergeben werden. Bei QuickC erfolgt dies in dem Unterprogramm nCwRegisterClasses, bei den beiden objektorientierten Sprachen TurboPascal und Borland C++ wird dafür die Methode GetWindowClass verwendet.

```
void TFenster::GetWindowClass (WNDCLASS & AWndClass)
{
  TWindow::GetWindowClass(AWndClass);
  AWndClass.style = AWndClass.style | CS_DBLCLKS;
}
```

Um die gesamte Zeichnung mit Hilfe eines Doppelklicks auf die rechte Maustaste löschen zu können, wird die Funktion InvalidateRect aktiviert, durch die eine WM_ERASEBKGND- und eine WM_PAINT-Meldung entsteht. Das Leeren des Arbeitsbereiches wird automatisch auch bei jeder Größenänderung des Fensters durchgeführt, da die beiden Stilarten CS_HREDRAW und CS_VREDRAW gesetzt sind (s. Ausgabe-Kapitel). Wenn die linke Maustaste betätigt wird, muß die mitgelieferte Position, die im Parameter lParam steht, in zwei statischen bzw. in zwei Objektvariablen gespeichert werden, da sie den Anfangspunkt der Zeichnung darstellt.

Da nur bei gedrückter linker Taste gezeichnet werden soll, wird bei jeder WM_MOUSEMOVE-Meldung der Zustand dieser Taste abgefragt. Bei einem positiven Ergebnis kann für die Ausgabe ein Device Context mit der Funktion GetDC besorgt werden. Es wird jedes Mal von der alten gesicherten Position bis zu dem neuen Punkt, der anschließend für die nächste Ausgabe als alter Punkt gespeichert wird, ein Strich gezogen. Da TurboPascal nicht zwischen der Groß- und Kleinschreibung unterscheidet, muß die Variable hDC anders genannt werden, da dieses Wort gleichzeitig für den Datentyp steht.

```
procedure TFenster.WMMouseMove(var Msg: TMessage);
var xPosNeu, yPosNeu: Word;
    hDCFenster: HDC;
begin
  if (Msg.WParam And MK_LBUTTON) >0 then
  begin
    xPosNeu := LOWORD(Msg.LParam);
    yPosNeu := HIWORD(Msg.LParam);
    hDCFenster := GetDC(HWindow);
    MoveTo(hDCFenster, xPosAlt, yPosAlt);
    LineTo(hDCFenster, xPosNeu, yPosNeu);
    ReleaseDC(HWindow, hDCFenster);
    xPosAlt := xPosNeu;
    yPosAlt := yPosNeu;
  end;
end;
```

Microsoft Visual Basic

Objekt	Eigenschaft	Inhalt
Form1	Caption	Zeichnen mit der Maus

Neue Ereignisse	Kurzbeschreibung
Form_DblClick	eine Maustaste wurde doppelt angeklickt
Form_MouseDown	eine Maustaste wurde gedrückt
Form_MouseMove	die Maus wurde bewegt

Beispiel
```
' VBMAUS.FRM
Const LEFT_BUTTON = 1

Sub Form_DblClick ()
    Refresh
End Sub

Sub Form_MouseMove (Maustaste As Integer, Umschalten _
          As Integer, X As Single, Y As Single)
    If (Maustaste And LEFT_BUTTON) > 0 Then
        Line -(X, Y)
    End If
End Sub

Sub Form_MouseDown (Maustaste As Integer, Umschalten _
          As Integer, X As Single, Y As Single)
    CurrentX = X
    CurrentY = Y
End Sub
```

Das VisualBasic-Programm besitzt dieselben Reaktionen wie die Beispiele in den anderen drei Sprachen, es muß nur noch weniger programmiert werden. Das Löschen des Fensterinhaltes, das hier sowohl mit der rechten als auch mit der linken Maustaste möglich ist, wird bei dem DblClick-Ereignis mit dem Aufruf der Methode Refresh realisiert.

Da in VisualBasic die Methode Line die aktuelle Position als Anfangspunkt der auszugebenden Linie benutzt, falls kein anderer Beginn definiert wird, wird bei dem Ereignis MouseDown die Position des Mauszeigers in die beiden Eigenschaften CurrentX und CurrentY geschrieben.

Falls bei einer Mausbewegung die linke Taste gedrückt ist, wird mit der Methode Line ein Strich bis zum nun aktuellen Cursor-Punkt gezogen, wobei anschließend die aktuelle Position automatisch auf dem Linien-Endpunkt steht.

5.3.3 Die Drag'n Drop-Operation

Wenn Sie mit dem Dateimanager von Windows und mit Hilfe der Maus Dateien kopiert oder verschoben haben, indem Sie eine oder mehrere Dateien selektierten, haben Sie bereits Drag'n Drop-Operationen durchgeführt. Eine Dragging-Aktion entsteht, sobald eine Maustaste über einem Dateinamen gedrückt und anschließend der Mauszeiger bewegt wird. Das Loslassen der Maustaste wird in diesem Zusammenhang als Dropping bezeichnet.

Drag'n Drop in Verbindung mit OLE

Dieses Verfahren ist nicht nur zwischen Fenstern innerhalb des Dateimanagers möglich, sondern z.B. auch zwischen einer anderen Windows-Applikation und dieser Dateiverwaltung, um z.B. mit OLE (Object Linking and Embedding) zu arbeiten. So können Sie ein Dokument, das die Endung WRI besitzt und zu einem früheren Zeitpunkt mit dem Textprogramm WRITE.EXE geschrieben wurde, in dem Dateimanager markieren und in das Fenster von WRITE verschieben. Anschließend kann jederzeit das dargestellte WRITE-Symbol, das die Textdatei repräsentiert, doppelt angeklickt werden, um den Inhalt dieses Dokument ansehen und verändern zu können. Durch die OLE-Fähigkeit wird daraufhin ein zweites Mal das Programm WRITE gestartet und die Datei geladen.

Sobald Dateien in dem Dateimanager mit dem Mauszeiger angewählt werden und der Cursor bewegt wird, ändert er automatisch seine Figur. Der Pfeil wird durch ein darunterliegendes Blatt mit Eselsohr ergänzt. Wird der Zeiger aus dem Fenster der Dateiverwaltung hinausbewegt, sehen Sie eine Art Verkehrszeichen als Cursor-Figur, die signalisiert, daß keine Drag'n Drop-Unterstützung vorliegt. Damit Ihr selbstgeschriebenes Programm diese neue Eigenschaft von Windows unterstützt, müssen Sie die Funktion DragAcceptFiles aufrufen.

Funktion DragAcceptFiles

```
    VOID DragAcceptFiles(hwnd, fAccept)
    mit
      HWND hwnd;    /* Handle des Fensters, das auf
                       Drag'n Drop reagieren soll */
      BOOL fAccept; /* Flag, ob fallengelassene
                       Dateien akzeptiert werden */
```

SHELL.DLL

Neben dieser Funktion gibt es noch drei weitere Funktionen und eine Meldung, die sich auf Drag'n Drop-Operationen beziehen und in der Dynamic Link Library SHELL.DLL definiert sind. Um auf sie zugreifen zu können, müssen Sie bei der Programmierung mit QuickC die Header-Datei SHELLAPI.H zusätzlich einbinden und in dem Projekt die Import-Library SHELL.LIB angeben. In TurboPascal existiert für die Prototypen der Funktion die Unit SHELLAPI.TPU, die Definition der Meldung steht in der Unit WIN31.TPU. Beide Units müssen in dem Sourcecode genannt werden.

WM_DROPFILES

Sie erkennen eine Drag'n Drop-unterstützende Applikation daran, daß der Mauszeiger wieder die Form des Blattes mit dem Eselsohr annimmt, sobald das zu diesem Programm gehörende Fenster den Capture besitzt. Die Applikation erhält beim Loslassen der Maustaste die Meldung WM_DROPFILES, deren Name schon aussagt, daß nun die Datei(en) fallengelassen werden. Der Parameter wParam enthält bei dieser Meldung ein spezielles Handle, das auf eine interne Datenstruktur verweist. In dieser Struktur stehen die Namen der losgelassenen Dateien und die Position des Mauszeigers zu dem Zeitpunkt des Loslassens.

Die Anzahl und Namen der Dateien können mit Hilfe der Funktion DragQueryFile aus der Struktur gelesen werden.

Funktion DragQueryFile

```
WORD DragQueryFile(hDrop, iFile, lpszFile, cb)
mit:
HANDLE hDrop;     /* Handle auf die interne
                              Datenstruktur */
WORD iFile;       /* Index auf eine Datei oder
                              FFFFH */
LPSTR lpszFile;   /* Ergebnis: Puffer für die
                              Dateinamen */
WORD cb;          /* Größe des Puffers */
```

Die Position bezogen auf die linke obere Ecke des Fensters, das Drag'n Drop unterstützt, wird über die Funktion DragQueryPoint ermittelt.

Funktion DragQueryPoint

```
BOOL DragQueryPoint(hDrop, lppt)
mit:
HANDLE hDrop;     /* Handle auf die interne
                              Datenstruktur */
LPPOINT lppt;     /* Ergebnis: Zeiger auf die
                         Koordinaten der Maus */
```

Wenn die Informationen der internen Datenstruktur verarbeitet sind, sollte der Speicherplatz, den diese Struktur belegt, wieder mit der Funktion DragFinish freigegeben werden. Bevor die Applikation beendet wird, muß sie ein zweites Mal die Funktion DragAcceptFiles aufrufen, um sich ordnungsgemäß abzumelden. In diesem Fall lautet der zweite Übergabeparameter FALSE.

Wir wollen in QuickC und in TurboPascal ein kleines Programm schreiben, das die Namen der Dateien in seiner Client Area anzeigt, die zuvor im Dateimanager selektiert wurden und mit gedrückter linker Maustaste in unsere Applikation gezogen (drag) und dort losgelassen (drop) werden. Die Anfangsposition für die Ausgabe wird durch die Cursor-Position beim Loslassen der Maustaste bestimmt.

Eingabe 351

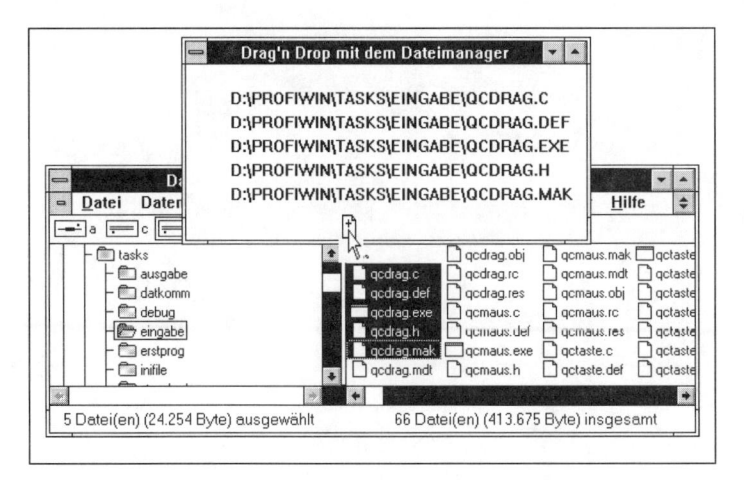

Abb. 157: Beispiel zu Drag'n Drop mit dem Dateimanager

Windows-Meldungen	Kurzbeschreibung
WM_DROPFILES	entsteht durch das Loslassen von Dateien

Windows-Funktionen	Kurzbeschreibung
DragAcceptFiles	bestimmt, ob ein Fenster "dropped"-Dateien akzeptiert
DragQueryFile	ermittelt die Anzahl und Dateinamen der "dropped"-Dateien
DragFinish	gibt den Speicher frei
DragQueryPoint	ermittelt die Mausposition, wenn die Dateien losgelassen werden

Beispiel

/*************** QCDRAG.C ****************/

```
1   /* QuickCase:W */
2   #include "QCDRAG.h"
3
4   int PASCAL WinMain(HANDLE hInstance, HANDLE
5   hPrevInstance, LPSTR lpszCmdLine, int nCmdShow)
6   {
7   /********************************************************/
8   /* hInstance;          Handle dieser Instanz           */
9   /* hPrevInstance;Handle der vorhergehenden Instanz*/
10  /* lpszCmdLine; Zeiger auf die Kommandozeile       */
11  /* nCmdShow;   Code zur Anzeige des Hauptfensters */
12  /********************************************************/
13
14  MSG  msg;   /* MSG-Struktur für die Meldungen    */
15  int  nRc;   /* Rückgabewert der Klassen-         */
16              /* Registrierung(en)                 */
17
18  strcpy(szAppName, "QCDRAG");
19  hInst = hInstance;
20  if(!hPrevInstance)
21      {
22      /* Registrieren der Fensterklasse(n) bei der  */
23      /* 1.Instanz                                  */
24      if ((nRc = nCwRegisterClasses()) == -1)
25          {
26          /* Registrierung schlug fehl              */
27          LoadString(hInst, IDS_ERR_REGISTER_CLASS,
28              szString, sizeof(szString));
29          MessageBox(NULL, szString, NULL,
30              MB_ICONEXCLAMATION);
31          return nRc;
32          }
33      }
34
35  /* Hauptfenster erzeugen                          */
36  hWndMain = CreateWindow(
37      szAppName,       /* Klassennamen              */
38      "Drag'n Drop mit dem Dateimanager",
39                       /* Text in der Titelzeile    */
40      WS_CAPTION      | /* Titel zufügen            */
41      WS_SYSMENU      | /* Systemmenübox zufügen    */
42      WS_MINIMIZEBOX  | /* Minimize Box zufügen     */
43      WS_MAXIMIZEBOX  | /* Maximize Box zufügen     */
44      WS_THICKFRAME   | /* in der Größe veränderbar */
45      WS_CLIPCHILDREN |
46                       /* kein Zeichnen in den Kindfenstern */
```

```
 47        WS_OVERLAPPED,
 48        CW_USEDEFAULT, 0, /* Default-Werte für X, Y      */
 49        CW_USEDEFAULT, 0,
 50                      /* Default-Werte für Breite und Höhe */
 51        NULL,            /* Handle des Elternfensters    */
 52        NULL,            /* Handle des Menüs             */
 53        hInst,           /* Handle der Instanz           */
 54        NULL);           /* Struktur für WM_CREATE       */
 55
 56     if(hWndMain == NULL)
 57     {
 58        LoadString(hInst, IDS_ERR_CREATE_WINDOW,
 59                   szString, sizeof(szString));
 60        MessageBox(NULL, szString, NULL,
 61                   MB_ICONEXCLAMATION);
 62        return IDS_ERR_CREATE_WINDOW;
 63     }
 64     ShowWindow(hWndMain, nCmdShow);
 65     /* Anzeigen des Hauptfensters */
 66
 67     while(GetMessage(&msg, NULL, 0, 0))
 68     /* bis WM_QUIT eintritt    */
 69     {
 70        TranslateMessage(&msg);
 71        DispatchMessage(&msg);
 72     }
 73
 74     /* Aufräumarbeiten, bevor die Applikation beendet */
 75     /* wird                                           */
 76     CwUnRegisterClasses();
 77     return msg.wParam;
 78  } /* Ende der WinMain                               */
 79
 80  /**************************************************/
 81  /*                                                */
 82  /* Fensterroutine des Hauptfensters:              */
 83  /*                                                */
 84  /* Diese Prozedur stellt Service-Routinen für die */
 85  /* Windows-Ereignisse (Meldungen) bereit, die     */
 86  /* Windows oder der Benutzer an das Fenster sendet*/
 87  /* Sie initialisiert Ereignisse (Meldungen), die  */
 88  /* entstehen, wenn der Anwender z.B. einen Menü-  */
 89  /* punkt oder ein Tastenkürzel anwählt            */
 90  /*                                                */
 91  /**************************************************/
 92
 93  LONG FAR PASCAL WndProc(HWND hWnd, WORD Message,
 94  WORD wParam, LONG lParam)
 95  {
 96     HMENU     hMenu=0;            /* Menü-Handle            */
 97     HBITMAP   hBitmap=0; /* Handle für Bitmaps              */
 98     HDC       hDC;/* Handle für den Display Context         */
 99     PAINTSTRUCT ps;  /* enthält Zeichen-Informationen       */
100     int       nRc=0; /* Rückgabewert                        */
101     static POINT pt;
102     static WORD wSelektDatei;
103     static char szDatei[20][80];
104     WORD i, len;
105     int yStart;
106
107     switch (Message)
108     {
109        case WM_CREATE:
110           DragAcceptFiles(hWnd, TRUE);
111           break;          /* Ende von WM_CREATE          */
112
113        case WM_MOVE:      /* Bewegen des Fensters        */
114           break;
115
116        case WM_SIZE:
117     /* Größenänderung der Client Area                    */
118           break;          /* Ende von WM_SIZE            */
119
120        case WM_DROPFILES:
121           if (IDYES == MessageBox(hWnd, "Wollen Sie diese
122                Dateien wirklich verschieben?",
123                "Drag'n Drop", MB_YESNO | MB_ICONQUESTION))
124           {
125              DragQueryPoint((HANDLE) wParam, &pt);
126              wSelektDatei = DragQueryFile((HANDLE) wParam,
127                              0xFFFF, (LPSTR) NULL, 0);
128              len = sizeof(szDatei[0]);
129
130              for(i = 0; (i < wSelektDatei) && (i<20); i++)
131                 DragQueryFile((HANDLE) wParam, i,
132                               szDatei[i], len);
133
134              DragFinish((HANDLE) wParam);
135              InvalidateRect(hWnd, NULL, TRUE);
136           }
137           break;
138
139        case WM_PAINT: /* Neuzeichnen der Client Area    */
140     /* bekommt ein Handle auf den Device Context        */
141     /* BeginPaint wird evtl. WM_ERASEBKGND senden       */
142           memset(&ps, 0x00, sizeof(PAINTSTRUCT));
143           hDC = BeginPaint(hWnd, &ps);
144     /* falls der Hintergrund keine reine Farbe besitzt*/
145           SetBkMode(hDC, TRANSPARENT);
146           yStart = 0;
147           for(i = 0; (i < wSelektDatei) && (i<20);
148                                         yStart += 20, i++)
149              TextOut(hDC, pt.x, pt.y + yStart, szDatei[i],
150                                         strlen(szDatei[i]));
151     /* Das Neuzeichnen ist abgeschlossen              */
152           EndPaint(hWnd, &ps);
153           break;          /* Ende von WM_PAINT          */
154
155        case WM_CLOSE:  /* Schließen des Fensters       */
156     /* Zerstören der Kindfenster, modeless Dialogboxen*/
157     /* Zerstören dieses Fensters                      */
158           DestroyWindow(hWnd);
159           if (hWnd == hWndMain)
160           {
161              DragAcceptFiles(hWnd, FALSE);
162              PostQuitMessage(0);
163           }
164     /* Beenden der Applikation                        */
165           break;
166
167        default:
168     /* alle Meldungen, für die keine eigene Service-  */
169     /* Routine zur Verfügung gestellt wird, sollten an*/
170     /* Windows gereicht werden, damit eine Default-   */
171     /* Verarbeitung stattfinden kann                  */
172              return DefWindowProc(hWnd, Message, wParam, lParam);
173     }
174     return 0L;
175  }        /* Ende von WndProc                         */
176
177  /**************************************************/
178  /*                                                */
179  /* nCwRegisterClasses Funktion:                   */
180  /*                                                */
181  /* Die folgende Funktion registriert alle Klassen */
182  /* von allen Fenstern, die mit dieser Applikation */
183  /* verbunden sind. Die Funktion liefert einen     */
184  /* Fehlercode zurück, falls sie nicht erfolgreich */
185  /* war, ansonsten wird 0 zurückgegeben.           */
186  /*                                                */
187  /**************************************************/
188
189  int nCwRegisterClasses(void)
190  {
191     WNDCLASS  wndclass;
192  /* Struktur, um eine Klasse zu definieren          */
193     memset(&wndclass, 0x00, sizeof(WNDCLASS));
194  /* Füllen von WNDCLASS mit Fenster-Eigenschaften   */
195     wndclass.style = CS_HREDRAW | CS_VREDRAW |
196                                   CS_BYTEALIGNWINDOW;
197     wndclass.lpfnWndProc = WndProc;
198  /* zusätzlicher Speicher für Klassen- und          */
199  /* Fensterobjekte                                  */
200     wndclass.cbClsExtra = 0;
201     wndclass.cbWndExtra = 0;
202     wndclass.hInstance = hInst;
203     wndclass.hIcon = LoadIcon(NULL, IDI_APPLICATION);
204     wndclass.hCursor = LoadCursor(NULL, IDC_ARROW);
205  /* Erzeugen eines Pinsels, um den Hintergrund      */
206  /* zu löschen                                      */
207     wndclass.hbrBackground = (HBRUSH)(COLOR_WINDOW+1);
208     wndclass.lpszMenuName = szAppName;
209  /* Klassenname = Menüname                          */
210     wndclass.lpszClassName = szAppName;
211  /* Klassenname = App.-Name */
212     if(!RegisterClass(&wndclass))
213        return -1;
214
215     return(0);
216  } /* Ende von nCwRegisterClasses                  */
217
218  /**************************************************/
219  /* CwUnRegisterClasses Function:                  */
220  /*                                                */
221  /* löscht jeden Bezug zu den Fenster-Resources,   */
222  /* die für diese Applikation erzeugt wurden, gibt */
223  /* Speicher frei, löscht die Instanz, die Handles */
224  /* und tätigt andere Aufräumarbeiten              */
225  /*                                                */
226  /**************************************************/
227
228  void CwUnRegisterClasses(void)
229  {
230     WNDCLASS  wndclass;
231  /* Struktur, um eine Klasse zu definieren          */
232     memset(&wndclass, 0x00, sizeof(WNDCLASS));
233
234     UnregisterClass(szAppName, hInst);
235  } /* Ende von CwUnRegisterClasses                 */
```

In die Header-Datei unseres Projektes muß die Include-Datei SHELLAPI.H mit aufgenommen werden, da dort die Prototypen der vier neuen Drag'n Drop-Funktionen stehen. Außerdem müssen die Projektangaben durch die Import-Bibliothek SHELL.LIB ergänzt werden.

Beispiel

{ Drag' Drop-Programm: TPDRAG.PAS }

```pascal
 1  program TPText;
 2  uses WObjects, WinTypes, WinProcs, Strings,
 3                             Shellapi, Win31;
 4
 5  type
 6    TRahmen = object(TApplication)
 7      procedure InitMainWindow; virtual;
 8    end;
 9
10  type
11    PFenster = ^TFenster;
12    TFenster = object(TWindow)
13      szDatei: array[0..19] of array[0..79] of char;
14      pt: TPoint;
15      wSelektDatei: WORD;
16      procedure SetupWindow; virtual;
17      procedure Paint (PaintDC: HDC; var PaintInfo:
18                                  TPaintStruct); virtual;
19      function CanClose: Boolean; virtual;
20      procedure WMDropFiles (var Msg: TMessage);
21                          virtual WM_First+WM_DROPFILES;
22    end;
23
24  procedure TRahmen.InitMainWindow;
25  begin
26    MainWindow := New(PFenster, Init(nil,
27                    'Dragn Drop mit dem Dateimanager'));
28  end;
29
30  procedure TFenster.SetupWindow;
31  begin
32    TWindow.SetupWindow;
33    DragAcceptFiles(HWindow, TRUE);
34    wSelektDatei := 1;
35  end;
36
37  procedure TFenster.WMDropFiles (var Msg: TMessage);
38  var len, i: WORD;
39      Ergebnis: integer;
40  begin
41    Ergebnis := MessageBox(HWindow, 'Wollen Sie diese
42      Dateien wirklich verschieben?',
43      'Dragn Drop', MB_YESNO Or MB_ICONQUESTION);
44    if Ergebnis = IDYES then
45    begin
46      DragQueryPoint((THANDLE (Msg.wParam), pt);
47      wSelektDatei := DragQueryFile(THANDLE
48                        (Msg.wParam), $FFFF, nil, 0);
49      len := sizeof(szDatei[0]);
50      i := 0;
51      while (i < wSelektDatei) and (i < 20) do
52      begin
53        DragQueryFile(THANDLE (Msg.wParam), i,
54                             szDatei[i], len);
55        i := i + 1;
56      end;
57      DragFinish(THANDLE (Msg.wParam));
58      InvalidateRect(HWindow, nil, TRUE);
59    end;
60  end;
61
62  procedure TFenster.Paint (PaintDC: HDC; var PaintInfo: TPaintStruct);
63  var yStart: integer;
64      i: WORD;
65  begin
66    yStart := 0;
67    i := 0;
68    while (i < wSelektDatei) and (i < 20) do
69    begin
70      TextOut( PaintDC, pt.x, pt.y + yStart,
71                   szDatei[i], strlen(szDatei[i]));
72      yStart := yStart + 20;
73      i := i + 1;
74    end;
75  end;
76
77  function TFenster.CanClose: Boolean;
78  var Return : integer;
79  begin
80    CanClose := TRUE;
81    DragAcceptFiles(HWindow, FALSE);
82  end;
83
84  { Hauptprogramm }
85  var MeinRahmen : TRahmen;
86
87  begin
88    MeinRahmen.Init('TPDrag');
89    MeinRahmen.Run;
90    MeinRahmen.Done;
91  end.
```

Statt eine Header-Datei einzubinden, wie es in dem QuickC-Beispiel der Fall ist, werden in diesem TurboPascal-Programm die beiden Units SHELLAPI.TPU und WIN31.TPU ergänzt.

Die zwei Programme verwenden dieselben Funktionen und besitzen den gleichen Ablauf, der Unterschied liegt wieder einmal nur in dem objektorientierten Aufbau von TurboPascal-Programmen.

Bei Programmstart wird in der WM_CREATE-Meldung bzw. in der SetupWindow-Methode festgelegt, daß das Hauptfenster auf Drag'n Drop-Operationen reagieren soll.

```
case WM_CREATE:
    DragAcceptFiles(hWnd, TRUE);
break;
```

Sobald anschließend eine oder mehrere Dateien in das Fenster gezogen und fallengelassen werden, entsteht die Meldung WM_DROPFILES. Über ein Meldungsfenster kann sich der Anwender entscheiden, ob die Namen der Dateien auch wirklich im Fenster aufgelistet werden sollen. Bei positiver Bestätigung kann nun die Mausposition aus der internen Datenstruktur gelesen werden, die über das Handle im wParam-Parameter ansprechbar ist.

```
DragQueryPoint((HANDLE) wParam, &pt);
```

Mit dem ersten Aufruf der Funktion DragQueryFile wird die Anzahl der übergebenen Dateien ermittelt. Deswegen wird der zweite Parameter auf den Wert -1 (FFFFH) gesetzt. Die Zahl wird dann als Schleifenzähler verwendet, um die einzelnen Dateinamen wiederum mit Hilfe der Funktion DragQueryFile in einem Zeichenpuffer namens szDatei abzulegen, der bis zu 20 Namen aufnehmen kann und bei der nächsten WM_Paint-Meldung ausgegeben wird. Da in TurboPascal bei einer FOR-Schleife keine boolscher Ausdruck als Abbruchkriterium angegeben werden kann, wurde auf die while-Schleife zurückgegriffen.

```
DragQueryPoint((HANDLE) wParam, &pt);
wSelektDatei = DragQueryFile((HANDLE) wParam,
                0xFFFF, (LPSTR) NULL, 0);
len = sizeof(szDatei[0]);
for(i = 0; (i < wSelektDatei) && (i<20); i++)
DragQueryFile((HANDLE) wParam, i,
                szDatei[i], len);
```

Abschließend sollte nicht vergessen werden, mit der Funktion DragFinish den Speicherplatz wieder freizugeben. Bei Programmende wird durch erneuten Aufruf der Funktion DragAcceptFiles auf keine weiteren Drag'n Drop-Operation reagiert.

In VisualBasic können Drag'n Drop-Operationen entweder zwischen Kontrollelementen eines Forms oder zwischen verschiedenen Fenstern eines Projektes ausgeführt werden. Die Realisierung erfolgt mit Hilfe von zwei Eigenschaften, zwei Ereignissen und einer Methode.

Eigenschaften:	DragIcon	DragMode
Ereignisse:	DragOver	DragDrop
Methode:	Drag	

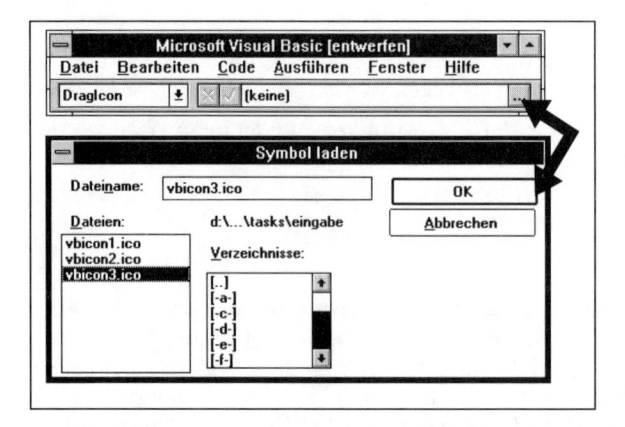

Abb. 158: Ein Symbol der Eigenschaft DragIcon zuweisen

Mit der Eigenschaft DragIcon können Sie selber bestimmen, welches Symbol während der Durchführung einer Drag'n Drop-Operation als Mauszeiger erscheinen soll. Dieser Eigenschaft kann entweder während der interaktiven Erstellung oder zur Laufzeit eine Datei mit der Endung ICO zugewiesen werden. Bei der zuerst genannten Möglichkeit markieren Sie das entsprechende Kontrollelement und wählen dann über das Eigenschaften-Listenfeld die Einstellung DragIcon. Wenn Sie nun mit der Maus die drei Punkte rechts außen im Einstellungsfeld anklicken, erscheint eine Dialogbox, über die Sie die gewünschte Datei selektieren können. Eine Änderung dieser Eigenschaft während der Laufzeit des Programms erfolgt mit Hilfe der Funktion LoadPicture. Häufig werden dafür die Ereignisse MouseDown oder DragOver verwendet.

```
Bild1.DragIcon = LoadPicture("hund.ico")
Command4.DragIcon = LoadPicture("katze.ico")
```

Eigenschaft DragMode

Eine Drag'n Drop-Operation kann entweder im manuellen oder im automatischen Modus ablaufen, der über die Eigenschaft DragMode eingestellt wird. Dabei bedeutet der gesetzte manuelle Modus, daß mit der Drag-Methode gearbeitet werden muß, um Drag'n Drop durchführen zu können. Im anderen Fall reagiert das zu der Eigenschaft gehörende Kontrollelement jederzeit auf ein Ziehen und Loslassen.

```
VLauf1.DragMode = 1    ' automatischer Drag-Modus
Bild3.DragMode = 0     ' manueller Drag-Modus
```

Methode Drag

Im manuellen Modus wird über die Methode Drag die gewünschte Aktion genannt, die der Start, das Ende oder der Abbruch einer Drag'n Drop-Operation sein kann. Dabei bedeutet das Drag-Ende das Loslassen (drop) des gezogenen Kontrollelementes.

```
Text3.Drag = 0    ' Abbruch
Text3.Drag = 1    ' Start
Text3.Drag = 2    ' Ende
```

Die beiden Drag-Ereignisse DragOver und DragDrop sind Ereignisse des Kontrollelementes, auf das ein anderes gezogen wird. Deswegen werden sie auch als Ziel-Ereignisse bezeichnet.

```
Sub Bezeichnung1_DragOver (Quelle As Control,
     X As Single, Y As Single, State As Integer)
End Sub

Sub VLauf1_DragDrop (Quelle As Control,
     X As Single, Y As Single)
End Sub
```

Ereignis DragOver

Der Parameter Quelle definiert das Drag-Objekt, d.h. das Control, das gezogen wurde. Sobald der Mauszeiger, der durch die Figur des zuvor über die Eigenschaft DragIcon gesetzten Symbols der Quelle dargestellt wird, in das Ziel-Control oder aus ihm heraus gezogen wird, entsteht jeweils das Ereignis DragOver. Die aktuelle Situation kann dabei aus dem letzten Parameter State ermittelt werden.

State	Aktuelle Situation
0	Quellen-Control kommt in den Bereich des Ziel-Controls (Enter)
1	Quellen-Control verläßt diesen Ziel-Bereich (Leave)
2	Quellen-Control bewegt sich innerhalb des Ziel-Bereiches (Over)

In der nächsten Abbildung sind die drei möglichen Zustände des Argumentes State noch einmal dargestellt. Sowohl die Quelle als auch das Ziel sind in diesem Fall Picture-Boxen, wobei die Eigenschaft Picture des Quellen-Controls auf das Ziel-Element übertragen werden soll.

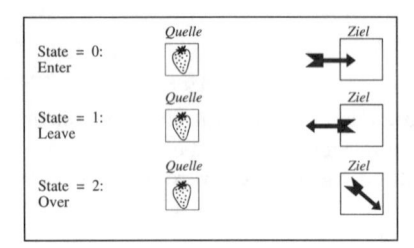

Abb. 159: Parameter State des Ereignisses DragOver

Die beiden restlichen Argumente X und Y des Ereignisses DragOver bestimmen die Position innerhalb des Ziel-Controls, an der sich der Cursor befindet. Sie entsprechen somit den gleichnamigen Parametern der schon besprochenen Maus-Ereignisse wie z.B. Mouse Move. Auf das Ereignis DragOver wird häufig reagiert, um dem Benutzer zu signalisieren, daß er nun die gedrückte Maustaste loslassen kann, da das gezogene Quell-Objekt das Ziel erreicht hat.

DragDrop

Diese Aktion des Loslassens löst das DragDrop-Ereignis bei dem Ziel-Control aus. Bei größeren Applikationen kommt es häufig vor, daß es mehrere Quellen-Kontrollelemente gibt, die jedoch nur zu einem bestimmten Ziel-Element passen. Z.B. ist es normalerweise nicht sinnvoll, ein Textfeld auf eine Picture Box ziehen zu können. Zudem kann auch ein Laufzeitfehler auftreten, der zum Absturz Ihres Programmes führt, wenn auf eine nicht existierende Eigenschaft zugegriffen wird. Aus diesem Grund sollte zu Beginn jedes DragDrop-Ereignisses die Control-Art überprüft werden, die im ersten Parameter Quelle steht. Diese Control-Arten besitzen als Namen die Bezeichnungen, wie sie im Englischen genannt werden, z.B. PictureBox, Label und TextBox. Der Typ Control ist ein spezieller Datentyp in VisualBasic, der innerhalb von Prozeduren als formaler Parameter verwendet werden kann. Die Abfrage des Argumentes Quelle erfolgt mit Hilfe des Schlüsselwortes TypeOf.

```
If TypeOf Quelle Is TextBox Then
    ' z.B. Inhalt der Eigenschaft
            Text wird übernommen
  else
    ' keine Reaktion
  end if
```

Beispiel

Das VisualBasic-Programm besitzt zwei Picture-Boxen und zwei Bezeichnungsfelder, um die Eigenschaft Picture von einem zum anderen Bild, bzw. die Eigenschaft Caption von einem zum anderen Label-Element durch Drag'n Drop übergeben zu können. Die Drag'n Drop-Operation wird mit Hilfe zweier Symbole dem Anwender anschaulich dargestellt. Das erste Symbol zeigt an, daß ein Element gerade mit gedrückter Maustaste bewegt wird. Falls sich dieses Quellen-Control über dem richtigen Ziel befindet, ändert sich die Figur des Mauszeigers in ein lachendes Gesicht. Durch einen Doppelklick auf das jeweilige Ziel-Control kann der übertragene Inhalt wieder gelöscht werden.

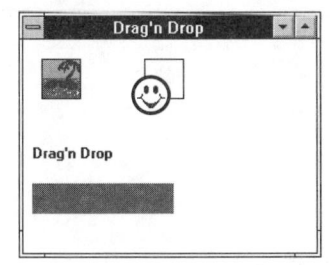

Abb. 160: Beispiel zu Drag'n Drop in VisualBasic

Objekt	Eigenschaft	Inhalt
Form1	Caption	Drag'n Drop
Bild1	Autosize	wahr
Bild2	DragIcon	vbicon1.ico
	Picture	vbbild.ico
Bezeichnung1	BackColor	&H0000FF00&
	Caption	leeres Feld
Bezeichnung2	DragIcon	vbicon1.ico
	Caption	Drag'n Drop

Neue Eigenschaften	Kurzbeschreibung
Bild1.DragIcon	Figur des Mauszeigers bei Drag'n Drop

Neue Ereignisse	Kurzbeschreibung
Bild1_DragOver	Quelle wurde über das Ziel gezogen
Bild1_DragDrop	Quelle wurde über dem Ziel losgelassen

Neue Methoden	Kurzbeschreibung
Bild1.Drag	Drag'n Drop-Operation starten bzw. beenden

Beispiel

' VBDRAG.FRM

```
 1  Const ENTER = 0
 2  Const LEAVE = 1
 3
 4  Sub Bild1_DragOver (Quelle As Control, X As Single,
 5                     Y As Single, State As Integer)
 6    If TypeOf Quelle Is PictureBox Then
 7      Select Case State
 8      Case ENTER
 9        Quelle.DragIcon = LoadPicture(
10          "d:\profiwin\tasks\eingabe\vbicon3.ico")
11      Case LEAVE
12        Quelle.DragIcon = LoadPicture(
13          "d:\profiwin\tasks\eingabe\vbicon1.ico")
14      End Select
15    End If
16  End Sub
17
18  Sub Bild1_DragDrop (Quelle As Control, X As Single,
19                     Y As Single)
20    If TypeOf Quelle Is PictureBox Then
21      Bild1.Picture = Quelle.Picture
22      Bild2.Drag 2
23    End If
24  End Sub
25
26  Sub Bild1_DblClick ()
27    Bild1.Picture = LoadPicture("")
28  End Sub
29
30  Sub Bild2_MouseDown (Maustaste As Integer,
31     Umschalten As Integer, X As Single, Y As Single)
32    Bild2.Drag 1
33    Bild2.DragIcon =   LoadPicture(
34       "D:\profiwin\tasks\eingabe\vbicon1.ico")
35  End Sub
36

37  Sub Bezeichnung1_DragOver (Quelle As Control, X As
38         Single, Y As Single, State As Integer)
39    If TypeOf Quelle Is Label Then
40      If State = ENTER Then
41        Bezeichnung1.BackColor = RGB(255, 0, 0)
42        Quelle.DragIcon = LoadPicture(
43          "d:\profiwin\tasks\eingabe\vbicon3.ico")
44      End If
45      If State = LEAVE Then
46        Bezeichnung1.BackColor = RGB(0, 255, 0)
47        Quelle.DragIcon = LoadPicture(
48          "d:\profiwin\tasks\eingabe\vbicon1.ico")
49      End If
50    End If
51  End Sub
52
53  Sub Bezeichnung1_DragDrop (Quelle As Control, X As
54         Single, Y As Single)
55    If TypeOf Quelle Is Label Then
56      Bezeichnung1.Caption = Bezeichnung2.Caption
57      Bezeichnung2.Drag 2
58    End If
59  End Sub
60
61  Sub Bezeichnung1_DblClick ()
62    Bezeichnung1.Caption = ""
63    Bezeichnung1.BackColor = RGB(0, 255, 0)
64  End Sub
65
66  Sub Bezeichnung2_MouseDown (Maustaste As Integer,
67     Umschalten As Integer, X As Single, Y As Single)
68    Bezeichnung2.Drag 1
69    Bezeichnung2.DragIcon = LoadPicture(
70       "D:\profiwin\tasks\eingabe\vbicon1.ico")
71  End Sub
```

Der Drag-Modus der beiden Quellen-Kontrollelemente, Bild2 und Bezeichnung2, wurde auf manuell gelassen, so daß wir mit Hilfe der Methode Drag die Aktion starten. Sobald ein Quellen-Control über das Ziel-Element Bild1 gezogen wird, entsteht das Ereignis Bild1_DragOver. Falls die Quelle das Element Bild2 ist, handelt sich um eine Picture Box. In diesem Fall wird noch der Zustand der Bewegung geprüft und das entsprechende Symbol der Eigenschaft DragIcon der Quelle zugewiesen. Die beiden Konstanten ENTER und LEAVE wurden im Deklarationsteil vereinbart.

Wird jetzt das Quellen-Bild über dem Ziel-Bild losgelassen, befinden wir uns in dem Ereignis Bild1_DragDrop, in dem nun der Inhalt der Eigenschaft Picture dem Ziel übergeben wird. Die Drag'n Drop-Operation wird durch Aufruf der Methode Drag und den Parameter 2 beendet.

Diese Operation wird erneut gestartet, sobald der Anwender eine Maustaste drückt und sich die Maus über dem Control Bild2 befindet. Dazu wird die Methode Drag mit dem Wert 1 aufgerufen und der Drag-Cursor über die Eigenschaft DragIcon eingestellt.

Dieser gerade geschilderte Ablauf ist für die beiden Bezeichnungsfelder derselbe. Zusätzlich wird die Hintergrundfarbe des Zieles auf rot gesetzt, wenn das Quellen-Control über das Zielfeld gezogen wird.

5.4 Der Zeitgeber

Als drittes und letztes Eingabegerät ist noch der Zeitgeber zu nennen, der einem Windows-Programm periodisch mitteilt, wenn sein zuvor eingestelltes Zeitintervall abgelaufen ist. Für diese Hardware-Timer-Interrupts ist der Windows-Treiber SYSTEM.DRV zuständig.

Abb. 161: Eingabe mit Hilfe des Zeitgebers

Einsatz des Timers

Zeitgeber werden häufig eingesetzt, um bei länger andauernden Arbeiten, wie z.B. bei der Durchführung einer Kalkulation, die Multitasking-Fähigkeit von Windows besser nutzen zu können. Wie schon bei der Programmierung der ersten wirklichen Windows-Applikation erläutert, sollte jedes Programm die Kontrolle über die CPU möglichst schnell an Windows zurückgeben. Aus diesem Grund werden zeitlich lange Prozesse in mehrere Schritte aufgeteilt, von denen dann jeweils ein Schritt bei einer WM_TIMER-Meldung abgearbeitet werden kann.

5.4.1 Die Meldung WM_TIMER

Um einen Zeitgeber zu starten, wird die Funktion SetTimer benötigt, die entweder einen Timer mit der angegebenen Zeit einstellen kann oder NULL zurückliefert, wenn derzeit alle im System verfügbaren Timer schon von anderen Programmen benutzt werden. In den früheren Windows-Versionen konnten gleichzeitig nur 16 Timer gestartet sein, in der Windows-Version 3.1 wurde diese Zahl auf 32 hochgesetzt.

Funktion SetTimer
```
WORD SetTimer(hWnd,nIDEvent,wElapse,lpTimerFunc)
```

Der erste Parameter hWnd bestimmt, welches Fenster mit dem Zeitgeber verbunden werden soll. Es kann hier auch NULL übergeben werden, wenn keine Verbindung stattfinden soll. Jeder Timer sollte eindeutig identifizierbar sein, z.B. um ihn später wieder löschen zu können. Der dazu notwendige ID-Wert wird im zweiten Argument übergeben. Der dritte Parameter wElapse definiert das Zeitintervall in Millisekunden, wobei es jedoch zu Zeitverzögerungen kommen kann, da u.a. die durch diesen Aufruf entstehende Meldung WM_TIMER in der Warteschlange eine recht niedrige Priorität besitzt. Außerdem ist der Zeitgeber von dem Hardware-Timer des Rechners abhängig. Der letzte Parameter ist häufig auf NULL gesetzt. Dann werden die WM_TIMER-Meldungen an die normale Window-Funktion gesendet. Ansonsten kann auch eine Adresse, die zuerst mit Hilfe der Funktion MakeProcInstance ermittelt werden muß, einer Callback Funktion angegeben werden, die dann anstelle der Fensterroutine alle WM_TIMER-Meldungen erhält.

WM_TIMER

Bei der Verarbeitung der WM_TIMER-Meldung können Sie über den Parameter wParam feststellen, welche Timer-Zeitperiode abgelaufen ist, da in ihm der ID-Wert steht. Dies ist vor allem dann wichtig, wenn Sie innerhalb Ihres Programmes mit mehreren Zeitgebern arbeiten.

Funktion KillTimer

Das Anhalten und Löschen eines Timers sollte spätestens am Programmende erfolgen, da nur eine begrenzte Anzahl von Zeitgebern in Windows existiert. Der geeignete Ort des Löschens innerhalb der Fensterroutine ist die WM_CLOSE- oder WM_DESTROY-Meldung. Wenn Sie mit TurboPascal bzw. Borland C++ arbeiten, können Sie dafür nicht die Destruktor verwenden, da dort das Fenster-Handle schon nicht mehr gültig ist. Normalerweise erfolgt der Aufruf von KillTimer in der Methode Destroy. Diese Funktion entfernt alle zu der angegebenen Timer-Identifikation gehörenden WM_TIMER-Meldungen aus der Message Queue.

5.4.2 Das Objekt Timer

In VisualBasic ist der Timer, der in der deutschen Version als Zeitmesser bezeichnet wird, als Kontrollelement genauso wie die Picture Box oder die Bezeichnung realisiert worden. Der einzige Unterschied liegt darin, daß dieses Control nur während der interaktiven Erstellungszeit sichtbar ist. Sie finden den Timer in der linken Spalte, vorletzte Zeile der Toolbox.

Abb. 162: Das Kontrollelement Zeitmesser

Das gewünschte Zeitintervall wird über die Eigenschaft Interval eingestellt. Die Angabe erfolgt wie auch bei der API-Funktion SetTimer in Millisekunden und kann zwischen 0 und 65.535 liegen. Wenn der Timer nicht gleich zu Programmbeginn gestartet sein soll, müssen Sie die Eigenschaft Enabled entweder während der Design-Zeit oder in der Ereignis-Prozedur Form_Load auf falsch (0) setzen.

```
Sub Form_Load ()
    Zeitmesser1.Enabled = 0
End Sub
Sub Form_Click ()
    Zeitmesser1.Enabled = -1
End Sub
```

Erst wenn das Fenster, in dem sich der Zeitmesser befindet, einmal mit der Maus angeklickt wird, wird der Timer gestartet und generiert nach der eingestellten Intervall-Zeit jeweils ein Timer-Ereignis.

```
Sub Zeitmesser1_Timer ()
End Sub
```

5.4.3 Beispiel zu der Eingabe über den Zeitgeber

Es werden pro Applikation zwei Zeitgeber gestartet. Falls derzeit schon alle Timer vergeben sind, wird dies dem Anwender durch ein Meldungsfenster bekanntgegeben. Der Benutzer kann nun entscheiden, ob er das Programm beendet oder noch einmal einen Versuch wagt, z.B. nachdem er ein anderes Programm mit einem Zeitgeber geschlossen hat.

Bei einem erfolgreichen Start wird jede zehnte Sekunde eine WM_TIMER-Meldung generiert, bei der der zweite Zeitgeber neu eingestellt wird und die neue Zeit in die Titelzeile des Fensters geschrieben wird. Beim Ablauf dieses veränderbaren Timers ertönt ein Warnton.

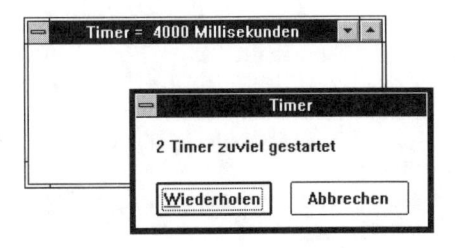

Abb. 163: Beispielprogramm wurde zweimal gestartet

Windows-Meldungen	Kurzbeschreibung
WM_TIMER	Zeit des Timers ist abgelaufen

Windows-Funktionen	Kurzbeschreibung
KillTimer	Zeitgeber wird gelöscht
SetTimer	Zeitgeber wird gestartet
SetWindowText	Text der Titelzeile wird verändert

Beispiel

/*************** **QCTIMER.C** ***************/

```
 1  /* QuickCase:W */
 2  #include "QCTimer.h"
 3
 4  int PASCAL WinMain(HANDLE hInstance, HANDLE
 5  hPrevInstance, LPSTR lpszCmdLine, int nCmdShow)
 6  {
 7  /***************************************************/
 8  /* hInstance;         Handle dieser Instanz       */
 9  /* hPrevInstance;Handle der vorhergehenden Instanz*/
10  /* lpszCmdLine; Zeiger auf die Kommandozeile      */
11  /* nCmdShow;    Code zur Anzeige des Hauptfensters */
12  /***************************************************/
13
14  MSG  msg;   /* MSG-Struktur für die Meldungen    */
15  int  nRc;   /* Rückgabewert der Klassen-         */

16          /* Registrierung(en)              */
17
18  strcpy(szAppName, "QCTIMER");
19  hInst = hInstance;
20  if(!hPrevInstance)
21  {
22  /* Registrieren der Fensterklasse(n) bei der  */
23  /* 1.Instanz                                  */
24      if ((nRc = nCwRegisterClasses()) == -1)
25      {
26  /* Registrierung schlug fehl                  */
27          LoadString(hInst, IDS_ERR_REGISTER_CLASS,
28              szString, sizeof(szString));
29          MessageBox(NULL, szString, NULL,
30              MB_ICONEXCLAMATION);
```

```
 31         return nRc;
 32      }
 33   }
 34
 35   /* Hauptfenster erzeugen                                    */
 36   hWndMain = CreateWindow(
 37         szAppName,       /* Klassennamen                      */
 38         "Arbeiten mit Zeitgebern",
 39                          /* Text in der Titelzeile            */
 40         WS_CAPTION       | /* Titel zufügen                    */
 41         WS_SYSMENU       | /* Systemmenübox zufügen            */
 42         WS_MINIMIZEBOX   | /* Minimize Box zufügen             */
 43         WS_MAXIMIZEBOX   | /* Maximize Box zufügen             */
 44         WS_THICKFRAME    | /* in der Größe veränderbar         */
 45         WS_CLIPCHILDREN  |
 46                          /* kein Zeichnen in den Kindfenstern */
 47         WS_OVERLAPPED,
 48         CW_USEDEFAULT, 0, /* Default-Werte für X, Y           */
 49         CW_USEDEFAULT, 0,
 50                          /* Default-Werte für Breite und Höhe */
 51         NULL,            /* Handle des Elternfensters         */
 52         NULL,            /* Handle des Menüs                  */
 53         hInst,           /* Handle der Instanz                */
 54         NULL);           /* Struktur für WM_CREATE            */
 55
 56   if(hWndMain == NULL)
 57   {
 58      LoadString(hInst, IDS_ERR_CREATE_WINDOW,
 59            szString, sizeof(szString));
 60      MessageBox(NULL, szString, NULL,
 61            MB_ICONEXCLAMATION);
 62      return IDS_ERR_CREATE_WINDOW;
 63   }
 64
 65   while (!SetTimer(hWndMain, ID_TIMER1, 10000, NULL))
 66      if (IDCANCEL == MessageBox(hWndMain,
 67            "2 Timer zuviel gestartet", "Timer",
 68                              MB_RETRYCANCEL))
 69         return FALSE;
 70   while (!SetTimer(hWndMain, ID_TIMER2, 500, NULL))
 71      if (IDCANCEL == MessageBox(hWndMain,
 72            "1 Timer zuviel gestartet", "Timer",
 73                              MB_RETRYCANCEL))
 74         return FALSE;
 75
 76   ShowWindow(hWndMain, nCmdShow);
 77   /* Anzeigen des Hauptfensters */
 78
 79   while(GetMessage(&msg, NULL, 0, 0))
 80   /* bis WM_QUIT eintritt */
 81   {
 82      TranslateMessage(&msg);
 83      DispatchMessage(&msg);
 84   }
 85
 86   /* Aufräumarbeiten, bevor die Applikation beendet */
 87   /* wird                                           */
 88   CwUnRegisterClasses();
 89   return msg.wParam;
 90
 91 } /* Ende der WinMain                              */
 92 /*************************************************/
 93 /*                                                */
 94 /* Fensterroutine des Hauptfensters:              */
 95 /*                                                */
 96 /* Diese Prozedur stellt Service-Routinen für die */
 97 /* Windows-Ereignisse (Meldungen) bereit, die     */
 98 /* Windows oder der Benutzer an das Fenster sendet*/
 99 /* Sie initialisiert Ereignisse (Meldungen), die  */
100 /* entstehen, wenn der Anwender z.B. einen Menü-  */
101 /* punkt oder ein Tastenkürzel anwählt            */
102 /*                                                */
103 /*************************************************/
104 LONG FAR PASCAL WndProc(HWND hWnd, WORD Message,
105 WORD wParam, LONG lParam)
106 {
107   HMENU        hMenu=0;         /* Menü-Handle     */
108   HBITMAP      hBitmap=0;       /* Handle für Bitmaps */
109   HDC          hDC;/* Handle für den Display Context */
110   PAINTSTRUCT  ps;  /* enthält Zeichen-Informationen */
111   int          nRc=0;           /* Rückgabewert    */
112   static int   i ;
113   char         szTitel[25];
114
115   switch (Message)
116   {
117      case WM_CREATE:
118         i = 500;
119         break;                 /* Ende von WM_CREATE */
120
121      case WM_MOVE:             /* Bewegen des Fensters */
122         break;
123
124      case WM_SIZE:
125   /* Größenänderung der Client Area                 */
126         break;                 /* Ende von WM_SIZE */
127
128      case WM_TIMER:
129         if (wParam == ID_TIMER1)
130         {
131            if (i > 5000)
132               i = 0;
133            i = i + 500;
134            KillTimer(hWnd, ID_TIMER2);
135            SetTimer(hWnd, ID_TIMER2, i, NULL);
136            wsprintf(szTitel,"Timer = %i Millisekunden",i);
137            SetWindowText(hWnd, szTitel);
138         }
139         if (wParam == ID_TIMER2)
140            MessageBeep(0);
141         break;
142
143      case WM_PAINT: /* Neuzeichnen der Client Area */
144      /* bekommt ein Handle auf den Device Context  */
145      /* BeginPaint wird evtl. WM_ERASEBKGND senden */
146         memset(&ps, 0x00, sizeof(PAINTSTRUCT));
147         hDC = BeginPaint(hWnd, &ps);
148      /* falls der Hintergrund keine reine Farbe besitzt*/
149         SetBkMode(hDC, TRANSPARENT);
150      /* Das Neuzeichnen ist abgeschlossen           */
151         EndPaint(hWnd, &ps);
152         break;       /* Ende von WM_PAINT          */
153
154      case WM_CLOSE: /* Schließen des Fensters      */
155      /* Zerstören der Kindfenster, modeless Dialogboxen*/
156      /* Zerstören dieses Fensters                  */
157         DestroyWindow(hWnd);
158         if (hWnd == hWndMain)
159         {
160            KillTimer(hWnd, ID_TIMER1);
161            KillTimer(hWnd, ID_TIMER2);
162            PostQuitMessage(0);
163         }
164      /* Beenden der Applikation                    */
165         break;
166
167      default:
168      /* alle Meldungen, für die keine eigene Service- */
169      /* Routine zur Verfügung gestellt wird, sollten an*/
170      /* Windows gereicht werden, damit eine Default- */
171      /* Verarbeitung stattfinden kann              */
172         return DefWindowProc(hWnd, Message, wParam, lParam);
173   }
174   return 0L;
175 }  /* Ende von WndProc                            */
176
177 /*************************************************/
178 /*                                                */
179 /* nCwRegisterClasses Funktion:                   */
180 /*                                                */
181 /* Die folgende Funktion registriert alle Klassen */
182 /* von allen Fenstern, die mit dieser Applikation */
183 /* verbunden sind. Die Funktion liefert einen     */
184 /* Fehlercode zurück, falls sie nicht erfolgreich */
185 /* war, ansonsten wird 0 zurückgegeben.           */
186 /*                                                */
187 /*************************************************/
188
189 int nCwRegisterClasses(void)
190 {
191    WNDCLASS   wndclass;
192    /* Struktur, um eine Klasse zu definieren      */
193    memset(&wndclass, 0x00, sizeof(WNDCLASS));
194    /* Füllen von WNDCLASS mit Fenster-Eigenschaften*/
195    wndclass.style = CS_HREDRAW | CS_VREDRAW |
196                                  CS_BYTEALIGNWINDOW;
197    wndclass.lpfnWndProc = WndProc;
198    /* zusätzlicher Speicher für Klassen- und      */
199    /* Fensterobjekte                              */
200    wndclass.cbClsExtra = 0;
201    wndclass.cbWndExtra = 0;
202    wndclass.hInstance = hInst;
203    wndclass.hIcon = LoadIcon(NULL, IDI_APPLICATION);
204    wndclass.hCursor = LoadCursor(NULL, IDC_ARROW);
205    /* Erzeugen eines Pinsels, um den Hintergrund  */
206    /* zu löschen                                  */
207    wndclass.hbrBackground = (HBRUSH)(COLOR_WINDOW+1);
208    wndclass.lpszMenuName = szAppName;
209    /* Klassenname = Menüname */
210    wndclass.lpszClassName = szAppName;
211    /* Klassenname = App.-Name */
212    if(!RegisterClass(&wndclass))
213       return -1;
214
215    return(0);
216 } /* Ende von nCwRegisterClasses                 */
217
218 /*************************************************/
219 /*                                                */
220 /* CwUnRegisterClasses Function:                  */
221 /*                                                */
222 /* löscht jeden Bezug zu den Fenster-Resources,   */
223 /* die für diese Applikation erzeugt wurden, gibt */
224 /* Speicher frei, löscht die Instanz, die Handles */
225 /* und tätigt andere Aufräumarbeiten              */
226 /*                                                */
227 /*************************************************/
228 void CwUnRegisterClasses(void)
229 {
230    WNDCLASS  wndclass;
231    /* Struktur, um eine Klasse zu definieren      */
232    memset(&wndclass, 0x00, sizeof(WNDCLASS));
233
234    UnregisterClass(szAppName, hInst);
235 }  /* Ende von CwUnRegisterClasses                */
```

Eingabe

Turbo Pascal

neue Methoden	Kurzbeschreibung
TWindowsObject.Destroy	Fenster wird daraufhin vom Bildschirm entfernt

Beispiel

{ Erweitertes Programm: TPTimer.PAS }

```pascal
program TPTimer;
uses WObjects, WinTypes, WinProcs;

const ID_TIMER1 = 10;
      ID_TIMER2 = 11;
type
  TRahmen = object(TApplication)
    procedure InitMainWindow; virtual;
  end;

type
  PFenster = ^TFenster;
  TFenster = object(TWindow)
    i: integer;
    procedure WMTimer (var Msg: TMessage); virtual
                      wm_First + WM_TIMER;
    procedure SetupWindow; virtual;
    procedure Destroy; virtual;
  end;

procedure TRahmen.InitMainWindow;
begin
  MainWindow := New(PFenster, Init(nil,
                    'Arbeiten mit Zeitgebern'));
end;

procedure TFenster.SetupWindow;
begin
  TWindow.SetupWindow;
  while ( SetTimer(HWindow, ID_TIMER1, 10000, nil) =
          0) do begin
    if (IDCANCEL = MessageBox(HWindow,
                   '2 Timer zuviel gestartet', 'Timer',
                                    MB_RETRYCANCEL) )
      then Halt (255);
  end;
  while ( SetTimer(HWindow, ID_TIMER2, 500, nil) =
          0) do begin
    if (IDCANCEL = MessageBox(HWindow,
                   '1 Timer zuviel gestartet', 'Timer',
                                    MB_RETRYCANCEL) )
      then Halt (255);
  end;
end;

procedure TFenster.Destroy;
begin
  TWindow.Destroy;
  KillTimer(HWindow, ID_TIMER1);
  KillTimer(HWindow, ID_TIMER2);
end;

procedure TFenster.WMTimer (var Msg: TMessage);
var szTitel: array[0..25] of char;
begin
  if (Msg.wParam = ID_TIMER1) then
  begin
    if (i > 5000)
      then i := 0;
    i := i + 500;
    KillTimer(HWindow, ID_TIMER2);
    SetTimer(HWindow, ID_TIMER2, i, nil);
    wvsprintf(szTitel,'Timer = %i Millisekunden',i);
    SetWindowText(HWindow, szTitel);
  end;
  if (Msg.wParam = ID_TIMER2)
    then MessageBeep(0);
end;

{ Hauptprogramm }
var MeinRahmen : TRahmen;
begin
  MeinRahmen.Init('TPFirst3');
  MeinRahmen.Run;
  MeinRahmen.Done;
end.
```

Turbo C++

neue Methoden	Kurzbeschreibung
TWindowsObject::Destroy	Fenster wird zerstört

Beispiel

/************* TCTIMER.CPP ****************/**

```cpp
#include <owl.h>
#define ID_TIMER1 10
#define ID_TIMER2 11

class TRahmen :public TApplication
{
public:
  TRahmen(LPSTR AName, HANDLE hInstance, HANDLE
          hPrevInstance, LPSTR lpCmdLine, int nCmdShow)
    : TApplication(AName, hInstance, hPrevInstance,
      lpCmdLine, nCmdShow) {};
  virtual void InitMainWindow();
};

class TFenster : public TWindow
{
public:
  int i;
  TFenster(PTWindowsObject AParent, LPSTR ATitle)
    : TWindow(AParent, ATitle) {};
  virtual void SetupWindow();
  virtual void Destroy();
```

```
23    virtual void WMTimer (RTMessage) =           55    KillTimer(HWindow, ID_TIMER1);
24                 [WM_FIRST+WM_TIMER];            56    KillTimer(HWindow, ID_TIMER2);
25    };                                           57    }
26                                                 58
27    void TRahmen::InitMainWindow()               59    void TFenster::WMTimer(RTMessage Msg)
28    {                                            60    {
29      MainWindow = new TFenster(NULL,            61      char szTitel[25];
30           "Arbeiten mit Zeitgebern");           62      int z;
31    }                                            63      if (Msg.WParam == ID_TIMER1)
32                                                 64      {
33    void TFenster::SetupWindow()                 65        if (i > 5000)
34    {                                            66          i = 0;
35      TWindow::SetupWindow();                    67        i = i + 500;
36      while (!SetTimer(hWindow, ID_TIMER1, 10000, NULL))  68    KillTimer(HWindow, ID_TIMER2);
37      {                                          69        SetTimer(HWindow, ID_TIMER2, i, NULL);
38        if (IDCANCEL == MessageBox(HWindow,      70        z = i;
39             "2 Timer zuviel gestartet", "Timer",71        wsprintf(szTitel,"Timer = %d Millisekunden",z);
40             MB_RETRYCANCEL))                    72        SetWindowText(HWindow, szTitel);
41          exit(FALSE);                           73      }
42      }                                          74      if (Msg.WParam == ID_TIMER2)
43      while (!SetTimer(HWindow, ID_TIMER2, 500, NULL))  75    MessageBeep(0);
44      {                                          76    }
45        if (IDCANCEL == MessageBox(HWindow,      77
46             "1 Timer zuviel gestartet", "Timer",78    int PASCAL WinMain(HANDLE hInstance, HANDLE hPrevInstance,
47             MB_RETRYCANCEL))                    79         LPSTR lpCmdLine, int nCmdShow)
48          exit(FALSE);                           80    {
49      }                                          81      TRahmen MeinRahmen ("TCFirst", hInstance, hPrevInstance,
50      i = 500;                                   82           lpCmdLine, nCmdShow);
51    }                                            83      MeinRahmen.Run();
52                                                 84      return MeinRahmen.Status;
53    void TFenster::Destroy()                     85    }
54    {
```

Falls keine Zeitgeber im System zur Zeit frei sind, liefert die Funktion SetTimer den Wert FALSE zurück. Dem Benutzer wird dies über eine Messagebox mitgeteilt, bevor unser Hauptfenster angezeigt wird. Ohne den Zugriff auf einen Timer zu besitzen, ist es für unsere Beispiel-Applikation nicht mehr sinnvoll fortzufahren. Jedoch kann der Anwender auch ein anderes Programm mit einem Timer beenden und dafür mit unserem weitermachen. Die Abfrage der verfügbaren Zeitgeber erfolgt getrennt für jeden der beiden Timer.

```
while (!SetTimer(hWndMain,ID_TIMER1,10000,NULL))
   if (IDCANCEL == MessageBox(hWndMain,
      "2 Timer zuviel gestartet", "Timer",
                 MB_RETRYCANCEL))
      return FALSE;
```

Falls noch genügend Zeitgeber frei waren, soll der erste alle zehn Sekunden ablaufen und eine WM_TIMER-Meldung generieren, der zweite wird zu Beginn auf 0,5 Sekunden eingestellt. Da es zwei Zeitgeber in unserem Programm gibt, muß bei der Meldung WM_TIMER der Parameter wParam abgefragt werden, um zu ermitteln, welcher Zeitgeber sich gerade gemeldet hat. Die beiden ID-Werte ID_TIMER1 und ID_TIMER2 sind als Konstante definiert worden. Wenn durch den zweiten verstellbaren Timer die Meldung entstand, wird nur ein Warnton ausgegeben. Im anderen Fall wird die Zählvariable i um 500 erhöht und als neuer Sekundenwert der Funktion SetTimer übergeben. Zuvor werden mit Hilfe der Funktion KillTimer die noch vorhandenen WM_TIMER-Meldungen dieses Zeitgebers aus der Warteschlange entfernt. Die aktuell eingestellten Sekunden werden dem Anwender in der Titelzeile des Hauptfensters angezeigt.

```
case WM_TIMER:
 if (wParam == ID_TIMER1)
 {
   if (i > 5000)
     i = 0;
   i = i + 500;
   KillTimer(hWnd, ID_TIMER2);
   SetTimer(hWnd, ID_TIMER2, i, NULL);
```

```
    wsprintf(szTitel,"Timer = %i Millisekunden",i);
    SetWindowText(hWnd, szTitel);
}
if (wParam == ID_TIMER2)
  MessageBeep(0);
break;
```

Die beiden objektorientierten Sprachen Borland C++ und TurboPascal führen diese Arbeiten in der selbstdefinierten Methode WMTimer durch. Da das Borland C++-Programm abgestürzt ist, wenn die Funktion wsprintf direkt auf die Objektvariable i zugriff, habe ich dort noch die Variable z eingeführt.

Am Programmende darf nicht vergessen werden, beide Timer mit der Funktion KillTimer zu löschen, da sie ansonsten nicht mehr für andere Programme zur Verfügung stehen.

Microsoft Visual Basic

Objekt	Eigenschaft	Inhalt
Form1	Caption	Arbeiten mit Zeitgebern
Zeitmesser1	Interval	10000
Zeitmesser2	Interval	500

Neue Ereignisse	Kurzbeschreibung
Zeitmesser1_Timer	gesetzte Zeit ist abgelaufen

Beispiel
```
' VBTIMER.FRM
Dim i As Integer

Sub Zeitmesser1_Timer ()
    If (i > 5000) Then
      i = 0
    End If
    i = i + 500
    Zeitmesser2.Interval = i
    Form1.Caption = "Timer = " + Str$(i) +
                    " Millisekunden"
End Sub

Sub Zeitmesser2_Timer ()
    Beep
End Sub

Sub Form_Load ()
    i = 500
End Sub
```

Das VisualBasic-Programm besitzt dasselbe Aussehen und dieselbe Funktionsweise wie die übrigen drei Timer-Applikationen, nur der Code ist um einiges kürzer.

Da es in VisualBasic so einfach ist, mit dem Zeitmesser umzugehen, wollen wir auf das Beispiel VBAUSGAB zurückkommen, das wir im Ausgabe-Kapitel geschrieben haben. Eine Picture Box, die ein Auto anzeigt, wurde bei jeder Größenänderung des Fensters durch den Anwender ein Schritt weiter nach rechts unten bewegt. Dieses Beispiel verschönern wir nun, indem wir mit Hilfe des Timers das Auto automatisch alle 0,5 Sekunden weiterfahren.

Abb. 164: Verbessertes VBAUSGAB-Programm

```
' VBTIMER2.FRM
Sub Form_Load ()
    Bild1.Move 0, 0
End Sub

Sub Zeitmesser1_Timer ()
    Static i As Integer
    If i = 0 Then
        Bezeichnung1.Caption = "Fahren"
    End If
    i = i + 250
    If i > ScaleHeight Or
       i > ScaleWidth Then
        i = 0
        Bezeichnung1.Caption =
                    "Restart !!!"
    End If
    Bild1.Move i, i
End Sub
```

Die Realisierung ist denkbar einfach und durch das Ergänzen eines Zeitgebers und über einen Ausschneiden/Einfügen-Vorgang durchführbar. Sie müssen nur den Inhalt der Ereignis-Prozedur Form_Resize aus dieser Prozedur löschen und ihn dafür in der durch den Timer neu entstandenen Prozedur Zeitmesser1_Timer einfügen.

Falls es bei der Ausführung des Programms zu einer Fehlermeldung kommt, liegt es wahrscheinlich daran, daß das Symbol für die Picture Box nicht gefunden werden kann, da Sie andere Verzeichnisse besitzen. In diesem Fall müssen Sie die Eigenschaft Picture der Picture Box interaktiv in VisualBasic neu einstellen.

Zusammenfassung

Die Eingaben, die in diesem Kapitel besprochen werden, treten durch das Arbeiten mit der Tastatur, der Maus und mit dem Zeitgeber auf. In allen vier Sprachen sind die Reaktionen auf diese Eingabe-Möglichkeiten recht ähnlich. Die entsprechenden Treiber melden einen auftretenden Interrupt an Windows weiter. Windows wandelt diese Interrupts in Meldungen bzw. Ereignisse um und stellt sie in die entsprechende Application-Message-Queue. In den beiden objektorientierten Sprachen Borland C++ und TurboPascal kann mit geringem Programmieraufwand ein kleiner Text-Editor geschrieben werden, da dafür zwei vordefinierte Klassen TEditWindow und TFileWindow existieren.

Mit Hilfe der Maus können auch Drag'n Drop-Operationen durchgeführt werden, wobei Elemente wie z.B. Dateinamen aus dem Dateimanager angeklickt und in ein anderes Programm gezogen werden können. Diese Windows-Fähigkeit wird immer populärer, da dadurch die Bedienung verschiedener Applikationen sehr einfach wird. Der Zeitgeber wird vor allem für rechnerintensive Berechnungen und Animationen verwendet, wobei jedoch innerhalb des Windows-Systems gleichzeitig nicht mehr als 32 Timer zur Verfügung stehen.

6. Benutzerführung

In diesem sechsten Kapitel werden folgende Themen behandelt:

- Icon / Symbol
    - Standard-Symbol
    - selbstgezeichnet

- Cursor / Mauszeiger
    - Standard-Zeiger
    - eigen definiertes Aussehen

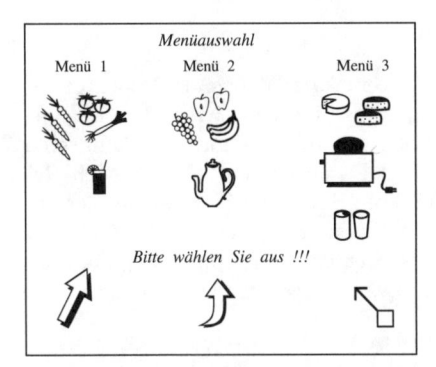

- Stringtable / Tabelle für Texte

- Menü
    - Definition
    - Die Meldung WM_COMMAND
    - Ergänzungen von Menüpunkten
    - Hot Keys / Tastenkürzel

Microsoft Visual Basic

- Erstellungswerkzeuge
    IMAGEDIT
    QuickCase:W
    Resource Workshop
    ICONWRKS
    Menüentwurfsfenster

6.1 Resources als Benutzerkomfort

In diesem Kapitel werden Sie u.a. erfahren, wie Sie selbstgezeichnete Symbole in Ihre Programme einbinden können. Mit Hilfe verschiedener Mauszeiger können Sie dem Benutzer mitteilen, ob er gerade einen Zeichenstift oder einen Pinsel benutzen kann. Über ein Menü kann sich auch ein ungeübter Anwender in Ihrem Programm zurechtfinden. All diese Ergänzungen haben die Aufgabe, den Benutzerkomfort und das grafische Aussehen eines Programms zu verbessern.

6.1.1 Hinzufügen von Resources

Bei der Windows-Programmierung werden diese Erweiterungen auch als Resources bezeichnet, wobei VisualBasic eine Ausnahme macht, da es hier keine wirklichen Resources gibt. In den anderen Sprachen QuickC, TurboPascal und Borland C++ kann eine Windows-Applikation zusätzlich zu den Code- und Datensegmenten auch noch Resource-Segmente besitzen, die genauso wie die anderen Segmente Bestandteile der ablauffähigen EXE-Datei sind, jedoch bei der Erstellung in einer eigenen Datei gespeichert werden. Resources beschreiben die Benutzerschnittstellen eines Programms, die normalerweise während der Programmlaufzeit nicht mehr geändert werden können.

In Windows existieren mehrere Resources mit vordefinierten Typen, die am häufigsten gebrauchten sind anschließend aufgelistet. Sie können sich aber auch eigene Typen schaffen.

- Symbol (Icon)
- Mauszeiger (Cursor)
- Menü
- Tastenkürzel (Accelerator-Tabelle)
- Text-Strings (String-Tabelle)
- Dialogbox

Diese Resources werden in den verschiedenen Sprachen auf unterschiedliche Weise verwaltet. Bei der Erstellung der Programmoberfläche mit QuickCase:W wird während der Generierung auch eine Resource Script-Datei angelegt, in der mindestens eine String-Tabelle mit zwei Zeichenketten, die als Fehlertexte dienen, gespeichert sind. Diese Datei mit der Endung RC besitzt das lesbare ASCII-Format und wird dem Projekt für die Erstellung eines fertigen Programmes hinzugefügt.

Resource Compiler

Aufgrund dieser Ergänzung wird neben dem Compiler und dem Linker noch ein spezieller Resource Compiler aufgerufen, der zu Beginn die Aufgabe besitzt, die RC-Datei in ein binäres Format zu übersetzen und in eine neue Datei mit der Endung RES zu sichern. Nach der C-Übersetzung und dem Binden des Programmes wird dieser Resource Compiler ein zweites Mal aktiviert, um die Resources mit der EXE-Datei zu verbinden. Diese Ablauffolge können Sie mitverfolgen, wenn Sie auf die erste Zeile der Dialogbox achten, die beim Übersetzen und Binden in der QuickC-Entwicklungsumgebung erscheint, oder anschließend den Inhalt des Error-Fensters lesen.

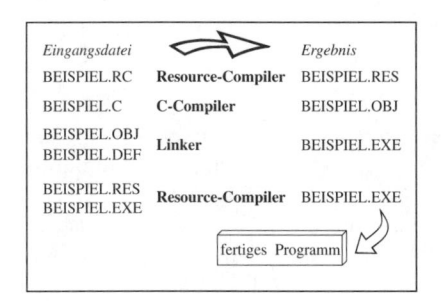

Eingangsdatei		Ergebnis
BEISPIEL.RC	Resource-Compiler	BEISPIEL.RES
BEISPIEL.C	C-Compiler	BEISPIEL.OBJ
BEISPIEL.OBJ BEISPIEL.DEF	Linker	BEISPIEL.EXE
BEISPIEL.RES BEISPIEL.EXE	Resource-Compiler	BEISPIEL.EXE
		fertiges Programm

Abb. 165: Ablauffolge einer Programmerstellung mit QuickC

Borland hat die Verwaltung der Resources etwas anders gelöst, da Sie bei beiden Sprachen (Borland C++ und TurboPascal) normalerweise nur mit RES-Dateien arbeiten, die von dem Resource Workshop direkt gespeichert werden können. Mit diesem Workshop können Sie aber auch andere Dateiformate wie RC-Dateien, ICO-Dateien etc. bearbeiten.

In TurboPascal wird die RES-Datei über den Schalter {$R} in der Quelldatei, z.B. Beispiel.PAS, bekanntgegeben, um sie zum Schluß mit der EXE-Datei zu verbinden.

    {$R Beispiel.RES}

Durch diese Zeile wird die Resource-Datei Beispiel.RES mit dem ansonsten fertigen Programm Beispiel.EXE verknüpft.

Wenn Sie mit Borland C++ programmieren, fügen Sie Ihrem Projekt über den Menüpunkt *Add Item* aus dem Untermenü *Project* die RES-Datei zu, so daß nun das Fenster

Project die Namen zweier Dateien, Beispiel.CPP und Beispiel.RES, beinhaltet. Diese RES-Datei wird wie auch bei QuickC nach dem Compiler- und Linker-Lauf in die EXE-Datei ergänzt. Dies können Sie z.B. aus dem Dialogfenster lesen, das den Ablauf der Erstellung anzeigt.

Vorteil der Resources

Durch die Verwendung von Resources kann Speicherplatz eingespart werden, da sie wie die Codesegmente auch bei mehreren Instanzen einer Applikation nur einmal im Speicher vorhanden sind. Zusätzlich können Sie bei den einzelnen Resources angeben, daß sie nicht sofort bei Programmstart (PRELOAD), sondern erst bei Bedarf (LOAD ON CALL) geladen werden.

Zudem sind Resources recht einfach austauschbar. Dieser Punkt wird z.B. dann wichtig, wenn Sie internationale Verbindungen besitzen und dieselbe Applikation in verschiedenen Sprach-Versionen ausliefern wollen. Wenn die Menüs und Fehlertexte im Datensegment liegen würden, müßte bei jeder sprachbedingten Änderung die ganze Applikation neu übersetzt und gebunden werden. Durch die Verwendung von Resource-Dateien und unter der Annahme, daß die Resource-Namen unverändert bleiben, reicht es aus, nur den Resource Compiler zu starten.

6.1.2 Erstellung von Resources

Jedes Software-Paket bietet eigene Hilfsmittel zum Zeichnen von Icons und Cursorn, zur Definition von Menüs und Tastenkürzel etc. In dem QuickC-Paket wird das Programm IMAGEDIT zur Erstellung von Symbolen und Mauszeigern mitgeliefert, die Menüs werden direkt in QuickCase:W eingegeben. Für die Definition von Dialogboxen existiert die Applikation DLGEDIT (siehe nächstes Kapitel). Bei den beiden Borland-Sprachen wird jeweils der schon zuvor erwähnte Resource Workshop (WORKSHOP) für die Erstellung aller Resources verwendet. VisualBasic besitzt als Beispielprogramm die Applikation ICONWRKS, mit der neue Symbole gezeichnet und die mitgelieferten verändert werden können. Für die Menü-Generierung existiert das Menüentwurfsfenster.

Wir wollen uns schon an dieser Stelle den Resource Workshop von Borland kurz ansehen, da durch die Integration aller Resource-Werkzeuge die grundlegenden Arbeiten immer dieselben sein werden. Um diese Applikation zu installieren, benötigen Sie ungefähr 3,5 MByte freien Platz auf Ihrer Festplatte.

Der Workshop arbeitet mit Projekten, die aus ein oder mehreren Resources bestehen können. Nach seinem Start besitzt sein Hauptfenster nur ein kleines Menü mit den beiden Menüpunkten *Datei* und *Hilfe*. Über den Menüpunkt *Projekt öffnen* muß nun ein schon bestehendes Projekt geöffnet oder über den Punkt *Neues Projekt* ein neues angelegt werden. Bei einem neuen Projekt wird nach dem Dateityp gefragt, von denen es sechs verschiedene gibt, die Ihnen zur Auswahl vorgelegt werden.

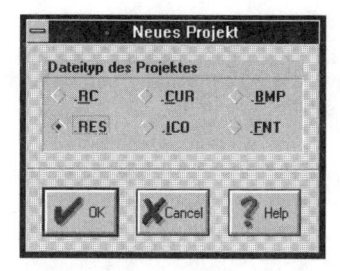

Abb. 166: Anlegen eines neuen Projektes im Resource Workshop

Ich habe für die Abbildung die Default-Einstellung 'RC-Datei' in 'RES-Datei' geändert, da wir für die meisten unserer weiteren TurboPascal- und Borland C++-Beispielprogramme diesen Dateityp benutzen werden. Neben den beiden genannten Typen werden noch Formate für Cursor, Icons, Fonts und Bitmaps angeboten, die dann sinnvoll sind, wenn auf dieselbe Mauszeiger-Figur etc. in mehreren Programmen zugegriffen werden soll.

Falls Sie an einem bestehenden Projekt Änderungen vornehmen wollen, haben Sie auch die Möglichkeit, die Resources aus einer EXE-Datei oder einer Dynamic Link Library zu laden.

Durch das Öffnen eines neuen oder bereits vorhandenen Projektes bekommt das Fenster des Resource Workshops eine neue Menüzeile, die aus mehreren Punkten besteht. Zudem wird ein zweites Fenster sichtbar, das alle Resource-Typen mit ihren Namen, die in dem Projekt enthalten sind, anzeigt. Bei einem neuen Projekt ist dieses Projektfenster noch ohne Inhalt. Da wir noch keine Resource wie ein Icon besitzen, müssen wir den Menüpunkt *Neu* aus dem Untermenü *Ressource* anwählen und den gewünschten Resource-Typ über die Listbox selektieren.

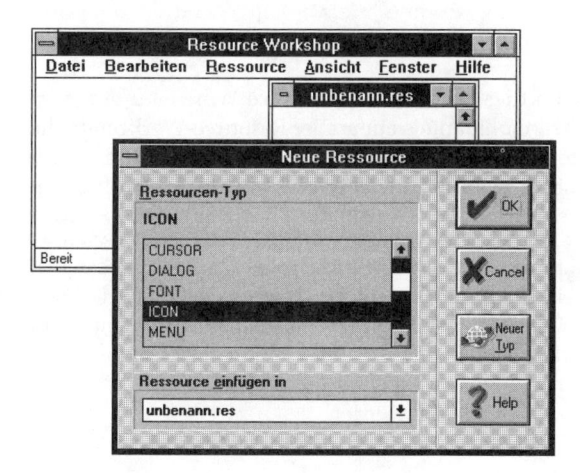

Abb. 167: Einfügen einer Resource in ein neues Projekt

Auf das Arbeiten mit den unterschiedlichen Editoren werden wir in den nächsten Punkten noch zu sprechen kommen. Nachdem ein oder mehrere Resources erstellt wurden, muß am Ende der Arbeiten das Gesamtprojekt über den Menüpunkt *Projekt speichern* bzw. *Projekt speichern unter* des Untermenüs *Datei* gesichert werden.

Image Editor   Für die Erstellung eines eigenen Symbols verwenden wir in QuickC das Zeichenporgramm IMAGEDIT, mit dem auch Cursor-Figuren und kleine Bitmaps gezeichnet werden können.

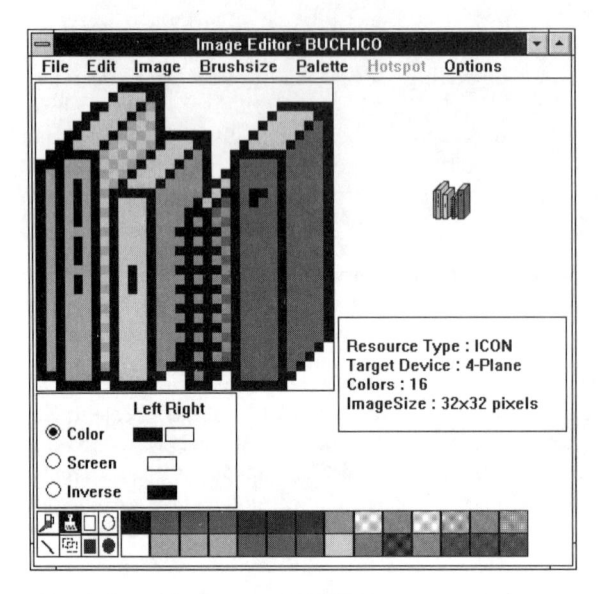

Abb. 168: Das Zeichenprogramm IMAGEDIT

Diese drei Dateitypen (BMP, ICO, CUR) besitzen einen unterschiedlichen Aufbau. Eine Bitmap-Datei enthält genau ein geräteunabhängiges einfarbiges oder buntes Bitmap, das in diesem Editor bis zu 265*265 Pixel groß sein kann. Wenn Sie ein größeres Bild benötigen, so können Sie z.B. das Programm PAINTBRUSH verwenden. Die Dateien für Cursor und Icons beinhalten normalerweise gleich mehrere Bilder, die zwar identisch aussehen, jedoch für unterschiedliche Bildschirm-Auflösungen geschaffen wurden. Deswegen muß bei einer Neuzeichnung anfangs das gewünschte Format eingestellt werden.

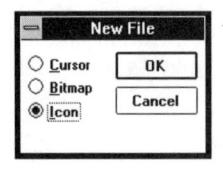

Abb 169: Auswahl des gewünschten Resource-Typs im Programm IMAGEDIT

Abhängig von dem selektierten Resource-Typ erscheint die nächste Dialogbox, damit eine bestimmte Bildschirm-Auflösung oder eine Bitmap-Größe eingestellt wird. Als Ergebnis wird ein leeres Rechteck für das Zeichnen des Bildes in dem Editor dargestellt. Im rechten Teil des Fensters erscheint die Zeichnung ein zweites Mal in dem Maß, in dem das fertige Bild erscheinen wird.

Zeichenwerkzeuge

Die Grafik kann mit verschiedenen Zeichengeräten erstellt werden, die sich in dem Tools-Menü am unteren linken Rand des Editors befinden. Damit können gerade Linien, Rechtecke, Kreise und Ellipsen gezeichnet werden, die entweder leer bleiben oder mit der aktuellen Farbe gefüllt werden können. Zudem können Sie Freihandzeichnungen schaffen und verschiedene Bereiche zusammenfassen und markieren. Um eines dieser Werkzeuge benutzen zu können, klicken Sie einfach das gewünschte in dem Menü an.

Farbwahl

Bei der Generierung eines Bitmaps oder Symbols können Sie auf viele Farben zugreifen, die in der Farbpalette angezeigt werden. Diese Palette beinhaltet mindestens 16 "wahre" Farben, bei denen es gewährleistet ist, daß sie auf einem Gerät, das 16 oder mehr Farben darstellen kann, eindeutig wiedergegeben werden können. Zusätzlich werden zwölf weitere Farben angeboten, die eine Simulation aus zwei oder mehr verfügbaren Farben sind. Sie können diese Farben auch verändern, indem Sie die zu ersetzende in der Farbpalette doppelt anklicken. Das daraufhin angezeigte Dialogfenster besitzt drei Rolleisten, mit denen Sie die neue Farbe definieren. Diese Dialogbox wird auch aufgerufen, wenn Sie den Menüpunkt *Edit Colors* aus dem Untermenü *Palette* wählen. In diesem Fall bezieht sich die Änderung auf die derzeit aktuelle Farbe. Mit Hilfe des Punktes *Save Colors* aus demselben Untermenü können die neuen Einstellungen in einer Datei mit der Endung PAL gespeichert werden. Diese Datei wird über den Menüpunkt *Get Colors* wieder in den Editor geladen.

Bildschirm-Auflösungen

Wenn Programme auf Rechnern mit verschiedenen Grafikkarten eingesetzt werden, können aufgrund der Bildschirm-Auflösung die Icons und Cursor recht unterschiedlich aussehen. Da dies jedoch im Normalfall nicht gewünscht ist, sollten diese Grafiken in mehreren Auflösungen gespeichert werden. Windows versucht dann, das für den vorhandenen Bildschirmtreiber am besten passende Bild auszuwählen. Zur Realisierung gibt es das Untermenü *Image*. Nachdem Sie das Symbol bzw. die Figur des Mauszeigers in einer Auflösung gezeichnet und unter einem Namen gespeichert haben, kopieren Sie es mit dem Menüpunkt *Copy* in die Zwischenablage. Dann wählen Sie den Punkt *New* aus dem Menü *Image* und selektieren über das erscheinende Dialogfenster die nächste der möglichen Auflösungen. Als Ergebnis dieser Wahl wird ein neues leeres Rechteck in dem Editor eingeblendet, das Sie mit Hilfe des Menüpunktes *Paste* mit Ihrem Bild aus der Zwischenablage füllen, um es anschließend über den Menüpunkt *Save* aus dem *Image*- Menü in dieselbe Datei wie vorher zu sichern.

Sie als Programmierer müssen sich nicht speziell um die einzelnen Auflösungen in einer ICO- bzw. CUR-Datei kümmern. Wenn auf eine Resource zugegriffen wird, entscheidet Windows selbständig, welches der Bilder am besten zur aktuellen Bildschirm-Auflösung paßt.

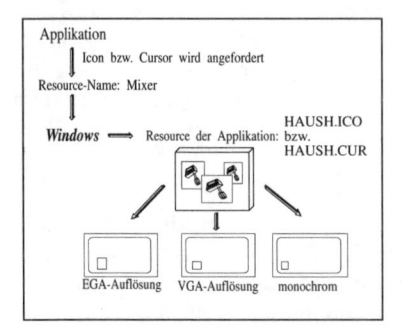

```
Applikation
   │ Icon bzw. Cursor wird angefordert
Resource-Name: Mixer
   │
                          HAUSH.ICO
  Windows → Resource der Applikation: bzw.
                          HAUSH.CUR

       EGA-Auflösung  VGA-Auflösung  monochrom
```

Abb. 170: Ein Cursor bzw. ein Icon in verschiedenen Auflösungen gespeichert

Umwandlung von Resource-Typen

Falls Sie ein Symbol besitzen, das Sie nun auch als Cursor-Figur benutzen möchten, so hilft Ihnen dabei wiederum die Zwischenablage. Sie kopieren das Icon mit Hilfe des Menüpunktes *Copy* ins Clipboard, stellen anschließend den neuen Resource-Typ Cursor über den Menüpunkt *New* ein und können nun wieder das Bild aus der Zwischenablage holen.

6.2 Symbole (Icons)

Die Hauptaufgabe eines Icons ist das Repräsentieren einer Applikation, wenn sich diese in der Minimaldarstellung befindet. Jedes Windows-Programm sollte ein eigenes eindeutiges Symbol besitzen, damit der Bediener sofort das gewünschte Programm findet und anklicken kann, auch wenn sich mehrere Symbole auf seinem Bildschirm befinden. Zudem können Symbole in der Client Area oder in Dialog- und Message-Boxen dargestellt werden.

Unsere bisherigen Programme, die wir in den Sprachen QuickC, C++ oder TurboPascal programmiert haben, - mit Ausnahme einiger Einführungsbeispiele - besaßen alle dasselbe Symbol, das genauso wie das Anfangsbild von Windows aussieht, wenn Sie mit der Windows-Version 3.1 arbeiten. Bei anderen Versionen wird das Icon als leeres Rechteck mit schwarzem Rand dargestellt. In VisualBasic wurde bis jetzt das VisualBasic-Symbol verwendet.

Wir wollen nun unseren Programmen andere Icons zuordnen, wobei zwischen Standard- und selbstgezeichneten Symbolen unterschieden wird.

6.2.1 Standard-Symbole

Sie können auf fünf Standard-Symbole zugreifen, deren Aussehen bereits in Windows definiert ist. Dazu existieren Namen, die in der Header-Datei WINDOWS.H bzw. in der Unit WinTypes.TPU definiert sind und folgendermaßen lauten:

Name	Aussehen
IDI_APPLICATION	bis jetzt immer verwendet
IDI_HAND	Stoppschild
IDI_QUESTION	Fragezeichen im Kreis
IDI_EXCLAMATION	Ausrufezeichen im Kreis
IDI_ASTERISK	Buchstabe i im Kreis

QC/Win

Das Icon für das Hauptfenster ist eine Eigenschaft der Window-Klasse, die bei der ersten Instanz zu Anfang registriert wird. Bei der Programmerstellung mit QuickCase:W erfolgt die Belegung der WNDCLASS-Struktur und die Klassen-Registrierung in dem Unterprogramm CwRegisterClasses.

```
int nCwRegisterClasses(void)
{
WNDCLASS    wndclass;
memset(&wndclass, 0x00, sizeof(WNDCLASS));
wndclass.lpfnWndProc = WndProc;
wndclass.hInstance = hInst;
wndclass.hIcon = LoadIcon(NULL, IDI_APPLICATION);
wndclass.lpszClassName = szAppName;
......
}
```

Das Feld hIcon erwartet ein Handle auf ein Symbol, das durch die Funktion LoadIcon besorgt wird. Diese Funktion besitzt zwei Parameter, wobei der erste bei Standard-Icons auf den Wert NULL gesetzt werden muß. Im zweiten wird einer der fünf oben genannten ID-Werte angegeben. Alle Fenster, die sich auf dieselbe Klasse beziehen, verfügen auch über das gleiche Symbol.

Turbo C++

Turbo Pascal

Wenn Sie mit einer der beiden Borland-Sprachen objektorientiert programmieren, mußten Sie sich gar nicht um die Registrierung einer Klasse kümmern, da die selbstdefinierte OOP-Klasse TFenster die dafür notwendige Methode vererbt bekam. Um ein anderes Standard-Symbol als das defaultmäßig eingestellte Icon mit dem Namen IDI_APPLICATION benutzen zu können, ist es notwendig, die geerbte Methode GetWindowClass, der die Struktur WNDCLASS bzw. der Record TWndClass übergeben wird, zu überschreiben. Das Handle auf das gewünschte Standard-Symbol wird wie auch in QuickC mit der Funktion LoadIcon besorgt.

TurboPascal

```
  type
    TFenster = object(TWindow)
    procedure GetWindowClass (var AWndClass:
                    TWndClass); virtual;
  end;
```

```
procedure TFenster.GetWindowClass (var
                AWndClass: TWndClass);
begin
  TWindow.GetWindowClass(AWndClass);
  AWndClass.hIcon := LoadIcon(THandle(nil),
                              idi_hand);
end;
```

Borland C++
```
class TFenster : public TWindow
{
public:
  virtual void GetWindowClass (WNDCLASS &);
};

void TFenster::GetWindowClass (WNDCLASS & AWndClass)
{
  TWindow::GetWindowClass(AWndClass);
  AWndClass.hIcon = LoadIcon(NULL, IDI_HAND);
```

In VisualBasic kann nur mit selbsterstellten Icons gearbeitet werden, die bei Bedarf dasselbe Aussehen wie die gerade besprochenen Standard-Symbole besitzen können.

6.2.2 Selbstgezeichnete Symbole

Sobald uns die Standard-Symbole zu langweilig sind, können wir eigene verwenden, für die wir dann - mit Ausnahme von VisualBasic - eine RC- bzw. eine RES-Datei benötigen.

Paint-Editor

Zuerst muß das Symbol mit Hilfe eines Icon-Editors gezeichnet werden. Das Programm IMAGEDIT wurde schon weiter oben besprochen, bei Borland gibt es dafür in dem Resource Workshop den Paint-Editor, mit dem auch Cursor und Bitmaps erstellt werden können. Sie öffnen dazu ein neues Projekt und wählen anschließend den Menüpunkt *Neu* aus dem daraufhin eingeblendeten Untermenü *Ressource*. In der Liste selektieren wir ICON und belassen seine Größe auf 32*32 Pixel mit 16 Farben. Daraufhin wird der Paint-Editor gestartet, der abhängig von dem gewählten Resource-Typ ein unterschiedliches Untermenü besitzt, das sich in der Menüzeile zwischen den beiden Untermenüs *Optionen* und *Fenster* befindet. Bei der Erstellung eines Icons heißt dieses Untermenü *Symbol*, mit dessen Menüpunkten die beiden Paletten angezeigt bzw. versteckt und die Hintergrund- und Vordergrundfarben bearbeitet werden können.

Werkzeugpalette

Viele andere Funktionen dieses Paint-Editors gelten sowohl für Icons als auch für Cursor und Bitmaps. Die Werkzeugpalette befindet sich zu Beginn am rechten Rand des Editor-fensters, kann aber beliebig verschoben werden. Das Zeichnen z.B. eines gefüllten Kreises kann auf gleiche Weise wie bei dem IMAGEDIT-Programm erfolgen. Zuerst klicken Sie den gefüllten Rahmen mit der Ellipsenform in der Palette an. Dann bewegen Sie den Mauszeiger in das Rechteck, das das Symbol etc. definiert, und zeichnen dort mit gedrückter Maustaste den Kreis. Die Palette besitzt einige Elemente mehr als das Programm IMAGEDIT, so können Sie auch Text editieren. Die Einstellungen der Strichstärke, des Musters, der Form der Airbrush-Düse und der Pinselform können über Dialogfenster verändert werden, die entweder über die vier Felder, die sich ganz unten in der Werkzeugpalette befinden, oder mit Hilfe der entsprechenden Menüpunkte des Untermenüs *Optionen* angezeigt werden können. Falls Sie ein Detail Ihres Bildes genauer ansehen möchten, können Sie entweder das Zoom-Werkzeug oder den Menüpunkt *Vergrößern* des Untermenüs *Ansicht* verwenden.

Farbpalette

Die Farbpalette zeigt 16 Farben an, die sowohl für den Hinter- als auch für den Vordergrund gelten. Die derzeit aktuelle Einstellung wird mit den Buchstaben VG bzw. HG sichtbar gemacht. Um die Vordergrundfarbe neu einzustellen, benutzen Sie die linke Maustaste, für die Hintergrundfarbe die rechte Taste. Sie können jederzeit diese Farben verändern, indem Sie eine Farbe in der Palette doppelt anklicken. Daraufhin wird eine Dialogbox mit drei Scrollbars angezeigt, deren Funktionsweise wir schon von IMAGEDIT kennen. Zusätzlich gibt es die beiden Anzeigen Gewünscht und Vorhanden, die abhängig von den Farbmöglichkeiten der Grafikkarte unterschiedliche Einstellungen darstellen. Bei der Erstellung einer Cursor-Figur werden statt der 16 Farben jeweils nur eine für den Vorder- und eine für den Hintergrund und zwei Farben für den transparenten und invertierten Bereich angezeigt. Diese beiden Bereiche erscheinen zur Programmlaufzeit als durchsichtige Teile des Mauszeigers bzw. des Symbols. Aufgrund des Durchscheinens sieht der Anwender die Farben und Muster, die sich im Fenster hinter dem Zeiger befinden. Bei einem invertierten Bereich wird die dahinterliegende Farbe umgekehrt dargestellt. Wenn Sie beginnen, einen Cursor oder ein Symbol neu zu zeichnen, besitzen diese Resources automatisch einen transparenten Hintergrund.

Unabhängig davon, ob Sie eine neue Resource gezeichnet haben oder eine schon vorhandene Symbol-Datei in die neu angelegte RES- oder RC-Datei einfügen, werden Sie normalerweise den Namen dieses Icons ändern, der für die Funktion LoadIcon benötigt wird. Dazu wählen Sie aus dem Untermenü *Resource* den Menüpunkt *Rename* und geben den neuen Namen, z.B. Buch, ein.

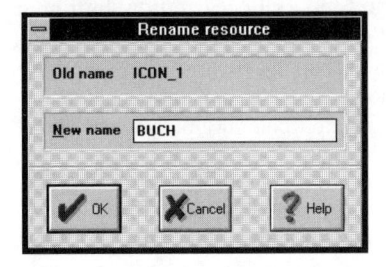

Abb. 171: Symbol im Resource Workshop umbennen

Nachdem das Projekt als RES-Datei im Resource Workshop gespeichert wurde, können wir diese Datei in TurboPascal mit Hilfe des Statements

```
{$R Beispiel.RES}
```

direkt in die Quelldatei einfügen, bei Borland C++ wird die Datei über den Menüpunkt *Add Item* dem aktuellen Projekt bekanntgegeben.

Wenn Sie mit QuickC und QuickCase:W arbeiten, können Sie Ihr gezeichnetes und in eine Datei mit der Endung ICO gespeichertes Symbol mit Hilfe von QuickCase:W und dem Menüpunkt *Icon* mit dem Programmrahmen verbinden. In der Dialogbox selektieren Sie die gewünschte Symboldatei.

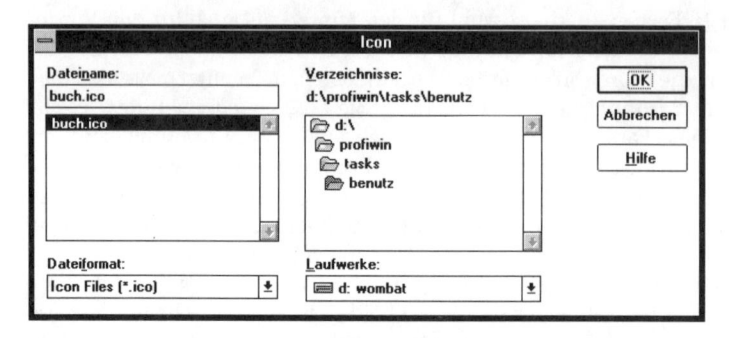

Abb. 172: Wahl eines eigenen Symbols in QuickCase:W

Aufgrund dieser Wahl enthält die von QuickCase:W angelegte RC-Datei zusätzlich zu der immer vorhandenen Tabelle für Zeichenketten die folgende Zeile:

```
BEISPIEL ICON BUCH.ICO
```

Der Resource-Name lautet in diesem Fall Beispiel, da ich das Projekt in QuickCase:W unter dem Namen Beispiel.WIN gesichert habe und für den Resource-Namen immer der Projektname verwendet wird. Dieser Name wird beim Laden dieses Icons benötigt, damit bei mehreren vorhandenen Symbolen in der RC-Datei auf das richtige zugegriffen wird. Das Laden wird wie auch bei den Standard-Icons bei der Registrierung der Klasse mit der Funktion LoadIcon durchgeführt. Als erster Parameter muß nun das Handle auf die aktuelle Instanz übergeben werden.

Funktion LoadIcon
```
wndclass.hIcon = LoadIcon(hInstance,"Beispiel");
```

Ein Symbol kann anstelle seines Namens auch eine Nummer-Identifikation besitzen, die durch das Makro MAKEINTRESOURCE in einen Zeiger umgewandelt wird. Auf diese Weise sind die konstanten Namen der Standard-Icons in der Datei windows.h bzw. WinTypes.tpu definiert.

```
WINDOWS.H
#define IDI_APPLICATION MAKEINTRESOURCE(32512)
WINTYPES.TPU
   const idi_Hand      = MakeIntResource(32513);
```

Falls sich das angegebene Symbol bereits im Speicher befindet, besorgt die Funktion LoadIcon nur ein Handle auf dieses Objekt, lädt es aber nicht mehr neu. Dies gilt auch in Bezug auf mehrere Instanzen eines Windows-Programmes.

Bei der objektorientierten Programmierung mit TurboPascal oder Borland C++ müssen wir, wie wir es schon beim Setzen eines Standard-Icons gemacht haben, die Methode GetWindowClass der Klasse TWindow überschreiben.

TurboPascal
```
procedure TFenster.GetWindowClass(var
            AWndClass: TWndClass);
begin
  TWindow.GetWindowClass(AWndClass);
  AWndClass := LoadIcon(HInstance, 'Beispiel');
end;
```

C++:
```
void TFenster::GetWindowClass (WNDCLASS &
                              AWndClass)
{
   TWindow::GetWindowClass(AWndClass);
   AWndClass.hIcon = LoadIcon(
          GetApplication()->hInstance,
          "Beispiel");
}
```

In TurboPascal kann direkt auf das Instanz-Handle zugegriffen werden, da es als normale Variable mit dem Namen HInstance zur Verfügung gestellt wird. Dagegen ist dieses Handle in Borland C++ eine Objektvariable der Klasse TModule, die der Vorfahre von TApplication und somit auch von unserer selbst vereinbarten Klasse TRahmen ist. Da jedoch TFenster nicht von TRahmen, sondern von TWindow abstammt, können wir nicht direkt die Variable HInstance verwenden, sondern müssen mit Hilfe der Funktion GetApplication erst einen Zeiger auf die Klasse TRahmen besorgen, um damit die Objektvariable adressieren zu können.

Funktion SetClassWord

Das bei der Klassen-Registrierung gesetzte Symbol kann bei Bedarf während der Programm-Laufzeit mit Hilfe der Funktion SetClassWord durch ein anderes ersetzt werden. Dieses neue Icon muß dabei auch als Resource definiert und mit LoadIcon geladen worden sein. Damit jedoch der Anwender nicht verwirrt wird, wird von dieser Möglichkeit selten Gebrauch gemacht.

Funktion DrawIcon

Mit der Funktion DrawIcon können sowohl Standard- als auch selbst definierte Symbole in die Client Area gezeichnet werden. Diese Funktion benötigt neben dem Handle des Device Contextes und der Positionsangabe für die obere linke Ecke des Icons ein Handle auf das Symbol.

```
hIconNeu = LoadIcon(hInst, "telefon");
DrawIcon(hDC, 30, 45, hIconNeu);
```

Microsoft Visual Basic

Dem VisualBasic-Software-Paket werden knapp 400 Symbole mitgegeben, die bei der Installation im Unterverzeichnis VB\ICONS abgelegt werden. Diese Icon-Bibliothek beinhaltet mehrere Themen-Gruppen, die z.B. das Büro, den Computer und das Postwesen betreffen. Alle dort definierten Icons können Sie für Ihre eigenen Applikationen verwenden.

IconWorks

Zum Verändern dieser Symbole oder zum Zeichnen neuer liegt in Visual-Basic der Quellcode des Windows-Programmes ICONWRKS bei. Damit diese Applikation ablauffähig wird, müssen Sie seine Projektdatei in die VisualBasic-Umgebung laden und eine EXE-Datei erstellen. Anschließend kann das Programm ICONWRKS auch außerhalb von VisualBasic gestartet werden.

Das Programm besteht aus zwei Fenstern, die EDITOR und VIEWER genannt werden. Wenn Sie die Applikation ausführen, wird zuerst nur das Editor-Fenster auf den Bildschirm gebracht. Dieses Fenster beinhaltet am linken Rand die Werkzeug-Palette, die danebenliegende Scrollbar, die Farbpalette am unteren Rand und die Statusbar rechts außen. Diese Elemente können Sie einzeln über das Untermenü *View* und den korrespondierenden Menüpunkt ausblenden.

EDITOR

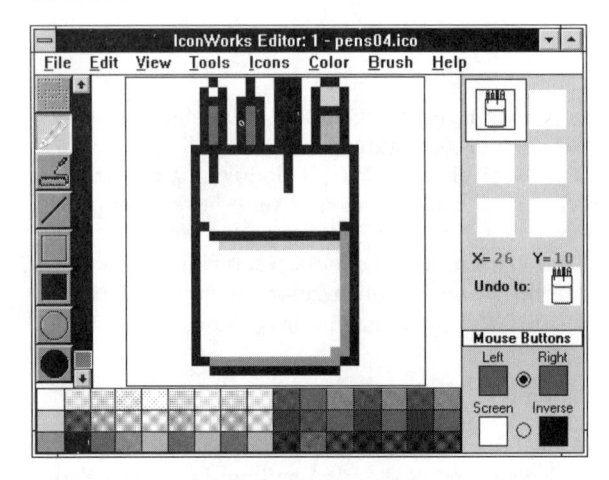

Abb. 173: Das EDITOR-Fenster von IconWorks

Das Zeichnen erfolgt wie auch bei den beiden zuvor besprochenen Editoren, IMAGEDIT und Paint-Editor des Resource Workshops, innerhalb des großen rechteckigen Bereichs. Auf der rechten Seite des Editors erscheint die Zeichnung noch einmal in verkleinerter Darstellung, die in etwa die Größe besitzt, in der das Bild als Symbol erscheinen wird. Insgesamt sechs verschiedene Icons können in diesem Bereich angezeigt werden. Ihre Namen finden Sie in dem Untermenü *Icons,* wobei das aktuelle Symbol durch einen Haken (Checkmark) gekennzeichnet ist.

Die Auswahl der grafischen Figuren (Linie, Rechteck, Kreis) erfolgt über die Werkzeug-Palette. Falls im Untermenü *View* der letzte Punkt *Pop-up Tools menu on Form Click* mit einem Checkmark markiert ist, werden die Menüpunkte der Palette in Textform zusätzlich in das Editor-Fenster eingeblendet, wenn Sie die rechte Maustaste drücken. Die erstellte Zeichnung kann je nach Markierung vollständig oder ausschnittsweise mit Hilfe von vier Menüpunkten des Untermenüs *Edit* gespiegelt und gedreht werden.

VIEWER

Das zweite Fenster, der Viewer, wird über den Menüpunkt *Open* des Untermenüs *File* aktiviert, der alle im angegebenen Verzeichnis liegenden Symbole lädt und in seinem rechten Bereich anzeigt, wenn der Menüpunkt *Show all icons on DIR change* mit einem Checkmark versehen ist. Der linke Bereich ist für die Einstellung des Laufwerks und des Verzeichnisses zuständig. Alle Symbole, die sich in dem selektierten Verzeichnis befinden, werden in der daneben liegenden Listbox alphabetisch sortiert angezeigt.

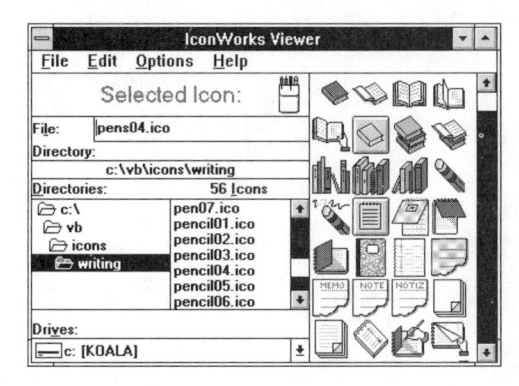

Abb. 174: Das VIEWER-Fenster von IconWorks

Jedes in dem Viewer dargestellte Icon kann in dem Editor-Fenster bearbeitet werden. Dazu selektieren Sie das gewünschte Symbol und bringen es über die Zwischenablage in den Editor, oder Sie ziehen es mit gedrückter Maustaste in das Editor-Fenster (Drag'n Drop).

Eigenschaft Icon

In VisualBasic wird normalerweise während der interaktiven Erstellung der Programmoberfläche das Symbol über die Eigenschaft Icon gesetzt, die als Eigenschaft jedes Forms definiert ist. Selektieren Sie dazu im Eigenschaften-Listenfeld das Wort Icon. Daraufhin wird im Einstellungsfeld der Ausdruck (keine) eingeblendet, da bis jetzt noch kein Symbol eingestellt ist. Durch Anklicken der drei rechts außen liegenden Punkte wird das

384 Benutzerführung

Dialogfenster zur Auswahl einer ICO-Datei angezeigt. Nach einer positiven Bestätigung enthält das Einstellungsfeld den Ausdruck (Icon). Um ein Symbol in den Arbeitsbereich des Fensters zu zeichnen, muß nicht die API-Funktion DrawIcon benutzt werden, sondern dafür gibt es die Form-Eigenschaft Picture, der entweder die Eigenschaft Icon zugewiesen wird oder der ein mit der Funktion LoadPicture neu geladenes Symbol übergeben wird.

```
Form1.Picture= Form1.Icon
Form1.Picture= Form2.Icon
Form1.Picture = LoadPicture("buch.ico")
```

Genauso können Sie in das Form eine Picture Box plazieren, die dann ein Symbol darstellt. Falls diese Box keinen Rahmen besitzt, erkennt der Anwender keinen Unterschied zu der direkten Ausgabe in ein Form.

6.2.3 Beispiel zu den selbstgezeichneten Symbolen

Das Beispiel besitzt ein selbstgezeichnetes Icon, das angezeigt wird, sobald das Hauptfenster auf Symbolgröße verkleinert wird. Zusätzlich wird ein Standard-Icon in die linke obere Ecke der Client Area geschrieben.

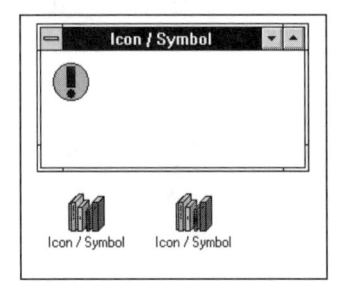

Abb. 175: Beipiel zu den Symbolen

Windows-Funktionen	Kurzbeschreibung
DrawIcon	zeichnet ein Symbol in die Client Area
LoadIcon	lädt ein Symbol

Beispiel

/**************** **QCICON.C** ****************/

```
 1  /* QuickCase:W */
 2  #include "QCIcon.h"
 3
 4  int PASCAL WinMain(HANDLE hInstance, HANDLE
 5  hPrevInstance, LPSTR lpszCmdLine, int nCmdShow)
 6  {
 7  /*******************************************************/
 8  /* hInstance;       Handle dieser Instanz    */
 9  /* hPrevInstance;Handle der vorhergehenden Instanz*/
10  /* lpszCmdLine; Zeiger auf die Kommandozeile   */
11  /* nCmdShow;   Code zur Anzeige des Hauptfensters */
12  /*******************************************************/
```

```
 13
 14  MSG   msg;    /* MSG-Struktur für die Meldungen  */
 15  int   nRc;    /* Rückgabewert der Klassen-
 16                   /* Registrierung(en)            */
 17
 18  strcpy(szAppName, "QCICON");
 19  hInst = hInstance;
 20  if(!hPrevInstance)
 21    {
 22    /* Registrieren der Fensterklasse(n) bei der   */
 23    /* 1.Instanz                                   */
 24    if ((nRc = nCwRegisterClasses()) == -1)
 25      {
 26      /* Registrierung schlug fehl                 */
 27      LoadString(hInst, IDS_ERR_REGISTER_CLASS,
 28                 szString, sizeof(szString));
 29      MessageBox(NULL, szString, NULL,
 30                 MB_ICONEXCLAMATION);
 31      return nRc;
 32      }
 33    }
 34
 35  /* Hauptfenster erzeugen                         */
 36  hWndMain = CreateWindow(
 37       szAppName,    /* Klassennamen               */
 38       "Icon / Symbol",
 39                     /* Text in der Titelzeile     */
 40       WS_CAPTION    | /* Titel zufügen            */
 41       WS_SYSMENU    | /* Systemenübox zufügen     */
 42       WS_MINIMIZEBOX | /* Minimize Box zufügen    */
 43       WS_MAXIMIZEBOX | /* Maximize Box zufügen    */
 44       WS_THICKFRAME | /* in der Größe veränderbar */
 45       WS_CLIPCHILDREN |
 46                     /* kein Zeichnen in den Kindfenstern */
 47       WS_OVERLAPPED,
 48       CW_USEDEFAULT, 0, /* Default-Werte für X, Y */
 49       CW_USEDEFAULT, 0,
 50                     /* Default-Werte für Breite und Höhe */
 51       NULL,         /* Handle des Elternfensters  */
 52       NULL,         /* Handle des Menüs           */
 53       hInst,        /* Handle der Instanz         */
 54       NULL);        /* Struktur für WM_CREATE     */
 55
 56  if(hWndMain == NULL)
 57    {
 58    LoadString(hInst, IDS_ERR_CREATE_WINDOW,
 59               szString, sizeof(szString));
 60    MessageBox(NULL, szString, NULL,
 61               MB_ICONEXCLAMATION);
 62    return IDS_ERR_CREATE_WINDOW;
 63    }
 64  ShowWindow(hWndMain, nCmdShow);
 65  /* Anzeigen des Hauptfensters */
 66
 67  while(GetMessage(&msg, NULL, 0, 0))
 68    /* bis WM_QUIT eintritt */
 69    {
 70    TranslateMessage(&msg);
 71    DispatchMessage(&msg);
 72    }
 73
 74  /* Aufräumarbeiten, bevor die Applikation beendet */
 75  /* wird                                          */
 76  CwUnRegisterClasses();
 77  return msg.wParam;
 78  } /* Ende der WinMain                            */
 79
 80  /*************************************************/
 81  /*                                               */
 82  /* Fensterroutine des Hauptfensters:             */
 83  /*                                               */
 84  /* Diese Prozedur stellt Service-Routinen für die*/
 85  /* Windows-Ereignisse (Meldungen) bereit, die    */
 86  /* Windows oder der Benutzer an das Fenster sendet*/
 87  /* Sie initialisiert Ereignisse (Meldungen), die */
 88  /* entstehen, wenn der Anwender z.B. einen Menü- */
 89  /* punkt oder ein Tastenkürzel anwählt           */
 90  /*                                               */
 91  /*************************************************/
 92
 93  LONG FAR PASCAL WndProc(HWND hWnd, WORD Message,
 94  WORD wParam, LONG lParam)
 95  {
 96  HMENU       hMenu=0;        /* Menü-Handle       */
 97  HBITMAP     hBitmap=0;  /* Handle für Bitmaps    */
 98  HDC         hDC;/* Handle für den Display Context*/
 99  PAINTSTRUCT ps; /* enthält Zeichen-Informationen */
100  int         nRc=0;  /* Rückgabewert              */
101  static HICON       hIcon;
102
103  switch (Message)
104    {
105    case WM_CREATE:
106      hIcon = LoadIcon(NULL, IDI_EXCLAMATION);
107      break;    /* Ende von WM_CREATE             */
108
109    case WM_MOVE:    /* Bewegen des Fensters       */
110      break;
111
112    case WM_SIZE:
113    /* Größenänderung der Client Area              */
114      break;   /* Ende von WM_SIZE                 */
115
116    case WM_PAINT:  /* Neuzeichnen der Client Area */
117    /* bekommt ein Handle auf den Device Context   */
118    /* BeginPaint wird evtl. WM_ERASEBKGND senden  */
119      memset(&ps, 0x00, sizeof(PAINTSTRUCT));
120      hDC = BeginPaint(hWnd, &ps);
121    /* falls der Hintergrund keine reine Farbe besitzt*/
122      SetBkMode(hDC, TRANSPARENT);
123      DrawIcon(hDC, 10, 10, hIcon);
124    /* Das Neuzeichnen ist abgeschlossen           */
125      EndPaint(hWnd, &ps);
126      break;   /* Ende von WM_PAINT                */
127
128    case WM_CLOSE:  /* Schließen des Fensters      */
129    /* Zerstören der Kindfenster, modeless Dialogboxen*/
130    /* Zerstören dieses Fensters                   */
131      DestroyWindow(hWnd);
132      if (hWnd == hWndMain)
133        PostQuitMessage(0);
134    /* Beenden der Applikation                     */
135      break;
136
137    default:
138    /* alle Meldungen, für die keine eigene Service- */
139    /* Routine zur Verfügung gestellt wird, sollten an*/
140    /* Windows gereicht werden, damit eine Default- */
141    /* Verarbeitung stattfinden kann               */
142      return DefWindowProc(hWnd, Message, wParam,
143                           lParam);
144    }
145  return 0L;
146  }      /* Ende der WndProc                       */
147
148  /*************************************************/
149  /*                                               */
150  /* nCwRegisterClasses Funktion:                  */
151  /*                                               */
152  /* Die folgende Funktion registriert alle Klassen*/
153  /* von allen Fenstern, die mit dieser Applikation*/
154  /* verbunden sind. Die Funktion liefert einen    */
155  /* Fehlercode zurück, falls sie nicht erfolgreich*/
156  /* war, ansonsten wird 0 zurückgegeben.          */
157  /*                                               */
158  /*************************************************/
159
160  int nCwRegisterClasses(void)
161  {
162  WNDCLASS   wndclass;
163  /* Struktur, um eine Klasse zu definieren        */
164  memset(&wndclass, 0x00, sizeof(WNDCLASS));
165  /* Füllen von WNDCLASS mit Fenster-Eigenschaften */
166  wndclass.style = CS_HREDRAW | CS_VREDRAW |
167                                CS_BYTEALIGNWINDOW;
168  wndclass.lpfnWndProc = WndProc;
169  /* zusätzlicher Speicher für Klassen- und        */
170  /* Fensterobjekte                                */
171  wndclass.cbClsExtra = 0;
172  wndclass.cbWndExtra = 0;
173  wndclass.hInstance = hInst;
174  wndclass.hIcon = LoadIcon(hInst, "QCICON");
175  wndclass.hCursor = LoadCursor(NULL, IDC_ARROW);
176  /* Erzeugen eines Pinsels, um den Hintergrund    */
177  /* zu löschen                                    */
178  wndclass.hbrBackground = (HBRUSH)(COLOR_WINDOW+1);
179  wndclass.lpszMenuName = szAppName;
180  /* Klassenname = Menüname                        */
181  wndclass.lpszClassName = szAppName;
182  /* Klassenname = App.-Name                       */
183  if(!RegisterClass(&wndclass))
184    return -1;
185
186  return(0);
187  } /* Ende von nCwRegisterClasses                 */
188
189  /*************************************************/
190  /* CwUnRegisterClasses Function:                 */
191  /*                                               */
192  /* löscht jeden Bezug zu den Fenster-Resources,  */
193  /* die für diese Applikation erzeugt wurden, gibt*/
194  /* Speicher frei, löscht die Instanz, die Handles*/
195  /* und tätigt andere Aufräumarbeiten             */
196  /*                                               */
197  /*************************************************/
198
199  void CwUnRegisterClasses(void)
200  {
201  WNDCLASS   wndclass;
202  /* Struktur, um eine Klasse zu definieren        */
203  memset(&wndclass, 0x00, sizeof(WNDCLASS));
204
205  UnregisterClass(szAppName, hInst);
206  }  /* Ende von CwUnRegisterClasses               */
207
208
209  /* QCICON.RC                                     */
210  #include "QCIcon.h"
211
212  QCICON ICON   BUCH.ICO
213
214  STRINGTABLE
215  BEGIN
216    IDS_ERR_CREATE_WINDOW,   "Window creation failed!"
217    IDS_ERR_REGISTER_CLASS,  "Error registering window class"
218  END
```

Benutzerführung

Wenn Sie sich die Symbole in der Icon-Bibliothek von VisualBasic angesehen haben, dann wird Ihnen wahrscheinlich das in diesem Beispiel verwendete Buch-Icon bekannt vorkommen, da es aus dieser Sammlung entnommen wurde. Ganz klar können Sie auch ein eigenes zeichnen.

In dem Listing QCICON.C sind für dieses Beispiel nur drei Zeilen interessant. Bei der Belegung der WNDCLASS-Struktur wird statt des bis jetzt benutzten Standard-Icons ein eigen definiertes Symbol mit dem Namen QCICON geladen.

```
wndclass.hIcon = LoadIcon(hInst, "QCICON");
```

Dieser Name, der von QuickCase:W aufgrund der Benennung der WIN-Datei vergeben wurde, taucht ein zweites Mal in der RC-Datei QCICON.RC auf, um die Verbindung zwischen der Resource- bzw. der Symboldatei und dem Programm herzustellen.

```
QCICON ICON BUCH.ICO
```

Die übrigen zwei interessanten Zeilen sind dafür zuständig, ein Handle auf das Standard-Icon mit dem Ausrufezeichen zu besorgen, um es dann in die Client Area auszugeben. Die erstere Aufgabe erfolgt bei der Verarbeitung der WM_Create-Meldung, die Ausgabe wird wie üblich bei der WM_Paint-Meldung durchgeführt.

```
WM_CREATE: hIcon = LoadIcon(NULL,IDI_EXCLAMATION);
WM_PAINT: DrawIcon(hDC, 10, 10, hIcon);
```

Beispiel

{ Programm mit Symbolen: TPICON.PAS }

```
1   program TPIcon;
2   uses WObjects, WinTypes, WinProcs;
3   {$R TPICON.RES}
4   type
5     TRahmen = object(TApplication)
6       procedure InitMainWindow; virtual;
7     end;
8
9   type
10    PFenster = ^TFenster;
11    TFenster = object(TWindow)
12      hStandardIcon: HICON;
13      procedure SetupWindow; virtual;
14      procedure GetWindowClass (var AWndClass:
15                                TWndClass); virtual;
16      procedure Paint (PaintDC: HDC; var PaintInfo:
17                       TPaintStruct); virtual;
18    end;
19
20  procedure TRahmen.InitMainWindow;
21  begin
22    MainWindow := New(PFenster, Init(nil, 'Icon / Symbol'));
23  end;
24
25  procedure TFenster.SetupWindow;
26  begin
27    TWindow.SetupWindow;
28    hStandardIcon := LoadIcon(THandle(nil),
29                              IDI_QUESTION);
30  end;
31
32  procedure TFenster.GetWindowClass (var AWndClass: TWndClass);
33  begin
34    TWindow.GetWindowClass(AWndClass);
35    AWndClass.hIcon := LoadIcon(HInstance, 'Buch');
36  end;
37
38  procedure TFenster.Paint (PaintDC: HDC; var PaintInfo: TPaintStruct);
39  begin
40    DrawIcon(PaintDC, 10, 10, hStandardIcon);
41  end;
42
43  { Hauptprogramm }
44  var MeinRahmen : TRahmen;
45
46  begin
47    MeinRahmen.Init('TPIcon');
48    MeinRahmen.Run;
49    MeinRahmen.Done;
50  end.
```

Beispiel

/*************** TCICON.CPP ***************/

```
1   #include <owl.h>
2
3   class TRahmen :public TApplication
4   {
5   public:
6     TRahmen(LPSTR AName, HANDLE hInstance, HANDLE
7       hPrevInstance, LPSTR lpCmdLine, int nCmdShow)
8       : TApplication(AName, hInstance, hPrevInstance,
9         lpCmdLine, nCmdShow) {};
10    virtual void InitMainWindow();
11  };
12
13  class TFenster : public TWindow
14  {
15  public:
16    HICON hStandardIcon;
17    TFenster(PTWindowsObject AParent, LPSTR ATitle)
18      : TWindow(AParent, ATitle) {};
19    virtual void SetupWindow();
20    virtual void GetWindowClass (WNDCLASS &);
21    virtual void Paint (HDC, PAINTSTRUCT &);
22  };
23
24  void TRahmen::InitMainWindow()
```

```
25  {
26      MainWindow = new TFenster(NULL, "Icon / Symbol");
27  }
28
29  void TFenster::SetupWindow()
30  {
31      TWindow::SetupWindow();
32      hStandardIcon = LoadIcon(NULL, IDI_HAND);
33  }
34
35  void TFenster::GetWindowClass (WNDCLASS & AWndClass)
36  {
37      TWindow::GetWindowClass(AWndClass);
38      AWndClass.hIcon = LoadIcon(
39              GetApplication()->hInstance, "Buch");
40  }
41
42  void TFenster::Paint (HDC PaintDC, PAINTSTRUCT & PaintInfo)
43  {
44      DrawIcon(PaintDC, 10, 10, hStandardIcon);
45  }
46
47  int PASCAL WinMain(HANDLE hInstance, HANDLE
48          hPrevInstance, LPSTR lpCmdLine, int nCmdShow)
49  {
50      TRahmen MeinRahmen ("TCFirst", hInstance,
51              hPrevInstance, lpCmdLine, nCmdShow);
52      MeinRahmen.Run();
53      return MeinRahmen.Status;
54  }
```

Beide Borland-Sprachen (C++ und TurboPascal) arbeiten direkt mit der in Binärform vorliegenden Resource-Datei. In TurboPascal wird dafür in den Sourcecode die Zeile

```
{$R TPICON.RES}
```

eingetragen, in Borland C++ wird die RES-Datei, z.B. TCICON.RES, dem Projekt über den Menüpunkt *Add Item* des Untermenüs *Project* hinzugefügt. Das Symbol, das in die Client Area gezeichnet werden soll, wird in der Methode Setup Window geladen und in der Paint-Methode ausgegeben. Sein Handle wurde als Objektvariable der Klasse TFenster vereinbart. Für das Icon, das für die Symbol-Darstellung benutzt werden soll, wird die Methode GetWindowClass überschrieben. Der Unterschied zwischen den beiden Sprachen besteht in dem Zugriff auf das Instanz-Handle. In TurboPascal kann HInstance direkt angegeben werden, in Borland C++ wird das Handle mit Hilfe der Funktion Get Application besorgt.

In VisualBasic wollen wir das kleine Symbol-Beispiel gleich zweimal realisieren. Zuerst erfolgt das Setzen der notwendigen Eigenschaften nur während der interaktiven Erstellung, ohne eine Zeile Code schreiben zu müssen. Im zweiten Fall werden die Eigenschaften erst während der Laufzeit des Programmes eingestellt. In beiden Beispielen wird das Symbol gleich zweimal in das Form ausgegeben, um Ihnen auch die Möglichkeit der Picture Box zu zeigen.

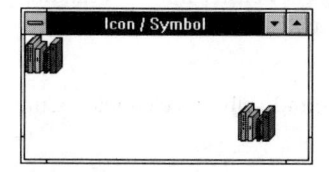

Abb. 176: Das Symbol-Beispiel in VisualBasic

Beispiel: ' VBICON1.MAK

Objekt	Eigenschaft	Inhalt
Form1	Caption	Icon / Symbol
	Icon	buch.ico
	Picture	buch.ico
Bild1	AutoSize	wahr
	BorderStyle	kein
	Picture	buch.ico

Beispiel: ' VBICON2.MAK

```
' VBICON.FRM
Const wahr = -1

Sub Form_Load ()
    Form1.Caption = "Icon / Symbol"
    Form1.Icon = LoadPicture(
            "d:\profiwin\tasks\benutz\buch.ico")
    Form1.Picture = Form1.Icon
    Bild1.Picture = Form1.Icon
    Bild1.AutoSize = wahr
    Bild1.BorderStyle = 0
End Sub
```

6.3 Cursor (Mauszeiger)

Auch um die Figur des Mauszeigers, der die Mausbewegungen auf dem Bildschirm darstellt, haben wir uns bis jetzt nicht weiter gekümmert. Deswegen bekam jedes unserer Beispiel-Programme als Cursor den normalen Pfeil, der nach links oben zeigt, zugeordnet.

Wenn wir uns an die Maus-Applikation im Eingabe-Kapitel erinnern, wäre es jedoch schön, wenn dem Anwender die Möglichkeit des Zeichnens durch einen Cursor-Stift mitgeteilt wird. Die weiter oben besprochenen Editoren benutzen z.B. auch unterschiedliche Cursor.

Normalerweise wird programmtechnisch das Aussehen des Mauszeigers nur beeinflußt, solange sich der Cursor innerhalb der Client Area des Programmes befindet. Sobald der Bediener die Maus auf den Rahmen, über der Titelzeile oder an eine beliebige Position auf dem Desktop bewegt, kümmert sich Windows um das Cursor-Erscheinungsbild.

Eine Ausnahme entsteht durch das Binden des Capture an ein Fenster mit der Funktion SetCapture. In diesen Fällen bleibt der eingestellte Zeiger auch außerhalb des Arbeitsbereiches bestehen, bis der Capture wieder freigegeben wird.

Genauso wie bei den Symbolen kann zwischen Standard- und selbstgezeichneten Cursorn unterschieden werden.

6.3.1 Standard-Mauszeiger

Außer dem Standardpfeil können noch zehn weitere Standard-Mauszeiger verwendet werden. Viele von ihnen benutzt Windows, z.B. wenn der Cursor auf dem Rahmen liegt, um dem Anwender zu zeigen, daß er das Fenster in seiner Größe verändern kann. Diese Standard-Cursor können genauso wie die Standard-Icons über einen Namen angesprochen werden.

Name	Aussehen
IDC_ARROW	Standardpfeil
IDC_CROSS	Kreuz
IDC_IBEAM	Text-Cursor
IDC_ICON	Rechteck mit innerem Rechteck
IDC_SIZE	Kreuz mit vier Pfeilen
IDC_SIZENESW	Doppelpfeil in Richtung NO->SW
IDC_SIZENS	Doppelpfeil in Richtung N->S
IDC_SIZENWSE	Doppelpfeil in Richtung NW->SO
IDC_SIZEWE	Doppelpfeil in Richtung W->O
IDC_UPARROW	senkrecht nach oben zeigender Pfeil
IDC_WAIT	Sanduhr

Funktion LoadCursor

Mit der Funktion LoadCursor wird das Handle eines Standard-Mauszeigers besorgt, wobei als erstes Argument NULL bzw. nil (TurboPascal) und als zweiter Parameter einer dieser gerade aufgelisteten Namen übergeben wird. Dieses Cursorhandle wird genauso wie das Iconhandle bei der Registrierung der Klasse in ein Feld der WNDCLASS-Struktur bzw. des Records TWndClass geschrieben. Der Cursor gilt dann für alle Fenster, die auf diese Klasse zugreifen. Durch die drei folgenden Listing-Auszüge wird jeweils die Sanduhr als Klassen-Cursor eingestellt.

QC/Win

```
int nCwRegisterClasses(void)
{
WNDCLASS   wndclass;
memset(&wndclass, 0x00, sizeof(WNDCLASS));
wndclass.lpfnWndProc = WndProc;
wndclass.hInstance = hInst;
wndclass.hCursor = LoadCursor(NULL, IDC_WAIT);
wndclass.lpszClassName = szAppName;
......
}
```

Bei der Programmierung mit Borland C++ oder TurboPascal wird wie auch beim Setzen eines anderen Standard-Symbols die geerbte Methode GetWindowClass überschrieben.

Turbo Pascal

```
procedure TFenster.GetWindowClass (var
            AWndClass: TWndClass);
begin
  TWindow.GetWindowClass(AWndClass);
  AWndClass.hCursor := LoadCursor(THandle(nil),
                       IDC_WAIT);
end;
```

Turbo C++

```
void TFenster::GetWindowClass (WNDCLASS & AWndClass)
{
  TWindow::GetWindowClass(AWndClass);
  AWndClass.hCursor = LoadCursor(NULL, IDC_WAIT);
}
```

Microsoft Visual Basic

In VisualBasic kann genauso auf diese Standard-Cursor zugegriffen und über eine Nummer der Eigenschaft MousePointer übergeben werden. Diese Eigenschaft besitzen das Form und die meisten Controls wie Listbox, Button und Picture Box. Der während der interaktiven Erstellung eingestellte Zeiger wird erst zur Laufzeit angezeigt. Folgende Werte, die auch im Einstellungsfeld aufgelistet werden, repräsentieren die Standard-Zeiger und können für die Cursor-Darstellung der Eigenschaft Mouse-Pointer gewählt werden.

Wert	Äquivalent in den anderen drei Sprachen
0	Cursor wird nicht verändert
1	IDC_ARROW
2	IDC_CROSS
3	IDC_IBEAM
4	IDC_ICON
5	IDC_SIZE
6	IDC_SIZENESW
7	IDC_SIZENS
8	IDC_SIZENWSE
9	IDC_SIZEWE
10	IDC_UPARROW
11	IDC_WAIT
12	Verkehrschild für Drag'n Drop (kein Loslassen)

Der Wert 0 wird bei Controls innerhalb eines Forms verwendet, wenn der Mauszeiger nur von der Einstellung der Eigenschaft MousePointer des Forms bestimmt werden soll. Die Figur des Mauszeigers ändert sich dann beim Bewegen des Cursors über ein Control nicht.

6.3.2 Selbstgezeichneter Cursor

Wenn Sie sich entscheiden, eigene Mauszeiger zu erstellen, können Sie wieder das Zeichenprogramm IMAGEDIT oder den Paint-Editor vom Resource Workshop zum Zeichnen des Bildes verwenden. Zusätzlich zu den oben beschriebenen Möglichkeiten können Sie noch einen Hot Spot setzen, den alle Mauszeiger unter Windows besitzen und der eine spezielle Position darstellt, mit der Aktionen wie Anklicken ausgelöst werden können. Der Hot Spot des Standardpfeils liegt z.B. in der Spitze des Pfeils. Sobald sich dieser Punkt über den Namen einer EXE-Datei im Dateimanager befindet, kann durch einen Doppelklick dieses Programm zur Ausführung gebracht werden.

Für die Markierung dieses Punkts wählen Sie im IMAGEDIT den Menüpunkt *Set Hotspot*, wodurch ein kleines Fenster sichtbar wird, das die Koordinaten eines speziellen Cursors anzeigt, mit dem nun der Hotspot durch ein Anklicken des gewünschten Punktes innerhalb des Zeichen-Rechtecks eingestellt wird. Im Paint-Editor erfolgt das Setzen des Hotspots über den Menüpunkt *Kontaktpunkt setzen* aus dem für den Cursor speziellen Untermenü *Mauszeiger*.

Den selbstgezeichneten Cursor sollten Sie bei der Programmierung mit Borland C++ oder TurboPascal genauso wie das eigene Icon in einer RES-Datei ablegen, um diese Datei in das C++-Projekt bzw. mit dem Schalter {$R} in den Pascal-Quellcode einzufügen (siehe 6.2.2).

Das Laden dieses Mauszeigers kann genauso wie es beim Symbol der Fall war bei der Registrierung der Window-Klasse erfolgen. Dazu muß in TurboPascal und in Borland C++ wieder die geerbte Methode GetWindowClass überschrieben werden. Das anschließende kleine Listing in TurboPascal zeigt diese Möglichkeit. Die Aufgabe dieses Programmes besteht in dem Setzen eines eigenen Cursors. Die verwendete Resource-Datei TPCURS0.RES enthält nur eine Cursor-Figur, die mit dem Namen Sanduhr versehen wurde.

Turbo Pascal

```pascal
{ einfaches Programm mit Cursor: TPCURS0.PAS }
program TPCurs0;
uses WObjects, WinTypes, WinProcs;
{$R TPCURS0.RES}
type
  TRahmen = object(TApplication)
    procedure InitMainWindow; virtual;
  end;

type
  PFenster = ^TFenster;
  TFenster = object(TWindow)
  procedure GetWindowClass (var AWndClass:
                            TWndClass); virtual;
  end;

procedure TRahmen.InitMainWindow;
begin
  MainWindow := New(PFenster, Init(nil,
                    'Ein eigener Cursor'));
end;

procedure TFenster.GetWindowClass (var AWndClass:
TWndClass);
begin
  TWindow.GetWindowClass(AWndClass);
```

```
    AWndClass.hCursor := LoadCursor(HInstance,
                                           'Sanduhr');
  end;

{ Hauptprogramm }
var MeinRahmen : TRahmen;
begin
  MeinRahmen.Init('TPCursor');
  MeinRahmen.Run;
  MeinRahmen.Done;
end.
```

Wenn Sie mit QuickC arbeiten und trotzdem die zwei vorhergehenden Seiten gelesen haben, werden Sie jetzt wahrscheinlich schon wissen, daß die Einstellung des Klassen-Cursors und somit sein Laden im Unterprogramm CwRegisterClasses erfolgen kann.

```
int nCwRegisterClasses(void)
{
  WNDCLASS   wndclass;
  wndclass.lpfnWndProc = WndProc;
  wndclass.hInstance = hInst;
  wndclass.lpszClassName = szAppName;
  wndclass.hCursor = LoadCursor(hInst, "Sanduhr");
  ......
}
```

Damit die Figur des Mauszeigers auch geladen werden kann, muß in der zu dem Projekt gehörenden RC-Datei z.B. die folgende Zeile enthalten sein:

```
Sanduhr   CURSOR   SAND.CUR
```

Neben der Bekanntgabe des Cursors als Klassen-Cursor gibt es noch eine weitere Möglichkeit, die z.B. von QuickCase:W verwendet wird und immer dann eingesetzt wird, wenn der Mauszeiger während der Programmlaufzeit mehrere Gestalten annehmen soll.

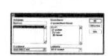

In QuickCase:W kann der Programmrahmen mit Hilfe des Menüpunktes *Cursor* aus dem Untermenü *Design* mit einer CUR-Datei verbunden werden. Die anschließende Generierung trägt daraufhin bei der Belegung der WNDCLASS-Struktur statt eines Cursorhandles den Wert NULL ein. Dadurch ändert der Zeiger beim Betreten der Client Area sein Aussehen nicht. Der Mauszeiger wird stattdessen bei der Verarbeitung der WM_Create-Meldung geladen und bei jeder Mausbewegung mit Hilfe der Funktion SetCursor gesetzt.

```
int nCwRegisterClasses(void)
{
  WNDCLASS wndclass;
  wndclass.hCursor = NULL;
  .......
}

LONG FAR PASCAL WndProc(HWND hWnd, WORD
    Message, WORD wParam, LONG lParam)
```

```
    {
      switch (Message)
      {
       case WM_CREATE:
         hCur = LoadCursor(hInst, "SANDUHR");
         break;
       case WM_MOUSEMOVE:
         SetCursor(hCur);
         break;
     ........
      }
```

Die Variable hCur ist vom Datentyp HCURSOR und wird von QuickCase:W als globale Variable in der Header-Datei des Projektes definiert.

Der Klassen-Cursor sollte in diesem Fall nicht belegt werden, da ansonsten Windows diesen Cursor zwischen den einzelnen Mausbewegungen kurzzeitig setzen würde. Der Anwender würde dann eine flackernde Mausfigur sehen.

6.3.3 Beispiel zu den selbstgezeichneten Cursorn

Unser Beispielprogramm besitzt nicht nur einen, sondern gleich vier Cursor-Figuren, die abhängig von der aktuellen Position des Mauszeigers angezeigt werden. Dazu wird die Client Area in vier gleich große Bereiche unterteilt.

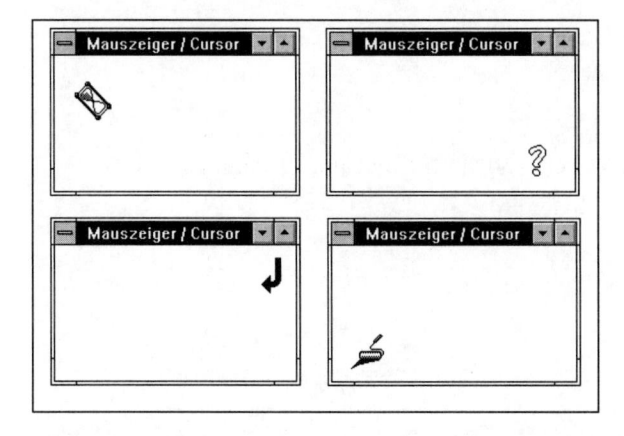

Abb. 177: Beispiel zu den Cursorn

Windows-Funktionen	Kurzbeschreibung
LoadCursor	lädt einen Cursor
SetCursor	setzt eine Cursor-Figur

Beispiel

/***************** QCCURSOR.C *****************/

```
  1  /* QuickCase:W */
  2  #include "QCCURSOR.h"
  3
  4  int PASCAL WinMain(HANDLE hInstance, HANDLE
  5  hPrevInstance, LPSTR lpszCmdLine, int nCmdShow)
  6  {
  7  /************************************************/
  8  /* hInstance;          Handle dieser Instanz    */
  9  /* hPrevInstance;Handle der vorhergehenden Instanz*/
 10  /* lpszCmdLine; Zeiger auf die Kommandozeile    */
 11  /* nCmdShow;   Code zur Anzeige des Hauptfensters*/
 12  /************************************************/
 13
 14  MSG msg;   /* MSG-Struktur für die Meldungen    */
 15  int nRc;   /* Rückgabewert der Klassen-         */
 16             /* Registrierung(en)                 */
 17
 18  strcpy(szAppName, "QCCursor");
 19  hInst = hInstance;
 20  if(!hPrevInstance)
 21  {
 22  /* Registrieren der Fensterklasse(n) bei der    */
 23  /* 1.Instanz                                    */
 24      if ((nRc = nCwRegisterClasses()) == -1)
 25      {
 26  /* Registrierung schlug fehl                    */
 27          LoadString(hInst, IDS_ERR_REGISTER_CLASS,
 28              szString, sizeof(szString));
 29          MessageBox(NULL, szString, NULL,
 30              MB_ICONEXCLAMATION);
 31          return nRc;
 32      }
 33  }
 34
 35  /* Hauptfenster erzeugen                        */
 36  hWndMain = CreateWindow(
 37      szAppName,   | /* Klassennamen               */
 38      "Mauszeiger / Cursor",
 39                   | /* Text in der Titelzeile     */
 40      WS_CAPTION   | /* Titel zufügen              */
 41      WS_SYSMENU   | /* Systemmenübox zufügen      */
 42      WS_MINIMIZEBOX | /* Minimize Box zufügen     */
 43      WS_MAXIMIZEBOX | /* Maximize Box zufügen     */
 44      WS_THICKFRAME  | /* in der Größe veränderbar */
 45      WS_CLIPCHILDREN
 46                   | /* kein Zeichnen in den Kindfenstern */
 47      WS_OVERLAPPED,
 48      CW_USEDEFAULT, 0, /* Default-Werte für X, Y  */
 49      CW_USEDEFAULT, 0,
 50                   /* Default-Werte für Breite und Höhe */
 51      NULL,        /* Handle des Elternfensters    */
 52      NULL,        /* Handle des Menüs             */
 53      hInst,       /* Handle der Instanz           */
 54      NULL);       /* Struktur für WM_CREATE       */
 55
 56  if(hWndMain == NULL)
 57  {
 58      LoadString(hInst, IDS_ERR_CREATE_WINDOW,
 59          szString, sizeof(szString));
 60      MessageBox(NULL, szString, NULL,
 61          MB_ICONEXCLAMATION);
 62      return IDS_ERR_CREATE_WINDOW;
 63  }
 64  ShowWindow(hWndMain, nCmdShow);
 65  /* Anzeigen des Hauptfensters */
 66
 67  while(GetMessage(&msg, NULL, 0, 0))
 68  /* bis WM_QUIT eintritt */
 69  {
 70      TranslateMessage(&msg);
 71      DispatchMessage(&msg);
 72  }
 73
 74  /* Aufräumarbeiten, bevor die Applikation beendet */
 75  /* wird                                         */
 76  CwUnRegisterClasses();
 77  return msg.wParam;
 78  } /* Ende der WinMain                           */
 79
 80  /************************************************/
 81  /*                                              */
 82  /* Fensterroutine des Hauptfensters:            */
 83  /*                                              */
 84  /* Diese Prozedur stellt Service-Routinen für die*/
 85  /* Windows-Ereignisse (Meldungen) bereit, die   */
 86  /* Windows oder der Benutzer an das Fenster sendet*/
 87  /* Sie initialisiert Ereignisse (Meldungen), die */
 88  /* entstehen, wenn der Anwender z.B. einen Menü- */
 89  /* punkt oder ein Tastenkürzel anwählt          */
 90  /*                                              */
 91  /************************************************/
 92
 93  LONG FAR PASCAL WndProc(HWND hWnd, WORD Message,
 94  WORD wParam, LONG lParam)
 95  {
 96      HMENU       hMenu=0;         /* Menü-Handle  */
 97      HBITMAP     hBitmap=0;   /* Handle für Bitmaps */
 98      HDC         hDC; /* Handle für den Display Context */
 99      PAINTSTRUCT ps; /* enthält Zeichen-Informationen */
100      int         nRc=0; /* Rückgabewert           */
101      WORD xPos, yPos;
102      static WORD xClient, yClient;
103      static HCURSOR hCur2, hCur3, hCur4;
104      switch (Message)
105      {
106      case WM_CREATE:
107          hCur = LoadCursor(hInst, "SANDUHR");
108          hCur2 = LoadCursor(hInst, "PFEIL");
109          hCur3 = LoadCursor(hInst, "PINSEL");
110          hCur4 = LoadCursor(hInst, "FRAGEZEICHEN");
111          break;      /* Ende von WM_CREATE        */
112
113      case WM_MOUSEMOVE:
114          xPos = LOWORD(lParam);
115          yPos = HIWORD(lParam);
116          if ((xPos <= xClient/2) && (yPos <= yClient/2))
117              SetCursor(hCur);
118          if ((xPos > xClient/2) && (yPos <= yClient/2))
119              SetCursor(hCur2);
120          if ((xPos <= xClient/2) && (yPos > yClient/2))
121              SetCursor(hCur3);
122          if ((xPos > xClient/2) && (yPos > yClient/2))
123              SetCursor(hCur4);
124          break;
125
126      case WM_MOVE:   /* Bewegen des Fensters      */
127          break;
128
129      case WM_SIZE:
130          xClient = LOWORD(lParam);
131          yClient = HIWORD(lParam);
132  /* Größenänderung der Client Area                */
133          break;      /* Ende von WM_SIZE          */
134
135      case WM_PAINT:  /* Neuzeichnen der Client Area */
136  /* bekommt ein Handle auf den Device Context     */
137  /* BeginPaint wird evtl. WM_ERASEBKGND senden    */
138          memset(&ps, 0x00, sizeof(PAINTSTRUCT));
139          hDC = BeginPaint(hWnd, &ps);
140  /* falls der Hintergrund keine reine Farbe besitzt */
141          SetBkMode(hDC, TRANSPARENT);
142  /* Das Neuzeichnen ist abgeschlossen             */
143          EndPaint(hWnd, &ps);
144          break;      /* Ende von WM_PAINT         */
145
146      case WM_CLOSE:  /* Schließen des Fensters    */
147  /* Zerstören der Kindfenster, modeless Dialogboxen*/
148  /* Zerstören dieses Fensters                    */
149          DestroyWindow(hWnd);
150          if (hWnd == hWndMain)
151              PostQuitMessage(0);
152  /* Beenden der Applikation                      */
153          break;
154
155      default:
156  /* alle Meldungen, für die keine eigene Service- */
157  /* Routine zur Verfügung gestellt wird, sollten an*/
158  /* Windows gereicht werden, damit eine Default-  */
159  /* Verarbeitung stattfinden kann                 */
160          return DefWindowProc(hWnd, Message, wParam, lParam);
161      }
162  return 0L;
163  }           /* Ende von WndProc                  */
164  /************************************************/
165  /*                                              */
166  /*                                              */
167  /* nCwRegisterClasses Funktion:                  */
168  /*                                              */
169  /* Die folgende Funktion registriert alle Klassen*/
170  /* von allen Fenstern, die mit dieser Applikation*/
171  /* verbunden sind. Die Funktion liefert einen    */
172  /* Fehlercode zurück, falls sie nicht erfolgreich*/
173  /* war, ansonsten wird 0 zurückgegeben.          */
174  /*                                              */
175  /************************************************/
176
177  int nCwRegisterClasses(void)
178  {
179      WNDCLASS wndclass;
180  /* Struktur, um eine Klasse zu definieren        */
181      memset(&wndclass, 0x00, sizeof(WNDCLASS));
182  /* Füllen von WNDCLASS mit Fenster-Eigenschaften */
183      wndclass.style = CS_HREDRAW | CS_VREDRAW |
184                       CS_BYTEALIGNWINDOW;
185      wndclass.lpfnWndProc = WndProc;
186  /* zusätzlicher Speicher für Klassen- und        */
187  /* Fensterobjekte                                */
188      wndclass.cbClsExtra = 0;
189      wndclass.cbWndExtra = 0;
190      wndclass.hInstance = hInst;
191      wndclass.hIcon = LoadIcon(NULL, IDI_APPLICATION);
192      wndclass.hCursor = NULL;
193  /* Erzeugen eines Pinsels, um den Hintergrund    */
194  /* zu löschen                                    */
195      wndclass.hbrBackground = (HBRUSH)(COLOR_WINDOW+1);
196      wndclass.lpszMenuName = szAppName;
197  /* Klassenname = Menüname */
198      wndclass.lpszClassName = szAppName;
199  /* Klassenname = App.-Name */
200      if(!RegisterClass(&wndclass))
```

Benutzerführung 395

```
201     return -1;
202
203   return(0);
204 } /* Ende von nCwRegisterClasses      */
205
206 /*****************************************************/
207 /*  CwUnRegisterClasses Function:                    */
208 /*                                                   */
209 /*  löscht jeden Bezug zu den Fenster-Resources,    */
210 /*  die für diese Applikation erzeugt wurden, gibt  */
211 /*  Speicher frei, löscht die Instanz, die Handles   */
212 /*  und tätigt andere Aufräumarbeiten                */
213 /*                                                   */
214 /*****************************************************/
215
216 void CwUnRegisterClasses(void)
217 {
218   WNDCLASS   wndclass;
219   /* Struktur, um eine Klasse zu definieren      */
220   memset(&wndclass, 0x00, sizeof(WNDCLASS));
```

```
221
222   UnregisterClass(szAppName, hInst);
223 }   /* Ende von CwUnRegisterClasses       */
224
225
226
227 /* QCCURSOR.RC */
228 #include "QCCURSOR.h"
229
230 SANDUHR     CURSOR SANDUHR.CUR
231 PFEIL       CURSOR PFEIL.CUR
232 PINSEL      CURSOR PINSEL.CUR
233 FRAGEZEICHEN CURSOR FRAGEZ.CUR
234
235 STRINGTABLE
236 BEGIN
237   IDS_ERR_CREATE_WINDOW,   "Window creation failed!"
238   IDS_ERR_REGISTER_CLASS,  "Error registering window class"
239 END
```

Turbo Pascal

neue Methoden	Kurzbeschreibung
TWindow.WMSize	wird durch die Meldung WM_SIZE aktiviert

Beispiel

{ Cursor-Programm: TPCursor.PAS }

```pascal
1  program TPCursor;
2  uses WObjects, WinTypes, WinProcs;
3  {$R TPCursor.RES}
4
5  type
6    TRahmen = object(TApplication)
7      procedure InitMainWindow; virtual;
8    end;
9
10 type
11   PFenster = ^TFenster;
12   TFenster = object(TWindow)
13     hCur, hCur2, hCur3, hCur4: HCursor;
14     xClient, yClient: Word;
15     procedure SetupWindow; virtual;
16     procedure GetWindowClass (var AWndClass:
17                               TWndClass); virtual;
18     procedure WMMouseMove (var Msg: TMessage); virtual
19                               WM_First+WM_MOUSEMOVE;
20     procedure WMSize (var Msg: TMessage); virtual
21                               WM_First+WM_SIZE;
22   end;
23
24 procedure TRahmen.InitMainWindow;
25 begin
26   MainWindow := New(PFenster, Init(nil,
27                              'Mauszeiger / Cursor'));
28 end;
29
30 procedure TFenster.SetupWindow;
31 begin
32   TWindow.SetupWindow;
33   hCur  := LoadCursor(hInstance, 'SANDUHR');
34   hCur2 := LoadCursor(hInstance, 'PFEIL');
35   hCur3 := LoadCursor(hInstance, 'PINSEL');
36   hCur4 := LoadCursor(hInstance, 'FRAGEZEICHEN');
37 end;
38
```

```pascal
39 procedure TFenster.GetWindowClass (var AWndClass: TWndClass);
40 begin
41   TWindow.GetWindowClass(AWndClass);
42   AWndClass.hCursor := THandle(nil);
43 end;
44
45 procedure TFenster.WMMouseMove (var Msg: TMessage);
46 var xPos, yPos: WORD;
47 begin
48   xPos := LOWORD(Msg.LParam);
49   yPos := HIWORD(Msg.LParam);
50   if ((xPos <= xClient Div 2) And
51                          (yPos <= yClient Div 2))
52     then SetCursor(hCur);
53   if ((xPos > xClient Div 2) And
54                          (yPos <= yClient Div 2))
55     then SetCursor(hCur2);
56   if ((xPos <= xClient Div 2) And
57                          (yPos > yClient Div 2))
58     then SetCursor(hCur3);
59   if ((xPos > xClient Div 2) And
60                          (yPos > yClient Div 2))
61     then SetCursor(hCur4);
62 end;
63
64 procedure TFenster.WMSize (var Msg: TMessage);
65 begin
66   xClient := LOWORD(Msg.LParam);
67   yClient := HIWORD(Msg.LParam);
68 end;
69
70 { Hauptprogramm }
71 var MeinRahmen : TRahmen;
72 begin
73   MeinRahmen.Init('TPCursor');
74   MeinRahmen.Run;
75   MeinRahmen.Done;
76 end.
```

Turbo C++

neue Methoden	Kurzbeschreibung
TWindow::WMSize	wird durch die Meldung WM_SIZE aktiviert

Beispiel

/*************** TCCURSOR.CPP ***************/

```
 1  #include <owl.h>
 2
 3  class TRahmen :public TApplication
 4  {
 5  public:
 6     TRahmen(LPSTR AName, HANDLE hInstance, HANDLE
 7        hPrevInstance, LPSTR lpCmdLine, int nCmdShow)
 8        : TApplication(AName, hInstance, hPrevInstance,
 9          lpCmdLine, nCmdShow) {};
10     virtual void InitMainWindow();
11  };
12
13  class TFenster : public TWindow
14  {
15  public:
16     HCURSOR hCur, hCur2, hCur3, hCur4;
17     WORD xClient, yClient;
18     TFenster(PTWindowsObject AParent, LPSTR ATitle)
19        : TWindow(AParent, ATitle) {};
20     virtual void SetupWindow();
21     virtual void GetWindowClass (WNDCLASS &);
22     virtual void WMSize(RTMessage) =
23                        [WM_FIRST + WM_SIZE];
24     virtual void WMMouseMove (RTMessage) =
25                        [WM_FIRST+WM_MOUSEMOVE];
26  };
27
28  void TRahmen::InitMainWindow()
29  {
30     MainWindow = new TFenster(NULL,
31                        "Mauszeiger / Cursor");
32  }
33
34  void TFenster::SetupWindow()
35  {
36     TWindow::SetupWindow();
37     hCur = LoadCursor(GetApplication()->hInstance,
38                        "SANDUHR");
39     hCur2 = LoadCursor(GetApplication()->hInstance,
40                        "PFEIL");
41     hCur3 = LoadCursor(GetApplication()->hInstance,
42                        "PINSEL");
43     hCur4 = LoadCursor(GetApplication()->hInstance,
44                        "FRAGEZEICHEN");
45  }
46
47  void TFenster::GetWindowClass (WNDCLASS & AWndClass)
48  {
49     TWindow::GetWindowClass(AWndClass);
50     AWndClass.hCursor = NULL;
51  }
52
53  void TFenster::WMSize(RTMessage Msg)
54  {
55     xClient = LOWORD(Msg.LParam);
56     yClient = HIWORD(Msg.LParam);
57  }
58
59  void TFenster::WMMouseMove(RTMessage Msg)
60  {
61     WORD xPos, yPos;
62     xPos = LOWORD(Msg.LParam);
63     yPos = HIWORD(Msg.LParam);
64     if ((xPos <= xClient/2) && (yPos <= yClient/2))
65        SetCursor(hCur);
66     if ((xPos > xClient/2) && (yPos <= yClient/2))
67        SetCursor(hCur2);
68     if ((xPos <= xClient/2) && (yPos > yClient/2))
69        SetCursor(hCur3);
70     if ((xPos > xClient/2) && (yPos > yClient/2))
71        SetCursor(hCur4);
72  }
73
74  int PASCAL WinMain(HANDLE hInstance, HANDLE hPrevInstance,
75     LPSTR lpCmdLine, int nCmdShow)
76  {
77     TRahmen MeinRahmen ("TCMaus", hInstance,
78        hPrevInstance, lpCmdLine, nCmdShow);
79     MeinRahmen.Run();
80     return MeinRahmen.Status;
81  }
```

Bei der Realisierung des Beispiels in den verschiedenen Sprachen müssen die Cursor-Figuren nur einmal gezeichnet werden. Ich habe dafür das Programm IMAGEDIT benutzt und jeden Cursor in einer eigenen Datei (sanduhl.cur, fragez.cur, pinsel.cur, pfeil.cur) abgespeichert.

Damit in TurboPascal und Borland C++ auf diese Figuren zugegriffen werden kann, wird im Resource Workshop ein neues Projekt eröffnet. In dieses Projekt werden dann über den Menüpunkt *Dem Projekt hinzufügen* aus dem Untermenü *Datei* und durch die Anwahl des Dateityps "CUR Mauszeiger" die einzelnen CUR-Dateien eingefügt. Anschließend können die Namen der Cursor-Resources mit Hilfe des Menüpunktes *Umbenennen* geändert werden.

Alle vier Mauszeiger werden beim Programmstart bei der WM_Create-Meldung bzw. in der SetupWindow-Methode geladen. Bei Borland C++ muß dafür wieder das Instanz-Handle mit Hilfe der Funktion GetApplication besorgt werden, da dieses Handle eine geerbte Objektvariable der Klasse TRahmen ist.

```
void TFenster::SetupWindow()
{
   TWindow::SetupWindow();
   hCur = LoadCursor(GetApplication()->hInstance,
                     "SANDUHR");
   ......
}
```

Benutzerführung

Damit kein Klassen-Cursor gesetzt wird, muß bei der Registrierung der Klasse dem Feld hCursor ein NULL-Handle übergeben werden. Dies erfolgt in QuickC im Unterprogramm CwRegisterClasses und in den beiden objektorientierten Sprachen in der Methode GetWindowClass.

Sobald der Anwender das Fenster in der Größe verändert, entsteht eine WM_SIZE-Meldung. Hier werden die neuen Ausmaße, die im Parameter lParam mitgeliefert werden, in den beiden Variablen xClient und yClient gespeichert, da sie bei jeder Mausbewegung für die Berechnung benötigt werden, welcher Cursor angezeigt werden soll.

```
void TFenster::WMSize(RTMessage Msg)
{
  xClient = LOWORD(Msg.LParam);
  yClient = HIWORD(Msg.LParam);
}
```

Die aktuelle Position des Mauszeigers wird bei der WM_MOUSEMOVE-Meldung ermittelt und mit der halben Breite bzw. halben Höhe des Fensters verglichen, um den Cursor setzen zu können, der dem Bereich zugeordnet ist, in dem sich derzeit der Zeiger befindet.

Microsoft Visual Basic

Da in VisualBasic nicht mit selbstgezeichneten Cursorn gearbeitet werden kann, benutze ich für das VisualBasic-Beispiel vier verschiedene Standard-Mauszeiger, von denen Sie einen in der Abbildung sehen.

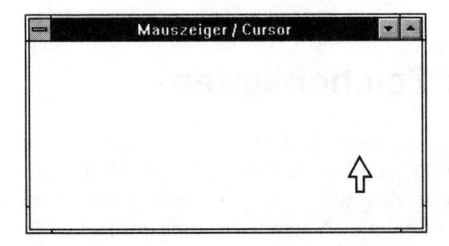

Abb. 178: Beispiel zu den Cursorn in VisualBasic

Objekt	Eigenschaft	Inhalt
Form1	Caption	Mauszeiger / Cursor

Neue Eigenschaft	Kurzbeschreibung
Form1.MousePointer	aktuelle Figur des Mauszeigers

Beispiel

```
' VBCURSOR.FRM
Sub Form_MouseMove (Maustaste As Integer, Umschalten
            As Integer, X As Single, Y As Single)
  If ((X <= ScaleWidth / 2) And
                    (Y <= ScaleHeight / 2)) Then
    MousePointer = 11 ' Sanduhr
  End If
  If ((X > ScaleWidth / 2) And
                    (Y <= ScaleHeight / 2)) Then
    MousePointer = 4  ' Symbol
  End If
  If ((X <= ScaleWidth / 2) And
                    (Y > ScaleHeight / 2)) Then
    MousePointer = 2  ' Kreuz
  End If
  If ((X > ScaleWidth / 2) And
                    (Y > ScaleHeight / 2)) Then
    MousePointer = 10 ' Aufwärtspfeil
  End If
End Sub
```

Da die derzeitige Größe des Arbeitsbereiches in den beiden Form-Eigenschaften ScaleWidth und ScaleHeight steht, können diese direkt bei dem MouseMove-Ereignis verwendet werden. Somit ist es nicht nötig, auf das Ereignis Resize zu reagieren, das bei jeder Größenänderung des Fensters entsteht. Die Abfrage verwendet die gleiche Aufteilung wie die Abfrage in den anderen drei Sprachen, so daß die Client Area in vier gleich große Rechtecke untergliedert wird. Die Figur des Mauszeigers wird über die Eigenschaft MousePointer neu gesetzt.

6.4 Stringtable (Tabelle für Zeichenketten)

Damit das Datensegment eines Windows-Programmes nicht durch das Speichern von Fehler- und anderen Texten unnötigerweise groß wird, können diese Zeichenketten auch in die Resource-Datei ausgelagert werden, in der sich z.B. schon die Definitionen von Cursorn und Symbolen befinden. Dadurch werden die Programme auch einfacher in andere Fremdsprachen übertragbar. In VisualBasic existiert diese Möglichkeit nicht.

6.4.1 Definition

Die Definiton der einzelnen Strings findet bei QuickC in der RC-Datei, bei den beiden Borland-Sprachen in der RES-Datei statt.

Bei der Erstellung der Programm-Oberfläche mit QuickCase:W besitzt das dadurch entstehende Projekt immer eine RC-Datei mit einer String-Tabelle, die mindestens die beiden folgenden Fehlertexte enthält:

```
STRINGTABLE
BEGIN
  IDS_ERR_CREATE_WINDOW,  "Window creation failed!"
  IDS_ERR_REGISTER_CLASS, "Error registering window class"
END
```

Da es in einer RC-Datei und somit in einem Programm gleichzeitig nur eine Tabelle dieser Art geben kann, besitzen nur die einzelnen Texte, nicht aber die Tabelle selber eine Identifikation. Jede Zeichenkette ist durch doppelte Hochkommas abgeschlossen und kann aus bis zu 255 Zeichen bestehen. Der dazugehörige ID-Wert muß innerhalb der String-Tabelle eindeutig sein und wird automatisch von QuickCase:W mit einem define-Statement in der Header-Datei des Projektes abgelegt. Die beiden oben angegebenen ID-Werte sind z.B. folgendermaßen definiert:

```
#define IDS_ERR_REGISTER_CLASS  1
#define IDS_ERR_CREATE_WINDOW   2
```

Die String-Tabelle kann bis zu 64 KByte groß werden. Wenn eine Zeichenkette geladen wird, wird eine ganze Einheit, die immer aus 16 Strings besteht, in den Speicher gebracht. Deswegen sollten Texte, die häufig zusammen benötigt werden, nebeneinanderliegende ID-Werte zugeordnet bekommen.

Bei der Arbeit mit dem Resource Workshop kann der String-Editor zur Definition der Zeichenketten verwendet werden. Dazu wählen Sie nach dem Öffnen eines bestehenden oder eines neuen Projektes aus dem Untermenü *Ressource* den Menüpunkt *Neu* an und selektieren aus der Liste den Eintrag STRINGTABLE. Der daraufhin aktivierte String-Editor besteht aus drei Eingabefeldern für die ID-Quelle, den ID-Wert und den String. Als neues Untermenü wird das Menü *String-Tabelle* bestehend aus vier Menüpunkten zwischen den beiden Untermenüs *Ressource* und *Fenster* in die Menüzeile eingefügt.

Mit Hilfe des Resource Workshops können zwar mehrere Tabellen für Zeichenketten angelegt werden, wie es z.B. im Workshop selber durchgeführt ist, jedoch müssen die ID-Werte bezogen auf alle Tabellen eindeutig sein. Somit sind mehrere Tabellen nur dann interessant, wenn Sie zusammengehörende Zeichenketten übersichtlicher verwalten möchten.

Abb. 179: String-Editor mit einer String-Tabelle des Resource Workshops

In das erste Textfeld ID-Quelle wird die Identifikation oder der Bezeichner eingegeben. Falls dieser symbolischen Name noch nicht definiert ist, werden Sie aufgefordert, ihm eine Zahl zuzuordnen. Das daraus resultierende define-Statement wird dann automatisch mit in die Datei geschrieben. Die Zahl selber erscheint in dem zweiten Textfeld ID-Wert. Falls Sie ohne Bezeichner arbeiten, besitzen die beiden Felder ID-Quelle und ID-Wert den identischen Inhalt, wie Sie es in der Abbildung sehen können. Das dritte Eingabefeld String steht für die zu definierende Zeichenkette.

Um die nächste Zeile eingeben zu können, wählen Sie aus dem Untermenü *String-Tabelle* den Menüpunkt *Neuer Eintrag* oder drücken die [Ins]-Taste. Die neue Zeile kommt unter dem aktuellen Eintrag zu liegen, und das Textfeld ID-Quelle wird mit einer noch nicht vergebenen Zahl vorbelegt. Über den Menüpunkt *Eintrag löschen* wird die Zeile aus der Tabelle entfernt, in der sich derzeit die Eingabemarkierung befindet.

6.4.2 Einbinden ins Programm

Um mit den Zeichenketten in der String-Tabelle arbeiten zu können, müssen sie mit Hilfe der Funktion LoadString in einen Puffer geschrieben werden.

Funktion LoadString
```
C-Schreibweise:
int LoadString( HANDLE hInstance, WORD wID,
        LPSTR lpBuffer, int nBufferMax)
```

Der zweite Parameter enthält den ID-Wert des gewünschten Strings, der bei der Erstellung der Tabelle in der Resource-Datei vergeben wurde. Der Puffer wird über seinen Zeiger als dritter Parameter übergeben. Die Anzahl der zu übertragenden Bytes steht im letzten Argument. Falls der String länger ist, wird er nach der Übertragung der angegebenen Bytes abgeschnitten. Als Rückgabewert liefert die Funktion die aktuelle Anzahl der in den Puffer kopierten Zeichen.

Wie schon oben erwähnt werden die Zeichenketten einer String-Tabelle häufig als Fehlertexte verwendet, die beim Auftreten des entsprechenden Fehlers in einem Meldungsfenster ausgegeben werden. Zu diesem Zweck existieren auch die beiden Texte, die von QuickCase:W bei jeder Generierung in die String-Tabelle geschrieben werden. Sie kommen zur Anzeige, wenn ein Fehler bei der Registrierung der Klasse bzw. beim Erzeugen des Hauptfensters entstand.

```
if(hWndMain == NULL)
{
   LoadString(hInst, IDS_ERR_CREATE_WINDOW,
        szarString, sizeof(szarString));
   MessageBox(NULL, szarString, NULL,
              MB_ICONEXCLAMATION);
   return IDS_ERR_CREATE_WINDOW;
}
```

Der Text "Window creation failed!" erscheint in einer Message-Box, wenn die Funktion CreateWindow kein Fenster erzeugen konnte und deswegen ein NULL-Handle zurückgeliefert hat. Nach der Bestätigung dieser Meldung durch den Anwender wird die Applikation beendet.

Der Puffer szarString, der der Funktion LoadString als Puffer übergeben wird, ist als globale Variable in der Header-Datei des Projektes definiert:

```
char szarString[128];   /* Variable zum Laden der
                           Resource-Texte*/
```

6.5 Menü mit Tastenkürzel

Erst durch ein Menü kann eine Applikation wirklich anwenderfreundlich gestaltet werden. Der Benutzer muß nun nicht mehr jede auszuführende Aktion über Eingabe des Namens starten, wobei er den Befehl wissen muß und sich nicht verschreiben darf, sondern braucht nur den entsprechenden Menüpunkt anzuwählen.

Aufbau eines Menüs

Ein Menü besteht aus einer Sammlung von Kommandos, die in einer oder mehreren Zeilen unterhalb der Titelzeile eines Fensters angezeigt und durch die Tastatur oder die Maus ausgelöst werden. Diese einzelnen Punkte führen bei ihrer Selektion entweder eine Aktion aus oder blättern ein weiteres Menü auf. Bei der erstgenannten Möglichkeit handelt es sich um einen Menüpunkt, ansonsten wurde ein Untermenü aktiviert, dessen hierarchische Verschachtelung bis zu sechs Menüebenen tief sein kann. Das korrekte Aufblättern der Untermenüs und das anschließende Entfernen, sobald der Anwender einen Menüpunkt angeklickt hat, führt Windows selbständig durch.

CUA-Richtlinien

Um Punkte optisch voneinander abzugrenzen, kann ein Menü neben den Menüpunkten und den Untermenüs auch noch Trennstriche besitzen. In der Menüzeile sollten nur Untermenüs und keine Menüpunkte definiert sein, da ansonsten der Bediener aus Versehen recht schnell einen ungewollten Ablauf anstoßen kann. Falls ein Untermenü, das nicht in der Menüzeile liegt, ein weiteres Untermenü aufruft, zeigt Windows diese Möglichkeit automatisch durch einen kleinen Pfeil bei dem Namen des zusätzlichen Untermenüs an. Die drei Punkte (...) neben dem Namen eines Menüpunktes sagen aus, daß bei der Anwahl dieses Menüpunktes ein Dialogfenster eingeblendet wird. Der Programmierer muß diese drei Punkte selber bei der Definition des Menüpunktes schreiben.

Zugriffstasten

Wenn Sie mit einem Menü arbeiten und keine Maus besitzen, werden Sie wahrscheinlich häufig Menüpunkte durch ihren unterstrichenen Buchstaben auslösen, um sich nicht erst mit Hilfe der Cursor-Tasten zu dem gewünschten Punkt vorkämpfen zu müssen. Damit die Auswahl eines Punktes durch einen Buchstaben auch funktioniert, muß der Buchstabe innerhalb eines Untermenüs eindeutig sein und darf nicht zweimal vorkommen. Der Unterstrich wird bei der Definition des Menüs durch ein Ampersand (&) erzeugt, das vor den zu unterstreichenden Buchstaben geschrieben wird.

```
&Rückgängig  =>  Rückgängig
```

Diese Zugriffstasten sind jedoch keine Hot Keys (Acceleratoren), auf die wir noch eingehen werden. Bei den Zugriffstasten muß der entsprechende Menüpunkt sichtbar sein, damit er durch seinen Buchstaben ausgelöst werden kann.

6.5.1 Definition eines Menüs

Wenn während der Programmlaufzeit das bestehende Menü durch ein neues ersetzt werden soll, können Sie beide Menüs in Ihrer Resource-Datei definieren, da jedes Menü durch einen eindeutigen Namen identifiziert wird. Die Erstellung eines Menüs erfolgt abhängig von der verwendeten Sprache mit Hilfe von QuickCase:W (QuickC), des Menü-Editors im Resource Workshop (Borland C++ und TurboPascal) oder über das Menüentwurfsfenster in VisualBasic.

Microsoft Visual Basic — Wir wollen mit VisualBasic unser erstes Menü realisieren. In dieser Sprache wird das Menü auch als Control-Objekt betrachtet, das jedoch nicht über die Toolbox, sondern mit Hilfe des Menüentwurfsfenster erstellt wird. Dieses Fenster wird sichtbar, wenn Sie den gleichnamigen Menüpunkt des Untermenüs *Fenster* anwählen, dabei müssen Sie zuvor das Form, für das das Menü bestimmt ist, selektiert haben.

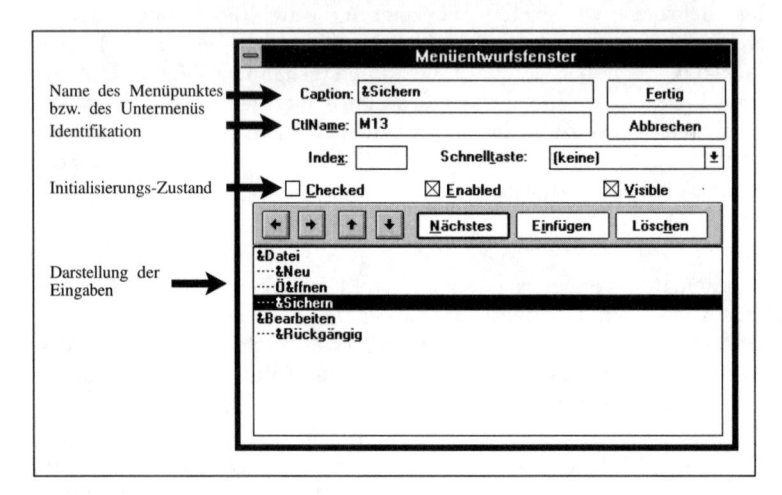

Abb. 180: Das Menüentwurfsfenster

In das Textfeld Caption wird der Name des Menüpunktes bzw. des Untermenüs eingetragen. Jeder Punkt muß einen Control-Namen (CtlName) besitzen, über den er im Code identifiziert werden kann. Diesen Namen können Sie beliebig nennen. Falls Sie keinen vergeben und das Menüentwurfsfenster über die Schaltfläche *Fertig* beenden wollen, werden Sie aufgefordert, die restlichen CtlNamen zu definieren. Die Eingabe eines Punktes wird durch das Drücken der [Enter]-Taste oder der Schaltfläche *Nächstes* abgeschlossen. Um einen untergeordneten Menüpunkt oder ein untergeordnetes Untermenü festzulegen, kann mit den Pfeil-Schaltflächen, die nach links bzw. rechts zeigen, die Menüebene gewechselt werden. Sobald Sie den Button *Fertig* anklicken und die Eingaben vollständig sind, wird das erstellte Menü in der Menüzeile des Forms angezeigt.

Initialisierung

Jeder Menüpunkt und jedes Untermenü besitzt einen Anfangszustand, der durch die drei Kontrollfelder Checked, Enabled und Visible festgelegt wird. sind alle Menüpunkte sichtbar, für den Anwender anwählbar und besitzen keinen Haken (Checkmark).

Element	Initialisierungszustand
Checked	ausgeschaltet
Enabled	eingeschaltet
Visible	eingeschaltet

Je nach Wunsch können Sie bei der Definition des Menüs diese Einstellungen, die für jeden Menüpunkt und für jedes Untermenü einzeln vergeben werden, durch Anklicken des entsprechenden Kontrollelementes verändern.

Separator

Um Menüpunkte optisch voneinander zu trennen, definieren Sie einen Strich zwischen zwei Punkten, indem Sie in das Eingabefeld Caption statt eines Namens einen Bindestrich eingeben. Auch wenn diese Trennstriche im Programm nicht weiter verarbeitet werden, benötigen sie in VisualBasic eine Identifikation, d.h. das Feld CtlName muß besetzt werden.

Bei der früheren Windows-Programmierung mit einem Microsoft C-Compiler mußte man das Menü ohne Hilfsmittel in die RC-Datei Zeile für Zeile selber editieren. Dank QuickCase:W hat sich dieser Zustand um einiges gebessert. Um die Programm-Oberfläche mit einem Menü zu versehen, klicken Sie mit der Maus die doppelten spitzen Klammern in der Menüzeile Ihrer Applikation an.

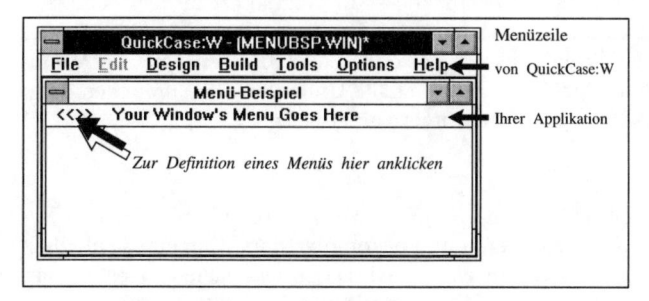

Abb. 181: Beginn der Definition eines Menüs in QuickCase:W

Falls Sie eine bestehende WIN-Datei in QuickCase:W geladen haben und keine spitzen Klammern finden können, so müssen Sie zuerst den Menüpunkt *Style* des Untermenüs *Design* anwählen und in der daraufhin erscheinenden Dialogbox die Checkbox Menu Bar einschalten.

Als Reaktion auf die Selektierung der spitzen Klammern wird ein Dialogfenster angezeigt, in dem Sie nun einen Menüpunkt bzw. ein Untermenü mit seinem Namen, seinem

Initialisierungszustand etc. definieren können. Um die Identifikation eines Menüpunktes müssen Sie sich nicht kümmern, diese Aufgabe übernimmt QuickCase:W (s.u.). Da es in Windows nicht möglich ist, daß ein Bitmap in der Menüzeile erscheint, ist zu Beginn der Radio-Button Bitmap nicht anwählbar.

Bei den Richtlinien für das Aussehen eines Menüs wurde weiter oben schon gesagt, daß die Menüzeile keine Menüpunkte, sondern nur Untermenüs aufnehmen soll. Aus diesem Grund lautet die Vorbesetzung in dem Bereich *Link To* für unsere erste Eingabe *Dropdown Menu*, was nichts anderes als Untermenü bedeutet.

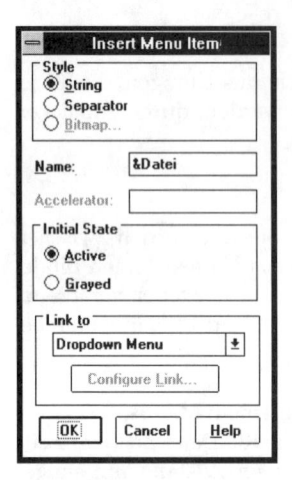

Abb. 182: Definition eines Untermenüs in QuickCase:W

Nach der Eingabe der Bezeichnung für das erste Untermenü, wie z.B. &Datei in das Feld Name und der positiven Bestätigung, erscheint dieser Eintrag sofort in der Menüzeile Ihrer Applikation. Sie können nun gleich horizontal die nächsten Untermenüs in der Menüzeile nach dem gleichen Prinzip eintragen, oder Sie definieren erst die Menüpunkte und weitere Untermenüs für das gerade erstellte Untermenü. Sie brauchen dazu nur die entsprechenden doppelten spitzen Klammern anzuklicken.

Verbindung mit einem Bitmap

Wenn ein Menüpunkt durch ein Bitmap repräsentiert werden soll, müssen Sie den Radio-Button Bitmap im Bereich *Style* selektieren und bekommen daraufhin eine Dialogbox angezeigt, über die Sie die Verbindung zu einer BMP-Datei herstellen. Dieses Bitmap kann jedoch nicht innerhalb von QuickCase:W dargestellt werden. Statt dessen wird der Name des Bitmaps in Großschreibung als Bezeichnung des Menüpunktes eingetragen. Die BMP-Datei können Sie z.B. schon zu einem früheren Zeitpunkt mit den Zeichenprogrammen IMAGEDIT oder Paintbrush erzeugt haben.

Als dritte Möglichkeit des Bereiches *Style* existiert die Wahl des Trennstriches. Jedem Menüpunkt kann genauso wie in VisualBasic ein bestimmter Initialisierungszustand zugeordnet werden, der bestimmt, ob der Punkt anwählbar ist und durch ein Checkmark gekennzeichnet wird. Dieser Zustand wird in QuickCase:W nicht sichtbar dargestellt.

Durch die Wahl eines Eintrages aus der Liste im Bereich *Link To* kann neben der Angabe, daß es sich bei dem Punkt um ein Untermenü handeln soll, auch ein Menüpunkt mit einer Dialogbox oder mit einem bestimmten Code, der in einer INC-Datei gespeichert steht, verbunden werden. Falls der Eintrag None lautet, so wird später selber die Aktion im Quellcode programmiert. Nachdem das Menü fertig aufgebaut ist, sollten Sie diese Werte in einer WIN-Datei sichern, um anschließend die Generierung anstoßen zu können. Die daraus entstehende RC-Datei kann z.B. folgende Menü-Definition enthalten:

```
Auszug aus der RC-Datei:
#include "MENUBSP.h"

MENUBSP MENU
BEGIN
  POPUP   "&Datei"
    BEGIN
      MENUITEM "&Neu",      IDM_D_NEU
      MENUITEM "ö&ffnen",   IDM_D_FFNEN, GRAYED
      MENUITEM SEPARATOR
      MENUITEM "&Sichern",  IDM_D_SICHERN
    END
  POPUP   "&Bearbeiten"
    BEGIN
      MENUITEM "&Rückgängig", IDM_B_RCKGNGIG,
                                        CHECKED
    END
END
```

Das dazugehörige Programm besitzt aufgrund dieser Definition in seiner Menüzeile zwei Untermenüs mit den Namen Datei und Bearbeiten, bei denen der erste Buchstabe jeweils unterstrichen ist und die Zugriffstaste darstellt. Wenn der Anwender das erste Untermenü anwählt, so werden drei Menüpunkte sichtbar, wobei der letzte vom vorletzten Punkt durch einen Separator getrennt ist. Der Menüpunkt Öffnen ist zu Beginn nicht ausführbar, da bei seiner Definition der Radio-Button GRAYED des Bereiches *Initial State* eingeschaltet wurde. Durch die Generierung wird aufgrund dieser Einstellung das Schlüsselwort GRAYED dem Menüpunkt angefügt. Auf dieselbe Weise wurde der Menüpunkt Rückgängig mit einem Haken versehen.

Da der Programmrahmen in QuickCase:W unter dem Namen MENUBSP.WIN gespeichert wurde, lautet der Name des Menüs MENUBSP. Ein Menü und auch jedes Untermenü wird in der RC-Datei immer von einer BEGIN- und END-Klammer eingeschlossen. Der ID-Wert eines Menüpunktes kann entweder direkt eine Zahl sein, die zwischen 0 und 65535 liegen muß, oder Sie verwenden einen Symbolnamen, der aussagekräftiger ist und in der Header-Datei mit einem define-Statement vereinbart werden muß. Bei der Namensvergabe geht QuickCase:W nach einem festen Schema vor. Alle Bezeichner fangen mit den drei Buchstaben IDM an, die als Abkürzung für Identification for Menu stehen. Es folgt nach einem Unterstrich der Anfangsbuchstabe des übergeordneten Untermenüs, dem sich wieder durch Unterstrich getrennt der Text des Menüpunktes anschließt, der dann das Unterscheidungskriterium von Menüpunkten desselben Untermenüs darstellt.

```
#define IDM_DATEI     1000
#define IDM_D_NEU     1050
```

```
#define IDM_D_FFNEN       1100
#define IDM_D_SICHERN     1200
#define IDM_BEARBEITEN    2000
#define IDM_B_RCKGNGIG    2050
```

Ein Untermenü besitzt keinen eigenen Bezeichner, da es keine Aktion auslöst, sondern mit Hilfe von Windows weitere Untermenüs oder Menüpunkte aufblättert. Neben dem Zeichen Ampersand (&) existieren noch weitere Steuerzeichen, von denen ich noch \a erwähnen möchte. Dieses Zeichen ist nur für ein Untermenü bzw. für einen Menüpunkt in der Menüzeile interessant. Steht \a vor dem Menütext, so wird dieser Punkt rechts außen in der Menüzeile angeordnet. Dieses Steuerzeichen wird häufig für das Untermenü Hilfe angewandt.

```
POPUP "\a&Hilfe"
  BEGIN
    MENUITEM "&Index",    IDM_H_INDEX
    MENUITEM "&About",    IDM_H_ABOUT
  END
```

Wenn Sie dieses Untermenü in unser oben definiertes Menü MENUBSP gedanklich einfügen, dann würde das dadurch neu entstandene Menü folgendermaßen aussehen:

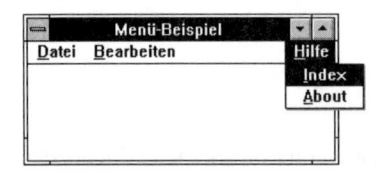

Abb 183: Menü mit Untermenü Hilfe

Resource Workshop Wenn Sie mit dem Resource Workshop das Menü erstellen möchten, müssen Sie wie auch schon bei dem Zeichnen eines Symbols oder einer Cursor-Figur zuerst diesen Resource-Typ über den Menüpunkt *New* aus dem Untermenü *Ressource* selektieren. Aufgrund dieser Wahl werden mehrere Fenster eingeblendet, die sowohl für die Eingabe der einzelnen Menütexte und der ID-Werte als auch für die sofortige Anzeige der getätigten Eingaben zuständig sind. Die Position, an der dieses Testmenü liegen soll, können Sie mit Hilfe des Untermenüs *Ansicht* selber wählen.

Um einen neuen Menüpunkt bzw. ein neues Untermenü in das bestehende Menü aufzunehmen, klicken Sie den entsprechenden Punkt aus dem Untermenü *Menü* an. Die neuen Einträge werden nach dem aktuell markierten Eintrag eingefügt. Die fast in jedem Programm vorhandenen Untermenüs *Datei*, *Bearbeiten* und *Hilfe* müssen Sie nicht Zeile für Zeile editieren, sondern Sie können dazu einen Punkt aus dem gerade genannten Untermenü anwählen.

Angabe eines Bezeichners

Ich habe Ihnen zu Beginn dieses Kapitels geraten, für die beiden Sprachen TurboPascal und Borland C++ immer gleich ein Projekt vom Dateiformat RES anzulegen. In diesem Fall können Sie jedoch leider keine Bezeichner für die ID-Werte der einzelnen Menüpunkte vergeben. Um mit symbolischen Namen arbeiten zu können, die für die spätere Verarbeitung im Quellcode besser wären, müssen Sie ein Projekt im Dateiformat RC anlegen und es später durch den Resource Workshop in eine RES-Datei übersetzen lassen. Unter der Annahme, daß Ihr Projekt als RC-Datei angelegt ist, können Sie nun in das Textfeld ID-Wert einen beliebigen Bezeichner eintragen. Bei Bestätigung dieser Eingabe werden Sie gefragt, ob ein neuer symbolischer Name erzeugt werden soll. Bei einer positiven Antwort werden Sie über eine Dialogbox aufgefordert, diesem Namen eine Nummer zuzuordnen. Diese Einstellungen werden in der RC-Datei als define-Statements abgelegt, so wie Sie es schon von der Header-Datei in QuickC kennen.

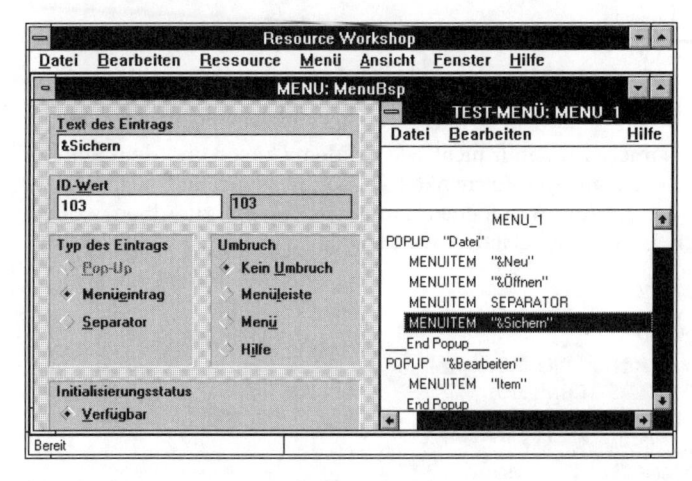

Abb. 184: Der Menü-Editor des Resource Workshops

Initialisierung

Um sicherzugehen, daß nicht verschiedene Menüpunkte dieselbe ID-Nummer besitzen, existiert im Untermenü *Menü* der Menüpunkt *Auf doppelte IDs prüfen*. Der Anfangszustand der einzelnen Einträge kann über die Felder des Bereiches Initialisierungsstatus eingestellt werden. Wenn Sie das Feld *Nicht verfügbar* oder *Grau darstellen* einschalten, löst der korrespondierende Eintrag bei seiner Anwahl keine Aktion aus. Der Unterschied zwischen diesen beiden Möglichkeiten liegt darin, daß sich ein nicht verfügbarer Menüpunkt für den Anwender immer noch als normal anwählbarer Punkt präsentiert.

6.5.2 Arbeiten mit einem Menü

Nachdem die Definition des Menüs erfolgt ist, müssen wir jetzt daran gehen, dieses Menü mit dem Fenster zu verknüpfen. Ein Menü kann dabei auf zwei Arten eingebunden werden. Entweder wird es bei der Klassen-Registrierung der Klasse zugeordnet, so daß alle Fenster, die sich auf diese Klasse beziehen, dasselbe Menü besitzen, oder Sie können ein Menü auch als Eigenschaft des Fensters bei seiner Erzeugung definieren. Falls sowohl ein Menü bei der Klasse als auch ein Menü beim Fenster angegeben wurde, besitzt das Fenstermenü eine höhere Priorität und wird dargestellt.

Menü als Klassen-Eigenschaft

QuickCase:W definiert das Menü als Klassen-Eigenschaft. Da bei der Arbeit mit diesem Tool das Menü denselben Namen wie das Projekt und somit auch wie die Klasse zugeteilt bekommt, kann direkt die globale Variable szAppName dem Feld lpszClassName der Struktur WNDCLASS übergeben werden.

```
WNDCLASS   wndclass;
wndclass.lpfnWndProc = WndProc;
wndclass.hInstance = hInst;
wndclass.lpszMenuName = szAppName;
wndclass.lpszClassName = szAppName;
```

Für dieses Feld lpszClassName wird somit nicht wie bei dem Cursor und dem Symbol ein Handle, sondern ein Zeiger auf die Zeichenkette benötigt. Wenn Sie hingegen das Menü bei der Funktion CreateWindow einem bestimmten Fenster zuordnen wollen, muß es mit der Funktion LoadMenu geladen werden, da in diesem Fall das Menü-Handle gebraucht wird.

Menü als Fenster-Eigenschaft

```
hWndMain = CreateWindow(szAppName,"Menü-Beispiel",
   WS_CAPTION | WS_SYSMENU | WS_MINIMIZEBOX |
   WS_MAXIMIZEBOX | WS_THICKFRAME | WS_OVERLAPPED,
   CW_USEDEFAULT, 0, CW_USEDEFAULT, 0, NULL,
   LoadMenu(hInst, szAppName), // Menü-Handle
   hInst, NULL);
```

Die Funktion LoadMenu bekommt genauso wie die übrigen Lade-Funktionen von Resources das Instanz-Handle und den Namen des Menüs als Text-String übergeben.

Bei der Windows-Programmierung in der Sprache TurboPascal kann die Bekanntgabe des Menüs genauso wie in einem QuickC-Programm an zwei Stellen durchgeführt werden. Zum einem gibt es die Möglichkeit, dafür den Konstruktor-Init der selbst definierten Klasse TFenster zu überschreiben.

```
constructor TMyWindow.Init(AParent:
      PWindowsObject; ATitle: PChar);
begin
   TWindow.Init(AParent, ATitle);
   Attr.Menu := LoadMenu(HInstance, 'MenuBsp');
end;
```

Die hier verwendete Variable Attr ist eine Objektvariable der Klasse TWindow und stellt einen Record vom Typ TWindowAttr dar. Neben dem Menü-Handle, das mit der Funktion LoadMenu besorgt wird, enthält dieser Record auch die weiteren Informationen wie Größe und Position des Fensters, die in QuickC bei der Funktion CreateWindow an-

Benutzerführung 409

gegeben werden. Das Menü wurde bei seiner Definition im Menü-Editor des Resource Workshops über den Menüpunkt *Umbennen* mit dem Namen MenuBsp versehen.

Die zweite Möglichkeit, ein Menü mit dem Hauptfenster zu verbinden, besteht in dem Überschreiben der uns schon gut bekannten Methode GetWindowClass. In diesem Fall legen wir das Menü als Klassenmenü fest. Es wird dabei der Menüname und nicht das Menü-Handle übergeben.

```
procedure TMyWindow.GetWindowClass (var
                AWndClass:TWndClass);
begin
    TWindow.GetWindowClass(AWndClass);
    AWndClass.lpszMenuName := 'MenuBsp';
end;
```

Turbo C++

Bei der Verknüpfung eines Menüs mit dem Hauptfenster unterscheiden sich die beiden objektorientierten Sprachen. In Borland C++ existiert in der Klasse TWindow eine eigene Funktion namens AssignMenu. Diese Routine wird im Konstruktor unserer selbst geschriebenen Klasse TFenster aufgerufen. Ihr kann entweder der Menüname oder, falls vorhanden, der ID-Wert des Menüs übergeben werden. Die Funktion AssignMenu führt somit dieselbe Aufgabe durch, die wir bei TurboPascal selber implementieren mußten. Sie weist nämlich dem Feld Attr.Menu den übergebenen Wert zu, wobei Attr eine Variable vom Datentyp TWindowAttr ist.

```
class TFenster : public TWindow
{
public:
  TFenster(PTWindowsObject AParent, LPSTR
    ATitle) : TWindow(AParent, ATitle)
  {
      AssignMenu("MENUBSP");
  };
  virtual void WMChar (RTMessage) =
                  [WM_FIRST+WM_CHAR];
};
```

Da ich in diesem Beispiel keine weiteren Aufrufe in dem Konstruktor durchführe, habe ich die Funktion AssignMenu bei der Deklaration der Klasse TFenster direkt als Inline-Code geschrieben.

Menü-Meldungen

WM_COMMAND

Immer wenn der Bediener mit der Maus einen Menüpunkt anklickt oder über die Zugriffs- bzw. die Cursor-Tasten einen Punkt anwählt, entsteht die Meldung WM_COMMAND. Auf diese Meldung müssen wir als Programmierer reagieren und die für den zugehörigen Menüpunkt gewünschte Aktion ausführen.

WM_INITMENUPOPUP

Bei der Anwahl eines Untermenüs generiert Windows keine WM_COMMAND-, sondern eine WM_INITMENUPOPUP-Meldung, bei der im Parameter wParam das Handle auf das angewählte Untermenü geliefert wird. Auf diese Meldung wird nur selten reagiert, da es die Aufgabe von Windows und nicht des Programmierers ist, das selektierte Untermenü herunterzuklappen.

WM_INITMENU

Immer wenn ein Eintrag in der Menüzeile selektiert wird und zuvor kein anderer in dieser Zeile markiert war, sendet Windows zusätzlich eine WM_INITMENU-Meldung. Sie wird häufig verwendet, um bestimmte Vorarbeiten für das Menü zu leisten. Der Parameter wParam enthält in diesem Fall das Handle auf das Hauptmenu.

WM_SYSCOMMAND

Das Systemmenü, das durch das Flag WS_SYSMENU in der linken oberen Fensterecke erscheint, stellt auch ein Menü dar, das erweitert werden kann. Wenn der Anwender einen Menüpunkt aus dieser Systembox selektiert, wird eine WM_SYSCOMMAND-Meldung generiert, die unbedingt an die Default-Fensterroutine weitergereicht werden sollte, da ansonsten die normale Fensterbedienung, wie das Verschieben des Fensters und das Ändern seiner Größe, nicht mehr ordnungsgemäß von Windows durchgeführt werden kann.

Wir wollen uns nun genauer die Meldung WM_COMMAND ansehen, da sie fast in jedem Code eines Windows-Programmes auftaucht. Über die Zusatzinformation im Parameter wParam können die einzelnen Menüpunkte getrennt verarbeitet werden, da dieser Parameter den ID-Wert des angewählten Menüpunktes enthält. Normalerweise wird für die Abfrage der ID-Werte ein switch-Statement bei der WM_Command-Meldung eingebaut, das den Parameter wParam untersucht.

Wenn wir mit Hilfe von QuickCase:W ein Menü definieren, so wie wir es weiter oben durchgeführt haben, dann wird bei der Generierung der Projektdateien in der Fensterroutine folgender Code eingefügt:

```
case WM_COMMAND:
   switch (wParam)
   {
      case IDM_D_NEU:
      /* eigene Arbeiten durchführen */
            break;
      case IDM_D_FFNEN:
      /* eigene Arbeiten durchführen */
            break;
      case IDM_D_SICHERN:
      /* eigene Arbeiten durchführen */
            break;
      case IDM_B_RCKGNGIG:
      /* eigene Arbeiten durchführen */
            break;
```

```
        default:
            return DefWindowProc(hWnd, Message,
                           wParam, lParam);
    }
    break;
```

Die anschließende Abbildung soll noch einmal die Verbindung zwischen der Definition des Menüs, die sich in der RC-Datei befindet, und der Reaktion auf einzelne Menüpunkte verdeutlichen.

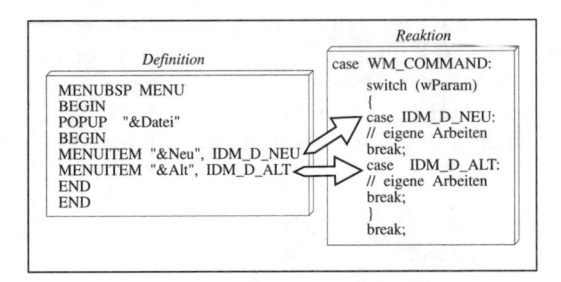

Abb. 185: Verbindung zwischen der Menüdefinition und der Abfrage

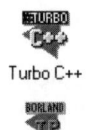

Um auf die Anwahl eines Menüpunktes durch den Benutzer zu reagieren, könnten Sie in den beiden objektorientierten Sprachen eine Methode schreiben, die durch die Meldung WM_COMMAND aktiviert würde. Bei vielen Menüpunkten würde diese Methode sehr groß und unübersichtlich werden. Deswegen wurde in TurboPascal und Borland C++ ein anderes und besseres Konzept realisiert: Jeder Menüpunkt, durch den eine bestimmte Aktion ausgelöst werden soll, wird mit einer eigenen Methode verbunden. Für die Verknüpfung dient der ID-Wert des jeweiligen Menüpunktes. Zusätzlich zu der Identifikation wird der Methode bei ihrer Definition im Objekttyp eine spezielle Erweiterung (CM_FIRST) zugewiesen.

TurboPascal
```
    procedure Neu(var Msg: TMessage); virtual
                    cm_First+ IDM_NEU;
    procedure Sichern(var Msg: TMessage); virtual
                    cm_First+ 201;
```

Borland C++
```
    virtual void Neu(RTMessage Msg)
        = [CM_FIRST + IDM_NEU];
    virtual void Sichern(RTMessage Msg)
        = [CM_FIRST + 201];
```

Die Konstante CM_FIRST ist in der Unit wobjects.tpu bzw. bei Borland C++ in der Header-Datei owldefs.h definiert. Sie bestimmt die untere Grenze des Bereiches, der bis

Benutzerführung

$FFFF geht und für Methoden von Menüpunkten reserviert ist. Die beiden Anfangsbuchstaben CM stehen als Abkürzung für Command Messages.

```
Borland C++:
#define CM_FIRST      0xA000
TurboPascal:
const   cm_First    = $A000;
```

In beiden Sprachen gibt es einige vordefinierte CM-Konstanten, die schon fest mit bestimmten Methoden verbunden sind. So greifen z.B. die Klassen TEditWindow und TFileWindow auf solche Werte zu. Wenn Sie möchten, daß erst noch eine Sicherheitsabfrage erfolgt, wenn der Anwender eine Datei speichern will, so müssen Sie in einem Nachkommen der Klasse TFileWindow die Methode CMFileSave überschreiben. Diese Methode wird durch die Anwahl des Menüpunktes *Save* mit dem ID-Wert CM_FILE-SAVE angesprungen. Die nachfolgende kleine Tabelle zeigt einen Ausschnitt der vordefinierten CM-Konstanten in Borland C++.

Konstante	Methode	Menüpunkt
CM_FILENEW	TFileWindow::CMFileNew	File->New
CM_FILEOPEN	TFileWindow::CMFileOpen	File->Open
CM_FILESAVE	TFileWindow::CMFileSave	File->Save
CM_FILESAVEA	TFileWindow::CMFileSaveAs	File->Save As

Abschließend möchte ich Ihnen auch noch für die beiden objektorientierten Sprachen mit Hilfe der nächsten Abbildung verdeutlichen, auf welche Weise die Verbindung zwischen einem Menüpunkt und seiner Verarbeitung realisiert ist. Es wurde dabei die Syntax von TurboPascal verwendet.

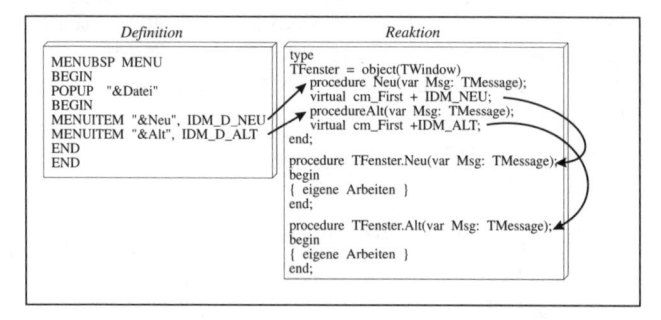

```
         Definition                              Reaktion
MENUBSP  MENU                      type
BEGIN                              TFenster = object(TWindow)
  POPUP  "&Datei"                    procedure Neu(var Msg: TMessage);
  BEGIN                                virtual cm_First + IDM_NEU;
    MENUITEM "&Neu", IDM_D_NEU       procedureAlt(var Msg: TMessage);
    MENUITEM "&Alt", IDM_D_ALT         virtual cm_First +IDM_ALT;
  END                              end;
END
                                   procedure TFenster.Neu(var Msg: TMessage);
                                   begin
                                   { eigene Arbeiten }
                                   end;

                                   procedure TFenster.Alt(var Msg: TMessage);
                                   begin
                                   { eigene Arbeiten }
                                   end;
```

Abb. 186: Verbindung zwischen der Menüdefinition und der Abfrage in OOP

Microsoft Visual Basic In VisualBasic muß kein Menü explizit geladen werden, da dies automatisch beim Laden des Fensters erfolgt. Die Verbindung zwischen dem Menü und dem Form wurde schon bei der Erstellung des Menüs aufgebaut, als Sie zuerst das Form selektieren mußten, um dann das Menüentwurfsfenster aufrufen zu können.

Benutzerführung 413

Jeder Menüpunkt wird in VisualBasic als eigenständiges Objekt genauso wie eine Picture Box oder ein Radio-Button aufgefaßt. Dieses Objekt, das über seinen ID-Wert angesprochen wird, besitzt mehrere Eigenschaften und das Ereignis Click, das bei der Anwahl eines Menüpunktes entsteht und das Äquivalent zur Meldung WM_COMMAND mit dem entsprechenden ID-Wert des Punktes darstellt.

```
Sub M13_Click ()
   ' eigene Arbeiten für Menüpunkt Sichern
End Sub
```

Es existieren somit genauso viel Ereignisse Click wie es Menüpunkte gibt, da jeder Menüpunkt sein eigenes Ereignis besitzt. Diese Art der Realisierung kann mit den Methoden in den beiden Borland-Sprachen verglichen werden.

6.5.3 Einfaches Menü-Beispiel

Unser erstes Beispielprogramm soll ein Menü besitzen, das aus mehreren Menüebenen besteht. Drei Menüpunkte sollen dabei Reaktionen auslösen, die anderen Menüpunkte werden nicht weiter beachtet. Beim Anklicken des Menüpunktes *Neue Win3.1* aus dem Untermenü *Meldungen* wird ein Meldungsfenster eingeblendet, das die neue Meldung WM_DROPFILES enthält. Wenn der Punkt *Ellipse* in der dritten Menüebene selektiert wird, wird in die Client Area eine Ellipse gezeichnet. Das in der Menüzeile rechts außen liegende Untermenü *Hilfe* besitzt den Menüpunkt *Index*, über den die Hilfefunktion gestartet wird, die dann Informationen über die Benutzung der Hilfe anzeigt.

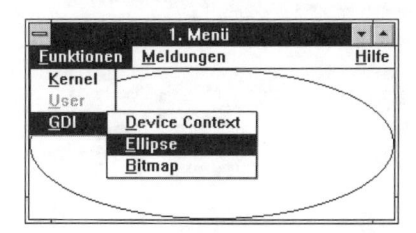

Abb. 187: 1. Beispiel zum Menü

Windows-Funktionen	Kurzbeschreibung
WinHelp	startet bzw. beendet die Hilfefunktion

Windows-Meldungen	Kurzbeschreibung
WM_COMMAND	Menüpunkt wurde angewählt

Beispiel

/*************** QCMENU1.C ***************/

```
1   /* QuickCase:W */
2   #include "QCMENU1.h"
3
4   int PASCAL WinMain(HANDLE hInstance, HANDLE
5   hPrevInstance, LPSTR lpszCmdLine, int nCmdShow)
6   {
7   /****************************************************/
8   /* hInstance;         Handle dieser Instanz         */
9   /* hPrevInstance;Handle der vorhergehenden Instanz*/
10  /* lpszCmdLine; Zeiger auf die Kommandozeile       */
11  /* nCmdShow;    Code zur Anzeige des Hauptfensters */
12  /****************************************************/
13
14      MSG msg;       /* MSG-Struktur für die Meldungen */
15      int nRc;       /* Rückgabewert der Klassen-      */
16                     /* Registrierung(en)              */
17
18      strcpy(szAppName, "QCMENU1");
19      hInst = hInstance;
20      if(!hPrevInstance)
21      {
22      /* Registrieren der Fensterklasse(n) bei der     */
23      /* 1.Instanz                                     */
24          if ((nRc = nCwRegisterClasses()) == -1)
25          {
26          /* Registrierung schlug fehl                 */
27              LoadString(hInst, IDS_ERR_REGISTER_CLASS,
28                         szString, sizeof(szString));
29              MessageBox(NULL, szString, NULL,
30                         MB_ICONEXCLAMATION);
31              return nRc;
32          }
33      }
34
35      /* Hauptfenster erzeugen                         */
36      hWndMain = CreateWindow(
37          szAppName,      /* Klassennamen              */
38          "1. Menü ",     /* Text in der Titelzeile    */
39          WS_CAPTION      | /* Titel zufügen           */
40          WS_SYSMENU      | /* Systemmenübox zufügen   */
41          WS_MINIMIZEBOX  | /* Minimize Box zufügen    */
42          WS_MAXIMIZEBOX  | /* Maximize Box zufügen    */
43          WS_THICKFRAME   | /* in der Größe veränderbar */
44          WS_CLIPCHILDREN |
45                          /* kein Zeichnen in den Kindfenstern */
46          WS_OVERLAPPED,
47          CW_USEDEFAULT, 0, /* Default-Werte für X, Y  */
48          CW_USEDEFAULT, 0,
49                      /* Default-Werte für Breite und Höhe */
50          NULL,       /* Handle des Elternfensters     */
51          NULL,       /* Handle des Menüs              */
52          hInst,      /* Handle der Instanz            */
53          NULL);      /* Struktur für WM_CREATE        */
54
55      if(hWndMain == NULL)
56      {
57          LoadString(hInst, IDS_ERR_CREATE_WINDOW,
58                     szString, sizeof(szString));
59          MessageBox(NULL, szString, NULL,
60                     MB_ICONEXCLAMATION);
61          return IDS_ERR_CREATE_WINDOW;
62      }
63      ShowWindow(hWndMain, nCmdShow);
64      /* Anzeigen des Hauptfensters */
65
66      while(GetMessage(&msg, NULL, 0, 0))
67      /* bis WM_QUIT eintritt */
68      {
69          TranslateMessage(&msg);
70          DispatchMessage(&msg);
71      }
72
73      /* Aufräumarbeiten, bevor die Applikation beendet */
74      /* wird                                          */
75      CwUnRegisterClasses();
76      return msg.wParam;
77  } /* Ende der WinMain                                */
78
79  /****************************************************/
80  /*                                                  */
81  /* Fensterroutine des Hauptfensters:                */
82  /*                                                  */
83  /* Diese Prozedur stellt Service-Routinen für die   */
84  /* Windows-Ereignisse (Meldungen) bereit, die       */
85  /* Windows oder der Benutzer an das Fenster sendet  */
86  /* Sie initialisiert Ereignisse (Meldungen), die    */
87  /* entstehen, wenn der Anwender z.B. einen Menü-    */
88  /* punkt oder ein Tastenkürzel anwählt              */
89  /*                                                  */
90  /****************************************************/
91
92  LONG FAR PASCAL WndProc(HWND hWnd, WORD Message,
93                          WORD wParam, LONG lParam)
94  {
95      HMENU       hMenu=0;   /* Menü-Handle            */
96      HBITMAP     hBitmap=0; /* Handle für Bitmaps     */
97      HDC         hDC;       /* Handle für den Display Context */
98      PAINTSTRUCT ps;  /* enthält Zeichen-Informationen */
99      int         nRc=0;     /* Rückgabewert           */
100     static BOOL bEllipse;

101     RECT    rct;
102     char szHelp[] = "WINHELP.HLP";
103
104     switch (Message)
105     {
106         case WM_COMMAND:
107     /* Die Windows-Meldungen für die Menüpunkte werden*/
108     /* hier verarbeitet                              */
109             switch (wParam)
110             {
111                 case IDM_F_KERNEL:
112     /* Platz für den eigenen Code, um auf den        */
113     /* Menüpunkt "&Kernel" zu reagieren              */
114                     break;
115                 case IDM_F_USER:
116     /* Platz für den eigenen Code, um auf den        */
117     /* Menüpunkt "&User" zu reagieren                */
118                     break;
119                 case IDM_G_DEVICECONTEXT:
120     /* Platz für den eigenen Code, um auf den        */
121     /* Menüpunkt "&Device Context" zu reagieren      */
122                     break;
123
124                 case IDM_G_ELLIPSE:
125     /* Platz für den eigenen Code, um auf den        */
126     /* Menüpunkt "&Ellipse" zu reagieren             */
127                     InvalidateRect(hWnd, NULL, TRUE);
128                     bEllipse = TRUE;
129                     break;
130
131                 case IDM_G_BITMAP:
132     /* Platz für den eigenen Code, um auf den        */
133     /* Menüpunkt "&Bitmap" zu reagieren              */
134                     break;
135                 case IDM_M_SYSTEM:
136     /* Platz für den eigenen Code, um auf den        */
137     /* Menüpunkt "&System" zu reagieren              */
138                     break;
139                 case IDM_M_CLIPBOARD:
140     /* Platz für den eigenen Code, um auf den        */
141     /* Menüpunkt "&Clipboard" zu reagieren           */
142                     break;
143
144                 case IDM_M_NEUEWIN31:
145     /* Platz für den eigenen Code, um auf den        */
146     /* Menüpunkt "&Neue Win3.1" zu reagieren         */
147                     MessageBox(hWnd, "WM_DROPFILES", "Win 3.1",
148                                MB_OK);
149                     break;
150
151                 case IDM_H_INDEX:
152     /* Platz für den eigenen Code, um auf den        */
153     /* Menüpunkt "&Index" zu reagieren               */
154                     WinHelp(hWnd, szHelp, HELP_INDEX, 0L);
155                     break;
156
157                 default:
158                     return DefWindowProc(hWnd, Message,
159                                          wParam, lParam);
160             }
161             break;      /* Ende von WM_COMMAND       */
162
163         case WM_CREATE:
164             bEllipse = FALSE;
165             break;      /* Ende von WM_CREATE        */
166
167         case WM_MOVE:    /* Bewegen des Fensters      */
168             break;
169
170         case WM_SIZE:
171     /* Größenänderung der Client Area                */
172             break;      /* Ende von WM_SIZE          */
173
174         case WM_PAINT:   /* Neuzeichnen der Client Area */
175     /* bekommt ein Handle auf den Device Context     */
176     /* BeginPaint wird evtl. WM_ERASEBKGND senden    */
177             memset(&ps, 0x00, sizeof(PAINTSTRUCT));
178             hDC = BeginPaint(hWnd, &ps);
179     /* falls der Hintergrund keine reine Farbe besitzt*/
180             SetBkMode(hDC, TRANSPARENT);
181             if (bEllipse)
182             {
183                 GetClientRect(hWnd, &rct);
184                 Ellipse(hDC, 0,0, rct.right,rct.bottom);
185                 bEllipse = FALSE;
186             }
187     /* Das Neuzeichnen ist abgeschlossen             */
188             EndPaint(hWnd, &ps);
189             break;      /* Ende von WM_PAINT         */
190
191         case WM_CLOSE:   /* Schließen des Fensters    */
192     /* Zerstören der Kindfenster, modeless Dialogboxen*/
193     /* Zerstören dieses Fensters                     */
194             WinHelp(hWnd, szHelp, HELP_QUIT, 0L);
195             DestroyWindow(hWnd);
196             if (hWnd == hWndMain)
197                 PostQuitMessage(0);
198     /* Beenden der Applikation                       */
199             break;
200
```

Benutzerführung

```
201     default:
202 /* alle Meldungen, für die keine eigene Service-  */
203 /* Routine zur Verfügung gestellt wird, sollten an*/
204 /* Windows gereicht werden, damit eine Default-   */
205 /* Verarbeitung stattfinden kann                  */
206         return DefWindowProc(hWnd, Message, wParam,
207                              lParam);
208     }
209     return 0L;
210 }   /* Ende von WndProc                           */
211
212 /****************************************************/
213 /*                                                  */
214 /* nCwRegisterClasses Funktion:                     */
215 /*                                                  */
216 /* Die folgende Funktion registriert alle Klassen   */
217 /* von allen Fenstern, die mit dieser Applikation   */
218 /* verbunden sind. Die Funktion liefert einen       */
219 /* Fehlercode zurück, falls sie nicht erfolgreich   */
220 /* war, ansonsten wird 0 zurückgegeben.             */
221 /*                                                  */
222 /****************************************************/
223 int nCwRegisterClasses(void)
224 {
225     WNDCLASS   wndclass;
226 /* Struktur, um eine Klasse zu definieren           */
227     memset(&wndclass, 0x00, sizeof(WNDCLASS));
228 /* Füllen von WNDCLASS mit Fenster-Eigenschaften */
229     wndclass.style = CS_HREDRAW | CS_VREDRAW |
230                      CS_BYTEALIGNWINDOW;
231     wndclass.lpfnWndProc = WndProc;
232 /* zusätzlicher Speicher für Klassen- und           */
233 /* Fensterobjekte                                   */
234     wndclass.cbClsExtra = 0;
235     wndclass.cbWndExtra = 0;
236     wndclass.hInstance = hInst;
237     wndclass.hIcon = LoadIcon(NULL, IDI_APPLICATION);
238     wndclass.hCursor = LoadCursor(NULL, IDC_ARROW);
239 /* Erzeugen eines Pinsels, um den Hintergrund       */
240 /* zu löschen                                       */
241     wndclass.hbrBackground = (HBRUSH)(COLOR_WINDOW+1);
242     wndclass.lpszMenuName = szAppName;
243 /* Klassenname = Menüname  */
244     wndclass.lpszClassName = szAppName;
245 /* Klassenname = App.-Name */
246     if(!RegisterClass(&wndclass))
247         return -1;
248
249     return(0);
250 } /* Ende von nCwRegisterClasses                   */
251
252 /****************************************************/
253 /*                                                  */
254 /* CwUnRegisterClasses Function:                    */
255 /*                                                  */
256 /* löscht jeden Bezug zu den Fenster-Resources,     */
257 /* die für diese Applikation erzeugt wurden, gibt   */
258 /* Speicher frei, löscht die Instanz, die Handles   */
259 /* und tätigt andere Aufräumarbeiten                */
260 /*                                                  */
261 /****************************************************/
262 void CwUnRegisterClasses(void)
263 {
264     WNDCLASS   wndclass;
265 /* Struktur, um eine Klasse zu definieren           */
266     memset(&wndclass, 0x00, sizeof(WNDCLASS));
267
268     UnregisterClass(szAppName, hInst);
269 } /* Ende von CwUnRegisterClasses                  */
270

271 /* QCMENU.RC */
272 #include "QCMENU1.h"
273
274 QCMENU1 MENU
275 BEGIN
276     POPUP "&Funktionen"
277     BEGIN
278         MENUITEM "&Kernel", IDM_F_KERNEL
279         MENUITEM "&User",   IDM_F_USER, GRAYED
280         POPUP "&GDI"
281         BEGIN
282             MENUITEM "&Device Context",
283                              IDM_G_DEVICECONTEXT
284             MENUITEM "&Ellipse", IDM_G_ELLIPSE
285             MENUITEM "&Bitmap",  IDM_G_BITMAP
286         END
287     END
288     POPUP "&Meldungen"
289     BEGIN
290         MENUITEM "&System", IDM_M_SYSTEM
291         MENUITEM "&Clipboard", IDM_M_CLIPBOARD
292         MENUITEM SEPARATOR
293         MENUITEM "&Neue Win3.1", IDM_M_NEUEWIN31
294     END
295     POPUP "\a&Hilfe"
296     BEGIN
297         MENUITEM "&Index", IDM_H_INDEX
298     END
299 END
300
301 STRINGTABLE
302 BEGIN
303     IDS_ERR_CREATE_WINDOW,   "Window creation failed!"
304     IDS_ERR_REGISTER_CLASS,  "Error registering window class"
305 END
306
307
308 /* QCMENU1.H */
309 /* QuickCase:W */
310 #include <windows.h>
311 #include <string.h>
312
313 #define IDM_FUNKTIONEN        1000
314 #define IDM_F_KERNEL          1050
315 #define IDM_F_USER            1100
316 #define IDM_F_GDI             1150
317 #define IDM_G_DEVICECONTEXT         1151
318 #define IDM_G_ELLIPSE               1152
319 #define IDM_G_BITMAP                1153
320 #define IDM_MELDUNGEN         2000
321 #define IDM_M_SYSTEM          2050
322 #define IDM_M_CLIPBOARD       2100
323 #define IDM_M_NEUEWIN31       2200
324 #define IDM_AHILFE            3000
325 #define IDM_H_INDEX           3050
326
327 #define IDS_ERR_REGISTER_CLASS  1
328 #define IDS_ERR_CREATE_WINDOW   2
329
330 char szString[128];
331 /* Variable zum Laden der Resource-Texte */
332 char szAppName[20];
333 /* Klassenname des Fensters              */
334
335 HWND hInst;
336 HWND hWndMain;
337
338 LONG FAR PASCAL WndProc(HWND, WORD, WORD, LONG);
339 int nCwRegisterClasses(void);
340 void CwUnRegisterClasses(void);
```

Das QuickC-Programm ist recht umfangreich geworden, wenn man die Anzahl der Zeilen betrachtet. Dies liegt vor allem daran, daß QuickCase:W bei der Generierung für jeden Menüpunkt einen Eintrag bei der Verarbeitung der WM_Command-Meldung schreibt. QuickCase:W kann zu diesem Zeitpunkt ja auch nicht wissen, daß wir nur drei Menüpunkte behandeln wollen. In einer kommerziellen Applikation wird es im Normalfall auch keine Dummy-Menüpunkte geben. Das Menü, das denselben Namen wie das Projekt trägt, wird bei der Registrierung der Klasse bekanntgegeben. In dem großen switch-Zweig innerhalb der WM_Command-Meldung sind für uns die drei ID-Werte IDM_G_ELLIPSE, IDM_M_NEUEWIN31 und IDM_H_INDEX interessant, auf alle übrigen Inhalte von wParam wird nur mit einem *break* reagiert. Wenn der Anwender den Menüpunkt *NeueWin3.1* anwählt, erscheint eine Messagebox, die die neue Meldung WM_DROPFILES anzeigt.

```
case IDM_M_NEUEWIN31:
    MessageBox(hWnd,"WM_DROPFILES","Win 3.1",MB_OK);
    break;
```

Für die Zeichnung einer Ellipse in die Client Area ist der Menüpunkt *Ellipse* zuständig. Die Ausgabe erfolgt aber nicht bei dem Menüpunkt, sondern es wird eine WM_Paint-Meldung in die Meldungswarteschlange gestellt, bei der dann die geometrische Figur ausgegeben wird. Sobald das Fenster in seiner Größe verändert wird, verschwindet die Zeichnung wieder, da die boolsche Variable bEllipse auf FALSE steht und erst beim nächsten Anwählen des Menüpunktes *Ellipse* erneut auf TRUE gesetzt wird.

```
case IDM_G_ELLIPSE:
  InvalidateRect(hWnd, NULL, TRUE);
  bEllipse = TRUE;
  break;
```

Funktion WinHelp

Kommen wir auf den wohl interessantesten Menüpunkt dieses Programmes zu sprechen. Es ist der Punkt *Index* des Untermenüs *Hilfe*, dessen Aufgabe es ist, die Windows-Hilfefunktion zu starten und den Hilfetext dieses Hilfesystems zu laden.

```
case IDM_H_INDEX:
  WinHelp(hWnd, szHelp, HELP_INDEX, 0L);
  break;
```

Die Aktivierung dieser Hilfefunktion (WINHELP.EXE) erfolgt über die Funktion WinHelp, der im zweiten Parameter der Name der Hilfedatei übergeben wird, die dargestellt werden soll. Da wir keine eigene Hilfedatei geschrieben haben, greifen wir auf die Datei des Hilfesystems zu, die WINHELP.HLP heißt. Diesen Namen enthält die Variable szHelp. Wenn Sie möchten, können Sie hier auch eine andere Hilfedatei z.B. vom Programm-Manager angeben. Normalerweise existieren nach der Installation von Windows mehrere dieser Hilfedateien im Windows-Verzeichnis.

Der Aufbau jeder Hilfedatei muß bestimmten Richtlinien entsprechen und hierarchisch aufgebaut sein. Somit gibt es immer ein höchste Ebene, die auch als Index bezeichnet wird und von der alle weiteren Ebenen abgeleitet werden. Diesen Index sprechen wir über den Parameter HELP_INDEX an. Daneben könnten z.B. auch Schlüsselworte angegeben werden, um direkt zu einer bestimmten Textstelle innerhalb der Hilfedatei verzweigen zu können.

Wenn der Anwender das Programm beendet, sollte dies auch der Hilfefunktion mitgeteilt werden, damit auch sie geschlossen wird, wenn kein anderes Programm darauf zugreift. Dafür wird ein zweites Mal die Funktion WinHelp aufgerufen, wobei nun das Flag HELP_QUIT genannt wird.

```
WinHelp(hWnd, szHelp, HELP_QUIT, 0L);
```

Die Header-Datei QCMENU1.H enthält neben den üblichen globalen Variablen die define-Statements der ID-Werte der Menüpunkte. Sie werden bei der Generierung von QuickCase:W automatisch erstellt. Diese Datei wird sowohl in dem Quellcode QCMENU1.C als auch in der RC-Datei QCMENU1.RC eingebunden, da in beiden Dateien auf diese Identifikationen zugegriffen wird.

Benutzerführung

Turbo Pascal

Neue Methoden	Kurzbeschreibung
TWindow.Init	erzeugt ein Fensterobjekt; Konstruktor

Beispiel

{ 1. Menü-Programm: TPMenu1.PAS }

```pascal
1   program TPMenu1;
2   uses WObjects, WinTypes, WinProcs;
3   {$R TPMenu1.RES}
4   const
5     IDM_NEU =            108;
6     IDM_IND =            109;
7     IDM_ELL =            104;
8
9   type
10    TRahmen = object(TApplication)
11      procedure InitMainWindow; virtual;
12    end;
13
14  type
15    PFenster = ^TFenster;
16    TFenster = object(TWindow)
17      bEllipse: Boolean;
18      szHelp: array[0..15] of Char;
19      constructor Init(AParent: PWindowsObject; ATitle:
20                                                  PChar);
21      function CanClose: Boolean; virtual;
22      procedure Ellips(var Msg: TMessage); virtual
23                            cm_First + IDM_ELL;
24      procedure NeueWin(var Msg: TMessage); virtual
25                            cm_First + IDM_NEU;
26      procedure Index(var Msg: TMessage); virtual
27                            cm_First + IDM_IND;
28      procedure Paint (PaintDC: HDC; Var PaintInfo:
29                            TPaintStruct); virtual;
30    end;
31
32  procedure TRahmen.InitMainWindow;
33  begin
34    MainWindow := New(PFenster, Init(nil, '1. Menü'));
35  end;
36
37  constructor TFenster.Init(AParent: PWindowsObject;
38  ATitle: PChar);
39  begin
40    TWindow.Init(AParent, ATitle);
41    Attr.Menu := LoadMenu(HInstance, 'Menu1');
42    bEllipse := FALSE;
43    lstrcpy(szHelp,'WINHELP.HLP');

44  end;
45
46  procedure TFenster.Ellips(var Msg: TMessage);
47  begin
48    InvalidateRect(HWindow, nil, TRUE);
49    bEllipse := TRUE;
50  end;
51
52  procedure TFenster.NeueWin(var Msg: TMessage);
53  begin
54    MessageBox(HWindow, 'WM_DROPFILES', 'Win 3.1',
55                                                MB_OK);
56  end;
57
58  procedure TFenster.Index(var Msg: TMessage);
59  begin
60    WinHelp(HWindow, szHelp, HELP_INDEX, 0);
61  end;
62
63  procedure TFenster.Paint (PaintDC: HDC; var PaintInfo: TPaintStruct);
64  var rct: TRECT;
65  begin
66    if (bEllipse = TRUE) then
67    begin
68      GetClientRect(HWindow, rct);
69      Ellipse(PaintDC, 0,0, rct.right,rct.bottom);
70      bEllipse := FALSE;
71    end;
72  end;
73
74  function TFenster.CanClose: Boolean;
75  begin
76    CanClose := TRUE;
77    WinHelp(HWindow, szHelp, HELP_QUIT, 0);
78  end;
79
80  { Hauptprogramm }
81  var MeinRahmen : TRahmen;
82  begin
83    MeinRahmen.Init('TPMenu1');
84    MeinRahmen.Run;
85    MeinRahmen.Done;
86  end.
```

Turbo C++

Neue Methoden	Kurzbeschreibung
TWindow::TWindow	erzeugt ein Fensterobjekt; Konstruktor

Beispiel

/*************** TCMENU1.CPP *****************/**

```cpp
1   #include <owl.h>
2   #include <string.h>
3   #define IDM_NEU    108
4   #define IDM_IND    109
5   #define IDM_ELL    104
6
7   class TRahmen :public TApplication
8   {
9   public:
10    TRahmen(LPSTR AName, HANDLE hInstance, HANDLE
11      hPrevInstance, LPSTR lpCmdLine, int nCmdShow)
12      : TApplication(AName, hInstance, hPrevInstance,
13        lpCmdLine, nCmdShow) {};
14    virtual void InitMainWindow();
15  };
16
```

```
17  class TFenster : public TWindow
18  {
19  public:
20    BOOL bEllipse;
21    char szHelp[15];
22    TFenster(PTWindowsObject AParent, LPSTR ATitle);
23    virtual void Ellips(RTMessage)
24      = [CM_FIRST + IDM_ELL];
25    virtual void NeueWin(RTMessage)
26      = [CM_FIRST + IDM_NEU];
27    virtual void Index(RTMessage)
28      = [CM_FIRST + IDM_IND];
29    virtual void Paint(HDC, PAINTSTRUCT &);
30    virtual BOOL CanClose();
31  };
32
33  void TRahmen::InitMainWindow()
34  {
35    MainWindow = new TFenster(NULL, "1. Menü");
36  }
37
38  TFenster::TFenster(PTWindowsObject AParent, LPSTR ATitle)
39    : TWindow(AParent, ATitle)
40  {
41    strcpy(szHelp,"WINHELP.HLP");
42    AssignMenu("Menu1");
43    bEllipse = FALSE;
44  }
45
46  void TFenster::Ellipa(RTMessage Msg)
47  {
48    InvalidateRect(HWindow, NULL, TRUE);
49    bEllipse = TRUE;
50  }
51
52  void TFenster::NeueWin(RTMessage Msg)
53  {
54    MessageBox(HWindow, "WM_DROPFILES", "Win 3.1",
55                                         MB_OK);
56  }
57
58  void TFenster::Index(RTMessage Msg)
59  {
60    WinHelp(HWindow, szHelp, HELP_INDEX, 0L);
61  }
62
63  void TFenster::Paint (HDC PaintDC, PAINTSTRUCT & PaintInfo)
64  {
65    RECT rct;
66    if (bEllipse)
67    {
68      GetClientRect(HWindow, &rct);
69      Ellipse(PaintDC, 0,0, rct.right,rct.bottom);
70      bEllipse = FALSE;
71    }
72  }
73
74  BOOL TFenster::CanClose()
75  {
76    WinHelp(HWindow, szHelp, HELP_QUIT, 0L);
77    return (TRUE);
78  }
79
80  int PASCAL WinMain(HANDLE hInstance, HANDLE hPrevInstance,
81                     LPSTR lpCmdLine, int nCmdShow)
82  {
83    TRahmen MeinRahmen ("TCMenu", hInstance,
84      hPrevInstance, lpCmdLine, nCmdShow);
85    MeinRahmen.Run();
86    return MeinRahmen.Status;
87  }
88
89
90  /* TCMENU1.RC = TPMENU1.RC */
91  #define IDM_BIT     105
92  #define IDM_SYS     106
93  #define IDM_CLI     107
94  #define IDM_NEU     108
95  #define IDM_IND     109
96  #define IDM_KER     101
97  #define IDM_USE     102
98  #define IDM_DEV     103
99  #define IDM_ELL     104
100
101 MENU1 MENU
102 BEGIN
103   POPUP "&Funktionen"
104   BEGIN
105     MENUITEM "&Kernel", IDM_KER
106     MENUITEM "&User",   IDM_USE
107     POPUP "&GDI"
108     BEGIN
109       MENUITEM "&Device Context", IDM_DEV
110       MENUITEM "&Ellipse", IDM_ELL
111       MENUITEM "&Bitmap", IDM_BIT
112     END
113   END
114   POPUP "&Meldungen"
115   BEGIN
116     MENUITEM "&System", IDM_SYS
117     MENUITEM "&Clipboard", IDM_CLI
118     MENUITEM SEPARATOR
119     MENUITEM "&Neue Win3.1", IDM_NEU
120   END
121   POPUP "&Hilfe", HELP
122   BEGIN
123     MENUITEM "&Index", IDM_IND
124   END
125 END
```

Um auch in den beiden objektorientierten Sprachen mit symbolischen Namen für die Menüpunkte arbeiten zu können, habe ich für dieses Beispiel als Projekt eine RC-Datei angelegt und sie später zusätzlich über den Menüpunkt *Projekt speichern unter* als RES-Datei gespeichert. Dabei sind die zwei Dateien TCMENU1.RC und TPMENU1.RC identisch. Bei der Eingabe der ID-Werte für die Menüpunkte werden Sie dann jedes Mal gefragt, ob Sie einen neuen Bezeichner erzeugen wollen. Durch die positive Bestätigung bekommen Sie eine Dialogbox vorgelegt, in der Sie dem Namen einen beliebigen oder den vordefinierten Wert zuweisen können.

Abb. 188: Verbindung eines symbolischen Namens mit einem Wert

Die daraus resultierenden define-Statements werden vom Resource Workshop direkt in die RC-Datei und nicht in eine eigene Header-Datei abgelegt. Die ID-Werte der Menüpunkte, die im Quellcode benötigt werden, sind in dem Quellcode über define-Statements in Borland C++ bzw. über const-Statements in TurboPascal bekanntgegeben.

```
#define IDM_NEU  108
#define IDM_IND  109
#define IDM_ELL  104
bzw.
  const
    IDM_NEU = 108;
    IDM_IND = 109;
    IDM_ELL = 104;
```

Bei beiden Sprachen wird dieses Mal der Konstruktor der Klasse TFenster überschrieben, um die boolsche Variable bEllipse und das Charakter-Array zu initialisieren und um das Menü zu laden, wobei der Ladevorgang unterschiedlich realisiert ist.

```
TurboPascal:
  Attr.Menu := LoadMenu(HInstance, 'Menu1');
C++:
  AssignMenu("Menu1");
```

Jeder der drei zu bearbeitenden Menüpunkte wird über seinen eindeutigen ID-Wert mit einer eigenen Methode verbunden, die ich Ellips, NeueWin und Index genannt habe. Die Durchführung der einzelnen Aktionen ist identisch zu dem QuickC-Programm. Um das Hilfesystem wieder schließen zu können, wird bei der durch das Programmende aufgerufenen CanClose-Methode ein zweites Mal die Funktion WinHelp aktiviert.

Microsoft Visual Basic

Objekt	Eigenschaft	Inhalt
Form1	Caption	1. Menü

Neue Eigenschaft	Kurzbeschreibung
Form1.hWnd	Handle auf das Form

Neue Ereignisse	Kurzbeschreibung
Menu_Click	ein Menüpunkt wurde selektiert
Form_Unload	Form wird aus dem Speicher entfernt

Beispiel
```
' VBMENU1.FRM
Const TRUE = -1
Const FALSE = 0
```

```
Const HELP_QUIT = 2
Const HELP_INDEX = 3
Dim bEllipse As Integer
Dim szHelp As String ' Help Datei-Name
Declare Sub WinHelp Lib "USER" (ByVal hWnd As
   Integer, ByVal HlpFile As String, ByVal Cmd As
   Integer, ByVal dwData As Any)

' Menüpunkt Neue Win3.1
Sub Neu_Click ()
    MsgBox "WM_DROPFILES", 0, "Win 3.1"
End Sub

' Menüpunkt Ellipse
Sub Ellip_Click ()
    bEllipse = TRUE
    Form1.Refresh
End Sub

' Menüpunkt Index
Sub Index_Click ()
    WinHelp hWnd, szHelp, HELP_INDEX, ""
End Sub

Sub Form_Paint ()
    Cls
    If bEllipse = TRUE Then
      Circle (ScaleWidth / 2, ScaleHeight / 2),
            ScaleHeight / 2
      bEllipse = FALSE
    End If
End Sub

Sub Form_Load ()
    szHelp = "winhelp.Hlp"
    bEllipse = FALSE
End Sub

Sub Form_Unload (Abbrechen As Integer)
    WinHelp hWnd, szHelp, HELP_QUIT, ""
End Sub
```

Das Menü, das mit Hilfe des Menüentwurfsfensters erstellt wurde, besteht aus folgenden Untermenüs und Menüpunkten. Mit der Menüebene 1 ist die Menüzeile gemeint.

Titel	CtlName	Menüebene
&Funktionen	Fkt	1
&Kernel	Kern	2
&User	User	2
&GDI	GDI	2
&Device Context	DevC	3
&Ellipse	Ellip	3
...		

Titel	CtlName	Menüebene
...		
&Bitmap	Bit	3
&Meldungen	Meld	1
&System	Sys	2
&Clipboard	Clip	2
- (Trennstrich)	Sep	2
&Neue Win3.1	Neu	2
&Hilfe	Hilf	1
&Index	Index	2

Das VisualBasic-Programm kann auf Menüeingaben durch den Anwender genauso wie die anderen drei Programme reagieren. Jeder der drei zu bearbeitenden Menüpunkte besitzt ein eigenes Click-Ereignis, in dem die Lösung der entstprechenden Aufgabe erfolgt. Wenn z.B. der Menüpunkt *Neue Win3.1* angewählt wird, entsteht das Ereignis Neu_Click, da diesem Punkt bei seiner Definition der CtlName Neu vergeben wurde. In diesem Fall wird ein Meldungsfenster aufgerufen.

```
Sub Neu_Click ()
  MsgBox "WM_DROPFILES", 0, "Win 3.1"
End Sub
```

Bei der Selektion des Menüpunktes *Ellipse* wird die Variable bEllipse, die im Deklarationen-Teil vereinbart und im Load-Ereignis mit dem Wert FALSE versehen wurde, auf TRUE gesetzt. Über die Methode Refresh des Forms wird das Paint-Ereignis ausgelöst, bei dem ein Kreis gezeichnet wird.

```
Sub Ellip_Click ()
   bEllipse = TRUE
   Form1.Refresh
End Sub
```

Benutzung von API-Funktionen

Um die Hilfefunktion aufrufen zu können, muß im Deklarationen-Teil der Aufbau und die Anzahl der Parameter der Funktion WinHelp bekanntgegeben werden. Jeder Aufruf einer externen Funktion, die in diesem Beispiel in der Dynamic Link Library USER definiert ist, benötigt solch eine Declare-Anweisung.

```
Declare Function Funktionsname Lib "DllName"
        (Liste der Parameter) As Datentyp
```

Der Funktionsname lautet in unserem Beispiel WinHelp, der DLL-Name heißt USER. Die Liste der Parameter ist abhängig von der jeweiligen Funktion. So besitzt die Funktion WinHelp vier Parameter, wodurch der Prototyp der Funktion folgendermaßen aussieht:

```
Declare Sub WinHelp Lib "USER" (ByVal hWnd As
  Integer, ByVal HlpFile As String, ByVal Cmd As
  Integer, ByVal dwData As Any)
```

Die Anweisung ByVal ist für alle vier Argumente notwendig, damit die Daten in richtiger Art und Weise an die WinHelp-Funktion übergeben werden. Aufgrund der Angabe ByVal werden die Werte direkt und nicht die Adressen der Variablen übergeben, wie es sonst in VisualBasic üblich ist.

Nun kann die Funktion WinHelp bei den Ereignissen wie z.B. Index_Click verwendet werden.

```
Sub Index_Click ()
    WinHelp hWnd, szHelp, HELP_INDEX, ""
End Sub
```

Die beiden in diesem Beispiel nötigen Flags HELP_INDEX und HELP_QUIT sind im Deklarationen-Teil mit den Werten 3 bzw. 2 definiert. Das Fenster-Handle hWnd ist eine Eigenschaft des Forms und entspricht dem Handle, das Sie z.B. durch die Funktion CreateWindow in QuickC bekommen. Auf diese Eigenschaft kann nur zur Laufzeit und dann auch nur lesend zugegriffen werden.

6.5.4 Dynamische Menüänderungen

Da wir schon beim Erstellen eines Menüs einen Menüpunkt in einen nicht anwählbaren Zustand setzen oder ihn mit einem Haken (Checkmark) versehen können, müssen wir diese Einstellungen auch zur Laufzeit des Programmes ändern können. Außer diesem Ändern von Attributen ist es zudem möglich, neue Menüpunkte einzufügen, bestehende zu löschen oder das gesamte Menü durch ein zweites zu ersetzen. Die Realisierung dieser Möglichkeiten verläuft in den drei Sprachen QuickC, TurboPascal und Borland C++ identisch. Mit VisualBasic werden wir uns anschließend beschäftigen.

Funktion CheckMenuItem

Das Setzen bzw. das Entfernen des Checkmarks bei einem Menüpunkt erfolgt über die Funktion CheckMenuItem. Wenn Sie in QuickCase:W bei der Erstellung des Menüs einen Menüpunkt mit dem Checkmark initialisieren, indem Sie den Radio-Button Checked im Bereich *Initial State* einschalten, so wird bei der Generierung ein Unterprogramm angelegt, dessen Aufgabe es ist, wechselweise den Haken zu setzen bzw. zu entfernen.

```
void CwCheckMenuItem(HWND hWnd, WORD wItem)
{
HANDLE    hMenu = GetMenu(hWnd);
WORD      wState;

wState = GetMenuState(hMenu, wItem, MF_BYCOMMAND);
if(wState == (wState | MF_CHECKED))
  CheckMenuItem(hMenu, wItem, MF_BYCOMMAND |
                              MF_UNCHECKED);
else
  CheckMenuItem(hMenu, wItem, MF_BYCOMMAND |
                              MF_CHECKED);
}
```

Funktion GetMenu

Genauso wie ein Fenster wird auch ein Menü über sein Handle angesprochen. Weiter oben wurde solch ein Menü-Handle über die Funktion LoadMenu besorgt. Wenn ein Menü schon geladen ist, kann das Menü-Handle schneller durch die Funktion GetMenu geholt werden. Da ein Fenster gleichzeitig nur ein Menü in seiner Menüzeile besitzen kann, wird dieser Funktion das Fenster-Handle angegeben.

```
hMenu = GetMenu(hWnd);
```

Funktion GetMenuState

Mit der Funktion GetMenuState wird der aktuelle Zustand des Menüpunktes abgefragt, dessen ID-Wert als Parameter diesem Unterprogramm übergeben wird.

```
wState = GetMenuState(hMenu,
        Menüpunkt-ID, MF_BYCOMMAND);
```

Fast alle Menü-Funktionen benötigen die Angabe, ob der Menüpunkt über seinen ID-Wert oder über seine Position innerhalb des Untermenüs, in dem er sich befindet, angesprochen werden soll. Normalerweise wird die Menü-Identifikation bevorzugt. In diesen Fällen muß das Flag MF_BYCOMMAND angegeben werden, ansonsten lautet der Merker MF_BYPOSITION.

Die Funktion GetMenuState liefert bei der Abfrage eines Menüpunktes einen Wert zurück, der verschiedene Merker enthalten kann, die durch *logisch oder* miteinander verbunden sind.

Merker	Bedeutung
MF_BITMAP	Menüpunkt ist ein Bitmap
MF_CHECKED	Menüpunkt wird durch ein Checkmark gekennzeichnet
MF_DISABLED	Menüpunkt ist nicht anwählbar
MF_ENABLED	Menüpunkt ist anwählbar
MF_GRAYED	Menüpunkt ist nicht anwählbar und grau dargestellt
MF_MENUBARBREAK	wie MF_MENUBREAK
MF_MENUBREAK	Menüpunkt steht in einer neuen Zeile
MF_SEPARATOR	Menüpunkt ist ein Trennstrich
MF_UNCHECKED	Menüpunkt besitzt kein Checkmark

Die beiden Flags MF_CHECKED und MF_UNCHECKED werden z.B. auch bei der Funktion CheckMenuItem benötigt, um den Haken zu setzen bzw. wieder zu löschen.

```
CheckMenuItem(hMenu, IDM_ALT , MF_BYCOMMAND |
                    MF_CHECKED);
```

Funktion SetMenuItemBitmaps

Wenn Ihnen das Aussehen des Standard-Checkmarks nicht gefällt, können Sie auch eigene Bitmaps erstellen und sie mit Hilfe der Funktion SetMenuItemBitmaps einem Menüpunkt für den checked- und für den unchecked-Zustand zuweisen. Diese Bitmaps sollten in etwa derselben Größe wie das Standard-Checkmark z.B. mit dem Zeichenprogramm IMAGEDIT erstellt werden.

```
hCheck   = LoadBitmap(hInst, "Check");
hNoCheck = LoadBitmap(hInst, "NoCheck");
SetMenuItemBitmaps(hMenu, IDM_B_CHANGE,
        MF_BYCOMMAND, hNoCheck, hCheck);
```

Funktion EnableMenuItem

Um den anwählbaren Zustand eines Menüpunktes zu verändern, wird die Funktion EnableMenuItem und einer der drei Merker MF_ENABLED, MF_DISABLED und MF_GRAYED verwendet.

```
EnableMenuItem(hMenu, IDM_NEU, MF_BYCOMMAND |
                    MF_GRAYED);
```

Wenn Sie bei der Erstellung eines Menüs mit QuickCase:W im Bereich *Style* den Radio-Button Bitmap selektieren, können Sie über die daraufhin eingeblendete Dialogbox eine BMP-Datei mit einem Menüpunkt verbinden. Durch die Generierung entsteht daraus folgender Code:

Funktion ModifyMenu
```
case WM_CREATE:
  hMenu   = GetMenu(hWnd);
  hBitmap = LoadBitmap(hInst, "LINK");
  ModifyMenu(hMenu, IDM_F_LINK, MF_BYCOMMAND |
        MF_BITMAP, IDM_F_LINK,
          (LPSTR)MAKELONG(hBitmap, 0));
  break;
```

Mit der Funktion ModifyMenu kann sowohl das Aussehen als auch der ID-Wert eines Menüpunktes, der im zweiten Parameter definiert wird, während der Laufzeit geändert werden. Da der Punkt in ein Bitmap umgewandelt werden soll, wird das Flag MF_BITMAP und das Handle des Bitmaps angegeben, das über die Funktion LoadBitmap ermittelt wurde. Der Menüpunkt selber wurde in der RC-Datei mit dem Namen LINK abgelegt, da die BMP-Datei LINK.BMP hieß.

```
MENUITEM "LINK", IDM_F_LINK
```

Neben der Funktion ModifyMenu gibt es noch weitere Funktionen, die sich auf einen speziellen Menüpunkt beziehen.

Funktion	Bedeutung
InsertMenu	Menüpunkt in das Menü einfügen
AppendMenu	Menüpunkt an ein Untermenü anfügen
DeleteMenu	Menüpunkt aus dem Menü löschen
RemoveMenu	Menüpunkt aus dem Menü entfernen, aber nicht löschen

Funktion SetMenu

Einige Applikationen besitzen zwei unterschiedliche Menüs, von denen das eine nach der Programm-Installation angezeigt wird und nur wenige Menüpunkte enthält, damit der Anwender die ersten Schritte durchführen kann. Sobald sich der Bediener an die grundsätzliche Bedienung gewöhnt hat, kann er auf das Vollmenü umschalten, das viel mehr Möglichkeiten bietet. Dieses Umschalten erfolgt mit Hilfe der Funktion SetMenu.

```
hMenu = LoadMenu(hInst, "MenüVoll");
SetMenu(hWnd, hMenu);
```

Neben der Definition eines Menüs in der Resource-Datei kann ein Menü auch erst zur Programmlaufzeit erstellt werden. Dazu wird zu Beginn ein Handle auf ein noch leeres Menü benötigt, das mit der Funktion CreateMenu bzw. CreatePopupMenu besorgt wird.

Menü-Informationen

Mit zwei Funktionen, die Informationen über das gesamte Menü oder über einen Menüteil liefern, haben wir uns schon beschäftigt. Daneben existieren noch andere, mit denen z.B. der ID-Wert eines Menüpunktes (GetMenuItemID) oder der Menütext (GetMenuString) besorgt werden kann. Diese Funktionen beginnen mit der Vorsilbe GetMenu.

Floating Popup-Menü

Wenn Sie mit dem VisualBasic-Editor ICONWRKS zum Zeichnen von Symbolen gearbeitet haben, dann haben Sie wahrscheinlich auch das Floating Popup-Menü benutzt, das die Zeichen-Werkzeuge als Untermenü an einem beliebigen Platz in der Client Area anzeigt, wenn die rechte Maustaste gedrückt wird. Um solch ein Menü selber programmieren zu können, sind die beiden Funktionen CreatePopupMenu und TrackPopupMenu nötig. Die erste Funktion erzeugt ein leeres Popup-Menü und liefert dessen Handle zurück. Anschließend kann dieses leere Menü mit Menüpunkten gefüllt werden. Um es an der aktuellen Mausposition anzeigen zu können, müssen die Maus-Koordinaten, die aus dem Parameter lParam der Meldung WM_RBUTTONDOWN ermittelt werden, in Screen-Koordinaten umgerechnet werden, da die Funktion TrackPopupMenu, die für die sichtbare Darstellung zuständig ist, Bildschirm-Koordinaten und nicht die des Arbeitsbereiches benötigt.

```
POINT pt;
  case WM_RBUTTONDOWN:
    pt = MAKEPOINT( lParam);
    ClientToScreen (hWnd, (LPPOINT)&pt);
    TrackPopupMenu( hPopup, 0, pt.x, pt.y, 0,
                              hWnd,NULL);
    break;
```

Sobald ein Menüpunkt dieses Floating-Untermenüs selektiert wurde, verschwindet automatisch das gesamte Floating Popup-Menü vom Bildschirm.

Microsoft Visual Basic

Das Verändern eines Attributes von einem Menüpunkt oder einem Untermenü geschieht in VisualBasic über Eigenschaften, die die beiden Objekte besitzen, und kann sowohl während der interaktiven Erstellung im Menüentwurfsfenster als auch zur Laufzeit erfolgen. Für die nachfolgenden Beispiele wurden CtlNamen von Menüpunkten und Untermenüs aus dem ersten Menü-Beispiel in VisualBasic genommen.

Eigenschaft Checked

Ein Menüpunkt besitzt ein links neben dem Menütext liegendes Checkmark (Haken), wenn die Eigenschaft Checked dieses Menüpunktes auf TRUE steht.

```
Ellip.Checked = TRUE
Neu.Checked = FALSE    ' Voreinstellung
```

Eigenschaft Enabled

Die Eigenschaft Enabled besitzt nicht nur ein Menüpunkt, sondern auch jedes Untermenü. Wenn sie auf den Wert FALSE eingestellt wird, so wird der dazugehörige Punkt in einem grauen Ton dargestellt. Bei der Anwahl eines Menüpunktes, dessen Eigenschaft Enabled auf FALSE steht, wird kein Click-Ereignis generiert.

```
Bit.Enabled = FALSE
GDI.Enabled = TRUE     ' Voreinstellung
```

Eigenschaft Visible

Wenn Sie als Programmierer dem Anwender einen Menüpunkt aus bestimmten Gründen vorenthalten möchten, können Sie dessen Eigenschaft Visible den Wert FALSE übergeben.

```
User.Visible = FALSE
DevC.Visible = TRUE    'Voreinstellung
```

Der Text eines Menüpunktes oder eines Untermenüs kann jederzeit über die Eigenschaft Caption geändert werden, auch wenn er sichtbar in der Menüzeile steht. Die Aktualisierung erfolgt sofort.

```
GDI.Caption = "Neuer Text"
```

Menü-Control-Array

Um Menüpunkte dynamisch einfügen oder entfernen zu können, müssen wir das Menü etwas anders definieren, da in diesem Fall das Menü Menü-Control-Arrays enthalten muß. Ein Menü-Control-Array besteht aus mehreren Menüpunkten, die sich im selben Untermenü befinden und den gleichen Control-Namen besitzen, d.h. der Inhalt ihrer Eigenschaft CtlName ist identisch. Aus diesem Grund wird für diese Punkte dasselbe Ereignis Click erzeugt, das nun aber Parameter besitzt.

```
MenuArray_Click(Index AS Integer)
```

Über das Argument Index kann unterschieden werden, welcher Menüpunkt selektiert wurde, da jedem Punkt bei seiner Definition im Menüentwurfsfenster eine eindeutige Index-Nummer in dem Feld Index mitgegeben werden muß, wenn derselbe CtlName mehrfach vergeben wird.

Dieser Index bestimmt zudem die Lage der Menüpunkte in dem Untermenü, da sie in aufsteigender Reihenfolge sortiert angezeigt werden. Deswegen müssen Sie schon bei der Definition des Menüs im Menüentwurfsfenster wissen, an welchen Positionen später noch Menüpunkte ergänzt werden sollen, weil Sie dort eine oder mehrere Index-Nummern freihalten müssen.

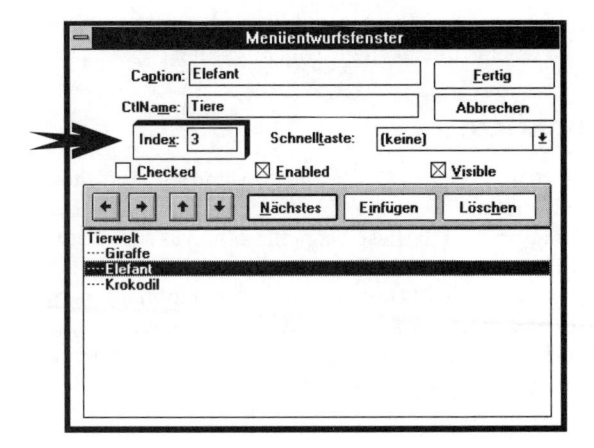

Abb. 189: Index einem Menüpunkt zuweisen

Anweisung Load

Ein neuer Menüpunkt wird dynamisch mit Hilfe der Anweisung Load, die als Parameter den neuen Index übergeben bekommt, in ein Untermenü eingefügt. Zudem müssen Sie die Eigenschaft Caption dieses Menüpunktes mit dem gewünschten Menütext beschreiben.

Unter der Annahme, daß es bereits ein Menü-Control-Array gibt, das aus drei Menüpunkten besteht, deren Eigenschaft CtlName jeweils den Namen Tiere enthält und die die Index-Nummern 2, 3 und 5 besitzen, kann z.B. einer neuer Eintrag durch folgenden Code an die vorletzte Position eingefügt werden.

```
Sub Form_Click ()
    Load Tiere(4)
    Tiere(4).Caption = "Känguruh"
End Sub
```

Da die Index-Nummer noch nicht vergeben ist, kann an diese Position mit der Anweisung Load in das Array Tiere ein neuer Eintrag gebracht werden, der als Menütext den Tiernamen Känguruh besitzt. Wenn Sie beim Testen in VisualBasic versuchen, ein zweites Mal an dieselbe Stelle einen Menüpunkt zu bringen, werden Sie über ein Meldungsfenster aufmerksam gemacht, daß dieses Objekt bereits geladen ist.

Anweisung Unload

Zum Löschen eines bestehenden Menüpunktes aus dem Menü gibt es die Pendant-Anweisung Unload. Auch hier wird der Menüpunkt über seine Index-Nummer gekennzeichnet.

```
Unload Tiere(3)
```

Ein Menü-Control-Array ist nicht nur dann sinnvoll, wenn dem Menü zur Laufzeit neue Menüpunkte zugefügt oder bestehende gelöscht werden sollen, sondern auch wenn die

Punkte ungefähr die gleichen Aufgaben zu erledigen haben. Durch diese Vorgehensweise kann der Code dezimiert und die Übersichtlichkeit gesteigert werden.

6.5.5 Accelerator (Tastenkürzel)

Accelerator-Tasten sind Tastenkürzel bzw. Hot Keys, mit denen Menüpunkte schnell selektiert werden können, ohne daß z.B. erst das Untermenü heruntergeklappt sein muß, wie es bei den Zugriffstasten notwendig ist. Durch diese Schnelltasten, wie sie auch im Deutschen genannt werden, können Sie Ihr Programm benutzerfreundlicher gestalten. Häufig werden dafür die Funktionstasten (F1 bis F12) oder eine Tastenkombination, die aus der [Ctrl]- oder [Shift]-Taste und einer weiteren besteht, verwendet. Wahrscheinlich arbeiten Sie beim Programmieren mit Tastenkürzeln, um einige Tipparbeit sparen zu können. Mit der Kombination [Ctrl]+[Ins] wird der Text in die Zwischenablage kopiert, mit [Shift]+[Ins] wieder herausgeholt.

Diese Tastenkürzel werden in den drei Sprachen QuickC, TurboPascal und Borland C++ als Resource in der Accelerator-Tabelle definiert. Ihre Definition kann dabei auf mehrere Arten erfolgen, abhängig davon, welche Tastenkombination gewählt wurde. Der ID-Wert des Tastenkürzels muß zu der Identifikation des Menüpunktes, den er auslösen soll, identisch sein, um die gleiche Reaktion bewirken zu können.

Bei der Erstellung des Programmrahmens mit QuickCase:W können die Schnelltasten direkt bei der Definition des Menüpunktes mit angegeben werden. In der dafür existierenden Dialogbox gibt es dazu das Textfeld Accelerator.

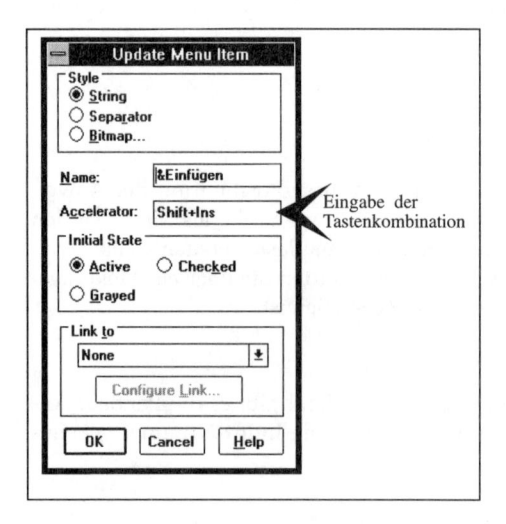

Abb. 190: Verbindung eines Menüpunktes mit einem Tastenkürzel

In dieses Textfeld können einzelne Tasten oder Tastenkombinationen, die Sie mit dem [+]-Zeichen verbinden müssen, eingegeben werden. Bei der Bestätigung des Dialogfensters überprüft QuickCase:W die Taste(nkombination) auf ihre Gültigkeit. Es können dabei auch die Funktionstasten und Kombinationen mit den Tasten `Shift`, `Ctrl` und `Alt` verwendet werden. Sie müssen dabei jedoch die englischen Bezeichnungen `Shift` und `Ctrl` verwenden.

Bei der Generierung legt QuickCase:W eine Accelerator-Tabelle mit dem Namen des Projektes in der RC-Datei an. Zudem werden die angelegten Tastenkürzel in den Text der Menüpunkte aufgenommen, damit der Benutzer auch weiß, welche Acceleratoren er benutzen kann. Der Inhalt einer RC-Datei kann z.B folgendermaßen aussehen:

```
TEST MENU
  BEGIN
    POPUP "&Bearbeiten"
      BEGIN
        MENUITEM "&Rückgängig\tAlt+Backspace",
                            IDM_B_RCKGNGIG
        MENUITEM "&Ausschneiden\tShift+Del",
                            IDM_B_AUSSCHNEIDEN
        MENUITEM "&Kopieren\tCtrl+Ins",
                            IDM_B_KOPIEREN
        MENUITEM "&Einfügen\tShift+Ins",
                            IDM_B_EINFGEN
      END
  END
```

Definition der Accelerator-Tabelle
```
TEST ACCELERATORS
  BEGIN
    VK_BACK,   IDM_B_RCKGNGIG, ALT, VIRTKEY
    VK_DELETE, IDM_B_AUSSCHNEIDEN, SHIFT, VIRTKEY
    VK_INSERT, IDM_B_KOPIEREN, VIRTKEY, CONTROL
    VK_INSERT, IDM_B_EINFGEN, SHIFT, VIRTKEY
  END
```

Da ich das Beispiel in QuickCase:W unter dem Namen Test.win gespeichert habe, heißen sowohl das Menü als auch die Accelerator-Tabelle Test. Die Namen der Tasten, die am Zeilenanfang in der Accelerator-Tabelle stehen, kommen Ihnen wahrscheinlich bekannt vor, wenn Sie schon das Eingabe-Kapitel gelesen haben. Es handelt sich dabei um Definitionen virtueller Tasten. Sobald mit anderen als mit den normalen Buchstaben-Tasten ein Tastenkürzel vereinbart wird, muß die Verwendung einer virtuellen Taste mit dem Schlüsselwort VIRTKEY in der Tabelle gekennzeichnet weden. Aus optischen Gründen wird der eigentliche Menütext von der Nennung des Tastenkürzels durch einen Tabulator (\t) getrennt, z.B. "&Kopieren\tCtrl+Ins".

Funktion LoadAccelerators

QuickCase:W muß für die Tastenkürzel nicht nur in der RC-Datei die Accelerator-Tabelle einfügen, sondern auch gewisse Arbeiten in der C-Datei durchführen, damit die Schnelltasten erkannt werden können. Die Tabelle muß genauso wie die anderen Resources geladen werden. Dafür existiert die Funktion LoadAccelerators, die wie üblich als ersten Parameter das Instanz-Handle und als zweiten den Namen der Tabelle benötigt.

```
HANDLE hAccel;
hAccel = LoadAccelerators(hInst, szAppName);
```

Funktion TranslateAccelerator

Außerdem muß in die Message Loop die Funktion TranslateAccelerator ergänzt werden. Ihre Aufgabe besteht in der Überprüfung der Eingaben über die Tastatur. Falls es sich um ein Tastenkürzel handelt, wandelt die Funktion die Meldung WM_KEYDOWN in eine WM_Command-Meldung um, die sie direkt an die Fensterroutine weitersendet. Sie gibt dies mit dem Rückgabewert TRUE bekannt, da nun nicht mehr die Funktion DispatchMessage aufgerufen werden darf.

```
while(GetMessage(&msg, NULL, 0, 0))
{
  if(TranslateAccelerator(hWndMain, hAccel, &msg))
    continue;
  TranslateMessage(&msg);
  DispatchMessage(&msg);
}
```

Um in TurboPascal oder in Borland C++ mit Tastenkürzeln arbeiten zu können, existiert im Resource Workshop ein eigener Editor für die Definitionen der Schnelltasten. Über den Menüpunkt *Neu* aus dem Untermenü *Ressource* können Sie diesen Editor durch Anwahl des Typs ACCELERATORS starten. Zu Beginn steht ein Eintrag zur Verfügung. Weitere können über den Menüpunkt *Neuer Eintrag* unterhalb des aktuell markierten Eintrags angefügt werden. Wenn Sie die ID-Werte der entsprechenden Menüpunkte nicht mehr auswendig wissen, können Sie sich auch mit Hilfe des Menüpunktes *Nebeneinander* aus dem Untermenü *Fenster* gleichzeitig das Definitionsfenster des Menüs und das der Acceleratoren anzeigen lassen, nachdem Sie den Menü-Editor gestartet haben.

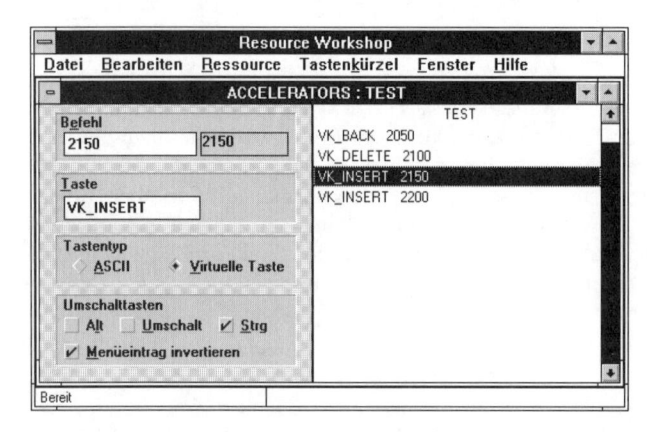

Abb. 191: Der Accelerator-Editor des Resource-Workshops

Der Tastentyp kann entweder eine ASCII- oder eine virtuelle Taste sein. In dem Beispiel von QuickC, das auch in der Abbildung des Accelerator-Editors angezeigt wird, sind nur virtuelle Tasten verwendet worden, deren symbolischer Name in dem Feld *Taste* erscheint. Eine ASCII-Taste wird eingestellt, wenn Sie aus dem Untermenü *Tastenkürzel* den Menüpunkt *Taste belegen* anklicken. Daraufhin werden Sie aufgefordert, die gewünschte Taste zu drücken und mit einem Mausklick oder mit `Alt`+`Esc` die Eingabe zu bestätigen. Die Tastenbelegung wird daraufhin in doppelten Hochkommas in dem Feld *Taste* angezeigt. Falls Sie dabei eine Kombination mit der Taste `Ctrl` gewählt hatten, wird diese Steuertaste durch das Zeichen `^` repräsentiert. Genauso wie es bei der Definition eines Menüs der Fall ist, können Sie in das Textfeld *Befehl* nur dann einen Bezeichner wie IDM_EINF eintragen, wenn Sie Ihre getätigten Eingaben in eine RC-Datei abspeichern. Bei der Arbeit mit einer RES-Datei wird in dieses Feld direkt der ID-Wert geschrieben. Für das Setzen der drei Steuertasten existieren die drei Felder im Bereich *Umschalttasten*. Das Feld *Menüeintrag invertieren* sollte normalerweise eingeschaltet bleiben, da ansonsten der Anwender bei der Arbeit mit dem Menü nur verunsichert wird, wenn bei der Selektierung eines Punktes dieser nicht andersfarbig dargestellt wird.

Die Angabe des zu dem Menüpunkt gehörenden Tastenkürzels in dem Menütext müssen Sie selber in dem Menü-Editor durchführen, d.h. es erfolgt kein automatisches Eintragen wie es bei QuickCase:W der Fall ist.

Die Accelerator-Tabelle muß auch in den beiden objektorientierten Sprachen TurboPascal und Borland C++ mit der Funktion LoadAccelerators geladen werden. Der richtige Platz dafür ist die Methode InitInstance der Klasse TApplication, die wir für unsere Klasse TRahmen überschreiben.

Turbo C++

```
void TRahmen::InitInstance()
{
  TApplication::InitInstance();
  HAccTable = LoadAccelerators(hInstance,
          "TCMENU2");
}
```

Turbo Pascal

```
procedure TRahmen.InitInstance;
begin
  TApplication.InitInstance;
  hAccTable := LoadAccelerators(hInstance,
                    'TPMENU2');
end;
```

Da diese Methode für die Initialisierung einer Instanz zuständig ist, sollten Sie immer zuerst die geerbte Methode aufrufen. Das Handle, das die Funktion LoadAccelerators zurückliefert, muß in die von der Klasse TApplication geerbte Objektvariable HAccTable gespeichert werden. In diesem Fall kann in Borland C++ direkt, d.h. ohne Aufruf der Funktion GetApplication auf hInstance zugegriffen werden, da wir uns in einem Nachkommen von TModule befinden.

Da wir in den objektorientierten Sprachen mit der Bibliothek ObjectWindows arbeiten, sind außer dem Laden der Tastenkürzel-Tabelle keine zusätzlichen Arbeiten notwendig, d.h. wir müssen nirgends die Funktion TranslateAccelerator aufrufen. Dies übernimmt für uns die schon vorhandene Methode ProcessAccels, die über mehrere Zwischenstufen von der Methode Run der Klasse TApplication aktiviert wird.

Die Definition von Accelerator-Tasten in VisualBasic und die Zuordnung zu den entsprechenden Menüpunkten erfolgt auch im Menüentwurfsfenster. Hierzu existiert eine herunterklappbare Liste, die mit dem Namen Schnelltaste versehen ist und aus der eine Taste(n-Kombination) ausgewählt werden kann.

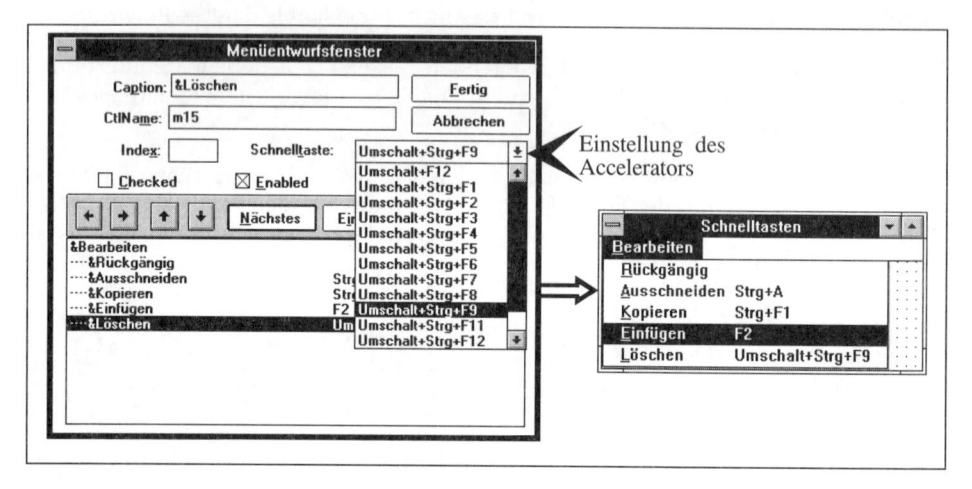

Abb. 192: Einstellung der Hot Keys im Menüentwurfsfenster

Nachdem über die Liste die Schnelltasten eingestellt wurden, erscheinen sie automatisch neben dem Menüpunkt, wenn das Untermenü aufgeblättert wird.

6.5.6 Das zweite Menü-Beispiel

Im zweiten Menü-Beispiel besitzt das Menü die beiden Untermenüs *Bearbeiten* und *Figuren* mit jeweils drei Menüpunkten, die im zweitgenannten Untermenü als Bitmaps dargestellt werden. Mit ihnen kann ein Kreuz, ein Rechteck und ein Kreis in die Client Area gezeichnet werden.

Falls im ersten Untermenü *Bearbeiten* der Menüpunkt *Floating-Menü erlaubt* mit einem Checkmark versehen ist, können die Figuren-Menüpunkte beim Drücken der rechten Maustaste als Floating Popup-Menü erscheinen. Dabei werden sie als Text und nicht als Bitmap angezeigt.

Um die Grafik wieder zu löschen, muß erst ein neuer Menüpunkt, dessen Text aus der String-Tabelle geladen wird, in das Untermenü *Bearbeiten* eingefügt werden. Dafür exi-

Benutzerführung 433

stiert der Menüpunkt *Einfügen* im gleichen Untermenü. Der ergänzte Punkt kann jederzeit wieder über den Menüpunkt *Löschen* entfernt werden. Das Einfügen und Löschen soll dabei immer nur wechselweise möglich sein.

Alle drei Menüpunkte des Untermenüs *Bearbeiten* können auch über einen Hot Key ausgelöst werden.

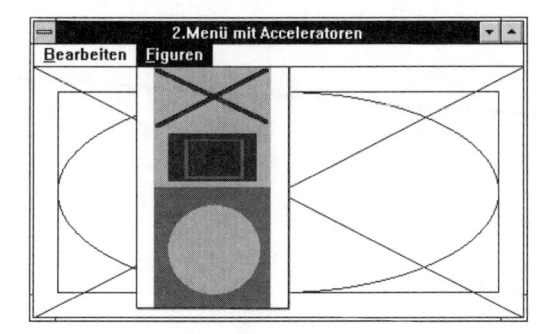

Abb. 193: 2. Beispiel zum Menü und zu den Acceleratoren

Windows-Funktionen	Kurzbeschreibung
LoadAccelerators	lädt eine Accelerator-Tabelle
TranslateAccelerator	erkennt Hot Keys und generiert eine WM_Command-Meldung
InsertMenu	fügt einen neuen Menüpunkt ein
DeleteMenu	löscht einen Menüpunkt
ModifyMenu	verändert einen Menüpunkt
CheckMenuItem	setzt bzw. entfernt das Checkmark
EnableMenuItem	verändert den anwählbaren Zustand
LoadBitmap	lädt ein Bitmap
LoadString	lädt eine Zeichenkette aus der String-Tabelle
GetMenu	ermittelt das Handle des aktuellen Menüs
GetSubMenu	ermittelt das Handle eines Untermenüs
DestroyMenu	löscht ein Menü aus dem Speicher
ClientToScreen	wandelt Client- in Bildschirmkoordinaten um
TrackPopupMenu	zeigt ein Floating Popup-Menü an

Beispiel

/***************** QCMENU2.C *****************/

```
1   /* QuickCase:W */
2   #include "QCMENU2.h"
3
4   int PASCAL WinMain(HANDLE hInstance, HANDLE
5   hPrevInstance, LPSTR lpszCmdLine, int nCmdShow)
6   {
7   /******************************************/
8   /* hInstance;          Handle dieser Instanz */
9   /* hPrevInstance;Handle der vorhergehenden Instanz*/
10  /* lpszCmdLine; Zeiger auf die Kommandozeile    */
11  /* nCmdShow;   Code zur Anzeige des Hauptfensters */
12  /******************************************/
13
14  MSG  msg;   /* MSG-Struktur für die Meldungen  */
15  int  nRc;   /* Rückgabewert der Klassen-       */
16              /* Registrierung(en)               */
17
18  strcpy(szAppName, "QCMENU2");
19  hInst = hInstance;
20  if(!hPrevInstance)
```

```
 21  {
 22  /* Registrieren der Fensterklasse(n) bei der    */
 23  /* 1.Instanz                                    */
 24       if ((nRc = nCwRegisterClasses()) == -1)
 25       {
 26  /* Registrierung schlug fehl                    */
 27          LoadString(hInst, IDS_ERR_REGISTER_CLASS,
 28                     szString, sizeof(szString));
 29          MessageBox(NULL, szString, NULL,
 30                     MB_ICONEXCLAMATION);
 31          return nRc;
 32       }
 33  }
 34
 35  /* Hauptfenster erzeugen                        */
 36  hWndMain = CreateWindow(
 37       szAppName,         /* Klassennamen          */
 38       "2.Menü mit Acceleratoren",
 39                          /* Text in der Titelzeile */
 40       WS_CAPTION       | /* Titel zufügen         */
 41       WS_SYSMENU       | /* Systemmenübox zufügen */
 42       WS_MINIMIZEBOX   | /* Minimize Box zufügen  */
 43       WS_MAXIMIZEBOX   | /* Maximize Box zufügen  */
 44       WS_THICKFRAME    | /* in der Größe veränderbar */
 45       WS_CLIPCHILDREN  |
 46                          /* kein Zeichnen in den Kindfenstern */
 47       WS_OVERLAPPED,
 48       CW_USEDEFAULT, 0, /* Default-Werte für X, Y  */
 49       CW_USEDEFAULT, 0,
 50                     /* Default-Werte für Breite und Höhe */
 51       NULL,         /* Handle des Elternfensters  */
 52       NULL,         /* Handle des Menüs           */
 53       hInst,        /* Handle der Instanz         */
 54       NULL);        /* Struktur für WM_CREATE     */
 55
 56  if(hWndMain == NULL)
 57  {
 58      LoadString(hInst, IDS_ERR_CREATE_WINDOW,
 59                 szString, sizeof(szString));
 60      MessageBox(NULL, szString, NULL,
 61                 MB_ICONEXCLAMATION);
 62      return IDS_ERR_CREATE_WINDOW;
 63  }
 64  ShowWindow(hWndMain, nCmdShow);
 65  /* Anzeigen des Hauptfensters */
 66
 67  hAccel = LoadAccelerators(hInst, szAppName);
 68
 69  while(GetMessage(&msg, NULL, 0, 0))
 70  /* bis WM_QUIT eintritt    */
 71  {
 72      if(TranslateAccelerator(hWndMain, hAccel, &msg))
 73          continue;
 74      TranslateMessage(&msg);
 75      DispatchMessage(&msg);
 76  }
 77
 78  /* Aufräumarbeiten, bevor die Applikation beendet */
 79  /* wird                                           */
 80  CWUnRegisterClasses();
 81  return msg.wParam;
 82  } /* Ende der WinMain                             */
 83
 84  /***************************************************/
 85  /*                                                 */
 86  /* Fensterroutine des Hauptfensters:               */
 87  /*                                                 */
 88  /* Diese Prozedur stellt Service-Routinen für die  */
 89  /* Windows-Ereignisse (Meldungen) bereit, die      */
 90  /* Windows oder der Benutzer an das Fenster sendet */
 91  /* Sie initialisiert Ereignisse (Meldungen), die   */
 92  /* entstehen, wenn der Anwender z.B. einen Menü-   */
 93  /* punkt oder ein Tastenkürzel anwählt             */
 94  /*                                                 */
 95  /***************************************************/
 96
 97  LONG FAR PASCAL WndProc(HWND hWnd, WORD Message,
 98  WORD wParam, LONG lParam)
 99  {
100      static HMENU     hMenu=0;     /* Menü-Handle        */
101      static HMENU hFPopup;/* Handle vom Floating Menü    */
102      HBITMAP     hbitmap=0;  /* Handle für Bitmaps        */
103      HDC         hDC;/* Handle für den Display Context    */
104      PAINTSTRUCT ps; /* enthält Zeichen-Informationen     */
105      int         nRc=0;  /* Rückgabewert                  */
106      POINT       pt;
107      RECT        rct;
108      static BOOL bKreis, bKreuz, bRechteck;
109
110      switch (Message)
111      {
112      case WM_COMMAND:
113      /* Die Windows-Meldungen für die Menüpunkte werden */
114      /* hier verarbeitet                                */
115          switch (wParam)
116          {
117          case IDM_B_EINFGEN:
118      /* Platz für den eigenen Code, um auf den        */
119      /* Menüpunkt "&Einfügen" zu reagieren            */
120              InsertMenu( hMenu, IDM_B_EINFGEN,
121                      MF_BYCOMMAND,IDM_CLEAR, szString);
122              EnableMenuItem( hMenu,IDM_B_EINFGEN,
123                      MF_GRAYED);
124              EnableMenuItem( hMenu,IDM_B_LSCHEN,
125                      MF_ENABLED);
126              break;
127
128          case IDM_B_LSCHEN:
129      /* Platz für den eigenen Code, um auf den        */
130      /* Menüpunkt "&Löschen" zu reagieren             */
131              DeleteMenu( hMenu,IDM_CLEAR, MF_BYCOMMAND);
132              EnableMenuItem( hMenu,IDM_B_EINFGEN,
133                      MF_ENABLED);
134              EnableMenuItem( hMenu,IDM_B_LSCHEN,
135                      MF_GRAYED);
136              break;
137
138          case IDM_B_FLOATINGMENERLAUBT:
139      /* Platz für den eigenen Code, um auf den        */
140      /* Menüpunkt "&Floating-Menü erlaubt" zu reagieren */
141              cwCheckMenuItem(hWnd, wParam);
142              break;
143
144          case IDM_F_KREUZ:
145      /* Platz für den eigenen Code, um auf den        */
146      /* Menüpunkt "KREUZ" zu reagieren                */
147              bKreuz = TRUE;
148              InvalidateRect(hWnd, NULL, TRUE);
149              break;
150
151          case IDM_F_RECHTECK:
152      /* Platz für den eigenen Code, um auf den        */
153      /* Menüpunkt "RECHTECK" zu reagieren             */
154              bRechteck = TRUE;
155              InvalidateRect(hWnd, NULL, TRUE);
156              break;
157
158          case IDM_F_KREIS:
159      /* Platz für den eigenen Code, um auf den        */
160      /* Menüpunkt "KREIS" zu reagieren                */
161              bKreis = TRUE;
162              InvalidateRect(hWnd, NULL, TRUE);
163              break;
164
165          case IDM_CLEAR:
166              bKreis = bKreuz = bRechteck = 0;
167              InvalidateRect(hWnd, NULL, TRUE);
168              break;
169
170          default:
171              return DefWindowProc(hWnd, Message,
172                                   wParam, lParam);
173          }
174          break;       /* Ende von WM_COMMAND           */
175
176      case WM_CREATE:
177          hMenu   = GetMenu(hWnd);
178          hBitmap = LoadBitmap(hInst, "KREUZ");
179          ModifyMenu(hMenu, 2050, MF_BYCOMMAND |
180                  MF_BITMAP, 2050, (LPSTR)MAKELONG(hBitmap, 0));
181          hBitmap = LoadBitmap(hInst, "RECHTECK");
182          ModifyMenu(hMenu, 2100, MF_BYCOMMAND |
183                  MF_BITMAP, 2100, (LPSTR)MAKELONG(hBitmap, 0));
184          hBitmap = LoadBitmap(hInst, "KREIS");
185          ModifyMenu(hMenu, 2150, MF_BYCOMMAND |
186                  MF_BITMAP, 2150, (LPSTR)MAKELONG(hBitmap, 0));
187
188          hFPopup = GetSubMenu(LoadMenu(hInst,
189                                        "Floating"),0);
190          bFPopup = TRUE;
191          LoadString(hInst, IDS_CLEAR, szString,
192                                        sizeof(szString));
193          break;       /* Ende von WM_CREATE            */
194
195      case WM_MOVE:    /* Bewegen des Fensters          */
196          break;
197
198      case WM_SIZE:
199      /* Größenänderung der Client Area                 */
200          break;       /* Ende von WM_SIZE              */
201
202      case WM_RBUTTONDOWN:
203          if (bFPopup)
204          {
205              pt = MAKEPOINT( lParam);
206              ClientToScreen (hWnd, &pt);
207              TrackPopupMenu( hFPopup, 0, pt.x, pt.y, 0,
208                                        hWnd, NULL);
209          }
210          break;
211
212      case WM_PAINT:   /* Neuzeichnen der Client Area   */
213      /* bekommt ein Handle auf das Device Context      */
214      /* BeginPaint wird evtl. WM_ERASEBKGND senden     */
215          memset(&ps, 0x00, sizeof(PAINTSTRUCT));
216          hDC = BeginPaint(hWnd, &ps);
217      /* falls der Hintergrund keine reine Farbe besitzt*/
218          SetBkMode(hDC, TRANSPARENT);
219          GetClientRect(hWnd, &rct);
220          if (bRechteck)
221              Rectangle(hDC, 20, 20, rct.right-20,
222                                        rct.bottom-20);
223          if (bKreis)
224              Ellipse(hDC, 20, 20, rct.right-20,
225                                        rct.bottom-20);
226          if (bKreuz)
227          {
228              LineTo(hDC, rct.right, rct.bottom);
229              MoveTo(hDC, rct.right,0);
230              LineTo(hDC, 0, rct.bottom);
231          }
232      /* Das Neuzeichnen ist abgeschlossen              */
233          EndPaint(hWnd, &ps);
234          break;       /* Ende von WM_PAINT             */
235
236      case WM_CLOSE:   /* Schließen des Fensters        */
```

```
237   /* Zerstören der Kindfenster, modeless Dialogboxen*/
238   /* Zerstören dieses Fensters                      */
239         DestroyMenu(hFpopup);
240         DestroyWindow(hWnd);
241         if (hWnd == hWndMain)
242             PostQuitMessage(0);
243   /* Beenden der Applikation                         */
244         break;
245
246       default:
247   /* alle Meldungen, für die keine eigene Service-   */
248   /* Routine zur Verfügung gestellt wird, sollten an*/
249   /* Windows gereicht werden, damit eine Default-    */
250   /* Verarbeitung stattfinden kann                   */
251         return DefWindowProc(hWnd, Message, wParam,
252                              lParam);
253   }
254   return 0L;
255   }    /* Ende von WndProc                           */
256
257   /******************************************************/
258   /*                                                    */
259   /* nCwRegisterClasses Funktion:                       */
260   /*                                                    */
261   /* Die folgende Funktion registriert alle Klassen    */
262   /* von allen Fenstern, die mit dieser Applikation    */
263   /* verbunden sind. Die Funktion liefert einen        */
264   /* Fehlercode zurück, falls sie nicht erfolgreich    */
265   /* war, ansonsten wird 0 zurückgegeben.              */
266   /*                                                    */
267   /******************************************************/
268
269   int nCwRegisterClasses(void)
270   {
271     WNDCLASS    wndclass;
272   /* Struktur, um eine Klasse zu definieren           */
273     memset(&wndclass, 0x00, sizeof(WNDCLASS));
274   /* Füllen von WNDCLASS mit Fenster-Eigenschaften    */
275     wndclass.style = CS_HREDRAW | CS_VREDRAW |
276                      CS_BYTEALIGNWINDOW;
277     wndclass.lpfnWndProc = WndProc;
278   /* zusätzlicher Speicher für Klassen- und           */
279   /* Fensterobjekte                                    */
280     wndclass.cbClsExtra = 0;
281     wndclass.cbWndExtra = 0;
282     wndclass.hInstance = hInst;
283     wndclass.hIcon = LoadIcon(NULL, IDI_APPLICATION);
284     wndclass.hCursor = LoadCursor(NULL, IDC_ARROW);
285   /* Erzeugen eines Pinsels, um den Hintergrund       */
286   /* zu löschen                                        */
287     wndclass.hbrBackground = (HBRUSH)(COLOR_WINDOW+1);
288     wndclass.lpszMenuName = szAppName;
289   /* Klassenname = Menüname */
290     wndclass.lpszClassName = szAppName;
291   /* Klassenname = App.-Name */
292     if(!RegisterClass(&wndclass))
293         return -1;
294
295     return(0);
296   } /* Ende von nCwRegisterClasses                    */
297
298   /******************************************************/
299   /*  CwCheckMenuItem Funktion                         */
300   /*                                                    */
301   /* setzt und entfernt in Abhängigkeit des aktu-      */
302   /* ellen Zustands das Checkmark eines Menüpunktes*/
303   /*                                                    */
304   /******************************************************/
305
306   void CwCheckMenuItem(HWND hWnd, WORD wItem)
307   {
308     HANDLE    hMenu = GetMenu(hWnd);
309     WORD      wState;
310
311     wState = GetMenuState(hMenu, wItem, MF_BYCOMMAND);
312     if(wState == (wState | MF_CHECKED))
313     {
314       bFPopup = FALSE;
315       CheckMenuItem(hMenu, wItem, MF_BYCOMMAND |
316                                   MF_UNCHECKED);
317     }
318     else
319     {
320       bFPopup = TRUE;
321       CheckMenuItem(hMenu, wItem, MF_BYCOMMAND |
322                                   MF_CHECKED);
323     }
324   }
325
326   /******************************************************/
327   /* CwUnRegisterClasses Function:                     */
328   /*                                                    */
329   /* löscht jeden Bezug zu den Fenster-Resources,     */
330   /* die für diese Applikation erzeugt wurden, gibt*/
331   /* Speicher frei, löscht die Instanz, die Handles*/
332   /* und tätigt andere Aufräumarbeiten               */
333   /*                                                    */

334   /******************************************************/
335
336   void CwUnRegisterClasses(void)
337   {
338     WNDCLASS    wndclass;
339   /* Struktur, um eine Klasse zu definieren           */
340     memset(&wndclass, 0x00, sizeof(WNDCLASS));
341
342     UnregisterClass(szAppName, hInst);
343   }   /* Ende von CwUnRegisterClasses                 */
344
345
346   /* QCMENU2.RC */
347   #include "QCMENU2.h"
348
349   KREUZ BITMAP KREUZ.BMP
350   RECHTECK BITMAP RECHTECK.BMP
351   KREIS BITMAP KREIS.BMP
352
353   QCMENU2 MENU
354     BEGIN
355       POPUP "&Bearbeiten"
356         BEGIN
357           MENUITEM "&Einfügen\tShift+Ins",
358                    IDM_B_EINFGEN
359           MENUITEM "&Löschen\tCtrl+D", IDM_B_LSCHEN,
360                    GRAYED
361           MENUITEM "&Floating-Menü erlaubt\tF2",
362                    IDM_B_FLOATINGMENERLAUBT, CHECKED
363         END
364       POPUP "&Figuren"
365         BEGIN
366           MENUITEM "KREUZ", IDM_F_KREUZ
367           MENUITEM "RECHTECK", IDM_F_RECHTECK
368           MENUITEM "KREIS", IDM_F_KREIS
369         END
370   END
371
372   Floating MENU
373     BEGIN
374       POPUP "&Bearbeiten"
375         BEGIN
376           MENUITEM "KREUZ", IDM_F_KREUZ
377           MENUITEM "RECHTECK", IDM_F_RECHTECK
378           MENUITEM "KREIS", IDM_F_KREIS
379         END
380   END
381
382   QCMENU2 ACCELERATORS
383     BEGIN
384       VK_INSERT, IDM_B_EINPGEN, SHIFT, VIRTKEY
385       "^D", IDM_B_LSCHEN
386       VK_F2, IDM_B_FLOATINGMENERLAUBT, VIRTKEY
387   END
388
389   STRINGTABLE
390   BEGIN
391     IDS_ERR_CREATE_WINDOW,    "Window creation failed!"
392     IDS_ERR_REGISTER_CLASS,   "Error registering window class"
393     IDS_CLEAR,                "Grafik löschen"
394   END
395
396
397
398   /* QCMENU2.H */
399   /* QuickCase:W */
400   #include <windows.h>
401   #include <string.h>
402   #define IDM_BEARBEITEN            1000
403   #define IDM_B_EINFGEN             1050
404   #define IDM_B_LSCHEN              1100
405   #define IDM_B_FLOATINGMENERLAUBT  1150
406   #define IDM_FIGUREN               2000
407   #define IDM_F_KREUZ               2050
408   #define IDM_F_RECHTECK            2100
409   #define IDM_F_KREIS               2150
410   #define IDM_CLEAR                 3000
411
412   #define IDS_ERR_REGISTER_CLASS    1
413   #define IDS_ERR_CREATE_WINDOW     2
414   #define IDS_CLEAR                 3
415
416   char szString[128];
417   /* Variable zum Laden der Resource-Texte */
418   char szAppName[20];
419   /* Klassenname des Fensters              */
420
421   HWND hInst;
422   HWND hWndMain;
423   HANDLE hAccel;
424   BOOL bFPopup;
425
426   void cwCheckMenuItem(HWND, WORD);
427   LONG FAR PASCAL WndProc(HWND, WORD, WORD, LONG);
428   int nCwRegisterClasses(void);
429   void CwUnRegisterClasses(void);
```

Turbo C++

Neue Methoden	Kurzbeschreibung
TApplication::InitInstance	initialisiert eine Programm-Instanz

Beispiel

```
/***************** TCMENU2.CPP *****************/
```

```cpp
 1  #include <owl.h>
 2  #include <string.h>
 3  #define IDM_B_EINFGEN              1050
 4  #define IDM_B_LSCHEN               1100
 5  #define IDM_B_FLOATINGMENERLAUBT   1150
 6  #define IDM_F_KREUZ                2050
 7  #define IDM_F_RECHTECK             2100
 8  #define IDM_F_KREIS                2150
 9  #define IDM_CLEAR                  3000
10  #define IDS_CLEAR     3
11
12  class TRahmen :public TApplication
13  {
14  public:
15    TRahmen(LPSTR AName, HANDLE hInstance, HANDLE
16       hPrevInstance, LPSTR lpCmdLine, int nCmdShow)
17       : TApplication(AName, hInstance, hPrevInstance,
18       lpCmdLine, nCmdShow) {};
19    virtual void InitInstance();
20    virtual void InitMainWindow();
21  };
22
23  class TFenster : public TWindow
24  {
25  public:
26    BOOL bRechteck, bKreis, bKreuz, bFPopup;
27    HMENU hFPopup, hMenu;
28    char szString[20];
29    TFenster(PTWindowsObject AParent, LPSTR ATitle);
30    virtual void Einfuegen(RTMessage)
31      = [CM_FIRST + IDM_B_EINFGEN];
32    virtual void Loeschen(RTMessage)
33      = [CM_FIRST + IDM_B_LSCHEN];
34    virtual void Floating(RTMessage)
35      = [CM_FIRST + IDM_B_FLOATINGMENERLAUBT];
36    virtual void Kreuz(RTMessage)
37      = [CM_FIRST + IDM_F_KREUZ];
38    virtual void Rechteck(RTMessage)
39      = [CM_FIRST + IDM_F_RECHTECK];
40    virtual void Kreis(RTMessage)
41      = [CM_FIRST + IDM_F_KREIS];
42    virtual void Grafik(RTMessage)
43      = [CM_FIRST + IDM_CLEAR];
44    virtual void SetupWindow();
45    virtual void WMRButtonDown (RTMessage) =
46      [WM_FIRST+WM_RBUTTONDOWN];
47    virtual void Paint(HDC, PAINTSTRUCT &);
48    virtual BOOL CanClose();
49  };
50
51  void TRahmen::InitInstance()
52  {
53    TApplication::InitInstance();
54    HAccTable = LoadAccelerators(hInstance,
55                             "TCMENU2");
56  }
57
58  void TRahmen::InitMainWindow()
59  {
60    MainWindow = new TFenster(NULL,
61           "2.Menü mit Acceleratoren");
62  }
63
64  TFenster::TFenster(PTWindowsObject AParent, LPSTR
65  ATitle) :TWindow(AParent, ATitle)
66  {
67    AssignMenu("TCMenu2");
68  }
69
70  void TFenster::SetupWindow()
71  {
72    HBITMAP hBitmap;
73    hMenu = GetMenu(HWindow);
74    hBitmap = LoadBitmap(GetApplication()->hInstance,
75                         "KREUZ");
76    ModifyMenu(hMenu, 2050, MF_BYCOMMAND | MF_BITMAP,
77      2050, (LPSTR)MAKELONG(hBitmap, 0));
78    hBitmap = LoadBitmap(GetApplication()->hInstance,
79                         "RECHTECK");
80    ModifyMenu(hMenu, 2100, MF_BYCOMMAND | MF_BITMAP,
81      2100, (LPSTR)MAKELONG(hBitmap, 0));
82    hBitmap = LoadBitmap(GetApplication()->hInstance,
83                         "KREIS");
84    ModifyMenu(hMenu, 2150, MF_BYCOMMAND | MF_BITMAP,
85      2150, (LPSTR)MAKELONG(hBitmap, 0));
86    bKreis = bRechteck = bKreuz = FALSE;
87    hFPopup = GetSubMenu(LoadMenu(
88       GetApplication()->hInstance, "Floating"),0);
89    bFPopup = TRUE;
90    LoadString(GetApplication()->hInstance,
91       IDS_CLEAR, szString, sizeof(szString));
92  }
93
94  void TFenster::Einfuegen(RTMessage Msg)
95  {
96    InsertMenu( hMenu, IDM_B_EINFGEN,
97       MF_BYCOMMAND,IDM_CLEAR, szString);
98    EnableMenuItem( hMenu,IDM_B_EINFGEN, MF_GRAYED);
99    EnableMenuItem( hMenu,IDM_B_LSCHEN, MF_ENABLED);
100 }
101
102 void TFenster::Loeschen(RTMessage Msg)
103 {
104   DeleteMenu( hMenu,IDM_CLEAR, MF_BYCOMMAND);
105   EnableMenuItem( hMenu,IDM_B_EINFGEN, MF_ENABLED);
106   EnableMenuItem( hMenu,IDM_B_LSCHEN, MF_GRAYED);
107 }
108
109 void TFenster::Floating(RTMessage Msg)
110 {
111   WORD wState;
112   wState = GetMenuState(hMenu, Msg.WParam,
113                         MF_BYCOMMAND);
114   if(wState == (wState | MF_CHECKED))
115   {
116     bFPopup = FALSE;
117     CheckMenuItem(hMenu, Msg.WParam, MF_BYCOMMAND |
118                   MF_UNCHECKED);
119   }
120   else
121   {
122     bFPopup = TRUE;
123     CheckMenuItem(hMenu, Msg.WParam, MF_BYCOMMAND |
124                   MF_CHECKED);
125   }
126 }
127
128 void TFenster::Grafik(RTMessage)
129 {
130   bKreis = bKreuz = bRechteck = 0;
131   InvalidateRect(HWindow, NULL, TRUE);
132 }
133
134 void TFenster::Kreuz(RTMessage Msg)
135 {
136   bKreuz = TRUE;
137   InvalidateRect(HWindow, NULL, TRUE);
138 }
139
140 void TFenster::Rechteck(RTMessage Msg)
141 {
142   bRechteck = TRUE;
143   InvalidateRect(HWindow, NULL, TRUE);
144 }
145
146 void TFenster::Kreis(RTMessage Msg)
147 {
148   bKreis = TRUE;
149   InvalidateRect(HWindow, NULL, TRUE);
150 }
151
152 void TFenster::WMRButtonDown(RTMessage Msg)
153 {
154   POINT pt;
155   if (bFPopup)
156   {
157     pt = MAKEPOINT( Msg.LParam );
158     ClientToScreen (HWindow, &pt);
159     TrackPopupMenu( hFPopup, 0, pt.x, pt.y, 0,
160                     HWindow, NULL);
161   }
162 }
163
164 void TFenster::Paint (HDC PaintDC, PAINTSTRUCT & PaintInfo)
```

Benutzerführung

```
165   {
166     RECT rct;
167     GetClientRect(HWindow, &rct);
168     if (bRechteck)
169       Rectangle(PaintDC, 20, 20, rct.right-20,
170                                    rct.bottom-20);
171     if (bKreis)
172       Ellipse(PaintDC, 20, 20, rct.right-20,
173                                    rct.bottom-20);
174     if (bKreuz)
175     {
176       LineTo(PaintDC, rct.right, rct.bottom);
177       MoveTo(PaintDC, rct.right,0);
178       LineTo(PaintDC, 0, rct.bottom);
179     }
180   }

181
182   BOOL TFenster::CanClose()
183   {
184     DestroyMenu(hFPopup);
185     return (TRUE);
186   }
187
188   int PASCAL WinMain(HANDLE hInstance, HANDLE hPrevInstance,
189   LPSTR lpCmdLine, int nCmdShow)
190   {
191     TRahmen MeinRahmen ("TCMenu", hInstance,
192       hPrevInstance, lpCmdLine, nCmdShow);
193     MeinRahmen.Run();
194     return MeinRahmen.Status;
195   }
```

Turbo Pascal

Neue Methoden	Kurzbeschreibung
TApplication.InitInstance	initialisiert eine Programm-Instanz

Beispiel

{ 2. Menü-Programm: TPMenu2.PAS }

```
1    program TPMenu2;
2    uses WObjects, WinTypes, WinProcs;
3    {$R TPMenu2.RES}
4    const
5    IDM_B_EINFGEN              = 1050;
6    IDM_B_LSCHEN               = 1100;
7    IDM_B_FLOATINGMENERLAUBT = 1150;
8    IDM_F_KREUZ                = 2050;
9    IDM_F_RECHTECK             = 2100;
10   IDM_F_KREIS                = 2150;
11   IDM_CLEAR                  = 3000;
12   IDS_CLEAR                  = 3;
13
14   type
15     TRahmen = object(TApplication)
16       procedure InitMainWindow; virtual;
17       procedure InitInstance; virtual;
18     end;
19
20   type
21     PFenster = ^TFenster;
22     TFenster = object(TWindow)
23       bRechteck, bKreis, bKreuz, bFPopup: Boolean;
24       hFPopup, hHMenu: HMENU;
25       szString: array[0..20] of Char;
26       constructor Init(AParent: PWindowsObject;
27         ATitle: PChar);
28       procedure SetupWindow; virtual;
29       function CanClose: Boolean; virtual;
30       procedure Einfuegen(var Msg: TMessage); virtual
31         cm_First + IDM_B_EINFGEN;
32       procedure Loeschen(var Msg: TMessage); virtual
33         cm_First + IDM_B_LSCHEN;
34       procedure Floating(var Msg: TMessage); virtual
35         cm_First + IDM_B_FLOATINGMENERLAUBT;
36       procedure Kreuz(var Msg: TMessage); virtual
37         cm_First + IDM_F_KREUZ;
38       procedure Rechteck(var Msg: TMessage); virtual
39         cm_First + IDM_F_RECHTECK;
40       procedure Kreis(var Msg: TMessage); virtual
41         cm_First + IDM_F_KREIS;
42       procedure Grafik(var Msg: TMessage); virtual
43         cm_First + IDM_CLEAR;
44       procedure WMRButtonDown (var Msg: TMessage);
45         virtual WM_First+WM_RBUTTONDOWN;
46       procedure Paint (PaintDC: HDC; var PaintInfo:
47         TPaintStruct); virtual;
48     end;
49
50   procedure TRahmen.InitMainWindow;
51   begin
52     MainWindow := New(PFenster, Init(nil,
53                   '2.Menü mit Acceleratoren'));
54   end;
55
56   procedure TRahmen.InitInstance;
57   begin
58     TApplication.InitInstance;
59     hAccTable := LoadAccelerators(hInstance,
60                                 'TPMENU2');
61   end;
62

63   constructor TFenster.Init(AParent: PWindowsObject; ATitle: PChar);
64   begin
65     TWindow.Init(AParent, ATitle);
66     Attr.Menu := LoadMenu(HInstance, 'TPMenu2');
67   end;
68
69   procedure TFenster.SetupWindow;
70   var hBitmp: HBITMAP;
71   begin
72     hHMenu := GetMenu(HWindow);
73     hBitmp := LoadBitmap(HInstance, 'KREUZ');
74     ModifyMenu(hHMenu, 2050, MF_BYCOMMAND Or
75       MF_BITMAP, 2050, PChar(MAKELONG(hBitmp, 0)));
76     hBitmp := LoadBitmap(HInstance, 'RECHTECK');
77     ModifyMenu(hHMenu, 2100, MF_BYCOMMAND Or
78       MF_BITMAP, 2100, PChar(MAKELONG(hBitmp, 0)));
79     hBitmp := LoadBitmap(HInstance, 'KREIS');
80     ModifyMenu(hHMenu, 2150, MF_BYCOMMAND Or
81       MF_BITMAP, 2150, PChar(MAKELONG(hBitmp, 0)));
82     bKreis := FALSE;
83     bRechteck := FALSE;
84     bKreuz := FALSE;
85     hFPopup := GetSubMenu(LoadMenu(HInstance,
86                          'Floating'),0);
87     bFPopup := TRUE;
88     LoadString(HInstance, IDS_CLEAR, szString,
89               sizeof(szString));
90   end;
91
92   procedure TFenster.Einfuegen(var Msg: TMessage);
93   begin
94     InsertMenu( hHMenu, IDM_B_EINFGEN,
95       MF_BYCOMMAND,IDM_CLEAR, szString);
96     EnableMenuItem( hHMenu,IDM_B_EINFGEN, MF_GRAYED);
97     EnableMenuItem( hHMenu,IDM_B_LSCHEN, MF_ENABLED);
98   end;
99
100  procedure TFenster.Loeschen(var Msg: TMessage);
101  begin
102    DeleteMenu( hHMenu, IDM_CLEAR, MF_BYCOMMAND);
103    EnableMenuItem( hHMenu,IDM_B_EINFGEN, MF_ENABLED);
104    EnableMenuItem( hHMenu,IDM_B_LSCHEN, MF_GRAYED);
105  end;
106
107  procedure TFenster.Floating(var Msg: TMessage);
108  var wState: Word;
109  begin
110    wState := GetMenuState(hHMenu, Msg.WParam,
111               MF_BYCOMMAND);
112    if(wState = (wState or MF_CHECKED)) then
113    begin
114      bFPopup := FALSE;
115      CheckMenuItem(hHMenu, Msg.WParam, MF_BYCOMMAND Or
116                   MF_UNCHECKED);
117    end
118    else begin
119      bFPopup := TRUE;
120      CheckMenuItem(hHMenu, Msg.WParam, MF_BYCOMMAND Or
121                   MF_CHECKED);
122    end;
123  end;
124
```

```
125  procedure TFenster.Grafik(var Msg: TMessage);
126  begin
127    bKreis := FALSE;
128    bKreuz := FALSE;
129    bRechteck := FALSE;
130    InvalidateRect(HWindow, nil, TRUE);
131  end;
132
133  procedure TFenster.Kreuz(var Msg: TMessage);
134  begin
135    bKreuz := TRUE;
136    InvalidateRect(HWindow, nil, TRUE);
137  end;
138
139  procedure TFenster.Rechteck(var Msg: TMessage);
140  begin
141    bRechteck := TRUE;
142    InvalidateRect(HWindow, nil, TRUE);
143  end;
144
145  procedure TFenster.Kreis(var Msg: TMessage);
146  begin
147    bKreis := TRUE;
148    InvalidateRect(HWindow, nil, TRUE);
149  end;
150
151  procedure TFenster.WMRButtonDown (var Msg: TMessage);
152  var pt: TPoint;
153  begin
154    if (hFPopup = TRUE) then
155    begin
156      pt := MAKEPOINT( Msg.LParam);
157      ClientToScreen (HWindow, pt);
158      TrackPopupMenu( hFPopup, 0, pt.x, pt.y, 0,
159                                 HWindow, nil);

160    end;
161  end;
162
163  procedure TFenster.Paint (PaintDC: HDC; var PaintInfo: TPaintStruct);
164  var rct: TRECT;
165  begin
166    GetClientRect(HWindow, rct);
167    if (bRechteck = TRUE) then
168      Rectangle(PaintDC, 20, 20, rct.right-20,
169                                 rct.bottom-20);
170    if (bKreis = TRUE) then
171      Ellipse(PaintDC, 20, 20, rct.right-20,
172                               rct.bottom-20);
173    if (bKreuz = TRUE) then
174    begin
175      LineTo(PaintDC, rct.right, rct.bottom);
176      MoveTo(PaintDC, rct.right,0);
177      LineTo(PaintDC, 0, rct.bottom);
178    end;
179  end;
180
181  function TFenster.CanClose: Boolean;
182  begin
183    DestroyMenu(hFPopup);
184    CanClose := TRUE;
185  end;
186
187  { Hauptprogramm }
188  var MeinRahmen : TRahmen;
189  begin
190    MeinRahmen.Init('TPMenu2');
191    MeinRahmen.Run;
192    MeinRahmen.Done;
193  end.
```

Die beiden Resource-Dateien TCMENU2.RES und TPMENU2.RES unterscheiden sich nur in kleinen Details von der aufgelisteten RC-Datei QCMENU2.RC. Die Menüs und die Accelerator-Tabellen heißen statt QCMENU2, TCMENU2 bzw. TPMENU2, und die String-Tabelle besteht in den beiden RES-Datein nur aus einem String, der als neuer Menütext dient.

Das Laden der Accelerator-Tabelle erfolgt in QuickC vor dem Aufruf der Meldungsschleife, in den beiden objektorientierten Sprachen wird dazu die Methode InitInstance der Klasse TApplication überschrieben und die Objektvariable HAccTable mit dem Rückgabewert belegt. Dadurch ist es dann nicht mehr nötig, die Funktion TranslateAccelerator selber zu aktivieren, wie es bei QuickC in der Message Loop geschehen muß.

C++

```
  void TRahmen::InitInstance()
  {
    TApplication::InitInstance();
    HAccTable = LoadAccelerators(hInstance,
                                 "TCMENU2");
  }
```

QuickC

```
  hAccel = LoadAccelerators(hInst, szAppName);
  while(GetMessage(&msg, NULL, 0, 0))
  {
      if(TranslateAccelerator(hWndMain, hAccel, &msg))
        continue;
      TranslateMessage(&msg);
      DispatchMessage(&msg);
  }
```

Benutzerführung

Das Menü wird wie auch beim ersten Menü-Beispiel bei der Belegung der WNDCLASS-Struktur (QuickC) bzw. im Konstruktor der eigenen Klasse TFenster geladen und dem Hauptfenster zugewiesen.

Initialisierungen

Die übrigen Initialisierungen erfolgen bei der WM_Create-Meldung bzw. in der Setup Window-Methode. Es wird ein Handle auf das Menü für die späteren Menüfunktionen besorgt. Zudem werden hintereinander drei Bitmaps geladen und mit Hilfe der Funktion ModifyMenu einem Menüpunkt, der über seinen ID-Wert angesprochen wird, des Untermenüs *Figuren* zugewiesen.

```
hMenu = GetMenu(HWindow);
hBitmap = LoadBitmap(GetApplication()->hInstance,
                     "KREUZ");
ModifyMenu(hMenu, 2050, MF_BYCOMMAND | MF_BITMAP,
   2050, (LPSTR)MAKELONG(hBitmap, 0));
hBitmap = LoadBitmap(GetApplication()->hInstance,
                     "RECHTECK");
ModifyMenu(hMenu, 2100, MF_BYCOMMAND | MF_BITMAP,
   2100, (LPSTR)MAKELONG(hBitmap, 0));
hBitmap = LoadBitmap(GetApplication()->hInstance,
                     "KREIS");
ModifyMenu(hMenu, 2150, MF_BYCOMMAND | MF_BITMAP,
   2150, (LPSTR)MAKELONG(hBitmap, 0));
bKreis = bRechteck = bKreuz = FALSE;
hFPopup = GetSubMenu(LoadMenu(
     GetApplication()->hInstance, "Floating"),0);
bFPopup = TRUE;
LoadString(GetApplication()->hInstance,
        IDS_CLEAR, szString, sizeof(szString));
```

Um das Floating Popup-Menü ansprechen zu können, wird sein Handle über die Funktion GetSubMenu besorgt. Über den zweiten Parameter, der die Position des gewünschten Untermenüs innerhalb des Gesamtmenüs Floating bestimmt, wird gesagt, welches UnterMenü-Handle benötigt wird. Die Positionsangabe beginnt dabei bei 0. Für Floating Popup-Menüs können immer nur Untermenüs und keine Gesamtmenüs verwendet werden. Der Menütext des einzufügenden Menüpunktes wird auch gleich zu Beginn aus der String-Tabelle in einen Zeichenpuffer geladen.

Menüpunkt Einfügen

Sobald der Menüpunkt *Einfügen* angewählt wird, soll ein neuer Punkt vor diesem Punkt in das Untermenü *Bearbeiten* ergänzt werden. Der Menütext steht in dem Puffer szString, der ID-Wert des neuen Punktes wird mit IDM_CLEAR angegeben. Über den Merker MF_BYCOMMAND wird festgelegt, daß der zweite Parameter der Funktion InsertMenu den ID-Wert des Punktes darstellt, vor dem der neue Punkt eingefügt werden soll, und nicht die Position. Da die Durchführung dieses Vorgangs nur einmal sinnvoll ist, wird der Menüpunkt *Einfügen* in den nicht anwählbaren Zustand gebracht, dafür der darunterliegende Menüpunkt *Löschen* anwählbar gemacht.

```
InsertMenu( hMenu, IDM_B_EINFGEN,
   MF_BYCOMMAND,IDM_CLEAR, szString);
```

```
EnableMenuItem( hMenu,IDM_B_EINFGEN, MF_GRAYED);
EnableMenuItem( hMenu,IDM_B_LSCHEN, MF_ENABLED);
```

Menüpunkt Löschen

Durch die Selektierung des Menüpunktes *Löschen* werden die Zustände dieses und des Punktes *Einfügen* wieder umgedreht, und mit der Funktion DeleteMenu wird der zuvor ergänzte Punkt *Grafik löschen* aus dem Untermenü *Bearbeiten* entfernt.

```
DeleteMenu( hMenu,IDM_CLEAR, MF_BYCOMMAND);
EnableMenuItem( hMenu,IDM_B_EINFGEN, MF_ENABLED);
EnableMenuItem( hMenu,IDM_B_LSCHEN, MF_GRAYED);
```

Floating Popup-Menü

Nur wenn der Menüpunkt *Floating-Menü erlaubt* ein Checkmark besitzt, kann über die rechte Maustaste das Floating Popup-Menü auf den Bildschirm gebracht werden. Der Haken und die Bool-Variable bFPopup werden durch jedes Anklicken des Menüpunktes wechselweise gesetzt bzw. gelöscht.

```
  bFPopup = FALSE;
  CheckMenuItem(hMenu, Msg.WParam, MF_BYCOMMAND |
                       MF_UNCHECKED);
}
else
{
  bFPopup = TRUE;
  CheckMenuItem(hMenu, Msg.WParam, MF_BYCOMMAND |
                       MF_CHECKED);
}
```

Alle drei Menüpunkte des Untermenüs *Bearbeiten* können auch über einen Accelerator ausgelöst werden.

Falls die Variable hFPopup auf TRUE steht, wird beim Drücken der rechten Maustaste das Floating Popup-Menü angezeigt. Dazu muß zuerst die bei der Meldung mitgelieferte Position des Mauszeigers in Bildschirm-Koordinaten umgerechnet werden, damit das Menü bei dem Cursor erscheint.

```
if (bFPopup)
{
  pt = MAKEPOINT( Msg.LParam);
  ClientToScreen (HWindow, &pt);
  TrackPopupMenu( hFPopup, 0, pt.x, pt.y, 0,
                           HWindow, NULL);
}
```

Figur zeichnen

Damit eine der drei möglichen Figuren gezeichnet wird, kann der entsprechende Menüpunkt aus dem Floating Popup-Menü oder ein Bitmap aus dem Untermenü *Figuren* angewählt werden. In beiden Fällen entsteht eine WM_Command-Meldung mit dem ID-Wert des selektierten Menüpunktes. Dieser ID-Wert ist bei einem Menüpunkt aus dem Floating Popup-Menü und seinem Bitmap-Pendant derselbe Wert. Die Ausgabe erfolgt nicht direkt bei dem Menüpunkt, sondern bei der WM_Paint-Meldung bzw. bei der

Paint-Methode, die durch die Funktion InvalidateRect aktiviert wird. Welche Figuren gezeichnet werden, hängt von den aktuellen Zuständen der drei Bool-Variablen bKreis, bKreuz und bRechteck ab.

Funktion DestroyMenu

Am Programmende sollte nicht vergessen werden, mit der Funktion DestroyMenu das Floating Popup-Menü aus dem Speicher zu entfernen, da nur das mit dem Hauptfenster verbundene Menü automatisch austransferiert wird.

In VisualBasic sieht das Beispiel etwas anders aus, da es weder Floating Popup-Menüs noch Bitmaps als Menüpunkte gibt, außer wenn Sie mit API-Funktionen programmieren würden. Die drei Bitmaps werden aber trotzdem verwendet und in Picture-Boxen angezeigt, über die auch die Ausgabe der entsprechenden Figur ausgelöst werden kann.

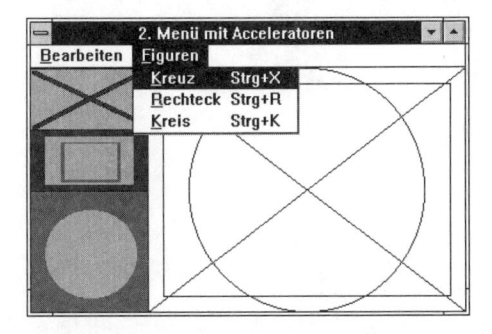

Abb. 194: 2. Menübeispiel in VisualBasic

Objekt	Eigenschaft	Inhalt
Form1	Caption	2. Menü mit Acceleratoren
Bild1	Picture	kreis.bmp
	AutoSize	wahr
Bild2	Picture	kreuz.bmp
	AutoSize	wahr
Bild3	Picture	rechteck.bmp
	AutoSize	wahr

Neue Eigenschaft	Kurzbeschreibung
Bild1.ScaleWidth	Breite einer Picture Box
Menu.Caption	Menütext
Menu.Enabled	anwählbarer/ nicht anwählbarer Zustand

Beispiel

' VBMENU2.FRM

```
 1  Const TRUE = -1
 2  Const FALSE = 0
 3  Dim bKreis, bKreuz, bRechteck As Integer
 4  Dim Breite As Integer
 5
 6  Sub Form_Load ()
 7      bKreis = FALSE
 8      bKreuz = FALSE
 9      bRechteck = FALSE
10      Breite = Bild1.ScaleWidth
11  End Sub
12
13  Sub Form_Paint ()
14      Cls
15      If (bRechteck = TRUE) Then
16          Line (Breite + 200, 200)-(ScaleWidth - 200,
17                      ScaleHeight - 200), , B
18      End If
19      If (bKreis = TRUE) Then
20          Circle ((ScaleWidth + Breite)/2, ScaleHeight/2),
21                      ScaleHeight / 2
22      End If
23      If (bKreuz = TRUE) Then
24          Line (Breite, 0)-(ScaleWidth, ScaleHeight)
25          Line (ScaleWidth, 0)-(Breite, ScaleHeight)
26      End If
27  End Sub
28
29  ' Menüpunkt Kreuz
30  Sub Kreuz_Click ()
31      bKreuz = TRUE
32      Form1.Refresh
33  End Sub
34
35  ' Menüpunkt Kreis
36  Sub Kreis_Click ()
37      bKreis = TRUE
38      Form1.Refresh
39  End Sub
40
41  ' Menüpunkt Rechteck
42  Sub Recht_Click ()
43      bRechteck = TRUE
44      Form1.Refresh
45  End Sub
46
47  Sub Bearbeit_Click (Index As Integer)
48      If Index = 1 Then
49          bKreis = FALSE
50          bRechteck = FALSE
51          bKreuz = FALSE
52          Form1.Refresh
53      End If
54      If Index = 2 Then
55          Bearbeit(2).Enabled = FALSE
56          Bearbeit(3).Enabled = TRUE
57          Load Bearbeit(1)
58          Bearbeit(1).Enabled = TRUE
59          Bearbeit(1).Caption = "Grafik löschen"
60      End If
61      If Index = 3 Then
62          Bearbeit(3).Enabled = FALSE
63          Bearbeit(2).Enabled = TRUE
64          Unload Bearbeit(1)
65      End If
66  End Sub
67
68  Sub Bild2_Click ()
69      Kreuz_Click
70  End Sub
71
72  Sub Bild1_Click ()
73      Kreis_Click
74  End Sub
75
76  Sub Bild3_Click ()
77      Recht_Click
78  End Sub
```

Das Menü, das mit Hilfe des Menüentwurfsfensters erstellt wurde, besteht aus folgenden Untermenüs und Menüpunkten, die teilweise auch über Acceleratoren angesprochen werden können. Mit der Menüebene 1 ist die Menüzeile gemeint.

Titel	CtlName	Index	Hot Key	Menüebene
&Bearbeiten	Menu1			1
&Einfügen	Bearbeit	2		2
&Löschen	Bearbeit	3		2
&Figuren	Menu2			1
&Kreuz	Kreuz		Strg+X	2
&Rechteck	Recht		Strg+R	2
&Kreis	Kreis		Strg+K	2

Im Gegensatz zu dem Beispiel in den anderen drei Sprachen können nicht die beiden Menüpunkte *Einfügen* und *Löschen*, sondern die Menüpunkte des Untermenüs *Figuren* über Schnelltasten aktiviert werden. Der Grund dafür liegt daran, daß es mit der aktuellen VisualBasic-Version nicht möglich ist, in einem Menü-Control-Array Acceleratoren zu vergeben. Das Programm ist daraufhin bei meinen Tests immer abgestürzt.

Da die drei Picture-Boxen in der linken Hälfte des Arbeitsbreiches liegen und somit Teile der Ausgabe überdecken würden, wird bei dem Load-Ereignis des Forms seine Breite aus der Eigenschaft ScaleWidth ermittelt und bei den Zeichnungen in dem Paint-Ereignis berücksichtigt.

Die drei Variablen bKreis, bKreuz und bRechteck sind im Deklarationen-Teil vereinbart. Sie werden zu Beginn auf FALSE gesetzt. Ihr Wert wird bei der Anwahl eines Menüpunktes oder durch das Anklicken einer Picture Box geändert, damit die entsprechende Figur bei dem nächsten Paint-Ereignis, das über die Methode Refresh aktiviert wird, gezeichnet werden kann. Wenn der eingefügte Menüpunkt *Grafik löschen* selektiert wird, so werden sie wieder auf FALSE zurückgestellt. In den drei Click-Ereignissen der Picture-Boxen wird sofort das Click-Ereignis des korrespondierenden Menüpunktes aufgerufen.

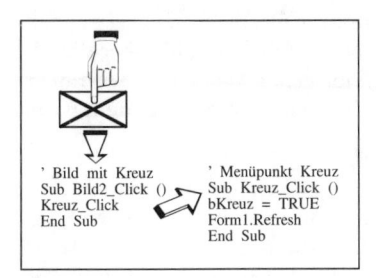

Abb. 195: Verbindung zwischen Picture Box und Menüpunkt

Um diesen Punkt *Grafik löschen* in das bestehende Untermenü *Bearbeiten* einfügen zu können, müssen die beiden Punkte *Einfügen* und *Löschen* als Menü-Control-Array definiert worden sein. Als Control-Name habe ich Bearbeit gewählt. Dadurch entsteht bei der Selektierung eines Menüpunktes aus dem Untermenü *Bearbeiten* immer das Ereignis Bearbeit_Click. Durch den mitgelieferten Index kann zwischen den einzelnen Punkten unterschieden werden. Da der Menüpunkt *Einfügen* den Index 2 besitzt, kann vor ihm ein neuer Punkt ergänzt werden. In diesem Fall müssen dann auch die anwählbaren Zustände der zwei Punkte getauscht werden. Dies erfolgt jeweils über die Eigenschaft Enabled. Der Menütext wird in der Eigenschaft Caption des eingefügten Menüpunktes angegeben.

```
Sub Bearbeit_Click (Index As Integer)
    If Index = 1 Then
        bKreis = FALSE
        bRechteck = FALSE
        bKreuz = FALSE
        Form1.Refresh
    End If
    If Index = 2 Then
        Bearbeit(2).Enabled = FALSE
        Bearbeit(3).Enabled = TRUE
        Load Bearbeit(1)
        Bearbeit(1).Enabled = TRUE
        Bearbeit(1).Caption = "Grafik löchen"
    End If
    If Index = 3 Then
        Bearbeit(3).Enabled = FALSE
        Bearbeit(2).Enabled = TRUE
        Unload Bearbeit(1)
    End If
End Sub
```

Zusammenfassung

Um ein Programm benutzerfreundlicher zu gestalten, gibt es unter Windows mehrere Möglichkeiten, die unter dem Namen Resources zusammengefaßt sind. Dieses Kapitel beschäftigt sich genauer mit den Symbolen, den Cursor-Figuren, der String- und der Tastenkürzel-Tabelle und mit dem Menü. Zur Erstellung dieser Programm-Verschönerungen existieren in den einzelnen Sprachen unterschiedliche Hilfsmittel. In VisualBasic wird als Beispiel-Applikation das Programm ICONWRKS zum Zeichnen von Symbolen mitgeliefert. Das Setzen eines Symbols erfolgt über die Eigenschaft Icon. Ein Menü mit den dazugehörigen Schnelltasten wird über das Menüentwurfsfenster eingegeben. Dadurch ist es sofort mit dem Form verbunden.

In den anderen drei Sprachen müssen Resources immer erst geladen werden, wofür es verschiedene Funktionen gibt, die alle mit der Vorsilbe Load beginnen. Bei der Arbeit mit den Borland-Produkten werden alle Resources mit Hilfe des Resource Workshops erstellt, der aus mehreren Editoren besteht. Wenn Sie mit QuickC programmieren, so können Sie auf das Zeichenprogramm IMAGEDIT zurückgreifen und das Menü über Quick Case:W definieren. QuickCase:W stellt bei der Generierung die meisten Verbindungen zwischen Applikation und Resources schon automatisch her. Menüpunkte eines Menüs können in allen vier Sprachen bei ihrer Definition mit bestimmten Attributen initialisiert werden, die zur Programmlaufzeit über Eigenschaften bzw. API-Funktionen geändert werden können. Zudem lassen sich neue Punkte ergänzen und bestehende entfernen, so daß ein Menü eine sehr dynamische Resource darstellt.

7. Fenster mit definierten Fähigkeiten

In diesem siebten Kapitel werden folgende Themen behandelt:

Microsoft Visual Basic

- Kontrollelemente
    - Textfeld
    - Liste
    - Radio-Button
    - Pushbutton
    - Checkbox
    - Scrollbar

Turbo C++

- Abwandlung bestehender Fähigkeiten
  (Subclassing)

QC/Win

- Dialogbox
    - modale / modeless
    - Standard-Dialogboxen
    - Definition mit:
        - Resource Workshop
        - DLGEDIT
    - Dialogboxroutine
    - Methoden

Turbo Pascal

- Die Klasse TDialog
- Die Klasse TFileDialog
- Die Klasse TInputDialog

Bis jetzt haben wir immer mit einem Hauptfenster gearbeitet, über das die gesamten Ein- und Ausgaben erfolgen. Nur in VisualBasic sind wir schon ein wenig auf andere Fensterarten eingegangen. Diese Kontrollelemente werden nun genauer besprochen. Dabei können sie entweder als selbständige Fenster oder als Bestandteile einer Dialogbox auftreten.

Benutzerkomfort

Dialogfenster erhöhen genauso wie die Menüs und Cursor-Figuren den Benutzerkomfort einer Windows-Applikation. Der Anwender kann z.B. durch die Selektierung von Einträgen in einer Listbox und durch das Ein- oder Ausschalten verschiedener Buttons auf einfache Weise Einstellungen vornehmen, die nach der Bestätigung der Dialogbox ausgeführt werden.

In den meisten Fällen werden diese Dialogfenster über Menüpunkte aktiviert, wobei der Menüpunkt dem Benutzer diese Möglichkeit durch drei Punkte, die sich an den Menütext anschließen, zeigen sollte. Auch wenn es normalerweise möglich ist, die einzelnen Elemente in einer Dialogbox über Zugriffstasten bzw. mit Hilfe der `Tab`-Taste anzuspringen, wird die Maus immer unentbehrlicher.

7.1 Selbständige Kontrollelemente

Dieser Punkt ist besonders bei der Programmierung mit VisualBasic interessant, da das Konzept dieser Sprache auf vielen verschiedenen Kontrollelementen basiert, die auf einfache Weise während der interaktiven Erstellung in das Fenster gebracht werden können. Aber auch in den beiden objektorientierten Sprachen kann das Schreiben von Applikationen dadurch erleichtert werden, daß auf Klassen zugegriffen wird, die schon Methoden mit viel Funktionalität besitzen. All diese Möglichkeiten sind aus den vorhandenen Windows-Klassen entwickelt worden, die natürlich auch in QuickC benutzt werden können. Leider bietet jedoch dafür das Zusatzprogramm QuickCase:W keine Unterstützung.

Kontrollelemente werden auch häufig mit dem Wort Steuerelemente bezeichnet, da sie vor allem zur Steuerung bestimmter Programm-Eigenschaften verwendet werden. Im Englischen heißen sie Controls. Da dieser Name recht kurz und in den Programmiersprachen praktisch schon wie ein deutscher Begriff benutzt wird, werde auch ich von dieser Kurzform öfter Gebrauch machen.

7.1.1 Arbeiten mit den Kontrollelementen

Die Erzeugung von Controls und der programmtechnische Zugriff auf sie ist in den vier Sprachen recht unterschiedlich gelöst worden, wobei für mich die VisualBasic-Variante die eleganteste Lösung darstellt.

Fenster mit definierten Fähigkeiten 447

Microsoft Visual Basic

Um ein Form mit einem oder mehreren Controls zu füllen, wird auf das Hilfsmittel Toolbox zugegriffen, das beim Starten von VisualBasic normalerweise automatisch als Fenster mit geöffnet wird. Falls Sie dieses Fenster nicht auf Ihrem Bildschirm entdecken können, so können Sie es über den Menüpunkt *Toolbox* aus dem Untermenü *Fenster* in den Vordergrund bringen. Die Standard-Toolbox besteht aus 16 Bildern, die jeweils eine bestimmte Control-Art darstellen. Heutzutage existiert Zusatz-Software von verschiedenen Anbietern, die noch weitere Steuerelemente in dieser Toolbox anzeigen. Wenn Sie dieses Thema interessiert, so lesen Sie bitte im Kapitel Datenkommunikation bei OLE nach. Dort wird mit einem OLE-Objekt gearbeitet, das in dem Professional Toolkit von VisualBasic definiert ist. Wir wollen in diesem Kapitel bei der Standard-Toolbox bleiben, die folgende Controls beinhaltet:

```
Zeiger (kein Control) →           ← Picture Box
Bezeichnung →                     ← Textfeld
Rahmen →                          ← Pushbutton
Checkbox →                        ← Radiobutton
Combobox →                        ← Listbox
horizontale Scrollbar →           ← vertikale Scrollbar
Zeitgeber →                       ← Laufwerk-Listbox
Verzeichnis-Listbox →             ← Datei-Listbox
```

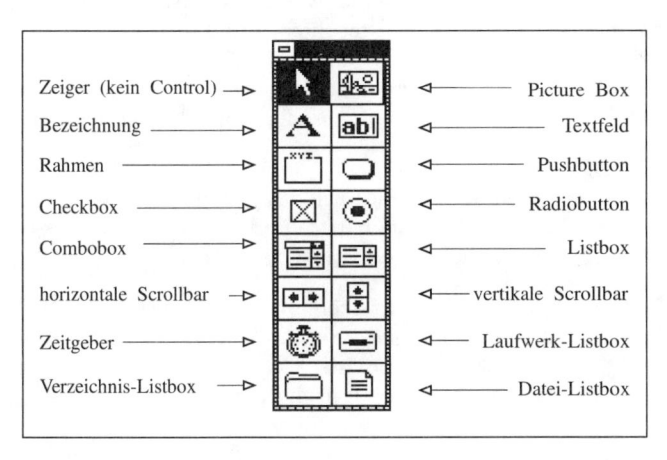

Abb. 196: Die Toolbox in VisualBasic

Nur der Zeiger links oben ist kein Kontrollelement, sondern ein Hilfsmittel, mit dem die Controls bewegt und in ihrer Größe verändert werden können, nachdem sie in ein Form gesetzt wurden. Wenn Sie die Original-Beschreibung besitzen und in ihr ein wenig blättern, werden Sie teilweise andere Bezeichnungen für die einzelnen Elemente lesen. Da leider fast jede Programmiersprache andere Namen für dieselben Controls benutzt, habe ich versucht, in einer Tabelle die am häufigsten verwendeten Bezeichnungen aufzulisten.

s. Abbildung	englisch	deutsch
Bezeichnung	Label	statischer Text
Rahmen	Frame	Gruppe
Checkbox		Kontrollfeld
Combobox		Kombinationsfeld
Scrollbar		Rolleiste/Bildlaufleiste
...		

s. Abbildung	englisch	deutsch
...		
Zeitgeber	Timer	Zeitmesser
Picture Box		Bild
Textfeld		Text-Box
Eingabefeld		Editierfeld
Pushbutton	Command Button	Befehlsschaltfläche
Radio-Button	Option Button	Optionsschaltfläche
Listbox		Liste(nfeld)

Setzen eines Controls in ein Form

Zur Erzeugung eines Kontrollelementes klicken Sie das gewünschte innerhalb der Toolbox mit der Maus an. Anschließend bewegen Sie den Cursor auf das Form, wodurch sich die Cursor-Figur in ein Kreuz verwandelt. Wenn sich der Mauszeiger etwa an der Position befindet, an der Sie das Element gesetzt haben möchten, drücken Sie erneut die linke Maustaste und können mit gedrückter Taste die Größe des Controls bestimmen, die Ihnen durch ein Rechteck mit grauer Umrandung angezeigt wird. Durch das Loslassen der Maustaste wird das Steuerelement markiert dargestellt, wobei häufig der Control-Name als Inhalt erscheint.

Wenn Ihnen dieser Ablauf zu lange dauert, können Sie auch das gewünschte Element in der Toolbox doppelt anklicken. Dadurch wird es automatisch in die Mitte des Forms gestellt. Anschließend können Sie es bewegen und seine Ausmaße ändern.

Um mehrere Elemente derselben Art in ein Form zu setzen, müssen Sie nicht jedes Mal erneut dieses Control in der Toolbox selektieren, sondern Sie drücken zu Beginn die `Ctrl`-Taste und markieren erst dann das gewünschte Element. Aufgrund dieser Tastenbetätigung bleibt die Cursor-Figur als Kreuz auch nach dem Erzeugen des ersten Controls bestehen, so daß Sie sofort die weiteren Kontrollelemente an die richtige Position in das Form bringen können.

Löschen eines Controls

Falls Sie bei dieser interaktiven Erstellung ein falsches Control ausgesucht hatten, können Sie es wieder aus dem Fenster entfernen, indem Sie es zuerst mit der Maus markieren und anschließend die `Del`-Taste drücken.

Programmtechnisch gesehen stellen in VisualBasic die Kontrollelemente eigenständige Objekte dar, die genauso wie ein Form eine bestimmte Sammlung von Eigenschaften, Ereignissen und Methoden besitzen. Eine Übersicht über die einzelnen Controls finden Sie im VisualBasic-Anhang.

Methode SetFocus

Mit Ausnahme des Zeitgebers können alle anderen Steuerelemente mit der Methode SetFocus arbeiten, durch die der Besitz der Tastatur an das Control übergeben wird.

```
Option2.SetFocus
Befehl3.SetFocus
```

Eigenschaft CtlName

Für den Zugriff auf ein Kontrollelement muß sein Objekt-Name bekannt sein, der in der Eigenschaft CtlName steht, und zur Design-Zeit gelesen und verändert werden kann. Standardmäßig wird er aus der Bezeichnung des Controls, z.B. Option, die davon abhängig ist, ob Sie eine deutsche oder englische VisualBasic besitzen, und einer Nummer zusammengesetzt, die angibt, wie viele Controls derselben Art im Form existieren. Wenn Ihnen diese Namen zu wenig aussagekräftig erscheinen, können Sie sie beliebig ändern, indem Sie in dem Eigenschaften-Listenfeld das Wort CtlName selektieren und dann den gewünschten Namen in das Einstellungsfeld editieren. Damit ein Steuerelement auf Ereignisse z.B. Click reagieren kann, muß seine Eigenschaft Enabled auf TRUE (-1) eingestellt sein.

```
List2.Enabled = TRUE
Befehl1.Enabled = FALSE
```

Sobald Sie ein Control in ein Form gesetzt haben, können Sie über das Eigenschaften-Listenfeld auf all seine Eigenschaften zugreifen, die während der interaktiven Erstellung verfügbar sind, und in dem Codefenster in der Prozedur-Liste alle für dieses Element existierenden Ereignisse ansehen und bearbeiten.

Bis jetzt haben wir bei der Programmierung mit QuickC immer unsere eigene Windows-Klasse geschaffen, indem wir in dem Unterprogramm CwRegisterClasses die Variable wndclass mit sinnvollen Werten belegt und anschließend die Funktion RegisterClass aufgerufen haben. Die Klasse bekam dabei immer denselben Namen wie das Projekt zugewiesen. Aufgrund der eigenen Klasse mußten wir auch eine eigene Fensterroutine schreiben, die die Reaktionen auf bestimmte Meldungen definiert, damit die Applikation seine Aufgaben wie z.B. Tabellenkalkulationen durchführen kann.

Standard-Klassen

Neben diesen selbstdefinierten Klassen können Sie auch Klassen benutzen, die bereits im System Windows registriert sind und sich auf schon existierende Fensterroutinen beziehen, durch die das Aussehen und die Aufgaben der einzelnen Steuerelemente festgelegt sind. Sie können unter folgenden Windows-Standard-Klassen wählen:

Standard-Klasse	Bedeutung
BUTTON	Pushbutton bzw. Radio-Button bzw. Checkbox
COMBOBOX	Combobox
EDIT	Textfeld
LISTBOX	Listbox
MDICLIENT	für MDI-Applikationen
SCROLLBAR	Scrollbars
STATIC	statischer Text

Jedes Kontrollelement wird in QuickC als Kindfenster angelegt, unabhängig davon, ob es in einer Dialogbox oder in einem normalen Hauptfenster erscheinen soll. Im ersten Fall kümmert sich darum der Dialogbox-Editor (DLGEDIT), im zweiten Fall müssen Sie bei dem Aufruf der Funktion CreateWindow die Stilart WS_CHILD statt WS_ OVER-LAPPEDWINDOW setzen und als viertletzten Parameter das Handle des Elternfensters übergeben.

Funktion CreateWindow
```
hWndEdit = CreateWindow("EDIT",
"",    // keinen Initialisierungstext
WS_CHILD | WS_VISIBLE| ES_AUTOHSCROLL
0, 0, 200, 30,
hWndMain,// Handle des Elternfensters
NULL, hInst, NULL);

hWndCombo = CreateWindow( "COMBOBOX",
"1.Zeile",
WS_CHILD | WS_VISIBLE |
CBS_DROPDOWN | CBS_AUTOHSCROLL,
30, 30, 150, 100,
hWndMain,// Handle des Elternfensters
IDC_COMB1, hInst, NULL);
```

Durch den ersten Aufruf wird ein einzeiliges Textfeld erzeugt, das automatisch den Ausschnitt für die Eingabe scrollt, damit die aktuelle Position, an der sich die Textmarke befindet, immer angezeigt wird. Durch Angabe des Flags WS_VISIBLE ist es nicht mehr nötig, die Funktion ShowWindow anschließend aufzurufen.

Um eine Combobox in einem Hauptfenster zu erzeugen, muß der Klassenname Combobox angegeben werden. Aufgrund der Stilart CBS_DROPDOWN wird die zu der Combobox gehörende Listbox erst durch Anklicken des rechten Pfeils nach unten aufgeblättert. Sie können, müssen aber nicht, dem Kontrollelement einen ID-Wert mitgeben, über den das Control, genauso wie es bei einem Menüpunkt der Fall ist, identifiziert werden kann. Ansonsten können Sie das Element über sein Fenster-Handle ansprechen, das bei einer erfolgreichen Durchführung der Funktion CreateWindow zurückgeliefert wird.

Die Kommunikation zwischen einem Steuerelement und seinem Elternfenster wird größtenteils mit Hilfe von Meldungen realisiert. Das Control gibt automatisch Bescheid, wenn der Anwender mit ihm gearbeitet hat, z.B. wenn es angeklickt wurde. Das Elternfenster bzw. genauer gesagt Sie senden eine Meldung an das Kindfenster, um z.B. einen neuen Eintrag in die Listbox einzufügen.

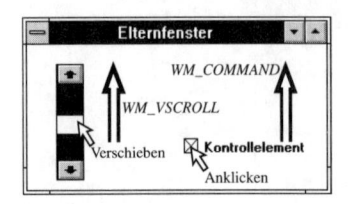

Abb. 197: Meldungen von Controls an das Elternfenster

Fenster mit definierten Fähigkeiten

Kontrollelemente der Klassen EDIT, BUTTON, LISTBOX und COMBOBOX senden die Meldung WM_COMMAND an das Elternfenster, das ein normales Fenster oder eine Dialogbox sein kann, sobald der Anwender über die Tastatur oder mit der Maus auf sie zugreift. Dabei identifiziert sich das Control über seinen ID-Wert, den er im Parameter wParam mitgibt und über sein Handle im niederwertigen Teil des Parameters lParam. Eine Beschreibung der durch den Benutzer durchgeführten Aktion steht im höherwertigen Wort des Parameters lParam und wird als Notification-Code bezeichnet. Der Code BN_CLICKED gibt z.B. Auskunft, daß ein Radio-Button angeklickt wurde. In der Fensterroutine des Elternfensters kann die WM_COMMAND auf dieselbe Weise wie bei den Menüpunkten abgefragt und somit auf die Wünsche des Benutzers reagiert werden.

```
case WM_COMMAND:
   idItem = (int) wParam;          // ID-Wert des Control
   hWndCtl = (HWND) LOWORD(lParam); // Controlhandle
   wNotifyCode = HIWORD(lParam);   // Notification Code
   // Verarbeitung dieser Informationen
   break;
```

Notification-Code

Dieser Notification-Code definiert in den Buchstaben vor dem Unterstrich, um welche Control-Art es sich handelt.

Control-Art	Präfix	Beispiel
Button	BN	BN_DOUBLECLICKED
Edit	EN	EN_MAXTEXT
Listbox	LBN	LBN_DBLCLK
Combobox	CBN	CBN_CLOSEUP

Meldungen von Scrollbars

Die Steuerelemente der Klasse Scrollbar senden an ihr Elternfenster keine WM_COMMAND-, sondern eine WM_HSCROLL-Meldung, wenn es sich um eine waagerechte Scrollbar handelt, bzw. eine WM_VSCROLL-Meldung bei senkrechten Rolleisten. Der Parameter wParam enthält in diesen Fällen den Scrollbar-Code, der darüber informiert, welcher Bereich der Scrollbar angeklickt wurde, und im höherwertigen Wort steht das Fenster-Handle der Rolleiste. Somit können Sie in der Fensterroutine des Elternfensters folgende Abfrage einbauen, um auf die vertikalen Scrollbar-Bewegungen zu reagieren:

```
case WM_VSCROLL:
   wScrollCode = wParam; // Scrollbar-Code
   nPos = (int) LOWORD(lParam);
   hwndCtl = (HWND) HIWORD(lParam); // Controlhandle
   // Reaktionen abhängig von Scrollbar-Code
   break;
```

Der Scrollbar-Code gibt Auskunft darüber, ob der Anwender zeilen- bzw. spaltenweise scrollen möchte und dazu den Pfeil an einem Ende der Leiste gedrückt hat oder ob er das Bildlauffeld (Schieber) um ein größeres Stück bewegt hat, indem er eine beliebige Stelle innerhalb der Scrollbar anwählte. Er kann aber auch den Schieber mit der Maus an eine bestimmte Position gezogen haben. Im zuletzt genannten Fall enthält das niederwertige Wort des Parameters lParam die aktuelle Position des Bildlauffeldes.

Scrollbar-Code	Vorangegangene Aktion
SB_BOTTOM	Scrollen an das Ende
SB_ENDSCROLL	Loslassen der Maustaste
SB_LEFT	Scrollen ganz nach links
SB_LINELEFT	Anklicken des linken Pfeils
SB_LINEDOWN	Anklicken des unteren Pfeils
SB_LINERIGHT	Anklicken des rechten Pfeils
SB_LINEUP	Anklicken des oberen Pfeils
SB_PAGEDOWN	Anklicken unterhalb des Schiebers
SB_PAGELEFT	Anklicken links vom Schieber
SB_PAGERIGHT	Anklicken rechts vom Schieber
SB_PAGEUP	Anklicken oberhalb des Schiebers
SB_RIGHT	Scrollen ganz nach rechts
SB_THUMBPOSITION	Loslassen des Schiebers
SB_THUMBTRACK	Bewegen des Schiebers
SB_TOP	Scrollen an den Anfang

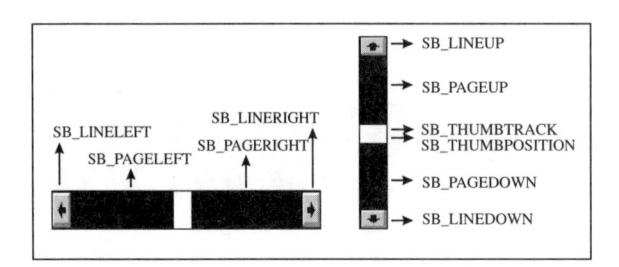

Abb. 198: Die Entstehung der Scrollbar-Codes

Meldungen an Controls

Damit die Kontrollelemente bewußt gesteuert werden können, wurden im Windows-System Control-Meldungen implementiert, die das Elternfenster an das Control mit Hilfe der Funktion SendMessage sendet, die als ersten Parameter das Handle des Kindfensters benötigt. Wenn das Element mit der Funktion CreateWindow erzeugt wurde, existiert bereits dieses Handle. Falls es eine Komponente der Dialogbox ist, kann das Handle über die Funktion GetDlgItem aus dem ID-Wert des Controls ermittelt werden. Sie können in dem zweiten Fall auch statt der Funktion SendMessage die Funktion SendDlgItemMessage verwenden, die kein Handle des Steuerelementes braucht.

```
        hWndList = CreateWindow("LISTBOX", NULL,
            WS_CHILD | WS_VISIBLE | LBS_STANDARD |
            20, 40, 120, 200, hWndParent,
            IDC_LIST, hInst, NULL);
    oder
        hWndList = GetDlgItem(hWndParent, IDC_LIST);
```

Fenster mit definierten Fähigkeiten   453

```
SendMessage(hWndList, LB_ADDSTRING, 0,
     (LONG)(LPSTR)"Eintrag");
oder
  SendDlgItemMessage(hDlg, IDC_LIST, LB_ADDSTRING,
     0, (LONG)(LPSTR)"Eintrag");
```

Durch die Meldung LB_ADDSTRING wird in die Listbox ein neue Zeile mit dem Inhalt Eintrag eingefügt.

Control-Meldungen

Für dieselben vier Windows-Klassen, für die es eigene Notification Codes gibt, existieren spezielle Meldungen, die genauso wie diese Codes durch ihren Präfix bestimmen, für welches Control sie sinnvoll sind.

Control-Art	Präfix	Beispiel
Button	BM	BM_SETCHECK
Default-Pushbutton	DM	DM_GETDEFID
Edit	EM	EM_REPLACESEL
Listbox	LB	LB_GETCOUNT
Combobox	CB	CB_FINDSTRING

Funktion SetScrollPos

Die Elemente der Klasse Scrollbar bilden hierbei wieder eine Ausnahme. Sie werden nicht durch Meldungen gesteuert, sondern durch dieselben Funktionen, die auch für Rolleisten benutzt werden, die sich am unteren bzw. rechten Fensterrand befinden. Das Setzen einer neuen Schieberposition erfolgt mit Hilfe der Funktion SetScrollPos. Durch das Flag SB_CTL wird definiert, daß es sich um ein Control handelt.

```
hScroll = CreateWindow("scrollbar", NULL,
    WS_CHILD | WS_VISIBLE | SBS_HORZ,
    40, 100, 340, 20, hWnd, ID_SCROLL,
    hInst, NULL);

SetScrollRange( hScroll, SB_CTL, 0, 80, TRUE);
SetScrollPos( hScroll, SB_CTL, 40, TRUE);
```

Bevor eine neue Position eingestellt werden kann, muß erst mit der Funktion SetScroll Range der Wertebereich mit seinen beiden Eckwerten initialisiert werden. In unserem Beispiel lautet der linke Anfangswert 0, und der rechte Wert steht auf 80. Anschließend wird das Bildlauffeld in die Mitte der waagrechten Scrollbar bewegt.

Turbo Pascal
Turbo C++

Das Arbeiten mit Kontrollelementen in den beiden objektorientierten Sprachen TurboPascal und Borland C++ beruht auf verschiedenen OOP-Klassen, die letztlich wieder von den Windows-Klassen abstammen. Diese OOP-Klassen stehen zueinander in folgender Hierarchie:

Hierarchie
```
TControl
    TScrollBar
    TStatic
            TEdit
            TBStatic (nur C++)
        TListBox
            TComboBox
        TGroupBox
            TBGroupBox (nur C++)
        TButton
            TCheckBox
                    TBCheckBox (nur C++)
                TRadioButton
                        TBRadioButton (nur C++)
            TBButton (nur C++)
        TBDivider (nur C++)
        TBStaticBmp (nur C++)
```

Die OOP-Klassen, deren Namen mit TB beginnen, sind nur in Borland C++ verfügbar und definieren Kontrollelemente, die das spezielle Borland-Aussehen besitzen.

Anstatt ein Control mit der Funktion CreateWindow zu erzeugen, wird dies in Turbo-Pascal und Borland C++ mit der Funktion New durchgeführt. Der zweite Parameter ist der Konstruktor des Controls. In dem nachfolgenden Beispiel ist es der Konstruktor der Klasse TCheckBox, dessen Zeiger im ersten Argument übergeben wird. Als Rückgabewert erhalten Sie einen Zeiger auf das neu geschaffene Objekt.

TurboPascal
```
    const idc_Check = 30;
    type
      TFenster = object(TWindow)
        Check1: PCheckBox;
        ......
      end;

in einer Methode von TFenster:
  Check1 := New(PCheckBox, Init(@Self, idc_Check,
    'Hallo', 150, 10, 150, 25, nil));
```

Borland C++
```
    #define IDC_CHECK   30;
    class TFenster : public TWindow
    {
     public:
       TCheckBox *CheckBox;
       ...
    }

in einer Methode von TFenster:
  CheckBox = new TCheckBox(this, IDC_CHECK, "Hallo",
    150, 10, 150, 25, NULL);
```

Fenster mit definierten Fähigkeiten

```
                    Elternfenster
              ↑     Methode im    ↑
              |     Elternobjekt  |
              |     definiert     |
            Verschieben  ☒ Kontrollelement
                         Anklicken

TurboPascal:    procedure CtlMeth(var Msg: TMessage);
                    virtual id_First + idc_Control;

Borland C++:    virtual void CtlMeth(RTMessage Msg)
                    = [ID_FIRST + IDC_CONTROL];
```

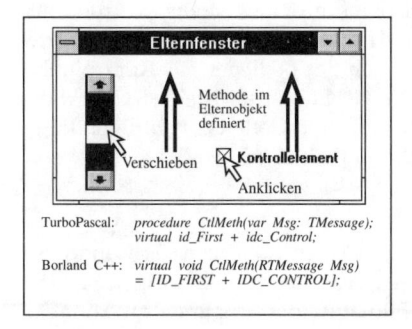

Abb. 199: Methoden von Controls im Elternfenster definiert

Die Kommunikation zwischen einem Kontrollobjekt und seinem Elternfenster wird in diesen beiden Sprachen hauptsächlich durch Methoden realisiert. Wenn Sie als Programmierer mitbekommen wollen, wann der Benutzer mit einem Objekt arbeitet, z.B. wann er in einer Listbox einen Eintrag selektiert, so müssen Sie eine Methode bei dem Elternobjekt TFenster einfügen, die von dem ID-Wert des Controls abhängig ist. Auf diese Identifikation wird immer noch die Konstante ID_FIRST aufaddiert, entsprechend zu der Konstante CM_FIRST bei der Verarbeitung von Menüpunkten.

TurboPascal

```
TFenster = object(TWindow)
  procedure NachrichtvonControl(var Msg: TMessage);
                virtual id_First + idc_Check;
  ....
end;

    procedure TFenster.NachrichtvonControl(var Msg:
                                              TMessage);
    begin
     if Check1^.GetCheck = 0 then
       // Die Checkbox ist ausgeschaltet
    end;
```

Borland C++

```
class TFenster : public TWindow
{
 public:
   virtual void NachrichtvonControl(RTMessage Msg)
               = [ID_FIRST + IDC_CHECK];
   ....
}

    void TFenster::NachrichtvonControl(RTMessage)
    {
      if ( CheckBox->GetCheck() == BF_UNCHECKED )
        // Die Checkbox ist ausgeschaltet
    }
```

Sobald in diesem Beispiel die Checkbox, die weiter oben mit New erzeugt wurde, mit der Maus angeklickt wird, wird die in der Klasse TFenster selbstdefinierte Methode NachrichtvonControl angesprungen. Um zu erfahren, ob der Bediener das Kontrollfeld gerade aus- oder eingeschaltet hat, wird die Methode GetCheck der Klasse TCheckbox aufgerufen. Sie hätten genauso gut aber auch den Notification Code (s.o) abfragen können, da dieser Code in der übergebenen Variablen Msg enthalten ist.

TScrollBar

Die Klasse TScrollBar bildet keine Ausnahme, wie es bei den Rolleisten als Windows-Klasse der Fall ist. Objekte dieser OOP-Klasse werden genauso wie die übrigen Steuerelemente behandelt. Um auf eine Änderung des Bildlauffeldes reagieren zu können, müssen Sie in das Elternobjekt eine Methode implementieren, die mit dem ID-Wert der Scrollbar verbunden ist. Ich möchte Ihnen dies anhand eines TurboPascal-Auszugs zeigen.

```
    const id_Scroll = 20;

type
  TFenster = object(TWindow)
    Scroll: PScrollBar;
    constructor Init(AParent: PWindowsObject;
                              ATitle: PChar);
    procedure IDScroll(var Msg: TMessage); virtual
                    id_First + id_Scroll;
  end;

  constructor TFenster.Init(AParent: PWindowsObject;
                              ATitle: PChar);
  begin
    TWindow.Init(AParent, ATitle);
    Scroll := New(PScrollBar, Init(@Self,id_Scroll,
                        40, 20, 340, 20, True));
  end;

  procedure TFenster.IDScroll(var Msg: TMessage);
  begin
    // Reaktionen auf die Veränderung des Schiebers
  end;
```

Methoden des Controls

Um direkt auf die Kontrollelemente einwirken zu können, können Sie bestimmte Methoden der jeweiligen Klasse aktivieren oder wie in QuickC die entsprechende Meldung an das Element senden, wodurch auch dieselben Methoden aufgerufen werden.

Klasse TListBox

Eine Listbox, die ein Objekt der Klasse TListBox darstellt, besitzt u.a. folgende Methoden, mit deren Hilfe mit diesem Objekt gearbeitet werden kann. Diese Methoden basieren im Normalfall auf Control-Meldungen für die Listbox.

Methode von TListBox	entsprechende Control-Meldung
AddString	LB_ADDSTRING
DeleteString	LB_DELETESTRING
FindString (nur C++)	LB_FINDSTRING
GetCount	LB_GETCOUNT
GetSelCount (nurC++)	LB_GETSELCOUNT
GetSelIndex	LB_GETCURSEL
GetSelString	LB_GETTEXT
InsertString	LB_INSERTSTRING
SetSelIndex	LB_SETSEL
SetSelString	LB_SELECTSTRING

Klasse TScrollBar

Die objektorientierte Klasse für Scrollbars lautet TScrollBar (s.o.). Um einem Control dieser Klasse mitzuteilen, daß das Bildlauffeld an eine andere Position innerhalb der Rolleiste bewegt werden soll, existieren z.B. folgende Methoden, die sich jeweils auf einen bestimmten Scrollbar-Code beziehen, den wir auch schon weiter oben bei der QuickC-Erklärung kennengelernt haben:

Methoden von TScrollbar	Bewegung des Schiebers
SBBottom	an das Ende
SBLineDown	eine Zeile tiefer
SBLineUp	eine Zeile höher
SBPageDown	eine Seite tiefer
SBPageUp	eine Seite höher
SBTop	an den Anfang

Um das Bildlauffeld unserer weiter oben in TurboPascal erzeugten Scrollbar ganz an das untere bzw. rechte Ende zu setzen, wenn die linke Maustaste gedrückt wird, können Sie folgende Zeilen verwenden:

```
procedure TOwnWindow.WMLBUTTONDOWN(var Msg: TMessage);
begin
  Scroll^.SBBottom(Msg);
end;
```

Wichtigste Controls

Nachfolgend wollen wir uns die wichtigsten Kontrollelemente genauer ansehen und jeweils ein Beispiel zu dem Textfeld und zu der Listbox schreiben. Dabei sind nicht die speziellen Objekte mit dem Borland-Stil, die es bei Borland C++ gibt, und auch nicht die Controls, die in VisualBasic zusätzlich mit dem Professional Toolkit ausgeliefert werden, gemeint, sondern die Elemente Button, Listbox, Combobox, Textfeld, Bezeichnung und Scrollbar. Die nachfolgenden Tabellen listen jeweils die Stilarten einer bestimmten Window-Klasse auf, die in QuickC bei der Funktion CreateWindow bzw. in den beiden objektorientierten Sprachen im Konstruktor oder in der Objektvariablen Attr angegeben werden können. Zudem wird der CtlName, der als Defaultname in VisualBasic bei der Erstellung dem Control vergeben wird, und wenn vorhanden die Eigenschaften genannt, die dasselbe wie die Stilarten bewirken.

7.1.2 Die Buttons (Schaltflächen)

Radio-Button

In den CUA-Richtlinien wird ein Radio-Button als ein zweiteiliges Control beschrieben, das aus einem Kreis und einem Auswahltext besteht. Mehrere dieser Buttons werden miteinander kombiniert, um dem Anwender eine feste Anzahl von Wahlmöglichkeiten zu bieten, die sich gegenseitig ausschließen. Zu einem Zeitpunkt kann somit innerhalb einer Gruppe immer nur ein Radio-Button eingeschaltet sein, z.B. um festzulegen, ob die Hintergrund- oder Vordergrundfarbe eingestellt werden soll. Dieser gesetzte Zustand wird durch einen schwarzen Punkt in dem Kreis angezeigt.

Checkbox

Auch eine Checkbox ist ein zweiteiliges Kontrollelement, das aus einem rechteckigen Feld und einem Text besteht. Diese Button-Art wird wie ein Schalter behandelt, d.h eine Checkbox kann alleine oder gruppiert auftreten, wobei sie sich nicht gegenseitig ausschließen. Das Einschalten eines Buttons wird durch ein Kreuz in dem Rechteck repräsentiert. Checkboxen werden z.B. verwendet, um bestimmte Attribute der aktuellen Schriftart wie Fettdruck, kursiv etc. zu verändern.

Pushbutton

Ein Pushbutton wird durch ein Rechteck, das den Text enthält, mit abgerundeten Ecken dargestellt. Diese Buttons werden fast immer in Meldungs- und Dialogfenstern verwendet. Bei ihrer Selektierung lösen sie sofort eine Aktion aus.

Gruppe

Auch eine Gruppe, die als Rahmen mit einem Text als Titel definiert ist, ist eine bestimmte Button-Art. Sie besitzt keine Funktionalität, sondern faßt mehrere Buttons zusammen, um dem Anwender die Zusammengehörigkeit dieser Elemente zu zeigen.

Stilart	CtlName in VB	Bedeutung
BS_AUTOCHECKBOX	Kontroll1	Checkbox, die beim Anklicken automatisch ihren Status ändert
BS_AUTORADIO-BUTTON	Option1	Radio-Button, der beim Anklicken autom. alle anderen ausschaltet
BS_AUTO3STATE		Box mit drei Zuständen, die beim Anklicken automatisch ihren Status ändert
BS_CHECKBOX		Kontrollfeld
BS_DEFPUSHBUTTON	Befehl1 mit Eigenschaft Default=wahr	Pushbutton mit dickerem Rahmen, der mit `Enter` ausgelöst werden kann.
BS_GROUPBOX	Rahmen1	Rahmen zum Gruppieren anderer Buttons
BS_LEFTTEXT		Text erscheint im Button links zentriert.
...		

Stilart	CtlName in VB	Bedeutung
...		
BS_OWNERDRAW		selbsterstellter Button
BS_PUSHBUTTON	Befehl1	Pushbutton
BS_RADIO-BUTTON		Radio-Button
BS_3STATE		Checkbox-Art mit drei Zuständen

Damit sich in VisualBasic ein Radio-Button oder eine Checkbox zu Beginn im eingeschalteten Zustand befindet, muß die Eigenschaft Value auf den Wert TRUE (-1) gesetzt werden.

VisualBasic
```
Option1.Value = -1
Kontroll2.Value = TRUE
```

Zur Programmlaufzeit wird bei jedem Anklicken der Zustand automatisch geändert. Dies ist auch in den anderen drei Sprachen der Fall, wenn mit der Stilart gearbeitet wird, die mit BS_AUTO beginnt. Um in QuickC ein Button zu initialisieren, müssen Sie die Meldung BM_SETCHECK an dieses Kontrollelement senden.

QuickC
```
SendMessage(hWndButton, BM_SETCHECK, TRUE, 0L);
```

In den beiden objektorientierten Sprachen erfolgt das Setzen einer Checkbox durch ihre Methode Check, die wiederum die Methode SetCheck mit dem Übergabeparameter 1 aufruft. Dabei wird die Adresse der Objektes angegeben, die weiter oben durch den Funktionsaufruf New ermittelt wurde.

TurboPascal
```
Check1^.Check;
oder
Check1^.SetCheck(1);
```

Borland C++
```
CheckBox->Check();
oder
CheckBox->SetCheck(1);
```

7.1.3 Das statische und das editierbare Textfeld

Dieses Control Bezeichnung der Windows-Klasse Static bzw. der OOP-Klasse TStatic besitzt die Aufgabe, einen statischen Text anzuzeigen, den der Bediener nicht verändern kann. Im Programm kann er jedoch im Normalfall überschrieben werden. Dieser Text stellt häufig die Überschrift für andere Elemente dar, die wie das Textfeld oder die Listbox selber keinen Titel besitzen.

Stilart	Eigenschaften in VB	Bedeutung
SS_BLACKFRAME		Rahmenfarbe des Rechtecks = normale Fensterrahmen-Farbe
SS_BLACKRECT	BackColor = &H80000006	Füllfarbe des Rechtecks= normale Fensterrahmen-Farbe
SS_CENTER	Alignment = 2	Textzentrierung in die Mitte
SS_GRAYFRAME		Rahmenfarbe des Rechtecks = Farbe des Bildschirm-Hintergrunds
SS_GRAYRECT	BackColor = &H80000001	Füllfarbe des Rechtecks = Farbe des Bildschirm-Hintergrunds
SS_ICON		Erzeugt ein Icon.
SS_LEFT	Alignment = 0	Linkszentrierung
SS_LEFTNOWORDWRAP		Text, der länger als Rechteck ist, wird abgeschnitten
SS_NOPREFIX		Das Ampersand wird nicht als Steuerzeichen erkannt
SS_RIGHT	Alignment = 1	Rechtszentrierung
SS_SIMPLE		Text kann nicht verändert werden
SS_USERITEM		Benennt ein selbstdefiniertes Item.
SS_WHITEFRAME		Rahmenfarbe des Rechtecks = Farbe des Fensterhintergrunds
SS_WHITERECT	BackColor = &H80000001	Füllfarbe des Rechtecks = Farbe des Fenster-Hintergrunds

Textfeld

Es existieren sowohl ein- als auch mehrzeilige Textfelder, die normalerweise von einem rechteckigen Rahmen umgeben werden. Der beschreibende Text zu diesem Feld wird meist mit Hilfe einer Bezeichnung (statischen Textes) realisiert. Sobald das Textfeld den Focus erhält, erscheint im Feld eine blinkende senkrechte Linie, die als Text-Cursor dient und die aktuelle Eingabeposition anzeigt, an der die entsprechenden Zeichen beim Drücken von Tasten eingefügt werden. Bei einem einzeiligen Feld wird häufig der Text automatisch gescrollt, damit sich der Eingabe-Cursor immer im sichtbaren Bereich befindet. Mehrzeilige Textfelder können vertikale und horizontale Scrollbars besitzen.

Die Textfelder der Windows-Klasse EDIT bzw. der OOP-Klasse TEdit unterstützen auch die Arbeit mit der Maus. Das Markieren von Textstellen kann z.B. mit gedrückter linker Maustaste vorgenommen werden und die Selektion eines bestimmten Wortes durch einen Doppelklick erfolgen.

Stilart	Eigenschaften in VB	Bedeutung
ES_AUTOHSCROLL	Standard-Einstellung	autom. horizontales Scrollen
ES_AUTOVSCROLL	Standard-Einstellung	autom. vertikales Scrollen bei mehrzeiligem Textfeld
ES_CENTER	tt	Zentrierung des Textes im mehrzeiligen Textfeld
ES_LEFT	Standard-Einstellung	Linkszentrierung
ES_LOWERCASE	tt	Umwandlung aller Eingaben in Kleinbuchstaben
ES_MULTILINE	MultiLine = wahr	Mehrzeiliges Textfeld
ES_NOHIDESEL	tt	Kein Entfernen der Selektion bei Verlust des Focus
ES_OEMCONVERT	tt	Umwandlung in den OEM-Zeichensatz und zurück
ES_PASSWORD	tt	Eingabe wird nur durch ein Zeichen angezeigt
ES_RIGHT	tt	Rechtszentrierung
ES_UPPERCASE	tt	Umwandlung aller Eingaben in Großbuchstaben

Bei einem Textfeld ist es programmtechnisch gesehen am wichtigsten, den editierten Text weiterverarbeiten zu können, z.B. um ihn in eine Datei zu speichern. Genauso muß auch bestehender Text in dieses Feld gebracht werden können, um z.B. eine Datei öffnen und ihren Inhalt anzeigen zu können.

In QuickC existieren dafür die beiden Funktionen SetWindowText und GetWindowText. Im anschließenden Beispiel wird der Inhalt eines Edit-Felds ermittelt und in ein zweites Textfeld geschrieben.

QuickC
```
char szEditText[20];
GetWindowText(hWndEdit1, szEditText,
          strlen(szEditText));
SetWindowText(hWndEdit2, szEditText);
```

Die objektorientierte Klasse TEdit in ObjectWindows kann für diese Aufgaben auf die Methoden SetText und GetText zugreifen, die sie von ihrem Vorfahren TStatic erbt.

Borland C++
```
char zsEditText[20];
Edit1Ptr->GetText(zsEditText, sizeof(zsEditText));
Edit2Ptr->SetText(zsEditText);
```

TurboPascal
```
zsEditText: array[0..20] of Char;
Edit1^.GetText(zsEditText, 20);
Edit2^.SetText(zsEditText);
```

462 Fenster mit definierten Fähigkeiten

Die Lösung erfolgt in VisualBasic wie so häufig mit Hilfe einer Eigenschaft, die in diesem Fall Text lautet. Sie müssen keine Methode aufrufen, sondern können direkt auf diese Eigenschaft zugreifen, den Inhalt lesen und ihn verändern.

```
Text1.Text = Text2.Text
```

Der Inhalt des Textfeldes mit dem Control-Namen Text2 wird in ein zweites Editierfeld geschrieben.

Beispiel

Die meisten Textverarbeitungsprogramme basieren auf einem Kindfenster der Klasse Edit bzw. TEdit, damit man sich als Programmierer nicht selber um die sofortige Ausgabe der editierten Zeichen kümmern muß. Zudem kann dadurch sofort die übliche Windows-Mausunterstützung angeboten werden, z.B. daß durch einen Doppelklick auf ein Wort dieses Textstück markiert wird. Damit der Text nicht auf die aktuelle Fenstergröße beschränkt bleibt, werden noch Scrollbars hinzugefügt.

Genau dieses Beispiel, das auch die Basis der objektorientierten Klassen TEditWindow und TFileWindow darstellt, wollen wir nun selber mit Hilfe von Controls realisieren. Bei Programmende wird der Text weggeworfen, da unsere Appliaktion keine Datei-Operationen durchführen soll.

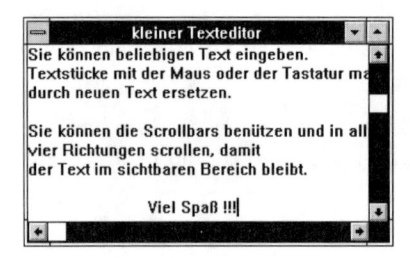

Abb. 200: Ein kleiner Texteditor

Windows-Funktionen	Kurzbeschreibung
MoveWindow	bewegt ein Fenster und verändert die Größe
SetFocus	übergibt den Focus an ein Fenster

Windows-Meldung	Kurzbeschreibung
WM_SETFOCUS	Fenster hat Zugriff auf die Tastatur erhalten

Beispiel

/*************** QCEDIT.C ***************/

```c
/* QuickCase:W */
#include "QCEDIT.h"

int PASCAL WinMain(HANDLE hInstance, HANDLE
hPrevInstance, LPSTR lpszCmdLine, int nCmdShow)
{
/***************************************************/
/* hInstance;         Handle dieser Instanz         */
/* hPrevInstance;Handle der vorhergehenden Instanz  */
/* lpszCmdLine; Zeiger auf die Kommandozeile        */
/* nCmdShow;    Code zur Anzeige des Hauptfensters  */
/***************************************************/

  MSG  msg;  /* MSG-Struktur für die Meldungen */
  int  nRc; /* Rückgabewert der Klassen-       */
            /* Registrierung(en)               */

  strcpy(szAppName, "QCEDIT");
  hInst = hInstance;
  if(!hPrevInstance)
  {
  /* Registrieren der Fensterklasse(n) bei der */
  /* 1.Instanz                                 */
    if ((nRc = nCwRegisterClasses()) == -1)
    {
    /* Registrierung schlug fehl */
      LoadString(hInst, IDS_ERR_REGISTER_CLASS,
        szString, sizeof(szString));
      MessageBox(NULL, szString, NULL,
        MB_ICONEXCLAMATION);
      return nRc;
    }
  }

  /* Hauptfenster erzeugen                   */
  hWndMain = CreateWindow(
    szAppName,        /* Klassennamen         */
    "kleiner Texteditor",
                      /* Text in der Titelzeile */
    WS_CAPTION    |   /* Titel zufügen        */
    WS_SYSMENU    |   /* Systemmenübox zufügen */
    WS_MINIMIZEBOX |  /* Minimize Box zufügen */
    WS_MAXIMIZEBOX |  /* Maximize Box zufügen */
    WS_THICKFRAME |   /* in der Größe veränderbar */
    WS_CLIPCHILDREN |
                      /* kein Zeichnen in den Kindfenstern */
    WS_OVERLAPPED,
    CW_USEDEFAULT, 0, /* Default-Werte für X, Y */
    CW_USEDEFAULT, 0,
                      /* Default-Werte für Breite und Höhe */
    NULL,             /* Handle des Elternfensters */
    NULL,             /* Handle des Menüs        */
    hInst,            /* Handle der Instanz      */
    NULL);            /* Struktur für WM_CREATE  */

  if(hWndMain == NULL)
  {
    LoadString(hInst, IDS_ERR_CREATE_WINDOW,
        szString, sizeof(szString));
    MessageBox(NULL, szString, NULL,
        MB_ICONEXCLAMATION);
    return IDS_ERR_CREATE_WINDOW;
  }
  ShowWindow(hWndMain, nCmdShow);
  /* Anzeigen des Hauptfensters */

  while(GetMessage(&msg, NULL, 0, 0))
  /* bis WM_QUIT eintritt */
  {
    TranslateMessage(&msg);
    DispatchMessage(&msg);
  }

  /* Aufräumarbeiten, bevor die Applikation beendet */
  /* wird                                           */
  CwUnRegisterClasses();
  return msg.wParam;
} /* Ende der WinMain */

/***************************************************/
/*                                                 */
/* Fensterroutine des Hauptfensters:               */
/*                                                 */
/* Diese Prozedur stellt Service-Routinen für die  */
/* Windows-Ereignisse (Meldungen) bereit, die      */
/* Windows oder der Benutzer an das Fenster sendet.*/
/* Sie initialisiert Ereignisse (Meldungen), die   */
/* entstehen, wenn der Anwender z.B. einen Menü-   */
/* punkt oder ein Tastenkürzel anwählt             */
/*                                                 */
/***************************************************/
LONG FAR PASCAL WndProc(HWND hWnd, WORD Message,
WORD wParam, LONG lParam)
{
  HMENU    hMenu=0;        /* Menü-Handle         */
  HBITMAP  hBitmap=0;      /* Handle für Bitmaps  */
  HDC      hDC;/* Handle für den Display Context  */
  PAINTSTRUCT ps; /* enthält Zeichen-Informationen */
  int      nRc=0;          /* Rückgabewert         */
  static HWND hWndEdit;

  switch (Message)
  {
    case WM_CREATE:
      hWndEdit = CreateWindow("EDIT", "",
        WS_CHILD | WS_VISIBLE | ES_MULTILINE |
        WS_HSCROLL | WS_VSCROLL,
        0, 0, 0, 0,
        hWnd, NULL, hInst, NULL);
      break;     /* Ende von WM_CREATE */

    case WM_SETFOCUS:
      SetFocus(hWndEdit);
      break;

    case WM_MOVE:  /* Bewegen des Fensters */
      break;

    case WM_SIZE:
    /* Größenänderung der Client Area */
      MoveWindow( hWndEdit, 0, 0, LOWORD(lParam),
                  HIWORD(lParam), TRUE);
      break;     /* Ende von WM_SIZE */

    case WM_PAINT: /* Neuzeichnen der Client Area */
    /* bekommt ein Handle auf den Device Context  */
    /* BeginPaint wird evtl. WM_ERASEBKGND senden */
      memset(&ps, 0x00, sizeof(PAINTSTRUCT));
      hDC = BeginPaint(hWnd, &ps);
    /* falls der Hintergrund keine reine Farbe besitzt*/
      SetBkMode(hDC, TRANSPARENT);
    /* Das Neuzeichnen ist abgeschlossen */
      EndPaint(hWnd, &ps);
      break;     /* Ende von WM_PAINT */

    case WM_CLOSE: /* Schließen des Fensters */
    /* Zerstören der Kindfenster, modeless Dialogboxen*/
    /* Zerstören dieses Fensters */
      DestroyWindow(hWnd);
      if (hWnd == hWndMain)
        PostQuitMessage(0);
    /* Beenden der Applikation */
      break;

    default:
    /* alle Meldungen, für die keine eigene Service- */
    /* Routine zur Verfügung gestellt wird, sollten an*/
    /* Windows gereicht werden, damit eine Default-  */
    /* Verarbeitung stattfinden kann                 */
      return DefWindowProc(hWnd, Message, wParam, lParam);
  }
  return 0L;
} /* Ende von WndProc */

/***************************************************/
/*                                                 */
/* nCwRegisterClasses Funktion:                    */
/*                                                 */
/* Die folgende Funktion registriert alle Klassen  */
/* von allen Fenstern, die mit dieser Applikation  */
/* verbunden sind. Die Funktion liefert einen      */
/* Fehlercode zurück, falls sie nicht erfolgreich  */
/* war, ansonsten wird 0 zurückgegeben.            */
/*                                                 */
/***************************************************/

int nCwRegisterClasses(void)
{
  WNDCLASS   wndclass;
  /* Struktur, um eine Klasse zu definieren */
  memset(&wndclass, 0x00, sizeof(WNDCLASS));
  /* Füllen von WNDCLASS mit Fenster-Eigenschaften */
  wndclass.style = CS_HREDRAW | CS_VREDRAW |
                   CS_BYTEALIGNWINDOW;
  wndclass.lpfnWndProc = WndProc;
  /* zusätzlicher Speicher für Klassen- und */
  /* Fensterobjekte                         */
  wndclass.cbClsExtra = 0;
  wndclass.cbWndExtra = 0;
  wndclass.hInstance = hInst;
  wndclass.hIcon = LoadIcon(NULL, IDI_APPLICATION);
  wndclass.hCursor = LoadCursor(NULL, IDC_ARROW);
  /* Erzeugen eines Pinsels, um den Hintergrund */
  /* zu löschen                                 */
  wndclass.hbrBackground = (HBRUSH)(COLOR_WINDOW+1);
  wndclass.lpszMenuName = szAppName;
  /* Klassenname = Menüname */
  wndclass.lpszClassName = szAppName;
  /* Klassenname = App.-Name */
  if(!RegisterClass(&wndclass))
    return -1;

  return(0);
} /* Ende von nCwRegisterClasses */

/***************************************************/
/*                                                 */
/* CwUnRegisterClasses Function:                   */
/*                                                 */
/* löscht jeden Bezug zu den Fenster-Resourcen,    */
/* die für diese Applikation erzeugt wurden, gibt  */
```

Fenster mit definierten Fähigkeiten

```
201  /* Speicher frei, löscht die Instanz, die Handles*/
202  /* und tätigt andere Aufräumarbeiten              */
203  /*                                                */
204  /**************************************************/
205
206  void CWUnRegisterClasses(void)
207  {
208      WNDCLASS  wndclass;
209      /* Struktur, um eine Klasse zu definieren       */
210      memset(&wndclass, 0x00, sizeof(WNDCLASS));
211
212      UnregisterClass(szAppName, hInst);
213  }  /* Ende von CWUnRegisterClasses               */
```

Turbo Pascal

Neue Methoden	Kurzbeschreibung
TEdit.Init	Konstruktor der Klasse TEdit

Beispiel

{ Erweitertes Programm: TPTEDIT.PAS }

```
1   program TPTEdit;
2   uses WObjects, WinTypes, WinProcs;
3   const idc_edit = 30;
4
5   type
6     TRahmen = object(TApplication)
7       procedure InitMainWindow; virtual;
8     end;
9
10  type
11    PFenster = ^TFenster;
12    TFenster = object(TWindow)
13      EditZeiger: PEdit;
14      constructor Init(AParent: PWindowsObject;
15                       ATitle: PChar);
16      procedure WMSize( var Msg: TMessage); virtual
17                       WM_FIRST + WM_SIZE;
18      procedure WMSetFocus (var Msg: TMessage);
19                       virtual WM_First+WM_SETFOCUS;
20    end;
21
22  procedure TRahmen.InitMainWindow;
23  begin
24    MainWindow := New(PFenster, Init(nil,
25                       'kleiner Texteditor'));
26  end;
27
28  constructor TFenster.Init(AParent: PWindowsObject; ATitle: PChar);
29  begin
30    TWindow.Init(AParent, ATitle);
31    EditZeiger := New(PEdit, Init(@Self, idc_edit, '',
32                       0, 0, 0, 0, 65000, TRUE));
33  end;
34
35  procedure TFenster.WMSize( var Msg: TMessage);
36  begin
37    MoveWindow( EditZeiger^.HWindow, 0,0,
38              Msg.LParamLo, Msg.LParamHi, TRUE);
39  end;
40
41  procedure TFenster.WMSetFocus (var Msg: TMessage);
42  begin
43    SetFocus(EditZeiger^.HWindow);
44  end;
45
46  { Hauptprogramm }
47  var MeinRahmen : TRahmen;
48
49  begin
50    MeinRahmen.Init('TPTEdit');
51    MeinRahmen.Run;
52    MeinRahmen.Done;
53  end.
```

Turbo C++

Neue Methoden	Kurzbeschreibung
TEdit::TEdit	Konstruktor der Klasse TEdit

Beispiel

/* TCTEDIT.CPP */

```
1   #include <owl.h>
2   #include <edit.h>
3   #define IDC_EDIT 30
4
5   class TRahmen :public TApplication
6   {
7   public:
8     TRahmen(LPSTR AName, HANDLE hInstance, HANDLE
9             hPrevInstance, LPSTR lpCmdLine, int nCmdShow)
10      : TApplication(AName, hInstance, hPrevInstance,
11        lpCmdLine, nCmdShow) {};
12    virtual void InitMainWindow();
13  };
14
15  class TFenster : public TWindow
16  {
17  public:
18    TEdit *PTEdit;
19    TFenster(PTWindowsObject AParent, LPSTR ATitle);
20    virtual void WMSize( RTMessage Msg) =
21              [WM_FIRST+WM_SIZE];
22    virtual void WMSetFocus( RTMessage Msg) =
23              [WM_FIRST+WM_SETFOCUS];
24  };
25
26  void TRahmen::InitMainWindow()
```

Fenster mit definierten Fähigkeiten

```
27  {
28    MainWindow = new TFenster(NULL,
29                             "kleiner Texteditor");
30  }
31
32  TFenster::TFenster(PTWindowsObject AParent, LPSTR
33    ATitle) : TWindow(AParent, ATitle)
34  {
35    PTEdit = new TEdit(this, IDC_EDIT, "", 0, 0, 0, 0,
36      65000, TRUE);
37  }
38
39  void TFenster::WMSize( RTMessage Msg)
40  {
41    MoveWindow( PTEdit->HWindow, 0,0, Msg.LP.Lo,
42                                Msg.LP.Hi, TRUE);

43  }
44
45  void TFenster::WMSetFocus( RTMessage Msg)
46  {
47    SetFocus(PTEdit->HWindow);
48  }
49
50  int PASCAL WinMain(HANDLE hInstance, HANDLE hPrevInstance,
51    LPSTR lpCmdLine, int nCmdShow)
52  {
53    TRahmen MeinRahmen ("TCTEdit", hInstance,
54      hPrevInstance, lpCmdLine, nCmdShow);
55    MeinRahmen.Run();
56    return MeinRahmen.Status;
57  }
```

Damit der Anwender Text eingeben kann, muß in QuickC über die Funktion Create-Window ein Kindfenster der Windows-Klasse EDIT geschaffen werden. Entweder kann dies direkt im Hauptprogramm vor dem Betreten der Meldungsschleife oder wie in diesem Beispiel bei der Verarbeitung der WM_Create-Meldung erfolgen. Mit den beiden Stilparametern WS_VSCROLL und WS_HSCROLL werden dem EDIT-Fenster Scrollbars zugeordnet, durch das Flag ES_MULTILINE entsteht ein mehrzeiliges Textfeld.

```
case WM_CREATE:
  hWndEdit = CreateWindow("EDIT", "",
    WS_CHILD | WS_VISIBLE | ES_MULTILINE |
    WS_HSCROLL | WS_VSCROLL,
    0, 0, 0, 0,
    hWnd, NULL, hInst, NULL);
  break;
```

Bei den beiden objektorientierten Sprachen wird in dem Konstruktor des Fensterobjektes TFenster ein Objekt der OOP-Klasse TEdit mit Hilfe der Funktion New erzeugt. Diese Funktion benötigt als zweiten Parameter den Konstruktor der Klasse TEdit, der bei beiden Sprachen denselben Aufbau besitzt. Zuerst muß ein Zeiger auf das Elternobjekt übergeben werden, als vorletzter Parameter wird die Größe der möglichen Eingaben genannt, und durch den anschließende Bool-Wert TRUE wird ein mehrzeiliges Textfeld definiert.

```
constructor TFenster.Init(AParent: PWindowsObject; ATitle: PChar);
begin
  TWindow.Init(AParent, ATitle);
  EditZeiger := New(PEdit, Init(@Self, idc_edit, '',
                   0, 0, 0, 0, 65000, TRUE));
end;
```

Die Größe des neu zu schaffenden Fensterobjektes wird wie auch in QuickC mit 0 angegeben, da sie bei jeder entstehenden WM_SIZE-Meldung auf die neuen Ausmaße des Elternfensters eingestellt wird. Dazu wird die Funktion MoveWindow verwendet. Die Breite und Höhe des Elternfensters steht in dem mitgelieferten Paramter lParam.

```
case WM_SIZE:
  MoveWindow( hWndEdit, 0,0, LOWORD(lParam),
                             HIWORD(lParam), TRUE);
  break;
```

Bei den objektorientierten Lösungen wird auf das Fenster-Handle des Textfeldes über den Zeiger zugegriffen, den zuvor die Funktion New zurückgeliefert hat.

```
void TFenster::WMSize( RTMessage Msg)
{
  MoveWindow( PTEdit->HWindow, 0,0, Msg.LP.Lo,
                               Msg.LP.Hi, TRUE);
}
```

Damit nach dem Programmstart sofort Text editiert werden kann, muß noch der Focus vom Eltern- an das Kindfenster weitergegeben werden.

Microsoft Visual Basic

Objekt	Eigenschaft	Inhalt
Form1	Caption	kleiner Texteditor
Text1	Text	leer
	MultiLine	wahr
	ScrollBars	3 'beide
	BorderStyle	0 'kein

Beispiel
```
' VBEDIT.FRM
Sub Form_Resize ()
    Text1.Top = Form1.ScaleTop
    Text1.Left = Form1.ScaleLeft
    Text1.Width = Form1.ScaleWidth
    Text1.Height = Form1.ScaleHeight
End Sub
```

In VisualBasic ist die Realisierung des kleinen Texteditors noch etwas einfacher als in den anderen drei Sprachen. Während der interaktiven Erstellung habe ich eine beliebig große Text-Box in das Form gestellt und vier ihrer Eigenschaften verändert, damit sie mehrzeilig ist und Scrollbars, aber keinen Rahmen besitzt. Programmtechnisch muß nur die Ereignis-Prozedur Form_Resize behandelt werden, in der jeweils die Größe des Textfeldes an die Ausmaße des Forms angepaßt wird. Dazu werden bei dem Edit-Feld die Eigenschaften für die Gesamtausmaße und nicht die Eigenschaften, die sich nur auf die Client Area beziehen, eingestellt.

7.1.4 Die List- und die Combobox

Eine Listbox besteht aus einem rechteckigen Feld mit einer vertikalen Scrollbar, um eine Liste von Wahlmöglichkeiten wie Dateinamen anzeigen zu können, aus denen im Normalfall ein Eintrag ausgewählt werden kann. Das Rechteck sollte dabei so breit sein, daß die Durchschnittslänge eines Eintrags vollständig sichtbar dargestellt werden kann. Die Auswahl kann entweder mit dem Mauscursor durch einfaches Anklicken oder über die Cursor-Tasten ↓ bzw. ↑ durchgeführt werden. Der selektierte Eintrag wird durch einen schwarzen Balken markiert.

Stilart	Eigenschaften in VB	Bedeutung
LBS_EXTENDEDSEL		Markierung mehrerer Einträge ist möglich
LBS_HASSTRINGS		Owner-Draw Listbox mit Strings als Eintrag
LBS_MULTICOLUMN		Mehrspaltige Listbox
LBS_MULTIPLESEL		Umkehrung der Markierung bei jedem Klick oder Doppelklick
LBS_NOINTEGRALHEIGHT		exakte Übernahme der angegebenen Größe
LBS_NOREDRAW		keine Erneuerung der Anzeige bei Änderungen
LBS_NOTIFY		Beim Anklicken erhält das Elternfenster eine Meldung
LBS_OWNERDRAWFIXED		Programmierer ist für die Anzeige des Inhalts verantw.
LBS_OWNERDRAWVARIABLE		wie oben, nur Einträge besitzen untersch. Höhen
LBS_SORT	Sorted = wahr	alphabetische Sortierung
LBS_STANDARD		LBS_SORT u. LBS_NOTIFY
LBS_USETABSTOPS		Berücksicht. Tab -Zeichen
LBS_WANTKEYBOARDINPUT		durch jeden Tastendruck entsteht eine Meldung

In der Tabelle konnte nur in einem Fall auf VisualBasic verwiesen werden. Dafür gibt es in VisualBasic drei spezielle Listboxen, die ohne viel Programmieraufwand die auf dem Rechner vorhandenen Laufwerke, Verzeichnisse oder Dateien auflisten kann. Der Inhalt ihrer Eigenschaft CtlName lautet standardmäßig Laufwerk1, Verzeichnis1 bzw. Datei1. Genaugenommen handelt es sich bei der Laufwerk-Listbox um eine Dropdown-Combobox, sie wird jedoch im Normalfall auch in die Listbox-Kategorie eingeordnet.

Durch den Aufruf des Konstruktors der OOP-Klasse TListBox wird eine Listbox erzeugt, die die Einträge sortiert anzeigt (LBS_SORT) und dem Elternfenster mitteilt, wenn sie der Bediener anklickt (LBS_NOTIFY). Auch in QuickC werden meist bei der Erstellung eines Controls der Klasse LISTBOX diese beiden Stilparameter angegeben.

Aufgrund irgendwelcher Aktionen wird in Listboxen häufiger ein neuer Eintrag eingefügt oder ein bestehender gelöscht. Für die Realisierung dieser Aufgaben werden in QuickC entsprechende Meldungen an die Listbox gesendet, in den beiden objektorientierten Sprachen werden dazu Methoden verwendet. Damit der derzeit selektierte Eintrag aus der Liste entfernt werden kann, muß zuerst mit Hilfe der Meldung LB_GETCURSEL bzw. über die Methode GetSelIndex der Index dieser markierten Zeile ermittelt werden.

QuickC
```
WORD wIndex;
wIndex = (WORD)SendMessage(hWndList, LB_GETCURSEL,
                                      0, 0L);
SendMessage(hWndList,LB_DELETESTRING, wIndex, 0L);
```

TurboPascal
```
iIndex: Integer;
iIndex := PList^.GetSelIndex;
PList^.DeleteString(iIndex);
```

Borland C++
```
WORD wIndex;
wIndex = ListBox->GetSelIndex();
ListBox^.DeleteString(wIndex);
```

VisualBasic
```
Index% = List1.ListIndex
List1.RemoveItem Index%
```

In VisualBasic steht der Index des aktuell markierten Eintrags in der Eigenschaft ListIndex. Über die Methode RemoveItem wird dann die selektierte Zeile entfernt.

Combobox

Das Kontrollelement Combobox, das in der Literatur auch als einzeiliges Listenfeld bezeichnet wird, verbindet die Fähigkeiten eines Textfeldes und einer Listbox. In dem Textfeld wird der in der Liste selektierte Eintrag angezeigt. Sie wird verwendet, damit der Anwender entweder die Eingabe in dem Editierfeld selber vornehmen oder aus der Liste einen bestehenden Eintrag auswählen kann (CBS_DROPDOWN). Dazu klickt er den rechts außen liegenden Pfeil an, wodurch die Liste heruntergeklappt wird. Nach der Selektierung einer Zeile wird diese Liste wieder automatisch weggeblendet.

Anstelle des Textfeldes kann auch ein statisches Feld treten, das nur den selektierten Eintrag anzeigt, ihn jedoch nicht verändern läßt (CBS_DROPDOWNLIST). Außerdem kann der Programmierer wählen, ob die Liste erst durch das Anklicken des Pfeils, der rechts neben dem Textfeld liegt, heruntergeklappt wird oder immer sichtbar ist (CBS_SIMPLE).

Es ist von der jeweiligen Aufgabenstellung abhängig, welche Combobox aus diesen drei Möglichkeiten benutzt werden sollte. Falls das Fenster bzw. die Dialogbox insgesamt recht viele andere Kontrollelemente enthält, wird nicht die Combobox mit der immer heruntergeklappten Liste verwendet, da sie zuviel Platz beanspruchen würde.

Stilart	Eigenschaften in VB	Bedeutung
CBS_AUTOHSCROLL		Text wird automatisch gescrollt, wenn er länger als das Textfeld wird
CBS_DROPDOWN	Style = 0	Listbox erscheint erst durch das Anklicken des rechten Pfeils
CBS_DROPDOWNLIST	Style = 2	Textfeld ist ein statisches Feld
CBS_HASSTRINGS ...		selbstverwaltete Combobox

Stilart	Eigenschaften in VB	Bedeutung
...		
CBS_OEMCONVERT		Eingegebener Text wird in den OEM-Zeichensatz und wieder zurückgewandelt.
CBS_OWNERDRAWFIXED		Programmierer ist selber für die Anzeige des Inhalts der Liste verantwortlich.
CBS_OWNERDRAWVARIABLE		wie oben, nur daß Einträge unterschiedlich hoch sind.
CBS_SIMPLE	Style = 1	Listbox wird immer angez.
CBS_SORT	Sorted=-1	Einträge werden autom. sortiert

Combobox-Meldungen

Da eine Combobox eine Listbox mit zusätzlichen Eigenschaften ist, kann mit ihr fast genauso wie mit einer Listbox gearbeitet werden. Die Control-Meldungen beginnen nun mit CB_ statt mit LB_ wie z.B. CB_ADDSTRING. Zusätzliche Meldungen beziehen sich auf das Textfeld oder auf das Herunterklappen der Liste. Durch Senden der Meldung CB_LIMITTEXT an die Combobox kann genauso wie bei einem Textfeld die Länge des einzugebenden Textes begrenzt werden. Über die Meldung CB_SHOWDROPDOWN können Sie programmtechnisch die Liste sichtbar machen bzw. wieder verstecken.

```
// Liste anzeigen
SendMessage(hWndCombo, CB_SHOWDROPDOWN, TRUE, 0L);
```

TComboBox

In ObjectWindows stellt die Klasse TComboBox den Nachkommen der Klasse TListBox dar, d.h. TComboBox besitzt neben allen Methoden seines Vorfahrens noch einige spezielle. Welche der drei möglichen Combobox-Arten gewünscht ist, wird im Konstruktor definiert. Hier geben Sie auch im letzten Parameter die maximale Textlänge für das Textfeld an.

C++

```
PCombo = new TComboBox(this, IDC_COMBO,
   20, 70, 150, 100,
   CBS_DROPDOWNLIST | CBS_SORT, 20);
```

TurboPascal

```
PCombo := new(PComboBox, Init(@Self,
 IDC_COMBO, 20, 70, 150, 100,
 CBS_DROPDOWN or CBS_SORT, 20));
```

Das Pendant zu der oben genannten Control-Meldung CB_SHOWDROPDOWN sind in ObjectWindows die beiden Methoden ShowList und HideList der Klasse TCombobox. Auch in VisualBasic besitzt das Objekt Combobox sowohl Eigenschaften von dem Objekt Textfeld (SelText, SelLength etc.) als auch viele Eigenschaften der Listbox (List, Sorted etc.). Aus der Liste der Combobox können mit den Methoden AddItem neue Einträge hinzugefügt oder mit der Methode RemoveItem bestehende gelöscht werden.

```
Komb1.AddItem "neuer Eintrag"
Komb1.RemoveItem Komb1.ListIndex
```

Aufgrund der zweiten Zeile wird der derzeit markierte Eintrag, der über seinen Index spezifiziert wird, aus der Liste gelöscht.

Ereignis DropDown

Das Control Combobox besitzt zusätzlich das Ereignis DropDown mit Ausnahme der Combobox, deren Eigenschaft Style auf den Wert 1 gesetzt ist, da bei diesem Control die Liste immer sichtbar ist. Dieses Ereignis entsteht, sobald der Anwender den Pfeil anklickt, kurz bevor die Liste heruntergeklappt wird. Deswegen wird dieses Ereignis häufig für die Aktualisierung des Listeninhaltes benutzt.

Beispiel zu List- und Comboboxen

Da man als Programmierer recht häufig vor der Aufgabe steht, eine Auflistung der vorhandenen Dateien realisieren zu müssen, wollen wir diese Aufgabe gemeinsam anhand eines kleinen Programmes lösen. Unsere Applikation besitzt zwei Listboxen und eine Combobox, um getrennt die Dateien, die Verzeichnisse und die Laufwerke auflisten zu können. Wenn ein Dateiname in der entsprechenden Liste doppelt angeklickt wird, wird dieser Name zusätzlich in einem statischen Textfeld ausgegeben. Da die Realisierung dieses Beispiels in der Sprache VisualBasic am schönsten und am einfachsten zu lösen ist, wollen wir mit diesem beginnen.

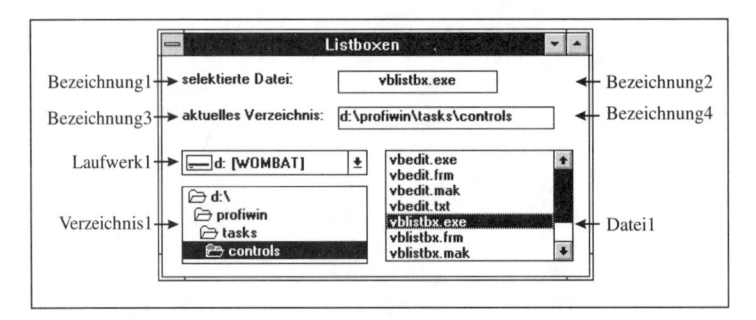

Abb. 201: Beispiel zu den Listboxen in VisualBasic

Beispiel

Objekt	Eigenschaft	Inhalt
Form1	Caption	Listboxen
Bezeichnung1	Caption	selektierte Datei:
Bezeichnung2	Caption	leer
	BorderStyle	1 ' Einfach
	Alignment	2 ' Zentriert
...		

Objekt	Eigenschaft	Inhalt
...		
Bezeichnung3	Caption	aktuelles Verzeichnis
Bezeichnung4	Caption	leer
	BorderStyle	1 ' Einfach
Datei1		
Verzeichnis1		
Laufwerk1		

Neue Eigenschaften	Kurzbeschreibung
Datei1.List	Array aller Einträge der Listbox
Datei1.ListIndex	Index des markierten Eintrags
Datei1.Path	eingestellter Verzeichnispfad
Laufwerk1.Drive	eingestelltes Laufwerk
Verzeichnis1.Path	eingestellter Verzeichnispfad

Neue Ereignisse	Kurzbeschreibung
Laufwerk1_Change	eingestelltes Laufwerk wurde geändert
Verzeichnis1_Change	anderes Verzeichnis wurde eingestellt

```
' VBLISTBX.FRM
Sub Form_Load ()
    Bezeichnung4.Caption = Verzeichnis1.Path
End Sub

Sub Laufwerk1_Change ()
    Verzeichnis1.Path = Laufwerk1.Drive
End Sub

Sub Verzeichnis1_Change ()
    Datei1.Path = Verzeichnis1.Path
    Bezeichnung4.Caption = Verzeichnis1.Path
End Sub

Sub Datei1_DblClick ()
    Bezeichnung2.Caption =
        Datei1.List(Datei1.ListIndex)
End Sub
```

Bei Programmstart wird das derzeit aktuelle Verzeichnis, das automatisch als kompletter Pfadname in der Eigenschaft Path der Verzeichnis-Listbox vorliegt, dem statischen Textfeld zur Ausgabe übergeben.

Ereignis Change

Gehen wir einmal von der Überlegung aus, daß der Anwender ein neues Laufwerk einstellt, um dann in einem bestimmten Verzeichnis alle Dateien ansehen zu können. Durch das Anwählen eines neuen Eintrags in der Laufwerk-Combobox entsteht für dieses

Kontrollelement das Ereignis Laufwerk1_Change, da ein Wechsel der selektierten Zeile erfolgte. Damit die nächste Liste in dem Verzeichnis-Listenfeld entsprechend aktualisiert wird, müssen wir nur der Eigenschaft Path dieser Listbox die Eigenschaft Drive der geänderten Laufwerk-Combobox übergeben.

```
Sub Laufwerk1_Change ()
    Verzeichnis1.Path = Laufwerk1.Drive
End Sub
```

Dadurch wird das Laufwerk nach allen Verzeichnissen durchsucht und in der Verzeichnis-Listbox angezeigt. Durch diese Ausgabe entsteht wieder ein Change-Ereignis, dieses Mal aber für das gerade genannte Listenfeld. Damit nun noch die dritte Listbox den Wechsel des Laufwerks und des Verzeichnisses mitbekommt, wird der Inhalt der Eigenschaft Path des Datei-Listenfeldes auf den Inhalt der gleichnamigen Eigenschaft der Verzeichnis-Listbox gesetzt. Zudem wird diese Pfadangabe in das vierte statische Feld ausgegeben.

```
Sub Verzeichnis1_Change ()
    Datei1.Path = Verzeichnis1.Path
    Bezeichnung4.Caption = Verzeichnis1.Path
End Sub
```

Eigenschaften List und ListIndex

Damit bei einem Doppelklick auf einen Dateinamen dieser Name in dem Control Bezeichnung2 angezeigt werden kann, wird auf das Ereignis Datei1_DblClick reagiert. Über den Index auf den selektierten Eintrag, der in der Eigenschaft ListIndex steht, kann aus dem Array List, das alle Einträge enthält, die markierte Zeile gelesen und der Eigenschaft Caption des statischen Textfeldes übergeben werden.

```
Sub Datei1_DblClick ()
    Bezeichnung2.Caption =
        Datei1.List(Datei1.ListIndex)
End Sub
```

Eigenschaft Pattern

Wenn Sie möchten, daß in der Datei-Listbox nicht alle Dateien des eingestellten Verzeichnisses, sondern nur alle MAK-Dateien angezeigt werden sollen, können Sie dies über die Eigenschaft Pattern des Objektes Datei1 erreichen.

```
Datei1.Pattern = "*.MAK"
```

Zudem kann eine weitere Selektierung von Dateien durch das Setzen der Eigenschaften Archive, Hidden, Normal, ReadOnly und System, die jeweils ein bestimmtes DOS-Attribut repräsentieren, vorgenommen werden. Diese Eigenschaften können die logischen Werte wahr und falsch annehmen.

In den anderen drei Sprachen existieren kleinere Unterschiede im Aussehen und in der Funktionsweise des Programmes. Die Verzeichnisse und Laufwerke werden nicht wie in VisualBasic zusätzlich durch kleine Symbole gekennzeichnet, die in der Laufwerk- und Verzeichnis-Listbox angezeigt werden. Außerdem wird in dem VisualBasic-Beispiel die Verzeichnis- und die Datei-Listbox erst dann aktualisiert, wenn die Liste der Laufwerk-

Fenster mit definierten Fähigkeiten 473

Combobox wieder weggeklappt wurde. In den nachfolgenden Programmen erfolgt diese Aktualisierung sofort, d.h. schon dann, wenn die Liste noch sichtbar ist. Bei Programmstart ist nur die Datei-Liste mit den Dateinamen des aktuellen Verzeichnisses gefüllt.

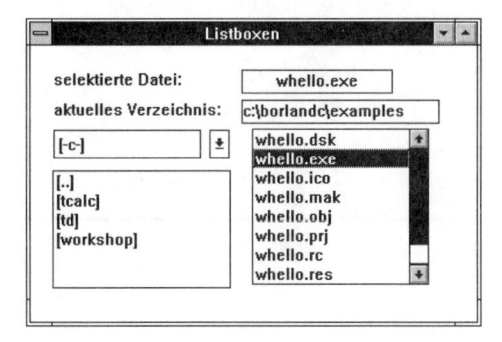

Abb. 202: Beispiel zu den Listboxen

Windows-Meldungen	Kurzbeschreibung
CB_DIR	füllt die Liste der Combobox mit Dateien etc.
CB_RESETCONTENT	löscht alle Einträge aus der Combobox
LB_DIR	füllt die Listbox mit Dateien etc.
LB_GETCURSEL	ermittelt den Index des selektierten Eintrags
LB_GETTEXT	besorgt den Text aus der Listbox, der durch den Index bestimmt wird
LB_RESETCONTENT	löscht alle Einträge aus der Listbox

Windows-Funktionen	Kurzbeschreibung
DlgDirList	aktualisiert den Inhalt der Listbox
DlgDirSelect	ermittelt den markierten Eintrag in der Listbox
DlgDirSelectComboBox	ermittelt den markierten Eintrag in der Liste der Combobox
SetWindowText	setzt den Text z.B. in einem statischen Textfeld

Beispiel

/***************** **QCLISTBX.C** *****************/

```
1   /* QuickCase:W */
2   #include "QCLISTBX.h"
3
4   int PASCAL WinMain(HANDLE hInstance, HANDLE
5   hPrevInstance, LPSTR lpszCmdLine, int nCmdShow)
6   {
7   /****************************************/
8   /* hInstance;        Handle dieser Instanz   */
9   /* hPrevInstance;Handle der vorhergehenden Instanz*/
10  /* lpszCmdLine; Zeiger auf die Kommandozeile   */
11  /* nCmdShow;    Code zur Anzeige des Hauptfensters */
12  /****************************************/
13
14  MSG msg;      /* MSG-Struktur für die Meldungen */
15  int nRc;      /* Rückgabewert der Klassen-      */
16                /* Registrierung(en)              */
17
18  strcpy(szAppName, "QCLISTBX");
19  hInst = hInstance;
20  if(!hPrevInstance)
21  {
22  /* Registrieren der Fensterklasse(n) bei der */
23  /* 1.Instanz                                 */
24      if ((nRc = nCwRegisterClasses()) == -1)
25      {
26  /* Registrierung schlug fehl               */
```

Fenster mit definierten Fähigkeiten

```
 27         LoadString(hInst, IDS_ERR_REGISTER_CLASS,
 28                 szString, sizeof(szString));
 29         MessageBox(NULL, szString, NULL,
 30                 MB_ICONEXCLAMATION);
 31         return nRc;
 32     }
 33 }
 34
 35 /* Hauptfenster erzeugen                              */
 36 hWndMain = CreateWindow(
 37     szAppName,      /* Klassennamen                   */
 38     "Listboxen",
 39                     /* Text in der Titelzeile         */
 40     WS_CAPTION      |  /* Titel zufügen               */
 41     WS_SYSMENU      |  /* Systemmenübox zufügen       */
 42     WS_MINIMIZEBOX  |  /* Minimize Box zufügen        */
 43     WS_MAXIMIZEBOX  |  /* Maximize Box zufügen        */
 44     WS_THICKFRAME   |  /* in der Größe veränderbar    */
 45     WS_CLIPCHILDREN |
 46                     /* kein Zeichnen in den Kindfenstern */
 47     WS_OVERLAPPED,
 48     CW_USEDEFAULT, 0, /* Default-Werte für X, Y       */
 49     CW_USEDEFAULT, 0,
 50                     /* Default-Werte für Breite und Höhe */
 51     NULL,           /* Handle des Elternfensters      */
 52     NULL,           /* Handle des Menüs               */
 53     hInst,          /* Handle der Instanz             */
 54     NULL);          /* Struktur für WM_CREATE         */
 55
 56 if(hWndMain == NULL)
 57     {
 58     LoadString(hInst, IDS_ERR_CREATE_WINDOW,
 59             szString, sizeof(szString));
 60     MessageBox(NULL, szString, NULL,
 61             MB_ICONEXCLAMATION);
 62     return IDS_ERR_CREATE_WINDOW;
 63     }
 64 ShowWindow(hWndMain, nCmdShow);
 65 /* Anzeigen des Hauptfensters */
 66
 67 while(GetMessage(&msg, NULL, 0, 0))
 68 /* bis WM_QUIT eintritt */
 69     {
 70     TranslateMessage(&msg);
 71     DispatchMessage(&msg);
 72     }
 73
 74 /* Aufräumarbeiten, bevor die Applikation beendet */
 75 /* wird                                           */
 76 CWinRegisterClasses();
 77 return msg.wParam;
 78 } /* Ende der WinMain                             */
 79
 80 /*************************************************/
 81 /*                                                */
 82 /* Fensterroutine des Hauptfensters:              */
 83 /*                                                */
 84 /* Diese Prozedur stellt Service-Routinen für die */
 85 /* Windows-Ereignisse (Meldungen) bereit, die     */
 86 /* Windows oder der Benutzer an das Fenster sendet*/
 87 /* Sie initialisiert Ereignisse (Meldungen), die  */
 88 /* entstehen, wenn der Anwender z.B. einen Menü-  */
 89 /* punkt oder ein Tastenkürzel anwählt            */
 90 /*                                                */
 91 /*************************************************/
 92
 93 LONG FAR PASCAL WndProc(HWND hWnd, WORD Message,
 94 WORD wParam, LONG lParam)
 95 {
 96 HMENU        hMenu=0;          /* Menü-Handle      */
 97 HBITMAP      hBitmap=0;        /* Handle für Bitmaps */
 98 HDC          hDC;/* Handle für den Display Context */
 99 PAINTSTRUCT  ps; /* enthält Zeichen-Informationen  */
100 int          nRc=0; /* Rückgabewert                */
101 static HWND  hWndListVerz, hWndCombLauf,
102              hWndListDatei, hWndBez1, hWndBez2;
103 char szPathSpec[150];
104
105 switch (Message)
106     {
107     case WM_COMMAND:
108         switch (wParam)
109             {
110             case IDC_LISTLAUF:
111                 if ( HIWORD(lParam) == CBN_SELCHANGE )
112                     {
113                     DlgDirSelectComboBox(hWnd, szPathSpec,
114                                         IDC_LISTLAUF);
115                     DlgDirList(hWnd, szPathSpec, IDC_LISTVERZ,
116                                         IDC_BEZ2, 0x8000 | 0x10);
117                     DlgDirList(hWnd, szPathSpec,
118                                         IDC_LISTDATEI, 0, 0x0);
119                     SetWindowText(hWndBez1,"");
120                     }
121                 break;
122
123             case IDC_LISTVERZ:
124                 if ( HIWORD(lParam) == CBN_DBLCLK )
125                     {
126                     DlgDirSelect(hWnd, szPathSpec,
127                                         IDC_LISTVERZ);
128                     DlgDirList(hWnd, szPathSpec, IDC_LISTVERZ,
129                                         IDC_BEZ2, 0x8000 | 0x10);
130                     DlgDirList(hWnd, szPathSpec,
131                                         IDC_LISTDATEI, 0, 0x0);
132                     SetWindowText(hWndBez1,"");
133                     }
134                 break;
135
136             case IDC_LISTDATEI:
137                 if ( HIWORD(lParam) == CBN_DBLCLK )
138                     {
139                     wIndex = (WORD)SendMessage( hWndListDatei,
140                                         LB_GETCURSEL, 0, 0L);
141                     SendMessage(hWndListDatei,LB_GETTEXT, wIndex,
142                                         (LPARAM)(LPSTR)szPathSpec);
143                     SetWindowText(hWndBez1,szPathSpec);
144                     }
145                 break;
146
147             default:
148                 return DefWindowProc(hWnd, Message,
149                                         wParam, lParam);
150             }
151         break;      /* Ende von WM_COMMAND            */
152
153     case WM_CREATE:
154         CreateWindow( "STATIC",
155                         "selektierte Datei:",
156                         WS_CHILD | WS_VISIBLE ,
157                         20, 20, 150, 14,
158                         hWnd, 0, hInst, NULL);
159
160         hWndBez1 = CreateWindow( "STATIC", "",
161                         WS_CHILD | WS_VISIBLE |
162                         SS_CENTER | WS_BORDER,
163                         180, 20, 130, 20,
164                         hWnd, IDC_BEZ1, hInst, NULL);
165
166         CreateWindow( "STATIC",
167                         "aktuelles Verzeichnis:",
168                         WS_CHILD | WS_VISIBLE,
169                         20, 45, 150, 14,
170                         hWnd, 0, hInst, NULL);
171
172         hWndBez2 = CreateWindow( "STATIC","",
173                         WS_CHILD | WS_VISIBLE |
174                         WS_BORDER,
175                         180, 45, 170, 20,
176                         hWnd, IDC_BEZ2, hInst, NULL);
177
178         hWndCombLauf = CreateWindow( "COMBOBOX", "",
179                         WS_CHILD | WS_VISIBLE | WS_VSCROLL |
180                         CBS_DROPDOWN | CBS_SORT,
181                         20, 70, 150, 100,
182                         hWnd, IDC_LISTLAUF, hInst, NULL);
183         SendMessage(hWndCombLauf, CB_RESETCONTENT,0,0L);
184         SendMessage(hWndCombLauf, CB_DIR, (WORD)
185                         (0x4000), (LONG)(LPSTR)"*");
186
187         hWndListVerz = CreateWindow( "LISTBOX", "",
188                         WS_CHILD | WS_VISIBLE |
189                         LBS_STANDARD ,
190                         20, 105, 150, 100,
191                         hWnd, IDC_LISTVERZ, hInst, NULL);
192
193         hWndListDatei = CreateWindow( "LISTBOX", "",
194                         WS_CHILD | WS_VISIBLE |
195                         LBS_STANDARD ,
196                         190, 70, 150, 135,
197                         hWnd, IDC_LISTDATEI, hInst, NULL);
198         SendMessage(hWndListDatei,LB_RESETCONTENT,0,0L);
199         SendMessage(hWndListDatei, LB_DIR, (WORD)(0x0),
200                         (LONG)(LPSTR)"*.*");
201         break;      /* Ende von WM_CREATE             */
202
203     case WM_MOVE:   /* Bewegen des Fensters           */
204         break;
205
206     case WM_SIZE:
207 /* Größenänderung der Client Area                    */
208         break;      /* Ende von WM_SIZE               */
209
210     case WM_PAINT:  /* Neuzeichnen der Client Area    */
211 /* bekommt ein Handle auf den Device Context         */
212 /* BeginPaint wird evtl. WM_ERASEBKGND senden.       */
213         memset(&ps, 0x00, sizeof(PAINTSTRUCT));
214         hDC = BeginPaint(hWnd, &ps);
215 /* falls der Hintergrund keine Farbe besitzt*/
216         SetBkMode(hDC, TRANSPARENT);
217 /* Das Neuzeichnen ist abgeschlossen                 */
218         EndPaint(hWnd, &ps);
219         break;      /* Ende von WM_PAINT              */
220
221     case WM_CLOSE:  /* Schließen des Fensters         */
222 /* Zerstören der Kindfenster, modeless Dialogboxen   */
223 /* Zerstören dieses Fensters                         */
224         DestroyWindow(hWnd);
225         if (hWnd == hWndMain)
226             PostQuitMessage(0);
227 /* Beenden der Applikation                           */
228         break;
229
230     default:
231 /* alle Meldungen, für die keine eigene Service-     */
232 /* Routine zur Verfügung gestellt wird, sollten an   */
233 /* Windows gereicht werden, damit eine Default-      */
234 /* Verarbeitung stattfinden kann                     */
235         return DefWindowProc(hWnd, Message, wParam,
236                         lParam);
237     }
238 return 0L;
239 } /* Ende von WndProc                                 */
240
241 /*************************************************/
242 /*                                                */
```

Fenster mit definierten Fähigkeiten 475

```
243  /* nCwRegisterClasses Funktion:                      */
244  /*                                                   */
245  /* Die folgende Funktion registriert alle Klassen    */
246  /* von allen Fenstern, die mit dieser Applikation    */
247  /* verbunden sind. Die Funktion liefert einen        */
248  /* Fehlercode zurück, falls sie nicht erfolgreich    */
249  /* war, ansonsten wird 0 zurückgegeben.              */
250  /*                                                   */
251  /*****************************************************/
252
253  int nCwRegisterClasses(void)
254  {
255    WNDCLASS   wndclass;
256    /* Struktur, um eine Klasse zu definieren          */
257    memset(&wndclass, 0x00, sizeof(WNDCLASS));
258    /* Füllen von WNDCLASS mit Fenster-Eigenschaften   */
259    wndclass.style = CS_HREDRAW | CS_VREDRAW |
260                                  CS_BYTEALIGNWINDOW;
261    wndclass.lpfnWndProc = WndProc;
262    /* zusätzlicher Speicher für Klassen- und          */
263    /* Fensterobjekte                                  */
264    wndclass.cbClsExtra = 0;
265    wndclass.cbWndExtra = 0;
266    wndclass.hInstance = hInst;
267    wndclass.hIcon = LoadIcon(NULL, IDI_APPLICATION);
268    wndclass.hCursor = LoadCursor(NULL, IDC_ARROW);
269    /* Erzeugen eines Pinsels, um den Hintergrund      */
270    /* zu löschen                                      */
271    wndclass.hbrBackground = (HBRUSH)(COLOR_WINDOW+1);
272    wndclass.lpszMenuName = szAppName;
273    /* Klassenname = Menüname    */
274    wndclass.lpszClassName = szAppName;
275    /* Klassenname = App.-Name  */
276    if(!RegisterClass(&wndclass))
277      return -1;
278
279    return(0);
280  } /* Ende von nCwRegisterClasses              */
281
282  /*****************************************************/
283  /*  CwUnRegisterClasses Function:                    */
284  /*                                                   */
```

```
285  /* löscht jeden Bezug zu den Fenster-Resources,      */
286  /* die für diese Applikation erzeugt wurden, gibt*/
287  /* Speicher frei, löscht die Instanz, die Handles*/
288  /* und tätigt andere Aufräumarbeiten                 */
289  /*                                                   */
290  /*****************************************************/
291
292  void CwUnRegisterClasses(void)
293  {
294    WNDCLASS   wndclass;
295    /* Struktur, um eine Klasse zu definieren          */
296    memset(&wndclass, 0x00, sizeof(WNDCLASS));
297
298    UnregisterClass(szAppName, hInst);
299  }  /* Ende von CwUnRegisterClasses              */
300
301
302  /* QCLISTBX.H */
303  /* QuickCase:W */
304  #include <windows.h>
305  #include <string.h>
306
307
308  #define IDS_ERR_REGISTER_CLASS   1
309  #define IDS_ERR_CREATE_WINDOW    2
310  #define IDC_LISTLAUF            20
311  #define IDC_LISTVERZ            21
312  #define IDC_LISTDATEI           22
313  #define IDC_BEZ1                23
314  #define IDC_BEZ2                24
315
316  char szString[128];
317  /* Variable zum Laden der Resource-Texte */
318  char szAppName[20];
319  /* Klassenname des Fensters                */
320
321  HWND hInst;
322  HWND hWndMain;
323
324  LONG FAR PASCAL WndProc(HWND, WORD, WORD, LONG);
325  int nCwRegisterClasses(void);
326  void CwUnRegisterClasses(void);
```

Turbo C++

Neue Methoden	Kurzbeschreibung
TComboBox::TComboBox	Konstruktor der Klasse TComboBox
TComboBox::ClearList	löscht alle Einträge in der Liste der Combobox
TListBox::TListBox	Konstruktor der Klasse TListBox
TListBox::ClearList	löscht alle Einträge in der Listbox
TListBox::GetSelString	ermittelt den selektierten Text
TStatic::TStatic	Konstruktor der Klasse TStatic
TStatic::SetText	beschreibt das statische Feld

Beispiel

/***************** **TCLISTBX.CPP** *****************/

```
 1  #include <owl.h>
 2  #include <listbox.h>
 3  #include <combobox.h>
 4  #include <static.h>
 5
 6  #define IDC_LISTLAUF      20
 7  #define IDC_LISTVERZ      21
 8  #define IDC_LISTDATEI     22
 9  #define IDC_BEZ1          23
10  #define IDC_BEZ2          24
11  #define TEXTLEN          150
12
13  class TRahmen :public TApplication
14  {
15  public:
16    TRahmen(LPSTR AName, HANDLE hInstance, HANDLE
17      hPrevInstance, LPSTR lpCmdLine, int nCmdShow)
18      : TApplication(AName, hInstance, hPrevInstance,
19      lpCmdLine, nCmdShow) {};
20    virtual void InitMainWindow();
21  };
22
23  class TFenster : public TWindow
24  {
25  public:
```

```
26    PTListBox ListVerz, ListDatei;
27    PTComboBox CombLauf;
28    PTStatic Bez1, Bez2;
29    char szPathSpec[150];
30    TFenster(PTWindowsObject AParent, LPSTR ATitle);
31    virtual void SetupWindow();
32    virtual void Laufwerk(RTMessage Msg)
33      = [ID_FIRST + IDC_LISTLAUF];
34    virtual void Verzeichnis(RTMessage Msg)
35      = [ID_FIRST + IDC_LISTVERZ];
36    virtual void Datei(RTMessage Msg)
37      = [ID_FIRST + IDC_LISTDATEI];
38  };
39
40  void TRahmen::InitMainWindow()
41  {
42    MainWindow = new TFenster(NULL, "Listboxen");
43  }
44
45  TFenster::TFenster(PTWindowsObject AParent, LPSTR
46    ATitle) : TWindow(AParent, ATitle)
47  {
48    new TStatic(this, 0, "selektierte Datei:", 20, 20,
49      150, 14, TEXTLEN);
50    Bez1 = new TStatic(this, IDC_BEZ1, "", 180, 20,
```

Fenster mit definierten Fähigkeiten

```
51          130, 20, TEXTLEN);
52    new TStatic(this, 0, "aktuelles Verzeichnis:", 20,
53          45, 150, 14, TEXTLEN);
54    Bez2= new TStatic(this, IDC_BEZ2, "", 180, 45,
55          170, 20, TEXTLEN);
56
57    CombLauf = new TComboBox(this, IDC_LISTLAUF, 20,
58          70, 150, 100, WS_VSCROLL | CBS_DROPDOWN |
59          CBS_SORT, TEXTLEN);
60
61    ListVerz = new TListBox(this, IDC_LISTVERZ, 20,
62          105, 150, 100);
63    ListDatei = new TListBox(this, IDC_LISTDATEI, 190,
64          70, 150, 135);
65  }
66
67  void TFenster::SetupWindow()
68  {
69    TWindow::SetupWindow();
70    CombLauf->ClearList();
71    SendMessage(CombLauf->HWindow, CB_DIR,
72          (WORD)(0x4000), (LONG)(LPSTR)"*");
73    ListDatei->ClearList();
74    SendMessage(ListDatei->HWindow, LB_DIR,
75          (WORD)(0x0), (LONG)(LPSTR)"*.*");
76  }
77
78  void TFenster::Laufwerk(RTMessage Msg)
79  {
80    if ( HIWORD(Msg.LParam) == CBN_SELCHANGE )
81    {
82      DlgDirSelectComboBox(HWindow, szPathSpec,
83            IDC_LISTLAUF);
84      DlgDirList(HWindow, szPathSpec, IDC_LISTVERZ,
85            IDC_BEZ2, 0x8000 | 0x10);
86      DlgDirList(HWindow, szPathSpec, IDC_LISTDATEI,
87            0, 0x0);
88      Bez1->SetText("");
89    }
90  }
91
92  void TFenster::Verzeichnis(RTMessage Msg)
93  {
94    if ( HIWORD(Msg.LParam) == CBN_DBLCLK )
95    {
96      DlgDirSelect(HWindow, szPathSpec, IDC_LISTVERZ);
97      DlgDirList(HWindow, szPathSpec, IDC_LISTVERZ,
98            IDC_BEZ2, 0x8000 | 0x10);
99      DlgDirList(HWindow, szPathSpec, IDC_LISTDATEI,
100           0, 0x0);
101     Bez1->SetText("");
102   }
103 }
104
105 void TFenster::Datei(RTMessage Msg)
106 {
107   if ( HIWORD(Msg.LParam) == CBN_DBLCLK )
108   {
109     ListDatei->GetSelString(szPathSpec, TEXTLEN);
110     Bez1->SetText(szPathSpec);
111   }
112 }
113
114 int PASCAL WinMain(HANDLE hInstance, HANDLE hPrevInstance,
115     LPSTR lpCmdLine, int nCmdShow)
116 {
117   TRahmen MeinRahmen ("TCFirst", hInstance,
118     hPrevInstance, lpCmdLine, nCmdShow);
119   MeinRahmen.Run();
120   return MeinRahmen.Status;
121 }
```

Turbo Pascal

Neue Methoden	Kurzbeschreibung
TComboBox.Init	Konstruktor der Klasse TComboBox
TComboBox.ClearList	löscht alle Einträge in der Liste der Combobox
TListBox.Init	Konstruktor der Klasse TListBox
TListBox.ClearList	löscht alle Einträge in der Listbox
TListBox.GetSelString	ermittelt den selektierten Text
TStatic.Init	Konstruktor der Klasse TStatic
TStatic.SetText	beschreibt das statische Feld

Beispiel

{ Listbox-Programm: TPListBx.PAS }

```
1   program TPLISTBX;
2   uses WObjects, WinTypes, WinProcs;
3   const
4     IDC_LISTLAUF  =       20;
5     IDC_LISTVERZ  =       21;
6     IDC_LISTDATEI =       22;
7     IDC_BEZ1      =       23;
8     IDC_BEZ2      =       24;
9     TEXTLEN       =      150;
10
11  type
12    TRahmen = object(TApplication)
13      procedure InitMainWindow; virtual;
14    end;
15
16  type
17    PFenster = ^TFenster;
18    TFenster = object(TWindow)
19      szPathSpec: array[0..150] of Char;
20      CombLauf: PComboBox;
21      ListVerz, ListDatei: PListBox;
22      Bez1, Bez2, Bez3, Bez4: PStatic;
23      constructor Init(AParent: PWindowsObject; ATitle:
24            PChar);
25      procedure Laufwerk(var Msg: TMessage); virtual
26            id_First + IDC_LISTLAUF;
27      procedure Verzeichnis(var Msg: TMessage); virtual
28            id_First + IDC_LISTVERZ;
29      procedure Datei(var Msg: TMessage); virtual
30            id_First + IDC_LISTDATEI;
31      procedure SetupWindow; virtual;
32    end;
33
34  procedure TRahmen.InitMainWindow;
35  begin
36    MainWindow := New(PFenster, Init(nil,
37                      'Listboxen'));
38  end;
39
40  constructor TFenster.Init(AParent: PWindowsObject;
41    ATitle: PChar);
42  begin
43    TWindow.Init(AParent, ATitle);
44    Bez3 := new(PStatic, Init(@Self, 0,
45    'selektierte Datei:', 20, 20, 150, 14, TEXTLEN));
46    Bez1 := new(PStatic, Init(@Self, IDC_BEZ1, '',
47      180, 20, 130, 20, TEXTLEN));
48    Bez4 := new(PStatic, Init(@Self, 0,
49    'aktuelles Verzeichnis:', 20, 45, 150, 14,
50    TEXTLEN));
51    Bez2 := new(PStatic, Init(@Self, IDC_BEZ2, '',
52      180, 45, 170, 20, TEXTLEN));
53
54    CombLauf := new(PComboBox, Init(@Self,
55      IDC_LISTLAUF, 20, 70, 150, 100,
56      CBS_DROPDOWN or CBS_SORT, TEXTLEN));
57
58    ListVerz := new(PListBox, Init(@Self,
59      IDC_LISTVERZ, 20, 105, 150, 100),
60    ListDatei := new(PListBox, Init(@Self,
```

Fenster mit definierten Fähigkeiten   477

```
61        IDC_LISTDATEI, 190, 70, 150, 135));
62    end;
63
64    procedure TFenster.SetupWindow;
65    begin
66      TWindow.SetupWindow;
67      CombLauf^.ClearList;
68      SendMessage(CombLauf^.HWindow, CB_DIR,
69           WORD($4000), LONGINT(PCHAR('')));
70      ListDatei^.ClearList;
71      SendMessage(ListDatei^.HWindow, LB_DIR, WORD($00),
72           LONGINT(PCHAR('*.*')));
73    end;
74
75    procedure TFenster.Laufwerk(var Msg: TMessage);
76    begin
77      if ( HIWORD(Msg.LParam) = CBN_SELCHANGE )
78      then begin
79        DlgDirSelectComboBox(HWindow, szPathSpec,
80           IDC_LISTLAUF);
81        DlgDirList(HWindow, szPathSpec, IDC_LISTVERZ,
82           IDC_BEZ2, $8000 or $10);
83        DlgDirList(HWindow,szPathSpec, IDC_LISTDATEI,0,0);
84        Bez1^.SetText('');
85      end;
86    end;
87
88    procedure TFenster.Verzeichnis(var Msg: TMessage);
89    begin
90      if ( HIWORD(Msg.LParam) = CBN_DBLCLK )
91      then begin
92        DlgDirSelect(HWindow, szPathSpec, IDC_LISTVERZ);
93        DlgDirList(HWindow, szPathSpec, IDC_LISTVERZ,
94           IDC_BEZ2, $8000 or $10);
95        DlgDirList(HWindow, szPathSpec, IDC_LISTDATEI,
96           0, 0);
97        Bez1^.SetText('');
98      end;
99    end;
100
101   procedure TFenster.Datei(var Msg: TMessage);
102   begin
103     if ( HIWORD(Msg.LParam) = CBN_DBLCLK )
104     then begin
105       ListDatei^.GetSelString(szPathSpec, TEXTLEN);
106       Bez1^.SetText(szPathSpec);
107     end;
108   end;
109
110   { Hauptprogramm }
111   var MeinRahmen : TRahmen;
112   begin
113     MeinRahmen.Init('TPListhx');
114     MeinRahmen.Run;
115     MeinRahmen.Done;
116   end.
```

Die Beispiele in den drei Sprachen QuickC, TurboPascal und Borland C++ unterscheiden sich nur ein wenig in den folgenden Punkten. Die statischen Textfelder zur Aufnahme des selektierten Verzeichnisses bzw. der markierten Datei besitzen in den beiden objektorientierten Sprachen keine Umrandung, da die OOP-Klasse ohne Rahmen implementiert ist. Wird ein umgebendes Rechteck gewünscht, muß ein Nachkomme der Klasse TStatic erzeugt werden. Aus dem gleichen Grund wurde die Combobox im TurboPascal-Programm ohne senkrechte Scrollbar realisiert.

Die Kontrollelemente werden zu Beginn bei der Verarbeitung der WM_Create-Meldung bzw. in dem Konstruktor des Fensterobjektes TFenster erzeugt. Die Positionen und Größen der einzelnen Fenster wurden von mir nach dem Schema: "probieren und verbessern" festgelegt. In diesem Punkt besitzt VisualBasic einfach Vorteile. In QuickC wird für die Erstellung die Funktion CreateWindow verwendet, der als erster Parameter die entsprechende Windows-Klasse übergeben wird. Mit Hilfe des Stilparameters WS_VISIBLE werden die Kindfenster sofort sichtbar angezeigt.

```
hWndCombLauf = CreateWindow( "COMBOBOX", "",
             WS_CHILD | WS_VISIBLE | WS_VSCROLL |
             CBS_DROPDOWN | CBS_SORT,
             20, 70, 150, 100,
             hWnd, IDC_LISTLAUF, hInst, NULL);
```

In TurboPascal und Borland C++ werden die Objekte dynamisch über die Funktion New geschaffen. Die statischen Textfelder und die Combobox benötigen die maximale Länge des darzustellenden Textes, die ich über die Konstante TEXTLEN mit 150 Zeichen bestimmt habe.

```
Bez2 := new(PStatic, Init(@Self, IDC_BEZ2, '',
   180, 45, 170, 20, TEXTLEN));
```

Die Liste der Combobox für die Darstellung der Laufwerke und die Listbox zur Anzeige der Dateien werden initialisiert. Dies erfolgt in QuickC direkt im Anschluß an das Erzeugen der Fenster, ansonsten wird dafür die Methode SetupWindow benutzt, da die Einstellungen im Konstruktor des Fensterobjektes noch keine Wirkung zeigen. Die Inhalte der Listen werden zuerst definitiv gelöscht, um sie dann mit Hilfe der Meldungen CB_DIR bzw. LB_DIR mit den Laufwerken bzw. mit den Dateinamen zu füllen. Diesen

Meldungen wird über den Parameter wParam mitgeteilt, welche Daten gewünscht sind. Dabei existieren folgende Möglichkeiten, die durch logische OR-Verknüpfungen verbunden werden können.

Anzugebender Wert	Bedeutung
0x0000	Dateien ohne Attribute
0x0001	Dateien mit nur Lesen-Attribut
0x0002	Dateien mit Hidden-Attribut
0x0004	Dateien mit System-Attribut
0x0010	Verzeichnisse
0x0020	Dateien mit Archiv-Attribut
0x4000	Laufwerke
0x8000	Ausschluß von Dateien, die nicht speziell angegeben wurden

Wenn Dateien aufgelistet werden sollen, kann über den zweiten Parameter lParam noch eine engere Auswahl getroffen werden. So können Zeichen wie ? oder *, die als Wildcards bezeichnet werden, angegeben werden. Da bei unserem Beispiel alle vorhandenen Dateien angezeigt werden sollen, legen wir dies über die Zeichenkette "*.*" fest.

QuickC
```
SendMessage(hWndListDatei,LB_RESETCONTENT,0,0L);
SendMessage(hWndListDatei, LB_DIR, (WORD)(0x0),
                           (LONG)(LPSTR)"*.*");
```

TurboPascal
```
ListDatei^.ClearList;
SendMessage(ListDatei^.HWindow, LB_DIR, WORD($00),
    LONGINT(PCHAR('*.*')));
```

Nach diesen Initialisierungen müssen nun noch die möglichen Aktionen des Anwenders bearbeitet werden. Wenn der Benutzer den Pfeil der Laufwerk-Combobox anklickt, um ein Laufwerk aus der Liste zu wählen, meldet das Kontrollelement mit dem ID-Wert IDC_LISTLAUF dies dem Elternfenster durch eine WM_Command-Meldung bzw. wird dadurch die mit diesem Element verknüpfte Methode namens Laufwerk aufgerufen. In beiden Fällen steht in dem Feld lParam der Variablen Msg der Notification Code, der genauer aussagt, was geschehen ist. Falls der Code CBN_SELCHANGE lautet, so wurde ein anderer Eintrag in der Liste markiert, um eine neue Ausgabe in den beiden Listboxen und in einem statischen Textfeld zu erreichen.

Über die Funktion DlgDirSelectComboBox wird das selektierte Laufwerk ermittelt und den beiden Listboxen für ihre Aktualisierung übergeben. Genauso wie der Meldung LB_DIR wird auch der Funktion DlgDirList über bestimmte Werte mitgeteilt, ob Dateien oder nur Verzeichnisse aufgelistet werden sollen. Diese beiden gerade genannten Funktionen werden normalerweise innerhalb von Dialogboxen verwendet, deswegen beginnen sie mit den drei Buchstaben Dlg. Kommen sie wie bei uns bei normalen Fenster zum Einsatz, so wird statt des Handles auf eine Dialogbox das normale Fenster-Handle genannt. Das Bezeichnungsfeld wird mit Hilfe der Funktion SetWindowText bzw. über die Methode SetText gelöscht, wobei sich Funktion und Methode sehr stark ähneln.

QuickC
```
case IDC_LISTLAUF:
  if ( HIWORD(lParam) == CBN_SELCHANGE )
  {
    DlgDirSelectComboBox(hWnd, szPathSpec,
                        IDC_LISTLAUF);
    DlgDirList(hWnd, szPathSpec, IDC_LISTVERZ,
               IDC_BEZ2, 0x8000 | 0x10);
    DlgDirList(hWnd, szPathSpec,
               IDC_LISTDATEI, 0, 0x0);
    SetWindowText(hWndBez1,"");
  }
  break;
```

TurboPascal
```
procedure TFenster.Laufwerk(var Msg: TMessage);
begin
if ( HIWORD(Msg.LParam) = CBN_SELCHANGE )
then begin
  DlgDirSelectComboBox(HWindow, szPathSpec,
    IDC_LISTLAUF);
  DlgDirList(HWindow, szPathSpec, IDC_LISTVERZ,
    IDC_BEZ2, $8000 or $10);
  DlgDirList(HWindow,szPathSpec,IDC_LISTDATEI,0,0);
  Bez1^.SetText('');
end;
```

Bei einem Doppelklick auf einen Eintrag in der Verzeichnis-Liste wird dieser Eintrag gelesen, um sowohl diese als auch die Datei-Dialogbox mit Hilfe der gerade besprochenen Funktionen neu aufzubereiten. Bei einem Doppelklick auf einen Eintrag in der Datei-Listbox wird dieser Dateiname ermittelt und in das statische Feld ausgegeben. Das Lesen erfolgt entweder durch das Senden der beiden Meldungen LB_GETCURSEL und LB_GETTEXT bzw. durch den Aufruf der Methode GetSelString. Im ersten Fall muß erst der Index der markierten Zeile geholt werden, um dann über diesen Index auf den Text zu kommen. Diese zwei Schritte führt die Methode GetSelString auf einmal durch.

QuickC
```
case IDC_LISTDATEI:
  if ( HIWORD(lParam) == CBN_DBLCLK )
  {
    wIndex = (WORD)SendMessage( hWndListDatei,
                    LB_GETCURSEL, 0, 0L);
    SendMessage(hWndListDatei,LB_GETTEXT, wIndex,
                    (LPARAM)(LPSTR)szPathSpec);
    SetWindowText(hWndBez1,szPathSpec);
  }
  break;
```

TurboPascal
```
procedure TFenster.Datei(var Msg: TMessage);
begin
```

```
if ( HIWORD(Msg.LParam) = CBN_DBLCLK )
then begin
  ListDatei^.GetSelString(szPathSpec, TEXTLEN);
  Bez1^.SetText(szPathSpec);
end;
```

7.1.5 Die Scrollbar

Scrollbars

Für die Scrollbars existieren zwei unterschiedliche Verwendungszwecke, die auch programmtechnisch verschieden behandelt werden. Scrollbars werden einerseits verwendet, um Teile eines Dokumentes durch Verschieben auf den Bildschirm zu bringen, falls das Dokument zu umfangreich ist, um es in seiner Gesamtgröße in dem Fenster anzuzeigen. Diese Bildlaufleisten werden beim Erzeugen des Fensters mit den beiden Stilparametern WS_VSCROLL für die vertikale Leiste und WS_HSCROLL für die horizontale Leiste mit dem Fenster verbunden. Daneben gibt es jedoch auch noch das Kontrollelement Scrollbar, das normalerweise als eine Art Eingabegerät benutzt wird, um z.B. wie in der Systemsteuerung die Geschwindigkeit des Doppelklicks für die Maus einzustellen oder eine Farbauswahl zu treffen.

Stilart	Eigenschaften in VB	Bedeutung
SBS_BOTTOMALIGN		Ausrichtung der unteren Kante in Verbindung mit SBS_HORZ
SBS_HORZ	HLauf1	Horizontale Scrollbar
SBS_LEFTALIGN		Ausrichtung der linken Kante in Verbindung mit SBS_VERT
SBS_RIGHTALIGN		Ausrichtung der rechten Kante in Verbindung mit SBS_VERT
SBS_SIZEBOX		Erzeugt eine Sizebox
SBS_SIZEBOXBOTTOMRIGHTALIGN		Ausrichtung der Sizebox an der rechten unteren Ecke
SBS_SIZEBOXTOPLEFTALIGN		Ausrichtung der Sizebox an der linken oberen Ecke
SBS_TOPALIGN		Ausrichtung der oberen Kante in Verbindung mit SBS_HORZ
SBS_VERT	VLauf1	Vertikale Scrollbar.

Auf das Arbeiten mit den Scrollbars ist schon im vorigen Punkt dieses Kapitels eingegangen worden, da sie in QuickC die Ausnahme unter den Controls darstellen. Wenn der Anwender das Bildlauffeld verschiebt oder einen Pfeil bzw. die Scrollbar selbst anklickt, entsteht keine WM_Command-Meldung, sondern wie auch bei den Fensterleisten die WM_HSCROLL- bzw. WM_VSCROLL-Meldung. Im nächsten Beispiel zu der Dialogbox wollen wir u.a. mit Hilfe der Scrollbars die Hintergrundfarbe verändern können.

Scrollbar-Bereich

Bei Scrollbars muß zu Beginn ihr Bereich durch Angabe eines Anfangs- und eines Endwerts bestimmt werden, wobei der erste Wert das obere bzw. linke Ende der Bildlaufleiste bestimmt und der zweite Wert das untere bzw. rechte Ende. In QuickC wird dazu die Funktion SetScrollRange verwendet, deren erster Parameter das Handle der Scrollbar darstellt, das zuvor beim Erzeugen der Leiste durch CreateWindow entstand.

```
SetScrollRange(hScroll, SB_CTL, 0, 500, TRUE);
```

Das Flag SB_CTL legt fest, daß es sich um ein Kontrollelement handelt. Der Minimalwert wurde in der oberen Zeile auf 0, der Maximalwert auf 500 eingestellt. Durch den Bool-Wert TRUE wird die Scrollbar neu gezeichnet. In den beiden objektorientierten Sprachen besitzt die Klasse TScrollBar zur Einstellung der beiden Eckwerte die Methode Set Scroll, die in der nächsten Zeile in der TurboPascal-Syntax aufgerufen wird.

```
Scroll^.SetRange(0, 500);
```

In VisualBasic werden der Anfangs- und Endwert über die beiden Eigenschaften Min und Max des Objektes Scrollbar eingestellt, wobei standardmäßig Min den Wert 0 und Max den Wert 32767 enthält.

```
VLauf1.Min = 0
Vlauf1.Max = 500
```

Position des Schiebers

Sie als Programmierer bestimmen, um wieviel das Bildlauffeld weiterbewegt wird, wenn der Anwender einen Pfeil oder eine Stelle innerhalb der Scrollbar anklickt. Diese Aktion bekommen Sie wie schon weiter oben erwähnt durch die Meldung WM_HSCROLL bzw. WM_VSCROLL oder durch Aufruf der mit dem ID-Wert des Scrollbar-Objektes verbundenen Methode mitgeteilt. Aufgrund des mitgelieferten Scrollbar-Codes wissen Sie, an welcher Position der Klick erfolgte und können dann entsprechend das Bildlauffeld verschieben. In QuickC benutzen Sie dafür die Funktion SetScrollPos, die korrespondierende Methode in ObjectWindows lautet SetPosition. Durch die nächsten Zeilen wird der Schieber in die Mitte des zuvor eingestellten Bereiches gesetzt.

QuickC
```
SetScrollPos( hScroll, SB_CTL, 250, TRUE);
```

ObjectWindows
```
Scroll^.SetPosition(250);    { TurboPascal }
Scroll->SetPosition(250);    // Borland C++
```

Die Realisierung in VisualBasic sieht ein wenig anders aus, da es dort keinen Scrollbar-Code gibt, sondern Sie verwenden die beiden Eigenschaften SmallChange und LargeChange, die bestimmen, um wieviel Einheiten das Bildlauffeld beim Anklicken des Pfeils (zeilenweise) bzw. beim Anklicken einer Stelle innerhalb der Leiste (seitenweise) bewegt wird. Das Setzen dieses Schiebers wird dadurch automatisch durchgeführt, d.h. Sie müssen sich darum nicht wie in den anderen drei Sprachen selber kümmern. Die aktuelle Position des Schiebers steht in der Eigenschaft Value, die normalerweise nur gelesen, aber nicht direkt verändert wird.

```
VLauf1.SmallChange = 100
VLauf1.LargeChange = 250
```

Aufgrund dieser beiden Zeilen springt der Schieber durch zweimaliges seitenweises Anklicken von der Anfangs- zur Endposition. Dagegen bewegt er sich um 20 Prozent weiter, wenn der obere oder untere Pfeil angewählt wird. Diese Prozentangabe ist das Ergebnis der Division des Wertes in SmallChange (100) durch den Maximalwert 500.

7.2 Dialogbox

Eine Dialogbox ist ein Fenster, in das der Anwender Informationen eintragen muß, damit die Applikation weiterarbeiten kann. Dialogfenster können vom Benutzer auf dem Bildschirm beliebig verschoben, aber nicht in ihrer Größe verändert werden. Um die Auswahl der verschiedenen Möglichkeiten komfortabel zu gestalten, werden Kontrollelemente verwendet, die dann als Komponenten einer Dialogbox bezeichnet werden. Eine Dialogbox besitzt normalerweise zwei Pushbuttons mit den Namen OK und Abbrechen bzw. Cancel. Durch das Anklicken der erst genannten Schaltfläche werden die eingestellten Werte übernommen. Im anderen Fall wird die Dialogbox nur wieder vom Bildschirm entfernt.

Bei der Programmierung können zwei unterschiedliche Dialogbox-Arten verwendet werden, die sich im Zusammenspiel mit dem Fenster, das den Dialog aktiviert hat, unterscheiden:

- modale Dialogbox
- modeless (nicht modale) Dialogbox

Modale Dialogbox

Eine modale Dialogbox erfordert, daß der Anwender sie erst vervollständigen und bestätigen bzw. abbrechen muß, damit die restliche Applikation weiterarbeiten kann. Während der Zeit, in der der Dialog sichtbar ist, bleibt das übrige Programm stehen und verarbeitet keine weitere Meldung. Bei einer modalen Box kann zwischen applikations-modal und system-modal gewählt werden. Im ersten Fall kann der Anwender in einem Fenster, das nicht zu dieser Applikation gehört, mit anderen Arbeiten fortfahren, bevor er die Dialogbox wieder vom Bildschirm entfernt. Eine system-modale Dialogbox hingegen hält alle Windows-Programme an, bis sie bestätigt bzw. abgebrochen wurde. Diese Art sollte nur bei außergewöhnlichen Ereignissen benutzt werden.

Modeless Dialogbox

Eine modeless Dialogbox erlaubt dem Anwender, mit anderen Fenstern derselben Appliaktion weiterzuarbeiten, ohne zuerst den Dialog beenden zu müssen. Somit läuft sie parallel zu dem Fenster, aus dem sie aufgerufen wurde. Diese Art der Dialogbox besitzt häufig ein eigenes Systemmenü und sieht für den Anwender wie ein normales Fenster aus.

In Windows wird häufiger mit modalen als mit modeless Dialogen gearbeitet. Um in einem Textprogramm in eine bestehende Datei weitere Eingaben vornehmen zu können, muß zuerst diese Datei mit Hilfe einer modalen Dialogbox geöffnet werden.

Um dem Anwender eine Dialogbox anbieten zu können, müssen Sie als Programmierer zwei Punkte realisieren. Zuerst muß das Aussehen des Dialogs mit seinen Kontrollelementen erzeugt werden. Anschließend muß der notwendige Code implementiert werden, mit dessen Hilfe die Elemente gesteuert und die Einstellungen für die spätere Verarbeitung ermittelt werden.

7.2.1 Definition einer Dialogbox

In den drei Sprachen QuickC, TurboPascal und Borland C++ stellt eine Dialogbox genauso wie ein Menü oder eine Cursor-Figur eine Resource dar, die die Anzahl und Position der einzelnen Controls beschreibt. In VisualBasic wird hingegen eine Dialogbox als ein weiteres Form betrachtet, das über den Menüpunkt *Neue Form* des Untermenüs *Datei* dem Projekt hinzugefügt wird.

Dialog Editor — Für das Zeichnen einer Dialogbox existieren wie auch schon bei den übrigen Resources verschiedene Hilfsmittel. Wir wollen den ersten Dialog mit Hilfe des Dialogbox-Editors DLGEDIT von QuickC erstellen. Dieser Editor besitzt neben seinem Hauptfenster, in dem die Dialogbox gezeichnet wird, eine Toolbox, die große Ähnlichkeiten zu der Toolbox von VisualBasic aufweist.

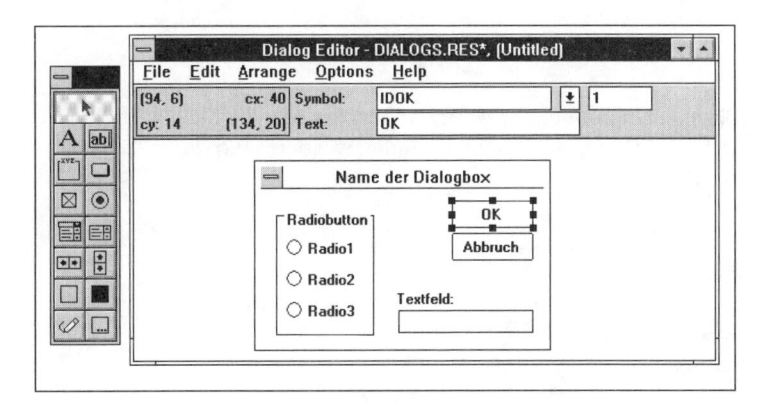

Abb. 203: Der Dialogbox-Editor DLGEDIT von QuickC

Da wir bis jetzt noch keine Dialogbox besitzen, wählen wir den Menüpunkt *New* des Untermenüs *File* an. Als Ergebnis wird eine Box angezeigt, die zu Beginn automatisch selektiert ist. Sie können dieses Rechteck vergrößern, indem Sie den Mauscursor auf ein schwarzes Markierungsrechteck bewegen, wodurch sich der Cursor in einen Doppelpfeil verwandelt. Mit gedrückter Maustaste ist nun eine Änderung der Größe der Dialogbox möglich.

Eigenschaftenleiste

Unterhalb der Menüzeile des Editors befindet sich die Eigenschaftenleiste, die auch als Property Bar bezeichnet wird und bestimmte Daten der Dialogbox bzw. des selektierten Controls anzeigt, die auch überschrieben werden können. Die Positionsangaben im linken Bereich beziehen sich auf die linke obere Ecke des übergeordneten Fensters, wobei eine spezielle Dialogbox-Einheit benutzt wird. Der Inhalt der einzelnen Textfelder im rechten Teil ist davon abhängig, welches Element derzeit selektiert ist.

ID-Werte zuweisen

Eine Dialogbox kann entweder mit einem ID-Wert wie die Controls oder mit einen Text-String wie ein Menü gekennzeichnet werden. Im ersten Fall schreiben Sie den ID-Wert in das äußere rechte Feld und können in dem Feld Dlg.Sym. zusätzlich einen symbolischen Namen nennen, der dann beim Sichern der Dialogbox automatisch in eine eigene Header-Datei eingetragen wird, in die auch die ID-Werte der einzelnen Kontrollelemente geschrieben werden. Wenn die Dialogbox über einen Text-String angesprochen werden soll, wird der gewünschte Name auch in das Feld Dlg.Sym. eingegeben, aber im Gegensatz zur ersten Möglichkeit muß der standardmäßig eingestellte ID-Wert gelöscht werden.

Falls anstelle der gesamten Dialogbox ein Control selektiert ist, so ist die Bedeutung der drei Textfelder fast immer identisch zu der in der zuerst geschilderten Möglichkeit für die Dialogbox. Sie sollten den Elementen wie auch den früher besprochenen Menüpunkten einen aussagekräftigen symbolischen Namen zuordnen. Nur die Controls, mit denen nicht mehr weiter gearbeitet wird, müssen keinen eindeutigen ID-Wert besitzen. Diese Elemente können Sie mit dem Eintrag (Unused) aus der Combobox *Symbol* verbinden.

Toolbox

Damit Sie auf einen Blick sehen können, in welchen Punkten sich die beiden Toolboxen von diesem Dialogbox-Editor und von VisualBasic unterscheiden, sind die zwei Toolboxen zusammen abgebildet worden.

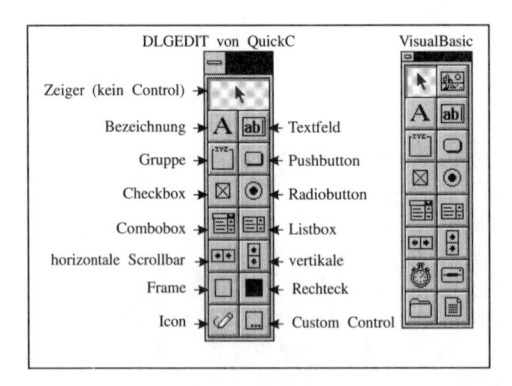

Abb. 204: Toolboxen von DLGEDIT (QuickC) und von VisualBasic

Außer der Picture Box und den speziellen Listboxen existiert dieselbe Control-Auswahl wie in VisualBasic. Darüber hinaus können Sie noch ein Rechteck, einen einfachen Rahmen ohne Überschrift, ein Symbol und ein selbsterstelltes Kontrollelement in eine Dialogbox stellen. Diese beiden Toolboxen werden aber bei der Plazierung der Steuerelemente unterschiedlich bedient. In der Toolbox des Dialogbox-Editors markieren Sie mit der Maus das gewünschte Control, bewegen dann den Cursor in die Dialogbox an die richtige Position und drücken die linke Maustaste ein zweites Mal. Dadurch erscheint das Element in einer Standardgröße, die nun noch geändert werden kann. In VisualBasic hingegen bleibt die Maustaste so lange gedrückt, bis die Ausmaße stimmen.

Die Handhabung, mehrere Controls derselben Art hintereinander in die Dialogbox bzw. in das Form zu plazieren, ist bei beiden Applikationen gleich. Mit gedrückt bleibender Ctrl-Taste selektieren Sie zuerst das Feld innerhalb der Toolbox und können dann die gewünschte Anzahl von Elementen in das Fenster bringen, ohne immer wieder in die Toolbox zurückgehen zu müssen.

Ausrichtung von Controls

Mit Hilfe verschiedener Menüpunkte aus dem Untermenü *Arrange* ist das Ausrichten von Controls recht einfach durchführbar. Die auszurichtenden Elemente werden markiert, indem Sie mit dem Mauszeiger ein Rechteck um sie ziehen oder einzeln mit gedrückter Shift-Taste mit der Maus anwählen. Zudem können Elemente in ihrer Größe aneinander angepaßt und der Abstand zueinander korrigiert werden.

Stil-Attribute

Um die einzelnen Attribute einzustellen, die wir z.B. bei der Erstellung von Kontrollelementen mit der Funktion CreateWindow als Stilparameter im dritten Argument übergeben haben, existieren in Abhängigkeit des Elementes verschiedene kleine Dialogboxen. Für die Durchführung von Änderungen klicken Sie das entsprechende Control doppelt an oder wählen nach seiner Markierung den Menüpunkt *Styles* aus dem Untermenü *Edit* an.

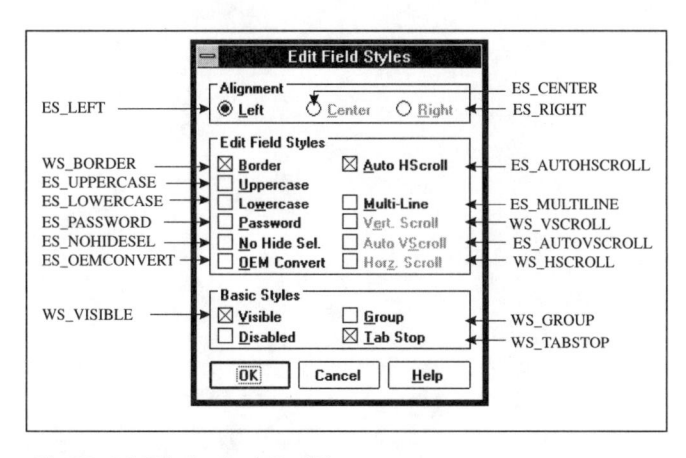

Abb. 205: Stil-Dialogbox für ein Textfeld

Controls gruppieren

Die Stilart WS_TABSTOP bestimmt, daß der Anwender dieses Element mit der Tab-Taste anspringen kann. Dabei wird die Sprung-Reihenfolge durch die Reihenfolge des Zeichnens bestimmt. Wenn Sie Ihre Dialogbox fertig erstellt haben, können Sie die Reihenfolge testen, indem Sie den Testmode über den gleichnamigen Menüpunkt des Untermenüs *Options* einschalten. Meist ist die Reihenfolge nicht so, wie sie später dem Bediener präsentiert werden soll. Über den Menüpunkt *Order/Group* können Sie die notwendigen Änderungen durchführen. Das zu verschiebende Element wird in der daraufhin eingeblendeten Dialogbox selektiert und der Mauszeiger an die neue Position bewegt. Eine gültige Position wird dabei durch zwei kleine Pfeile und eine Linie angezeigt. Durch einen weiteren Mausklick wird das Element an diesen Platz verschoben.

DLG-Datei

Nachdem Sie die Dialogbox fertig gezeichnet haben, sollten Sie sie in eine Datei speichern. Dabei geben Sie nur den Dateinamen und keine Dateiendung an, da der Dialogbox-Editor zwei Dateien mit den Extensions RES und DLG sichert. Auf die RES-Datei greift der Dialogbox-Editor bei späteren Änderungen an der Dialogbox zu. In der DLG-Datei ist das Aussehen der Dialogbox und der Controls im ASCII-Format abgelegt. Diese DLG-Datei wird wie eine Header-Datei in die RC-Datei des QuickC-Projektes eingebunden. Bei der Verwendung von symbolischen Namen für die Controls wird auch noch die Header-Datei angegeben, in der die define-Statements vom Dialogbox-Editor eingetragen wurden.

```
#include "diabox.h"
#include "diabox.dlg"
```

Der Inhalt einer DLG-Datei ist für Sie vielleicht zu Beginn verwirrend, jedoch kann man ihn nach einer gewissen Eingewöhnung schon noch lesen. Da es ab und zu notwendig ist, direkt in dieser Datei gewisse Änderungen vorzunehmen, möchte ich Ihnen den Code einer kleinen Dialogbox-Definition zeigen, wie ihn der Dialogbox-Editor DLGEDIT angelegt hat.

```
//* TEST.DLG */
DLGINCLUDE RCDATA DISCARDABLE
BEGIN
    "TEST.H\0"
END

DIANEU DIALOG 29, 18, 160, 100
STYLE DS_MODALFRAME | WS_POPUP | WS_VISIBLE |
      WS_CAPTION | WS_SYSMENU
CAPTION "Dialogtitel"
FONT 8, "Helv"
BEGIN
    GROUPBOX    "Gruppe", -1, 5, 6, 48, 55
    CONTROL     "Radio1", IDC_RADIO1, "Button",
                BS_AUTORADIO-BUTTON, 10, 20, 39, 10
    CONTROL     "Radio2", IDC_RADIO2, "Button",
                BS_AUTORADIO-BUTTON, 10, 38, 39, 10
    PUSHBUTTON  "OK", IDOK, 32, 80, 40, 14
    PUSHBUTTON  "Abbruch", IDCANCEL, 88, 80, 40, 14
    EDITTEXT    IDC_EDIT, 71, 27, 66, 14,
                ES_AUTOHSCROLL
END
```

Die einzelnen Elemente besitzen symbolische Namen, die in der zu Beginn genannten Datei Test.h definiert sind. Nur die beiden Bezeichner IDOK und IDCANCEL stehen nicht in dieser Datei, sondern als Standardwerte in der Datei WINDOWS.H.

```
#define IDOK     1
#define IDCANCEL 2
```

Wenn wir bei der Programmierung mit den Borland-Sprachen TurboPascal oder C++ Dialogboxen benötigen, können wir diese wiederum mit dem Resource-Workshop erstellen, da er auch einen Dialog-Editor besitzt. Die Komponenten dieser Dialogboxen können neben dem normalen Aussehen auch den Borland-Look zugewiesen bekommen, den Sie bestimmt von den Borland-Entwicklungs-Tools kennen. Eine Checkbox besitzt dabei z.B. im eingeschalteten Zustand kein Kreuz, sondern einen Haken. Der Dialog-Editor besteht aus mehreren Zusatzfenstern, aus der Werkzeug- und der Ausrichtungspalette und dem Titel-Fenster. In der Menüzeile des Resource Workshops werden die drei Untermenüs *Elemente*, *Ausrichten* und *Optionen* zusätzlich eingefügt.

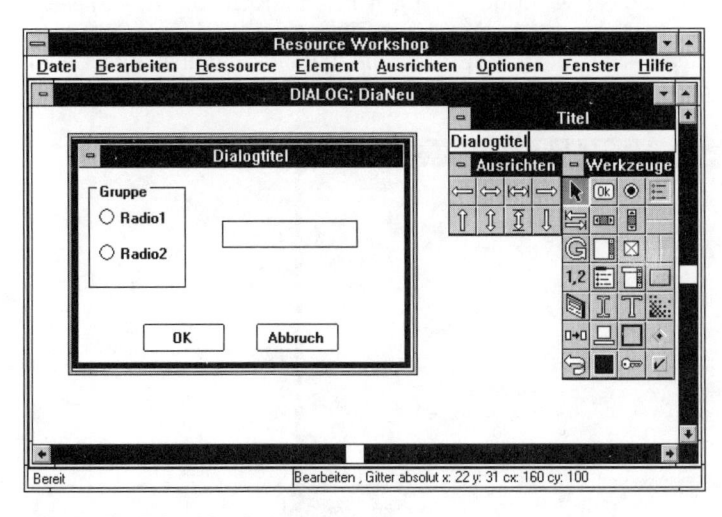

Abb. 206: Der Dialog-Editor des Resource Workshops

Bei der Wahl des Resource-Typs DIALOG aus der Dialogobx des schon gut bekannten Menüpunktes *Neu* des Untermenüs *Ressource* wird der Dialog-Editor gestartet, der sofort eine leere Dialogbox anzeigt. Das Füllen dieser Box mit den Kontrollelementen kann entweder über den entsprechenden Menüpunkt aus dem Untermenü *Elemente* oder mit Hilfe der Werkzeugpalette durchgeführt werden. Diese Palette kann mit der Toolbox von DLGEDIT und VisualBasic verglichen werden. Sie besitzt nur noch einige Zusatz-Tools mehr.

Fenster mit definierten Fähigkeiten

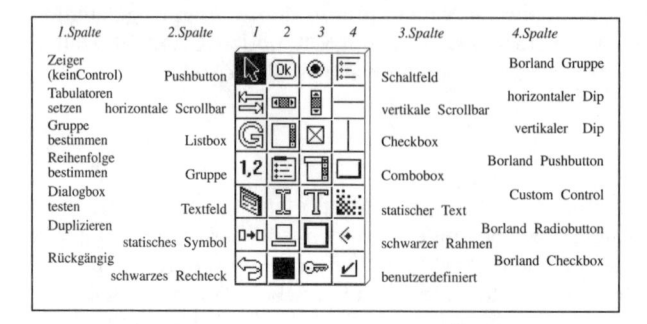

Abb. 207: Die Werkzeugpalette

In ihrer linken Spalte finden Sie z.B. Editierwerkzeuge, um Elemente auswählen und duplizieren zu können, Tabulatoren zu setzen und Gruppen zu definieren. Das Setzen einzelner Elemente in die Dialogbox erfolgt auf dieselbe Weise wie beim Dialogbox-Editor von QuickC. Sie selektieren das gewünschte Element mit der Maus in der Werkzeugpalette, bewegen dann den Cursor in die Dialogbox und klicken ein zweites Mal die Maustaste an, wenn sich der Zeiger an der richtigen Position befindet. Anschließend können Sie das Control vergrößern und verschieben. Damit die Werkzeugpalette vier und nicht nur drei Spalten besitzt, müssen Sie zuvor die Borland-Bibliothek BWCC.DLL installieren, in der die sieben zusätzlichen Controls definiert sind.

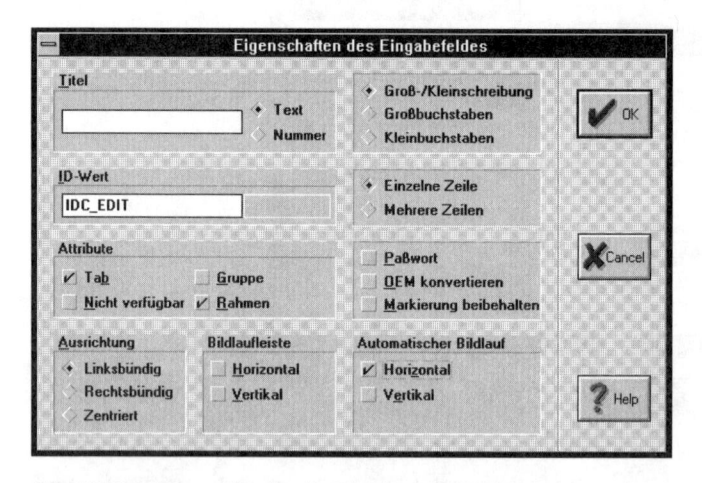

Abb. 208: Dialogbox zum Einstellen der Stilattribute des Textfeldes

Um die Stilattribute und den ID-Wert eines gesetzten Steuerelementes ansehen und bei Bedarf ändern zu können, müssen Sie wie üblich das Element markieren und dann den Menüpunkt *Eigenschaften* des Untermenüs *Elemente* anwählen, oder Sie klicken das Element doppelt an. Die dadurch aufgerufene Dialogbox hängt von dem jeweiligen Control ab. In der nächsten Abbildung sehen Sie die Dialgox zum Einstellen der Stilattribute eines Textfeldes. Wenn es Sie interessiert, welche Flags wie ES_AUTOHSCROLL durch das Einschalten bestimmter Checkboxen gesetzt werden, blättern Sie bitte ein paar Seiten nach vorne, da Sie dort eine Abbildung der entsprechenden Dialogbox des Programmes DLGEDIT mit Angabe dieser Flags finden werden. Um den Titel bzw. den Text eines Elementes oder der gesamten Dialogbox zu editieren, benötigen Sie diese Box nicht, da es dafür das spezielle Titel-Fenster gibt.

Ausrichtung

Für das horizontale und senkrechte Ausrichten einzelner Steuerelemente oder ganzer Gruppen existiert die Ausrichtungspalette oder das Untermenü *Ausrichten*. Dabei muß wiederum das bzw. die zu verschiebenden Elemente markiert sein, dann kann ein Werkzeug in der Palette angeklickt werden. Das Sichern der fertig gezeichneten Dialogbox erfolgt wie üblich über den Menüpunkt *Projekt speichern* des Untermenüs *Datei*. Wenn Sie den Kontrollelementen symbolische Namen zugewiesen haben, mußten Sie zu Beginn eine RC-Datei als Resourcetyp wählen, damit der Resource Workshop mit diesen Bezeichnern umgehen kann. In diesem Fall sollten Sie Ihr Projekt sowohl als RC-Datei als auch als RES-Datei ablegen, da die RES-Datei im TurboPascal-Programm und im C++-Projekt benötigt wird.

Microsoft Visual Basic

In VisualBasic sind Dialogboxen nichts anderes als Forms, die zu dem ersten Form hinzugefügt werden. Dazu wird der Menüpunkt *Neue Form* des Untermenüs *Datei* angewählt, wodurch ein weiteres Fenster erscheint, zu dem auch ein eigenes Codefenster gehört. Bei der späteren Sicherung des Projektes werden Sie dann nach zwei Formdatei-Namen gefragt. Falls Sie mit Variablen arbeiten, die sowohl im Hauptfenster als auch in der Dialogbox (2. Form) benutzt werden, müssen diese Variablen in der globalen Datei definiert werden.

Die Erstellung einer Dialogbox erfolgt auf dieselbe Weise wie die Erstellung der bisherigen Fenster. Über die Toolbox fügen Sie alle benötigten Kontrollelemente in das Form ein.

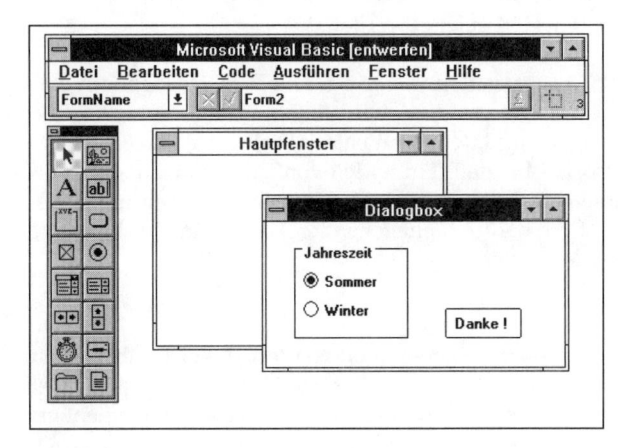

Abb. 209: Dialogbox als zweite Form in VisualBasic

Eigenschaft TabIndex

Damit die Controls in einer bestimmten Reihenfolge angesprungen werden, wenn der Anwender die [Tab]-Taste betätigt, besitzen die meisten Control-Objekte die beiden Eigenschaften TabIndex und TabStop. Die Eigenschaft TabIndex wird durch die Reihenfolge der einzelnen Elemente des Zeichnens bestimmt. Somit bekommt das zuerst in das Form gesetzte Element den Wert 0 in seine Eigenschaft TabIndex eingetragen, das nächste Control den Wert 1 usw. Sie können jederzeit während der Design-Zeit über die Eigenschaftenleiste diese TabIndex-Werte ändern.

Eigenschaft TabStop

Wenn in dem Form eine Gruppe von drei Radio-Buttons existiert, sollten nicht alle drei Buttons mit der [Tab]-Taste erreicht werden können, sondern immer nur ein Control innerhalb einer Gruppe. Für die Realisierung wird die Eigenschaft TabStop verwendet. Ein Kontrollelement kann nur angesprungen werden, wenn seine Eigenschaft TabStop auf wahr eingestellt ist.

7.2.2 Arbeiten mit einer Dialogbox

Der Aufruf einer Dialogbox, der häufig durch das Anwählen eines Menüpunktes erfolgt, wird in den vier Sprachen unterschiedlich durchgeführt. Zudem spielt es noch eine Rolle, ob es sich um eine modale oder modeless Dialogbox handeln soll. Da eine Dialogbox auch eine Fensterart darstellt, wird es viele Parallelen zwischen dem Arbeiten mit ihr und dem Arbeiten mit einem Hauptfenster geben.

Eine Dialogbox kann man sich fast wie ein normales Fenster vorstellen, das mit der Funktion CreateWindow erzeugt wird und eine Fensterroutine besitzt. Für die Dialogboxen werden zwar andere Funktionen benötigt, damit sie auf dem Bildschirm erscheinen, jedoch greifen sie auch auf eine Fensterroutine zu, an die die Aktionen des Anwenders wie z.B. das Drücken des Pushbuttons OK geleitet werden.

Wenn Sie ein QuickC-Programm, das eine oder mehrere Dialogboxen enthalten soll, mit QuickCase:W erstellen, wird Ihnen wieder viel Arbeit, die den Aufruf der Dialogbox und den Rahmen der Dialogroutine betrifft, abgenommen. Genauso wie bei dem Einbinden von Icons und Cursorn sollten Sie auch in diesem Fall zuerst die benötigten Dialogboxen mit DLG-EDIT erstellen, damit die dadurch entstehenden Dateien in QuickCase:W bekanntgegeben werden können.

Modale Dialogbox

Mit QuickCase:W können auch Dialogboxen eingebunden werden, die nicht über einen Menüpunkt, sondern z.B. aufgrund einer bestimmten Abfrage aktiviert werden. Dabei können diese Boxen entweder als modale oder als modeless Dialogbox implementiert werden. Wir wollen mit dem am häufigsten verwendeten Fall beginnen: Eine modale Dialogbox wird durch Anklicken eines Menüpunktes angezeigt. Dazu müssen wir durch ein Anwählen der doppelten spitzen Klammern die Dialogbox zur Eingabe eines Menüpunktes aufrufen. In dem unteren Bereich *Link To* befindet sich eine Combobox, in der wir den Eintrag "Dialog Box" selektieren und anschließend den darunterliegenden Pushbutton *Configure Link* betätigen. Über die dadurch erscheinende Dialogbox können Sie nun die gewünschte Dialogbox einstellen.

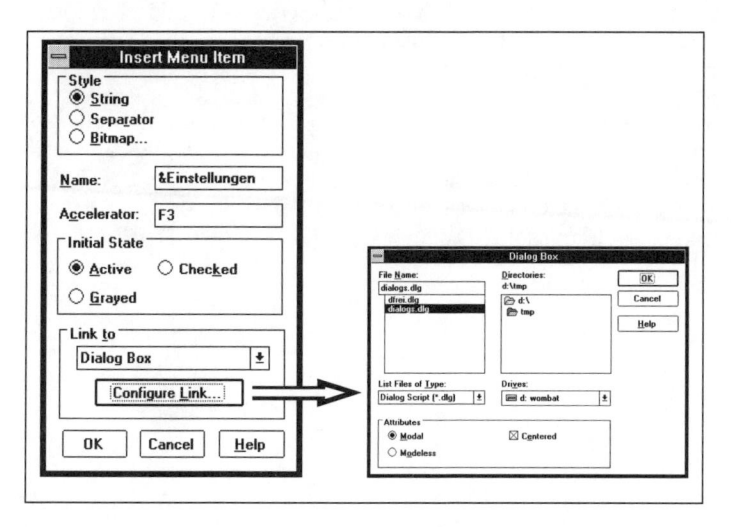

Abb. 210: Menüpunkt in QuickCase:W mit einer Dialogbox verbinden

Das standardmäßig gesetzte Attribut Modal lassen wir unverändert. Wenn Sie möchten, daß Ihre Dialogbox zur Laufzeit immer in der Mitte des Hauptfensters erscheint, so sollten Sie die Checkbox Centered eingeschaltet lassen.

Nachdem wir unsere WIN-Datei gespeichert haben und QuickCase:W daraus den Code generiert hat, finden wir in fast jeder zu dem Projekt gehörenden Datei durch die Dialogbox bedingte Ergänzungen, die wir uns jetzt der Reihe nach ansehen wollen. Beginnen wir bei der WM_Command-Meldung, die beim Anwählen des Menüpunktes *Einstellungen* entsteht, wodurch die Dialogbox angezeigt werden soll.

```
case WM_COMMAND:
  switch (wParam)
  {
    case IDM_M_EINSTELLUNGEN:
      {
        FARPROC lpfnDIALOGSMsgProc;
        lpfnDIALOGSMsgProc = MakeProcInstance(
                (FARPROC)DIALOGSMsgProc, hInst);
        nRc = DialogBox(hInst,(LPSTR)"DiaNeu",
                hWnd, lpfnDIALOGSMsgProc);
        FreeProcInstance(lpfnDIALOGSMsgProc);
      }
      break;
    .....
  }
  break;
```

Funktion DialogBox

Für den Aufruf einer modalen Dialogbox wird die Funktion DialogBox benötigt. Der nächste Befehl, der dieser Funktion folgt und in unserem Beispiel FreeProcInstance lautet, wird erst dann angesprungen, nachdem die Dialogbox wieder vom Bildschirm verschwunden ist. Der Grund dafür liegt in der modalen Art, durch die in die Fensterroutine der Dialogbox verzweigt und geblieben wird.

Die Funktion DialogBox bekommt vier Parameter übergeben. Der erste definiert die aktuelle Instanz, der dritte das Handle des Fensters, von dem aus die Dialogbox aufgerufen wird. Im zweiten Parameter steht der Name der Dialogbox, den wir bei der Erstellung der Box mit dem Programm DLGEDIT festgelegt haben und der bei uns DiaNeu heißt. Diesen Namen finden Sie in der DLG-Datei wieder, die in der RC-Datei des Projektes eingebunden wird.

```
Auszug aus der RC-Datei:
#include "DIALOGS.DLG"

Auszug aus der DLG-Datei:
DiaNeu DIALOG 61, 25, 193, 141
STYLE DS_MODALFRAME | WS_POPUP | WS_VISIBLE |
    WS_CAPTION | WS_SYSMENU
CAPTION "neue Dialogbox"
```

Statt eines Namens könnte auch als drittes Argument der Funktion DialogBox das Makro MAKEINTRESOURCE mit der Übergabe einer Zahl auftauchen, wenn die Dialogbox nicht über ihren Namen, sondern über ihren ID-Wert identifiziert wird.

Callback-Funktionen

Der vierte Parameter ist vom Datentyp FARPROC und ist der Rückgabewert der zuvor aufgerufenen Funktion MakeProcInstance. Dahinter verbirgt sich letztendlich die Adresse der Fensterroutine der Dialogbox, die aber nicht direkt angegeben werden darf. Diese Routine wird genauso wie die Window-Funktion des Hauptfensters nie direkt aus der Applikation heraus aufgerufen, sondern immer nur über Windows. Bei der tiefergehenderen Windows-Programmierung werden Sie noch häufiger auf solche Funktionen stoßen, die als Callback-Funktionen bezeichnet werden. Sie müssen immer mit FAR PASCAL definiert und in der Definitionsdatei beim EXPORTS-Statement bekanntgegeben werden. Der Name DIALOGSMsgProc wird von QuickCase:W aufgrund des Namens der DLG-Datei (dialogs.dlg) vergeben, an den noch die Bezeichnung MsgProc angefügt wird.

```
Auszug aus der DEF-Datei:
EXPORTS   WndProc         @1
          DIALOGSMsgProc  @2
```

Funktion MakeProcInstance

Die Funktion MakeProcInstance hat die Aufgabe, eine Prozedur-Instanz Adresse zu der übergebenen Callback-Funktion zu besorgen, die in unserem Fall die Fensterroutine der Dialogbox ist. Diese neue Adresse kann dann an die Funktion DialogBox weitergegeben werden. Durch sie wird sichergestellt, daß mit dem Datensegment der Applikation und nicht mit einem Datensegment von Windows gearbeitet wird. Ansonsten würde in dem Datensegmentregister DS nicht die richtige Anfangsadresse stehen, und Ihre Applikation würde definitiv abstürzen.

Funktion FreeProcInstance

Nachdem die Dialogbox wieder durch den Anwender vom Bildschirm entfernt wurde und deswegen nicht mehr benötigt wird, muß diese Prozedur-Instanz Adresse durch die Funktion FreeProcInstance freigegeben werden, da nur eine begrenzte Anzahl von Handles zur Verfügung steht.

Dialogboxroutine

Bei einer erfolgreichen Ausführung der Funktion DialogBox wird zu der Dialogboxroutine verzweigt, die große Ähnlichkeiten zu der Window-Funktion des Hauptfensters aufweist. Auch in dieser Routine wird nur auf die interessanten Meldungen in einer switch-Abfrage reagiert.

```
BOOL FAR PASCAL DIALOGSMsgProc(HWND hWndDlg, WORD
    Message, WORD wParam, LONG lParam)
{
   switch(Message)
   {
      // interessante Meldungen abfragen
   }
}
```

Es existiert jedoch keine Default-Dialogboxroutine, die direkt im Default-Zweig aufgerufen wird, um die restlichen Meldungen zu verarbeiten, sondern der Rückgabewert entscheidet über den Aktivierung dieser internen Default-Routine. Durch die Angabe des Bool-Wertes FALSE wird sie aufgerufen, im Falle von TRUE wurde die Meldung selber verarbeitet.

Die wichtigsten Meldungen, die fast immer selber in der Dialogboxroutine verarbeitet werden, heißen WM_INITDIALOG und WM_COMMAND.

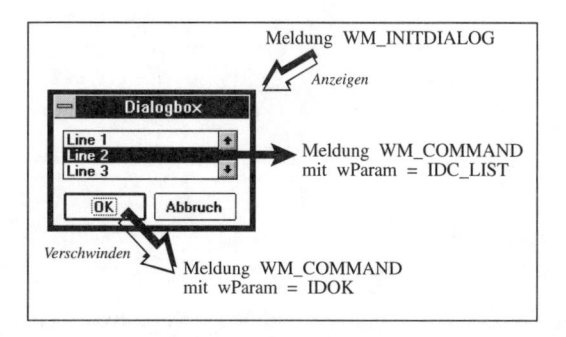

Abb. 211: Die wichtigsten Meldungen einer Dialogboxroutine

WM_INITDIALOG

Das Sprichwort: "Keine Regel ohne Ausnahme" stimmt auch bei der Windows-Programmierung. Kurz bevor die Dialogbox sichtbar auf dem Bildschirm angezeigt wird, wird die Meldung WM_INITDIALOG an die Dialogboxroutine gesendet. Sie entspricht der WM_Create-Meldung für ein normales Fenster und wird zur Einstellung von Variablen, Einschalten von Buttons und Setzen des Focus auf ein spezielles Control benutzt. Sobald die Funktion SetFocus aufgerufen wird, müssen Sie diesen case-Zweig mit FALSE beenden, obwohl Sie die Meldung selber verarbeitet haben. Ansonsten würde Windows den Focus noch einmal neu an das Element vergeben, das als erstes Control in der DLG-Datei den Stilparameter WS_TABSTOP besitzt.

```
case WM_INITDIALOG:
    SetFocus(GetDlgItem(hWndDlg, IDC_EDIT));
    return (FALSE);
```

Durch die drei Zeilen wird dem Kontrollelement mit dem ID-Wert IDC_EDIT der Besitz der Tastatur übergeben, damit der Anwender sofort mit dem Editieren beginnen kann. Da die Funktion SetFocus das Handle des Textfeld-Fensters benötigt, muß dieses über die Funktion GetDlgItem besorgt werden.

WM_COMMAND

Außer der WM_INITDIALOG-Meldung wird immer noch auf die WM_Command-Meldung in der Dialogboxroutine reagiert, da fast jede Dialogbox wenigstens einen OK-Button und meist auch einen Abbruch-Button besitzt, damit sie mit oder ohne Übernahme der eingegebenen Daten wieder entfernt werden kann. Wie Sie schon weiter oben im Kapitel nachlesen konnten, geben die Kindfenster über eine WM_Command-Meldung dem Elternfenster bekannt, wenn der Anwender auf sie zugegriffen hat. Im Parameter wParam wird der ID-Wert des Controls mitgeliefert. Die Werte IDOK und IDCANCEL sind bereits in der Header-Datei definiert (s.o.) und sollten schon aus Gründen der Lesbarkeit Ihres Programmes bei der Definition der Dialogbox für die beiden OK- und Abbruch-/Cancel-Schaltflächen benutzt werden.

```
case WM_COMMAND:
  switch(wParam)
  {
    case IDOK:
        EndDialog(hWndDlg, TRUE);
        return (TRUE);
    case IDCANCEL:
        EndDialog(hWndDlg, FALSE);
        return (TRUE);
    default:
        return (FALSE);
  }
```

Für das Beenden einer modalen Dialogbox ist die Funktion EndDialog verantwortlich. Ihr zweiter Parameter ist ein Integer-Wert, der jedoch häufig mit TRUE bzw. FALSE besetzt wird. Er stellt zugleich den Rückgabewert der Funktion DialogBox dar. Durch ihn kann unterschieden werden, ob die getätigten Einstellungen auch ausgeführt werden sollen, weil der Bediener die Box mit OK abgeschlossen hat. In diesem Fall wird TRUE zurückgeliefert.

```
  nRc = DialogBox(hInst,(LPSTR)"DiaNeu",
              hWnd, lpfnDIALOGSMsgProc);
  if (nRC == TRUE)
  {
    // OK-Button wurde gewählt
    // Einstellungen sollen ausgeführt werden
  }
```

WM_CLOSE

Bei der Erstellung des Programm-Grundgerüstes mit QuickCase:W wird als dritte Meldung noch WM_CLOSE in die Dialogboxroutine eingefügt, wenn die Box ein Systemmenü besitzt, das die beiden Menüpunkte *Verschieben* und *Schließen* enthält. Dadurch ist es dem Anwender möglich, die Dialogbox nicht nur über die beiden OK- und Abbruch-Schaltflächen, sondern auch über den Menüpunkt *Schließen* bzw. mit der Tastenkombination Alt+F4 zu beenden. Die Meldung WM_CLOSE entsteht beim Beenden der Dialogbox über das Systemmenü und soll dasselbe wie der Abbruch-Button bewirken. Dies wird durch das Senden der Meldung WM_COMMAND und der Angabe des ID-Wertes IDCANCEL erreicht.

```
  case WM_CLOSE:
    PostMessage(hWndDlg, WM_COMMAND, IDCANCEL, 0L);
    break;
```

Dialogboxroutine

Unter der Annahme, daß die eingebundene Dialogbox eine Gruppe mit zwei Radio-Buttons, eine Checkbox, eine Combobox und die beiden Pushbuttons OK und Abbruch besitzt, entsteht durch die Generierung von QuickCase:W folgende Dialogboxroutine:

```
BOOL FAR PASCAL DIALOGSMsgProc(HWND hWndDlg, WORD
            Message, WORD wParam, LONG lParam)
{
  switch(Message)
  {
    case WM_INITDIALOG:
      cwCenter(hWndDlg, 0);
      break;

    case WM_CLOSE:
      PostMessage(hWndDlg, WM_COMMAND,IDCANCEL,0L);
      break;

    case WM_COMMAND:
      switch(wParam)
      {
        case IDC_RADIO1:
          break;
        case IDC_RADIO2:
          break;
        case IDC_CHECK1:
          break;
        case IDC_COMBO:
          {
```

```
                  switch(HIWORD(lParam))
                  {
                    case CBN_SELCHANGE:
                      break;
                    case CBN_DBLCLK:
                      break;
                  }
                }
                break;

            case IDOK:
              EndDialog(hWndDlg, TRUE);
              break;
            case IDCANCEL:
              EndDialog(hWndDlg, FALSE);
              break;
          }
          break;

      default:
          return FALSE;
  }
  return TRUE;
}
```

Die ID-Werte der einzelnen Kontrollelemente wurden bei der Erstellung der Dialogbox mit dem Programm DLGEDIT festgelegt und in einer speziellen Header-Datei gespeichert, die auch in die Header-Datei des Projektes eingebunden wird.

```
#include "DIALOGS.h"
```

Bei der Reaktion auf die Combobox werden automatisch die beiden Notification Codes CBN_SELCHANGE und CBN_DBLCLK eingefügt, die entstehen, sobald ein neuer Eintrag selektiert wird bzw. wenn ein Eintrag mit der Maus doppelt angeklickt wurde.

Zentrierung der Dialogbox

Bei der Verarbeitung der Meldung WM_INITDIALOG wird ein Unterprogramm namens cwCenter aufgerufen, dessen Aufgabe es ist, die Dialogbox in das Hauptfenster zentriert auszugeben. Diese Routine ist entstanden, da wir die Checkbox Centered im eingeschalteten Zustand gelassen haben, als wir in QuickCase:W die Dialogbox mit dem Menüpunkt verbunden haben.

```
void cwCenter(hWnd, top)
HWND hWnd;
int top;
{
 POINT     pt;
 RECT      swp;
 RECT      rParent;
 int       iwidth;
 int       iheight;
```

```
    GetWindowRect(hWnd, &swp);
    GetClientRect(hWndMain, &rParent);
    iwidth = swp.right - swp.left;
    iheight = swp.bottom - swp.top;
    pt.x = (rParent.right - rParent.left) / 2;
    pt.y = (rParent.bottom - rParent.top) / 2;
    ClientToScreen(hWndMain, &pt);
    pt.x = pt.x - (iwidth / 2);
    pt.y = pt.y - (iheight / 2);
    if(top)
      pt.y = pt.y + top;
    MoveWindow(hWnd,pt.x,pt.y, iwidth, iheight, FALSE);
}
```

Zuerst wird sowohl die Größe der Dialogbox (hWnd) als auch die des Hauptfensters (hWndMain) bestimmt. Da die Funktion GetWindowRect keine Client-, sondern Bildschirmkoordinaten ermittelt, muß der errechnete Mittelpunkt noch in Screen-Koordinaten umgewandelt werden. Jetzt ist es möglich, den Startpunkt zu berechnen und die y-Position aufgrund des zweiten Parameters der Funktion cwCenter zu justieren. Schließlich wird die Dialogbox mit der Funktion MoveWindow an die ermittelte Position ausgegeben.

Unlinked Dialogs

Zu Beginn dieses Kapitel-Abschnittes habe ich schon darauf hingewiesen, daß mit Hilfe von QuickCase:W auch Aufrufe von Dialogboxen außerhalb von Menüpunkten realisiert werden können. Dazu existiert der Menüpunkt *Unlinked Dialogs* im Untermenü *Design*. Die darüber aufgerufene Dialogbox ähnelt stark der Box, mit der wir weiter oben die Dialogbox einem Menüpunkt zugeordnet haben. Der Unterschied bei der Bedienung liegt in den Pushbuttons Add, Delete und Clear All, da die selektierte Dialogbox erst in das Programmgerüst eingefügt wird, wenn Sie den Button Add betätigen und dann mit OK die Eingabe abschließen. Aufgrund dieser Einstellung werden die folgenden Zeilen anschließend an die Hauptroutine WinMain angefügt, jedoch zur Laufzeit wegen der if-Abfrage nicht ausgeführt.

```
    #if 0
    {
      FARPROC lpfnDNeuMsgProc;
      lpfnDFREIMsgProc = MakeProcInstance((FARPROC)
              DNeuMsgProc, hInst);
      nRc = DialogBox(hInst, (LPSTR)"DNeu", hWnd,
              lpfnDNeuMsgProc);
      FreeProcInstance(lpfnDNeuMsgProc);
    }
    #endif
```

Sie sollten diese Zeilen an die entsprechende Stelle kopieren und die if-Abfrage löschen.

Modeless Dialogbox

Wenn Sie in der Dialogbox des Menüpunktes *Unlinked Dialogs* oder bei der Verknüpfung mit einem Menüpunkt den Radio-Button Modeless anwählen, haben Sie sich entschieden, daß Ihre Dialogbox und das Hauptfenster vom Anwender parallel bedient werden können und der Bediener nicht erst die Box vollständig ausfüllen und bestätigen muß. Um dies zu realisieren, ist es neben dem Aufruf der Dialogbox und dem Vorhandensein einer Dialogboxroutine zusätzlich notwendig, die Meldungsschleife durch eine neue Funktion zu ergänzen. Die Funktion IsDialogMessage entscheidet, ob die aus der Application-Message-Queue geholte Meldung für die modeless Dialogbox bestimmt ist. Wenn dies der Fall ist, gibt die Funktion True zurück und sendet die Meldung direkt an die entsprechende Dialogboxroutine.

Funktion IsDialogMessage

```
while(GetMessage(&msg, NULL, 0, 0))
{
  if(hDlgDNeu && IsDialogMessage( hDlgDNeu, &msg))
     continue;
  TranslateMessage(&msg);
  DispatchMessage(&msg);
}
```

Funktion CreateDialog

Um zu erfahren, ob derzeit die Dialogbox sichtbar angezeigt ist, wird das Fenster-Handle hDlgDNeu abgefragt, das als globale Variable in der Header-Datei definiert wird und durch den Aufruf der Dialogbox mit einem sinvollen Wert belegt wurde. Dieser Aufruf erfolgt nicht durch die Funktion DialogBox, sondern durch die Funktion CreateDialog, die dieselben vier Parameter wie die erstgenannte Funktion besitzt. Auch sie benötigt somit die Prozedur-Instanz Adresse der Dialogboxroutine, die mit Hilfe der Funktion MakeProcInstance ermittelt wird. Es wird jedoch keine Integer-Zahl, sondern das eben erwähnte Handle auf das Dialogbox-Fenster zurückgeliefert.

```
lpfnDNeuMsgProc = MakeProcInstance((FARPROC)
                     DNeuMsgProc, hInst);
hDlgDNeu = CreateDialog(hInst, "DNeu", hWnd,
                     lpfnDNeuMsgProc);
```

Nach diesem Aufruf kehrt Windows wieder an die Stelle in der normalen Window-Funktion zurück, an der dieser Aufruf steht, um den nächsten Befehl abzuarbeiten.

Auch die Dialogboxroutine einer modeless Dialogbox sieht etwas unterschiedlich zu der einer modalen Box aus. QuickCase:W legt sie bei der Generierung folgendermaßen an:

```
BOOL FAR PASCAL DNeuMsgProc(HWND hWndDlg, WORD
            Message, WORD wParam, LONG lParam)
{
 switch(Message)
 {
   case WM_INITDIALOG:
     break;

   case WM_CLOSE:
     PostMessage(hWndDlg, WM_COMMAND, IDCANCEL, 0L);
     break;

   case WM_COMMAND:
     switch(wParam)
```

```
      {
         case IDC_EDIT:
            break;
         case IDOK:
            DestroyWindow(hWndDlg);
            hDlgDNeu = 0;
            FreeProcInstance(lpfnDNeuMsgProc);
            break;
         case IDCANCEL:
            DestroyWindow(hWndDlg);
            hDlgDNeu = 0;
            FreeProcInstancc(lpfnDNeuMsgProc);
            break;
      }
      break;

   default:
      return FALSE;
   }
   return TRUE;
}
```

Der Unterschied liegt in der Bearbeitung der WM_Command-Meldung, wenn der Anwender die OK- oder die Abbruch-Schaltfläche betätigt. In beiden Fällen wird die Dialogbox mit der Funktion DestroyWindow gelöscht, die wir bis jetzt für das Hauptfenster verwendet haben. Zudem muß die globale Variable, die das Fenster-Handle enthält, definitiv auf den Wert 0 gesetzt werden, da sie bei der Abfrage in der Message Loop angibt, ob die Dialogbox derzeit sichtbar ist. Nachdem die Dialogbox entfernt ist, muß noch die Prozedur-Instanz Adresse freigegeben werden.

Turbo C++

Turbo Pascal

Modale und modeless Dialogboxen werden bei der objektorientierten Programmierung genauso wie die bis jetzt besprochenen Fensterobjekte mit Hilfe der Funktion New dynamisch auf dem Heap angelegt. Der Konstruktor der Klasse TDialog, der dabei benötigt wird, bekommt immer einen Zeiger auf das Fenster, von dem aus die Dialogbox aufgerufen wird, und meist den Namen der Dialogbox übergeben. Wenn Sie bei der Erstellung der Dialogbox mit dem Dialog-Editor des Resource Workshops statt eines Namens einen ID-Wert vergeben haben, so muß dieser der zweite Parameter sein. Bei TurboPascal muß er dabei mit einem Cast-Operator versehen werden.

TurboPascal

```
PDlg: PWindowsObject;
PDlg := New(POwnDialog, Init(@Self, 'NeuDia')));
```

Borland C++

```
PTWindowsOblect: PDlg;
PDlg = new TOwnDialog(this, "NeuDia"));
```

Durch diesen Aufruf wird die Dialogbox, deren Oberfläche interaktiv gezeichnet wurde, mit der Klasse TOwnDialog verbunden und ein Objekt dieser Klasse erzeugt. Diese Klasse TOwnDialog stellt dabei einen Nachkommen der Klasse TDialog dar.

Methode ExecDialog

Abhängig von der Art der Dialogbox lautet die Methode für das Anzeigen einer Dialogbox ExecDialog (modal) bzw. MakeWindow (modeless), die in Borland C++ als Funktionen der Klasse TModule bzw. in TurboPascal als Methoden der Klasse TApplication definiert sind. Dabei kann die Methode ExecDialog mit der Funktion DialogBox verglichen werden, da auf beiden die restliche Applikation quasi stehenbleibt, bis die Dialogbox wieder vom Bildschirm entfernt wurde.

Meist werden die dynamische Erzeugung und Initialisierung mit dem Anzeigen der Box verknüpft und in einer Zeile durchgeführt. Wenn wir davon ausgehen, daß die Dialogbox über einen Menüpunkt, der Einstellungen heißt und den ID-Wert IDM_EINSTELL besitzt, aufgerufen wird, so sieht der dazu notwendige Code folgendermaßen aus:

TurboPascal
```
type
  TFenster = object(TWindow)
    procedure Einstellungen(var Msg: TMessage);
      virtual cm_First + IDM_EINSTELL;
    ...
  end;

procedure TFenster.Einstellungen(var Msg: TMessage);
begin
  Application^.ExecDialog(New(POwnDialog,
              Init(@Self, 'NeuDia')));
end;
```

Borland C++
```
class TFenster : public TWindow
{
public:
  virtual void Einstellungen(RTMessage)
    = [CM_FIRST + IDM_EINSTELL];
  ...
}

void TFenster::Einstellungen(RTMessage)
{
  GetApplication()->ExecDialog(new TOwnDialog(this,
                         "NeuDia"));
}
```

Die in TurboPascal verwendete Objektvariable Application wird zu Beginn der Methode TApplication.Init automatisch auf @Self gesetzt und zeigt bis zum Programmende auf das Rahmenobjekt der Applikation. In Borland C++ wird dazu die Funktion Get Application verwendet, die durch ihren Aufruf einen Zeiger auf das Rahmenobjekt liefert. Mit dieser Funktion haben wir z.B. schon bei dem Laden von selbst erstellten Resources wie

Icon und Cursor gearbeitet, da wir an dieser Stelle die Objektvariable hInstance der Klasse TRahmen benötigten, die wir mit Hilfe der Funktion GetApplication adressieren konnten.

OK- bzw. Abbruch-Pushbutton

Die Methode ExecDialog liefert als Rückgabewert den ID-Wert des gedrückten Pushbuttons, durch den die Dialogbox vom Bildschirm entfernt wurde. Wenn Ihre Dialogbox einen OK- und einen Abbruch-Button besitzt, können Sie durch Abfrage der beiden Werte IDOK und IDCANCEL direkt entscheiden, ob die in der Box getätigten Einstellungen wirksam werden sollen. Dabei setze ich voraus, daß Sie im Dialog-Editor diesen beiden Schaltflächen die schon vordefinierten ID-Werte bzw. die Zahlen 1 (für OK) bzw. 2 (für Cancel) zugeordnet haben. In TurboPascal können Sie auch die beiden Konstanten id_ok und id_cancel benutzen, die IDOK und IDCANCEL entsprechen und auch in der Unit WinTypes.tpu definiert sind.

TurboPascal

```
procedure TFenster.Einstellungen(var Msg: TMessage);
var nRC: integer;
begin
  nRC := Application^.ExecDialog(New(POwnDialog,
                  Init(@Self, 'NeuDia')));
  if (nRC = ID_OK)
  then // Einstellungen durchführen
end;
```

Borland C++

```
void TFenster::Einstellungen(RTMessage)
{
int nRC;
  nRC = GetApplication()->ExecDialog(
        new TOwnDialog(this, "NeuDia"));
  if (nRC == IDOK)
    // Einstellungen ausführen
}
```

Beenden der Dialogbox

Beim Entfernen der Dialogbox werden in Abhängigkeit des gedrückten Pushbuttons die Methoden TDialog.OK oder TDialog.Cancel angesprungen, die über die ID-Werte IDOK und IDCANCEL mit diesen Schaltflächen verbunden sind. In TurboPascal aktivieren diese wieder die Methode TDialog.EndDlg, die in Borland C++ TDialog::CloseWindow heißt. Intern arbeiten diese beiden Methoden etwas unterschiedlich. Normalerweise werden sie nicht überschrieben. Die aktuellen Einstellungen müssen beim Drücken des OK-Pushbuttons gespeichert werden, damit sie der Methode bekanntgegeben werden können, die auf diese Werte reagieren soll. Dazu wird entweder die Methode OK oder häufiger die Methode CanClose der Klasse TDialog überschrieben, die nur aufgerufen wird, wenn der Anwender die Dialogbox über den OK-Button abgeschlossen hat. Um z.B. den Inhalt eines Textfeldes zu sichern, kann die CanClose-Methode folgendermaßen aussehen:

TurboPascal
```
function TOwnDialog.CanClose: Boolean;
begin
  CanClose := TRUE;
  TDialog.CanClose;
  GetDlgItemText( HWindow, IDM_EDIT, szEdit, 15);
end;
```

Borland C++
```
BOOL TOwnDialog::CanClose()
{
  HWND hWndEdit;
  hWndEdit - GetDlgItem(HWindow, IDM_EDIT);
  GetWindowText(hWndEdit, szEdit, 15);
  return TRUE;
}
```

Die Kontrollelemente, die Sie mit dem Dialog-Editor in die Dialogbox eingefügt haben, sind im Sinn von ObjectWindows keine Objekte und besitzen somit keine eigenen Methoden. Erst wenn diese Controls in TurboPascal mit Hilfe der InitResource-Methode an bestimmte Steuerelementobjekte gebunden werden, kann mit den Methoden dieser Steuerelementobjekte gearbeitet werden. Bei der Programmierung in Borland C++ wird nicht die Methode InitResource, die in dieser ObjectWindows-Version nicht existiert, sondern ein anderer als der sonst benutzte Konstruktor verwendet, um das Steuerelementobjekt mit dem ID-Wert des gezeichneten Controls zu verknüpfen. Wir werden auf dieses Thema noch einmal im nächsten Punkt Subclassing zu sprechen kommen.

Methoden CanClose und SetupWindow

Die abgeleitete Klasse TOwnDialog, die ein Nachkomme der Klasse TDialog darstellt, überschreibt somit meist die geerbte Methode CanClose, um die Einstellungen zu sichern, und häufig die Methode SetupWindow, die wiederum durch die Methode WMInitDialog aktiviert wird und für die Initialisierung von Variablen und Controls benutzt wird. Außerdem werden noch Methoden erstellt, die direkt auf Aktionen wie das Auswählen eines Eintrags in einer Listbox reagieren. Diese Methoden werden über den ID-Wert des Controls mit diesem Kontrollelement verbunden, genauso wie wir es schon im letzten Beispiel mit den List- und Comboboxen realisierten.

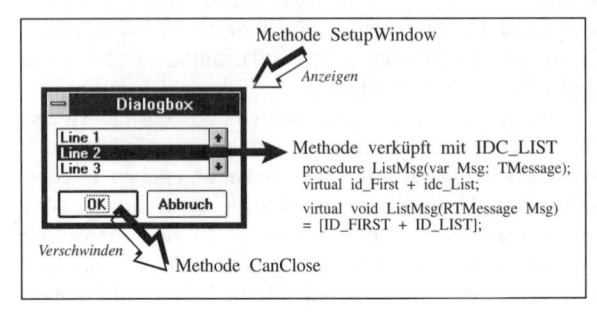

Abb. 212: Die wichtigsten Methoden einer Dialog-Klasse

Aufgrund der gerade gemachten Überlegungen und aufgrund der Abbildung wird die
Definition einer abgeleiteten Dialogbox-Klasse in etwa folgendermaßen aussehen:

TurboPascal

```
type TOwnDialog = object(TDialog)
  procedure SetupWindow; virtual;
  function CanClose: Boolean; virtual;
  procedure ListeDoppelklick(var Message: TMessage);
            virtual id_First + idc_List;
end;
```

Borland C++

```
class TOptionDialog : public TDialog
{
public:
  TOwnDialog( PTWindowsObject AParent, LPSTR AName )
    : TDialog( AParent, AName ) {}
  virtual BOOL CanClose(void);
  virtual void SetupWindow( void );
  virtual void ListeDoppelklick(RTMessage Msg)
    = [ID_FIRST + IDC_LIST];
};
```

Modeless Dialogbox

Wenn Sie eine modeless Dialogbox erstellen wollen, damit der Anwender nicht gezwungen ist, erst die Dialogbox vollständig auszufüllen, sondern sie auch einfach links liegen lassen und mit der Applikation weiterarbeiten kann, müssen Sie die Methode MakeWindow zum Aufruf der Dialogbox benutzen. Das Objekt wird dabei auch wie bei den modalen Dialogboxen mit New erzeugt und über seinen angegebenen Konstruktor initialisiert.

TurboPascal

```
Application^.MakeWindow(New(POwnDialog,
   Init(@Self, 'DiaNeu'));
```

Borland C++

```
GetApplication()->MakeWindow(
       new TOwnDialog(this, "NeuDia"));
```

ProcessDlgMessage

Sie müssen sich nicht wie bei der Programmierung von QuickC-Applikationen um das Erkennen der Meldungen kümmern, die an eine modeless Dialogbox gerichtet sind. Diese Aufgabe wird automatisch von der Methode ProcessDlgMessage erledigt, die immer von der Methode MessageLoop aktiviert wird, die ihrerseits wieder von Run im Hauptprogramm aufgerufen wird.

Abfrage der Combobox

Bei den weiter oben gemachten Erklärungen, auf welche Weise QuickCase:W die Dialogboxroutine anlegt, die nichts anderes als die Summe der definierten Methoden in dem abgeleiteten Dialogobjekt TOwnDialog ist, wurde auf die Combobox etwas genauer eingegangen. Diesen Fall wollen wir auch bei den beiden objektorientierten Sprachen besprechen. Durch die Generierung von QuickCase:W werden bei einer Combobox die beiden Notification Codes CBN_SELCHANGE und CBN_DBLCLK standardmäßig abgefragt, um auf die Veränderung einer Selektion oder auf einen Doppelklick zu reagieren. Die dafür notwendige Methode, die ich Combo genannt habe, wird als Methode von TOwnDialog implementiert.

TurboPascal

```
procedure TOwnDialog.Combo(var Msg: TMessage);
begin
  case Msg.LParamHi of
    cbn_SelChange: { Änderung der Textselcktion }
    cbn_DblClk:    { Doppelklick }
  end;
end;
```

Borland C++

```
void TOwnDialog::Combo(RTMessage Msg)
{
  switch (Msg.LP.Hi)
  {
    case CBN_SELCHANGE:
      // Änderung der Textselektion
      break;
    case CBN_DBLCLK:
      // Doppelklick
      break;
  }
}
```

Microsoft Visual Basic

In VisualBasic kann man als Programmierer am besten erkennen, daß eine Dialogbox auch ein Fenster ist, da es einfach als zweites Form dem Projekt hinzugefügt wird. Somit wird auch kein Dialogbox-Editor benötigt, bzw. man könnte auch sagen, daß VisualBasic selber ein großer Dialogbox-Editor ist.

Statt der Dialogboxroutine in QuickC bzw. des neuen Objektes mit seinen Methoden in TurboPascal und Borland C++ entsteht automatisch ein zweites Codefenster, das die Ereignisse der Dialogbox und aller Controls anzeigt. Der dort implementierte Code wird beim Sichern in diese zweite Formdatei gespeichert.

Eigenschaft BorderStyle

Damit das Form als Dialogbox erkannt wird, bekommt es einen dickeren Rahmen zugewiesen. Dazu wird die Eigenschaft BorderStyle auf den Wert 3 gesetzt. Dadurch besitzt die Dialogbox automatisch weder ein Vollbild- noch ein Symbolfeld in der rechten oberen Ecke.

Methode Show

Beim Starten eines VisualBasic-Programmes wird immer nur das erste Form angezeigt. Bei der Arbeit mit einer Dialogbox ist dies auch sinnvoll, da diese Box ja erst aufgrund einer bestimmten Aktion durch den Anwender erscheinen soll. Diese Aktion wird häufig das Anwählen eines Menüpunktes darstellen. Das Sichtbarmachen der Dialogbox erfolgt mit Hilfe der Methode Show. Über einen Parameter wird festgelegt, ob die Box als modale (1), die das restliche Programm anhält, oder modeless (0) Dialogbox, die parallel zur Applikation läuft, erscheinen soll.

```
Form2.Show 1    ' => modale Dialogbox
Form4.Show 0    ' => modeless Dialogbox
```

Ereignis Load

In den anderen drei Sprachen haben wir von der WM_INITDIALOG-Meldung bzw. der SetupWindow-Methode gesprochen, um Initialisierungen durchführen zu können, bevor die Dialogbox sichtbar wird. In VisualBasic können Sie dafür das Load-Ereignis des Forms benutzen, das die Dialogbox darstellt. Dieses Ereignis wird u.a. durch die Methode Show aufgerufen.

```
Sub Form_Load ()
    Option1.Value = -1
    Text1.Text = "Starttext"
End Sub
```

Durch diese Load-Ereignisprozedur wird ein Radio-Button in den eingeschalteten Zustand gebracht und ein Textfeld mit einem Anfangstext versehen. Damit dieses Ereignis bei jedem Aufruf der Dialogbox und nicht nur beim ersten Mal angesprungen wird, reicht es nicht aus, die Dialogbox mit der Methode Hide wieder zu verstecken, wenn der Anwender z.B. den OK-Pushbutton drückt. Sie müssen die Funktion Unload verwenden, die Windows mitteilt, daß das Form aus dem Speicher entfernt werden kann.

Funktion Unload

```
' OK-Pushbutton
Sub Befehl1_Click ()
    Unload Form2
End Sub
```

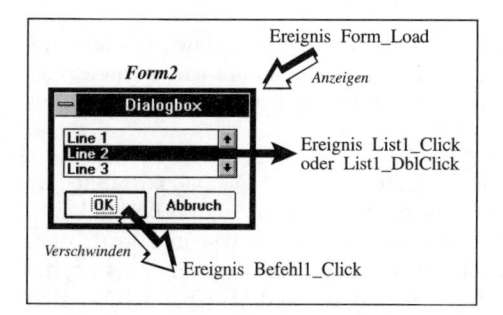

Abb. 213: Die wichtigsten Ereignisse eines Forms als Dialogbox

In VisualBasic wird somit meist bei der Arbeit mit Dialogboxen eine Ereignisprozedur für das Load-Ereignis der Box und eine Prozedur für das Drücken der OK-Schaltfläche implementiert. Dies entspricht in QuickC der WM_INITDIALOG-Meldung und der WM_COMMAND-Meldung mit IDOK als Inhalt des Parameters wParam.

In den anderen drei Sprachen konnte man aus dem Rückgabewert der Funktion Dialog-Box bzw. der Methode ExecDialog schließen, welcher Pushbutton gedrückt worden ist. Leider gibt in VisualBasic die Methode Show keine Auskunft darüber, welcher Button für das Entfernen der Dialogbox verantwortlich ist. Aus diesem Grund legen wir uns eine Variable in dem bis jetzt noch nicht benutzten globalen Modul an, die wir beim Drücken der Schaltflächen OK bzw. Abbruch mit wahr (-1) bzw. falsch (0) besetzen, um sie dann im Hauptfenster, d.h im Form1 abfragen zu können.

```
' Globale Modul
Global OKButton As Integer
Global Const wahr = -1
Global Const falsch = 0

' Hauptfenster: Form1.FRM
Sub Menupkt_Click ()
    Form2.Show 1
    If OKButton = wahr Then
        ' OK wurde gedrückt
    Else ' Abbruch wurde gedrückt
    End If
End Sub

' in der Dialogbox: Form2.FRM
' OK-Pushbutton
Sub Befehl1_Click ()
    Unload Form2
    OKButton = wahr
End Sub

' Abbruch-Pushbutton
Sub Befehl2_Click ()
    Unload Form2
    OKButton = falsch
End Sub
```

Somit besteht unser Projekt nicht mehr wie bisher nur aus einer Formdatei, sondern aus zwei Formdateien und der globalen Moduldatei. In dem Beispiel bin ich davon ausgegangen, daß die Dialogbox über einen Menüpunkt aufgerufen wird, dessen Control-Name Menupkt lautet.

Auf alle weiteren Kontrollelemente, für die in QuickC in der Dialogboxroutine die WM_Command-Meldung abgefragt wird bzw. für die in TurboPascal und Borland C++ eigene Methoden geschrieben werden, wird auf dieselbe Weise wie in Form1, dem Hauptfenster reagiert. Jedes Control besitzt seine eigene Sammlung von Ereignissen, die nun im Codefenster des Form2 angezeigt werden und bei Bedarf behandelt werden können.

7.2.3 Beispielprogramm zur Dialogbox

Mit Hilfe einer Dialogbox, die über einen Menüpunkt aufgerufen wird, soll entweder die gesamte Client Area oder ein Rechteck innerhalb dieses Bereiches mit Farbe gefüllt werden können. Die Dialogbox besitzt dazu drei Scrollbars, mit denen die drei Grundfarben rot, grün und blau getrennt eingestellt werden, und eine Gruppe bestehend aus zwei Radio-Buttons, über die der gewünschte zu füllende Bereich gewählt wird. Eine positive Bestätigung bewirkt eine sofortige Neuausgabe. Falls jedoch der Anwender mit dem Abbruch-Pushbutton die Dialogbox entfernt, dürfen diese Einstellungen nicht wirksam werden, und bei der nächsten Dialogbox-Anzeige werden die zuletzt mit OK bestätigten Werte dargestellt.

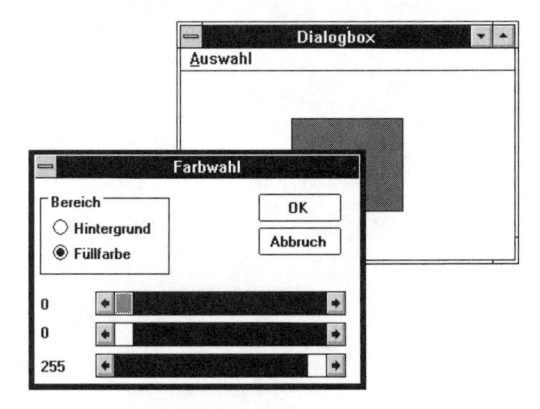

Abb. 214: Beispiel zu der Dialogbox

Windows-Funktionen	Kurzbeschreibung
DialogBox	Dialogbox wird aufgerufen
EndDialog	Dialogbox wird beendet
MakeProcInstance	ermittelt die Prozedur-Instanz Adresse einer Callback-Funktion
FreeProcInstance	gibt die Prozedur-Instanz Adresse frei
FillRect	füllt ein Rechteck mit angegebenem Pinsel
GetDlgItem	ermittelt das Handle eines Controls
SetDlgItemInt	schreibt einen Integerwert in ein Control
GetScrollPos	ermittelt die aktuelle Position des Schiebers
SetScrollPos	setzt den Schieber auf eine neue Position
SetScrollRange	legt den Bereich des Scrollens fest

Fenster mit definierten Fähigkeiten

Windows-Meldungen	Kurzbeschreibung
BM_SETCHECK	Radio-Button wird eingeschaltet
WM_INITDIALOG	Dialogbox wird anschließend sichtbar
WM_HSCROLL	Position des Scrollbar-Schiebers wurde geändert

Beispiel

/****************** QCDIALOG.C ******************/

```
 1  /* QuickCase:W */
 2  #include "QCDIALOG.h"
 3
 4  int PASCAL WinMain(HANDLE hInstance, HANDLE
 5  hPrevInstance, LPSTR lpszCmdLine, int nCmdShow)
 6  {
 7  /*****************************************************/
 8  /* hInstance;           Handle dieser Instanz      */
 9  /* hPrevInstance;Handle der vorhergehenden Instanz*/
10  /* lpszCmdLine; Zeiger auf die Kommandozeile       */
11  /* nCmdShow;    Code zur Anzeige des Hauptfensters */
12  /*****************************************************/
13
14     MSG  msg;   /* MSG-Struktur für die Meldungen  */
15     int  nRc;   /* Rückgabewert der Klassen-       */
16                 /* Registrierung(en)               */
17
18     strcpy(szAppName, "QCDIALOG");
19     hInst = hInstance;
20     if(!hPrevInstance)
21     {
22     /* Registrieren der Fensterklasse(n) bei der  */
23     /* 1.Instanz                                  */
24        if ((nRc = nCwRegisterClasses()) == -1)
25        {
26        /* Registrierung schlug fehl              */
27           LoadString(hInst, IDS_ERR_REGISTER_CLASS,
28              szString, sizeof(szString));
29           MessageBox(NULL, szString, NULL,
30              MB_ICONEXCLAMATION);
31           return nRc;
32        }
33     }
34
35     /* Hauptfenster erzeugen                      */
36     hWndMain = CreateWindow(
37        szAppName,        /* Klassennamen         */
38        "Dialogbox",      /* Text in der Titelzeile */
39        WS_CAPTION       | /* Titel zufügen       */
40        WS_SYSMENU       | /* Systemmenübox zufügen */
41        WS_MINIMIZEBOX   | /* Minimize Box zufügen */
42        WS_MAXIMIZEBOX   | /* Maximize Box zufügen */
43        WS_THICKFRAME    | /* in der Größe veränderbar */
44        WS_CLIPCHILDREN  |
45                        /* kein Zeichnen in den Kindfenstern */
46        WS_OVERLAPPED,
47        CW_USEDEFAULT, 0, /* Default-Werte für X, Y */
48        CW_USEDEFAULT, 0,
49                        /* Default-Werte für Breite und Höhe */
50        NULL,            /* Handle des Elternfensters */
51        NULL,            /* Handle des Menüs         */
52        hInst,           /* Handle der Instanz       */
53        NULL);           /* Struktur für WM_CREATE   */
54
55     if(hWndMain == NULL)
56     {
57        LoadString(hInst, IDS_ERR_CREATE_WINDOW,
58           szString, sizeof(szString));
59        MessageBox(NULL, szString, NULL,
60           MB_ICONEXCLAMATION);
61        return IDS_ERR_CREATE_WINDOW;
62     }
63     ShowWindow(hWndMain, nCmdShow);
64     /* Anzeigen des Hauptfensters */
65
66     while(GetMessage(&msg, NULL, 0, 0))
67     /* bis WM_QUIT eintritt */
68     {
69        TranslateMessage(&msg);
70        DispatchMessage(&msg);
71     }
72
73     /* Aufräumarbeiten, bevor die Applikation beendet */
74     /* wird                                           */
75     CwUnRegisterClasses();
76     return msg.wParam;
77  } /* Ende der WinMain                               */
78
79  /*****************************************************/
80  /*                                                   */
81  /* Fensterroutine des Hauptfensters:                 */
82  /*                                                   */
83  /* Diese Prozedur stellt Service-Routinen für die    */
84  /* Windows-Ereignisse (Meldungen) bereit, die       */
85  /* Windows oder der Benutzer an das Fenster sendet*/
86  /* Sie initialisiert Ereignisse (Meldungen), die   */

 87  /* entstehen, wenn der Anwender z.B. einen Menü-   */
 88  /* punkt oder ein Tastenkürzel anwählt             */
 89  /*                                                 */
 90  /*****************************************************/
 91
 92  LONG FAR PASCAL WndProc(HWND hWnd, WORD Message,
 93  WORD wParam, LONG lParam)
 94  {
 95     HMENU     hMenu=0;        /* Menü-Handle       */
 96     HBITMAP   hBitmap=0;  /* Handle für Bitmaps    */
 97     HDC       hDC;/* Handle für den Display Context */
 98     PAINTSTRUCT ps; /* enthält Zeichen-Informationen */
 99     int       nRc=0; /* Rückgabewert                */
100     RECT      rct;
101     HBRUSH hBrush, haltBrush;
102
103     switch (Message)
104     {
105     case WM_COMMAND:
106     /* Die Windows-Meldungen für die Menüpunkte werden*/
107     /* hier verarbeitet                              */
108        switch (wParam)
109        {
110           case IDM_A_FARBWAHL:
111           /* Platz für den eigenen Code, um auf den    */
112           /* Menüpunkt "&Farbwahl..." zu reagieren     */
113           {
114              FARPROC lpfnDIALOGSMsgProc;
115              lpfnDIALOGSMsgProc = MakeProcInstance(
116                 (FARPROC)DIALOGSMsgProc, hInst);
117              nRc = DialogBox(hInst, (LPSTR)"FarbDialog",
118                 hWnd, lpfnDIALOGSMsgProc);
119              FreeProcInstance(lpfnDIALOGSMsgProc);
120              if (nRc == TRUE)
121                 InvalidateRect(hWnd, NULL, TRUE);
122           }
123           break;
124
125           default:
126              return DefWindowProc(hWnd, Message,
127                                  wParam, lParam);
128        }
129        break;       /* Ende von WM_COMMAND          */
130
131     case WM_CREATE:
132        idFarbe = IDC_HINTER;
133        bFarbArray[0] = 0;
134        bFarbArray[1] = 255;
135        bFarbArray[2] = 255;
136        break;       /* Ende von WM_CREATE           */
137
138     case WM_MOVE:    /* Bewegen des Fensters        */
139        break;
140
141     case WM_SIZE:
142     /* Größenänderung der Client Area               */
143        break;       /* Ende von WM_SIZE             */
144
145     case WM_PAINT:  /* Neuzeichnen der Client Area */
146     /* bekommt ein Handle auf den Device Context   */
147     /* BeginPaint wird evtl. WM_ERASEBKGND senden  */
148        memset(&ps, 0x00, sizeof(PAINTSTRUCT));
149        hDC = BeginPaint(hWnd, &ps);
150     /* falls der Hintergrund keine reine Farbe besitzt*/
151        SetBkMode(hDC, TRANSPARENT);
152        GetClientRect(hWnd, &rct);
153        hBrush = CreateSolidBrush(RGB(bFarbArray[0],
154                        bFarbArray[1],bFarbArray[2]));
155        if (idFarbe == IDC_HINTER)
156           FillRect(hDC, &rct, hBrush);
157        if (idFarbe == IDC_FULL)
158        {
159           haltBrush = SelectObject(hDC, hBrush);
160           Rectangle(hDC, rct.right/3, rct.bottom/4,
161              2*rct.right/3, 3*rct.bottom/4);
162           if (idFarbe == IDC_FULL)
163              SelectObject(hDC, haltBrush);
164     /* Das Neuzeichnen ist abgeschlossen            */
165        EndPaint(hWnd, &ps);
166        DeleteObject(hBrush);
167        break;       /* Ende von WM_PAINT           */
168
169     case WM_CLOSE:  /* Schließen des Fensters      */
170     /* Zerstören der Kindfenster, modeless Dialogboxen*/
171     /* Zerstören dieses Fensters                    */
172        DestroyWindow(hWnd);
173        if (hWnd == hWndMain)
```

Fenster mit definierten Fähigkeiten

```c
173          PostQuitMessage(0);
174  /* Beenden der Applikation                      */
175          break;
176
177      default:
178  /* alle Meldungen, für die keine eigene Service- */
179  /* Routine zur Verfügung gestellt wird, sollten an*/
180  /* Windows gereicht werden, damit eine Default-  */
181  /* Verarbeitung stattfinden kann                 */
182          return DefWindowProc(hWnd, Message, wParam,
183                                                   lParam);
184      }
185      return 0L;
186  } /* Ende von WndProc                            */
187
188  /***********************************************/
189  /*                                             */
190  /* Dialog Fensterroutine                       */
191  /*                                             */
192  /* Diese Prozedur ist mit der Dialogbox verbunden,*/
193  /* die im Funktionsnamen dieser Prozedur genannt */
194  /* wird. Sie liefert die Service-Routinen für die */
195  /* Ereignisse (Meldungen), die eintreten können, */
196  /* wenn der Anwender mit den Controls arbeitet.  */
197  /*                                             */
198  /***********************************************/
199  BOOL FAR PASCAL DIALOGSMsgProc(HWND hWndDlg, WORD
200      Message, WORD wParam, LONG lParam)
201  {
202  static HWND hScrollRot,hScrollGrun,hScrollBlau;
203  BYTE bPosition;
204  static BYTE rot, grun, blau;
205  static int idFarbelokal;
206
207      switch(Message)
208      {
209      case WM_INITDIALOG:
210          /* Initialisierung der Arbeits-Variablen */
211          idFarbelokal = idFarbe;
212          SendDlgItemMessage(hWndDlg, idFarbelokal,
213                  BM_SETCHECK, TRUE, 0L);
214          hScrollRot = GetDlgItem(hWndDlg,
215                  IDC_SCROLLROT);
216          hScrollGrun = GetDlgItem(hWndDlg,
217                  IDC_SCROLLGRUN);
218          hScrollBlau = GetDlgItem(hWndDlg,
219                  IDC_SCROLLBLAU);
220
221          SetScrollRange(hScrollRot,SB_CTL,0,255, TRUE);
222          SetScrollRange(hScrollGrun,SB_CTL,0,255, TRUE);
223          SetScrollRange(hScrollBlau,SB_CTL,0,255, TRUE);
224
225          SetScrollPos( hScrollRot, SB_CTL,
226                  bFarbArray[0], TRUE);
227          SetScrollPos( hScrollGrun, SB_CTL,
228                  bFarbArray[1], TRUE);
229          SetScrollPos( hScrollBlau, SB_CTL,
230                  bFarbArray[2], TRUE);
231          SetFocus(hScrollRot);
232
233          SetDlgItemInt(hWndDlg, IDC_STATICROT,
234                  bFarbArray[0], FALSE);
235          SetDlgItemInt(hWndDlg, IDC_STATICGRUN,
236                  bFarbArray[1], FALSE);
237          SetDlgItemInt(hWndDlg, IDC_STATICBLAU,
238                  bFarbArray[2], FALSE);
239
240          rot = bFarbArray[0];
241          grun = bFarbArray[1];
242          blau = bFarbArray[2];
243          return (FALSE);
244          break; /* Ende von WM_INITDIALOG         */
245
246      case WM_CLOSE:
247  /* Schließen der Dialogbox bedeutet dasselbe    */
248  /* wie Cancel                                   */
249          PostMessage(hWndDlg, WM_COMMAND, IDCANCEL, 0L);
250          break; /* End von WM_CLOSE              */
251
252      case WM_COMMAND:
253          switch(wParam)
254          {
255          case IDC_HINTER:
256              /* Radio-Button-Text: "Hintergrund" */
257              idFarbelokal = wParam;
258              break;
259
260          case IDC_FULL:
261              /* Radio-Button-Text: "Füllfarbe"   */
262              idFarbelokal = wParam;
263              break;
264
265          case IDOK:
266              bFarbArray[0] = rot;
267              bFarbArray[1] = grun;
268              bFarbArray[2] = blau;
269              idFarbe = idFarbelokal;
270              EndDialog(hWndDlg, TRUE);
271              break;
272
273          case IDCANCEL:
274              /* eingegebene Werte ignorieren     */
275              /* Dialogbox mit FALSE entfernen    */
276              EndDialog(hWndDlg, FALSE);
277              break;
278          }
279          break;    /* Ende von WM_COMMAND        */
280
281      case WM_HSCROLL:
282          bPosition = (BYTE)GetScrollPos(
283                  HIWORD(lParam), SB_CTL);
284          switch (wParam)
285          {
286          case SB_THUMBPOSITION:
287              bPosition = (BYTE)LOWORD( lParam);
288              break;
289          case SB_PAGEDOWN:
290              bPosition += 50;
291              break;
292          case SB_PAGEUP:
293              bPosition -= 50;
294              break;
295          case SB_LINEDOWN:
296              if (bPosition > 245)
297                  bPosition = 255;
298              else bPosition += 10;
299              break;
300          case SB_LINEUP:
301              if (bPosition < 10)
302                  bPosition = 0;
303              else bPosition -= 10;
304              break;
305          }
306          SetScrollPos( HIWORD(lParam), SB_CTL,
307                  bPosition,TRUE);
308
309          if ( HIWORD( lParam) == hScrollRot)
310          {
311              rot = bPosition;
312              SetDlgItemInt(hWndDlg,IDC_STATICROT,
313                  bPosition, FALSE);
314          }
315          if ( HIWORD( lParam) == hScrollGrun)
316          {
317              grun = bPosition;
318              SetDlgItemInt(hWndDlg,IDC_STATICGRUN,
319                  bPosition, FALSE);
320          }
321          if ( HIWORD( lParam) == hScrollBlau)
322          {
323              blau = bPosition;
324              SetDlgItemInt(hWndDlg,IDC_STATICBLAU,
325                  bPosition, FALSE);
326          }
327          break;
328      default:
329          return FALSE;
330      }
331      return TRUE;
332  } /* Ende von DIALOGSMsgProc                    */
333
334  /***********************************************/
335  /*                                             */
336  /* nCwRegisterClasses Funktion:                */
337  /*                                             */
338  /* Die folgende Funktion registriert alle Klassen*/
339  /* von allen Fenstern, die mit dieser Applikation*/
340  /* verbunden sind. Die Funktion liefert einen  */
341  /* Fehlercode zurück, falls sie nicht erfolgreich*/
342  /* war, ansonsten wird 0 zurückgegeben.        */
343  /*                                             */
344  /***********************************************/
345  int nCwRegisterClasses(void)
346  {
347      WNDCLASS  wndclass;
348  /* Struktur, um eine Klasse zu definieren       */
349      memset(&wndclass, 0x00, sizeof(WNDCLASS));
350  /* Füllen von WNDCLASS mit Fenster-Eigenschaften*/
351      wndclass.style = CS_HREDRAW | CS_VREDRAW |
352                                      CS_BYTEALIGNWINDOW;
353      wndclass.lpfnWndProc = WndProc;
354  /* zusätzlicher Speicher für Klassen- und      */
355  /* Fensterobjekte                              */
356      wndclass.cbClsExtra = 0;
357      wndclass.cbWndExtra = 0;
358      wndclass.hInstance = hInst;
359      wndclass.hIcon = LoadIcon(NULL, IDI_APPLICATION);
360      wndclass.hCursor = LoadCursor(NULL, IDC_ARROW);
361  /* Erzeugen eines Pinsels, um den Hintergrund   */
362  /* zu löschen                                   */
363      wndclass.hbrBackground = (HBRUSH)(COLOR_WINDOW+1);
364      wndclass.lpszMenuName = szAppName;
365  /* Klassenname = Menüname                       */
366      wndclass.lpszClassName = szAppName;
367  /* Klassenname = App.-Name                      */
368      if(!RegisterClass(&wndclass))
369          return -1;
370
371      return(0);
372  } /* Ende von nCwRegisterClasses               */
373
374  /***********************************************/
375  /* CWUnRegisterClasses Function:               */
376  /*                                             */
377  /* löscht jeden Bezug zu den Fenster-Resources,*/
378  /* die für diese Applikation erzeugt wurden, gibt*/
379  /* Speicher frei, löscht die Instanz, die Handles*/
380  /* und tätigt andere Aufräumarbeiten           */
381  /*                                             */
382  /***********************************************/
383  void CWUnRegisterClasses(void)
384  {
385      WNDCLASS  wndclass;
386  /* Struktur, um eine Klasse zu definieren       */
387      memset(&wndclass, 0x00, sizeof(WNDCLASS));
388
```

Fenster mit definierten Fähigkeiten

```
389    UnregisterClass(szAppName, hInst);
390  } /* Ende von CwUnRegisterClasses          */
391
392
393
394  /* QCDIALOG.RC */
395  #include "QCDIALOG.h"
396
397  QCDIALOG MENU
398  BEGIN
399    POPUP "&Auswahl"
400    BEGIN
401      MENUITEM "&Farbwahl...", IDM_A_FARBWAHL
402    END
403  END
404
405  #include "DIALOGS.DLG"
406
407  STRINGTABLE
408  BEGIN
409    IDS_ERR_CREATE_WINDOW, "Window creation failed!"
410    IDS_ERR_REGISTER_CLASS, "Error registering window class"
411  END
412
413
414  /* QCDIALOG.H */
415  /* QuickCase:W */
416  #include <windows.h>
417  #include <string.h>
418  #include "DIALOGS.h"
419
420  #define IDM_AUSWAHL       1000
421  #define IDM_A_FARBWAHL    1050
422
423  #define IDS_ERR_REGISTER_CLASS   1
424  #define IDS_ERR_CREATE_WINDOW    2
425
426  char szString[128];
427  /* Variable zum Laden der Resource-Texte */
428  char szAppName[20];
429  /* Klassenname des Fensters              */
430
431  HWND hInst;
432  HWND hWndMain;
433  int idFarbe;// Einstellung der Radio-Buttons
434  BYTE bFarbArray[3];
435
436  LONG FAR PASCAL WndProc(HWND, WORD, WORD, LONG);
437  BOOL FAR PASCAL DIALOGSMsgProc(HWND, WORD, WORD, LONG);
```

```
438  int nCwRegisterClasses(void);
439  void CwUnRegisterClasses(void);
440
441
442
443  /* DIALOGS.H: Datei von DLGEDIT angelegt */
444  #define IDC_STATICROT        101
445  #define IDC_HINTER           102
446  #define IDC_FULL             103
447  #define IDC_STATICGRUN       104
448  #define IDC_STATICBLAU       105
449  #define IDC_SCROLLROT        106
450  #define IDC_SCROLLGRUN       107
451  #define IDC_SCROLLBLAU       108
452
453
454
455  /* DIALOGS.DLG */
456  DLGINCLUDE RCDATA DISCARDABLE
457  BEGIN
458    "DIALOGS.H\0"
459  END
460
461  FarbDialog DIALOG 6, 18, 160, 105
462  STYLE DS_MODALFRAME | WS_POPUP | WS_VISIBLE |
463       WS_CAPTION | WS_SYSMENU
464  CAPTION "Farbwahl"
465  FONT 8, "Helv"
466  BEGIN
467    GROUPBOX  "Bereich", -1, 3, 6, 64, 43
468    CONTROL   "Hintergrund", IDC_HINTER, "Button",
469              BS_AUTORADIOBUTTON | WS_TABSTOP,
470              9, 20, 53, 10
471    CONTROL   "Fullfarbe", IDC_FULL, "Button",
472              BS_AUTORADIOBUTTON, 9, 33, 39, 10
473    PUSHBUTTON "OK", IDOK, 111, 8, 40, 14, WS_GROUP
474    PUSHBUTTON "Abbruch", IDCANCEL, 111, 25, 40, 14,
475              WS_GROUP
476    LTEXT     "0", IDC_STATICROT, 3, 60, 20, 8
477    LTEXT     "255", IDC_STATICGRUN, 3, 75, 20, 8
478    LTEXT     "255", IDC_STATICBLAU, 3, 92, 20, 8
479    SCROLLBAR IDC_SCROLLROT, 30, 58, 123, 12,
480              WS_TABSTOP
481    SCROLLBAR IDC_SCROLLGRUN, 30, 74, 123, 12,
482              WS_TABSTOP
483    SCROLLBAR IDC_SCROLLBLAU, 30, 90, 123, 12,
484              WS_TABSTOP
485  END
```

Turbo C++

Neue Methoden	Kurzbeschreibung
TDialog::TDialog	Konstruktor der Klasse TDialog
TDialog::SetupWindow	Dialogbox erscheint gleich am Bildschirm
TDialog::CanClose	Dialogbox wurde mit OK beendet

Beispiel

/************** TCDIALOG.CPP **************/

```
 1  #include <owl.h>
 2  #include <string.h>
 3  #define IDM_AUSWAHL       1000
 4  #define IDM_A_FARBWAHL    1050
 5  #define IDC_STATICROT     101
 6  #define IDC_HINTER        102
 7  #define IDC_FULL          103
 8  #define IDC_STATICGRUN    104
 9  #define IDC_STATICBLAU    105
10  #define IDC_SCROLLROT     106
11  #define IDC_SCROLLGRUN    107
12  #define IDC_SCROLLBLAU    108
13
14  class TRahmen :public TApplication
15  {
16  public:
17    TRahmen(LPSTR AName, HANDLE hInstance, HANDLE
18         hPrevInstance, LPSTR lpCmdLine, int nCmdShow)
19         : TApplication(AName, hInstance, hPrevInstance,
20           lpCmdLine, nCmdShow) {};
21    virtual void InitMainWindow();
22  };
23
24  class TFenster : public TWindow
```

```
25  {
26  public:
27    int idFarbe; // Einstellung der Radio-Buttons
28    BYTE bFarbArray[3];
29    TFenster(PTWindowsObject AParent, LPSTR ATitle);
30    virtual void Farbwahl(RTMessage)
31         = [CM_FIRST + IDM_A_FARBWAHL];
32    virtual void Paint(HDC, PAINTSTRUCT &);
33  };
34  typedef TFenster* PFenster;
35
36  class TOwnDialog : public TDialog
37  {
38  public:
39    HWND hScrollRot, hScrollGrun, hScrollBlau;
40    BYTE rot, grun, blau;
41    int idFarbelokal;
42    TOwnDialog(PTWindowsObject AParent, LPSTR AName)
43         : TDialog(AParent, AName) {};
44    virtual void SetupWindow();
45    virtual BOOL CanClose();
46    virtual void HinterFarbe(RTMessage Msg)
47         = [ID_FIRST + IDC_HINTER];
48    virtual void FullFarbe(RTMessage Msg)
```

Fenster mit definierten Fähigkeiten

```cpp
                = [ID_FIRST + IDC_FULL];
    virtual void WMHScroll(RTMessage Msg)
                = [WM_FIRST + WM_HSCROLL];
};

void TRahmen::InitMainWindow()
{
    MainWindow = new TFenster(NULL, "Dialogbox");
}

TFenster::TFenster(PTWindowsObject AParent,
       LPSTR ATitle) : TWindow(AParent, ATitle)
{
    AssignMenu("QCDialog");
    idFarbe = IDC_HINTER;
    bFarbArray[0] = 0;
    bFarbArray[1] = 255;
    bFarbArray[2] = 255;
}

void TFenster::Farbwahl(RTMessage Msg)
{
    int nRc;
    nRc = GetApplication()->ExecDialog(new
            TOwnDialog(this, "FARBDIALOG"));
    if (nRc == TRUE)
        InvalidateRect(HWindow, NULL, TRUE);
}

void TFenster::Paint (HDC PaintDC, PAINTSTRUCT & PaintInfo)
{
    RECT rct;
    HBRUSH hBrush, haltBrush;
    GetClientRect(HWindow, &rct);
    hBrush = CreateSolidBrush(RGB(bFarbArray[0],
                        bFarbArray[1],bFarbArray[2]));
    if (idFarbe == IDC_HINTER)
        FillRect(PaintDC, &rct, hBrush);
    if (idFarbe == IDC_FULL)
        haltBrush = SelectObject(PaintDC, hBrush);
        Rectangle(PaintDC, rct.right/3, rct.bottom/4,
            2*rct.right/3, 3*rct.bottom/4);
    if (idFarbe == IDC_FULL)
        SelectObject(PaintDC, haltBrush);
    DeleteObject(hBrush);
}

void TOwnDialog::SetupWindow()
{
    idFarbelokal = PFenster(Parent)->idFarbe;
    SendDlgItemMessage(HWindow, idFarbelokal,
                        BM_SETCHECK, TRUE, 0L);
    hScrollRot = GetDlgItem(HWindow, IDC_SCROLLROT);
    hScrollGrun = GetDlgItem(HWindow, IDC_SCROLLGRUN);
    hScrollBlau = GetDlgItem(HWindow, IDC_SCROLLBLAU);

    SetScrollRange( hScrollRot, SB_CTL, 0, 255, TRUE);
    SetScrollRange( hScrollGrun,SB_CTL, 0, 255, TRUE);
    SetScrollRange( hScrollBlau,SB_CTL, 0, 255, TRUE);

    SetScrollPos( hScrollRot, SB_CTL,
           PFenster(Parent)->bFarbArray[0], TRUE);
    SetScrollPos( hScrollGrun, SB_CTL,
           PFenster(Parent)->bFarbArray[1], TRUE);
    SetScrollPos( hScrollBlau, SB_CTL,
           PFenster(Parent)->bFarbArray[2], TRUE);
    SetFocus(hScrollRot);

    SetDlgItemInt(HWindow,IDC_STATICROT,
                PFenster(Parent)->bFarbArray[0],FALSE);
    SetDlgItemInt(HWindow,IDC_STATICGRUN,
                PFenster(Parent)->bFarbArray[1],FALSE);
    SetDlgItemInt(HWindow,IDC_STATICBLAU,
                PFenster(Parent)->bFarbArray[2],FALSE);

    rot = PFenster(Parent)->bFarbArray[0];
    grun = PFenster(Parent)->bFarbArray[1];
    blau = PFenster(Parent)->bFarbArray[2];
}

void TOwnDialog::HinterFarbe(RTMessage Msg)
{
    idFarbelokal = Msg.WParam;
}

void TOwnDialog::FullFarbe(RTMessage Msg)
{
    idFarbelokal = Msg.WParam;
}

void TOwnDialog::WMHScroll(RTMessage Msg)
{
BYTE bPosition;
    bPosition = (BYTE)GetScrollPos(
            HIWORD(Msg.LParam),SB_CTL);
    switch (Msg.WParam)
    {
        case SB_THUMBPOSITION:
            bPosition = (BYTE)LOWORD(Msg.LParam);
            break;
        case SB_PAGEDOWN:
            bPosition += 50;
            break;
        case SB_PAGEUP:
            bPosition -= 50;
            break;
        case SB_LINEDOWN:
            if (bPosition > 245)
                bPosition = 255;
            else bPosition += 10;
            break;
        case SB_LINEUP:
            if (bPosition < 10)
                bPosition = 0;
            else bPosition -= 10;
            break;
    }
    SetScrollPos( HIWORD(Msg.LParam), SB_CTL,
            bPosition,TRUE);

    if ( HIWORD( Msg.LParam) == hScrollRot)
    {
        rot = bPosition;
        SetDlgItemInt(HWindow,IDC_STATICROT,
            bPosition, FALSE);
    }
    if ( HIWORD( Msg.LParam) == hScrollGrun)
    {
        grun = bPosition;
        SetDlgItemInt(HWindow,IDC_STATICGRUN,
            bPosition, FALSE);
    }
    if ( HIWORD( Msg.LParam) == hScrollBlau)
    {
        blau = bPosition;
        SetDlgItemInt(HWindow,IDC_STATICBLAU,
            bPosition, FALSE);
    }
}

BOOL TOwnDialog::CanClose()
{
    PFenster(Parent)->bFarbArray[0] = rot;
    PFenster(Parent)->bFarbArray[1] = grun;
    PFenster(Parent)->bFarbArray[2] = blau;
    PFenster(Parent)->idFarbe = idFarbelokal;
    return (TRUE);
}

int PASCAL WinMain(HANDLE hInstance, HANDLE hPrevInstance,
LPSTR lpCmdLine, int nCmdShow)
{
    TRahmen MeinRahmen ("TCDialog", hInstance,
        hPrevInstance, lpCmdLine, nCmdShow);
    MeinRahmen.Run();
    return MeinRahmen.Status;
}
```

Turbo Pascal

Neue Methoden	Kurzbeschreibung
TDialog.SetupWindow	Dialogbox wird anschließend sichtbar
TDialog.CanClose	Dialogbox wurde mit OK beendet

Beispiel

{ Dialogbox-Programm: TPDIALOG.PAS }

```pascal
1   program TPDIALOG;
2   uses WObjects, WinTypes, WinProcs;
3   {$R TPDIALOG.RES}
4   const
5   IDM_A_FARBWAHL=1050;
6   IDC_STATICROT = 101;
7   IDC_HINTER    = 102;
8   IDC_FULL      = 103;
9   IDC_STATICGRUN= 104;
10  IDC_STATICBLAU= 105;
11  IDC_SCROLLROT = 106;
12  IDC_SCROLLGRUN= 107;
13  IDC_SCROLLBLAU= 108;
14
15  type
16    TRahmen = object(TApplication)
17      procedure InitMainWindow; virtual;
18    end;
19
20  type
21    PFenster = ^TFenster;
22    TFenster = object(TWindow)
23      idFarbe: integer;
24      bFarbArray: array[0..2] of Byte;
25      constructor Init(AParent: PWindowsObject;
26                       ATitle: PChar);
27      procedure Farbwahl(var Msg: TMessage); virtual
28                       cm_First + IDM_A_FARBWAHL;
29      procedure Paint (PaintDC: HDC; var PaintInfo:
30                       TPaintStruct); virtual;
31    end;
32
33  type
34    POwnDialog = ^TOwnDialog;
35    TOwnDialog = object(TDialog)
36      hScrollRot,hScrollGrun,hScrollBlau: HWND;
37      rot, grun, blau: Byte;
38      idFarbelokal: Integer;
39      procedure SetupWindow; virtual;
40      procedure HinterFarbe(var Msg: TMessage);
41                       virtual id_First + IDC_HINTER;
42      procedure FullFarbe(var Msg: TMessage); virtual
43                       id_First + IDC_FULL;
44      procedure WMHScroll(var Msg: TMessage); virtual
45                       WM_First + WM_HSCROLL;
46      function CanClose: Boolean; virtual;
47    end;
48
49  procedure TRahmen.InitMainWindow;
50  begin
51    MainWindow := New(PFenster,Init(nil,'Dialogbox'));
52  end;
53
54  constructor TFenster.Init(AParent: PWindowsObject;
55    ATitle: PChar);
56  begin
57    TWindow.Init(AParent, ATitle);
58    Attr.Menu := LoadMenu(HInstance, 'QCDialog');
59    idFarbe := IDC_HINTER;
60    bFarbArray[0] := 0;
61    bFarbArray[1] := 255;
62    bFarbArray[2] := 255;
63  end;
64
65  procedure TFenster.Farbwahl(var Msg: TMessage);
66  var nRc: Integer;
67  begin
68    nRc := Application^.ExecDialog(New(POwnDialog,
69                     Init(@Self, 'FARBDIALOG')));
70    if (nRc = IDOK) then
71      InvalidateRect(HWindow, nil, TRUE);
72  end;
73
74  procedure TFenster.Paint (PaintDC: HDC; var PaintInfo: TPaintStruct);
75  var rct: TRECT;
76      hneuBrush, haltBrush: HBRUSH;
77  begin
78    GetClientRect(HWindow, rct);
79    hneuBrush := CreateSolidBrush(RGB(bFarbArray[0],
80                     bFarbArray[1],bFarbArray[2]));
81    if (idFarbe = IDC_HINTER) then
82      FillRect(PaintDC, rct, hneuBrush);
83    if (idFarbe = IDC_FULL) then
84      haltBrush := SelectObject(PaintDC, hneuBrush);
85    Rectangle(PaintDC, rct.right DIV 3, rct.bottom
86                     DIV 4,2*rct.right DIV 3, 3*rct.bottom DIV 4);
87    if (idFarbe = IDC_FULL) then
88      SelectObject(PaintDC, haltBrush);
89    DeleteObject(hneuBrush);
90  end;
91
92  procedure TOwnDialog.SetupWindow;
93  begin
94    idFarbelokal := PFenster(Parent)^.idFarbe;
95    SendDlgItemMessage(HWindow, idFarbelokal,
96                     BM_SETCHECK, WORD(TRUE), LONGINT(0));
97    hScrollRot := GetDlgItem(HWindow, IDC_SCROLLROT);
98    hScrollGrun := GetDlgItem(HWindow, IDC_SCROLLGRUN);
99    hScrollBlau := GetDlgItem(HWindow, IDC_SCROLLBLAU);
100
101   SetScrollRange( hScrollRot, SB_CTL, 0, 255, TRUE);
102   SetScrollRange( hScrollGrun, SB_CTL,0, 255, TRUE);
103   SetScrollRange( hScrollBlau, SB_CTL, 0,255, TRUE);
104
105   SetScrollPos( hScrollRot, SB_CTL,
106                    PFenster(Parent)^.bFarbArray[0], TRUE);
107   SetScrollPos( hScrollGrun, SB_CTL,
108                    PFenster(Parent)^.bFarbArray[1], TRUE);
109   SetScrollPos( hScrollBlau, SB_CTL,
110                    PFenster(Parent)^.bFarbArray[2], TRUE);
111   SetFocus(hScrollRot);
112
113   SetDlgItemInt(HWindow,IDC_STATICROT,
114                    PFenster(Parent)^.bFarbArray[0], FALSE);
115   SetDlgItemInt(HWindow,IDC_STATICGRUN,
116                    PFenster(Parent)^.bFarbArray[1], FALSE);
117   SetDlgItemInt(HWindow,IDC_STATICBLAU,
118                    PFenster(Parent)^.bFarbArray[2], FALSE);
119
120   rot  := PFenster(Parent)^.bFarbArray[0];
121   grun := PFenster(Parent)^.bFarbArray[1];
122   blau := PFenster(Parent)^.bFarbArray[2];
123  end;
124
125  procedure TOwnDialog.HinterFarbe(var Msg: TMessage);
126  begin
127    idFarbelokal := Msg.WParam;
128  end;
129
130  procedure TOwnDialog.FullFarbe(var Msg: TMessage);
131  begin
132    idFarbelokal := Msg.WParam;
133  end;
134
135  procedure TOwnDialog.WMHScroll(var Msg: TMessage);
136  var bPosition: Byte;
137  begin
138    bPosition := BYTE(GetScrollPos(
139                    HIWORD(Msg.LParam), SB_CTL));
140    case Msg.WParam of
141      SB_THUMBPOSITION:
142        begin
143          bPosition := BYTE(LOWORD(Msg.LParam));
144        end;
145      SB_PAGEDOWN:
146        begin
147          bPosition := bPosition + 50;
148        end;
149      SB_PAGEUP:
150        begin
151          bPosition := bPosition - 50;
152        end;
153      SB_LINEDOWN:
154        begin
155          if (bPosition > 245) then
156            bPosition := 255
157          else bPosition := bPosition + 10;
158        end;
159      SB_LINEUP:
160        begin
161          if (bPosition < 10) then
162            bPosition := 0
163          else bPosition := bPosition - 10;
164        end;
165    end;
166    SetScrollPos( HIWORD(Msg.LParam), SB_CTL,
167                    bPosition,TRUE);
168
169    if ( HIWORD( Msg.LParam) = hScrollRot)
170    then begin
171      rot := bPosition;
172      SetDlgItemInt(HWindow,IDC_STATICROT,
173                    bPosition, FALSE);
174    end;
175    if ( HIWORD( Msg.LParam) = hScrollGrun)
176    then begin
177      grun := bPosition;
178      SetDlgItemInt(HWindow,IDC_STATICGRUN,
179                    bPosition, FALSE);
180    end;
181    if ( HIWORD( Msg.LParam) = hScrollBlau)
182    then begin
183      blau := bPosition;
184      SetDlgItemInt(HWindow,IDC_STATICBLAU,
185                    bPosition, FALSE);
186    end;
187  end;
188
189  function TOwnDialog.CanClose: Boolean;
190  begin
191    PFenster(Parent)^.bFarbArray[0] := rot;
192    PFenster(Parent)^.bFarbArray[1] := grun;
193    PFenster(Parent)^.bFarbArray[2] := blau;
194    PFenster(Parent)^.idFarbe := idFarbelokal;
195    CanClose := TRUE;
196  end;
197
198  { Hauptprogramm }
199  var MeinRahmen : TRahmen;
200  begin
```

```
201   MeinRahmen.Init('TPDialog');              203   MeinRahmen.Done;
202   MeinRahmen.Run;                           204   end.
```

Verwendete Resources

Es wurde für alle drei Programme dieselbe Dialogbox namens QCDialog und dasselbe Menü benutzt. Die ASCII-Form dieser beiden Resources finden Sie am Ende des QuickC-Programmes. Der Unterschied liegt wie üblich nur in dem Einbinden der Resources. In QuickC und in Borland C++ wird die RC- bzw. die RES-Datei dem Projekt hinzugefügt, in TurboPascal wird sie direkt im Quellcode angegeben.

Globale Variable

Für die Einstellungen der Farbe und des Bereiches gibt es sowohl lokale Variablen, die nur in der Dialogboxroutine bzw. in den Methoden der Klasse TOwnDialog zur Verfügung stehen, als auch Variablen, auf die auch in der normalen Window-Funktion bzw. in den Methoden der Klasse TFenster zugegriffen werden kann. In QuickC sind diese beiden Variablen idFarbe und bFarbArray global in der Header-Datei QCDIALOG.H definiert, in den beiden objektorientierten Sprachen wurden sie als Objektvariablen der Klasse TFenster vereinbart. Sie können über den Zeiger dieser Klasse und das Feld Parent angesprochen werden. Beide Variablen werden zu Beginn bei der Bearbeitung der WM_Create-Meldung bzw. in dem Konstruktor der Klasse TFenster initialisiert, damit schon bei der erstmaligen Darstellung der Dialogbox Voreinstellungen angezeigt werden können. Das Ergebnis dieser Initialisierungen ist auch schon bei Programmstart in der Client Area zu sehen, da die Area mit der türkisen Farbe gefüllt ist.

```
case WM_CREATE:
   idFarbe = IDC_HINTER;
   bFarbArray[0] = 0;
   bFarbArray[1] = 255;
   bFarbArray[2] = 255;
   break;
```

Aufruf der Dialogbox

Wenn der Anwender den Menüpunkt *Farbwahl* des Untermenüs *Auswahl* anwählt, kommt die Dialogbox zur Anzeige. Für die Realisierung muß in QuickC erst die Prozedur-Instanz Adresse der Dialogboxroutine mit der Funktion MakeProcInstance besorgt werden. Diese ermittelte Adresse und der Name der Dialogbox, der bei der Definition in einem Dialog-Editor mit FarbDialog festgelegt wurde, wird der Funktion DialogBox übergeben.

QuickC

```
case IDM_A_FARBWAHL:
    FARPROC lpfnDIALOGSMsgProc;
    lpfnDIALOGSMsgProc = MakeProcInstance(
        (FARPROC)DIALOGSMsgProc, hInst);
    nRc = DialogBox(hInst,(LPSTR)"FarbDialog",
        hWnd, lpfnDIALOGSMsgProc);
```

In den beiden Borland-Sprachen wird die Dialogbox über die Methode ExecDialog auf den Bildschirm gebracht. Auch hier wird die Box über ihren Namen FarbDialog identifiziert.

Borland C++
```
nRc = GetApplication()->ExecDialog(new
       TOwnDialog(this, "FARBDIALOG"));
```

TurboPascal
```
nRc := Application^.ExecDialog(New(POwnDialog,
              Init(@Self, 'FARBDIALOG')));
```

Falls der Bediener die Dialogbox mit dem Drücken des OK-Pushbuttons beendet, sollen die aktuellen Einstellungen in der Client Area widergespiegelt werden. Die Methode ExecDialog liefert in diesem Fall den ID-Wert (IDOK) der OK-Schaltfläche zurück. Die Funktion DialogBox bekommt TRUE als Rückgabewert von der Funktion EndDialog aus der Dialogboxroutine übergeben. In allen drei Fällen wird mit der Funktion InvalidateRect eine WM_Paint-Meldung in die Application-Message-Queue gestellt.

Auswertung der Einstellungen

Sowohl für das Bemalen des gesamten Arbeitsbereiches als auch für das Füllen des Rechteckes wird die Größe der Client Area und ein Pinsel benötigt, der abhängig von den getätigten Einstellungen erzeugt wird. Die Werte dafür liegen in dem globalen Array vor, in dem es für jede Grundfarbe einen Eintrag gibt. Welcher Bereich gefüllt werden soll, kann aus der zweiten globalen Variablen idFarbe gelesen werden. Für den gesamten Arbeitsbereich kann der Pinsel direkt benutzt werden, für das Rechteck wird er in den Device Context selektiert. Am Ende der Ausgabe darf nicht vergessen werden, dieses selbst geschaffene Zeichenwerkzeug wieder zu löschen.

Borland C++
```
    GetClientRect(HWindow, &rct);
    hBrush = CreateSolidBrush(RGB(bFarbArray[0],
              bFarbArray[1],bFarbArray[2]));
    if (idFarbe == IDC_HINTER)
      FillRect(PaintDC, &rct, hBrush);
    if (idFarbe == IDC_FULL)
      haltBrush = SelectObject(PaintDC, hBrush);
    Rectangle(PaintDC, rct.right/3, rct.bottom/4,
       2*rct.right/3, 3*rct.bottom/4);
    if (idFarbe == IDC_FULL)
      SelectObject(PaintDC, haltBrush);
    DeleteObject(hBrush);
```

Initialisierungen für die Dialogbox

Die restlichen Aufgaben dieses Programmes werden in der Dialogboxroutine bzw. in den Methoden der Dialog-Klasse durchgeführt. Die Initialisierungen erfolgen bei der Meldung WM_INITDIALOG bzw. in der SetupWindow-Methode. Zuerst muß der Radio-Button eingeschaltet werden, der sich bei der letzten positiven Bestätigung der Dia-

Fenster mit definierten Fähigkeiten 515

logbox im gesetzten Zustand befand. Sein ID-Wert steht in der globalen Variablen idFarbe und wird in die lokale Variable übertragen. Das Einschalten erfolgt über das Senden der Meldung BM_SETCHECK.

Da die Fenster-Handles der drei Scrollbars häufiger gebraucht werden, werden sie zu Beginn mit GetDlgItem ermittelt. Dann können die drei Scrollbar-Bereiche und die drei Bildlauffelder gesetzt werden. Das Flag SB_CTL sagt dabei aus, daß es sich um Scrollbar-Controls und nicht um Bildlaufleisten handelt, die sich am rechten und linken Fensterrand befinden. Da die Scrollbars mit einem Dialog-Editor gezeichnet wurden, handelt es sich bei ihnen nicht um Objekte im Sinne von OOP. Deswegen können hier auch nicht die Methoden der Klasse TScrollBar angewendet werden, sondern es muß mit den normalen API-Funktionen gearbeitet werden. Falls Sie unbedingt mit Methoden arbeiten wollen, müssen Sie diese Kontrollelemente mit einem Steuerelementobjekt verbinden. Dies werden wir im übernächsten Punkt bei der Erklärung von Subclassing durchführen.

Der Wert der aktuellen Einstellung jeder Scrollbar wird zusätzlich in einem statischen Feld angezeigt, das sich jeweils links von der zugehörigen Leiste befindet. Dazu benutzen wir die Funktion SetDlgItemInt, die eine Integerzahl in eine Zeichenkette umwandelt. Auch diese Farbeinstellungen werden in drei lokalen Variablen zwischengespeichert.

TurboPascal

```
    idFarbelokal := PFenster(Parent)^.idFarbe;
    SendDlgItemMessage(HWindow, idFarbelokal,
            BM_SETCHECK, WORD(TRUE), LONGINT(0));
    hScrollRot := GetDlgItem(HWindow, IDC_SCROLLROT);
    hScrollGrun := GetDlgItem(HWindow,IDC_SCROLLGRUN);
    hScrollBlau := GetDlgItem(HWindow,IDC_SCROLLBLAU);

    SetScrollRange( hScrollRot, SB_CTL, 0, 255, TRUE);
    SetScrollRange( hScrollGrun, SB_CTL,0, 255, TRUE);
    SetScrollRange( hScrollBlau, SB_CTL, 0,255, TRUE);

    SetScrollPos( hScrollRot, SB_CTL,
            PFenster(Parent)^.bFarbArray[0], TRUE);
    SetScrollPos( hScrollGrun, SB_CTL,
            PFenster(Parent)^.bFarbArray[1], TRUE);
    SetScrollPos( hScrollBlau, SB_CTL,
            PFenster(Parent)^.bFarbArray[2], TRUE);
    SetFocus(hScrollRot);

    SetDlgItemInt(HWindow,IDC_STATICROT,
            PFenster(Parent)^.bFarbArray[0], FALSE);
    SetDlgItemInt(HWindow,IDC_STATICGRUN,
            PFenster(Parent)^.bFarbArray[1], FALSE);
    SetDlgItemInt(HWindow,IDC_STATICBLAU,
            PFenster(Parent)^.bFarbArray[2], FALSE);

    rot := PFenster(Parent)^.bFarbArray[0];
    grun := PFenster(Parent)^.bFarbArray[1];
    blau := PFenster(Parent)^.bFarbArray[2];
```

Da die Variablen bFarbArray und idFarbe in der Klasse TFenster definiert sind, nun jedoch in einem Objekt der Klasse TOwnDialog verwendet werden, müssen sie über den Zeiger PFenster, den wir zu Beginn als Zeiger auf die Klasse TFenster vereinbarten, und der Objektvariablen Parent adressiert werden.

Radio-Button

Bei der Anwahl eines Radio-Buttons wird automatisch der andere ausgeschaltet, da beide mit dem Stilparameter BS_AUTORADIO-BUTTON definiert sind (s. DIALOGS.DLG). Der ID-Wert des eingeschalteten Buttons wird in der Variablen idFarbelokal gespeichert und erst beim Beenden der Dialogbox mit OK in die globale Variable geschrieben.

TurboPascal

```
procedure TOwnDialog.FullFarbe(var Msg: TMessage);
begin
  idFarbelokal := Msg.WParam;
end;
```

Scrollbars

Den meisten Code müssen wir für die richtige Verarbeitung der Scrollbars implementieren. Damit der Schieber zeilen- oder seitenweise bewegt werden kann, wird erst sein aktueller Standort mit der Funktion GetScrollPos ermittelt. Der Inhalt des Parameters wParam gibt an, welche Stelle der Scrollbar angeklickt wurde oder ob der Bediener das Bildlauffeld verschoben hat. Für das Weiterschalten einer Zeile habe ich willkürlich den Wert 10 genommen, um gleich ein größeres Stück weiterzukommen wird die Zahl 50 verwendet. Damit bei einem zeilenweisen Verschieben der Schieber nicht in einem Ring ohne Ende und Anfang läuft, sondern am linken bzw. rechten Rand stehenbleibt, wird die Variable bPosition wenn nötig definitiv auf den Wert 255 bzw. 0 gesetzt. Diese Variable wird anschließend den Funktionen SetScrollPos und SetDlgItemInt übergeben, um das Bildlauffeld an die neu errechnete Position zu setzen und das dazugehörende statische Textfeld mit dem neuen Wert zu beschreiben.

QuickC

```
      case WM_HSCROLL:
         bPosition = (BYTE)GetScrollPos(
                           HIWORD(lParam), SB_CTL);
         switch (wParam)
         {
           case SB_THUMBPOSITION:
             bPosition = (BYTE)LOWORD( lParam);
             break;
           case SB_PAGEDOWN:
             bPosition += 50;
             break;
           case SB_PAGEUP:
             bPosition -= 50;
             break;
           case SB_LINEDOWN:
             if (bPosition > 245)
               bPosition = 255;
```

```
              else bPosition += 10;
            break;
          case SB_LINEUP:
            if (bPosition < 10)
              bPosition = 0;
            else bPosition -= 10;
            break;
        }
        SetScrollPos( HIWORD(lParam), SB_CTL,
              bPosition,TRUE);

        if ( HIWORD( lParam) == hScrollRot)
        {
          rot = bPosition;
          SetDlgItemInt(hWndDlg,IDC_STATICROT,
              bPosition, FALSE);
        }
        if ( HIWORD( lParam) == hScrollGrun)
        {
          grun = bPosition;
          SetDlgItemInt(hWndDlg,IDC_STATICGRUN,
              bPosition, FALSE);
        }
        if ( HIWORD( lParam) == hScrollBlau)
        {
          blau = bPosition;
          SetDlgItemInt(hWndDlg,IDC_STATICBLAU,
              bPosition, FALSE);
        }
      break;
```

Pushbutton OK

Wenn der Anwender seine Einstellungen ausgeführt haben möchte und den OK-Pushbutton drückt, müssen die Werte für die drei Grundfarben, die bis jetzt in den Variablen rot, grün und blau stehen, in das globale Array übertragen werden. Entsprechendes geschieht mit dem gespeicherten ID-Wert des eingeschalteten Radio-Buttons. In QuickC muß außerdem noch die Dialogbox vom Bildschirm entfernt werden, in den objektorientierten Sprachen erfolgt dies automatisch.

QuickC

```
    case IDOK:
      bFarbArray[0] = rot;
      bFarbArray[1] = grun;
      bFarbArray[2] = blau;
      idFarbe = idFarbelokal;
      EndDialog(hWndDlg, TRUE);
      break;
```

TurboPascal

```
      function TOwnDialog.CanClose: Boolean;
      begin
        PFenster(Parent)^.bFarbArray[0] := rot;
```

```
    PFenster(Parent)^.bFarbArray[1] := grun;
    PFenster(Parent)^.bFarbArray[2] := blau;
    PFenster(Parent)^.idFarbe := idFarbelokal;
    CanClose := TRUE;
end;
```

Microsoft Visual Basic

Objekt	Eigenschaft	Inhalt
Form1	Caption	Dialogbox
	FillStyle	0 ' gefüllt
Menü	CtlName	Menu
	Text	&Auswahl
Menüpunkt	CtlName	Farbwahl
	Text	&Farbwahl...
Form2	Caption	Farbwahl
	BorderStyle	3
Rahmen1	Caption	Bereich
Option1	Caption	Hintergrund
Option2	Caption	Füllfarbe
Befehl1	Caption	OK
Befehl1	Caption	Abbruch
1. ScrollbarCtlName	HLauf	
	Index	0
	Max	255
	LargeChange	50
	SmallChange	10
2. Scrollbar	Index	1
3. Scrollbar	Index	2
3 statische Textfelder:		
	CtlName	Bezeichnung
	Index	0 bzw. 1 bzw. 2

Neue Eigenschaften	Kurzbeschreibung
HLauf1.Value	aktuelle Position des Scrollbar-Schiebers
Option1.Value	aktueller Zustand des Radio-Buttons

Neue Ereignisse	Kurzbeschreibung
Befehl1_Click	Pushbutton wurde betätigt
HLauf1_Change	Position des Scrollbar-Schiebers wurde geändert
Option1_Click	Radio-Button wurde ein- oder ausgeschaltet

Neue Methode	Kurzbeschreibung
Form1.Show	ein Form sichtbar darstellen

Beispiel

VBDIALOG.MAK

```
1   ' VBDIALOG.BAS: globales Modul
2   Global Const TRUE = -1
3   Global Const FALSE = 0
4   Global Const IDC_HINTER = 102
5   Global Const IDC_FULL = 103
6
7   Global bFarbArray(3) As Integer
8   Global idFarbe As Integer
9   Global OKButton As Integer
10
11
12  ' VBDIALO1.FRM: Hauptfenster
13  Sub Farbwahl_Click ()
14      Form2.Show 1
15      If OKButton = TRUE Then
16          Form1.Refresh
17      End If
18  End Sub
19
20  Sub Form_Load ()
21      idFarbe = IDC_HINTER
22      bFarbArray(0) = 0
23      bFarbArray(1) = 255
24      bFarbArray(2) = 255
25  End Sub
26
27  Sub Form_Paint ()
28      If (idFarbe = IDC_HINTER) Then
29          Form1.BackColor = RGB(bFarbArray(0), _
30              bFarbArray(1), bFarbArray(2))
31          Form1.FillColor = RGB(255, 255, 255)
32      End If
33      If (idFarbe = IDC_FULL) Then
34          Form1.FillColor = RGB(bFarbArray(0), _
35              bFarbArray(1), bFarbArray(2))
36          Form1.BackColor = RGB(255, 255, 255)
37      End If
38      Line (ScaleWidth / 3, ScaleHeight / 4)- _
39          (2*ScaleWidth / 3, 3*ScaleHeight / 4), , B
40  End Sub
41
42
43  ' VBDIALO2.FRM: Dialogbox
44  Dim idFarbelokal As Integer
45
46  Sub Form_Load ()
47      idFarbelokal = idFarbe
48      If idFarbelokal = IDC_HINTER Then
49          Option1.Value = TRUE
50      Else
51          Option2.Value = TRUE
52      End If
53
54      HLauf(0).Value = bFarbArray(0)
55      HLauf(1).Value = bFarbArray(1)
56      HLauf(2).Value = bFarbArray(2)
57
58      Bezeichnung(0).Caption = Str$(bFarbArray(0))
59      Bezeichnung(1).Caption = Str$(bFarbArray(1))
60      Bezeichnung(2).Caption = Str$(bFarbArray(2))
61  End Sub
62
63  'OK-Pushbutton
64  Sub Befehl1_Click ()
65      bFarbArray(0) = HLauf(0).Value
66      bFarbArray(1) = HLauf(1).Value
67      bFarbArray(2) = HLauf(2).Value
68      Unload Form2
69      OKButton = TRUE
70      idFarbe = idFarbelokal
71  End Sub
72
73  Sub Befehl2_Click ()
74      Unload Form2
75      OKButton = FALSE
76  End Sub
77
78  'Radio-Button Hintergrund
79  Sub Option1_Click ()
80      idFarbelokal = IDC_HINTER
81  End Sub
82
83  'Radio-Button Füllfarbe
84  Sub Option2_Click ()
85      idFarbelokal = IDC_FULL
86  End Sub
87
88  Sub HLauf_Change (Index As Integer)
89      Bezeichnung(Index).Caption = _
90          Str$(HLauf(Index).Value)
91  End Sub
```

Globale Variable

Das VisualBasic-Beispiel ist sehr ähnlich wie die Beispiele in den anderen drei Sprachen programmiert. Auch hier wird ein Array, das die aktuellen Einstellungen für jede der drei Grundfarben enthält, und ein Feld für den aktuell eingeschalteten Radio-Button global definiert. Außerdem wird noch die Variable OKButton benötigt, die beim Drücken des OK-Pushbuttons auf TRUE gesetzt wird, damit die gesetzten Werte auch zur Wirkung kommen.

Ereignis Load des Hauptfensters

In der ersten Formdatei VBDIALO1.FRM sind drei Ereignisse gespeichert. Wenn das Hauptfenster geladen wird, werden die globalen Variablen initialisiert, damit bei dem erstmaligen Anzeigen der Dialogbox der Radio-Button für die Hintergrundfarbe eingeschaltet ist und die RGB-Werte der Farbe Türkis durch die drei Scrollbars angezeigt werden. Im Gegensatz zu den anderen Sprachen ist in diesem Fall die Konstante IDC_HINTER nicht der ID-Wert eines Controls, sondern nur ein Merker.

```
Sub Form_Load ()
    idFarbe = IDC_HINTER
    bFarbArray(0) = 0
    bFarbArray(1) = 255
    bFarbArray(2) = 255
End Sub
```

Anwählen des Menüpunktes

Wenn der Bediener den Menüpunkt *Farbwahl* selektiert, so wird das Form2, das die Dialogbox darstellt, durch die Methode Show mit dem Parameter 1 als modale Dialogbox angezeigt. Wird diese Box positiv bestätigt, steht die globale Variable auf dem Wert TRUE, wodurch die Methode Refresh für die Aktualisierung der Client Area aufgerufen wird.

```
Sub Farbwahl_Click ()
    Form2.Show 1
    If OKButton = TRUE Then
        Form1.Refresh
    End If
End Sub
```

Ausgabe

In dem Paint-Ereignis wird bei eingeschaltetem Radio-Button für den Hintergrund die Hintergrundfarbe über die Eigenschaft BackColor auf die Farbe gesetzt, die durch die Positionen der drei Scrollbar-Schieber bestimmt wurde. Falls der andere Radio-Button der aktuelle ist, wird der Eigenschaft FillColor der Farbwert übergeben. In beiden Fällen wird jeweils die zweite Eigenschaft auf den Anfangswert weiße Farbe zurückgesetzt. Das Rechteck wird zum Abschluß mit der Methode Line gezeichnet.

```
If (idFarbe = IDC_HINTER) Then
    Form1.BackColor = RGB(bFarbArray(0),
        bFarbArray(1), bFarbArray(2))
    Form1.FillColor = RGB(255, 255, 255)
End If
If (idFarbe = IDC_FULL) Then
    Form1.FillColor = RGB(bFarbArray(0),
        bFarbArray(1), bFarbArray(2))
    Form1.BackColor = RGB(255, 255, 255)
End If
Line (ScaleWidth / 3, ScaleHeight / 4)-
    (2*ScaleWidth / 3, 3*ScaleHeight / 4), , B
```

Dialogbox

In der zweiten Formdatei, die die Reaktionen der Dialogbox bestimmt, werden insgesamt sechs Ereignisse verarbeitet, wobei sich die meisten auf bestimmte Kontrollelemente beziehen.

Initialisierung

Vor jedem Aufruf der Box muß der Radio-Button mit einem Punkt versehen werden, der bei der letzten Bestätigung mit OK eingeschaltet war. Diese Information steht in der Variablen idFarbe, deren Inhalt für den Gebrauch innerhalb der Dialogbox-Ereignisse in eine lokale Variable übertragen wird.

```
idFarbelokal = idFarbe
If idFarbelokal = IDC_HINTER Then
  Option1.Value = TRUE
Else
  Option2.Value = TRUE
End If
```

Die Arbeit mit den Scrollbars gestaltet sich in VisualBasic um einiges leichter als in den übrigen drei Sprachen. Die Größenangabe des Bereiches wurde schon interaktiv durchgeführt, so daß an dieser Stelle nur noch das Setzen des Schiebers erfolgen muß. Die dazu nötigen Werte stehen in dem global definierten Array. Da alle drei Scrollbars auf die gleiche Weise reagieren sollen, habe ich sie als Control-Array definiert. Dadurch muß z.B. nur noch auf ein Change-Ereignis und nicht auf drei reagiert werden. Die einzelnen Leisten werden durch ihren Index eindeutig gekennzeichnet. Auch die drei statischen Textfelder sind als Control-Array definiert worden und besitzen als Index die Werte 0 bis 2. Mit der Funktion Str$ müssen dabei noch die Integerwerte in Zeichenketten umgewandelt werden.

```
HLauf(0).Value = bFarbArray(0)
HLauf(1).Value = bFarbArray(1)
HLauf(2).Value = bFarbArray(2)
Bezeichnung(0).Caption = Str$(bFarbArray(0))
Bezeichnung(1).Caption = Str$(bFarbArray(1))
Bezeichnung(2).Caption = Str$(bFarbArray(2))
```

Radio-Button

Sobald einer der beiden Radio-Buttons angeklickt wird, entsteht das zu dem Control dazugehörende Ereignis Click, bei dem entsprechend der Merker idFarbelokal gesetzt wird, wie z.B.:

```
idFarbelokal = IDC_HINTER
```

Scrollbars

Bei dem Verschieben eines Bildlauffeldes, wobei es egal ist, ob der Schieber selber angefaßt oder ein Pfeil der Scrollbar gedrückt wurde, wird ein Change-Ereignis generiert, dem der Index der Scrollbar, mit der gearbeitet wurde, mitgegeben wird. Sie müssen jetzt nicht wie in den übrigen Beispielen der anderen Sprachen die neue Position des Schiebers berechnen, sondern dies führt VisualBasic ganz automatisch durch. Somit brauchen wir nur noch das korrespondierende statische Textfeld mit dem Positionswert des Schiebers zu beschreiben.

```
Sub HLauf_Change (Index As Integer)
    Bezeichnung(Index).Caption =
        Str$(HLauf(Index).Value)
End Sub
```

Beenden der Dialogbox

Beim Beenden der Dialogbox durch Drücken des Pushbuttons OK werden die aktuellen Positionen der drei Bildlauffelder in das globale Array und der aktuelle gesetzte Radio-Button in die globale Variable idFarbe für die nachfolgende Ausgabe gesichert, die durch den TRUE-Zustand der Variablen OKButton in der ersten Form-Datei ausgelöst wird. Dann wird die Dialogbox durch die Anweisung Unload vom Bildschirm entfernt.

```
bFarbArray(0) = HLauf(0).Value
bFarbArray(1) = HLauf(1).Value
bFarbArray(2) = HLauf(2).Value
Unload Form2
OKButton = TRUE
idFarbe = idFarbelokal
```

Falls der Bediener die Dialogbox abbricht, werden keine Werte gespeichert. In diesem Fall muß aber auch die Box mit dem Befehl Unload entfernt werden. Damit keine Aktualisierung der Client Area erfolgt, bekommt die Variable OKButton den Wert FALSE zugewiesen.

7.2.4 Standard-Dialogboxen

Unter Standard-Dialogboxen verstehe ich Dialogfenster, die nicht noch selber mit einem Hilfsmittel gezeichnet werden müssen, sondern deren Aussehen schon fest definiert ist. Seit der Windows-Version 3.1 existieren einige solcher Fenster, die durch das Füllen bestimmter Datenstrukturen und den anschließenden Aufruf einer speziellen Funktion aufgerufen werden können. In dem Ausgabe-Kapitel haben wir schon mit der Standard-Dialogbox für die Einstellung der Schriftarten gearbeitet. Weitere Standard-Dialogboxen sind in den beiden Borland-Sprachen mit eigenen Methoden definiert. Sie werden z.B. bei den Klassen TEditWindow und TFileWindow verwendet, die im Eingabe-Kapitel besprochen wurden.

Standard-Dialogbox von Windows 3.1

Da es den Umfang des Kapitels sprengen würde, auf alle Standard-Dialogboxen der Windows-Version 3.1 einzugehen, möchte ich exemplarisch die Dialogbox zum Öffnen und zum Speichern von Dateien besprechen.

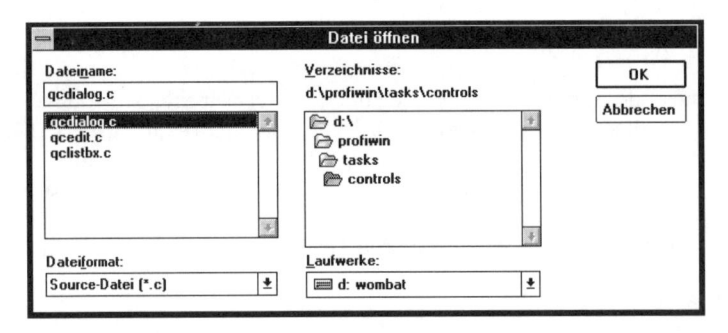

Abb. 215: Standard-Dialogbox zum Öffnen von Dateien

COMMDLG.LIB bzw. COMMDLG.TPU

Um auf die Standard-Dialogboxen zugreifen zu können, muß die in der Windows-Version 3.1 mitgelieferte Dynamic Link Library COMMDLG.DLL vorhanden sein. Bei der Programmierung mit QuickC müssen Sie die dazugehörige Import-Bibliothek COMMDLG.LIB zu Ihrem Projekt hinzufügen, damit der Linker die Aufrufe der Dialog-Funktionen auflösen kann. Zudem muß eine spezielle Header-Datei namens COMMDLG.H eingebunden werden, in der die Prototypen dieser Funktionen und die notwendigen Strukturen stehen. In TurboPascal muß die Unit COMMDLG.TPU zusätzlich angegeben werden.

Für das Öffnen und Speichern von Dateien wird intern dieselbe Dialogbox verwendet, da die meisten Kontrollelemente bei beiden Vorgängen benötigt werden, damit der Anwender das gewünschte Laufwerk etc. auswählen kann. Das Datei-Textfeld links oben zeigt den standardmäßig eingestellten Dateinamen an, der durch das Selektieren eines anderen Namens aus der darunterliegenden Listbox jederzeit ersetzt werden kann. Welcher Dateityp in diese Liste eingeblendet werden soll, kann der Bediener über die Combobox auswählen. Das richtige Laufwerk wird über die zweite Combobox im rechten Bereich und das gewünschte Verzeichnis über die darüberliegende Listbox eingestellt.

Datenstruktur OPENFILENAME

Die Dialog-Funktionen GetOpenFileName zum Öffnen einer Datei und GetSaveFile Name zum Sichern einer Datei greifen auch auf dieselbe Datenstruktur OPENFILENAME zu, die vor ihrem Aufruf versorgt werden muß. Diese Struktur bzw. der Record TOpenFileName in TurboPascal besteht aus recht vielen Feldern, die ich in der nächsten Tabelle aufgelistet habe. Sie sollten diese Tabelle überblicksmäßig ansehen und sich dabei nicht von den vielen Einstellungsmöglichkeiten verwirren lassen. Wir wollen anschließend nur die wirklich notwendigen Felder genauer betrachten.

Feldname	Datentyp	Beschreibung
lStructSize	DWORD	Größe dieser Struktur (in Bytes)
hwndOwner	HWND	gültiges Fenster-Handle oder NULL
hInstance	HANDLE	nur bei gesetztem Flag OFN_ENABLE TEMPLATE interessant
lpstrFilter	LPSTR	Auflistung der Dateitypen für die links unten liegende Combobox
nFilterIndex	DWORD	Index, welcher Dateityp zu Beginn eingestellt ist
lpstrCustomFilter	LPSTR	Benutzerdefinierte Dateitypen
nMaxCustFilter	DWORD	Größe des in lpstrCustomFilter angegebenen Puffers
lpstrFile	LPSTR	Initialisierungs-Eintrag des Editfeldes
nMaxFile	DWORD	Größe des in lpstrFile angeg. Puffers
lpstrFileTitle	LPSTR	Rückgabewert: selektierter Dateiname
nMaxFileTitle	DWORD	Größe des in lpstrFileTitle angeg. Puffers
lpstrInitialDir	LPSTR	anzuzeigendes Initialisierungs-Verz.
lpstrTitle	LPSTR	Dialogbox-Titel
Flags	DWORD	Kombination aus versch. Möglichkeiten
nFileOffset	WORD	Rückgabewert: Offset auf den Dateinamen in dem durch lpstrFile angeg. Puffer
nFileExtension	WORD	Rückgabewert: Offset auf die Dateinamens-Erweiterung
lpstrDefExt	LPSTR	Dateinamens-Erweiterung, die der Datei zugefügt wird, wenn keine Angabe gemacht wird
lCustData	DWORD	selbstdefinierte Daten, die im Parameter lParam an die Hook-Prozedur übergeben werden
lpTemplateName	LPSTR	Namen der Dialogbox, falls nicht die Standard-Box angezeigt werden soll
(FAR PASCAL *lpfnHook) (HWND, unsigned, WORD, LONG);	BOOL	Hook-Prozedur

Feld lpstrFilter

Damit diese Dialogboxen für den Bediener übersichtlich sind, werden häufig in der linken Listbox nicht alle Dateien angezeigt, sondern jeweils nur ein bestimmter Dateityp, wie z.B. alle Dateien mit der Endung PAS. Um diese Auswahl zu ändern, existiert die Combobox *Dateiformate*, über die ein anderer Filter, d.h. ein anderer Dateityp eingestellt werden kann. Wie viele und welche Filter ausgewählt werden können, wird über das Feld lpstrFilter festgelegt, das einen Zeiger auf Kette von Zeichenketten-Paaren darstellt. Dabei besitzen diese Paare einen fest definierten Aufbau. Der erste String jedes Paares beschreibt den Filter, wie ihn der Anwender in der Combobox lesen soll. Im zweiten Teil steht das korrespondierende Filtermuster. Die letzte Zeichenkette muß zusätzlich durch ein zweites NULL-Zeichen abgeschlossen werden.

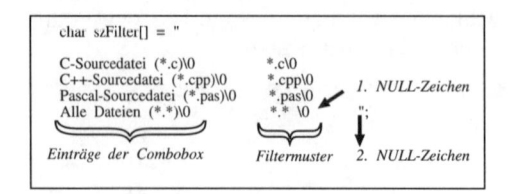

```
char szFilter[] = "
    C-Sourcedatei (*.c)\0           *.c\0
    C++-Sourcedatei (*.cpp)\0       *.cpp\0      1. NULL-Zeichen
    Pascal-Sourcedatei (*.pas)\0    *.pas\0
    Alle Dateien (*.*)\0            *.*  \0
                                                 ";
    Einträge der Combobox           Filtermuster 2. NULL-Zeichen
```

Abb. 216: Filtermöglichkeiten von Dateiformaten

Feld nFilterIndex

Der Index des Dateiformates, das zu Beginn in der Combobox *Dateiformate* erscheint und bestimmt, welche Dateien in der Listbox angezeigt werden, wird in dem Feld nFilterIndex definiert. Dieser Index bezieht sich auf das gerade besprochene Feld lpstrFilter, wobei der erste Eintrag den Index 1 besitzt. Beim Entfernen der Dialogbox durch den Anwender wird automatisch der Index des aktuell selektierten Filters in dieses Feld kopiert.

Feld lpstrFile

Falls in dem oberen Textfeld beim Aufblättern der Box ein Dateiname stehen soll, muß dieser dem Feld lpstrFile übergeben werden. Nach der erfolgreichen Ausführung der Funktion GetOpenFileName bzw. GetSaveFileName enthält dieser Puffer, dessen Größe im Feld nMaxFile festgelegt werden muß, den selektierten Dateinamen mit der vollständigen Pfadangabe. Wenn für eine Weiterverarbeitung nur der Dateiname ohne weitere Angaben gebraucht wird, können Sie diesen aus dem Feld lpstrFileTitle lesen.

Feld lpstrTitle

Per Definition lautet der Titel der Dialogbox Open. Somit sollte dieser Titel auf alle Fälle beim Speichern einer Dialogbox auf Sichern oder ähnliches geändert werden. Dazu existiert das Feld lpstrTitle.

Felder lpstrDefExt und lpstrInitialDir

Mit den beiden Feldern lpstrDefExt und lpstrInitialDir kann die Dialogbox noch benutzerfreundlicher gestaltet werden, da über sie eine Dateiendung, die bei keiner anderen Angabe durch den Benutzer verwendet wird, und zu Beginn ein anderes als das aktuelle Verzeichnis eingestellt wird.

Feld Flags

Über das Feld Flags können weitere Zusätze eingestellt werden, die z.B. das Vorhandensein einer *Read-Only*-Checkbox oder eines *Help*-Pushbuttons betreffen. Sie können auch bestimmen, daß die Dateinamen, die der Anwender eingibt, schon existieren müssen, im anderen Fall erscheint eine Messagebox. Alle diese Einstellungen werden bitweise *logisch oder* verknüpft.

Nachdem Sie eine Variable der Struktur OPENFILENAME nach Ihren Wünschen gefüllt haben, wird ihre Adresse der Funktion GetOpenFileName bzw. GetSaveFileName übergeben, und die Dialogbox kann aufgerufen werden. Der Bediener wählt nun die gewünschte Datei aus oder gibt einen neuen Dateinamen ein und bestätigt anschließend die Dialogbox mit OK. In diesem Fall lautet der Rückgabewert TRUE, und die Datei kann mit den entsprechenden Windows-Funktionen zum Lesen und Schreiben geöffnet werden.

Diese theoretischen Erklärungen wollen wir gleich anhand eines kleinen Beispiels, das in den beiden Sprachen QuickC und TurboPascal realisiert wird, in die Praxis umsetzen. Die Applikation besitzt zwei Menüpunkte, über die die Standard-Dialogboxen zum Öffnen und Sichern aufgerufen werden können. Nachdem eine Datei ausgewählt wurde und die Dialogbox mit OK abgeschlossen wird, wird jedoch nicht die Datei wirklich geladen bzw. auf die Festplatte geschrieben, sondern es erscheint eine Messagebox, die den Dateinamen mit vollständiger Pfadangabe anzeigt.

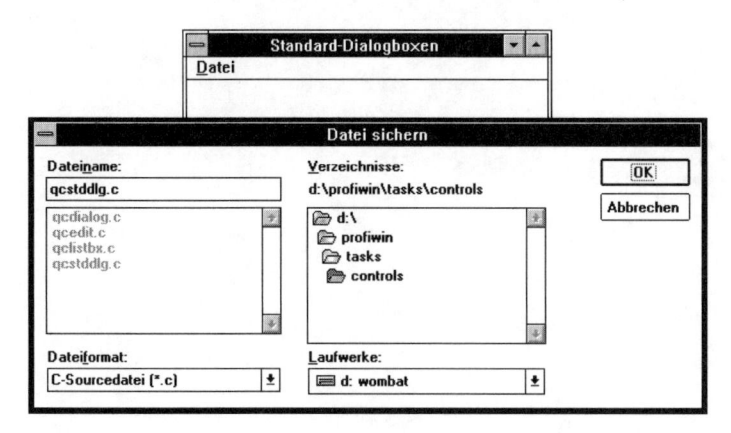

Abb 217: Beispiel zu den Standard-Dialogboxen

Windows-Funktionen	Kurzbeschreibung
GetOpenFileName	Dialogbox zum Öffnen von Dateien anzeigen
GetSaveFileName	Dialogbox zum Schließen von Dateien anzeigen

Beispiel

/***************** QCSTDDLG.C *****************/

```c
  1  /* QuickCase:W */
  2  #include "QCSTDDLG.h"
  3
  4  int PASCAL WinMain(HANDLE hInstance, HANDLE
  5  hPrevInstance, LPSTR lpszCmdLine, int nCmdShow)
  6  {
  7  /*******************************************************/
  8  /* hInstance;          Handle dieser Instanz           */
  9  /* hPrevInstance;Handle der vorhergehenden Instanz     */
 10  /* lpszCmdLine; Zeiger auf die Kommandozeile           */
 11  /* nCmdShow;    Code zur Anzeige des Hauptfensters     */
 12  /*******************************************************/
 13
 14  MSG msg;  /* MSG-Struktur für die Meldungen        */
 15  int nRc;  /* Rückgabewert der Klassen-             */
 16            /* Registrierung(en)                      */
 17
 18  strcpy(szAppName, "QCSTDDLG");
 19  hInst = hInstance;
 20  if(!hPrevInstance)
 21    {
 22    /* Registrieren der Fensterklasse(n) bei der    */
 23    /* 1.Instanz                                     */
 24    if ((nRc = nCwRegisterClasses()) == -1)
 25      {
 26      /* Registrierung schlug fehl                   */
 27      LoadString(hInst, IDS_ERR_REGISTER_CLASS,
 28              szString, sizeof(szString));
 29      MessageBox(NULL, szString, NULL,
 30              MB_ICONEXCLAMATION);
 31      return nRc;
 32      }
 33    }
 34
 35  /* Hauptfenster erzeugen                          */
 36  hWndMain = CreateWindow(
 37       szAppName,      /* Klassenname              */
 38       "Standard-Dialogboxen",
 39                       /* Text in der Titelzeile   */
 40       WS_CAPTION    | /* Titel zufügen            */
 41       WS_SYSMENU    | /* Systemmenübox zufügen    */
 42       WS_MINIMIZEBOX| /* Minimize Box zufügen     */
 43       WS_MAXIMIZEBOX| /* Maximize Box zufügen     */
 44       WS_THICKFRAME | /* in der Größe veränderbar */
 45       WS_CLIPCHILDREN
 46                     | /* kein Zeichnen in den Kindfenstern */
 47       WS_OVERLAPPED,
 48       CW_USEDEFAULT, 0, /* Default-Werte für X, Y */
 49       CW_USEDEFAULT, 0,
 50                       /* Default-Werte für Breite und Höhe */
 51       NULL,           /* Handle des Elternfensters */
 52       NULL,           /* Handle des Menüs         */
 53       hInst,          /* Handle der Instanz       */
 54       NULL);          /* Struktur für WM_CREATE   */
 55
 56  if(hWndMain == NULL)
 57    {
 58    LoadString(hInst, IDS_ERR_CREATE_WINDOW,
 59            szString, sizeof(szString));
 60    MessageBox(NULL, szString, NULL,
 61            MB_ICONEXCLAMATION);
 62    return IDS_ERR_CREATE_WINDOW;
 63    }
 64  ShowWindow(hWndMain, nCmdShow);
 65  /* Anzeigen des Hauptfensters */
 66
 67  while(GetMessage(&msg, NULL, 0, 0))
 68  /* bis WM_QUIT eintritt  */
 69    {
 70    TranslateMessage(&msg);
 71    DispatchMessage(&msg);
 72    }
 73
 74  /* Aufräumarbeiten, bevor die Applikation beendet */
 75  /* wird                                           */
 76  CwUnRegisterClasses();
 77  return msg.wParam;
 78  } /* Ende der WinMain                             */
 79
 80  /*******************************************************/
 81  /*                                                     */
 82  /* Fensterroutine des Hauptfensters:                   */
 83  /*                                                     */
 84  /* Diese Prozedur stellt Service-Routinen für die      */
 85  /* Windows-Ereignisse (Meldungen) bereit, die          */
 86  /* Windows oder der Benutzer an das Fenster sendet     */
 87  /* Sie initialisiert Ereignisse (Meldungen), die       */
 88  /* entstehen, wenn der Anwender z.B. einen Menü-       */
 89  /* punkt oder ein Tastenkürzel anwählt                 */
 90  /*                                                     */
 91  /*******************************************************/
 92
 93  LONG FAR PASCAL WndProc(HWND hWnd, WORD Message,
 94  WORD wParam, LONG lParam)
 95  {
 96  HMENU    hMenu=0;     /* Menü-Handle              */
 97  HBITMAP  hBitmap=0;   /* Handle für Bitmaps       */
 98  HDC      hDC;/* Handle für den Display Context    */
 99  PAINTSTRUCT ps; /* enthält Zeichen-Informationen  */
100  int      nRc=0; /* Rückgabewert                   */
101  static OPENFILENAME ofn;
102  static char szFilterWahl[] = "C-Source-Datei
103  (*.c)\0*.c\0Pascal-Source-Datei (*.pas)\0*.pas\0Alle Dateien
104  (*.*)\0*.*\0";
105  static char szFileName[MAXIMALNAME];
106  static char szFileTitle[MAXIMALNAME];
107
108  switch (Message)
109    {
110    case WM_COMMAND:
111    /* Die Windows-Meldungen für die Menüpunkte werden */
112    /* hier verarbeitet                               */
113      switch (wParam)
114        {
115        case IDM_D_OEFFNEN:
116        /* Platz für den eigenen Code, um auf den    */
117        /* Menüpunkt "&öffnen" zu reagieren           */
118          strcpy(szFileName, "");
119          ofn.nFilterIndex    = 1L;
120          ofn.lpstrDefExt     = "c";
121          ofn.lpstrTitle      = "Datei öffnen";
122          ofn.Flags = ofn.Flags | OFN_HIDEREADONLY;
123
124          if (GetOpenFileName(&ofn))
125            MessageBox(hWnd, ofn.lpstrFile,
126                    ofn.lpstrFileTitle, MB_OK);
127          break;
128
129        case IDM_D_SCHLIESSEN:
130        /* Platz für den eigenen Code, um auf den    */
131        /* Menüpunkt "&Schließen" zu reagieren        */
132          strcpy(szFileName, "");
133          ofn.nFilterIndex    = 1L;
134          ofn.lpstrDefExt     = "c";
135          ofn.lpstrTitle      = "Datei sichern";
136          ofn.Flags = ofn.Flags | OFN_OVERWRITEPROMPT;
137
138          if (GetSaveFileName(&ofn))
139            MessageBox(hWnd, ofn.lpstrFile,
140                    ofn.lpstrFileTitle, MB_OK);
141          break;
142
143        default:
144          return DefWindowProc(hWnd, Message,
145                               wParam, lParam);
146        }
147      break;     /* Ende von WM_COMMAND             */
148
149    case WM_CREATE:
150      ofn.lStructSize     = sizeof(OPENFILENAME);
151      ofn.hwndOwner       = NULL;
152      ofn.lpstrFilter     = szFilterWahl;
153      ofn.lpstrCustomFilter = NULL;
154      ofn.nMaxCustFilter  = 0;
155      ofn.lpstrFile       = szFileName;
156      ofn.nMaxFile        = MAXIMALNAME;
157      ofn.lpstrInitialDir = NULL;
158      ofn.lpstrFileTitle  = szFileTitle;
159      ofn.nMaxFileTitle   = MAXIMALNAME;
160      ofn.Flags           = 0;
161      break;    /* Ende von WM_CREATE              */
162
163    case WM_MOVE:   /* Bewegen des Fensters          */
164      break;
165
166    case WM_SIZE:
167    /* Größenänderung der Client Area               */
168      break;   /* Ende von WM_SIZE                  */
169
170    case WM_PAINT: /* Neuzeichnen der Client Area   */
171    /* bekommt ein Handle auf den Device Context    */
172    /* BeginPaint wird evtl. WM_ERASEBKGND senden   */
173      memset(&ps, 0x00, sizeof(PAINTSTRUCT));
174      hDC = BeginPaint(hWnd, &ps);
175    /* falls der Hintergrund keine reine Farbe besitzt*/
176      SetBkMode(hDC, TRANSPARENT);
177    /* Das Neuzeichnen ist abgeschlossen            */
178      EndPaint(hWnd, &ps);
179      break;      /* Ende von WM_PAINT             */
180
181    case WM_CLOSE:  /* Schließen des Fensters       */
182    /* Zerstören der Kindfenster, modeless Dialogboxen*/
183    /* Zerstören dieses Fensters                    */
184      DestroyWindow(hWnd);
185      if (hWnd == hWndMain)
186        PostQuitMessage(0);
187    /* Beenden der Applikation                      */
188      break;
189
190    default:
191    /* alle Meldungen, für die keine eigene Service- */
192    /* Routine zur Verfügung gestellt wird, sollten an*/
193    /* Windows gereicht werden, damit eine Default-  */
194    /* Verarbeitung stattfinden kann                 */
195      return DefWindowProc(hWnd, Message, wParam, lParam);
196    }
197  return 0L;
198  } /* Ende von WndProc                              */
199
200  /*******************************************************/
```

Fenster mit definierten Fähigkeiten 527

```
201  /*                                                      */
202  /* nCwRegisterClasses Funktion:                          */
203  /*                                                      */
204  /* Die folgende Funktion registriert alle Klassen        */
205  /* von allen Fenstern, die mit dieser Applikation        */
206  /* verbunden sind. Die Funktion liefert einen            */
207  /* Fehlercode zurück, falls sie nicht erfolgreich        */
208  /* war, ansonsten wird 0 zurückgegeben.                  */
209  /*                                                      */
210  /********************************************************/
211
212  int nCwRegisterClasses(void)
213  {
214    WNDCLASS   wndclass;
215    /* Struktur, um eine Klasse zu definieren         */
216    memset(&wndclass, 0x00, sizeof(WNDCLASS));
217    /* Füllen von WNDCLASS mit Fenster-Eigenschaften  */
218    wndclass.style = CS_HREDRAW | CS_VREDRAW |
219                                  CS_BYTEALIGNWINDOW;
220    wndclass.lpfnWndProc = WndProc;
221    /* zusätzlicher Speicher für Klassen- und         */
222    /* Fensterobjekte                                 */
223    wndclass.cbClsExtra = 0;
224    wndclass.cbWndExtra = 0;
225    wndclass.hInstance = hInst;
226    wndclass.hIcon = LoadIcon(NULL, IDI_APPLICATION);
227    wndclass.hCursor = LoadCursor(NULL, IDC_ARROW);
228    /* Erzeugen eines Pinsels, um den Hintergrund     */
229    /* zu löschen                                     */
230    wndclass.hbrBackground = (HBRUSH)(COLOR_WINDOW+1);
231    wndclass.lpszMenuName = szAppName;
232    /* Klassenname = MenüName */
233    wndclass.lpszClassName = szAppName;
234    /* Klassenname = App.-Name */
235    if(!RegisterClass(&wndclass))
236       return -1;
237
238    return(0);
239  } /* Ende von nCwRegisterClasses                   */
240  /********************************************************/
241  /*                                                      */
242  /* CwUnRegisterClasses Function:                         */
243  /*                                                      */
244  /* löscht jeden Bezug zu den Fenster-Resources,         */
245  /* die für diese Applikation erzeugt wurden, gibt*/
246  /* Speicher frei, löscht die Instanz, die Handles*/
247  /* und tätigt andere Aufräumarbeiten              */
248  /*                                                      */
249  /********************************************************/
250
251  void CwUnRegisterClasses(void)
252  {
253    WNDCLASS   wndclass;
254    /* Struktur, um eine Klasse zu definieren         */
255    memset(&wndclass, 0x00, sizeof(WNDCLASS));
256
257    UnregisterClass(szAppName, hInst);
258  } /* Ende von CwUnRegisterClasses                  */
259
260
261
262  /* QCSTDDLG.RC */
263  #include "QCStdDlg.h"
264
265  QCSTDDLG MENU
266  BEGIN
267    POPUP "&Datei"
268    BEGIN
269       MENUITEM "&Öffnen", IDM_D_OEFFNEN
270       MENUITEM "&Schließen", IDM_D_SCHLIESSEN
271    END
272  END
273
274  STRINGTABLE
275  BEGIN
276    IDS_ERR_CREATE_WINDOW, "Window creation failed!"
277    IDS_ERR_REGISTER_CLASS, "Error registering window class"
278  END
279
280
281  /* QCSTDDLG.H */
282  /* QuickCase:W */
283  #include <windows.h>
284  #include <string.h>
285  #include <commdlg.h>
286
287  #define IDM_FUNKTIONEN      1000
288  #define IDM_D_OEFFNEN       1050
289  #define IDM_D_SCHLIESSEN    1100
290
291  #define IDS_ERR_REGISTER_CLASS  1
292  #define IDS_ERR_CREATE_WINDOW   2
293  #define MAXIMALNAME 100
294
295  char szString[128];
296  /* Variable zum Laden der Resource-Texte */
297  char szAppName[20];
298  /* Klassenname des Fensters              */
299
300  HWND hInst;
301  HWND hWndMain;
302
303  LONG FAR PASCAL WndProc(HWND, WORD, WORD, LONG);
304  int nCwRegisterClasses(void);
305  void CwUnRegisterClasses(void);
```

Beispiel

{Standard-Dialogboxen: TPSTDDLG.PAS}

```pascal
 1  program TPSttDlg;
 2  uses WObjects, WinTypes, WinProcs, COMMDLG;
 3  {$R TPStdDlg.RES}
 4  const
 5     IDM_D_OEFFNEN    =  1050;
 6     IDM_D_SCHLIESSEN =  1100;
 7
 8  type
 9     TRahmen = object(TApplication)
10        procedure InitMainWindow; virtual;
11     end;
12
13     PFenster = ^TFenster;
14     TFenster = object(TWindow)
15        ofn: TOpenFileName;
16        szFileName: array[0..100] of char;
17        szFileTitle: array[0..100] of char;
18        constructor Init(AParent: PWindowsObject;
19                         ATitle: PChar);
20        procedure Open(var Msg: TMessage); virtual
21                         cm_First + IDM_D_OEFFNEN;
22        procedure Save(var Msg: TMessage); virtual
23                         cm_First + IDM_D_SCHLIESSEN;
24     end;
25
26  procedure TRahmen.InitMainWindow;
27  begin
28     MainWindow := New(PFenster, Init(nil,
29                        'Standard-Dialogboxen'));
30  end;
31
32  constructor TFenster.Init(AParent: PWindowsObject; ATitle: PChar);
33  begin
34     TWindow.Init(AParent, ATitle);
35     Attr.Menu := LoadMenu(HInstance, 'QCSTDDLG');
36     ofn.lStructSize  := sizeof(TOPENFILENAME);
37     ofn.hwndOwner    := 0;
38     ofn.lpstrFilter :=
39        'C-Source-Datei (*.c)'+#0+'*.c'+#0+
40        'Pascal-Source-Datei (*.pas)'+#0+'*.pas'+#0+
41        'Alle Dateien (*.*)'+#0+'*.*'+#0+#0;
42     ofn.lpstrCustomFilter := nil;
43     ofn.nMaxCustFilter    := 0;
44     ofn.lpstrFile         := szFileName;
45     ofn.nMaxFile          := 100;
46     ofn.lpstrInitialDir   := nil;
47     ofn.lpstrFileTitle    := szFileTitle;
48     ofn.nMaxFileTitle     := 100;
49     ofn.lpstrDefExt       := nil;
50     ofn.Flags             := 0;
51     ofn.lpstrTitle        := nil;
52  end;
53
54  procedure TFenster.Open(var Msg: TMessage);
55  begin
56     szFileTitle[0]    := #0;
57     szFileName[0]     := #0;
58     ofn.nFilterIndex  := 1;
59     ofn.lpstrDefExt   := 'pas';
60     ofn.lpstrTitle    := 'Datei öffnen';
61     ofn.Flags := ofn.Flags or OFN_HIDEREADONLY;
62
63     if (GetOpenFileName(ofn)) then
64        MessageBox(HWindow, ofn.lpstrFile,
65                   ofn.lpstrFileTitle, MB_OK);
66  end;
67
68  procedure TFenster.Save(var Msg: TMessage);
69  begin
70     szFileTitle[0]    := #0;
71     szFileName[0]     := #0;
72     ofn.nFilterIndex  := 1;
73     ofn.lpstrDefExt   := 'pas';
74     ofn.lpstrTitle    := 'Datei sichern';
75     ofn.Flags := ofn.Flags or OFN_OVERWRITEPROMPT;
76
77     if (GetSaveFileName(ofn)) then
78        MessageBox(HWindow, ofn.lpstrFile,
79                   ofn.lpstrFileTitle, MB_OK);
80  end;
81
82  { Hauptprogramm }
83  var
84     MeinRahmen : TRahmen;
```

```
85
86  begin
87    MeinRahmen.Init('TPStdDlg');
```

```
88    MeinRahmen.Run;
89    MeinRahmen.Done;
90  end.
```

Durch das Einbinden der Unit Commdlg.tpu in das TurboPascal-Programm bzw. der Bibliothek Commdlg.lib in dem QuickC-Projekt kann bereits auf die Standard-Dialogboxen zugegriffen werden. Diese Boxen müssen also nicht in den Resource-Dateien stehen, die dieses Mal nur ein kleines Menü enthalten.

Versorgung der Struktur

Da viele Felder der (T)OPENFILENAME-Struktur identisch für das Öffnen und für das Schließen von Dateien versorgt werden können, werden sie bereits bei Programmbeginn bei der Verarbeitung der WM_Create-Meldung bzw. in dem Konstruktor des Fensterobjektes mit Werten besetzt. Den Feldern, die wir nicht für unser Beispiel benötigen, übergeben wir Null. Die Größe der Struktur muß immer angegeben werden. Als Filter habe ich drei Paare definiert, um entweder alle C-Source-Dateien oder alle Pascal-Source-Dateien oder alle im eingestellten Verzeichnis vorhandenen Dateien ansehen zu können. Jede Zeichenkette muß dabei mit 0 abgeschlossen werden, die in QuickC zusammen mit dem Steuerzeichen \ und in TurboPascal mit dem Zeichen # genannt werden muß. Für den Dateinamen alleine und für den Dateinamen mit vollständiger Pfadangabe werden zwei Zeichen-Arrays angelegt, die jeweils 100 Zeichen aufnehmen können.

```
ofn.lStructSize      = sizeof(OPENFILENAME);
ofn.hwndOwner        = NULL;
ofn.lpstrFilter      = szFilterWahl;
ofn.lpstrCustomFilter = NULL;
ofn.nMaxCustFilter   = 0;
ofn.lpstrFile        = szFileName;
ofn.nMaxFile         = MAXIMALNAME;
ofn.lpstrInitialDir  = NULL;
ofn.lpstrFileTitle   = szFileTitle;
ofn.nMaxFileTitle    = MAXIMALNAME;
ofn.Flags            = 0;
```

Jedes Mal, wenn eine der beiden Dialogboxen aufgerufen werden soll, muß erst der Inhalt des gerade erwähnten Zeichen-Arrays für den vollständigen Dateinamen gelöscht werden, da er ansonsten in dem oberen Textfeld in der Dialogbox als Vorbesetzung auftauchen würde. Genauso müssen jedes Mal der Index auf die Filterpaare und die Default-Dateierweiterung neu festgelegt werden, da sie durch den Aufruf der Dialog-Funktion überschrieben werden. Damit der Anwender weiß, welche Dialogbox derzeit sichtbar ist, erscheint als Titel "Datei öffnen" bzw. "Datei sichern".

```
strcpy(szFileName, "");
ofn.nFilterIndex   = 1L;
ofn.lpstrDefExt    = "c";
ofn.lpstrTitle     = "Datei sichern";
```

Außerdem wird in der Dialogbox zum Datei-Öffnen die Nur-Lese-Checkbox nicht angezeigt. Falls der Bediener beim Sichern eine existierende Datei ausgewählt hat, wird er über eine Messagebox gefragt, ob er sie überschreiben will. Diese beiden Einstellungen werden über das Feld Flags eingestellt.

Aufruf der Funktionen

Nun kann der Aufruf der Funktion GetOpenFileName bzw. GetSaveFileName erfolgen. Wenn die Dialogbox anschließend durch Drücken des Pushbuttons OK bestätigt wird, lautet der Rückgabewert TRUE, und mit Hilfe einer Messagebox werden die Inhalte der Felder lpstrFile und lpstrFileTitle angezeigt.

```
if (GetSaveFileName(&ofn))
  MessageBox(hWnd, ofn.lpstrFile,
       ofn.lpstrFileTitle, MB_OK);
```

OOP-Dialogboxen

Auch bei der objektorientierten Programmierung gibt es eine Art von Standard-Dialogboxen, die durch zwei Klassen vertreten werden. Diese Klassen lauten TFileDialog und TInputDialog und sind bei TurboPascal in der Unit StdDlgs.tpu definiert, in der wiederum die Resource-Datei StdDlg.RES mit den dazugehörigen Dialogboxen eingebunden ist. Bei Borland C++ stehen die Klassendefinitionen in den Header-Dateien filedial.h und inputdia.h. Die Dialogboxen liegen in demselben Unterverzeichnis INCLUDE als DLG-Dateien vor.

TFileDialog

Mit der Klasse TFileDialog können genauso wie bei den gerade besprochenen Standard-Dialogboxen von Windows sowohl eine Dialogbox zum Öffnen als auch eine zum Schließen von Dateien angezeigt werden. Diese Boxen sehen jedoch unterschiedlich zur Windows-Version aus. Sie werden z.B. auch von den beiden Klassen TEditWindow und TFileWindow verwendet.

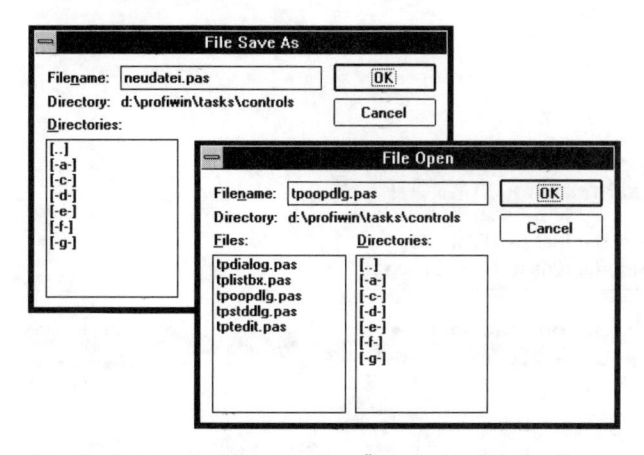

Abb. 218: OOP-Standard-Dialogboxen zum Öffnen und Schließen von Dateien

Die beiden Dialogboxen von TFileDialog unterscheiden sich dadurch, daß die Box zum Öffnen zwei Listboxen besitzt, um alle Dateien des aktuellen Verzeichnisses und um alle Verzeichnisse mit den existierenden Laufwerken aufzulisten. Die Box zum Sichern benötigt jedoch nur eine Liste zum Anzeigen der Verzeichnisse, der Dateiname muß vom Bediener eingetragen werden.

TInputDialog

Die zweite Klasse TInputDialog blendet eine Dialogbox ein, in die der Anwender einen einzeiligen Text editieren und ihn mit OK bestätigen oder über den Pushbutton Cancel für ungültig erklären kann. Als Programmierer kann man die Titelzeile, den Text zur Aufforderung und die Vorbesetzung des Textfeldes selber festlegen. Alles weitere ist fest definiert und nicht veränderbar.

Beispiel

Die beiden Klassen TFileDialog und TInputDialog mit den OOP-Standard-Dialogboxen sollen gleich an einem Beispiel ausprobiert werden, das in den zwei Borland-Sprachen TurboPascal und C++ realisiert wird. Dieses Beispiel besitzt große Ähnlichkeiten mit der letzten Applikation. Über die Menüpunkte *Öffnen* bzw. *Schließen* wird die entsprechende Dialogbox aufgerufen, und bei einer Bestätigung mit OK wird der selektierte Dateiname in einer Messagebox ausgegeben. Daneben gibt es einen neuen Menüpunkt namens *Eingabe*, durch dessen Anwahl die Eingabe-Dialogbox erscheint.

Abb. 219: Beispiel zu den OOP-Standard-Dialogboxen

Turbo Pascal

Neue Methoden	Kurzbeschreibung
TFileDialog.Init	Konstruktor der Klasse TFileDialog
TInputDialog.Init	Konstruktor der Klasse TInputDialog

{OOP Standard-Dialogboxen: TPOOPDLG.PAS}

```
 1  program TPSttDlg;
 2  uses WObjects, WinTypes, WinProcs, Strings, StdDlgs;
 3  {$R TPOOPDlg.RES}
 4  const
 5      IDM_D_OEFFNEN    = 1050;
 6      IDM_D_SCHLIESSEN = 1100;
 7      IDM_B_EINGABE    = 1150;
 8
 9  type
10    TRahmen = object (TApplication)
11      procedure InitMainWindow; virtual;
12    end;
13
14    PFenster = ^TFenster;
15    TFenster = object (TWindow)
16      constructor Init(AParent: PWindowsObject;
17          ATitle: PChar);
18      procedure Open(var Msg: TMessage); virtual
19          cm_First + IDM_D_OEFFNEN;
20      procedure Save(var Msg: TMessage); virtual
21          cm_First + IDM_D_SCHLIESSEN;
22      procedure Eingabe(var Msg: TMessage); virtual
23          cm_First + IDM_B_EINGABE;
24    end;
25
26  procedure TRahmen.InitMainWindow;
27  begin
28      MainWindow := New(PFenster, Init(nil,
29          'OOP Standard-Dialogboxen'));
30  end;
31
32  constructor TFenster.Init(AParent: PWindowsObject; ATitle: PChar);
33  begin
34      TWindow.Init(AParent, ATitle);
35      Attr.Menu := LoadMenu(HInstance, 'QCSTDDLG');
36  end;
37
38  procedure TFenster.Open(var Msg: TMessage);
39  var szFileName: array[0..100] of char;
40  begin
41      strcopy(szFileName, '*.pas');
42      if Application^.ExecDialog(New(PFileDialog,
43          Init(@Self, PChar(sd_FileOpen),
44          szFileName))) = IDOK then
45      begin
46          MessageBox(HWindow, szFileName,
```

Fenster mit definierten Fähigkeiten

```
47                 'öffnen der Datei', MB_OK);
48         end;
49     end;
50
51     procedure TFenster.Save(var Msg: TMessage);
52     var szFileName: array[0..100] of char;
53     begin
54         strcopy(szFileName, '*.pas');
55         if Application^.ExecDialog(New(PFileDialog,
56             Init(@Self, PChar(sd_FileSave),
57             szFileName))) = IDOK then
58         begin
59             MessageBox(HWindow, szFileName,
60                 'Speichern der Datei', MB_OK);
61         end;
62     end;
63
64     procedure TFenster.Eingabe(var Msg: TMessage);
65     var szEingabe: array[0..50] of char;
66     begin

67         strcopy(szEingabe, 'QuickC');
68         if Application^.ExecDialog(New(PInputDialog,
69             Init(@Self, 'Eingabe',
70             'Mit welcher Sprache programmieren Sie?',
71             szEingabe, 50))) = idok then
72         begin
73             MessageBox(HWindow, szEingabe,
74                 'Viel Spaß!',MB_OK);
75         end;
76     end;
77
78     { Hauptprogramm }
79     var
80         MeinRahmen : TRahmen;
81
82     begin
83         MeinRahmen.Init('TPOOPDlg');
84         MeinRahmen.Run;
85         MeinRahmen.Done;
86     end.
```

Turbo C++

Neue Methoden	Kurzbeschreibung
TFileDialog::TFileDialog	Konstruktor der Klasse TFileDialog
TInputDialog::TInputDialog	Konstruktor der Klasse TInputDialog

/***************** **TCOOPDLG.CPP** *****************/

```
 1  #include <owl.h>
 2  #include <string.h>
 3  #include <filedial.h>
 4  #include <inputdia.h>
 5  #define IDM_D_OEFFNEN     1050
 6  #define IDM_D_SCHLIESSEN  1100
 7  #define IDM_B_EINGABE     1150
 8
 9  class TRahmen :public TApplication
10  {
11  public:
12      TRahmen(LPSTR AName, HANDLE hInstance, HANDLE
13          hPrevInstance, LPSTR lpCmdLine, int nCmdShow)
14          : TApplication(AName, hInstance, hPrevInstance,
15          lpCmdLine, nCmdShow) {};
16      virtual void InitMainWindow();
17  };
18
19  class TFenster : public TWindow
20  {
21  public:
22      TFenster(PTWindowsObject AParent, LPSTR ATitle);
23      virtual void Open(RTMessage)
24          = [CM_FIRST + IDM_D_OEFFNEN];
25      virtual void Save(RTMessage)
26          = [CM_FIRST + IDM_D_SCHLIESSEN];
27      virtual void Eingabe(RTMessage)
28          = [CM_FIRST + IDM_B_EINGABE];
29  };
30
31  void TRahmen::InitMainWindow()
32  {
33      MainWindow = new TFenster(NULL,
34          "OOP Standard-Dialogboxen");
35  }
36
37  TFenster::TFenster(PTWindowsObject AParent, LPSTR ATitle)
38      :TWindow(AParent, ATitle)
39  {
40      AssignMenu("QCSTDDLG");
41  }
42
43  void TFenster::Open(RTMessage Msg)
44  {
45      char szFileName[100];
46      strcpy(szFileName, "*.cpp");
47      if (GetApplication()->ExecDialog(new
48          TFileDialog(this, SD_FILEOPEN, szFileName))
49          == IDOK)
50      MessageBox(HWindow, szFileName,
51          "öffnen der Datei", MB_OK);
52  }

53
54  void TFenster::Save(RTMessage Msg)
55  {
56      char szFileName[100];
57      strcpy(szFileName, "*.cpp");
58      if (GetApplication()->ExecDialog(new
59          TFileDialog(this, SD_FILESAVE, szFileName))
60          == IDOK)
61      MessageBox(HWindow, szFileName,
62          "Speichern der Datei", MB_OK);
63  }
64
65  void TFenster::Eingabe(RTMessage Msg)
66  {
67      char szEingabe[50];
68      strcpy(szEingabe, "QuickC");
69      if (GetApplication()->ExecDialog(new
70          TInputDialog(this, "Eingabe",
71          "Mit welcher Sprache programmieren Sie?",
72          szEingabe, 50)) == IDOK)
73      MessageBox(HWindow, szEingabe, "Viel Spaß!",
74              MB_OK);
75  }
76
77  int PASCAL WinMain(HANDLE hInstance, HANDLE hPrevInstance,
78      LPSTR lpCmdLine, int nCmdShow)
79  {
80      TRahmen MeinRahmen ("TCOOPDlg", hInstance,
81          hPrevInstance, lpCmdLine, nCmdShow);
82      MeinRahmen.Run();
83      return MeinRahmen.Status;
84  }
85
86
87
88  /*  TCOOPDLG.RC  */
89  #include <owlrc.h>
90  #include <filedial.dlg>
91  #include <inputdia.dlg>
92
93  QCSTDDLG MENU
94  BEGIN
95      POPUP "&Datei"
96      BEGIN
97          MENUITEM "&öffnen", 1050
98          MENUITEM "&Schließen", 1100
99      END
100     POPUP "&Bearbeiten"
101     BEGIN
102         MENUITEM "&Eingabe", 1150
103     END
104 END
```

Die Resource-Dateien TCOOPDLG.RES bzw. TPOOPDLG.RES beinhalten das identische Menü und besitzen als Ursprung die Resource-Datei des letzten Beispiels. Deswegen heißt das Menü auch immer noch QCSTDDLG. Die zwei Dialogbox-Dateien, in denen die drei Dialogboxen definiert sind, mit denen in diesem Programm gearbeitet wird, müssen in die Datei TCOOPDLG.RES noch eingebunden werden, da sie nicht wie in TurboPascal automatisch vorhanden sind. Damit die ID-Werte der einzelnen Kontrollelemente bekannt sind, müssen Sie zusätzlich noch die Header-Datei owlrc.h ergänzen.

Um auf die Klassen TFileDialog und TInputDialog zugreifen zu können, muß in Turbo-Pascal die Unit StdDlgs.tpu angegeben werden, in Borland C++ sind es die Header-Dateien filedial.h und inputdia.h.

TFileDialog

Wie weiter oben schon erwähnt kann die Klasse TFileDialog auf zwei unterschiedliche Dialogboxen zugreifen, die durch ihren Namen SD_FILEOPEN bzw. SD_FILESAVE identifiziert werden. Nachdem der Anwender die Box mit OK quittiert hat, steht in dem Zeichen-Array szFileName der Dateiname mit der vollständigen Pfadangabe, der dann zur Kontrolle in einer Messagebox angezeigt wird.

```
if (GetApplication()->ExecDialog(new
    TFileDialog(this, SD_FILESAVE, szFileName))
    == IDOK)
  MessageBox(HWindow, szFileName,
        "Speichern der Datei", MB_OK);
```

TInputDialog

Das Textfeld der Eingabe-Dialogbox enthält zu Beginn den Begriff QuickC, den der Anwender beliebig ändern kann. Beim Drücken des OK-Pushbuttons oder der `Enter`-Taste wird der eingegebene Text automatisch in den Puffer namens szEingabe geschrieben, um anschließend in einer Messagebox ausgegeben werden zu können.

```
strcpy(szEingabe, "QuickC");
if (GetApplication()->ExecDialog(new
    TInputDialog(this, "Eingabe",
        "Mit welcher Sprache programmieren Sie?",
        szEingabe, 50)) == IDOK)
  MessageBox(HWindow, szEingabe, "Viel Spaß!",
                  MB_OK);
```

7.3 Erweiterung der Funktionalität von Klassen

In den Beispielen dieses Kapitels sind wir bis jetzt recht gut mit den vordefinierten Windows-Klassen und OOP-Klassen ausgekommen. Diese Standard-Controls sind auch sehr angenehm, da wir nur das Control mit CreateWindow oder mit der Funktion new unter der Angabe seines Konstruktors erzeugen mußten und es dann schon ein Standard-Verhalten besitzt. Dies hat uns viel Programmierarbeit erspart. Die Schwierigkeiten fangen jedoch dann an, wenn man eine dieser Standardreaktionen ändern möchte. Bei der Erstellung von Eingabemasken wird z.B. häufig schon bei der Eingabe durch den Anwender eine Überprüfung auf Richtigkeit gefordert. Die Fensterroutine der Klasse EDIT bzw. die Methoden der OOP-Klasse TEdit übernimmt aber jedes Zeichen und stellt es sofort wieder sichtbar dar. Falls dem Bediener nur noch erlaubt werden soll, Zahlen, aber keine Buchstaben zu editieren, muß bei der Programmierung mit QuickC die Fensterroutine auf irgendeine Weise geändert werden. Da wir nicht direkt auf sie zugreifen können, müssen wir eine eigene Routine schreiben und Windows davon in Kenntnis setzen, damit sie zuerst aufgerufen wird, wenn mit dem Textfeld gearbeitet wird.

Bei den beiden objektorientierten Sprachen müssen Nachkommen der Klasse TEdit erzeugt werden, um die entsprechenden Methoden überschreiben zu können. In VisualBasic ist die Realisierung von Eingabemasken am einfachsten, da Sie bei Bedarf auf das Ereignis KeyPress des Objektes Text reagieren und dort den Parameter TastenAscii manipulieren können.

7.3.1 Ablauf des Subclassing-Verfahrens

Auf die Window-Funktion der Klasse EDIT können wir nicht direkt zugreifen. Deswegen müssen wir eine eigene Routine schreiben, die alle Meldungen bearbeitet, die zur Lösung unserer Aufgabe führt. Die restlichen Meldungen reichen wir an die Standard-Fensterroutine von EDIT weiter. Dieses Prinzip ist dem Prinzip der Default-Fensterroutine sehr ähnlich, da wir auch in der Fensterroutine des Hauptfensters nur die interessanten Meldungen anfassen und alle anderen an die Routine DefWindowProc senden.

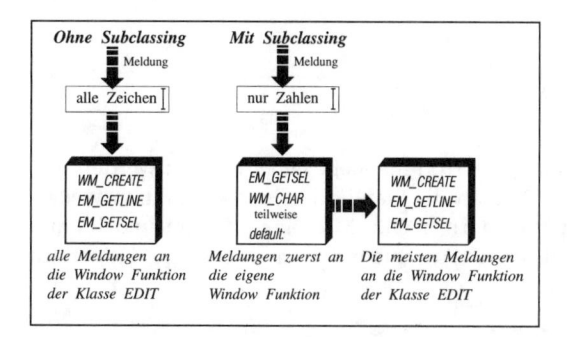

Abb. 220: Ablauf des Subclassings bei QuickC

Damit Subclassing bei einer Standard-Klasse durchgeführt werden kann, müssen bestimmte Schritte erfolgen. Den Prototyp der eigenen Window-Funktion, die dieselben vier Parameter wie alle anderen Fensterroutinen besitzt, definieren Sie am besten in der Header-Datei Ihres Projektes. Er kann z.B. folgendermaßen lauten:

```
LONG FAR PASCAL EditWndProc(HWND,WORD,WORD,LONG);
```

EXPORTS-Statement

Bei dieser Funktion handelt es sich um eine Callback Funktion, da sie von Windows und nicht direkt in unserem Programm aufgerufen wird. Deswegen muß sie in der Definitiondatei dem EXPORTS-Statement zugefügt werden.

```
EXPORTS EditWndProc @2
```

Prozedur-Instanz Adresse

Zudem wird die Prozedur-Instanz Adresse dieser Funktion EditWndProc benötigt, die mit Hilfe der Funktion MakeProcInstance besorgt wird.

```
FARPROC lpEditWndProc;
lpEditProc =MakeProcInstance((FARPROC)EditWndProc,
                             hInst);
```

Zeiger auf die Standard-Routine

Da wir keinen Namen der Standard-Fensterroutine der vordefinierten Klasse Edit besitzen, müssen wir einen Zeiger auf diese Routine ermitteln. Dabei muß das Fenster-Handle (hWndEdit) des Kontrollelementes genannt werden, für das die eigene Window-Funktion gelten soll. Aufgrund dieser Angabe kann man erkennen, daß sich Subclassing immer nur auf ein Fenster einer Standard-Klasse bezieht. Die Variable für den Zeiger muß global definiert werden, weil auf sie sowohl in der Fensterroutine des Hauptfensters, in dem diese Vorarbeiten erfolgen, als auch in der eigenen Window-Funktion zugegriffen wird.

```
FARPROC lpEditStandard;
lpEditStandard = (FARPROC)SetWindowLong(hWndEdit,
            GWL_WNDPROC, (LONG)lpEditWndProc);
```

Eigene Fensterroutine

Alle Meldungen, auf die in der eigenen Fensterroutine nicht selber reagiert werden soll, werden mit der Funktion CallWindowProc an die Standard-Window-Funktion weitergesendet. Außer den vier Übergabeparametern hWnd, Message, wParam und lParam wird der Funktion CallWindowProc als erstes Argument der zuvor erzeugte Zeiger auf die Standard-Fensterroutine übergeben.

```
LONG FAR PASCAL EditWndProc(HWND hWnd, WORD Message,
                    WORD wParam, LONG lParam)
{
  switch (Message)
   {
    case WM_CHAR:
      if ((wParam >= '0') && (wParam <= '9'))
         // es werden nur Zahlen zugelassen
         CallWindowProc(lpEditStandard, hWnd,
                  Message, wParam, lParam);
      else
         // es werden keine Buchstaben zugelassen
         MessageBeep(0);
      break;
```

```
      default:
         return(CallWindowProc(lpEditStandard, hWnd,
                   Message, wParam, lParam));
   }
   return 0L;
}
```

Abschließende Arbeiten

Wenn das Programm beendet wird, muß abschließend wieder die Standard-Fensterroutine dem Kontrollelement zugewiesen und somit die eigene Routine ausgetragen werden. Für diese Aufgabe wird wieder die Funktion SetWindowLong verwendet. Auch sollte die Prozedur-Instanz Adresse (lpEditProc) freigegeben werden, genauso wie es bei einer Dialogboxroutine geschieht.

```
SetWindowLong(hWndEdit, GWL_WNDPROC,
                    lpEditStandard);
FreeProcInstance(lpEditWndProc);
```

Sie können das Subclassing-Verfahren natürlich auch auf die übrigen Standard-Klassen wie LISTBOX anwenden. Der Ablauf wird jedoch in etwa immer derselbe sein.

Turbo C++
Turbo Pascal

In den beiden objektorientierten Sprachen wird Subclassing auf eine andere Weise realisiert. Unbewußt haben wir dieses Verfahren von Anfang an angewendet, da wir außer bei einem Beispiel immer einen Nachkommen von TWindow definierten. Dank der neuen Klasse TFenster konnten wir dann geerbte Methoden überschreiben, um auf Aktionen des Anwenders reagieren zu können. Da die gesamten Control-Klassen genauso Klassen wie die Klasse TWindow darstellen, können wir auch von diesen Klassen Nachkommen erzeugen. Damit z.B. in einem Textfeld keine Zahlen eingegeben werden können, definieren wir eine Klasse, deren Vorfahre die Klasse TEdit ist.

Borland C++
```
   class TText : public TEdit
   {
   public:
     TText(PTWindowsObject AParent, int AnId, LPSTR
       AText, int X, int Y, int W, int H, WORD
       ATextLen, BOOL Multiline, PTModule AModule=NULL)
      : TEdit(AParent, AnId, AText, X, Y, W, H,
       ATextLen,Multiline, AModule) {};
     virtual void WMChar( RTMessage Msg) =
             [WM_FIRST+WM_CHAR];
   };
```

TurboPascal
```
   type
     PText = ^TText;
     TText = object(TEdit)
```

```
    procedure WMChar( var Msg: TMessage); virtual
                     WM_FIRST + WM_CHAR;
  end;
```

Die Klasse TText stellt einen Nachkommen von TEdit dar. Außer dem Konstruktor, der in Borland C++ bei jeder Klassen-Vereinbarung angegeben werden muß, wird nur eine Methode namens WMChar neu geschrieben, die bei jedem Tastendruck aktiviert wird.

Borland C++
```
  void TText::WMChar( RTMessage Msg)
  {
    if ((Msg.WParam >= '0') && (Msg.WParam <= '9'))
    {
      MessageBeep(0);
    }
    else DefChildProc(Msg);
  }
```

TurboPascal
```
  procedure TText.WMChar (var Msg: TMessage);
  begin
    if ((Chr(Msg.wParamLo) >= '0') AND
        (Chr(Msg.wParamLo) <= '9'))
      then MessageBeep(0)
      else DefChildProc(Msg);
  end;
```

In dieser Methode WMChar werden die Tasten mit Zahlen abgefangen, und es wird mit einem Warnton darauf reagiert. Alle anderen Tastenbetätigungen sollen normal verarbeitet werden, deswegen wird dafür die Methode DefChildProc aufgerufen.

Wenn Subclassing bei der Programmierung mit TurboPascal oder Borland C++ in Dialogboxen stattfinden soll, ist in TurboPascal die Methode InitResource bzw. in Borland C++ ein spezieller Konstruktor notwendig, um das Steuerelementobjekt, das über die Funktion new angelegt wird, mit dem Control aus der Dialogbox zu verbinden, damit auf Methoden dieses Steuerelementobjektes zugegriffen werden kann.

TurboPascal

Das Steuerelementobjekt, das z.B. ein Nachkomme der Klasse TStatic ist, wird nicht mit seinem normalen Konstruktor Init initialisiert, sondern es wird der spezielle InitResource-Konstruktor verwendet.

```
  procedure TFenster.Menupkt(var Msg: TMessage);
  var PD: PDialog;
  begin
    PD := New(POwnDialog, Init(@Self, 'Diabox'));
    StaticProc := New( PTOwnStatic, InitResource(
                       PD, IDC_STATIC1, 30));
    Application^.ExecDialog(PD);
  end;
```

Diese Zeilen stellen die selbstdefinierte Methode Menupkt des Fensterobjektes dar. Durch sie wird eine Dialogbox erzeugt und angezeigt, wobei dies in zwei Schritten durchgeführt wird, um einen Zeiger auf die Dialogbox zu erhalten. Dieser Zeiger wird nämlich für das Anlegen einer Instanz der Klasse PTOwnStatic benötigt, die mit einem Control verknüpft wird, das sich in der Dialogbox befindet und den ID-Wert IDC_STATIC1 besitzt. Nach der erfolgreichen Ausführung dieses Aufrufes kann das statische Control in der Dialogbox auf alle Methoden der Klasse PTOwnStatic zugreifen. Wenn Sie dabei vererbte Methoden überschreiben, sollte normalerweise am Ende der Routine der Aufruf DefWndProc(Msg) stehen, da dann noch die standardmäßige Windows-Meldungsbearbeitung durchgeführt wird. Dies kann z.B. das Weiterleiten von Meldungen oder das Sichtbarmachen einer Button-Selektierung betreffen.

Borland C++

Um dasselbe Beispiel, das wir gerade für TurboPascal besprochen haben, auch in Borland C++ realisieren zu können, müssen wir uns daran erinnern, daß viele Klassen mehr als einen Konstruktor besitzen. So kann z.B. ein Objekt der Klasse TStatic mit einem von drei unterschiedlichen Konstruktoren initialisiert werden.

```
TStatic(PTWindowsObject AParent, int AnId, LPSTR
    ATitle, int X, int Y, int W, int H, WORD
    ATextLen, PTModule AModule = NULL);
TStatic(PTWindowsObject AParent, int ResourceId,
    WORD ATextLen, PTModule AModule = NULL);
TStatic(StreamableInit);
```

Meistens wird der zuerst genannte verwendet. Wenn wir jedoch vor der Aufgabe stehen, ein Control aus der Dialogbox mit einem durch eine Klasse erzeugten Objekt zu verbinden, müssen wir den zweiten Konstruktor wählen.

```
StaticProc = new TOwnStatic( PD,
            IDC_STATIC1, 30);
```

Auch hierbei habe ich vorausgesetzt, daß diese Zeile wie bei der TurboPascal-Erklärung in einer selbstdefinierten Methode des Fensterobjektes aufgerufen wird, um den Zeiger PD verwenden zu können, der auf die Dialogbox zeigt und bei dem vorangegangenen dynamischen Anlegen der Box erzeugt wurde. Durch den gezeigten Aufruf entsteht ein Objekt der Klasse TOwnStatic, das mit dem Control mit dem ID-Wert IDC_STATIC1 verknüpft ist.

Microsoft Visual Basic

Für die Programmierung mit VisualBasic brauche ich wieder einmal die wenigsten Worte zu verlieren, da in dieser Sprache das Subclassing fast in jeder Applikation vorkommt. Sobald über die Toolbox Controls in das Form gesetzt werden und auf Ereignisse der Steuerelemente reagiert wird, werden vordefinierte Verhaltensweisen dieser Elemente geändert und somit Subclassing durchgeführt.

```
Sub Text1_KeyPress (TastenAscii As Integer)
    If (TastenAscii >= 48) And (TastenAscii <= 57)
    Then
```

```
        Beep
        TastenAscii = 0
    End If
End Sub
```

In dieser Ereignis-Prozedur wird durch das Setzen der Parameters TastenAscii auf den Wert 0 jeder Zahlen-Tastendruck ausgefiltert, damit keine Zahl in dem Textfeld erscheint. Alle anderen darstellbaren Zeichen werden wie üblich angezeigt.

7.3.2 Beispiel zu Subclassing

Die Applikation besitzt eine kleine Dialogbox, die wie üblich über einen Menüpunkt aufgerufen wird. In dieser Dialogbox befinden sich drei Textfelder, von denen eines einen Paßwortschutz besitzt und ein weiteres keine Zahlen akzeptiert. Erst nachdem das richtige Paßwort eingegeben wurde, können die anderen beiden Textfelder mit der Tab -Taste oder mit der Maus angesprungen werden. Aus diesem Grund erscheint bei Programmstart eine Messagebox, die das Paßwort anzeigt.

Abb. 221: Beispiel zu Subclassing

Windows-Funktionen	Kurzbeschreibung
CallWindowProc	ruft die Standard-Fensterroutine auf
GetDlgItemText	holt den Text aus dem Textfeld
SetDlgItemText	beschreibt ein Textfeld
SetWindowLong	weist einem Control eine Fensterroutine zu

Windows-Meldung	Kurzbeschreibung
EM_SETPASSWORDCHAR	stellt das Paßwort-Zeichen ein

Beispiel

/***************** QCSUBCLA.C *****************/

```c
  1  /* QuickCase:W */
  2  #include "QCSUBCLA.h"
  3
  4  int PASCAL WinMain(HANDLE hInstance, HANDLE
  5  hPrevInstance, LPSTR lpszCmdLine, int nCmdShow)
  6  {
  7  /*********************************************/
  8  /* hInstance;          Handle dieser Instanz  */
  9  /* hPrevInstance;Handle der vorhergehenden Instanz*/
 10  /* lpszCmdLine; Zeiger auf die Kommandozeile  */
 11  /* nCmdShow;   Code zur Anzeige des Hauptfensters */
 12  /*********************************************/
 13
 14  MSG msg;    /* MSG-Struktur für die Meldungen  */
 15  int nRc;    /* Rückgabewert der Klassen-       */
 16              /* Registrierung(en)               */
 17
 18  strcpy(szAppName, "QCSUBCLA");
 19  hInst = hInstance;
 20  if(!hPrevInstance)
 21  {
 22  /* Registrieren der Fensterklasse(n) bei der  */
 23  /* 1.Instanz                                  */
 24      if ((nRc = nCWRegisterClasses()) == -1)
 25      {
 26  /* Registrierung schlug fehl                  */
 27          LoadString(hInst, IDS_ERR_REGISTER_CLASS,
 28                     szString, sizeof(szString));
 29          MessageBox(NULL, szString, NULL,
 30                     MB_ICONEXCLAMATION);
 31          return nRc;
 32      }
 33  }
 34
 35  /* Hauptfenster erzeugen                      */
 36  hWndMain = CreateWindow(
 37      szAppName,      /* Klassennamen            */
 38      "Subclassing",
 39                      /* Text in der Titelzeile  */
 40      WS_CAPTION      | /* Titel zufügen         */
 41      WS_SYSMENU      | /* Systemmenübox zufügen */
 42      WS_MINIMIZEBOX  | /* Minimize Box zufügen  */
 43      WS_MAXIMIZEBOX  | /* Maximize Box zufügen  */
 44      WS_THICKFRAME   | /* in der Größe veränderbar */
 45      WS_CLIPCHILDREN |
 46                      /* kein Zeichnen in den Kindfenstern */
 47      WS_OVERLAPPED,
 48      CW_USEDEFAULT, 0, /* Default-Werte für X, Y */
 49      CW_USEDEFAULT, 0,
 50                      /* Default-Werte für Breite und Höhe */
 51      NULL,           /* Handle des Elternfensters */
 52      NULL,           /* Handle des Menüs        */
 53      hInst,          /* Handle der Instanz      */
 54      NULL);          /* Struktur für WM_CREATE  */
 55
 56  if(hWndMain == NULL)
 57  {
 58      LoadString(hInst, IDS_ERR_CREATE_WINDOW,
 59                 szString, sizeof(szString));
 60      MessageBox(NULL, szString, NULL,
 61                 MB_ICONEXCLAMATION);
 62      return IDS_ERR_CREATE_WINDOW;
 63  }
 64  ShowWindow(hWndMain, nCmdShow);
 65  /* Anzeigen des Hauptfensters */
 66
 67  while(GetMessage(&msg, NULL, 0, 0))
 68  /* bis WM_QUIT eintritt   */
 69  {
 70      TranslateMessage(&msg);
 71      DispatchMessage(&msg);
 72  }
 73
 74  /* Aufräumarbeiten, bevor die Applikation beendet */
 75  /* wird                                       */
 76  CwUnRegisterClasses();
 77  return msg.wParam;
 78  } /* Ende der WinMain                         */
 79
 80  /*********************************************/
 81  /*                                            */
 82  /* Fensterroutine des Hauptfensters:          */
 83  /*                                            */
 84  /* Diese Prozedur stellt Service-Routinen für die */
 85  /* Windows-Ereignisse (Meldungen) bereit, die */
 86  /* Windows oder der Benutzer an das Fenster sendet*/
 87  /* Sie initialisiert Ereignisse (Meldungen), die */
 88  /* entstehen, wenn der Anwender z.B. einen Menü- */
 89  /* punkt oder ein Tastenkürzel anwählt        */
 90  /*                                            */
 91  /*********************************************/
 92
 93  LONG FAR PASCAL WndProc(HWND hWnd, WORD Message,
 94  WORD wParam, LONG lParam)
 95  {
 96  HMENU    hMenu=0;           /* Menü-Handle    */
 97  HBITMAP  hBitmap=0;  /* Handle für Bitmaps    */
 98  HDC      hDC;/* Handle für den Display Context */
 99  PAINTSTRUCT ps;  /* enthält Zeichen-Informationen */
100  int      nRc=0; /* Rückgabewert               */
101
102  switch (Message)
103  {
104  case WM_COMMAND:
105  /* Die Windows-Meldungen für die Menüpunkte werden*/
106  /* hier verarbeitet                           */
107      switch (wParam)
108      {
109      case IDM_E_MASKE:
110  /* Platz für den eigenen Code, um auf den     */
111  /* Menüpunkt "&Maske" zu reagieren            */
112          {
113          FARPROC lpfnQCSUBMsgProc;
114          lpfnQCSUBMsgProc = MakeProcInstance(
115              (FARPROC)QCSUBMsgProc, hInst);
116          nRc = DialogBox(hInst, "DiaEdit", hWnd,
117              lpfnQCSUBMsgProc);
118          FreeProcInstance(lpfnQCSUBMsgProc);
119          }
120          break;
121
122      default:
123          return DefWindowProc(hWnd, Message,
124                               wParam, lParam);
125      }
126      break;    /* Ende von WM_COMMAND          */
127
128  case WM_CREATE:
129      MessageBox(NULL, "Ihr Paßwort lautet: Koala",
130                       "Paßwort", MB_OK);
131      break;    /* Ende von WM_CREATE           */
132
133  case WM_MOVE:    /* Bewegen des Fensters      */
134      break;
135
136  case WM_SIZE:
137  /* Größenänderung der Client Area             */
138      break;    /* Ende von WM_SIZE             */
139
140  case WM_PAINT:  /* Neuzeichnen der Client Area */
141  /* bekommt ein Handle auf den Device Context   */
142  /* BeginPaint wird evtl. WM_ERASEBKGND senden */
143      memset(&ps, 0x00, sizeof(PAINTSTRUCT));
144      hDC = BeginPaint(hWnd, &ps);
145  /* falls der Hintergrund keine reine Farbe besitzt*/
146      SetBkMode(hDC, TRANSPARENT);
147  /* Das Neuzeichnen ist abgeschlossen           */
148      EndPaint(hWnd, &ps);
149      break;    /* Ende von WM_PAINT            */
150
151  case WM_CLOSE:  /* Schließen des Fensters     */
152  /* Zerstören der Kindfenster, modeless Dialogboxen*/
153  /* Zerstören dieses Fensters                  */
154      DestroyWindow(hWnd);
155          if (hWnd == hWndMain)
156              PostQuitMessage(0);
157  /* Beenden der Applikation                    */
158      break;
159
160  default:
161  /* alle Meldungen, für die keine eigene Service- */
162  /* Routine zur Verfügung gestellt wird, sollten an*/
163  /* Windows gereicht werden, damit eine Default- */
164  /* Verarbeitung stattfinden kann              */
165          return DefWindowProc(hWnd, Message, wParam, lParam);
166      }
167  return 0L;
168  }  /* Ende von WndProc                        */
169
170  /*********************************************/
171  /*                                            */
172  /* Dialog-Fensterroutine                      */
173  /*                                            */
174  /* Diese Prozedur ist mit der Dialogbox verbunden, */
175  /* die im Funktionsnamen dieser Prozedur genannt */
176  /* wird. Sie liefert Service-Routinen für die */
177  /* Ereignisse (Meldungen), die eintreten können, */
178  /* wenn der Anwender mit den Controls arbeitet. */
179  /*                                            */
180  /*********************************************/
181  BOOL FAR PASCAL QCSUBMsgProc(HWND hWndDlg, WORD
182  Message, WORD wParam, LONG lParam)
183  {
184  static char szPasswort[50];
185  static FARPROC lpZahlWndProc;
186  static HWND hWndZahl;
187  int nRC;
188
189  switch(Message)
190  {
191      case WM_INITDIALOG:
192          SendMessage(GetDlgItem(hWndDlg, IDC_PASSWORT),
```

```
193                    EM_SETPASSWORDCHAR, '#', 0L);
194      lpZahlWndProc = MakeProcInstance((FARPROC)
195                            ZahlWndProc, hInst);
196      hWndZahl = GetDlgItem(hWndDlg,IDC_ZAHLEN);
197      lpEditStandard = (FARPROC) SetWindowLong(
198            hWndZahl, GWL_WNDPROC,(LONG)lpZahlWndProc);
199      /* Initialisierung der Arbeits-Variablen       */
200      break; /* Ende von WM_INITDIALOG              */
201
202    case WM_CLOSE:
203    /* Schließen der Dialogbox bedeutet dasselbe    */
204    /* wie Cancel                                   */
205      PostMessage(hWndDlg, WM_COMMAND, IDCANCEL, 0L);
206      break; /* End von WM_CLOSE                    */
207
208    case WM_COMMAND:
209      switch(wParam)
210        {
211        case IDC_PASSWORT: /* Edit Control          */
212          if (HIWORD(lParam) == EN_KILLFOCUS)
213            {
214            GetDlgItemText(hWndDlg, wParam,
215                           szPasswort, 50);
216            nRC = strcmp(szPasswort, "Koala");
217            if (nRC != 0)
218              {
219              SetDlgItemText(hWndDlg,wParam,"");
220              SetFocus(GetDlgItem(hWndDlg,
221                                  IDC_PASSWORT));
222              }
223            }
224          break;
225
226        case IDOK:
227        case IDCANCEL:
228          /* eingegebene Werte ignorieren           */
229          /* Dialogbox mit FALSE entfernen          */
230          SetWindowLong(hWndZahl,GWL_WNDPROC,
231                        (LONG)lpEditStandard);
232          FreeProcInstance(lpZahlWndProc);
233          EndDialog(hWndDlg, FALSE);
234          break;
235
236        break;    /* Ende von WM_COMMAND           */
237
238      default:
239        return FALSE;
240      }
241    return TRUE;
242    } /* Ende von QCSUBMsgProc                       */
243
244  /***************************************************/
245  /*                                                 */
246  /* eigene Fensterroutine für das Editfeld          */
247  /* IDC_ZAHLEN:                                     */
248  /*                                                 */
249  /* leitet alle Meldungen an die Standard-          */
250  /* Fensterroutine weiter                           */
251  /* außer WM_CHAR mit wParam = Zahl                 */
252  /*                                                 */
253  /***************************************************/
254  LONG FAR PASCAL ZahlWndProc(HWND hWnd, WORD Message,
255                 WORD wParam, LONG lParam)
256    {
257    switch (Message)
258      {
259      case WM_CHAR:
260        if ((wParam >= '0') && (wParam <= '9'))
261          {
262          MessageBeep(0);
263          break;
264          }
265        else
266          CallWindowProc(lpEditStandard, hWnd, Message,
267                         wParam, lParam);
268        break;
269      default:
270        return(CallWindowProc(lpEditStandard, hWnd,
271                       Message, wParam, lParam));
272      }
273    return 0L;
274    }
275  /***************************************************/
276  /*                                                 */
277  /* nCwRegisterClasses Funktion:                    */
278  /*                                                 */
279  /* Die folgende Funktion registriert alle Klassen  */
280  /* von allen Fenstern, die mit dieser Applikation  */
281  /* verbunden sind. Die Funktion liefert einen      */
282  /* Fehlercode zurück, falls sie nicht erfolgreich  */
283  /* war, ansonsten wird 0 zurückgegeben.            */
284  /*                                                 */
285  /***************************************************/
286  int nCwRegisterClasses(void)
287    {
288    WNDCLASS   wndclass;
289    /* Struktur, um eine Klasse zu definieren       */
290    memset(&wndclass, 0x00, sizeof(WNDCLASS));
291    /* Füllen von WNDCLASS mit Fenster-Eigenschaften */
292    wndclass.style = CS_HREDRAW | CS_VREDRAW |
293                     CS_BYTEALIGNWINDOW;
294    wndclass.lpfnWndProc = WndProc;
295    /* zusätzlicher Speicher für Klassen- und       */
296    /* Fensterobjekte                                */
297    wndclass.cbClsExtra = 0;
298    wndclass.cbWndExtra = 0;
299    wndclass.hInstance = hInst;
300    wndclass.hIcon = LoadIcon(NULL, IDI_APPLICATION);
301    wndclass.hCursor = LoadCursor(NULL, IDC_ARROW);
302    /* Erzeugen eines Pinsels, um den Hintergrund   */
303    /* zu löschen                                   */
304    wndclass.hbrBackground = (HBRUSH)(COLOR_WINDOW+1);
305    wndclass.lpszMenuName = szAppName;
306    /* Klassenname = Menüname                       */
307    wndclass.lpszClassName = szAppName;
308    /* Klassenname = App.-Name                      */
309    if(!RegisterClass(&wndclass))
310      return -1;
311
312    return(0);
313    } /* Ende von nCwRegisterClasses                */
314
315  /***************************************************/
316  /* CwUnRegisterClasses Function:                  */
317  /*                                                 */
318  /* löscht jeden Bezug zu den Fenster-Resourcen,   */
319  /* die für diese Applikation erzeugt wurden, gibt */
320  /* Speicher frei, löscht die Instanz, die Handles */
321  /* und tätigt andere Aufräumarbeiten              */
322  /*                                                 */
323  /***************************************************/
324
325  void CwUnRegisterClasses(void)
326    {
327    WNDCLASS   wndclass;
328    /* Struktur, um eine Klasse zu definieren       */
329    memset(&wndclass, 0x00, sizeof(WNDCLASS));
330
331    UnregisterClass(szAppName, hInst);
332    }  /* Ende von CwUnRegisterClasses              */
333
334
335  ; QCSUBCLA.DEF
336  NAME           QCSUBCLA
337  EXETYPE        WINDOWS
338  STUB           'WINSTUB.EXE'
339  CODE           PRELOAD MOVEABLE
340  DATA           PRELOAD MOVEABLE MULTIPLE
341  HEAPSIZE       4096
342  STACKSIZE      5110
343  EXPORTS        WndProc       @1
344                 QCSUBMsgProc  @2
345                 ZahlWndProc   @3
346
347
348  /* QCSUBCLA.RC */
349  #include "QCSUBCLA.h"
350
351  QCSUBCLA MENU
352  BEGIN
353    POPUP "&Eingabe"
354    BEGIN
355      MENUITEM "&Maske", IDM_E_MASKE
356    END
357  END
358
359  #include "QCSUB.DLG"
360
361  STRINGTABLE
362  BEGIN
363    IDS_ERR_CREATE_WINDOW,    "Window creation failed!"
364    IDS_ERR_REGISTER_CLASS,   "Error registering window class"
365  END
366
367
368  /* QCSUBCLA.H */
369  /* QuickCase:W */
370  #include <windows.h>
371  #include <string.h>
372  #include "QCSUB.h"
373
374  #define IDM_EINGABE              1000
375  #define IDM_E_MASKE              1050
376  #define IDS_ERR_REGISTER_CLASS   1
377  #define IDS_ERR_CREATE_WINDOW    2
378
379  char szString[128];
380  /* Variable zum Laden der Resource-Texte */
381  char szAppName[20];
382  /* Klassenname des Fensters              */
383  HWND hInst;
384  HWND hWndMain;
385  FARPROC lpEditStandard;
386
387  LONG FAR PASCAL WndProc(HWND, WORD, WORD, LONG);
388  int nCwRegisterClasses(void);
389  void CwUnRegisterClasses(void);
390  BOOL FAR PASCAL QCSUBMsgProc(HWND,WORD, WORD, LONG);
391  LONG FAR PASCAL ZahlWndProc(HWND,WORD, WORD, LONG);
392
393
394  /* QCSUB.H */
395  #define IDC_NORMAL             101
396  #define IDC_ZAHLEN             102
397  #define IDC_PASSWORT           103
398
399
400  /* QCSUB.DLG */
401  DLGINCLUDE RCDATA DISCARDABLE
402  BEGIN
403    "QCSUB.H\0"
404  END
405
406  DiaEdit DIALOG 53, 18, 152, 69
407  STYLE DS_MODALFRAME | WS_POPUP | WS_VISIBLE |
408        WS_CAPTION | WS_SYSMENU
```

```
409     CAPTION "Eingabemaske"
410     FONT 8, "Helv"
411     BEGIN
412         EDITTEXT    IDC_PASSWORT, 46, 9, 70, 12,
413                     ES_PASSWORD | ES_AUTOHSCROLL
414         EDITTEXT    IDC_ZAHLEN, 46, 28, 70, 12,
415                     ES_AUTOHSCROLL
416         EDITTEXT    IDC_NORMAL, 46, 49, 70, 12,
417                     ES_AUTOHSCROLL
418         LTEXT       "normal:", 104, 5, 52, 31, 8
419         LTEXT       "keine Zahlen:", 105, 5, 31, 39, 8
420         LTEXT       "Paßwort:", 106, 5, 12, 36, 8
421         PUSHBUTTON  "OK", IDOK, 126, 23, 23, 23
422     END
```

Paßwortschutz

Die Dialogbox enthält drei Textfelder, drei statische Felder und einen Pushbutton, von denen in diesem Beispiel nur die ersten zwei Editfelder interessant sind. Bei Aufruf der Dialogbox besitzt das erste Textfeld den Focus. Damit der Anwender mit der ⸤Tab⸥-Taste oder mit Hilfe der Maus die nächsten Felder anspringen kann, muß er erst das richtige Paßwort eingeben, das ihm bei Programmstart über eine Messagebox mitgeteilt wurde. Statt der eingegebenen Zeichen erscheint das Zeichen ⸤#⸥, das durch das Senden der Meldung EM_SETPASSWORDCHAR an das Textfeld mit dem ID-Wert IDC_PASS-WORT eingestellt wurde. Bei dem Versuch, den Focus auf das nächste Kontrollelement zu setzen, verliert zwangsläufig das Paßwort-Textfeld den Focus und teilt dies über den Notification Code EN_KILLFOCUS dem Elternfenster, d.h. der Dialogbox mit. Nun muß erst untersucht werden, ob das editierte Wort dem Paßwort entspricht. Dazu wird mit der Funktion GetDlgItemText der Text aus dem Feld geholt und der C-Funktion strcmp übergeben. Falls ein falsches Paßwort eingegeben wurde, wird erneut der Focus auf dieses Textfeld gesetzt und sein Inhalt gelöscht.

```
case IDC_PASSWORT: /* Edit Control    */
  if (HIWORD(lParam) == EN_KILLFOCUS)
  {
    GetDlgItemText(hWndDlg, wParam, szPasswort,50);
    nRC = strcmp(szPasswort, "Koala");
    if (nRC != 0)
    {
      SetDlgItemText(hWndDlg,wParam,"");
      SetFocus(GetDlgItem(hWndDlg, IDC_PASSWORT));
    }
  }
  break;
```

Subclassing

Damit in das zweite Textfeld auch wirklich keine Zahlen eingegeben werden können, müssen wir Subclassing anwenden. Dazu wird bei der Verarbeitung der Meldung WM_INITDIALOG die Prozedur-Instanz Adresse der selbstgeschriebenen Fensterroutine besorgt und diesem Editfeld zugeordnet.

```
case WM_INITDIALOG:
  lpZahlWndProc = MakeProcInstance((FARPROC)
              ZahlWndProc, hInst);
  hWndZahl = GetDlgItem(hWndDlg,IDC_ZAHLEN);
  lpEditStandard = (FARPROC) SetWindowLong(
      hWndZahl, GWL_WNDPROC,(LONG)lpZahlWndProc);
  break; /* Ende von WM_INITDIALOG            */
```

Aufgrund dieser Einstellungen wird bei der Arbeit mit dem zweiten Textfeld immer zuerst unsere Window-Funktion namens ZahlWndProc angesprungen, die in der Definitiondatei exportiert werden muß. Um die Zahlen ausfiltern zu können, müssen wir die WM_Char-Meldung selber abfragen. Wenn der Tastenwert zwischen '0' und '9' liegt, wird ein Warnton ausgegeben und die Meldung nicht weiter bearbeitet. Die übrigen WM_CHAR-Nachrichten und auch alle anderen Meldungen werden an die Standard-Fensterrroutine der Windows-Klasse EDIT weitergegeben.

```
LONG FAR PASCAL ZahlWndProc(HWND hWnd, WORD Message, WORD wParam, LONG lParam)
{
  switch (Message)
  {
    case WM_CHAR:
      if ((wParam < '0') || (wParam > '9'))
      {
        MessageBeep(0);
        break;
      }
      else
        CallWindowProc(lpEditStandard, hWnd, Message,
                       wParam, lParam);
      break;
    default:
      return(CallWindowProc(lpEditStandard, hWnd,
                    Message, wParam, lParam));
  }
  return 0L;
}
```

Das Zurückstellen der Window-Funktion des Textfeldes auf die Standard-Fensterroutine und die Freigabe der Prozedur-Instanz Adresse erfolgen beim Beenden der Dialogbox, wobei es in diesem Fall unerheblich ist, ob der OK-Pushbutton oder der Menüpunkt *Schließen* aus dem Systemmenü gewählt wurde.

Turbo C++

Neue Methoden	Kurzbeschreibung
TWindowsObject::DefWndProc	führt Routinearbeiten durch

Beispiel

/***************** **TCSUBCLA.CPP** *****************/

```
 1  #include <owl.h>
 2  #include <string.h>
 3  #include <edit.h>
 4  #define IDM_E_MASKE   1050
 5  #define IDC_PASSWORT  103
 6  #define IDC_ZAHLEN    102
 7
 8  class TRahmen :public TApplication
 9  {
10  public:
11    TRahmen(LPSTR AName, HANDLE hInstance, HANDLE
12      hPrevInstance, LPSTR lpCmdLine, int nCmdShow)
13      : TApplication(AName, hInstance, hPrevInstance,
14        lpCmdLine, nCmdShow) {};
15    virtual void InitMainWindow();
16  };
17
18  class TText : public TEdit
19  {
20  public:
21    TText(PTWindowsObject AParent, int ResourceId,
22            WORD ATextLen, PTModule ATModule = NULL)
23      : TEdit(AParent, ResourceId, ATextLen,ATModule){};
24    virtual void WMChar( RTMessage Msg ) =
25            [WM_FIRST+WM_CHAR];
26  };
27
28  class TOwnDialog : public TDialog
29  {
30  public:
31    TOwnDialog(PTWindowsObject AParent, LPSTR AName)
32      : TDialog(AParent, AName) { };
33    virtual void SetupWindow();
34    virtual void Passwort( RTMessage Msg ) =
```

Fenster mit definierten Fähigkeiten 543

```cpp
35              [ID_FIRST+IDC_PASSWORT];
36   };
37
38   class TFenster : public TWindow
39   {
40   public:
41     TText *PText;
42     TFenster(PTWindowsObject AParent, LPSTR ATitle);
43     virtual void Maske( RTMessage Msg) =
44              [CM_FIRST+IDM_E_MASKE];
45   };
46
47   void TRahmen::InitMainWindow()
48   {
49     MainWindow = new TFenster(NULL, "Subclassing");
50   }
51
52   TFenster::TFenster(PTWindowsObject AParent, LPSTR ATitle)
53          : TWindow(AParent, ATitle)
54   {
55     AssignMenu("QCSubCla");
56     MessageBox(NULL, "Ihr Paßwort lautet: Koala",
57                      "Paßwort", MB_OK);
58   }
59
60   void TFenster::Maske( RTMessage Msg)
61   {
62     PTDialog PD;
63     PD = new TOwnDialog(this, "DiaEdit");
64     PText = new TText(PD, IDC_ZAHLEN, 30);
65     GetApplication()->ExecDialog(PD);
66   }
67
68   void TOwnDialog::SetupWindow()
69   {
70     TDialog::SetupWindow();
71     SendMessage(GetDlgItem(HWindow, IDC_PASSWORT),
72                 EM_SETPASSWORDCHAR, '#', 0L);
73   }
74
75   void TOwnDialog::Passwort( RTMessage Msg)
76   {
77     char szPasswort[50];
78     int nRC;
79
80     if (HIWORD(Msg.LParam) == EN_KILLFOCUS)
81     {
82       GetDlgItemText(HWindow, Msg.WParam, szPasswort,
83                                                    50);
84       nRC = strcmp(szPasswort, "Koala");
85       if (nRC != 0)
86       {
87         SetDlgItemText(HWindow, Msg.WParam, "");
88         SetFocus(GetDlgItem(HWindow, IDC_PASSWORT));
89       }
90     }
91   }
92
93   void TText::WMChar( RTMessage Msg)
94   {
95     if ((Msg.WP.Lo >= '0') && (Msg.WP.Lo <= '9'))
96     {
97       MessageBeep(0);
98     }
99     else DefWndProc(Msg);
100  }
101
102  int PASCAL WinMain(HANDLE hInstance, HANDLE hPrevInstance,
103                     LPSTR lpCmdLine, int nCmdShow)
104  {
105    TRahmen MeinRahmen ("TCSubCla", hInstance,
106      hPrevInstance, lpCmdLine, nCmdShow);
107    MeinRahmen.Run();
108    return MeinRahmen.Status;
109  }
```

Turbo Pascal

Neue Methoden	Kurzbeschreibung
TWindow::DefWndProc	führt Routinearbeiten durch

Beispiel

{ Subclassing-Programm: TPSUBCLA.PAS }

```pascal
1   program TPSubCla;
2   uses WObjects, WinTypes, WinProcs;
3   {$R TPSUBCLA.RES}
4   const
5     IDM_E_MASKE   = 1050;
6     IDC_PASSWORT  = 103;
7     IDC_ZAHLEN    = 102;
8
9   type
10    TRahmen = object(TApplication)
11      procedure InitMainWindow; virtual;
12    end;
13
14  type
15    PText = ^TText;
16    TText = object(TEdit)
17      procedure WMChar( var Msg: TMessage); virtual
18                    WM_FIRST + WM_CHAR;
19    end;
20
21  type
22    PFenster = ^TFenster;
23    TFenster = object(TWindow)
24      PEditZahl: PText;
25      constructor Init(AParent: PWindowsObject;
26                       ATitle: PChar);
27      procedure Maske( var Msg: TMessage); virtual
28                    CM_FIRST + IDM_E_MASKE;
29    end;
30
31  type
32    POwnDialog = ^TOwnDialog;
33    TOwnDialog = object(TDialog)
34      procedure SetupWindow; virtual;
35      procedure Passwort(var Msg: TMessage); virtual
36                    id_First + IDC_PASSWORT;
37    end;
38
39  procedure TRahmen.InitMainWindow;
40  begin
41    MainWindow := New(PFenster, Init(nil,
42                                    'Subclassing'));
43  end;
44
45  constructor TFenster.Init(AParent: PWindowsObject; ATitle: PChar);
46  begin
47    TWindow.Init(AParent, ATitle);
48    Attr.Menu := LoadMenu(HInstance, 'QCSubCla');
49    MessageBox(0, 'Ihr Paßwort lautet: Koala',
50                  'Paßwort', MB_OK);
51  end;
52
53  procedure TFenster.Maske(var Msg: TMessage);
54  var PD: PDialog;
55  begin
56    PD := New(POwnDialog, Init(@Self, 'DiaEdit'));
57    New(PEditZahl, InitResource(PD, IDC_ZAHLEN, 30));
58    Application^.ExecDialog(PD);
59  end;
60
61  procedure TOwnDialog.SetupWindow;
62  begin
63    TDialog.SetupWindow;
64    SendMessage(GetDlgItem(HWindow, IDC_PASSWORT),
65        EM_SETPASSWORDCHAR, WORD(Chr(35)), LONGINT(0));
66  end;
67
68  procedure TOwnDialog.Passwort(var Msg: TMessage);
69  var nRC: integer;
70      szPasswort: array[0..50] of Char;
71  begin
72    if (HIWORD(Msg.LParam) = EN_KILLFOCUS) then
73    begin
74      GetDlgItemText(HWindow, Msg.WParam, szPasswort,
75                                                   50);
76      nRC := lstrcmp(szPasswort, 'Koala');
77      if (nRC <> 0) then
78      begin
79        SetDlgItemText(HWindow, Msg.WParam, '');
80        SetFocus(GetDlgItem(HWindow, IDC_PASSWORT));
```

```
81       end;
82      end;
83     end;
84
85   procedure TText.WMChar (var Msg: TMessage);
86   begin
87     if ((Chr(Msg.wParamLo) >= '0') AND
88         (Chr(Msg.wParamLo) <= '9'))
89       then  MessageBeep(0)
90       else DefChildProc(Msg);
```

```
91     end;
92    end;
93   { Hauptprogramm }
94   var MeinRahmen : TRahmen;
95
96   begin
97     MeinRahmen.Init('TPSubcla');
98     MeinRahmen.Run;
99     MeinRahmen.Done;
100  end.
```

Für die beiden objektorientierten Beispiele wurde wieder die Resource-Datei von QuickC benutzt. Deswegen lautet das Menü in allen drei Programmen QCSubcla, die Dialogbox trägt den Namen DiaEdit, und auch die drei Textfelder besitzen immer dieselben ID-Werte.

Subclassing

Bei der Selektierung des Menüpunktes *Maske* wird die Methode Maske aktiviert, die zwei Aufgaben durchführt. Zum einen muß die Dialogbox erzeugt und angezeigt werden, zum anderen muß hier die Verbindung zwischen dem Control aus der Dialogbox mit dem ID-Wert IDC_ZAHLEN und einem Objekt der Klasse TText geschehen. Da für die zweite Aufgabe der Zeiger auf die Dialogbox gebraucht wird, erfolgt zuerst das dynamische Anlegen der Box, ohne sie sofort aufzurufen. Der als Rückgabewert der Funktion new gelieferte Zeiger wird als erstes Argument sowohl für den speziellen Konstruktor in Borland C++ als auch für den Konstruktor InitResource in TurboPascal benötigt.

Borland C++

```
PTDialog PD;
PD = new TOwnDialog(this, "DiaEdit");
PText = new TText(PD, IDC_ZAHLEN, 30);
GetApplication()->ExecDialog(PD);
```

TurboPascal

```
PD := New(POwnDialog, Init(@Self, 'DiaEdit'));
New(PEditZahl, InitResource(PD, IDC_ZAHLEN, 30));
Application^.ExecDialog(PD);
```

Dabei ist in TurboPascal die Variable PEditZahl ein Zeiger vom Typ PText, der auf die selbstgeschriebene Klasse TText zeigt, die einen Nachkommen der Klasse TEdit darstellt. Diese Variable ist in der Fensterklasse TFenster vereinbart. In Borland C++ ist die Variable PText auch ein Zeiger auf die Klasse TText und wird ebenfalls als Objektvariable der Klasse TFenster angelegt.

Aufgrund der Verknüpfung zwischen dem Textfeld in der Dialogbox und dem dynamisch erzeugten Objekt der Klasse TText aktiviert jede entstehende WM_Char-Meldung die selbstgeschriebene Methode WMChar. Diese Methode führt dieselbe Abfrage wie die eigene Fensterroutine im QuickC-Programm durch, um alle Zahlen ausfiltern zu können. Damit das Textfeld in allen anderen Fällen das normale Standardverhalten beibehält, wird für alle WM_Char-Meldungen, die keine Zahl überlieferten, die Methode DefWndProc aufgerufen.

Die Implementierung des Paßwortschutzes ist identisch mit dem weiter oben besprochenen QuickC-Beispiel und kann dort nachgelesen werden.

Microsoft Visual Basic

Objekt	Eigenschaft	Inhalt
Form1	Caption	Subclassing
Menü	CtlName	Ein
	Text	&Eingabe
Menüpunkt	CtlName	Maske
	Text	&Maske
Form2	Caption	Eingabemaske
	BorderStyle	3
Bezeichnung1	Caption	Paßwort:
Bezeichnung2	Caption	keine Zahlen:
Bezeichnung3	Caption	normal:
Text1	Text	leer
Text2	Text	leer
Text3	Text	leer
Befehl1	Caption	OK
	Default	wahr

Neue Ereignisse	Kurzbeschreibung
Text1_KeyPress	eine Eingabe erfolgte in das Textfeld
Text1_LostFocus	Textfeld verliert den Besitz der Tastatur

Beispiel
```
' VBSUBCLA.MAK
' VBSUBCLA.FRM: Hauptfenster
Sub Form_Load ()
  MsgBox "Ihr Paßwort lautet: Koala", 0, "Paßwort"
End Sub

Sub Maske_Click ()
    Form2.Show
End Sub


' VBSUBCL2.FRM: Dialogbox
Dim Passwort As String

Sub Befehl1_Click ()
    Unload Form2
End Sub

Sub Text1_KeyPress (TastenAscii As Integer)
    If (TastenAscii >= 32) And (TastenAscii <= 127)
    Then
      Passwort = Passwort + Chr$(TastenAscii)
```

```
            TastenAscii = 35
        End If
End Sub

Sub Text1_LostFocus ()
    If Passwort <> "Koala" Then
        Text1.Text = ""
        Text1.SetFocus
    End If
    Passwort = ""
End Sub

Sub Text2_KeyPress (TastenAscii As Integer)
    If (TastenAscii >= 48) And (TastenAscii <- 57)
    Then
        TastenAscii = 0
        Beep
    End If
End Sub
```

Die Formdatei des Hauptfensters enthält die beiden Methoden Form_Load und Maske_Click. Bei Programmstart erscheint eine Messagebox, die dem Bediener das Paßwort mitteilt, das er später in der Dialogbox benötigt. Bei der Anwahl des einzigen Menüpunktes *Maske* wird die Dialogbox mit Hilfe der Methode Show sichtbar dargestellt.

In dieser Dialogbox wird Subclassing eigentlich nicht nur für das zweite Textfeld durchgeführt, wie es bei den anderen Sprachen der Fall ist, sondern auch für das erste Edit-Feld und für den Pushbutton, da für sie bestimmte Ereignis-Prozeduren implementiert werden. Jedoch spricht man in VisualBasic recht selten von Subclassing.

Text2_KeyPress

Damit in dem zweiten Textfeld keine Zahlen eingegeben werden können, werden bei seinem Ereignis KeyPress alle Tastenwerte zwischen 48 und 57, die nichts anderes als die Taste 0 bis Taste 9 bedeuten, abgefangen, indem das Argument TastenAscii mit dem Wert 0 besetzt wird. Anstelle einer sichtbaren Ausgabe ertönt ein Warnton.

```
If (TastenAscii >= 48) And (TastenAscii <= 57)
Then
    TastenAscii = 0
    Beep
End If
```

Text1_KeyPress

Auch bei dem ersten Edit-Feld für den Paßwortschutz wird das Ereignis KeyPress benutzt, um den eingegebenen Wert zu bekommen. Falls es sich bei diesem Wert um ein darstellbares Zeichen handelt und somit zwischen den Dezimalwerten 32 und 127 liegt, wird der Inhalt des Übergabeparameters TastenAscii an die schon editierte Zeichenkette angefügt, die in der Variablen Passwort steht, und anschließend wird das Argument TastenAscii mit dem Zeichen # überschrieben.

```
If (TastenAscii >= 32) And (TastenAscii <= 127)
Then
  Passwort = Passwort + Chr$(TastenAscii)
  TastenAscii = 35
End If
```

Text1_LostFocus

Wenn der Anwender mit der `Tab`-Taste oder der Maus zum nächsten Feld springen möchte, entsteht das Ereignis Text1_LostFocus. Dies ist die richtige Stelle, um das eingegebene Wort mit dem feststehenden Paßwort "Koala" zu vergleichen. Falls sie nicht übereinstimmen, wird das Paßwort-Textfeld gelöscht und bekommt erneut den Focus zugewiesen. Für die nächste Eingabe muß der Inhalt der Variablen Passwort in beiden Fällen entfernt werden.

```
If Passwort <> "Koala" Then
  Text1.Text = ""
  Text1.SetFocus
End If
Passwort = ""
```

Zusammenfassung

Neben den Menüs vereinfachen vor allem die Dialogboxen die Bedienung eines Programmes, da über sie auf recht einfache Weise Einstellungen vorgenommen werden können. Die dazu notwendigen Kontrollelemente sind selbständige Fenster, die von vordefinierten Windows-Klassen oder OOP-Klassen abstammen. Somit können diese Controls auch in normale Fenster gesetzt werden. Sobald sie ein anderes als das vordefinierte Verhalten aufweisen sollen, muß das Subclassing-Verfahren angewandt werden. In QuickC wird dafür eine eigene Fensterroutine erstellt, die vor die Standard-Fensterroutine geschaltet wird, in den beiden objektorientierten Sprachen erfolgt Subclassing durch die Definition von Nachkommen der OOP-Klassen und durch selbsterstellte oder überschriebene Methoden. Bei der Programmierung mit VisualBasic wird Subclassing durchgeführt, sobald eine Ereignis-Prozedur für ein Objekt, das aus der Toolbox stammt, geschrieben wird.

Bei den Dialogboxen wird zwischen den modalen, die die restliche Applikation anhalten, und den modeless Dialogboxen unterschieden, die parallel zu den übrigen Fenstern des Programmes laufen. Neben dem Zeichnen der Dialogbox mit einem Dialogbox-Editor wird in QuickC eine Dialogboxroutine benötigt, die in etwa genauso wie eine normale Window-Funktion aufgebaut ist. Wenn Sie objektorientiert programmieren, legen Sie ein dynamisches Objekt einer selbstdefinierten Klasse an, deren Vorfahre die Klasse TDialog ist. In VisualBasic stellen Dialogboxen weitere Forms dar und werden genauso wie das Hauptfenster behandelt.

8. Spezielle Windows-Dateien

In diesem Kapitel werden folgende Themen behandelt:

Initialisierungsdateien
- WIN.INI
- SYSTEM.INI
- eigene Ini's
- Tuning von Windows
- Konfiguration von Applikationen
- Manipulation des Aussehens
- Änderung über die Sytemsteuerung
- programmtechnische Änderungen

Registrierungs-Datenbank (Registration Database)
- Neuheit von Windows 3.1
- Datei REG.DAT
- Hilfsmittel REGEDIT.EXE
- Integration des Datei- und Druckmanagers
- neue Dynamic Link Library SHELL.DLL
- Zuweisung: Dateierweiterung <-> Applikation
- Verwendung in OLE

8.1 Die Initialisierungsdateien

Die Initialisierungsdateien enthalten Informationen über das Aussehen der Windows-Umgebung, die sowohl Windows selber als auch andere Windows-Applikationen benutzen können, um sich z.B. selber zu konfigurieren. Es existieren zwei Standard-Initialisierungsdateien, bei denen es sich um lesbare Text-Dateien handelt:

- WIN.INI
- SYSTEM.INI

Die zuerstgenannte Datei WIN.INI enthält in erster Linie Einträge, mit denen die Windows-Umgebung auf die persönlichen Wünsche des Benutzers eingestellt werden kann.

Außerdem stehen in dieser Datei Informationen, die sich auf unterschiedliche Windows-Applikationen beziehen und von diesen zur eigenen Initialisierung benutzt werden. Dagegen enthält die SYSTEM.INI vor allem Einstellungen, um Windows an die Hardware-Bedingungen des Rechners anpassen zu können.

8.1.1 Ändern der INI durch den Benutzer

Viele Einstellungen dieser Dateien können mit der Systemsteuerung und anderen Programmen verändert werden. Jede Änderung kann jedoch zu unangenehmen Effekten führen, so daß es empfehlenswert ist, immer zuerst die alte Initialisierungsdatei zu sichern, damit man gegebenenfalls wieder auf sie zurückkommen kann. Falls Sie mit einem Texteditor in einer dieser Dateien Änderungen vornehmen, sollten Sie möglichst das in Windows mitgelieferte Programm Notizbuch (NOTEPAD.EXE) verwenden. Andere Editoren können nämlich bestimmte Zeichen zerstören, deren ANSI-Code einen Wert größer als 127 darstellt, oder unerwünschte Formatierungen durchführen.

Immer mehr Windows-Programme gehen dazu über, eigene Initialisierungsdateien zu benutzen, um z.B. ein Laufwerk zu Beginn einstellen zu können oder die zuletzt benutzten Dateien automatisch zu laden.

Unabhängig davon, ob es sich um private oder System-Initialisierungsdateien handelt, liegt immer derselbe Dateiaufbau vor. Eine Datei besteht aus mehreren Abschnitten, die wiederum durch unterschiedliche Schlüsselworte unterteilt werden. Jedem Schlüsselwort, das aus beliebigen Buchstaben und Ziffern besteht, kann ein oder mehrere Werte zugewiesen werden, die entweder eine Zeichenkette, eine Integerzahl oder einen in Anführungszeichen eingeschlossenen Text, bei dem Leerzeichen nicht ignoriert werden, spezifizieren. Die Trennung zwischen dem Schlüsselwort und den Werten wird durch ein Gleichheitszeichen realisiert, das dem Schlüsselwort direkt ohne Leerzeichen folgen muß.

Aufbau	Beispiel
[Name des Abschnittes]	[windows]
Schlüsselwort = Wert(e)	BorderWidth=3 Programs=com exe bat

Jede Zeile, die in einer Initialisierungsdatei mit einem Strichpunkt beginnt, wird als Kommentarzeile aufgefaßt.

WIN.INI

In der nachfolgenden Tabelle finden Sie die Abschnitte der WIN.INI von Windows 3.1 zusammen mit einer Kurzbeschreibung. Wenn Sie sich die Datei WIN.INI Ihrer Windows-Umgebung ansehen, werden Sie wahrscheinlich feststellen, daß dort einige Abschnitte fehlen bzw. zusätzliche eingetragen sind. Der Grund liegt in den unterschiedlichen Windows-Konfigurationen. Wenn Sie z.B. einen neuen Drucker installieren, wird dadurch häufig auch ein neuer Abschnitt von dem entsprechenden Druckertreiber in die WIN.INI eingefügt. Andererseits können Abschnitte zu Beginn fehlen, da Standard-Einstellungen verwendet werden. Erst bei deren Änderung kommt der korrespondierende Abschnitt hinzu.

Abschnitt	Aufgabe
[colors]	Farbeinstellung
[desktop]	Einstellung des Bildschirmhintergrunds und der Position von Fenster und Symbolen
[devices]	Schnittstellen der installierten Drucker
[embedding]	Auflistung der OLE-Server
[extensions]	Zuordnung einer Dateierweiterung zu einem Programm
[fonts]	Aufzählung aller in Windows geladenen Bildschirm-Schriften
[fontsubstitutes]	Ersetzungstabelle für Schriften
[intl]	Beschreibung landesspezifischer Einträge
[mci extensions]	Zuordnung von Dateien zu Multimedia
[networks]	Netzwerk-Einstellungen und Verbindungen
[ports]	alle Ausgabeschnittstellen
[PrinterPorts]	alle installierten Drucker
[programs]	zusätzliche Pfade für die Programmsuche durch Windows
[sounds]	Zuordnung von Dateien für eine Sound-Erzeugung
[TrueType]	Optionen für TrueType-Schriften
[windows]	Steuerung der Windows-Umgebung
[Windows Help]	voreingestellte Größe und Farbe für das Hilfesystem

Neuerungen der Version 3.1

Wenn Sie noch mit der Windows Version 3.0 arbeiten, werden Sie einige Einträge der Tabelle nicht in Ihrer Datei WIN.INI finden können, da sie erst durch den Setup der neuen Version 3.1 in diese Datei geschrieben werden. Im einzelnen sind dies die Abschnitte [FontSubstitutes] und [TrueType] für die TrueType-Schriften, [mci extensions] und [sounds] zur Unterstützung der Klangausgabe und [embedding] für die neue Windows-Fähigkeit OLE (Object Linking and Embedding). Außerdem haben einige Abschnitte zusätzliche Schlüssel bekommen, und der Inhalt bestimmter Einträge wurde geändert. Der Abschnitt [windows] besitzt die drei neuen Schlüssel: KeyboardDelay, ScreenSaverTimeout und DosPrint. Im Abschnitt [extensions] ist die Zeile bmp=pbrush. exe ^.bmp hinzugekommen. Die Einstellung sLanguage=English (American) in dem Abschnitt [intl] wurde in sLanguage=enu geändert. Die beiden Zeilen LPT1.OS2 und LPT2. OS2 aus dem Abschnitt [ports] wurden durch LPT1.DOS und LPT2.DOS ersetzt.

Abschnitte der WIN.INI

Abb. 222: Das Programm Systemsteuerung

Wir wollen uns anschließend alle möglichen Abschnitte der WIN.INI nacheinander in alphabetischer Reihenfolge ansehen, um auf die Bedeutung der einzelnen Schlüssel und die Möglichkeiten einer Veränderung ihres Inhaltes näher eingehen zu können. Die meisten Änderungen werden mit Hilfe der Systemsteuerung durchgeführt, deren einzelne Module jeweils über ein eigenes Symbol gestartet werden.

[colors]-Abschnitt

Der [colors]-Abschnitt definiert die Farben der einzelnen Komponenten, die das Aussehen von Windows bestimmen. Jeder Komponenten-Schlüssel bekommt dabei drei Werte übergeben, die zwischen 0 und 255 liegen können und für die Grundfarben Rot, Grün und Blau stehen. Die Schlüssel besitzen folgende Namen:

Schlüssel	Farbeinstellung für
ActiveBorder	Rahmen des aktiven Fensters
ActiveTitle	Titelleiste des aktiven Fensters
AppWorkspace	Programmarbeitsbereich eines Client-Fensters bei einer MDI-Applikation
Background	Desktop
ButtonFace	Button-Oberfläche
ButtonHilight	hervorgehobene Bereiche an der oberen und linken Seite des Buttons (Schaltflächenkante)
ButtonShadow	Schatten des Buttons (Schaltflächenschatten)
ButtonText	Text des Buttons (Schaltflächentext)
GrayText	Deaktivierter Text
Hilight	Hintergrund eines hervorgehobenen Textes
HilightText	hervorgehobener Text
InactiveBorder	Rahmen eines inaktiven Fensters
InactiveTitle	Titelleiste eines inaktiven Fensters
InactiveTitleText	Titeltext eines inaktiven Fensters
Menu	Menüleiste
MenuText	Menütext
Scrollbar	Scrollbar (Bildlaufleisten)
TitleText	Text in der Titelleiste
Window	Fensterhintergrund
WindowFrame	Fensterrahmen
WindowText	Fenstertext

Farben — Jeder dieser Einträge kann über das *Farben*-Symbol aus der Systemsteuerung geändert werden.

[desktop]-Abschnitt

Die Oberfläche von Windows wird als Desktop bezeichnet und ist für den Bildschirmhintergrund, die Fensterposition und die Symbole verantwortlich. Auf diese Einstellungen kann durch den Abschnitt [desktop] Einfluß genommen werden.

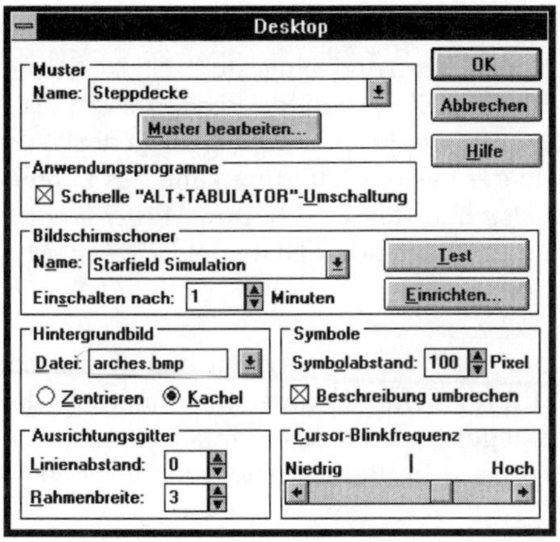

Abb. 223: Das Desktop-Fenster aus der Systemsteuerung

Fenster

Desktop

Ein Fenster kann aufgrund des Eintrages *GridGranularity=0* im Normalfall stufenlos auf dem Bildschirm positioniert werden. Ein Wert von 1 bis 49 bewirkt das Bilden eines Ausrichtungsgitters. Dabei wird der Wert als Vielfaches von 8 Pixeln zur Gitterbildung interpretiert. Innerhalb der Systemsteuerung kann diese Positionierung durch das Symbol *Desktop* und den Bereich *Ausrichtungsgitter* auch geändert werden.

Symbole

Desktop

Auf dem Bildschirm werden Symbole mit einem horizontalen Pixel-Abstand dargestellt, der durch den Eintrag *IconSpacing=77* festgelegt ist. Innerhalb der Systemsteuerung kann diese Ausrichtung durch das Symbol *Desktop* und das Listenfeld *Symbolabstand* im Bereich Symbole anders eingestellt werden. Der vertikale Symbol-Abstand wird durch den Eintrag *IconVerticalSpacing=<Pixel>* bestimmt, der normalerweise keinen Wert besitzt. Dadurch wird ein Abstand gebildet, der abhängig von der Schriftart und der verwendeten Grafikkarte ist.

Symbole besitzen einen Titel, dessen Schriftart durch den Eintrag *IconTitleFace Name=MS Sans Serif* festgelegt wird. Nachdem die Schriftart des Symbole-Titels feststeht, wird durch den Eintrag *IconTitleSize=8* die Schriftgröße definiert. Der Eintrag *IconTitleStyle=0* legt den Titel als Normalschrift fest. Wird *IconTitleStyle=1* gesetzt, erscheint dieser fettgedruckt.

Desktop

Ist der Text im Symbol-Titel zu lang, um in einer Zeile dargestellt zu werden, bestimmt der Eintrag *IconTitleWrap=1*, daß der Titel umgebrochen wird. Dagegen verhindert *IconTitleWrap=0* diesen Umbruch. Innerhalb der Systemsteuerung kann diese Festlegung durch das Symbol *Desktop* und das Kontrollfeld *Beschreibung umbrechen* des Bereichs *Symbol* ebenfalls verändert werden.

Hintergrundbild

Desktop — Wenn kein Bild für den Bildschirmhintergrund eingestellt ist, kann mit dem Eintrag *Pattern=<b1 b2 b3 b4 b5 b6 b7 b8>* ein 8*8 Pixel großer Pinsel erzeugt werden, mit dem der gesamte Desktop bemalt wird. Jeder Wert stellt dabei ein Byte dar. Innerhalb der Systemsteuerung kann das Hintergrundbild durch das Symbol *Desktop* und den Pushbutton *Muster bearbeiten* zusammen mit dem daraufhin erscheinenden Dialogfeld *Desktop-Muster bearbeiten* auch geändert werden.

Desktop — Der Eintrag *TileWallpaper=0* gibt an, daß das Hintergrundbild als Kachel dargestellt wird. Ein Wert von 1 führt zu einer Zentrierung. Innerhalb der Systemsteuerung kann diese Einstellung durch das Symbol *Desktop* und die Radio-Buttons *Kachel* und *Zentrieren* im Bereich *Hintergrundbild* ebenfalls verändert werden.

Desktop — Soll im Bildschirmhintergrund ein Bitmap dargestellt werden, wird im Eintrag *Wallpaper=* sein Dateiname angegeben. Der Systemsteuerung kann dieser Name durch das Symbol *Desktop* und die Combobox *Datei* im Bereich *Hintergrundbild* neu eingegeben werden. Wenn das Hintergrundbild als Kachel dargestellt wird, liegt der Ursprung normalerweise links oben. Durch das Ändern der Einträge *WallpaperOriginX=0* und *Wall paperOriginY=0* können die x- und y-Koordinaten umgesetzt werden.

Menü

Ein kaskadenförmiges Menü wird durch den Eintrag *MenuHideDelay=0* sofort nach der Darstellung wieder entfernt. Mit *MenuHideDelay=* kann ein Wert in Millisekunden gewählt werden. Dagegen bestimmt *MenuShowDelay=<millisekunden>* die Verzögerungszeit, bis ein kaskadenförmiges Menü dargestellt wird. Die Vorbesetzung ist bei einem PC mit 80286-Prozessor 400 Millisekunden, bei einem 80386- oder 80486-Rechner entsteht keine Verzögerung.

[devices]-Abschnitt

Im [devices]-Abschnitt stehen alle installierten Drucker, genauso, wie sie auch im [PrinterPorts]-Abschnitt aufgelistet werden, jedoch ohne Fehlerwartezeiten. Dieser Abschnitt ist nur für Applikationen notwendig, die noch für die Windows-Version 2.x geschrieben wurden und in diesem Abschnitt nachsehen.

Drucker — Die einzelnen Schlüssel stellen wie auch im [PrinterPorts]-Abschnitt jeweils den Gerätenamen eines installierten Druckers dar, dem als Werte der Name des Druckertreibers und der Schnittstelle übergeben werden. Änderungen können in der Drucker-Dialogbox durchgeführt werden, die entweder über das *Drucker*-Symbol in der Systemsteuerung und den Pushbutton *Verbinden* oder über den Menüpunkt *Druckerinstallation* des Untermenüs *Optionen* im Druckmanager aufgerufen wird.

[embedding]-Abschnitt

Der [embedding]-Abschnitt listet Informationen zu den OLE-Objekten auf. Dies sind die Objekte selber, ihre Beschreibungen, das Programm, das sie normalerweise erzeugt, und ihr Dateiformat. Diese Informationen erhält man auch mit Hilfe des Editors REGEDIT.EXE, auf den in diesem Kapitel bei der Besprechung der Registrierungs-Datenbank näher eingegangen wird. Es ist empfehlenswert, nur mit diesem Editor Applikationen für OLE zu registrieren und OLE-Informationen einzutragen. Der [embedding]-Abschnitt in der WIN.INI ist in erster Linie nur aus Gründen der Kompatiblität zur Windows-Version 3.0 ergänzt worden. Er enthält einen oder mehrere Einträge mit jeweils demselben Aufbau, um die Objekte zu nennen, die als OLE-Server benutzt werden:

```
<object>=<description>, <description>,
        <program file>,<format>
```

Der Schlüssel object definiert den Namen des Server-Objektes. Die Beschreibung des Server-Objektes erfolgt über die beiden description-Einträge, wobei der zweite in dem Editor REGEDIT.EXE in der Liste der registrierten Dateitypen erscheint. Über den Eintrag program file wird der Pfad und der Dateiname der Applikation spezifiziert, die das Objekt erzeugen soll. Der Eintrag format gibt das Dateiformat an, das häufig auf "Bild" gesetzt wird, womit das Metafile-Format gemeint ist.

[extensions]-Abschnitt

Für eine Zuordnung zwischen Dokumenten und Programmen ist der Abschnitt *[extensions]* zuständig. In diesen Abschnitt trägt der Dateimanager die Verbindungen ein, die der Anwender in der Dialogbox des Menüpunktes *Verknüpfen* des *Datei*-Menüs einstellt. Erfolgt eine Zuordnung von einer Dateierweiterung zu einer Applikation, wird ein Dokument mit der spezifizierten Dateiendung automatisch gestartet, wenn der Benutzer es im Dateimanager doppelt anklickt. Zudem wird der Dateiname des Dokumentes der Applikation als Parameter mitübergeben. Ein typischer Eintrag lautet hlp=winhelp.exe ^.hlp, der die Dokumente mit der Endung HLP dem Hilfesystem zuordnet. Die Zeichen vor dem Gleichheitszeichen geben die Dateierweiterung an. Anschließend folgt die Angabe des Applikationsnamens. Durch das Zeichen <^> wird der Name des Dokumentes repräsentiert, der zusammen mit der nachfolgenden Dateierweiterung an das gestartete Programm übergeben wird.

[fonts]-Abschnitt

Der [fonts]-Abschnitt listet die Fontdateien für den Bildschirm auf, die von Windows bei Systemstart automatisch geladen werden sollen. Das Schlüsselwort spezifiziert jeweils den beschreibenden Namen der Schriftart, als Wert wird der Name der Fontdatei übergeben, die die Font-Resource enthält. Eine mögliche Zeile sieht folgendermaßen aus:

```
Courier New Italic (TrueType)=COURI.FOT
```

Über das *Schriftarten*-Symbol aus der Systemsteuerung können neue Schriftarten hinzugefügt oder bestehende gelöscht werden.

[fontSubstitutes]-Abschnitt

In der Windows-Version 3.1 sind einige Schriften, z.B. die Rasterfonts "Tms Rmn" und "Helv" mit neuen Namen versehen worden, ihr Aussehen ist jedoch gleich geblieben. Sobald einer der früheren Namen von einem Windows-Programm aufgerufen wird, tauscht der Fontmanager mit Hilfe des [FontSubstitutes]-Abschnitts den alten Namen durch den neuen Schriftnamen aus. Als Schlüssel wird der alte Name angegeben, dem durch das Gleichheitszeichen getrennt der neue Schriftname folgt.

[intl]-Abschnitt

Einer der Eigenschaften von Windows ist es, sich auf landesspezifische Darstellungen einstellen zu können. Diese speziellen Festlegungen sind in dem Abschnitt *[intl]* zusammengefaßt.

Währung

Das Währungssymbol ist durch den Eintrag *sCurrency=$* auf ein Zeichen festgelegt und würde für die deutsche Mark *sCurrency=DM* lauten.

Die Anzahl der Dezimalstellen in Währungsangaben geschieht durch den Schlüssel *iCurrDigits=2*. Eine Bestimmung des Währungsformats erfolgt durch den Eintrag *iCurrency=0*, der zum Format DM5 führt. Weitere Formate sehen folgendermaßen aus:

iCurrency	Format
0	DM5
1	5DM
2	DM 5
3	5

Datum Uhrzeit

Natürlich ist die Datumdarstellung auch länderspezifisch und kann durch den Eintrag *iDate* festgelegt werden. Der Wert 0 führt zu 4/30/92, 1 zu 30/4/92 und 2 zu 92/4/30. Ab Windows 3.0 wurde eine bessere Art der Datumseinstellung eingeführt. Mit Hilfe des Eintrags sShortDate=M/d/yy wird das Datum durch den Ausdruck 4/39/92 dargestellt, wobei die Reihenfolge beliebig verändert werden kann. Außerdem ist es auch möglich, an Stelle des Schrägstriches ein anderes Abstandszeichen zu wählen.

Ist diese Datumskurzform nicht ausreichend, kann durch den Eintrag sLongDate=dddd, MMMM dd, yyyy eine längere Darstellung des Datums gewählt werden. Folgende Möglichkeiten stehen dabei zur Verfügung:

Schlüssel	Bezug	Bereich
M	Monat	1 bis 12
MM	Monat	01 bis 12
MMM	Monat	Jan bis Dez
MMMM	Monat	Januar bis Dezember
d	Tag	1 bis 31
dd	Tag	01 bis 31
ddd	Tag	Mon bis Son
dddd	Tag	Montag bis Sonntag
yy	Jahr	00 bis 99
yyyy	Jahr	1900 bis 2040

Eine 12-Stundenuhr wird durch den Eintrag *iTime=0* und eine 24-Stundenuhr durch *iTime=1* realisiert. Dabei legt der Eintrag *sTime=:* das Zeichen zur Abtrennung von Stunden, Minuten und Sekunden fest. Der Eintrag *iTLZero=0* bestimmt, daß keine führende Null an die Uhrzeit angefügt wird. Ein Umstellen auf *iTLZero=1* führt immer zu einer zweistelligen Darstellung.

Zur Kennzeichnung von Vormittag und Nachmittag bei einer 12-Stundenuhr dient der Eintrag *s1159=AM* bzw. *s2359=PM*. Bei einer 24-Stundenuhr kann *s2359=* als zusätzlicher Kennzeichner verwendet werden.

Zahlendarstellung

Nicht jedes Land möchte als Trennungszeichen der Vor- und Nachkommastellen einen Punkt verwenden müssen, der durch den Eintrag *sDecimal=.* festgelegt ist. Deswegen kann dieses Trennungszeichen über *sDecimal=,* in ein Komma umgewandelt werden. Der Eintrag *iDigits=2* legt die Anzahl der Stellen nach dem Dezimalpunkt fest. Führende Nullen werden durch den Eintrag *iLZero=0* verhindert, können aber durch *iLZero=1* angefügt werden. Ebenfalls kann durch den Eintrag *sThousand=,* ein Komma als Trennzeichen für die Tausenderstelle realisiert werden. Die meisten deutschsprachigen Anwender arbeiten dagegen lieber mit dem Punkt, der durch *sThousand=.* eingestellt wird.

Eine Festlegung des Zahlensystems erfolgt durch den Eintrag *iMeasure=1*, der das englische, bzw. *iMeasure=0*, der das metrische System wählt.

Negative Zahlen können auf verschiedene Arten angezeigt werden, die durch den Eintrag *iNegCurr=0* bestimmt werden, der Werte zwischen 0 und 10 annehmen kann.

iNegCurr	Format	iNegCurr	Format
0	(DM6)	6	6-DM
1	-DM6	7	6DM-
2	DM-6	8	-6 DM
3	DM6-	9	-DM 6
4	(6DM)	10	DM 6-
5	-6DM		

Landeswahl

Eine grundsätzliche Länderfestlegung findet durch den Landescode *iCountry=1* statt. Dieser entspricht dem internationalen Telefoncode und kann daher leicht ermittelt werden. Eine Ausnahme ist dabei Kanada, das den Code 2 besitzt.

Den Namen des Landes, dessen Voreinstellungen verwendet werden, gibt der Eintrag *Country=United States* an.

Damit das richtige Wörterbuch zur Überprüfung der Schreibweise und die richtige Sortierreihenfolge festgelegt wird, muß der Eintrag *sLanguage=usa* entsprechend versorgt werden. Nachfolgende Einstellungen sind möglich:

Wert	Sprache
dan	dänisch
deu	deutsch
eng	internationales englisch
enu	USA englisch
esn	modernes spanisch
esp	kastilianisches spanisch
fin	finnisch
fra	französisch
frc	französisches kanadisch
isl	isländisch
ita	italienisch
nld	holländisch
nor	norwegisch
ptg	portugiesisch
sve	schwedisch

Zur Abtrennung von Einträgen in einer Liste verwendet jedes Land unterschiedliche typische Zeichen. Durch den Eintrag *sList=*, kann das Trennzeichen definiert werden, das in der Standardeinstellung ein Komma darstellt.

[mci extensions]-Abschnitt

Der [mci extensions]-Abschnitt ordnet unterschiedlichen Arten von Media-Dateien verschiedene Multimedia-Kommando-Schnittstellentreiber zu. Sobald der Benutzer eine Media-Datei selektiert, wird der mit dieser Dateiendung verbundene Treiber aktiviert, um den Inhalt abzuspielen. Jeder Schlüssel dieses Abschnitts stellt eine Dateierweiterung dar, dem als Wert ein Treibername zugewiesen wird.

[network]-Abschnitt

Drucker

Der [network]-Abschnitt beschreibt Netzwerk-Einstellungen und frühere Netzwerk-Verbindungen. Der Eintrag *InRestoreNetConnect=* wird abhängig vom Netzwerk auf 0 oder 1 gesetzt. Dabei gibt der Eintrag port den Pfad für einen Netzwerk-Drucker und den Ausgabeport an, mit dem der Drucker verbunden ist. Diese Verbindung wird bei jedem Neustart von Windows erneuert. Innerhalb der Systemsteuerung kann sie über das *Drucker*-Symbol und die Pushbuttons *Verbinden, Netzwerk* geändert werden, oder Sie benutzen dazu den Menüpunkt *Netzwerkverbindungen* des Untermenüs *Optionen* im Druckmanager. Der Eintrag drive zeigt die Netzwerk-Verbindungen an, die bei jedem Windows-Start restauriert werden. Diese Verbindungen können auch über das Untermenü *Datenträger* im Dateimanager neu gesetzt werden.

[ports]-Abschnitt

Der [ports]-Abschnitt listet alle verfügbaren Kommunikations- und Drucker-Schnittstellen auf und definiert dafür Defaultwerte. Dabei können auch Dateien genannt werden, in die die Druckerausgabe umgeleitet werden kann. Insgesamt kann dieser Abschnitt bis zu 10 Einträge enthalten, alle weiteren werden ignoriert. Die Syntax eines Eintrags sieht folgendermaßen aus:

```
<portname> = <baudrate>, <parity>, <wordlength>, <stopbits>[[,p]]
```

Das Schlüsselwort <portname> muß der Name eines Ausgabeports sein, der unter MSDOS bekannt ist. Für die serielle Schnittstelle lautet er *COMx:*, für die parallele Schnittstelle heißt er *LPTx:*, wobei x die Nummer der Schnittstelle spezifiziert. Neben diesen Namen gibt es noch die Schlüssel *EPT:*, der für einen bestimmten IBM-Drucker verwendet wird, *LPTx.DOS* für parallele Schnittstellen, die in OS/2 benutzt werden, *FILE:* oder einen beliebigen Dateinamen.

Der Wert <baudrate> bestimmt bei den seriellen Schnittstellen die Baudrate. In <word length> wird die Länge eines Wortes in Bytes angegeben, die Anzahl der Stoppbits steht im nachfolgenden Wert. Der letzte optionale Wert p definiert, daß das hardwaremäßige Handshake-Verfahren im Einsatz ist.

Die anderen Schnittstellen-Arten besitzen keine weiteren Parameter. Die LPTx.DOS-Schnittstellen finden Verwendung, wenn Windows in der DOS-Kompatibilitätsbox unter dem Betriebssystem OS/2 abläuft.

Bei der Angabe eines Dateinamens als Schlüssel wird die Ausgabe direkt in diese Datei geschrieben. Wenn hingegen der Benutzer selber die Datei bestimmen soll, wird als Schlüssel FILE: angegeben. Innerhalb der Systemsteuerung können die Einstellungen der seriellen Schnittstellen durch das *Anschlüsse*-Symbol und die Auswahl der gewünschten Schnittstelle geändert werden.

[PrinterPorts]-Abschnitt

Der [PrinterPorts]-Abschnitt enthält eine Liste aller Drucker, die Windows benutzen kann, die dazugehörigen Druckertreiber, ihre Zuweisung zu einer Schnittstelle und die Fehlerwartezeiten. Der Gerätename jedes Druckers wird als Schlüssel verwendet. Rechts vom Gleichheitszeichen steht die Datei des Druckertreibers, aber ohne Dateiendung und die Schnittstelle. Falls ein Drucker keinen Ausgabeport zugewiesen bekommt, wird der Wert benutzt, der im [windows]-Abschnitt bei dem Schlüssel *NullPort* geschrieben steht.

Die beiden anschließenden Zahlen geben die Fehlerwartezeiten in Sekunden für "Drucker nicht bereit" und für Übertragungs-Wiederholungen an, die verändert werden können. Wenn diese Zeiten in diesem Abschnitt nicht bestimmt werden, verwendet Windows die Werte, die im [windows]-Abschnitt bei dem entsprechenden Drucker als Defaultwerte gesetzt wurden.

Einen Drucker mit einer anderen Schnittstelle zu verbinden oder die Zeiten zu ändern, kann entweder über das Drucker-Symbol in der Systemsteuerung und den Pushbutton *Verbinden* oder über den Menüpunkt *Druckerinstallation* des Untermenüs *Optionen* im Druckmanager erfolgen. In beiden Fällen wird dieselbe Dialogbox angezeigt.

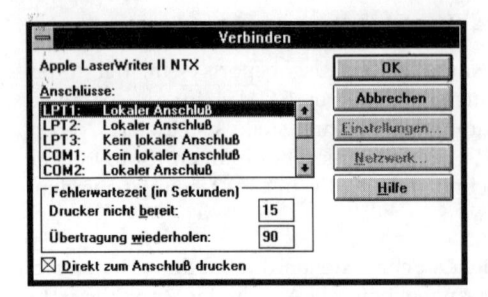

Abb. 224: Die Drucker-Dialogbox für die Schnittstellen-Verbindung

Bei einer Änderung einer dieser Werte muß beachtet werden, daß es zu keinem Konflikt mit einer Einstellung in dem [devices]-Abschnitt kommt.

[programs]-Abschnitt

Der [programs]-Abschnitt definiert Pfadnamen, die Windows zusätzlich zu den Pfadangaben in der Datei AUTOEXEC.BAT durchsucht, um eine Applikation zu starten. Wenn z.B. im Dateimanager eine Datei doppelt angeklickt wird, um somit die mit dieser Datei verbundene Applikation zu starten, Windows jedoch den Programmnamen nicht finden kann, wird der Anwender aufgefordert, den notwendigen Pfad anzugeben. Der Pfad, den der Benutzer daraufhin eingibt, wird automatisch in dem [programs]-Abschnitt ergänzt. Dieser Abschnitt besitzt als Schlüssel die Namen der Programmdateien, nach denen Windows sucht, wenn eine Datei, die mit einer dieser Applikationen verbunden ist, gestartet werden soll. Die Einträge eines Schlüssels setzen sich aus der Angabe des Laufwerks, des Verzeichnisses und des vollständigen Programmnamens zusammen.

[sounds]-Abschnitt

Der [sounds]-Abschnitt listet alle System-Ereignisse auf, die Klang und die Klangdateien, die mit einem Ereignis verbunden sind, unterstützen. In diesem Abschnitt können eine oder mehrere Zeilen stehen, die als Schlüssel jeweils ein bestimmtes System-Ereignis besitzen. Jeder Schlüssel bekommt den Dateinamen der Klangdatei und durch Komma getrennt einen Textstring zugewiesen, der das System-Ereignis beschreibt. Innerhalb der Systemsteuerung können Änderungen über das *Klang*-Symbol vorgenommen werden.

[TrueType]-Abschnitt

Der [TrueType]-Abschnitt beschreibt Einstellungen, die die Benutzung und die Anzeige von TrueType-Schriften beeinflussen.

Abb. 225: Einstellungsmöglichkeiten für die TrueType-Schriften

Durch den Eintrag *nonTTCaps=0* werden die Namen der Fonts, die keine TrueType-Schriften darstellen, ganz normal mit einem Großbuchstaben begonnen und mit Kleinbuchstaben fortgesetzt, wenn sie z.B. in einer Dialogbox aufgelistet werden. Sollen sie zur besseren Unterscheidung von den TrueType-Fonts nur in Großbuchstaben geschrieben werden, muß der Wert 1 gesetzt werden.

Schriftarten
: Damit Applikationen in der Windows-Version 3.1 auf TrueType-Schriften zugreifen können, muß der Eintrag *TTEnable=1* eingestellt sein. Falls keine TrueType-Fonts verwendet werden sollen, muß der Wert 0 geschrieben werden. Um die Benutzung dieser Schriften zu ermöglichen oder zu verhindern, kann auch über das *Schriftarten*-Symbol in der Systemsteuerung und durch Anklicken des Pushbuttons *TrueType* das Kontrollfeld *Nur TrueType-Schriftarten verwenden* ein- bzw. ausgeschaltet werden.

Schriftarten
: Es ist aber auch genauso möglich, den Gebrauch aller anderen Fonts außer den TrueType-Schriften zu unterbinden. Normalerweise sind jedoch über den Eintrag *TTOnly=0* alle Schriften im System verfügbar. Dieser Eintrag kann über das Kontrollfeld *Nur TrueType-Schriftarten in Anwendungen anzeigen* in derselben Dialogbox wie oben geändert werden.

[windows]-Abschnitt

Zur Steuerung der Windows Umgebung, die sich u.a. auch auf die Tastatur, die Maus und auf das Drucken auswirkt, dient der [windows] Abschnitt.

Warnton

Klang
: Der Eintrag *Beep=Yes* führt dazu, daß bei einer Fehlbedienung ein Rechnerwarnton ausgegeben wird. Durch den Eintrag *Beep=No* kann dieser Ton ausgeschaltet werden. Innerhalb der Systemsteuerung kann die Einstellung durch das *Klang*-Symbol und das Kontrollfeld *Systemklänge aktivieren* ebenfalls verändert werden.

Fenster

Desktop
: Die Breite des Fensterrahmens wird durch den Eintrag *BorderWidth=3* gesetzt. Sie kann einen Wert zwischen 1 und 49 annehmen, wobei die Einstellung für Fenster mit festen Maßen nicht gültig ist. Innerhalb der Systemsteuerung kann die Breite durch das *Desktop*-Symbol und das Listenfeld *Rahmenbreite* des Bereiches Ausrichtungsgitter geändert werden.

Normalerweise wird durch den Eintrag *DragFullWindows=0* erreicht, daß beim Verschieben eines Fensters nur ein grauer Umriß erscheint. Eine Umstellung auf *DragFullWindows=1* bewirkt das komplette Zeichnen und benötigt daher auch etwas mehr Zeit.

Cursor

Desktop
: Wenn ein zu schnelles Blinken des Cursors als störend empfunden wird, kann der Eintrag *CursorBlinkRate=530*, auf einen höheren Wert in tausendstel Sekunden gesetzt werden. Innerhalb der Systemsteuerung kann die Frequenz durch das Symbol *Desktop* und den Rollbalken im Bereich *Cursor-Blinkfrequenz* ebenfalls neu eingestellt werden.

Message Queue

Einen etwas größeren Eingriff nimmt der Eintrag *DefaultQueueSize=8* vor, da hierdurch die maximale Anzahl der Meldungen festgelegt wird, die gleichzeitig in eine Application-Message-Queue passen. Durch die Veränderung von DefaultQueueSize= kann die Funktionsfähigkeit von Windows-Programmen stark eingeschränkt werden und sogar zu deren Absturz führen. Deswegen ist ein Eingriff an dieser Stelle nicht empfehlenswert.

Dokumente

Der Eintrag *Documents=<Dateierweiterung>* definiert Dateien als Windows-Dokumente, die nicht mit einem Programm verbunden sind. Da keine Verbindung zu einem Programm besteht, darf die Dateierweiterung nicht mit der des [extensions]-Abschnitts übereinstimmen, da dort direkt eine Zuordnung zu einem Programm erfolgt.

Drucker

Damit allen im System vorhandenen Windows-Programmen der Standarddrucker mitgeteilt werden kann, ist der Eintrag *Device=<Schnittstellenname>, <Schnittstellentreiber>, <Schnittstelle>* vorhanden. Dabei stellt der Schnittstellenname die Verbindung zu dem Abschnitt [devices] der WIN.INI her. Als Schnittstellentreiber wird der Dateiname des Druckertreibers benötigt. Die Schnittstelle ist die entsprechende DOS-Schnittstelle, die auch im Abschnitt [ports] definiert ist. Innerhalb der Systemsteuerung kann der Standarddrucker durch das *Drucker*-Symbol und das Betätigen der Befehlsschaltfläche *Als Standarddrucker* auch verändert werden.

Reicht die voreingestellte Abbruchzeit für die Geräteschnittstellen von *DeviceNotSelectedTimeout=15* nicht mehr aus, kann ein anderer Wert in Sekunden gewählt werden. Dabei ist zu beachten, daß jeder Drucker, der im Abschnitt [PrinterPorts] eingetragen ist, bereits eine eigene Abbruchzeit besitzt.

Eine Druckerausgabe wird in Windows dadurch beschleunigt, daß sie direkt auf die Schnittstelle erfolgt. Daher steht in der WIN.INI der Eintrag *DosPrint=no*. Falls Windows jedoch die DOS-Drucker-Interrupts verwenden soll, kann dies durch *DosPrint=yes* erreicht werden. Eine Änderung ist z.B. dann sinnvoll, wenn logische Geräte in DOS umgelenkt wurden.

Innerhalb der Systemsteuerung kann dieses Umlenken durch das *Drucker*-Symbol und das Kontrollfeld *Direkt zum Anschluß drucken* des Dialogfensters *Verbinden* auch verändert werden. Wenn ein Druckertreiber keiner Schnittstelle zugeordnet ist, wird durch den Eintrag *NullPort=None* der Name festgelegt, der in der Druckerdialogbox erscheint.

Im Normalfall erfolgt durch den Eintrag *Spooler=yes* eine Druckerausgabe über den Druckmanager. Wird dies nicht gewünscht, kann der Druckmanager durch *Spooler=no* ausgeschaltet werden, um somit eine direkte und ungepufferte Ausgabe an die Druckerschnittstelle zu erreichen. Innerhalb der Systemsteuerung kann diese Einstellung durch das *Drucker*-Symbol und das Kontrollfeld *Druck-Manager verwenden* ebenfalls verändert werden.

Meldet sich ein Nadeldrucker nach der Zeit von Eintrag *TransmissionRetryTimeout=45* nicht, so gibt Windows ein Meldungsfenster aus. Für einen PostScript-Drucker ergibt sich dabei der doppelte Wert von 90 Sekunden. Der Wert gilt nur als Voreinstellung für Drucker, da diese normalerweise einen eigenen Eintrag im Abschnitt [PrinterPorts] besitzen.

Tastatur

Eine Optimierung der Tastenwiederholung ist durch die Einträge *KeyboardDelay=2* und *KeyboardSpeed=31* möglich. Dabei legt KeyboardDelay den Wert beim ersten Betätigen der Taste und KeyboardSpeed den Wert beim ständigen Drücken fest. Innerhalb der Systemsteuerung können diese Zeiten durch das Symbol *Tastatur* und die Rolleisten des Bereiches *Verzögerung* bzw. *Wiederholrate* auch neu gesetzt werden.

Start

Unter Windows 3.1 werden Programme der Gruppe *Autostart* direkt nach dem Aufruf von Windows ausgeführt. Durch den Eintrag *Load=<Dateiname>* kann dieses Starten auch realisiert werden. Bei dem Programmstart von Windows werden zudem Applikationen automatisch gestartet, die im Eintrag *Run=* angegeben sind.

Menü

Ein optische Spielerei ist der Eintrag *MenuDropAlignment=0*, der zur linksbündigen Darstellung eines Menütitels führt. Wird der Menütitel als rechtsbündige Darstellung gewünscht, ist dies durch *MenuDropAlignment=1* möglich.

Maus

Ein doppeltes Anklicken wird von Windows nur erkannt, wenn der Mauscursor sich nur eine definierte Anzahl von Pixeln nach oben oder unten bewegt. Wird der Wert, der durch den Eintrag *DoubleClickHeight=4* spezifiziert wird, überschritten, entstehen zwei getrennte Click-Ereignisse. Eine entsprechende Festlegung nach links und rechts erfolgt durch den Eintrag *DoubleClickWidth=4*. Dagegen bestimmt der Eintrag *DoubleClickSpeed=452* die erforderliche Geschwindigkeit, mit der eine Maustaste für einen Doppelklick betätigt werden muß.

Innerhalb der Systemsteuerung können diese Mauswerte durch das *Maus*-Symbol und die Rolleiste im Bereich *Doppelklick-Geschwindigkeit* anders gesetzt werden.

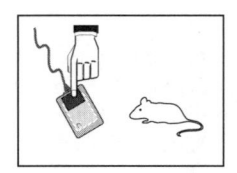

Abb. 226: Das Maus-Fenster aus der Systemsteuerung

Eine Bewegung der Maus ergibt erst eine Veränderung des Cursors, nachdem die in *MouseThreshold1* angegebene Anzahl von Pixel überschritten wurde. Der Eintrag Mouse Speed ist nur von Interesse, wenn MouseThreshold1 und MouseThreshold2 unterschiedlich zu ihren Voreinstellungen sind. Sobald ein oder beide Einträge geändert wurden, zeigt MouseSpeed eine Wirkung, wenn es den Wert 1 oder zwei besitzt. Bei 1 wird der Cursor doppelt so schnell bewegt, wenn die in Threshold1 eingetragene Pixelzahl überschritten wird. Bei 2 gilt zusätzlich zu dem eben Gesagten, daß der Cursor beim Überschreiten der in Threshold2 gesetzten Pixel viermal so schnell wie normal bewegt wird.

Maus

Die Anzahl der Mausspuren kann durch den Eintrag *MouseTrails=* mit den Werten 1 bis 7 festgelegt werden. Innerhalb der Systemsteuerung kann dieser Wert durch das *Maus*-Symbol und das Kontrollfeld *Mausspuren* ebenfalls verändert werden. Dabei ist zu beachten, daß MouseTrails nur eine Wirkung bei einer EGA-, VGA- oder SuperVGA-Karte besitzt.

Maus

Linkshänder werden häufig benachteiligt, aber nicht bei der Mausbedienung in Windows. Wird der voreingestellte Eintrag *SwapMouseButtons=0* auf den Wert *SwapMouseButtons=1* gesetzt, bewirkt dies ein Vertauschen der Maus-Tasten. Innerhalb der Systemsteuerung kann dies durch das *Maus*-Symbol und das Kontrollfeld *Linke/rechte Maustaste vertauschen* ebenfalls verändert werden.

Netzwerk

Wenn Sie im Netzwerk arbeiten, wird der Eintrag *NetWarn=1* dazu führen, daß Windows eine Warnung bei nicht vorhandenem Netzwerk ausgibt. Durch *NetWarn=0* wird diese Warnung verhindert. Innerhalb der Systemsteuerung kann dies durch das *Netzwerk*-Symbol neu eingestellt werden.

Programme

Desktop

Ein schnelles Umschalten zwischen Programmen wird durch den Eintrag *CoolSwitch=1* festgelegt. Wird dies nicht gewünscht, kann der Eintrag auf *CoolSwitch=0* gesetzt werden. Innerhalb der Systemsteuerung kann das Umschalt-Verhalten durch das *Desktop*-Symbol und das Kontrollfeld *Schnelle "Alt+Tabulator" Umschaltung* des Bereiches Anwendungsprogramme geändert werden.

Dateien werden durch den Eintrag *Programs= com exe bat pif* als Programme identifiziert. Durch das Anfügen einer weiteren Dateierweiterung können zusätzliche Dateien als Applikationen erkannt werden.

Bildschirmschoner

Desktop

Zu einem Aktivieren des Bildschirmschoners führt der Eintrag *Screen SaveActive=1*, der jedoch laut Voreinstellung durch *ScreenSaveActive=0* ausgeschaltet ist. Innerhalb der Systemsteuerung kann die Aktivierung durch das *Desktop*-Symbol und die Combobox *Name* verändert werden.

Nach den angegebenen Sekunden des Eintrags *ScreenSaveTimeOut=120* wird der eingetragene Bildschirmschoner automatisch aktiviert. Innerhalb der Systemsteuerung gibt es dazu das *Desktop*-Symbol und das Listenfeld *Einschalten nach*.

[Windows Help]-Abschnitt

Im [Windows Help]-Abschnitt werden sowohl die Größe und die Position des Hilfefensters und der Dialogboxen als auch die Textfarben festgelegt, die bei der Anzeige eines Makros, eines Popup-Fensters etc. benutzt werden.

Fenster

Für die Fenster-Dimensionen existieren die vier Schlüssel *M_WindowPosition* für das Hilfefenster (Main Window), *H_WindowPosition* für die Dialogbox der bisherigen Themen (History), *A_WindowPosition* für die Dialogbox zum Anmerken eigener Notizen (Annotate) und *C_WindowPosition* für die Dialogbox zum Kopieren eines Themas in die Zwischenablage (Copy). Jeder dieser Schlüssel bekommt fünf Einträge zugewiesen, von denen die ersten beiden die x- und y-Koordinaten der linken oberen Ecke des Fensters bestimmen und die nächsten zwei für die Breite und Höhe zuständig sind. Die Angaben erfolgen in Pixel. Der fünfte Eintrag ist nur bei dem Hilfefenster von Bedeutung, da er durch den Wert 1 festlegt, daß dieses Fenster als Vollbild dargestellt wird. Die Dimensionen des Hauptfensters und die Positionen des Fensters und der Dialogboxen können jederzeit durch das Verschieben der Fenster geändert werden. Diese Änderungen werden automatisch in der WIN.INI nachgetragen.

Farbe

Über den Schlüssel *JumpColor* wird die Farbe des Textes für die Cross-Referenz spezifiziert. Dies ist der Text, der in den Hilfetexten unterstrichen dargestellt wird, um anzuzeigen, daß zu einem anderen Thema verzweigt werden kann. Der Schlüssel *PopupColor* definiert die Farbe des Textes, die bei ihrer Anwahl ein Popup-Fenster für die Glossar-Begriffe zur Anzeige bringt. Um den Text, der ein Makro aufruft, farbig zu gestalten, muß der Schlüssel *MacroColor* versorgt werden. Der Text, der durch seine Anwahl zu einem Thema führt, das in einem anderen Hilfetext steht, kann über den Schlüssel *IFJumpColor* mit Farbe versehen werden. Es ist auch möglich, auf das Glossar eines anderen Hilfetextes zuzugreifen. Der Text, der dies bewerkstelligt, kann durch den Schlüssel *IFPopupColor* eine eigene Farbe erhalten. Die Farben werden bei allen genannten Schlüsseln durch drei Werte bestimmt, die für die drei Grundfarben Rot, Grün und Blau stehen.

SYSTEM.INI

Nachdem wir uns die Initialisierungsdatei WIN.INI recht gründlich angesehen haben, wollen wir dasselbe auch für die Datei SYSTEM.INI durchführen. Diese Datei enthält globale System-Informationen, auf die Windows beim Starten zugreift. Deswegen sollten Sie sich jede Änderung eines Eintrags sehr genau überlegen, da es ansonsten sein kann, daß beim nächsten Aufruf von Windows das System nicht mehr lauffähig ist. SYSTEM.INI besitzt die in der folgenden Tabelle aufgelisteten Abschnitte.

Spezielle-Windows Dateien

Abschnitt	Aufgabe
[boot]	Liste der Treiber und der Windows-Module
[boot.description]	Liste der Geräte, die durch das Windows-Setup geändert werden können
[drivers]	Liste der Namen, die mit installierbaren Treiberdateien verbunden sind
[keyboard]	Informationen über die Tastatur
[mci]	Liste der Multimedia Kommando-Schnittstellentreiber
[NonWindowsApp]	Information für Nicht-Windows-Applikationen
[standard]	Informationen, die Windows im Standardmode benutzt
[386Enh]	Informationen, die Windows im Enhanced-Mode benutzt

Viele Einträge in diesen Abschnitten können zwei Zustände besitzen. Für den eingeschalteten Zustand kann als Wert True, Yes, On oder 1 angegeben werden, der ausgeschaltete Zustand wird über False, No, Off oder 0 definiert.

Genauso wie es auch bei der Datei WIN.INI der Fall ist, wird Ihre SYSTEM.INI nicht alle Schlüssel enthalten, die nachfolgend erklärt werden. Häufig wird auch hier ein eingebauter Standardwert benutzt, der gar nicht in der SYSTEM.INI eingetragen ist. Erst wenn diese Einstellung geändert wird, fügt Windows bzw. das Setup einen neuen Eintrag ein. Alle Änderungen, die in dieser Datei vorgenommen werden, werden erst bei der nächsten Windows-Sitzung wirksam.

[boot]-Abschnitt

Der [boot]-Abschnitt enthält eine Liste der Treiber und der Windows-Module, die bei jedem Neustart zur Konfiguration von Windows benutzt werden. Da jedes Mal fast alle Schlüssel dieses Abschnittes für einen erfolgreichen Start benötigt werden und keiner dieser Schlüssel auf einen eingebauten Defaultwert zugreifen kann, muß jede Änderung sehr gut überlegt werden. Einige der in diesem Abschnitt gesetzten Werte können bei Bedarf mit dem Windows-Setup-Programm geändert werden, das Sie in der Hauptgruppe finden. Dazu wählen Sie den Menüpunkt *Change System Settings* aus dem Untermenü *Options*. Die daraufhin angezeigte Dialogbox enthält mehrere Listen, die für verschiedene Gerätetreiber gelten.

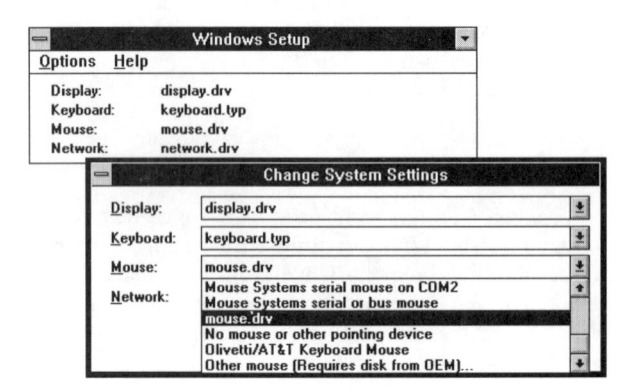

Abb. 227: Windows-Setup-Programm

Falls jedoch ein Gerätetreiber installiert werden soll, der nicht mit Windows ausgeliefert wurde, sollte das Setup-Programm von DOS aus gestartet werden.

Nicht-Windows-Applikation

Über den Eintrag *286grabber=<filename>* wird der Dateiname des Gerätetreibers angegeben, der als Grabber bezeichnet wird und dafür zuständig ist, daß eine Nicht-Windows-Applikation im Standard Mode sichtbar wird. Der Treiber kann über das *Windows-Setup*-Symbol aus der Hauptgruppe bei der Display-Einstellung geändert werden.

Um Nicht-Windows-Applikationen im Enhanced Mode auf dem Bildschirm anzeigen zu können, wird der Eintrag *386grabber=<filename>* benötigt. Auch hierbei spezifiziert der übergebene Wert den Dateinamen des Gerätetreibers. Der Treiber kann auf gleiche Weise, wie es beim Schlüssel 286grabber beschrieben ist, durch einen anderen ersetzt werden.

Offene Dateien

Da die Windows-Programme sehr häufig auf Dynamic Link Libraries zugreifen, ist es sinnvoll, eine gewisse Anzahl dieser DLL's offen zu lassen und nicht nach jedem Aufruf sofort wieder zu schließen. Der Defaultwert für die Anzahl der zuletzt gebrauchten ausführbaren Dateien (exe) und DLL's, die offen bleiben können, lautet 12 und wird dem Schlüssel *CachedFileHandles* übergeben. Diese Zahl wird teilweise von der Möglichkeit der gleichzeitig offenen Dateien bei Netzwerken eingeschränkt. Sie kann zwischen 2 und 12 liegen.

Serielle Schnittstelle

Der Eintrag *comm.drv=<filename>* definiert den Dateinamen des seriellen Schnittstellentreibers. Der Name des verwendeten Bildschirmtreibers wird als Wert des Schlüssels *display.drv* übergeben. Er kann über das *Window Setup*-Symbol aus der Hauptgruppe über die Display-Liste geändert werden.

Installierbare Treiber

In Windows existieren bestimmte Dynamic Link Libraries, die als installierbare Treiber bezeichnet werden, da sie von Windows wie normale Gerätetreiber behandelt und bei jedem Windows-Start mitgeladen werden. Die Dateinamen oder auch Alias-Namen dieser DLL's werden bei dem Schlüssel *drivers* aufgelistet. Ein Alias-Name wird benötigt, falls der Treiber mit Parametern aufgerufen werden soll. Diese Namen werden in dem [drivers]-Abschnitt definiert.

Schriftart

Applikationen, die für eine Windows-Version 2.x geschrieben wurden, benutzen einen nicht-proportionalen Systemfont, der über den Eintrag *fixedfon.fon=<filename>* spezifiziert wird. Diese Schriftart hängt von dem jeweils installierten Bildschirmtreiber ab.

Der Dateiname des proportionalen Systemfonts der Windows-Version 3.1 wird über den Schlüssel *fonts.fon* festgelegt. Auch dieser Font hängt von dem aktuellen Bildschirmtreiber ab.

Tastatur

Der Eintrag *keyboard.drv=<filename>* bestimmt den Tastatur-Treiber, der über das *Windows-Setup*-Symbol in der Tastatur-Liste durch einen anderen Treiber ersetzt werden kann.

Ländereinstellung

Um mit den richtigen länderspezifischen Funktionen arbeiten zu können, muß die entsprechende Dynamic Link Library mit dem Schlüssel *language.dll* eingestellt werden. Falls dieser Eintrag fehlt, greift Windows auf die eingebaute USA-englische DLL zu. Innerhalb der Systemsteuerung kann über das *Ländereinstellungen*-Symbol ein anderes Land gewählt werden.

Maus

Da heutzutage fast kein Benutzer in Windows ohne Maus arbeitet, muß auch ein Maustreiber definiert werden. Dafür existiert der Schlüssel *mouse.drv*, dem der Name des Maustreibers übergeben wird. Dieser Treiber kann auch über das *Windows-Setup*-Symbol geändert werden.

Netzwerk

Falls mit einem Netzwerk gearbeitet wird, wird über den Eintrag *network.drv=<filename>* der dafür notwendige Treiber festgelegt. Für eine Änderung existiert in dem Windows-Setup die Netzwerk-Liste.

Zeichensatz

Welcher OEM-Zeichensatz verwendet werden soll, wird dem Schlüssel *oemfonts.fon* mitgegeben. Der hier genannte Name der Fontdatei ist mit der Bildschirm-Einstellung verbunden und kann nur mit dem Setup-Programm unter DOS geändert werden.

Erstes Programm

Das Windows-Programm, das nach dem Starten von Windows ablaufen soll, wird in dem Eintrag *shell=<filename>* festgelegt. Durch die Ausführung des Setup wird der Programm-Manager (PROGMAN.EXE) eingestellt.

Klang- und Systemtreiber

Dem Schlüssel *sound.drv* wird der Dateiname des System-Klangtreibers, dem Schlüssel *system.drv* der Dateiname des System-Hardwaretreibers übergeben, wobei der zweitgenannte nur im Setup unter DOS neu eingestellt werden kann.

Task-Switch

Die meisten Windows-Benutzer sind gewohnt, daß durch das Drücken der Tastenkombination [Strg]+[Esc] der Taskmanager (TASKMAN.EXE) auf dem Bildschirm erscheint. Falls über diese Tasten ein anderes Programm aktiviert werden soll, muß der entsprechende Applikationsname beim Schlüssel *TaskMan.Exe* bestimmt werden.

[boot.description]-Abschnitt

Der [boot.description]-Abschnitt besteht aus einer Liste von Beschreibungen für die Geräte, die mit Hilfe des Setup-Programms geändert werden können. Im Normalfall sollten diese Texte nicht überschrieben werden.

[drivers]-Abschnitt

Der [drivers]-Abschnitt enthält die Alias-Namen, die den installierbaren Gerätedateien (DLL's) zugeordnet sind (siehe [boot]-Abschnitt). Jeder Alias-Name stellt einen Schlüssel dar, dem rechts vom Gleichheitszeichen der korrespondierende Treibername und optionale Parameter folgen.

[keyboard]-Abschnitt

Der [keyboard]-Abschnitt liefert Informationen über die Tastatur. Alle Einstellungen dieses Abschnittes sind für ein lauffähiges Windows-System erforderlich.

Ländereinstellungen

Im Eintrag *keyboard.dll=<filename>* wird der Name der DLL festgelegt, die die Tastatur-Gestaltung für andere als US-Tastaturen oder für Tastaturen, die nicht IBM-kompatibel sind, definieren. Diese Einstellung ist somit für alle außer einigen US-Tastaturen (IBM XT, PC/AT (R), AT&T type 301 oder 302, Olivetti 83) erforderlich. Sie kann über das *Windows Setup*-Symbol aus der Hauptgruppe oder über das *Ländereinstellungen*-Symbol aus der Systemsteuerung geändert werden.

Wenn das Windows-System nicht den USA OEM-Zeichensatz (Codepage 437) verwenden möchte, muß über den Schlüssel *oemansi.bin* der Name der Datei angegeben werden, die die Codepage-Übersetzungstabellen definiert. Diese Einstellung kann nur außerhalb von Windows neu gesetzt werden.

Der Eintrag *subtype=<number>* dient für einige Tastaturtreiber dazu, spezielle Tastatur-Eigenschaften unterscheiden zu können, obwohl die Tastaturen ansonsten gleiches Aussehen besitzen. Number kann die Werte 2 für Olivetti-Tastaturen M24 83-Tasten oder AT&T 6300 Typ 301 83-Tasten, 4 für AT&T-Tastaturen Typ 302, die manchmal bei einem 6300 Plus Rechner Verwendung finden, oder 1 für Olivetti-Tastaturen 102-Tasten ICO auf M24 Systemen annehmen. Der gesetzte Wert wird teilweise auch von anderen Treibern benutzt.

Für die Bestimmung des allgemeinen Tastaturtyps dient der Schlüssel *type*, dem auch eine Nummer übergeben wird, die zwischen 1 und 4 liegt.

Nummer	Tastaturtyp
1	IBM PC or XT kompatibel (83 Tasten)
2	Olivetti 102-Tasten ICO
3	IBM AT kompatibel (84 oder 86 Tasten)
4	IBM kompatibel,erweitert (101 oder 102 Tasten)

Falls dieser Eintrag fehlt, wählt der Treiber einen Standardtyp, der bei IBM-kompatiblen Tastaturen und der Benutzung des Treibers keyboard.drv vom BIOS bestimmt wird.

[mci]-Abschnitt

Der [mci]-Abschnitt listet alle Treiber auf, die die MultiMedia-Kommando-Schnittstelle benutzen, um Media-Dateien abzuspielen. Diese Treiber werden automatisch vom Setup-Programm installiert.

[NonWindowsApp]-Abschnitt

Der [NonWindowsApp]-Abschnitt enthält Einstellungen, die die Leistungen von Nicht-Windows Applikationen betreffen.

Schriftart

Durch den Eintrag *DisablePositionSave=0* wird die Position und die Schriftart, mit der eine Nicht-Windows-Applikation arbeitet, beim Verlassen des Programmes in der Datei DOSAPP.INI gespeichert. Im anderen Fall werden diese Einstellungen, falls sie nicht schon zuvor in dieser Datei gesichert waren, nicht abgespeichert. Dann können sie für jede Nicht-Windows-Applikation überschrieben werden, wenn Sie das Kontrollfeld *Speichern beim Beenden* einschalten, das über dem Menüpunkt *Schriftarten* in dem erweiterten Systemmenü einer Nicht-Windows-Applikation sichtbar wird.

Damit Nicht-Windows-Applikationen wenn nötig mit den Bildschirmfonts der Windows-Version 3.0 arbeiten können, kann dem Schlüssel *FontChangeEnable* der Wert 0 übergeben werden. Die Standardeinstellung lautet 1, womit der Bildschirmtreiber (Grabber) von Windows 3.1 gemeint ist.

Gemeinsamer Speicherbereich

Die Größe des Bereiches im konventionellen Speicher, den Windows im Standard Mode belegt, damit darüber alle Nicht-Windows-Applikationen Informationen austauschen können, wird in der Einheit KBytes durch den Schlüssel *GlobalHeapSize* festgelegt. Dieser Wert besitzt keine Wirkung im Enhanced Mode von Windows.

Mausunterstützung

Der Schlüssel *MouseInDosBox* steht auf dem Wert 1, falls ein MS-DOS-Maustreiber mit der Dateierweiterung .COM oder .SYS geladen ist und den Gebrauch der Maus bei Nicht-Windows-Applikationen unterstützt. Eine Mausunterstützung für ein Nicht-Windows-Programm ist automatisch verfügbar, falls ein Grabber von Windows 3.1 verwendet wird. Bei einem Grabber der Windows-Version 3.0 sollte der Wert auf 1 gesetzt werden, um mit der Maus arbeiten zu können.

Netzwerk

Der Schlüssel *NetAsynchSwitching* besitzt als Defaultwert den Wert 0. Dadurch unterbindet Windows einen Wechsel zu einem anderen Programm, wenn die derzeit aktuelle Applikation im Standard Mode einen asynchronen Netzwerk-BIOS-Aufruf durchgeführt hat. Durch solch einen Wechsel könnte im schlimmsten Fall das gesamte Windows-System abstürzen. Sobald Windows einen asynchronen Netzwerk-BIOS-Aufruf entdeckt, wird kein Wechsel mehr erlaubt, auch wenn keine weiteren NetBios-Aufrufe folgen. Der Wert sollte nur auf 1 gesetzt werden, wenn man sicher ist, daß die Applikationen keine Netzwerk-Meldungen erhalten, wenn sie nicht aktiv sind.

Bildschirmzeilen

Der Eintrag *ScreenLines=25* sagt aus, daß 25 Zeilen auf dem Bildschirm angezeigt werden, wenn eine Nicht-Windows-Applikation abläuft. Ein Programm, das mit einem anderen Bildschirm-Mode arbeitet, kann die Zahl 25 durch einen anderen Wert ersetzen.

Auslagern

Mit dem Schlüssel *SwapDisk* wird der Name des Laufwerks und des Verzeichnisses festgelegt, in das Windows im Standard Mode die Nicht-Windows-Applikationen auslagert. Normalerweise steht hier das Verzeichnis, das in der AUTOEXEC.BAT über die Umgebungsvariable TEMP eingestellt ist. Falls dieser Eintrag nicht existiert, wird das Root-Verzeichnis des ersten Laufwerkes genommen, das meist das Laufwerk C: ist.

[standard]-Abschnitt

Mit Hilfe des [standard]-Abschnitts wird festgelegt, wie sich Windows im Standard Mode verhält.

Tastatur

Falls Sie mit einer Zenith Z-248 Tastatur arbeiten und bei der Texteingabe ab und zu Zeichen verlieren, oder falls Sie einen Olivetti M-250-E Rechner benutzen und die Maus teilweise nicht ansprechbar ist, sollten Sie den Schlüssel *FasterModeSwitch* einschalten. In allen anderen Fällen sollte er ausgeschaltet bleiben, da er sonst bei älteren IBM-AT and kompatiblen Rechnern dazu führen kann, daß sich Windows beim Starten aufhängt.

Interrupt INT28H

Die Häufigkeit der INT28H-Interrupts, die Windows an speicherresidente Programme weitergeben soll, wird mit dem Eintrag *Int28Filter=10* bestimmt. Bei dieser Einstellung wird jeder zehnte INT28H weitergegeben. Eine Erhöhung dieser Zahl verbessert die Leistung von Windows, kann sich aber negativ für einige speicherresidente Programme auswirken. Um alle INT28H-Interrupts zu verhindern, muß die Zahl auf 0 gesetzt werden.

Netzwerk

Der Schlüssel *NetHeapSize* ist nur bei einem Netzwerk von Bedeutung, da er in KBytes die Größe des Puffers definiert, der im Standard Mode von Windows belegt wird, um Daten über das Netzwerk auszutauschen. Fall ein Programm sich nicht ordnungsgemäß verhält, könnte das Netzwerk einen größeren Puffer als die Defaultgröße von 8 KByte benötigen. Je größer dieser Bereich ausgelegt wird, desto weniger Speicher ist für die Applikationen verfügbar.

Codesegment

Falls sich Ihr 80286-Rechner im Standard Mode aufhängt, sollten Sie den Schlüssel *PadCodeSegments* einschalten. Dadurch wird der Kernel von Windows veranlaßt, die Codesegmente mit 16 Bytes aufzufüllen, um zu verhindern, daß der letzte Befehl zu nahe an der Segmentgrenze zu liegen kommt.

MS-DOS-Extender

Der Schlüssel *Stacks* definiert die Anzahl der *Interrupt Reflector Stacks*, die im Standard von dem MS-DOS-Extender benutzt werden, um einen DOS- oder BIOS-Aufruf von dem Real Mode in den Protected Mode umzusetzen. Wenn Sie die Meldung "Standard Mode: Stack Overflow" erhalten, sollten Sie den Defaultwert 12 erhöhen. Er kann zwischen 8 und 64 liegen.

Die Größe der *Interrupt Reflector Stacks*, die von dem Standard Mode MS-DOS-Extender verwendet wird, wird in der Einheit KBytes dem Schlüssel *StackSize* übergeben. Standardmäßig ist er auf 384 KBytes gesetzt.

[386Enh]-Abschnitt

Im [386Enh]-Abschnitt stehen Informationen über das Verhalten von Windows im Enhanced Mode und über den Gebrauch des virtuellen Speichers.

Der Wert des Schlüssels *A20EnableCount* wird von dem Win386-Lader berechnet und definiert die anfängliche A20-Enable-Zahl.

Vollbild-Mode

Der Schlüssel *AllVMsExclusive* ist normalerweise ausgeschaltet, da er ansonsten bewirkt, daß alle Applikationen im exklusiven Vollbild-Mode ablaufen, unabhängig davon, wie andere Einstellungen in den PIF-Dateien lauten. Dadurch kann sich eine Windows-Sitzung verlängern, wenn mit dem Netzwerk und mit speicherresidenten Programmen gearbeitet wird.

Tastatur

Der Eintrag *AltKeyDelay=.005* gibt an, daß Windows 0,005 Sekunden wartet, um einen Tastatur-Interrupt nach einem Alt-Interrupt auszuführen. Falls Applikationen Schwierigkeiten mit der Verarbeitung von `Alt`-Tasten haben, sollte diese Zeit erhöht werden, da einige Programme eine langsamere Rate als die von Windows im Enhanced Mode erwarten. Die Zeit, die Windows wartet, bis es ein normales Zeichen holt, nachdem die `Alt`-Taste übernommen wurde, wird im Schlüssel *AltPasteDelay* angegeben. Einige Programme benötigen mehr als die gesetzte Defaultzeit von 0,025 Sekunden, um einen `Alt`-Tastendruck zu erkennen.

Expanded und Extended Memory

Falls auf Ihrem Rechner ein Plattencache-Programm installiert ist, das auf den Expanded Memory zugreift, sollten Sie den Schlüssel *AllEMSLocked* einschalten. Dadurch wird der Inhalt dieses Speichers, der von allen Windows- und Nicht-Windows-Applikationen benutzt wird, gesperrt und nicht mehr auf die Platte ausgelagert, auch wenn in den PIF-Dateien für die zuletztgenannten Programme eine andere Einstellung steht.

Auf die gleiche Weise kann auch der Inhalt des Extended Memorys gesperrt werden. Der Schlüssel dazu heißt *AllXMSLocked*. Er sollte jedoch im ausgeschalteten Zustand bleiben.

Aufbau des Bildschirms

Aufgrund des Eintrags *AutoRestoreScreen=True* restauriert Windows den Bildschirm, wenn zu einer Nicht-Windows-Applikation gewechselt wird. Die dazu nötigen Informationen legt Windows im Speicher ab. Im anderen Fall ist es die Aufgabe der Applikation, den Bildschirm aufzubauen. Dies erfordert zwar weniger Speicher, aber Windows wird dadurch langsamer, da Windows die Restaurierung im allgemeinen schneller durchführen kann. Der Schlüssel wirkt sich nur bei VGA-Bildschirmen aus. Zudem muß die Nicht-Windows-Applikation Windows mitteilen, daß sie sich selber um den Bildschirm kümmert.

Es existiert auch ein Schlüssel namens *AutoRestoreWindows* zum Wiederherstellen des Bildschirms, wenn von einer Nicht-Windows-Applikation zu einem Windows-Programm gewechselt wird. Normalerweise ist er ausgeschaltet, da es die Aufgabe der einzelnen Fenster ist, ihren Inhalt neu auszugeben. Auch diese Angabe bezieht sich nur auf VGA-Bildschirme.

Mit dem Schlüssel *BkGndNotifyAtPFault* wird festgelegt, wann eine Meldung an eine Nicht-Windows-Applikation oder an Windows gesendet werden soll, um einen Bildschirm-Zugriff zu verhindern, da dadurch der Bildschirm eines anderen Programmes überschrieben würde. Dieser Schlüssel sollte bei Bildschirmen, die eine spezielle Hardware besitzen, wie z.B. der 8514-Bildschirm, ausgeschaltet sein, für VGA-Bildschirme gilt der eingeschaltete Zustand als der bessere.

Wenn Sie mit einem Bildschirm arbeiten, der 40 Spalten und 25 oder weniger Zeilen darstellt, wird über den Schlüssel *CGA40WOA.FON* der Name der Fontdatei spezifiziert, in der die nicht proportionale Schrift für die Nicht-Windows-Applikationen definiert ist.

Wenn gewünscht, kann Windows dazu veranlaßt werden, eine spezielle Behandlung durchzuführen, um den möglichen Schnee auf einem IBM-CGA-Bildschirm zu verhindern. Dafür muß der Schlüssel *CGANoSnow* auf TRUE gesetzt werden.

Serielle Schnittstellen

Da es in Windows möglich ist, daß mehrere Applikationen gleichzeitig auf eine serielle Schnittstelle zugreifen wollen, muß eine bestimmte Vorgehensweise festgelegt werden. Dafür existiert für die vier seriellen Schnittstellen jeweils ein eigener Schlüssel, der *COMxAutoAssign* lautet, wobei x der Platzhalter für die Zahlen 1 bis 4 ist. Falls ein Schlüssel den Wert -1 besitzt, zeigt Windows bei auftretenden Konflikten ein Meldungsfenster an, über das der Anwender entscheiden kann, welches Programm mit der Schnittstelle arbeiten darf. Bei dem gesetzten Wert 0 darf jede Applikation jederzeit die Schnittstelle benutzen. Alle positiven Werte, die kleiner als 1000 sind, stellen die Anzahl der Sekunden dar, nach der einem Programm die Kontrolle über die Schnittstellen weggenommen wird, damit das nächste Programm an die Reihe kommt.

> 386 erweitert
>
> Die Standardeinstellung steht auf 2 Sekunden und kann innerhalb der Systemsteuerung über das *386 erweitert*-Symbol im Bereich Gerätekonkurrenz geändert werden.

Die vier Schlüssel *COM1Base*, *COM2Base*, *COM3Base* und *COM4Base* enthalten die Adressen der seriellen Schnittstellen, die sich defaultmäßig im Datenbereich des BIOS befinden. Falls keine Werte spezifiziert sind, benutzt Windows folgende Adressen:

Schlüssel	Adresse
COM1Base	3F8h
COM2Base	2F8h
COM3Base	3E8h
COM4Base	2E8h

Anschlüsse

Diese Werte werden von Windows sowohl im Standard Mode als auch im Enhanced Mode verwendet. Um sie zu ändern, kann aus der Systemsteuerung das *Anschlüsse*-Symbol gewählt und in der daraufhin erscheinenden Dialogbox der Pushbutton *Einstellung* und anschließend *Weitere Einstellungen* selektiert werden.

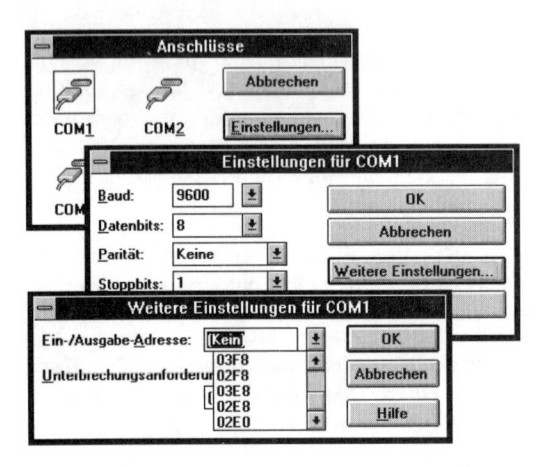

Abb. 228: Einstellung der Adressen der seriellen Schnittstellen

Über den Schlüssel *COMBoostTime* wird die Zeit in Millisekunden eingestellt, in der es einer virtuellen Maschine möglich sein muß, einen COM-Interrupt durchzuführen. Falls ein Kommunikationsprogramm Tastatureingaben verliert, kann die Zeitangabe von 2 msec erhöht werden.

Für jede serielle Schnittstelle kann über einen eigenen Schlüssel *COMxBuffer* die Anzahl der Zeichen bestimmt werden, die das Gerät, das an der korrespondierenden Schnittstelle angeschlossen ist, in einem Puffer zwischenspeichert. Die Größe des Puffers, der standardmäßig 128 Zeichen aufnehmen kann, ist abhängig von der Geschwindigkeit des Rechners und von der Applikation selber. Zu große Puffer verlangsamen die Kommunikation, zu kleine Puffer verursachen bei hohen Baudraten einen Verlust an Zeichen.

Der Schlüssel *COMdrv30* sollte bei der Benutzung von Windows-3.1-Standardtreibern für die seriellen Schnittstellen ausgeschaltet sein. Werden jedoch Windows-3.0-Treiber verwendet, ist der eingeschaltete Zustand besser, da dadurch die Leistung der seriellen Schnittstellen verbessert wird.

Wenn eine serielle Schnittstelle einen 16550-UART-Baustein (Universal Asynchronous Receiver Transmitter) besitzt, dann kann durch den Eintrag *COMxFIFO=TRUE* auf den FIFO-Puffer zugegriffen werden. Dies gilt sowohl für den Standard als auch für den Enhanced Mode. In allen anderen Fällen sind diese Schlüssel bedeutungslos.

Verschiedene Rechner können unterschiedliche Hardware-Interrupts benutzen, die jeweils durch eine Nummer gekennzeichnet sind. Jede serielle Schnittstelle besitzt dafür einen Schlüssel *COMxIrq*, der mit der entsprechenden Nummer versorgt wird, die folgendermaßen lauten können:

	ISA- und EISA-Rechner	MCA-Rechner
COM1Irq	4	4
COM2Irq	3	3
COM3Irq	4	3
COM4Irq	3	3

Um bei auftretenden Hardware-Konflikten die Eingabe zu unterbinden, kann der Wert auf -1 gesetzt werden. Die aktuellen Einstellungen werden sowohl im Standard als auch im Enhanced Mode benutzt. Diese Unterbrechungsanforderungen können über dieselbe Dialogbox, die in der oberen Abbildung gezeigt wird, verändert werden.

Wenn Sie mit einem Micro-Channel-(TM)-Rechner oder mit einem EISA-Rechner arbeiten, sollte sich der Schlüssel *COMIrqSharing* im eingeschalteten Zustand befinden, ansonsten nicht.

Der Schlüssel *COMxProtocol*, den es wieder für jede der vier seriellen Schnittstellen gibt und im Enhanced Mode zum Tragen kommt, sollte auf XOFF gesetzt werden, falls ein Kommunikationsprogramm, das diese Schnittstelle benutzt, bei der Textübertragung mit hohen Baudraten Zeichen verliert. Falls trotzdem nicht alle Zeichen ankommen, kann noch der Wert des *COMxBuffer*-Schlüssels erhöht werden. Wenn Daten binär übertragen werden sollen, wird dem Schlüssel kein Wert übergeben, ansonsten könnte die Übertragung gesperrt werden. Windows untersucht dann die Zeichen nicht nach dem XOFF-Zeichen.

Virtuelle Geräte

Die virtuellen Geräte, die mit Windows im Enhanced Mode verwendet werden, werden über den Schlüssel *Device* definiert, wobei entweder der Name einer virtuellen Gerätedatei oder der eines Gerätes, dem das <*>-Zeichen vorangestellt wird, als Wert angegeben wird. Die zweite Möglichkeit bezieht sich auf virtuelle Geräte, die in der Datei WIN386.EXE stehen. Statt dem Schlüssel Device können genausogut die Schlüssel *Display*, *EBIOS*, *Keyboard*, *Network* und *Maus* genannt werden. Die Dateinamen besitzen in den meisten Fällen die Endung 386. Das Setup-Programm definiert aufgrund der vorhandenen System-Konfiguration die notwendigen Device-Schlüssel.

Windows Setup — Der *Display*-Schlüssel kann statt des Schlüssels *Device* für die Angabe des Bildschirmtreibers im Enhanced Mode stehen (siehe Device). Die Einstellung kann mit Hilfe des *Windows Setup*-Symbols aus der Hauptgruppe geändert werden.

DMA-Puffer

Durch den Eintrag *DMABufferIn1MB=Yes* wird der DMA-Puffer (direct memory access) in den Speicher unterhalb der 1-MByte-Grenze gelegt, wenn möglich zwischen 640 KByte und 1 MByte, um kompatibel zu einer 8-Bit-Buskarte zu sein. Standardmäßig befindet sich dieser Schlüssel im ausgeschalteten Zustand. Die Größe dieses DMA-Puffers wird über den Schlüssel *DMABufferSize* festgelegt. Die Angabe erfolgt in KBytes und ist mit 16 vorbesetzt.

DOS-Prompt

Falls dem Anwender beim Starten von MS-DOS unter Windows mitgeteilt werden soll, wie er wieder DOS verlassen kann, um zu Windows zurückzukehren, wird der Schlüssel *DOSPromptExitInstruc* mit Yes besetzt.

Wenn Windows im Enhanced Mode läuft, wird der Speicher zwischen B000:0000 and B7FF:000F vom System belegt, bis ihn ein zweiter Bildschirm benutzt. Falls der Schlüssel *DualDisplay* den Wert False besitzt, ist dieser Speicherbereich jedoch nur für EGA-Systeme, aber nicht für VGA-Systeme verfügbar, da VGA-Bildschirme den monochromen Mode unterstützen, der auf diesen Bereich zugreifen würde.

Der *EBIOS*-Schlüssel kann statt des Schlüssels *Device* für die Angabe eines Gerätes des erweiterten BIOS im Enhanced Mode stehen (siehe Device). Die Einstellung kann mit Hilfe des *Windows Setup*-Symbols aus der Hauptgruppe geändert werden.

Schriftart

Wenn Sie mit einem Bildschirm arbeiten, der 40 Spalten und mehr als 25 Zeilen darstellt, wird über den Schlüssel *EGA40WOA.FON* der Name der Fontdatei spezifiziert, in der die nicht proportionale Schrift für die Nicht-Windows-Applikationen definiert ist. Bei Bildschirmen, die doppelt so viele Spalten (80) anzeigen, dient der Schlüssel *EGA80 WOA.FON* zu Definition der Schriftart.

Der Schlüssel *EISADMA* ist nur für EISA-Rechner interessant. Er definiert den Befehlsmode für einen erweiterten DMA-Kanal eines EISA-Rechners. Falls er ausgeschaltet wird, vermeidet Windows alle EISA-relevante Logik. Dies kann sinnvoll sein, wenn Windows aus irgendeinem Grund nicht im Enhanced Mode laufen kann. Bei einem EISA-Rechner, der diese Probleme nicht besitzt, kann für jeden DMA-Kanal eine Transfergröße definiert werden. Jeder Kanal kann somit auf einen Schlüssel in folgender Form zugreifen:

```
EISADMA=<channel>,<size>
```

Die Standardeinstellung für den Kanal 0 lautet 0,8, für den Kanal 2 existiert das Standard-Paar 1,8, für die weiteren Kanäle heißen diese Paare 2,8, 3,8, 5,16w, 6,16w, 7,16w, wobei der Kleinbuchstabe w für die Angabe in Word steht.

Speicherbereiche

Mit dem Schlüssel *EMMExclude* können Speicherbereiche für Windows verboten werden, so daß Windows auf diese Bereiche nicht zugreift. Der Anfangs- und Endwert des Bereiches, der zwischen A000 und EFFF liegen muß, wird durch einen Bindestrich getrennt als Wert dem Schlüssel übergeben. Dabei wird die angegebene Anfangsadresse auf ein Vielfaches von 16K abgerundet, die Endadresse wird hingegen aufgerundet. Sollen mehrere nicht zusammenhängende Bereiche ausgeschlossen werden, können mehrere *EMMExclude*-Schlüssel angegeben werden.

Das Gegenstück zu dem gerade besprochenen Schlüssel lautet *EMMInclude*. Der Speicherbereich, der hier spezifiziert wird, wird Windows immer zur Verfügung gestellt, egal welchen Inhalt er besitzt. Falls sich ein Bereich des *EMMInclude*-Schlüssels mit einem Bereich des *EMMExclude*-Schlüssels überlappt, besitzt das Einschließen dieses Speichers Vorrang.

Der Schlüssel *EMMPageFrame* bestimmt den Anfangs-Paragraphen, an dem eine 64K Seite beginnt, wenn Windows im Enhanced Mode keinen geeigneten Bereich (Page Frame) finden kann. Dadurch kann der EMM Page Frame in einen unbenutzten RAM- oder ROM-Bereich gelegt werden.

Expanded Memory

Die Gesamtgröße des Speichers, der als Expanded Memory zur Verfügung steht, wird in KBytes über den Schlüssel *EMMSize* bestimmt. Der Defaultwert definiert den gesamten Systemspeicher als möglichen Expanded Memory. Normalerweise sollte ein Wert größer als 0 und kleiner als diese Maximalgröße angegeben werden. Falls der gesamte Speicher genannt wird, kann keine virtuelle Maschine gestartet werden. Bei dem Wert 0 wird zwar kein Speicher belegt, jedoch der EMM-Treiber geladen. Um auch diesen Ladevorgang zu unterbinden, wird der *NoEMMDriver*-Schlüssel benötigt.

Damit der Dateimanager automatisch von einer Nicht-Windows-Applikation unterrichtet wird, wenn er diese Dateien erzeugt, löscht oder umbenennt, muß sich der Schlüssel *FileSysChange* im eingeschalteten Zustand befinden. Dadurch kann jedoch die Systemleistung verringert werden. Falls der Wert auf False gesetzt ist, läuft eine virtuelle Maschine völlig eigenständig ab.

DOS-Geräte

Normalerweise sind alle DOS-Geräte global verfügbar, die in der Datei CONFIG.SYS geladen werden. Jedoch können bestimmte virtuelle Geräte definieren, daß ein DOS-Gerät nur lokal genutzt werden kann wie z.B. MS$MOUSE. Der Schlüssel *Global* mit der Angabe des Gerätenamens überschreibt diese Festlegung. Dabei muß der Name unter Berücksichtigung der Groß- und Kleinschreibung genau so geschrieben werden, wie er auch in der CONFIG.SYS steht.

DMA-Puffer

Die Speichergröße, die für den DMA-Puffer benutzt werden soll, wird in der Einheit KBytes mit dem Schlüssel *HardDiskDMABuffer* eingestellt. Für AT-Rechner ist er defaultmäßig auf 0 gesetzt, für Micro-Channel-Rechner und für Rechner, die den DMA-Kanal 3 benutzen, lautet der Defaultwert 64. Falls Sie mit dem SMARTDrive und der doppelten Pufferung arbeiten, wird der Wert automatisch bestimmt.

Windows führt eine DMA-Überprüfung in dem Speicherbereich zwischen E000 und EFFF in Form eines Lesevorgangs durch. Durch Software, die diesen Bereich auch benutzen möchte, kann es zu Problemen kommen, da dann der Shadow RAM überschrieben wird. Um dies zu verhindern, müssen Sie den Schlüssel *HighFloppyReads* ausschalten und den oben genannten Bereich mit Hilfe des *EMMExclude* ausschließen.

Um Zeitgeber-Interrupts periodisch an die virtuellen Maschinen zu senden, die sich im Leerlauf befinden, wird der Schlüssel *IdleVMWakeUpTime* benötigt. Als Wert, der auf eine Potenz von zwei abgerundet wird, wird dem Schlüssel die Zeit übergeben, nach deren Verstreichen ein Interrupt geschickt werden soll.

Durch den Eintrag *IgnoreInstalledEMM=Yes* wird Windows auch im Enhanced Mode gestartet, wenn ein unbekannter Expanded Memory Manager (EMM) läuft. Falls speicherresidente Software mit diesem Manager zusammenarbeitet, bevor Windows gestartet ist, kann dies zu Problemen führen. Deswegen sollte der Schlüssel normalerweise mit No besetzt werden.

InDOS Flag

Falls sich der Schlüssel *InDOSPolling* im eingeschalteten Zustand befindet, verhindert Windows, daß andere Programme ablaufen, wenn eine speicherresidente Software das InDOS Flag gesetzt hat. Diese Einstellung kann notwendig sein, wenn dieses Programm in einen kritischen Abschnitt kommen kann, der nicht unterbrochen werden darf. Jedoch verringert sich durch den gesetzten Schlüssel die Leistung von Windows.

Der Eintrag *INT28Critical=True* legt fest, daß ein kritischer Abschnitt benötigt wird, damit speicherresidente Software INT28H-Interrupts durchführen kann. Einige virtuelle Netzwerkgeräte benutzen diesen Interrupt für den internen Task-Wechsel. Falls solche Software nicht vorhanden ist, sollte der Schlüssel ausgeschaltet werden, um den Task-Wechsel von Windows zu verbessern.

Wenn sich auf Ihrem Rechner Windows aufhängt, sobald ein Zugriff auf ein Diskettenlaufwerk erfolgt, sollten Sie den Eintrag *IRQ9Global=Yes* in den [386Enh]-Abschnitt einfügen.

Der *Keyboard*-Schlüssel kann statt des Schlüssels *Device* für die Angabe des Tastaturtreibers im Enhanced Mode stehen (siehe Device). Die Einstellung kann mit Hilfe des *Windows Setup*-Symbols aus der Hauptgruppe geändert werden.

Tastatur

Über den Schlüssel *KeyBoostTime* wird die Zeit in Sekunden bestimmt, die eine Applikation mit erhöhter Priorität abläuft, wenn sie einen Tastendruck erhält. Der Defaultwert .001 kann z.B. erhöht werden, um die Antwortzeit auf einen Tastendruck zu verkürzen, wenn einige Programme im Hintergrund ablaufen. Die Zeit, um die eine Tastatureingabe verzögert wird, nachdem der Tastatur-Puffer voll ist, steht im Schlüssel *KeyBuffer Delay*. Einige Applikationen benötigen mehr als die Defaultzeit von 0,2 Sekunden.

Der Eintrag *KeyIdleDelay=0.5* sagt aus, daß Windows für eine halbe Sekunde Leerlauf-Aufrufe ignoriert, nachdem ein Tastendruck nachgebildet und an eine virtuelle Maschine gesendet wurde. Um die Tastatureingabe zu beschleunigen, kann dieser Wert auch auf 0 gesetzt werden, wodurch jedoch einige Programme merklich langsamer werden.

Der Eintrag *KeyPasteCRSkipCount=10* legt fest, wie oft ein Lesestatus INT16-Tastaturinterrupt den Status eines leeren Tastatur-Puffers liefert, nachdem ein Carriage-Return-Zeichen geholt wurde, bevor das nächste Zeichen akzeptiert wird. Wenn Windows Informationen aus der Zwischenablage holt und sie an eine Nicht-Windows-Applikation weitergibt, muß dieser Inhalt erst in den BIOS-Tastaturpuffer gestellt werden, bevor die Applikation sie bekommen kann. Diese Einstellung wird dazu benutzt, um das schnelle Holen aus der Zwischenablage zu verlangsamen, damit das Programm alle eintreffenden Zeichen verarbeiten kann. Wenn Zeichen verlorengehen oder falls der Bildschirm nicht oft genug aktualisiert wird, während Informationen aus dem Clipboard geholt werden, sollte der angegebene Wert, der mit dem Wert des Schlüssels *KeyPasteSkipCount* verwandt ist, vergrößert werden.

Die Zeitspanne, die nach dem Betätigen einer Taste gewartet wird, bis ein Zeichen geholt wird, steht in dem Schlüssel *KeyPasteDelay*. Der Defaultwert lautet dafür 0,003 Sekunden.

Der Eintrag *KeyPasteSkipCount=2* bestimmt, wie oft ein Lesestatus INT16-Tastaturinterrupt den Status eines leeren Tastatur-Puffers liefert, bevor das nächste Zeichen geholt wird. Der Grund liegt in der Verlangsamung des ansonsten zu schnellen Ablaufs der Zusammenarbeit mit der Zwischenablage. Dieser Schlüssel ist mit dem oben besprochenen *KeyPasteCRSkipCount*-Schlüssel verwandt.

Durch den Eintrag *KeyPasteTimeout=1* wird einer Applikation eine Sekunde Zeit gelassen, um die notwendigen BIOS-Aufrufe für das Lesen der Tastatureingabe durchzuführen, bevor Windows von dem schnellen (INT16H)- auf den langsamen (INT9H)-Holen-Mechanismus umschaltet.

Nur bei den IBM PS/2 Rechnern befindet sich der Schlüssel *KybdPasswd*; im eingeschalteten Zustand, damit das virtuelle Tastaturgerät (VDK) die PS/2 8042 Befehle unterstützt, die eine Paßwort-Sicherheit einbauen.

Wenn der Schlüssel *KybdReboot* mit True besetzt ist, wird Windows versuchen, den Rechner zu rebooten, indem er einen Tastatur-Controller-Befehl benutzt. Bei einigen Rechnern wirkt diese Methode jedoch recht unzuverlässig. Dann sollte die Einstellung auf False gesetzt werden. Dadurch wird Windows veranlaßt, dem Anwender mitzuteilen, daß dieser ein zweites Mal die Tastenkombination Strg + Alt + Del drücken soll.

Lokale DOS-Geräte

Alle MS-DOS-Gerätetreiber, die für jede virtuelle Maschine lokal vorhanden sein müssen, werden über den Schlüssel *Local* spezifiziert. Dadurch gibt es voneinander unabhängige Kopien dieser Treiber, die unterschiedliche Status-Informationen besitzen können. Diese Einstellung wird nur für ganz wenige Gerätetreiber benötigt, wie z.B. für CON, die DOS Konsole. Sie sollte lokal definiert werden, um zu vermeiden, daß ein Puffer mit Eingaben von mehreren virtuellen Maschinen gefüllt wird.

Wenn Windows auf einem Rechner mit MS-DOS 5.0 läuft, wird über den Eintrag *Local LoadHigh=False* bestimmt, daß Windows den gesamten UMB-Speicherbereich (Upper Memory Block) selber benutzt und nichts für die virtuellen Maschinen übrig läßt.

Wenn Sie mit Windows 3.1 arbeiten und in Ihrer SYSTEM.INI die vier Schlüssel *LPTx AutoAssign* vorfinden, die sich jeweils auf eine parallele Schnittstelle beziehen, dann können Sie sie löschen, da sie nur in der Windows-Version 3.0 benutzt wurden.

Austransfer

Der Multiplikator für die untere Page-Raten-Frequenz ist durch den Schlüssel *LRULowRateMult* standardmäßig auf 10 eingestellt. Diese Frequenz entsteht aus der Multiplikation der Werte dieses Schlüssels und des Schlüssels *LRUSweepFreq*.

Mit dem Schlüssel *LRURateChngTime* wird die Zeitdauer festgelegt, in der der Memory Manager auf der hohen Rate, ohne Seiten auszutransferieren (pagen), eingestellt bleibt, bis er zur niedrigen Rate wechselt. Dies ist auch die Zeitspanne, bis der Memory Manager in der niedrigen Rate den am längsten nicht benutzten (LRU = Least-Recently-Used) Bereich auslagert. Der Defaultwert steht auf 10.000 msec, also auf 10 Sekunden.

Der Eintrag *LRUSweepFreq=250* definiert die Zeit von 250 msec, die zwischen zwei Transfers verstreicht. Zugleich stellt die Einstellung die obere Page-Raten-Frequenz dar. Die Größe des Bereiches, der bei jeder Auslagerung transferiert wird, wird dem Schlüssel *LRUSweepLen* übergeben. Die Länge wird dabei in Seiten angegeben und muß mindestens 1 sein. Zu welchem Zeitpunkt der Austransfer stattfinden soll, hängt von dem durch den Schlüssel *LRUSweepLowWater* gesetzten Wert ab. Standardmäßig beginnt das Auslagern, wenn weniger als 24 Seiten frei sind.

Um ein ACC-Bit zu löschen, das dafür zuständig ist, daß die Seite, auf das sich dieses Bit bezieht, austransferiert werden kann, muß eine bestimmte Zeitspanne eingehalten werden, die durch den Schlüssel *LRUSweepReset* in der Angabe von Millisekunden definiert ist. Der Zeit muß mindestens 100 msec betragen. Die Anzahl aller ACC-Bits entsteht aus der Summe aller Seiten und dem Korrekturfaktor 1023/1024, wobei eine Seite 4 KByte groß ist.

Der Bereich, in dem der Memory Manager physikalische Seitentabellen-Einträge und linearen Adreßraum vorbelegt, wird in MBytes über den Schlüssel *MapPhysAddress* bestimmt. Diese Einstellung ist bei dem Gebrauch von einigen DOS-Gerätetreibern nützlich, die durchgehende Speicher benötigen.

Maximale Breakpoints

Mit dem Eintrag *MaxBPs=200* wird die maximale Anzahl von Breakpoints festgelegt, wobei hier nicht die Haltepunkte in einem Programmcode gemeint sind, sondern eine spezielle Methode, mit der die Kontrolle an das Enhanced Windows übergeben wird. Diese Breakpoints können von dem Virtual Memory Manager (VMM) benutzt werden. Falls Sie einen virtuellen OEM-Gerätetreiber verwenden, der mehr Breakpoints als üblich verlangt, müssen Sie diesen Wert erhöhen.

Maximale serielle Schnittstellen

Für die Festlegung der maximalen Anzahl der seriellen Schnittstellen, die im Enhanced Mode unterstützt werden, existiert der Schlüssel *MaxCOMPort*, der mit dem Wert 4 vorbesetzt ist. Wenn Ihr Rechner auf mehr als vier serielle Schnittstellen zugreifen kann, sollten Sie diese Einstellung ändern.

Maximale Page-Adresse

Die maximale physikalische Seiten- (Page) Adresse, auf die die DMA zugreifen kann, wird durch den Schlüssel *MaxDMAPGAddress* spezifiziert. Diese Einstellung ist nur für Festplatten interessant, die DMA unterstützen, und lautet 0FFFFFH für EISA-Rechner und 0FFFH für andere als EISA-Rechner.

> *386 erweitert* — Die maximale Größe einer temporären Swap-Datei wird über den Schlüssel *MaxPagingFileSize* in KBytes eingestellt und kann innerhalb der Systemsteuerung über das *386 erweitert*-Symbol geändert werden.

Maximale Page-Nummer

Der Schlüssel *MaxPhysPage* definiert die maximale physikalische Seitennummer in hexadezimaler Schreibweise, die der Memory Manager als benutzbare Seite während der Initialisierung erkannt hat. Falls dem Schlüssel ein kleinerer Wert als dieser Maximalwert übergeben wird, so ignoriert der Memory Manager einige physikalische Seiten, die er im Normalfall kennt, und verhindert dadurch den Gebrauch dieser Seiten. Dies kann sinnvoll sein, wenn der Rechner ein Hardwaregerät benutzt wie z.B. ISA-DMA-Netzwerkkarten, das nicht den gesamten physikalischen Speicher erkennen kann.

MCA-Erweiterung

Wenn Sie mit einem MCA-Rechner arbeiten und die MCA-Erweiterung für den direkten Speicherzugriff (DMA) implementiert ist, sollte der Zustand des Schlüssels MCADMA eingeschaltet sein, ansonsten immer ausgeschaltet.

Minimale Zeitscheibe

> *386 erweitert* — Mit dem Eintrag *MinTimeSlice=20* wird die kleinste Zeitspanne von 20 msec festgelegt, während der eine virtuelle Maschine ablaufen darf, bevor die nächste virtuelle Maschine die Kontrolle übernehmen kann. Ein kleinerer Wert als 10 ist nicht mehr sinnvoll, da dadurch die Systemleistung zu stark verringert würde. Innerhalb der Systemsteuerung kann dieser Wert über das *386 erweitert*-Symbol; geändert werden.

Minimaler freier Speicher

Die Mindestgröße des Speichers, der nicht gesperrt werden darf, wenn mehr als eine virtuelle Maschine gestartet ist, wird durch den Schlüssel *MinUnlockMem* eingestellt. Er ist mit 40 KBytes vorbesetzt.

Swap-Datei

Falls Sie mit einer temporären Swapdatei arbeiten, wird über den Eintrag *MinUserDiskSpace=500* bestimmt, daß mindestens noch 500 KBytes auf der Festplatte freigelassen werden müssen. Diese Einstellung kann verändert werden, wenn die Festplatte für das Auslagern von Seiten weniger Platz hat, als Windows für den Transfer benutzen könnte.

Maus

    Der *Mouse*-Schlüssel kann statt des Schlüssels *Device* für die Angabe eines virtuellen Gerätes stehen, das die Hardware der Maus im Enhanced Mode kontrolliert (siehe Device). Die Einstellung kann mit Hilfe des *Windows Setup*-Symbols aus der Hauptgruppe geändert werden.

Aufgrund des Eintrages *MouseSoftInit=True* kann die Maus in einer Nicht-Windows-Applikation, die in einem Fenster abläuft, benutzt werden. Damit wird intern festgelegt, daß Windows die Hardware-Interrupts 33H in Software-Interrupts umwandeln soll, die die Maus-Hardware nicht zurücksetzen. Es sollte jedoch auf die Mausbenutzung verzichtet und der Schlüssel ausgeschaltet werden, falls das Aussehen des Mauszeigers oder des Bildschirms verzerrt erscheint.

Netzwerk

Wenn eine Applikation eine asynchrone NetBIOS-Anforderung sendet, versucht Windows in dem globalen Netzwerk-Puffer Speicher zu belegen, um die Daten zu empfangen. Sobald dieser globale Speicher jedoch nicht mehr genügend Platz zur Verfügung stellen kann, schlägt die NetBIOS-Anforderung fehl. Falls der Schlüssel *NetAsynchFallback* gesetzt ist, versucht Windows diese fehlgeschlagene Anforderung zu sichern, indem es einen Puffer im lokalen Speicher belegt und alle anderen virtuellen Maschinen anhält, bis die Daten empfangen sind und die Quittungszeit abgelaufen ist, die durch den Schlüssel *NetAsynchTimeout* bestimmt wird.

Der Schlüssel *NetAsynchTimeout* gibt die Zeit in Sekunden an, die Windows benötigt, um in einen kritischen Abschnitt einzutreten, damit es eine asynchrone NetBIOS-Anforderung beaufsichtigen kann. Diese Zeit ist nur interessant, wenn sich der Schlüssel *NetAsynchFallback* im eingeschalteten Zustand befindet.

Falls ein Netzwerk installiert ist, gibt der Schlüssel *NetDMASize* die Größe des DMA-Puffers für die Netzwerk-Transport-Software in KBytes bekannt. In diesem Fall ist diese Pufferangabe größer als der Wert des Schlüssels *DMABufferSize*. Bei allen Micro-Channel-Rechnern ist die Defaultgröße auf 32 KBytes und bei den IBM PC/AT-Rechnern auf 0 eingestellt.

Die Größe des Datentransfer-Puffers, der sich im konventionellen Speicher befindet und von Windows belegt wird, um im Enhanced Mode Daten über ein Netzwerk zu senden, wird mit dem Schlüssel *NetHeapSize* bestimmt. Der angegebene Wert wird auf die nächste 4K-Grenze aufgerundet.

    Der *Network*-Schlüssel kann statt des Schlüssels *Device* für die Angabe des im Enhanced Mode verwendeten Netzwerk-Typs stehen (siehe Device). Die Einstellung kann mit Hilfe des *Windows Setup*-Symbols aus der Hauptgruppe geändert werden.

Durch den Eintrag *NMIReboot=No* wird festgelegt, daß kein Neustart erfolgt, wenn ein nicht-maskierbarer Interrupt eintritt.

Expanded Memory

Um Windows im Enhanced Mode davon abzuhalten, den Expanded-Memory-Treiber zu installieren, muß der defaultmäßig auf False gesetzte Schlüssel *NoEMMDriver* eingeschaltet werden.

Falls mehrere virtuelle Maschinen weitere Lese- und Schreib-Anforderungen an eine Platte stellen können, bevor die erste Anforderung vollständig verarbeitet ist, dann befindet sich der Schlüssel *OverlappedIO* im eingeschalteten Zustand. Wenn der Schlüssel *InDOSPolling* auf True eingestellt ist, lautet für *OverlappedIO* der Defaultwert Off.

Linearer Adreßbereich

Der Eintrag *PageOverCommit=4* stellt den Multiplikator auf den Wert 4 ein, der die Größe des linearen Speichers, den der Memory Manager erzeugen soll, mitbeeinflußt. Die Summe dieses linearen Adreßbereichs wird durch ein Aufrunden des verfügbaren physikalischen Speichers auf die nächsten 4 MByte und anschließender Multplikation mit dem im Schlüssel *PageOverCommit* angegebenen Wert berechnet. Dieser Wert kann zwischen 1 und 20 liegen. Bei seiner Erhöhung entsteht zwar zusätzlicher linearer Adreßbereich, jedoch wachsen auch die Größen der Datenstrukturen an, und es müssen öfter Seiten ausgelagert werden. Das System wird dadurch langsamer.

Durch den Eintrag *Paging=Yes* wird das demand paging für den virtuellen Speicher eingeschaltet. Diese Einstellung sollte nur verändert werden, falls der Platz auf der Platte für eine temporäre Swap-Datei benutzt werden soll.

Swap-Datei

Wenn Windows auf Ihrem Rechner mit einer temporären Swap-Datei arbeitet, dann definiert der Schlüssel *PagingDrive* das Festplatten-Laufwerk, auf dem Windows Platz für diese Datei belegt. Falls weder ein Eintrag für diesen Schlüssel noch eine permanente Swap-Datei existiert, wird Windows versuchen, die temporäre Swap-Datei auf das Laufwerk zu legen, auf dem sich die Initialisierungsdatei SYSTEM.INI befindet. Das Auslagern von Seiten schlägt fehl, wenn dieses Laufwerk voll ist.

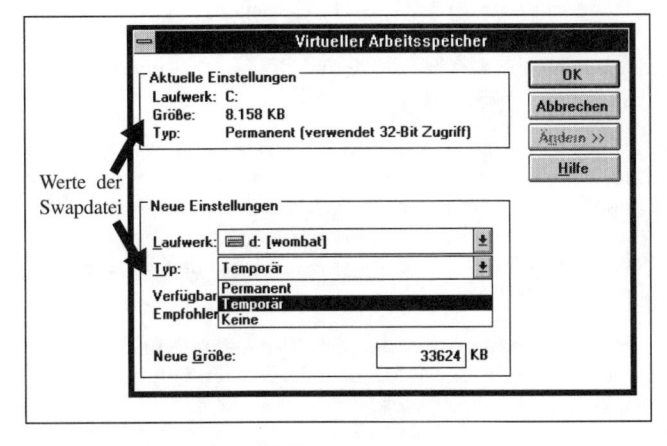

Abb. 229: Einstellen der Swap-Datei

Innerhalb der Systemsteuerung kann über das *386 erweitert*-Symbol und die beiden Pushbuttons *Virtueller Speicher* und *Ändern* die Art und die Größe der Swap-Datei neu eingestellt werden.

Der Schlüssel *PerformBackfill* legt fest, ob bei einem Rechner, der weniger als 640 KByte an konventionellem Speicher besitzt, ein Block von 640 KByte Speicher belegt werden soll. Sobald dieser Schlüssel in dem [386Enh]-Abschnitt steht, wird die ansonsten automatische Prüfung von Windows überschrieben. Dies ist normalerweise nicht wünschenswert.

Dateihandles

Die Anzahl der privaten Dateihandles, die Windows für jede virtuelle Maschine belegt, wird dem Schlüssel *PerVMFILES* übergeben. Die Gesamtanzahl aller Dateihandles, inklusive der globalen Dateihandles, die in der FILES=-Anweisung in der Datei CONFIG.SYS spezifiziert sind, kann nicht den Wert 255 übersteigen. Falls die Einstellung 0 gewählt wird, existieren keine privaten Dateihandles. Als Defaultwert wird 10 genannt.

Die Größe des zusätzlichen Speichers, den Windows für jede virtuelle Maschine bei eingeschaltetem Schlüssel *UniqueDOSPSP* reservieren soll, wird mittels des Schlüssels *PSPIncrement* als ein Vielfaches von 16 Bytes bestimmt. Diese Einstellung, die einen Wert zwischen 2 und 64 annehmen kann, ist von der Speicherkonfiguration und den Applikationen, die auf dem Rechner ablaufen, abhängig.

Aufgrund des Eintrages *ReflectDosInt2A=False* spiegelt Windows die DOS INT2A Signale nicht wider und kann dadurch effizienter laufen. Sie sollten diesen Schlüssel einschalten, falls Sie speicherresidente Software benutzen, die mit INT2A-Meldungen zusammenarbeitet.

Speicherbereiche

Der Speicherbereich, den Windows nicht durchsuchen soll, um ungenutzten Platz zu finden, wird durch die Angabe der Anfangs- und Endadresse mit dem Schlüssel *ReservedHighArea* festgelegt. Dieser Bereich muß zwischen den Adressen A000H und EFFFH liegen. Damit kann verhindert werden, daß das Durchsuchen von Windows einige Adapter, die denselben Bereich benutzen, behindert. Für die Angabe nicht zusammenhängender Bereiche können mehrere Zeilen mit dem Schlüssel *ReservedHighArea* eingefügt werden.

Durch den Eintrag *ReservePageFrame=True* greift Windows auf eine Seite im Expanded Memory (EMS page frame) und nicht auf den konventionellen Speicher zu, wenn Platz für MS-DOS-Transferpuffer benötigt wird und Windows keinen freien Speicher zwischen 640 KByte and 1 MByte finden kann. Wenn die Nicht-Windows-Applikationen keinen Expanded Memory benutzen, sollte dieser Schlüssel ausgeschaltet werden, um mehr konventionellen Speicher zu schaffen.

Der Schlüssel *ReserveVideoROM* teilt Windows mit, daß sich der Video-Nur-Lese-Speicher in den Seiten C6 und C7 befindet. Falls der Textfont beim Starten von Nicht-Windows-Applikationen nicht einwandfrei angezeigt werden kann, sollte TRUE übergeben werden.

Dem Schlüssel *ROMScanThreshold* wird als Defaultwert der Wert 20 übergeben, mit dessen Hilfe entschieden wird, ob es sich bei einem Speicherbereich, der entweder gar keine oder keine korrekten ROM-Header-Informationen besitzt, um einen Nur-Lese-Bereich (ROM) handelt. Wenn weniger als zwanzig Wertänderungen in diesem Bereich erfolgen, so handelt es sich um einen ROM-Bereich. Der Wert 0 definiert jeden Bereich mit ungültiger Header-Information als ROM-Bereich, den Windows dann als nicht benutzbaren Speicher reserviert.

Falls die Interrupts eines Druckers, der an einer bestimmten Schnittstelle hängt, an den Windows-Bildschirm und nicht an die derzeit aktuelle virtuelle Maschine gerichtet werden sollen, wird die Nummer der entsprechenden Schnittstelle dem Schlüssel *SGrabLPT* übergeben.

Windows-Zeit

Durch den Eintrag *SyncTime=True* paßt Windows in periodischen Abständen seine Zeit der CMOS-Rechneruhr an. Ansonsten behält Windows die korrekte Uhrzeit, solange nicht der Schlüssel *TrapTimerPorts* ausgeschaltet ist und Applikationen ablaufen, die die Systemzeit verändern.

Der Schlüssel *SystemROMBreakPoint* legt fest, ob Windows den ROM-Adreßbereich zwischen F000H and 1MB für einen Breakpoint benutzen soll. Normalerweise sucht Windows diesen Bereich nach einem bestimmten Befehl ab, der als System-Haltepunkt verwendet wird. Falls dieser Adreßbereich nicht als permanenter ROM-Bereich ausgelegt ist, sollte der Schlüssel ausgeschaltet werden.

Expanded Memory

Die Größe des Expanded-Memory-Bereiches, mit dem Windows arbeiten kann, wird in KBytes über den Schlüssel *SysVMEMSLimit* definiert. Bei dem Wert 0 kann Windows auf keinen Expanded Memory zugreifen, bei dem Wert -1 bekommt Windows immer den angeforderten Expanded Memory, solange noch Speicher verfügbar ist.

Damit der Expanded Memory, der von Windows-Applikationen verwendet wird, auf die Festplatte ausgelagert werden kann, muß der Schlüssel *SysVMEMSLocked* auf True gesetzt sein. Im anderen Fall kann zwar die Leistung der Windows-Applikation verbessert werden, die mit dem gesperrten Speicherbereich arbeitet, aber das restliche System wird dadurch langsamer.

Die erforderliche Größe des Expanded Memory, die Windows benötigt, um erfolgreich gestartet werden zu können, bestimmt der Schlüssel *SysVMEMSRequired*. Falls die Windows-Applikationen auf Ihrem Rechner auf keinen Expanded Memory zugreifen, sollte die Einstellung 0 lauten.

Priorität

Durch den Eintrag *SystemVMPriority=100,500* werden die Initialisierungswerte für die Vordergrund-Priorität auf 100 und für die Hintergrund-Priorität auf 500 eingestellt, die sich auf eine virtuellen Maschine beziehen und im PIF-Editor erscheinen. Falls keine Priorität für den Hintergrundmodus vergeben wird, setzt Windows ihn automatisch auf die halbe Vordergrund-Priorität.

Extended Memory

Der Schlüssel *SysVMV86Locked* befindet sich im Normalfall im ausgeschalteten Zustand, da ansonsten der virtuelle Speicher, der in der virtuellen System-Maschine verwendet wird, immer im Speicher bleibt und nicht auf die Festplatte austransferiert werden kann.

Die Maximalgröße des Speichers, die der Extended-Memory-Treiber (XMS) für DOS-Gerätetreiber und speicherresidente Programme in der virtuellen System-Maschine belegt, wird dem Schlüssel *SysVMXMSLimit* übergeben. Falls die Defaulteinstellung von 2048 KBytes durch den Wert -1 ersetzt wird, bekommt eine Windows-Applikation soviel verfügbaren Extended Memory, wie sie anfordert.

Die erforderliche Anzahl an KBytes, die von dem Extended-Memory-Treiber reserviert werden muß, damit Windows erfolgreich gestartet werden kann, bestimmt der Schlüssel *SysVMXMSRequired*. Falls die Windows-Applikationen auf Ihrem Rechner auf keinen Extended Memory zugreifen, sollte die Einstellung 0 lauten.

Wenn der Schlüssel *TimerCriticalAbschnitt* eine Zeit in Millisekunden übergeben bekommt, kann gleichzeitig immer nur eine virtuelle Maschine Zeitgeber-Interrupts erhalten. Diese Zeitangabe, die einige Netzwerke und globale speicherresidente Software benötigen, verringert die Systemleistung, so daß es für den Anwender aussieht, als ob das System für kurze Zeit stehenbleibt. Deswegen steht defaultmäßig der Wert 0.

Token-Ring

Aufgrund des Eintrags *TokenRingSearch=True* sucht Windows auf Rechnern mit einer IBM PC/AT (R)-Architektur nach einem Token-Ring-Netzwerkadapter. Wenn es in Ihrem Rechner keine Token-Ring-Karte gibt, können Sie diesen Schlüssel ausschalten.

Scancode

Nur wenn Sie mit einer Tastatur arbeiten, die keinen Standard-Scancode generiert, sollte der Schlüssel *TranslateScans* auf True eingestellt werden, damit Windows die Scancodes in Codes übersetzt, die kompatibel zu den IBM-Scancodes sind. Die Einstellung wirkt sich z.B. auf die Meldungsfenster aus.

Windows-Zeit

Damit in Windows immer die exakte Systemzeit eingestellt bleibt, muß der Schlüssel *TrapTimerPorts* auf True gesetzt werden. Windows schaltet sich zwischen alle Lese- und Schreib-Operation, die den Zeitgeber betreffen und von Applikationen durchgeführt werden. Dadurch kann Windows eine Änderung des Zeitgeber-Interrupt-Intervalls erkennen und seine Zeit berichtigen. Wenn der Schlüssel ausgeschaltet ist, können die Programme, die häufig mit dem Zeitgeber arbeiten, schneller ablaufen. Damit in diesem Fall trotzdem die Zeit von Windows mit der Systemzeit übereinstimmt, können Sie den Schlüssel *SyncTime* einschalten. Windows überprüft dann in periodischen Abständen die Zeit und führt gegebenenfalls eine Anpassung durch.

Der Schlüssel *UniqueDOSPSP* sollte bei der Benutzung eines Netzwerks, das auf dem Microsoft-Netzwerk oder dem LAN-Manager basiert, mit True besetzt sein, ansonsten mit False. Im ersten Fall startet Windows jede Applikation an einer eindeutigen Adresse (PSP) und reserviert eine bestimmte Speichergröße unterhalb des Programmes. Die Größe dieses Bereiches wird von der PSPIncrement-Einstellung bestimmt. Dadurch wird sichergestellt, daß Applikationen verschiedener virtueller Maschinen an unterschiedlichen Adressen beginnen. Teilweise werden diese Adressen zur Identifizierung der verschiedenen Prozesse, die das Netzwerk benutzen, verwendet. Wenn bei den oben genannten Netzwerken der Schlüssel ausgeschaltet wird, kann ein Programm abbrechen, wenn Sie ein anderes beenden, da das Netzwerk es als ein- und dieselbe Applikation interpretiert.

Der Speicherbereich, der über den Schlüssel *UseableHighArea* unter Angabe der Anfangs- und Endadresse spezifiziert wird, wird von Windows ohne Rücksicht auf dessen Inhalt nach freiem Platz durchsucht. Wenn sich dadurch Überschneidungen zu dem Bereich des Schlüssels *ReservedHighArea* ergeben, besitzt der Schlüssel *UseableHighArea* Vorrang.

Kompatibilität zu Win 2.x

Der Schlüssel *UseInstFile* steht nur noch aus Kompatibilitätsgründen zu früheren Windows/386 2.x Versionen in der Datei SYSTEM.INI der Version 3.1. Aufgrund seines eingeschalteten Zustandes liest Windows in der Datei INSTANCE.386 nach, um entscheiden zu können, ob bestimmte Datenstrukturen innerhalb von DOS lokal sein müssen. Heutzutage gibt es dafür zwei bessere Methoden: die internen Tabellen innerhalb des Gerätes und der INT 2FH-Aufruf, der in dem OEM Adaption Kit dokumentiert ist.

Aufgrund des Eintrags *UseROMFont=True* verwendet Windows den Softfont, der in dem Video-ROM gespeichert ist, um Meldungen anzuzeigen, die erscheinen, wenn Nicht-Windows-Applikationen im Vollbild-Mode ablaufen, und um den Text anzuzeigen, wenn aus einer Nicht-Windows-Applikation umgeschaltet wird. Falls diese Schriftart unterschiedlich zu dem Font ist, der in dem Programm selber benutzt wird, oder falls Schmierzeichen auf dem Bildschirm erscheinen, sollte die Einstellung auf False gesetzt werden.

VCPI

Durch den Eintrag *VCPIWarning=True* gibt Windows bei jedem Versuch einer Applikation, das Virtual Control Program Interface (VCPI) zu benutzen, das Windows nicht unterstützt, eine Warnung aus.

Wenn Sie mit einem VGA-Bildschirm arbeiten, werden Sie die Einstellung des Schlüssels *VGAMonoText* u.U. ändern wollen, die defaultmäßig auf True steht. Wenn Sie False wählen, kann Windows den Video-Adreßbereich zwischen B000H und B7FFH, der normalerweise für monochrome Adapter benötigt wird, als höheren Speicherbereich nutzen. In diesem Fall kann jedoch nicht mehr mit dem monochromen Mode gearbeitet werden.

Bei eingeschaltetem Schlüssel *VideoBackgroundMsg* gibt Windows eine Meldung aus, wenn sich eine Hintergrund-Applikation aufhängt oder falls der Bildschirm aufgrund des zu geringen Video-Speichers nicht mehr richtig aktualisiert werden kann. Diese Einstellung betrifft alle aktuell laufenden Nicht-Windows-Applikationen.

Falls der Bildschirm einer Hintergrund-Applikation zerstört wird und der Schlüssel *VideoSuspendDisable* seinen Defaultwert False besitzt, wird das Programm gesperrt und eine Warnung bei eingeschaltetem Schlüssel *VideoBackgroundMsg* ausgegeben. Diese Einstellung bezieht sich nur auf VGA-Bildschirme.

Der Schlüssel *VirtualHDIrq* mit dem Wert On sagt aus, daß Windows im Enhanced Mode Unterbrechungen von dem Festplatten-Controller beenden kann, ohne daß die ROM-Routine, die normalerweise dafür zuständig ist, diesen Interrrupt bekommt. Einige Festplatten erfordern ein Ausschalten dieses Schlüssels, um Unterbrechungen korrekt durchführen zu können. Dadurch wird die Systemleistung herabgesetzt.

Konventioneller Speicher

Die Einstellung des Schlüssels *WindowKBRequired* definiert in KBytes, wieviel an konventionellem Speicher frei sein muß, damit Windows erfolgreich gestartet werden kann. Mit dem Schlüssel *WindowMemSize* wird die Größe des konventionellen Speichers begrenzt, die Windows für sich selbst verwenden kann. Der Defaultwert -1 legt keine Grenze fest, so daß Windows auf beliebig viel Speicher zugreifen kann. Falls auf Ihrem Rechner nicht genügend Speicher zur Verfügung steht, um Windows im Enhanced Mode laufen zu lassen, sollten Sie es mit einem Wert, der kleiner als 640 KByte ist, versuchen.

Der Wert des Schlüssels *WindowUpdateTime* bestimmt die Zeit in Millisekunden, die Windows wartet, bevor die Anzeige einer Nicht-Windows-Applikation, die in einem Fenster läuft, aktualisiert wird.

> **386 erweitert**
>
> Damit Nicht-Windows-Applikationen im Hintergrund ablaufen können, während der Anwender im Vordergrund mit einem Windows-Programm arbeitet, muß sich der Schalter *WinExclusive* im ausgeschalteten Zustand befinden. Im anderen Fall belegt Windows die gesamte CPU-Zeit, sobald eine Windows-Applikation im Vordergrund ist. Innerhalb der Systemsteuerung kann diese Einstellung über das *386 erweitert*-Symbol und das Kontrollfeld *Exklusiv im Vordergrund* geändert werden.

Zeitscheibe

> **386 erweitert**
>
> Dem Schlüssel *WinTimeSlice* werden zwei Werte durch Komma getrennt übergeben. Die erste Zahl legt die Größe der Zeitscheibe für alle im Vordergrund laufenden Windows-Applikationen fest, bezogen auf die Zeit, die von allen im Hintergrund vorhandenen Nicht-Windows-Applikationen belegt wird. Der zweite Wert bestimmt die Größe der CPU-Zeit für alle im Hintergrund laufenden Windows-Applikationen, wenn ein Nicht-Windows-Programm im Vordergrund abläuft. Defaultmäßig sind die Werte 100,50 gesetzt, die jedoch nicht einzeln betrachtet werden können, sondern im Verhältnis zu den korrespondierenden Einstellungen in den PIF-Dateien der Nicht-Windows-Applikationen gesehen werden müssen. Die Werte des Schlüssels *WinTimeSlice* können über das *386 erweitert*-Symbol geändert werden. Der entsprechende Bereich innerhalb der Dialogbox lautet Zeiteinteilung.

Schriftart

Über den Schlüssel *WOAFont* wird der Dateiname der Schriftart festgelegt, die in den Speicher geladen wird, wenn Nicht-Windows-Applikationen ablaufen. Solange eines dieser Programme gestartet ist, können auch Windows-Applikationen auf diese Schriften zugreifen. Falls sie immer verfügbar sein sollen, müssen Sie sie mit Hilfe des Schriften-Symbols innerhalb der Systemsteuerung hinzufügen. Ein anderer Font wird verwendet, wenn über das Setup-Programm unter DOS ein anderer Bildschirm oder eine andere Codepage eingestellt wird.

Die Größe des Puffers im niederen Speicherbereich, der benutzt wird, um DOS-Aufrufe aus dem Protected Mode in den virtuellen 386-Enhanced-Mode zu übertragen, wird mittels des Schlüssel *XlatBufferSize* spezifiziert. Durch einen größeren Wert als 4 KBytes kann die Leistung der im Protected Mode ablaufenden Windows-Applikationen, die eine große Menge an Daten lesen oder schreiben, verbessert werden. Jedoch wird dadurch auch mehr Speicher gebraucht, der den Nicht-Windows-Applikationen entzogen wird.

Der Schlüssel *XMSUMBInitCalls* definiert, ob Windows die im oberen Speicherblock (UMB) liegenden Management-Routinen des Extended-Memory-Treibers aufrufen soll. Die Einstellung ist normalerweise auf True gesetzt.

8.1.2 Ändern der INI durch den Programmierer

Im letzten Abschnitt wurde häufig auf ein Programm innerhalb der Systemsteuerung oder auf das Windows Setup hingewiesen, mit deren Hilfe der Anwender eine Einstellung in den beiden System-Initialisierungsdateien ändern kann. Wir wollen uns jetzt das Verändern dieser Einträge programmtechnisch ansehen. Hierbei muß zwischen der Datei WIN.INI und allen anderen Initialisierungsdateien unterschieden werden, da für die Arbeit mit der WIN.INI ein eigener Satz von Funktionen existiert, die folgendermaßen lauten:

Verändern der WIN.INI
```
   int GetProfileInt(lpszSectionName,
                     lpszKeyName,
                     default)
   int GetProfileString(lpszSectionName,
                        lpszKeyName,
                        lpszDefault,
                        lpszReturnBuffer,
                        cbReturnBuffer)
   BOOL WriteProfileString(lpszSectionName,
                           lpszKeyName,
                           lpszString)
```

Da die drei Funktionen häufig dieselben Übergabeparameter besitzen, sind sie in einer Tabelle zusammengefaßt:

Parameter	Datentyp	Bedeutung
lpszSectionName	LPSTR	Adresse des Abschnittnamens
lpszKeyName	LPSTR	Adresse des Schlüsselnamens
default	int	Vorbesetzung
lpszDefault	LPSTR	Vorbesetzung
lpszReturnBuffer	LPSTR	Adresse des Zielpuffers
cbReturnBuffer	int	Größe des Zielpuffers
lpszString	LPSTR	Adresse des neuen Eintrags

Funktion GetProfileString

Die Funktion GetProfileString kopiert eine Zeichenkette aus der Datei WIN.INI in die Variable lpszReturnBuffer. Dabei sucht diese Funktion in dem angegebenen Abschnitt nach dem Schlüsselwort. Bei einer erfolgreichen Suche wird der zu dem Schlüssel gehörende String in den Puffer geschrieben, wobei nicht zwischen Groß- und Kleinschreibung unterschieden wird. Wurde der Schlüssel nicht gefunden, wird der String, der über die Variable lpszDefault adressiert ist, in die Variable lpszReturnBuffer kopiert. Wenn man herausfinden möchte, welche Schlüsselworte in einem bestimmten Abschnitt in der Datei WIN.INI stehen, wird der Parameter lpszKeyName mit NULL besetzt. Dann listet die Funktion GetProfileString alle Schlüssel in der Variablen lpszReturnBuffer auf. Jedes Schlüsselwort wird durch das Zeichen '0' von dem nächsten getrennt.

Funktion GetProfileInt

Mit der Funktion GetProfileInt werden keine Texte, sondern Integer-Werte aus der Datei WIN.INI gelesen. Falls der zum Schlüsselwort gehörende Wert nur aus Buchstaben besteht, liefert die Funktion als Rückgabewert NULL. Wenn den numerischen Zeichen noch Buchstaben folgen, werden nur die Ziffern gelesen.

Funktion WriteProfileString

Mit Hilfe der Funktion WriteProfileString kann die Datei WIN.INI programmtechnisch geändert werden. Da alle Initialisierungsdateien Textdateien sind, können sie keinen Integerwert enthalten. Dieser muß z.B. mit der C-Funktion itoa bzw. der Pascal-Prozedur Str umgewandelt werden, bevor er der Funktion WriteProfileString als letzter Parameter übergeben werden kann. Wenn der Name des spezifizierten Abschnittes oder des angegebenen Schlüssels nicht existiert, wird der Abschnitt bzw. der Schlüssel in der Datei WIN.INI neu eingerichtet. Mit dieser Funktion können auch Zeilen aus der Datei gelöscht werden. Steht im letzten Parameter lpszString der Wert NULL, wird die Zeile entfernt, die durch das Schlüsselwort identifiziert wird. Wird das Argument für das Schlüsselwort auf NULL gesetzt, wird der gesamte Abschnitt gelöscht, der im ersten Parameter angegeben ist.

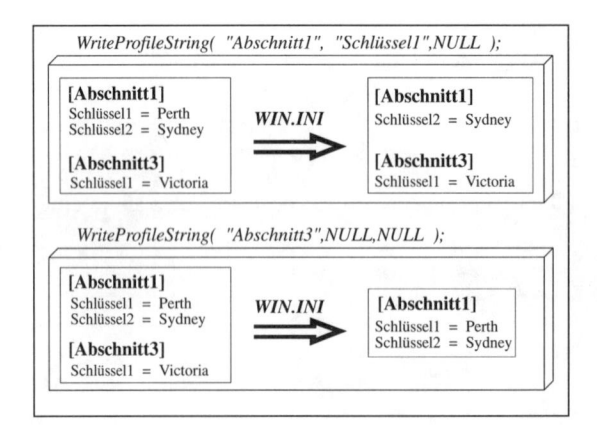

Abb. 230: Die Funktion WriteProfileString

WM_WININICHANGE

Sobald Sie mit der Funktion WriteProfileString eine Änderung in der Datei WIN.INI durchführen, sollten Sie dies den anderen derzeit ablaufenden Programmen mitteilen, da es bekannterweise nur eine WIN.INI für alle Applikationen gibt. Dies erfolgt durch das Senden der Meldung WM_WININICHANGE, wobei im Parameter lParam der Zeiger auf einen String übergeben wird, in dem der Name des geänderten Abschnittes steht. Wird der Funktion SendMessage statt eines Fensterhandles der Wert 0xFFFF zugewiesen, so erhalten automatisch alle Top-Level-Fenster diese Meldung.

```
SendMessage(0xFFFF, WM_WININICHANGE, 0, "colors");
```

Ändern anderer INI-Dateien

Um Informationen zu lesen oder Änderungen in anderen Initialisierungsdateien als der WIN.INI vorzunehmen, müssen drei Funktionen verwendet werden, die als zusätzlichen letzten Parameter den Dateinamen der privaten Initialisierungsdatei übergeben bekommen.

```
int GetPrivateProfileInt(lpszSectionName,
    lpszKeyName, default, lpszFileName)
int GetPrivateProfileString(lpszSectionName,
    lpszKeyName, lpszDefault,
    lpszReturnBuffer, cbReturnBuffer,
    lpszFileName)
BOOL WritePrivateProfileString(lpszSectionName,
    lpszKeyName, lpszString, lpszFileName)
```

Die beschriebenen Funktionen wollen wir im nächsten Beispiel ausprobieren. Als Aufgabe setzen wir uns die Entwicklung eines nützlichen Hilfsmittels zur komfortablen Darstellung und Änderung der Windows-Initialisierungsdateien. Bestehende Abschnitte und deren Schlüssel der WIN.INI und SYSTEM.INI sollen angezeigt und Einträge geändert werden können. Natürlich werden dazu die Windows-Aufrufe GetProfileString, GetPrivateProfileString, WriteProfileString und WritePrivateProfileString häufig zur Anwendung kommen, wenn Inhalte der WIN.INI und SYSTEM.INI ermittelt und verändert werden sollen. Alle Abschnitte, die eine WIN.INI besitzen kann, werden in einer Combobox dargestellt. Da mit den normalen Funktionen für Initialisierungsdateien nicht die existierenden Abschnitte aus den Dateien ermittelt werden können, enthält die Combobox für die Abschnitte alle von Windows 3.1 bekannten Abschnitte. Derzeit lauten diese: colors, desktop, devices, embedding, extensions, fonts, fontsubstitutes, intl, mci extensions, networks, ports, printerPorts, programs, sounds, TrueType, windows, windows Help. Erfolgt die Markierung eines Abschnittnamens der Combobox, werden in einer weiteren Combobox alle Schlüssel des gewählten Abschnittes ermittelt und aufgelistet. Jedem Schlüssel ist ein Wert zugeordnet, der in einem Eingabefeld angezeigt und auch verändert werden kann. Natürlich kann eine Änderung der Systemeinstellungen zu unvorhersehbaren Folgen führen, und deshalb sollte auf eine Sicherheitsabfrage auf keinen Fall verzichtet werden. Deswegen erscheint nach einer Eingabe in das Eingabefeld ein Button mit der Bezeichnung OK. Nach dessen Betätigung wird der Inhalt des Eingabefeldes übernommen und in die Initialisierungsdatei geschrieben, aber erst nachdem der Benutzer ein Meldungsfenster mit Ja bestätigen mußte. Wird die Operation über das Meldungsfenster abgebrochen, bleibt der Inhalt der Initialisierungsdatei unverändert erhalten. Da ebenfalls die SYSTEM.INI bearbeitet werden kann, steht dafür eine

Spezielle-Windows Dateien

entsprechende Combobox für die Abschnitte und für die Schlüssel zur Verfügung. Dabei sind für die SYSTEM.INI andere Namen der Abschnitte erforderlich, die folgendermaßen lauten: boot, boot.description, drivers, keyboard, mci, NonWindowsApp, standard, 386Enh.

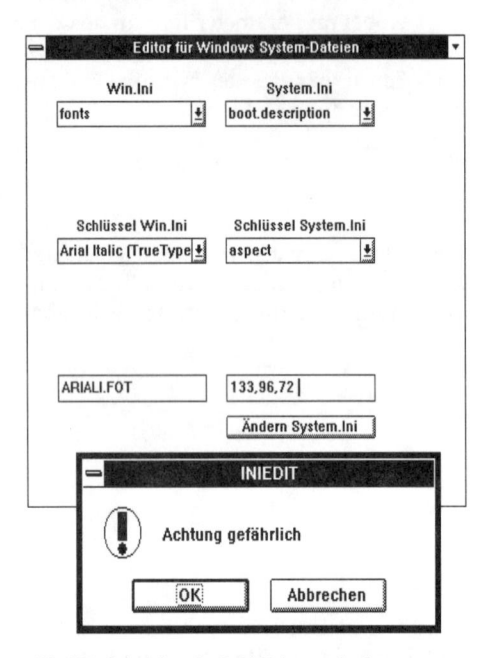

Abb. 231: Beispiel zu den Initialisierungsdateien

QC/Win

Windows Funktionen	Kurzbeschreibung
GetProfileString	liest Schlüssel oder Eintrag aus WIN.INI
GetPrivateProfileString	liest Schlüssel oder Eintrag aus privater Initialisierungsdatei
WriteProfileString	schreibt Schlüssel oder Eintrag in WIN.INI
WritePrivateProfileString	schreibt Schlüssel oder Eintrag in private Initialisierungsdatei
GetFocus	ermittelt Handle des Controls, das den Focus besitzt

Windows Meldung	Kurzbeschreibung
WM_WININICHANGE	Benachrichtigung über Änderung der WIN.INI

Beispiel

```
/*************** QCIniEdi.C ***************/
```

```c
1   /* QuickCase:W */
2   #include "QcIniEdi.h"
3
4   int PASCAL WinMain(HANDLE hInstance, HANDLE
5   hPrevInstance, LPSTR lpszCmdLine, int nCmdShow)
6   {
7   /********************************************/
8   /* hInstance;       Handle dieser Instanz    */
9   /* hPrevInstance;Handle der vorhergehenden Instanz*/
10  /* lpszCmdLine; Zeiger auf die Kommandozeile */
11  /* nCmdShow;    Code zur Anzeige des Hauptfensters */
12  /********************************************/
13
14  MSG msg;    /* MSG-Struktur für die Meldungen */
15  int nRc;    /* Rückgabewert der Klassen-      */
16              /* Registrierung(en)              */
17  long nWndunits;  /* Fenstergröße und Position */
18  int nWndx;       /* x-Achse Multiplikator     */
19  int nWndy;       /* y-Achse Multiplikator     */
20  int nX;          /* Ergebnis Startpunkt (x, y)*/
21  int nY;
22  int nWidth;      /* Ergebnis Breite und Höhe  */
23  int nHeight;     /* des Fensters              */
24
25  strcpy(szAppName, "INIEDIT");
26  hInst = hInstance;
27  if(!hPrevInstance)
28  {
29  /* Registrieren der Fensterklasse(n) bei der */
30  /* 1.Instanz */
31      if ((nRc = nCwRegisterClasses()) == -1)
32      {
33      /* Registrierung schlug fehl.            */
34          LoadString(hInst, IDS_ERR_REGISTER_CLASS,
35                  szString, sizeof(szString));
36          MessageBox(NULL, szString, NULL,
37                  MB_ICONEXCLAMATION);
38          return nRc;
39      }
40  }
41  if (MessageBox(NULL, "Achtung gefährlich",
42          szAppName, MB_OKCANCEL |
43          MB_ICONEXCLAMATION) == IDCANCEL)
44      return FALSE;
45
46  /* Erzeugen einer geräteabhängigen Fenstergröße-*/
47  /* und Position */
48  nWndunits = GetDialogBaseUnits();
49  nWndx = LOWORD(nWndunits);
50  nWndy = HIWORD(nWndunits);
51  nX = ((53 * nWndx) / 4);
52  nY = ((0 * nWndy) / 8);
53  nWidth = ((221 * nWndx) / 4);
54  nHeight = ((230 * nWndy) / 8);
55
56  /* Hauptfenster erzeugen                     */
57  hWndMain = CreateWindow(
58      szAppName,          /* Klassennamen      */
59      "Editor für Windows System-Dateien",
60                          /* Text in der Titelzeile */
61      WS_CAPTION      | /* Titel zufügen       */
62      WS_SYSMENU      | /* Systemenübox zufügen*/
63      WS_MINIMIZEBOX  | /* Minimize Box zufügen*/
64      WS_BORDER       | /* nicht in der Größe  */
65                        /* veränderbar         */
66      WS_OVERLAPPED,
67      nX, nY,           /* X, Y               */
68      nWidth, nHeight,  /* Breite, Höhe des Fensters */
69      NULL,             /* Handle des Elternfensters */
70      NULL,             /* Handle des Menüs    */
71      hInst,            /* Handle der Instanz  */
72      NULL);            /* Struktur für WM_CREATE */
73
74  if(hWndMain == NULL)
75  {
76      LoadString(hInst, IDS_ERR_CREATE_WINDOW,
77              szString, sizeof(szString));
78      MessageBox(NULL, szString, NULL,
79              MB_ICONEXCLAMATION);
80      return IDS_ERR_CREATE_WINDOW;
81  }
82  ShowWindow(hWndMain, nCmdShow);
83  /* Anzeigen des Hauptfensters */
84
85  while(GetMessage(&msg, NULL, 0, 0))
86  /* bis WM_QUIT eintritt    */
87  {
88      TranslateMessage(&msg);
89      DispatchMessage(&msg);
90  }
91
92  /* Aufräumarbeiten, bevor die Applikation beendet */
93  /* wird */
94  CwUnRegisterClasses();
95  return msg.wParam;
96  } /* Ende der WinMain                         */
97
98  /********************************************/
99  /*                                          */
100 /* Fensterroutine des Hauptfensters:        */

101 /*                                                  */
102 /* Diese Prozedur stellt Service-Routinen für die   */
103 /* Windows Ereignisse (Meldungen) bereit, die       */
104 /* Windows oder der Benutzer an das Fenster sendet.*/
105 /* Sie initialisiert Ereignisse (Meldungen), die    */
106 /* entstehen, wenn der Anwender z.B. einen Menü-    */
107 /* punkt oder ein Tastenkürzel anwählt.             */
108 /*                                                  */
109 /****************************************************/
110
111 LONG FAR PASCAL WndProc(HWND hWnd, WORD Message,
112 WORD wParam, LONG lParam)
113 {
114 HMENU      hMenu=0;      /* Menühandle        */
115 HBITMAP    hBitmap=0;    /* Handle für Bitmaps */
116 HDC        hDC;  /* Handle für den Display Context */
117 PAINTSTRUCT ps;  /* enthält Zeichen-informationen */
118 int        nRc=0;        /* Rückgabewert      */
119
120 switch (Message)
121 {
122 case WM_COMMAND:
123 /* Die Windows Meldungen für die Menüpunkte werden*/
124 /* hier verarbeitet.                              */
125     switch (wParam)
126     {
127     case IDC_WA: // ComboBox Abschnitte WIN.INI
128         ComboWinIni( LOWORD(lParam), HIWORD(lParam));
129         break;
130
131     case IDC_SA: // ComboBox Abschnitte SYSTEM.INI
132         ComboSysIni( LOWORD(lParam), HIWORD(lParam));
133         break;
134
135     case IDC_WK: // ComboBox Schlüssel WIN.INI
136         ComboWinIniK( LOWORD(lParam), HIWORD(lParam));
137         break;
138
139     case IDC_SK: // ComboBox Schlüssel SYSTEM.INI
140         ComboSysIniK( LOWORD(lParam), HIWORD(lParam));
141         break;
142
143     case IDC_WE: // Editfield Eintrag WIN.INI
144         EditWinIni( LOWORD(lParam), HIWORD(lParam));
145         break;
146
147     case IDC_SE: // Editfield Eintrag SYSTEM.INI
148         EditSysIni( LOWORD(lParam), HIWORD(lParam));
149         break;
150
151     case IDC_WB: // Button Eintrag WIN.INI
152         ButtWinIni( LOWORD(lParam), HIWORD(lParam));
153         break;
154
155     case IDC_SB: // Button Eintrag SYSTEM.INI
156         ButtSysIni( LOWORD(lParam), HIWORD(lParam));
157         break;
158
159     default:
160         return DefWindowProc(hWnd, Message,
161             wParam, lParam);
162     }
163     break;          /* Ende von WM_COMMAND    */
164
165 case WM_CREATE:
166     /* Controls erzeugen */
167     ControlCreate( hWnd);
168     break;          /* Ende von WM_CREATE     */
169
170 case WM_MOVE:       /* Bewegen des Fensters   */
171     break;
172
173 case WM_SIZE:
174 /* Größenänderung der Client Area */
175     break;          /* Ende von WM_SIZE       */
176
177 case WM_PAINT:  /* Neuzeichnen der Client Area */
178 /* bekommt ein Handle auf den Device Context. */
179 /* BeginPaint wird evtl. WM_ERASEBKGND senden. */
180     memset(&ps, 0x00, sizeof(PAINTSTRUCT));
181     hDC = BeginPaint(hWnd, &ps);
182 /* falls der Hintergrund keine reine Farbe besitzt*/
183     SetBkMode(hDC, TRANSPARENT);
184 /* Das Neuzeichnen ist abgeschlossen.         */
185     EndPaint(hWnd, &ps);
186     break;          /* Ende von WM_PAINT      */
187
188 case WM_CLOSE:    /* Schließen des Fensters   */
189 /* Zerstören der Kindfenster, modeless Dialogboxen*/
190 /* Zerstören dieses Fensters                  */
191     DestroyWindow(hWnd);
192     if (hWnd == hWndMain)
193         PostQuitMessage(0);
194 /* Beenden der Applikation                    */
195     break;
196
197     default:
198 /* Alle Meldungen, für die keine eigene Service-*/
199 /* Routine zur Verfügung gestellt wird, sollten an*/
200 /* Windows gereicht werden, damit eine Default- */
```

```
201     /* Verarbeitung stattfinden kann.                */
202            return DefWindowProc(hWnd, Message, wParam, lParam);
203        }
204     return 0L;
205     }   /* Ende von WndProc                          */
206
207
208  /****************************************************/
209  /*                                                  */
210  /* nCwRegisterClasses Funktion:                     */
211  /*                                                  */
212  /* Die folgende Funktion registriert alle Klassen   */
213  /* von allen Fenstern, die mit dieser Applikation   */
214  /* verbunden sind. Die Funktion liefert einen       */
215  /* Fehlercode zurück, falls sie nicht erfolgreich   */
216  /* war, ansonsten wird 0 zurückgegeben.             */
217  /*                                                  */
218  /****************************************************/
219
220  int nCwRegisterClasses(void)
221  {
222    WNDCLASS    wndclass;
223    /* Struktur, um eine Klasse zu definieren         */
224    memset(&wndclass, 0x00, sizeof(WNDCLASS));
225    /* Füllen von WNDCLASS mit Fenster-Eigenschaften */
226    wndclass.style = CS_HREDRAW | CS_VREDRAW |
227                                  CS_BYTEALIGNWINDOW;
228    wndclass.lpfnWndProc = WndProc;
229    /* zusätzlicher Speicher für Klassen- und         */
230    /* Fensterobjekte                                 */
231    wndclass.cbClsExtra = 0;
232    wndclass.cbWndExtra = 0;
233    wndclass.hInstance = hInst;
234    wndclass.hIcon = LoadIcon(NULL, IDI_APPLICATION);
235    wndclass.hCursor = LoadCursor(NULL, IDC_ARROW);
236    /* Erzeugen eines Pinsels, um den Hintergrund     */
237    /* zu löschen                                     */
238    wndclass.hbrBackground = (HBRUSH)(COLOR_WINDOW+1);
239    wndclass.lpszMenuName = szAppName;
240    /* Klassenname = Menüname */
241    wndclass.lpszClassName = szAppName;
242    /* Klassenname = App.-Name */
243    if(!RegisterClass(&wndclass))
244         return -1;
245
246    return(0);
247  } /* Ende von nCwRegisterClasses                    */
248
249  /****************************************************/
250  /* CwUnRegisterClasses Function:                    */
251  /*                                                  */
252  /* löscht jeden Bezug zu den Fenster-Resourcen,     */
253  /* die für diese Applikation erzeugt wurden, gibt   */
254  /* Speicher frei, löscht die Instanz, die Handles   */
255  /* und tätigt andere Aufräumarbeiten.               */
256  /*                                                  */
257  /****************************************************/
258
259  void CwUnRegisterClasses(void)
260  {
261    WNDCLASS    wndclass;
262    /* Struktur, um eine Klasse zu definieren         */
263    memset(&wndclass, 0x00, sizeof(WNDCLASS));
264
265    UnregisterClass(szAppName, hInst);
266  }  /* Ende von CwUnRegisterClasses                  */
267
268  HWND   hWndAbschWin;    /* Combobox stellt Abschnitte
269                             der WIN.INI dar */
270  HWND   hWndAbschSys;    /* Combobox stellt Abschnitte
271                             der SYSTEM.INI dar */
272  HWND   hWndSchlWin;     /* Combobox stellt Schlüssel
273                             der WIN.INI dar */
274  HWND   hWndSchlSys;     /* Combobox stellt Schlüssel
275                             der SYSTEM.INI dar */
276  HWND   hWndAbschWinTxt; // Textfeld
277  HWND   hWndAbschSysTxt; // Textfeld
278  HWND   hWndSchlWinTxt;  // Textfeld
279  HWND   hWndSchlSysTxt;  // Textfeld
280  HWND   hWndWinEdit;     // Editfield
281  HWND   hWndSysEdit;     // Editfield
282  HWND   hWndWinButt;     // Button
283  HWND   hWndSysButt;     // Button
284
285  /****************************************************/
286  /* ControlCreate Function:                          */
287  /* Controls erzeugen                                */
288  /****************************************************/
289  int ControlCreate( HWND hWnd)
290  {
291    const char cAbsWin[][16] = {
292         "colors", "desktop", "devices",
293         "embedding", "extensions", "fonts",
294         "fontsubstitutes", "intl", "mci extensions",
295         "networks", "ports", "printerPorts",
296         "programs", "sounds", "TrueType",
297         "windows", "windows Help"
298    };
299    const char cAbsSys[][17] = {
300         "boot", "boot.description",
301         "drivers", "keyboard",
302         "mci", "NonWindowsApp",
303         "standard", "386Enh"
304    };
305
306    int i;
307
308    hWndAbschWinTxt = CreateWindow( "STATIC",
309                                    "WIN.INI",
310                                    WS_CHILD | WS_VISIBLE |
311                                    SS_CENTER,
312                                    30, 15, 150, 14,
313                                    hWnd, 0, hInst, NULL);
314
315    hWndAbschWin = CreateWindow( "COMBOBOX", "",
316                                 WS_CHILD | WS_VISIBLE |
317                                 CBS_DROPDOWNLIST |
318                                 CBS_AUTOHSCROLL,
319                                 30, 30, 150, 100,
320                                 hWnd, IDC_WA, hInst, NULL);
321
322    hWndAbschSysTxt = CreateWindow( "STATIC",
323                                    "SYSTEM.INI",
324                                    WS_CHILD | WS_VISIBLE |
325                                    SS_CENTER,
326                                    200, 15, 150, 14,
327                                    hWnd, 0, hInst, NULL);
328
329    hWndAbschSys = CreateWindow( "COMBOBOX", "",
330                                 WS_CHILD | WS_VISIBLE |
331                                 CBS_DROPDOWNLIST |
332                                 CBS_AUTOHSCROLL,
333                                 200, 30, 150, 100,
334                                 hWnd, IDC_SA, hInst, NULL);
335
336    hWndSchlWinTxt = CreateWindow( "STATIC",
337                                   "Schlüssel WIN.INI",
338                                   WS_CHILD | WS_VISIBLE |
339                                   SS_CENTER,
340                                   30, 115, 150, 14,
341                                   hWnd, 0, hInst, NULL);
342
343    hWndSchlWin = CreateWindow( "COMBOBOX", "",
344                                WS_CHILD | WS_VISIBLE |
345                                CBS_DROPDOWNLIST |
346                                CBS_AUTOHSCROLL,
347                                30, 130, 150, 100,
348                                hWnd, IDC_WK, hInst, NULL);
349
350    hWndWinEdit = CreateWindow( "EDIT", "",
351                                WS_CHILD | ES_AUTOHSCROLL |
352                                ES_AUTOVSCROLL | ES_NOHIDESEL |
353                                WS_BORDER,
354                                30, 230, 150, 20,
355                                hWnd, IDC_WE, hInst, NULL);
356
357    hWndWinButt = CreateWindow( "BUTTON",
358                                "Ändern WIN.INI",
359                                WS_CHILD | BS_PUSHBUTTON,
360                                30, 260, 150, 17,
361                                hWnd, IDC_WB, hInst, NULL);
362
363    hWndSchlSysTxt = CreateWindow( "STATIC",
364                                   "Schlüssel SYSTEM.INI",
365                                   WS_CHILD | WS_VISIBLE |
366                                   SS_CENTER,
367                                   200, 115, 150, 14,
368                                   hWnd, 0, hInst, NULL);
369
370    hWndSchlSys = CreateWindow( "COMBOBOX", "",
371                                WS_CHILD | WS_VISIBLE |
372                                CBS_DROPDOWNLIST |
373                                CBS_AUTOHSCROLL,
374                                200, 130, 150, 100,
375                                hWnd, IDC_SK, hInst, NULL);
376
377    hWndSysEdit = CreateWindow( "EDIT", "",
378                                WS_CHILD | ES_AUTOHSCROLL |
379                                ES_AUTOVSCROLL | ES_NOHIDESEL |
380                                WS_BORDER,
381                                200, 230, 150, 20,
382                                hWnd, IDC_SE, hInst, NULL);
383
384    hWndSysButt = CreateWindow( "BUTTON",
385                                "Ändern SYSTEM.INI",
386                                WS_CHILD | BS_PUSHBUTTON,
387                                200, 260, 150, 17,
388                                hWnd, IDC_SB, hInst, NULL);
389
390    if ( (hWndAbschWin == 0) || (hWndAbschSys == 0))
391       return FALSE;
392
393    /* Füllen der Combobox mit den Abschnitten */
394    for (i =0 ; i< (sizeof(cAbsWin)/
395         sizeof(cAbsWin[0]));i++)
396       SendMessage( hWndAbschWin, CB_ADDSTRING, 0,
397          (LONG)(LPSTR)cAbsWin[i] );
398    SendMessage( hWndAbschWin, CB_SETCURSEL, 0, 0L);
399
400    /* Füllen der Combobox mit den Abschnitten */
401    for (i =0 ; i< (sizeof(cAbsSys)/
402         sizeof(cAbsSys[0]));i++)
403       SendMessage( hWndAbschSys, CB_ADDSTRING, 0,
404          (LONG)(LPSTR)cAbsSys[i] );
405    SendMessage( hWndAbschSys, CB_SETCURSEL, 0, 0L);
406
407    return TRUE;
408  }
409
410  /****************************************************/
411  /* ComboWinIni  Function:                           */
412  /* WIN.INI                                          */
413  /* WM_COMMAND von Absatz-Combobox                   */
414  /****************************************************/
415  int ComboWinIni( HWND hWnd, WORD wNoti)
416  {
```

```
417     char cAbs[30];
418     char cBuffer[1000];
419     char *lpBuffer = cBuffer;
420     DWORD dwIndex;
421
422     switch (wNoti)
423     {
424       case CBN_SELCHANGE:
425         dwIndex = SendMessage( hWndAbschWin,
426                      CB_GETCURSEL, 0, 0L);
427         SendMessage( hWndAbschWin, CB_GETLBTEXT,
428              (WORD)dwIndex, (LONG)(LPSTR)cAbs);
429         GetProfileString( cAbs, NULL,"", cBuffer,
430              sizeof(cBuffer)-1);
431         SendMessage( hWndSchlWin, CB_RESETCONTENT,
432              0, 0L);
433         while (strlen(lpBuffer) != 0)
434         {
435           SendMessage( hWndSchlWin, CB_ADDSTRING, 0,
436              (LONG)(LPSTR)lpBuffer );
437           lpBuffer += strlen(lpBuffer) + 1;
438         }
439         SendMessage( hWndSchlWin, CB_SETCURSEL,
440              0, 0L);
441         SendMessage( hWndMain, WM_COMMAND, IDC_WK,
442              MAKELONG( hWndSchlWin,CBN_SELCHANGE) );
443         break;
444     }
445     return TRUE;
446  }
447
448  /*****************************************/
449  /*   ComboWinIniK  Function:             */
450  /*   WIN.INI                             */
451  /*   WM_COMMAND von Schlüssel-Combobox   */
452  /*****************************************/
453  int ComboWinIniK( HWND hWnd, WORD wNoti)
454  {
455     char cAbs[30];
456     char cSchl[30];
457     char cBuffer[100];
458     DWORD dwIndex;
459
460     switch (wNoti)
461     {
462       case CBN_SELCHANGE:
463         dwIndex = SendMessage( hWndAbschWin,
464                      CB_GETCURSEL, 0, 0L);
465         SendMessage( hWndAbschWin, CB_GETLBTEXT,
466              (WORD)dwIndex, (LONG)(LPSTR)cAbs);
467         dwIndex = SendMessage( hWndSchlWin,
468                      CB_GETCURSEL, 0, 0L);
469         SendMessage( hWndSchlWin, CB_GETLBTEXT,
470              (WORD)dwIndex, (LONG)(LPSTR)cSchl);
471         GetProfileString( cAbs, cSchl,"", cBuffer,
472              sizeof(cBuffer)-1);
473         SetWindowText( hWndWinEdit, cBuffer);
474         ShowWindow( hWndWinEdit, SW_SHOW);
475         break;
476     }
477     return TRUE;
478  }
479
480  /*****************************************/
481  /*   EditWinIni   Function:              */
482  /*   WIN.INI                             */
483  /*   WM_COMMAND von Eintrag Editfield    */
484  /*****************************************/
485  int EditWinIni( HWND hWnd, WORD wNoti)
486  {
487     switch (wNoti)
488     {
489       case EN_CHANGE:
490         if ( GetFocus() == hWnd)
491           ShowWindow( hWndWinButt, SW_SHOW);
492         break;
493     }
494     return TRUE;
495  }
496
497  /*****************************************/
498  /*   ButtWinIni   Function:              */
499  /*   WIN.INI                             */
500  /*   WM_COMMAND von Eintrag-Button       */
501  /*****************************************/
502  int ButtWinIni( HWND hWnd, WORD wNoti)
503  {
504     char cAbs[30];
505     char cSchl[30];
506     char cBuffer[100];
507     char cBuffer1[100];
508     DWORD dwIndex;
509
510     switch (wNoti)
511     {
512       case BN_CLICKED:
513         dwIndex = SendMessage( hWndAbschWin,
514                      CB_GETCURSEL, 0, 0L);
515         if ( SendMessage( hWndAbschWin, CB_GETLBTEXT,
516              (WORD)dwIndex, (LONG)(LPSTR)cAbs) <= 0)
517           cAbs[0] = 0;
518         dwIndex = SendMessage( hWndSchlWin,
519                      CB_GETCURSEL, 0, 0L);
520         if (SendMessage( hWndSchlWin, CB_GETLBTEXT,
521              (WORD)dwIndex, (LONG)(LPSTR)cSchl) <= 0)
522           cSchl[0] = 0;
523         GetProfileString( cAbs, cSchl,"", cBuffer,
524              sizeof(cBuffer)-1);
525         GetWindowText( hWndWinEdit, cBuffer1,
526              sizeof(cBuffer1)-1);
527         if ( (cAbs[0] == 0) || (cSchl[0] == 0))
528           SetWindowText( hWndWinEdit, cBuffer);
529         else
530         {
531           if ( strcmp(cBuffer,cBuffer1) !=0 )
532           {
533             if ( MessageBox( hWndMain,
534                   "Wollen Sie wirklich ändern?",
535                   "WIN.INI", MB_YESNO |
536                   MB_DEFBUTTON2) == IDYES)
537             {
538               /* Schreiben in WIN.INI */
539               WriteProfileString( cAbs, cSchl,
540                     cBuffer1);
541               /* alle Fenster benachrichtigen */
542               SendMessage( 0xFFFF, WM_WININICHANGE,
543                     0, (LONG)(LPSTR)cAbs);
544             }
545             else
546               SetWindowText( hWndWinEdit, cBuffer);
547           }
548         }
549         ShowWindow( hWndWinButt, SW_HIDE);
550         break;
551     }
552     return TRUE;
553  }
554
555  /*****************************************/
556  /*   ComboSysIni  Function:              */
557  /*   SYSTEM.INI                          */
558  /*   WM_COMMAND von Absatz-Combobox      */
559  /*****************************************/
560  int ComboSysIni( HWND hWnd, WORD wNoti)
561  {
562     char cAbs[30];
563     char cBuffer[1000];
564     char *lpBuffer = cBuffer;
565     DWORD dwIndex;
566
567     switch (wNoti)
568     {
569       case CBN_SELCHANGE:
570         dwIndex = SendMessage( hWndAbschSys,
571                      CB_GETCURSEL, 0, 0L);
572         SendMessage( hWndAbschSys, CB_GETLBTEXT,
573              (WORD)dwIndex, (LONG)(LPSTR)cAbs);
574         GetPrivateProfileString( cAbs, NULL,"",
575              cBuffer, sizeof(cBuffer)-1, "SYSTEM.INI");
576         SendMessage( hWndSchlSys, CB_RESETCONTENT,
577              0, 0L);
578         while (strlen(lpBuffer) != 0)
579         {
580           SendMessage( hWndSchlSys, CB_ADDSTRING, 0,
581              (LONG)(LPSTR)lpBuffer );
582           lpBuffer += strlen(lpBuffer) + 1;
583         }
584         SendMessage( hWndSchlSys, CB_SETCURSEL,
585              0, 0L);
586         SendMessage( hWndMain, WM_COMMAND, IDC_SK,
587              MAKELONG( hWndSchlSys,CBN_SELCHANGE) );
588         break;
589     }
590     return TRUE;
591  }
592
593  /*****************************************/
594  /*   ComboSysIniK  Function:             */
595  /*   SYSTEM.INI                          */
596  /*   WM_COMMAND von Schlüssel-Combobox   */
597  /*****************************************/
598  int ComboSysIniK( HWND hWnd, WORD wNoti)
599  {
600     char cAbs[30];
601     char cSchl[30];
602     char cBuffer[100];
603     DWORD dwIndex;
604
605     switch (wNoti)
606     {
607       case CBN_SELCHANGE:
608         dwIndex = SendMessage( hWndAbschSys,
609                      CB_GETCURSEL, 0, 0L);
610         SendMessage( hWndAbschSys, CB_GETLBTEXT,
611              (WORD)dwIndex, (LONG)(LPSTR)cAbs);
612         dwIndex = SendMessage( hWndSchlSys,
613                      CB_GETCURSEL, 0, 0L);
614         SendMessage( hWndSchlSys, CB_GETLBTEXT,
615              (WORD)dwIndex, (LONG)(LPSTR)cSchl);
616         GetPrivateProfileString( cAbs, cSchl,"",
617              cBuffer, sizeof(cBuffer)-1, "SYSTEM.INI");
618         SetWindowText( hWndSysEdit, cBuffer);
619         ShowWindow( hWndSysEdit, SW_SHOW);
620         break;
621     }
622     return TRUE;
623  }
624
625  /*****************************************/
626  /*   EditSysIni   Function:              */
627  /*   SYSTEM.INI                          */
628  /*   WM_COMMAND von Eintrag-Editfield    */
629  /*****************************************/
630  int EditSysIni( HWND hWnd, WORD wNoti)
631  {
632     switch (wNoti)
```

```
633     {
634       case EN_CHANGE:
635         if ( GetFocus() == hWnd)
636           ShowWindow( hWndSysButt, SW_SHOW);
637         break;
638     }
639     return TRUE;
640 }
641
642 /*****************************************/
643 /* ButtSysIni Function:                  */
644 /* SYSTEM.INI                            */
645 /* WM_COMMAND von Eintrag-Button         */
646 /*****************************************/
647 int ButtSysIni( HWND hWnd, WORD wNoti)
648 {
649   char cAbs[30];
650   char cSchl[30];
651   char cBuffer[100];
652   char cBuffer1[100];
653   DWORD dwIndex;
654
655   switch (wNoti)
656   {
657     case BN_CLICKED:
658       dwIndex = SendMessage( hWndAbschSys,
659                 CB_GETCURSEL, 0, 0L);
660       if (SendMessage( hWndAbschSys, CB_GETLBTEXT,
661           (WORD)dwIndex, (LONG)(LPSTR)cAbs) <= 0)
662         cAbs[0] = 0;
663       dwIndex = SendMessage( hWndSchlSys,
664                 CB_GETCURSEL, 0, 0L);
665       if (SendMessage( hWndSchlSys, CB_GETLBTEXT,
666           (WORD)dwIndex, (LONG)(LPSTR)cSchl) <= 0)
667         cSchl[0] = 0;
668       GetPrivateProfileString( cAbs, cSchl,"",
669         cBuffer, sizeof(cBuffer)-1, "SYSTEM.INI");
670       GetWindowText( hWndSysEdit, cBuffer1,
671         sizeof(cBuffer1)-1);
672       if ( (cAbs[0] == 0) || (cSchl[0] == 0))
673         SetWindowText( hWndSysEdit, cBuffer);
674       else
675       {
676         if ( strcmp(cBuffer,cBuffer1) !=0 )
677         {
678           if ( MessageBox( hWndMain,
679                 "Wollen Sie wirklich ändern?",
680                 "SYSTEM.INI", MB_YESNO |
681                 MB_DEFBUTTON2) == IDYES)
682             WritePrivateProfileString( cAbs, cSchl,
683               cBuffer1, "SYSTEM.INI");
684         else
685           SetWindowText( hWndSysEdit, cBuffer);
686         }
687       }
688       ShowWindow( hWndSysButt, SW_HIDE);
689       break;
690   }
691   return TRUE;
692
693 }
694 /* QCIniEdi.h */
695 /* QuickCase:W */
696 #include <windows.h>
697 #include <string.h>
698
699 #define IDC_WA      101
700 #define IDC_WK      102
701 #define IDC_WE      103
702 #define IDC_WB      104
703 #define IDC_SA      105
704 #define IDC_SK      106
705 #define IDC_SE      107
706 #define IDC_SB      108
707
708 #define IDS_ERR_REGISTER_CLASS   1
709 #define IDS_ERR_CREATE_WINDOW    2
710
711 char szString[128];
712 /* Variable zum Laden der Resource-Texte */
713 char szAppName[20];
714 /* Klassenname des Fensters              */
715
716 HWND hInst;
717 HWND hWndMain;
718
719 LONG FAR PASCAL WndProc(HWND, WORD, WORD, LONG);
720 int nCwRegisterClasses(void);
721 void CWUnRegisterClasses(void);
722
723 int ControlCreate( HWND);
724 int ComboWinIni( HWND, WORD);
725 int ComboSysIni( HWND, WORD);
726 int ComboWinIniK( HWND, WORD);
727 int ComboSysIniK( HWND, WORD);
728 int EditWinIni( HWND, WORD);
729 int EditSysIni( HWND, WORD);
730 int ButtWinIni( HWND, WORD);
731 int ButtSysIni( HWND, WORD);
```

Eine mühsame Angelegenheit ist die Erzeugung und Positionierung der Controlls innerhalb des Hauptfensters. Diese Aufgabe übernimmt unsere eigene Funktion ControlCreate(), die vier statische Texte und vier Comboboxen über die Windows-Funktion CreateWindow() erzeugt. Die daraus entstehenden Handles werden in globalen Variablen hinterlegt, damit alle Programmteile darauf zugreifen können. Eine Eingabe durch den Benutzer in eine Combobox wird dadurch verhindert, daß diese Box als Listenfeld mit statischem Feld über die Konstante CBS_DROPDOWNLIST definiert ist.

```
    hWndAbschWinTxt = CreateWindow( "STATIC",
                    "WIN.INI",
                    WS_CHILD | WS_VISIBLE |
                    SS_CENTER,
                    30, 15, 150, 14,
                    hWnd, 0, hInst, NULL);

    hWndAbschWin = CreateWindow( "COMBOBOX", "",
                    WS_CHILD | WS_VISIBLE |
                    CBS_DROPDOWNLIST |
                    CBS_AUTOHSCROLL,
                    30, 30, 150, 100,
                    hWnd, IDC_WA, hInst, NULL);
```

Es werden außerdem noch zwei Eingabefelder und zwei Befehlsschaltflächen erzeugt, die später zur Darstellung von Inhalten bzw. zum Ändern genutzt werden. Bei diesen vier Steuerelementen wird jedoch auf die Konstante WS_VISIBLE verzichtet, damit sie zu Beginn unsichtbar bleiben und erst bei Bedarf dargestellt werden.

```
/* füllen der Combobox mit den Abschnitten */
for (i =0 ; i< (sizeof(cAbsWin)/
       sizeof(cAbsWin[0]));i++)
  SendMessage( hWndAbschWin, CB_ADDSTRING, 0,
     (LONG)(LPSTR)cAbsWin[i] );
SendMessage( hWndAbschWin, CB_SETCURSEL, 0, 0L);
```

Nachdem das Hauptfenster mit den Controls gefüllt wurde, ist es an der Zeit, die WIN.INI- und SYSTEM.INI-Comboboxen mit den Abschnitten zu belegen. Hierzu wird in einer Schleife ein als Konstante definiertes zweidimensionales Array gelesen und eine Zeichenkette an die Combobox übergeben. Dies geschieht durch die Funktion SendMessage, die eine CB_ADDSTRING-Meldung an die Combobox erzeugt. Dabei wird eine Combobox durch ihr Windows-Handle, wie z.B. hWndAbschWin für die WIN.INI-Abschnitt-Combobox, spezifiziert. Noch enthält die gefüllte Combobox keinen Eintrag in ihrem statischen Feld. Über die Meldung CB_SETCURSEL und die Angabe des Indizes Null wird der erste Eintrag in das Listenfeld übernommen. Das Füllen der Abschnitt-Combobox muß natürlich für die WIN.INI und die SYSTEM.INI in der jeweils dafür vorgesehenen Combobox erfolgen.

Jedes Control besitzt einen eigenen ID-Wert, der beim Auslösen einer WM_COMMAND-Meldung mit übergeben wird. Erfolgt durch die Betätigung eines Controls eine WM_COMMAND-Meldung an das Hauptfenster, wird der ID-Wert verwendet, um die Controls zu unterscheiden und eine entsprechende Funktion aufzurufen. Für die Comboboxen sind dies die Routinen ComboWinIni, ComboWinIniK, ComboSysIni und ComboSysIniK. Dabei ist ComboWinIni bzw. ComboSysIni für die Abschnitte und ComboWinIniK bzw. ComboSysIniK für die Schlüssel von WIN.INI bzw. SYSTEM.INI zuständig. Damit auf eine Auswahl innerhalb der Combobox reagiert werden kann, wird der Notifikation Code CBN_SELCHANGE ausgewertet, der sich im Parameter lParam befindet, sobald eine WM_COMMAND-Meldung erfolgt.

Wählt der Benutzer einen Eintrag der Abschnitt-Combobox aus, entsteht eine WM_COMMAND-Meldung und daraus der Aufruf der Funktion ComboWinIni bzw. ComboSysIni.

```
int ComboWinIni( HWND hWnd, WORD wNoti)
{
  char cAbs[30];
  char cBuffer[1000];
  char *lpBuffer = cBuffer;
  DWORD dwIndex;

  switch (wNoti)
  {
    case CBN_SELCHANGE:
      dwIndex = SendMessage( hWndAbschWin,
            CB_GETCURSEL, 0, 0L);
      SendMessage( hWndAbschWin, CB_GETLBTEXT,
        (WORD)dwIndex, (LONG)(LPSTR)cAbs);
      GetProfileString( cAbs, NULL,"", cBuffer,
        sizeof(cBuffer)-1);
      SendMessage( hWndSchlWin, CB_RESETCONTENT,
        0, 0L);
```

```
      while (strlen(lpBuffer) != 0)
      {
        SendMessage( hWndSchlWin, CB_ADDSTRING, 0,
          (LONG)(LPSTR)lpBuffer );
        lpBuffer += strlen(lpBuffer) + 1;
      }
      SendMessage( hWndSchlWin, CB_SETCURSEL,
        0, 0L);
      SendMessage( hWndMain, WM_COMMAND, IDC_WK,
        MAKELONG( hWndSchlWin,CBN_SELCHANGE) );
      break;
  }
  return TRUE;
}
```

Durch den Aufruf SendMessage und der Meldung CB_GETCURSEL wird zuerst der Index des selektierten Eintrags und anschließend durch CB_GETLBTEXT die Zeichenkette des Eintrags gelesen. Der gewünschte Abschnitt der WIN.INI ist jetzt bekannt und kann dazu verwendet werden, alle Schlüssel zu ermitteln, die sich in diesem Abschnitt befinden. Dazu dient die Funktion GetProfileString, der der Name des Abschnittes und als Schlüssel der Wert Null übergeben wird. Hierdurch erkennt die Funktion GetProfileString, daß die Schlüssel ermittelt werden sollen. Alle vorhandenen Schlüssel werden aneinander gereiht und jeweils durch eine Null getrennt. Das Kennzeichen für das Ende sind dann zwei Nullen direkt hintereinander. In Form einer Schleife wird jede Zeichenkette gelesen, die jeweils einen Schlüsselwert darstellt, und anschließend an die Combobox für die Schlüssel übergeben. Die Übergabe geschieht wiederum über eine Meldung, die an die zu füllende Combobox gerichtet ist. Nachdem für den Benutzer der Abschnitt und die dazugehörigen Schlüssel sichtbar gemacht wurden, kann der Bediener einen Schlüssel auswählen und den Inhalt darstellen. Dazu dient die eigene Funktion Combo WinIniK, die zuerst den markierten Eintrag aus der Schlüssel-Combobox nimmt und zusammen mit dem Abschnittsnamen an die Funktion GetProfileString übergibt. Der Abschnitt und der Schlüssel ist bekannt, und daher liefert GetProfileString den dazugehörigen Wert aus der WIN.INI. Dieser Wert wird anschließend an das Eingabefeld übergeben und das Steuerelement durch die Funktion ShowWindow sichtbar gemacht.

```
    GetProfileString( cAbs, cSchl,"", cBuffer,
      sizeof(cBuffer)-1);
    SetWindowText( hWndWinEdit, cBuffer);
    ShowWindow( hWndWinEdit, SW_SHOW);
```

Erst nachdem der Benutzer eine Änderung in dem Eingabefeld vornimmt, wird innerhalb der Funktion EditWinIni der Pushbutton aktiviert, indem ihn ShowWindow anzeigt. Zuvor wird überprüft, ob eine Änderung des Eingabefeldes wirklich durch den Bediener erfolgte oder nur durch das Vorbesetzen ausgelöst wurde.

```
    int EditSysIni( HWND hWnd, WORD wNoti)
    {
      switch (wNoti)
      {
        case EN_CHANGE:
          if ( GetFocus() == hWnd)
            ShowWindow( hWndSysButt, SW_SHOW);
          break;
```

Durch die Windows-Funktion GetFocus wird das Handle des Controls ermittelt, das derzeitig den Focus besitzt. Entspricht dieser Wert dem Handle des Eingabefeldes, erfolgte eine Eingabe durch den Benutzer. Durch das Drücken des Pushbuttons kann der Bediener jetzt eine Änderung in der Initialisierungsdatei vornehmen. Die Betätigung der Schaltfläche löst die Funktion ButtWinIni aus, die für das Abspeichern in die Initialisierungsdatei zuständig ist. Nachdem der Abschnitt und der Schlüssel aus den Comboboxen gelesen wurde, nimmt ein Meldungsfenster noch eine Sicherheitsabfrage vor.

```
if ( MessageBox( hWndMain,
      "Wollen Sie wirklich ändern?",
      "WIN.INI", MB_YESNO |
      MB_DEFBUTTON2) == IDYES)
{
  /* Schreiben in WIN.INI */
  WriteProfileString( cAbs, cSchl,
    cBuffer1);
  /* alle Fenster benachrichtigen */
  SendMessage( 0xFFFF, WM_WININICHANGE,
    0, (LONG)(LPSTR)cAbs);
}
else
  SetWindowText( hWndWinEdit, cBuffer);
}
}
```

Erst nach der Bestätigung mit JA kann mit dem Schreiben in die Initialisierungsdatei begonnen werden. Im anderen Fall wird das Eingabefeld auf den alten Wert zurückgesetzt. Der Schreibvorgang erfolgt mit Hilfe der Funktion WriteProfileString. Nicht vergessen werden sollte noch die Mitteilung der Änderung der WIN.INI an alle anderen Applikationen. Dazu wird die Meldung WM_WININICHANGE durch SendMessage an alle Fenster gesendet. Der Wert 0xFFFF als Parameter für das Fenster-Handle bewirkt, daß die Meldung an alle Programme gelangt. Die Funktionsweise des Zugriffs auf die SYSTEM.INI ist fast identisch zu dem Ablauf, den wir gerade besprochen haben. Da die SYSTEM.INI nicht mit den Funktionen GetProfileString bzw. WriteProfileString bearbeitet werden kann, werden die entsprechenden Funktionen für die privaten Initialisierungsdateien GetPrivateProfileString bzw. WritePrivateProfileString verwendet. Diese beiden Funktionen benötigen als Kennzeichnung der Datei den Namen der Initialisierungsdatei als Zeichenkette. Außer dem zusätzlichen String "SYSTEM.INI" als letzten Parameter ist die Funktionsweise identisch.

Turbo C++

Neue Methoden	Kurzbeschreibung
TListBox::AddString	fügt Eintrag an Combobox an
TListBox::GetSelIndex	ermittelt Index des selektierten Eintrags einer Combobox
TListBox::GetString	liefert Eintag einer Combobox über den Index
TListBox::SetSelIndex	selektiert Eintrag einer Combobox
TListBox::ClearList	löscht alle Einträge der Combobox
TWindowsObject::Show	zeigt oder versteckt ein Control

Beispiel

```cpp
/**************** TCIniEdi.CPP ****************/

1   #include <owl.h>
2   #include <combobox.h>
3   #include <static.h>
4   #include <edit.h>
5   #include <button.h>
6
7   #define IDC_WA        101
8   #define IDC_WK        102
9   #define IDC_WE        103
10  #define IDC_WB        104
11  #define IDC_SA        105
12  #define IDC_SK        106
13  #define IDC_SE        107
14  #define IDC_SB        108
15
16  class TRahmen :public TApplication
17  {
18  public:
19    TRahmen(LPSTR AName, HANDLE hInstance,
20      HANDLE hPrevInstance,
21      LPSTR lpCmdLine, int nCmdShow)
22      : TApplication(AName, hInstance, hPrevInstance,
23        lpCmdLine, nCmdShow) {};
24    virtual void InitMainWindow();
25  };
26
27  class TIniEdit : public TWindow
28  {
29  public:
30    TComboBox  *pTAbschWin; /* Combobox stellt
31                              Abschnitte der WIN.INI dar */
32    TComboBox  *pTAbschSys; /* Combobox stellt
33                              Abschnitte der SYSTEM.INI dar */
34    TComboBox  *pTSchlWin;  /* Combobox stellt
35                              Schlüssel der WIN.INI dar */
36    TComboBox  *pTSchlSys;  /* Combobox stellt
37                              Schlüssel der SYSTEM.INI dar */
38    TEdit      *pTWinEdit;  // Editfield
39    TEdit      *pTSysEdit;  // Editfield
40    TButton    *pTWinButt;  // Button
41    TButton    *pTSysButt;  // Button
42
43    TIniEdit(PTWindowsObject AParent, LPSTR ATitle);
44    virtual void SetupWindow();
45    virtual int ControlCreate();
46    virtual void WmComboWinIni( RTMessage Msg) =
47      [ID_FIRST+IDC_WA] {
48      ComboWinIni( Msg.Receiver, Msg.LP.Hi); }
49    virtual void WmComboSysIni( RTMessage Msg) =
50      [ID_FIRST+IDC_SA] {
51      ComboSysIni( Msg.Receiver, Msg.LP.Hi); }
52    virtual void WmComboWinIniK( RTMessage Msg) =
53      [ID_FIRST+IDC_WK] {
54      ComboWinIniK( Msg.LP.Hi); }
55    virtual void WmComboSysIniK( RTMessage Msg) =
56      [ID_FIRST+IDC_SK] {
57      ComboSysIniK( Msg.LP.Hi); }
58    virtual void WmEditWinIni( RTMessage Msg) =
59      [ID_FIRST+IDC_WE] {
60      EditWinIni( Msg.LP.Hi); }
61    virtual void WmEditSysIni( RTMessage Msg) =
62      [ID_FIRST+IDC_SE] {
63      EditSysIni( Msg.LP.Hi); }
64    virtual void WmButtWinIni( RTMessage Msg) =
65      [ID_FIRST+IDC_WB] {
66      ButtWinIni( Msg.Receiver, Msg.LP.Hi); }
67    virtual void WmButtSysIni( RTMessage Msg) =
68      [ID_FIRST+IDC_SB] {
69      ButtSysIni( Msg.Receiver, Msg.LP.Hi); }
70    virtual int ComboWinIni( HWND, WORD);
71    virtual int ComboSysIni( HWND, WORD);
72    virtual int ComboWinIniK( WORD);
73    virtual int ComboSysIniK( WORD);
74    virtual int EditWinIni( WORD);
75    virtual int EditSysIni( WORD);
76    virtual int ButtWinIni( HWND, WORD);
77    virtual int ButtSysIni( HWND, WORD);
78  };
79
80  TIniEdit::TIniEdit(PTWindowsObject AParent,
81                                    LPSTR ATitle):
82    TWindow(AParent, ATitle)
83  {
84  long nWndunits;    /* Fenstergröße und Position */
85  int  nWndx;        /* x-Achse Multiplikator     */
86  int  nWndy;        /* y-Achse Multiplikator     */
87  int  nX;           /* Ergebnis Startpunkt(x, y) */
88  int  nY;
89  int  nWidth;       /* Ergebnis Breite und Höhe  */
90  int  nHeight;      /* des Fensters              */
91
92    /* Erzeugen einer geräteabhängigen Fenstergröße
93       und Position */
94    nWndunits = GetDialogBaseUnits();
95    nWndx = LOWORD(nWndunits);
96    nWndy = HIWORD(nWndunits);
97    nX = ((53 * nWndx) / 4);
98    nY = ((0 * nWndy) / 8);
99    nWidth = ((221 * nWndx) / 4);
100   nHeight = ((230 * nWndy) / 8);
101   Attr.Style =
102     WS_CAPTION      | /* Titel zufügen          */
103     WS_SYSMENU      | /* Systemmenübox zufügen  */
104     WS_MINIMIZEBOX  | /* Minimize Box zufügen   */
105     WS_BORDER       | /* nicht in der Größe
106                         veränderbar */
107     WS_OVERLAPPED;
108
109   Attr.X = nX;     /* X, Y                      */
110   Attr.Y = nY;
111   Attr.W = nWidth; /* Breite, Höhe des Fensters */
112   Attr.H = nHeight;
113
114   new TStatic( this, -1,
115     "WIN.INI",
116     30, 15, 150, 14,
117     8, NULL);
118
119   pTAbschWin = new TComboBox( this, IDC_WA,
120     30, 30, 150, 100,
121     WS_CHILD | WS_VISIBLE |
122     CBS_DROPDOWNLIST |
123     CBS_AUTOHSCROLL,
124     20, NULL);
125
126   new TStatic( this, -1,
127     "SYSTEM.INI",
128     200, 15, 150, 14,
129     11, NULL);
130
131   pTAbschSys = new TComboBox( this, IDC_SA,
132     200, 30, 150, 100,
133     WS_CHILD | WS_VISIBLE |
134     CBS_DROPDOWNLIST |
135     CBS_AUTOHSCROLL,
136     20, NULL);
137
138   new TStatic( this, -1,
139     "Schlüssel WIN.INI",
140     30, 115, 150, 14,
141     18, NULL);
142
143   pTSchlWin = new TComboBox( this, IDC_WK,
144     30, 130, 150, 100,
145     WS_CHILD | WS_VISIBLE |
146     CBS_DROPDOWNLIST |
147     CBS_AUTOHSCROLL,
148     20, NULL);
149
150   pTWinEdit = new TEdit( this, IDC_WE, "",
151     30, 230, 150, 20,
152     20, FALSE, NULL);
153   pTWinEdit->Attr.Style &= ~WS_VISIBLE; /*
154                                     versteckt */
155
156   pTWinButt = new TButton( this, IDC_WB,
157     "Ändern WIN.INI",
158     30, 260, 150, 17,
159     TRUE, NULL);
160   pTWinButt->Attr.Style &= ~WS_VISIBLE; /*
161                                     versteckt */
162
163   new TStatic( this, -1,
164     "Schlüssel SYSTEM.INI",
165     200, 115, 150, 14,
166     21, NULL);
167
168   pTSchlSys = new TComboBox( this, IDC_SK,
169     200, 130, 150, 100,
170     WS_CHILD | WS_VISIBLE |
171     CBS_DROPDOWNLIST |
172     CBS_AUTOHSCROLL,
173     20, NULL);
174
175   pTSysEdit = new TEdit( this, IDC_SE, "",
176     200, 230, 150, 20,
177     20, FALSE, NULL);
178   pTSysEdit->Attr.Style &= ~WS_VISIBLE; /*
179                                     versteckt */
180
181   pTSysButt = new TButton( this, IDC_SB,
182     "Ändern SYSTEM.INI",
183     200, 260, 150, 17,
184     TRUE, NULL);
185   pTSysButt->Attr.Style &= ~WS_VISIBLE; /*
186                                     versteckt */
187 }
188
189 void TRahmen::InitMainWindow()
190 {
191   MainWindow = new TIniEdit(NULL,
192        "Editor für Windows System-Dateien");
193
194 }
195
196
197 void TIniEdit::SetupWindow()
198 {
199   TWindow::SetupWindow();
200   if (MessageBox(NULL, "Achtung gefährlich",
```

Spezielle-Windows Dateien

```
201            "IniEdit", MB_OKCANCEL |
202            MB_ICONEXCLAMATION) == IDCANCEL)
203       exit(FALSE);
204    /* Controls belegen */
205    ControlCreate();
206  }
207
208  /****************************************************/
209  /* ControlCreate Methode:                           */
210  /* Controls belegen                                 */
211  /****************************************************/
212  int TIniEdit::ControlCreate( void )
213  {
214    const char cAbsWin[][16] = {
215        "colors", "desktop", "devices",
216        "embedding", "extensions", "fonts",
217        "fontsubstitutes", "intl", "mci extensions",
218        "networks", "ports", "printerPorts",
219        "programs", "sounds", "TrueType",
220        "windows", "windows Help"
221    };
222    const char cAbsSys[][17] = {
223        "boot", "boot.description",
224        "drivers", "keyboard",
225        "mci", "NonWindowsApp",
226        "standard", "386Enh"
227    };
228
229    int i;
230
231    /* Füllen der Combobox mit den Abschnitten */
232    for (i =0 ; i< (sizeof(cAbsWin)/
233             sizeof(cAbsWin[0]));i++)
234        pTAbschWin->AddString((LPSTR)cAbsWin[i] );
235    pTAbschWin->SetSelIndex(0);
236
237    /* Füllen der Combobox mit den Abschnitten */
238    for (i =0 ; i< (sizeof(cAbsSys)/
239             sizeof(cAbsSys[0]));i++)
240        pTAbschSys->AddString((LPSTR)&cAbsSys[i] );
241    pTAbschSys->SetSelIndex(0);
242
243    return TRUE;
244  }
245
246  /****************************************************/
247  /* ComboWinIni   Methode:                           */
248  /* WIN.INI                                          */
249  /* WM_COMMAND von Absatz-Combobox                   */
250  /****************************************************/
251  int TIniEdit::ComboWinIni( HWND hWnd, WORD wNoti)
252  {
253    char cAbs[30];
254    char cBuffer[1000];
255    char *lpBuffer = cBuffer;
256    DWORD dwIndex;
257
258    switch (wNoti)
259    {
260      case CBN_SELCHANGE:
261        dwIndex = pTAbschWin->GetSelIndex();
262        pTAbschWin->GetString(cAbs, dwIndex);
263        GetProfileString( cAbs, NULL,"", cBuffer,
264            sizeof(cBuffer)-1);
265        pTSchlWin->ClearList();
266        while (strlen(lpBuffer) != 0)
267        {
268          pTSchlWin->AddString(lpBuffer );
269          lpBuffer += strlen(lpBuffer) + 1;
270        }
271        pTSchlWin->SetSelIndex(0);
272        SendMessage( hWnd, WM_COMMAND, IDC_WK,
273           MAKELONG( pTSchlWin->HWindow,CBN_SELCHANGE));
274        break;
275    }
276    return TRUE;
277  }
278
279  /****************************************************/
280  /* ComboWinIniK   Methode:                          */
281  /* WIN.INI                                          */
282  /* WM_COMMAND von Schlüssel-Combobox                */
283  /****************************************************/
284  int TIniEdit::ComboWinIniK( WORD wNoti)
285  {
286    char cAbs[30];
287    char cSchl[30];
288    char cBuffer[100];
289    DWORD dwIndex;
290
291    switch (wNoti)
292    {
293      case CBN_SELCHANGE:
294        dwIndex = pTAbschWin->GetSelIndex();
295        pTAbschWin->GetString(cAbs, dwIndex);
296        dwIndex = pTSchlWin->GetSelIndex();
297        pTSchlWin->GetString(cSchl, dwIndex);
298        GetProfileString( cAbs, cSchl,"", cBuffer,
299            sizeof(cBuffer)-1);
300        pTWinEdit->SetText( cBuffer);
301        pTWinEdit->Show( SW_SHOW);
302        break;
303    }
304    return TRUE;
305  }
306
307  /****************************************************/
308  /* EditWinIni Methode:                              */
309  /* WIN.INI                                          */
310  /* WM_COMMAND von Eintrag Editfield                 */
311  /****************************************************/
312  int TIniEdit::EditWinIni( WORD wNoti)
313  {
314    switch (wNoti)
315    {
316      case EN_CHANGE:
317        if ( GetFocus() == pTWinEdit->HWindow)
318          pTWinButt->Show( SW_SHOW);
319        break;
320    }
321    return TRUE;
322  }
323
324  /****************************************************/
325  /* ButtWinIni Methode:                              */
326  /* WIN.INI                                          */
327  /* WM_COMMAND von Eintrag-Button                    */
328  /****************************************************/
329  int TIniEdit::ButtWinIni( HWND hWnd, WORD wNoti)
330  {
331    char cAbs[30];
332    char cSchl[30];
333    char cBuffer[100];
334    char cBuffer1[100];
335    DWORD dwIndex;
336
337    switch (wNoti)
338    {
339      case BN_CLICKED:
340        dwIndex = pTAbschWin->GetSelIndex();
341        if ( pTAbschWin->GetString(cAbs, dwIndex)
342            <= 0)
343          cAbs[0] = 0;
344        dwIndex = pTSchlWin->GetSelIndex();
345        if ( pTSchlWin->GetString(cSchl, dwIndex)
346            <= 0)
347          cSchl[0] = 0;
348        GetProfileString( cAbs, cSchl,"", cBuffer,
349            sizeof(cBuffer)-1);
350        pTWinEdit->GetText( cBuffer1,
351            sizeof(cBuffer1)-1);
352        if ( (cAbs[0] == 0) || (cSchl[0] == 0))
353          pTWinEdit->SetText( cBuffer);
354        else
355        {
356          if ( strcmp(cBuffer,cBuffer1) !=0 )
357          {
358            if ( MessageBox( hWnd,
359               "Wollen Sie wirklich ändern?",
360               "WIN.INI", MB_YESNO |
361               MB_DEFBUTTON2) == IDYES)
362            {
363              /* Schreiben in WIN.INI */
364              WriteProfileString( cAbs, cSchl,
365                 cBuffer1);
366              /* alle Fenster benachrichtigen */
367              SendMessage( 0xFFFF, WM_WININICHANGE,
368                 0, (LONG)(LPSTR)cAbs);
369            }
370            else
371              pTWinEdit->SetText( cBuffer);
372          }
373        }
374        pTWinButt->Show( SW_HIDE);
375        break;
376    }
377    return TRUE;
378  }
379
380  /****************************************************/
381  /* ComboSysIni Methode:                             */
382  /* SYSTEM.INI                                       */
383  /* WM_COMMAND von Absatz-Combobox                   */
384  /****************************************************/
385  int TIniEdit::ComboSysIni( HWND hWnd, WORD wNoti)
386  {
387    char cAbs[30];
388    char cBuffer[1000];
389    char *lpBuffer = cBuffer;
390    DWORD dwIndex;
391
392    switch (wNoti)
393    {
394      case CBN_SELCHANGE:
395        dwIndex = pTAbschSys->GetSelIndex();
396        pTAbschSys->GetString( cAbs, dwIndex);
397        GetPrivateProfileString( cAbs, NULL,"",
398           cBuffer, sizeof(cBuffer)-1, "SYSTEM.INI");
399        pTSchlSys->ClearList();
400        while (strlen(lpBuffer) != 0)
401        {
402          pTSchlSys->AddString( lpBuffer);
403          lpBuffer += strlen(lpBuffer) + 1;
404        }
405        pTSchlSys->SetSelIndex(0);
406        SendMessage( hWnd, WM_COMMAND, IDC_SK,
407            MAKELONG( pTSchlSys->HWindow,
408            CBN_SELCHANGE));
409        break;
410    }
411    return TRUE;
412  }
413
414  /****************************************************/
415  /* ComboSysIniK Methode:                            */
416  /* SYSTEM.INI                                       */
```

```
417  /* WM_COMMAND von Schlüssel-Combobox        */
418  /*******************************************/
419  int TIniEdit::ComboSysIniK( WORD wNoti)
420  {
421    char cAbs[30];
422    char cSchl[30];
423    char cBuffer[100];
424    DWORD dwIndex;
425
426    switch (wNoti)
427    {
428      case CBN_SELCHANGE:
429        dwIndex = pTAbschSys->GetSelIndex();
430        pTAbschSys->GetString( cAbs, dwIndex);
431        dwIndex = pTSchlSys->GetSelIndex();
432        pTSchlSys->GetString( cSchl, dwIndex);
433        GetPrivateProfileString( cAbs, cSchl,"",
434            cBuffer, sizeof(cBuffer)-1, "SYSTEM.INI");
435        pTSysEdit->SetText( cBuffer);
436        pTSysEdit->Show( SW_SHOW);
437        break;
438    }
439    return TRUE;
440  }
441
442  /*******************************************/
443  /* EditSysIni Methode:                      */
444  /* SYSTEM.INI                               */
445  /* WM_COMMAND von Eintrag-Editfield         */
446  /*******************************************/
447  int TIniEdit::EditSysIni( WORD wNoti)
448  {
449    switch (wNoti)
450    {
451      case EN_CHANGE:
452        if ( GetFocus() == pTSysEdit->HWindow)
453          pTSysButt->Show( SW_SHOW);
454        break;
455    }
456    return TRUE;
457  }
458
459  /*******************************************/
460  /* ButtSysIni Methode:                      */
461  /* SYSTEM.INI                               */
462  /* WM_COMMAND von Eintrag-Button            */
463  /*******************************************/
464  int TIniEdit::ButtSysIni( HWND hWnd, WORD wNoti)
465  {
466    char cAbs[30];
467    char cSchl[30];
468    char cBuffer[100];
469    char cBuffer1[100];
470    DWORD dwIndex;
471
472    switch (wNoti)
473    {
474      case BN_CLICKED:
475        dwIndex = pTAbschSys->GetSelIndex();
476        if ( pTAbschSys->GetString( cAbs, dwIndex)
477            <= 0)
478          cAbs[0] = 0;
479        dwIndex = pTSchlSys->GetSelIndex();
480        if ( pTSchlSys->GetString( cSchl, dwIndex)
481            <= 0)
482          cSchl[0] = 0;
483        GetPrivateProfileString( cAbs, cSchl,"",
484            cBuffer, sizeof(cBuffer)-1, "SYSTEM.INI");
485        pTSysEdit->GetText( cBuffer1,
486            sizeof(cBuffer)-1);
487        if ( (cAbs[0] == 0) || (cSchl[0] == 0))
488          pTSysEdit->SetText( cBuffer);
489        else
490        {
491          if ( strcmp(cBuffer,cBuffer1) !=0 )
492          {
493            if ( MessageBox( hWnd,
494                "Wollen Sie wirklich ändern?",
495                "SYSTEM.INI", MB_YESNO |
496                MB_DEFBUTTON2) == IDYES)
497              WritePrivateProfileString( cAbs, cSchl,
498                  cBuffer1, "SYSTEM.INI");
499            else
500              pTSysEdit->SetText( cBuffer);
501          }
502        }
503        pTSysButt->Show( SW_HIDE);
504        break;
505    }
506    return TRUE;
507  }
508
509
510  int PASCAL WinMain(HANDLE hInstance,
511                    HANDLE hPrevInstance,
512       LPSTR lpCmdLine, int nCmdShow)
513  {
514    TRahmen MeinRahmen ("IniEdit",
515        hInstance, hPrevInstance,
516        lpCmdLine, nCmdShow);
517    MeinRahmen.Run();
518    return MeinRahmen.Status;
519  }
```

Steuerelement als Objekt

Die C++-Version erzeugt die erforderlichen Steuerelemente natürlich nicht mit der Funktion CreateWindow, wie es in QuickC realisiert wurde, sondern es werden Objekte von den vordefinierten Klassen TStatic, TComboBox, TEdit und TButton verwendet. Innerhalb des Konstruktors TIniEdit, der von TWindow abgeleitet ist, liegt dafür eine geeignete Stelle vor. Alle Positionsangaben sind denen der QuickC-Version identisch, wobei die Controls mit der Methode new als Objekt erzeugt werden. Damit eine Verwandtschaft zwischen dem Hauptfenster und dem Control entsteht, wird als Vorfahre das Schlüsselwort this angegeben. Da wir uns im Konstruktor von TIniEdit befinden, wird durch this ein Pointer auf das Objekt TIniEdit eingetragen.

```
   new TStatic( this, -1,
                "WIN.INI",
                30, 15, 150, 14,
                8, NULL);

   pTAbschWin = new TComboBox( this, IDC_WA,
                    30, 30, 150, 100,
                    WS_CHILD | WS_VISIBLE |
                    CBS_DROPDOWNLIST |
                    CBS_AUTOHSCROLL,
                    20, NULL);
```

Fensterstilarten

Bei der Erzeugung von Controls als Objekt können nicht immer alle Fensterstilarten festgelegt werden. Ein Eingabefeld ist so ein Problemfall, da bei dem Aufruf des Konstruktors TEdit nicht direkt eine Stilart mitgegeben werden kann, die das Control zuerst unsichtbar macht. Hierzu ist es erforderlich, dessen Objektvariable Attr.Style zu verändern.

Durch die Stilart WS_VISIBLE, die das Control standardmäßig besitzt, wird es sichtbar gemacht. Aus diesem Grund wird Attr.Style mit dem negierten Wert von WS_VISIBLE gerundet. Als Ergebnis bleibt das Eingabefeld zu Beginn unsichtbar.

```
pTWinEdit = new TEdit( this, IDC_WE, "",
            30, 230, 150, 20,
            20, FALSE, NULL);
pTWinEdit->Attr.Style &= ~WS_VISIBLE;
```

Control auslösen

Die entstandenen Objekte erzeugen wiederum bei Betätigung eine WM_COMMAND-Meldung, der der Notification Code mitgegeben wird. Jedes Objekt erhält deshalb eine Methode, die der WM_COMMAND-Meldung zusammen mit dem ID-Wert des Controls zugeordnet wird. Im Gegensatz zu einer Menübedienung wird nicht auf CM_FIRST plus den ID-Wert, sondern auf ID_FIRST zusammen mit dem ID-WERT reagiert.

```
virtual void WmComboWinIni( RTMessage Msg ) =
    [ID_FIRST+IDC_WA] {
    ComboWinIni( Msg.Receiver, Msg.LP.Hi); }
```

RTMessage-Struktur

Sobald eine der Methoden der Steuerelemente aufgerufen wird, erhalten diese Informationen über die RTMessage-Struktur. Hierin sind viele Daten enthalten, die wir aber nicht für jedes Control benötigen. Daher ist eine Zeile Inline-Code ergänzt, die alle für die Bearbeitung in der Methode nötigen Werte aus der RTMessage-Struktur liest und nur diese weiterleitet. Es befindet sich z.B. der für die Untersuchung der Meldungsursache erfoderliche Notification Code in der Zeile Msg.LP.Hi.

SendMessage -> Methode

Damit später auf die Methoden und Variablen der Control-Objekte auch zugegriffen werden kann, ist der durch new entstandene Pointer auf das Objekt als Objektvariable innerhalb von TIniEdit hinterlegt. Eine Anwendung ist z.B. der Zugriff auf den Inhalt einer Combobox, der nicht mehr wie in QuickC über SendMessage sondern durch die Methode GetSelIndex und GetString erfolgt.

```
dwIndex = pTAbschSys->GetSelIndex();
pTAbschSys->GetString( cAbs, dwIndex);
```

Spezielle-Windows Dateien

Turbo Pascal

Neue Methoden	Kurzbeschreibung
TListBox.AddString	fügt Eintrag an Combobox an
TListBox.GetSelIndex	ermittelt Index des selektierten Eintrags einer Combobox
TListBox.GetString	liefert Eintrag einer Combobox über den Index
TListBox.SetSelIndex	selektiert Eintrag einer Combobox
TListBox.ClearList	löscht alle Einträge der Combobox
TWindowsObject.Show	zeigt oder versteckt ein Control

Beispiel

{****************** TPIniEdi.PAS ******************}

```
1   program TPIniEdi;
2   uses WObjects, WinTypes, WinProcs, Strings;
3
4   const
5     IDC_WA = 101;
6     IDC_WK = 102;
7     IDC_WE = 103;
8     IDC_WB = 104;
9     IDC_SA = 105;
10    IDC_SK = 106;
11    IDC_SE = 107;
12    IDC_SB = 108;
13
14  type
15    TRahmen = object( TApplication)
16    procedure InitMainWindow; virtual;
17    end;
18
19  type
20    PIniEdit = ^TIniEdit;
21    TIniEdit = object(TWindow)
22      pTAbschWin: PComboBox; { Combobox stellt
23                              Abschnitte der WIN.INI dar }
24      pTAbschSys: PComboBox; { Combobox stellt
25                              Abschnitte der SYSTEM.INI dar }
26      pTSchlWin: PComboBox;  { Combobox stellt
27                              Schlüssel der WIN.INI dar }
28      pTSchlSys: PComboBox;  { Combobox stellt
29                              Schlüssel der SYSTEM.INI dar }
30      pTWinEdit: PEdit;      { Editfield }
31      pTSysEdit: PEdit;      { Editfield }
32      pTWinButt: PButton;    { Button }
33      pTSysButt: PButton;    { Button }
34
35      constructor Init( AParent: PWindowsObject;
36                        ATitle: PChar);
37      procedure SetupWindow; virtual;
38      function ControlCreate: Boolean; virtual;
39      procedure ComboWinIni( var Msg: TMessage);
40                      virtual id_First + IDC_WA;
41      procedure ComboSysIni( var Msg: TMessage);
42                      virtual id_First + IDC_SA;
43      procedure ComboWinIniK( var Msg: TMessage);
44                      virtual id_First + IDC_WK;
45      procedure ComboSysIniK( var Msg: TMessage);
46                      virtual id_First + IDC_SK;
47      procedure EditWinIni( var Msg: TMessage);
48                      virtual id_First + IDC_WE;
49      procedure EditSysIni( var Msg: TMessage);
50                      virtual id_First +IDC_SE;
51      procedure ButtWinIni( var Msg: TMessage);
52                      virtual id_First +IDC_WB;
53      procedure ButtSysIni( var Msg: TMessage);
54                      virtual id_First +IDC_SB;
55    end;
56
57  constructor TIniEdit.Init( AParent: PWindowsObject;
58                             ATitle: PChar);
59  var
60    nWndunits: LongInt; { Fenstergröße und Position }
61    nWndx:    Integer;  { x-Achse Multiplikator }
62    nWndy:    Integer;  { y-Achse Multiplikator }
63    nX:       Integer;  { Ergebnis Startpunkt(x, y) }
64    nY:       Integer;
65    nWidth:   Integer;  { Ergebnis Breite und Höhe }
66    nHeight:  Integer;  { des Fensters }
67    pStaticTemp: PStatic;
68  begin
69    TWindow.Init(AParent, ATitle);
70
71    { Erzeugen einer geräteabhängigen Fenstergröße
72      und Position }
73    nWndunits := GetDialogBaseUnits;

74    nWndx := LOWORD(nWndunits);
75    nWndy := HIWORD(nWndunits);
76    nX := ((53 * nWndx) Div 4);
77    nY := ((0 * nWndy) Div 8);
78    nWidth := ((221 * nWndx) Div 4);
79    nHeight := ((230 * nWndy) Div 8);
80
81    Attr.Style :=
82    WS_CAPTION    Or { Titel zufügen       }
83    WS_SYSMENU    Or { Systemmenübox zufügen }
84    WS_MINIMIZEBOX Or { Minimize Box zufügen }
85    WS_BORDER     Or { nicht in der Größe
86                       veränderbar         }
87    WS_OVERLAPPED;
88
89    Attr.X := nX;      { X, Y              }
90    Attr.Y := nY;
91    Attr.W := nWidth;  { Breite, Höhe des Fensters }
92    Attr.H := nHeight;
93
94    pStaticTemp := New( PStatic, Init( @self, -1,
95                   'WIN.INI',
96                   30, 15, 150, 14,
97                   8));
98
99    pTAbschWin := New( PComboBox, Init( @self, IDC_WA,
100                  30, 30, 150, 100,
101                  CBS_DROPDOWNLIST Or
102                  CBS_AUTOHSCROLL,
103                  20)];
104
105   pStaticTemp := New( PStatic, Init( @self, -1,
106                  'SYSTEM.INI',
107                  200, 15, 150, 14,
108                  11));
109
110   pTAbschSys := New( PComboBox, Init( @self, IDC_SA,
111                  200, 30, 150, 100,
112                  CBS_DROPDOWNLIST Or
113                  CBS_AUTOHSCROLL,
114                  20)];
115
116   pStaticTemp := New( PStatic, Init( @self, -1,
117                  'Schlüssel WIN.INI',
118                  30, 115, 150, 14,
119                  18));
120
121   pTSchlWin := New( PComboBox, Init( @self, IDC_WK,
122                  30, 130, 150, 100,
123                  CBS_DROPDOWNLIST Or
124                  CBS_AUTOHSCROLL,
125                  20)];
126
127   pTWinEdit := New( PEdit, Init( @self, IDC_WE, '',
128                  30, 230, 150, 20, FALSE));
129
130   pTWinEdit^.Attr.Style := pTWinEdit^.Attr.Style And
131                  (NOT WS_VISIBLE); { versteckt }
132
133   pTWinButt := New( PButton, Init( @self, IDC_WB,
134                  'Ändern WIN.INI',
135                  30, 260, 150, 17,
136                  FALSE));
137   pTWinButt^.Attr.Style := pTWinButt^.Attr.Style And
138                  (Not WS_VISIBLE); { versteckt }
139
140   pStaticTemp := New( PStatic, Init( @self, -1,
141                  'Schlüssel SYSTEM.INI',
142                  200, 115, 150, 14,
143                  21));
144
145   pTSchlSys := New( PComboBox, Init( @self, IDC_SK,
146                  200, 130, 150, 100,
                   CBS_DROPDOWNLIST Or
```

```
147            CBS_AUTOHSCROLL,
148            20)];
149
150   pTSysEdit := New( PEdit, Init( @self, IDC_SE, '',
151            200, 230, 150, 20,
152            20, FALSE));
153   pTSysEdit^.Attr.Style := pTSysEdit^.Attr.Style And
154            (Not WS_VISIBLE); { versteckt }
155
156   pTSysButt := New( PButton, Init( @self, IDC_SB,
157            'Ändern SYSTEM.INI',
158            200, 260, 150, 17,
159            FALSE));
160   pTSysButt^.Attr.Style := pTSysButt^.Attr.Style And
161            (Not WS_VISIBLE); { versteckt }
162   end;
163
164   procedure TRahmen.InitMainWindow;
165   begin
166     MainWindow := New( PIniEdit, Init(nil,
167            'Editor für Windows System-Dateien'));
168
169   end;
170
171
172   procedure TIniEdit.SetupWindow;
173   begin
174     TWindow.SetupWindow;
175     if (MessageBox(0, 'Achtung gefährlich',
176         'IniEdit', MB_OKCANCEL Or
177         MB_ICONEXCLAMATION) = IDCANCEL) then
178       Halt(255);
179     { Controls belegen }
180     ControlCreate;
181   end;
182
183   {*****************************************************}
184   {  ControlCreate Methode:                             }
185   {  Controls belegen                                   }
186   {*****************************************************}
187   function TIniEdit.ControlCreate: Boolean;
188   const
189     cAbsWin: Array[0..16] of Array [0..15] of Char = (
190         'colors', 'desktop', 'devices',
191         'embedding', 'extensions', 'fonts',
192         'fontsubstitutes', 'intl', 'mci extensions',
193         'networks', 'ports', 'printerPorts',
194         'programs', 'sounds', 'TrueType',
195         'windows', 'windows Help');
196     cAbsSys: Array[0..7] of Array[0..16] of Char = (
197         'boot', 'boot.description',
198         'drivers', 'keyboard',
199         'mci', 'NonWindowsApp',
200         'standard', '386Enh' );
201   var
202     i: Integer;
203   begin
204     { füllen der Combobox mit den Abschnitten }
205     i := 0;
206     while (i< (sizeof(cAbsWin)/
207            sizeof(cAbsWin[0]))) Do
208     begin
209       pTAbschWin^.AddString(cAbsWin[i] );
210       Inc( i);
211     end;
212     pTAbschWin^.SetSelIndex(0);
213
214     { füllen der Combobox mit den Abschnitten }
215     i := 0;
216     while (i< (sizeof(cAbsSys)/
217            sizeof(cAbsSys[0]))) Do
218     begin
219       pTAbschSys^.AddString(cAbsSys[i] );
220       Inc( i);
221     end;
222     pTAbschSys^.SetSelIndex(0);
223
224     ControlCreate := TRUE;
225   end;
226
227   {*****************************************************}
228   {  ComboWinIni  Methode:                              }
229   {  WIN.INI                                            }
230   {  WM_COMMAND von Absatz-Combobox                     }
231   {*****************************************************}
232   procedure TIniEdit.ComboWinIni( var Msg: TMessage);
233   var
234     cAbs:    Array[0..29] of Char;
235     cBuffer: Array[0..999] of Char;
236     lpBuffer: Pchar;
237     iIndex:  Integer;
238
239   begin
240     case (Msg.LParamHi) of
241       CBN_SELCHANGE:
242       begin
243         iIndex := pTAbschWin^.GetSelIndex;
244         pTAbschWin^.GetString(cAbs, iIndex);
245         GetProfileString( cAbs, nil,'', cBuffer,
246            sizeof(cBuffer)-1);
247         pTSchlWin^.ClearList;
248         lpBuffer := @cBuffer;
249         while (StrLen(lpBuffer) <> 0) Do
250         begin
251           pTSchlWin^.AddString(lpBuffer );
252           lpBuffer := lpBuffer + StrLen(lpBuffer) + 1;
253         end;
254         pTSchlWin^.SetSelIndex(0);

255         SendMessage( Msg.Receiver, WM_COMMAND, IDC_WK,
256            MAKELONG( pTSchlWin^.HWindow,
257               CBN_SELCHANGE) );
258     end;
259   end;
260   end;
261
262   {*****************************************************}
263   {  ComboWinIniK Methode:                              }
264   {  WIN.INI                                            }
265   {  WM_COMMAND von Schlüssel-Combobox                  }
266   {*****************************************************}
267   procedure TIniEdit.ComboWinIniK( var Msg: TMessage);
268   var
269     cAbs:    Array[0..29] of Char;
270     cSchl:   Array[0..29] of Char;
271     cBuffer: Array[0..99] of Char;
272     iIndex:  Integer;
273
274   begin
275     case (Msg.LParamHi) of
276       CBN_SELCHANGE:
277       begin
278         iIndex := pTAbschWin^.GetSelIndex;
279         pTAbschWin^.GetString(cAbs, iIndex);
280         iIndex := pTSchlWin^.GetSelIndex;
281         pTSchlWin^.GetString(cSchl, iIndex);
282         GetProfileString( cAbs, cSchl,'', cBuffer,
283            sizeof(cBuffer)-1);
284         pTWinEdit^.SetText( cBuffer);
285         pTWinEdit^.Show( SW_SHOW);
286       end;
287     end;
288   end;
289
290   {*****************************************************}
291   {  EditWinIni Methode:                                }
292   {  WIN.INI                                            }
293   {  WM_COMMAND von Eintrag Editfield                   }
294   {*****************************************************}
295   procedure TIniEdit.EditWinIni( var Msg: TMessage);
296   begin
297     case (Msg.LParamHi) of
298       EN_CHANGE:
299       begin
300         if ( GetFocus = pTWinEdit^.HWindow) then
301           pTWinButt^.Show( SW_SHOW);
302       end;
303     end;
304   end;
305
306   {*****************************************************}
307   {  ButtWinIni Methode:                                }
308   {  WIN.INI                                            }
309   {  WM_COMMAND von Eintrag-Button                      }
310   {*****************************************************}
311   procedure TIniEdit.ButtWinIni( var Msg: TMessage);
312   var
313     cAbs:     Array[0..29] of Char;
314     cSchl:    Array[0..29] of Char;
315     cBuffer:  Array[0..99] of Char;
316     cBuffer1: Array[0..99] of Char;
317     iIndex:   Integer;
318
319   begin
320     case (Msg.LParamHi) of
321       BN_CLICKED:
322       begin
323         iIndex := pTAbschWin^.GetSelIndex;
324         if ( pTAbschWin^.GetString(cAbs, iIndex)
325              <= 0) then
326           cAbs[0] := #0;
327         iIndex := pTSchlWin^.GetSelIndex;
328         if ( pTSchlWin^.GetString(cSchl, iIndex)
329              <= 0) then
330           cSchl[0] := #0;
331         GetProfileString( cAbs, cSchl,'', cBuffer,
332            sizeof(cBuffer)-1);
333         pTWinEdit^.GetText( cBuffer1,
334            sizeof(cBuffer1)-1);
335         if ( (cAbs[0] = #0) Or (cSchl[0] = #0)) then
336           pTWinEdit^.SetText( cBuffer)
337         else
338         begin
339           if ( StrComp(cBuffer,cBuffer1) <>0 ) then
340           begin
341             if ( MessageBox( Msg.Receiver,
342                 'Wollen Sie wirklich ändern?',
343                 'WIN.INI', MB_YESNO Or
344                 MB_DEFBUTTON2] = IDYES) then
345             begin
346               { Schreiben in WIN.INI }
347               WriteProfileString( cAbs, cSchl,
348                  cBuffer1);
349               { alle Fenster benachrichtigen }
350               SendMessage( $FFFF, WM_WININICHANGE,
351                  0, LongInt(PChar(@cAbs)));
352             end
353             else
354               pTWinEdit^.SetText( cBuffer)
355           end;
356         end;
357         pTWinButt^.Show( SW_HIDE);
358       end;
359     end;
360   end;
361
362   {*****************************************************}
```

```
363  { ComboSysIni Methode:                            }
364  { SYSTEM.INI                                      }
365  { WM_COMMAND von Absatz-Combobox                  }
366  {****************************************************}
367  procedure TIniEdit.ComboSysIni( var Msg: TMessage);
368  var
369    cAbs:    Array[0..29] of Char;
370    cBuffer: Array[0..999] of Char;
371    lpBuffer: PChar;
372    iIndex:  Integer;
373
374  begin
375    case (Msg.LParamHi) of
376      CBN_SELCHANGE:
377      begin
378        iIndex := pTAbschSys^.GetSelIndex;
379        pTAbschSys^.GetString( cAbs, iIndex);
380        GetPrivateProfileString( cAbs, nil,'',
381              cBuffer, sizeof(cBuffer)-1, 'SYSTEM.INI');
382        pTSchlSys^.ClearList;
383        lpBuffer := @cBuffer;
384        while (StrLen(lpBuffer) <> 0) Do
385        begin
386          pTSchlSys^.AddString( lpBuffer);
387          lpBuffer := lpBuffer + StrLen(lpBuffer) + 1;
388        end;
389        pTSchlSys^.SetSelIndex(0);
390        SendMessage( Msg.Receiver, WM_COMMAND, IDC_SK,
391              MAKELONG( pTSchlSys^.HWindow,
392              CBN_SELCHANGE) );
393      end;
394    end;
395  end;
396
397  {****************************************************}
398  { ComboSysIniK Methode:                           }
399  { SYSTEM.INI                                      }
400  { WM_COMMAND von Schlüssel-Combobox                }
401  {****************************************************}
402  procedure TIniEdit.ComboSysIniK( var Msg: TMessage);
403  var
404    cAbs:    Array[0..29] of Char;
405    cSchl:   Array[0..29] of Char;
406    cBuffer: Array[0..99] of Char;
407    iIndex:  Integer;
408
409  begin
410    case (Msg.LParamHi) of
411      CBN_SELCHANGE:
412      begin
413        iIndex := pTAbschSys^.GetSelIndex;
414        pTAbschSys^.GetString( cAbs, iIndex);
415        iIndex := pTSchlSys^.GetSelIndex;
416        pTSchlSys^.GetString( cSchl, iIndex);
417        GetPrivateProfileString( cAbs, cSchl,'',
418              cBuffer, sizeof(cBuffer)-1, 'SYSTEM.INI');
419        pTSysEdit^.SetText( cBuffer);
420        pTSysEdit^.Show( SW_SHOW);
421      end;
422    end;
423  end;
424
425  {****************************************************}
426  { EditSysIni Methode:                             }
427  { SYSTEM.INI                                      }
428  { WM_COMMAND von Eintrag-Editfield                }
429  {****************************************************}
430  procedure TIniEdit.EditSysIni( var Msg: TMessage);
431  begin

432    case (Msg.LParamHi) of
433      EN_CHANGE:
434      begin
435        if ( GetFocus = pTSysEdit^.HWindow) then
436          pTSysButt^.Show( SW_SHOW);
437      end;
438    end;
439  end;
440
441  {****************************************************}
442  { ButtSysIni Methode:                             }
443  { SYSTEM.INI                                      }
444  { WM_COMMAND von Eintrag-Button                   }
445  {****************************************************}
446  procedure TIniEdit.ButtSysIni( var Msg: TMessage);
447  var
448    cAbs:     Array[0..29] of Char;
449    cSchl:    Array[0..29] of Char;
450    cBuffer:  Array[0..99] of Char;
451    cBuffer1: Array[0..99] of Char;
452    iIndex:   Integer;
453
454  begin
455    case (Msg.LParamHi) of
456      BN_CLICKED:
457      begin
458        iIndex := pTAbschSys^.GetSelIndex;
459        if ( pTAbschSys^.GetString( cAbs, iIndex)
460              <= 0) then
461          cAbs[0] := #0;
462        iIndex := pTSchlSys^.GetSelIndex;
463        if ( pTSchlSys^.GetString( cSchl, iIndex)
464              <= 0) then
465          cSchl[0] := #0;
466        GetPrivateProfileString( cAbs, cSchl,'',
467              cBuffer, sizeof(cBuffer)-1, 'SYSTEM.INI');
468        pTSysEdit^.GetText( cBuffer1,
469              sizeof(cBuffer1)-1);
470        if ( (cAbs[0] = #0) Or (cSchl[0] = #0)) then
471          pTSysEdit^.SetText( cBuffer)
472        else
473        begin
474          if ( StrComp(cBuffer,cBuffer1) <>0 ) then
475          begin
476            if ( MessageBox( Msg.Receiver,
477                  'Wollen Sie wirklich ändern?',
478                  'SYSTEM.INI', MB_YESNO Or
479                  MB_DEFBUTTON2) = IDYES) then
480              WritePrivateProfileString( cAbs, cSchl,
481                    cBuffer1, 'SYSTEM.INI')
482            else
483              pTSysEdit^.SetText( cBuffer);
484          end;
485        end;
486        pTSysButt^.Show( SW_HIDE);
487      end;
488    end;
489
490  end;
491
492  { Hauptprogramm }
493  var MeinRahmen : TRahmen;
494
495  begin
496    MeinRahmen.Init('IniEdit');
497    MeinRahmen.Run;
498    MeinRahmen.Done;
499  end.
```

Unterschied C++ zu TurboPascal OWL

Eine große Ähnlichkeit zwischen der OWL-Version von C++ und der TurboPascal-Version ist natürlich gegeben, aber wenn es um das Detail geht, unterscheiden sich das OWL von C++ und das TurboPascal leider doch recht stark. Eine Kompatibilität ist z.B. bei der Erzeugung der Controls leider nicht mehr gegeben. In beiden Fällen entstehen die Controls als Objekt über die Methode new, jedoch enthalten die dort aufgerufenen Konstruktoren unterschiedlich viele Parameter zwischen C++ OWL und dem TurboPascal OWL. Die Methoden für den Zugriff auf die Inhalte der Comboboxen wie z.B. AddString sind aber zum Glück identisch, wobei der Zugriff auf das Objekt über den Objektpointer nicht wie in C++ durch -> sondern in TurboPascal durch ^. erfolgt. Wenn Sie den C++-Teil genauer gelesen haben, erinnern Sie sich vielleicht daran, daß ein Control zuerst eine Methode mit Inline-Code aufgerufen hat, um spezielle Inhalte aus der TMessage-Struktur zu erhalten. Da diese Art der Realisierung über Inline-Code in TurboPascal nicht möglich ist, werden die Meldungsinformationen der TMessage-Struktur komplett an die bearbeitende Methode weitergeleitet. Außer den üblichen Sprachunterschieden zwischen C++ und TurboPascal bestehen sonst keine gravierenden Unterschiede zwischen den beiden Programmen.

Microsoft Visual Basic

Objekt	Eigenschaft	Inhalt
Form1	Caption	Editor für Windows System-Dateien
	BorderStyle	1 - Einfach; Größe nicht veränderbar
	Left	1560
	Top	0
	ScaleMode	3 - Pixel
	Height	6940
	Width	6645
Komb1	Top	30
	Left	30
	Style	2 - DropDown-Listenfeld
	Sorted	falsch
	Width	150
	Height	15
Komb2	Top	30
	Left	200
	Style	2 - DropDown-Listenfeld
	Sorted	falsch
	Width	150
	Height	15
Komb3	Top	130
	Left	30
	Style	2 - DropDown-Listenfeld
	Sorted	falsch
	Width	150
	Height	15
Komb4	Top	130
	Left	200
	Style	2 - DropDown-Listenfeld
	Sorted	falsch
	Width	150
	Height	15
Bezeichnung1	Top	15
	Left	30
	Alignment	2 - Zentriert
	Width	150
	Height	11
	Caption	WIN.INI
Bezeichnung2	Top	15
	Left	200
	Alignment	2 - Zentriert
	Width	150
	Height	11
	Caption	SYSTEM.INI
...		

Objekt	Eigenschaft	Inhalt
...		
Bezeichnung3	Top	115
	Left	30
	Alignment	2 - Zentriert
	Width	150
	Height	11
	Caption	Schlüssel WIN.INI
Bezeichnung4	Top	130
	Left	200
	Alignment	2 - Zentriert
	Width	150
	Height	11
	Caption	Schlüssel SYSTEM.INI
Text1	Top	230
	Left	30
	Width	150
	Height	21
	Text	
	Multiline	falsch
	Visible	falsch
Text2	Top	230
	Left	200
	Width	150
	Height	21
	Text	
	Multiline	falsch
	Visible	falsch
Befehl1	Top	260
	Left	30
	Width	150
	Height	16
	Caption	Ändern der WIN.INI
	Visible	falsch
Befehl2	Top	260
	Left	200
	Width	150
	Height	16
	Caption	Ändern der SYSTEM.INI
	Visible	falsch

Neue Eigenschaften	Kurzbeschreibung
Komb1.ListIndex	aktuelle Einträge der Combobox
Komb1.ListCount	enthält die Anzahl der Einträge der Combobox
Text1.Visible	Textfeld sichtbar oder versteckt

Spezielle-Windows Dateien

Neue Methoden	Kurzbeschreibung
Komb1.AddItem	fügt Eintrag an die Combobox an
Komb1.RemoveItem	entfernt Eintrag aus der Combobox

Neue API-Funktionen	Kurzbeschreibung
GetProfileString	liest Schlüssel oder Eintrag aus WIN.INI
GetPrivateProfileString	liest Schlüssel oder Eintrag aus privater Initialisierungs-Datei
WriteProfileString	schreibt Schlüssel oder Eintrag in WIN.INI
WritePrivateProfileString	schreibt Schlüssel oder Eintrag in private Initialisierungs-Datei
SendMessage	Meldung an Fenster oder Control senden

Beispiel

'****************** VBIniEdi.FRM ********************'**

```
1   Declare Function GetProfileString Lib "kernel"
2     (ByVal a As String, ByVal b As Any, ByVal c As
3     String, ByVal d As String, ByVal e As Integer) As
4     Integer
5   Declare Function GetPrivateProfileString Lib
6     "kernel" (ByVal a$, ByVal b As Any, ByVal c$,
7     ByVal d$, ByVal e%, ByVal f$) As Integer
8   Declare Function WriteProfileString Lib "kernel"
9     (ByVal a$, ByVal b$, ByVal c$) As Integer
10  Declare Function WritePrivateProfileString Lib
11    "kernel" (ByVal a$, ByVal b$, ByVal c$, ByVal d$)
12    As Integer
13  Declare Function SendMessage Lib "user" (ByVal a As
14    Integer, ByVal b As Integer, ByVal c As Integer,
15    ByVal d As Any) As Integer
16
17  Const WM_WININICHANGE = &H1A
18
19  Dim FocusText1 As Integer
20  Dim FocusText2 As Integer
21
22  Sub Form_Load ()
23    If (MsgBox("Achtung gefährlich", 49, "IniEdit") =
24      2) Then
25      End
26    End If
27    '** Controls belegen **
28    i = ControlCreate()
29
30  End Sub
31
32  Function ControlCreate ()
33  '***********************************************
34  ' ControlCreate Function:
35  ' Controls belegen
36  '***********************************************
37  Const AbschWinSize = 17
38  ReDim cAbsWin(AbschWinSize) As String
39    cAbsWin(0) = "colors": cAbsWin(1) = "desktop"
40    cAbsWin(2) = "devices": cAbsWin(3) = "embedding"
41    cAbsWin(4) = "extensions": cAbsWin(5) = "fonts"
42    cAbsWin(6) = "fontsubstitutes"
43    cAbsWin(7) = "intl"
44    cAbsWin(8) = "mci extensions"
45    cAbsWin(9) = "networks": cAbsWin(10) = "ports"
46    cAbsWin(11) = "printerPorts"
47    cAbsWin(12) = "programs": cAbsWin(13) = "sounds"
48    cAbsWin(14) = "TrueType"
49    cAbsWin(15) = "windows"
50    cAbsWin(16) = "windows Help"
51  Const AbschSysSize = 8
52  ReDim cAbsSys(AbschSysSize) As String
53    cAbsSys(0) = "boot"
54    cAbsSys(1) = "boot.description"
55    cAbsSys(2) = "drivers": cAbsSys(3) = "keyboard"
56    cAbsSys(4) = "mci": cAbsSys(5) = "NonWindowsApp"
57    cAbsSys(6) = "standard": cAbsSys(7) = "386Enh"
58
59  '** füllen der WIN.INI Combobox mit den
60  ' Abschnitten **
61  For i% = 0 To AbschWinSize - 1
62    Komb1.AddItem cAbsWin(i%)
63  Next
64  Komb1.ListIndex = 0
65
66  '** füllen der SYSTEM.INI Combobox mit den
67  ' Abschnitten **
68  For i% = 0 To AbschSysSize - 1
69    Komb2.AddItem cAbsSys(i%)
70  Next
71  Komb2.ListIndex = 0
72
73  End Function
74
75  Sub Komb1_Click ()
76  '***********************************************
77  ' ComboWinIni   Ereignis:
78  ' WIN.INI
79  ' WM_COMMAND von Absatz-Combobox
80  '***********************************************
81  ReDim cAbs(1) As String * 30
82  ReDim cBuffer(1) As String * 1000
83
84  cAbs(0) = Komb1.Text
85  x% = GetProfileString(cAbs(0), 0&, "", cBuffer(0),
86    1000 - 1)
87  i% = Komb3.ListCount
88  For j% = 0 To i% - 1
89    Komb3.RemoveItem 0
90  Next j%
91
92  Position% = InStr(cBuffer(0), Chr$(0)) + 1
93  Do While (Position% > 1)
94    Position% = InStr(cBuffer(0), Chr$(0))
95    Buffer$ = Left$(cBuffer(0), Position% - 1)
96    Komb3.AddItem Buffer$
97    Laenge% = Len(cBuffer(0)) - Position% - 1
98    Position% = Position% + 1
99    cBuffer(0) = Mid$(cBuffer(0), Position%,
100                     Laenge%)
101   Position% = InStr(cBuffer(0), Chr$(0))
102 Loop
103 Komb3.ListIndex = 0
104 Komb3_Click
105
106 End Sub
107
108 Sub Komb2_Click ()
109 '***********************************************
110 ' ComboSysIni   Ereignis:
111 ' SYSTEM.INI
112 ' WM_COMMAND von Absatz-Combobox
113 '***********************************************
114 ReDim cAbs(1) As String * 30
115 ReDim cBuffer(1) As String * 1000
116
117 cAbs(0) = Komb2.Text
118 x% = GetPrivateProfileString(cAbs(0), 0&, "",
119      cBuffer(0), 1000 - 1, "SYSTEM.INI")
120 i% = Komb4.ListCount
121 For j% = 0 To i% - 1
122   Komb4.RemoveItem 0
123 Next j%
124
125 Position% = InStr(cBuffer(0), Chr$(0)) + 1
126 Do While (Position% > 1)
127   Position% = InStr(cBuffer(0), Chr$(0))
128   Buffer$ = Left$(cBuffer(0), Position% - 1)
129   Komb4.AddItem Buffer$
130   Laenge% = Len(cBuffer(0)) - Position% - 1
131   Position% = Position% + 1
132   cBuffer(0) = Mid$(cBuffer(0), Position%,
133                    Laenge%)
134   Position% = InStr(cBuffer(0), Chr$(0))
135 Loop
136 Komb4.ListIndex = 0
137 Komb4_Click
138
```

```
139
140     End Sub
141
142     Sub Komb3_Click ()
143     '*****************************************
144     '*  ComboWinIniK    Ereignis:             *
145     '*  WIN.INI                               *
146     '*  WM_COMMAND von Schlüssel-Combobox     *
147     '*****************************************
148         ReDim cAbs(1) As String * 30
149         ReDim cSchl(1) As String * 30
150         Const cBuffSize = 100
151         ReDim cBuffer(1) As String * cBuffSize
152
153         cAbs(0) = Komb1.Text
154         cSchl(0) = Komb3.Text
155         j% = GetProfileString(cAbs(0), cSchl(0), "",
156             cBuffer(0), cBufferSize - 1)
157         Text1.Text = cBuffer(0)
158         Text1.Visible = 1
159
160     End Sub
161
162     Sub Komb4_Click ()
163     '*****************************************
164     '*  ComboWinIniK    Ereignis:             *
165     '*  SYSTEM.INI                            *
166     '*  WM_COMMAND von Schlüssel-Combobox     *
167     '*****************************************
168         ReDim cAbs(1) As String * 30
169         ReDim cSchl(1) As String * 30
170         Const cBuffSize = 100
171         ReDim cBuffer(1) As String * cBuffSize
172
173         cAbs(0) = Komb2.Text
174         cSchl(0) = Komb4.Text
175         j% = GetPrivateProfileString(cAbs(0), cSchl(0),
176             "", cBuffer(0), cBufferSize - 1,
177             "SYSTEM.INI")
178         Text2.Text = cBuffer(0)
179         Text2.Visible = 1
180
181     End Sub
182
183     Sub Text1_Change ()
184     '*****************************************
185     '*  EditWinIni Ereignis:                  *
186     '*  WIN.INI                               *
187     '*  WM_COMMAND von Eintrag Editfield      *
188     '*****************************************
189         If (FocusText1 = 1) Then
190             Befehl1.Visible = 1
191         End If
192
193     End Sub
194
195     Sub Text1_GotFocus ()
196         FocusText1 = 1
197     End Sub
198
199     Sub Text1_LostFocus ()
200         FocusText1 = 0
201     End Sub
202
203     Sub Text2_Change ()
204     '*****************************************
205     '*  EditSysIni Ereignis:                  *
206     '*  SYSTEM.INI                            *
207     '*  WM_COMMAND von Eintrag Editfield      *
208     '*****************************************
209         If (FocusText2 = 1) Then
210             Befehl2.Visible = 1
211         End If
212
213     End Sub
214
215     Sub Text2_GotFocus ()
216         FocusText2 = 1
217     End Sub
218

219     Sub Text2_LostFocus ()
220         FocusText2 = 0
221     End Sub
222
223     Sub Befehl1_Click ()
224     '*****************************************
225     '*  ButtWinIni Ereignis:                  *
226     '*  WIN.INI                               *
227     '*  WM_COMMAND von Eintrag-Button         *
228     '*****************************************
229         ReDim cAbs(1) As String * 30
230         ReDim cSchl(1) As String * 30
231         Const cBufferSize = 100
232         ReDim cBuffer(1) As String * cBufferSize
233         ReDim cBuffer1(1) As String * cBufferSize
234
235         cAbs(0) = Komb1.Text
236         cSchl(0) = Komb3.Text
237         i% = GetProfileString(cAbs(0), cSchl(0), "",
238             cBuffer(0), cBufferSize - 1)
239         cBuffer1(0) = Text1.Text
240         If ((Komb1.ListCount = 0) Or (Komb3.ListCount =
241             0)) Then
242             Text1.Text = cBuffer(0)
243         Else
244             If (cBuffer(0) <> cBuffer1(0)) Then
245                 If (MsgBox("Wollen Sie wirklich ändern?", 260,
246                     "WIN.INI") = 6) Then
247                     '* Schreiben in WIN.INI *
248                     i% = WriteProfileString(cAbs(0), cSchl(0),
249                         cBuffer1(0))
250                     '* alle Fenster benachrichtigen *'
251                     i% = SendMessage(&HFFFF, WM_WININICHANGE, 0,
252                         cAbs(0))
253                 Else
254                     Text1.Text = cBuffer(0)
255                 End If
256             End If
257         End If
258         Befehl1.Visible = 0
259
260     End Sub
261
262     Sub Befehl2_Click ()
263     '*****************************************
264     '*  ButtSysIni Ereignis:                  *
265     '*  SYSTEM.INI                            *
266     '*  WM_COMMAND von Eintrag-Button         *
267     '*****************************************
268         ReDim cAbs(1) As String * 30
269         ReDim cSchl(1) As String * 30
270         Const cBufferSize = 100
271         ReDim cBuffer(1) As String * cBufferSize
272         ReDim cBuffer1(1) As String * cBufferSize
273
274         cAbs(0) = Komb2.Text
275         cSchl(0) = Komb4.Text
276         i% = GetPrivateProfileString(cAbs(0), cSchl(0),
277             "", cBuffer(0), cBufferSize - 1,
278             "SYSTEM.INI")
279         cBuffer1(0) = Text2.Text
280         If ((Komb2.ListCount = 0) Or (Komb4.ListCount =
281             0)) Then
282             Text2.Text = cBuffer(0)
283         Else
284             If (cBuffer(0) <> cBuffer1(0)) Then
285                 If (MsgBox("Wollen Sie wirklich ändern?", 260,
286                     "SYSTEM.INI") = 6) Then
287                     '* Schreiben in SYSTEM.INI *
288                     i% = WritePrivateProfileString(cAbs(0),
289                         cSchl(0), cBuffer1(0), "SYSTEM.INI")
290                 Else
291                     Text2.Text = cBuffer(0)
292                 End If
293             End If
294         End If
295         Befehl2.Visible = 0
296
297     End Sub
```

Um alle Schlüssel eines Abschnittes aus der WIN.INI oder aus einer privaten Initialisierungsdatei z.B. SYSTEM.INI zu ermitteln, muß GetProfileString bzw. GetPrivateProfileString mit Null als Schlüsselbezeichnung übergeben werden. Normalerweise werden diese beiden Windows-API-Funktionen folgendermaßen definiert:

```
Declare Function GetProfileString Lib "kernel"
    (ByVal a As String, ByVal b As String, ByVal c As
    String, ByVal d As String, ByVal e As Integer) As
    Integer
Declare Function GetPrivateProfileString Lib
    "kernel" (ByVal a$, ByVal b As String, ByVal c$,
    ByVal d$, ByVal e%, ByVal f$) As Integer
```

Any

Der für uns interessante Teil ist der zweite Übergabeparameter, der den Schlüssel definiert. Dieser Schlüssel muß in der oben realisierten Definition als String übergeben werden. Um alle Schlüssel ermittelt zu bekommen, muß jedoch ein vier Byte großer Wert von Null übergeben werden. Die Schreibweise dafür würde 0& lauten und einen Datentyp von LongInteger darstellen. Eine Übergabe von LongInteger an einen Stringparameter verhindert jedoch VisualBasic durch seine Syntax-Prüfung. Eine Lösung solcher Probleme bietet der speziell für den Zugriff auf Windows-API-Funktionen gedachte Datentyp *Any*, der eine Typüberprüfung durch VisualBasic außer Kraft setzt. Natürlich ist jetzt der Programmierer für die richtige Versorgung des Parameters verantwortlich, und daher muß in unserem Fall strikt darauf geachtet werden, daß ein vier Byte großer Wert übergeben wird. Diese vier Bytes ergeben sich aus der Tatsache, daß eine Stringvariable als Adresse übergeben wird, die genau vier Bytes benötigt. Um sicherzugehen, daß VisualBasic wirklich Null in Form von vier Bytes an GetProfileString bzw. GetPrivateProfileString übergibt, wird nach der Null der Operator & angefügt und zwingend eine LongInteger-Zahl erzeugt. Die erforderliche Definition der API-Funktionen sieht damit folgendermaßen aus:

```
Declare Function GetProfileString Lib "kernel"
  (ByVal a As String, ByVal b As Any, ByVal c As
  String, ByVal d As String, ByVal e As Integer) As
  Integer
Declare Function GetPrivateProfileString Lib
  "kernel" (ByVal a$, ByVal b As Any, ByVal c$,
  ByVal d$, ByVal e%, ByVal f$) As Integer
```

Sobald ein Abschnitt über eine Combobox vom Benutzer gewählt wird, ist es erforderlich, die Schlüssel-Combobox mit Werten zu füllen. Dieser Vorgang erfolgt im Ereignis Komb1_Click bzw. Komb2_Click, indem zuerst alle Schlüssel eines Abschnittes mit der bereits genannten Funktion GetProfileString gelesen werden. Als Rückgabe erhalten wir einen String ganz besonderer Art, da der aus Zeichenketten besteht, die jeweils durch eine Byte große Null getrennt sind. Als Kennzeichen des Endes aller Schlüssel werden zwei Nullen angehängt. Unsere Aufgabe ist es jetzt, diese Zusammenstellung von Schlüsseln auseinander zu nehmen und einzeln an die Schlüsssel-Combobox anzufügen.

```
  Sub Komb1_Click ()
'*************************************************
' ComboWinIni    Ereignis:
' WIN.INI
' WM_COMMAND von Absatz-Combobox
'*************************************************
  ReDim cAbs(1) As String * 30
  ReDim cBuffer(1) As String * 1000

  cAbs(0) = Komb1.Text
  x% = GetProfileString(cAbs(0), 0&, "", cBuffer(0),
      1000 - 1)
  i% = Komb3.ListCount
  For j% = 0 To i% - 1
    Komb3.RemoveItem 0
  Next j%
```

```
      Position% = InStr(cBuffer(0), Chr$(0)) + 1
      Do While (Position% > 1)
        Position% = InStr(cBuffer(0), Chr$(0))
        Buffer$ = Left$(cBuffer(0), Position% - 1)
        Komb3.AddItem Buffer$
        Laenge% = Len(cBuffer(0)) - Position% - 1
        Position% = Position% + 1
        cBuffer(0) = Mid$(cBuffer(0), Position%,
                     Laenge%)
        Position% = InStr(cBuffer(0), Chr$(0))
      Loop
      Komb3.ListIndex = 0
      Komb3_Click
    End Sub
```

Wichtig ist dabei, den Puffer zur Aufnahme der Schlüssel mit einer festen Länge zu definieren. Bei der dynamischen Definition des Puffers cBuffer über ReDim kann dies durch das Anfügen eines * und die Größenangabe erfolgen. Die Kennzeichnung zwischen den einzelnen Schlüsseln ist eine Null, deren Position durch die Funktion InStr bestimmt werden kann. Diese Position dient dazu, der Funktion Left$ mitzuteilen, wie viele Zeichen von links aus der Zeichenkette gelesen werden sollen. Hieraus erhalten wir einen einzelnen Schlüsselwert, der durch die Methode AddItem an die Schlüssel-Combobox angefügt werden kann. Der jetzt bearbeitete Schlüsselname wird nicht mehr benötigt und wird daher aus der Sammlung der Schlüssel entfernt. Dies geschieht, indem mit Hilfe der Funktion Mid$ alle nachfolgenden Schlüssel genommen werden und damit der ursprüngliche Puffer cBuffer überschrieben wird. Mit dieser Operation steht jetzt der nächste Schlüssel an der ersten Stelle. Der Ablauf wird jetzt solange wiederholt, bis über die Funktion InStr festgestellt wird, daß zwei Nullen hintereinander folgen.

Von Interesse ist sicher ein Vergleich der realisierten Funktionen in QuickC, C++, TurboPascal und VisualBasic. Es befindet sich häufig eine fast identische Funktionsweise in unterschiedlichen Kleidern. Was in QuickC in Form von Funktionen realisiert wurde, ist in C++ und TurboPascal eine Methode. Dagegen finden wir die Funktionsweise in VisualBasic in Ereignissen wieder. Die nachfolgende Tabelle zeigt diese Ähnlichkeiten auf:

Sprache	Ort	Kurzbeschreibung
QuickC	ComboWinIni()	Abschnitte-Combobox
C++	TIniEdit::ComboWinIniWIN.INI	
TurboPascal	TIniEdit.ComboWinIni	
VisualBasic	Komb1_Click()	
QuickC	ComboSysIni()	Abschnitte-Combobox
C++	TIniEdit::ComboSysIni	SYSTEM.INI
TurboPascal	TIniEdit.ComboSysIni	
VisualBasic	Komb2_Click()	
QuickC	ComboWinIniK()	Schlüssel-Combobox
C++	TIniEdit::ComboWinIniK	WIN.INI
TurboPascal	TIniEdit.ComboWinIniK	
VisualBasic	Komb3_Click()	
...		

Sprache	Ort	Kurzbeschreibung
...		
QuickC	ComboSysIniK()	Schlüssel-Combobox
C++	TIniEdit::ComboSysIniK	SYSTEM.INI
TurboPascal	TIniEdit.ComboSysIniK	
VisualBasic	Komb4_Click()	
QuickC	EditWinIni()	Eintrag WIN.INI
C++	TIniEdit::EditWinIni	in Eingabefeld
TurboPascal	TIniEdit.EditWinIni	
VisualBasic	Text1_Click()	
QuickC	EditSysIni()	Eintrag SYSTEM.INI
C++	TIniEdit::EditSysIni	in Eingabefeld
TurboPascal	TIniEdit.EditSysIni	
VisualBasic	Text2_Click()	
QuickC	ButtWinIni()	Button, um Eintrag aus
C++	TIniEdit::ButtWinIni	Eingabefeld in WIN.INI
TurboPascal	TIniEdit.ButtWinIni	zu übernehmen
VisualBasic	Befehl1_Click()	
QuickC	ButtSysIni()	Button, um Eintrag aus
C++	TIniEdit::ButtSysIni	Eingabefeld in SYSTEM.INI
TurboPascal	TIniEdit.ButtSysIni	zu übernehmen
VisualBasic	Befehl2_Click()	

8.2 Die Registrations-Datenbank (Win3.1)

Eine Neuerung von Windows 3.1 ist die System-Registrations-Datenbank. Genauso wie es bei den Dateien WIN.INI und SYSTEM.INI der Fall ist, handelt es sich hierbei um eine Initialisierungsdatei für Windows und Windows-Applikationen. Die System-Registrations-Datenbank besteht aus der Datei REG.DAT, die sich im Windows-Verzeichnis befindet.

8.2.1 Funktionsweise

Im Gegensatz zu den *.INI Dateien besitzt die System-Registrations-Datenbank einen streng standardisierten Aufbau und ist durch ihre hohe Geschwindigkeit für eine Datenabfrage während der Programmlaufzeit wesentlich besser geeignet. Die Aufgabe der Registrations-Datenbank ist jedoch etwas unterschiedlich zu den *.INI Dateien und stellt eine Erweiterung und keinen Ersatz dar. Durch die drei Fragestellungen: "Wer bin ich?", "Was bin ich?" und "Welche Fähigkeiten besitze ich?", kann ihre Aufgabe recht gut beschrieben werden. Es werden Informationen über eine Anwendung hinterlegt, die jeder Applikation innerhalb von Windows zur Verfügung stehen. Diese Programme sind z.B. der Datei- und Druckmanager von Windows 3.1, die stark mit der Registrations-Datenbank zusammenarbeiten und Informationen entnehmen. Außerdem ist die Registrations-Datenbank ein wichtiger Bestandteil, um OLE-Applikationen realisieren zu können.

Da die Aufgaben und die Struktur der Registrations-Datenbank vorgegeben sind, sollte sie nicht für private Daten innerhalb einer Applikation genutzt werden, auch wenn dies möglich ist.

Zugriff

Registrier-Editor

Für den Zugriff stehen einige neue Funktionen zur Verfügung, die sich in der neuen Windows Dynamik Link Library SHELL.DLL befinden. Zudem existiert der Registrier-Editor REGEDIT.EXE, mit dem die Registrations-Datenbank im Dialog bearbeitet werden kann. Hiermit ist es möglich, während der Programm-Entwicklungsphase direkte Änderungen an der System-Registrations-Datenbank durchzuführen. Aber auch für den versierten Windows-Anwender kann der Editor ein recht brauchbares Hilfsmittel darstellen. Um beiden Gruppen von Nutzern des Registrier-Editors eine möglichst komfortable Bedienung zu ermöglichen, besteht REGEDIT aus zwei Betriebsarten. In der ersten Betriebsart können Einstellungen vorgenommen werden, die für den Datei- und Druckmanager relevant sind. Erst in der zweiten Betriebsart wird der Anwender mit dem vollen Funktionsumfang und damit auch mit OLE konfrontiert. Entscheidend für die Wahl ist der Programmstart des Registrier-Editors. Wird er ganz gewöhnlich über den Datei- oder Programm-Manager gestartet, entsteht der Standardmodus. Dagegen kann der Expertenmodus durch das Anfügen des Parameters /v beim Programmstart an die Befehlszeile erreicht werden. Beide Betriebsarten gleichzeitig können Sie nicht darstellen, dabei hilft auch nicht der Trick, den Registrier-Editor doppelt zu starten. Obwohl einmal mit /v und einmal ohne Parameter aufgerufen, kann dies nicht erreicht werden, da der Registrier-Editor so programmiert ist, daß immer nur eine einzige Instanz gestartet werden kann.

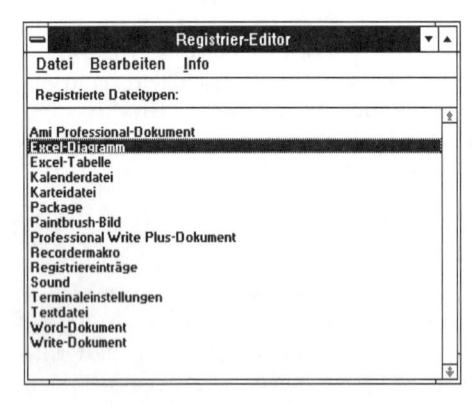

Abb. 232: Registrier-Editor REGEDIT.EXE Standard-Modus

Zugriff im Dialog mit RegEdit.Exe

Der Standardmodus des Register-Editors erlaubt es, Änderungen an den Einträgen für Applikationen vorzunehmen, die zum Starten von Programmen und zum Drucken von dem Dateimanager ausgewertet werden. Eine Änderung, aber auch eine Ergänzung eines Eintrags geschieht auf komfortable Weise innerhalb einer Dialogbox. Diese Einträge werden auch als Dateityp bezeichnet. Es können neue Dateitypen eingefügt, bestehende modifiziert oder gelöscht werden. Zudem kann ein existierender Dateityp als Grundlage für einen neuen dienen.

REGEDIT oder Datei-Manager

Normalerweise meldet sich eine moderne für Windows 3.1 geschriebene Applikation selbständig in der Registrierungs-Datenbank mit einem Dateityp an. Bei etwas älteren Versionen bringt das Programm diese Eigenschaft noch nicht mit, und dann ist der REGEDIT ein gutes Hilfsmittel. Nebenbei sei noch erwähnt, daß ein neuer Dateityp auch über den Dateimanager von Windows 3.1 in die Registrations-Datenbank eingetragen werden kann. Hierzu braucht nur im Datei-Manager mit dem Menüpunkt *Verknüpfen* des *Datei*-Menüs eine Beziehung zwischen Dateierweiterung und Applikation hergestellt zu werden. Hierdurch führt der Dateimanager automatisch den Eintrag in die Registrierungs-Database durch.

Dateityp ändern

Wird innerhalb des Registrier-Editors ein Dateityp doppelt mit der Maus angeklickt, erscheint eine Dialogbox, die alle für den Datei-Manager relevanten Schlüssel und Einträge enthält. Hierin kann jetzt eine Zuordnung zwischen einer Dateierweiterung zu einer Applikation wie z.B. WinWord erfolgen. Dabei wird zwischen den beiden Vorgängen "Dokument öffnen" und "Dokument drucken" unterschieden. Jeder dieser beiden Fälle erlaubt es, den zugeordneten Applikationen unterschiedliche Programmstart-Parameter mitzugeben. Zusätzlich können noch DDE-Funktionen genannt werden, falls die Applikation DDE unterstützt. Es wird dann der eingetragene DDE-Befehl beim Starten bzw. beim Beenden der Applikation durch den Datei-Manager gesendet. Natürlich kann der Datei-Manager die Registrierungs-Datenbank nur beachten, wenn die Dateierweiterung vom Dateimanager aus gestartet wird.

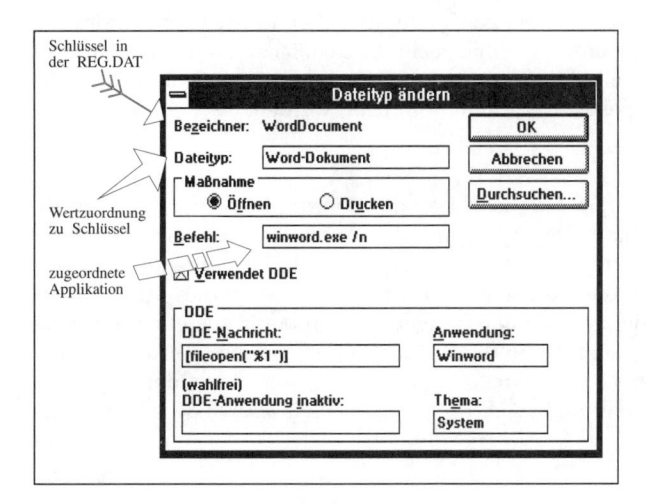

Abb. 233: Ändern des Dateityps im Dialogfenster

Ein entsprechender Satz von Einstellungen existiert für das Drucken eines Dokumentes über den Dateimanager. Das manuelle Einbringen von Schlüsseln wird wahrscheinlich nur im Ausnahmefall von Interesse sein, da die Applikationen bzw. der Dateimanager dies bereits vornimmt. Trotzdem gibt es einen schlimmen Fall, der durch das versehentliche Löschen der Datei REG.DAT oder durch eine andere Zerstörung entstehen könnte. Ist die Registrierungs-Datenbank wirklich völlig zerstört, so sollten Sie am besten Windows beenden und innerhalb von DOS die Datei REG.DAT löschen. Nach einem erneuten Start von Windows wird der Registrier-Editor ein Nothelfer zum Neuaufbau sein. Wenn Sie eventuell noch alte Versionen einer Registrierungs-Datenbank besitzen, können diese durch Menübedienung in die bestehende eingebracht werden.

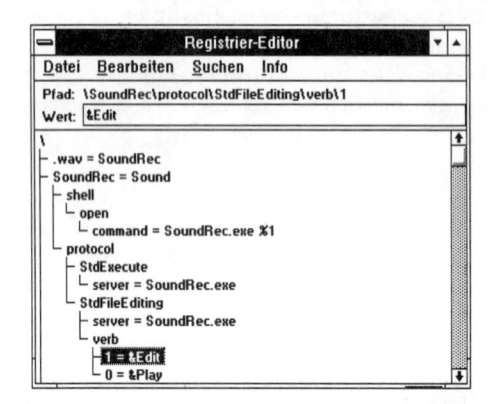

Abb. 234: Registrier-Editor REGEDIT.EXE -Experten-Modus

Zugriff im Dialog mit RegEdit.Exe /v

Nachdem der Registrier-Editor durch das Hinzufügen von /v gestartet ist, stehen dem Benutzer einige zusätzliche Möglichkeiten zur Verfügung. Alle in der Registrations-Datenbank enthaltenen Schlüssel werden in einer recht anschaulichen Baumstruktur in einem Fenster dargestellt. Innerhalb der Baumstruktur können einzelne Schlüssel mit der Maus markiert und durch doppeltes Anklicken modifiziert werden.

Temporäre Modifikation

Durch die unbegrenzten Änderungsmöglichkeiten der Registrations-Datenbank im Experten-Modus ist die Gefahr natürlich recht groß, daß durch eine Modifikation Fehler entstehen. Daher werden alle Änderungen, die im Experten-Modus vorgenommen werden, erst dann in die Registrations-Datenbank vorgenommen, wenn dies durch Menübefehl angestoßen wird. Vorher werden alle Befehle nur temporär gemerkt. Sollen die zuletzt gemachten Modifikationen nicht in die REG.DAT übernommen werden, braucht der Registrier-Editor-Experten-Modus nur beendet zu werden. Außerden kann die Rückstellung auch über den Menüpunkt *Änderungen Rückgängig machen* des *Datei*-Menüs erreicht werden.

Anwendung für Entwickler

Um ein Programm zu entwickeln, das sich in die Registrations-Datenbank selbst einträgt, wird der Experten-Modus des Registrier-Editors eine wertvolle Hilfe sein. Es kann gezielt nach Schlüsseln gesucht und deren Wertzuordnung analysiert und geändert werden. Natürlich sind hiermit auch falsch eingetragene Schlüssel wieder zu entfernen.

Aufbau

Die Daten sind als hierarchischer Baum definiert und werden in die Datei REG.DAT in binärer Form hinterlegt. Einträge lassen sich nur begrenzt mit einem Hexeditor wiederfinden. Da die Struktur streng als Baum aufgebaut ist, besteht dieser aus Knoten, die durch einen Schlüsselnamen identifiziert werden. Die oberste Ebene ist das Root-Verzeichnis, von dem die ersten Schlüssel abzweigen. Jeder Schlüssel für sich kann bereits einen Wert adressieren. Ein Schlüssel besteht aus einer Zeichenkette von druckbaren ASCII-Zeichen. Dabei ist der erlaubte Bereich auf Zeichen zwischen 32 und 127 begrenzt und schließt Steuerzeichen wie Backslash oder Blank aus. Der Wert, den ein Schlüssel adressiert, kann sich dagegen aus beliebigen ASCII-Zeichen zusammensetzen, aber immer unter der Voraussetzung, daß es ein String bleibt.

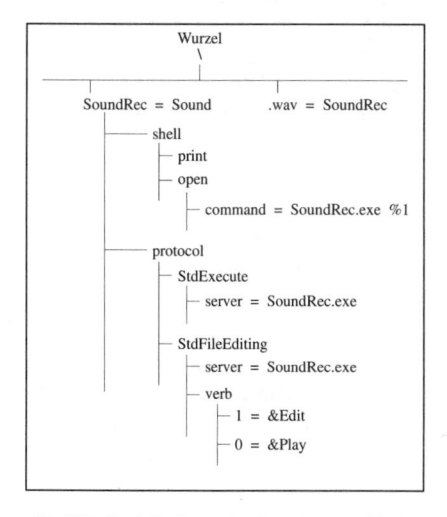

```
                          Wurzel
                            \
                            |
        ┌───────────────────┴──────────────┐
   SoundRec = Sound                  .wav = SoundRec
        ├── shell
        │     ├── print
        │     └── open
        │           └── command = SoundRec.exe %1
        ├── protocol
        │     ├── StdExecute
        │     │     └── server = SoundRec.exe
        │     └── StdFileEditing
        │           ├── server = SoundRec.exe
        │           └── verb
        │                 ├── 1 = &Edit
        │                 └── 0 = &Play
```

Abb. 235: Typische Baum-Struktur einer Applikation

Nachdem wir die grundsätzlichen Fähigkeiten der Registrierungs-Datenbank kennengelernt haben, sollte als nächstes ein Blick in die Interna geworfen werden. Es stehen folgende Windows-Funktionen zur Bearbeitung der Registrations-Datenbank zur Verfügung:

Funktion	Kurzbeschreibung
RegCloseKey	schließt einen Schlüssel
RegCreateKey	erzeugt einen Schlüssel
RegDeleteKey	löscht einen Schlüssel
RegEnumKey	ermittelt die Unterschlüssel eines Schlüssels
RegOpenKey	öffnet einen Schlüssel
RegQueryValue	liest den Wert (Text-String) eines Schlüssels
RegSetValue	ordnet dem Schlüssel als Wert einen String zu

Funktion RegOpenKey

Der erste Zugriff auf die Registrations-Datenbank erfolgt durch das Öffnen eines dem Programm bekannten Schlüssels. Dazu dient die Funktion RegOpenKey, die den Schlüssel öffnet, um ein nachfolgendes Auslesen des Wertes zu ermöglichen.

```
LONG RegOpenKey(hkey, lpszSubKey, phkResult);
```

Parameter	Datentyp	Bedeutung
hkey	HKEY	Handle eines übergeordneten, geöffneten Schlüssels
lpszSubKey	LPSTR	Bezeichnung des Schlüssels
phkResult	PHKEY	Adresse, die ein Handle des zu öffnenden Schlüssels aufnimmt

Im allgemeinen wird ein Schlüssel vom Root-Verzeichnis aus spezifiziert. Ist dies der Fall, erhält die Funktion RegOpenKey als ersten Parameter die Konstante HKEY_CLASSES_ROOT. Der Parameter lpszSubKey gibt den String an, der den Namen des Schlüssels bezeichnet. Als Rückgabeparameter dient der dritte Parameter, der auf eine Variable vom Typ HKEY zeigen muß und nach Funktionsende ein Handle auf den geöffneten Schlüssel enthält. Dieses Handle wird später noch zum Schließen über die Funktion Reg CloseKey benötigt.

Funktion RegCreateKey

Existiert der Schlüssel noch nicht in der Registrations-Datenbank, kann ein neuer über die Funktion RegCreateKey erzeugt werden. Außer der differenzierten Namensgebung besitzt RegCreateKey die gleichen Parameter wie RegOpenKey.

Funktionen RegQueryValue, RegSetValue

Nachdem ein Schlüssel geöffnet oder neu angelegt wurde, kann der Wert durch die Funktion RegQueryValue gelesen oder mit Hilfe von RegSetValue belegt werden.

```
LONG RegQueryValue( hkey, lpszSubKey,
        lpszValue, lpcb)
```

Parameter	Datentyp	Bedeutung
hkey	HKEY	Handle auf einen Schlüssel
lpszSubKey	LPSTR	Bezeichnung des Schlüssels
lpszValue	LPSTR	Puffer für Rückgabe-String
lpcb	LONG FAR *	Adresse auf Variable, die die Rückgabelänge enthält

Funktion RegQueryValue

```
    dwSize = KEYNAMESIZE;
    if (!RegQueryValue(hkeyClasses, szClass,
        szName, &dwSize))
```

Bei der Verwendung von RegQueryValue ist darauf zu achten, daß vor jedem Aufruf die gewünschte Länge des Strings, der gelesen werden soll, neu gesetzt wird. Diese Länge wird über die Variable, deren Adresse als vierter Parameter übergeben wurde, spezifiziert. Auch bei nochmaligem Aufruf sollte wieder die Länge gesetzt werden, da die Funktion RegQueryValue als Rückgabe die tatsächliche Länge in die Variable schreibt.

Funktion RegSetValue

```
LONG RegSetValue( hkey, lpszSubKey,
         dwType, lpszValue, cb)
```

Parameter	Datentyp	Bedeutung
hkey	HKEY	Handle auf einen Schlüssel
lpszSubKey	LPSTR	Bezeichnung des Schlüssels
dwType	DWORD	muß die Konstante REG_SZ sein
lpszValue	LPSTR	der zu setzende Wert als Zeichenkette
cb	DWORD	wird nicht beachtet

Funktion RegSetValue

```
RegSetValue(HKEY_CLASSES_ROOT,
".C",                /* Schlüssel */
REG_SZ,
"PROG",              /* Wert */
4);
```

Funktion RegCloseKey

Es ist ganz wichtig, darauf zu achten, einen Schlüssel, der mit einem Wert besetzt wurde, anschließend durch die Funktion RegCloseKey zu schließen. Erst ab diesem Zeitpunkt steht der Wert auch wirklich in der Registrations-Datenbank und kann von anderen Applikationen gelesen werden.

Funktion RegEnumKey

Bisher ist davon ausgegangen worden, daß ein Schlüssel bekannt ist. In der Praxis wird es häufiger der Fall sein, daß nach Schlüsseln von verschiedenen Programmen gesucht wird, wie es z.B. für OLE erforderlich ist. Die Funktion RegEnumKey ermöglicht es, nach allen Unterschlüsseln innerhalb einer Schlüsselebene zu suchen. Dies kann z.B. das Root-Verzeichnis sein, das durch die Konstante HKEY_CLASSES_ROOT als Handle spezifiziert wird.

```
LONG RegEnumKey(hkey, dwIndex, lpszBuffer, cbBuffer)
```

Parameter	Datentyp	Bedeutung
hkey	HKEY	Handle auf den Schlüssel
dwIndex	DWORD	Index des Schlüssels
lpszBuffer	LPSTR	Zeiger auf Puffer, in den der Schlüssel eingetragen wird
cbBuffer	DWORD	Größe des Schlüssel-Puffers

Um alle Unterschlüssel der Reihe nach zu ermitteln, muß der Indexzähler dwIndex von Null beginnend für jeden Schlüssel inkrementiert werden. Dies geschieht am zweckmäßigsten durch eine for-Schleife.

Funktion RegEnumKey
```
for (i = 0; !RegEnumKey( HKEY_CLASSES_ROOT, i++,
            szClass, KEYNAMESIZE); )
```

Die Funktion ermittelt bei jedem Aufruf den nächsten Unterschlüssel in der gleichen Ebene und übergibt den Namen an den Puffer.

8.2.2 Einsatz für OLE

Eine wichtige Anwendung der Registrations-Datenbank ist ihre Benutzung innerhalb von OLE-Applikationen. Dabei wird normalerweise ein Client die Registrations-Datenbank auslesen, um Informationen über die im System vorhandenen Server zu erhalten. Schreibende Zugriffe sind untypisch für einen Client. Im Gegensatz dazu hinterlegt der Server seine Werte in der Registrations-Datenbank. Damit sich alle Clients und Server auch wirklich über die Registrations-Datenbank verständigen können, müssen die Daten in einem vereinbarten Aufbau abgelegt werden. Einen Eindruck, wie Paintbrush dies erledigt, können Sie der Abbildung entnehmen.

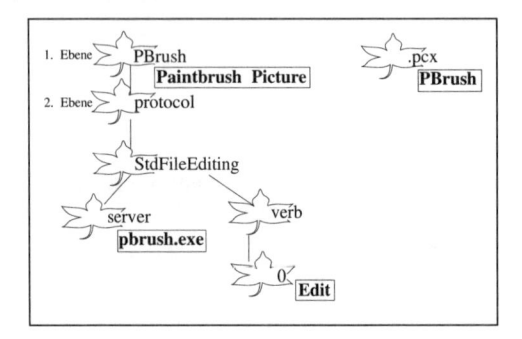

Abb. 236: Aufbau der Registrations-Datenbank für den Paintbrush-Server

Eine Client-Applikation wird bei Programmstart in der Registrations-Datenbank nachsehen, um alle Namen der Server zu erhalten. Im Fall Paintbrush steht dieser unter dem Schlüssel PBrush und verweist auf den Namen pbrush.exe. Der Ablauf zur Namensfindung wäre somit folgender: Es werden alle Schlüssel des Root-Verzeichnisses angesehen, die nicht mit einem Punkt beginnen. Diese Schlüssel sind anschließend auf den Unterschlüssel \protocol\StdFileEditing\server zu untersuchen. Der Wert des gefundenen Schlüssels braucht jetzt nur noch gelesen zu werden.

Als weitere wichtige Information sind alle Tätigkeitsworte (Verbs) hinterlegt, die der Server zur Verfügung stellt. Die Verbs befinden sich unter dem Schlüssel verb zusammen mit einer Nummer als Unterschlüssel. Jedes Tätigkeitswort besitzt daher nochmals eine Nummer als Schlüssel. Dabei besitzt der Zahlenwert eine Wichtigkeit in Bezug auf die Verb-Priorität. Der Schlüssel \verb\0 spezifiziert das primäre und \verb\1 bzw. alle nachfolgenden die sekundären Verbs. Im Fall Paintbrush steht nur das Tätigkeitswort Edit zur Verfügung, das das primäre Verb bezeichnet. Neben dem soeben genannten Aufbau sind noch weitere Schlüssel für OLE festgelegt. Damit auf die Leistungen eines OLE-Servers zugegriffen werden kann, ist es von besonderer Wichtigkeit, daß die Namensgebung eingehalten wird. Der Klassenname und der Server-Pfadname sollte für jede Klasse eingetragen werden, die der Server unterstützt. Hierbei muß der Klassenname derselbe sein, der auch bei der OLE-Funktion OleRegisterServer verwendet wird.

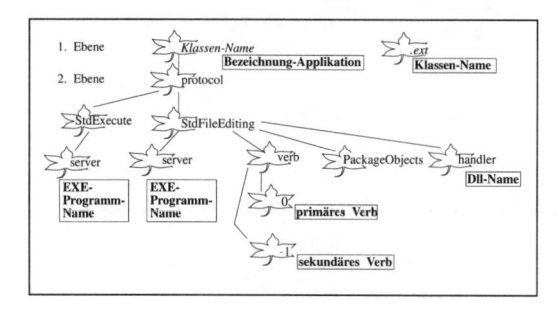

Abb. 237: Aufbau eines OLE-Servers

Besitzt die OLE-Applikation eine Objekt-Handler-DLL, so ist sie auch zusammen mit dem Schlüssel "handler" einzutragen. Ebenso sollten Server, die die Funktion OleExecute unterstützen, dies durch einen Eintrag in die Registrations-Datenbank zu erkennen geben. Ein sinnvoller Hinweis kann einer Client-Applikation durch die Angabe der Clipboard-Formate gegeben werden. Hierzu dienen die Schlüssel "SetDataFormats" und "RequestDataFormats". Die Formate können dann durch ein Komma getrennt als Inhalt in den Schlüssel eingetragen werden.

Beispiel

Eine typische Aufgabe einer Anwendung, die die Fähigkeiten eines OLE-Clients besitzt, stellt die Ermittlung aller im System vorhandenen OLE-Server dar. Als Beispiel soll eine Listbox zur Verfügung stehen, die mit allen im System eingetragenen OLE-Servern gefüllt wird. Die Größe der Listbox wird dabei immer der des Hauptfensters angepaßt.

Abb. 238: Registrations-Datenbank und OLE

Neue Funktion	Kurzbeschreibung
RegEnumKey	ermittelt die Unterschlüssel eines Schlüssels
RegOpenKey	öffnet einen Schlüssel
RegQueryValue	liest den Wert (Text-String) eines Schlüssels

/*************** QCRegOle.c ***************/

```c
1   /* QuickCase:W */
2   #include "QCRegOle.h"
3
4   int PASCAL WinMain(HANDLE hInstance, HANDLE
5   hPrevInstance, LPSTR lpszCmdLine, int nCmdShow)
6   {
7   /**********************************************/
8   /* hInstance;              Handle dieser Instanz  */
9   /* hPrevInstance;Handle der vorhergehenden Instanz*/
10  /* lpszCmdLine; Zeiger auf die Kommandozeile    */
11  /* nCmdShow;    Code zur Anzeige des Hauptfensters*/
12  /**********************************************/
13
14  MSG msg;       /* MSG-Struktur für die Meldungen */
15  int nRc;       /* Rückgabewert der Klassen-      */
16                 /* Registrierung(en)              */
17
18  strcpy(szAppName, "QCRegOle");
19  hInst = hInstance;
20  if(!hPrevInstance)
21    {
22    /* Registrieren der Fensterklasse(n) bei der  */
23    /* 1.Instanz                                  */
24        if ((nRc = nCwRegisterClasses()) == -1)
25          {
26    /* Registrierung schlug fehl                  */
27          LoadString(hInst, IDS_ERR_REGISTER_CLASS,
28                szString, sizeof(szString));
29          MessageBox(NULL, szString, NULL,
30                MB_ICONEXCLAMATION);
31          return nRc;
32          }
33    }
34
35  /* Hauptfenster erzeugen                        */
36  hWndMain = CreateWindow(
37        szAppName,        /* Klassennamen        */
38        "Registrierungs-Datenbank hilft OLE",
39                /* Text in der Titelzeile        */
40        WS_CAPTION     | /* Titel zufügen         */
41        WS_SYSMENU     | /* Systemmenübox zufügen */
42        WS_MINIMIZEBOX | /* Minimize Box zufügen  */
43        WS_MAXIMIZEBOX | /* Maximize Box zufügen  */
44        WS_THICKFRAME  | /* in der Größe veränderbar */
45        WS_CLIPCHILDREN |
46                /* kein Zeichnen in den Kindfenstern */
47        WS_OVERLAPPED,
48        CW_USEDEFAULT, 0, /* Defaultwerte für X, Y */
49        CW_USEDEFAULT, 0,
50                /* Defaultwerte für Breite und Höhe */
51        NULL,       /* Handle des Elternfensters */
52        NULL,       /* Handle des Menüs          */
53        hInst,      /* Handle der Instanz        */
54        NULL);      /* Struktur für WM_CREATE    */
55
56  if(hWndMain == NULL)
57    {
58    LoadString(hInst, IDS_ERR_CREATE_WINDOW,
59          szString, sizeof(szString));
60    MessageBox(NULL, szString, NULL,
61          MB_ICONEXCLAMATION);
62    return IDS_ERR_CREATE_WINDOW;
63    }
64  ShowWindow(hWndMain, nCmdShow);
65  /* Anzeigen des Hauptfensters */
66
67  while(GetMessage(&msg, NULL, 0, 0))
68  /* bis WM_QUIT eintritt  */
69    {
70    TranslateMessage(&msg);
71    DispatchMessage(&msg);
72    }
73
74  /* Aufräumarbeiten, bevor die Applikation beendet */
75  /* wird                                          */
76  CwUnRegisterClasses();
77  return msg.wParam;
78  } /* Ende der WinMain                            */
79
80  /**********************************************/
81  /*                                              */
82  /* Fensterroutine des Hauptfensters:            */
83  /*                                              */
84  /* Diese Prozedur stellt Service-Routinen für die */
85  /* Windows Ereignisse (Meldungen) bereit, die   */
86  /* Windows oder der Benutzer an das Fenster sendet.*/
87  /* Sie initialisiert Ereignisse (Meldungen), die */
88  /* entstehen, wenn der Anwender z.B. einen Menü- */
89  /* punkt oder ein Tastenkürzel anwählt.         */
90  /*                                              */
91  /**********************************************/
92
93  LONG FAR PASCAL WndProc(HWND hWnd, WORD Message,
94  WORD wParam, LONG lParam)
95  {
96  HMENU    hMenu=0;          /* Menühandle       */
97  HBITMAP  hBitmap=0; /* Handle für Bitmaps     */
98  HDC      hDC;/* Handle für den Display Context */
99  PAINTSTRUCT ps; /* enthält Zeichen-Informationen */
100 int      nRc=0; /* Rückgabewert               */
101
102 #define KEYNAMESIZE 50
103 DWORD    dwSize = 0L;
104 HKEY     hkeyTemp;
105 char     szClass[KEYNAMESIZE];
106 char     szExec[KEYNAMESIZE];
107 char     szName[KEYNAMESIZE];
108 int      i; // Index zur Abfrage der Unterschlüssel
109 HKEY     hkeyClasses = HKEY_CLASSES_ROOT;
110 static HWND hWndList;
111
112 switch (Message)
113 {
114 case WM_COMMAND:
115 /* Die Windows Meldungen für die Menüpunkte werden*/
116 /* hier verarbeitet.                             */
117   switch (wParam)
118   {
119
120     default:
121       return DefWindowProc(hWnd, Message,
122                       wParam, lParam);
123   }
124   break;    /* Ende von WM_COMMAND              */
125
126 case WM_CREATE:
127   /* Listbox erzeugen                            */
128   hWndList = CreateWindow("LISTBOX",
129         "OLE-Server",
130         WS_CHILD | WS_VISIBLE,
131         0, 0, 0, 0,
132         hWnd, NULL, GetWindowWord(hWnd,
133               GWW_HINSTANCE), NULL);
134   SendMessage(hWndList, LB_RESETCONTENT, 0, 0L);
135
136   for (i = 0; !RegEnumKey(hkeyClasses, i++,
137         szClass, KEYNAMESIZE); )
138     if (*szClass != '.')
139     {
140       /* Vergleichen, ob die Klasse wirklich einen Server bezeichnet. */
141       dwSize = 0;
142       hkeyTemp = NULL;
143       lstrcpy(szExec, szClass);
144       lstrcat(szExec, "\\protocol\\StdFileEditing\\server");
145
146       if (!RegOpenKey(hkeyClasses, szExec, &hkeyTemp))
147       {
148         /* String des Klassennamen ermitteln */
149         dwSize = KEYNAMESIZE;
150         if (!RegQueryValue(hkeyClasses, szClass,
151                     szName, &dwSize))
152         {
153           SendMessage(hWndList, LB_ADDSTRING, 0,
154                     (DWORD)(LPSTR)szName);
155         }
156         RegCloseKey(hkeyTemp);
157       }
158     }
159   break;    /* Ende von WM_CREATE */
160
161 case WM_MOVE:    /* Bewegen des Fensters */
162   break;
163
164 case WM_SIZE:
165 /* Größenänderung der Client Area */
166   MoveWindow( hWndList, 0,0, LOWORD(lParam),
167                   HIWORD(lParam), TRUE);
168   break;    /* Ende von WM_SIZE */
169
170 case WM_PAINT:   /* Neuzeichnen der Client Area */
171 /* bekommt ein Handle auf den Device Context */
172 /* BeginPaint wird evtl. WM_ERASEBKGND senden. */
173   memset(&ps, 0x00, sizeof(PAINTSTRUCT));
174   hDC = BeginPaint(hWnd, &ps);
175 /* falls der Hintergrund keine reine Farbe besitzt*/
176   SetBkMode(hDC, TRANSPARENT);
177 /* Das Neuzeichnen ist abgeschlossen. */
178   EndPaint(hWnd, &ps);
179   break;    /* Ende von WM_PAINT */
180
181 case WM_CLOSE:   /* Schließen des Fensters */
182 /* Zerstören der Kindfenster, modeless Dialogboxen*/
183 /* Zerstören dieses Fensters */
184   DestroyWindow(hWnd);
185   if (hWnd == hWndMain)
186     PostQuitMessage(0);
187 /* Beenden der Applikation */
188   break;
189
190   default:
191 /* Alle Meldungen, für die keine eigene Service- */
192 /* Routine zur Verfügung gestellt wird, sollten an*/
193 /* Windows gereicht werden, damit eine Default- */
194 /* Verarbeitung stattfinden kann. */
195     return DefWindowProc(hWnd, Message, wParam, lParam);
196   }
197   return 0L;
198 } /* Ende von WndProc */
199
200 /**********************************************/
201 /*                                              */
202 /* nCwRegisterClasses Funktion:                */
203 /*                                              */
204 /* Die folgende Funktion registriert alle Klassen */
205 /* von allen Fenstern, die mit dieser Applikation */
206 /* verbunden sind. Die Funktion liefert einen   */
```

Spezielle-Windows Dateien

```
207   /* Fehlercode zurück, falls sie nicht erfolgreich */
208   /* war, ansonsten wird 0 zurückgegeben.            */
209   /*                                                 */
210   /***************************************************/
211
212   int nCwRegisterClasses(void)
213   {
214     WNDCLASS   wndclass;
215     /* Struktur, um eine Klasse zu definieren         */
216     memset(&wndclass, 0x00, sizeof(WNDCLASS));
217     /* Füllen von WNDCLASS mit Fenster-Eigenschaften */
218     wndclass.style = CS_HREDRAW | CS_VREDRAW |
219                                   CS_BYTEALIGNWINDOW;
220     wndclass.lpfnWndProc = WndProc;
221     /* zusätzlicher Speicher für Klassen- und         */
222     /* Fensterobjekte                                 */
223     wndclass.cbClsExtra = 0;
224     wndclass.cbWndExtra = 0;
225     wndclass.hInstance = hInst;
226     wndclass.hIcon = LoadIcon(NULL, IDI_APPLICATION);
227     wndclass.hCursor = LoadCursor(NULL, IDC_ARROW);
228     /* Erzeugen eines Pinsels, um den Hintergrund    */
229     /* zu löschen                                    */
230     wndclass.hbrBackground = (HBRUSH)(COLOR_WINDOW+1);
231     wndclass.lpszMenuName = szAppName;
232     /* Klassenname = Menüname */

233     wndclass.lpszClassName = szAppName;
234     /* Klassenname = App.-Name */
235     if(!RegisterClass(&wndclass))
236       return -1;
237
238     return(0);
239   } /* Ende von nCwRegisterClasses              */
240
241   /***************************************************/
242   /* CwUnRegisterClasses Function:                   */
243   /*                                                 */
244   /* löscht jeden Bezug zu den Fenster-Resourcen,    */
245   /* die für diese Applikation erzeugt wurden, gibt  */
246   /* Speicher frei, löscht die Instanz, die Handles  */
247   /* und tätigt andere Aufräumarbeiten.              */
248   /*                                                 */
249   /***************************************************/
250
251   void CwUnRegisterClasses(void)
252   {
253     WNDCLASS   wndclass;
254     /* Struktur, um eine Klasse zu definieren */
255     memset(&wndclass, 0x00, sizeof(WNDCLASS));
256
257     UnregisterClass(szAppName, hInst);
258   } /* Ende von CwUnRegisterClasses            */
```

Eine Anpassung zwischen der Listbox und dem Hauptfenster geschieht in QuickC durch die Funktion MoveWindow bei der WM_SIZE-Meldung. Erzeugt und gefüllt wird die Listbox bereits während der WM_CREATE-Meldung.

Alle in der Registrations-Datenbank vorhandenen Schlüssel, die sich im Root-Verzeichnis befinden, werden innerhalb einer for-Schleife durch die Funktion RegEnumKey ermittelt. Damit wir auch wirklich die Schlüssel des Root-Verzeichnisses, also der obersten Ebene erhalten, muß RegEnumKey als Handle die Konstante HKEY_CLASSES_ROOT übergeben werden. Dieser Wert wurde zuvor in die Variable hkeyClasses geschrieben. Die Variable i dient als Laufzähler der Schlüssel und wird bei jedem Schleifendurchlauf inkrementiert. In unserem Fall sind nur die Schlüssel interessant, die nicht mit einem Punkt beginnen. Nur diese Schlüssel können eventuell den Aufbau \protocol\StdFile Editing\server besitzen, nach dem wir suchen.

```
for (i = 0; !RegEnumKey(hkeyClasses, i++,
        szClass, KEYNAMESIZE); )
  if (*szClass != '.')
  {
```

Der Klassenname, der sich in szClass befindet, dient jetzt als Grundlage zu Bildung des vollständigen Schlüssels. Dazu wird der String "\\protocol\\StdFileEditing\\server" an den Klassennamen angefügt. Als Auffrischung zu Ihren C-Kenntnissen sei kurz erwähnt, daß der doppelte Backslash \\ wegen der Entwertung des Backslash als Steuerzeichen notwendig ist. Im späteren String steht dann natürlich nur ein Backslash. Durch die Funktion RegOpenKey erfolgt das Öffnen des Schlüsselausdrucks. Liefert RegOpenKey als Wert Null zurück, ist der Schlüssel gefunden worden und kann daher mit Hilfe RegQueryValue ausgelesen werden.

```
/* Vergleichen, ob die Klasse wirklich
   einen Server bezeichnet  */
dwSize = 0;
hkeyTemp = NULL;
lstrcpy(szExec, szClass);
lstrcat(szExec,
    "\\protocol\\StdFileEditing\\server");
```

```
if (!RegOpenKey(hkeyClasses, szExec,
        &hkeyTemp))
{
  /* String des Klassenname ermitteln */
  dwSize = KEYNAMESIZE;
  if (!RegQueryValue(hkeyClasses, szClass,
        szName, &dwSize))
  {
    SendMessage(hWndList, LB_ADDSTRING, 0,
        (DWORD)(LPSTR)szName);
  }
  RegCloseKey(hkeyTemp);
}
```

Der so ermittelte Name des Servers wird durch die Meldung LB_ADDSTRING in die Listbox angefügt. Als Ergebnis erhalten wir alle im System vorhandenen OLE-Server.

Microsoft Visual Basic

In VisualBasic übernimmt das Load-Ereignis die meiste Arbeit des Hauptfensters. Hierin wird das Listenfeld mit allen OLE-Server-Informationen aus der Registrations-Datenbank gefüllt. Für das Setzen der Listbox auf die Größe des Hauptfensters ist das Resize-Ereignis von Form1 zuständig. Hier wird die Breite und Höhe der Client-Area aus den Eigenschaften ScaleHeight und ScaleWidth des Hauptfensters genommen und die Listbox auf den gleichen Wert gesetzt.

Objekt	Eigenschaft	Inhalt
Form1	Caption	Registrierungs-Datenbank hilft OLE
List1		

Neue API-Funktionen	Kurzbeschreibung
RegEnumKey	ermittelt die Unterschlüssel eines Schlüssels
RegOpenKey	öffnet einen Schlüssel
RegQueryValue	liest den Wert (Text-String) eines Schlüssels

Beispiel

```
 1  Declare Function RegEnumKey Lib "shell" (
 2      ByVal a As Long, ByVal b As Long,
 3      ByVal c As String, ByVal d As Long) As Long
 4  Declare Function RegOpenKey Lib "shell" (
 5      ByVal a As Long, ByVal b As String,
 6      c As Long) As Long
 7  Declare Function RegQueryValue Lib "shell" (
 8      ByVal a As Long, ByVal b As String,
 9      ByVal c As String, d As Long) As Long
10  Declare Function RegCloseKey Lib "shell" (
11      ByVal a As Long) As Long
12
13  Const HKEY_CLASSES_ROOT = &H1
14
15  Sub Form_Load ()
16      Const KEYNAMESIZE = 50
17      Dim szClass As String * KEYNAMESIZE
18      Dim szExec As String
19      Dim szName As String * KEYNAMESIZE
20
21      Dim lFlag As Long
22      Dim hkeyClasses As Long
23      Dim lIndex As Long
24      Dim hkeyTemp As Long
25      Dim lRet As Long
26
27      hkeyClasses = HKEY_CLASSES_ROOT
28
29      lFlag = 0
30      lIndex = 0
31      Do While lFlag = 0
32          lFlag = RegEnumKey(hkeyClasses, lIndex, szClass,
                            KEYNAMESIZE)
33
34          lIndex = lIndex + 1
35          If (Left$(szClass, 1) <> ".") Then
36              ' Vergleichen, ob die Klasse wirklich einen
37              ' Server bezeichnet
38              dwSize& = 0
39              hkeyTemp = 0
40              szExec = Left$(szClass, InStr(szClass,
                            Chr$(0)) - 1) +
41                            "\protocol\StdFileEditing\server"
42
43
44              lRet = RegOpenKey(hkeyClasses, szExec,
                            hkeyTemp)
45
46              If lRet = 0 Then
47                  ' String des Klassennamen ermitteln
48                  dwSize& = KEYNAMESIZE
```

Spezielle-Windows Dateien 625

```
49      lRet = RegQueryValue(hkeyClasses, szClass,      57      Loop
50             szName, dwSize&)                         58   End Sub
51      If lRet = 0 Then                                59
52         List1.AddItem szName                         60   Sub Form_Resize ()
53      End If                                          61     ' Größe des Listenfeldes anpassen
54      lRet = RegCloseKey(hkeyTemp)                    62     List1.Height = Form1.ScaleHeight
55   End If                                             63     List1.Width = Form1.ScaleWidth
56   End If                                             64   End Sub
```

Der schwierigste Teil der Realisierung ist die richtige Definition der API-Funktionen, um auf die Registrierungs-Datenbank zugreifen zu können. Nehmen wir uns als Beispiel die API-Funktion RegEnumKey vor, die in Windows folgendermaßen definiert ist:

```
LONG RegEnumKey(hkey, dwIndex, lpszBuffer, cbBuffer)
```

Parameter	Datentyp	Bedeutung
hkey	HKEY	Handle auf den Schlüssel
dwIndex	DWORD	Index des Schlüssels
lpszBuffer	LPSTR	Zeiger auf Puffer, in den der Schlüssel eingetragen wird
cbBuffer	DWORD	Größe des Schlüssel-Puffers

Um diesen Aufruf umsetzen zu können, ist bereits etwas Stöbern innerhalb von Windows nötig. Dem Windows- und C-Kenner werden die beiden Datentypen DWORD und LPSTR auf Anhieb bekannt vorkommen, da es sich hierbei um jeweils vier Byte große Werte von den VisualBasic-Datentypen Long und String handelt. Wirklich problematisch wird es jedoch bei dem Typ HKEY, dessen Größe nur unter Zuhilfenahme der Include-Datei ShellApi.H, die dem Microsoft SDK beiliegt, zu entschlüsseln ist. Dort befindet sich folgende Definition des Datentypes HKEY:

```
typedef DWORD HKEY;
```

Bei HKEY handelt es sich daher um einen vier Byte großen Long-Parameter. Mit dieser Kenntnis ist es nun möglich, die API-Funktion RegEnumKey zu definieren. Als Windows Dynamic Link Library wird jetzt die Bezeichnung shell verwendet, da sich in der Shell.DLL die gewünschte Funktion befindet.

```
Declare Function RegEnumKey Lib "shell" (
  ByVal a As Long, ByVal b As Long,
  ByVal c As String, ByVal d As Long) As Long
```

Mit Hilfe der API-Funktion RegEnumKey sollen einzeln alle Schlüssel der Registrations-Datenbank ermittelt werden. Hier legt uns VisualBasic jedoch eine kleine Falle. Da die Funktion RegEnumKey in einem Übergabeparameter einen String hinterlegt, ist es erforderlich, einen ausreichend großen Puffer z.B. über die Dim-Anweisung und eine feste Längenangabe zu erzeugen.

```
Dim szClass As String * KEYNAMESIZE
Dim szExec As String
Dim szName As String * KEYNAMESIZE
```

Nachdem der Wert eines Schlüssels von der API-Funktion RegEnumKey in die Variable szClass kopiert ist, muß diese noch durch eine Zeichenkette ergänzt werden. Das direkte Anfügen der Zeichenkette an den Klassennamen würde dazu führen, daß die Zeichenkette nicht bündig hinter den Klassennamen, sondern erst an das Ende der Variablen szClass erfolgt. Der Grund dafür ist, daß die String-Variable eine feste Länge besitzt.

Daher wird der erste Teil des Klassennamens aus der Variablen durch die Basic-Funktion Left$ genommen. Dabei ermittelt die Basic-Funktion InStr die tatsächliche Länge der Zeichenkette, die durch das Zeichen Null abgeschlossen wird. Erst jetzt kann die zusätzliche Zeichenkette an den Klassennamen angefügt werden.

```
lFlag = RegEnumKey(hkeyClasses, lIndex, szClass,
        KEYNAMESIZE)
lIndex = lIndex + 1
If (Left$(szClass, 1) <> ".") Then
   ' Vergleichen, ob die Klasse wirklich einen
   ' Server bezeichnet
   dwSize& = 0
   hkeyTemp = 0
   szExec = Left$(szClass, InStr(szClass,
           Chr$(0)) - 1) +
           "\protocol\StdFileEditing\server"

   lRet = RegOpenKey(hkeyClasses, szExec,
          hkeyTemp)
```

8.2.3 Unterstützung des Dateimanagers

Seit Windows 3.1 wird für die Zuordung der Dateierweiterung (Extension) zu einem Programm nicht mehr nur die WIN.INI verwendet, sondern bevorzugt die System-Registrations-Datenbank. Bisher betrachtete der Windows-Dateimanager den Bereich [Extensions] in der WIN.INI, um eine Zuordnung zwischen Datei und dem Programm, das die Datei bearbeiten soll, zu treffen.

```
[Extensions]
cal=calendar.exe ^.cal
crd=cardfile.exe ^.crd
trm=terminal.exe ^.trm
ini=notepad.exe ^.ini
pcx=pbrush.exe ^.pcx
bmp=pbrush.exe ^.bmp
wri=write.exe ^.wri
rec=recorder.exe ^.rec
```

Aber seit Windows 3.1 gibt es die Registrations-Datenbank, die einen vordefinierten Schlüssel für die Zuweisung vorschlägt. Die Zuordnung der Dateiextension erfolgt durch die Erzeugung eines Schlüssels mit der gewünschten Erweiterung. Im Fall von Paintbrush würde der Schlüssel ".pcx" lauten und auf den Klassennamen PBrush verweisen. Wird der Klassenname im Root-Verzeichnis zusammen mit den Unterschlüsseln "\\shell\\open\\command" definiert, kann dem Unterschlüssel anschließend der Programmname zugeordnet werden.

Beispiel

Das Programm soll auf Grund einer Menübetätigung mehrere neue Einträge in die Registrations-Datenbank vornehmen bzw. die bestehenden Zuordnungen auslesen. Die neuen Einträge sollen eine Zuweisung zwischen den Dateierweiterungen ".c", ".h", ".def" und ".rc" zu dem Programm Notepad durchführen. Dies kann durch einen Doppelklick

Spezielle-Windows Dateien 627

auf eine Datei, die eine dieser Extensions besitzt, kontrolliert werden. Daraufhin sollte Notepad gestartet und die Datei geladen werden. Alle Zuweisungen, die gemacht wurden, können innerhalb einer Listbox aufgeführt werden.

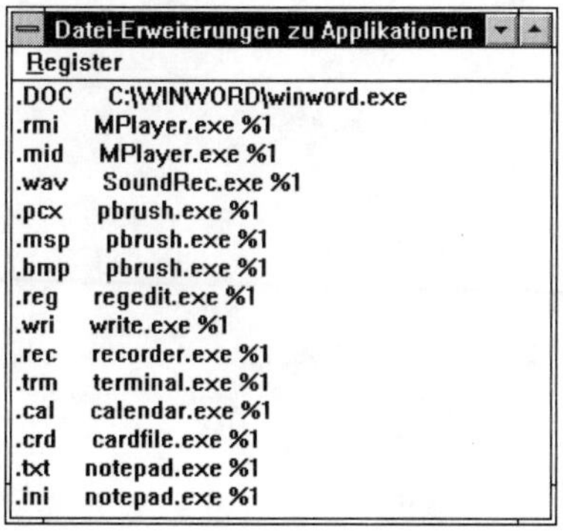

```
Datei-Erweiterungen zu Applikationen
Register
.DOC    C:\WINWORD\winword.exe
.rmi    MPlayer.exe %1
.mid    MPlayer.exe %1
.wav    SoundRec.exe %1
.pcx    pbrush.exe %1
.msp    pbrush.exe %1
.bmp    pbrush.exe %1
.reg    regedit.exe %1
.wri    write.exe %1
.rec    recorder.exe %1
.trm    terminal.exe %1
.cal    calendar.exe %1
.crd    cardfile.exe %1
.txt    notepad.exe %1
.ini    notepad.exe %1
```

Abb. 239: Datei-Extension und Registrations-Datenbank

Neue Funktion	Kurzbeschreibung
RegCloseKey	schließt einen Schlüssel
RegCreateKey	erzeugt einen Schlüssel
RegSetValue	ordnet dem Schlüssel als Wert einen String zu

/*************** QCRegPrg.C ***************/

```c
 1  /* QuickCase:W */
 2  #include "QCRegPrg.h"
 3
 4  int PASCAL WinMain(HANDLE hInstance, HANDLE
 5  hPrevInstance, LPSTR lpszCmdLine, int nCmdShow)
 6  {
 7  /*****************************************/
 8  /* hInstance;         Handle dieser Instanz */
 9  /* hPrevInstance;Handle der vorhergehenden Instanz*/
10  /* lpszCmdLine; Zeiger auf die Kommandozeile   */
11  /* nCmdShow;    Code zur Anzeige des Hauptfensters */
12  /*****************************************/
13
14  MSG msg;   /* MSG-Struktur für die Meldungen  */
15  int nRc;   /* Rückgabewert der Klassen-       */
16             /* Registrierung(en)               */
17
18  strcpy(szAppName, "QCRegPrg");
19  hInst = hInstance;
20  if(!hPrevInstance)
21  {
22  /* Registrieren der Fensterklasse(n) bei der */
23  /* 1.Instanz                                 */
24      if ((nRc = nCwRegisterClasses()) == -1)
25      {
26  /* Registrierung schlug fehl.                */
27          LoadString(hInst, IDS_ERR_REGISTER_CLASS,
28              szString, sizeof(szString));
29          MessageBox(NULL, szString, NULL,
30              MB_ICONEXCLAMATION);
31          return nRc;
32      }
33  }
34
35  /* Hauptfenster erzeugen                     */
36  hWndMain = CreateWindow(
37      szAppName,      /* Klassennamen          */
38      "Datei-Erweiterungen zu Applikationen",

39                      /* Text in der Titelzeile */
40      WS_CAPTION      | /* Titel zufügen       */
41      WS_SYSMENU      | /* Systemmenübox zufügen */
42      WS_MINIMIZEBOX  | /* Minimize Box zufügen */
43      WS_MAXIMIZEBOX  | /* Maximize Box zufügen */
44      WS_THICKFRAME   | /* in der Größe veränderbar */
45      WS_CLIPCHILDREN |
46                      /* kein Zeichnen in den Kindfenstern */
47      WS_OVERLAPPED,
48      CW_USEDEFAULT, 0, /* Defaultwerte für X, Y */
49      CW_USEDEFAULT, 0,
50                      /* Defaultwerte für Breite und Höhe */
51      NULL,           /* Handle des Elternfensters */
52      NULL,           /* Handle des Menüs      */
53      hInst,          /* Handle der Instanz    */
54      NULL);          /* Struktur für WM_CREATE */
55
56  if(hWndMain == NULL)
57  {
58      LoadString(hInst, IDS_ERR_CREATE_WINDOW,
59          szString, sizeof(szString));
60      MessageBox(NULL, szString, NULL,
61          MB_ICONEXCLAMATION);
62      return IDS_ERR_CREATE_WINDOW;
63  }
64  ShowWindow(hWndMain, nCmdShow);
65  /* Anzeigen des Hauptfensters */
66
67  while(GetMessage(&msg, NULL, 0, 0))
68  /* bis WM_QUIT eintritt */
69  {
70      TranslateMessage(&msg);
71      DispatchMessage(&msg);
72  }
73
74  /* Aufräumarbeiten, bevor die Applikation beendet */
75  /* wird                                           */
76  CwUnRegisterClasses();
```

```
 77       return msg.wParam;
 78    } /* Ende der WinMain                             */
 79
 80    /*****************************************************/
 81    /*                                                   */
 82    /* Fensterroutine des Hauptfensters:                 */
 83    /*                                                   */
 84    /* Diese Prozedur stellt Service-Routinen für die    */
 85    /* Windows Ereignisse (Meldungen) bereit, die        */
 86    /* Windows oder der Benutzer an das Fenster sendet.*/
 87    /* Sie initialisiert Ereignisse (Meldungen), die    */
 88    /* entstehen, wenn der Anwender z.B. einen Menü-    */
 89    /* punkt oder ein Tastenkürzel anwählt.              */
 90    /*                                                   */
 91    /*                                                   */
 92    /*****************************************************/
 93
 94    LONG FAR PASCAL WndProc(HWND hWnd, WORD Message,
 95    WORD wParam, LONG lParam)
 96    {
 97       HMENU       hMenu=0;           /* Menühandle      */
 98       HBITMAP     hBitmap=0;  /* Handle für Bitmaps     */
 99       HDC         hDC;/* Handle für den Display Context */
100       PAINTSTRUCT ps; /* enthält Zeichen-Informationen. */
101       int         nRc=0; /* Rückgabewert                */
102
103       #define KEYNAMESIZE 50
104       DWORD  dwSize = 0L;
105       HKEY   hkeyTemp;
106       char   szClass[KEYNAMESIZE];
107       char   szExec[KEYNAMESIZE*2];
108       char   szName[KEYNAMESIZE*2];
109       int    i;
110       HKEY   hkeyClasses = HKEY_CLASSES_ROOT;
111       static HWND hWndList;
112
113       switch (Message)
114       {
115       case WM_COMMAND:
116    /* Die Windows Meldungen für die Menüpunkte werden*/
117    /* hier verarbeitet.                              */
118          switch (wParam)
119          {
120          case IDM_SHOW:
121             SendMessage(hWndList, LB_RESETCONTENT,
122                                              0, 0L);
123             for (i = 0; !RegEnumKey(hkeyClasses, i++,
124                            szClass, KEYNAMESIZE); )
125             if (*szClass == '.')
126             {
127                dwSize = 0;
128                hkeyTemp = NULL;
129                lstrcpy(szExec, szClass);
130                lstrcat(szExec,
131                     "\\shell\\open\\command");
132                if (!RegOpenKey(hkeyClasses, szExec,
133                                            &hkeyTemp))
134                {
135                   dwSize = KEYNAMESIZE;
136                   if (!RegQueryValue(hkeyClasses,
137                            szExec, szName, &dwSize))
138                   {
139                      lstrcat( szClass, "  ");
140                      lstrcat( szClass, szName);
141                      SendMessage(hWndList,
142                            LB_ADDSTRING, 0,
143                           (DWORD)(LPSTR)szClass);
144                   }
145                   RegCloseKey(hkeyTemp);
146                }
147                else
148                {
149                   if (!RegOpenKey(hkeyClasses,
150                                szClass, &hkeyTemp))
151                   {
152                      dwSize = KEYNAMESIZE;
153                      if (!RegQueryValue(hkeyClasses,
154                            szClass, szName, &dwSize))
155                      {
156                         RegCloseKey(hkeyTemp);
157                         lstrcpy(szExec, szName);
158                         lstrcat(szExec,
159                            "\\shell\\open\\command");
160                         if (!RegOpenKey(hkeyClasses,
161                               szExec, &hkeyTemp))
162                         {
163                            dwSize = KEYNAMESIZE;
164                            if (!RegQueryValue(
165                                hkeyClasses, szExec,
166                                szName, &dwSize))
167                            {
168                               lstrcat( szClass, "  ");
169                               lstrcat( szClass, szName);
170                               SendMessage(hWndList,
171                                  LB_ADDSTRING, 0,
172                                 (DWORD)(LPSTR)szClass);
173                            }
174                         }
175                      }
176                      RegCloseKey(hkeyTemp);
177                   }
178                }
179             }
180             break;
181
182          case IDM_EXT:
183    /* erzeugen der Schlüssel .C .h .RC .DEf
184                  und Zuweisen von PROG */
185             RegSetValue(HKEY_CLASSES_ROOT,
186                   ".C",                /* Schlüssel */
187                   REG_SZ,
188                   "PROG",               /* Wert */
189                   4);
190             RegSetValue(HKEY_CLASSES_ROOT,
191                   ".h",                /* Schlüssel */
192                   REG_SZ,
193                   "PROG",               /* Wert */
194                   4);
195             RegSetValue(HKEY_CLASSES_ROOT,
196                   ".RC",               /* Schlüssel */
197                   REG_SZ,
198                   "PROG",               /* Wert */
199                   4);
200             RegSetValue(HKEY_CLASSES_ROOT,
201                   ".DEF",              /* Schlüssel */
202                   REG_SZ,
203                   "PROG",               /* Wert */
204                   4);
205
206    /* Schlüssel PROG\shell\open\command
207                  erzeugen */
208             RegCreateKey(HKEY_CLASSES_ROOT,
209                   "PROG\\shell\\open\\command", // Schlüssel
210                   &hkeyTemp);  /* Handle auf Schlüssel */
211
212    /* Wert dem Schlüssel zuweisen */
213             RegSetValue(HKEY_CLASSES_ROOT,
214                   "PROG\\shell\\open\\command", // Schlüssel
215                   REG_SZ,
216                   "Notepad.exe %1", /* Wert */
217                   14);      /* Länge des Textes */
218
219    /* durch Schließen wird der Wert
220                  geschrieben */
221             RegCloseKey(hkeyTemp);
222
223             break;
224
225          case IDM_EXIT:
226             SendMessage(hWnd, WM_SYSCOMMAND,
227                                  SC_CLOSE, 0L);
228             break;
229
230          default:
231             return DefWindowProc(hWnd, Message,
232                                        wParam, lParam);
233          }
234          break;        /* Ende von WM_COMMAND       */
235
236       case WM_CREATE:
237    /* Listbox erzeugen                                  */
238          hWndList = CreateWindow("LISTBOX",
239                "Datei-Erweiterung",
240                WS_CHILD | WS_VISIBLE,
241                0, 0, 0, 0,
242                hWnd, NULL,
243                hInst, NULL);
244          SendMessage(hWndList, LB_RESETCONTENT, 0, 0L);
245          break;       /* Ende von WM_CREATE         */
246
247       case WM_MOVE:    /* Bewegen des Fensters       */
248          break;
249
250       case WM_SIZE:
251    /* Größenänderung der Client Area                   */
252          MoveWindow( hWndList, 0,0, LOWORD(lParam),
253                            HIWORD(lParam), TRUE);
254          break;       /* Ende von WM_SIZE           */
255
256       case WM_PAINT:   /* Neuzeichnen der Client Area */
257    /* bekommt ein Handle auf den Device Context        */
258    /* BeginPaint wird evtl. WM_ERASEBKGND senden.     */
259          memset(&ps, 0x00, sizeof(PAINTSTRUCT));
260          hDC = BeginPaint(hWnd, &ps);
261    /* falls der Hintergrund keine reine Farbe besitzt*/
262          SetBkMode(hDC, TRANSPARENT);
263    /* Das Neuzeichnen ist abgeschlossen.               */
264          EndPaint(hWnd, &ps);
265          break;       /* Ende von WM_PAINT          */
266
267       case WM_CLOSE:   /* Schließen des Fensters      */
268    /* Zerstören der Kindfenster, modeless Dialogboxen*/
269    /* Zerstören dieses Fensters                        */
270          DestroyWindow(hWnd);
271          if (hWnd == hWndMain)
272             PostQuitMessage(0);
273    /* Beenden der Applikation                          */
274          break;
275
276       default:
277    /* Alle Meldungen, für die keine eigene Service-   */
278    /* Routine zur Verfügung gestellt wird, sollten an*/
279    /* Windows gereicht werden, damit eine Default-    */
280    /* Verarbeitung stattfinden kann.                  */
281             return DefWindowProc(hWnd, Message, wParam, lParam);
282       }
283       return 0L;
284    } /* Ende von WndProc                              */
285
286    /*****************************************************/
287    /*                                                   */
288    /*                                                   */
289    /* nCwRegisterClasses Funktion:                      */
290    /*                                                   */
291    /* Die folgende Funktion registriert alle Klassen    */
292    /* von allen Fenstern, die mit dieser Applikation    */
```

```
293    /* verbunden sind. Die Funktion liefert einen    */
294    /* Fehlercode zurück, falls sie nicht erfolgreich */
295    /* war, ansonsten wird 0 zurückgegeben.           */
296    /*                                                */
297    /**************************************************/
298
299    int nCwRegisterClasses(void)
300    {
301       WNDCLASS  wndclass;
302       /* Struktur, um eine Klasse zu definieren       */
303       memset(&wndclass, 0x00, sizeof(WNDCLASS));
304       /* Füllen von WNDCLASS mit Fenster-Eigenschaften */
305       wndclass.style = CS_HREDRAW | CS_VREDRAW |
306                        CS_BYTEALIGNWINDOW;
307       wndclass.lpfnWndProc = WndProc;
308       /* zusätzlicher Speicher für Klassen- und       */
309       /* Fensterobjekte                               */
310       wndclass.cbClsExtra = 0;
311       wndclass.cbWndExtra = 0;
312       wndclass.hInstance = hInst;
313       wndclass.hIcon = LoadIcon(NULL, IDI_APPLICATION);
314       wndclass.hCursor = LoadCursor(NULL, IDC_ARROW);
315       /* Erzeugen eines Pinsels, um den Hintergrund   */
316       /* zu löschen                                   */
317       wndclass.hbrBackground = (HBRUSH)(COLOR_WINDOW+1);
318       wndclass.lpszMenuName = szAppName;
319       /* Klassenname = Menüname */
320       wndclass.lpszClassName = szAppName;
321       /* Klassenname = App.-Name */
322       if(!RegisterClass(&wndclass))
323          return -1;
324
325       return(0);
326    } /* Ende von nCwRegisterClasses                */
327    /**************************************************/
328    /*                                                */
329    /* CwUnRegisterClasses Function:                  */
330    /*                                                */
331    /* Löscht jeden Bezug zu den Fenster-Resourcen,  */
332    /* die für diese Applikation erzeugt wurden, gibt*/
333    /* Speicher frei, löscht die Instanz, die Handles*/
334    /* und tätigt andere Aufräumarbeiten.            */
335    /*                                                */
336    /**************************************************/
337
338    void CwUnRegisterClasses(void)
339    {
340       WNDCLASS  wndclass;
341       /* Struktur, um eine Klasse zu definieren       */

342       memset(&wndclass, 0x00, sizeof(WNDCLASS));
343
344       UnregisterClass(szAppName, hInst);
345    }    /* Ende von CwUnRegisterClasses              */
346    /* QCRegPrg.H */
347    /* QuickCase:W */
348    #include <windows.h>
349    #include <string.h>
350    #include <shellapi.h>
351
352    #define IDM_EXT       100
353    #define IDM_SHOW      101
354    #define IDM_EXIT      102
355
356    #define IDS_ERR_REGISTER_CLASS  1
357    #define IDS_ERR_CREATE_WINDOW   2
358
359    char szString[128];
360    /* Variable zum Laden der Resource-Texte */
361    char szAppName[20];
362    /* Klassenname des Fensters               */
363
364    HWND hInst;
365    HWND hWndMain;
366
367
368    LONG FAR PASCAL WndProc(HWND, WORD, WORD, LONG);
369    int nCwRegisterClasses(void);
370    void CwUnRegisterClasses(void);
371    /* QCRegPrg.RC */
372    #include "QCRegPrg.h"
373
374    QCREGPRG MENU
375    BEGIN
376       POPUP     "&Register"
377       BEGIN
378          MENUITEM   "&Anzeigen",       IDM_SHOW
379          MENUITEM   "&Extension",      IDM_EXT
380          MENUITEM   SEPARATOR
381          MENUITEM   "&Ende",           IDM_EXIT
382       END
383    END
384
385    STRINGTABLE
386    BEGIN
387       IDS_ERR_CREATE_WINDOW,   "Window creation failed!"
388       IDS_ERR_REGISTER_CLASS,  "Error registering window class"
389    END
```

Eintrag erzeugen

Bereits während der WM_CREATE-Meldung wird eine Listbox erzeugt, die sich über die gesamte Größe des Hauptfensters legt. Nach der Betätigung des Menüpunktes Extension entsteht eine WM_COMMAND-Meldung mit dem Parameter IDM_EXT. Hier soll jetzt ein neuer Eintrag in die Database vorgenommen werden.

```
case IDM_EXT:
   /* Erzeugen der Schlüssel .C .h .RC .DEf
      und Zuweisen von PROG */
   RegSetValue(HKEY_CLASSES_ROOT,
      ".C",              /* Schlüssel */
      REG_SZ,
      "PROG",            /* Wert */
      4);
   RegSetValue(HKEY_CLASSES_ROOT,
      ".h",              /* Schlüssel */
      REG_SZ,
      "PROG",            /* Wert */
      4);
   RegSetValue(HKEY_CLASSES_ROOT,
      ".RC",             /* Schlüssel */
      REG_SZ,
      "PROG",            /* Wert */
      4);
```

```
RegSetValue(HKEY_CLASSES_ROOT,
   ".DEF",              /* Schlüssel */
   REG_SZ,
   "PROG",              /* Wert */
   4);

/* Schlüssel PROG\shell\open\command
   erzeugen */
RegCreateKey(HKEY_CLASSES_ROOT,
   "PROG\\shell\\open\\command", // Schlüssel
   &hkeyTemp);    /* Handle auf Schlüssel */

/* Wert dem Schlüssel zuweisen */
RegSetValue(HKEY_CLASSES_ROOT,
   "PROG\\shell\\open\\command", // Schlüssel
   REG_SZ,
   "Notepad.exe %1", /* Wert */
   14);             /* Länge des Textes */

/* Durch Schließen wird der Wert
   geschrieben. */
RegCloseKey(hkeyTemp);

break;
```

Durch die Funktion RegSetValue erfolgt die Festlegung der Schlüssel ".c" etc. und die Zuweisung des Klassennamens "PROG". Anschließend erfolgt die Erzeugung des Schlüssels "PROG\\shell\\open\\command" mit Hilfe von RegCreateKey. Nachdem der Schlüssel erzeugt ist, geschieht die Wertzuweisung über RegSetValue unter Angabe des Programmnamens von Notepad. Der zusätzliche Parameter %1 dient dabei als Platzhalter für den Dateinamen, der bei Programmstart an Notepad übergeben wird.

Zuordnung abfragen

Um alle Zuordnungen zwischen Extension und Programm zu erhalten, ist es noch wichtig, zwei Fälle zu betrachten. Dies ist notwendig, da die Festlegung auf zwei Arten in der Registrations-Datenbank erfolgen kann. Zum einen geschieht dies in der Form "PROG\\shell\\open\\command"="PBrush.EXE %1" und den Schlüssel ".ext"="PROG". Zum anderen kann die Zuordnung auch direkt durch ".ext\\shell\\open\\command"=" PBrush.EXE %" erfolgen. Daher müssen beide Fälle abgedeckt werden.

Microsoft Visual Basic

Da auch die VisualBasic-Version auf die Windows-API-Funktionen der Shell.Dll zugreifen muß, wird die Realisierung recht ähnlich zu dem QuickC-Beispiel sein. Die Menüpunkte werden durch die Ereignisse IDM_SHOW_CLICK, IDM_EXT_CLICK und IDM_ENDE_CLICK realisiert. Der Programminhalt der Ereignisse entspricht weitgehend dem von den Meldungen WM_COMMAND mit IDM_SHOW, WM_COMMAND mit IDM_EXT und WM_COMMAND mit IDM_EXIT der QuickC-Version.

Spezielle-Windows Dateien

Objekt	Eigenschaft	Inhalt
Form	Caption	Datei-Erweiterungen zu Applikationen
List1		

Neue API-Funktion	Kurzbeschreibung
RegCloseKey	schließt einen Schlüssel
RegCreateKey	erzeugt einen Schlüssel
RegSetValue	ordnet dem Schlüssel als Wert einen String zu

Beispiel

```
1    Declare Function RegEnumKey Lib "shell" (
2        ByVal a As Long, ByVal b As Long,
3        ByVal c As String, ByVal d As Long) As Long
4    Declare Function RegOpenKey Lib "shell" (
5        ByVal a As Long, ByVal b As String,
6        c As Long) As Long
7    Declare Function RegQueryValue Lib "shell" (
8        ByVal a As Long, ByVal b As String,
9        ByVal c As String, d As Long) As Long
10   Declare Function RegCloseKey Lib "shell" (
11       ByVal a As Long) As Long
12   Declare Function RegSetValue Lib "shell" (
13       ByVal a As Long, ByVal b As Long,
14       ByVal c As Long, ByVal d As String,
15       ByVal e As Long) As Long
16   Declare Function RegCreateKey Lib "shell" (
17       ByVal a As Long, ByVal b As String,
18       c As Long) As Long
19
20   Const HKEY_CLASSES_ROOT = &H1
21   Const REG_SZ = &H1
22
23   Sub Form_Resize ()
24       ' Größe des Listenfeldes anpassen
25       List1.Height = Form1.ScaleHeight
26       List1.Width = Form1.ScaleWidth
27
28   End Sub
29
30   Sub IDM_SHOW_CLICK ()
31       Const KEYNAMESIZE = 50
32       Dim szClass As String * KEYNAMESIZE
33       Dim szExec As String
34       Dim szName As String * KEYNAMESIZE
35       Dim szText As String
36
37       Dim lFlag As Long
38       Dim hkeyClasses As Long
39       Dim lIndex As Long
40       Dim hkeyTemp As Long
41       Dim lRet As Long
42
43       hkeyClasses = HKEY_CLASSES_ROOT
44
45       ' alte Listbox-Einträge entfernen
46       Nr% = List1.ListCount
47       For i% = 0 To (Nr% - 1)
48           List1.RemoveItem 0
49       Next i%
50
51       lFlag = 0
52       lIndex = 0
53       Do While lFlag = 0
54           lFlag = RegEnumKey(hkeyClasses, lIndex, szClass,
55               KEYNAMESIZE)
56           lIndex = lIndex + 1
57           If (Left$(szClass, 1) = ".") Then
58               dwSize& = 0
59               hkeyTemp = 0
60               szExec = Left$(szClass, InStr(szClass,
61                   Chr$(0)) - 1) + "\shell\open\command"
62
63               lRet = RegOpenKey(hkeyClasses, szExec,
64                   hkeyTemp)
65               If lRet = 0 Then
66                   ' String des Klassennamen ermitteln
67                   dwSize& = KEYNAMESIZE
68                   lRet = RegQueryValue(hkeyClasses, szExec,
69                       szName, dwSize&)
70                   If lRet = 0 Then
71                       szText = Left$(szClass, InStr(szClass,
72                           Chr$(0)) - 1) + " "
73                       szText = szText + Left$(szName,
74                           InStr(szName, Chr$(0)) - 1)
75                       List1.AddItem szText
76                   End If
77                   lRet = RegCloseKey(hkeyTemp)
78               Else
79                   lRet = RegOpenKey(hkeyClasses, szClass,
80                       hkeyTemp)
81                   If lRet = 0 Then
82                       dwSize& = KEYNAMESIZE
83                       lRet = RegQueryValue(hkeyClasses, szClass,
84                           szName, dwSize&)
85                       If lRet = 0 Then
86                           lRet = RegCloseKey(hkeyTemp)
87                           szExec = Left$(szName, InStr(szName,
88                               Chr$(0)) - 1)
89                           szExec = szExec + "\shell\open\command"
90                           lRet = RegOpenKey(hkeyClasses, szExec,
91                               hkeyTemp)
92                           If lRet = 0 Then
93                               dwSize& = KEYNAMESIZE
94                               lRet = RegQueryValue(hkeyClasses,
95                                   szExec, szName, dwSize&)
96                               If lRet = 0 Then
97                                   szText = Left$(szClass,
98                                       InStr(szClass, Chr$(0)) -
99                                       1) + " "
100                                  szText = szText + Left$(szName,
101                                      InStr(szName, Chr$(0)) - 1)
102                                  List1.AddItem szText
103                              End If
104                          End If
105                          lRet = RegCloseKey(hkeyTemp)
106                      End If
107                  End If
108              End If
109          End If
110      Loop
111
112  End Sub
113
114  Sub IDM_EXT_Click ()
115      Dim lRet As Long
116      Dim hkeyTemp As Long
117
118      ' erzeugen der Schlüssel .C .h .RC .DEF und
119      ' Zuweisen von PROG
120      lRet = RegSetValue(HKEY_CLASSES_ROOT, ".C",
121          REG_SZ, "PROG", 4)
122
123      lRet = RegSetValue(HKEY_CLASSES_ROOT, ".h",
124          REG_SZ, "PROG", 4)
125
126      lRet = RegSetValue(HKEY_CLASSES_ROOT, ".RC",
127          REG_SZ, "PROG", 4)
128
129      lRet = RegSetValue(HKEY_CLASSES_ROOT, ".DEF",
130          REG_SZ, "PROG", 4)
131
132      ' Schlüssel PROG\shell\open\command erzeugen
133      lRet = RegCreateKey(HKEY_CLASSES_ROOT,
134          "PROG\shell\open\command", hkeyTemp)
135
136      ' Wert dem Schlüssel zuweisen
137      lRet = RegSetValue(HKEY_CLASSES_ROOT,
138          "PROG\shell\open\command", REG_SZ,
139          "Notepad.exe %1", 14)
140
141      ' durch Schließen wird der Wert geschrieben
142      lRet = RegCloseKey(hkeyTemp)
143
144      IDM_SHOW_CLICK
145
146  End Sub
147
148  Sub IDM_EXIT_Click ()
149      End
150  End Sub
```

Zusammenfassung

Dieses Kapitel beschäftigte sich mit den Initialisierungsdateien von Windows. Dazu gehören die Windows-eigenen Dateien WIN.INI, SYSTEM.INI und die unter Windows 3.1 neue Registrations-Datenbank. Sie erhalten dabei auch einen tiefen Einblick in die interne Arbeitsweise von Windows und finden alle bekannten und unbekannten Einträge ausführlich erklärt. Mit einem gezielten Eingriff in die WIN.INI, SYSTEM.INI und REG.DAT kann so manche Leistungssteigerung erreicht und können Probleme gelöst werden. Als große Hilfe für die Modifikation der WIN.INI und SYSTEM.INI steht ein Programm zur Verfügung, das wir selbst in allen Sprachen erstellen. Dieses trägt den Namen IniEdit.EXE und ermöglicht ein komfortables Ändern der Windows-Initialisierungsdateien.

Ab der Windows-Version 3.1 existiert zusätzlich die Registrations-Datenbank, die vor allem von OLE und dem Datei-Manager benutzt wird. Auf die Art der Zusammenarbeit wird durch eine theoretische Beschreibung und anhand von praktischen Beispielen, die sowohl in QuickC als auch in VisualBasic realisiert werden, ausführlich eingegangen. Natürlich wird auf die Registrations-Datenbank auch über VisualBasic mit Hilfe von Windows-API-Funktionen auf die Shell.DLL zugegriffen.

9. Testen von Windows-Applikationen

In diesem 9. Kapitel werden folgende Themen behandelt:

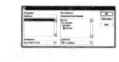

Programm
- hängt sich auf
- stürzt ab
- tut nicht das, was es soll
- Fehlermeldung von Windows
- Laufzeit-Fehlermeldung

Fehlersuche
- Haltepunkt/Breakpoint
- Variable ansehen/Watch Expression
- Register
- Go + Restart
- Trace + Step
- Calls
- Meldungs-Stop
- Locals

Tools
- der Spion Spy
- reinschauen mit WinSight
- Meldungen
- Klassen

9.1 Fehlerarten

Fehler während der Übersetzung

Übersetzungsfehler sind bei der Programmerstellung zwar lästig, aber der Compiler weist durch eine mehr oder weniger verständliche Meldung auf diese syntaktischen Fehler hin. Speziell bei den Sprachen C und TurboPascal kann die Suche nach einem zu wenig gesetztem Strichpunkt einige Kopfschmerzen bereiten. Oft hilft es dann, die an die Fehlerzeile angrenzenden Zeilen zu betrachten, da die gemeldete Zeile nicht unbedingt den Fehler enthalten muß. Bei einem VisualBasic-Programm ist noch zu beachten, daß die Syntax-Prüfung eingeschaltet ist, da sonst keine Syntaxfehler während der Entwurfzeitphase erkannt werden.

Fehler während der Laufzeit

Etwas schwieriger zu finden sind die Laufzeitfehler. Von VisualBasic werden diese noch leicht erkannt, obwohl der Fehler während des Programmablaufes auftritt. Verursacht werden sie durch den Überlauf des Zahlenbereiches einer Zahl oder durch das Schreiben in eine Datei, ohne daß diese existiert. Angezeigt werden diese Fehler von VisualBasic, aber auch von TurboPascal durch ein Meldungsfenster, sobald das Programm die entsprechende Anweisung ausgeführt hat.

Logische Programmfehler

Das unumstritten schwierigste Gebiet der Fehlersuche eröffnet sich durch das Vorhandensein von logischen Programmfehlern. Was die ganze Angelegenheit so schwer greifbar macht, ist die Tatsache, daß logische Fehler oft keinen Programmabbruch hervorrufen, wie es die Laufzeitfehler tun. Kurz und prägnant ausgedrückt würde ich einen logischen Fehler damit charakterisieren, daß unser Programm nicht das tut, was es soll. Genau für diese Art von Fehlern ist es erforderlich, möglichst leistungsfähige Testhilfen zu besitzen. Es ist zu beachten, daß ein Compiler nicht in der Lage ist, einen logischen Programmfehler zu entdecken. Bevor wir uns aber näher mit den Debugtools beschäftigen, sollten wir einen Blick auf die Auslöser von logischen Programmfehlern werfen.

9.1.1 Programmfehler im Detail

Es kann leicht geschehen, daß mit dem Index eines Arrays falsch begonnen wird. Bei einem Array in C beginnt dieses immer bei 0. Für TurboPascal gilt, daß der erste Index von der Definition abhängig ist. Wird ein VisualBasic-Array verwendet, so ist der Index für die erste Zelle immer 0.

C, C++

```
// Zugriff auf die erste Zelle
char c[10];
  c[1] = 'a';      // falsch

// Zugriff auf die erste Zelle
char c[10];
  c[0] = 'a';      // richtig
```

Turbo Pascal

```
{ Zugriff auf die erste Zelle }
var c: Array[0..9] of Char;
begin
  c[1] = 'a';      { falsch }
end;
```

```
{ Zugriff auf die erste Zelle }
var c: Array[0..9] of Char;
begin
  c[0] = 'a';      { richtig }
end;
```

VisualBasic

```
' Zugriff auf die erste Zelle
Dim c(10) As Integer
  c(1) = Asc("a")       ' falsch

' Zugriff auf die erste Zelle
Dim c(10) As Integer
  c(0) = Asc("a")       ' richtig
```

Übergabe von zu wenigen Argumenten

In schlampig programmierten C-Programmen kann es vorkommen, daß Funktionen ohne Prototyp definiert und aufgerufen werden. In solchen Fällen ist die Gefahr recht groß, daß bei dem Aufruf zu wenig Parameter an die Funktion übergeben werden. Dieser Fehler kann vermieden werden, indem konsequent Prototypen der Funktionen geschrieben werden. Hierdurch kann der C-Compiler die falsche Versorgung entdecken und bemängeln.

```
// falsch
y = Fkt(x);

long Fkt( int a, int b)
{
  return ( a + b);
}

// richtig
long Fkt( int, int);
y = Fkt(x, z);

long Fkt( int a, int b)
{
  return ( a + b);
}
```

Null-Pointer

Eine Verarbeitung über Pointer ist ein sehr leistungsfähiges Werkzeug, daß in der Windows-Programmierung nicht wegzudenken ist. Etwas Vorsicht ist jedoch schon angebracht. Ein spezieller Haken entsteht, wenn Zeiger an Funktionen oder Prozeduren übergeben werden. Wenn als Parameter für einen Zeiger eine Null angegeben wird, führt dies zu einem Programmabsturz. Der Fall, daß aus Versehen eine Null anstelle eines Pointers übergeben wird, kommt gar nicht so selten vor, wie man zuerst denken mag, da Programmierer häufig den Wert Null als Parameter setzen, wenn nichts übergeben werden soll. Das Auftreten eines Null-Pointers muß daher unbedingt im Unterprogramm durch eine Abfrage verhindert werden. Später sind solche Fehler nur sehr schwer zu finden.

C, C++

```c
int StringLen( char *);

int StringLen( char *pString)
{
  int l = 0;

  // falsch
  while( *pString++)
    l++;
  return l;
}
void main()
{
  int Laenge;

  Laenge = StringLen(0);
}

int StringLen( char *);

int StringLen( char *pString)
{
  int l = 0;

  // richtig
  if ( pString == 0)
    return 0;
  while( *pString++)
    l++;
  return l;
}
void main()
{
  int Laenge;

  Laenge = StringLen(0);
}
```

TurboPascal

```
function StringLen( pString: PChar): Integer;
  var l:Integer ;
begin
  l := 0;
  { *** falsch **** }
  while( pString^ <> #0) Do
  begin
    l := l + 1;
    pString := pString + 1;
  end;
  StringLen := l;
end;
var Laenge: Integer;
```

```
begin
  Laenge := StringLen(nil);
end.

function StringLen( pString: PChar): Integer;
  var l:Integer ;
begin
  l := 0;
  { ***** richtig ***** }
  if pString = nil then
    StringLen := 0;
  while( pString^ <> #0) Do
  begin
    l := l + 1;
    pString := pString + 1;
  end;
  StringLen := l;
end;
var Laenge: Integer;
begin
  Laenge := StringLen(nil);
end.
```

Variable global und lokal

Die Verwendung von globalen Variablen ist kein besonders guter Programmierstil, aber es gibt immer wieder Situationen, die anders nicht mit vernünftigem Aufwand gelöst werden können. Sobald eine Variable mit einem bestimmten Namen global definiert ist, besteht die Gefahr der Namensgleichheit mit einer lokalen Variablen in einer Funktion. Alle Programmiersprachen lassen es zu, daß beide die gleiche Bezeichnung tragen, da innerhalb einer Funktion oder Prozedur die lokal definierte Variable den Vorrang hat. Damit würden sich die beiden Variablen gegenseitig nicht stören. Soll die globale Variable allerdings im Unterprogramm geändert werden, schlägt dies fehl. Daher muß in derartigen Konfliktfällen ein anderer Name für die lokale Variable gewählt werden. Die einzige Ausnahme ist C++, da hier über den Operator :: auf die globale Variable zugegriffen werden kann.

C

```
// falsch
int iZahl;

void Fkt()
{
  int iZahl;

  iZahl = 5 + 5;  /* Ergebnis sollte in
                     globaler Variablen stehen. */
}

// richtig
int iZahl;

void Fkt()
```

```
{
  int ilZahl;

  iZahl = ilZahl = 5 + 5;  /* Ergebnis steht
                  auch in globaler Variablen. */
}
```

C++

```
// falsch
int iZahl;

void TTyp::Fkt()
{
  int iZahl;

  iZahl = 5 + 5;  /* Ergebnis sollte in
                  globaler Variablen stehen */
}

// richtig
int iZahl;

void TTyp::Fkt()
{
  int iZahl;

  ::iZahl = iZahl = 5 + 5;  /* Ergebnis steht
                  auch in globaler Variablen. */
}
```

TurboPascal

```
// falsch
var iZahl: Integer;

procedure TTyp.Fkt;
begin
  var iZahl: Integer;

  iZahl := 5 + 5;  { Ergebnis sollte in
                  globaler Variablen stehen. }
end;

// richtig
var iZahl: Integer;

procedure TTyp.Fkt;
begin
  var ilZahl: Integer;

  ilZahl = 5 + 5;
  iZahl = ilZahl;  { Ergebnis steht
                    in globaler Variablen. }
end;
```

VisualBasic
```
' falsch
Dim iZahl

Sub Form_Click ()
  Dim iZahl
  iZahl = 5 + 5   ' Ergebnis sollte in
                  ' globaler Variablen stehen.
End Sub

' richtig
Dim iZahl

Sub Form_Click ()
  Dim i1Zahl
  i1Zahl = 5 + 5
  iZahl = i1Zahl  ' Ergebnis steht in
                  ' globaler Variablen.
End Sub
```

Grenzprobleme

Bei der Programmierung von Schleifen steht ein Entwickler häufig vor der Fragestellung, wann das Endekriterium gesetzt werden soll. Bei der Frage geht es meist um eins mehr oder eins weniger. Ein typisches Problem entsteht, wenn eine Schleife zwanzigmal durchlaufen werden soll und das Abbruchkriterium zu setzen ist.

C, C++
```
for (i = 1; i < 20; i++);   // falsch

for (i = 1; i <= 20; i++);  // richtig
```

TurboPascal
```
i := 1;
While i < 20    { falsch }
  i := i + 1;

i := 1;
While i <= 20   { richtig }
  i := i + 1;
```

VisualBasic
```
i = 1
DO While i < 20     ' falsch
  i = i + 1
LOOP

i = 1;
DO While i <= 20    ' richtig
  i = i + 1
LOOP
```

Ungültiger Wertebereich

Auch die Software-Entwicklung steht unter ständigem Zeitdruck, wobei teilweise schlampiger gearbeitet wird. Ich spreche von der Begrenzung eines Wertebereiches, auf die verzichtet wird und gehofft wird, daß sich der Wert immer im gültigen Bereich befindet. Das Beispiel zeigt einen solchen Fall, in dem eine Umwandlung von Klein- in Großbuchstaben geschieht.

C, C++

```
char LowToHigh( char c)
{
  return( c - 32);   // falsch
}

// richtig
char LowToHigh( char c)
{
  return( (c >= 'a'&& c <= 'z') ? c - 32: -1);
}
```

TurboPascal

```
{ falsch }
function LowToHigh( c: Char): Char;
begin
  LowToHigh := Char( ShortInt(c) - 32);
end;

{ richtig }
function LowToHigh( c: Char): Char;
begin
  If ( ( ShortInt(c) >= ShortInt('a')) AND ( ShortInt(c) <= ShortInt('z')) ) then
    LowToHigh := Char( ShortInt(c) - 32)
  else
    LowToHigh := Char(-1);
end;
```

VisualBasic

```
' falsch
Function LowToHigh( c%)
  LowToHigh = c% - 32
End Function

' richtig
Function LowToHigh (c%)
  If (c% >= Asc("a") And c <= Asc("z")) Then
    LowToHigh = c% - 32
  Else
    LowToHigh = -1
  End If
End Function
```

Seiteneffekt

Eine sehr schlimme Art der Fehler entsteht durch das Verändern von Variablen an der falschen Stelle. Diese versteckten Seiteneffekte wirken sich dann häufig erst bei der nächsten Schleife oder Abfrage aus. Im Beispiel soll eine Schleife aktiviert werden, die mehrfach durchlaufen wird. Beim ersten Mal soll zusätzlich eine Initialisierungsroutine aufgerufen werden. Zur Realisierung der Schleife wurde der Schleifenzähler jedoch sofort erhöht, bevor noch die Abfrage auf den ersten Durchlauf erfolgen konnte. Dies führt im Beispiel dazu, daß die Initialisierungsroutine nie aufgerufen wird. Daher sollte der Schleifenzähler immer erst am Ende erhöht werden.

C, C++
```
i = 1;
while (i <= 20)
{
  i = i + 1;       // falsch
  if (i == 1)
    Init();
}

i = 1;
while (i <= 20)
{
  if (i == 1)
    Init();
  i = i + 1;       // richtig
}
```

TurboPascal
```
i := 1;
While i <= 20    { falsch }
begin
  i := i + 1;
  if (i = 1) then
    Init;
end;

i := 1;
While i <= 20    { richtig }
begin
  if (i = 1) then
    Init;
  i := i + 1;
end;
```

VisualBasic
```
i = 1
DO While i < 20       ' falsch
  i = i + 1
  IF (i = 1) THEN
    Init
  END IF
LOOP
```

```
i = 1
DO While i < 20     ' richtig
  IF (i = 1) THEN
    Init
  END IF
  i = i + 1
LOOP
```

9.2 Fehlerbeseitigung

Testen mit TurboPascal für Windows, QuickC für Windows, Borland C++ und VisualBasic

In der modernen Software-Entwicklung ist es nichts Außergewöhnliches, daß mehr Zeit für das Auffinden von Fehlern verwendet werden muß als für die Programmerstellung selber. Daher werden Hilfsmittel zur Fehlersuche immer gefragter. Neuerdings werden Testhilfsmittel bereits als fester Bestandteil in die Entwicklungsoberfläche eingebaut, wie es z.B. bei VisualBasic und QuickC der Fall ist. Hierdurch entsteht ein sehr guter Bedienungskomfort auch für denjenigen, der kein Debug-Profi sein möchte. Den etwas konservativen Weg geht hier TurboPascal und C++ durch eine separate Testhilfe, den TurboDebugger. Dieser wird zwar aus der Windows-Oberfläche gestartet, aber dessen Bedienungsoberfläche ist eben doch noch ein DOS-Programm.

9.2.1 Fehlersuche ist eine Kunst

Leider gibt es für die Vorgehensweise bei der Fehlersuche keine allgemeingültigen Regeln. Daher muß das Debuggen immer noch als eine wenig exakte Wissenschaft bezeichnet werden. Trotz der umfangreichen Testhilfsmittel müssen die Fehler leider immer noch selbst gefunden werden. Wenn auch die Testmittel häufig bereits so vereinfacht wurden, daß sie sogar als Symbole in der Toolbar von QuickC integriert sind, ist ein genaues Nachdenken immer noch das beste Mittel.

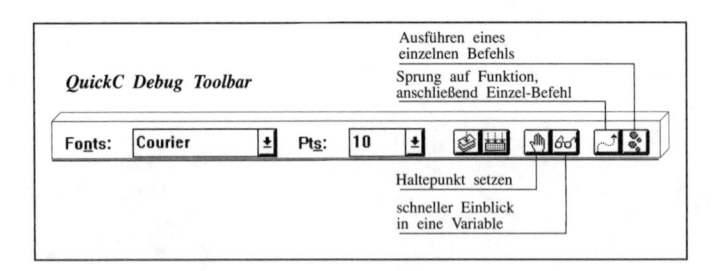

Abb. 240: Die Debug-Toolbar von QuickC

Die anderen Debugger von TurboPascal, C++ und VisualBasic müssen sich natürlich auch nicht verstecken, da deren Bedienung entweder über ein Menü oder eine Kurztaste realisiert wird.

9.2.2 Programmstart

Um ein erstelltes Programm auszuprobieren, wird es ab dem definierten Beginn zur Ausführung gebracht. Auf den ersten Blick erscheint es, als würde die Anwendung vollständig und unkontrolliert ablaufen. Der Unterschied zwischen dem Programm als ausführbarer Objektcode, der EXE-Datei und dem Test-Modus besteht darin, daß eine gezielte Programmunterbrechung möglich ist. Diese Unterbrechung kann entweder durch den Einbau von gezielten Haltepunkten oder durch eine Tastenbetätigung erfolgen. Dabei unterscheiden sich die Debugger der verschiedenen Systeme. Am elegantesten ist es bei VisualBasic gelöst, da es sowohl durch einen Haltepunkt als auch über einen Menüpunkt oder durch eine Tastenbetätigung jederzeit möglich ist. Bei QuickC muß leider auf die Unterbrechung durch eine Taste verzichtet werden, wobei der gleiche Effekt aber durch einen zur Laufzeit eingetragenen Breakpoint realisiert werden kann. Bei Borlands TurboDebugger für TurboPascal und C++ für Windows steht die Unterbrechbarkeit durch eine Taste zwar zur Verfügung, ist jedoch mit großer Vorsicht zu betrachten, da das System anschließend sehr leicht abstürzt.

QuickC GO

Nach Programm-Start befindet sich QuickC im Laufzeit-Modus, um die Programmfunktion der Applikation zu überprüfen. Der Programmstart erfolgt entweder über den Menüpunkt *Go* des Menüs *Run* oder durch die Kurztaste [F5]. Eine Fortsetzung des Programmes nach einem Haltepunkt ist ebenso hierüber möglich.

VisualBasic Starten

Durch den Menüpunkt *Ausführen/Starten* oder der [F5]-Taste gelangt VisualBasic in den Ausführungsmodus. Hierzu werden alle Erstellungsfenster geschlossen und nur die programmierten Elemente angezeigt. Die Start-Anweisung ist nur während der Entwurfsphase auslösbar und wird während der Laufzeit gesperrt. Eine gezielte Programmunterbrechung kann durch Auswahl des Menüpunktes *Unterbrechen* im *Ausführungs*-Menü oder durch die Tastenkombination [Strg]+[Untbr] vorgenommen werden. Anschließend befindet sich Visual Basic im Unterbrechungsmodus.

TurboDebugger, TurboPascal und C++

Ein Programmtest ist leider unter Borland TurboPascal und C++ nicht so schön möglich wie mit QuickC für Windows oder VisualBasic. Innerhalb der Entwicklungsumgebung stehen keine Debugging-Funktionen zur Verfügung. Dazu muß der TurboDebugger verwendet werden, der durch Menübetätigung innerhalb der Entwicklungsoberfläche gestartet wird. Aufgerufen wird der Debugger in TurboPascal durch den Menüpunkt *Debugger* des Untermenüs *Ausführen*. Hierdurch wird das TurboPascal-Programm automatisch neu übersetzt und mit zusätzlichen Symbolinformationen für den TurboDebugger versehen.

C++

In C++ sind noch zusätzliche Einstellungen zu machen, bevor der Debugger gestartet werden kann. Der erste Schritt ist das Anfügen von Compiler-Debug-Informationen. Dazu wird der Menüpunkt *Compiler* des Untermenüs *Options* und der Folgemenüpunkt *Advanced code generation...* aufgerufen. In der daraufhin erscheinenden Dialogbox *Advanced Code Generation* wird die Option *Debug info in Objs* gesetzt.

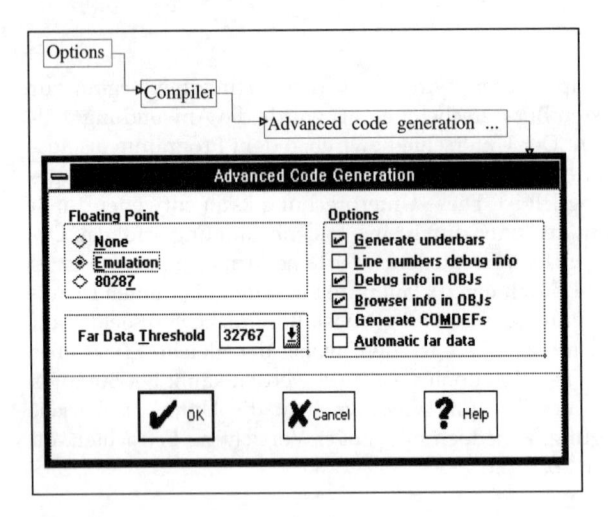

Abb. 241: Turbo C++ Compiler Debug Einstellung

C++

Der zweite Schritt ist der Einbau der Debug-Informationen in die EXE-Datei durch den Linker. Dazu wird der Menüpunkt *Linker* des Menüs *Options* und der Folgemenüpunkt *Settings...* aufgerufen. In der daraufhin erscheinenden Dialogbox *Linker Settings* wird die Option *Include debug information* gesetzt. Als dritter Schritt kann der Debugger über den Menüpunkt *Debugger* des *Run* Menüs gestartet werden.

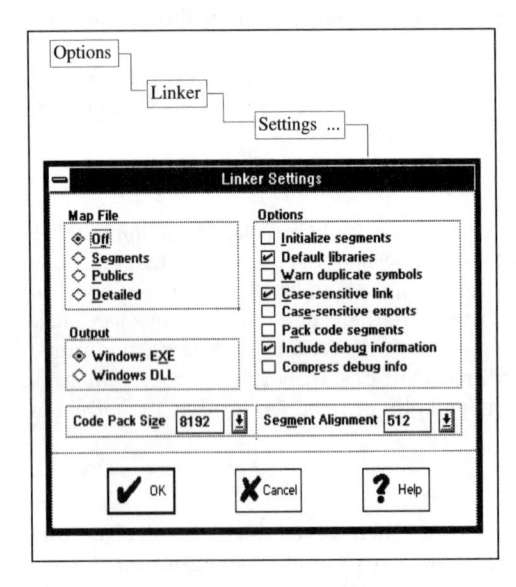

Abb. 242: Turbo C++ Linker Debug Einstellung

TurboDebugger, TurboPascal und C++ RUN

Nachdem mehr oder weniger Aufwand nötig war, um den Borland-Debugger zu aktivieren, kann das TurboPascal- oder C++-Programm durch den Menüpunkt *Run* oder die F9-Taste gestartet werden.

Test beenden

Damit der Test abgeschlossen werden kann, muß die zu testende Applikation bereits beendet sein oder sich auf einem Haltepunkt befinden. Für QuickC und VisualBasic bedeutet dies den Wechsel der Betriebsart zurück in die Programmerstellung. Da es für TurboPascal und C++ den TurboDebugger gibt, ist dies dessen Programmende.

QuickC: Stop Debugging

Der QuickC-Menüpunkt *Stop Debugging* beendet den Unterbrechungsmodus und geht zurück in den Programmentwurfsmodus. Demzufolge ist die Anweisung nur im Unterbrechungsmodus möglich. Dieses Kommando kann ebenso über die Tasten Alt+F5 ausgelöst werden.

VisualBasic: Beenden

Der VisualBasic-Menüpunkt *Beenden* bricht die ablaufende Applikation ab und geht zurück in den Entwurfsmodus. Diese Anweisung ist während der Programm-Laufzeit und im Unterbrechungsbetrieb möglich.

TurboPascal, C++: TurboDebugger Quit

Ein Beenden des TurboDebuggers ist dann durchführbar, wenn die Applikation unterbrochen oder beendet ist. Hierzu wird entweder der Menüpunkt *Quit* des *File*-Menüs oder die Tastenkombination Alt+x betätigt. Daraufhin beendet sich der TurboDebugger und geht zu Windows zu der Entwicklungsumgebung zurück.

Neustart

Durch einen Neustart wird das Programm völlig neu initialisiert, indem alle Programmvariablen auf ihren Anfangswert gestellt werden. Der Programmzähler wird auf den Programmanfang gesetzt, und die Applikation besitzt damit den Zustand, als würde ein Erststart erfolgen. Anschließend erfolgt ein erneuter Start des Programmes. Meist wird die Anweisung für ein unterbrochenes Programm benutzt, um einen sauberen Programm-Neubeginn zu ermöglichen.

QuickC: Restart

In QuickC kann ein Neustart entweder durch den Menüpunkt *Restart* oder über die Tasten Shift+F5 ausgelöst werden. Erfolgt die Auslösung des Kommandos vor einem Erststart, entspricht RESTART der GO-Anweisung. Ein Neustart ist daher während des Programmentwurfsmodus und Unterbrechungsmodus verfügbar.

VisualBasic

In VisualBasic ist die Funktionsweise des Neustarts fast identisch zu QuickC, nur trägt der Menüpunkt die Bezeichnung *Neu Starten*, die Taste bleibt aber Shift+F5.

Fortsetzen

QuickC, VisualBasic, TurboPascal und C++

Durch Fortsetzen kann das unterbrochene Programm direkt fortgesetzt werden. Es wird an dem letzten Haltepunkt fortgeführt. Bitte beachten Sie, daß hiermit ein unterbrochenes Programm nicht neu gestartet wird, denn es erfolgt nur dessen Fortsetzung. Um ein Programm weiterlaufen zu lassen, wird das gleiche Kommando wie für den ersten Start verwendet.

9.2.3 Breakpoint - Haltepunkt

Zu den am häufigsten verwendeten Testmitteln gehört der Haltepunkt, der auch die Bezeichnung Breakpoint trägt. Alle modernen Debugger, mit denen wir hier arbeiten, erlauben eine Unterbrechung des Programmes auf einer Programmzeile des Quellcodes. Hierzu benutzt der Debugger die Informationen des EXE-Codes, die dort speziell durch den Compiler bzw. Linker abgelegt wurden. Unter der Kenntnis der Zuordnung zwischen dem Quell- und Maschinencode ist es dem Debugger möglich, eine befehlsgenaue Programmunterbrechung durchzuführen. Durch den Benutzer, der durch uns in diesem Fall repräsentiert wird, muß dazu der Quellcode in keiner Art und Weise verändert werden. Die Debug-Einstellungen für den Compiler und Linker stellen zudem keine Änderung des Quellcodes dar.

Technik des Debuggers

Für den Benutzer stellt der Einbau eines Haltepunktes das Markieren einer Programmzeile dar. Dagegen muß der Debugger wesentlich mehr Aktivitäten ergreifen. Um in eine Programmzeile einen Halt einzubauen, sucht sich der Debugger mit Hilfe der Debug-Informationen die entsprechende Stelle im Maschinencode. An dieser Stelle wird der Objectcode gezielt durch den Einbau eines Maschinencodes verändert, der zur Auslösung eines Softwareinterrupts führt. Sobald die Applikation gestartet wird, erreicht hoffentlich der im PC eingebaute Mikroprozessor 80x86 die Stelle, an der der Softwareinterrupt eingebaut ist. Tritt das Ereignis ein, löst dieser Interrupt automatisch den Aufruf des Debuggers aus, was wiederum zur Unterbrechung der Applikation führt. Es ist noch wichtig zu wissen, daß die für einen Haltepunkt markierte Programmzeile nicht mehr ausgeführt wird, da das Programm zuvor unterbrochen wird. Alle in der Programmzeile enthaltenen Operationen sind daher noch nicht abgelaufen. Der Eintrag eines Haltepunktes ist nicht nur auf einen einzelnen Breakpoint begrenzt, und daher können viele Haltepunkte innerhalb eines Programmes eingetragen werden. Damit die Übersicht trotz einer Vielzahl von Haltepunkten erhalten bleibt, markiert der Debugger eine Zeile mit Breakpoint durch einen dicken Balken. Zusätzlich besitzt QuickC und der TurboDebugger ein Dialogfenster, in dem die aktuellen Haltepunkte aufgelistet werden und spezielle Breakpoints gesetzt werden können.

QuickC: Breakpoint

In QuickC wird der Breakpoint eingetragen, indem die gewünschte Zeile markiert und der Button, der die Hand zeigt, innerhalb der Toolbox angeklickt wird. Gelangt das Programm nach seinem Start an den gesetzten Haltepunkt, erfolgt eine Unterbrechung. Durch den gleichen Ablauf wie das Eintragen kann der Halt wieder ausgetragen werden. Ebenso ist dies durch den Menüpunkt *Breakpoints* des *Debug*-Menüs möglich. Nachdem ein Haltepunkt gewirkt hat, befinden wir uns im Unterbrechungsmodus und können die Reaktionen näher untersuchen. Eine Dialogbox, die durch die Wahl dieses Menüpunktes erscheint, läßt eine gezielte Manipulation der Haltepunkte zu.

Abb. 243: QuickC-Dialogbox für Haltepunkte

QuickC

Innerhalb der Dialogbox Breakpoints können eine Vielzahl von Haltepunkten festgelegt, hinzugefügt und gelöscht werden. Wenn die Dialogbox erscheint, sind laut Voreinstellung die Daten für die zuletzt markierte Zeile eingetragen. Durch das Auslösen des Buttons *Add* wird diese Zeile als Haltepunkt eingetragen. Dieser wird in die Liste der Breakpoints eingefügt. Bitte beachten Sie, daß durch Aufruf der Breakpoints-Dialogbox und dem Drücken des OK Buttons noch kein neuer Haltepunkt eingetragen ist. Die Übernahme erfolgt erst, nachdem der Button *Add* angeklickt wurde. Alle Haltepunkte bleiben solange erhalten, bis sie wieder gelöscht werden. Um einen Überblick der eingetragenen Haltepunkte zu bekommen, braucht nur die beschriebene Dialogbox Breakpoints geöffnet zu werden. Alle bisherigen Haltepunkte sind innerhalb der Listbox aufgereiht.

VisualBasic-Haltepunkt

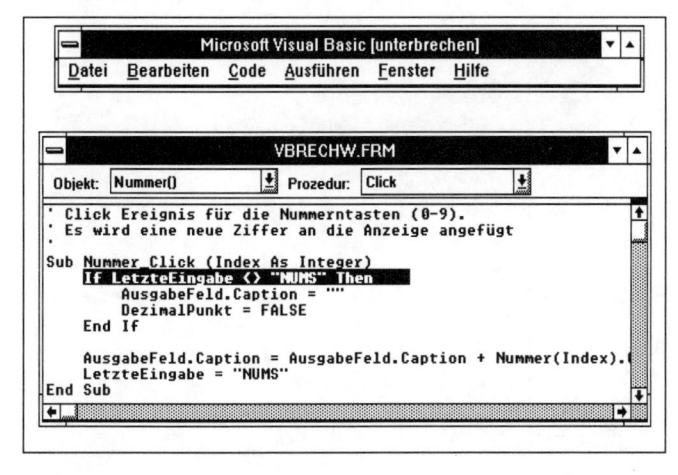

Abb. 244: VisualBasic-Haltepunkt

Ein VisualBasic-Haltepunkt wird eingetragen, indem die gewünschte Zeile markiert und der Menüpunkt *Haltepunkt ein/aus* angeklickt wird. Gelangt das Programm nach dessen Start an den gesetzten Haltepunkt, so erfolgt eine Unterbrechung. Durch den gleichen Ablauf kann der Halt wieder ausgetragen werden. Ebenso ist dies durch die Taste F9 möglich. An einem Haltepunkt gelangt VisualBasic in den Unterbrechungsmodus, der durch die veränderte Titelzeile erkenntlich ist.

VisualBasic STOP

Es läßt sich in VisualBasic alternativ eine Programmunterbrechung durch den direkten Einbau der STOP-Anweisung in das Programm herbeiführen. Die Wirkung ist fast die gleiche wie bei den Haltepunkten, mit einem wichtigen Unterschied: Die Anweisung bleibt solange erhalten, bis der Code wieder entfernt wird. Dagegen ist ein Breakpoint nach Ende einer VisualBasic-Sitzung verloren. Trotzdem wird die Verwendung der STOP-Anweisung wohl eher die Ausnahme bleiben, da das Entfernen leicht vergessen wird. Für nicht realisierte Programmteile ist der STOP-Befehl jedoch durchaus eine Alternative.

```
SUB Form1_Click()
   STOP
END SUB
```

TurboPascal: Haltepunkt C++: Breakpoint

Ein Haltepunkt kann im TurboDebugger von TurboPascal bzw. von C++ natürlich erst gesetzt werden, wenn der TDW gestartet ist. Im TurboDebugger wird dann die gewünschte Programmzeile mit der Maus markiert und der Haltepunkt über die Taste F2 oder den Menüpunkt *Toggle* des *Breakpoints*-Menüs eingestellt. Über diesen Weg können so an mehreren Stellen im Programm Haltepunkte eingebracht werden. Zusätzlich steht eine Dialogbox zur Verfügung, die über den Menüpunkt *AT...* des *Breakpoints*-Menüs erreichbar ist. Hierüber können Änderungen an bestehenden Haltepunkten vorgenommen werden. Dies geschieht durch die Betätigung des Buttons *Change...*, bzw. ein Löschen ist durch *Delete...* möglich. Ein Neueintrag ist natürlich durch den Button *Add..* auch zu erreichen, aber wir haben dafür bereits eine komfortablere Lösung gefunden.

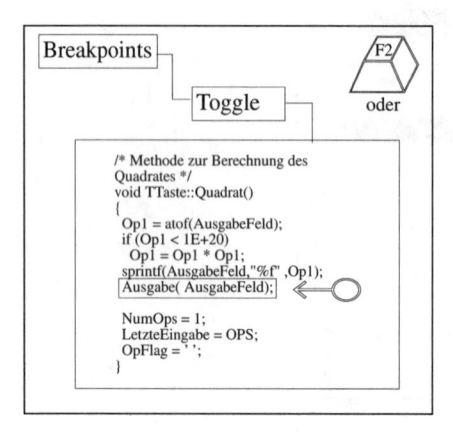

Abb. 245: Haltepunkt im TurboDebugger

Haltepunkt auf eine Windows-Meldung

Das ereignisgesteuerte System Windows verständigt sich durch Meldungen, die meist in einem logischen Zusammenhang entstehen. Es gibt aber mindestens ebensoviel Situationen, in denen es nicht eindeutig ist, ob die gewünschte Meldung geschickt wird oder gar nicht auftrat. Für diese Fälle bietet QuickC für Windows sehr hilfreiche Testmöglichkeiten.

QuickC

In QuickC wird dazu ein Haltepunkt gezielt auf eine Meldung eingetragen. Festgelegt wird der Haltepunkt, indem der Eintrag der Combobox Break auf "at WndProc if Message is Received" gesetzt wird. Dies erfolgt natürlich wiederum in der Dialogbox Breakpoints. Durch den Eintrag in der Combobox wird der Button *Messages* freigegeben, der nach Betätigung eine weitere Dialogbox bringt. Dort sind in einer Combobox alle möglichen Meldungen zusammengefaßt. Ist der Radio-Button *Single* im Bereich Message Class markiert, wird ein Breakpoint durch das Auftreten einer bestimmten Meldung ausgelöst. Soll dagegen auf eine Gruppe von Meldungen reagiert werden, wie z.B. Clipboard-Meldungen, kann durch die Wahl des Radio-Buttons *Class* im Bereich Message Class und das anschließende Markieren der Meldungsgruppen im unteren Bereich Message Class eine entsprechende Einstellung erfolgen. Im Normalfall wird es aber viel interessanter sein, einzelne Meldungen einzustellen.

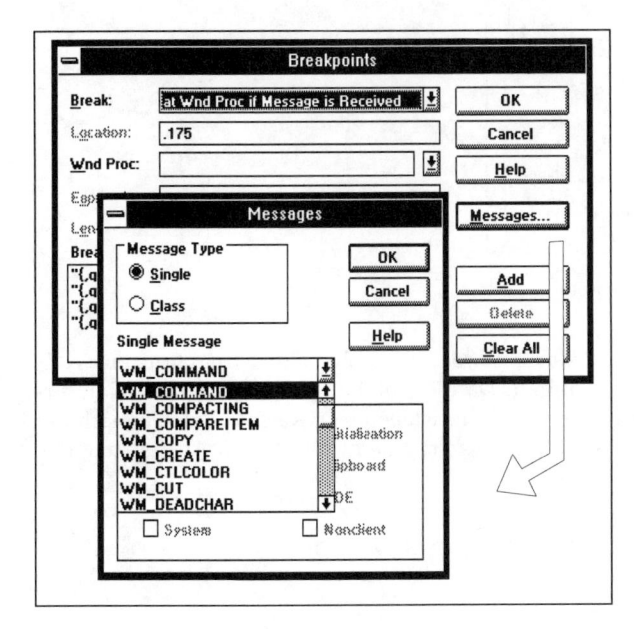

Abb. 246: QuickC-Haltepunkt auf eine Meldung

In Windows kann nicht nur die Window-Funktion Meldungen empfangen, sondern auch eine Dialogbox-Routine. Demzufolge ist es auch möglich, für eine Dialogbox Breakpoints auf Meldungen zu setzen. Dies geschieht mit Hilfe der Combobox *WndProc* der Dialogbox *Breakpoints*. Welche WndProc-Routine im Programm vorhanden ist, kann

QuickC aber erst feststellen, wenn diese z.B durch das Registrieren der Klasse für Windows bekannt gemacht worden ist. Deshalb sollte das Programm zuerst mit einem Haltepunkt auf eine Programmzeile versehen werden. Ein Haltepunkt nach dem Registrieren der Klasse ist ein geeigneter Ort, bevor ein Haltepunkt für Meldungen festgelegt wird.

9.2.4 Einzelschritt

Oft ist die schrittweise Bearbeitung der Programmzeilen eine der letzten Möglichkeiten, um einen Fehler einzugrenzen. Dies ist z.B. dann der Fall, wenn der Bereich des Programmes, der einen Fehler verursachte, nicht direkt eingegrenzt werden kann. Die schrittweise Ausführung eines Programmes bedeutet, daß eine einzelne Befehlszeile ausgeführt wird. Anschließend wird das Programm sofort unterbrochen, ohne weitere Zeilen auszuführen. Bei jedem Programmschritt können die Variablen untersucht bzw. die Programmreaktionen überprüft werden. Der Einzelschritt gilt ebenfalls für Funktionen, die während des Programmablaufes aufgerufen werden. Diese Funktionen müssen auch die Debug-Informationen enthalten, da ansonsten der Debugger eine Befehlszeile nicht erkennen kann.

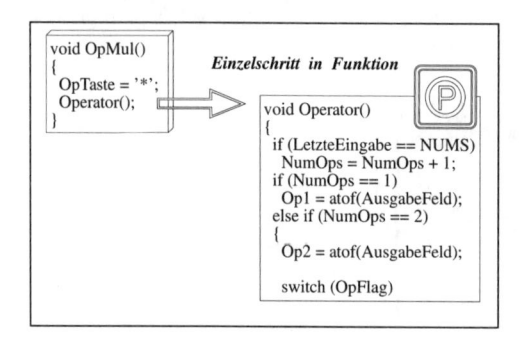

```
void OpMul()
{
  OpTaste = '*';              Einzelschritt in Funktion
  Operator();
}                             void Operator()
                              {
                                if (LetzteEingabe == NUMS)
                                  NumOps = NumOps + 1;
                                if (NumOps == 1)
                                  Op1 = atof(AusgabeFeld);
                                else if (NumOps == 2)
                                {
                                  Op2 = atof(AusgabeFeld);

                                switch (OpFlag)
                              }
```

Abb. 247: Einzelschritt auch innerhalb einer Funktion

Für Standard-Funktionen und Prozeduren wird demzufolge ein Einzelschritt zur vollständigen Ausführung des Befehls führen. Da die Standard-Funktion keine Debug-Informationen enthält, kann der Debugger nicht feststellen, aus welchen Befehlen sich die Funktion zusammensetzt. Allerdings bleibt das Programm sofort nach Ausführung der Programmzeile stehen.

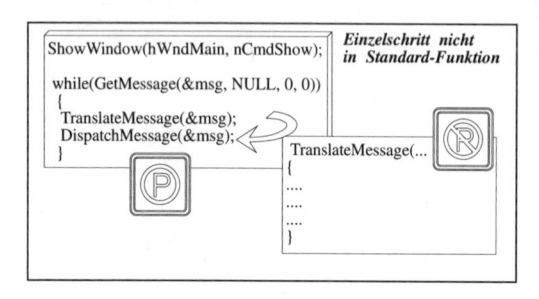

```
ShowWindow(hWndMain, nCmdShow);     Einzelschritt nicht
                                    in Standard-Funktion
while(GetMessage(&msg, NULL, 0, 0))
{
  TranslateMessage(&msg);
  DispatchMessage(&msg);            TranslateMessage(...
}                                   {
                                      ....
                                      ....
                                      ....
                                    }
```

Abb. 248: Einzelschritt nicht innerhalb einer Standard-Funktion möglich

Eine häufige Anwendung für den Einzelschritt ist die Kombination mit dem Haltepunkt. Dabei dient der Haltepunkt dazu, den Fehler im Groben zu lokalisieren. Für die Feinarbeit wird anschließend der Einzelschritt eingesetzt.

QuickC: Trace Into

Das Kommando für den Einzelschritt wird in QuickC durch den Menüpunkt *Trace Into* des *Run*-Menüs ausgelöst oder durch die Taste [F8].

VisualBasic: Einzelschritt

Innerhalb von VisualBasic merkt man sich entweder die Taste [F8] oder den Menüpunkt *Einzelschritt* des *Ausführen*-Menüs.

TurboPascal: Trace into C++ Trace into

In ähnlicher Weise geschieht dies im TurboDebugger mit dem Menüpunkt *Trace into* des *Run*-Menüs oder der Taste [F7].

Prozedurschritt: Einzelschritt-Funktionen überspringen

Soll zwar ein Einzelschritt ausgeführt werden, aber kein Sprung in ein Unterprogramm erfolgen, kann dies durch den Prozedurschritt realisiert werden. Die Funktionsweise des Prozedurschrittes entspricht bis auf eine Kleinigkeit der des normalen Einzelschrittes. Es ist genauso möglich, das Programm Befehlszeile für Befehlszeile abzuarbeiten. Im Unterschied zum Einzelschritt betrachtet ein Prozedurschritt einen Unterprogrammaufruf als komplette Befehlszeile, die trotz der in der Funktion enthaltenen Debug-Informationen die Funktion ohne Programmstop komplett abarbeitet. Im Anschluß daran bleibt das Programm stehen, da ein einzelner Schritt abgearbeitet wurde. Die Prozedurschritt-Bearbeitung ist daher für Fälle geeignet, in denen Unterprogramme aus dem Programmtest ausgeschlossen werden können. Hierdurch können große Programme schneller schrittweise untersucht werden.

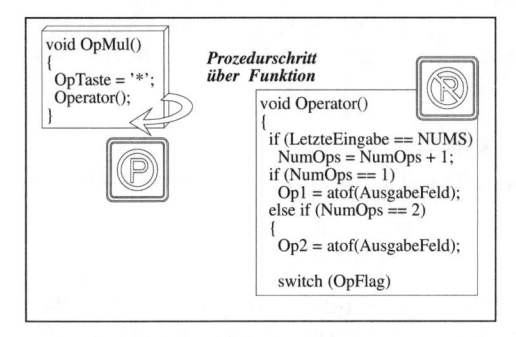

```
void OpMul()
{
    OpTaste = '*';
    Operator();
}
```

Prozedurschritt über Funktion

```
void Operator()
{
    if (LetzteEingabe == NUMS)
        NumOps = NumOps + 1;
    if (NumOps == 1)
        Op1 = atof(AusgabeFeld);
    else if (NumOps == 2)
    {
        Op2 = atof(AusgabeFeld);
    }
    switch (OpFlag)
```

Abb. 249: Prozedurschritt

QuickC: Step Over

Das Kommando Prozedurschritt kann in QuickC durch den Menüpunkt *Step Over* des *Run*-Menüs oder durch die Taste [F10] ausgelöst werden.

VisualBasic: Prozedurschritt

In VisualBasic trägt der Prozedurschritt bereits diesen Namen. Ausgelöst wird er durch den Menüpunkt *Prozedurschritt* des *Ausführen*-Menüs oder die Taste `Shift`+`F8`.

TurboPascal: Step over C++ Step over

Ein Prozedurschritt wird im TurboDebugger durch den Menüpunkt *Step over* des *Run*-Menüs oder durch die Taste `F8` ausgelöst.

Ausführung bis zum Cursor

Durch die Position des Cursors wird festgelegt, bis zu welcher Befehlszeile das Programm abgearbeitet wird. Alle Befehle und Funktionen, die sich vor der aktuellen Cursor-Position befinden, werden ausgeführt. Sobald die gewünschte Stelle erreicht ist, wird das Programm angehalten. Die Stelle, an der sich der Cursor im Moment der Wahl des Haltepunktes befand, wird nicht mehr ausgeführt. Die Wirkung der Anweisung entspricht dem Setzen eines Testpunktes an die Cursor-Position und ist daher redundant zu einem Haltepunkt.

QuickC: Continue to Cursor

Das Kommando kann in QuickC durch den Menüpunkt *Continue to Cursor* des *Run*-Menüs oder über die Taste `F7` ausgelöst werden.

TurboPascal: Execute to... C++ Execute to...

Durch den Menüpunkt *Execute to ...* des *Run*-Menüs oder die Taste `Alt`+`F9` geschieht die Auslösung im TurboDebugger.

VisualBasic: Nächste Anweisung festlegen

Der normale Befehlsablauf sieht so aus, daß Anweisung nach Anweisung der Reihe nach bearbeitet wird. Für Testzwecke können bestimmte Programmzeilen übergangen werden, die dann nicht zur Ausführung kommen. Dies erfolgt durch das Festlegen der als nächstes zum Ablauf kommenden Anweisung. Sogar ein Sprung in eine andere Prozedur oder ein Ereignis ist möglich. Die Benutzung dieser Möglichkeit gestattet das Testsystem nur im Unterbrechungsmodus.

VisualBasic: Nächste Anweisung anzeigen

Dadurch wird die nächste Anweisungszeile angezeigt, die ausgeführt wird. Dies ist nur im Unterbrechungsmodus möglich.

Programmablauf beobachten

Ein Programm wird langsam Schritt für Schritt ausgeführt, wobei nach jedem Programmschritt die entstandenen Veränderungen angezeigt werden. Die schrittweise Bearbeitung von Befehlen wird meist auch als Programm-Trace bezeichnet. Meist wird ein Programm-Trace dafür verwendet, die Reihenfolge von Funktionsaufrufen und Befehlen zu beobachten. Dies ist möglich. Veränderungen werden dabei nach jedem einzelnen Programmschritt angezeigt. Dies geschieht für das gesamte Programm, wobei die Ausführungsgeschwindigkeit natürlich erheblich geringer ist als bei einem normalen Programmstart. Im Unterschied dazu kann das Programm aber jederzeit mit einer beliebigen Taste angehalten werden.

QuickC: Animate

Eine gesteuerte Programmausführung läßt sich in QuickC durch den Menüpunkt *Animate* des *Run*-Menüs durchführen. Zudem ist es möglich, die Geschwindigkeit der Programmausführung über den Menüpunkt *Run/Debug* des *Options*-Menüs auf die Werte langsam (slow), mittel (medium) und schnell (fast) einzustellen.

TurboPascal: Animate... C++ Animate...

Die Bezeichnung im TurboDebugger ist ebenso Animate und wird daher über den Menüpunkt *Animate...* des *Run*-Menüs gestartet.

9.2.5 Variable analysieren

Das Ziel einer Programmunterbrechung wird es meist sein, an einer definierten Stelle Variablen betrachten zu können. Eine zu überprüfende Variable wird dabei als Überwachungspunkt oder auch Watch-Point bezeichnet. Dieser dient dazu, den Inhalt einer Variablen zu lesen und daraus Schlüsse auf den richtigen Inhalt zu ziehen. Damit mehrere Variablen gleichzeitig überwacht werden können, sind sie in einem Fenster zusammengefaßt, das häufig die Bezeichnung Watches trägt. Normalerweise wird ein Überwachungspunkt erst eingetragen, wenn vorher ein Haltepunkt ausgelöst wurde. Die Betrachtung von Variablen ergibt meist nur einen Sinn, wenn sie aktuell vom Programm verwendet werden.

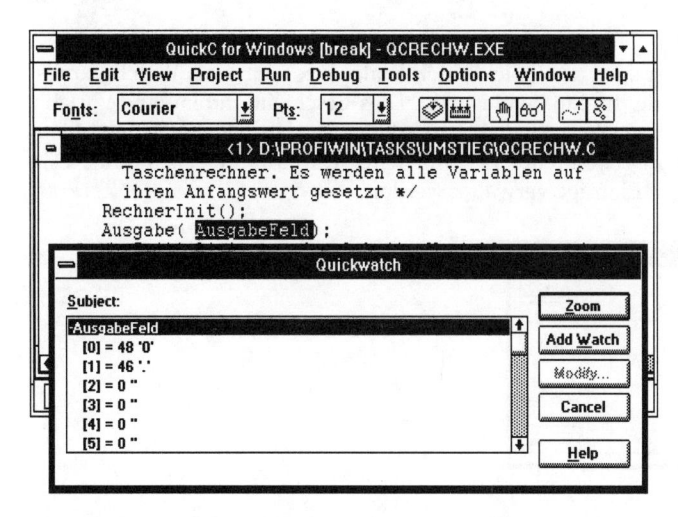

Abb. 250: QuickWatch für Variablen bei QuickC

In QuickC existiert noch eine Kurzform der Variablenüberwachung, die den Namen QuickWatch trägt. Der Sinn liegt darin, einen kurzen Blick auf eine Variable zu werfen, während das Programm sich auf einem Haltepunkt befindet. Hierzu wird die zu betrachtende Variable mit der Maus markiert und anschließend der Menüpunkt *QuickWatch* des *Debug*-Menüs gewählt. Eine schnellere Wahl ist durch den Button mit dem Brillen-Symbol der Toolbox bzw. durch die Tasten [Shift]+[F9] möglich. Daraufhin erscheint die Dialogbox QuickWatch, die die Programmvariable mit dem Namen und dem Inhalt darstellt. Zusätzlich kann die so betrachtete Variable für eine längerfristige Überwachung durch die Übernahme als Watch Expression angelegt werden.

TurboDebugger

Im TurboDebugger wird ein schneller Einblick in eine Variable am besten dadurch realisiert, daß die Variable z.B. mit der Maus markiert und durch die Taste `Ctrl`+`w` in das Watch-Fenster übernommen wird.

Variablen analysieren

Um Variablen über einen längeren Zeitraum zu beobachten, werden sie als Überwachungsausdruck eingetragen. Als Bezeichnung für diesen Überwachungsausdruck wird häufig auch der englische Ausdruck Watch Expression verwendet. Hierdurch werden mehrere Variablen zusammengefaßt, die dann in einem Watch-Fenster zu betrachten sind. Die Ausdrücke der Variablen im Watch-Fenster können direkt in diesem Fenster geändert werden. So ist es möglich, eine Konstante zur Variablen aufzuaddieren und das Ergebnis zu betrachten. Enthält der Variablenausdruck keinen sinnvollen Aufbau, meldet sich der Debugger mit einer Fehlermeldung. Werden bestimmte oder alle Einträge von Variablenausdrücken nicht mehr benötigt, können diese mit Hilfe einer Dialogbox gelöscht werden. Neben einzelnen Variablen können auch alle aus der Liste entfernt werden.

QuickC: Watch Expression

Eine Variable wird entweder vom der QuickWatch-Dialogbox heraus als Watch-Expression selektiert oder durch die direkte Befehlswahl. Dies geschieht, indem eine Variable im Programm z.B. durch doppeltes Anklicken markiert und anschließend der Menüpunkt *Watch Expression* des *Debug*-Menüs gewählt wird. Daraufhin erscheint eine Dialogbox, in der alle bisherigen Einträge verwaltet werden.

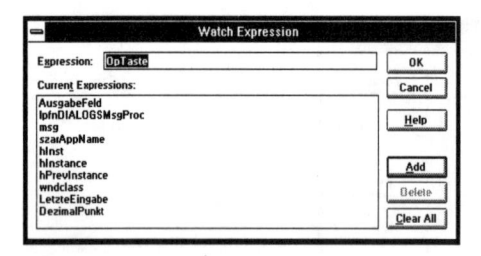

Abb. 251: Watch für Variable

QuickC

Damit auch kompliziert aufgebaute Variablen betrachtet werden können, markiert sie QuickC im Watch-Fenster mit einem Pluszeichen, das vor den Variablennamen gestellt wird. Für uns ist das der Hinweis, daß für die Variable noch mehr Informationen vorhanden sind. Als Beispiel nehmen wir eine Pointer-Variable mit dem Namen szarApp-Name. Diese wird im Programm durch zweimaliges Anklicken markiert und anschließend als Watch Expression eingetragen. Im Watch-Fenster erscheint jetzt die Zeile +szar

Testen von Windows-Applikationen 655

AppName = 0x359F:0x0A08. Nun klicken wir diese Zeile zweimal an, woraufhin der String von szarAppName erscheint. Als Kennzeichen, daß die Variable verkleinert dargestellt werden kann, wird nun vor szarAppName ein Minuszeichen gesetzt. Eine ähnliche Vorgehensweise ergibt sich für eine Struktur, die zudem noch weitere Strukturen enthalten kann.

```
┌─────────────────── (2) Watch ───────────────────┐
│ msg = CAN0030: Error: expression not evaluatable│
│+szarAppName = 0x359F:0x0A08                     │
│ hInst = 13726                                   │
│ hInstance = CAN0030: Error: expression not evaluatable│
│ hPrevInstance = CAN0030: Error: expression not evaluatable│
│ wndclass = CAN0030: Error: expression not evaluatable│
│ LetzteEingabe = 0                               │
│ DezimalPunkt = 0                                │
│ OpTaste = 0 ''                                  │
└─────────────────────────────────────────────────┘
```

Abb. 252: QuickC Watch-Fenster

TurboPascal: Add watch... C++ Add watch...

Um im TurboDebugger einen Überwachungsausdruck einzutragen, gibt es vielfältige Möglichkeiten. Welcher für Sie der angenehmste ist, finden Sie leicht selbst beim Arbeiten mit dem TurboDebugger heraus. Der schnellste Weg ist es, die Variable zu markieren und die Taste `Ctrl`+`w` zu betätigen. Hierdurch wird die markierte Variable sofort in das Watch-Fenster übernommen. Eigens für den Watch-Ausdruck gibt es den Menüpunkt *Add watch...* des *Data*-Menüs. Dieser Weg führt über eine Dialogbox mit der Bezeichnung *Enter expression to watch*, die auch über die Tasten `Ctrl`+`F7` zu erreichen ist. Ein weiterer, recht schneller Weg geschieht durch das Selektieren des Watch-Fensters und der anschließenden direkten Eingabe des Variablennamens über die Tastatur. Für den, der lieber mit *Floating Popup*-Menüs arbeitet, kann dies durch das Markieren einer Variablen und das anschließende Betätigen der rechten Maustaste erreicht werden. Wie Sie sehen, führen viele Wege zum Eintrag eines Überwachungsausdruckes.

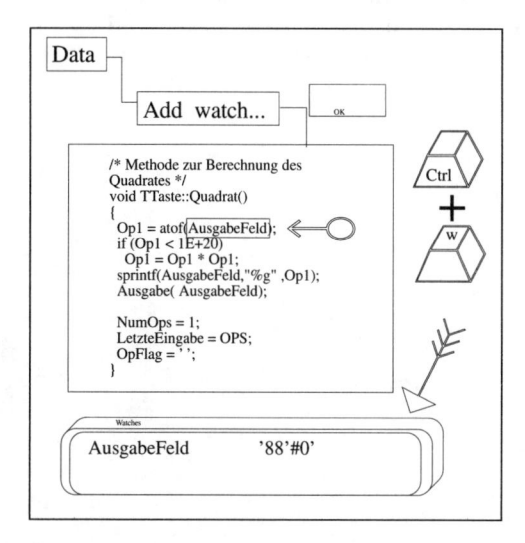

```
┌─────────────────────────────────────────────────┐
│ Data                                            │
│   ┌─────────────────────┐                       │
│   │ Add watch...    OK  │                       │
│   ├─────────────────────┴──────────┐            │
│   │ /* Methode zur Berechnung des  │   ┌────┐   │
│   │    Quadrates */                │   │Ctrl│   │
│   │ void TTaste::Quadrat()         │   └────┘   │
│   │ {                              │     +      │
│   │   Op1 = atof(AusgabeFeld);  ←──┐   ┌────┐   │
│   │   if (Op1 < 1E+20)             │   │ w  │   │
│   │     Op1 = Op1 * Op1;           │   └────┘   │
│   │   sprintf(AusgabeFeld,"%g",Op1);│            │
│   │   Ausgabe( AusgabeFeld);       │            │
│   │                                │            │
│   │   NumOps = 1;                  │            │
│   │   LetzteEingabe = OPS;         │            │
│   │   OpFlag = ' ';                │            │
│   │ }                              │            │
│   └────────────────────────────────┘            │
│   ┌─── Watches ─────────────────────┐           │
│   │ AusgabeFeld      '88'#0'        │           │
│   └─────────────────────────────────┘           │
└─────────────────────────────────────────────────┘
```

Abb. 253: TurboDebugger Watch-Point

VisualBasic Direktfenster

Etwas anders als bei QuickC oder dem TurboDebugger wurde die Analyse von Variablen in VisualBasic realisiert. Hier steht ein leistungsfähiges Testhilfsmittel durch das Direktfenster zur Verfügung. Wurde das Programm unterbrochen, kann das Direktfenster durch Menübedienung eingeblendet werden. Da nicht nur Variablen abgefragt oder geändert werden können, sondern auch die Reaktion auf Funktionen oder Prozeduren sofort beobachtet werden kann, bietet das Direktfenster mehr Leistung als ein Watch-Fenster. Um eine Anweisung auszuprobieren, kann diese in das Direktfenster eingegeben werden. Nach dem Abschluß mit der `Enter`-Taste wird das Ergebnis sofort innerhalb des Arbeitsbereichs des Direktfensters dargestellt. Zur Darstellung von Programm-Variablen dient der spezielle Operator ?. Die Benutzung ist sehr einfach, da das ? nur vor einer Variablen in das Direktfenster geschrieben zu werden braucht.

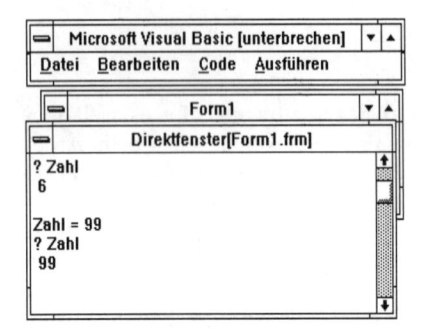

Abb. 254: Direktfenster von VisualBasic

In gleicher Weise können Funktionen getestet oder kann die Reaktion von Laufzeitfehlern betrachtet werden. Soll der im Direktfenster erzeugte Programmcode in die bestehende Applikation übernommen werden, so kann dies über das Kopieren in die Zwischenablage und das anschließende Einfügen in das entsprechende Unterprogramm vorgenommen werden.

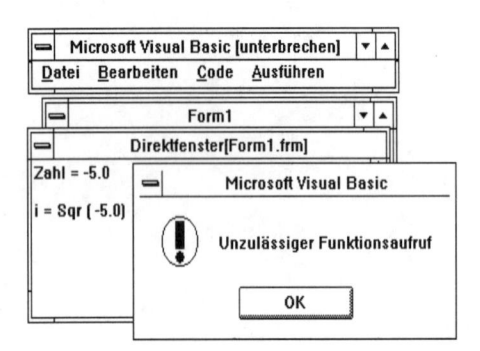

Abb. 255: Funktion Sqr im Direktfenster erzeugt Laufzeitfehler

Lokale Variablen anzeigen

Wurde das Programm innerhalb einer Funktion unterbrochen, ist es von Interesse, den Wert der lokalen definierten Variablen zu betrachten. Das sind die Variablen, die nur innerhalb einer Funktion Gültigkeit besitzen und die ihren Wert nach Ende der Funktion verliert.

QuickC: Locals

Um schnell einen Überblick über die Inhalte der lokalen Variablen zu bekommen, stellt QuickC das Locals-Fenster zur Verfügung. Angezeigt wird dieses Fenster durch den Menüpunkt *Locals* im Menü *Windows*. Es erscheinen im Locals-Fenster alle lokalen Variablen der Funktion.

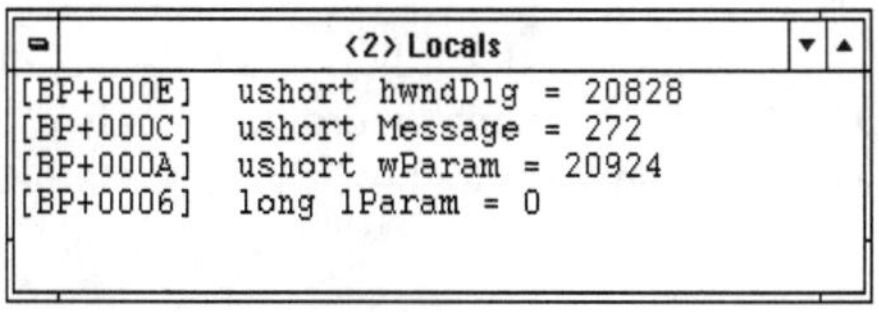

```
                <2> Locals
[BP+000E]   ushort hwndDlg  = 20828
[BP+000C]   ushort Message  = 272
[BP+000A]   ushort wParam   = 20924
[BP+0006]   long   lParam   = 0
```

Abb. 256: QuickC Locals-Fenster

TurboPascal, C++

Eine direkte Funktion, die dem Locals-Fenster von QuickC entspricht, besitzt der TurboDebugger nicht. Jedoch können die lokalen Variablen auch als Watch-Point eingetragen werden.

VisualBasic

In VisualBasic wird hierfür die Funktion des Direktfensters verwendet.

9.2.6 Variable ändern

Der Wert von Variablen kann natürlich durch eine Änderung im Programm erreicht werden. Zur Durchführung von Programmtests ist diese Vorgehensweise recht unpraktisch, da das Programm neu übersetzt und gestartet werden muß. Um die Reaktion des Programmes auf Grenzwerte zu überprüfen, muß es möglich sein, die Inhalte von Variablen zu verändern. Alle hier behandelten Debugger ersparen uns das Ändern des Programmes, da die Variablen auf einen neuen Wert während des Tests gesetzt werden können.

QuickC: Modify Variable

Um den Inhalt einer Variablen in QuickC zu ändern, wird diese im Programm markiert und der Menüpunkt *Modify Variable* des *Debug*-Menüs gewählt. Daraufhin erscheint eine Dialogbox, die den Namen der Variablen und deren derzeitigen Inhalt anzeigt. Zudem ist ein Eingabefeld vorhanden, das eine Änderung des aktuellen Wertes ermöglicht. Dies kann natürlich nur durchgeführt werden, wenn das Programm vorher durch einen Haltepunkt unterbrochen wurde.

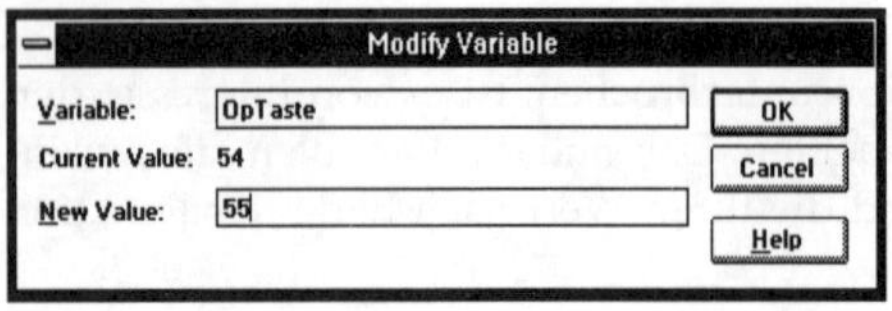
Modify Variable
Variable:
OpTaste
Current Value: 54
New Value:
55
OK
Cancel
Help

Abb. 257: Modify Variable bei QuickC

VisualBasic

In VisualBasic wird hierfür die Funktion des Direktfensters verwendet.

TurboPascal: Evaluate/modify C++: Evaluate/modify

Befindet sich der TurboDebugger auf einem Haltepunkt, kann der Inhalt einer Variablen durch den Menüpunkt *Evaluate/modify* des *Data*-Menüs geändert werden. Durch die Menübetätigung oder die Tasten `Ctrl`+`F4` erscheint eine Dialogbox, die es gestattet, den Inhalt zu betrachten und zu ändern.

9.2.7 Prozessor-Register

Um hartnäckige Fehler finden zu können, ist es durchaus notwendig, hardwarenahe Einblicke zu gewinnen. Dies ist möglich, indem die Register des Mikroprozessors 80x86 dargestellt werden. Der aktuelle Inhalt der Register wie z.B. des Stacksegmentes oder Flag-Zustände wird/werden in Form eines Fensters gezeigt. Aus den Inhalten läßt sich eine hardwarenahe Untersuchung des Programmzustandes realisieren. Für Visual Basic ist dies jedoch nicht möglich.

QuickC Registers

In QuickC wird dieses Fenster durch den Menüpunkt *Registers* im Menü *Windows* angezeigt. Neben der Darstellung der Registerinhalte erscheinen in der untersten Bildschirmzeile Hardwareflags des Prozessors. Diese können durch zweimaliges Anklicken auf den inversen Wert gestellt werden. Ein Ändern des Register-Inhaltes ist aber nicht möglich.

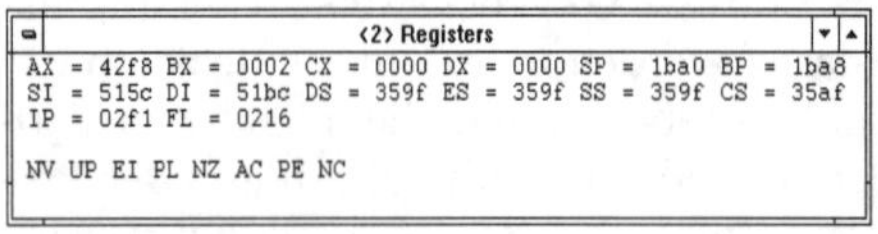
<2> Registers
AX = 42f8 BX = 0002 CX = 0000 DX = 0000 SP = 1ba0 BP = 1ba8
SI = 515c DI = 51bc DS = 359f ES = 359f SS = 359f CS = 35af
IP = 02f1 FL = 0216
NV UP EI PL NZ AC PE NC

Abb. 258: QuickC Registers-Fenster

TurboPascal Registers C++ Registers

Noch einige Funktionserweiterungen bietet der TurboDebugger in Bezug auf die Prozessor-Register. Über den Menüpunkt *Registers* des *View*-Menüs erscheint ein Fenster, das die Prozessor-Register und Flags anzeigt. Wird ein Register markiert und die rechte Maustaste betätigt, erscheint ein Floating-Popup-Menü. Hierüber kann das Register inkrementiert, dekrementiert, zurückgesetzt oder auf einen gewünschten Wert eingestellt werden. Auf ähnliche Weise können auch die Flags verändert werden, wobei nur die Einstellung auf den inversen Zustand möglich ist.

9.3 Programmerweiterung und ihre Tücken

Damit wir etwas mehr mit dem Debuggen vertraut werden, ist es sinnvoll, sich mit einem praktischen Beispiel zu beschäftigen. Hierbei wollen wir zuerst einen Quellcode verwenden, der ziemlich fehlerfrei ist, und ihn um einige Dinge erweitern. Sie können sich natürlich leicht vorstellen, daß das Programm dann nicht mehr so funktioniert, wie es soll.

Bereits früher erwähnte ich den Zusammenhang zwischen dem Verstehen der Programmzusammenhänge und dessen Fehlerbeseitigung. Beim Ausprobieren des Taschenrechners aus dem Kapitel "Windows für DOS-Profis" ist Ihnen sicher aufgefallen, daß Eingaben über die Tastatur keine Wirkung erzeugen. Für einen richtigen Rechner sollte dies aber schon möglich sein. Deshalb dient der bisherige Taschenrechner als Test-Beispiel, der mit Tastatur-Funktionen ergänzt wird.

Tastaturmeldung

Erinnern wir uns an das Eingabekapitel, das sich auch mit der Behandlung der Tastatur beschäftigte. Innerhalb von Windows führt eine Kommunikation mit dem Benutzer zu einem Ereignis. Natürlich ist dies bei der Tastatur auch der Fall, und wir erhalten in VisualBasic ein KeyDown-, KeyUp- und ein KeyPress-Ereignis. Für QuickC sind dies die entsprechenden Meldungen WM_KEYDOWN, WM_KEYUP und WM_ CHAR. Wie nicht anders erwartet wird die Methode in TurboPascal und Borland C++ WmKey Down, WmKeyUp und WmChar heißen.

Die Entscheidung, welches der Ereignisse für die Realisierung zu verwenden ist, wird am einfachsten fallen, wenn wir einen kurzen Blick auf deren Unterschiede werfen. Das Drücken einer Taste wird zuerst zur Auslösung der Meldung mit dem Namen KeyDown in VisualBasic, WM_KEYDOWN in C bzw. WmKeyDown in OWL führen. Dazu entsprechend entsteht aus dem Loslassen der Taste KeyUp, WM_KEYUP bzw. WmKeyUp. Wichtig ist jetzt noch zu wissen, daß die beiden soeben genannten Ereignisse einen physikalischen Tastencode mitbekommen, der noch sehr hardwarenahe Informationen liefert. Für unsere Realisierung ist die Meldung KeyPress, WM_CHAR bzw. WmChar wesentlich besser geeignet. Hierbei wird der ANSI-Code geliefert, der z.B. eine sofortige Unterscheidung zwischen Groß- und Kleinbuchstaben erlaubt. Bei WM_KEYDOWN und WM_KEYUP ist dies nicht immer so einfach möglich. Daher wird für die Tastaturerweiterung das Ereignis Key Press in VisualBasic, WM_CHAR in C bzw. WmChar in OWL der geeignete Ansatzpunkt sein.

Taste bildet Button nach

Die neuen Funktionen des Taschenrechners sollen natürlich ohne Änderungen in dem bestehenden Code an das Programm angefügt werden. Daher besteht die Grundidee darin, durch eine Tastenbedienung einen Button des Taschenrechners auszulösen, dessen Funktionalität schon implementiert ist. Wenn uns das gelingt, ist dies ein sehr eleganter Weg, da die Funktion der einzelnen Befehlsschaltflächen bereits funktionsfähig ist.

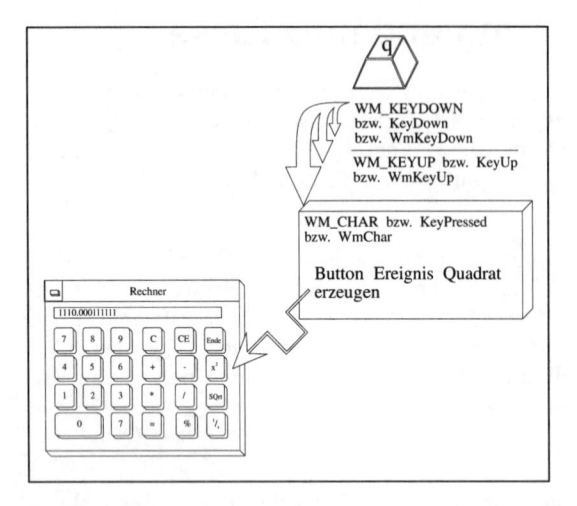

Abb. 259: Taste löst ein Button-Ereignis aus

9.3.1 VisualBasic-Programm in Nöten

Als erstes wird die Tastaturerweiterung für den VisualBasic Taschenrechner realisiert. Dazu wird das KeyPress-Ereignis des Hauptfensters Form_KeyPress benutzt, um auf die Tasteneingaben reagieren zu können. Die Aufgabe der Methode Form_KeyPress ist es, den Tastencode auszuwerten und daraus ein Ereignis für einen Button nachzubilden. Für die Zifferntasten steht bereits die Methode Nummer_Click zur Verfügung, die dann die eigentliche Verarbeitung der Ziffer übernehmen wird. Deshalb wird der Tastencode, der sich im Übergabeparameter TastenAscii befindet, auf eine Ziffer zwischen 0 und 9 untersucht. Da das Ereignis Nummer_Click mit einem Index versorgt werden muß, berechnen wir diesen durch die Zeile:

```
INDEX = TastenAscii - Asc("0")
```

INDEX mit Direktfenster überprüfen

Da die Ziffer "0" auch den Indexwert 0 tragen muß, wird von dem Tastencode hexadezimal 30 abgezogen. Für die Taste 0 ergibt sich somit der Wert NULL und für die Taste 9 der Wert neun. Wenn Ihnen die Berechnung des Index etwas zweifelhaft erscheint, dann geben Sie die Berechnungszeile in das Direktfenster ein. Anschließend kann der Wert von INDEX durch den Operator ? ausgelesen werden. Alle anderen Button Ereignisse werden durch eine Select Case Abfrage einem Tastencode zugeordnet und die jeweilige Methode wird aufgerufen.

```
' VBDebuW.FRM Erweiterung für VBRechW.FRM

Sub Form_KeyPress (TastenAscii As Integer)
    If ((TastenAscii >= Asc("0")) And (TastenAscii <= Asc("9"))) Then
        ' Ziffer
```

```
       Nummer_Click (TastenAscii - Asc("0"))
    Else
       Select Case TastenAscii
          Case Asc(".")    ' Dezimalpunkt
             Dezimal_Click

          Case Asc("C")    ' Abbruch mit Cancel
             Abbruch_Click

          Case Asc("c")    ' Abbruch mit CE
             AbbruchEingabe_Click

          Case Asc("+")    ' Addieren
             Operator_Click (1)

          Case Asc("-")    ' Subtrahieren
             Operator_Click (3)

          Case Asc("*")    ' Multiplizieren
             Operator_Click (2)

          Case Asc("/")    ' Dividieren
             Operator_Click (0)

          Case Asc("w")    ' Wurzel
             Wurzel_Click

          Case Asc("q")    ' Quadrat
             Quadrat_Click

          Case Asc("r")    ' Reziprok
             Reziprok_Click

          Case Asc("e")    ' Ende
             End

          Case Asc("p")    ' Prozent
             Prozent_Click

          Case Asc(Chr$(13)) ' Shift Enter
             Operator_Click (4)
          Case Asc("=")       ' Ergebnis
             Operator_Click (4)
       End Select
    End If
End Sub
```

Haltepunkt auf Form_KeyPress

Der erweiterte Taschenrechner sollte jetzt ausprobiert werden. Dabei wird sofort auffallen, daß das Programm nach wie vor nicht auf die Betätigung einer Taste reagiert. Warum das so ist, wird mit Hilfe der Debugging Hilfsmittel von VisualBasic hoffentlich leicht zu ermitteln sein. Deshalb schlage ich vor, einen Haltepunkt auf das

Form_KeyPress Ereignis zu setzen. Dies geschieht durch das Markieren der Zeile und das Drücken der Taste [F9]. Starten wir nun die Applikation neu und betätigen eine Ziffer 0 - 9.

Nie Form_KeyPress Ereignis

Das Ereignis KeyPress für das Formular wird offensichtlich nicht ausgelöst. Wenn man den Taschenrechner genau betrachtet, so können Sie erkennen, daß jeweils nur ein Kontrollelement markiert ist. Im Fachjargon heißt dies, daß immer ein Control aber nie das Form den Focus hat. Daher erhält das Form keine KeyPress Meldung, weil nur das Control, das den Focus besitzt, Tastatur-Ereignisse bekommt. Zu keinem Zeitpunkt hat das Hauptfenster den Focus und bekommt daher nie eine KeyPress-Meldung. Dies konnten wir durch den Haltepunkt eindeutig beweisen.

Haltepunkt auf Nummer_KeyPress

Um die Theorie zu bekräftigen, setzen wir einen Haltepunkt auf die KeyPress Meldungen der einzelnen Controls. Eine geeignete Stelle dafür ist z.B. Nummer_KeyPress, die für die Ziffern verantwortlich ist. Nach einem erneuten Programmstart und der Eingabe einer Ziffer wird dann auch wirklich Nummer_KeyPress angesprungen. Natürlich nur, wenn einer der Ziffer Buttons den Focus besitzt. Nachdem die Theorie mit Hilfe des Tests bewiesen werden konnte, kann innerhalb jedes KeyPress Ereignisses Form_KeyPress aufgerufen werden, das wiederum die Taste an Nummer_Click weiterleitet.

```
Sub Nummer_KeyPress (Index As Integer, TastenAscii As Integer)
    Form_KeyPress (TastenAscii)
End Sub

Sub Dezimal_KeyPress (TastenAscii As Integer)
    Form_KeyPress (TastenAscii)
End Sub

Sub Abbruch_KeyPress (TastenAscii As Integer)
    Form_KeyPress (TastenAscii)
End Sub

Sub AbbruchEingabe_KeyPress (TastenAscii As Integer)
    Form_KeyPress (TastenAscii)
End Sub

Sub Operator_KeyPress (Index As Integer, TastenAscii As Integer)
    Form_KeyPress (TastenAscii)
End Sub

Sub Prozent_KeyPress (TastenAscii As Integer)
    Form_KeyPress (TastenAscii)
End Sub

Sub Quadrat_KeyPress (TastenAscii As Integer)
    Form_KeyPress (TastenAscii)
End Sub
```

```
Sub Wurzel_KeyPress (TastenAscii As Integer)
  Form_KeyPress (TastenAscii)
End Sub

Sub Reziprok_KeyPress (TastenAscii As Integer)
  Form_KeyPress (TastenAscii)
End Sub
```

9.3.2 QuickC-Programm in Nöten

Nicht ganz so einfach wie in VisualBasic wird die Tastaturerweiterung in QuickC realisiert werden können. Der Ansatzpunkt, eine Tastenmeldung abzufangen, die jetzt WM_CHAR heißt, ist der gleiche wie in VisualBasic. Aber den Ort der WM_CHAR-Meldung zu bestimmen, wird uns Probleme machen. Wenn wir uns an die Funktionsweise des Taschenrechners erinnern, so zeigt sich, daß dieser in Form einer Dialogbox realisiert wurde. In dieser Dialogbox befinden sich die Buttons, die den Aufbau des Taschenrechners darstellen. Einen Fehler dürfen wir daher auf keinen Fall machen, die WM_CHAR Meldung des Hauptfensters in der Window Funktion abzufragen. Diese wird mit Sicherheit nie angesprungen, da alle Meldungen an die Dialogbox-Routine gehen. Aus der VisualBasic-Realisierung mußten wir schmerzlich feststellen, daß ein Button die Tastaturmeldungen abfängt. Damit wir den gleichen Fehler nicht noch einmal praktizieren, ist auch die DialogBox-Routine nicht der geeignete Platz. Denn jeder Button besitzt eine eigene Window Funktion, an die die Tastenmeldungen gerichtet werden. Damit erhält auch die Dialogbox-Routine nie eine Tastaturmeldung.

Subclassing für statisches Textfeld

Jetzt taucht die Frage auf, wo befindet sich die Window Funktionen der einzelnen Controls, die innerhalb der Dialogbox vorkommen. Da diese Elemente Standard-Windows-Controls sind, die sich aus Klassen ergeben, die Windows zur Verfügung stellt, befinden sich deren Window Funktionen auch innerhalb von Windows. Genauer gesagt befinden sich die Window Funktionen der Controls im USER-Teil von Windows. Das Zauberwort für den Zugriff auf eine Window Funktion eines Controls heißt Subclassing. Wenn Sie den genauen Ablauf des Subclassing wissen möchten, lesen Sie dies bitte im Controls-Kapitel dieses Buches nach. Hier werden wir uns mehr um die praktische Umsetzung kümmern. Der Taschenrechner besitzt für die Darstellung von Zwischen- und Endergebnissen ein statisches Textfeld, das durch ein Control der Klasse Static realisiert ist. Von diesem Control sehen wir eigentlich nur den Eintrag mit der Kennzeichnung LTEXT in der Dialogbox-Datei QCDebuW.DLG. Dieses statische Textfeld soll jetzt um die Tastatureingabe für den Taschenrechner erweitert werden.

Eigene Control Window Funktion

Dazu benötigen wir eine neue Window Funktion, die die WM_CHAR Meldung abfängt und daraus eine Meldung an den entsprechenden Button generiert. Die Abfrage auf die Tastatur übernimmt die Funktion StaticProc(), die auch in der Definition-Datei exportiert werden muß, da sie von Windows direkt angesprungen wird. Der eigentliche Eintrag für das Subclassing findet in der Dialogbox-Routine bei der WM_INITDIALOG Meldung statt. Mit Hilfe der Funktion SetWindowLong und dem Parameter GWL_WNDPROC wird die neue Window Funktion für das statische Textfeld eingetragen. Natürlich muß wie so üblich zuerst die Prozedur-Instanz-Adresse von StaticProc durch die Funktion MakeProcInstanz ermittelt werden.

```c
/**** QCDebuW.C Erweiterungen für QCRechW.C *******/

/***************************************************/
/*                                                 */
/* Dialog Fensterroutine                           */
/*                                                 */
/* Diese Prozedur ist mit der Dialogbox verbunden, */
/* die im Funktionsname dieser Prozedur genannt    */
/* wird. Sie liefert die Service-Routinen für die  */
/* Ereignisse (Meldungen), die eintreten können,   */
/* wenn der Anwender mit den Controls arbeitet.    */
/*                                                 */
/*************************** ***************/

BOOL FAR PASCAL RechnerMsgProc(HWND hwndDlg, WORD
               Message, WORD wParam, LONG lParam)
{

  hWndDlg = hwndDlg;
  switch (Message)
    {
    case WM_INITDIALOG:
      lpStaticProc = MakeProcInstance(
                     (FARPROC)StaticProc, hInst);
      lpStaticStandard = (FARPROC)SetWindowLong(
              GetDlgItem(hWndDlg, IDC_FELD),
              GWL_WNDPROC, (LONG)lpStaticProc);

      /* Initialisierungsroutine für den
         Taschenrechner. Es werden alle Variablen auf
         ihren Anfangswert gesetzt. */
      RechnerInit();
      Ausgabe( AusgabeFeld);
      /* Initialisierung der Arbeits-Variablen    */
      return (FALSE); /* Ende von WM_INITDIALOG   */
      break;
...
```

Nachdem die neue Window Funktion für das Control statisches Textfeld eingetragen ist, gelangen jetzt alle Meldungen, die an das Control gesendet werden, an unsere eigene Routine StaticProc. Da wir nur die WM_CHAR Meldung benötigen, werden alle anderen Meldungen an die Default-Routine des statischen Textfeldes weitergereicht. Dies geschieht durch die Funktion CallWindowProc, der die Adresse der Default-Routine mitgegeben wird. Innerhalb der WM_CHAR Meldung wird die gedrückte Taste abgefragt und eine WM_COMMAND Meldung an die Dialogbox (hWndDlg) über SendMessage gesendet. Dabei wird der Button durch seinen ID-Wert spezifiziert.

```
LONG FAR PASCAL StaticProc( HWND hWnd, WORD Message,
                            WORD wParam, LONG lParam)
{
  switch (Message)
  {
    case WM_CHAR:
      if ((wParam >='0') && (wParam <= '9'))
      {
        OpTaste = (char)wParam;
        Nummer();  /* Ziffer */
        break;
      }
      else
      {
        switch (LOBYTE(wParam))
        {
          case '.':   /* Dezimalpunkt */
            SendMessage( hWndDlg, WM_COMMAND,
                                  IDC_G, 0L);
            break;

          case 'C':   /* Abbruch mit Cancel */
            SendMessage( hWndDlg, WM_COMMAND,
                                  IDC_C, 0L);
            break;

          case 'c':   /* Abbruch mit CE */
            SendMessage( hWndDlg, WM_COMMAND,
                                  IDC_CE, 0L);
            break;

          case '+':   /* Addieren */
            SendMessage( hWndDlg, WM_COMMAND,
                                  IDC_A, 0L);
            break;

          case '-':   /* Subtrahieren */
            SendMessage( hWndDlg, WM_COMMAND,
                                  IDC_S, 0L);
            break;

          case '*':   /* Multiplizieren */
            SendMessage( hWndDlg, WM_COMMAND,
                                  IDC_M, 0L);
            break;

          case '/':   /* Dividieren */
            SendMessage( hWndDlg, WM_COMMAND,
                                  IDC_D, 0L);
            break;

          case 'w':   /* Wurzel */
            SendMessage( hWndDlg, WM_COMMAND,
                                  IDC_W, 0L);
            break;
```

```
          case 'q':   /* Quadrat */
            SendMessage( hWndDlg, WM_COMMAND,
                                     IDC_Q, 0L);
            break;

          case 'r':   /* Reziprok */
            SendMessage( hWndDlg, WM_COMMAND,
                                     IDC_R, 0L);
            break;

          case 'e':   /* Ende */
            SendMessage( hWndDlg, WM_COMMAND,
                                     IDC_E, 0L);
            break;

          case 'p':   /* Prozent */
            SendMessage( hWndDlg, WM_COMMAND,
                                     IDC_P, 0L);
            break;

          case 0x0d:  /* Shift Enter */
          case '=':   /* Ergebnis */
            SendMessage( hWndDlg, WM_COMMAND,
                                     IDC_I, 0L);
            break;

          default:
            return(
              CallWindowProc( lpStaticStandard,
              hWnd, Message, wParam, lParam));
            break;
        }
      }
      break;

    default:
      return( CallWindowProc( lpStaticStandard,
            hWnd, Message, wParam, lParam));

  }
  return 0L;
}
/**** QCDebuW.H Erweiterungen für QCRechW.H *******/
static FARPROC  lpStaticStandard;
static FARPROC  lpStaticProc;
LONG FAR PASCAL StaticProc( HWND hWnd, WORD Message,
                      WORD wParam, LONG lParam);
```

Subclassing überprüfen

Nach dem Übersetzen des erweiterten Programmes kann der Taschenrechner ausprobiert werden und zeigt dann hoffentlich die gewünschte Funktion. Aber nein, wie sollte es auch anders sein, die Tastenunterstützung spricht in keiner Weise an. Die Zeit für den eingebauten Debugger ist gekommen. Als erstes ist von Interesse, ob denn das Subclassing überhaupt richtig funktioniert. Hierzu setzen Sie einen Haltepunkt auf die erste Zeile der Funktion StaticProc(). Am schnellsten können Sie dies durch das Markieren der Zeile und das Anklicken des Hand-Symbols der Toolbar erreichen. Nach erneutem Programmstart wird der gesetzte Haltepunkt sofort reagieren. Das Subclassing ist damit funktionsfähig, der Fehler wird daher mehr bei den Tastaturmeldungen liegen.

WM_CHAR entsteht nicht

Ein weiterer Haltepunkt auf der WM_CHAR Meldung zeigt, daß diese nie entsteht. Wenn wir uns an den Ablauf der Tastatureingabe erinnern, so zeigt sich, daß eine Tastenbetätigung zuerst zu einer WM_KEYDOWN Meldung führt und erst anschließend zu einer WM_CHAR Meldung. Zu überprüfen ist dies durch einen Haltepunkt auf der WM_KEYDOWN Meldung. Bevor die Meldung eingetragen werden kann, sollte sich das Programm auf einem Haltepunkt an der ersten Zeile der Funktion StaticProc befinden.

Meldung Haltepunkt

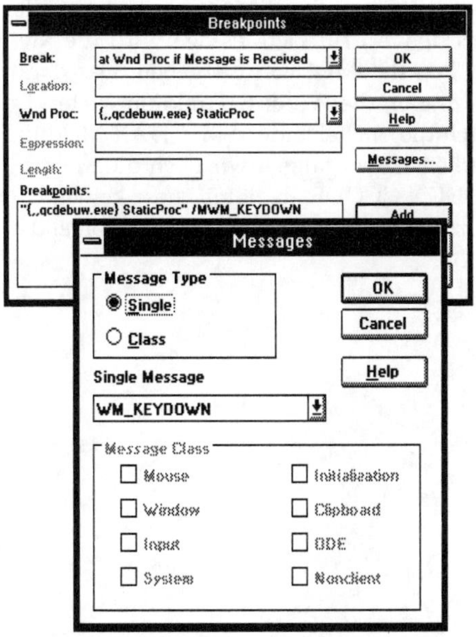

Abb. 260: Einen Stop auf eine Meldung in QuickC eintragen

Über den Menüpunkt *Breakpoints* des *Debug* Menüs wird in die Dialogbox der Haltepunkte verzweigt. Die Combobox *Break*: wird auf den Eintrag *at WndProc if Message is Received* gestellt. Anschließend erfolgt die Selektierung von *StaticProc* in der *WndProc* Combobox. Nachdem der Button *Messages...* betätigt wurde, kann die Meldung WM_KEYDOWN in der aufgeblendeten Dialogbox gewählt werden. Anschließend ist darauf zu achten, daß der Haltepunkt auch wirklich durch den Button *Add* in der *Breakpoints* Dialogbox übernommen wird.

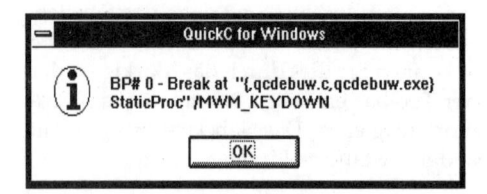

Abb. 261: WM_KEYDOWN erzeugt einen Breakpoint

Wird das Programm durch die [F5] Taste fortgesetzt, und wird anschließend eine Ziffer über die Tastatur eingegeben, wirkt der Haltepunkt tatsächlich. Die Situation ist somit folgende: Eine Tastenbetätigung bewirkt eine WM_KEYDOWN aber keine WM_CHAR Meldung. Die Lösung des Problems ergibt sich aus der Entstehung der WM_CHAR Meldung. Eine WM_CHAR Meldung wird erst dann erzeugt, wenn eine WM_KEYDOWN Meldung mit Hilfe von GetMessage aus der Message-Queue geholt und mit TranslateMessage übersetzt wird. Dieser Vorgang geschieht normalerweise in der Message Loop. Das erforderliche Ausführen erfolgt anscheinend nicht in der Window Funktion des Textfeldes der Klasse STATIC. Daher werden wir diesen Vorgang innerhalb der WM_KEYDOWN Meldung nachbilden. Durch den Aufruf GetMessage wird die Meldung aus der Message-Queue geholt und an TranslateMessage übergeben. Das daran nachfolgende DispatchMessage leitet die Meldung an die Window Funktion weiter. Da wir Subclassing durchführen, gelangt hierdurch die entstehende WM_CHAR Meldung an unsere Window Funktion StaticProc. Sicherheitshalber fangen wir noch die Meldungen WM_KEYUP, WM_GETTEXT und WM_GETDLGCODE ab, damit diese keinen Unfug erzeugen können. Die notwendigen Ergänzungen finden Sie in den nachfolgenden Programmzeilen.

```
LONG FAR PASCAL StaticProc( HWND hWnd, WORD Message,
                            WORD wParam, LONG lParam)
{
  MSG msg;

  switch (Message)
  {
    case WM_GETTEXT:
    case WM_GETDLGCODE:
    case WM_KEYUP:
      break;

    case WM_KEYDOWN:
      /* WM_CHAR erzeugen */
      GetMessage(&msg, NULL, 0, 0);
      TranslateMessage(&msg);
      DispatchMessage(&msg);
      break;

    case WM_CHAR:
      if (( wParam >='0') && (wParam <= '9'))
...
```

Der erste Erfolg stellt sich sofort ein, da eine Tastenbedienung jetzt möglich ist. So können z.B. die Ziffern-Button und Tasten abwechselnd benutzt werden. Aber probieren Sie doch die Betätigung eines Operator-Buttons (+-/&*) und anschließend eine Tastatureingabe. Der Rechner antwortet mit einem unfreundlichen Beep, aber eine Tasteneingabe ist nicht mehr möglich. Die logische Konsequenz ist ein Haltepunkt auf die WM_CHAR Meldung. Dabei zeigt sich, daß in diesem Fall keine WM_CHAR Meldung entsteht. Dieser Fehler kann durch eine weitere Überlegung jedoch leicht gefunden werden. Nach der Betätigung eines Operator-Buttons hat das statische Textfeld den Focus verloren und erhält daher keine Tastenmeldungen mehr. Zur Fehlerbeseitigung ist es erforderlich, in jeder Routine der Operator-Befehlsschaltflächen den Focus an das Ausgabefeld zu übergeben. Dazu dient die Funktion SetFocus, der das Handle des statischen Textfeldes übergeben wird.

Staticfeld benötigt den Focus

```
/* Unterprogramm wird durch Button, <+> ausgelöst. */
void OpAdd()
{
  OpTaste = '+';
  Operator();
  SetFocus(GetDlgItem(hWndDlg, IDC_FELD));
}

/* Unterprogramm wird durch Button <-> ausgelöst. */
void OpSub()
{
  OpTaste = '-';
  Operator();
  SetFocus(GetDlgItem(hWndDlg, IDC_FELD));
}

/* Unterprogramm wird durch Button <*> ausgelöst. */
void OpMul()
{
  OpTaste = '*';
  Operator();
  SetFocus(GetDlgItem(hWndDlg, IDC_FELD));
}

/* Unterprogramm wird durch Button </> ausgelöst. */
void OpDiv()
{
  OpTaste = '/';
  Operator();
  SetFocus(GetDlgItem(hWndDlg, IDC_FELD));
}

/* Unterprogramm wird durch Button <W> ausgelöst. */
void OpWur()
{
  Wurzel();
  SetFocus(GetDlgItem(hWndDlg, IDC_FELD));
}
```

```
/* Unterprogramm wird durch Button <Q> ausgelöst. */
void OpQua()
{
  Quadrat();
  SetFocus(GetDlgItem(hWndDlg, IDC_FELD));
}

/* Unterprogramm wird durch Button <R> ausgelöst. */
void OpRez()
{
  Reziprok();
  SetFocus(GetDlgItem(hWndDlg, IDC_FELD));
}

/* Unterprogramm wird durch Button <=> ausgelöst. */
void OpErg()
{
  OpTaste = '=';
  Operator();
  SetFocus(GetDlgItem(hWndDlg, IDC_FELD));
}

/* Unterprogramm wird durch Button <%> ausgelöst. */
void OpPro()
{
  Prozent();
  SetFocus(GetDlgItem(hWndDlg, IDC_FELD));
}
```

Test auf Grenzfälle

Der Taschenrechner funktioniert jetzt schon recht ordentlich. Bevor er jedoch an den Benutzer übergeben werden kann, sollte noch ein Test auf Grenzfälle vorgenommen werden. Werden sehr viele Ziffern in den Rechner eingegeben, reagiert das Programm mit einem Totalabsturz. Daher wird es erforderlich sein, die Eingabe auf eine maximale Anzahl an Zeichen zu begrenzen. Die Eingabe wird jeweils an die Variable AusgabeFeld angehängt. Da dieses Zeichen-Array natürlich nicht unbegrenzt groß ist, wird zu einem Zeitpunkt die Größe nicht mehr ausreichen, und das eingegebene Zeichen wird darüber hinausgeschrieben werden. Meist wird Windows auf das Schreiben in einen unerlaubten Speicherbereich durch einen Programmabruch reagieren, wie dies auch bereits in unserem Fall zutrifft. Daher wird die Eingabe von Ziffern durch eine Abfrage auf die bisher eingegebenen Zeichen ergänzt.

```
/* Unterprogramm für die Nummerntasten (0-9).
   Es wird eine neue Ziffer an die Anzeige angefügt.
*/
void Nummer()
{
  static char cStr[]={0,0};
  if (LetzteEingabe != NUMS)
  {
    *AusgabeFeld = 0;
    DezimalPunkt = FALSE;
  }
```

```
    /* Eingabebegrenzung */
    if (strlen(AusgabeFeld) >= sizeof(AusgabeFeld)-2)
    {
      MessageBeep(0);
      Ausgabe( AusgabeFeld);
      LetzteEingabe = NUMS;
    }
    else
    {
      /* Eingabe anfügen */
      cStr[0] = OpTaste;
      strcat(AusgabeFeld, cStr);
      Ausgabe( AusgabeFeld);
      LetzteEingabe = NUMS;
    }
  }
```

Trotz der Eingabebegrenzung stürzt das Programm immer noch ab. Der Grund dafür liegt in der Funktion sprintf, die zusammen mit dem Steuerstring %f dazu benutzt wird, eine Gleitkommazahl in einen String umzuwandeln. Der Steuerstring %f ist der Auslöser für den erneuten Absturz, da bei der Umwandlung automatisch ein Dezimalpunkt und sechs abschließende Nullen angefügt werden. Da selbst bei der Eingabe von ganzen Zahlen zusätzlich sieben Zeichen angefügt werden, kann die Eingabebegrenzung natürlich nicht wirken. Ein Lösungsweg besteht in dem Anfügen der erforderlichen Stellen an die Eingabebegrenzung. Wir werden aber lieber den Steuerstring %f durch ein %g ersetzen, da dieser nur Kommastellen erzeugt, wenn auch wirklich welche vorhanden waren.

```
void Operator()
{
  if (LetzteEingabe == NUMS)
    NumOps = NumOps + 1;
  if (NumOps == 1)
    Op1 = atof(AusgabeFeld);
  else if (NumOps == 2)
  {
    Op2 = atof(AusgabeFeld);

    switch (OpFlag)
    {
      case '+':
        Op1 = Op1 + Op2;
        break;

      case '-':
        Op1 = Op1 - Op2;
        break;

      case '*':
        Op1 = Op1 * Op2;
        break;

      case '/':
        if (Op2 == 0)
```

```
                MessageBox( hWndMain,
                   "Division durch 0 geht nicht",
                   "Rechner", MB_OK);
              else
                Op1 = Op1 / Op2;
              break;

           case '=':
              Op1 = Op2;
              break;
        }
        sprintf(AusgabeFeld,"%g" ,Op1);
        Ausgabe( AusgabeFeld);
        NumOps = 1;
      }

    LetzteEingabe = OPS;
    OpFlag = OpTaste;
}

/* Unterprogramm für Prozent Taste (%).
   Berechnet die Prozente des ersten Operators und
   zeigt diese an.
*/
void Prozent()
{
  sprintf(AusgabeFeld,"%g" ,Op1 * atof(AusgabeFeld)
                        / 100);
  Ausgabe( AusgabeFeld);
}

/* Unterprogramm zur Berechnung des Quadrates */
void Quadrat()
{
  Op1 = atof(AusgabeFeld);
  if (Op1 < 1E+20)
    Op1 = Op1 * Op1;
  sprintf(AusgabeFeld,"%g" ,Op1);
  Ausgabe( AusgabeFeld);

  NumOps = 1;
  LetzteEingabe = OPS;
  OpFlag = ' ';
}

/* Unterprogramm zur Berechnung des Reziprokwertes
*/
void Reziprok()
{
  Op1 = atof(AusgabeFeld);
  if (Op1 == 0)
    MessageBox( hWndMain,
                "Division durch 0 geht nicht",
                "Rechner", MB_OK);
```

```
    else
      Op1 = 1 / Op1;
    sprintf(AusgabeFeld,"%g",Op1);
    Ausgabe( AusgabeFeld);

    NumOps = 1;
    LetzteEingabe = OPS;
    OpFlag = ' ';
}

/* Unterprogramm zur Berechnung der Wurzel
*/
void Wurzel()
{
    Op1 = atof(AusgabeFeld);
    if (Op1 < 0)
      MessageBox( hWndMain,
                  "Negative Wurzel geht nicht",
                  "Rechner", MB_OK);
    else
      Op1 = sqrt(Op1);
    sprintf(AusgabeFeld,"%g",Op1);
    Ausgabe( AusgabeFeld);

    NumOps = 1;
    LetzteEingabe = OPS;
    OpFlag = ' ';
}
```

9.3.3 C++-Programm in Nöten

Wie bereits in QuickC ausführlich erläutert, besteht der Taschenrechner aus einer Dialogbox mit Controls. Demzufolge werden wir auch in C++ ein Subclassing realisieren müssen, um an eine WM_CHAR Meldung zu gelangen. Dabei werden wir sehen, daß das Subclassing in OOP ähnlich einfach ist wie die Lösung mit Hilfe des Windows-Subclassings. Aber Sie haben beide Varianten vorliegen und können sich daher leichter für eine entscheiden. Die Grundidee besteht darin, dem statischen Textfeld in der Dialogbox ein Objekt von der Klasse TStatic zuzuordnen. Sobald diese Verbindung hergestellt ist, wird es auch möglich sein, Methoden für das Ausgabefeld zu ergänzen, um die Tastaturabfrage zu realisieren. Wir möchten daher ein Objekt erzeugen, das den Klassennamen TStaticProc trägt und alle Eingaben bearbeitet. Um die Fähigkeiten eines statischen Feldes zu bekommen, wird als Vorfahre TStatic angegeben. Der Konstruktor TStaticProc wird dabei nur die Aufgabe besitzen, den Konstruktor von TStatic aufzurufen. Von besonderer Wichtigkeit ist es noch, daß verschiedene Versionen von dem Konstruktor TStatic existieren. Diese unterscheiden sich durch die unterschiedliche Parameteranzahl. Innerhalb von C++ ist dies erlaubt und wird dort als Overloading bezeichnet. Da eine Verbindung zwischen einem Control in einer Dialogbox und einem Objekt hergestellt wird, ist der Konstruktor TStatic erforderlich, der die Übergabe des ID-Wertes des Controls ermöglicht. Durch die Angabe der Resource-ID wird damit die Verbindung hergestellt.

Abgeleitete statische Klasse

Die Klasse TStaticProc kann anschließend durch die Methoden WmKeyDown und WmChar ergänzt werden. Dabei werden die beiden Methoden durch die WM_KEYDOWN bzw. WM_CHAR Meldung ausgelöst.

```
/**** TCCDebuW.CPP Erweiterungen für TCCRechW.CPP *******/
class TStaticProc : public TStatic {
public:
  TStaticProc( PTWindowsObject AParent,
               int ResourceId,
           WORD ATextLen, PTModule AModule = NULL) :
           TStatic( AParent, ResourceId,
                    ATextLen, AModule){};
  virtual void WmKeydown( RTMessage) =
               [WM_FIRST+WM_KEYDOWN];
  virtual void WmChar( RTMessage Msg) =
               [WM_FIRST+WM_CHAR];
};
```

Die Klasse ist jetzt zwar definiert worden, aber die Fähigkeiten erhalten wir erst, wenn ein Objekt erzeugt wird. Dazu wird die Methode new innerhalb des Konstruktors des Taschenrechners TTaste zur dynamischen Objekterzeugung verwendet. Durch die Angabe des ID-Wertes IDC_FELD entsteht die Verbindung zwischen dem Control und dem Objekt. Um den Pointer auf das Objekt aufbewahren zu können, wird an die Klasse TTaste zusätzlich die Objektvariable StaticProc angefügt.

```
TTaste::TTaste():TRechner()
{
  /* Fähigkeiten der Klasse TStatic dem
     statischen Feld der Dialogbox zuordnen */
  StaticProc = new TStaticProc( this, IDC_FELD, 30);

  /* Initialisierungsroutine für den Taschenrechner
     Es werden alle Variablen auf ihren Anfangswert
     gesetzt.
  */
  RechnerInit();
}
/* Verwaltung des Rechner-Object */
class TTaste : public TRechner  {
private:
  TStaticProc *StaticProc;
  double   Op1;          /* Erste Eingabe */
  double   Op2;          /* Zweite Eingabe */
  int    DezimalPunkt;   /* zeigt an, ob der
                            Dezimalpunkt vorhanden ist. */
  int    NumOps;         /* Anzahl der Operanden */
```

ObjectBrowser

Jetzt interessiert uns natürlich das Verwandschaftsverhältnis zwischen dem Objekt der Klasse TTaste und dem der Klasse TStaticProc. Dazu ist der ObjectBrowser von Turbo C++ für Windows das geeignete Werkzeug. Dieser stellt die Debug-Informationen, die der Compiler und Linker in die EXE-Datei hinterlegt haben, grafisch dar. Dabei muß natürlich die Compiler Option auf die Einstellung *Include Browser Info in Objectfile* eingestellt worden sein. Falls dies bei Ihnen nicht der Fall ist, können Sie dies in der *Advanced Options* Dialogbox des Compilers nachholen.

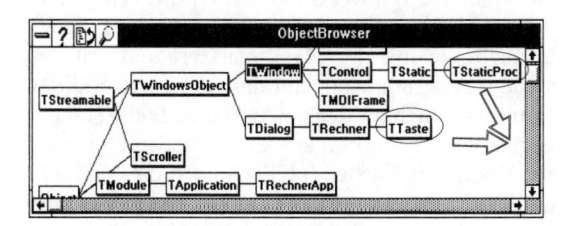

Abb. 262: Browser von Turbo C++ für Windows

Die grafische Darstellung zeigt eindeutig, daß es keine direkte Verwandtschaft zwischen TStaticProc und TTaste gibt. Dies ist auch nicht verwunderlich, da erst während der Laufzeit eine Verbindung über Objektzeiger hergestellt wird. Eine ähnliche Darstellung wie durch den Objektbrowser ist auch innerhalb des TurboDebuggers möglich. Der Aufruf geschieht durch den Menüpunkt *Hierachy* des *View* Menüs. Aber zurück zu der WM_KEYDOWN Meldung, die die Methode TStatic Proc::WmKeydown auslöst und die Aufgabe hat, eine WM_CHAR Meldung zu erzeugen. Den Grund haben wir bereits bei QuickC ausführlich erläutert.

```
void TStaticProc::WmKeydown( RTMessage Msg)
{
  MSG msg;

  msg.hwnd    = Msg.Receiver;
  msg.message = Msg.Message;
  msg.wParam  = Msg.WParam;
  msg.lParam  = Msg.LParam;
  /* WM_CHAR erzeugen */
  GetMessage(&msg, NULL, 0, 0);
  TranslateMessage(&msg);
  DispatchMessage(&msg);
}
```

Durch die Bedienung einer Taste soll ein Button der Dialogbox nachgebildet werden. Hierzu steht die Funktion SendMessage zur Verfügung, die es gestattet, eine beliebige Meldung an ein Control oder Fenster zu schicken. Dazu wird jedoch ein Handle HWindow benötigt. Dieses Handle HWindow befindet sich als Objektvariable in TWindowsObject.

```
void TStaticProc::WmChar( RTMessage Msg)
{
  if (( Msg.WP.Lo >='0') && (Msg.WP.Lo <= '9'))
  {
    /* Ziffer */
    SendMessage( HWindow, WM_COMMAND,
                 Msg.WP.Lo - 0x30 + 100, 0L);
  }
  ...
```

Nach dem Ausprobieren werden Sie feststellen, daß die Tastaturunterstützung noch nicht funktioniert. Als Hilfe ist daher der TurboDebugger gefragt, der durch den Menüpunkt *Debugger* des *Run* Menüs von Turbo C++ für Windows automatisch gestartet wird. Als erstes interessiert uns, ob die Methode WmKeyDown durch die WM_KEYDOWN Meldung an das statische Textfeld auch angesprungen wird. Hierzu wird die erste Zeile der Methode TStaticProc::WmKeydown mit der Maus markiert und mit der F2 Taste ein Haltepunkt gesetzt. Nach dem Programmstart mit der F9 Taste und der Eingabe einer Ziffer bleibt das Programm tatsächlich an der gewünschten Stelle stehen. Auf eine WM_KEYDOWN Meldung reagiert das Programm erwiesenermaßen einwandfrei. Als nächstes sollte in gleicher Weise überprüft werden, ob auch noch die Methode TStaticProc::WmChar angesprungen wird. Ein eingetragener Haltepunkt beweist auch dieses. Daher kann davon ausgegangen werden, daß das Subclassing ohne Probleme funktioniert. Da die Kommunikation mit der Dialogbox über eine WM_COMMAND Meldung durch SendMessage erfolgt, ist es Zeit, das Handle HWindow zu überprüfen. Da das Programm immer noch an der WmChar Methode steht, wird dort HWindow markiert und durch Ctrl+w in das Watch-Fenster übernommen. Der Inhalt erscheint sinnvoll, aber ist es auch das richtige Handle? Eine Überlegung ergibt, daß es sich bei dem Handle um das des eigenen Controls, also das des statischen Feldes handelt. Es soll aber der Dialogbox eine WM_COMMAND Meldung gesendet werden und nicht dem statischen Feld selbst. Die Lösung des Problemes liegt in der Objektvariablen Parent von TWindowsObject. Hier steht ein Pointer auf das Vaterobjekt, das die Dialogbox ist. Da das Handle der Dialogbox benötigt wird, steht das richtige Handle in Parent->HWindow. Mit dem TurboDebugger können Sie dies auch überprüfen, indem Parent->HWindow in das Watch-Fenster eingetragen wird. Der direkte Vergleich der beiden Werte zeigt einen unterschiedlichen Inhalt.

```
  void TStaticProc::WmChar( RTMessage Msg)
  {
    if (( Msg.WP.Lo >='0') && (Msg.WP.Lo <= '9'))
    {
      /* Ziffer */
      SendMessage( Parent->HWindow, WM_COMMAND,
                   Msg.WP.Lo - 0x30 + 100, 0L);
    }
    else
    {
      switch (Msg.WP.Lo)
      {
        case '.':   /* Dezimalpunkt */
          SendMessage( Parent->HWindow, WM_COMMAND,
                                        IDC_G, 0L);
          break;

        case 'C':   /* Abbruch mit Cancel */
          SendMessage( Parent->HWindow, WM_COMMAND,
                                        IDC_C, 0L);
          break;

        case 'c':   /* Abbruch mit CE */
          SendMessage( Parent->HWindow, WM_COMMAND,
                                        IDC_CE, 0L);
          break;
```

```c
        case '+':   /* Addieren */
          SendMessage( Parent->HWindow, WM_COMMAND,
                                        IDC_A, 0L);
          break;

        case '-':   /* Subtrahieren */
          SendMessage( Parent->HWindow, WM_COMMAND,
                                        IDC_S, 0L);
          break;

        case '*':   /* Multiplizieren */
          SendMessage( Parent->HWindow, WM_COMMAND,
                                        IDC_M, 0L);
          break;

        case '/':   /* Dividieren */
          SendMessage( Parent->HWindow, WM_COMMAND,
                                        IDC_D, 0L);
          break;

        case 'w':   /* Wurzel */
          SendMessage( Parent->HWindow, WM_COMMAND,
                                        IDC_W, 0L);
          break;

        case 'q':   /* Quadrat */
          SendMessage( Parent->HWindow, WM_COMMAND,
                                        IDC_Q, 0L);
          break;

        case 'r':   /* Reziprok */
          SendMessage( Parent->HWindow, WM_COMMAND,
                                        IDC_R, 0L);
          break;

        case 'e':   /* Ende */
          SendMessage( Parent->HWindow, WM_COMMAND,
                                        IDC_E, 0L);
          break;

        case 'p':   /* Prozent */
          SendMessage( Parent->HWindow, WM_COMMAND,
                                        IDC_P, 0L);
          break;

        case 0x0d:  /* Shift Enter */
        case '=':   /* Ergebnis */
          SendMessage( Parent->HWindow, WM_COMMAND,
                                        IDC_I, 0L);
          break;

        default:
          break;
      }
    }
}
```

Eingabebegrenzung

In gleicher Weise wie für QuickC ist eine Eingabebegrenzung auch für die Methode TTaste::Nummer erforderlich.

```
/* Methode für die Nummerntasten (0-9).
   Es wird eine neue Ziffer an die Anzeige angefügt.
*/
void TTaste::Nummer()
{
  static char cStr[]={0,0};
  if (LetzteEingabe != NUMS)
  {
    *AusgabeFeld = 0;
    DezimalPunkt = FALSE;
  }
  /* Eingabe begrenzen */
  if (strlen(AusgabeFeld) >= sizeof(AusgabeFeld)-2)
  {
    MessageBeep(0);
    Ausgabe( AusgabeFeld);
    LetzteEingabe = NUMS;
  }
  else
  {
    /* Eingabe anfügen */
    cStr[0] = OpTaste;
    strcat(AusgabeFeld, cStr);
    Ausgabe( AusgabeFeld);
    LetzteEingabe = NUMS;
  }
}
```

Die Problematik, daß ein Operator-Button den Focus nicht an das statische Textfeld weiterreicht, ist bereits von dem QuickC Beispiel bekannt.

Funktion SetFocus

```
/* Methode wird durch Button, <+> ausgelöst. */
void TTaste::OpAdd()
{
  OpTaste = '+';
  Operator();
  SetFocus(GetDlgItem(HWindow, IDC_FELD));
}

/* Methode wird durch Button <-> ausgelöst. */
void TTaste::OpSub()
{
  OpTaste = '-';
  Operator();
  SetFocus(GetDlgItem(HWindow, IDC_FELD));
}
```

```c
/* Methode wird durch Button <*> ausgelöst. */
void TTaste::OpMul()
{
  OpTaste = '*';
  Operator();
  SetFocus(GetDlgItem(HWindow, IDC_FELD));
}

/* Methode wird durch Button </> ausgelöst. */
void TTaste::OpDiv()
{
  OpTaste = '/';
  Operator();
  SetFocus(GetDlgItem(HWindow, IDC_FELD));
}

/* Methode wird durch Button <=>, <Enter> ausgelöst. */
void TTaste::OpErg()
{
  OpTaste = '=';
  Operator();
  SetFocus(GetDlgItem(HWindow, IDC_FELD));
}
```

sprintf "%g"

Damit die Eingabebegrenzung voll funktionsfähig ist, wird wie in QuickC bereits der Steuerstring "%f" in "%g" gewechselt.

```c
void TTaste::Operator()
{
  if (LetzteEingabe == NUMS)
    NumOps = NumOps + 1;
  if (NumOps == 1)
    Op1 = atof(AusgabeFeld);
  else if (NumOps == 2)
  {
    Op2 = atof(AusgabeFeld);

    switch (OpFlag)
    {
      case '+':
        Op1 = Op1 + Op2;
        break;

      case '-':
        Op1 = Op1 - Op2;
        break;

      case '*':
        Op1 = Op1 * Op2;
        break;

      case '/':
```

```
       if (Op2 == 0)
         MessageBox( HWindow,
              "Division durch 0 geht nicht",
              "Rechner", MB_OK);
       else
         Op1 = Op1 / Op2;
       break;

     case '=':
       Op1 = Op2;
       break;
   }
   sprintf(AusgabeFeld,"%g" ,Op1);
   Ausgabe( AusgabeFeld);
   NumOps = 1;
  }

  LetzteEingabe = OPS;
  OpFlag = OpTaste;
}

void TTaste::Prozent()
{
  sprintf(AusgabeFeld,"%g" ,
          Op1 * atof(AusgabeFeld) / 100);
  Ausgabe( AusgabeFeld);
}

/* Methode zur Berechnung des Quadrates */
void TTaste::Quadrat()
{
  Op1 = atof(AusgabeFeld);
  if (Op1 < 1E+20)
    Op1 = Op1 * Op1;
  sprintf(AusgabeFeld,"%g" ,Op1);
  Ausgabe( AusgabeFeld);

  NumOps = 1;
  LetzteEingabe = OPS;
  OpFlag = ' ';
}

/* Methode zur Berechnung des Reziprokwertes
*/
void TTaste::Reziprok()
{
  Op1 = atof(AusgabeFeld);
  if (Op1 == 0)
    MessageBox( HWindow,
          "Division durch 0 geht nicht",
          "Rechner", MB_OK);
  else
    Op1 = 1 / Op1;
  sprintf(AusgabeFeld,"%g" ,Op1);
  Ausgabe( AusgabeFeld);
```

```
      NumOps = 1;
      LetzteEingabe = OPS;
      OpFlag = ' ';
    }

    /* Methode zur Berechnung der Wurzel
    */
    void TTaste::Wurzel()
    {
      Op1 = atof(AusgabeFeld);
      if (Op1 < 0)
        MessageBox( HWindow,
                "Negative Wurzel geht nicht",
                "Rechner", MB_OK);
      else
        Op1 = sqrt(Op1);
      sprintf(AusgabeFeld,"%g" ,Op1);
      Ausgabe( AusgabeFeld);

      NumOps = 1;
      LetzteEingabe = OPS;
      OpFlag = ' ';
    }
```

9.3.4 TurboPascal-Programm in Nöten

Objekt von TStatic

Sowohl TurboPascal als auch C++ basiert auf einer ObjectWindows Lösung. Daher wird das Subclassing und die Fehlersuche in TurboPascal sehr ähnlich sein wie in C++. Aus diesem Grund sollten wir uns mehr mit den Unterschieden beschäftigen. Die Grundlage bildet wieder ein Objekt von der Klasse TStatic.

```
    /*** TPDebuW.PAS Erweiterungen für TPRechW.CPP ****/

    { Subclassing für Textfeld }
    type
      PTStaticProc = ^TStaticProc;
      TStaticProc = object( TStatic)

      procedure WmKeydown(var Msg: TMessage);
          virtual WM_FIRST+WM_KEYDOWN;
      procedure WmChar(var Msg: TMessage);
          virtual WM_FIRST+WM_CHAR;
    end;

    { Verwaltung des Rechner-Object }
    type
     PTaste = ^TTaste;
     TTaste = object( TRechner)
       StaticProc: PTStaticProc;
       Op1:      Real;          { Erste Eingabe }
       Op2:      Real;          { Zweite Eingabe }
       DezimalPunkt: Boolean;   { zeigt an, ob der
```

```
                    Dezimalpunkt vorhanden ist }
  NumOps:    Integer;       { Anzahl der
                              Operanden }
...
```

Methode InitResource

Etwas anders muß jedoch die Objekterzeugung durchgeführt werden. Da es nicht mehrere Version des Konstruktors TStatic durch Overloading gibt, wie es bei C++ der Fall ist, wird zusätzlich die Methode InitResource benötigt. Zusammen mit New wird ein Objekt der Klasse TStatic erzeugt und durch InitResource die Verbindung zwischen dem Control in der Dialogbox und dem Objekt hergestellt. Die Identifikation findet dabei über den ID-Wert IDC_FELD statt. Als ersten Parameter benötigt InitResource noch einen Zeiger auf das Elternobjekt. Da wir uns in der Methode TTaste befinden, die von der Dialogbox abstammt, kann durch @self auf den gewünschten Pointer zugegriffen werden.

```
constructor TTaste.Init;
begin
  TRechner.Init;

  { Fähigkeiten der Klasse TStatic dem statischen
    Feld der Dialogbox zuordnen }

  StaticProc := New( PTStaticProc,
             InitResource( @Self, IDC_FELD, 30));

  { Initialisierungsroutine für den Taschenrechner
    Es werden alle Variablen auf ihren Anfangswert
    gesetzt.
  }
  RechnerInit;
end;
```

Die WmKeyDown Methode hat wiederum die Aufgabe, aus einer WM_KEYDOWN eine WM_CHAR zu generieren. Den technischen Hintergrund finden Sie in QuickC.

```
procedure TStaticProc.WmKeydown( var Msg: TMessage);
var  msgw: TMSG;
begin
  msgw.hwnd    := Msg.Receiver;
  msgw.message := Msg.Message;
  msgw.wParam  := Msg.WParam;
  msgw.lParam  := Msg.LParam;
  { WM_CHAR erzeugen }
  GetMessage(msgw, 0, 0, 0);
  TranslateMessage(msgw);
  DispatchMessage(msgw);
end;
```

Handle der Dialogbox

Da Sie sicher den C++ Teil gelesen haben, kennen Sie den dort gemachten Fehler bestimmt noch. Damit die falsche Ermittlung des Fenster-Handles der Dialogbox nicht nochmals vorkommt, werden wir dieses Mal nicht mehr das Handle des statischen Textfeldes sondern gleich das der Dialogbox verwenden. Die Problematik war, daß sich das Handle in einem anderen Objekt befindet, das aber über den Objektzeiger Parent erreichbar ist. Die Objektvariable Parent von TWindowsObjekt zeigt auf das Dialogbox-Objekt und wird daher zur Adressierung von HWindow benutzt. Die Pointer Adressierung in C++ und TurboPascal ist dabei natürlich etwas unterschiedlich und geschieht hier über Parent^.HWindow. Mit dem jetzt zur Verfügung stehenden Dialogbox-Handle kann durch die Funktion SendMessage eine WM_COMMAND Meldung an die Dialogbox geschickt werden.

```pascal
procedure TStaticProc.WmChar( var Msg: TMessage);
begin
  if (( Char(Msg.WParamLo) >='0') And (Char(Msg.WParamLo) <= '9')) then
  begin
    { Ziffer }
    SendMessage( Parent^.HWindow, WM_COMMAND,
            Msg.WParamLo - $30 + 100, 0);
  end
  else
  begin
    case Char(Msg.WParamLo) of
      '.':  { Dezimalpunkt }
         SendMessage( Parent^.HWindow, WM_COMMAND,
                                       IDC_G, 0);

      'C':  { Abbruch mit Cancel }
         SendMessage( Parent^.HWindow, WM_COMMAND,
                                       IDC_C, 0);

      'c':  { Abbruch mit CE }
         SendMessage( Parent^.HWindow, WM_COMMAND,
                                       IDC_CE, 0);

      '+':  { Addieren }
         SendMessage( Parent^.HWindow, WM_COMMAND,
                                       IDC_A, 0);

      '-':  { Subtrahieren }
         SendMessage( Parent^.HWindow, WM_COMMAND,
                                       IDC_S, 0);

      '*':  { Multiplizieren }
         SendMessage( Parent^.HWindow, WM_COMMAND,
                                       IDC_M, 0);

      '/':  { Dividieren }
         SendMessage( Parent^.HWindow, WM_COMMAND,
                                       IDC_D, 0);

      'w':  { Wurzel }
         SendMessage( Parent^.HWindow, WM_COMMAND,
                                       IDC_W, 0);
```

```
            'q':  { Quadrat }
               SendMessage( Parent^.HWindow, WM_COMMAND,
                                             IDC_Q, 0);

            'r':  { Reziprok }
               SendMessage( Parent^.HWindow, WM_COMMAND,
                                             IDC_R, 0);

            'e':  { Ende }
               SendMessage( Parent^.HWindow, WM_COMMAND,
                                             IDC_E, 0);

            'p':  { Prozent }
               SendMessage( Parent^.HWindow, WM_COMMAND,
                                             IDC_P, 0);

            Chr($0d), '=':  { Shift Enter }
                            { Ergebnis }
               SendMessage( Parent^.HWindow, WM_COMMAND,
                                             IDC_I, 0);

       end;
     end;
  end;
```

Eine Eingabebegrenzung ist in TurboPascal natürlich auch erforderlich. Die Gründe dafür kennen wir bereits von QuickC und C++.

Eingabe begrenzen

```
{ Methode für die Nummerntasten (0-9).
  Es wird eine neue Ziffer an die Anzeige angefügt
}
procedure TTaste.Nummer;
var
   cStr: array[0..1] of Char;

begin
  if (LetzteEingabe <> NUMS) then
  begin
    AusgabeFeld[0] := #0;
    DezimalPunkt := FALSE;
  end;

  if (StrLen(AusgabeFeld) >= sizeof(AusgabeFeld)-2) then
  begin
    MessageBeep(0);
    Ausgabe( AusgabeFeld);
    LetzteEingabe := NUMS;
  end
  else
  begin
    cStr[0] := OpTaste;
    cStr[1] := #0;
```

```
      StrCat(AusgabeFeld, cStr);
      Ausgabe( AusgabeFeld);
      LetzteEingabe := NUMS;
    end;
end;
```

Zuletzt sollte auch nicht vergessen werden, den Focus nach einer Button-Betätigung an das statische Textfeld zurückzugeben.

Funktion SetFocus

```
{ Methode wird durch Button, <+> ausgelöst
}
procedure TTaste.OpAdd(var Msg: TMessage);
begin
  OpTaste := '+';
  Operator;
  TDlgWindow.DefChildProc(Msg);
  SetFocus(GetDlgItem(HWindow, IDC_FELD));
end;

{ Methode wird durch Button <-> ausgelöst
}
procedure TTaste.OpSub(var Msg: TMessage);
begin
  OpTaste := '-';
  Operator;
  TDlgWindow.DefChildProc(Msg);
  SetFocus(GetDlgItem(HWindow, IDC_FELD));
end;

{ Methode wird durch Button <*> ausgelöst
}
procedure TTaste.OpMul(var Msg: TMessage);
begin
  OpTaste := '*';
  Operator;
  TDlgWindow.DefChildProc(Msg);
  SetFocus(GetDlgItem(HWindow, IDC_FELD));
end;

{ Methode wird durch Button </> ausgelöst
}
procedure TTaste.OpDiv(var Msg: TMessage);
begin
  OpTaste := '/';
  Operator;
  TDlgWindow.DefChildProc(Msg);
  SetFocus(GetDlgItem(HWindow, IDC_FELD));
end;

{ Methode wird durch Button <=>, <Enter> ausgelöst
}
procedure TTaste.OpErg(var Msg: TMessage);
```

```
begin
  OpTaste := '=';
  Operator;
  TDlgWindow.DefChildProc(Msg);
  SetFocus(GetDlgItem(HWindow, IDC_FELD));
end;
```

Das Programm scheint jetzt voll funktionsfähig zu sein. Sicherheitshalber sollte eine andere Person das Programm noch einmal ausprobieren. Und siehe da, es ist wieder passiert. Der Taschenrechner wird gestartet und sofort eine Taste betätigt. Der PC antwortet mit einem unfreundlichen Piepston, den wir bereits von dem ersten Eingabetest her kennen. Nach unserer nun großen Testerfahrung schließen wir sofort darauf, daß das Textfeld bei Programmstart nicht sofort den Focus erhält. Die Lösung dazu liegt in der Resource-Datei und dem Resource-Workshop. Dort muß das statische Textfeld noch mit einem Tabulator und der Reihenfolge eins versehen werden. Der Grund dafür liegt an Windows, da das Control zu Beginn den Focus erhält, das in der Resource-Datei an erster Stelle steht und die Eigenschaft des Tab-Stops (Stilart WS_TABSTOP) besitzt.

9.4 Helfer bei der Analyse

Die bisherige Fehlersuche haben wir auf die Möglichkeiten mit dem Debugger beschränkt. Daneben existieren aber noch eine ganze Reihe kleiner oder großer Helfer, die es gestatten, Windows auf die Finger zu schauen. Zwei ausgewählte werden wir uns hier nun noch ansehen. Zum einen ist dies der Meldungsspion des Microsoft Windows SDK Spy und zum anderen ist es das Programm WinSight von Borland, das dem Borland C++ Packet beiliegt. Beide Programme haben eine spezialisierte Aufgabe, um Windows Abläufe betrachten und analysieren zu können.

9.4.1 Spionieren nach Meldungen mit dem Spy

Wer weiß schon in Windows, welche Meldung zu welchem Zeitpunkt immer genau auftritt? Wir, die Autoren, haben uns mittlerweile schon einige davon merken können, aber bei speziellen Dingen ziehen wir immer wieder gerne den Spy zu Rate. Diese Schnüffelnase hängt sich in ein Fenster, ein Control oder auch in alle Fenster und sammelt die auftretenden Meldungen. Mit dem Spy ist es möglich, gezielt Meldungsabläufe von Controls zu analysieren. Wenn Sie sich noch an die Fehlersuche der nicht auftretenden WM_CHAR Meldung für das statische Textfeld erinnern, dann ist Spy genau der richtige Helfer dafür. Als Beispiel greifen wir den Taschenrechner heraus, um die für das statische Textfeld entstehenden Meldungen zu untersuchen. Nach dem Start von Spy wird der erste Schritt die Festlegung des Testobjektes sein. Es kann entweder gezielt ein Objekt oder alle Fenster untersucht werden. Da in Windows immer sehr viele Meldungen entstehen, wird eine gezielte Selektierung der Normalfall sein. Um das Textfeld zu untersuchen, wird der Menüpunkt *Window...* des *Window* Menüs gewählt. Anschließend wird die Maus über das Ausgabefeld des Taschenrechners bewegt und dieses angeklickt. Hierdurch wurde das Testobjekt bereits ausgewählt.

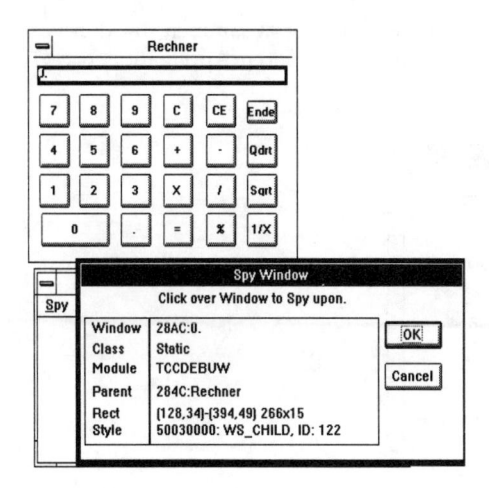

Abb. 263: Spy auf statisches Feld einstellen

Beispiel Meldung

Sobald jetzt Tastatureingaben in den Rechner erfolgen, erhält das Textfeld die uns schon bekannten WM_KEYDOWN, WM_CHAR und noch einige andere Meldungen. Damit das Fenster von Spy für die Meldungsdarstellung nicht mit Meldungszeilen überhäuft wird, können noch gezielt Meldungen weggelassen werden. Dazu steht das Menü *Options* zu Verfügung, das eine Dialogbox aufblendet, in der Meldungs-Gruppen über Checkboxen gewählt oder abgewählt werden können. Normalerweise wird auf die Darstellung von Mouse-Meldungen verzichtet, da diese zu Hunderten auftreten.

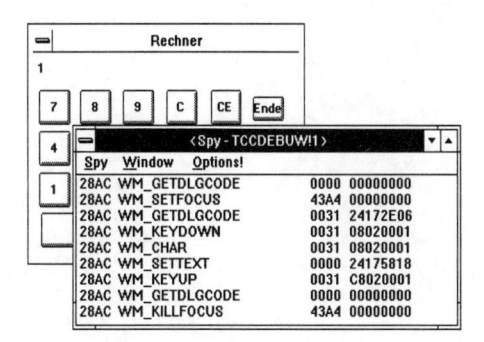

Abb. 264: Meldungen des statischen Feldes nach Subclassing

9.4.2 WinSight sieht Meldungen und Klassen

Zusammen mit Borland C++ kommt mit WinSight ein bereits recht mächtiges aber auch etwas komplizierteres Hilfsmittel. Mit dessen Fähigkeiten ist es neben dem Betrachten von Meldungen auch noch möglich, Informationen über die im System vorhandenen

Windows Klassen zu erhalten. Es erscheinen in einem Fenster zusammen mit den von Windows vordefinierten Klassen zusätzlich noch die von anderen Applikationen registrierten Klassen.

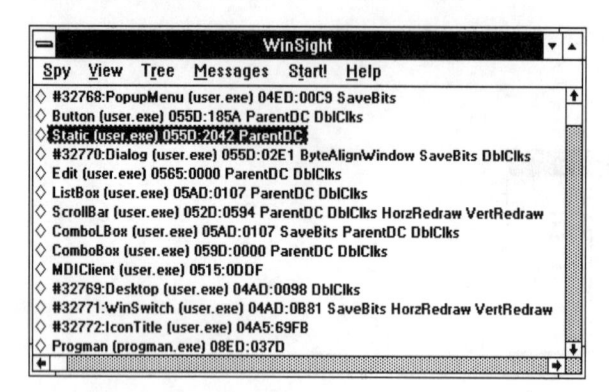

```
─                          WinSight                       ▼ ▲
Spy  View  Tree  Messages  Start!  Help
◇ #32768:PopupMenu (user.exe) 04ED:00C9 SaveBits                ↑
◇ Button (user.exe) 055D:185A ParentDC DblClks
◇ Static (user.exe) 055D:2042 ParentDC
◇ #32770:Dialog (user.exe) 055D:02E1 ByteAlignWindow SaveBits DblClks
◇ Edit (user.exe) 0565:0000 ParentDC DblClks
◇ ListBox (user.exe) 05AD:0107 ParentDC DblClks
◇ ScrollBar (user.exe) 052D:0594 ParentDC DblClks HorzRedraw VertRedraw
◇ ComboLBox (user.exe) 05AD:0107 SaveBits ParentDC DblClks
◇ ComboBox (user.exe) 059D:0000 ParentDC DblClks
◇ MDIClient (user.exe) 0515:0DDF
◇ #32769:Desktop (user.exe) 04AD:0098 DblClks
◇ #32771:WinSwitch (user.exe) 04AD:0B81 SaveBits HorzRedraw VertRedraw
◇ #32772:IconTitle (user.exe) 04A5:69FB
◇ Progman (progman.exe) 08ED:037D                               ↓
←                                                               →
```

Abb. 265: Klassen in Windows

Windows-Klassen

Davon greifen wir die Klasse STATIC heraus, die laut der Informationen von WinSight von dem Programm USER.EXE bei Windows registriert wurde. Ein statisches Textfeld würde als Control die Klasse STATIC zugewiesen bekommen. Das gleiche ist auch bei einem Objekt der OWL-Klasse TStatic der Fall. WinSight bietet durch das zweimalige Anklicken des Klassennamens noch weitere Detailinformationen zu der Windows-Klasse. Es wird z.B. die vordefinierte Window Funktion aber auch das Handle eines Brushes oder eines Icon angezeigt.

```
─             WinSight - Detail Static            ▼
Class name:              Static
Executable module:       033D  user.exe
Class window function:   055D:2042
Icon:                    0000
Cursor:                  02AE
Background brush:        0000
Window extra bytes:      0006
Class extra bytes:       0000
Class style:             0080
ParentDC
```

Abb. 266: Klassen in Windows mit Details

Eigene Klassen

Von Interesse für uns ist vielleicht noch, wie sich der in TurboPascal bzw. C++ geschriebene OWL Taschenrechner als Klasse einträgt. Auch diese Informationen liefert WinSight. So wird in unserem Beispiel der Klassenname Rechner sowie der Hinweis auf den Programmnamen TCCDebuW.EXE gegeben. Da das Programm ein eigenes Icon besitzt, wird auch dessen Handle angezeigt.

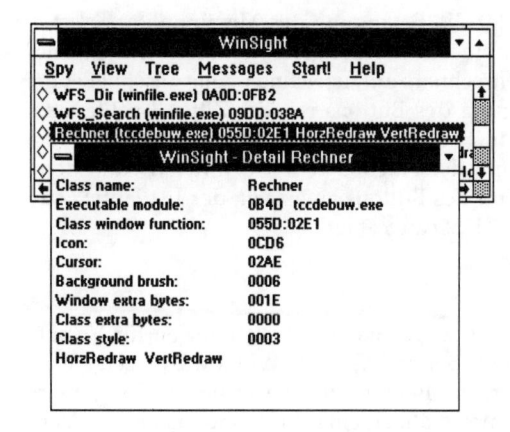

Abb. 267: Eigene Klassen

Meldungen

Zur Darstellung von Meldungen steht ein eigenes Meldungsfenster zur Verfügung. Dabei können Meldungen eines bestimmten Fenster, aber auch einer ganzen Windows-Klasse dargestellt werden. Der Aufbau der Meldungszeile ist noch recht interessant, da eine Meldung, die durch die Funktion SendMessage ausgelöst wurde, ein zweites Mal zusammen mit dem Rückgabewert dargestellt wird, wobei natürlich nur eine einzige Meldung erfolgt ist. Neben der Angabe des Meldungsnamens erscheint das Fensterhandle, das die Meldung erhalten hat und der dazugehörige Fenstertitel. Außerdem werden die Übergabeparameter wParam und lParam angezeigt. Bevor Meldungen aufgezeichnet werden, sollten sie auf ein Fenster oder Control konzentriert werden. Welches Objekt untersucht wird, wird über den Menüpunkt *Find Window* des *Spy* Menüs festgelegt. Anschließend kann das Objekt mit der Maus markiert und somit selektiert werden. Für die Meldungsanalyse mit WinSight gilt dabei das gleiche wie bereits für den SDK Spy, da es meist sinnvoll ist, Mouse Meldungen von der Analyse auszuschließen. Hierzu dient die Dialogbox *Messages Trace Options*, die über den Menüpunkt *Options* des *Messages* Menüs aufgeblendet wird.

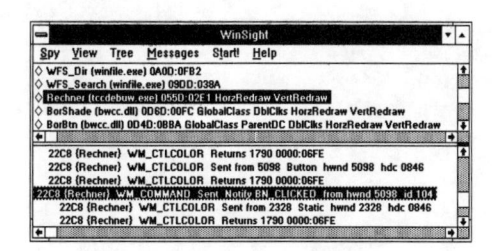

Abb. 268: Meldungen der Klasse Rechner

Beispiel: Meldung

Als Beispiel betrachten wir die Meldungen, die die Klasse Rechner erzeugt. Dazu wird im Fenster der Klassen, das durch den Menüpunkt *Class List* entsteht, die Klasse Rechner mit der Maus markiert. Anschließend erfolgt die Betätigung des Menüpunktes *Selected Classes* des *Message* Menüs. Es wird daraufhin das Meldungsfenster eingeblendet, und WinSight ist bereit, Meldungen des Taschenrechners aufzuzeichnen. Eine anschließende Aktivierung des Rechners und der Betätigung des Buttons mit der Ziffer 4 sollte jetzt eine WM_COMMAND Meldung erzeugen. Die Kontrolle des Meldungsfensters von WinSight bestätigt dies auch. Zusammen mit der Angabe WM_COMMAND und dem Fensterhandle des Senders, wird der ID-Wert des Buttons angezeigt, der 104 lautet. Zusätzlich wird als Notifikation-Code BN_CLICKED angezeigt.

Zusammenfassung

Dieses Kapitel beschäftigt sich mit allgemeinen Teststrategien für VisualBasic, QuickC, TurboPascal und Borland C++ für Windows. Es zeigt sich, daß unabhängig von der Sprache häufig ähnliche Fehler im Programm auftauchen. Daher werden zuerst allgemeingültige Ratschläge zur Vermeidung und Beseitigung von Fehlern gegeben. Ausführlich werden die Testmöglichkeiten von Windows Programmen erläutert. Alle vier Entwicklungsysteme stellen dafür vergleichbar gute Testmittel zur Verfügung, die teilweise sogar die gleichen Bezeichnungen für eine Bedienung tragen. Um die Vielzahl der Testfunktionen besser verstehen und anwenden zu können, werden sie gezielt am Beispiel eingesetzt. Hierfür wird der vom Kapitel DOS für Windows Profis entstandene Taschenrechner durch eine Tastaturbedienung erweitert. Es ergeben sich hierdurch exzellente Testmöglichkeiten, da die Problematik des Subclassings sowohl für das Windows- als auch für das OWL-Subclassing sehr anschaulich verfolgt werden kann. Nachdem die praktischen Beispiele zu einer Analyse der Windows Meldungsbearbeitung mit Hilfe der Debbug-Möglichkeiten der Entwicklungsumgebung führte, werden diese Meldungsvorgänge mit den Hilfsmitteln Spy und WinSight noch komfortabler nachvollzogen. Dabei ermöglicht Spy, Meldungen an Fenster und Controls aufzuzeichnen. Zusätzlich dazu beherrscht WinSight noch die Analyse der Windows Klassen.

10. Datenaustausch innerhalb von Windows

In diesem 10. Kapitel werden folgende Themen behandelt:

Microsoft Visual Basic

Aktionen
- Kopieren, Einfügen, Ausschneiden
- Verketten und Einbetten
- dyamischer Datenaustausch

QC/Win   Turbo Pascal   Turbo C++

Clipboard
- Zwischenablage
- alle können darauf zugreifen
- Bestandteil von OLE
- immer nur einer zu einem Zeitpunkt
- Datenformate

DDE
- automatische Datenaktualisierung
- viele Datenverbindungen zur gleichen Zeit
- jeder mit jedem
- Standardprotokoll
- auch OLE benutzt DDE

OLE
- Arbeitsteilung zwischen Applikationen
- Dokument aus Objekten aufbauen
- Objekte einbetten
- Objekte verketten

Dokument erstellen

Bei der Erstellung von Dokumenten, die z.B. aus Bildern, Texten, Grafiken oder Tabellen bestehen, gibt es unter Windows eine ganze Reihe von spezialisierten oder universellen

Programmen. Häufig bietet ein spezialisiertes Programm eine höhere Leistung für den Benutzer an als ein universelles. Ein Zeichenprogramm wird normalerweise viel bessere Möglichkeiten zu Erstellung einer Grafik besitzen, als dies ein Textverarbeitungsprogramm mit seinen fest eingebauten Hilfsmitteln ermöglicht. Der Wunsch auf die Verknüpfung von mit verschiedenen speziellen Programmen erstellten Dokumentteilen, von denen jedes einzelne als Objekt bezeichnet wird, zu einem Gesamtdokument wird daher immer bedeutungsvoller.

Australien steckt voller Gegensätze und Überraschungen, und oftmals erleben Sie diese nur, wenn Sie die großen Städte verlassen und das Landesinnere bereisen. In weiten Teilen Australiens beträgt die durchschnittliche Bevölkerungsdichte 1 Mensch auf 12 Quadratkilometer. So ist es nicht verwunderlich, daß auf diesen Reisen das Erlebnis mit der Natur im Vordergrund steht. Die Australier, die im roten Zentrum, im tropischen Norden oder in den endlosen Outbackgebieten von Westaustralien leben, sind ein besonderer Menschenschlag. Rauh, aber herzlich würden wir wohl sagen, denn dieses Leben, oftmals am Rande der Zivilisation, hat seine Spuren hinterlassen. Fast hat es den Anschein, als ob Mensch und Natur im Einklang miteinander leben würden.

Landkarte über OLE verketten

Textabschnitte durch Zwischenablage einfügen

In Australien gibt es Sehenswürdigkeiten, die nicht unbedingt auf Asphaltstraßen zu erreichen sind. Zu einigen kommt man wirklich nur mit dem Geländewagen, wie z.B. mit dem Toyota Landcruiser. Dieses 4Wheel Drive-Fahrzeug ist robust, hart im nehmen und ein echter "off road". Wenn Sie also gerne einmal über Stock und Stein fahren wollen, mit einem vierradgetriebenen Geländewagen ist das überhaupt kein Problem. Auch wenn das kleine Ungetüm des öfteren einen Satz neuer Reifen beansprucht. Die tracks in Australien sind das direkte Gegenteil einer Autobahn. Zwei Spuren im Sand sind oft das einzige, was von dem Track oder der Straße zu sehen ist, deshalb bedarf es bei der Planung und Vorbereitung einer derartigen Tour einer

Fahrzeug über OLE einbetten

Abb. 269: Zusammensetzung eines Dokumentes

Dokument besteht aus Objekten

Windows erzielt diese Fähigkeit des Datenaustausches zwischen Programmen durch unterschiedliche Mechanismen: Diese sind die Zwischenablage (Clipboard), gemeinsame Speicherbereiche (Shared Memory über DLL), DDE und seit Windows 3.1 das OLE.

Zwischenablage

Ein in Windows seit langem bewährtes Hilfsmittel ist die Zwischenablage. Mit deren Hilfe kann ein Anwender ausgewählte Daten allen daran interessierten Programmen zur Verfügung stellen. Die Voraussetzung für die Teilnahme an diesem Dienst der Zwischenablage ist natürlich das Einhalten von bestimmten Regeln. Hierzu gehört, daß Programme nur Datenformate austauschen können, mit denen beide Partner umzugehen gelernt haben. Normalerweise kopiert der Anwender die Daten manuell in die Zwischenablage, um sie anschließend gezielt an einer anderen Stelle wieder einzufügen. Im allgemeinen ist die Zwischenablage eine zeitweilige Ablage, die nur für Übertragungen geeignet ist, die den manuellen Eingriff des Bedieners erfordern. Wenn wir anschließend OLE betrachten, werden wir auf die Zwischenablage zurückgreifen.

Gemeinsame Speicherbereiche

Im Gegensatz dazu sind gemeinsame Speicherbereiche nur für Programme geeignet, die speziell aufeinander abgestimmt sind. Eine Methode innerhalb von Windows ist der Weg über Dynamic Link Libraries (DLL). Leider sind Anwendungen, die gemeinsame Speicherbereiche zur Kommunikation verwenden, auf den Datenaustausch innerhalb einer Programmeinheit begrenzt, da dies nicht über standardisierte Protokolle geschieht.

DDE

Wenn wir uns nochmals an die Funktionsweise der Zwischenablage erinnern, so fällt auf, daß der Datentransfer nur ein einmaliger Vorgang ist. Das heißt, daß nur ein Textblock oder eine Grafik in die Zwischenablage kopiert und von dort wiedergeholt werden kann. Sollen jedoch kontinuierlich Daten zwischen Programmen ausgetauscht werden, so wird DDE ein geeignetes Mittel sein. Die Bezeichnung Dynamic Data Exchange oder DDE deutet daraufhin, daß dynamisch Daten ausgetauscht werden und eine Verständigung der Programme jederzeit begonnen oder auch beendet werden kann. Durch das Einbringen eines standardisierten Protokolls löst DDE ein typisches Problem des Datenaustausches zwischen unterschiedlichen Programmen. Bei DDE handelt es sich um ein offizielles Kommunikationsprotokoll, das intern auf dem Austausch von Meldungen basiert.

Für die Programmierung steht eine Sammlung von DDE-API Funktionen zur Verfügung, die die Programm-zu-Programm Kommunikation ermöglicht. Da DDE ein einheitliches Protokoll ist, kann jeder an einer Kommunikation teilnehmen, wenn er sich nur an die Vorgaben hält.

OLE

Noch einen Schritt weiter geht das OLE, das für Object Linking and Embedding steht. Durch die bisher genannten Möglichkeiten des Datenaustausches konnten immer nur Datenmengen zwischen Programmen hin und her bewegt werden. OLE ermöglicht es nun, diesen Daten noch zusätzlich die Fähigkeiten des Quellprogrammes mitzugeben, das die Daten geliefert hat. Hiermit wird z.B. verstanden, daß neben dem Datenaustausch eines Grafikformates, auch noch die Fähigkeit der Bearbeitung dieser Daten übertragen wird. Dies kann abstrakt so verstanden werden, als würde neben den Daten noch das Programm in demselben Paket mitgegeben werden. Das Paket werden wir nachfolgend als Objekt bezeichnen, da neben dem soeben genannten Vergleich, noch viele andere Fähigkeiten mit einem Objekt verbunden sind.

10.1 Die Zwischenablage

Obwohl die Zwischenablage bereits in den Windows Versionen 2.x Verwendung fand, ist diese immer noch brandaktuell. Denn OLE ist ohne die Fähigkeiten der Zwischenablage nicht realisierbar. Daher ist es unbedingt erforderlich, zuerst einen tieferen Blick auf die Funktionsweise und die Programmierung der Zwischenablage zu werfen. Auch diejenigen, die vielleicht bereits damit gearbeitet haben, sollten sich diesen Teil wegen der enormen Wichtigkeit für OLE unbedingt nochmals ansehen.

Ablauf des Datenaustausches

Da Sie sicher mit Windows schon sehr vertraut sind, werden Sie sich daran erinnern, daß der Datenaustausch über die Zwischenablage meist aus zwei Schritten besteht. Nachdem die Daten in die Zwischenablage normalerweise durch einen Menüpunkt *Kopieren* bzw. *Ausschneiden* im Quellprogramm gebracht wurden, steht ein Menüpunkt *Einfügen* im Zielprogramm zum Einbringen der Daten zur Verfügung.

Abb. 270: Zwischenablage

Voraussetzung

Beim Zugriff auf die Zwischenablage sind zwei Punkte von besonderer Bedeutung. Das Programm, das Daten in die Zwischenablage hinterlegt, definiert zuvor das Format, aus dem die Daten bestehen. Hierzu stehen Standardformate aber auch selbstdefinierte Formate zur Verfügung. Hieraus resultiert natürlich, daß nur Programme Daten untereinander austauschen können, die auch das gleiche Datenformat verstehen. Als zweites ist noch zu beachten, daß das Zielprogramm erst Daten aus der Zwischenablage entnehmen kann, wenn zuvor von einem Quellprogramm diese dort hinterlegt wurden. Dazu muß das Zielprogramm zuvor durch entsprechende Funktionen überprüfen, ob sich in der Zwischenablage auch Daten befinden, die dem gewünschten Format entsprechen.

Dieser Ablauf kann auch optisch bei den Programmen beobachtet werden, die die Zwischenablage benutzen, da der Menüpunkt für das Einfügen immer dann nicht gewählt werden kann, wenn sich nicht die gewünschten Daten in der Zwischenablage befinden. Dieser Ablauf muß normalerweise von dem Programmierer selbst realisiert werden.

Formate

Es stehen bereits eine Vielzahl von Standardformaten zur Verfügung, die einen festgelegten Namen und einen definierten Aufbau besitzen. Neben den Standardformaten können noch eigene Formate für die Zwischenablage definiert werden. Diesen Punkt werden wir noch bei der Realisierung von OLE näher betrachten müssen. Wenn Sie wissen wollen, welches Format sich derzeit in der Zwischenablage befindet, ist das Dienstprogramm Ablage von Windows (Clipboard.EXE) gut geeignet. Dieses ist nicht selbst die Zwischenablage, sondern stellt nur dessen Inhalt dar. Welche Formate sich in der Zwischenablage befinden, ist über die Menüpunkte erkenntlich, die dem Windows Dienstprogramm Ablage an das Menü *Ansicht* angefügt werden. Um einen Überblick über wichtige Formate der Zwischenablage zu bekommen, ist die nachfolgende Tabelle gut geeignet.

Format	Inhalt
CF_TEXT	Zwischenabl. enthält einen Text,der durch eine '0' abgeschl. wird.
CF_DSPTEXT	Zwischenabl. enthält ein privates Textformat.
CF_OEMTEXT	Zwischenabl. enthält einen ASCII Text, der durch eine '0' abgeschl. wird.
CF_BITMAP	Ein Bitmap wird übergeben.
CF_DIB	Ein DIB-Bitmap wird übergeben
CF_DSPBITMAP	Ein privates Bitmapformat wird übergeben.
CF_DIF	Zwischenabl. enthält Daten im Data Interchange Format (DIF).
CF_METAFILEPICT	Zwischenabl. enthält eine Metafile-picture Struktur.
CF_SYLK	Zwischenabl. enthält Daten im Symbolic Link Format.
CF_TIFF	Zwischenabl. enthält Daten im TIFF Format.
CF_OWNERDISPLAY	Der Clipboard-Besitzer kümmert sich selbst um die Darstellung der Zwischenablage
CF_PALETTE	Eine Farbpalette wird übergeben.
CF_PRIVATEFIRST	hier können eigene Integer-Werte
CF_PRIVATELAST	als Formate definiert werden

10.1.1 Kontrollelemente und die Zwischenablage

Soll ein Textfeld (Editfield) oder eine Combobox mit der Zwischenablage zusammenarbeiten, ist dies in allen hier behandelten Entwicklungsumgebungen sehr schnell zu realisieren. Natürlich gilt dies nur für die Bearbeitung von Texten. Hierzu stehen in QuickC die Windows Meldungen WM_COPY, WM_CUT und WM_PASTE zur Verfügung. In ObjectWindows für TurboPascal und C++ existieren die Methoden Copy, Cut und Paste. Zusätzlich steht in ObjectWindows noch die Möglichkeit, auf die Menüpunkte *Kopieren*, *Ausschneiden* und *Einfügen* durch Methoden automatisch zu reagieren. Auf ähnlich einfache Weise kann auch in VisualBasic eine Verknüpfung zwischen einem Steuerelement und Zwischenablage realisiert werden.

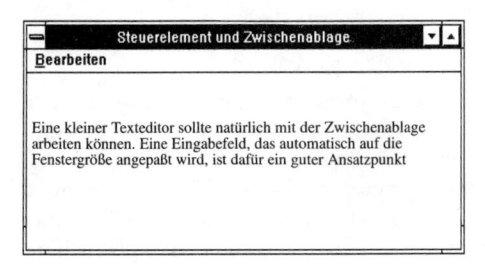

Abb. 271: *Zwischenablage und Eingabefeld*

Eingabefeld mit QuickC und die Zwischenablage

Wie schon erwähnt, ist es möglich, die Funktionen eines Eingabefeldes zu benutzen, um Fähigkeiten der Zwischenablage zu erhalten. Der erste Schritt wird sein, das Eingabefeld auf die gleiche Größe einzustellen, die der Arbeitsbereich des Hauptfensters besitzt. Damit wird das Eingabefeld auch bei einer Größenveränderung, die der Benutzer vornimmt, immer angeglichen. Um die eigentliche Funktionalität der Zwischenablage brauchen wir uns nicht groß zu kümmern, da dies bereits durch das Eingabefeld erledigt werden kann. Daher bleibt nur noch die Arbeit übrig, ein Menü zu erstellen und auszuwerten. Bei der Betätigung eines Menüpunktes ist es nötig, dem Eingabefeld durch eine Meldung mitzuteilen, welche Operation mit der Zwischenablage erledigt werden soll. Es stehen folgende Meldungen zur Verfügung:

Meldung	Kurzbeschreibung
WM_COPY	selektierter Text des Eingabefeldes in Zwischenablage kopieren
WM_CUT	selektierter Text aus Eingabefeld löschen und in Zwischenablage kopieren
WM_PASTE	Text aus Zwischenablage an die aktuelle Schreibzeigerposition in das Eingabefeld einfügen
EM_UNDO	letzte Operation zurücknehmen

SendMessage oder PostMessage

Dem Eingabefeld wird die entsprechende Meldung über die Funktion SendMessage mitgeteilt. Dabei ist neben der Meldungsbezeichnung und dem Handle des Eingabefeldes keine weitere Angabe nötig. Ein Aufruf der PostMessage Funktion wäre nicht so geeignet, da ein Benutzer nach dem Auslösen eines Menüpunktes sofort eine Reaktion erhalten möchte. SendMessage kann dies garantieren, jedoch PostMessage nicht, da die Meldung sonst nur ans Ende der Application-Message-Queue eingehängt würde. Greifen wir uns das Kopieren in die Zwischenablage heraus. Ein Menüpunkt, der *Kopieren* heißen sollte, löst eine WM_COMMAND Meldung z.B. mit dem ID-Wert IDM_U_COPY aus. Es ist darauf zu achten, daß zuvor ein Text innerhalb des Eingabefeldes markiert wurde, da ansonsten kein Text kopiert wird. Anschließend erfolgt das Kopieren in die Zwischenablage durch eine WM_COPY Meldung wie von selbst.

```
case IDM_U_COPY:
   SendMessage(hWndEdit, WM_COPY, 0, 0L);
   break;
```

Überprüfen auf Inhalt

Das Einfügen eines Textes aus der Zwischenablage ist nur sinnvoll, wenn sich dort auch wirklich ein verarbeitbarer Text befindet. Daher sollte der Menüpunkt, der für das Einbringen aus der Zwischenablage zuständig ist, unbedingt nur dann aktiv geschaltet werden, wenn sich in der Zwischenablage ein Text mit dem Format CF_TEXT befindet. Dies geschieht, indem auf die Meldung WM_INITMENU reagiert und durch die Funktion IsClipboardFormatAvailable das Format abgefragt wird. Gibt IsClipboardFormatAvailable den Wert True zurück, wird der Menüpunkt aktiviert bzw. bei False deaktiviert.

```
case WM_INITMENU:
   if (IsClipboardFormatAvailable(CF_TEXT))
      EnableMenuItem(wParam, IDM_U_PASTE,
                     MF_ENABLED);
   else
      EnableMenuItem(wParam, IDM_U_PASTE,
                     MF_GRAYED);
   break;
```

Datenaustausch innerhalb von Windows

Das nachfolgende QuickC Beispiel realisiert einen kleinen Texteditor, der bereits Grundfunktionen erfüllt. Alle Eingaben werden durch ein Eingabefeld vorgenommen, das immer die gleiche Größe besitzt wie das Hauptfenster. Über ein Menü können Textteile in die Zwischenablage kopiert oder ausgeschnitten bzw. wieder eingefügt werden. Der Menüpunkt *Rückgängig* hat die Aufgabe, eine Operation wieder zurückzunehmen. Dies kann z.B. bei einem versehentlich ausgelösten Ausschneiden sehr nützlich sein, wenn dies wieder rückgängig gemacht wird. Auf die Tabelle der neuen Meldungen verzichten wir hier, da diese identisch zu der kurz zuvor besprochenen Tabelle der Meldungen für die Zwischenablage ist.

Beispiel

/***************** QCClipEd.C *****************/

```
1   /* QuickCase:W */
2   #include "QCClipEd.h"
3
4   int PASCAL WinMain(HANDLE hInstance, HANDLE
5   hPrevInstance, LPSTR lpszCmdLine, int nCmdShow)
6   {
7   /********************************************/
8   /* hInstance;       Handle dieser Instanz    */
9   /* hPrevInstance;Handle der vorhergehenden Instanz*/
10  /* lpszCmdLine; Zeiger auf die Kommandozeile */
11  /* nCmdShow;    Code zur Anzeige des Hauptfensters */
12  /********************************************/
13
14  MSG msg;    /* MSG-Struktur für die Meldungen */
15  int nRc;    /* Rückgabewert der Klassen-       */
16              /* Registrierung(en)               */
17
18  strcpy(szAppName, "QCClipEd");
19  hInst = hInstance;
20  if(!hPrevInstance)
21  {
22      /* Registrieren der Fensterklasse(n) bei der */
23      /* 1.Instanz                                 */
24      if ((nRc = nCwRegisterClasses()) == -1)
25      {
26          /* Registrierung schlug fehl.            */
27          LoadString(hInst, IDS_ERR_REGISTER_CLASS,
28                     szString, sizeof(szString));
29          MessageBox(NULL, szString, NULL,
30                     MB_ICONEXCLAMATION);
31          return nRc;
32      }
33  }
34
35  /* Hauptfenster erzeugen                         */
36  hWndMain = CreateWindow(
37      szAppName,   /* Klassennamen                  */
38      "Steuerelement und Zwischenablage",
39                   /* Text in der Titelzeile        */
40      WS_CAPTION        | /* Titel zufügen          */
41      WS_SYSMENU        | /* Systemmenübox zufügen  */
42      WS_MINIMIZEBOX    | /* Minimize Box zufügen   */
43      WS_MAXIMIZEBOX    | /* Maximize Box zufügen   */
44      WS_THICKFRAME     | /* in der Größe veränderbar */
45      WS_CLIPCHILDREN   |
46                   /* kein Zeichnen in den Kindfenstern */
47      WS_OVERLAPPED,
48      CW_USEDEFAULT, 0, /* Defaultwerte für X, Y   */
49      CW_USEDEFAULT, 0,
50                   /* Defaultwerte für Breite und Höhe */
51      NULL,        /* Handle des Elternfensters    */
52      NULL,        /* Handle des Menüs             */
53      hInst,       /* Handle der Instanz           */
54      NULL);       /* Struktur für WM_CREATE       */
55
56  if(hWndMain == NULL)
57  {
58      LoadString(hInst, IDS_ERR_CREATE_WINDOW,
59                 szString, sizeof(szString));
60      MessageBox(NULL, szString, NULL,
61                 MB_ICONEXCLAMATION);
62      return IDS_ERR_CREATE_WINDOW;
63  }
64  ShowWindow(hWndMain, nCmdShow);
65  /* Anzeigen des Hauptfensters */
66
67  while(GetMessage(&msg, NULL, 0, 0))
68  /* bis WM_QUIT eintritt */
69  {
70      TranslateMessage(&msg);
71      DispatchMessage(&msg);
72  }

73
74  /* Aufräumarbeiten, bevor die Applikation beendet */
75  /* wird                                           */
76  CwUnRegisterClasses();
77  return msg.wParam;
78  } /* Ende der WinMain                            */
79
80  /********************************************/
81  /*                                            */
82  /* Fensterroutine des Hauptfensters:          */
83  /*                                            */
84  /* Diese Prozedur stellt Service-Routinen für die */
85  /* Windows Ereignisse (Meldungen) bereit, die */
86  /* Windows oder der Benutzer an das Fenster sendet.*/
87  /* Sie initialisiert Ereignisse (Meldungen), die */
88  /* entstehen, wenn der Anwender z.B. einen Menü- */
89  /* punkt oder ein Tastenkürzel anwählt.       */
90  /*                                            */
91  /********************************************/
92
93  LONG FAR PASCAL WndProc(HWND hWnd, WORD Message,
94  WORD wParam, LONG lParam)
95  {
96      static HMENU   hMenu=0;    /* Menühandle */
97      HBITMAP  hBitmap=0; /* Handle für Bitmaps */
98      HDC      hDC;/* Handle für den Display Context */
99      PAINTSTRUCT ps; /* enthält Zeichen-Informationen */
100     int      nRc=0; /* Rückgabewert                 */
101
102     static HWND hWndEdit;
103
104     switch (Message)
105     {
106     case WM_COMMAND:
107     /* Die Windows Meldungen für die Menüpunkte werden*/
108     /* hier verarbeitet.                              */
109         switch (wParam)
110         {
111         case IDM_U_UNDO:
112             SendMessage(hWndEdit, EM_UNDO, 0, 0L);
113             break;
114
115         case IDM_U_COPY:
116             SendMessage(hWndEdit, WM_COPY, 0, 0L);
117             break;
118
119         case IDM_U_CUT:
120             SendMessage(hWndEdit, WM_CUT, 0, 0L);
121             break;
122
123         case IDM_U_PASTE:
124             SendMessage(hWndEdit, WM_PASTE, 0, 0L);
125             break;
126
127         default:
128             return DefWindowProc(hWnd, Message,
129                                  wParam, lParam);
130         }
131         break;     /* Ende von WM_COMMAND           */
132
133     case WM_CREATE:
134         hMenu = GetMenu(hWnd);
135
136         /* Listbox erzeugen                         */
137         hWndEdit = CreateWindow("EDIT",
138             "",
139             WS_CHILD | WS_VISIBLE | ES_MULTILINE |
140             ES_AUTOHSCROLL | ES_AUTOVSCROLL,
141             0, 0, 0, 0,
142             hWnd, NULL,
143             GetWindowWord(hWnd,GWW_HINSTANCE), NULL);
144
```

```
145        break;      /* Ende von WM_CREATE         */
146
147      case WM_INITMENU:
148        if (IsClipboardFormatAvailable(CF_TEXT))
149          EnableMenuItem(wParam, IDM_U_PASTE,
150                         MF_ENABLED);
151        else
152          EnableMenuItem(wParam, IDM_U_PASTE,
153                         MF_GRAYED);
154        break;
155
156      case WM_MOVE:    /* Bewegen des Fensters     */
157        break;
158
159      case WM_SIZE:
160      /* Größenänderung der Client Area            */
161        MoveWindow( hWndEdit, 0,0, LOWORD(lParam),
162                   HIWORD(lParam), TRUE);
163        break;      /* Ende von WM_SIZE            */
164
165      case WM_PAINT:  /* Neuzeichnen der Client Area */
166      /* bekommt ein Handle auf den Device Context. */
167      /* BeginPaint wird evtl. WM_ERASEBKGND senden,*/
168        memset(&ps, 0x00, sizeof(PAINTSTRUCT));
169        hDC = BeginPaint(hWnd, &ps);
170      /* falls der Hintergrund keine reine Farbe besitzt.*/
171        SetBkMode(hDC, TRANSPARENT);
172      /* Das Neuzeichnen ist abgeschlossen.         */
173        EndPaint(hWnd, &ps);
174        break;      /* Ende von WM_PAINT           */
175
176      case WM_CLOSE:  /* Schließen des Fensters    */
177      /* Zerstören des Kindfenster, modeless Dialogboxen*/
178      /* Zerstören dieses Fensters                  */
179        DestroyWindow(hWnd);
180        if (hWnd == hWndMain)
181          PostQuitMessage(0);
182      /* Beenden der Applikation                    */
183        break;
184
185      default:
186      /* Alle Meldungen, für die keine eigene Service- */
187      /* Routine zur Verfügung gestellt wird, sollten an*/
188      /* Windows gereicht werden, damit eine Default- */
189      /* Verarbeitung stattfinden kann.             */
190        return DefWindowProc(hWnd, Message, wParam,
191                             lParam);
192    }
193    return 0L;
194  } /* Ende von WndProc                             */
195
196  /***********************************************/
197  /*                                             */
198  /* nCwRegisterClasses Funktion:                */
199  /*                                             */
200  /* Die folgende Funktion registriert alle Klassen */
201  /* von allen Fenstern, die mit dieser Applikation */
202  /* verbunden sind. Die Funktion liefert einen  */
203  /* Fehlercode zurück, falls sie nicht erfolgreich */
204  /* war, ansonsten wird 0 zurückgegeben.        */
205  /*                                             */
206  /***********************************************/
207
208  int nCwRegisterClasses(void)
209  {
210    WNDCLASS wndclass;
211  /* Struktur, um eine Klasse zu definieren       */
212    memset(&wndclass, 0x00, sizeof(WNDCLASS));
213  /* Füllen von WNDCLASS mit Fenster-Eigenschaften */
214    wndclass.style = CS_HREDRAW | CS_VREDRAW |
215                     CS_BYTEALIGNWINDOW;
216    wndclass.lpfnWndProc = WndProc;
217  /* zusätzlicher Speicher für Klassen- und       */
218  /* Fensterobjekte                               */
219    wndclass.cbClsExtra = 0;
220    wndclass.cbWndExtra = 0;
221    wndclass.hInstance = hInst;
222    wndclass.hIcon = LoadIcon(NULL, IDI_APPLICATION);
223    wndclass.hCursor = LoadCursor(NULL, IDC_ARROW);
224  /* Erzeugen eines Pinsels, um den Hintergrund   */
225  /* zu löschen                                   */
226    wndclass.hbrBackground = (HBRUSH)(COLOR_WINDOW+1);
227    wndclass.lpszMenuName = szAppName;
228  /* Klassenname = Menüname                       */
229    wndclass.lpszClassName = szAppName;
230  /* Klassenname = App.-Name */
231    if(!RegisterClass(&wndclass))
232      return -1;
233
234    return(0);
235  } /* Ende von nCwRegisterClasses                */
236  /***********************************************/
237  /*                                             */
238  /* CwUnRegisterClasses Function:                */
239  /*                                             */
240  /* löscht jeden Bezug zu den Fenster-Resourcen, */
241  /* die für diese Applikation erzeugt wurden, gibt*/
242  /* Speicher frei, löscht die Instanz, die Handles*/
243  /* und tätigt andere Aufräumarbeiten.           */
244  /*                                             */
245  /***********************************************/
246
247  void CwUnRegisterClasses(void)
248  {
249    WNDCLASS wndclass;
250  /* Struktur, um eine Klasse zu definieren       */
251    memset(&wndclass, 0x00, sizeof(WNDCLASS));
252
253    UnregisterClass(szAppName, hInst);
254  } /* Ende von CwUnRegisterClasses               */
```

Eingabefeld mit ObjectWindows und die Zwischenablage

Sehr ähnlich wird die Zusammenarbeit zwischen einem Kontrollelement und der Zwischenablage in ObjectWindows gelöst. Natürlich erfolgt das Erzeugen des Steuerelementes nicht durch ein CreateWindow sondern über die Methode new. Ein wenig Programmcode läßt sich in C++ bzw. TurboPascal schon noch einsparen, da ObjectWindows automatisch auf eine Menübedienung reagieren kann. Hierzu braucht dem Menüpunkt im Resource Workshop nur der richtige ID-Wert zugewiesen werden. Anschließend übernimmt ObjectWindows die Funktionen des Einfügens, Kopierens oder Auschneidens.

Konstante	ID-Wert	Methode	Kurzbeschreibung
CM_EDITCUT	24320	CMEditCut	Text ausschneiden und in Zwischablage kopieren
CM_EDITCOPY	24321	CMEditCopy	selektierten Text in Zwischablage kopieren
CM_EDITPASTE	24322	CMEditPaste	Text an Position aus Zwischenablage einfügen
CM_EDITUNDO	24325	CMEditUndo	Operation Rückgängig

Die Operation ist insofern besonders einfach zu realisieren, da eine Menübedienung direkt die entsprechende Methode in ObjectWindows aufruft. Wird mit dem Resource Workshop ein Menüpunkt *Kopieren* angelegt, braucht diesem nur die Konstante CM_EDITCOPY oder der Wert 24321 zugeordnet zu werden. Hierdurch wird bei dessen Betätigung automatisch die Methode CMEditCopy aufgerufen, die wiederum auf die Methode Copy zugreift, um das Kopieren in die Zwischenablage durchzuführen.

Turbo C++

Das C++ Programm besteht nur aus wenigen Zeilen, um den kleinen Text-Editor realisieren zu können. In diesem speziellen Fall ist das Programm optisch um einiges kürzer als die reine C und Windows API Lösung. Wenn jedoch die beiden Lösungen objektiv betrachtet werden, entfällt bei ObjectWindows hauptsächlich der Programmrahmen. Ansonsten ist die Funktionsweise doch sehr ähnlich. Zurück aber zu der C++ ObjectWindows Realisierung, die aus einem Eingabefeld besteht, das durch die Methode new als Objekt der Klasse TEdit erzeugt wird. Dabei ist als erster Parameter ein Zeiger auf das Elternobjekt erforderlich. Durch this wird auf das Hauptfenster der Applikation verwiesen. Als Größenangabe enthält das Eingabefeld den Wert Null, da es zu einem späteren Zeitpunkt der Größe des Hauptfensters angepaßt wird.

```
pTEdit = new TEdit( this, 0,"",
         0, 0, 0, 0,
         4096, TRUE, NULL);
```

WM_SIZE, WMSize

Die Einstellung der Fenstergröße des Eingabefeldes geschieht nach der gleichen Theorie wie schon bei QuickC. Es wird die WM_SIZE Meldung benutzt, um eine Anpassung der Größe vorzunehmen. Damit auf die WM_SIZE Meldung reagiert werden kann, ist ein Überschreiben der Methode WMSize erforderlich.

```
virtual void WMSize( RTMessage Msg) = [WM_FIRST+WM_SIZE];
```

WM_INITMENU, WMInitMenu

In der eigenen WMSize Methode kann jetzt durch die API-Funktion MoveWindow die Anpassung der Größe erfolgen. Für das Aktivieren und Deaktivieren des Menüpunktes *Einfügen* ist es ebenfalls notwendig, eine Methode zu überschreiben, die WMInitMenu heißt und von der Meldung WM_INITMENU ausgelöst wird.

Beispiel
```
/*     TCClipEd.CPP    */

#include <owl.h>
#include <edit.h>

class TRahmen :public TApplication
{
public:
  TRahmen(LPSTR AName, HANDLE hInstance,
    HANDLE hPrevInstance,
```

```cpp
    LPSTR lpCmdLine, int nCmdShow)
    : TApplication(AName, hInstance, hPrevInstance,
        lpCmdLine, nCmdShow) {};
  virtual void InitMainWindow();
};

class TClipEd : public TWindow
{
public:
TEdit    *pTEdit;        // Textfeld

  TClipEd(PTWindowsObject AParent, LPSTR ATitle);
  virtual void WMSize( RTMessage Msg) =
        [WM_FIRST+WM_SIZE];
  virtual void WMInitMenu(RTMessage Msg) =
        [WM_FIRST + WM_INITMENU];
};

TClipEd::TClipEd(PTWindowsObject AParent,
                        LPSTR ATitle):
  TWindow(AParent, ATitle)
{
  AssignMenu( 100);
  pTEdit = new TEdit( this, 0,"",
            0, 0, 0, 0,
            4096, TRUE, NULL);

}

void TClipEd::WMSize( RTMessage Msg)
{
  MoveWindow( pTEdit->HWindow, 0,0, Msg.LP.Lo,
        Msg.LP.Hi, TRUE);

}

void TClipEd::WMInitMenu(RTMessage Msg)
{
    if (IsClipboardFormatAvailable(CF_TEXT))
      EnableMenuItem(Msg.WParam, CM_EDITPASTE,
                MF_ENABLED);
      else
      EnableMenuItem(Msg.WParam, CM_EDITPASTE,
                MF_GRAYED);
}

void TRahmen::InitMainWindow()
{
  MainWindow = new TClipEd(NULL,
        "Steuerelement und Zwischenablage");

}
```

```
int PASCAL WinMain(HANDLE hInstance,
                   HANDLE hPrevInstance,
  LPSTR lpCmdLine, int nCmdShow)
{
  TRahmen MeinRahmen ("TCCLIPED",
    hInstance, hPrevInstance,
    lpCmdLine, nCmdShow);
  MeinRahmen.Run();
  return MeinRahmen.Status;
}
```

TurboPascal

Die Realisierung der Applikation mit Hilfe von TurboPascal orientiert sich am C++ / Objekt Windows-Beispiel.

Turbo Pascal

Beispiel

```
{ TPClipEd.PAS }

program TPClipEd;
{$R TPCLIPED.RES}
uses WObjects, WinTypes, WinProcs;

type
  TRahmen = object( TApplication)
    procedure InitMainWindow; virtual;
end;

type
  pEdit = ^TEdit;
  pClipEd = ^TClipEd;
  TClipEd = object( TWindow)

    pTEdit: pEdit;        { Textfeld }
    constructor Init( AParent: PWindowsObject;
                      ATitle: PChar);
    procedure WMSize( var Msg: Tmessage); virtual
                      WM_FIRST + WM_SIZE;
    procedure WMInitMenu( var Msg: Tmessage);
              virtual WM_FIRST + WM_INITMENU;
end;

constructor TClipEd.Init(AParent: PWindowsObject; ATitle: PChar);
begin
  TWindow.Init(AParent, ATitle);
  Attr.Menu := LoadMenu( HInstance, 'TPCLIPED');
  pTEdit := New( pEdit, Init( @self, 0,'',
                 0, 0, 0, 0,
                 4096, TRUE));
end;
```

```
procedure TClipEd.WMSize( var Msg: TMessage);
begin
  MoveWindow( pTEdit^.HWindow, 0,0, Msg.LParamLo,
           Msg.LParamHi, TRUE);
end;

procedure TClipEd.WMInitMenu(var Msg: Tmessage);
begin
     if (IsClipboardFormatAvailable(CF_TEXT)) then
        EnableMenuItem(Msg.WParam, CM_EDITPASTE,
                   MF_ENABLED)
     else
        EnableMenuItem(Msg.WParam, CM_EDITPASTE,
                   MF_GRAYED);
end;

procedure TRahmen.InitMainWindow;
begin
  MainWindow := New( PClipEd, Init(nil,
           'Steuerelement und Zwischenablage'));
end;

{ Hauptprogramm }
var MeinRahmen: TRahmen;

begin
  MeinRahmen.Init('TPCLIPED');
  MeinRahmen.Run;
  MeinRahmen.Done;
end.
```

Eingabefeld mit VisualBasic und die Zwischenablage

In VisualBasic existieren mehrere Methoden, die sich auf das Arbeiten mit der Zwischenablage beziehen. Dagegen gibt es keine eigenen Eigenschaften und Ereignisse für die Zwischenablage. Die nachfolgende Tabelle gibt einen Überblick der verfügbaren Methoden.

Methode	Kurzbeschreibung
Clear	löscht den Inhalt der Zwischenablage
GetText	holt Text aus der Zwischenablage
GetData	holt Bild aus der Zwischenablage
SetText	schreibt Text in die Zwischenablage
SetData	schreibt Bild in die Zwischenablage
GetFormat	ermittelt Format der Zwischenablage Daten

Format

Wenn mit den Funktionen GetData oder GetText Daten aus der Zwischenablage geholt werden sollen, muß das Format mit angegeben werden. Dieses Format muß mit dem Format übereinstimmen, dessen Daten derzeit in der Zwischenablage liegen. Sonst können die Daten nicht übermittelt werden.

Kopieren

Um einen Text in die Zwischenablage zu kopieren, wird er durch die Methode Set Text übergeben. Als Format kann dabei CF_TEXT oder CF_LINK angegeben werden. Bevor wir jedoch Daten in die Zwischenablage kopieren, ist es besser, den alten Inhalt der Zwischenablage durch die Methode Clear zu löschen.

Einfügen

Bevor ein Text aus der Zwischenablage geholt werden kann, muß zuvor untersucht werden, ob die Zwischenablage überhaupt Daten im Text-Format enthält. Dazu kann die Methode GetFormat benutzt werden, wobei die Konstante CF_TEXT übergeben wird. GetFormat liefert TRUE zurück, wenn ein Text in der Zwischenablage steht. Mit GetText wird der Text wieder aus der Zwischenablage geholt. Der Rückgabewert ist ein sogenannter NULL-String (""), wenn das angegebene Format nicht mit dem in der Zwischenablage übereinstimmt, oder die Zwischenablage keine Daten enthält.

Beispiel zum Text-Format mit VisualBasic

Die Funktionsweise des VisualBasic Beispieles entspricht der von den TurboPascal, C++ und QuickC-Beispielen.

Objekt	Eigenschaft	Inhalt
Form1	Caption	Steuerelement und Zwischenablage
Text1	CtlName	Text1
	MultiLine	Wahr

Neue Methoden	Kurzbeschreibung
Clear	löscht den Inhalt der Zwischenablage
GetText	holt Text aus der Zwischenablage
SetText	schreibt Text in die Zwischenablage
GetFormat	ermittelt Format der Zwischenablage Daten

Beispiel

```
' VBClipEd.FRM

Const True = -1
Const False = 0
Const CF_TEXT = 1
Dim UNDOText As String

Sub Copy_Click ()
    Clipboard.Clear
    Clipboard.SetText Text1.SelText, CF_TEXT
End Sub

Sub Cut_Click ()
    Clipboard.SetText Text1.SelText, CF_TEXT
```

```
        UNDOText = Text1.Text
        Text1.SelText = ""
End Sub

Sub Paste_Click ()
    If Clipboard.GetFormat(CF_TEXT) = True Then
        UNDOText = Text1.Text
        Text1.SelText = Clipboard.GetText(CF_TEXT)
    End If
End Sub

Sub Form_Resize ()
  Text1.Width = Form1.Width
  Text1.Height = Form1.Width
  Text1.Left = 0
  Text1.Top = 0
End Sub

Sub Bearbeiten_Click ()
    If Clipboard.GetFormat(CF_TEXT) = True Then
        Paste.Enabled = True
    Else
        Paste.Enabled = False
    End If

End Sub

Sub UNDO_Click ()
    Dim UNDOTexth As String
    UNDOTexth = Text1.Text
    Text1.Text = UNDOText
    UNDOText = UNDOTexth
End Sub
```

Das Menü wurde mit Hilfe des Menüentwurfsfensters erstellt und besteht aus folgenden Submenüs und Menüpunkten, von denen bestimmte Eigenschaften initialisiert wurden.

Titel	CtlName	Menüebene	Eigenschaften
&Bearbeiten	Bearbeiten	1	C off;E on ; V on
&Rückgängig	UNDO	2	C off;E on ; V on
&Kopieren	Copy	2	C off;E on ; V on
&Ausschneiden	Cut	2	C off;E on; V on
&Einfügen	Paste	2	C off;E off; V on

-    mit C on/off   mit / ohne Checkmark
-      E on/off   enabled / disabled
-      V on/off   sichtbar / versteckt
- Mit Menüebene 1 ist die Menüzeile gemeint.

10.1.2 Bitmap oder Text mit Zwischenablage

Sobald sich in der Zwischenablage ein Bitmap befindet oder eines dorthin kopiert werden soll, ist es notwendig, sich etwas näher mit den Bitmaps und der Zwischenablage zu beschäftigen. Deshalb wird erst die Frage beantwortet, um was es sich bei einem Bitmap überhaupt handelt. Gleich zu Beginn muß darauf hingewiesen werden, daß sich Visual-Basic in der Behandlung von Bitmaps sehr stark von den anderen Sprachen unterscheidet und deshalb einen eigenen Abschnitt bekommt.

Bitmap

Bitmaps sind x mal y große Pixelbilder, die hauptsächlich zu zwei Zwecken verwendet werden: Um Bilder auf dem Bildschirm zu zeichnen und um Pattern-Brushes (Pinsel mit Muster) zu erzeugen. Auch können mit ihnen Zeichnungen ausgegeben werden, die zuvor im Speicher zusammengestellt wurden und sonst zu kompliziert wären, um jedesmal neu aufbereitet zu werden. Schließlich können auch Menüpunkte als Bitmaps dargestellt werden. Windows selber benutzt Standard-Bitmaps zur Darstellung des Systemmenüs, des Minimize und Maximize Buttons etc. Diese können mit der API-Funktion LoadBitmap geladen und benutzt werden.

C++, QuickC

```
HBITMAP hMaxButton;
hMaxButton = LoadBitmap(NULL, OBM_ZOOM);
```

TurboPascal

```
var hMaxButton: HBITMAP;
....
hMaxButton := LoadBitmap(0, OBM_ZOOM);
```

Mit OBM_ZOOM wird z.B. der Maximize Button eines Fensters bezeichnet. Die meisten Bitmaps werden entweder über ein Bit-Array mit Funktionen wie z.B. CreateBitmap oder als Resource erzeugt. Für die zweite Möglichkeit kann z.B. der Borland Resource Workshop oder das Tool IMAGEDIT.EXE verwendet werden. Dabei wird das fertig gezeichnete Bitmap in eine Datei mit der Dateierweiterung BMP gesichert.

BMP-Format

Das BMP-Format ist unter Windows recht verbreitet, z.B. können außer IMAGEDIT auch die Zeichenprogramme Paintbrush und Corel Draw damit umgehen, die zudem die Größenbegrenzung von 72*72 Pixel nicht besitzen. Um mit den Bitmaps arbeiten zu können, müssen sie zuerst geladen werden. Für TurboPascal, QuickC und C++ geschieht dies mit der Funktion LoadBitmap.

C++ und QuickC

```
hBit = LoadBitmap(hInst, "CLBILD");
   oder
hBit = LoadBitmap(hInst, MAKEINTRESOURCE(50));
```

TurboPascal
```
hBit := LoadBitmap(hInst, 'CLBILD');
  oder
hBit := LoadBitmap(hInst, MAKEINTRESOURCE(50));
```

VisualBasic

Um ein Bitmap in VisualBasic zu bearbeiten, steht eine Picture Box zur Verfügung, die es bereits bei der interaktiven Erstellung ermöglicht, das Bitmap zu laden. Darüber hinaus ist es natürlich auch möglich, ein Bitmap über die API-Funktionen zu bearbeiten, die bereits bei den C-Beispielen verwendet wurden. Eine Picture Box beinhaltet häufig ein Bild, das entweder ein Icon, ein Bitmap oder ein Metafile darstellt, und aus einer Datei mit der Endung .ICO, .BMP bzw. .WMF geladen wurde.

Die Ausgabe einer Picture Box erfolgt über die Methode Print, die bereits von der Textausgabe bekannt ist. Icons und Bitmaps können entweder während der interaktiven Erstellung oder während der Programm-Laufzeit in die Picture-Box gebracht werden. Falls während der Laufzeit die Picture-Box mit einem Bild gefüllt werden soll, wird die Funktion LoadPicture benötigt. Mit ihr wird das gewünschte Bitmap, Icon oder Metafile geladen und der Eigenschaft Picture übergeben.

```
Bild1.Picture = LoadPicture("CLBILD.BMP")
```

Geräteabhängige Bitmaps

Bitmap

Seit der Version Windows 3.0 existieren sowohl geräteabhängige als auch geräteunabhängige (DIB) Bitmap-Arten. Ein geräteabhängiges Bitmap besteht aus einem Bitmuster, das im Speicher abgelegt ist und mit bestimmten Funktionen auf ein Ausgabegerät ausgegeben werden kann. Dabei existiert eine enge Beziehung zwischen den Bits im Speicher und den Pixeln auf dem Gerät.

Ausgabe Bitmaps

Die Ausgabe von geräteabhängigen Bitmaps kann mit drei Funktionen erfolgen, die alle mit den drei Buchstaben Blt enden, die als Abkürzung für Blocktransfer stehen.

```
PatBlt
BitBlt
StretchBlt
```

Größe Bitmap

Alle drei Funktionen benötigen die Größe des Bitmaps, das ausgegeben werden soll. Diese und weitere Informationen ermittelt die Funktion GetObject, der das Handle des Bitmaps übergeben wird und diese Funktionen in eine Variable der Struktur BITMAP bzw. TBitmap in TurboPascal ablegt.

Struktur Bitmap

Feldname	Beschreibung
bmType	=0 bei logischen Bitmps
bmWidth	Breite des Bitmaps in Pixeln
bmHeight	Höhe des Bitmaps in Rasterlinien
bmWidthBytes	Anzahl der Bytes in einer Rasterlinie
bmPlanes	Information zur Farbdarstellung
bmBitsPixel	Information zur Farbdarstellung
bmBits	Zeiger auf ein Array für das Bitmuster

Die Funktion füllt aber nicht das letzte Feld. Um das Bitmuster selbst zu bekommen, muß anschließend die Funktion GetBitmapBits aufgerufen werden.

PatBlt

Die Funktion PatBlt gibt ein Bitmuster auf das Gerät aus, das durch das angegebene DC-Handle bestimmt ist.

```
PatBlt(hDC, 20, 30, iBreite, iHöhe, WHITENESS);
```

Das Muster, das in das über den zweiten bis vierten Parameter gekennzeichnete Rechteck gezeichnet wird, ist eine Kombination aus dem aktuellen Brush, der im Device Context steht, und dem Muster, das bereits auf dem Ausgabegerät vorhanden ist. Auf welche Weise die Bits miteinander kombiniert werden, wird mit dem letzten Paramter, dem Raster-Operation-Code, angegeben. Dabei bedeutet WHITENESS, daß alle Pixel zwingend auf weiß gesetzt werden.

Device Context

Die beiden Funktionen BitBlt und StretchBlt benötigen für die Ausgabe einen zusätzlichen Device Context, der im Normalfall ein Memory-DC ist. In ihn wird das Bitmap geschrieben. Dabei kommt die linke obere Ecke des Bitmaps auf die linke obere Ecke des Memory-DC's zu liegen. Anschließend kann das Bitmap von seinem Quell-DC (Memory-DC) in einen Ziel-DC (z.B. Display Context) kopiert und somit auf dem Bildschirm ausgegeben werden. Sobald die Ausgabe beendet ist, sollte der Memory-DC in seinen ursprünglichen Zustand gebracht und wieder mit der Funktion DeleteDC freigegeben werden.

```
HDC hDC, hMem;
HBITMAP hOldBitmap, hNewBitmap;
hNewBitmap = LoadBitmap(hInst, "Urlaub");
hDC = GetDC(hWnd);
hMem = CreateCompatibleDC(hDC);
hOldBitmap = SelectObject(hMem, hNewBitmap);
    /* Bitmap-Ausgabefunktion */
SelectObject(hMem, hOldBitmap);
DeleteDC(hMem);
ReleaseDC(hWnd, hDC);
```

Funktion BitBlt

Die Funktion BitBlt überträgt ein Bitmap von dem Quellen-DC, der durch das Handle hSrcDC identifiziert wird und häufig ein Memory-DC ist, in einen Ziel-DC. Die Größe des Bitmaps wird dabei nicht verändert und wird deshalb auch nur einmal angegeben.

```
BitBlt(hDestDC, X, Y, nWidth,
       nHeight,hSrcDC,XSrc,YSrc,dwRop)
```

Die x- und y-Koordinaten des Quellen- und Zielrechteckes beziehen sich jeweils auf die linke obere Ecke des Rechteckes. Der letzte Parameter gibt wie bei der Funktion PatBlt den Raster-Operation-Code an.

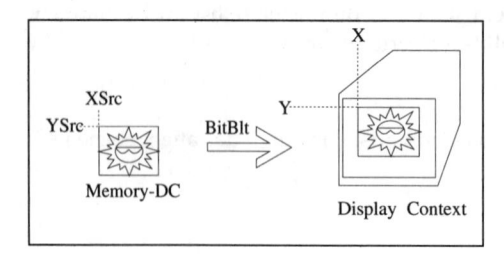

Abb. 272: Die Funktion BitBlt

Funktion StretchBlt

Falls das Bitmap auf dem Ziel-DC in einer anderen als der Originalgröße erscheinen soll, wird die Funktion StretchBlt benötigt. Sie besitzt zwei zusätzliche Parameter, die die neue Breite und Höhe des Zielrechteckes angeben.

```
StretchBlt(hDestDC, X, Y, nWidth, nHeight,
           hSrcDC, XSrc, YSrc, nSrcWidth,
           nSrcHeight, dwRop)
```

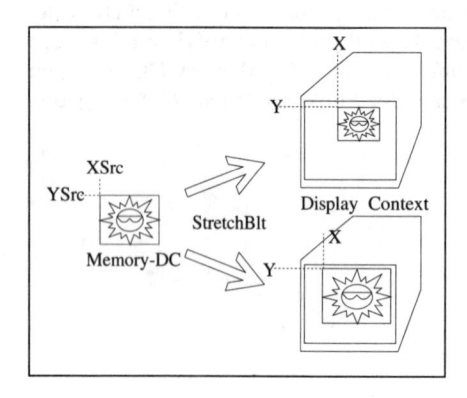

Abb. 273: Die Funktion StretchBlt

Der Raster-Operation-Code, der bei allen drei Bitmap-Ausgabefunktionen benutzt wird, definiert, wie der GDI-Teil von Windows die Farben des aktuellen Brushs des Ziel-DC's mit den Pixeln des Quellen-Rechteckes und mit den Pixeln des Ziel-Rechteckes kombiniert. Das Ergebnis wird in das Ziel-Rechteck ausgegeben. Durch die logische Kombination dieser drei Größen entstehen 256 Möglichkeiten, von denen die fünfzehn meist gebrauchten in der Headerdatei WINDOWS.H bzw. in der Unit WinTypes.TPU für Turbo-Pascal mit Namen versehen wurden, die z.B. SRCINVERT, PATCOPY, BLACKNESS und SRCCOPY lauten. Der zuletzt genannte Name SRCCOPY wird am häufigsten benutzt. Dieser Raster-Operation-Code berücksichtigt nur das Aussehen des Bitmaps in der Quelle.

Geräte-unabhängige Bitmaps

DIB

Wenn Sie mit IMAGEDIT für QuickC oder dem Resource-Workshop für C++ und TurboPascal ein Bitmap erstellen, wird es automatisch als device-independent Bitmap abgelegt, das das Aussehen eines Bildes und nicht ein spezielles Geräteformat beschreibt. Mit Hilfe bestimmter Funktionen kann bei Bedarf diese Bildbeschreibung in das vom aktuellen Ausgabegerät benötigte Format übersetzt werden.

Die Dateien der DIB's bestehen aus einer Datenstruktur mit dem Namen BITMAPFILEHEADER gefolgt von einer BITMAPINFO-Struktur und einem Array, in dem das Bitmuster steht. Bei einem Vergleich zwischen dem Aufbau einer geräteabhängigen BMP-Datei und dem Aufbau einer geräte-unabhängigen BMP-Datei sieht man, daß das neue Bitmap-Dateiformat um viele Felder erweitert wurde, um weitere Informationen z.B über mehr als 16 Farben aufnehmen zu können.

Ursprung

Wenn mit DIB's gearbeitet wird, muß beachtet werden, daß sich der Ursprung eines geräte-unabhängigen Bitmaps in der linken unteren Ecke des Bildes und nicht in der sonst üblichen linken oberen Ecke befindet.

Um auf diese Bitmaps zugreifen zu können, existieren mehrere Funktionen, die folgendermaßen lauten:

Funktion	Kurzbeschreibung
CreateDIBitmap	erzeugt ein DIB
SetDIBits	füllt ein DIB mit neuem Bitmuster
GetDIBits	ermittelt das Bitmuster eines DIB's
SetDIBitsToDevice	gibt ein DIB aus

Funktion SetDIBitsToDevice

Um ein geräte-unabhängiges Bitmap auszugeben, ist kein Memory-DC nötig, sondern es kann mit der gerade genannten Funktion SetDIBitsToDevice direkt auf eine Geräte-Oberfläche geschrieben werden. Dabei wird das Bitmap über eine BITMAPINFO-Struktur und einem Array von Bits und nicht über ein Handle spezifiziert.

Bitmap oder Text mit Zwischenablage

Soll Grafik oder Text über die Zwischenablage ausgetauscht werden, ist es notwendig, daß dieser Austausch über Handles geschieht. Bei einem Bitmap wird ein Handle auf ein geladenes Bitmap übergeben. Im Fall eines Textes muß sich dieser in einem globalen Speicherbereich befinden, dessen Handle dann benötigt wird. Um ein Bitmap oder einen Text in die Zwischenablage zu kopieren, sind folgende Schritte nötig:

Kopieren

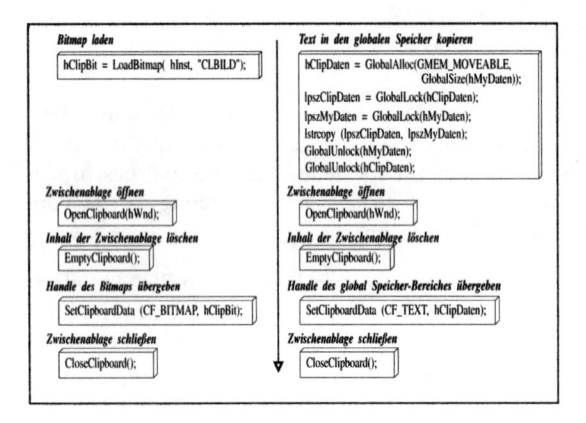

```
Bitmap laden                              Text in den globalen Speicher kopieren
hClipBit = LoadBitmap( hInst, "CLBILD");  hClipDaten = GlobalAlloc(GMEM_MOVEABLE,
                                                         GlobalSize(hMyDaten));
                                          lpszClipDaten = GlobalLock(hClipDaten);
                                          lpszMyDaten = GlobalLock(hMyDaten);
                                          lstrcpy (lpszClipDaten, lpszMyDaten);
                                          GlobalUnlock(hMyDaten);
                                          GlobalUnlock(hClipDaten);

Zwischenablage öffnen                     Zwischenablage öffnen
OpenClipboard(hWnd);                      OpenClipboard(hWnd);

Inhalt der Zwischenablage löschen         Inhalt der Zwischenablage löschen
EmptyClipboard();                         EmptyClipboard();

Handle des Bitmaps übergeben              Handle des global Speicher-Bereiches übergeben
SetClipboardData (CF_BITMAP, hClipBit);   SetClipboardData (CF_TEXT, hClipDaten);

Zwischenablage schließen                  Zwischenablage schließen
CloseClipboard();                         CloseClipboard();
```

Abb. 274: Kopieren in die Zwischenablage

Das Beispiel ist für C++, QuickC und TurboPascal gültig, wobei für TurboPascal nur an Stelle von = ein := zu schreiben ist. Aus der Abbildung ist zu erkennen, daß vom Prinzip her nur geringe Unterschiede zwischen einem Bitmap und einem Text bestehen. In beiden Fällen wird ein Handle benötigt, das nach der Übergabe an die Zwischenablage nicht mehr im Programm weiter benutzt werden darf. Nach einer Übergabe mit der Funktion SetClipboardData ist die Zwischenablage der Besitzer des Handles. Somit darf dieser übergebene Speicherblock von dem Programm selbst nicht mehr freigegeben werden, auch wenn die Applikation beendet wird, sondern es ist die Aufgabe von Windows und geschieht bei dem nächsten EmptyClipboard-Aufruf. Da das Handle des Textes, das in die Zwischenablage geschrieben wird, anschließend vom Programm selber nicht mehr benutzt werden darf, wird der Text zuerst in einen anderen globalen Bereich kopiert, dessen Handle dann in die Zwischenablage geschrieben werden kann. Dazu wird ein neuer globaler Speicher mit der Funktion GlobalAlloc belegt. Die Adresse auf den Speicherblock kann durch die Funktion GlobalLock ermittelt werden. Es entsteht eine 32-Bit Adresse, die der Funktion lstrcpy übergeben werden kann, um den Text in den neuen Bereich kopieren zu können. Die TurboPascal Programmierer können natürlich an Stelle von lstrcpy die Funktion StrCopy verwenden. Anschließend werden die Speicherblöcke wieder freigegeben. Bei einem Bitmap ist die einfachste Vorgehensweise das Nachladen mit der Funktion LoadBitmap. Eine andere Möglichkeit, ein Bitmap durch seine Duplizierung zu übergeben, werden wir im nachfolgenden Beispiel noch kennenlernen.

Erster Zugriff

Der erste Zugriff auf die Zwischenablage geschieht durch ihr Öffnen und dem Löschen des alten Inhalts. Damit wird dem Fenster, das die Zwischenablage geöffnet hat, der Besitz der Zwischenablage übertragen. Nachdem die Zwischenablage geleert wurde, kann für das Bitmap das Handle hClipBit zusammen mit dem Format CF_BITMAP übergeben werden. Im Falle des Textes ist dies das Handle hClipDaten und das Format CF_TEXT. Dann kann die Zwischenablage wieder geschlossen werden. Die beiden Funktionen OpenClipboard und CloseClipboard müssen innerhalb einer Meldungsbearbeitung aufgerufen werden. Solange die Zwischenablage offen ist, kann kein anderes Programm sie ein zweites Mal öffnen, um mit ihr zu arbeiten. Im Fall von QuickC bedeutet dies, daß OpenClipboard und CloseClipboard innerhalb einer Meldung stehen müssen. Für TurboPascal und C++ mit ObjectWindows ist das entsprechend eine Methode.

```
Zwischenablage öffnen                            Zwischenablage öffnen
  OpenClipboard(hWnd);                             OpenClipboard(hWnd);

Handle des Bitmaps aus Zwischenablage holen      Handle des globalen Speicherbereiches aus Zwischenablage holen
  hClipBit = GetClipboardData(CF_BITMAP);          hClipBit = GetClipboardData(CF_TEXT);

Bitmap auf den Bildschirm ausgeben               Daten in einen eigenen globalen Bereich kopieren
  hDC = GetDC(hWnd);                               hMyDaten = GlobalAlloc(GMEM_MOVEABLE,
  hMemDC = CreateCompatibleDC(hDC);                                       GlobalSize(hClipDaten));
  hOldBit = SelectObject(hMemDC, hClipBit);        lpszClipDaten = GlobalLock(hClipDaten);
  GetObject(hClipData, sizeof(BITMAP), &bm);       lpszMyDaten = GlobalLock(hMyDaten);
  BitBlt(hDC,20,20,bm.bmWidth,bm.bmHeight,         lstrcopy(lpszMyDaten, lpszClipDaten);
         hMemDC,0,0,SRCCOPY);                      GlobalUnlock(hMyDaten);
  SelectObject(hMemDC, hOldBit);                   GlobalUnlock(hClipDaten);
  DeleteDC(hMemDC);
  ReleaseDC(hWnd, hDC);

Zwischenablage schließen                         Zwischenablage schließen
  CloseClipboard();                                CloseClipboard();
```

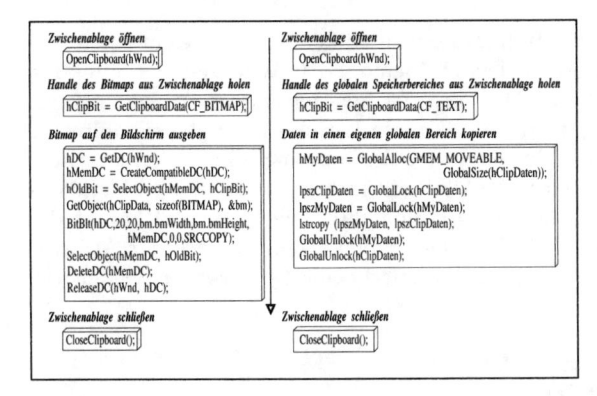

Abb. 275: Einfügen aus der Zwischenablage

Ein etwas unterschiedlicher Ablauf ist für das Einfügen von Bitmaps oder Texten aus der Zwischenablage erforderlich. Bevor ein Text aus der Zwischenablage geholt werden kann, muß untersucht werden, ob die Zwischenablage überhaupt Daten im Bitmap-Format bzw. Daten im Text-Format enthält. Dazu kann entweder die Funktion IsClipboardFormatAvailable oder GetClipboardData benutzt werden. Beiden Funktionen wird die Konstante CF_BITMAP für Bitmaps bzw. CF_TEXT für Texte übergeben. Die Funktion IsClipboardFormatAvalaible liefert TRUE zurück, wenn das entsprechende Format in der Zwischenablage steht. Diese Funktion ist eine der wenigen Zwischenablage-Funktionen, die aufgerufen werden können, ohne zuvor die Zwischenablage öffnen zu müssen.

Daten holen

Um Daten aus der Zwischenablage nehmen zu können, wird zuerst die Zwischenablage geöffnet. Mit der Funktion GetClipboardData werden die Daten von der Zwischenablage abgeholt, wobei ein Handle auf die Daten geliefert wird. Im Fall eines Textes ist dies ein Handle auf einen globalen Speicher-Bereich. Für ein Bitmap wird ein Handle auf dieses Bitmap geliefert. Das Handle ist NULL, wenn das der Funktion GetClipboardData angegebene Format nicht mit dem in der Zwischenablage übereinstimmt. Besonders ist darauf zu achten, daß das Handle auf die gelieferten Daten nur zwischen den Funktions-Aufrufen GetClipboardData und CloseClipboard gültig ist, da es der Zwischenablage gehört. Somit muß wie beim Schreiben eines Textes in die Zwischenablage auch ein eigener globaler Speicherblock belegt und die Daten in diesen Bereich umkopiert werden. Handelt es sich um ein Bitmap, wird mit zwei Bitmap-Handles gearbeitet, wobei das eine Handle für die Zwischenablage und das andere für die Ausgabe benutzt wird. Die Bitmaps werden nicht mit der Funktion lstrcpy umkopiert, wie es bei einem Text der Fall ist, sondern es werden zwei Memory DC's zu Hilfe genommen.

Erst nachdem der Bereich, dessen Handle die Zwischenablage lieferte, wieder freigegeben wurde, darf die Zwischenablage geschlossen werden. Danach kann wieder eine andere Applikation die Zwischenablage benutzen.

Ausgabe Bitmap

Um das Bitmap z.B. mit der Funktion BitBlt ausgeben zu können, muß es in einen Memory Device Context gebracht werden. Dieser Memory DC wird mit der Funktion CreateCompatibleDC erstellt. In diesen DC wird das aus der Zwischenablage geholte Bitmap-Handle mit SelectObject geschrieben. Für die korrekte Ausgabe des Bitmaps müssen noch seine Dimensionen mit der Funktion GetObject berechnet werden. Diese Funktion füllt eine Variable der Struktur BITMAP mit Daten. Die Breite und Höhe des Bitmaps wird dann an die Bitmap-Ausgabefunktion BitBlt übergeben. Dabei ist der Quellen-DC der Memory DC, der Ziel-DC ist der Display Context. Nach der Ausgabe wird das alte Bitmap in den Memory DC gebracht, und beide DC's werden wieder freigegeben.

Im nachfolgenden Beispiel kann sowohl ein Bitmap, als auch Text mit anderen Windows-Programmen ausgetauscht werden.

10.1.3 Beispiel zu Bitmap und Text mit Zwischenablage

Die Beispiele werden wieder in C++, TurboPascal, QuickC und VisualBasic realisiert. Da die C++, TurboPascal und QuickC Versionen mit Windows API-Funktionen programmiert werden, sind diese mit Ausnahme des Programmrahmens sehr ähnlich. Davon hebt sich nur die VisualBasic Lösung ab, da das Konzept von VisualBasic starke Unterschiede aufweist. Aus diesem Grund wird VisualBasic als letztes behandelt werden, auch wenn diese Sprache die am einfachsten zu realisierende Version bietet.

C++, QuickC, TurboPascal

Dieses Beispiel besitzt ein Menü mit den Punkten: *Ausschneiden*, *Kopieren* und *Einfügen*. Wird einer der ersten beiden Menüpunkte angewählt, so wird das Bitmap oder der Text, der zur Zeit im Arbeitsbereich des Fensters steht, in die Zwischenablage übertragen. Die Entscheidung, mit welchem Format gearbeitet wird, erfolgt über die Menüpunkte *Bitmap Format* und *Text Format*. Mit Hilfe des Menüpunktes *Einfügen* wird der umgekehrte Weg beschritten: Falls ein Bitmap oder ein Text in der Zwischenablage steht, wird das Bitmap oder der Text im Arbeitsbereich dargestellt. Damit die Client Area bereits Anfangswerte besitzt, wird sie zu Programmbeginn mit einem Bitmap und einem Text beschrieben.

Datenaustausch innerhalb von Windows 713

Abb. 276: Beispiel zu Bitmap und Text mit Zwischenablage

Neue Funktionen	Kurzbeschreibung
OpenClipboard	Öffnen der Zwischenablage
CloseClipboard	Schließen der Zwischenablage
EmptyClipboard	Inhalt der Zwischenablage löschen
GetClipboardData	Daten aus dem Clipboard holen
SetClipboardData	Daten an die Zwischenablage übergeben
IsClipboardFormatAvailable	Ermittelt Datenformat der Zwischenablage
GlobalAlloc	Belegt globalen Speicherbereich
GlobalFree	Gibt globalen Speicherbereich frei
GlobalLock	Liefert Adresse des globalen Speicherbereiches
GlobalReAlloc	Belegt neue Größe für den globalen Speicherblock
GlobalSize	Berechnet Größe des globalen Speicherbereichs
GlobalUnlock	Belegt globalen Speicher nicht mehr exklusiv belegen
lstrcopy	Zeichenkette in eine andere kopieren

/**************** QCClBit.C ****************/

```
1   /* QuickCase:W */
2   #include "QCClBit.h"
3
4   int PASCAL WinMain(HANDLE hInstance, HANDLE
5   hPrevInstance, LPSTR lpszCmdLine, int nCmdShow)
6   {
7   /****************************************************/
8   /* hInstance;          Handle dieser Instanz       */
9   /* hPrevInstance;Handle der vorhergehenden Instanz */
10  /* lpszCmdLine; Zeiger auf die Kommandozeile       */
11  /* nCmdShow;    Code zur Anzeige des Hauptfensters */
12  /****************************************************/
13
14  MSG  msg;   /* MSG-Struktur für die Meldungen      */
15  int  nRc;   /* Rückgabewert der Klassen-           */

16          /* Registrierung(en)                       */
17
18  strcpy(szAppName, "QCClBit");
19  hInst = hInstance;
20  if(!hPrevInstance)
21    {
22  /* Registrieren der Fensterklasse(n) bei der       */
23  /* 1.Instanz                                       */
24    if ((nRc = nCwRegisterClasses()) == -1)
25      {
26  /* Registrierung schlug fehl                       */
27      LoadString(hInst, IDS_ERR_REGISTER_CLASS,
28              szString, sizeof(szString));
29      MessageBox(NULL, szString, NULL,
30              MB_ICONEXCLAMATION);
```

```
 31            return nRc;
 32        }
 33    }
 34
 35    /* Hauptfenster erzeugen                           */
 36    hWndMain = CreateWindow(
 37        szAppName,         /* Klassennamen            */
 38        "Bitmap und Text in Zwischenablage",
 39                           /* Text in der Titelzeile  */
 40        WS_CAPTION       | /* Titel zufügen           */
 41        WS_SYSMENU       | /* Systemmenübox zufügen   */
 42        WS_MINIMIZEBOX   | /* Minimize Box zufügen    */
 43        WS_MAXIMIZEBOX   | /* Maximize Box zufügen    */
 44        WS_THICKFRAME    | /* in der Größe veränderbar */
 45        WS_CLIPCHILDREN  |
 46                           /* kein Zeichnen in den Kindfenstern */
 47        WS_OVERLAPPED,
 48        CW_USEDEFAULT, 0, /* Defaultwerte für X, Y   */
 49        CW_USEDEFAULT, 0,
 50                           /* Defaultwerte für Breite und Höhe */
 51        NULL,              /* Handle des Elternfensters */
 52        NULL,              /* Handle des Menüs        */
 53        hInst,             /* Handle der Instanz      */
 54        NULL);             /* Struktur für WM_CREATE  */
 55
 56    if(hWndMain == NULL)
 57    {
 58        LoadString(hInst, IDS_ERR_CREATE_WINDOW,
 59            szString, sizeof(szString));
 60        MessageBox(NULL, szString, NULL,
 61            MB_ICONEXCLAMATION);
 62        return IDS_ERR_CREATE_WINDOW;
 63    }
 64    ShowWindow(hWndMain, nCmdShow);
 65    /* Anzeigen des Hauptfensters */
 66
 67    while(GetMessage(&msg, NULL, 0, 0))
 68    /* bis WM_QUIT eintritt */
 69    {
 70        TranslateMessage(&msg);
 71        DispatchMessage(&msg);
 72    }
 73
 74    /* Aufräumarbeiten, bevor die Applikation beendet */
 75    /* wird                                           */
 76    CWinRegisterClasses();
 77    return msg.wParam;
 78 } /* Ende der WinMain                                 */
 79
 80 /***************************************************/
 81 /*                                                 */
 82 /* Fensterroutine des Hauptfensters:               */
 83 /*                                                 */
 84 /* Diese Prozedur stellt Service-Routinen für die  */
 85 /* Windows Ereignisse (Meldungen) bereit, die      */
 86 /* Windows oder der Benutzer an das Fenster sendet.*/
 87 /* Sie initialisiert Ereignisse (Meldungen), die   */
 88 /* entstehen, wenn der Anwender z.B. einen Menü-   */
 89 /* punkt oder ein Tastenkürzel anwählt.            */
 90 /*                                                 */
 91 /***************************************************/
 92
 93 LONG FAR PASCAL WndProc(HWND hWnd, WORD Message,
 94     WORD wParam, LONG lParam)
 95 {
 96     static HMENU    hMenu=0;    /* Menühandle       */
 97     static HBITMAP  hBitmap=0;  // Handle für Bitmaps
 98     static HBITMAP  hMyBit=0;   // Handle für Bitmaps
 99     static HBITMAP  hClipBit=0; // Handle für Bitmaps
100     static HBITMAP  hBitOld=0;  // Handle für Bitmaps
101     static HBITMAP  hBit2Old=0; // Handle für Bitmaps
102
103     HDC    hDC, hMemDC, hMem2DC; /* Handle für den
104                                   Display Context    */
105     PAINTSTRUCT ps; /* enthält Zeichen-Informationen */
106     int    nRc=0; /* Rückgabewert                    */
107
108     static HANDLE hClipDaten;
109     static HANDLE hMyDaten;
110     char chText[] = "Let's go to Australia";
111     LPSTR lpszMyDaten, lpszClipDaten;
112     LPSTR lpszMyBit, lpszClipBit;
113     static BOOL bMyDaten, bMyBitmap;
114     static BOOL bText = TRUE;
115     RECT   rect;
116     BITMAP bm;
117
118     switch (Message)
119     {
120     case WM_COMMAND:
121     /* Die Windows Meldungen für die Menüpunkte werden*/
122     /* hier verarbeitet.                              */
123         switch (wParam)
124         {
125         case IDM_U_COPY:
126         case IDM_U_CUT:
127     /* reagieren auf Menüpunkt "&Kopieren" und      */
128     /* "&Ausschneiden".                              */
129             if (bText) /* Für Text */
130             {
131                 if (!(hClipDaten = GlobalAlloc(
132                     GMEM_MOVEABLE | GMEM_NODISCARD,
133                     GlobalSize(hMyDaten))))
134                 {
135                     WarningBox();
136                     return (FALSE);
137                 }
138                 lpszClipDaten = GlobalLock(hClipDaten);
139                 lpszMyDaten = GlobalLock(hMyDaten);
140
141                 lstrcpy(lpszClipDaten, lpszMyDaten);
142                 GlobalUnlock(hClipDaten);
143                 GlobalUnlock(hMyDaten);
144
145                 if (OpenClipboard(hWnd))
146                 {
147                     EmptyClipboard();
148                     SetClipboardData(CF_TEXT, hClipDaten);
149                     CloseClipboard();
150                 }
151             }
152             if (wParam == IDM_U_CUT)
153             {
154                 bMyDaten = FALSE;
155                 EnableMenuItem(hMenu, IDM_U_CUT,
156                     MF_GRAYED);
157                 EnableMenuItem(hMenu, IDM_U_COPY,
158                     MF_GRAYED);
159             }
160         }
161         else /* Für Bitmap */
162         {
163             hDC = GetDC(hWnd);
164             hMemDC = CreateCompatibleDC( hDC );
165             hBitOld = SelectObject(hMemDC, hMyBit);
166             GetObject(hMyBit, sizeof(BITMAP),
167                       (LPSTR)&bm);
168             hMem2DC = CreateCompatibleDC( hDC );
169             hClipBit = CreateCompatibleBitmap( hDC,
170                        bm.bmWidth, bm.bmHeight);
171             hBit2Old = SelectObject(
172                        hMem2DC, hClipBit);
173
174             BitBlt(hMem2DC,0,0,bm.bmWidth,bm.bmHeight,
175                    hMemDC,0,0,SRCCOPY);
176             SelectObject(hMemDC, hBitOld);
177             SelectObject(hMem2DC, hBit2Old);
178
179             DeleteDC(hMemDC);
180             DeleteDC(hMem2DC);
181             ReleaseDC(hWnd, hDC);
182
183             if (OpenClipboard(hWnd))
184             {
185                 EmptyClipboard();
186                 SetClipboardData(CF_BITMAP, hClipBit);
187                 CloseClipboard();
188             }
189             if (wParam == IDM_U_CUT)
190             {
191                 bMyBitmap = FALSE;
192                 if ( hMyBit !=0 )
193                 {
194                     DeleteObject( hMyBit);
195                     hMyBit = 0;
196                 }
197                 EnableMenuItem(hMenu, IDM_U_CUT,
198                     MF_GRAYED);
199                 EnableMenuItem(hMenu, IDM_U_COPY,
200                     MF_GRAYED);
201             }
202         }
203
204         InvalidateRect(hWnd, NULL, TRUE);
205         break;
206
207     case IDM_U_PASTE:
208     /* reagieren auf Menüpunkt "&Einfügen" */
209         if (bText) /* Für Text */
210         {
211             if (OpenClipboard(hWnd))
212             {
213                 if (!(hClipDaten =
214                     GetClipboardData(CF_TEXT)))
215                 {
216                     CloseClipboard();
217                     return (FALSE);
218                 }
219                 if (!(hMyDaten = GlobalReAlloc(
220                     hMyDaten,GlobalSize(hClipDaten),
221                     GMEM_MOVEABLE)))
222                 {
223                     if (!(hMyDaten = GlobalAlloc(
224                         GMEM_MOVEABLE | GMEM_NODISCARD,
225                         GlobalSize(hClipDaten))))
226                     {
227                         WarningBox();
228                         CloseClipboard();
229                         return (FALSE);
230                     }
231                 }
232
233                 lpszMyDaten = GlobalLock(hMyDaten);
234                 lpszClipDaten = GlobalLock(hClipDaten);
235                 lstrcpy(lpszMyDaten, lpszClipDaten);
236                 GlobalUnlock(hMyDaten);
237                 GlobalUnlock(hClipDaten);
238                 CloseClipboard();
239                 EnableMenuItem(hMenu, IDM_U_CUT,
240                     MF_ENABLED);
241                 EnableMenuItem(hMenu, IDM_U_COPY,
242                     MF_ENABLED);
243                 bMyDaten = TRUE;
244
245                 InvalidateRect(hWnd, NULL, TRUE);
246             }
```

```c
        }
        else /* Für Bitmap */
        {
            if (OpenClipboard(hWnd))
            {
                if (!(hClipBit =
                     GetClipboardData(CF_BITMAP)))
                {
                    CloseClipboard();
                    return (FALSE);
                }
                if ( hMyBit !=0 )
                {
                    DeleteObject( hMyBit);
                    hMyBit = 0;
                }
                hDC = GetDC(hWnd);
                hMemDC = CreateCompatibleDC( hDC );
                hBitOld = SelectObject(hMemDC,hClipBit);
                GetObject(hClipBit, sizeof(BITMAP),
                         (LPSTR)&bm);

                hMem2DC = CreateCompatibleDC( hDC );
                hMyBit = CreateCompatibleBitmap( hDC,
                         bm.bmWidth,bm.bmHeight);
                hBit2Old = SelectObject(hMem2DC,hMyBit);

                BitBlt(hMem2,0,0,bm.bmWidth,
                       bm.bmHeight,hMemDC,0,0,SRCCOPY);
                SelectObject(hMemDC,hBitOld);
                SelectObject(hMem2DC,hBit2Old);

                DeleteDC(hMemDC);
                DeleteDC(hMem2DC);
                ReleaseDC(hWnd, hDC);

                CloseClipboard();
                EnableMenuItem(hMenu, IDM_U_CUT,
                               MF_ENABLED);
                EnableMenuItem(hMenu, IDM_U_COPY,
                               MF_ENABLED);
            }
            bMyBitmap = TRUE;
            InvalidateRect(hWnd, NULL, TRUE);
        }
        break;
    case IDM_U_TEXT:
/* reagieren auf Menüpunkt "&Text Format" */
        bText = TRUE;
        CheckMenuItem(hMenu, IDM_U_TEXT,
                      MF_CHECKED);
        CheckMenuItem(hMenu, IDM_U_BITMAP,
                      MF_UNCHECKED);
        break;
    case IDM_U_BITMAP:
/* reagieren auf Menüpunkt "&Bitmap Format" */
        bText = FALSE;
        CheckMenuItem(hMenu, IDM_U_TEXT,
                      MF_UNCHECKED);
        CheckMenuItem(hMenu, IDM_U_BITMAP,
                      MF_CHECKED);
        break;

    default:
        return DefWindowProc(hWnd, Message,
                             wParam, lParam);
    }
    break;          /* Ende von WM_COMMAND        */

case WM_CREATE:
    hMenu = GetMenu(hWnd);
    /* zu Beginn wird Format Text eingestellt */
    bText = TRUE;
    CheckMenuItem(hMenu, IDM_U_TEXT, MF_CHECKED);
    CheckMenuItem(hMenu, IDM_U_BITMAP,
                  MF_UNCHECKED);
    if (!(hMyDaten = GlobalAlloc( GMEM_MOVEABLE
        |GMEM_NODISCARD,(DWORD)sizeof(chText))))
    {
        WarningBox();
        SendMessage(hWnd, WM_CLOSE, 0, 0L);
        return (FALSE);
    }
    lpszMyDaten = GlobalLock(hMyDaten);
    lstrcpy(lpszMyDaten, chText);
    GlobalUnlock(hMyDaten);

    hBitmap = LoadBitmap(hInst, "CLBILD");

    hDC = GetDC(hWnd);
    hMemDC = CreateCompatibleDC( hDC );
    hBitOld = SelectObject(hMemDC,hBitmap);

    hMem2DC = CreateCompatibleDC( hDC );
    hMyBit = CreateCompatibleBitmap(hDC, 350, 280);
    hBit2Old = SelectObject(hMem2DC,hMyBit);

    BitBlt(hMem2DC,0,0,350,280,hMemDC,0,0,SRCCOPY);
    SelectObject(hMemDC,hBitOld);
    SelectObject(hMem2DC,hBit2Old);

    DeleteDC(hMemDC);
    DeleteDC(hMem2DC);
    ReleaseDC(hWnd, hDC);

    bMyDaten = TRUE;
    bMyBitmap = TRUE;
    break;          /* Ende von WM_CREATE         */
case WM_INITMENU:
    if (bText)    /* Text */
    {
        if (IsClipboardFormatAvailable(CF_TEXT))
            EnableMenuItem(wParam, IDM_U_PASTE,
                           MF_ENABLED);
        else
            EnableMenuItem(wParam, IDM_U_PASTE,
                           MF_GRAYED);
    }
    else /* Bitmap */
    {
        if (IsClipboardFormatAvailable(CF_BITMAP))
            EnableMenuItem(wParam, IDM_U_PASTE,
                           MF_ENABLED);
        else
            EnableMenuItem(wParam, IDM_U_PASTE,
                           MF_GRAYED);
    }
    break;
case WM_MOVE:     /* Bewegen des Fensters       */
    break;
case WM_SIZE:
/*  Größenänderung der Client Area              */
    break;      /* Ende von WM_SIZE             */

case WM_PAINT:  /* Neuzeichnen der Client Area  */
/* bekommt ein Handle auf den Device Context    */
/* BeginPaint wird evtl. WM_ERASEBKGND senden   */
    memset(&ps, 0x00, sizeof(PAINTSTRUCT));
    hDC = BeginPaint(hWnd, &ps);
/* falls der Hintergrund keine reine Farbe besitzt*/
    SetBkMode(hDC, TRANSPARENT);

    if (bMyDaten)
    {
        lpszMyDaten = GlobalLock (hMyDaten);
        GetClientRect (hWnd, &rect);
        DrawText (hDC, lpszMyDaten, -1, &rect,
                  DT_CENTER | DT_WORDBREAK);
        GlobalUnlock (hMyDaten);
    }

    if (bMyBitmap)
    {
        hMemDC = CreateCompatibleDC( hDC );
        hBitOld = SelectObject(hMemDC,hMyBit);
        GetObject(hMyBit, sizeof(BITMAP), (LPSTR)&bm);
        BitBlt(hDC,20,20,bm.bmWidth,
               bm.bmHeight,hMemDC,0,0,SRCCOPY);
        SelectObject(hMemDC,hBitOld);
        DeleteDC(hMemDC);
    }

/* Das Neuzeichnen ist abgeschlossen.           */
    EndPaint(hWnd, &ps);
    break;       /* Ende von WM_PAINT           */
case WM_CLOSE:   /* Schließen des Fensters      */
    if (hMyDaten != 0)
        GlobalFree(hMyDaten);
    if (hClipDaten != 0)
        GlobalFree(hClipDaten);
    if ( hBitmap !=0 )
        DeleteObject( hBitmap);
    if ( hMyBit !=0 )
        DeleteObject( hMyBit);
/* Zerstören der Kindfenster, modeless Dialogboxen*/
/* Zerstören dieses Fensters                    */
    DestroyWindow(hWnd);
    if (hWnd == hWndMain)
        PostQuitMessage(0);
/* Beenden der Applikation                      */
    break;

default:
/* Alle Meldungen, für die keine eigene Service- */
/* Routine zur Verfügung gestellt wird, sollten an*/
/* Windows gereicht werden, damit eine Default-  */
/* Verarbeitung stattfinden kann.                */
    return DefWindowProc(hWnd, Message, wParam,
                         lParam);
}
return 0L;
}               /* Ende von WndProc            */


/***************************************************/
/*                                                 */
/* nCwRegisterClasses Funktion:                    */
/*                                                 */
/* Die folgende Funktion registriert alle Klassen  */
/* von allen Fenstern, die mit dieser Applikation  */
/* verbunden sind. Die Funktion liefert einen      */
/* Fehlercode zurück, falls sie nicht erfolgreich  */
/* war, ansonsten wird 0 zurückgegeben.            */
/*                                                 */
/***************************************************/

int nCwRegisterClasses(void)
```

```c
463  {
464      WNDCLASS   wndclass;
465  /* Struktur, um eine Klasse zu definieren       */
466      memset(&wndclass, 0x00, sizeof(WNDCLASS));
467  /* Füllen von WNDCLASS mit Fenster-Eigenschaften */
468      wndclass.style = CS_HREDRAW | CS_VREDRAW |
469                                    CS_BYTEALIGNWINDOW;
470      wndclass.lpfnWndProc = WndProc;
471  /* zusätzlicher Speicher für Klassen- und        */
472  /* Fensterobjekte                                */
473      wndclass.cbClsExtra = 0;
474      wndclass.cbWndExtra = 0;
475      wndclass.hInstance = hInst;
476      wndclass.hIcon = LoadIcon(NULL, IDI_APPLICATION);
477      wndclass.hCursor = LoadCursor(NULL, IDC_ARROW);
478  /* Erzeugen eines Pinsels, um den Hintergrund    */
479  /* zu löschen                                    */
480      wndclass.hbrBackground = (HBRUSH)(COLOR_WINDOW+1);
481      wndclass.lpszMenuName = szAppName;
482  /* Klassenname = Menüname */
483      wndclass.lpszClassName = szAppName;
484  /* Klassenname = App.-Name */
485      if(!RegisterClass(&wndclass))
486          return -1;
487
488      return(0);
489  } /* Ende von nCwRegisterClasses */
490
491  /***************************************************/
492  /* CwUnRegisterClasses Function:                    */
493  /*                                                  */
494  /* löscht jeden Bezug zu den Fenster-Resourcen,    */
495  /* die für diese Applikation erzeugt wurden, gibt  */
496  /* Speicher frei, löscht die Instanz, die Handles  */
497  /* und tätigt andere Aufräumarbeiten.              */
498  /*                                                  */
499  /***************************************************/
500
501  void CwUnRegisterClasses(void)
502  {
503      WNDCLASS   wndclass;
504  /* Struktur, um eine Klasse zu definieren       */
505      memset(&wndclass, 0x00, sizeof(WNDCLASS));
506
507      UnregisterClass(szAppName, hInst);
508  } /* Ende von CwUnRegisterClasses */
509
510  void WarningBox(void);
511  {
512      MessageBox( GetFocus(),
513          "zu wenig Speicher", "Achtung !",
514          MB_ICONHAND | MB_SYSTEMMODAL | MB_OK);

515      return;
516  }
517
518  /*   QCCLBIT.H    */
519  /*   QuickCase:W  */
520  #include <windows.h>
521  #include <string.h>
522
523  #define IDM_BEARBEITEN    1000
524  #define IDM_U_CUT         1001
525  #define IDM_U_COPY        1003
526  #define IDM_U_PASTE       1004
527  #define IDM_U_TEXT        1005
528  #define IDM_U_BITMAP      1006
529
530  #define IDS_ERR_REGISTER_CLASS  1
531  #define IDS_ERR_CREATE_WINDOW   2
532
533  char szString[128];
534  /* Variable zum Laden der Resource-Texte */
535  char szAppName[20];
536  /* Klassenname des Fensters              */
537
538  HWND hInst;
539  HWND hWndMain;
540
541  LONG FAR PASCAL WndProc(HWND, WORD, WORD, LONG);
542  int nCwRegisterClasses(void);
543  void CwUnRegisterClasses(void);
544  void WarningBox(void);
545
546  /*   QCCLBIT.RC   */
547  #include "QCClBit.h"
548
549  CLBILD BITMAP CLBILD.BMP
550  QCCLBIT MENU
551  BEGIN
552      POPUP "&Bearbeiten"
553      BEGIN
554          MENUITEM "&Ausschneiden", IDM_U_CUT
555          MENUITEM "&Kopieren",     IDM_U_COPY
556          MENUITEM "&Einfügen",     IDM_U_PASTE
557          MENUITEM "&Text Format",  IDM_U_TEXT
558          MENUITEM "&Bitmap Format",IDM_U_BITMAP
559      END
560  END
561
562  STRINGTABLE
563  BEGIN
564      IDS_ERR_CREATE_WINDOW,   "Window creation failed!"
565      IDS_ERR_REGISTER_CLASS,  "Error registering window class"
566  END
```

Turbo Pascal

Das TurboPascal Programm zeigt recht gut, wo die Grenzen der Programmierung mit ObjectWindows liegen. Da es sich bei der Behandlung von Bitmaps im Zusammenhang mit der Zwischenablage nicht mehr um ein allgemeines Problem handelt, ist hierfür auch keine eigene Klasse in ObjectWindows vorgesehen. Diese Fälle sind zwar etwas schwieriger zu beherrschen, aber die Verwendung von Windows API-Funktionen in TurboPascal erweitert die Fähigkeiten dieser Sprache noch erheblich.

Beispiel

{*************** TPClBit.PAS ****************}

```pascal
 1  program TPClBit;
 2  {$R TPCLBIT.RES}
 3  uses WObjects, WinTypes, WinProcs,
 4      Strings;
 5
 6  const
 7      IDM_BEARBEITEN  = 1000;
 8      IDM_U_CUT       = 1001;
 9      IDM_U_COPY      = 1003;
10      IDM_U_PASTE     = 1004;
11      IDM_U_TEXT      = 1005;
12      IDM_U_BITMAP    = 1006;
13
14  type
15      TRahmen = object(TApplication)
16          procedure InitMainWindow; virtual;
17      end;
18
19  type
20      PClipBit = ^TClipBit;
21      TClipBit =Object( TWindow )
22          hMenu: HMENU;    { Handle des Menüs      }
23          hBitmap: HBITMAP; { Handle für Bitmaps   }
24          hMyBit: HBITMAP;  { Handle für Bitmaps   }
25          hClipBit: HBITMAP; { Handle für Bitmaps  }
26          hBitOld: HBITMAP;  { Handle für Bitmaps  }
27          hBit2Old: HBITMAP; { Handle für Bitmaps  }
28          hClipDaten: THANDLE;
29          hMyDaten: THANDLE;
30          bText: Boolean;
31          bMyDaten, bMyBitmap: Boolean;
32
33          constructor Init( AParent: PWindowsObject;
34                            ATitle: PChar);
35          procedure SetupWindow; virtual;
36          procedure WMInitMenu( var Msg: Tmessage);
37              virtual WM_FIRST + WM_INITMENU;
38          procedure WM_U_COPY( var Msg: Tmessage);
39              virtual CM_FIRST + IDM_U_COPY;
40          procedure WM_U_CUT( var Msg: Tmessage);
41              virtual CM_FIRST + IDM_U_CUT;
42          function WM_U_COPY_CUT( var Msg: Tmessage):
43              Boolean; virtual;
44          function WM_U_PASTE( var Msg: Tmessage): Boolean;
45              virtual CM_FIRST + IDM_U_PASTE;
46          procedure WM_U_TEXT( var Msg: Tmessage);
47              virtual CM_FIRST + IDM_U_TEXT;
48          procedure WM_U_BITMAP( var Msg: Tmessage);
49              virtual CM_FIRST + IDM_U_BITMAP;
50          procedure WarningBox; virtual;
51          procedure Paint(PaintDC: HDC; var PaintInfo:
52              TPaintStruct); virtual;
```

Datenaustausch innerhalb von Windows

```pascal
    function CanClose: Boolean; virtual;

end;

constructor TClipBit.Init( AParent: PWindowsObject; ATitle: PChar);
const chText: PChar = 'Let's go to Australia';
var
   lpszMyDaten, lpszClipDaten: PChar;
   hDCBild, hMemDC, hMem2DC: HDC; { Handle für den
                                    Display Context }
begin
   TWindow.Init( AParent, ATitle);
   Attr.Menu := LoadMenu( HInstance, 'TPCLBIT');

   hMyDaten := GlobalAlloc( GMEM_MOVEABLE or
               GMEM_NODISCARD,sizeof(chText));
   if (hMyDaten = 0) then
   begin
      WarningBox;
      SendMessage(HWindow, WM_CLOSE, 0, 0);
      exit;
   end;
   lpszMyDaten := GlobalLock(hMyDaten);
   lstrcpy(lpszMyDaten, chText);
   GlobalUnlock(hMyDaten);

   hBitmap := LoadBitmap(hInstance, 'CLBILD');

   hDCBild := GetDC(HWindow);
   hMemDC  := CreateCompatibleDC( hDCBild );
   hBitOld := SelectObject(hMemDC,hBitmap);

   hMem2DC := CreateCompatibleDC( hDCBild );
   hMyBit  := CreateCompatibleBitmap(hDCBild, 350,
                   280);
   hBit2Old := SelectObject(hMem2DC,hMyBit);

   BitBlt(hMem2DC,0,0,350,280,hMemDC,0,0,SRCCOPY);
   SelectObject(hMemDC,hBitOld);
   SelectObject(hMem2DC,hBit2Old);

   DeleteDC(hMemDC);
   DeleteDC(hMem2DC);
   ReleaseDC(HWindow, hDCBild);

   bMyDaten  := TRUE;
   bMyBitmap := TRUE;
end;

procedure TClipBit.WMInitMenu( var Msg: Tmessage);
begin
   if (bText) then
   begin
      if (IsClipboardFormatAvailable(CF_TEXT)) then
         EnableMenuItem(Msg.WParam, IDM_U_PASTE,
                        MF_ENABLED)
      else
         EnableMenuItem(Msg.WParam, IDM_U_PASTE,
                        MF_GRAYED);
   end
   else
   begin
      if (IsClipboardFormatAvailable(CF_BITMAP)) then
         EnableMenuItem(Msg.WParam, IDM_U_PASTE,
                        MF_ENABLED)
      else
         EnableMenuItem(Msg.WParam, IDM_U_PASTE,
                        MF_GRAYED);
   end;
end;

procedure TClipBit.WM_U_COPY( var Msg: Tmessage);
begin
   WM_U_COPY_CUT( Msg);
end;

procedure TClipBit.WM_U_CUT( var Msg: Tmessage);
begin
   WM_U_COPY_CUT( Msg);
end;

function TClipBit.WM_U_COPY_CUT( var Msg: Tmessage):
                 Boolean;
{ reagieren auf Menüpunkt "&Kopieren" und
  "&Ausschneiden" }
var
   lpszMyDaten, lpszClipDaten: PChar;
   lpszMyBit, lpszClipBit: PChar;
   hDCBild, hMemDC, hMem2DC: HDC;{ Handle für den
                                   Display Context }
   bm: TBITMAP;
begin
   if (bText) then { Für Text }
   begin
      hClipDaten := GlobalAlloc( GMEM_MOVEABLE
                    Or GMEM_NODISCARD,GlobalSize(hMyDaten));
      if (hClipDaten = 0) then
      begin
         WarningBox;
         WM_U_COPY_CUT := FALSE;
      end;
      lpszClipDaten := GlobalLock(hClipDaten);
      lpszMyDaten   := GlobalLock(hMyDaten);

      StrCopy(lpszClipDaten, lpszMyDaten);
      GlobalUnlock(hClipDaten);
      GlobalUnlock(hMyDaten);
      if (OpenClipboard(HWindow)) then
      begin
         EmptyClipboard;
         SetClipboardData(CF_TEXT, hClipDaten);
         CloseClipboard;
      end;

      if (Msg.WParam = IDM_U_CUT) then
      begin
         bMyDaten := FALSE;
         EnableMenuItem(hMenu, IDM_U_CUT, MF_GRAYED);
         EnableMenuItem(hMenu, IDM_U_COPY, MF_GRAYED);
         InvalidateRect(HWindow, nil, TRUE);
      end;
   end
   else { Für Bitmap }
   begin
      hDCBild := GetDC(HWindow);
      hMemDC  := CreateCompatibleDC( hDCBild );
      hBitOld := SelectObject(hMemDC,hMyBit);
      GetObject(hMyBit, sizeof(TBITMAP), @bm);
      hMem2DC := CreateCompatibleDC( hDCBild );
      hClipBit := CreateCompatibleBitmap( hDCBild,
                      bm.bmWidth,bm.bmHeight);
      hBit2Old := SelectObject( hMem2DC,hClipBit);

      BitBlt(hMem2DC,0,0,bm.bmWidth,bm.bmHeight,
                      hMemDC,0,0,SRCCOPY);
      SelectObject(hMemDC,hBitOld);
      SelectObject(hMem2DC,hBit2Old);

      DeleteDC(hMemDC);
      DeleteDC(hMem2DC);
      ReleaseDC(HWindow, hDCBild);

      if (OpenClipboard(HWindow)) then
      begin
         EmptyClipboard;
         SetClipboardData(CF_BITMAP, hClipBit);
         CloseClipboard;
      end;
      if (Msg.WParam = IDM_U_CUT) then
      begin
         bMyBitmap := FALSE;
         if ( hMyBit <> 0 ) then
         begin
            DeleteObject( hMyBit);
            hMyBit := 0;
         end;
         EnableMenuItem(hMenu, IDM_U_CUT, MF_GRAYED);
         EnableMenuItem(hMenu, IDM_U_COPY, MF_GRAYED);
         InvalidateRect(HWindow, nil, TRUE);
      end;
      WM_U_COPY_CUT := TRUE;
   end;
end;

function TClipBit.WM_U_PASTE( var Msg: Tmessage): Boolean;
{ reagieren auf Menüpunkt "&Einfügen" }
var
   lpszMyDaten, lpszClipDaten: PChar;
   hDCBild, hMemDC, hMem2DC: HDC ;{ Handle für den
                                    Display Context }
   bm: TBITMAP;
begin
   if (bText) then { Für Text }
   begin
      if (OpenClipboard(HWindow)) then
      begin
         hClipDaten := GetClipboardData(CF_TEXT);
         if (hClipDaten = 0) then
         begin
            CloseClipboard;
            WM_U_PASTE := FALSE;
         end;
         hMyDaten := GlobalReAlloc( hMyDaten,
                     GlobalSize(hClipDaten), GMEM_MOVEABLE);
         if (hMyDaten = 0) then
         begin
            hMyDaten := GlobalAlloc(GMEM_MOVEABLE
                     Or GMEM_NODISCARD,GlobalSize(hClipDaten));
            if (hMyDaten = 0) then
            begin
               WarningBox;
               CloseClipboard;
               WM_U_PASTE := FALSE;
            end;
         end;
         lpszMyDaten   := GlobalLock(hMyDaten);
         lpszClipDaten := GlobalLock(hClipDaten);
         lstrcpy(lpszMyDaten, lpszClipDaten);
         GlobalUnlock(hMyDaten);
         GlobalUnlock(hClipDaten);
         CloseClipboard;
         EnableMenuItem(hMenu, IDM_U_CUT, MF_ENABLED);
         EnableMenuItem(hMenu, IDM_U_COPY, MF_ENABLED);
         bMyDaten := TRUE;

         InvalidateRect(HWindow, nil, TRUE);
      end;
   end
   else { Für Bitmap }
   begin
      if (OpenClipboard(HWindow)) then
```

Datenaustausch innerhalb von Windows

```
269       begin
270         hClipBit := GetClipboardData(CF_BITMAP);
271         if (hClipBit = 0) then
272         begin
273           CloseClipboard;
274           WM_U_PASTE := FALSE;
275         end;
276
277         if ( hMyBit <> 0 ) then
278         begin
279           DeleteObject( hMyBit);
280           hMyBit := 0;
281         end;
282         hDCBild := GetDC(HWindow);
283         hMemDC := CreateCompatibleDC( hDCBild );
284         hBitOld := SelectObject(hMemDC,hClipBit);
285         GetObject(hClipBit, sizeof(TBITMAP), @bm);
286
287         hMem2DC := CreateCompatibleDC( hDCBild );
288         hMyBit := CreateCompatibleBitmap( hDCBild,
289                         bm.bmWidth,bm.bmHeight);
290         hBit2Old := SelectObject(hMem2DC,hMyBit);
291
292         BitBlt(hMem2DC,0,0,bm.bmWidth,bm.bmHeight,
293                         hMemDC,0,0,SRCCOPY);
294         SelectObject(hMemDC,hBitOld);
295         SelectObject(hMemDC,hBit2Old);
296
297         DeleteDC(hMemDC);
298         DeleteDC(hMem2DC);
299         ReleaseDC(HWindow, hDCBild);
300
301         CloseClipboard;
302         EnableMenuItem(hMenu, IDM_U_CUT, MF_ENABLED);
303         EnableMenuItem(hMenu, IDM_U_COPY, MF_ENABLED);
304       end;
305       bMyBitmap := TRUE;
306       InvalidateRect(HWindow, nil, TRUE);
307     end;
308     WM_U_PASTE := TRUE;
309 end;
310
311 procedure TClipBit.WM_U_TEXT( var Msg: Tmessage);
312 begin
313 { reagieren auf Menüpunkt "&Text Format" }
314     bText := TRUE;
315     CheckMenuItem(hMenu, IDM_U_TEXT, MF_CHECKED);
316     CheckMenuItem(hMenu, IDM_U_BITMAP, MF_UNCHECKED);
317 end;
318
319 procedure TClipBit.WM_U_BITMAP( var Msg: Tmessage);
320 begin
321 { reagieren auf Menüpunkt "&Bitmap Format" }
322     bText := FALSE;
323     CheckMenuItem(hMenu, IDM_U_TEXT, MF_UNCHECKED);
324     CheckMenuItem(hMenu, IDM_U_BITMAP, MF_CHECKED);
325 end;
326
327 procedure TClipBit.Paint(PaintDC: HDC; var
328                         PaintInfo:TPaintStruct);
329 { Neuzeichnen der Client Area }
330 var
331   hMemDC: HDC;  { Handle für den Memory DC }
332   lpszMyDaten, lpszClipDaten: PChar;
333   rect: TRECT;
334   bm: TBITMAP;
335
336 begin
337     if (bMyDaten) then
338     begin
339       lpszMyDaten := GlobalLock (hMyDaten);
340       GetClientRect (HWindow, rect);
341       DrawText (PaintDC, lpszMyDaten, -1, rect,
342                         DT_CENTER Or DT_WORDBREAK);
343       GlobalUnlock (hMyDaten);
344     end;
345
346     if (bMyBitmap) then
347     begin
348       hMemDC := CreateCompatibleDC( PaintDC );
349       hBitOld := SelectObject(hMemDC,hMyBit);
350       GetObject(hMyBit, sizeof(TBITMAP), @bm);
351       BitBlt(PaintDC,20,20,bm.bmWidth,
352                         bm.bmHeight,hMemDC,0,0,SRCCOPY);
353       SelectObject(hMemDC,hBitOld);
354       DeleteDC(hMemDC);
355     end;
356 { Das Neuzeichnen ist abgeschlossen           }
357 end;
358
359 procedure TClipBit.SetupWindow;
360 begin
361     TWindow.SetupWindow;
362     hMenu := GetMenu( HWindow);
363     { zu Beginn wird Format Text eingestellt }
364     bText := TRUE;
365     CheckMenuItem(hMenu, IDM_U_TEXT, MF_CHECKED);
366     CheckMenuItem(hMenu, IDM_U_BITMAP, MF_UNCHECKED);
367 end;
368
369 function TClipBit.CanClose: Boolean;
370 begin
371 { Freigabe der Speicherblöcke }
372     if (hMyDaten <> 0) then
373       GlobalFree(hMyDaten);
374     if (hClipDaten <> 0) then
375       GlobalFree(hClipDaten);
376     if ( hBitmap <> 0 ) then
377       DeleteObject( hBitmap );
378     if ( hMyBit <> 0 ) then
379       DeleteObject( hMyBit);
380     CanClose := TRUE;
381 end;
382
383 procedure TClipBit.WarningBox;
384 begin
385     MessageBox( GetFocus,
386       'zu wenig Speicher', 'Achtung !',
387       MB_ICONHAND Or MB_SYSTEMMODAL Or MB_OK);
388 end;
389
390 procedure TRahmen.InitMainWindow;
391 begin
392     MainWindow := New( PClipBit, Init(nil,
393             'Bitmap und Text in Zwischenablage'));
394 end;
395
396 { Hauptprogramm }
397 var MeinRahmen : TRahmen;
398
399 begin
400     MeinRahmen.Init('TPClBit');
401     MeinRahmen.Run;
402     MeinRahmen.Done;
403 end.
```

Beispiel

```
/***************** TCClBit.CPP *****************/
 1  #include <owl.h>
 2  #include "TcClBit.h"
 3
 4  class TRahmen :public TApplication
 5  {
 6  public:
 7    TRahmen(LPSTR AName, HANDLE hInstance,
 8       HANDLE hPrevInstance,
 9       LPSTR lpCmdLine, int nCmdShow)
10       : TApplication(AName, hInstance, hPrevInstance,
11           lpCmdLine, nCmdShow) {};
12    virtual void InitMainWindow();
13  };
14
15  class TClipBit : public TWindow
16  {
17  public:
18    HMENU     hMenu;    /* Handle des Menüs */
19    HBITMAP   hBitmap;  /* Handle für Bitmaps */
20    HBITMAP   hMyBit;   /* Handle für Bitmaps   */
21    HBITMAP   hClipBit; /* Handle für Bitmaps */
22    HBITMAP   hBitOld;  /* Handle für Bitmaps */
23    HBITMAP   hBit2Old; /* Handle für Bitmaps */
24    HANDLE    hClipDaten;
25    HANDLE    hMyDaten;
26    BOOL      bText;
27    BOOL      bMyDaten, bMyBitmap;
28
29    TClipBit(PTWindowsObject AParent, LPSTR ATitle);
30    virtual void SetupWindow();
31    virtual void WMInitMenu(RTMessage Msg) =
32       [WM_FIRST + WM_INITMENU];
33    virtual void WM_U_COPY(RTMessage Msg) {
34       [CM_FIRST + IDM_U_COPY] {
35       WM_U_COPY_CUT( Msg); };
36    virtual void WM_U_CUT(RTMessage Msg) =
37       [CM_FIRST + IDM_U_CUT] {
38       WM_U_COPY_CUT( Msg); };
39    virtual int WM_U_COPY_CUT(RTMessage Msg);
40    virtual int WM_U_PASTE(RTMessage Msg) =
41       [CM_FIRST + IDM_U_PASTE];
42    virtual void WM_U_TEXT(RTMessage Msg) =
43       [CM_FIRST + IDM_U_TEXT];
44    virtual void WM_U_BITMAP(RTMessage Msg) =
45       [CM_FIRST + IDM_U_BITMAP];
46    virtual void WarningBox(void);
47    virtual void Paint(HDC PaintDC,
48       PAINTSTRUCT _FAR &PaintInfo);
49    virtual BOOL CanClose();
50
51  };
52
53  TClipBit::TClipBit(PTWindowsObject AParent,
54                         LPSTR ATitle):
```

Datenaustausch innerhalb von Windows

```
 55    TWindow(AParent, ATitle)
 56  {
 57    char chText[] = "Let's go to Australia";
 58    LPSTR lpszMyDaten, lpszClipDaten;
 59    HDC  hDC, hMemDC, hMem2DC;/* Handle für den Display
 60                                               Context */
 61
 62    AssignMenu( "TCCLBIT");
 63
 64    if (!(hMyDaten = GlobalAlloc( GMEM_MOVEABLE
 65          |GMEM_NODISCARD,(DWORD)sizeof(chText))))
 66    {
 67      WarningBox();
 68      SendMessage(HWindow, WM_CLOSE, 0, 0L);
 69      exit (FALSE);
 70    }
 71    lpszMyDaten = GlobalLock(hMyDaten);
 72    lstrcpy(lpszMyDaten, chText);
 73    GlobalUnlock(hMyDaten);
 74
 75    hBitmap = LoadBitmap(GetApplication()->hInstance,
 76                                        "CLBILD");
 77
 78    hDC = GetDC(HWindow);
 79    hMemDC = CreateCompatibleDC( hDC );
 80    hBitOld = SelectObject(hMemDC,hBitmap);
 81
 82    hMem2DC = CreateCompatibleDC( hDC );
 83    hMyBit = CreateCompatibleBitmap(hDC, 350, 280);
 84    hBit2Old = SelectObject(hMem2DC,hMyBit);
 85
 86    BitBlt(hMem2DC,0,0,350,280,hMemDC,0,0,SRCCOPY);
 87    SelectObject(hMemDC,hBitOld);
 88    SelectObject(hMemDC,hBit2Old);
 89
 90    DeleteDC(hMemDC);
 91    DeleteDC(hMem2DC);
 92    ReleaseDC(HWindow, hDC);
 93
 94    bMyDaten = TRUE;
 95    bMyBitmap = TRUE;
 96  }
 97
 98  void TClipBit::WMInitMenu(RTMessage Msg)
 99  {
100    if (bText)  /* Text */
101    {
102      if (IsClipboardFormatAvailable(CF_TEXT))
103        EnableMenuItem(Msg.WParam, IDM_U_PASTE,
104                                    MF_ENABLED);
105      else
106        EnableMenuItem(Msg.WParam, IDM_U_PASTE,
107                                    MF_GRAYED);
108    }
109    else /* Bitmap */
110    {
111      if (IsClipboardFormatAvailable(CF_BITMAP))
112        EnableMenuItem(Msg.WParam, IDM_U_PASTE,
113                                    MF_ENABLED);
114      else
115        EnableMenuItem(Msg.WParam, IDM_U_PASTE,
116                                    MF_GRAYED);
117    }
118  }
119
120  int TClipBit::WM_U_COPY_CUT(RTMessage Msg)
121  {
122  /* reagieren auf Menüpunkt "&Kopieren" und
123     "&Ausschneiden" */
124  {
125    LPSTR lpszMyDaten, lpszClipDaten;
126    LPSTR lpszMyBit, lpszClipBit;
127    HDC   hDC, hMemDC, hMem2DC;/* Handle für den
128                                  Display Context */
129    BITMAP bm;
130
131    if (bText) /* Für Text */
132    {
133      if (!(hClipDaten = GlobalAlloc( GMEM_MOVEABLE
134          |GMEM_NODISCARD,GlobalSize(hMyDaten))))
135      {
136        WarningBox();
137        return (FALSE);
138      }
139      lpszClipDaten = GlobalLock(hClipDaten);
140      lpszMyDaten = GlobalLock(hMyDaten);
141
142      lstrcpy(lpszClipDaten, lpszMyDaten);
143      GlobalUnlock(hClipDaten);
144      GlobalUnlock(hMyDaten);
145
146      if (OpenClipboard(HWindow))
147      {
148        EmptyClipboard();
149        SetClipboardData(CF_TEXT, hClipDaten);
150        CloseClipboard();
151      }
152      if (Msg.WParam == IDM_U_CUT)
153      {
154        bMyDaten = FALSE;
155        EnableMenuItem(hMenu, IDM_U_CUT, MF_GRAYED);
156        EnableMenuItem(hMenu, IDM_U_COPY, MF_GRAYED);
157        InvalidateRect(HWindow, NULL, TRUE);
158      }
159    }
160
161    else /* Für Bitmap */
162    {
163      hDC = GetDC(HWindow);
164      hMemDC = CreateCompatibleDC( hDC );
165      hBitOld = SelectObject(hMemDC,hMyBit);
166      GetObject(hMyBit, sizeof(BITMAP), (LPSTR)&bm);
167      hMem2DC = CreateCompatibleDC( hDC );
168      hClipBit = CreateCompatibleBitmap( hDC,
169                           bm.bmWidth,bm.bmHeight);
170      hBit2Old = SelectObject(hMem2DC,hClipBit);
171
172      BitBlt(hMem2DC,0,0,bm.bmWidth,bm.bmHeight,
173                            hMemDC,0,0,SRCCOPY);
174      SelectObject(hMemDC,hBitOld);
175      SelectObject(hMemDC,hBit2Old);
176
177      DeleteDC(hMemDC);
178      DeleteDC(hMem2DC);
179      ReleaseDC(HWindow, hDC);
180
181      if (OpenClipboard(HWindow))
182      {
183        EmptyClipboard();
184        SetClipboardData(CF_BITMAP, hClipBit);
185        CloseClipboard();
186      }
187      if (Msg.WParam == IDM_U_CUT)
188      {
189        bMyBitmap = FALSE;
190        if ( hMyBit !=0 )
191        {
192          DeleteObject( hMyBit);
193          hMyBit = 0;
194        }
195        EnableMenuItem(hMenu, IDM_U_CUT, MF_GRAYED);
196        EnableMenuItem(hMenu, IDM_U_COPY, MF_GRAYED);
197        InvalidateRect(HWindow, NULL, TRUE);
198      }
199    }
200    return TRUE;
201  }
202
203  int TClipBit::WM_U_PASTE(RTMessage Msg)
204  {
205  /* reagieren auf Menüpunkt "&Einfügen" */
206    LPSTR lpszMyDaten, lpszClipDaten;
207    HDC  hDC, hMemDC, hMem2DC;/* Handle für den
208                                  Display Context */
209    BITMAP bm;
210
211    if (bText)  /* Für Text */
212    {
213      if (OpenClipboard(HWindow))
214      {
215        if (!(hClipDaten = GetClipboardData(CF_TEXT)))
216        {
217          CloseClipboard();
218          return (FALSE);
219        }
220        if (!(hMyDaten = GlobalReAlloc( hMyDaten,
221          GlobalSize(hClipDaten), GMEM_MOVEABLE)))
222        {
223          if (!(hMyDaten = GlobalAlloc(GMEM_MOVEABLE
224             |GMEM_NODISCARD,GlobalSize(hClipDaten))))
225          {
226            WarningBox();
227            CloseClipboard();
228            return (FALSE);
229          }
230        }
231
232        lpszMyDaten = GlobalLock(hMyDaten);
233        lpszClipDaten = GlobalLock(hClipDaten);
234        lstrcpy(lpszMyDaten, lpszClipDaten);
235        GlobalUnlock(hMyDaten);
236        GlobalUnlock(hClipDaten);
237        CloseClipboard();
238        EnableMenuItem(hMenu, IDM_U_CUT, MF_ENABLED);
239        EnableMenuItem(hMenu, IDM_U_COPY, MF_ENABLED);
240        bMyDaten = TRUE;
241      }
242      InvalidateRect(HWindow, NULL, TRUE);
243    }
244
245    else /* Für Bitmap */
246    {
247      if (OpenClipboard(HWindow))
248      {
249        if (!(hClipBit = GetClipboardData(CF_BITMAP)))
250        {
251          CloseClipboard();
252          return (FALSE);
253        }
254
255        if ( hMyBit !=0 )
256        {
257          DeleteObject( hMyBit);
258          hMyBit = 0;
259        }
260        hDC = GetDC(HWindow);
261        hMemDC = CreateCompatibleDC( hDC );
262        hBitOld = SelectObject(hMemDC,hClipBit);
263        GetObject(hClipBit, sizeof(BITMAP),
264                             (LPSTR)&bm);
265
266        hMem2DC = CreateCompatibleDC( hDC );
267        hMyBit = CreateCompatibleBitmap( hDC,
268                           bm.bmWidth,bm.bmHeight);
269        hBit2Old = SelectObject(hMem2DC,hMyBit);
270
```

Datenaustausch innerhalb von Windows

```
271         BitBlt(hMem2DC,0,0,bm.bmWidth,bm.bmHeight,                341     /* zu Beginn wird Format Text eingestellt */
272             hMemDC,0,0,SRCCOPY);                                  342     bText = TRUE;
273         SelectObject(hMemDC,hBitOld);                             343     CheckMenuItem(hMenu, IDM_U_TEXT, MF_CHECKED);
274         SelectObject(hMemDC,hBit2Old);                            344     CheckMenuItem(hMenu, IDM_U_BITMAP, MF_UNCHECKED);
275                                                                   345  }
276         DeleteDC(hMemDC);                                         346
277         DeleteDC(hMem2DC);                                        347  BOOL TClipBit::CanClose()
278         ReleaseDC(HWindow, hDC);                                  348  {
279                                                                   349     /* Freigabe der Speicherblöcke   */
280         CloseClipboard();                                         350     if (hMyDaten != 0)
281         EnableMenuItem(hMenu, IDM_U_CUT, MF_ENABLED);              351         GlobalFree(hMyDaten);
282         EnableMenuItem(hMenu, IDM_U_COPY, MF_ENABLED);             352     if (hClipDaten != 0)
283     }                                                             353         GlobalFree(hClipDaten);
284     bMyBitmap = TRUE;                                             354     if ( hBitmap !=0 )
285     InvalidateRect(HWindow, NULL, TRUE);                          355         DeleteObject( hBitmap);
286  }                                                                356     if ( hMyBit !=0 )
287  return TRUE;                                                     357         DeleteObject( hMyBit);
288  }                                                                358     return TRUE;
289                                                                   359  }
290  void TClipBit::WM_U_TEXT(RTMessage Msg)                          360
291  {                                                                361  void TClipBit::WarningBox(void)
292  /* reagieren auf Menüpunkt "&Text Format" */                     362  {
293     bText = TRUE;                                                 363     MessageBox( GetFocus(),
294     CheckMenuItem(hMenu, IDM_U_TEXT, MF_CHECKED);                  364         "zu wenig Speicher", "Achtung !",
295     CheckMenuItem(hMenu, IDM_U_BITMAP, MF_UNCHECKED);              365         MB_ICONHAND | MB_SYSTEMMODAL | MB_OK);
296  }                                                                366     return;
297                                                                   367  }
298  void TClipBit::WM_U_BITMAP(RTMessage Msg)                        368
299  {                                                                369  void TRahmen::InitMainWindow()
300  /* reagieren auf Menüpunkt "&Bitmap Format" */                   370  {
301     bText = FALSE;                                                371     MainWindow = new TClipBit(NULL,
302     CheckMenuItem(hMenu, IDM_U_TEXT, MF_UNCHECKED);                372         "Bitmap und Text in Zwischenablage");
303     CheckMenuItem(hMenu, IDM_U_BITMAP, MF_CHECKED);                373  }
304  }                                                                374
305                                                                   375  int PASCAL WinMain(HANDLE hInstance,
306  void TClipBit::Paint(HDC PaintDC, PAINTSTRUCT _FAR &              376                      HANDLE hPrevInstance,
307                       PaintInfo)                                   377                      LPSTR lpCmdLine, int nCmdShow)
308  {                                                                378  {
309  /* Neuzeichnen der Client Area */                                379     TRahmen MeinRahmen ("TClBit",
310     HDC   hMemDC;/* Handle für den Memory DC */                   380         hInstance, hPrevInstance,
311     LPSTR lpszMyDaten, lpszClipDaten;                             381         lpCmdLine, nCmdShow);
312     RECT  rect;                                                   382     MeinRahmen.Run();
313     BITMAP bm;                                                    383     return MeinRahmen.Status;
314                                                                   384  }
315     if (bMyDaten)                                                 385  /*       TCCLBIT.H      */
316     {                                                             386  #include <windows.h>
317         lpszMyDaten = GlobalLock (hMyDaten);                      387  #include <string.h>
318         GetClientRect (HWindow, &rect);                           388
319         DrawText (PaintDC, lpszMyDaten, -1, &rect,                389  #define IDM_BEARBEITEN    1000
320             DT_CENTER | DT_WORDBREAK);                            390  #define IDM_U_CUT          1001
321         GlobalUnlock (hMyDaten);                                  391  #define IDM_U_COPY         1003
322     }                                                             392  #define IDM_U_PASTE        1004
323                                                                   393  #define IDM_U_TEXT         1005
324     if (bMyBitmap)                                                394  #define IDM_U_BITMAP       1006
325     {                                                             395  /*       TCCLBIT.RC     */
326         hMemDC = CreateCompatibleDC( PaintDC );                   396  #include "TClBit.h"
327         hBitOld = SelectObject(hMemDC,hMyBit);                    397
328         GetObject(hMyBit, sizeof(BITMAP), (LPSTR)&bm);            398  CLBILD BITMAP CLBILD.BMP
329         BitBlt(PaintDC,20,20,bm.bmWidth,                          399  TCCLBIT MENU
330             bm.bmHeight,hMemDC,0,0,SRCCOPY);                      400  BEGIN
331         SelectObject(hMemDC,hBitOld);                             401     POPUP "&Bearbeiten"
332         DeleteDC(hMemDC);                                         402     BEGIN
333     }                                                             403         MENUITEM "&Ausschneiden", IDM_U_CUT
334  /* Das Neuzeichnen ist abgeschlossen.               */           404         MENUITEM "&Kopieren", IDM_U_COPY
335  }                                                                405         MENUITEM "&Einfügen", IDM_U_PASTE
336                                                                   406         MENUITEM "&Text Format", IDM_U_TEXT
337  void TClipBit::SetupWindow()                                     407         MENUITEM "&Bitmap Format", IDM_U_BITMAP
338  {                                                                408     END
339     TWindow::SetupWindow();                                       409  END
340     hMenu = GetMenu( HWindow);
```

Die 3 Programmversionen können grundsätzlich mit zwei verschiedenen Datenformaten arbeiten, die über die beiden Menüpunkte *Text Format* und *Bitmap Format* eingestellt werden. Über die logische Variable *bText* wird entschieden, ob mit der Zwischenablage im Text- oder im Bitmap-Format gearbeitet werden soll. Nach Programmstart wird festgelegt, daß zu Beginn das Textformat voreingestellt ist. Dazu wird die Variable *bText* mit dem Wert TRUE initialisiert. Wird das Menü *Bitmap Format* gewählt, muß der Wert der Variablen *bText* auf den Wert FALSE eingestellt und das Checkmark auf das Menü *Bitmap Format* umgesetzt werden.

Handle

Neben einem Standardtext gibt es auch ein Initialisierungs-Bitmap, das zu Beginn in dem Arbeitsbereich erscheint. Wie wir bereits kennenlernten, muß an die Zwischenablage immer ein Speicherbereich übergeben werden, daher besitzt die Applikation zwei globale Speicherbereiche: einen für die Textdaten, die an die Zwischenablage gehen oder von ihm kommen, und einen für den Text, der in den Arbeitsbereich geschrieben wird.

Es müssen deswegen zwei globale Bereiche vorhanden sein, da das Handle, das in die Zwischenablage gestellt oder aus ihm geholt wird, nicht der Applikation gehört und möglichst wenig benutzt werden soll. Natürlich besteht für das Bitmap die gleiche Problematik, und daher stehen für das Bitmap auch zwei Handles zur Verfügung.

Besorgen der Handle

Die erforderlichen Speicher-Handles für das Bitmap und den Text müssen natürlich erst besorgt werden. Dazu wird durch die Funktion GlobalAlloc ein globaler Speicherblock für den Text belegt. Wenn kein Speicher mehr frei ist, wird dies dem Anwender durch ein Meldungsfenster mitgeteilt. Zudem wird die gesamte Applikation beendet, indem eine WM_CLOSE Meldung erzeugt wird. Die Handles für das Bitmap enstehen durch die Funktion CreateCompatibleBitmap.

Vorbesetzung

Bereits zu Programmbeginn soll das Programm einen sinnvollen Text und ein Bitmap besitzen. Dazu wird ein Initialisierungstext, der mit der Variablen chText definiert ist, in dem Arbeitsbereich dargestellt. Das Bitmap wird aus den Resourcen geladen, die dazu ein Bitmap enthalten. Das Bitmap soll aber nicht über das Handle ausgegeben werden, das für das Laden des Bitmaps verwendet wurde, sondern mit Hilfe des Handles hMyBit. Deswegen wird unter zur Hilfenahme zweier Memory DC's das Bitmap umkopiert. Im Fall des Textes wird eine Adresse auf den neu entstandene Speicherblock durch die Funktion GlobalLock ermittelt. Mit Hilfe der erhaltenen Adresse kann der Standardtext durch die Funktion lstrcpy umkopiert werden. Die Funktion lstrcopy kann mit gemischten Zeigern arbeiten. Dies ist nötig, da die Adresse auf den vorbesetzten Text chText ein 'short pointer' (16 Bit) und die Adresse auf den globalen Speicherblock lpszMyDaten ein 'long pointer' (32 Bit) ist.

Menü überwachen

Um aufgrund der in der Zwischenablage vorliegenden Daten und Formate das Menü richtig zu setzen, wird die Meldung WM_INITMENU bearbeitet. Sie wird jedes Mal kurz vor dem Aufklappen des Menüs gesendet. Nur wenn Daten im Textformat in der Zwischenablage stehen und der Anwender mit Textformaten arbeiten will, soll der Menüpunkt *Einfügen* aktiviert werden können. Für das Bitmap-Format gilt dies entsprechend. Die Information des aktuellen Formates in der Zwischenablage kann mit der Funktion IsClipboardFormatAvailable ermittelt und daraufhin der Status des Menüpunktes entsprechend gesetzt werden. Zusätzlich ist die Variable bText noch das Kriterium für Text- oder Bitmap-Format. Um den Status einzelner Menüpunkte ändern zu können, wird das Menühandle benötigt, das mit GetMenu ermittelt wird. In QuickC wird hierfür die WM_INITMENU Meldung mit den nachfolgenden Programmzeilen versehen. In C++ und TurboPascal befindet sich dieser Code innerhalb der Methode WmInitMenu.

```
case WM_INITMENU:
  if (bText)   /* Text */
  {
    if (IsClipboardFormatAvailable(CF_TEXT))
      EnableMenuItem(wParam, IDM_U_PASTE,
                 MF_ENABLED);
    else
```

```
          EnableMenuItem(wParam, IDM_U_PASTE,
                      MF_GRAYED);
    }
    else /* Bitmap */
    {
      if (IsClipboardFormatAvailable(CF_BITMAP))
        EnableMenuItem(wParam, IDM_U_PASTE,
                      MF_ENABLED);
      else
        EnableMenuItem(wParam, IDM_U_PASTE,
                      MF_GRAYED);
    }
    break;
```

Ausgabe

Um entscheiden zu können, ob der Text bzw. das Bitmap auszugeben ist, dient der Merker bMyDaten bzw. bMyBitmap. Enthält die Variable bMyDaten den Wert TRUE, wird der Text in dem Arbeitsbereich ausgegeben. Die Textausgabe geschieht mit der Funktion DrawText. Da diese Funktion einen Zeiger auf den Text benötigt, muß mit GlobalLock die Adresse auf den globalen Speicherblock erst noch ermittelt werden. Als Rechteck für die Funktion DrawText wird der gesamte Arbeitsbereich benutzt, dessen Größe über die Funktion GetClientRect berechnet wird. Die Ausgabe des Bitmaps erfolgt mit der Funktion BitBlt. Dabei ist der Ziel-DC der Display Context, der mit der Funktion BeginPaint besorgt wurde. Somit muß nur ein Memory DC geschaffen werden, in dem das auszugebende Bitmap steht. Zur Abwechslung finden Sie den TurboPascal Programmausschnitt. In diesem Fall muß natürlich nicht wie in QuickC das Handle des Display Contextes mit BeginPaint besorgt werden, sondern er wird direkt der Methode Paint als PaintDC mitgegeben.

```
  procedure TClipBit.Paint(PaintDC: HDC; var
                  PaintInfo:TPaintStruct);
{ Neuzeichnen der Client Area }
  var
    hMemDC: HDC; { Handle für den Memory DC }
    lpszMyDaten, lpszClipDaten: PChar;
    rect: TRECT;
    bm: TBITMAP;

  begin
    if (bMyDaten) then
    begin
      lpszMyDaten := GlobalLock (hMyDaten);
      GetClientRect (HWindow, rect);
      DrawText (PaintDC, lpszMyDaten, -1, rect,
                DT_CENTER Or DT_WORDBREAK);
      GlobalUnlock (hMyDaten);
    end;

    if (bMyBitmap) then
    begin
      hMemDC := CreateCompatibleDC( PaintDC );
      hBitOld := SelectObject(hMemDC,hMyBit);
```

```
      GetObject(hMyBit, sizeof(TBITMAP), @bm);
      BitBlt(PaintDC,20,20,bm.bmWidth,
             bm.bmHeight,hMemDC,0,0,SRCCOPY);
      SelectObject(hMemDC,hBitOld);
      DeleteDC(hMemDC);
    end;
  { Das Neuzeichnen ist abgeschlossen.         }
  end;
```

Ein Bitmap bzw. ein Text gelangt durch die Menüpunkte *Kopieren* und *Ausschneiden* in die Zwischenablage. Da hierfür sehr ähnliche Programmoperationen erforderlich sind, werden diese durch einen gemeinsamen Programmteil bearbeitet. Bei den beiden Menüpunkten IDM_U_CUT und IDM_U_COPY soll der Text bzw. das Bitmap, die über das Handle hMyDaten bzw. hMyBitmap identifiziert werden, in die Zwischenablage gestellt werden. Für den Text ist es erforderlich, diesen in einen neuen globalen Bereich zu kopieren. Dabei errechnet sich die Größe des neuen Bereiches durch die Funktion GlobalSize. Angesprochen wird dieser neue globale Speicherbereich durch das Handles hClipDaten, das nach dem erfolgreichen Öffnen und Leeren der Zwischenablage mit der Funktion SetClipboardData in die Ablage gestellt wird. Für das Bitmap werden zwei Memory DC's benutzt, wobei in dem einen das vorhandene Bitmap selektiert und in dem anderen ein leeres Bitmap gestellt wird. Das leere Bitmap läßt sich dabei leicht mit der Funktion CreateCompatibleBitmap erzeugen. Die Größe des zu übertragenden Bitmaps wird mit der Funktion GetObject berechnet, da die Bitmapkopier-Funktion BitBlt die Breiten- und Höhen-Angabe benötigt. Anschließend können beide Memory-DC's wieder geschlossen werden, weil die Bitmap-Handles gültig bleiben. Das neue Bitmap, daß über das Handle hClipBit bezeichnet wird, kann nun in die Zwischenablage gebracht werden.

```
  int TClipBit::WM_U_COPY_CUT(RTMessage Msg)
  {
  /* reagieren auf Menüpunkt "&Kopieren" und
     "&Ausschneiden" */

    LPSTR lpszMyDaten, lpszClipDaten;
    LPSTR lpszMyBit, lpszClipBit;
    HDC   hDC, hMemDC, hMem2DC;/* Handle für den
                                  Display Context */
    BITMAP bm;

    if (bText) /* Für Text */
    {
      if (!(hClipDaten = GlobalAlloc( GMEM_MOVEABLE
          |GMEM_NODISCARD,GlobalSize(hMyDaten))))
      {
        WarningBox();
        return (FALSE);
      }
      lpszClipDaten = GlobalLock(hClipDaten);
      lpszMyDaten = GlobalLock(hMyDaten);

      lstrcpy(lpszClipDaten, lpszMyDaten);
      GlobalUnlock(hClipDaten);
      GlobalUnlock(hMyDaten);
```

```
        if (OpenClipboard(HWindow))
        {
          EmptyClipboard();
          SetClipboardData(CF_TEXT, hClipDaten);
          CloseClipboard();
        }

        if (Msg.WParam == IDM_U_CUT)
        {
          bMyDaten = FALSE;
          EnableMenuItem(hMenu, IDM_U_CUT, MF_GRAYED);
          EnableMenuItem(hMenu, IDM_U_COPY, MF_GRAYED);
          InvalidateRect(HWindow, NULL, TRUE);
        }
      }
      else  /* Für Bitmap */
      {
        hDC = GetDC(HWindow);
        hMemDC = CreateCompatibleDC( hDC );
        hBitOld = SelectObject(hMemDC,hMyBit);
        GetObject(hMyBit, sizeof(BITMAP), (LPSTR)&bm);
        hMem2DC = CreateCompatibleDC( hDC );
        hClipBit = CreateCompatibleBitmap( hDC,
                       bm.bmWidth,bm.bmHeight);
        hBit2Old = SelectObject( hMem2DC,hClipBit);

        BitBlt(hMem2DC,0,0,bm.bmWidth,bm.bmHeight,
                     hMemDC,0,0,SRCCOPY);
        SelectObject(hMemDC,hBitOld);
        SelectObject(hMemDC,hBit2Old);

        DeleteDC(hMemDC);
        DeleteDC(hMem2DC);
        ReleaseDC(HWindow, hDC);

        if (OpenClipboard(HWindow))
        {
          EmptyClipboard();
          SetClipboardData(CF_BITMAP, hClipBit);
          CloseClipboard();
        }
        if (Msg.WParam == IDM_U_CUT)
        {
          bMyBitmap = FALSE;
          if ( hMyBit !=0 )
          {
            DeleteObject( hMyBit);
            hMyBit = 0;
          }
          EnableMenuItem(hMenu, IDM_U_CUT, MF_GRAYED);
          EnableMenuItem(hMenu, IDM_U_COPY, MF_GRAYED);
          InvalidateRect(HWindow, NULL, TRUE);
        }
      }
      return TRUE;
    }
```

Datenaustausch innerhalb von Windows

Einfügen

Wird der Menüpunkt *Einfügen* ausgelöst, so wird ein Text oder ein Bitmap aus der Zwischenablage geholt. Für das Holen der Daten aus der Zwischenablage ist die Funktion GetClipboardData zuständig. Durch die Formatangabe CF_BITMAP oder CF_TEXT wird dabei das gewünschte Format festgelegt. Als Ergebnis erhalten wir dabei ein Handle auf die gelieferten Daten. Für einen Text ist dies ein Handle auf einen globalen Speicherbereich, bei einem Bitmap ist es hingegen ein Bitmap-Handle. Demzufolge muß das Bitmap auf eine andere Weise als der Text umkopiert werden. Wie das geschieht, haben wir bereits beim Kopieren in die Zwischenablage gesehen.

```
    case IDM_U_PASTE:
      /* reagieren auf Menüpunkt "&Einfügen" */
      if (bText)   /* Für Text */
      {
        if (OpenClipboard(hWnd))
        {
          if (!(hClipDaten =
              GetClipboardData(CF_TEXT)))
          {
            CloseClipboard();
            return (FALSE);
          }
          if (!(hMyDaten = GlobalReAlloc(
              hMyDaten,GlobalSize(hClipDaten),
              GMEM_MOVEABLE)))
          {
            if (!(hMyDaten = GlobalAlloc(
                GMEM_MOVEABLE |GMEM_NODISCARD,
                GlobalSize(hClipDaten))))
            {
              WarningBox();
              CloseClipboard();
              return (FALSE);
            }
          }

          lpszMyDaten = GlobalLock(hMyDaten);
          lpszClipDaten = GlobalLock(hClipDaten);
          lstrcpy(lpszMyDaten, lpszClipDaten);
          GlobalUnlock(hMyDaten);
          GlobalUnlock(hClipDaten);
          CloseClipboard();
          EnableMenuItem(hMenu, IDM_U_CUT,
                      MF_ENABLED);
          EnableMenuItem(hMenu, IDM_U_COPY,
                      MF_ENABLED);
          bMyDaten = TRUE;

          InvalidateRect(hWnd, NULL, TRUE);
        }
      }
      else /* Für Bitmap */
      {
```

```
          if (OpenClipboard(hWnd))
          {
            if (!(hClipBit =
                GetClipboardData(CF_BITMAP)))
            {
              CloseClipboard();
              return (FALSE);
            }

            if ( hMyBit !=0 )
            {
              DeleteObject( hMyBit);
              hMyBit = 0;
            }
            hDC = GetDC(hWnd);
            hMemDC = CreateCompatibleDC( hDC );
            hBitOld = SelectObject(hMemDC,hClipBit);
            GetObject(hClipBit, sizeof(BITMAP),
                    (LPSTR)&bm);

            hMem2DC = CreateCompatibleDC( hDC );
            hMyBit = CreateCompatibleBitmap( hDC,
                    bm.bmWidth,bm.bmHeight);
            hBit2Old = SelectObject(hMem2DC,hMyBit);

            BitBlt(hMem2DC,0,0,bm.bmWidth,
                    bm.bmHeight,hMemDC,0,0,SRCCOPY);
            SelectObject(hMemDC,hBitOld);
            SelectObject(hMemDC,hBit2Old);

            DeleteDC(hMemDC);
            DeleteDC(hMem2DC);
            ReleaseDC(hWnd, hDC);

            CloseClipboard();
            EnableMenuItem(hMenu, IDM_U_CUT,
                    MF_ENABLED);
            EnableMenuItem(hMenu, IDM_U_COPY,
                    MF_ENABLED);
          }
          bMyBitmap = TRUE;
          InvalidateRect(hWnd, NULL, TRUE);
        }

    break;
```

Ein Punkt ist noch ganz wichtig zu erwähnen, da mir der Fehler bei der Programmerstellung selbst passiert ist. Mit der Funktion CreateCompatibleBitmap erzeugen wir jedesmal bei Menübetätigung ein leeres Bitmap. Der Vorgang führt natürlich dazu, daß Windows einen Speicherbereich zur Aufnahme des Bitmaps belegt. Daher muß vor einem erneuten Aufruf von CreateCompatibleBitmap unbedingt das alte durch die Funktion DeleteObject freigegeben werden.

```
if ( hMyBit !=0 )
{
  DeleteObject( hMyBit);
  hMyBit = 0;
}
```

Damit nach Programmende der ganze Speicher wieder anderen Programmen zur Verfügung steht, sollten belegte Speicherbereiche auch wieder freigegeben werden. Windows gibt zwar manche Speicherbereiche nach dem Ende eines Programmes selbst frei, aber speziell bei denen für Bitmaps hat Windows etwas Schwierigkeiten. Deshalb werden die Bitmap-Speicherbereiche mit DeleteObject und die globalen Speicherbereiche mit GlobalFree wieder allen anderen Programmen zur Verfügung gestellt.

```
case WM_CLOSE:   /*  Schließen des Fensters      */
  if (hMyDaten != 0)
    GlobalFree(hMyDaten);
  if (hClipDaten != 0)
    GlobalFree(hClipDaten);
  if ( hBitmap !=0 )
    DeleteObject( hBitmap);
  if ( hMyBit !=0 )
    DeleteObject( hMyBit);
```

Microsoft Visual Basic

Die meisten technischen Grundlagen für VisualBasic wurden im Zusammenhang mit der Zwischenablage bereits im Abschnitt Kontrollelemente und Zwischenablage ausführlich diskutiert. Daher wird nachfolgend die Applikation im Mittelpunkt stehen.

Objekt	Eigenschaft	Inhalt
Form1	Caption	Bitmap und Text in Zwischenablage
Bild1		

Neue Methoden	Kurzbeschreibung
GetData	holt Daten aus der Zwischenablage
SetData	schreibt Daten in die Zwischenablage
GetFormat	ermittelt Format der Zwischenablage Daten

Beispiel
```
' VBCLBIT.FRM
Const TRUE = -1
Const FALSE = 0
Const CF_TEXT = 1
Const CF_BITMAP = 2
Dim bText As Integer

Sub Copy_Click ()
  Clipboard.Clear
  If (bText) Then ' Für Text
    Clipboard.SetText Bezeichnung1.Caption, CF_TEXT
```

```
    Else    ' Für Bitmap
      Clipboard.SetData Bild1.Picture, CF_BITMAP
    End If
End Sub

Sub Cut_Click ()
  If (bText) Then ' Für Text
    Clipboard.SetText Bezeichnung1.Caption, CF_TEXT
    Bezeichnung1.Caption = ""
  Else    ' Für Bitmap
    Clipboard.SetData Bild1.Picture, CF_BITMAP
    Bild1.Picture = LoadPicture("")
  End If
End Sub

Sub Paste_Click ()
  If (bText) Then ' Für Text
    If Clipboard.GetFormat(CF_TEXT) = TRUE Then
      Bezeichnung1.Caption = _
              Clipboard.GetText(CF_TEXT)
    End If
  Else    ' Für Bitmap
    If Clipboard.GetFormat(CF_BITMAP) = TRUE Then
      Bild1.Picture = Clipboard.GetData(CF_BITMAP)
    End If
  End If
End Sub

Sub Bearbeiten_Click ()
  If (bText) Then
    If Clipboard.GetFormat(CF_TEXT) = TRUE Then
      Paste.Enabled = TRUE
    Else
      Paste.Enabled = FALSE
    End If
  Else
    If Clipboard.GetFormat(CF_BITMAP) = TRUE Then
      Paste.Enabled = TRUE
    Else
      Paste.Enabled = FALSE
    End If
  End If
End Sub

Sub UNDO_Click ()
End Sub

Sub Form_Load ()
  Bild1.Picture = LoadPicture( _
         "d:\profiwin\tasks\datkomm\CLBILD.BMP")
  Bezeichnung1.Caption = "Let's go to Australia"
  bText = TRUE
End Sub
```

```
Sub Bitformat_Click ()
' reagieren auf Menüpunkt "&Bitmap Format"
  bText = FALSE
  BitFormat.Checked = TRUE
  TextFormat.Checked = FALSE
End Sub

Sub TextFormat_Click ()
' reagieren auf Menüpunkt "&Text Format"
  bText = TRUE
  BitFormat.Checked = FALSE
  TextFormat.Checked = TRUE
End Sub
```

Das Menü wurde mit Hilfe des Menüentwurfsfensters erstellt und besteht aus folgenden Submenüs und Menüpunkten, von denen bestimmte Eigenschaften initialisiert wurden.

Titel	CtlName	Menüebene	Eigenschaften
&Bearbeiten	Bearbeiten	1	C off;E on ; V on
&Ausschneiden	Cut	2	C off;E on; V on
&Kopieren	Copy	2	C off;E on ; V on
&Einfügen	Paste	2	C off;E off; V on
&Text Format	TextFormat	2	C on;E on; V on
&Bitmap Format	BitFormat	2	C off;E on; V on

- mit C on/off   mit / ohne Checkmark
- E on/off   enabled / disabled
- V on/off   sichtbar / versteckt
- Mit Menüebene 1 ist die Menüzeile gemeint.

Wie Sie selbst sehen, kann in VisualBasic das Programm mit viel weniger Zeilen als in den anderen Sprachen gelöst werden. Die Hauptaufgabe übernehmen die vier Methoden GetText, SetText, GetData und SetData, die für den Austausch von Text und Bitmap mit der Zwischenablage verantwortlich sind.

10.1.4 Besonderheiten der Zwischenablage

Bisher beschäftigten wir uns immer nur damit, daß sich zu einem Zeitpunkt nur ein Objekt in der Zwischenablage befindet. Daneben ist es natürlich möglich, gleichzeitig mehrere Daten-Formate in die Zwischenablage zu bringen. Es kann durchaus sinnvoll sein, einen Text und ein Bitmap gleichzeitig in die Zwischenablage zu kopieren. Hierzu brauchen nur zwei Funktionen SetClipboardData direkt hintereinander mit unterschiedlichen Formatangaben zu erfolgen. Wichtig ist dabei, daß zwischen den beiden SetClipboardData keine Funktion für das Löschen der Zwischenablage durch EmptyClipboard erfolgen darf.

```
OpenClipboard( hWnd);
SetClipboardData( CF_TEXT, hClipDaten);
SetClipboardData( CF_BITMAP, hClipBit);
CloseClipboard();
```

Jetzt entsteht natürlich die Problematik, zu erfahren, wieviele Formate sich in der Zwischenablage befinden. Hierzu dient die Funktion CountClipboardFormats, die die Anzahl der in der Zwischenablage vorhandenen unterschiedlichen Formate ermittelt. Sämtliche in der Zwischenablage eingetragenen Formate liefert die Funktion EnumClipboardFormats. Um das erste Format mit EnumClipboardFormats zu bekommen, wird der Wert 0 übergeben. Ist der Rückgabewert dieser Funktion 0, so wurden alle in der Zwischenablage verfügbaren Formate ermittelt.

> **Microsoft Visual Basic**
> Übrigens können auch mit VisualBasic mehrer Formate gleichzeitig in der Zwischenablage realisiert werden. Hierzu braucht nur die Methode SetText und SetData hintereinander aufgerufen zu werden, ohne die Zwischenablage dazwischen zu löschen. Natürlich funktioniert dies auch mit mehreren SetData, wobei verschiedene Formate angegeben werden.

Verzögerte Wiedergabe

Ein Problem, das besonders bei OLE auftaucht, ist der Datenaustausch von großen Datenmengen über die Zwischenablage. Besonders Bilder, Grafiken oder Tabellen erfordern soviel Speicher, daß ein sofortiges Belegen von globalem Speicher, andere Programme erheblich in ihrer Funktion beeinträchtigen würde. Häufig werden die Daten auch nicht sofort wieder von einem anderen Programm aus der Zwischenablage geholt, sondern liegen eine gewisse Zeit ungenutzt im globalen Speicherblock. Um dies zu vermeiden, kann eine Technik verwendet werden, die auch als 'delayed rendering' bezeichnet wird. Dieses verspätete Abholen wird durch die Übergabe einer Null an die Funktion SetClipboardData als Handle angestoßen. Wenn nun eine andere Applikation mit der Funktion GetClipboardData die Daten aus der Zwischenablage holen möchte, stellt Windows fest, daß ein NULL-Handle übergeben wurde. Daraufhin sendet Windows die Meldung WM_RENDERFORMAT an das Programm, das als letztes Daten in die Zwischenablage gestellt hat. Dieses Programm muß jetzt als Antwort auf die WM_RENDERFORMAT Meldung einen globalen Speicherbereich belegen und ihn mit den zu übertragenden Daten füllen. In welchem Format sie gewünscht werden, steht im Parameter wParam. Anschließend wird das Handle mit der Funktion SetClipboardData übergeben, ohne zuvor die Zwischenablage zu öffnen oder zu löschen. Neben der Meldung WM_RENDERFORMAT muß noch die Meldung WM_DESTROYCLIPBOARD abgefragt werden, die besagt, daß ein anderes Programm die Zwischenablage geleert hat. Es ist dann nicht länger notwendig, die Daten für die Zwischenablage bereit zu halten. Die dritte Meldung heißt WM_RENDERALLFORMAT und muß durch das Öffnen der Zwischenablage, das Leeren und das Schließen beantwortet werden. Dies ist besonders wichtig, da die Meldung WM_RENDERALLFORMAT bei Programm-Ende des Auslösers der verzögerten Wiedergabe an diese Applikation geschickt wird, falls diese verzögerten Daten immer noch in der Zwischenablage sind.

Eigene Datenformate

Wiederum für OLE ist es erforderlich, private Formate an die Zwischenablage übergeben zu können. Um mit einem privaten Format arbeiten zu können, muß mit der Funktion RegisterClipboardFormat ein frei definierbarer Formatname festgelegt werden. Der Rückgabewert dieses Aufrufes ist das neu registrierte Format, das dann in den nachfolgenden Aufrufen an die Zwischenablage wie ein Standard-Formatname benutzt werden kann. Der hexadezimale Wert dieses neuen Formates liegt zwischen C000H und FFFFH. Falls zwei unterschiedliche Applikationen denselben Namen für die Registrierung eines neuen Formates benutzen, so liefert RegisterClipboardFormat denselben Formatcode zurück, d.h. die Programme können dann Daten in diesem privaten Format miteinander austauschen.

Programm Zwischenablage

Wir haben bereits darüber gesprochen, daß es sich bei dem Programm Zwischenablage nicht um die Zwischenablage selbst handelt, jedoch der technische Hintergrund ist noch nicht erwähnt worden. Die genaue Bezeichnung für das Programm Zwischenablage ist eigentlich Clipboard-Viewer, da es in der Lage ist, den momentanen Inhalt der Zwischenablage anzuzeigen. Dabei können wir auch eigene Clipboard-Viewer erstellen, der immer mitbekommt, wenn sich der Inhalt der Zwischenablage ändert. Die Änderungen werden dem Viewer über Meldungen mitgeteilt. Es können im Windows System mehrere Viewer existieren. Aus der Sicht von Windows gibt es jedoch immer nur einen, den aktuellen Clipboard-Viewer. Nur von diesem Viewer besitzt Windows das Fensterhandle und nur dorthin sendet es die entsprechenden Meldungen der Zwischenablage. Damit auch die anderen Viewer von den Änderungen unterrichtet werden, wird eine Viewer-Kette gebildet, in der alle existierenden Viewer eingetragen sind. Somit muß jeder Viewer die Meldungen an den in der Kette als nächsten eingetragenen Viewer weitergeben. Eingetragen wird ein Viewer der Zwischenablage durch die Funktion SetClipboardViewer.

10.2 OLE bettet und verkettet Objekte

Zu Beginn dieses Kapitels habe ich bereits das Ziel von OLE kurz erläutert. Zur Erinnerung sollten Sie sich die Abbildung *Zusammensetzung eines Dokumentes*, die eine Seite aus einem Australien-Reiseprospekt darstellt, noch einmal ansehen. Diese Abbildung finden Sie gleich zu Beginn des Kapitels Datenaustausch innerhalb von Windows.

Abb. 277: OLE

10.2.1 Konzept von OLE

Stellen Sie sich vor, Sie möchten eine Seite Papier erstellen, die z.B. Bestandteil des besagten Werbeprospektes ist. Diese Seite Papier definieren wir als Dokument, das sich wiederum aus Texten und Bildern zusammensetzt. Da das Dokument aus mehreren Einzelteilen besteht, nennen wir dieses Container-Dokument. Jeder einzelne Bestandteil der Seite, der ein Text- oder ein Bildelement sein kann, wird den Namen Objekt tragen. Bereits jetzt haben wir zwei wichtige OLE-Begriffe kennengelernt, die Container-Dokument und Objekt heißen. Das reine Zusammensetzen von Objekten zu einem Container-Dokument würde noch keinen großen Fortschritt bedeuten. Denn der Punkt, der OLE erst zu einem leistungsfähigen Werkzeug werden läßt, ist die Ursprungsbindung eines Objektes. Ein Objekt, das in unserem Beispiel ein Text oder eine Grafik ist, besteht damit nicht nur aus den Daten, sondern enthält zudem die Information, welches Programm in der Lage ist, Änderungen an dem Objekt vorzunehmen. Dem Objekt wird damit sein erstellendes Programm wie eine Art Stempel eingebrannt.

Einige der soeben geforderten Fähigkeiten kann die Zwischenablage bereits übernehmen. Mit ihr können schon Daten zwischen Grafikprogramm und Textprogramm ausgetauscht werden. Die erste Stufe für OLE ist damit bereits erreicht, da Text und Grafik zu einem Dokument verbunden werden können. Soll jedoch an einer Zeichung eine Änderung vorgenommen werden, mußte bisher der ganze Vorgang des Kopierens und Einfügens von vorne beginnen. Nicht aber bei OLE, da sich jetzt OLE um die Aktualisierung der Daten kümmert. Sobald ein OLE-Objekt z.B. über die Zwischenablage in ein Dokument eingefügt wurde, stellt OLE die Leistung der Datenaktualisierung völlig automatisch zur Verfügung.

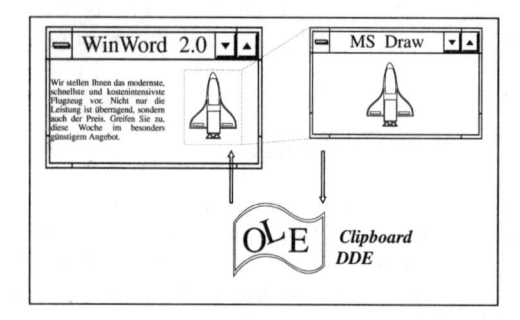

Abb. 278: OLE verbindet Objekte zu einem Dokument

Die Funktionsweise von OLE ist uns jetzt grundsätzlich bekannt. Bevor Details erörtert werden, ist die Kenntnis von bestimmten OLE-Bezeichnungen von großer Wichtigkeit.

OLE-Objekt

Die Denkweise von OLE lehnt sich stark an die der Objektorientierung an. Die Aufgabe von OLE besteht jetzt nicht mehr nur darin, Daten auszutauschen sondern ganze Objekte. Diese OLE-Objekte sind gekapselte Daten unterschiedlichster Art, die sich z.B. aus Texten, Zahlen, Bildern oder auch Tönen zusammensetzen können. Die Kapselung der

Daten zu OLE-Objekten führt dazu, daß diese von jeder beteiligten OLE-Anwendung gehalten und benutzt werden können, ohne den direkten Aufbau kennen zu müssen.

Container-Dokument (Compound Document)
Zur Aufbewahrung der unterschiedlichsten OLE-Objekte dient das Container-Dokument, in dem Objekte gesammelt und durch eigene Informationen aufgefüllt werden können. Am besten kann man sich dies wie eine Zeitschriftenseite vorstellen, die aus Text mit positionierten Bildern besteht.

OLE-Kunde (OLE-Client) OLE-Lieferant (OLE-Server)
Als OLE-Client oder Kundenanwendung wird das Programm bezeichnet, das in der Lage ist, OLE-Objekte aufzunehmen, anzuzeigen und abzuspeichern. Die Objekte werden wiederum durch die Server-Applikation erzeugt, die die Daten zur Verfügung stellt und deren Modifikation ermöglicht. Der OLE-Server muß als einziges Programm den genauen Aufbau der Daten im Objekt kennen.

Einbetten (Embedding) Verkettung (Linking)
Ein Objekt, das fester Bestandteil eines Dokumentes ist, wird als eingebettetes oder auch embedded Objekt bezeichnet. Das Objekt befindet sich vollständig im Container-Dokument. Im Gegensatz dazu ist ein verkettetes Objekt nur über Verweise mit den Originaldaten verbunden, wobei sich diese Daten in einer Datei befinden. Trotzdem kann das verkettete Objekt von einem OLE-Client angezeigt werden. Eine Aktualisierung der Datei führt abhängig von der Verbindungsoption zu einer automatischen oder manuellen Nachführung beim OLE-Kunden.

Tätigkeitswort (Verbs)
Das Aktivieren eines OLE-Server Programmes geschieht durch ein Tätigkeitswort. Hiermit teilt der OLE-Kunde dem OLE-Lieferanten mit, welche Operation mit einem eingebetteten oder verketteten Objekt durchzuführen ist.

Objekt-Paket
Wird ein Objekt als Symbol (Icon) repräsentiert, trägt dies den Namen Objekt-Paket. Dies ist nicht zu verwechseln mit einem eingebetteten oder verketteten Objekt.

10.2.2 Kunde (Client) sein bei OLE

Wir setzen uns als Aufgabe, einen OLE-Kunden zu programmieren. Als Vorbild werden wir die Applikation MS WinWord 2.0 nehmen, um sowohl die erforderliche Oberfläche als auch die Möglichkeiten von OLE kennenzulernen. Für die besonders Neugierigen sei erwähnt, daß WinWord 2.0 nicht nur Fähigkeiten eines OLE-Client besitzt, sondern auch als OLE-Server arbeiten kann. OLE besteht aus über sechzig Funktionen, und daher sollten wir uns als erstes an die Programmierung eines Client heranwagen. Dies wird uns für eine kleine Applikation gar nicht so schwer fallen, wie es zuerst erscheint. Hierzu ist es jedoch unbedingt erforderlich, die Anwendung von OLE vollkommen verstanden zu haben. Daher werden wir bei technischen Fragen immer wieder auf unser Vorbild WinWord 2.0 eingehen.

OLE Kunde (Client)

Die Hauptaufgabe eines OLE-Kunden besteht in dem Zusammenfügen von einzelnen OLE-Objekten zu einem Dokument. Dabei muß der Client eine Mindestanforderung an OLE-Fähigkeiten mitbringen. Hierzu gehört das Einfügen eines Objektes z.B. aus der Zwischenablage und natürlich dessen Darstellung auf dem Bildschirm. Neben dem Anstoß der Nachbearbeitung eines Objektes wäre es auch noch zu empfehlen, die OLE-Objekte zusammen mit eventuellen eigenen Daten in ein Dokument abspeichern zu können. Dabei ist ein Objekt eine Sammlung von Daten, deren Aufbau dem OLE-Client aber nicht bekannt sein muß. Normalerweise wird ein solches Objekt innerhalb eines eigenen Fensters dargestellt. Dieses Objekt kann z.B. eine von MS-Draw erstellte Zeichnung sein, wobei unser Client den Aufbau des Grafikformates wahrscheinlich nicht kennt. Diese Information ist auch überhaupt nicht von Belang, da hierfür das Programm MS-Draw zuständig ist.

OLECLI.DLL

Bei den Abläufen Objekt anzeigen, Objekt aktualisieren und Kommunikation mit dem Server, wird der Client durch Funktionen unterstützt, die sich in der Windows DLL OLECLI.DLL befinden. Hierin sind OLE-Funktionen enthalten, die es ermöglichen, eine Kommunikation zwischen OLE-Client und OLE-Server aufzubauen. OLE ist so realisiert, daß es auf das DDE-Protokoll aufbaut, wobei sich der Anwender oder Programmierer um den internen Ablauf nicht zu kümmern braucht. Den DDE Kennern sei aber gesagt, daß die Kommunikation durch die Übermittlung von Befehlszeichenketten über DDE erfolgt. Die Programmierung einer OLE-Applikation erfolgt unter Zuhilfenahme von Windows API-Aufrufen. Diese Funktionen werden durch DLL's innerhalb von Windows bearbeitet. Diese Bibliotheken heißen OLECLI.DLL für den OLE-Client und OLESVR.DLL für den OLE-Server.

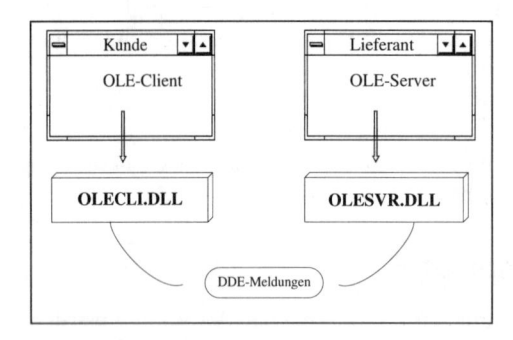

Abb. 279: OLE nutzt DDE

10.2.3 Benutzerführung für den OLE-Kunden

Wie bereits erwähnt werden wir uns MS WinWord 2.0 als Vorbild nehmen, wenn es um die Anwendung von OLE geht. Außerdem werden wir hier einen Standard für die Implementierung von OLE-Applikationen finden, an den man sich halten sollte. Um in das recht umfangreiche Thema der Programmierung von OLE einzusteigen, orientieren wir uns an den einzelnen OLE relevanten Menüpunkten, die Teile von OLE repräsentieren.

Kopieren, Auschneiden, Einfügen + Inhalte Einfügen...

Häufig werden OLE-Objekte über die Zwischenablage zwischen Server und Client ausgetauscht. Es bietet sich an, die Menüpunkte *Kopieren*, *Ausschneiden* und *Einfügen* beizubehalten und durch den Menüpunkt *Inhalte Einfügen...* zu erweitern. Durch diese vier Menüpunkte steht jetzt bereits eine Schnittstelle zum Benutzer zur Verfügung, die es ihm ermöglicht, OLE-Objekte in die Zwischenablage zu kopieren und einzufügen. Durch diese Menüpunkte besitzen wir zwar noch keine OLE-Applikation, aber ein Anfang ist damit sicher getan. Sobald der Bediener den Menüpunkt *Einfügen* betätigt, soll das OLE-Objekt, das sich in der Zwischenablage befindet, an die aktuelle Stelle in unser Dokument eingefügt werden. Wir sprechen hierbei von einbetten (embedding). Hierunter wird verstanden, daß sich die Daten eines OLE-Objektes komplett innerhalb des Dokumentes des OLE-Client befinden.

Der altbekannte Menüpunkt *Einfügen* soll die zusätzlichen Fähigkeiten des Einbettens von Objekten erhalten, zusätzlich wird der neue Menüpunkt *Inhalte Einfügen...* ergänzt, der die Fähigkeiten des Verkettens mitbringt. Bei einer Verkettung eines OLE-Objektes stehen dessen Daten, die unter Umständen recht groß sein können, nicht im Dokument des Client, sondern in einer eigenen Datei. Diese Datei wurde zuvor durch die OLE-Server Applikation angelegt. Innerhalb des Dokumentes des OLE-Client steht damit bei einer Verkettung nur ein Verweis auf den Ort der Daten.

Realisierung: OLE-Benutzerführung

Der Einstieg in die Programmierung von OLE-Applikationen wird die Erstellung der Benutzerführung sein. Demzufolge ist es erforderlich, die bekannten Menüpunkte für die Zwischenablage zu erweitern und die neuen Menüpunkte anzufügen. Realisieren werden wir dies in den Entwicklungsumgebungen QuickC für Windows und VisualBasic. Für die Realisierung von OLE-Client Applikationen, ist bei VisualBasic neben dem Grundpaket noch das Professional Toolkit von Microsoft erforderlich. Denjenigen, die jetzt Borland C++ und TurboPascal für Windows vermissen, sei gesagt, daß derzeit die Programmierung von OLE noch nicht direkt mit ObjectWindows Aufrufen realisiert werden kann, da es dafür noch nicht die erforderlichen Klassen gibt. Aber natürlich ist dies durch die Verwendung von Windows API Aufrufe möglich. Dabei wird die Programmierung der von QuickC fast identisch sein. Den Borland C++ - und Turbo Pascal für Windows- Freunden wird daher das QuickC Beispiel empfohlen.

Microsoft Visual Basic

Da VisualBasic den kürzesten Programmcode besitzt und wir uns mehr auf die OLE-Besonderheiten konzentrieren können, werden wir zu Beginn einer OLE-Teilaufgabe, zuerst in VisualBasic und erst anschließend in QuickC für Windows realisieren. Um einen OLE-Client in VisualBasic zu erstellen ist es notwendig, die VisualBasic Toolbox durch ein OLE-Client Steuerelement zu ergänzen. Dies geschieht, indem durch den Menüpunkt *Datei hinzufügen* des Menüs *Datei*, die DLL OLECLIEN.VBX an das Projekt mit angefügt wird. Nach dieser Operation ist die Toolbox durch ein OLE-Client Symbol erweitert worden. Der erste Schritt zur Erstellung eines OLE-Client beginnt damit, daß ein OLE-Client Steuerelement in das Hauptfenster interaktiv eingefügt wird. Der Vorgang ist dabei so, als würde ein Text oder Listenfeld in das Fenster gebracht werden.

Menüpunkte

Das Menü wurde mit Hilfe des Menüentwurfsfensters erstellt und besteht aus folgenden Submenüs und Menüpunkten, von denen bestimmte Eigenschaften initialisiert wurden.

Titel	CtlName	Menüebene	Eigenschaften
&Bearbeiten	Bearbeiten	1	C off;E on ; V on
&Kopieren	Copy	2	C off;E on ; V on
&Ausschneiden	Cut	2	C off;E on; V on
&Einfügen	Paste	2	C off;E off; V on
&Inhalte Einfügen...	ObjPaste	2	C off;E off ; V on

- mit C on/off   mit / ohne Checkmark
- E on/off   enabled / disabled
- V on/off   sichtbar / versteckt
- Mit Menüebene 1 ist die Menüzeile gemeint.

Nachdem das Menü interaktiv erstellt wurde, ist es erforderlich, entsprechend dem Inhalt der Zwischenablage die Menüpunkte zu setzen. Befindet sich dort ein OLE-Objekt, das eingebettet werden kann, so wird der Menüpunkt *Einfügen* aktiv geschaltet. Befindet sich in der Zwischenablage ein zu verkettendes Objekt, wird der Menüpunkt *Inhalt Einfügen* aktiviert. Bei einem verketteten Objekt in der Zwischenablage sollte noch zusätzlich der Menüpunkt *Einfügen* aktiv sein, da dieses verkettete Objekt auch eingebettet werden kann.

Abfrage auf Objekt

Die eigentliche Abfrage auf ein OLE-Objekt in der Zwischenablage wird durch die Eigenschaft OleClient.PasteOk realisiert. Nur wenn der Wert auf True steht, befindet sich ein OLE-Objekt in der Zwischenablage. Eine Unterscheidung zwischen eingebetteten und verketteten Objekt wird durch das Einstellen der Eigenschaft OleClient1.ServerType auf die Werte Embedding (= 1) und Linking (=0) getroffen. Außerdem muß noch der Klassenname des Servers in der Eigenschaft OleClient1.Class definiert werden.

```
Sub Bearbeiten_Click ()
    OleClient1.Class = ""
    OleClient1.ServerType = Embedding
    If OleClient1.PasteOk = True Then
       Paste.Enabled = True
    Else
       Paste.Enabled = False
    End If
    OleClient1.ServerType = Linking
    If OleClient1.PasteOk = True Then
       ObjPaste.Enabled = True
    Else
       ObjPaste.Enabled = False
    End If
End Sub
```

Das Aktivieren von OLE-spezifischen Menüpunkten könnte in QuickC folgendermaßen realisiert werden.

```c
// Aktivieren bzw. Deaktivieren der Menüeinträge
void FAR MenueAktual( HMENU hMenu)
{
  int MenuStatus = MF_GRAYED;      /* Zustand des
                                      Menüpunktes */

  /* Ausschneiden, Kopieren und Löschen ist nur
     möglich, wenn Client OLE Fenster existiert. */
  MenuStatus = (hwndChild ? MF_ENABLED : MF_GRAYED);
  EnableMenuItem(hMenu, IDM_CUT, MenuStatus);
  EnableMenuItem(hMenu, IDM_COPY, MenuStatus);
  EnableMenuItem(hMenu, IDM_CLEAR, MenuStatus);
  EnableMenuItem(hMenu, IDM_OBJECT, MenuStatus);

  /* Der Menüpunkt Verkettung darf nur aktiviert
     werden, wenn das OLE-Client-Dokument
     registriert wurde.*/
  if (!lhClientDoc)
  {
    EnableMenuItem(hMenu, IDM_LINKS, MF_GRAYED);
  }
  else
  {
    EnableMenuItem(hMenu, IDM_LINKS, otObject ==
            OT_LINK ? MF_ENABLED : MF_GRAYED);
  }
    /* Abfragen, ob ein OLE-Objekt im
       Clipboard steht */
    if ((OleQueryCreateFromClip(PROTOCOL,
         olerender_draw, 0) == OLE_OK
      || OleQueryCreateFromClip(SPROTOCOL,
         olerender_draw, 0) == OLE_OK))
      EnableMenuItem(hMenu, IDM_PASTE, MF_ENABLED);
    else
      EnableMenuItem(hMenu, IDM_PASTE, MF_GRAYED);

    /* Abfragen, ob ein OLE-Objekt zur Verkettung
       (linked) im Clipboard steht */
    if (OleQueryLinkFromClip(PROTOCOL,
        olerender_draw, 0) == OLE_OK)
      EnableMenuItem(hMenu, IDM_PASTELINK,
                              MF_ENABLED);
    else
      EnableMenuItem(hMenu, IDM_PASTELINK,
                              MF_GRAYED);

}
```

Objekt in Zwischenablage?

Es ist nur erforderlich abzufragen, ob sich ein OLE-Objekt in der Zwischenablage befindet. Es existiert jeweils eine Funktion für die Abfrage auf ein eingebettetes und ein verkettetes Objekt. Durch die Funktion OleQueryCreateFromClip wird überprüft, ob sich ein zum Einbetten geeignetes Objekt in der Zwischenablage befindet. Für eine Verkettung steht speziell die Funktion OleQueryLinkFromClip zur Verfügung. Ist das gewünschte Objekt in der Zwischenablage vorhanden, wird der Wert OLE_OK zurückgegeben.

Eigenschaften der Verkettung

Sobald ein verkettetes Objekt existiert, sollte dem Anwender die Möglichkeit gegeben werden, die Verbindung betrachten oder sogar manipulieren zu können. Für ein eingebettetes Objekt wird es kaum sinnvoll sein, besondere Eigenschaften einstellen zu können. Von Interesse ist dabei die sofortige Aktualisierung der Daten des Objektes bzw. der Anstoß eines Tätigkeitswortes (Verb). Normalerweise wird dazu dem Benutzer eine Dialogbox angezeigt, in der er außerdem die Verkettung aufbrechen bzw. von automatisch nach manuell umschalten kann.

Objekt aktivieren (Verb)

Darüberhinaus sollte noch dynamisch für jedes Verb (Tätigkeitswort), das der Server zur Verfügung stellt, ein Menüpunkt angefügt werden. Ebenso sollte für jedes Objekt innerhalb des OLE-Dokumentes ein Menüpunkt dynamisch angehängt werden.

10.2.4 OLE-Klassenname

Der Klassenname besitzt eine enge Beziehung zu den Fähigkeiten, die ein OLE-Lieferant (Server) besitzt. Daher sollte ein OLE-Kunde diesen Server namentlich kennen, um diese dem Bediener z.B. in Form eines Listenfeldes anbieten zu können. Der Programmbeginn ist ein geeigneter Ort, um alle im Windows System zur Verfügung stehenden OLE-Server zu ermitteln. Dies geschieht durch die Abfrage der Registrierungs-Datenbank. In dieser Datenbank tragen sich alle OLE-Server zusammen mit ihrem Namen ein, der die Bezeichnung Klasse trägt. Der OLE-Klassenname wird später für den Zugriff auf ein OLE-Objekt benötigt. Ein typischer Klassenname ist dabei *PBrush* für den MS Paintbrush. Wenn Sie sich an das Kapitel Initialisierungsdateien erinnern, wissen Sie bereits, wie die Ermittlung mit Hilfe von API-Funktionen zu realisieren ist. Da das OLE-Client Steuerelement von VisualBasic eine Vereinfachung bietet, finden Sie nachfolgend ein kurzes Beispiel dafür.

Zur Ermittlung des Klassennamens aus der Registrierungs-Datenbank stehen in Visual-Basic die beiden Eigenschaften OleClient.serverclasscount und OleClient.serverclasses(i) zur Verfügung. Dabei liefert serverclasscount die Gesamtanzahl der eingetragenen OLE-Server. Aus der Eigenschaft serverclasses zusammen mit einer Index-Nummer erhalten wir jeweils einen OLE-Klassennamen, der einem Server zugeordnet ist. Alle die so ermittelten Klassen werden an ein verstecktes Listenfeld angefügt. Natürlich kann dafür auch ein Array verwendet werden, jedoch könnten wir zu einem späteren Zeitpunkt durch das Anzeigen des Listenfeldes auf einfache Weise alle OLE-Server darstellen.

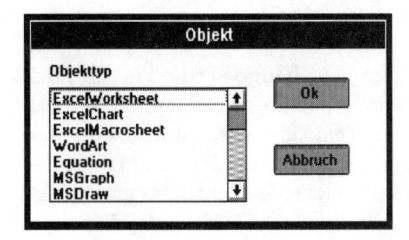

Abb. 280: OLE-Lieferanten in Dialogfeld

```
Const True = -1
Const False = 0
Const Embedding = 1
Const Linking = 0

Sub Form_Load ()
    Dim i As Integer
    For i = 0 To OleClient1.serverclasscount - 1
       list1.AddItem OleClient1.serverclasses(i)
    Next i
    OleClient1.Protocol = "StdFileEditing"
End Sub

Sub Form_Resize ()
  OleClient1.Width = Form1.Width
  OleClient1.Height = Form1.Width
  OleClient1.Left = 0
  OleClient1.Top = 0
End Sub

Sub Bearbeiten_Click ()
    nr% = list1.ListCount
    For i% = 0 To (nr% - 1)
       OleClient1.Class = list1.List(i%)
       OleClient1.ServerType = Embedding
       If OleClient1.PasteOk = True Then
          Paste.Enabled = True
       Else
          Paste.Enabled = False
       End If

       OleClient1.ServerType = Linking
       If OleClient1.PasteOk = True Then
          ObjPaste.Enabled = True
       Else
          ObjPaste.Enabled = False
       End If
    Next i%
End Sub
```

10.2.5 Dokument erzeugen

Sollen sich mehrere Objekte zusammen in einem Dokument befinden, die zudem noch aus völlig unterschiedlichen Daten bestehen, so werden wir dies als Container-Dokument bezeichnen. Dabei kann ein Objekt entweder ein Text oder eine Grafik sein, aber auch eine Melodie kann sich innerhalb eines dieser Objekte befinden. Daher ist der Name der Aufbewahrungsstelle, das Container-Dokument, eine recht aussagekräftige Bezeichnung. Welche Informationen im Container-Dokument als Objekt hinterlegt werden, hängt davon ab, um welche Art von Objekt es sich handelt, und ob das OLE-Objekt verkettet oder eingebettet wurde.

Im Fall einer Verkettung sind nur Verweise auf die Datei und den OLE-Server vorhanden. Daher wird auf die Aufbewahrung der Ursprungsdaten (native Data) verzichtet. Handelt es sich dagegen um ein eingebettetes Objekt, müssen auch diese Ursprungsdaten durch den OLE-Kunden (Client) aufbewahrt werden. Natürlich braucht der OLE-Client den Datenaufbau nicht zu kennen, da hierfür der OLE-Server zuständig ist. Der Platzbedarf des eingebetten Objektes wird natürlich durch die Ursprungsdaten im Container-Dokument erheblich höher.

Client Dokument erzeugen

Bei der Umsetzung ist zwischen VisualBasic und der API-Lösung stark zu trennen, weil es in VisualBasic den festen Begriff des Container-Dokumentes so nicht gibt. Trotzdem ist der Begriff auch für VisualBasic passend, da die Zusammenfassung von mehreren OLE-Client Objekten in einer Datei auch dem Begriff des Container-Dokumentes gerecht wird. In QuickC ist es erforderlich, ein Container-Dokument bei der OLE-Bibliothek zu registrieren. Die Registrierung des OLE-Dokumentes geschieht durch die Funktion OleRegisterClientDoc. Neben dem Klassennamen eines Window-Fensters wird noch eine Bezeichnung für das neu entstehende Dokument benötigt. Das Ergebnis der Funktion wird die Rückgabe eines Handle auf das Dokument im letzten Parameter sein.

```
LHCLIENTDOC    lhClientDoc = NULL;

OleRegisterClientDoc( "QCOleCl", "QCOLECL__0", 0L,
                      &lhClientDoc);
```

In dem Beispiel entsteht ein Container-Dokument mit dem Namen "QCOLECL__0", wobei als Klassenname "QCOleCl" der Name des Hauptfensters gewählt ist. Als Ergebnis der Registrierung liefert die Funktion OleRegisterClientDoc in der Variablen lhClientDoc ein Handle auf das OLE-Dokument. Dieses Handle wird für spätere OLE-Funktionsaufrufe noch mehrfach benötigt. Einen kleinen Hinweis auf die Größe eines Objektes bzw. der Daten möchte ich Ihnen noch geben. Sobald mit OLE-Objekten gearbeitet wird, darf als Programmierer nicht mehr angenommen werden, daß Daten maximal 64K groß sein können. Besonders wird sich dieser Umstand beim Umgang mit Standard C-Funktionen zeigen, da diese normalerweise nur maximal 64K bearbeiten können.

10.2.6 Formate für Zwischenablage registrieren

Da häufig Daten über die Zwischenablage ausgetauscht werden, die aber nicht mit den bestehenden Datenformaten der Zwischenablage beschrieben werden können, sind dafür eigene Formate erforderlich. Bereits aus der Tatsache, daß Objekte ausgetauscht werden sollen, zeigt sich die Notwendigkeit, ein OLE-Objekt durch mehrere Datenformate zu repäsentieren. In dem Abschnitt über die Zwischenablage wurde bereits festgestellt, daß neue Formate durch Registrierung definiert werden.

Welche Formate wirklich auf der Zwischenablage abgelegt sind, läßt sich mit Hilfe des Programmes Zwischenablage von Windows 3.1 sehr gut betrachten, da es für jedes Format einen eigenen Menüpunkt anfügt. Dies ist besonders gut zu beobachten, wenn Sie z.B. mit Excel ein Diagramm erstellen und dieses anschließend in die Zwischenablage kopieren. Das Programm Zwischenablage stellt das Diagramm als Bitmap dar, wobei die Tatsache wesentlich interessanter ist, daß an das Menü *Ansicht* die Formate "Native, Bild, Bitmap, OwnerLink, Link, ObjectLink, Formatierter Text" als Menüpunkte angehängt werden.

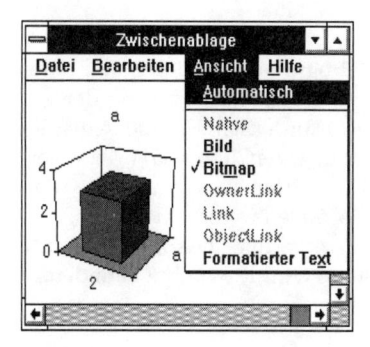

Abb. 281: Formate der Zwischenablage

Ein OLE-Lieferant (Server) wird beim Kopieren eines Objektes häufig vier Arten von Daten auf die Zwischenablage ablegen. Diese werden als Ursprungsdaten (Native Data), besitzerverkettete Daten (OwnerLink Data), Darstellungsformat (presentation format) und objektverkettete Daten (ObjectLink Data) bezeichnet. Die Ursprungsdaten sind rein für den Gebrauch durch den OLE-Lieferanten (Server) gedacht und werden normalerweise auch nur durch diesen verstanden. Der OLE-Kunde (Client) braucht sie nicht bearbeiten zu können, er muß sie allerdings im Fall eines eingebetten Objekts (embedding) aufbewahren. Zur Darstellung dient das Darstellungsformat, mit dessen Hilfe die OLE-Bibliothek die Daten anzeigen kann. Bei dem Darstellungsformat handelt es sich meist um ein Metafile oder ein Bitmap. Die besitzerverketteten Daten (OwnerLink Data) bezeichnen den Besitzer der Daten und identifizieren daher den Server. Aus den objektverketteten Daten (ObjectLink Data) ergibt sich eine Bezeichnung des Objektes.

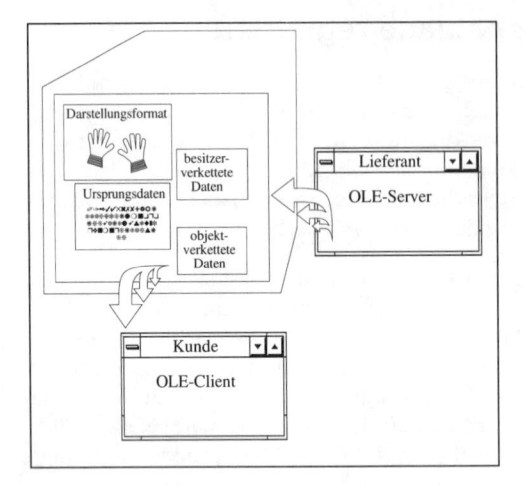

Abb. 282: Zwischenablage und Formate eines OLE-Objektes

Damit zu einem späteren Zeitpunkt im Programm auf die Daten eines Objektes einzeln zugegriffen werden kann, ist die Registrierung der zusätzlichen Formate für die Zwischenablage erforderlich. Um die Registrierung durchzuführen, wird die Funktion RegisterClipboardFormat verwendet, die eigentlich keine spezielle OLE-Funktion ist, sondern eine typische Funktion der Zwischenablage. Die Formate besitzen die vorgegebenen Namen "ObjectLink", "Native" und "OwnerLink". Das anschließende Beispiel wird sich in ähnlicher Weise in jedem OLE-Programm befinden.

Beispiel: Formate registrieren
```
OLECLIPFORMAT    vcfLink = 0;      /* Clipboard-Format
                                      "ObjectLink" */
OLECLIPFORMAT    vcfNative = 0;    /* Clipboard-Format
                                      "Native" */
OLECLIPFORMAT    vcfOwnerLink = 0;/* Clipboard-Format
                                      "OwnerLink" */

// Registrieren des Clipboard-Formats für OLE
vcfLink      = RegisterClipboardFormat("ObjectLink");
vcfNative    = RegisterClipboardFormat("Native");
vcfOwnerLink = RegisterClipboardFormat("OwnerLink");
```

Aus der Registrierung mit der Funktion RegisterClipboardFormat entsteht jeweils ein Formatbezeichner, der auch direkt an OLE-Funktionen übergeben werden kann. Die oben genannten drei neuen Formate werden am besten gleichzeitig mit den Fensterklasse des Hauptfensters registriert. Eine typische Anwendung dieser Formate besteht in einem gezielten Zugriff auf die zugehörigen Daten in der Zwischenablage. Hierüber kann direkt der Dateiname eines verketteten Objektes ermittelt werden.

Details zu den Formaten

Der Aufbau der Ursprungsdaten (Native Data) wird nur durch den OLE-Lieferanten bestimmt und ist daher für den OLE-Kunden tabu, bzw. er versteht das Format nicht. Dagegen enthalten die beiden Formate OwnerLink und ObjectLink für den OLE-Kunden wichtige Informationen über die Verbindung. Beide besitzen den gleichen Aufbau, wobei OwnerLink für ein eingebettes Objekt und ObjectLink für ein verkettetes Objekt zuständig ist. Der Aufbau besteht aus drei Zeichenketten, die jeweils durch eine Null getrennt werden. Aus der ersten Zeichenkette resultiert der Objekt Klassenname, gefolgt von dem Namen des Dokumentes oder des Pfadnamens. Als letztes steht noch der individuelle Objektname des OLE-Lieferanten. Unser nachfolgendes Beispiel ermittelt aus den ObjectLink-Daten den Namen eines verketteten Objektes. Dazu werden die Daten des vcfLink Formates aus der Zwischenablage gelesen.

```
/* Name des verketteten OLE-Objekts ermitteln */
OleGetData( lpObject,vcfLink, &hData);
lpdata = GlobalLock(hdata);
while (*lpdata++);   /* hinter den Server-Namen
                        positionieren */
  lstrcpy( cLinkName, lpdata);
GlobalUnlock(hdata);
```

Für das Lesen der Daten ist die Funktion OleGetData zuständig, die ein Handle auf den Datenblock liefert. Durch den Parameter vcfLink wird das Format spezifiziert, das unbedingt zuvor mit RegisterClipboardFormat("ObjectLink") registriert werden muß.

10.2.7 Einbetten von OLE-Objekten (Embedding)

Wir werden uns jetzt die Möglichkeiten ansehen, wie ein Objekt eingebettet werden kann. Das Objekt kann sich entweder in der Zwischenablage oder in einer Datei befinden. Als dritte Möglichkeit kann ein Objekt unter Zuhilfenahme eines Servers neu erzeugt werden. Wir werden uns jetzt mit dem Einbetten eines Excel Diagrammes in ein WinWord 2.0 Dokument beschäftigen.

Objekt über Zwischenablage

Als Ausgangspunkt dient ein mit Excel erstelltes Diagramm, daß sich z.B. aus einer Monatsabrechnung erzeugen läßt. Dieses Diagramm wird selektiert und in die Zwischenablage kopiert. Das geschieht wie üblich über den Menüpunkt *Kopieren* des *Bearbeiten* Menüs. Das Diagramm ist nun in der Zwischenablage hinterlegt und kann von anderen Programmen abgeholt werden. In WinWord 2.0 wird das Bild über *Bearbeiten Einfügen* aus der Zwischenablage genommen und befindet sich anschließend innerhalb des Dokumentes. Der Vorgang entsprach zu 100% dem des bisher üblichen Datenaustausches über die Zwischenablage. Dies stimmt aber nur oberflächlich betrachtet, da bereits ein OLE-Objekt ausgetauscht wurde. Zu sehen bekommt man diese Fähigkeit, indem in WinWord das Diagramm doppelt angeklickt wird. Daraufhin wird eine weitere Instanz von Excel mit Hilfe von OLE gestartet. Zu erkennen ist der Einfluß von OLE in der Titelzeile von Excel, da diese abhängig vom OLE-Client belegt wird. Durch die Änderung des Menüpunktes *Speichern* in *Aktualisieren* zeigt sich der Einfluß von OLE.

Objekt einbetten

Um ein Objekt aus der Zwischenablage in ein Container-Dokument beim OLE-Kunden einzubetten, dient die API-Funktion OleCreateFromClip. Ach, wären wir doch alle VisualBasic Programmierer und besäßen das Professional Toolkit! Denn mit nur zwei Zeilen Programmcode läßt sich ein OLE-Objekt aus der Zwischenablage einbetten.

```
Sub Paste_Click ()
    OleClient1.ServerType = Embedding
    OleClient1.Action = 5
End Sub
```

Da die Funktion OleCreateFromClip recht viele Parameter besitzt, sollte gleich die Anwendung betrachtet werden.

```
OpenClipboard(hWndParent);
OleCreateFromClip( "StdFileEditing", lpClient,
            lhClientDoc, "Kunde_001",
            &lpObject, olerender_draw, 0);
CloseClipboard();
```

Funktion OleCreateFromClip

Als ersten Übergabewert ist die Bezeichnung für das Kommunikations-Protokoll festzulegen. Normalerweise ist dieses die Zeichenkette "StdFileEditing", die die Entstehung eines Objektes ermöglicht, das später auch wieder bearbeitet werden kann. Eine Alternative für das Kommunikations-Protokoll ist "Static", das jedoch eine spätere Möglichkeit der Bearbeitung durch den ursprünglichen OLE-Server ausschließt und daher nur in seltenen Fällen zur Anwendung kommt.

Über den zweiten Parameter lpClient wird der Verweis auf die OLECLIENT Struktur hergestellt, die durch die OLECLIENTVTBL Struktur die OLE-Callback Funktion festlegt. Die Verbindung zum OLE-Dokument geschieht über lhClientDoc und stellt den Zusammenhang der Objekte her. Bei der Benennung des neuen OLE-Objektes können wir der Phantasie nun freien Lauf lassen. Je abstrakter der Name desto besser, denn er muß eindeutig sein, bzw. er muß zumindest einmalig innerhalb des OLE-Dokumentes sein. Denn der Benutzer möchte nicht verschiedene Bilder mit dem gleichen Namen besitzen. Mit dem nächsten Parameter zeigen wir auf den Zeiger des neuen Objektes. Denn hier möchte OleCreateFromClip die Adresse einer Variablen, damit die OLE-Bibliothek den Pointer auf das neue Objekt hinterlegen kann. Letztlich können renderopt und cfFormat in einen Topf geworfen werden. Denn im Normalfall besitzt renderopt den Wert der Konstanten olerender_draw, wodurch cfFormat uninteressant wird. In diesem Fall nimmt uns die OLE-Bibliothek die Arbeit des Zeichnens des Objektes ab. Hierzu braucht nur OleDraw innerhalb der WM_PAINT Meldung aufgerufen zu werden. Folgende Wiedergabeoptionen stehen zur Verfügung:

Format	Inhalt
olerender_none	OLE-Bibliothek liefert und zeichnet keine Daten
olerender_draw	Client ruft die OleDraw Funktion, wodurch die OLE-Bibliothek die Daten zeichnet
olerender_format	Client muß die Daten selbst durch OleGetData holen, cfFormat muß angegeben werden

Wiedergabeoption

Wesentlich aufwendiger wird die Angelegenheit, wenn z.B die Wiedergabeoption olerender_format angegeben wird. Zum einen muß jetzt der OLE-Kunde die Daten selbst aus der Zwischenablage holen. Allerdings kann der OLE-Kunde jetzt selbst über den Parameter cfFormat das zu liefernde Format bestimmen. Problematisch wird es bei anderen Formaten als CF_METAFILEPICT, CF_DIB oder CF_BITMAP, da die OLE-Bibliothek nur diese Formate zeichnen kann.

Überblick OLE-Strukturen

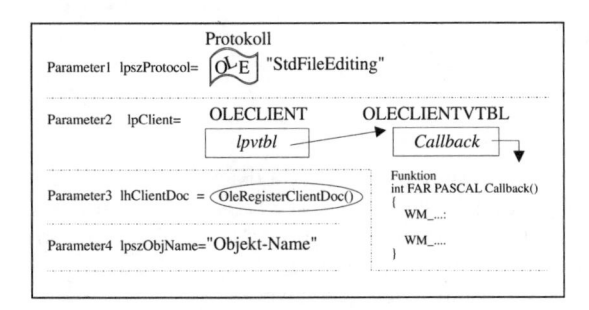

Abb. 283: OLE und OleCreateFromClip

OLE-Kunde initialisiert OLECLIENT Struktur

Die OLECLIENT Struktur besteht eigentlich nur aus einem Zeiger auf eine Tabelle von Funktionsadressen. Dieser Zeiger verweist auf die OLECLIENTVTBL Struktur, die die OLE-spezifischen Einträge enthält. Im Anschluß an den Zeiger lpvtbl können private Informationen stehen. Außer dem Zeiger auf die OLECLIENTVTBL Struktur benötigt die OLECLIENT Struktur keine weiteren Einträge. Eventuell daran anfügbare Daten sind rein für die private Nutzung durch einen OLE-Kunden gedacht und dürfen daher z.B. von einem Server nicht belegt werden. Folgender Aufbau ist für die OLECLIENT Struktur vorgesehen:

```
typedef struct _OLECLIENT
{
  LPOLECLIENTVTBL lpvtbl;

  /* hier können private Daten stehen */
} OLECLIENT;
```

Beispiel: OLECLIENT Struktur
```
LPOLECLIENT  lpclient;

// belegt die OLECLIENT Struktur
hobjClient = GlobalAlloc(GMEM_FIXED | GMEM_ZEROINIT,
                         sizeof(OLECLIENT));
lpclient = (LPOLECLIENT)GlobalLock(hobjClient);
```

Gewöhnlich ist die OLECLIENT Struktur ein dynamisch belegter Speicherblock, der durch die Funktion GlobalAlloc belegt wird. Um auf die Struktur zugreifen zu können, ermittelt die Funktion GlobalLock dessen Adresse im Speicher.

OLECLIENTVTBL Struktur

Besonders wichtig ist die OLECLIENTVTBL Struktur, da sie die Adresse der OLE-Benachrichtigungsfunktion enthält. Da es sinnvollerweise nur eine OLE-Rückruffunktion pro Programm gibt, wird die OLECLIENTVTBL Struktur nur einmal pro OLE-Kunden vorhanden sein.

```
typedef struct _OLECLIENTVTBL
{
  int (FAR PASCAL *CallBack) (LPOLECLIENT lpclient,
                  OLE_NOTIFICATION notification,
                       LPOLEOBJECT lpobject);
} OLECLIENTVTBL;
```

Die Adresse der OLE-Rückruffunktion wird dabei in das Feld CallBack hinterlegt. Diese Funktion wird immer dann von OLE angesprungen, wenn eine OLE-Meldung an unser Programm gesendet wird. Da sich die OLE-Rückruffunktion normalerweise in einem normalen Programm und nicht in einer DDL befindet, muß der Wert als Prozedur-Instanz-Adresse über die Funktion MakeProcInstance übergeben werden.

Beispiel: OLECLIENT + OLECLIENTVTBL Struktur

Das nachfolgende Beispiel reicht aus, um die OLECLIENT und OLECLIENTVTBL Strukturen mit den OLE Erfordernissen zu füllen. Dazu erhält die OLECLIENT Struktur einen Verweis auf die OLECLIENTVTBL Struktur. Diese muß wiederum die Adresse der OLE-Rückruffunktion enthalten.

```
LPOLECLIENT    lpclient;
OLECLIENTVTBL  clientTbl;

// belegt die OLECLIENT Struktur
hobjClient = GlobalAlloc(GMEM_FIXED | GMEM_ZEROINIT,
                         sizeof(OLECLIENT));
lpclient = (LPOLECLIENT)GlobalLock(hobjClient);
// belegt die OLECLIENT + OLECLIENTVTBL Struktur
/* Eintragen der Rückruffunktion */
lpclient->lpvtbl = (LPOLECLIENTVTBL)&clientTbl;
lpclient->lpvtbl->CallBack = MakeProcInstance(
                     CallBack, hInst);
```

Neues Objekt einfügen

Beim Erstellen eines Briefes oder Angebotes mit WinWord ergibt sich oft erst während des Schreibens, daß an einer Textstelle zusätzlich eine Grafik oder ein Diagramm stehen soll. Kein Problem, denn OLE ermöglicht es dem OLE-Client, einen Server auszuwählen und diesen gleich zu starten. Da ein neues Objekt entsteht, wird die Zwischenablage hierfür nicht benötigt. Nehmen wir an, die Stelle im Text ist erreicht, an der die Grafik positioniert werden soll. Als erstes muß der Menüpunkt *Objekt ...* des *Einfügen* Menüs gewählt werden. Es erscheint ein Dialogfeld, das die Einträge der möglichen Verknüpfungen zeigt. Nach der Auswahl eines Excel Diagrammes, wird eine Instanz von Excel neu gestartet, und es kann das Diagramm erstellt werden.

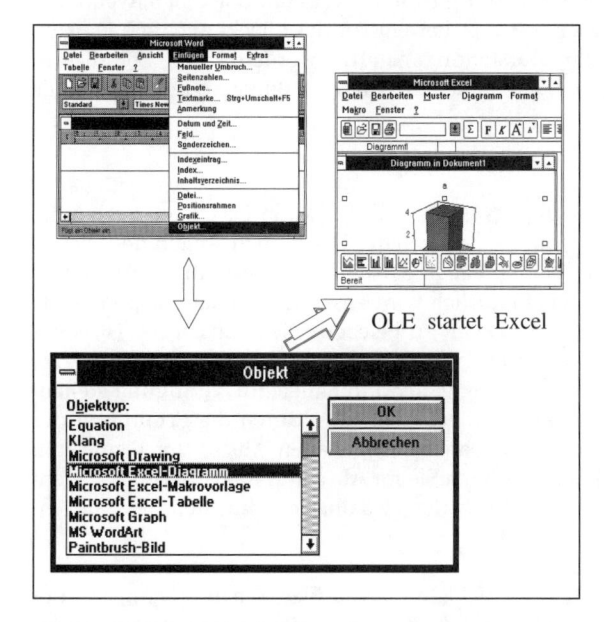

Abb. 284: Objekt in Word einbetten

Einbetten durch Aktualisieren

Sobald das Diagramm in Excel fertiggestellt ist, möchten wir das Bild natürlich in dem eigentlichen Dokument wiederfinden. Durch den Menüpunkt *Aktualisieren* des *Datei* Menüs werden dann die Daten an WinWord übertragen. Dem aufmerksamen Leser wird aufgefallen sein, daß der Menüpunkt *Aktualisieren* den sonst üblichen Punkt *Speichern* ersetzt. Dieser Menüpunkt entsteht erst, wenn der Programmstart mt Hilfe von OLE erfolgte. Für das Ändern des Menüpunktes ist der Server verantwortlich.

OLE Technik

Einen Einblick in die Technik von OLE erhalten wir durch die Untersuchung der Abläufe, nachdem der Menüpunkt *Objekt* des *Einfügen* Menüs betätigt wurde. Es erscheint ein Dialogfeld mit den zur Verfügung stehenden OLE-Lieferanten. Alle dazu nötigen Informationen findet unser OLE-Kunde, der wieder WinWord 2.0 heißt, in der Registrierungs-Datenbank. Dort kann er alle zur Verfügung stehenden OLE-Lieferanten lesen und das Dialogfeld mit den entsprechenden Informationen füllen. In der Registrierungs-Datenbank haben sich alle auf dem Rechnersystem zur Verfügung stehenden OLE-Lieferanten eingetragen. Nachdem das Dialogfeld auf den gewünschten Eintrag gesetzt ist, findet der Aufbau einer OLE Verbindung zu dem gewählten OLE-Lieferanten statt. Diesem wird mitgeteilt, daß es über OLE gestartet wurde, und kann daher den Menüpunkt *Speichern* durch *Aktualisieren* ersetzen. Erfolgt die Betätigung dieses Menüpunktes *Aktualisieren*, wird das komplette OLE-Objekt dem aufrufenden OLE-Kunden als eingebettetes Objekt übergeben.

Objekt besteht aus Darstellungspaket und Spezialpaket

Bei dem übergebenen OLE-Objekt kann der OLE-Kunde dieses nur darstellen, wenn ihm ein bekanntes Datenformat übergeben wird. Daher enthält das Objekt auch ein Darstellungsformat, das vom Kunden zur Darstellung benutzt werden kann. Bei diesem Darstellungspaket handelt es sich um Daten, die ein Windows-Bitmap oder ein Metafile sind.

Funktion OleCreate

Für die Erstellung eines neuen OLE-Objekts ist die API-Funktion OleCreate zuständig. In VisualBasic erfolgt dieser Vorgang mit dem Setzen der Eigenschaft Action des OleClient Kontrollelementes auf NULL. In beiden Fällen entsteht vordergründig ein Platzhalter, um ein Objekt einbetten zu können. Natürlich wird anschließend der entsprechende Server gestartet, um das neue Objekt mit Daten zu beleben. Die Realisierung ist einfacher, wenn der Klassenname des Servers fest vorgegeben ist, wie z.B. "ExcelChart" für Excel Diagramme. Soll die Kundenanwendung (Client) mit allen zur Verfügung stehenden OLE-Servern zusammenarbeiten können, geschieht dies durch die Ermittlung der Klassennamen aus der Registrierungs-Datenbank. Den genauen Ablauf der Ermittlung aller im System vorhandenen OLE-Server finden Sie im Abschnitt Registrierungs-Datenbank des Kapitels Initialisierungsdateien bzw. für VisualBasic betrachten Sie den Anschnitt in diesem Kapitel.

Microsoft Visual Basic
Die VisualBasic Lösung geschieht durch die Eigenschaft Action, der der Wert 0 übergeben wird. Die Funktionsweise ist hiermit sehr ähnlich zu der API-Funktion OleCreate. Damit ein neues eingebettes Objekt erzeugt werden kann, müssen zuvor die Eigenschaften Protocol, Class und ServerType mit den richtigen Werten versorgt werden.

OleClient1.Action

```
Sub Object_Click ()
   OleClient1.Protocol = "StdFileEditing"
   OleClient1.ServerType = Embedding
   OleClient1.Class = "ExcelChart"
   OleClient1.Action = 0
End Sub
```

Bei der Ausführung dieser oben genannten vier Befehlszeilen, ist die erzeugte Wirkung wirklich frapierend. Je nach der Schnelligkeit Ihres Rechners werden Sie dies an der Verzögerung erkennen.

Wurden für QuickC die für OLE erforderlichen Vorarbeiten erledigt, ist der Aufwand mit Hilfe der API-Funktion OleCreate kaum größer als die VisualBasic Variante. Zudem entspricht OleCreate bis auf die Angabe des Klassennamens im Parameter lpszClassname der Funktion OleCreateFromClip, die bereits vom Einbetten aus der Zwischenablage bekannt ist. Das nachfolgende Beispiel ist zwar nicht für eine universelle Anwendung geeignet, dafür kann aber bereits einwandfrei mit Excel über OLE ein Objekt neu erzeugt und eingebettet werden.

```
char  szClassName[255]; /* Klassenname für
                           OleCreate() */

lstrcpy( szClassName, "ExcelChart" );
OleCreate( "StdFileEditing", lpclient,
    (LPSTR)szClassName, lhClientDoc,
    szarObjectName, &lpObject, olerender_draw, 0);
```

10.2.8 Verketten (Linking) von OLE-Objekten

Einbetten <-> Verketten

Ein eingebettetes Objekt enthält sämtliche Daten, die für ein OLE-Objekt nötig sind. Wenn wir zurück zur Erstellung unseres Werbeprospektes gehen, entsteht schnell die Anforderung, eine Aktualisierung für das neue Jahr zu produzieren.

Bisher sind alle Zeichnungen und Grafiken als eingebettetes Objekt vorgesehen. Schlecht geplant, denn ein Kopieren des Dokumentes führt dazu, daß die dort enthaltenen Grafiken ein weiteres Mal existieren und Platz auf der Festplatte wegnehmen. Daher werden wir dem Planer den kleinen Tip geben, er soll bitte alle Zeichnungen über OLE verketten. Hierdurch kann erreicht werden, daß die Zeichnungen nur einmal in einer Datei vorhanden sind, aber die Informationen in mehreren Dokumenten auftauchen können.

Der entscheidende Unterschied zwischen einer Verkettung und einer Einbettung besteht in dem Ort der Ursprungsdaten (Native Data). Bei einer Verkettung liegen diese in Form einer eigenen Datei vor, und es gibt nur Querverweise zwischen den Ursprungsdaten und dem Container-Dokument. Besteht erst einmal eine Verkettung, kann eine automatische Aktualisierung in allen Container-Dokumenten erfolgen, in denen das verkettete Objekt existiert.

Verkettung eintragen

Um ein verkettetes Objekt in ein Dokument einzubringen, steht normalerweise ein eigener Menüpunkt zur Verfügung. In WinWord ist dies der Menüpunkt *Inhalte Einfügen* ... des *Bearbeiten* Menüs. Dieser Menüpunkt wird, wie es bei einem eingebetteten Objekt bereits der Fall war, abhängig davon aktiviert bzw. deaktiviert, ob sich ein OLE-Objekt in der Zwischenablage befindet, das zur Verkettung geeignet ist.

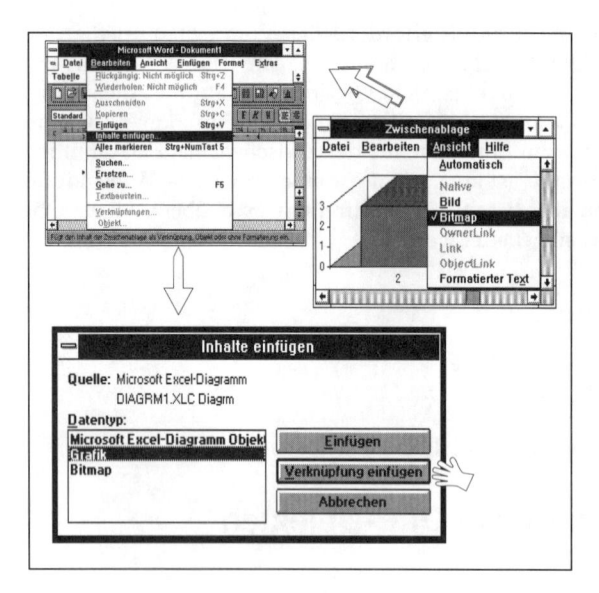

Abb. 285: Verkettung eines OLE-Objektes

Verkettung prüfen

Erfolgte die erfolgreiche Verkettung eines OLE-Objektes, kann diese Verkettung in den meisten OLE-Kunden Applikationen geprüft und sogar manipuliert werden. WinWord besitzt diese Fähigkeit natürlich auch und ist daher nicht ohne Grund ein gutes Vorbild für uns. Dies geschieht über den Menüpunkt *Verknüpfungen* ... des *Bearbeiten* Menüs. Als Ergebnis erscheint ein Dialogfeld mit den bestehenden Verkettungen. In diesem Dialogfeld stehen neben der wohl zweitrangigen Aufgabe des Betrachtens, bereits Möglichkeiten der Bearbeitung zur Verfügung, dazu aber später.

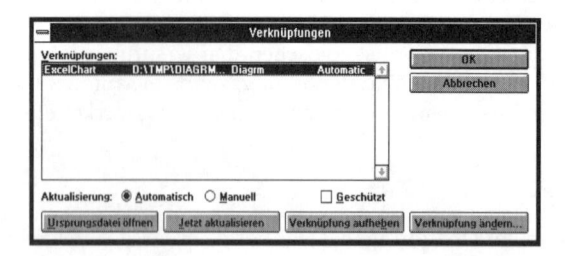

Abb. 286: Verkettung

Bearbeitung der Grafik

Die Vorgehensweise für die nachträgliche Bearbeitung des verketteten Objektes geschieht üblicherweise wieder durch dessen zweimaliges Anklicken. Der Start der OLE-Lieferanten Applikation geschieht wiederum automatisch, jedoch wird der Hinweis einer Verkettung in Form des Dateinamens mitgegeben. Die OLE-Server Applikation wird daher nach wie vor den Menüpunkt *Speichern* und nicht *Aktualisieren* enthalten, wie es bei einem eingebetteten Objekt der Fall war. Da sich das Objekt in einer Datei befindet, wird der OLE-Server diesen Dateinamen sinnvollerweise in der Titelzeile anzeigen.

Verkettung über Zwischenablage

Zum Einfügen einer Verkettung aus der Zwischenablage steht die Funktion OleCreate LinkFromClip zur Verfügung. In VisualBasic dient dazu die Eigenschaft Active des Objektes OleClient, die auf den Wert 5 gesetzt wird und hierdurch die Operation auslöst.

```
    Const Linking = 0

    Sub OBJPASTE_Click ()
      OleClient1.ServerType = Linking
      OleClient1.Action = 5
    End Sub
```

Die Unterscheidung zwischen dem Einbetten und dem Verketten geschieht nur über die Eigenschaft OleClient1.ServerType, die bei einer Verkettung auf den Wert 0 eingestellt wird.

Die Funktion OleCreateLinkFromClip für die Verkettung ist von der Versorgung entsprechend zu der Funktion OleCreateFromClip, die ein eingebettetes Objekte erzeugt. Das nachfolgende Beispiel erstellt ein verkettetes Objekt aus der Zwischenablage. Befindet sich kein zur Verkettung geeignetes Objekt in der Zwischenablage, wird die Funktion OleCreateLinkFromClip natürlich fehlschlagen.

```
    // OLE-Verkettung erzeugen
    #define PROTOCOL  ((LPSTR)"StdFileEditing")

    OpenClipboard(hWndParent);
    OleCreateLinkFromClip(PROTOCOL,
        lpclient, lhClientDoc, szarObjectName,
        &lpObject, olerender_draw, 0);
    CloseClipboard();
```

Verkettung manipulieren

Bereits zu Beginn des Abschnittes Verkettung sprachen wir von Möglichkeiten, eine Änderung an der Verkettung vornehmen zu können. Dem Anwender werden die Möglichkeiten meist in Form einer Dialogbox mitgeteilt. WinWord realisiert dies z.B. auch durch ein Dialogfenster das Sie ein paar Seiten zuvor bereits abgebildet finden. Erst wenn eine OLE Verkettung (Link) besteht, ist es sinnvoll, dem Benutzer ein Manipulieren zu ermöglichen. Eine typische Anwendung dafür ist das Ändern von einer automatischen Daten-Aktualisierung, die normalerweise Voreinstellung ist, auf eine manuelle Aktualisierung. Es wird damit bewirkt, daß eine Änderung an dem Original-Objekt in dem OLE-Lieferanten (Server) Programm nicht mehr sofort zu einer Nachführung der Daten im Dokument des OLE-Kunden (Client) führt. Die Übernahme der Neuerungen wird erst vorgenommen, wenn sie explizit angestoßen wird. Für die Realsierung bieten sich zwei Optionsschaltflächen an, die die Bezeichnung Automatisch und Manuell tragen.

Ob eine manuelle oder automatische Aktualisierung für ein verkettetes Objekt besteht, braucht sich das OLE-Kunden Programm nicht zu merken, denn der Zustand der Verbindung kann mit Hilfe der Funktion OleGetLinkUpdateOptions abgefragt werden. Diese Funktion kann z.B. dazu benutzt werden, um die Radio-Buttons des Dialogfenster richtig zu setzen. Die WM_INITDIALOG Meldung an die Dialogbox-Routine wird dazu benutzt, um die Art der Verbindung zu ermitteln. Die Funktion OleGetLinkUpdateOptions liefert als Rückgabe die Werte oleupdate_always oder oleupdate_oncall für eine automatische bzw. manuelle Verbindung. Eine unterbrochene Verkettung ist dagegen durch alle anderen Werte als die beiden soeben genannten Konstanten zu erkennen.

```
OLEOPT_UPDATE fAktual;

/* ermittle automatische oder manuelle
   Verbindung */
OleGetLinkUpdateOptions( lpObject, &fAktual);
switch ( fAktual)
{
   case oleupdate_always:
     lstrcpy( szType, "Automatisch");
     break;

   case oleupdate_oncall:
     lstrcpy( szType, "Manuell");
     break;

   default:
     lstrcpy( szType, "Abgebrochen");
     break;
}
```

Die Unterscheidung auf automatische bzw. manuelle Verbindung geschieht in VisualBasic durch die Eigenschaft OleClient.UpdateOptions. Dabei braucht bei der Eigenschaft nur abgefragt zu werden, ob sie den Wert 0 für eine automatische bzw. den Wert 2 für eine manuelle Aktualisierung enthält. Dies kann wie beim QuickC Beispiel wiederum zum Setzen der Optionsschaltflächen eines Dialogfenster benutzt werden.

```
Const True = -1
Const False = 0
Const Embedding = 1
Const Linking = 0

Sub Befehl1_Click ()
  Unload Form3
End Sub
```

```
Sub Form_Load ()
  If (Form1.OleClient1.UpdateOptions = 0) Then
    ' Automatisch
    Option1.Value = True
  Else
    If (Form1.OleClient1.UpdateOptions = 2) Then
      ' Manuell
      Option2.Value = True
    Else
      ' Unterbrochen
      Option3.Value = True
    End If
  End If
End Sub
```

Verkettung Aktualisieren

Besteht eine Verkettung mit der Option manuelle Datenaktualisierung, so muß dem Anwender die Möglichkeit gegeben werden, eine Aktualisierung per Befehl durchführen zu können. Für die Umsetzung bietet sich eine Befehlsschaltfläche innerhalb des Dialogfensters der Verkettungen an. Dessen Betätigung führt dann zu der API-Funktion Ole-Update.

Eine Aktualisierung eines verketteten OLE-Objektes geschieht durch die Eigenschaft Action des OLE-Kunden Objektes, die auf den Wert 6 gesetzt wird.

```
Befehl1.Click()
  OleClient1.Action = 6
End Sub
```

Die Aktualisierung eines verketteten Objektes ist mit Hilfe von OleUpdate sehr leicht zu realisieren. Es wird dabei nur der Zeiger auf das Objekt benötigt. In dem nachfolgenden Beispiel wurde auf eine Fehlerabfrage der Funktion verzichtet, die aber in einer entgültigen Realisierung schon existieren sollte.

```
OleUpdate(lpObject);
```

Verkettung aufbrechen

Wenn Sie bereits mit OLE-Programmen gearbeitet haben, dann wird Ihnen vielleicht aufgefallen sein, daß eine Verkettung durch einen Bedienungfehler aufbrechen bzw. durch direkten Eingriff herbeigeführt werden kann. Tritt dies ein, so bezeichnet OLE ein solches aufgebrochenes verkettetes Objekt als statisches Objekt. Da dieses jetzt natürlich keine umwerfenden Fähigkeiten mehr besitzt, stellt OLE Möglichkeiten zur Verfügung, eine Verkettung wieder zu reparieren. Vom Prinzip her geschieht dies durch die erneute Zuordnung des Dateinamens zu dem Objekt. Die Realisierung sparen wir uns hier, da einige Programmzeilen dafür erforderlich sind. Es ist aber wichtig zu wissen, daß es den Zustand des Aufbrechens einer Verkettung gibt.

10.2.9 Zeichnen eines OLE-Objektes

Eine schöne Fähigkeit von OLE zeigt sich beim Neuzeichnen eines Objektes. Denn der Vorgang des Zeichnens eines eingebetteten oder verketteten Objektes kann innerhalb der Kundenanwendung (Client) OLE übertragen werden. Im Fall von VisualBasic braucht überhaupt nichts unternommen zu werden, um ein Objekt darstellen zu können, da dies völlig automatisch geschieht. Nicht viel schwieriger ist dies bei der Programmierung mit API-Funktionen, denn dies kann alles OLE für uns übernehmen. Hierzu wird die WM_PAINT Meldung eines Kindfensters benutzt. Das Zeichnen des Objektes übernimmt dann die Funktion OleDraw.

Das nachfolgende Beispiel ermöglicht die Ausgabe des OLE-Objekts in ein Kindfenster. Zur Vereinfachung soll das Objekt die gleiche Größe wie das Kindfenster besitzen. Dazu wird die Funktion GetClientRect aufgerufen, um die RECT-Struktur mit der Größe des Fensters zu füllen. Das auszugebende Objekt wird durch den Pointer lpObject eindeutig identifiziert. Außer des Device-Contexts des Kindfensters werden keine weiteren Angaben benötigt und werden daher auf Null gesetzt.

Die WM_PAINT Meldung

```
case WM_PAINT:
  BeginPaint(hwnd, (LPPAINTSTRUCT)&ps);

  // Zeichnen des Child Windows
  GetClientRect(hwnd, &rc);
  OleDraw( lpObject, ps.hdc, &rc, NULL, NULL);

  EndPaint(hwnd, (LPPAINTSTRUCT)&ps);
  break;
```

Objekt Originalgröße

Etwas schwieriger wird die Aufgabenstellung, wenn das Objekt in seiner Originalgröße dargestellt werden soll. Leider muß jetzt Rücksicht auf den Mapping Mode genommen werden. Die Ermittlung der Objektgröße geschieht über die Funktion OleQueryBounds. Es ergibt sich jedoch dabei die Problematik der Rückgabe, da OleQueryBounds seine Größenangabe in der uns vertrauten RECT-Struktur liefert, die sich aber auf den Mappingmode MM_HIMETRIC bezieht. Daher muß die Größenangabe häufig erst auf den aktuell erforderlichen Mode umgerechnet werden. Da in unserem Beispiel die Größe eines Fensters mit Hilfe von SetWindowPos gesetzt werden soll, und diese Funktion Bildschirmkoordinaten benötigt, ist die nachfolgende Umrechnung notwendig. Wie Sie sehen, ist die Umrechnung kein großes Problem, aber es muß eben darauf geachtet werden.

```
OleQueryBounds(lpObject, &rc);
{
  /* Umrechnung von logischen Koordinaten
     in HIMETRIC von OleQueryBounds in
     Bildschirmkoordinaten */
  hDC = GetDC(NULL);
```

```
    mapm = SetMapMode(hDC, MM_HIMETRIC);
    LPtoDP(hDC, (LPPOINT)&rc, 2);
    SetMapMode(hDC, mapm);
    ReleaseDC(NULL, hDC);

    SetWindowPos(hwndChild, NULL, 0, 0,
         rc.right/2, rc.bottom/2, SWP_NOZORDER
         | SWP_NOMOVE | SWP_DRAWFRAME);
    ShowWindow( hwndChild, SW_SHOW);
}
```

10.2.10 OLE-Callback-Funktion

Die Notwendigkeit der OLE-Rückruffunktion haben wir bereits kennengelernt, jedoch sollten wir uns die erforderliche Meldungsbearbeitung noch näher betrachten. Ihr grundsätzlicher Aufbau ist mit dem Aufbau der Windows Meldungsbearbeitungs-Funktion vergleichbar. Sobald die OLE-Client-Bibliothek OLECLI.DLL eine Meldung an den OLE-Kunden schicken möchte, wird die Rückruffunktion aufgerufen. Die Adresse der OLE-Rückruffunktion wird in die OLECLIENTVTBL unter Zuhilfenahme von MakeProcInstance eingetragen. Natürlich muß die OLE-Rückruffunktion auch noch in der Definition-Datei exportiert werden. Programmtechnisch besteht die OLE-Rückruffunktion aus einer switch-case Abfrage, die nachfolgende Meldungen enthält.

Meldung	Beschreibung
OLE_CHANGED	das Objekt hat sich geändert
OLE_CLOSED	der Benutzer wünscht Objekt zu behalten
OLE_RELEASE	Freigabe
OLE_SAVED	der Benutzer hat Server beendet
OLE_QUERY_PAINT	das Objekt wird gezeichnet

OLE_CHANGED

Handelt es sich um ein verkettetes Objekt, wird eine Aktualisierung durch eine OLE_CHANGED Meldung angefordert. Kontinuierliche OLE_CHANGED Meldungen entstehen, während das Objekt bearbeitet wird.

OLE_CLOSED

Sobald der Bediener den OLE-Lieferanten schließt, entsteht eine OLE_CLOSED Meldung. In diesem Fall sollte der OLE-Kunde für den Benutzer sichtbar gemacht werden. Eine geeignete Vorgehensweise ist der Aufruf der Funktion BringWindowToTop, die das angegebene Fenster in den Bildschirmvordergrund holt. Eine OLE_CLOSED Meldung wird aber nur für ein eingebettes Objekt erzeugt.

OLE_SAVED

Der Speicherwunsch des Bedieners äußert sich in einer OLE_SAVED Meldung. Daraufhin sollte das Objekt als gespeichert markiert werden. Wichtig ist es noch zu wissen, daß nur ein eingebettetes Objekt aber kein verkettetes Objekt eine OLE_SAVED Meldung erhält.

OLE_QUERY_PAINT

Eine OLE_QUERY_PAINT Meldung wird periodisch gesandt, während das Objekt mit der Funktion OleDraw gezeichnet wird. Das Objekt wird nur gezeichnet, wenn auf die Meldung OLE_QUERY_PAINT mit TRUE als Rückgabe geantwortet wird, ansonsten wird der Zeichenvorgang unterbrochen.

10.2.11 OLE und Netzwerk

Kleine und große Netzwerke finden immer mehr Einzug in die PC-Welt. Daher interessiert uns natürlich, wie sich OLE innerhalb eines LAN-Netzwerkes verhält. Bei der Namensgebung muß gleich zu Beginn darauf hingewiesen werden, daß ein OLE-Client bzw. ein OLE-Server nicht einem Netzwerk-Client bzw. Netzwerk-Server entspricht. Denn ein OLE-Client und ein OLE-Server müssen sich auf ein- und demselben Rechner befinden. Dagegen werden mit Netzwerk-Client und Netzwerk-Server verschiedene Rechner bezeichnet, die über ein Netzwerk verbunden sind. Eine lokale Begrenzung von OLE haben wir jetzt bereits kennengelernt, da sich OLE-Client und OLE-Server immer zusammen auf einem Computer befinden müssen. Der Grund dafür ist die Konzeption von OLE, die auf die Leistungen von DDE aufbaut. Da DDE ein meldungsorientiertes System ist, können nur innerhalb eines Computers Daten ausgetauscht werden. Bisher gibt es keine Möglichkeiten, Meldungen über das Netzwerk an andere Computer zu senden.

Trotzdem kann OLE auch Leistungen eines Netzwerks nutzen und diese recht effektiv einsetzen. Dies trifft für verkettete Objekte zu, die wie wir kennengelernt haben und als Ursprung eine Datei besitzen. Der OLE-Server, der die Daten für das verkettete Objekt liefert, muß sich zwar im gleichen Rechner wie der Client befinden, jedoch kann die Datei irgendwo im Netzwerk hinterlegt sein. Die Datei und damit auch das zu verkettende Objekt steht damit allen im Netz angeschlossenen Anwendern zur Verfügung. Möglich ist diese Fähigkeit durch den Aufbau eines verketteten Objektes, da dieses immer den vollen Pfadnamen der Quelldatei enthält. Neben dem Vorteil der netzweiten Verfügbarkeit erhalten wir natürlich auch alle typischen Netzwerkprobleme. Ein einfaches, aber recht lästiges Problem entsteht bereits, wenn der Netzwerk-Server, der die zu verkettende Datei enthält, ausgeschaltet ist. In diesem Fall kann der OLE-Server, der sich auf dem eigenen Rechner befindet, seine nötigen Daten verständlicherweise nicht mehr finden.

10.2.12 Beispiel für OLE-Kunden-Anwendung

Das Gerücht, daß OLE Programme nur für Vollprofis zu realisieren sind, werden wir gleich widerlegen. Besonders der nachfolgende OLE-Client, der mit VisualBasic realisiert ist, beweist das Gegenteil.

Datenaustausch innerhalb von Windows

Microsoft Visual Basic

Die Bedienungsoberfläche des Programmes besteht aus den beiden Untermenüs *Bearbeiten* und *Einfügen*. In dem Menü *Bearbeiten* befinden sich die Fähigkeiten, um Objekte über die Zwischenablage auszutauschen und Informationen über ein verkettetes Objekt zu erhalten. In dem Menü *Einfügen* existiert ein Menüpunkt *Objekt*, mit dessen Hilfe ein neues Objekt zum Einbetten erzeugt werden kann.

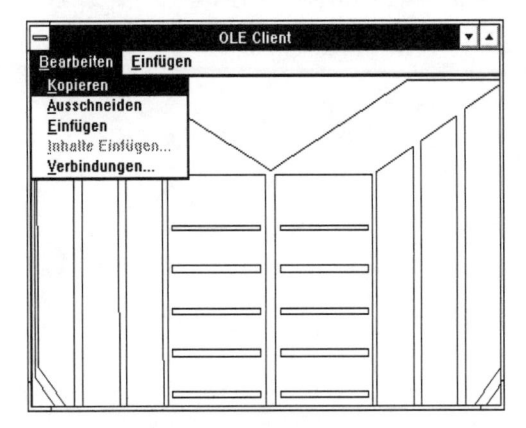

Abb. 287: Beispiel zum OLE-Kunden

Objekt	Eigenschaft	Inhalt
Form1	Caption	OLE Client
OleClient1	CtlName	OleClient1
Form2	Caption	Objekt
List1	CtlName	List1
Befehl1	Caption	Ok
Befehl2	Caption	Abbruch
Form3	Caption	Verbindung
Option1	Caption	Automatisch
Option2	Caption	Manuell
Option3	Caption	Unterbrochen

Neue Methoden	Kurzbeschreibung
Action	führt eine Operation für das OLE-Objekt aus
Class	setzt oder liefert den Klassennamen eines eingebetteten OLE-Objekts
PasteOk	prüft, ob sich in der Zwischenablage ein Objekt befindet, das eingefügt werden kann
Protocol	verwendetes Protokoll (ist immer "StdFileEditing")
...	

Neue Methoden	Kurzbeschreibung
...	
serverclasscount	ermittelt die Anzahl der Server-Klassen aus der Registrierungs-Datenbank
serverclasses	ermittelt Server-Klasse aus der Registrierungs-Datenbank
ServerType	legt fest oder liefert die Art des OLE-Objektes, das eingebettet = 1, verkettet = 0, oder statisch = 2 sein kann
UpdateOptions	überprüft, ob ein verkettetes Objekt automatisch oder manuell mit Daten aktualisiert wird

Beispiel

```
' VBOLECL.FRM
Sub Copy_Click ()
  Clipboard.Clear
  OleClient1.Action = 4
End Sub

Sub Form_Resize ()
  OleClient1.Width = Form1.Width
  OleClient1.Height = Form1.Width
  OleClient1.Left = 0
  OleClient1.Top = 0
End Sub

Sub Bearbeiten_Click ()
  OleClient1.Class = ""
  OleClient1.ServerType = Embedding
  If OleClient1.PasteOk = TRUE Then
    Paste.Enabled = TRUE
  Else
    Paste.Enabled = FALSE
  End If
  OleClient1.ServerType = Linking
  If OleClient1.PasteOk = TRUE Then
    ObjPaste.Enabled = TRUE
  Else
    ObjPaste.Enabled = FALSE
  End If
  If IsObj = TRUE Then
    Copy.Enabled = TRUE
    Cut.Enabled = TRUE
    Link.Enabled = TRUE
  Else
    Copy.Enabled = FALSE
    Cut.Enabled = FALSE
    Link.Enabled = FALSE
  End If
End Sub

Sub Form_Load ()
  IsObj = FALSE
```

```
    OleClient1.Protocol = "StdFileEditing"
End Sub

Sub Paste_Click ()
  If IsObj = TRUE Then
    OleClient1.Action = 10
  Else
    IsObj = TRUE
  End If
  OleClient1.ServerType = Embedding
  OleClient1.Action = 5
End Sub

Sub OBJPASTE_Click ()
  If IsObj = TRUE Then
    OleClient1.Action = 10
  Else
    IsObj = TRUE
  End If
  OleClient1.ServerType = Linking
  OleClient1.Action = 5
End Sub

Sub OleClient1_DblClick ()
  If IsObj = TRUE Then
    OleClient1.Action = 7
  Else
    Beep
  End If
End Sub

Sub Object_Click ()
  Form2.Show 1
End Sub

Sub Link_Click ()
  Form3.Show 1
End Sub

Sub Form_Unload (Abbrechen As Integer)
  Unload Form2
  Unload Form3
End Sub

Sub CUT_Click ()
  Clipboard.Clear
  OleClient1.Action = 4
  OleClient1.Action = 10
  IsObj = FALSE
End Sub

' VBOLELNK.FRM

Sub Befehl1_Click ()
```

```
    Unload Form3
End Sub

Sub Form_Load ()
  If (Form1.OleClient1.UpdateOptions = 0) Then
    ' Automatisch
    Option1.Value = True
  Else
    If (Form1.OleClient1.UpdateOptions = 2) Then
      ' Manuell
      Option2.Value = True
    Else
      ' Unterbrochen
      Option3.Value = True
    End If
  End If
End Sub

' VBOLEDLG.FRM

Sub Befehl1_Click ()
  If IsObj = TRUE Then
    Form1.OleClient1.Action = 10
  Else
    IsObj = TRUE
  End If
  nr% = list1.ListIndex
  Form1.OleClient1.Class = list1.List(nr%)
  Form1.OleClient1.ServerType = Embedding
  Form1.OleClient1.Action = 0
  Unload Form2
End Sub

Sub Befehl2_Click ()
  Unload Form2
End Sub

Sub Form_Load ()
    Dim i As Integer
    For i = 0 To Form1.OleClient1.serverclasscount - 1
        list1.AddItem Form1.OleClient1.serverclasses(i)
    Next i
End Sub

' VBOLELNK.FRM

Global Const True = -1
Global Const False = 0
Global Const Embedding = 1
Global Const Linking = 0

Global IsObj As Integer
```

Datenaustausch innerhalb von Windows

Das Menü wurde mit Hilfe des Menüentwurfsfensters erstellt und besteht aus folgenden Submenüs und Menüpunkten, von denen bestimmte Eigenschaften initialisiert wurden.

Titel	CtlName	Menüebene	Eigenschaften
Bearbeiten	Bearbeiten	1	C off;E on ; V on
&Ausschneiden	Cut	2	C off;E off; V on
&Kopieren	Copy	2	C off;E off ; V on
&Einfügen	Paste	2	C off;E off; V on
&Inhalte Einfügen	ObjPaste	2	C on;E off V on
&Verbindungen	Link	2	C off;E off; V on
&Einfügen	Einfuegen	1	C off;E on ; V on
&Objekt	Object	2	C off;E on; V on

-    mit C on/off   mit / ohne Checkmark
-    E on/off   enabled / disabled
-    V on/off   sichtbar / versteckt
- Mit Menüebene 1 ist die Menüzeile gemeint.

Drei Forms

Der VisualBasic OLE-Kunde setzt sich aus drei Forms zusammen. Zum einen ist dies Form1, das unser Hauptfenster darstellt und zur Aufnahme eines OLE-Objektes mit Hilfe eines OLE-Client Steuerelementes dient. Die beiden weiteren, Form2 und Form3 besitzen die Aufgabe von Dialogfenstern und werden vom Hauptprogramm über Menüanstoß aufgerufen. Auf zwei verschiedene Arten kann das OLE-Client Steuerelement mit einem Objekt gefüllt werden. Zum einen kann es durch das Einfügen aus der Zwischenablage und zum anderen durch die direkte Auswahl eines OLE-Lieferanten, der gestartet wird, erfolgen. Aus der Zwischenablage darf natürlich nur ein Objekt eingefügt werden, wenn dort tatsächlich eines vorliegt. Deshalb wird das Herunterklappen des Menüs innerhalb des Bearbeiten-Click Ereignisses dazu benutzt, den Inhalt der Zwischenablage zu überprüfen.

```
Sub Bearbeiten_Click ()
  OleClient1.Class = ""
  OleClient1.ServerType = Embedding
  If OleClient1.PasteOk = TRUE Then
    Paste.Enabled = TRUE
  Else
    Paste.Enabled = FALSE
  End If
  OleClient1.ServerType = Linking
  If OleClient1.PasteOk = TRUE Then
    ObjPaste.Enabled = TRUE
  Else
    ObjPaste.Enabled = FALSE
  End If
  If IsObj = TRUE Then
    Copy.Enabled = TRUE
    Cut.Enabled = TRUE
    Link.Enabled = TRUE
```

```
      Else
         Copy.Enabled = FALSE
         Cut.Enabled = FALSE
         Link.Enabled = FALSE
      End If
   End Sub
```

Überprüfung

Die Überprüfung der Zwischenablage geschieht dabei durch die Abfrage der Eigenschaft PasteOk. Diese liefert TRUE zurück, wenn sich ein zum Einbetten bzw. zum Verketten geeignetes Objekt in der Zwischenablage befindet. Dabei dient der Wert von ServerType als Unterscheidungskriterium, ob auf ein verkettetes oder eingebettetes Objekt überprüft werden soll. Daneben wird noch auf das Vorhandensein eines Objektes innerhalb unseres OLE-Client Steuerelementes getestet, wobei hierfür eine eigene Variable IsObj Verwendung findet. Diese wird im Programm auf den Wert TRUE gesetzt, wenn ein neues Objekt entsteht, und wieder auf False zurückgesetzt, wenn das Objekt erneut entfernt wird. Die Variable IsObj dient hauptsächlich zur Entscheidung für die Aktivierung der Menüpunkte *Kopieren*, *Auschneiden* und *Verbindung...* .

Objekt aktivieren
```
   Sub OleClient1_DblClick ()
      If IsObj = TRUE Then
         OleClient1.Action = 7
      Else
         Beep
      End If
   End Sub
```

Besteht erst einmal ein OLE-Objekt, kann dieses durch ein doppeltes Anklicken aktiviert und bearbeitet werden. Zur Sicherheit wird zuvor die Variable IsObj auf das Vorhandensein eines Objektes befragt, da ansonsten die Operation keinen Sinn macht und deshalb mit einer akutischen Meldung abgewiesen wird.

Objekt einfügen

Für ein Einfügen aus der Zwischenablage sind die beiden Ereignisse Paste_Click und ObjPaste_Click zuständig. Dabei bettet Paste_Click ein OLE-Objekt ein und OBJPASTE_Click verkettet ein OLE-Objekt aus der Zwischenablage. Der Vorgang des Erzeugens eines Objektes aus der Zwischenablage geschieht über die Eigenschaft Action, die auf den Wert 5 gesetzt wird. Die Unterscheidung auf einbetten bzw. verketten nimmt die Eigenschaft ServerType vor.

```
   Sub Paste_Click ()
      If IsObj = TRUE Then
         OleClient1.Action = 10
      Else
         IsObj = TRUE
      End If
      OleClient1.ServerType = Embedding
      OleClient1.Action = 5
   End Sub
```

```
Sub OBJPASTE_Click ()
  If IsObj = TRUE Then
    OleClient1.Action = 10
  Else
    IsObj = TRUE
  End If
  OleClient1.ServerType = Linking
  OleClient1.Action = 5
End Sub
```

Kopieren

Falls ein OLE-Objekt existiert, kann dieses durch die beiden Menüpunkte *Kopieren* und *Auschneiden* in die Zwischenablage kopiert werden. Die Tätigkeit des Kopierens in die Zwischenablage kann durch das Setzen der Eigenschaft Action auf den Wert 4 geschehen. Zuvor sollte jedoch durch die Methode Clipboard.Clear die Zwischenablage gelöscht werden. Das Auschneiden unterscheidet sich vom Kopieren durch das zusätzliche Löschen des Objektes aus dem OLE-Client Steuerelement, wobei die Eigenschaft Action mit 10 belegt wird.

```
Sub Copy_Click ()
  Clipboard.Clear
  OleClient1.Action = 4
End Sub

Sub CUT_Click ()
  Clipboard.Clear
  OleClient1.Action = 4
  OleClient1.Action = 10
  IsObj = FALSE
End Sub
```

Neues Objekt

Ein neues Objekt wird durch den Menüpunkt *Objekt* erzeugt, der das Dialogfenster Form2 aufruft. Dieses besteht aus einem Listenfeld, das mit allen in der Registrierungs-Datenbank eingetragenen OLE-Lieferanten (Servern) gefüllt wird. Durch die Eigenschaft serverclasscount wird die Anzahl errechnet, die dann zum einzelnen Auslesen der Server-Klassen über serverclasses notwendig ist.

```
Sub Form_Load ()
    Dim i As Integer
    For i = 0 To Form1.OleClient1.serverclasscount-1
        list1.AddItem Form1.OleClient1.serverclasses(i)
    Next i
End Sub
```

Hat der Bediener den Namen eines OLE-Lieferanten in dem Listenfeld selektiert und die Befehlschaltfläche *Ok* betätigt, wird der Klassenname in die Eigenschaft Class geschrieben. Anschließend erfolgt die Objektgenerierung durch das Setzen der Eigenschaft Action auf den Wert 10. Hierdurch wird bereits das OLE-Lieferantenprogramm gestartet, und es können dort Daten eingegeben werden.

```
Sub Befehl1_Click ()
  If IsObj = TRUE Then
    Form1.OleClient1.Action = 10
  Else
    IsObj = TRUE
  End If
  nr% = list1.ListIndex
  Form1.OleClient1.Class = list1.List(nr%)
  Form1.OleClient1.ServerType = Embedding
  Form1.OleClient1.Action = 0
  Unload Form2
End Sub
```

QC/Win Sehr ähnliche Fähigkeiten besitzt die Lösung des OLE-Kunden als QuickC Programm. Wobei die Fähigkeiten nicht ganz denen des VisualBasic Programmes entsprechen. So wurde z.B. bei der Erzeugung eines neuen Objektes auf die Auswahl eines OLE-Servers verzichtet. Durch diese kleinen Einschränkungen gelingt es noch am besten, das Programm verständlich zu halten.

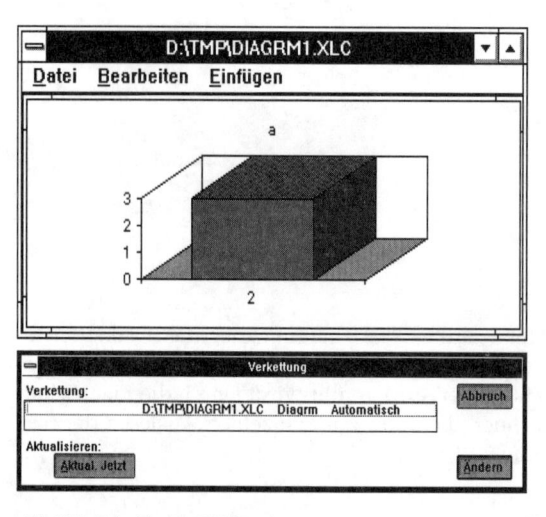

Abb. 288: Beispiel zum OLE-Kunden

Zur Bedienung des Programmes werden die Menüs *Bearbeiten* und *Einfügen* benutzt, um mit der OLE-Bibliothek zu kommunizieren. Ein OLE-Objekt wird über den Menüpunkt *Objekt* des Untermenüs *Einfügen* erzeugt. Durch die Menübetätigung wird Paintbrush gestartet, um eine Zeichnung zu erstellen, die dann in den OLE-Kunden eingebettet wird.

Die Benutzerschnittstelle zur Zwischenablage geschieht durch das Menü *Bearbeiten*. Darunter befinden sich die Fähigkeiten, um ein Objekt in die Zwischenablage zu kopieren

Datenaustausch innerhalb von Windows 765

oder daraus in das Dokument einzufügen. Ebenso ist es möglich, ein verkettetes Objekt einzubringen und Information über die Verkettung zu erhalten. Zudem kann der OLE-Lieferant aktiviert werden.

Das Programm enthält ein Kindfenster, das in der Lage ist, ein OLE-Objekt aufzunehmen. Das OLE-Dokument kann daher immer nur aus maximal einem eingebetteten oder einem verketteten Objekt bestehen. Derzeit werden wir das Abspeichern bzw. Laden in eine Datei noch völlig außer Betracht lassen. Bei der neuen Erzeugung eines Objekts wird sich auf ein Paintbrush-Objekt beschränkt, um auf den Zugriff der Registrierungs-Datenbank verzichten zu können. Zudem kennen wir die Programmierung der Registrierungs-Datenbank bereits aus dem Kapitel Initialisierungsdateien.

neue Funktionen	Kurzbeschreibung
OleActivate	aktiviert Objekt
OleCopyToClipboard	kopiert Objekt
OleCreateFromClip	erzeugt eingebettes Objekt
OleCreateLinkFromClip	erzeugt verkettes Objekt
OleDraw	zeichnet Objekt
OleDelete	zerstört Objekt
OleGetData	ermittelt Daten
OleGetLinkUpdateOptions	ermittelt Update-Option
OleQueryCreateFromClip	fragt Clipboard auf Protokoll ab
OleQueryLinkFromClip	fragt Clipboard auf verkettetes Objekt ab
OleQueryName	ermittelt Namen des Objekts
OleQueryReleaseError	bestimmt Fehlerwert bei asynchroner Operation
OleQueryType	entscheidet, ob Objekt eingebunden, verkettet oder statisch ist
OleQueryReleaseStatus	bestimmt, ob Operation des Objekt beendet
OleRenameClientDoc	informiert Client-Bibliothek über neuen Dokumentennamen
OleRegisterClientDoc	registriert Client Dokument
OleRevokeClientDoc	schließt des Dokument
OleSetHostName	setzt Titelzeile des Servers
OleUpdate	erneuert die Präsentation des Objekts

neue Strukturen	Kurzbeschreibung
OLECIENT	enthält Zeiger auf OLECLIENTVTBL
OLECLIENTVTBL	enthält Callback Funktion

neue Meldungen	Kurzbeschreibung
OLE_CLOSED	Objekt wurde geschlossen
OLE_SAVED	Objekt wurde gesichert
OLE_CHANGED	Objekt wurde geändert
OLE_RELEASE	Freigabe
OLE_WAIT_FOR_RELEASE	wartet auf Freigabe
OLE_OK	beendet ein asynchrone Operation

Beispiel

```
/**************** QCOLECL.C ****************/
```

```c
1   #include "QCOleCl.h"
2
3   int PASCAL WinMain(HANDLE hInstance, HANDLE hPrevInstance,
4                      LPSTR lpszCmdLine, int nCmdShow)
5   {
6       MSG  msg;
7       int  nError;
8
9       strcpy(szarAppName, "QCOleCl");
10      strcpy(szarChildName, "ClientOle");
11      hInst = hInstance;
12
13      if (!hPrevInstance)
14      {
15          /* Registrieren der Fensterklasse(n) bei der 1.
16             Instanz   */
17          if ((nError=nCwRegisterClasses(hInstance)) ==-1)
18          {
19              /* Registrierung schlug fehl.              */
20              LoadString(hInstance, IDS_ERR_CLASS,
21                         szarString, sizeof(szarString));
22              MessageBox(NULL,szarString, NULL,
23                         MB_ICONEXCLAMATION);
24              return nError;
25          }
26      }
27
28      /* Hauptfenster erzeugen                           */
29      hWndParent = CreateWindow(szarAppName,
30                      szarAppName,
31                      WS_OVERLAPPEDWINDOW,
32                      CW_USEDEFAULT, 0,
33                      GetSystemMetrics(SM_CXSCREEN)/3,
34                      GetSystemMetrics(SM_CYSCREEN)/2,
35                      NULL, NULL, hInstance, NULL);
36
37      if(hWndParent == NULL)
38      {
39          LoadString(hInstance, IDS_ERR_WINDOW,
40                     szarString, sizeof(szarString));
41          MessageBox(NULL, szarString, NULL,
42                     MB_ICONEXCLAMATION);
43          return IDS_ERR_WINDOW;
44      }
45      ShowWindow( hWndParent, nCmdShow );
46      UpdateWindow( hWndParent );
47      if ( !KundeOleInit())
48          return FALSE;
49
50
51      while (GetMessage(&msg, NULL, 0, 0))
52      {
53          TranslateMessage(&msg);
54          DispatchMessage(&msg);
55      }
56      return (int)msg.wParam;
57  }
58
59  int nCwRegisterClasses(HANDLE hInstance)
60  {
61      WNDCLASS wcClass;
62
63      wcClass.hCursor = LoadCursor( NULL, IDC_ARROW );
64      wcClass.hIcon = LoadIcon( NULL, IDI_APPLICATION );
65      wcClass.lpszMenuName = (LPSTR)"OleClMenu";
66      wcClass.lpszClassName = szarAppName;
67      wcClass.hbrBackground =
68                          (HBRUSH)GetStockObject(WHITE_BRUSH);
69      wcClass.hInstance = hInstance;
70      wcClass.style = CS_VREDRAW | CS_HREDRAW;
71      wcClass.lpfnWndProc = MainWndProc;
72      wcClass.cbClsExtra = 0 ;
73      wcClass.cbWndExtra = 0 ;
74
75      if (!RegisterClass( &wcClass ) )
76          return FALSE;
77
78      wcClass.hIcon = NULL;
79      wcClass.lpszMenuName = NULL;
80      wcClass.lpszClassName = szarChildName;
81      wcClass.style = CS_DBLCLKS | CS_VREDRAW |
82                      CS_HREDRAW;
83      wcClass.lpfnWndProc = KundeOleWndProc;
84
85      if (!RegisterClass( &wcClass ) )
86          return FALSE;
87
88      return TRUE;
89  }
90
91
92  long FAR PASCAL MainWndProc(HWND hWnd, unsigned
93                  message, WORD wParam, LONG lParam )
94  {
95
96      switch (message)
97      {
98          case WM_CREATE:
99              break;
100
101         case WM_INITMENU:
102             MenueAktual( (HMENU)wParam );
103             break;
104
105         case WM_COMMAND:
106             switch(wParam)
107             {
108                 case IDM_CUT:
109                     KundeOleObjektBesetzt();
110                     if (!KundeOleObjektKopieren())
111                         FehlerMeldung(F_ABLAGE_AUSSCHN);
112                     KundeOleObjektBesetzt();
113                     KundeOleObjektLoeschen();
114                     break;
115
116                 case IDM_COPY:
117                     if (!KundeOleObjektKopieren())
118                         FehlerMeldung(F_ABLAGE_KOPIER);
119                     break;
120
121                 case IDM_CLEAR:
122                     KundeOleObjektBesetzt();
123                     KundeOleObjektLoeschen();
124                     break;
125
126                 case IDM_PASTE:
127                     if (hwndChild)
128                         KundeOleObjektBesetzt();
129
130                     KundeOleObjektLoeschen();
131                     if (!KundeOleObjektEinfuegen(TRUE))
132                     {
133                         FehlerMeldung(F_ABLAGE_EINFUEG);
134                         break;
135                     }
136                     break;
137
138                 case IDM_PASTELINK:
139                     if (hwndChild)
140                         KundeOleObjektBesetzt();
141
142                     KundeOleObjektLoeschen();
143                     if (!KundeOleObjektEinfuegen(FALSE))
144                     {
145                         FehlerMeldung(F_ABLAGE_EINFUEG);
146                         break;
147                     }
148                     break;
149
150                 case IDM_LINKS:
151                     DialogBox(hInst, MAKEINTRESOURCE(DTPROP),
152                         hWndParent, lpKundeOleVerkettung);
153                     break;
154
155                 case IDM_INSERT:
156                     if (hwndChild)
157                         KundeOleObjektBesetzt();
158
159                     KundeOleObjektLoeschen();
160                     /* eingebundes (embedded) OLE-Objekt
161                        erzeugen */
162                     if (!KundeOleObjektEinbetten())
163                     {
164                         FehlerMeldung(F_OBJEKT_ERZEUG);
165                         return FALSE;
166                     }
167                     break;
168
169
170                 case IDM_EXIT:
171                     KundeOleObjektBesetzt();
172                     SendMessage(hWnd, WM_SYSCOMMAND,
173                                 SC_CLOSE, 0L);
174                     break;
175
176                 case IDM_OBJECT:
177                     /* es wurde ein Tätigkeitswort betätigt */
178                     KundeOleTaetigkeit( OLEVERB_PRIMARY);
179                     break;
180
181                 default:
182                     break;
183             }
184             break;
185
186         case WM_CLOSE:
187             KundeOleObjektBesetzt();
188             KundeOleObjektLoeschen();
189
190             /* Meldet das OLE-Kundendokument ab. */
191             KundeOleDokumentAbmelden();
192
193             DestroyWindow( hWnd );
194             break;
195
196         case WM_DESTROY:
197             KundeOleEnde();
198             PostQuitMessage(0);
199             break;
200
```

Datenaustausch innerhalb von Windows

```
        case WM_QUERYENDSESSION:
            KundeOleObjektBesetzt();
            break;

        default:
            return (DefWindowProc( hWnd, message, wParam,
                                                lParam ));
            break;
        }
    return(0L);
}

long FAR PASCAL KundeOleWndProc(HWND hwnd, unsigned msg,
    WORD wParam, LONG lParam)
{
    HANDLE      hData;
    PAINTSTRUCT ps;
    POINT       pt;
    RECT        rc;

    switch (msg)
    {
        case WM_INVALID_LINK:
            /* Private Meldung */
            if ((FehlerOle(OLE_ERROR_OPEN) == VERSUCHE) &&
                 (wParam == OLE_UPDATE))
                PostMessage (hwnd, WM_COMMAND,
                                    IDD_UPDATE, 0L);
            break;

        case WM_PAINT:
            BeginPaint(hwnd, (LPPAINTSTRUCT)&ps);

            // Zeichnen des Child Windows
            GetClientRect(hwnd, &rc);
            OleDraw( lpObject, ps.hdc, &rc, NULL, NULL);
            EndPaint(hwnd, (LPPAINTSTRUCT)&ps);
            break;

        case WM_COMMAND:
            switch (wParam)
            {
                case IDD_EDIT:
                    PostMessage(hWndParent, WM_COMMAND,
                                        IDM_OBJECT, 0L);
                    break;

                case IDD_UPDATE:   /* Aktualisieren des
                                        verketteten Objektes */
                    if ( otObject == OT_LINK)
                    {
                        if (FehlerOle(OleUpdate( lpObject)))
                        {
                            if(OleQueryReleaseError( lpObject) ==
                                OLE_ERROR_LAUNCH )
                                FehlerMeldung(F_SERVER_START);
                        }
                    }
                    break;

                case IDD_DESTROY:
                    DestroyWindow(hwnd);
                    return 0L;

                case IDD_LINKDONE:
                    /* Die Aktualisierung der Verkettung ist
                        beendet. */
                    PostMessage(hwndChild, WM_UPDATE, 0, 0L);
                    break;

                default:
                    break;
                }
            break;

        case WM_LBUTTONDBLCLK:
            /* OLE-Objekt bearbeiten */
            PostMessage(hWndParent, WM_COMMAND,
                                IDM_OBJECT, 0L);
            break;

        default:
            return (DefWindowProc(hwnd, msg,
                            wParam, lParam));
            break;
        }

}

/* Die Funktion belegt die Titelzeile des
    Hauptfensters mit dem OLE-Dokumenten-
    Name und registriert das Objekt als
    Client Ole Dokument. */
void FAR KundeOleTitel( LPSTR lpTitel)
{
    if (lhClientDoc)
    {
        if (FehlerOle(OleRenameClientDoc( lhClientDoc,
                                            lpTitel)))
            FehlerMeldung(W_OLE_MITTEILUNG));
    }
    else
    {
        if (FehlerOle(OleRegisterClientDoc(
                szarAppName,lpTitel, 0L, &lhClientDoc)))
        {
            FehlerMeldung(W_OLE_MITTEILUNG);
            lhClientDoc = NULL;
        }
    }
    SetWindowText(hWndParent, lpTitel);
}

/* gibt eine Messagebox mit Fehlertext aus.
    Der Fehlertext wird aus der Stringtable geladen.
    Der Übergabeparameter ist der Index auf die
    Stringtable.
*/
void FehlerMeldung(WORD iIndex)
{
    char sz[80];

    /* Existiert kein OLE-Kunden-Dokument, braucht
        auch kein Fehlertext ausgegeben zu werden. */
    if (lhClientDoc == NULL)
        return;

    LoadString(hInst, iIndex, sz, 80);
    MessageBox(hWndParent, sz, szarAppName, MB_OK |
                                MB_ICONEXCLAMATION);
}

/* Die Funktion wartet, bis alle asynchronen OLE-
    Operationen beendet wurden. Erst wenn der
    Wartezähler NULL ist, wird weitergearbeitet.
*/
void KundeOleAlleWarten(void)
{
    MSG msgWait;

    if (cOleWarten)
    {
        while (cOleWarten)
        {
            if (GetMessage(&msgWait, NULL, NULL, NULL))
                DispatchMessage(&msgWait);
        }
    }
}

/* Die Funktion entfernt das OLE-Objekt und meldet
    das OLE-Kundendokument ab.
*/
void KundeOleDokumentAbmelden(void)
{
    /* Kind-Fenster zerstören */
    if (hwndChild)
    {
        DestroyWindow(hwndChild);
        hwndChild = NULL;
    }
    /* Warte bis OLE vollständig frei ist */
    KundeOleAlleWarten();

    /* Freigeben des OLE-Dokumentes */
    if (lhClientDoc)
    {
        if (FehlerOle(OleRevokeClientDoc(lhClientDoc)))
            FehlerMeldung(W_OLE_MITTEILUNG);

        lhClientDoc = NULL;
    }
}

/* Die Funktion überprüft, ob OLE-Objekt belegt ist,
    und gibt dann eine Meldung aus.
    Die Rückgabe ist FALSE, wenn das Objekt frei ist
    bzw. TRUE wenn es besetzt ist.
*/
BOOL KundeOleObjektBesetzt (void)
{
    BOOL    fBelegt = FALSE;
    LONG    objType;
    HANDLE  hLink;
    LPSTR   lpLink;
    char    str[200];

    if ((OleQueryType(lpObject, &objType) == OLE_OK)
        && (objType != OT_STATIC)
        && (OleQueryReleaseStatus(lpObject) ==
                                        OLE_BUSY))
    {
        fBelegt = TRUE;
        if (OleGetData(lpObject, objType == OT_LINK ?
            vcfLink : vcfOwnerLink, &hLink) == OLE_OK)
        {
            if (lpLink = (LPSTR) GlobalLock (hLink))
            {
                wsprintf ((LPSTR)str, "OLE %s Server ist \
                    \besetzt! Bitte freigeben", lpLink);
                MessageBox(hWndParent, str, szarAppName,
                    MB_OK | MB_ICONEXCLAMATION);
                GlobalUnlock (hLink);
            }
        }
    }
    return( fBelegt);
}
```

```
417  /* Löschen des OLE-Client Dokumentes */
418  void FAR KundeOleObjektLoeschen( void)
419  {
420      if (hwndChild == 0)
421          return;
422
423      if (FehlerOle( OleDelete( lpObject)))
424          FehlerMeldung(F_OBJEKT_LOESCH);
425
426      DestroyWindow(hwndChild);
427      hwndChild = 0;
428  }
429
430
431  /* Kopiert ein OLE-Objekt in die Zwischenablage. */
432  BOOL FAR KundeOleObjektKopieren( void)
433  {
434      BOOL fRueck = FALSE;
435
436      /* Wenn das OLE-Objekt nicht existiert, kann nicht
437         kopiert werden. */
438      if ( !lpObject)
439          return( FALSE);
440
441      /* Überprüfen, ob die Zwischenablage
442         geöffnet werden kann */
443      if (!OpenClipboard(hWndParent))
444          return( FALSE);
445
446      /* Zwischenablage löschen */
447      EmptyClipboard();
448
449      fRueck = !FehlerOle(OleCopyToClipboard(
450                                lpObject));
451
452      CloseClipboard();
453      return( fRueck);
454  }
455
456  /* Einfügen eines OLE-Objekts aus der Zwischenablage.
457     Der Parameter fTyp gibt an, ob es ein
458     eingebundenes (embedded) oder ein verkettetes
459     (linked) Objekt ist.
460  */
461  HWND FAR KundeOleObjektEinfuegen(BOOL fTyp)
462  {
463      LONG  objType;
464      WORD  wBuffSize = 50;
465
466      if (!OpenClipboard(hWndParent))
467          return( NULL); /* Das Clipboard konnte nicht
468                            geöffnet werden. */
469
470      if (fTyp)    // OLE-Objekt einbinden Embedding
471      {
472          // OLE-Objekt erzeugen
473          if (FehlerOle(OleCreateFromClip(PROTOCOL,
474              lpclient, lhClientDoc, szarObjectName,
475              &lpObject, olerender_draw, 0)))
476          {
477              if (FehlerOle(OleCreateFromClip(SPROTOCOL,
478                  lpclient, lhClientDoc, szarObjectName,
479                  &lpObject, olerender_draw, 0)))
480                  lpObject = NULL;
481              else
482                  otObject = OT_STATIC;
483          }
484          else
485          {
486              // den OLE-Objekttyp ermitteln
487              OleQueryType(lpObject, &objType);
488              switch (objType)
489              {
490                  case OT_EMBEDDED:
491                      otObject = OT_EMBEDDED;
492                      break;
493
494                  case OT_LINK:
495                      otObject = OT_LINK;
496                      break;
497
498                  default:
499                      otObject = OT_STATIC;
500                      break;
501              }
502          }
503      }
504      else     // OLE-Verkettung erzeugen
505      {
506          if (FehlerOle(OleCreateLinkFromClip(PROTOCOL,
507              lpclient, lhClientDoc, szarObjectName,
508              &lpObject, olerender_draw, 0)))
509              lpObject = NULL;
510          else
511              otObject = OT_LINK;
512      }
513      CloseClipboard();
514
515      if (!lpObject)
516          return( NULL);
517
518      return( KundeOleFensterErzeugen( TRUE));
519  }
520
521  /* Zentrale Fehlerroutine zur Auswertung der OLE-
522     Fehler; ist die OLE-Mitteilung
523     OLE_WAIT_FOR_RELEASE, wird der
524     Wartezähler der OLE-Objekte erhöht.
525  */
526  BOOL FAR FehlerOle(OLESTATUS olestat)
527  {
528      switch (olestat)
529      {
530          case OLE_WAIT_FOR_RELEASE:
531              cOleWarten++; /* Wartezähler erhöhen */
532
533          case OLE_OK:
534              return( FALSE);
535
536          case OLE_ERROR_STATIC:
537              FehlerMeldung(W_OBJEKT_STATIC);
538              break;
539
540          case OLE_ERROR_REQUEST_PICT:
541          case OLE_ERROR_ADVISE_RENAME:
542          case OLE_ERROR_DOVERB:
543          case OLE_ERROR_SHOW:
544          case OLE_ERROR_OPEN:
545          case OLE_ERROR_NETWORK:
546          case OLE_ERROR_ADVISE_PICT:
547          case OLE_ERROR_COMM:
548              FehlerMeldung( F_VERKETTUNG );
549              break;
550
551          case OLE_BUSY:
552              FehlerMeldung( F_SERVER_BELEGT);
553
554          default:
555              break;
556      }
557      return( TRUE);
558  }
559
560  /* Benachrichtigungsfunktion für den OLE-Kunden */
561  int FAR PASCAL CallBack(LPOLECLIENT lpclient,
562              OLE_NOTIFICATION flags, LPOLEOBJECT lpObject)
563  {
564      RECT    rc;
565      WORD    method;
566      HDC     hDC;
567      WORD    mapm;
568
569
570      switch (flags)
571      {
572          case OLE_CLOSED:
573          case OLE_SAVED:
574          case OLE_CHANGED:
575              if ( hwndChild)
576              {
577                  /* Überprüfen, ob ein OleCreate() vorliegt,
578                     oder nur die Größe aktualisiert wird */
579                  if (!(!fVisible) || (fTrackSize))
580                  {
581                      if (!FehlerOle(OleQueryBounds(lpObject,
582                                                   &rc)))
583                      {
584                          /* Umrechnung von logischen Koordinaten
585                             in HIMETRIC von OleQueryBounds in
586                             Bildschirmkoordinaten */
587                          hDC = GetDC(NULL);
588                          mapm = SetMapMode(hDC, MM_HIMETRIC);
589                          LPtoDP(hDC, (LPPOINT)&rc, 2);
590                          SetMapMode(hDC, mapm);
591                          ReleaseDC(NULL, hDC);
592
593                          SetWindowPos(hwndChild, NULL, 0, 0,
594                              rc.right/2, rc.bottom/2, SWP_NOZORDER
595                              | SWP_NOMOVE | SWP_DRAWFRAME);
596
597                          fVisible = TRUE;
598                          ShowWindow( hwndChild, SW_SHOW);
599                      }
600                  }
601                  else
602                  {
603                      if( flags == OLE_CLOSED )
604                      {
605                          /* Es wurden keine Daten für das
606                             Objekt erhalten. */
607                          PostMessage(hwndChild, WM_COMMAND,
608                                              IDD_DESTROY, 0L);
609                          break;
610                      }
611                  }
612                  InvalidateRect(hwndChild, NULL, TRUE);
613              }
614              break;
615
616          case OLE_RELEASE:
617          {
618              if (cOleWarten)
619              {
620                  /* Wartezähler dekrementieren */
621                  --cOleWarten;
622              }
623              else
624                  FehlerMeldung(F_FREIGABE);
625
626              switch ( OleQueryReleaseError(lpObject))
627              {
628                  case OLE_OK:
629                      switch (OleQueryReleaseMethod(lpObject))
630                      {
631                          case OLE_SETUPDATEOPTIONS:
632                              PostMessage(hwndChild, WM_COMMAND,
```

```
                   IDD_LINKDONE, 0L);                    {
        break;                                              GlobalUnlock(hobjClient);
                                                            GlobalFree(hobjClient);
    default:                                                return( FALSE);
        break;                                          }
    }                                                   /* Belegen OLECLIENT Struktur
    break;                                                 Eintragen der OLE-Callback Benachrichtigungs-
                                                           Funktion */
case OLE_ERROR_STATIC:                              lpclient->lpvtbl = (LPOLECLIENTVTBL)&clientTbl;
    FehlerMeldung(W_OBJEKT_STATIC);                 lpclient->lpvtbl->CallBack =
    break;                                                   MakeProcInstance(CallBack, hInst);

case OLE_ERROR_REQUEST_PICT:                        // Eintragen der Dialogfunktion
case OLE_ERROR_ADVISE_RENAME:                       lpKundeOleVerkettung =
case OLE_ERROR_DOVERB:                                     MakeProcInstance( KundeOleVerkettung, hInst);
case OLE_ERROR_SHOW:
case OLE_ERROR_OPEN:                                /* Belegen der Titelzeile und Registrieren
case OLE_ERROR_NETWORK:                                    als Client-OLE Dokument */
case OLE_ERROR_ADVISE_PICT:                         KundeOleTitel(szarObjectName);
case OLE_ERROR_COMM:
    if ((method = OleQueryReleaseMethod                 return( TRUE);
        (lpObject)) != OLE_UPDATE)                  }
        method = NULL;

    PostMessage(hwndChild, WM_INVALID_LINK,         // Aktivieren bzw. Deaktivieren der Menüeinträge
                method, 0L);                        void FAR MenueAktual( HMENU hMenu)
    break;                                          {
                                                        int MenuStatus = MF_GRAYED;        /* Zustand des
default:                                                                                      Menüpunktes */
    switch (OleQueryReleaseMethod(lpObject))
    {                                                   /* Ausschneiden, Kopieren und Löschen ist nur
    case OLE_DELETE:                                       möglich, wenn Client-OLE Fenster existiert. */
        FehlerMeldung(F_OBJEKT_LOESCH);                 MenuStatus = (hwndChild ? MF_ENABLED : MF_GRAYED);
        break;                                          EnableMenuItem(hMenu, IDM_CUT, MenuStatus);
                                                        EnableMenuItem(hMenu, IDM_COPY, MenuStatus);
    case OLE_LNKPASTE:                                  EnableMenuItem(hMenu, IDM_CLEAR, MenuStatus);
        FehlerMeldung(F_ABLAGE_EINFUEG);                EnableMenuItem(hMenu, IDM_OBJECT, MenuStatus);
        break;
                                                        /* Der Menüpunkte Verkettung darf nur aktiviert
    case OLE_ACTIVATE:                                     werden, wenn das OLE-Client-Dokument
        FehlerMeldung(F_SERVER_START);                     registriert wurde. */
        break;                                          if (!lhClientDoc)
                                                        {
    case OLE_UPDATE:                                        EnableMenuItem(hMenu, IDM_LINKS, MF_GRAYED);
        FehlerMeldung(F_AKTUALISIER);                   }
        break;                                          else
                                                        {
    case OLE_CREATE:                                        EnableMenuItem(hMenu, IDM_LINKS, otObject ==
        FehlerMeldung(F_OBJEKT_ERZEUG);                             OT_LINK ? MF_ENABLED : MF_GRAYED);
        break;                                          }

    default:                                            /* Abfragen, ob ein OLE-Objekt im
        break;                                             Clipboard steht */
    }                                                   if ((OleQueryCreateFromClip(PROTOCOL,
    break;                                                  olerender_draw, 0) == OLE_OK
                                                            || OleQueryCreateFromClip(SPROTOCOL,
case OLE_QUERY_RETRY:                                       olerender_draw, 0) == OLE_OK))
case OLE_QUERY_PAINT:                                   EnableMenuItem(hMenu, IDM_PASTE, MF_ENABLED);
    /* Es soll weitergezeichnet bzw.                    else
       weiter versucht werden. */                       EnableMenuItem(hMenu, IDM_PASTE, MF_GRAYED);
    return( TRUE);
                                                        /* Abfragen, ob ein OLE-Objekt zur Verkettung
default:                                                   (linked) im Clipboard steht */
    break;                                              if (OleQueryLinkFromClip(PROTOCOL,
}                                                           olerender_draw, 0) == OLE_OK)
return( FALSE);                                         EnableMenuItem(hMenu, IDM_PASTELINK,
}                                                                                 MF_ENABLED);
                                                        else
// Erzeugen eines eingebundenen Objektes (Embedded)     EnableMenuItem(hMenu, IDM_PASTELINK,
                                                                                  MF_GRAYED);
HWND FAR KundeOleObjektEinbetten(void)              }
{
    char szClassName[255]; /* Klassenname für
                              OleCreate() */         // Ausführen des Tätigkeitsworts (Verb)
                                                     void FAR KundeOleTaetigkeit(int iVerb)
    lstrcpy( szClassName, "PBrush" );                {
    if (FehlerOle(OleCreate(PROTOCOL, lpclient,          RECT      rc;
        (LPSTR)szClassName, lhClientDoc,
        szarObjectName,&lpObject, olerender_draw, 0)))   if( hwndChild == NULL )
        return( NULL);                                       return;

    otObject = OT_EMBEDDED; /* Objekttyp ist             if ( otObject == OT_STATIC)
                eingebunden (embedded). */                   return;   /* Ein statisches Objekt besitzt keine
    return( KundeOleFensterErzeugen( FALSE));                             Tätigkeit. */

/*                                                       GetClientRect(hwndChild, (LPRECT)&rc);
    Die Funktion KundeOleInit initialisiert die OLE-
    Client-Strukturen. Als erstes werden die Clipboard   /* Ausführen des Tätigkeitswortes */
    Formate registriert.                                 if (FehlerOle(OleActivate( lpObject, iVerb, TRUE,
*/                                                           TRUE, hwndChild, &rc)))
BOOL FAR KundeOleInit(void)                          {
{                                                        if(OleQueryReleaseError( lpObject) ==
    // Registrieren des Clipboard-Formats für OLE                     OLE_ERROR_LAUNCH )
    vcfLink     =RegisterClipboardFormat("ObjectLink");      FehlerMeldung( F_SERVER_START );
    vcfNative   =RegisterClipboardFormat("Native");      }
    vcfOwnerLink=RegisterClipboardFormat("OwnerLink");  }

    // belegt die OLECLIENT Struktur                    /* Erzeugen des OLE-Client Fensters, das das OLE-
    hobjClient = GlobalAlloc(GMEM_FIXED |                  Dokument darstellen soll
            GMEM_ZEROINIT, sizeof(OLECLIENT));          */
    lpclient = (LPOLECLIENT)GlobalLock(hobjClient);    HWND KundeOleFensterErzeugen( BOOL fShow)
    if ( !lpclient || !hobjClient)                    {
                                                        HANDLE     hdata;
                                                        LPSTR      lpdata;
                                                        RECT       rc;
                                                        int cb = 14;
                                                        char sz[14];
```

```
849
850    GetClientRect( hWndParent, &rc);
851
852    // child window erzeugen
853    if ( hwndChild == 0)
854    {
855      hwndChild = CreateWindow( szarChildName, "",
856                    WS_CHILD | WS_CLIPSIBLINGS |
857                    WS_THICKFRAME | WS_BORDER,
858                    rc.left, rc.top,
859                    rc.right - rc.left,
860                    rc.bottom - rc.top,
861                    hWndParent, NULL, hInst, NULL);
862    }
863    KundeOleWarten(lpObject);
864
865    fVisible = fShow;
866    fTrackSize = TRUE;
867
868    /* handelt es sich um ein eingebundes (embedded)
869       OLE-Objekt */
870    if( otObject == OT_EMBEDDED )
871    {
872      /* Name des eingebundenen OLE-Objekts
873         ermitteln */
874      OleQueryName(lpObject, (LPSTR)sz, &cb );
875      FehlerOle(OleSetHostNames(lpObject,
876                (LPSTR)szarAppName, (LPSTR)sz ));
877      KundeOleTitel( szarObjectName);
878    }
879
880    /* handelt es sich um ein
881       verkettetes (linked) OLE-Objekt */
882    if (otObject == OT_LINK)
883    {
884      /* Name des verketteten OLE-Objekts ermitteln */
885      if ((hdata = KundeOleObjektGetData( vcfLink))
886           && (lpdata = GlobalLock(hdata)))
887      {
888        while (*lpdata++);   /* hinter den Server-Namen
889                                positionieren */
890        lstrcpy( cLinkName, lpdata);
891        GlobalUnlock(hdata);
892      }
893      else
894        lstrcpy( cLinkName, "");
895      KundeOleTitel( cLinkName);
896    }
897    // Fenster anzeigen, wenn fShow TRUE ist
898    if( fShow )
899      ShowWindow(hwndChild, SW_SHOW);
900    return( hwndChild);
901  }
902
903
904  /* Dialogbox-Routine für Verkettung
905     Hierüber ist es möglich, Informationen über die
906     Verkettung zu betrachten, das Objekt zu
907     aktualisieren oder zu ändern.
908  */
909  BOOL FAR PASCAL KundeOleVerkettung(HWND hDlg,
910       unsigned msg, WORD wParam, LONG lParam)
911  {
912    HWND    hwndList;    // Handle auf Listbox
913    HANDLE  hData = NULL;
914    LPSTR   lpstrData = NULL;
915    char    szType[30];
916    char    szFull[255];
917
918    switch (msg)
919    {
920      case WM_INITDIALOG:
921      {
922        /* Handle auf Listbox ermitteln, die
923           Verkettung anzeigt */
924        hwndList = GetDlgItem(hDlg, IDD_LINKNAME);
925
926        // Es darf nur ein verkettetes Objekt sein.
927        if ( otObject == OT_LINK)
928        {
929          if (!(hData = KundeOleObjektGetData(
930                         vcfLink)))
931          {
932            FehlerMeldung(F_ABLAGE_EINFUEG);
933            return(TRUE);
934          }
935          /* Ermittle automatische oder manuelle
936             Verbindung */
937          switch (KundeOleObjektGetUpdateOpt())
938          {
939            case oleupdate_always:
940              lstrcpy( szType, "Automatisch");
941              break;
942
943            case oleupdate_oncall:
944              lstrcpy( szType, "Manuell");
945              break;
946
947            default:
948              lstrcpy( szType, "Abgebrochen");
949          }
950          lpstrData = GlobalLock(hData);
951
952          // Klassennamen des Servers
953          lstrcpy(szFull, "PaintBrush Picture");
954          lstrcat(szFull, "  ");
955
956          /* Ermitteln des Dokumentennamens und
957             Elementennamens */
958          while (*lpstrData++);
959          lstrcpy( cLinkName, lpstrData);
960
961          // Der Dateiname wird angefügt.
962          lstrcat(szFull, lpstrData);
963          lstrcat(szFull, "  ");
964
965          // Der Elementname wird angefügt.
966          while (*lpstrData++);
967          lstrcat(szFull, lpstrData);
968          lstrcat(szFull, "  ");
969
970          // Anfügen des Verbindungstypes
971          lstrcat(szFull, szType);
972
973          // Bezeichnung an die Listbox übertragen
974          SendMessage(hwndList, LB_ADDSTRING, 0,
975                      (LONG)(LPSTR)szFull);
976
977          GlobalUnlock(hData);
978        }
979        return( TRUE);
980      }
981
982      case WM_COMMAND:
983      {
984        hwndList = GetDlgItem(hDlg, IDD_LINKNAME);
985        switch (wParam)
986        {
987          case IDCANCEL:
988            EndDialog(hDlg, FALSE);
989            return TRUE;
990
991          case IDD_EDIT:
992            SendMessage(hwndChild, WM_COMMAND,
993                        wParam, 0L);
994            EndDialog(hDlg, TRUE);
995            return TRUE;
996
997          case IDD_UPDATE:
998            SendMessage(hwndChild, WM_COMMAND,
999                        wParam, 0L);
1000           return TRUE;
1001
1002         default:
1003           break;
1004       }
1005     }
1006     default:
1007       return( FALSE);
1008   }
1009 }
1010
1011
1012 /* Ermitteln der Informationen über die OLE-
1013    Verkettung; der Parameter ClipFormat legt fest,
1014    welche Informationen ermittelt werden sollen. Als
1015    Rückgabe erfolgt das Handle auf die Information
1016    oder NULL im Fehlerfall.
1017 */
1018 HANDLE FAR KundeOleObjektGetData( OLECLIPFORMAT
1019                                   ClipFormat)
1020 {
1021   BOOL    fErfolg = FALSE;
1022   HANDLE  hData;       /* Handle auf die
1023                           gewünschten Daten */
1024
1025   fErfolg = !FehlerOle(OleGetData( lpObject,
1026                        ClipFormat, &hData));
1027
1028   return (fErfolg ? hData : NULL);
1029 }
1030
1031
1032 /* Für ein verkettetes Objekt wird der Status der
1033    Aktualisierung abgefragt; der Rückgabewert kann
1034    dabei die Werte oleupdate_always,
1035    oleupdate_oncall oder oleupdate_onsave besitzen.
1036 */
1037 OLEOPT_UPDATE KundeOleObjektGetUpdateOpt(void)
1038 {
1039   BOOL          fErfolg = FALSE;
1040   OLEOPT_UPDATE fAktual; /* Option der
1041                             Aktualisierung des Objektes */
1042
1043   /* Die Abfrage ist nur für ein
1044      verkettetes Objekt sinnvoll. */
1045   if ( otObject == OT_LINK)
1046     fErfolg = !FehlerOle(OleGetLinkUpdateOptions(
1047                          lpObject, &fAktual));
1048
1049   return (fErfolg ? fAktual : oleupdate_onsave);
1050 }
1051
1052
1053 /* Speicher der OLECLIENT-Struktur freigeben */
1054 void FAR KundeOleEnde(void)
1055 {
1056   if (lpclient)
1057   {
1058     GlobalUnlock(hobjClient);
1059     GlobalFree(hobjClient);
1060     lpclient = NULL;
1061   }
1062 }
1063
1064 /* Warteschleife, solange das Objekt besetzt ist */
```

```
1065  void KundeOleWarten(LPOLEOBJECT lpObject)
1066  {
1067    MSG   msg;
1068
1069    while (OleQueryReleaseStatus(lpObject) ==
1070                                    OLE_BUSY)
1071    {
1072      if (GetMessage(&msg, NULL, 0, 0))
1073      {
1074        TranslateMessage(&msg);
1075        DispatchMessage(&msg);
1076      }
1077    }
1078  }
1079  /*            QCOLECL.H                      */
1080
1081  #include <windows.h>
1082  #include <string.h>
1083  #include <ole.h>
1084
1085  char  szarString[128];    /* Variable zum Laden der
1086                               Resource-Texte */
1087  char  szarAppName[20];/* Klassenname des Fensters */
1088  char  szarChildName[20];  /* Klassenname des
1089                               Kindfensters */
1090  char  szarObjectName[] = {"QCOLECL_###0"};   /*
1091                               Name des OLE Dokuments */
1092  HANDLE hInst;
1093  HWND  hwndParent;         /* Hauptfenster */
1094  HWND  hwndChild = 0;      /* Fenster, daß OLE-Objekt
1095                               enthält */
1096
1097  LPOLECLIENT lpclient;
1098  LPOLEOBJECT lpObject;     /* Zeiger auf OLE-Objekt  */
1099  WORD  otObject;           /* Typ des OLE-Objekts    */
1100  BOOL  fVisible;           /* wenn TRUE, dann erfolgt
1101                               Anzeige */
1102  BOOL  fTrackSize;         /* wenn TRUE, dann
1103                               automatische Größe */
1104  char  cLinkName[255];     /* OLE-Verkettung (linked)
1105                               Name des Dokuments */
1106  OLECLIENTVTBL clientTbl;
1107  OLECLIPFORMAT vcfLink = 0;    /* Clipboard-Format
1108                                   "ObjectLink" */
1109  OLECLIPFORMAT vcfNative = 0;  /* Clipboard-Format
1110                                   "Native" */
1111  OLECLIPFORMAT vcfOwnerLink = 0; /* Clipboard-Format
1112                                     "OwnerLink" */
1113  FARPROC lpKundeOleVerkettung;   /* Dialog-Funktion
1114                                     für Verkettung */
1115  HANDLE hobjClient;            /* Handle auf
1116                                   Client vtbl */
1117  LHCLIENTDOC lhClientDoc = NULL; /* Handle auf OLE-
1118                                     Kunden-Dokument */
1119  unsigned int cOleWarten = 0;   /* Zähler der
1120                                    ansynchronen OLE-Transaktionen */
1121
1122  int       nCWRegisterClasses(HANDLE);
1123  long FAR PASCAL MainWndProc( HWND, unsigned,
1124                                      WORD, LONG);
1125  long FAR PASCAL KundeOleWndProc( HWND, unsigned,
1126                                      WORD, LONG);
1127  void      FehlerMeldung( WORD);
1128  BOOL      FehlerOle(OLESTATUS);
1129  void FAR  MenueAktual( HMENU);
1130
1131  HANDLE FAR KundeOleObjektGetData( OLECLIPFORMAT);
1132  BOOL  FAR KundeOleObjektKopieren(void);
1133  HWND  FAR KundeOleObjektEinfuegen(BOOL);
1134  void  FAR KundeOleObjektLoeschen(void);
1135  BOOL      KundeOleObjektBesetzt(void);
1136  OLEOPT_UPDATE KundeOleObjektGetUpdateOpt(void);
1137  HWND  FAR KundeOleObjektEinbetten(void);
1138
1139  BOOL FAR PASCAL KundeOleVerkettung(HWND, unsigned,
1140                                      WORD, LONG);
1141  HWND      KundeOleFensterErzeugen( BOOL);
1142  void  FAR KundeOleEnde(void);
1143  void  FAR KundeOleDokumentAbmelden(void);
1144  BOOL  FAR KundeOleInit(void);
1145  void  FAR KundeOleTitel(LPSTR);
1146  void      KundeOleAlleWarten(void);
1147  void  FAR KundeOleWarten(LPOLEOBJECT);
1148  void  FAR KundeOleTaetigkeit(int);
1149
1150  /* Menü */
1151  #define IDM_EXIT       0x100
1152  #define IDM_CUT        0x101
1153  #define IDM_COPY       0x102
1154  #define IDM_PASTE      0x103
1155  #define IDM_PASTELINK  0x104
1156  #define IDM_CLEAR      0x105
1157  #define IDM_LINKS      0x106
1158  #define IDM_OBJECT     0x107
1159  #define IDM_INSERT     0x108
1160
1161  /* Dialogbox */
1162  #define DTPROP          1
1163  #define IDD_LINKNAME   0x300
1164  #define IDD_EDIT       0x301 // Button: Bearbeiten
1165  #define IDD_UPDATE     0x302 // Button: Aktualisieren
1166  #define IDD_LINKDONE   0x303
1167  #define IDD_LISTBOX    0x304 // Listbox
1168  #define IDD_DESTROY    0x305
1169
1170  /* Fehlermeldungen */
1171  #define IDS_ERR_CLASS    20
1172  #define IDS_ERR_WINDOW   21
1173  #define F_OBJEKT_LOESCH  0x200
1174  #define F_ABLAGE_AUSSCHN 0x201
1175  #define F_ABLAGE_KOPIER  0x202
1176  #define F_ABLAGE_EINFUEG 0x203
1177  #define F_OBJEKT_ERZEUG  0x204
1178  #define E_OBJEKT_BUSY    0x205
1179  #define F_FREIGABE       0x206
1180  #define F_SERVER_START   0x207
1181  #define F_AKTUALISIER    0x208
1182  #define F_SERVER_BELEGT  0x209
1183  #define F_VERKETTUNG     0x20A
1184  #define W_OBJEKT_STATIC  0x20B
1185  #define W_OLE_MITTEILUNG 0x20C
1186
1187  /* Private Meldungen */
1188  #define WM_UPDATE       (WM_USER + 0x100)
1189  #define WM_INVALID_LINK (WM_USER + 0x101)
1190
1191  /* OLE-Protokoll */
1192  #define PROTOCOL  ((LPSTR)"StdFileEditing")
1193  #define SPROTOCOL ((LPSTR)"Static")
1194
1195  #define VERSUCHE 3    /* maximale Anzahl der OLE
1196                          Wiederholversuche */
1197  /*            QCOLECL.DEF                      */
1198
1199  NAME        OleClient
1200  DESCRIPTION 'OLE Client Applikation'
1201  EXETYPE     WINDOWS
1202  STUB        'WINSTUB.EXE'
1203
1204  CODE        PRELOAD MOVEABLE
1205  DATA        PRELOAD MOVEABLE MULTIPLE
1206
1207  HEAPSIZE    4096
1208  STACKSIZE   5012
1209
1210  EXPORTS
1211        MainWndProc       @1
1212        KundeOleWndProc   @2
1213        CallBack          @3
1214        KundeOleVerkettung @4
1215  /*            QCOLECL.RC                      */
1216
1217  #include "QCOleCl.h"
1218  #include "windows.h"
1219
1220  STRINGTABLE
1221  BEGIN
1222    IDS_ERR_WINDOW,  "Fenster konnte nicht erzeugt
1223                      werden!"
1224    IDS_ERR_CLASS,   "Klasse konnte nicht registriert
1225                      werden!"
1226
1227    F_OBJEKT_LOESCH, "Das OLE-Objekt konnt nicht
1228                      gelöscht werden!"
1229    F_ABLAGE_AUSSCHN,"Das Ausschneiden in die
1230                      Zwischenablage schlug fehl!"
1231    F_ABLAGE_KOPIER, "Das Kopieren in die
1232                      Zwischenablage schlug fehl!"
1233    F_ABLAGE_EINFUEG,"Das Einfügen aus der
1234                      Zwischenablage schlug fehl!"
1235    F_OBJEKT_ERZEUG, "Es konnte kein neues Objekt
1236                      erzeugt werden!"
1237    E_OBJECT_BUSY,   "Das OLE-Objekt ist derzeit
1238                      besetzt!"
1239    F_FREIGABE,      "Die DDE-Unterhaltung ist
1240                      ungültig!"
1241    F_SERVER_START,  "Die Server-Applikation konnte
1242                      nicht gestartet werden!"
1243    F_AKTUALISIER,   "Das OLE-Objekt konnte nicht
1244                      aktualisiert werden!"
1245    F_SERVER_BELEGT, "Der Server ist besetzt"
1246    F_VERKETTUNG,    "Die Verkettung ist
1247                      unterbrochen!"
1248
1249    W_OBJEKT_STATIC, "Warnung: Nicht erwartetes
1250                      statisches Objekt!"
1251    W_OLE_MITTEILUNG,"Warnung: Die Mitteilung an die
1252                      OLE-Bibliothek schlug fehl!"
1253  END
1254
1255  OleClMenu MENU
1256  BEGIN
1257    POPUP    "&Datei"
1258    BEGIN
1259      MENUITEM SEPARATOR
1260      MENUITEM "&Ende",            IDM_EXIT
1261    END
1262
1263    POPUP    "&Bearbeiten"
1264    BEGIN
1265      MENUITEM "&Ausschneiden",    IDM_CUT
1266      MENUITEM "&Kopieren",        IDM_COPY
1267      MENUITEM "&Einfügen",        IDM_PASTE
1268      MENUITEM "Einfügen &Verkettung",
1269                                   IDM_PASTELINK
1270      MENUITEM SEPARATOR
1271      MENUITEM "&Löschen",         IDM_CLEAR
1272      MENUITEM SEPARATOR
1273      MENUITEM "Verkettung...",    IDM_LINKS
1274      MENUITEM "&Objekt bearbeiten",
1275                                   IDM_OBJECT
1276    END
1277
1278    POPUP    "&Einfügen"
1279    BEGIN
1280      MENUITEM "Objekt", IDM_INSERT
```

```
1281        END                                        1293                             WS_VSCROLL | WS_TABSTOP
1282   END                                             1294        LTEXT           "Aktualisieren:", -1, 3, 35, 44,
1283                                                   1295                                        8, NOT WS_GROUP
1284   /*                                              1296        PUSHBUTTON      "&Aktual. Jetzt", IDD_UPDATE,
1285      Dialogbox für Verkettung                     1297                                        19, 43, 48, 14
1286   */                                              1298        DEFPUSHBUTTON   "&Ändern", IDD_EDIT, 254, 43,
1287   DTPROP DIALOG 15, 27, 292, 61                   1299                                        32, 14, WS_GROUP
1288   STYLE DS_MODALFRAME | WS_POPUP | WS_VISIBLE | WS_CAPTION   1300   PUSHBUTTON   "Abbruch", IDCANCEL, 254,
1289        | WS_SYSMENU                               1301                                        3, 32, 14
1290   CAPTION "Verkettung"                            1302        LTEXT           "Verkettung:", 5, 3, 4, 42, 8
1291   BEGIN                                           1303   END
1292        LISTBOX         IDD_LINKNAME, 2, 14, 240, 17,
```

10.2.13 Objekt-Pakete

Ab der Version Windows 3.1 unterstützt der Dateimanager OLE bei der Arbeit. Es ist altbekannt, daß der Dateimanager Symbole innerhalb seiner Arbeitsumgebung umherschieben kann. Jedoch ist es jetzt möglich, den Vorgang des Drag-and-Drop zusammen mit fremden Programmen durchzuführen. Nicht nur, daß anderen Applikationen mitgeteilt wird, daß ein Symbol über dessen Arbeitsfläche geschoben wurde. Viel interessanter ist die Fähigkeit, ein Objekt über diesen Weg in eine Applikation als Objekt-Paket einbetten zu können. Eine mögliche Anwendung dafür ist z.B., während der Erstellung eines Briefes mit WinWord einen bestehenden Brief als Vorlage mit Hilfe des Dateimanagers auf die Arbeitsfläche von WinWord zu schieben. Als erstes erscheint die alte Vorlage nur als Symbol zusammen mit dem Dateinamen. Wird dieses Symbol aber doppelt angeklickt, ist sofort ein Blick in die Vorlage möglich, da diese mit Hilfe des zugehörigen OLE-Server Programmes erscheint. Der soeben beschriebene Vorgang des Austausches eines Objekt-Paketes ist auf ähnliche Weise über die Zwischenablage möglich. Hierzu wird die Datei im Dateimanager markiert und durch den Menüpunkt *Kopieren* des Menüs *Datei* in die Zwischenablage kopiert.

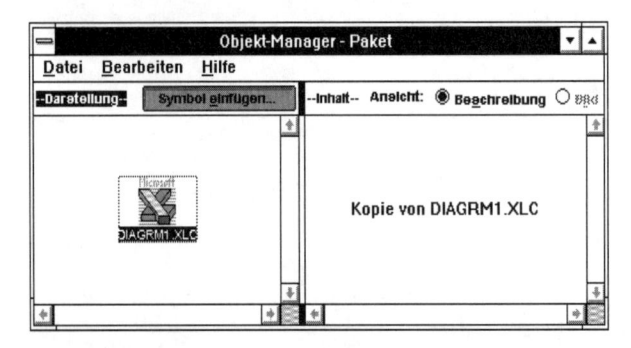

Abb. 289: Objekt-Paket und Objekt-Manager

Entsteht ein Objekt-Paket durch den Dateimanager über den Vorgang Drag-and-Drop, ist die Darstellung des Paketes bereits vorgegeben. Mit dem Programm Objekt-Manager, der seit Windows 3.1 zur Verfügung steht, können sehr flexibel Darstellungsdaten für ein Objekt festgelegt werden. Wenn wir uns an das Einbetten und Verketten von OLE-Objekten zurückerinnern, bestand ein Objekt immer aus einem Darstellungsformat und noch einigen weiteren speziellen Formaten. Ein Programm, das nicht als OLE-Lieferant programmiert wurde, kann natürlich ein Objekt nicht mit den erforderlichen Daten versorgen. Hierbei ist der Objekt-Manager eine wertvolle Hilfe, da es möglich ist, ein Objekt-Paket aus Darstellungsdaten und speziellen Daten selbst zu schnüren. Das Darstellungsformat kann dabei ein Symbol, Bitmap, Metafile oder auch ein beliebiges Format sein. Um die Fähigkeiten zur Verfügung stellen zu können, ist der Objekt-Manager sowohl ein OLE-Client als auch ein OLE-Server in einer Person.

Objekt-Paket

Ein Objekt-Paket kann sich wiederum aus einem eingebundenen oder verketteten Objekt zusammensetzen. Mit Hilfe des Objekt-Managers wird im Dialog ein Objekt-Paket erstellt. Nach dem Start erscheint der Objekt-Manager mit einem Hauptfenster, das in zwei Arbeitsfenstern unterteilt ist. Das rechte Fenster trägt die Bezeichnung *Inhalt* und dient zur Darstellung des Namens des Dokumentes und dessen Inhalt. Unter dem Dokument verstehen wir jetzt das Element, daß die Quelle für das Objekt-Paket sein wird. Das linke Fenster mit der Bezeichnung *Darstellung* stellt das Aussehen des Objekt-Paketes dar. Häufig wird dort ein Symbol erscheinen, da ein Objekt-Paket meist durch ein Symbol repräsentiert wird. Um ein neues Objekt-Paket zu erzeugen, wird das rechte Objekt-Manager-Fenster *Inhalt* mit der Maus angeklickt, um es zu markieren. Anschließend wird der Menüpunkt *Importieren* des *Datei* Menüs angewählt und eine Datei geladen.

10.2.14 Speichern und Laden eines Objektes

Ein OLE-Objekt besteht aus fast beliebigen Daten, kann annähernd unendlich groß werden und über den Aufbau weiß der OLE-Kunde auch nicht Bescheid. Nicht gerade die beste Voraussetzung, um ein Objekt bzw. ein komplettes Container-Dokument auf einen Datenträger zu speichern. Üblicherweise werden in Dateien nur reine Daten hinterlegt, wobei auf die Kapselung der Daten keine Rücksicht genommen wurde. Sobald wir mit OLE-Objekten umgehen und dennoch Dateibearbeitung durchführen wollen, entsteht genau das Problem der Kapselung von Code und Daten. Die Lösung dieses Problems wurde durch spezielle OLE-Funktionen erreicht.

Funktion OleSaveToStream

Das Speichern eines Objektes geschieht durch die API-Funktion OleSaveToStream bzw. in VisualBasic durch die Eigenschaft Action des OLE-Client Steuerelementes. Ein typischer Anwendungsfall ist der Aufruf der Funktion bzw. der Eigenschaft aus einem Menüpunkt heraus. Dabei ist zu beachten, daß für jedes Objekt die Funktion OleSaveToStream aufgerufen werden muß. Das gleiche gilt auch für die VisualBasic Lösung.

Microsoft Visual Basic

```
Sub OleObjSave_Click()
  Open "Datei.Obj" For Binary As #1
  OleClient1.FileNumber = 1
  OleClient1.Action = 11
  Close #1
End Sub
```

Neben dem Öffnen einer Datei in binärer Form ist keine weitere Dateioperation notwendig. Bevor das OLE-Objekt mit Hilfe der Eigenschaft Action=11 in die Datei geschrieben wird, ist es erforderlich, eine Dateinummer zu übergeben. Diese Dateinummer muß dabei die gleiche sein, die bereits bei dem Eröffnen der Datei verwendet wurde. Der Vorgang des späteren Ladens des Objektes unterscheidet sich nur durch den Wert 12, der an die Eigenschaft Action übergeben wird.

```
OleSaveToStream( lpObject, lpStream)
```

Der Parameter lpObject ist uns als Zeiger auf das Objekt bereits bekannt. Ein kleines Problem entsteht jedoch durch lpStream, der einen Zeiger auf einen OLE-Stream darstellen muß. Die Streams bieten uns die Möglichkeit, Objekte direkt an Ein-/Ausgabeeinheiten zu übertragen oder von ihnen einzulesen.

OLE-Stream

Ein Stream kann von der Funktion her mit normalen C-Dateien verglichen werden. Ein OLE-Stream besitzt neben dem Speichern und Laden von sequentiellen Daten noch die Fähigkeit, verschiedene Objekttypen zu behandeln. Beide sind Ein-/Ausgabekanäle, die sequentiell Daten in beiden Richtungen übertragen können. Um mit OLE-Streams arbeiten zu können, ist ein grundsätzlicher Ablauf erforderlich. Als erstes muß eine OLE-STREAM Struktur belegt werden. Der zweite Schritt wird das Eintragen der Methoden Put und Get in die OLESTREAMVTBL Struktur sein, um in den Stream lesen und schreiben zu können. Nun ist es möglich, die Objekte in den Stream zu schreiben, wobei für jedes Objekt die Funktion OleSaveToStream aufzurufen ist. Über die Funktion OleSavedClientDoc wird die OLE-Client-Bibliothek benachrichtigt. Da die Objekte sich anschließend in dem Stream befinden, können diese durch die Funktion OleLoadFromStream wieder gelesen werden. Bei Programmende ist darauf zu achten, die OLESTREAM Struktur wieder freizugeben.

Die OLESTREAM Struktur

Bevor mit einem OLE-Stream gearbeitet werden kann, muß dieser zuerst erzeugt werden. Dies geschieht durch das Belegen einer OLESTREAM Struktur, wobei der Ablauf dem der OLECLIENT Struktur ähnlich ist. Es wird ein Zeiger auf eine virtuelle Methodentabelle eingetragen. Für OLE-Streams lautet diese OLESTREAMVTBL. Hierin müssen zwei Methoden definiert werden, die für das Schreiben bzw. Lesen auf die Ein-/Ausgabeeinheit zuständig sind. Dies ist notwendig, um die Art der Schnittstelle wie z.B. Datei oder Speicher festzulegen und den physikalischen Schreib-/ Lese-Vorgang durchzuführen. Als geeigneter Ort für die Initialisierung bietet sich die Klassenregistrierung des Hauptfensters an.

```
LPOLESTREAM    lpstream;
HANDLE         hobjStream;

// belegt die OLESTREAM Struktur
hobjStream = GlobalAlloc(GMEM_FIXED |
            GMEM_ZEROINIT, sizeof(OLESTREAM));
lpstream = (LPOLESTREAM)GlobalLock(hobjStream);
```

Am zweckmäßigsten wird die OLESTREAM Struktur als globaler Speicherblock belegt. Dabei ermittelt die Funktion GlobalAlloc ein Speicher-Handle hobjStream, das durch GlobalLock in eine Adresse auf die Struktur konvertiert wird.

Die OLESTREAMVTBL Struktur

Aus zwei Einträgen besteht die Struktur OLESTREAMVTBL, die die Methoden zum Schreiben und Lesen auf das Aus-/Eingabe-Medium enthalten. Die beiden Felder Get und Put müssen durch zwei Methoden ersetzt werden, die das Lesen bzw. Schreiben der Daten übernehmen. Durch die OLE-Client-Bibliothek wird bei einem Zugriff auf den OLE-Stream die entsprechende Methode aufgerufen. Die Funktionsadresse muß natürlich als Prozedur-Instanz-Adresse übergeben werden, die wir durch die Funktion MakeProcInstance erhalten. In die OLESTREAM Struktur muß der Verweis auf die OLESTREAMVTBL Struktur eingetragen werden, die wiederum die beiden Methoden Get und Put enthalten muß.

```
LPOLESTREAM    lpstream;
OLESTREAMVTBL  sTbl;
HANDLE         hobjStream;

// belegt die OLESTREAM Struktur
hobjStream = GlobalAlloc(GMEM_FIXED | GMEM_ZEROINIT, sizeof(OLESTREAM));
lpstream = (LPOLESTREAM)GlobalLock(hobjStream);

/* belegt die OLESTREAM + OLESTREAMVTBL Struktur und Eintragen der Methoden */
lpstream->lpstbl = (LPOLESTREAMVTBL)&sTbl;
lpstream->lpstbl->Get= MakeProcInstance(Get, hInst);
lpstream->lpstbl->Put= MakeProcInstance(Put, hInst);
```

OLESTREAM Struktur + Dateihandle

Wie wir bereits gesehen haben, besteht die OLESTREAM Struktur nur aus einem Eintrag, dem Verweis auf die OLESTREAMVTBL Struktur. Damit die Ausgabe eines Objektes auf eine Datei möglich wird, benötigen wir ein Dateihandle. Eine Philosophie der objektorientierten Programmierung besteht in der Kapselung von Daten. Daher sollte das Dateihandle am besten in die OLESTREAM Struktur eingefügt werden. Üblicherweise erfolgt die Allocierung durch die Funktion GlobalAlloc. Außerdem kann gleichzeitig zum Aufbau der OLESTREAM Struktur bereits die Datei geöffnet werden.

```
typedef struct _olestreamprivat
{
  LPOLESTREAMVTBL lpstbl;
  int    fh;
} OLESTREAMPRIVAT;
typedef OLESTREAMPRIVAT FAR *LPOLESTREAMPRIVAT;
LPOLESTREAMPRIVAT lpstream;
OLESTREAMVTBL  sTbl;
HANDLE         hobjStream;

// belegt die OLESTREAM Struktur incl. Datei-
// Handle
hobjStream = GlobalAlloc(GMEM_FIXED | GMEM_ZEROINIT, sizeof(OLESTREAMPRIVAT));
lpstream = (LPOLESTREAMPRIVAT)GlobalLock(hobjStream);
```

```
// belegt die OLESTREAM + OLESTREAMVTBL
// Struktur
// Eintragen der Methoden
lpstream->lpstbl = (LPOLESTREAMVTBL)&sTbl;
lpstream->lpstbl->Get= MakeProcInstance(Get, hInst);
lpstream->lpstbl->Put= MakeProcInstance(Put, hInst);

// Datei öffnen
lpstream->fh = _lopen();
```

OLE-Streams Lesen und Schreiben

Um das Lesen und das Schreiben des OLE-Streams zu ermöglichen, müssen die Methoden Get und Put der OLE-Client-Bibliothek zur Verfügung gestellt werden. Die beiden Methoden Get und Put können mit den C-Funktionen gets und puts verglichen werden und führen ebenso Ein- und Ausgaben durch. Zu beachten ist, daß die Methoden Get und Put nur für die OLE-Bibliothek gedacht sind und daher nie direkt im Programm aufgerufen werden. Eine Windows-Rückruffunktion wird bekanntlich auch nicht direkt aufgerufen.

Put schreibt, Get liest Stream

Die Methode Put führt den Schreibvorgang der einzelnen Bytes aus. Nachdem die Objekte in den Stream gebracht wurden, kann mit Hilfe der OLE-Bibliothek ein Objekt aus dem Stream zurückgeholt werden. Der eigentliche Lesevorgang geschieht dann durch die Get Methode des Streams. Das nachfolgende Beispiel schreibt bzw. liest den Stream in eine Datei. In diesem Fall wurde das Dateihandle an die OLESTREAM Struktur angefügt.

```
DWORD FAR Get(LPSTREAMPRIVAT lpstream, LPSTR lpszBuf, DWORD cbbuf)
{
  /* ist die Datenmenge kleiner als 64K */
  if (cbbuf< 0x00010000)
  {
    /* Standard _lread() Funktion benutzen */
    return( _lread(lpstream->fh, lpszBuf,
        (WORD) cbbuf));
  }
  /* eigene lread() Funktion benutzen */
  return( lread(lpstream->fh, lpszBuf, cbbuf));
}

DWORD FAR Put(LPSTREAMPRIVAT lpstream, LPSTR lpszBuf, DWORD cbbuf)
{
  /* ist die Datenmenge kleiner als 64K */
  if (cbbuf< 0x00010000)
  {
    /* Standard _lwrite() Funktion benutzen */
    return( _lwrite(lpstream->fh, lpszBuf,
        (WORD) cbbuf));
  }
  /* eigene lwrite() Funktion benutzen */
  return( lwrite(lpstream->fh, lpszBuf,cbbuf));
}
```

Funktionen OleSavedClientDoc, OleLoadFromStream

Befinden sich alle Objekte im OLE-Stream, sollte die OLE-Client-Bibliothek durch die Funktion OleSavedClientDoc benachrichtigt werden. Als Parameter ist nur das Handle auf das Container-Dokument erforderlich. Zum Auslesen eines Objektes aus dem Stream dient anschließend die Funktion OleLoadFromStream. Es ist völlig gleichgültig, ob das Objekt verkettet oder eingebettet ist. In beiden Fällen wird die Funktion in identischer Art und Weise verwendet. Die Parameter sind denen der Funktionen OleCreateFromClip und OleCreateLinkFromClip recht ähnlich, daher lesen Sie diese bei Bedarf unter OleCreateFromClip nach. Das nachfolgende Beispiel erzeugt ein Objekt aus dem Stream.

```
// OLE-Objekt aus Stream laden
#define PROTOCOL   ((LPSTR)"StdFileEditing")

OleLoadFromStream(lpStream, PROTOCOL,
        lpclient, lhClientDoc, szarObjectName,
        &lpObject);
```

10.2.15 Server

Um mit OLE arbeiten zu können, ist es nötig, auf einen Server zugreifen zu können. In unserem Client-Beispiel wurde ein schon im System vorhandener Server benutzt, nämlich das Programm Paintbrush. Vielleicht wird es jedoch einmal Ihre Aufgabe werden, eine eigene Server-Applikation zu schreiben. Deswegen möchte ich Ihnen noch ein paar Hinweise zur Programmierung eines Servers geben.

Allgemeine Hinweise

Die OLE-Server-Bibliothek OLESVR.DLL enthält zehn Funktionen, mit denen sich ein Server selber in der Bibliothek registriert, und die dazu dienen, die Bibliothek über Änderungen von Objekten und Dokumenten zu informieren.

Kommunikation zwischen Client und Server

Am Anfang des Kapitels wurde schon etwas über die Zusammenarbeit von Client und Server erzählt. Da Ihr OLE-Wissen aufgrund des Durcharbeitens dieses Kapitels nun hoffentlich um einiges vergrößert ist, wollen wir das Zusammenwirken und die dadurch entstehenden Kommunikationswege anhand einer Abbildung genauer betrachten.

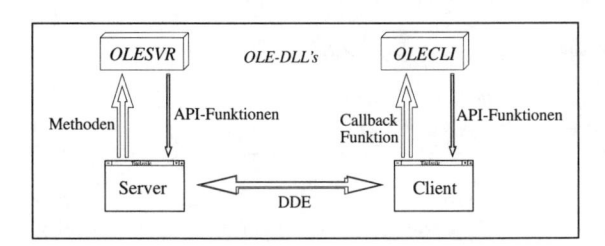

Abb. 290: Die Kommuniaktionswege zwischen einem Client und einem Server

Die Kommunikation zwischen einem Client und einem Server läuft auf verschiedenen Ebenen ab. Beide Applikationen können API-Funktionen für OLE aufrufen, die in der entsprechenden DLL (OLECLI für den Client bzw. OLESVR für den Server) implementiert sind. Die Callback Funktion des Kunden wurde auch schon weiter oben besprochen. Neu sind jedoch die Methoden des Servers, die unterschiedliche Aktionen beim Objekt oder Dokument auslösen können und in bestimmten Strukturen definiert werden. Die beiden OLE-Bibliotheken kommunizieren miteinander über DDE, wobei sich dies in späteren Versionen wahrscheinlich ändern wird.

Nehmen wir einmal an, daß unsere Beispiel-Client-Applikation ein verkettetes Objekt enthält, das der Anwender doppelt anklickt. Daraufhin wird der Server (Paintbrush) geöffnet. Nun kann der Bediener die Zeichnung ergänzen, Teile löschen etc.. Jede Änderung muß der Server dem Client mitteilen, damit dieser seine eigene Client Area aktualisieren kann. Dazu besitzt der Server die Strukturen OLECLIENT und OLECLIENTVTBL, die Sie schon vom letzten Punkt kennen, wobei in der zweitgenannten ein Zeiger auf die Callback-Funktion des Client eingetragen ist. Die Client-Applikation holt sich dann die neuen Daten, indem sie eine Funktion in der Bibliothek OLECLI aufruft, die eine Anforderung an die Server-Bibliothek sendet, die die entsprechenden Methoden des Servers aktiviert.

interessante OLE-Strukturen für den Server

Neben den bereits erwähnten zwei Strukturen existieren in der Headerdatei sechs weitere, mit denen ein Server im Normalfall arbeitet. Sie können in vier Paare geteilt werden, da es in jedem Fall eine Tabelle gibt, die einen Verweis auf die zweite Struktur enthält, in der dann Zeiger auf Server-, Objekt- bzw. Dokumenten-Methoden oder auf die Callback-Funktion des Client stehen. Die vier Paare lauten folgendermaßen:

Datenstruktur	Bedeutung
OLECLIENT	Verweis auf die OLECLIENTVTBL-Struktur
OLECLIENTVTBL	Zeiger auf die Callback-Funktion des Client
OLEOBJECT	Verweis auf die OLEOBJECTVTBL-Struktur
OLEOBJECTVTBL	Zeiger auf Objekt-Methoden virtuelle Methodentabelle
OLESERVER	Verweis auf die OLESERVERVTBL-Struktur
OLESERVERVTBL	Zeiger auf Server-Methoden virtuelle Methodentabelle
OLESERVERDOC	Verweis auf die OLESERVERDOCVTBL-Struktur
OLESERVERDOCVTBL	Zeiger auf Dokument-Methoden virtuelle Methodentabelle

Aufgrund der Strukturen haben Sie wahrscheinlich schon erkannt, daß es drei unterschiedliche Methodenarten gibt. Jede OLE-Methode ist als Callback-Funktion definiert und muß somit auch in der Definition-Datei exportiert werden. Die Methoden erledigen bei einer Anfrage von der Server-DLL den Großteil der Arbeiten.

Server-Arten

Bei einem Server kann es sich entweder um eine Mini- oder einer Vollausführung handeln. Mini-Server können nicht selbständig ohne eine Client-Applikation laufen, d.h. sie werden immer nur über einen Client aktiviert. Als Beispiel möchte ich das kleine Zeichenprogramm MS Draw nennen, das z.B. mit Word für Windows 2.0 ausgeliefert wird. Die Mini-Server werden eingesetzt, wenn die Objekte nicht größer als ungefähr 50 KByte werden. Falls jedoch ein von anderen Programmen unabhängiger Server gewünscht wird, ist die Vollausführung wie z.B. Excel oder Paintbrush notwendig. Zudem kann eine Server-Applikation entweder einen Single-Document (SDI)- oder einen Multiple-Document-Server (MDI) darstellen. Das Programm Excel wurde als MDI-Server realisiert, d.h. es öffnet nur ein weiteres Fenster, falls mehr als ein Objekt geändert werden soll. Dagegen wird bei einem SDI-Server ein weitere Instanz des Programmes gestartet.

Verwendung eines bestehenden Programmes

Wenn Sie schon ein fertiges Windows Programm besitzen, in das Sie nun nur noch den Code für einen OLE-Server ergänzen wollen, sollte Ihr Programm u.a. folgende Überlegungen implementiert haben.

Die Datenstrukturen und die Dateien sollten eine Versions-Nummer enthalten, ansonsten kann der Server bei unterschiedlich alten Datenbeständen eines Ursprungs durcheinander kommen. Um die Objektorientierung von Dokumenten und Objekten besser realisieren zu können, sollten bei der Klassenregistrierung einige Extrabytes (cbWndExtra) für jedes Fenster eingerichtet werden. Ihr Programm muß mit der Zwischenablage zusammenarbeiten und dabei auf alle Fälle das Metafile- oder das Bitmap-Format verstehen können.

Notwendige Schritte zur Erstellung eines Servers

Diese einzelnen Schritte sollten etwa in der angegebenen Reihenfolge durchgeführt werden, damit noch ein Überblick bewahrt werden kann.

1. Eigene OLE-Datenstrukturen definieren

Neben den oben beschriebenen Datenstrukturen können auch in der gleiche Weise eigene definiert werden, die als erstes Feld einen Verweis auf eine der drei möglichen virtuellen Methodentabellen besitzen. In diese Strukturen können nun beliebige Daten abgelegt werden.

```
typedef struct
{
    LPOLESERVERDOCVTBL   lpvtbl;
    BOOL                 fFlags;
    HANDLE               hMem;
} MYOWNDOC
```

2. Den Server in der Registrierungs-Datenbank installieren

Jeder Server muß sich selbst in der Registration Database registrieren und dabei die Objekte angeben, auf die er zugreifen kann. Dies erfolgt mit Hilfe der Funktionen RegCreateKey, RegSetValue und RegCloseKey (siehe Kapitel System-Registration-Datenbank). Die Client-Applikation kann dann aufgrund dieser Einträge in der Datenbank lesen, ob der Server auch verfügbar ist.

Dabei beginnen alle Schlüssel, die sich auf OLE beziehen, in der obersten Ebene des hierarchisch angelegten Baumes, d.h. sie liegen direkt unterhalb des Root-Verzeichnisses, das über die Konstante HKEY_CLASSES_ROOT angesprochen wird. Jeder Server muß mindestens zwei solcher Schlüssel einrichten, wobei einer den Klassennamen des Objektes und der andere eine Dateinamens-Erweiterung definiert. Diesen Schlüsseln werden Werte zugewiesen, mit deren Hilfe es später möglich ist, den richtigen Server zu starten, wenn z.B. in einer Client-Applikation ein Objekt doppelt angeklickt wird. Deswegen muß dem Schlüssel mit dem Extension-Namen als Wert der Klassenname übergeben werden. Ein Server kann auch mehrere Schlüssel mit verschiedenen Erweiterungen anlegen. Die nachfolgende Tabelle zeigt dazu zwei Beispiele, wobei jeweils zuerst der Schlüssel für den Klassennamen genannt wird.

Schlüsselname	Inhalt des Schlüssels
HKEY_CLASSES_ROOT\PBRUSH	Paintbrush Picture
HKEY_CLASSES_ROOT\.PCX	PBrush
HKEY_CLASSES_ROOT\.BMP	PBrush
HKEY_CLASSES_ROOT\MyServer	Server Text
HKEY_CLASSES_ROOT\.RC	MyServer

Der Schlüssel HKEY_CLASSES_ROOT\Klassenname besitzt mindestens zwei weitere Hierachie-Ebenen, deren Unterschlüssel festdefinierte Namen aufweisen müssen:

```
HKEY_CLASSES_ROOT\Klassenname\protocol\StdFileEditing
```

Die von diesen Ebenen abstammenden Schlüssel beschreiben nun bestimmte Eigenschaften eines OLE-Protokolls, die von dem Server unterstützt werden, wie z.B. verschiedene Tätigkeitsworte (Verbs). Außerdem muß dem Schlüssel mit dem Namen Server der Dateiname der Server-Applikation inklusive vollständiger Pfadangabe zugewiesen werden.

```
HKEY_CLASSES_ROOT\Klassenname\protocol\StdFileEditing\server
HKEY_CLASSES_ROOT\Klassenname\protocol\StdFileEditing\verb\0
HKEY_CLASSES_ROOT\Klassenname\protocol\StdFileEditing\verb\1
HKEY_CLASSES_ROOT\Klassenname\protocol\StdFileEditing\verb\2
```

Da ein Server meist mehr als nur ein Verb zur Verfügung stellt, müssen alle Tätigkeitsworte über einen eindeutigen Unterschlüssel angesprochen werden können. Dabei kennzeichnet der Unterschlüssel 0 immer das primäre Verb.

3. Daten ins Clipboard bringen

Für jedes Clipboard-Format muß ein eigenes Handle vorhanden sein, um diese Handles nacheinander in die Zwischenablage stellen zu können. Folgende Reihenfolge der Funktionsaufrufe ist zwingend einzuhalten:

- OpenClipboard
- EmptyClipboard
- SetClipboardData für jedes Format
- CloseClipboard

Für ein verkettetes Objekt muß das Format "ObjectLink" verwendet werden. Zudem muß unterbunden werden, daß der Anwender das Dokument mit Hilfe des Menüpunktes Copy in das Clipboard bringt, obwohl das Dokument noch nicht gespeichert wurde.

4. Methoden-Gerüst implementieren

Im nächsten Schritt müssen die drei virtuellen Methodentabellen (VTBL) des Servers, des Dokumentes und des Objektes mit Prozedur-Instanz-Adressen der einzelnen Methoden gefüllt werden. Diese Adressen müssen mit Hilfe der Funktion MakeProcInstance ermittelt werden, da es sich bei den Methoden um Callback-Funktionen handelt. Alle Methoden müssen deswegen auch im EXPORTS-Abschnitt der DEF-Datei aufgeführt werden. Dabei spielt die Reihenfolge keine Rolle. Die Methoden selber können zu Beginn noch als Dummy-Funktionen vorliegen.

5. Die Server-Applikation initialisieren

Wenn die erste Instanz einer Server-Applikation gestartet wird, müssen folgende Initialisierungen durchgeführt werden, die dann auch für alle nachfolgenden Instanzen gelten.

- Clipboard-Formate "Native Data", "OwnerLink" und "ObjektLink" registrieren.
- VTBL's mit den Prozedur-Instanz-Adressen initialisieren.
- OLESERVER-Struktur initialisieren.
- den Server mit der Funktion OleRegisterServer registrieren.
- aufgrund der Kommandozeile entscheiden, ob der Server für ein eingebettetes oder ein verkettetes Objekt gestartet wurde.
- OLESERVERDOC-Struktur initialisieren.
- Das Anfangsdokument mit der Funktion OleRegisterServerDoc registrieren.

Auch wenn der Server keine Clipboard-Möglichkeiten wie Kopieren und Einfügen zur Verfügung stellt, müssen trotzdem die drei obengenannten Clipboard-Formate mit der Funktion RegisterClipboardFormat registriert werden, da sie auch von Objekt-Methoden verwendet werden.

Der Klassenname muß derselbe sein, der in der Registration-Datenbank als Unterschlüssel vom Root-Verzeichnis definiert wurde. Wenn der Aufruf erfolgreich durchgeführt wurde, verweist der dritte Parameter auf ein Server-Handle, das allen anschließenden OLESVR-Aufrufen übergeben werden muß.

Um entscheiden zu können, ob der Server aufgrund eines verketteten oder eines eingebetteten Objekts gestartet wurde, muß in der Kommandozeile nach dem Wort "Embedding" gesucht werden, wobei die Groß/Kleinschreibung keine Rolle spielt. Falls das Wort mit einem angefügten Dateinamen gefunden wird, handelt es sich um ein verkettetes Objekt, das sich in der spezifizierten Datei befindet. Wird nur das Wort "Embedding" ohne Dateinamen gefunden, ist das Objekt ein eingebettetes. In beiden Fällen sollte das Fenster des Servers noch nicht angezeigt werden, d.h. der Funktion ShowWindow wird anstelle des Parameters CmdShow die Konstante SW_HIDE übergeben. Wenn die Server-DLL das Sichtbarmachen des Servers für notwendig hält, wird sie dazu bestimmte Methoden aktivieren. Wurde die Server-Applikation als Stand-alone Programm gestartet, steht "Embedding" nicht in der Kommandozeile.

Bei diesen Initialisierungs-Schritten können unterschiedliche Fehler auftreten, die meist so schwerwiegend sind, daß die gesamte Server-Applikation beendet werden muß. Deswegen ist es zwingend vorgeschrieben, bei allen Funktionsaufrufen den Rückgabewert zu prüfen. Die beiden Funktionen OleRegisterServer und OleRegisterServerDoc liefern z.B. bei einer erfolgreichen Ausführung den Wert OLE_OK zurück.

6. Fenstertitel und Menüpunkte ändern
Damit der Anwender weiß, welches Objekt in dem Fenster des Servers vorliegt, sollte bei einem verketteten Objekt in der Titelzeile zusätzlich dessen Dateiname genannt werden. Bei einem eingebetteten Objekt sollte der Aufbau der Titelzeile in etwa folgendermaßen aussehen:

- Name der Server-Applikation - Objekttyp - Client Dokument

Zusätzlich wird der Menüpunkt *Sichern* (Save) aus dem Untermenü *Datei* mit Hilfe der Funktion ModifyMenu in den Punkt Aktualisieren (Update) geändert. Auch der Menüpunkt *Ende* sollte durch einen neuen ersetzt werden, der angibt, daß wieder in das Client-Dokument zurückverzweigt wird. Er könnte z.B. *Ende* und *Rückkehr* lauten.

7. Basis-Methoden implementieren
Damit sich unsere Server-Applikation auch wirklich wie ein Server verhält, müssen bestimmte Basis-Methoden geschrieben werden. Die nächsten Tabellen zeigen, welche Methoden notwendig sind.

Server-Methoden	Bedeutung
Create	wird von der Server-DLL aufgerufen, wenn ein Client ein neues Objekt über den Menüpunkt Insert Object erzeugt hat.
CreateFromTemplate	wird von der Server-DLL aufgerufen, wenn ein Client ein neues Objekt als Duplikat über den Menüpunkt Insert Object erzeugt hat
Edit	wird von der Server-DLL aufgerufen, wenn ein Client ein eingebettetes Objekt aktiviert hat, und der Server daraufhin ein neues Dokument erzeugen muß.
Exit	wird von der Server-DLL aufgerufen, wenn ein ein schwerer Fehler aufgetreten ist, der den Server zum sofortigen Beenden zwingt.
Open	wird von der Server-DLL aufgerufen, wenn der Anwender ein verkettetes Objekt im Client aktiviert.
Release	wird von der Server-DLL aufgerufen, um dem Server mitzuteilen, daß kein Dokument oder Objekt mehr in Bearbeitung ist.

Dokument-Methoden	Bedeutung
Close	wird von der Server-DLL aufgerufen, wenn das Dokument zwingend geschlossen werden muß.
GetObject	wird aufgerufen, wenn der Client die Funktion OleGetObject aktiviert.
Release	wird von der Server-DLL aufgerufen, wenn alle DDE-Verbindungen zu dem Objekt geschlossen wurden.
Save	wird von der Server-DLL aufgerufen, um eine Datei zu sichern, wenn beim Schließen des Client der Anwender das Dokument, das ein verkettetes Objekt enthält, sichern will.
SetHostNames	wird von der Server-DLL aufgerufen, um dem Server den Namen des Client-Dokumentes und den Objektnamen zu liefern.

Objekt-Methoden	Bedeutung
DoVerb	wird von der Server-DLL aufgerufen, damit die nötigen Aktionen für ein bestimmtes Verb durchgeführt werden.
EnumFormats	wird bei Anfragen durch die Client-DLL von der Server-DLL mehrfach aufgerufen, um die Datenformate, die der Server wiedergeben kann, zu ermitteln.
GetData	wird von der Server-DLL aufgerufen, sobald der Client das Objekt neu anzeigen oder in eine Datei speichern will.
QueryProtocol	wird von der Server-DLL aufgerufen, um entscheiden zu können, welche Protokolle der Server unterstützt.
Release	wird von der Server-DLL aufgerufen, wenn ein Objekt nicht mehr länger mit einem Client verbunden ist.
SetData	wird von der Server-DLL aufgerufen, wenn diese den Server startet, um ein eingebettetes Objekt zu editieren.
Show	wird von der Server-DLL aufgerufen, wenn ein Objekt sichtbar gemacht werden muß.

8. Einen einfachen Shutdown programmieren

Um die Server-Applikation beenden zu können, muß ein Shutdown durchgeführt werden, der u.a. die Prozedur-Instanz-Adressen der drei virtuellen Methodentabellen mit der Funktion FreeProcInstance wieder freigibt. Außerdem ist es notwendig, die Funktion OleRevokeServer am besten bei der Verarbeitung der WM_CLOSE Meldung aufzurufen, die automatisch jedes Dokument freigibt, das wiederum alle Objekte losläßt.

Zusätzliche Punkte

Der bis jetzt implementierte Code ist für den ersten Test der Server-Applikation ausreichend. Es existieren noch zusätzliche Punkte, die die Funktionsweise des Servers verbessern und erweitern.

Wenn z.B. der Anwender einen der Menüpunkte *Neu, Öffnen, Sichern unter* und *Sichern/Aktualisieren* aus dem Untermenü *Datei* wählt, muß darauf reagiert werden. Bei einem Server, der gleichzeitig nur ein Dokument enthalten kann (SDI), führen die beiden zuerst genannten Menüpunkten zu einem Verbindungsbruch zwischen der Client-Applikation und dem Server-Dokument. Dasselbe gilt für den Menüpunkt *Sichern unter,* wenn es sich um ein eingebettetes Objekt handelt. Diese Unterbrechung sollte jedoch nicht ohne Rücksicht auf Verluste durchgeführt werden, sondern es sollte zuerst einmal der Anwender mit Hilfe einer Messagebox darüber informiert werden. Das Aussehen dieser Meldungsfenster, das immer gleich sein sollte, damit sich der Anwender leichter auskennt, ist im "User Interface Style Guide" von Microsoft beschrieben.

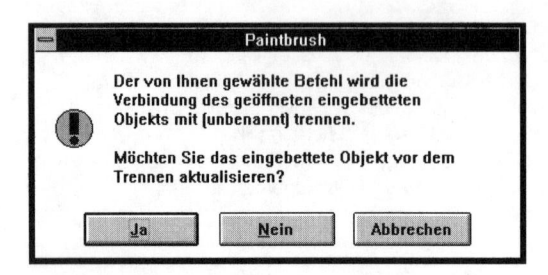

Abb. 291: Standard-Messagebox des Servers

Die in der Abbildung dargestellte Messagebox wird von dem Server-Programm Paintbrush angezeigt, wenn es geschlossen werden soll und ein eingebettetes Objekt besitzt, dessen Änderungen noch nicht im Client nachgeführt wurden. Falls die Box positiv bestätigt wird, wird das Objekt in der Client-Applikation aktualisiert, bevor Paintbrush beendet wird.

Außerdem können noch zusätzliche Methoden in den drei virtuellen Methodentabellen implementiert werden.

10.3 DDE

Seit es OLE gibt, stellt sich die Frage, ob DDE überhaupt noch eine Existenzberechtigung besitzt. Nach wie vor wird DDE für Applikationen eingesetzt, die zum gleichen Zeitpunkt viele Verbindungen benötigen; insbesondere für viele Punkte (item) und, wenn diese häufig aktualisiert werden. Die Realisierung eines Echtzeit Informationssystems ist ein typischer Fall, für den das DDE nach wie vor seine Existenzberechtigung hat. Trotzdem wird die Anzahl der Programme, die DDE unterstützen, sicher nicht mehr so stark ansteigen wie früher. Daher wollen wir uns zumindest die Grundlagen von DDE ansehen, wobei wir uns vor allem mit der Praxis z.B. mit WinWord beschäftigen werden.

DDE?

DDE ist ein Standard-Protokoll, um Daten und Befehle auszutauschen. Die Realisierung dieses Systems geschieht rein durch den Austausch von Windows-Meldungen. Daher wird keine Unterstützung durch Betriebssystem-Aufrufe benötigt. Der grundsätzliche Aufbau des Datenaustausches über Meldungen bringt leider auch den Nachteil mit, daß DDE keinerlei Netzwerkunterstützung bietet.

10.3.1 Verbindung herstellen

Hinter DDE verbergen sich die Fähigkeiten, dynamisch Daten zwischen einem DDE-Kunden und einem DDE-Lieferanten austauschen zu können. Dabei lautet die Fachbezeichnung für DDE Dynamic Data Exchange. Grundsätzlich funktioniert DDE dadurch, daß sich ein DDE-Kunde (Client) mit einem Verbindungwunsch an Windows-DDE richtet. Um eine Verbindung aufbauen zu können, sind dazu die beiden Angaben, Programmname des DDE-Lieferanten und das Thema der Konversation, erforderlich. Als Bezeichnung für das Thema wird des öfteren auch der Begriff Topic verwendet. Dieses Thema wird bei Verbindungsaufbau an den DDE-Lieferanten gesendet, der durch den Programmnamen definiert ist, damit dieser überprüfen kann, ob er als Server das Thema bearbeiten möchte. Die Kombination aus dem DDE-Server-Programmnamen und dem Thema stellen eine eindeutige Adresse dar und bleiben daher bis zum Kommunikationsende als Bezeichnung erhalten. Dies setzt natürlich voraus, daß sich die Bezeichnung während einer Konversation nicht mehr ändern darf. Eine Änderung der Bezeichnung würde einen sofortigen Abbruch der Verbindung bewirken.

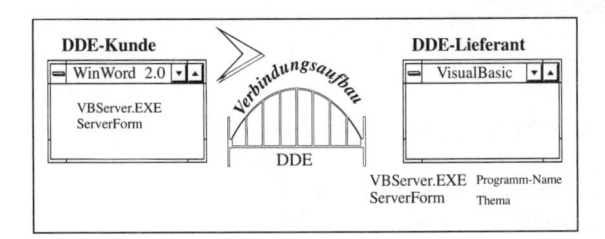

Abb. 292: Verbindungsaufbau benötigt den Namen des DDE-Lieferanten und das Thema

Wir haben gesehen, daß bei der Entstehung einer DDE-Kommunikation der DDE-Kunde die Verbindung aufbauen muß. Die Initiative geht daher immer vom Client aus und der Server ist passiv im Punkt Verbindungsaufbau.

DDE Server

Der DDE-Server oder auch DDE-Lieferant ist für die Beschaffung der Daten zuständig. Woher er diese Daten bekommt, ist ganz alleine seine Angelegenheit. In VisualBasic wird die Umsetzung eines DDE-Servers sehr einfach fallen, da alle erforderlichen Einstellungen interaktiv erfolgen können.

Zwischen zwei VisualBasic Programmen soll eine DDE-Verbindung entstehen. Hierzu wird ein DDE-Lieferant mit dem Namen VBServer und ein DDE-Kunde mit dem Namen VBClient erstellt. Das DDE-Lieferanten Programm besteht aus einem Fenster mit einem Eingabefeld als Steuerelement. Da das Ziel sein soll, beim DDE-Kunden alle Eingaben, die beim Server erfolgen, sofort als Daten zu erhalten, besteht das DDE-Kunden Programm ebenfalls aus einem Eingabefeld. Bei der Erstellung gehen Sie bitte so vor, daß zuerst der DDE-Lieferant erstellt und die EXE-Datei generiert wird. Bevor die Arbeit mit dem DDE-Kunden beginnt, muß der Server als VBServer.EXE gestartet worden sein. Ansonsten erhalten Sie eine Fehlermeldung während der interaktiven Erstellung des DDE-Kunden, die besagt, daß der Server nicht auf den Verbindungsaufbau reagiert hat.

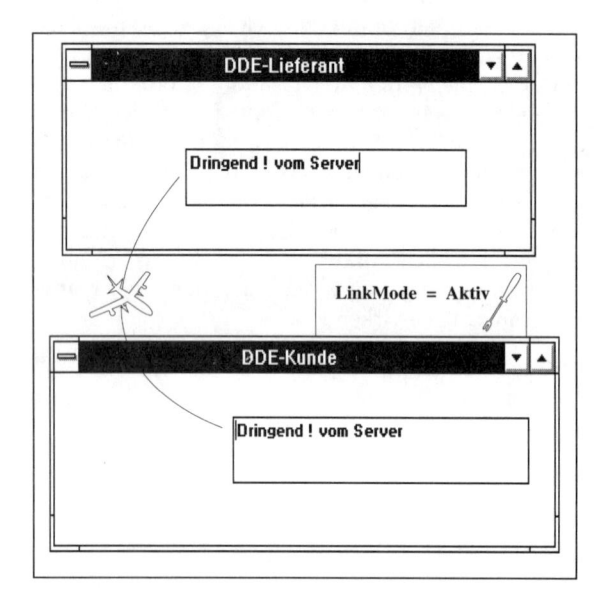

Abb. 293: Beispiel DDE-Lieferant und DDE-Kunde

Es wurden folgende Eigenschaften während der Design-Zeit beschrieben:

DDE-Lieferant

Fenster:	Caption	DDE-Lieferant
	FormName	ServerForm
	LinkTopic	ServerForm
Text1:	Text	Dringend! vom Server
	CtrlName	ServerText
Projekt:	Projekt-Name	VBServer

DDE-Kunde

Fenster:	Caption	DDE-Kunde
	FormName	ClientForm (unwichtig)
Text1:	Text	warten auf Server
	CtrlName	ClientText (unwichtig)
	LinkTopic	VBServer|ServerForm
	LinkItem	ServerText
	LinkMode	Aktiv
Projekt:	Projekt-Name	VBClient

DDEML

Wesentlich aufwendiger wird die Programmierung von DDE über die Windows-API-Funktionen. Zwar wird seit Windows 3.1 eine eigene DLL, die DDEML.DLL zur Verfügung gestellt, die die bis dahin nötige Programmierung mit DDE-Meldungen ablöst, wobei die DDEML eine Überlagerung des ereignisgesteuerten DDE-Protokolls ist. Natürlich ist der Komfort nicht mit der zuvor vorgestellten Lösung mit VisualBasic vergleichbar und daher werden sich viele Entwickler fragen, ob es denn überhaupt noch Sinn macht, die Funktionalität von DDE ins Programm zu übernehmen. Eines läßt sich ziemlich sicher feststellen, daß es für ein Programm in Zukunft wichtiger sein wird, OLE als DDE zu unterstützen.

Verbindungsaufbau

Bei der Verwendung der DDEML ist ebenfalls der DDE-Kunde für den Verbindungsaufbau verantwortlich. Hierzu ruft dieser die Funktion DdeInitialize auf, um eine Instanznummer zu erhalten. Dabei ist die Adresse einer eigenen DDE-Rückruffunktion notwendig, die mit Hilfe von MakeProcInstance ermittelt wird. Daneben werden noch Angaben zur Erzeugung bzw. Ausfilterung von späteren Meldungen benötigt, die später an die DDE-Rückruffunktion erfolgen.

```
lpfnQCDDEMsgProc = MakeProcInstance(
                (FARPROC)QCDDEMsgProc, hInst);

if (DdeInitialize(&idInst,  /* erhält den Instanzen-
                              Bezeichner         */
    (PFNCALLBACK) lpfnQCDDEMsgProc, /* DDE Callback-
                                       Funktion   */
    CBF_FAIL_EXECUTES |    /* Filter XTYP_EXECUTE */
    CBF_FAIL_POKES, 0L));  /* Filter XTYP_POKE    */
    FreeProcInstance(lpfnQCDDEMsgProc);
```

Die eingetragene DDE-Rückruffunktion wird bei späteren Mitteilungen von der DDEML angesprungen. Nach dem Ende einer DDE-Kommunikation sollte die Anmeldung durch die Funktion DdeUninitiatize zurückgenommen werden.

Die Funktion DdeConnect

Eine Anmeldung durch DdeInitialize reicht für einen Verbindungsaufbau jedoch noch nicht aus. Erst nachdem die Funktion DdeConnect angestoßen wurde, besteht eine Verbindung zwischen dem DDE-Kunden und dem DDE-Lieferanten. Hierzu wird die von DdeInitialize ermittelte Instanznummer zusammen mit der Angabe des Server-Programmnamens und des Themas benötigt. Leider können die beiden zuletzt genannten Werte nicht direkt als Zeichenkette übermittelt werden, sondern dies muß in Form eines String-Handles geschehen. Es existiert dafür die Funktion DdeCreateStringHandle, die aus einer Zeichenkette eine Identifizierungsnummer, das besagte String-Handle, bestimmt. Warum einfach, wenn es auch kompliziert geht, aber das ist eben DDE.

```
hszServName = DdeCreateStringHandle(
    idInst,        /* Instanznummer */
    "VBServer",    /* Zeichenkette */
    CP_WINANSI);   /* Codeseite */
```

```
hszSysTopic = DdeCreateStringHandle(
    idInst,         /* Instanznummer */
    "ServerForm",   /* Zeichenkette */
    CP_WINANSI);    /* Codeseite */
```

Verwaltung Zeichenketten

Die übergebenen Zeichenketten werden in globalen Speicherblöcken verwaltet, die auch als Atome bezeichnet werden. Sobald ein String-Handle an eine DDE-Funktion übergeben wurde, ist nicht mehr sichergestellt, daß das Handle auch wirklich noch gültig ist. Sobald die Identifizierungsnummer einer Zeichenkette an die DDE-Rückruffunktion übergeben wurde, ist nach dem Ende dieser Funktion das Handle ungültig. Verhindert werden kann dies durch die Funktion DdeKeepString. Aber auch hier ist Vorsicht angeraten, da die Verwaltung der Zeichenketten über einen Zähler aufgebaut ist. So führt jeder Aufruf von DdeKeepString zu einer Erhöhung dieses Benutzungszählers. Ein zweiter Einsatz von DdeCreateStringHandle für die gleiche Zeichenkette würde auch nur eine Erhöhung des Benutzungszählers bewirken, ohne daß die Zeichenkette ein weiteres Mal eingetragen wird. Daher muß für jedes DdeKeepString zu einem späteren Zeitpunkt wiederum der komplementäre Befehl DdeFreeStringHandle erfolgen. Bis zum jetzigen Zeitpunkt ist nur eine DDE-Verbindung aufgebaut worden, dagegen sind noch keinerlei Nutzdaten zwischen DDE-Lieferant und DDE-Kunde ausgetauscht worden. Zunächst aber zurück zur Praxis.

10.3.2 DDE in der Praxis

Viele Applikationen besitzen die Fähigkeit, Daten mit anderen über DDE auszutauschen. Bekannte Vertreter davon sind die beiden Programme WinWord und Excel von Microsoft. Daher interessiert uns natürlich, wie es möglich ist, mit diesen in Verbindung zu treten. Als Beispiel greifen wir WinWord 2.0 heraus, das mit Hilfe von WinBasic als DDE-Kunde arbeiten kann. Bereits aus dem ersten DDE-Beispiel kennen wir den kleinen DDE-Lieferanten, der als VisualBasic Programm realisiert ist. Dieses Programm wird wiederum als Server dienen. Das Ziel ist es, das Eingabefeld des DDE-Lieferanten VBServer abzufragen und den Inhalt in der Meldungszeile von WinWord darzustellen. Wir werden gleich sehen, wie einfach dies zu realisieren ist. Zur Erinnerung sei noch gesagt, daß der DDE-Server dafür unverändert bleiben kann. Alle Änderungen sind daher nur in WinWord durchzuführen, indem ein Makro erstellt wird.

Makro für DDE

Die Erstellung eines Makros geschieht in WinWord über den Menüpunkt *Makro erstellen...* des *Extras* Menüs. Dort wird z.B. als Makro-Name DDE in dem erscheinenden Dialogfenster angegeben. Es entsteht ein neues Eingabefenster, in das die Befehlszeilen einzutragen sind. Die nachfolgenden Anweisungen bewirken die Abfrage des Eingabefeldes des VisualBasic DDE-Servers.

```
Sub MAIN
  a = DDEInitiate("VBServer", "ServerForm")
  c$ = DDERequest$(a, "ServerText")
  Print c$
  DDETerminate(a)
End Sub
```

Datenaustausch innerhalb von Windows

Nachdem der DDE-Lieferant VBServer.EXE gestartet ist, kann das Makro in WinWord durch den Menüpunkt *Makro...* des Menüs *Extras* ausgeführt werden, wobei in dem erscheinenden Dialogfenster der Makroname DDE einzutragen und die Befehlschaltfläche *Ausführen* zu betätigen ist. Wenn wir uns die Anweisungszeilen im Detail betrachten, wird durch DDEInitiate eine Verbindung zum Programm VBServer mit dem Thema ServerForm aufgebaut. Die daraus entstehende ID-Nummer wird für DDERequest$ benötigt, damit die Daten vom DDE-Lieferanten geholt werden. Um die Daten abzuholen, ist noch eine weitere Angabe notwendig, die als Punkt oder auch Item bezeichnet wird. Diese Angabe ist mit einer Hausnummer zu vergleichen. In diesem Fall ist die Zeichenkette "ServerText" anzugeben, da sie die Bezeichnung des Eingabefeldes in dem DDE-Server nennt. Über DDERequest$ wurde nun der Inhalt des Eingabefeldes abgeholt und kann mit einem Print Befehl in der Meldungszeile ausgegeben werden. Als Kennzeichnung des Übertragungsendes ist unbedingt DDETerminate zu schreiben.

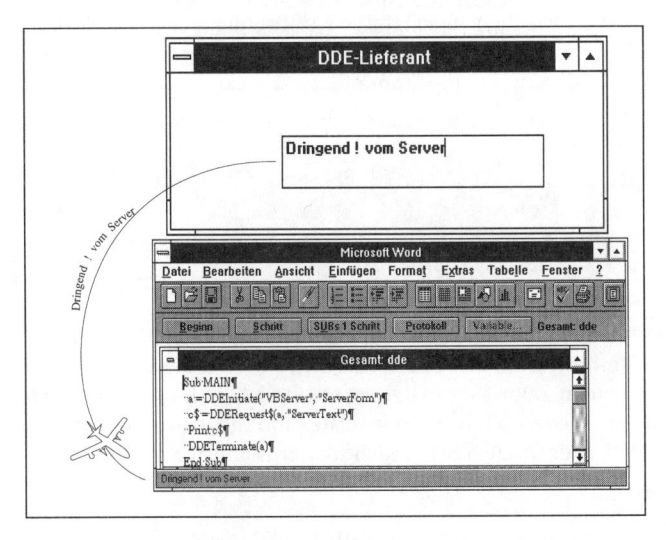

Abb. 294: DDE mit WinWord und eigenem Server

Wichtige DDE-Makros

Funktion	WinWord	Excel
Kommunikation	Kanal=DDEInitiate(Applikation, Thema)	KANAL.ÖFFNEN; (Applikation, Thema)
Daten übertragen	DDEPoke(Kanal, DatenElement,Daten)	SENDEN(Kanal; DatenElement; Daten)
Daten lesen	Daten=DDERequest$(Kanal, DatenElement)	ABFRAGEN(Kanal; DatenElement)
Befehle ausführen	DDEExecute(Kanal, Befehl)	AUSFÜHREN(Kanal Befehl)
Kommunikation beenden	DDETerminate(Kanal)	KANAL. SCHLIESSEN (Kanal)

10.3.3 Daten mit DDE übertragen

Besteht erst einmal eine DDE-Verbindung, stehen verschiedene Möglichkeiten zur Verfügung, um Daten auszutauschen. Es gibt grundsätzlich die beiden Arten der aktiven und der passiven Verbindung. Eine aktive Verbindung, die auch Hotlink genannt wird, gewährleistet eine sofortige Datenaktualisierung beim DDE-Kunden, sobald eine Änderung beim DDE-Lieferanten eingetreten ist.

Dagegen findet bei einer passiven Verbindung zwar deren Aufbau statt, aber es werden nicht automatisch Daten von dem Server an den Client gesandt. Die Datenaktualisierung muß daher der DDE-Kunde durch einen eigenen Befehl von dem DDE-Lieferanten anfordern. Auf der Funktionsweise beruht der Begriff passive Verbindung, die auch als Coldlink bezeichnet wird.

Die Unterscheidung zwischen einer aktiven und einer passiven Verbindung geschieht in VisualBasic durch die Eigenschaft LinkMode, die für ein Steuerelement im DDE-Kunden Programm gesetzt wird.

Eigenschaft LinkMode	Wert	Funktion
kein	0	kein Verbindungsaufbau bzw. Verbindungsabbau
Aktiv	1	Datentransfer automatisch
Passiv	2	Datentransfer auf Anforderung

Spätestens bei einer passiven Verbindung wird es erforderlich, durch Befehle, die wir in VisualBasic Methoden nennen, einen Zugriff auf DDE zu ermöglichen. Es stehen hierzu vier Methoden zur Verfügung, die zum einen eine Datenabfrage beim Server mit LinkRequest aber auch Zugriffe in der umgekehrten Richtung ermöglichen.

Methode	Kurzbeschreibung
LinkExecute	überträgt eine Kommando-Zeichenkette vom Client zum Server
LinkPoke	Client überträgt den Inhalt eines Controls zum Server
LinkRequest	Client frägt Daten beim Server ab
LinkSend	Server überträgt den Inhalt einer PictureBox an den Client

Bestimmte Methoden, wie z.B. LinkExecute bewirken nicht nur einen Datenaustausch über DDE, sondern lösen gleichzeitig eine Meldung aus, die bekanntlich in VisualBasic Ereignisse genannt werden. Aber nicht nur durch Befehle entsteht ein Ereignis. Der viel wichtigere Aspekt ist, daß bereits das Aktivieren einer DDE-Verbindung durch Setzen von LinkMode zur Auslösung von DDE-Ereignissen führt. Wird die Eigenschaft LinkMode auf Aktiv oder Passiv eingestellt, wird hierdurch ein LinkOpen Ereignis ausgelöst. Ein Verbindungsabbau über LinkMode = 0 führt dementsprechend zu einem Link Close Ereignis. Trat während der DDE-Konversation ein Fehler auf, aktiviert dies ein LinkError Ereignis.

Die eigentliche Verständigung zwischen dem DDE-Kunden und dem DDE-Lieferanten findet über deren Rückruffunktionen statt. Sobald ein DDE-Kunde eine Verbindung über die Funktion DdeConnect aufbaut, enthält die Rückruffunktion des DDE-Servers eine Mitteilung in Form von XTYP_CONNECT. Beantwortet der Server diese Meldung mit TRUE, ist dies für die DDEML die Bestätigung, daß der DDE-Lieferant auf die Anfrage reagieren möchte. Ein ähnlicher Vorgang entsteht, sobald der Client Daten über die Funktion DdeClientTransaction anfordert. Je nach den Parametern von DdeClientTransaction entsteht eine XTYP_REQUEST oder XTYP_ADVSTART Mitteilung an die Rückruffunktion des Servers. Dieser antwortet wiederum auf die Anforderung mit XTYP_REQUEST durch die Rückgabe eines Datenhandles. Dabei können die Daten nicht direkt z.B. in Form eines Zeigers übergeben werden, sondern mit der Funktion DdeCreateDataHandle muß zuvor ein Datenhandle besorgt werden. Anschließend wird mit der Funktion DdeAccess Data zuerst eine Adresse auf den Speicherbereich geholt, um die geforderten Daten umkopieren zu können. Der Aufruf der Funktion DdeUnaccessData ist nötig, bevor das Datenhandle als Rückgabewert der Server Rückruffunktion an die DDEML geliefert werden kann.

Anhang: Die Diskette im Buch und Hinweise zur Compilierung

Auf der, dem Buch beiliegenden, Diskette befinden sich alle innerhalb des Buches aufgeführten Beispiel-Source-Dateien sowie einige ausführbare Programmdateien. Sie installieren diese, indem Sie SETUP.EXE auf dieser Diskette durch Eingabe von A:\SETUP.EXE im Menu *Datei/Ausführen* des Program-Managers von Windows starten. Die Installation erfolgt dabei komplett menügesteuert und bietet zwei Auswahlmöglichkeiten zur Anpassung der Beispielprogramme an Windows 3.0 bzw. Windows 3.1.

1. Die Option: Kopieren benötigter DLL's für Windows V3.0

Falls Sie noch die Windows Version 3.0 benutzten sollten Sie diese Option anwählen; das Setup Programm kopiert dann die benötigten Dynamic Link Libraries ins Windows Verzeichnis.

2. Die Option: MS-Windows 3.1 Anpassung an MS QuickC V.1.0

Als Benutzer von Microsofts QuickC Compiler sollten Sie diese Option anwählen. Das Setup-Programm installiert dann ein Verzeichnis INCLUDE innerhalb des ausgewählten Installationsverzeichnisses mit den entsprechenden Header- und Lib-Dateien zur Anpassung. Zum Compilieren der Beispielprogramme tragen Sie bitte im Menü *Options/Directories* den Pfad des INCLUDE-Verzeichnisses, durch Semikolon abgetrennt, hinter den Standard-Pfaden der LIB- und INCLUDE-Verzeichnisse ein. Nachdem der Entkomprimierungsvorgang abgeschlossen ist, wird eine neue Programmgruppe unter Windows angelegt, in welche die mitgelieferten ausführbaren Programmbeispiele installiert werden.

3. Compilieren mit Microsoft QuickC für Windows

wie unter 2 beschrieben.

4. Compilieren mit Microsoft MSC/C++ 7.0

Alle Makefiles des QuickC Compilers können von NMAKE verarbeitet werden. Die Warnung, daß zuviele Regeln für das .EXE-File angegeben seien kann ignoriert werden. Die Makefiles können aber auch durch die Programmers Workbench ins eigene Format konvertiert werden; als "Project Templates" sollten Sie "WINDOWS 3.1 EXE" anwählen.

5. Compilieren mit Borland C++

a) In den Make-Files von Borland C++ (*.PRJ) ist eine explizite

   Angabe der Lib- und Include-Verzeichnisse aufgeführt. Haben Sie Borland C++ nicht in dem vordefinierten Verzeichnis angelegt, müssen Sie unter *Optionen/Verzeichnisse Lib* bzw. *Include* die Pfade entsprechend ändern.

b) Bei der Version 3.1 des Borland C++ Compilers sollten Sie die Konstante WIN30 im Menü *Optionen/Compiler/Code-Generierung Definitionen* durch eintragen von WIN30 definieren.

Stichwortverzeichnis

@self	682
[colors]	552
[desktop]	552
[devices]	554, 560, 562
[embedding]	551, 554
[extensions]	555
[fonts]	555
[FontSubstitutes]	551, 555
[intl]	556
[mci extensions]	551, 558
[network]	558
[ports]	558, 562
[PrinterPorts]	554, 559, 562, 563
[programs]	560
[sounds]	551, 560
[TrueType]	551, 560
[Windows Help]	565
[windows]	559, 561
_fwopen	42, 46
_InitEasyWin	94
_O_APPEND	45
_O_BINARY	45
_O_RDONLY	45
_O_RDWR	45
_O_TEXT	45
_O_WRONLY	45
_type	43
_wabout	42, 49
_wclose	42, 46
_wgetfocus	42, 43
_wgetscreenbuf	42, 48
_wgetsize	42, 43
_WINARRANGE	49
_WINBUFDEF	48
_WINBUFINF	48
_WINCASCADE	49
_WINCURRREQ	43
_WINFRAMEHAND	43
_WINMAXREQ	43
_WINNOPERSIST	46
_WINPERSIST	46
_WINSIZECHAR	43, 44
_WINSIZEMAX	43, 44
_WINSIZEMIN	43, 44
_WINSIZERESTORE	43
_WINSTATBAR	49
_WINTILE	49
_wmenuclick	42, 49
_wopen	42, 45
_wopeninf	45
_wopeninfo	45, 47
_wsetfocus	42, 43
_wsetscreenbuf	42, 48
_wsetsize	42, 43
_wsizeinfo	42, 45, 47
_wyield	42, 50

286grabber=<filename>	567
386 erweitert-Symbol	581, 584, 588
386grabber=<filename>	567
A_WindowPosition	565
A20EnableCount	572
About-Dialogbox	49
Accelerator	128, 182, 428
Accelerator-Tabelle	428
ACCELERATORS	429
ActiveBorder	552
ActiveTitle	552
AddItem	469, 609, 612
AddString	457, 599, 604, 606
Aktive Verbindung	790
Alignment	302, 460, 607, 608
AllEMSLocked	572
AllVMsExclusive	572
AllXMSLocked	572
ALT_MASK	324
AltKeyDelay=.005	572
AltPasteDelay	572
Anschlüsse-Symbol	559, 574
ANSI	40, 67
ANSI-Escape-Sequenz	53, 57
ANSI-Treiber	39
ANSI-Zeichensatz	325
ANSI.SYS	53
Any	611
API-Funktion	119
AppendMenu	424
APPLICAT.H	199
Application	500
Application-Message-Queue	155ff, 319, 562, 696
AppWorkspace	552
Arbeitsbereich	18
Arc	251, 257
Array-Index	634
ASC	327, 660
ASCII	40, 41, 67, 73
ASCII nach ANSI	40
ASCII-Zeichensatz	325
Assemblercode	178
AssignMenu	409, 419
Attr.Menu	419
Attr.Style	603
Ausführungsmodus	643
Ausgabeport	559
Ausrichtungsgitter	553
AutoRedraw	219
AutoRestoreScreen=True	573
AutoRestoreWindows	573
AutoSize	302, 303, 387
Autostart	563
AUTOTRACKING	68, 70, 74
AWndClass.hIcon	88

Stichwortverzeichnis

BackColor 230, 460
Background 552
BASIC.BAS 23
Baudrate 559
Beep=Yes 561
Befehlsschaltfläche 33, 61, 86, 448
BeginPaint 162, 164, 218, 222, 225, 242
Bezeichnung 302, 447, 459
Bezugspunkt 121, 154, 228
Bild 448
Bildlauffeld 451
Bildlaufleiste 18, 447
Bildschirm-Auflösung 375
Bildschirmkontext 225
Bildschirmpuffer 47, 48
Bildschirmschoner 564
Bildsymbol 33
BitBlt 708, 712
Bitmap 227, 374, 705, 706, 712
Bitmap-Format 720
BITMAPFILEHEADER 709
BITMAPINFO 709
BkGndNotifyAtPFault 573
BLOAD 30
BM_SETCHECK 459, 508, 515
BMP 705
BN_CLICKED 451
Bogen 249
Bogenmaß 249
BOOL 144
BorderStyle 387, 504, 607
BorderWidth=3 561
Breakpoint 646
BringWindowToTop 755
Browser 203
Brush 227
BS_3STATE 459
BS_AUTO3STATE 458
BS_AUTOCHECKBOX 458
BS_AUTORADIO-BUTTON 458, 516
BS_CHECKBOX 458
BS_DEFPUSHBUTTON 458
BS_GROUPBOX 458
BS_LEFTTEXT 458
BS_OWNERDRAW 459
BS_PUSHBUTTON 459
BS_RADIO-BUTTON 459
BSAVE 30
Button 61, 87, 449, 458
ButtonFace 552
ButtonHilight 552
ButtonShadow 552
ButtonText 552
BWCC.DLL 297, 488
BWCCMessageBox 297
BYTE 144
ByVal 422

C++ Add watch 655
C++ Animate 653
C++ Breakpoint 648
C++ Execute to 652
C++ Registers 658
C++ Step over 652
C++ Trace into 651
C-Compiler 133
C-DOS-Programm 134
C-String 76
C-Zeichenkette 76
C_WindowPosition 565
CachedFileHandles 567
CALL ABSOLUTE 30
CALLBACK FUNCTIONS 166
Callback-Funktion 359, 492, 534, 778
CALLS 30
CallWindowProc 534, 538, 542, 664
CanClose . . . 191, 193, 208, 210, 277, 501, 510, 511
Caption 34, 115, 120, 121, 302, 305
Capture 156, 340, 388
Case-sensitiv 184
CB_ADDSTRING 597
CB_DIR 473, 477
CB_GETCURSEL 598
CB_LIMITTEXT 469
CB_RESETCONTENT 473
CB_SETCURSEL 597
CB_SHOWDROPDOWN 469
CBF_FAIL_EXECUTES 787
CBF_FAIL_POKES 787
CBN_DBLCLK 504
CBN_SELCHANGE 478, 504, 597
CBS_AUTOHSCROLL 468
CBS_DROPDOWN 450, 468
CBS_DROPDOWNLIST 468, 596
CBS_HASSTRINGS 468
CBS_OEMCONVERT 469
CBS_OWNERDRAWFIXED 469
CBS_OWNERDRAWVARIABLE 469
CBS_SIMPLE 468
CBS_SORT 469
Cerr 92
CF_BITMAP 711
CF_LINK 703
CF_TEXT 703, 711
CGA40WOA.FON 573
CGANoSnow 573
CHAIN 30
Change 471, 518, 521
Character 325
Check 459
Checkbox 447, 458
Checked 426
CheckEof 74
Checkmark 121
CheckMenuItem 422, 433, 440
Child-Fenster 17
ChooseFont 286, 287
Chord 255
Chr$ 239, 333
Cin 93

Stichwortverzeichnis 795

Cin.width 93
Circle 228, 249, 253, 261
Class 100, 199
CLEAR 30, 703
ClearList 475, 476, 599, 604
CLibCE 41
CLibCEWQ 41
Click 25, 26, 34, 343, 413, 419, 518
Client 733, 734
Client Area 18
ClientToScreen 433, 440
Clip Art Library 112
Clipboard 115, 692
Clipboard-Format 741, 780
Clipboard-Viewer 731
Clipping Region 215, 227
CloseClipboard 711, 712, 744
CloseWindow 501
ClrEol 70, 71, 95
ClrScr 70, 71, 95
Cls 127, 228
CM_FIRST 411, 603
Code 114
Codefenster 120, 126
Coldlink 790
COLOR 30
Color Palette 227
COLORREF 236, 238
COM 30
COM1Base 573
COM2Base 573
COM3Base 573
COM4Base 573
Combobox 447, 449, 468
COMBoostTime 574
COMdrv30 574
COMIrqSharing 575
Comm.drv=<filename> 567
Command Button 125, 448
COMMDLG 287
COMMDLG.DLL 522
COMMDLG.LIB 522
COMMDLG.TPU 522
Compiler 137, 171, 176
Compiler-Debug-Information 643
Compound Document 733
COMxAutoAssign 573
COMxBuffer 574, 575
COMxFIFO=TRUE 575
COMxIrq 575
COMxProtocol 575
Conio.h 39
CONSTANT.TXT 322, 341
Constructor 83, 175
Container-Dokument 733, 740
Control 115, 356, 446
Control Window Funktion 663
Control-Array 521
Control-Meldungen 453
CoolSwitch=1 564

CountClipboardFormats 730
Country=United States 557
Courier 239
Cout 92, 93, 94, 101
CreateBitmap 227, 705
CreateBitmapIndirect 227
CreateBrushIndirect 227, 270
CreateCompatibleBitmap 227
CreateCompatibleDC 224, 707, 712
CreateDC 224
CreateDialog 498
CreateDIBitmap 709
CreateDIBPatternBrush 227, 270, 272
CreateFont 227, 282
CreateFontIndirect 227, 281, 286
CreateHatchBrush 227, 270, 271, 272
CreateMenu 425
CreatePatternBrush 227, 270, 272
CreatePen 227, 266, 272
CreatePenIndirect 266
CreatePopupMenu 425
CreateSolidBrush 227, 270, 272
CreateWindow 151, 159, 161, 408, 450
CS_BYTEALIGNWINDOW 150
CS_CLASSDC 225, 226
CS_DBLCLKS 343
CS_HREDRAW 150, 215
CS_OWNDC 225, 226
CS_PARENTDC 225, 226
CS_SAVEBITS 217
CS_VREDRAW 150, 215
CSRLIN 29, 30
CtlName 116, 117, 127, 402, 449
CTRL_MASK 324
CUA-Richtlinie 318, 401
CurrentX 228, 247, 248
CurrentY 228, 247, 248
Cursor 71, 388
Cursor-Blinkfrequenz 561
Cursor.X 72
Cursor.Y 72
CursorBlinkRate=530 561
CursorTo 70, 71
CVD 30
CVDMBF 30
CVI 30
CVS 30
CVSMFB 30
CwUnRegisterClasses 159

Darstellungspaket 748
DATA 30
Datei-Listenfeld 340
DblClick 25, 343, 348
DDE 692, 784
DDE mit WinWord 789
DDE-Kommunikation 785
DDE-Kunde 785
DDE-Lieferant 785
DDE-Meldungen 787

Stichwortverzeichnis

DDE-Protokoll 787
DDE-Rückruffunktion 787
DDE-Server. 785
DdeAccess Data 791
DdeClientTransaction. 791
DdeConnect 787, 791
DdeCreateDataHandle 791
DdeCreateStringHandle 787, 788
DDEExecute 789
DdeFreeStringHandle. 788
DdeInitialize. 787
DDEInitiate 788, 789
DdeKeepString 788
DDEML 791
DDEML.DLL 787
DDEPoke 789
DDERequest$ 788, 789
DDETerminate 788, 789
DdeUnaccessData 791
DdeUninitiatize 787
Debug 115, 667
Debug-Information 646, 650
DEF FN 30
DEF SEG 30
DEF-Datei. 164
DefaultQueueSize=8 562
DefChildProc 87, 536
Definition-Datei 199
DefWindowProc 160, 164
DefWndProc 537, 542, 543
DELAY 29
Delayed rendering 730
DeleteDC 224
DeleteMenu 424, 433, 440
DeleteObject 264, 272
DeleteString 457, 468
Desktop 553, 554, 561
Desktop-Symbol 561, 564, 565
Desktopdatei 168
Destroy 360, 363
DestroyMenu 433, 441
DestroyWindow 163, 164, 499
Destruktor. 183, 201
Device 562, 575, 576, 578, 582
Device Context 162, 221
Device-Treiber 29
DeviceNotSelectedTimeout=15 562
Dialog-Editor 487
Dialogbox . . 18, 86, 88, 104, 482, 492, 507, 513, 663
Dialogbox-Editor 483
Dialogboxroutine 61
DIB 706, 709
Direktfenster 127, 656, 660
DisablePositionSave=0 570
DISCARDABLE 165
DispatchMessage 158, 159, 160, 325
Display 575
Display Context 222
DISPLAY.DRV 114, 567
DLG-Datei 486

DlgDirList 473, 478
DlgDirSelect 473
DlgDirSelectComboBox 473, 478
DLGEDIT 483
DLGEDIT.EXE 141
DLL 113
DMABufferIn1MB=Yes 576
DMABufferSize 576, 582
DMT 179
Documents=<Dateierweiterung> 562
DoEvents 28
Done 183, 185
DoneWinCrt. 70, 71
Doppelklickgeschwindigkeit 318, 342
DOS 41, 66
DOS-Attribut 472
DOS-Kompatibilitätsbox 559
DOS-Welt 22
DosPrint=no 562
DOSPromptExitInstruc 576
DoubleClickHeight=4 563
DoubleClickSpeed=452 563
DoubleClickWidth=4 563
Drag 355, 357
Drag'n Drop 349
DragAcceptFiles 349, 351
DragDrop 355, 356, 357
DragFinish 350, 351
DragFullWindows=0 561
DragIcon 355, 357
DragMode 355
DragOver 355, 357
DragQueryFile 350, 351
DragQueryPoint 350, 351
DRAW 30
DrawIcon 382, 384
Drawing Mode 227
DrawMode 265
DrawStyle 265, 278
DrawText 240, 242, 245
DrawWidth 265, 278
Drive 471
Drivers 567
DropDown 470
Drucker 559
Drucker-Symbol 554, 558, 562
Druckmanager 562
DualDisplay 576
DWORD 144
Dynamic Data Exchange 693, 785
Dynamic Link Library 114, 166
Dynamische Methode 180
Dynamisches Objekt 181

EasyWin 22, 91
EasyWin Funktionen 94
EasyWin gegen QuickWin 96
EasyWin in 100% Windows-Programm 94
EBIOS 575, 576
EDIT 449, 460

Stichwortverzeichnis 797

EDITACC.RC 337
EditCommands 334
Editierfeld 448
EDITMENU.RC 337
EDITWND.CPP 333
EGA40WOA.FON 576
EGA80WOA.FON 576
Eigenschaft 25, 115, 212
Eigenschaft Picture 33
Eigenschaften-Listenfeld 121
Eigenschaftenleiste 120
Einbetten 733
Einbetten durch Aktualisieren 747
Eingabe 114
Eingabebegrenzung 671, 678, 684
Eingabefeld 448
Eingabefunktionen 73
Einstellungsfeld 121
Einzelschritt 650
EISADMA 576
Ellipse 255, 257
EM_SETPASSWORDCHAR 538, 541
Embedding 733, 735, 741, 743
EMMExclude 576, 578
EMMInclude 577
EMMPageFrame 577
EMMSize 577
EmptyClipboard 710, 730
EN_KILLFOCUS 541
Enabled 426, 441, 449
EnableMenuItem 424, 433, 440, 737
EndDialog 494, 507, 517
EndDoc 119
EndPaint 164, 218, 223, 242
Enum ClipboardFormats 730
EnumFontFamilies 284
EnumFonts 284
ERDEV 30
ERDEV$ 30
Ereignis 25, 115, 117, 212
Ereignis-Prozedur 117, 127, 212
Errors 138
ES_AUTOHSCROLL 461
ES_AUTOVSCROLL 461
ES_CENTER 461
ES_LEFT 461
ES_LOWERCASE 461
ES_MULTILINE 461
ES_NOHIDESEL 461
ES_OEMCONVERT 461
ES_PASSWORD 461
ES_RIGHT 461
ES_UPPERCASE 461
Escape-Sequenz 50, 51
Evaluate/modify 658
Excel 788
ExcludeClipRect 227
EXE-Datei 124, 136
ExecDialog 500, 501, 514
EXPORTS 164, 165, 492, 534

ExtTextOut 240
Farbcode 236
Farbeinstellung 229
Farben-Symbol 552
Farbpalette 128, 229, 237, 379, 382
FARPROC 145
FasterModeSwitch 571
Fclose 47
FConvert.PAS 67
Fehler während der Laufzeit 634
Fehler während der Übersetzung 633
Fehlerwartezeit 559
Fenster 17, 114, 151
Fenster-Stilarten 131, 152
Fenstergröße 69
Fensterhandle 154, 157
Fensterinformation 43
Fensterposition 69
Fensterrahmen 18, 122
Fenstertitel 45, 68
FIELD 30
FILE 91
FileCommands 334
Filedial.h 529
FILES 30
FileSysChange 577
FILEWND.CPP 333
FillColor 252, 269, 278
FillRect 507
FillStyle 252, 269, 278
FindString 457
Fixed-pitch 281
Fixedfon.fon=<filename> 567
Floating Popup-Menü 425
Focus 156, 318, 320, 662
Font 227, 239, 279
Font-Manager 282
FontBold 281, 294
FontChangeEnable 570
FontCount 280, 294
Fontdatei 555
FontItalic 281, 294
Fontmanager 555
FontName 239, 280, 281, 294
Fonts 280, 294
Fonts.fon 567
FontSize 281, 294
FontStrikethru 281, 294
Fonttabelle 283
FontTransparent 281
FontUnderline 281, 294
FOR 28
ForeColor 233, 235, 246, 265, 278
Form 114, 115, 340
Form_KeyPress 660
Form_Load 24, 33
Formdatei 114, 120
FormName 120
Fortsetzen 646

Frame	447
FRE	30
FreeProcInstance	493, 507
Funktion vorbesetzen	100
Funktionstaste	325
GDI	114
Gemeinsame Speicherbereiche	692
Generierung	132
Geräteschnittstelle	75
Gerätetreiber	221
Get	774, 776
Get Application	387, 500
Get StockObject	263
GetApplication	381, 396
GetBitmapBits	707
Getch	38, 39, 53, 56, 96
Getchar	56
GetCheck	456
GetClassInfo	270, 272
GetClientRect	223, 242, 754
GetClipboardData	711, 725, 730
GetCount	457
GetCurrentPosition	228, 242, 245
GetData	702
GetDC	224, 286
GetDIBits	709
GetDlgItem	452, 494, 507, 664
GetDlgItemText	538, 541
GetFocus	117, 320, 599
GetFormat	703
GetKeyState	324
GetMenu	423, 433
GetMenuItemID	425
GetMenuState	423
GetMenuString	425
GetMessage	157, 158, 159, 325, 668
GetObject	706
GetOpenFileName	523, 525, 529
GetPixel	237
GetPrivateProfileInt	591
GetPrivateProfileString	591, 592, 609
GetProfileInt	590
GetProfileString	590, 591, 592, 598, 599, 609
GetSaveFile Name	523
GetSaveFileName	525, 529
GetScrollPos	507, 516
GetSelCount	457
GetSelIndex	457, 468, 599, 603, 604
GetSelString	457, 475, 476, 479
GetStockObject	232, 266, 272
GetString	599, 603, 604
GetSubMenu	433, 439
GetSysColor	233
GetSystemMetrics	339
Gettext	95, 461, 702, 703
GetTextExtent	241, 242, 245, 283
GetTextFace	284, 286, 290
GetTextMetrics	283, 286, 289, 308
GetWindow Class	232, 377
GetWindowClass	88, 191f, 208f, 343, 381ff, 409
GetWindowDC	224
GetWindowRect	497
GetWindowText	461
Global	577
GLOBAL.BAS	120
GLOBAL.TXT	235
GlobalAlloc	775
GlobalHeapSize	570
GlobalLock	710
GlobalSize	723
GOTO	23, 24
Goto-Befehl	115
GotoXY	70, 71, 95, 96
Grafikkarte	39
Graphical Device Interface	215
GRAYED	405
GrayText	552
Grenzen von QuickWin	39
Grenzproblem	639
GridGranularity=0	553
GWL_WNDPROC	663
H_WindowPosition	565
HAccTable	431
Haltepunkt	127, 646, 653, 667
Haltepunkt auf eine Windows-Meldung	649
Haltepunkt auf Form_KeyPress	661
HANDLE	145, 146, 147
Handler	621
HardDiskDMABuffer	577
Hardwareflags des Prozessors	658
Hardwarenah	658
Hauptfenster	17
HBITMAP	
HBRUSH	145, 264
HCURSOR	145
HDC	145
Height	122, 607
Hex$	333
HFONT	264
HICON	145
HideList	469
Hierarchie	170
HighFloppyReads	578
Hilfefenster	565
Hilfefunktion	19, 416
Hilight	552
HilightText	552
Hintergrundbild	554
Hintergrundfarbe	129, 227, 229
Hintergrundmodus	227, 233
HIWORD	340
HKEY_CLASSES_ROOT	618, 619, 780
HMENU	145
Hot Key	428
Hot Spot	390
Hotlink	790
HPEN	145, 264
Hungarian Notation	146

Stichwortverzeichnis

HWindow 191, 208, 675
HWND 145, 419, 422

Icon 18, 88, 376, 383, 706
Icon-Bibliothek 382
IconSpacing=77 553
IconTitleFace Name=MS Sans Serif 553
IconTitleSize=8 553
IconTitleStyle=1 553
IconTitleWrap=1 553
IconVerticalSpacing=<Pixel> 553
ICONWRKS 382
ICountry=1 557
ICurrDigits=2 556
ICurrency=0 556
Id_cancel 501
Id_First 87, 455, 603
Id_ok 501
IDate 556
IDC_ARROW 150, 389
IDCANCEL 487, 501
IDI_APPLICATION 150, 377
IDI_HAND 193, 211
IDigits=2 557
IdleVMWakeUpTime 578
IDOK 487, 501
IFJumpColor 565
IFPopupColor 565
IgnoreInstalledEMM=Yes 578
ILZero=0 557
Image 220
IMAGEDIT 374, 390
IMAGEDIT.EXE 139
IMeasure=1 557
Import Library 166
IMPORTS 166
Inactive 68
InactiveBorder 552
InactiveTitle 68, 552
InactiveTitleText 552
Inaktiver Fenstertitel 68
Include-Datei 184
Index 35, 426
InDOSPolling 578, 583
INegCurr=0 557
Init 83, 87, 181, 185, 335
InitApplication 182, 202
Initialisierungsdatei 549
InitInstance 182, 335, 431, 436, 437, 438
InitMainWindow 86, 173, 180, 182, 199, 202
InitResource 502, 536, 544, 682
InitWinCrt 70, 71
INKEY$ 30
Inline 105
Inline Code 201, 204
INP 30
INPUT 24, 27, 28, 29
InputBox$ 28, 337
Inputdia.h 529
InRestoreNetConnect= 558

InsertMenu 424, 433, 439
InsertString 457
Instanz 83, 100, 148, 168
InStr 612
INT28Critical=True 578
Int28Filter=10 571
Interaktiv 25
Interpreter 112
IntersectClipRect 227
Interval 360, 365
Intr 75
Invalid 215
InvalidateRect 217, 257, 260
InvalidateRgn 217
IOCTL 30
IOCTL$ 30
IOSTREAM 91
IRQ9Global=Yes 578
IsClipboardFormatAvailable 711, 721
IsDialogMessage 498
ITime=0 557
ITLZero=0 557

JumpColor 565

KANAL. SCHLIESSEN 789
KANAL.ÖFFNEN 789
Kapselung 169, 196, 775
Kapselung der Daten 732
Kbhit 39, 53, 56, 96
KERNEL 113
KEY 30
KEY n, "String" 29
KEY ON 29
KEY(n) ON 29
Keyboard 575, 578
Keyboard.dll=<filename> 569
Keyboard.drv=<filename> 568
KeyboardDelay=2 563
KeyboardSpeed=31 563
KeyBoostTime 578
KeyBufferDelay 578
KeyDown 321, 332, 659
KeyIdleDelay=0.5 578
KeyPasteCRSkipCount 579
KeyPasteCRSkipCount=10 579
KeyPasteDelay 579
KeyPasteSkipCount=2 579
KeyPasteTimeout=1 579
KeyPress 70f, 79, 325, 332, 545, 659f
KeyUp 321, 332, 659
KillTimer 360, 361
Kindfenster 153, 449
Klang-Symbol 560, 561
Klangdatei 560
Klasse 82, 100, 148, 159, 168, 449
Klassen-Bibliothek 167, 213
Klassen-DC 226
Klassendefinition 83
Klassenname 150, 152, 160

Kombinationsfeld	447
Kommentarstufe	134
Kommunikationsprotokoll	693
Konfigurationsdatei	168
Konstruktor	83, 100, 175ff, 200f, 408f
Kontrollelement	446
Kontrollfeld	447
Koordinaten (0,0)	71
Koordinatensystem	71, 305
KybdPasswd	579
KybdReboot	579
Label	340, 447
Language.dll	568
LargeChange	481, 518
LB_ADDSTRING	453, 457
LB_DELETESTRING	457, 467
LB_DIR	473, 477
LB_FINDSTRING	457
LB_GETCOUNT	457
LB_GETCURSEL	457, 467, 473, 479
LB_GETSELCOUNT	457
LB_GETTEXT	457, 473, 479
LB_INSERTSTRING	457
LB_RESETCONTENT	473
LB_SELECTSTRING	457
LB_SETSEL	457
LBS_EXTENDEDSEL	467
LBS_HASSTRINGS	467
LBS_MULTICOLUMN	467
LBS_MULTIPLESEL	467
LBS_NOINTEGRALHEIGHT	467
LBS_NOREDRAW	467
LBS_NOTIFY	467
LBS_OWNERDRAWFIXED	467
LBS_OWNERDRAWVARIABLE	467
LBS_SORT	467
LBS_STANDARD	467
LBS_USETABSTOPS	467
LBS_WANTKEYBOARDINPUT	467
Left	122, 607
LEFT_BUTTON	341
LIBW.LIB	166
Line	228, 248, 252, 261
LineDDA	252
LineTo	251, 257, 260
Link Close	790
Linker	133, 137, 164, 172
LinkError	790
LinkExecute	790
Linking	733, 749
LinkMode	790
LinkOpen	790
LinkPoke	790
LinkRequest	790
LinkSend	790
List	471
Listbox	340, 448f, 466
ListCount	608
Listenfeld	448
ListIndex	468, 471, 608
LLibCE	41
LLibCEWQ	41
Load	117, 427, 505
Load=<Dateiname>	563
LoadAccelerators	429, 431, 433, 438
LoadBitmap	433, 705
LoadCursor	159, 389, 392, 393
LoadIcon	88, 159, 377, 380, 384
LoadMenu	408, 419, 425
LOADONCALL	165
LoadPicture	304, 355, 384
LoadString	159, 400, 433
Local	579
LocalLoadHigh=False	579
LOCATE	29, 30
LOGBRUSH	270
LOGFONT	281
Logische Programmfehler	634
LOGPEN	266
Lokale Variable	657
LostFocus	320, 545
LOWORD	245, 340
LPOS	30
LPRINT	30
LPSTR	145
LPtoDP	755
LPTx.DOS	559
LPTxAutoAssign	580
LRULowRateMult	580
LRURateChngTime	580
LRUSweepFreq	580
LRUSweepLen	580
LRUSweepLowWater	580
LRUSweepReset	580
M_WindowPosition	565
MacroColor	565
Main -> WinMain	105
MainWindow	181
MAKEINTRESOURCE	380, 492
MAKELONG	329, 331
MAKEPOINT	440
MakeProcInstance	359, 492, 507, 513, 534
MakeProcInstanz	664
MakeWindow	202, 503
Makro für DDE	788
MapPhysAddress	580
Mapping Mode	227, 305, 307, 754
Maus	339, 575
Maus-Symbol	563, 564
Mauszeiger	355, 388
Max	481
MaxBPs=200	580
MaxButton	115
MaxCOMPort	580
MaxDMAPGAddress	581
Maximize-Box	18
MaxPagingFileSize	581
MaxPhysPage	581

MCADMA 581
MDICLIENT 449
Meldung 115, 155, 160, 161, 450, 686
Meldungsfenster 60, 295, 689
Meldungsgesteuerte Ereignisse 25
Meldungsnummer 157
Meldungsorientiert 29
Meldungsschleife 155, 498
Memory DC 224, 707
Menu 552
Menü 401
Menü-Control-Array 426, 442
Menü-Definition 140
Menü-Editor 407
Menü-Ereignis 26
MenuDropAlignment=0 563
Menüebene 18, 401
Menüentwurfsfenster 128, 402, 432
MenuHideDelay=0 554
Menüleiste 18
Menüpunkt 18, 401
MenuShowDelay=<millisekunden> 554
MenuText 552
Menüzeile 140
MessageBeep 194, 211
MessageBox 36, 60, 88, 159, 193, 296
MessageLoop 158, 182, 503
Metafile-Format 555
Methode 115, 118, 173, 201, 212, 782
Methodentabelle 175, 179, 778, 781
MF_BYCOMMAND 423, 439
Mid$ 612
MIDDLE_BUTTON 341
Mikroprozessor 658
Min 481
MinButton 121
Mini-Server 779
Minimize-Box 18
MinTimeSlice=20 581
MinUnlockMem 581
MinUserDiskSpace=500 581
MKD$ 30
MKI$ 30
MKL$ 30
MKS$ 30
MKSMBF$ 30
MLibCE 41
MLibCEWQ 41
MM_TEXT 227, 228, 308
Modale Dialogbox 482
Modeless Dialogbox 482, 497
Modify Variable 657
ModifyMenu 424, 433, 439
Modul-Datei 114
Moduldatei 506
Module Definition Datei 164
Mouse 582
Mouse Meldungen 689
Mouse.drv 568
MouseDown 340, 348, 355

MouseInDosBox 570
MouseMove 340
MousePointer 390, 397
MouseSoftInit=True 582
MouseThreshold1 564
MouseTrails= 564
MouseUp 340
Move 305
MOVEABLE 165
MoveTo 227, 228, 251, 257, 260
MoveWindow 462, 497, 623
MS Extensions 137
MSG 157, 160, 212
MsgBox 27, 36, 300
MultiLine 466, 608
Multimedia 558
MULTIPLE 165
Multiple-Document-Server 779
Multitasking 50, 113, 158, 359

Nachkomme 170
Nachricht 168
Namensgebung 26
NCwRegisterClasses 149
NetAsynchFallback 582
NetAsynchSwitching 570
NetAsynchTimeout 582
NetDMASize 582
NetHeapSize 571, 582
NetWarn=1 564
Network 575, 582
Network.drv=<filename> 568
Netzwerk-Symbol 564
Neustart 645
New 86, 100, 105, 169, 181, 193, 454, 674, 682
NewPage 228
NMIReboot=No 582
NoEMMDriver 577, 583
Non-preemptiv 158
Non-preemptives Multitasking 50
NonTTCaps=0 561
NOTEPAD.EXE 550
Notification-Code 451
Null-Pointer 635
Nullbegrenzte Zeichenkette 76
NullPort 559
NullPort=None 562
Nullterminierter String 76

Object 82, 173, 207
ObjectBrowser 674
ObjectLink 781
ObjectLink Data 741
ObjectWindows . . . 104, 167, 183, 184, 205, 213, 334
Objekt 25, 83, 100, 115, 168, 200, 212, 748
Objekt über Zwischenablage 743
Objekt-Paket 733, 772, 773
Objektcode 643
Objektname 116
Objektorientiert 25, 115, 168

Objektvariable	82	OLESTREAM	774
OEM	41	OLESTREAMVTBL	774, 775
Oemansi.bin	569	OLESVR.DLL	734, 777
Oemfonts.fon	568	OleUpdate	765
OffsetClipRgn	227	ON COM	30
OLE	349, 551	ON KEY	30
OLE Technik	747	ON KEY (n) GOSUB vvvv	29
OLE Verbindung	748	ON PLAY	30
OLE Verkettung	751	ON STRIG	30
OLE-Callback Funktion	744	ON TIMER	30
OLE-Client	733	OpenClipboard	711, 744
OLE-Kunde	733	OPENFILENAME	523, 528
OLE-Lieferant	733	Option Button	448
OLE-Methode	778	Optionsschaltfläche	448
OLE-Objekt	554, 732	Ordinalnummer	166
OLE-Rückruffunktion	755	OUT	30
OLE-Server	555, 733	OverlappedIO	583
OLE_CHANGED	755, 765	Overloading	673
OLE_CLOSED	755, 765	OWL = OOP	86
OLE_OK	738, 765	OWL C++ zu TurboPascal	104
OLE_QUERY_PAINT	756	OWL-Klasse	688
OLE_RELEASE	765	OWL.H	199
OLE_SAVED	756, 765	OwnerLink Data	741
OLE_WAIT_FOR_RELEASE	765		
OleActivate	765	PadCodeSegments	571
OLECIENT	765	PageOverCommit=4	583
OLECLI.DLL	734	Paging=Yes	583
OLECLIENT	744, 745, 746, 778	PagingDrive	583
OleClient.serverclasscount	738	PAINT	30, 117, 218f, 224, 243ff
OleClient.serverclasses(i)	738	Paint-Editor	378, 390
OLECLIENTVTBL	744, 745, 746, 755, 765, 778	PAINTBRUSH	374
OleCopyToClipboard	765	PAINTSTRUCT	222
OleCreate	748	PALETTE	30
OleCreate FromClip	749	PaletteIndex	237
OleCreate LinkFromClip	751	PaletteRGB	237
OleCreateFromClip	744, 765	Parent	683
OleCreateLinkFromClip	765	Parent->HWindow	676
OleDelete	765	Parent^.HWindow	683
OleDraw	744, 754, 765	PASCAL	147, 160
OleGet LinkUpdateOptions	752	Pascal-String	76
OleGetData	743, 765	Passiven Verbindung	790
OleGetLinkUpdateOptions	765	PatBlt	707
OleLoadFromStream	774, 777	Path	471
OLEOBJECTVTBL	778	Pattern	472
OleQueryBounds	754	Pattern-Brush	705
OleQueryCreateFromClip	737, 738, 765	Pattern=<b1 b2 b3 b4 b5 b6 b7 b8>	554
OleQueryLinkFromClip	737, 738, 765	PChar	77, 78
OleQueryName	765	PCOPY	30
OleQueryReleaseError	765	PEEK	30
OleQueryReleaseStatus	765	PEN	30, 227
OleQueryType	765	PerformBackfill	584
OleRegisterClientDoc	740, 765	PerVMFILES	584
OleRegisterServerDoc	781	Picture	304, 384
OleRenameClientDoc	765	Picture Box	303, 340, 384, 448, 706
OleRevokeClientDoc	765	Picture-Box	33
OleSavedClientDoc	774, 777	Pie	254, 255
OleSaveToStream	773, 774	Pinsel	268
OLESERVERDOCVTBL	778	PLAY	30
OLESERVERVTBL	778	PMAP	30
OleSetHostName	765	Point	236, 251

Pointer auf das Objekt	674
Pointer auf das Vaterobjekt	676
Pointer of Character	77
POKE	30
Polygon	254, 257
Polyline	251
Polymorphismus	170, 173, 196
PolyPolygon	254
Popup-Fenster	153
PopupColor	565
POS	29, 30
Position	132
PostMessage	163, 257, 260
PostQuitMessage	163, 164
PRELOAD	165
PRESERVE	30
PRESET	30
PRINT	22, 27, 127, 228, 238, 247
Print-Zone	239
Printer	115, 119, 279
Printf	22, 38, 39, 50, 92, 94, 96
ProcessDlgMessage	503
Professional Toolkit	447
Programm-Start	643
Programm-Trace	652
Programmablauf beobachten	652
Programmschritt	650
Programmtitel	18
Programmunterbrechung	646
Programs= com exe bat pif	564
Projekt	114, 120, 123, 133, 197
Projektfenster	120
Protocol\StdFileEditing\server	620, 623
Prototyp	130, 635
Prozedur-Instanz Adresse	492
Prozedurschritt	651
PSet	228, 235, 265
PSPIncrement	584
PTWindowsObject	674
Public	199
Pushbutton	86, 448, 458
Put	774, 776
Putch	39, 56, 96
Puttext	95
PWindow	181
QBColor	234
QBRechD.BAS	31
QCClipEd.C	697
QCCURSOR.C	394
QCDIALOG.C	508
QCDos.C	40
QCDRAG.C	351
QCEDIT.C	463
QCFIRST.C	135
QCFIRST2.C	142
QCFONT.C	286
QCGRAFIK.C	257
QCICON.C	384
QCIniEdi.C	593
QCKOSYST.C	310
QCLISTBX.C	473
QCMAUS.C	344
QCMENU1.C	414
QCMENU2.C	433
QCRechD.C	54
QCRechW.C	62
QCRechW.H	60
QCRechwD.C	57
QCRegOle.c	622
QCRegPrg.C	627
QCSTDDLG.C	526
QCSUBCLA.C	539
QCTASTE.C	328
QCTEXT.C	242
QCTIMER.C	361
QCTOOLS.C	273
Quick CaseW	230
QuickC Animate	653
QuickC Breakpoint	646
QuickC Continue to Cursor	652
QuickC GO	643
QuickC Locals	657
QuickC Modify Variable	657
QuickC QuickWatch	653
QuickC Registers	658
QuickC Restart	645
QuickC Step Over	651
QuickC Stop Debugging	645
QuickC Trace Into	651
QuickC Watch Expression	654
QuickC-Editor	133
QuickCase W	59, 129, 139, 212, 392, 403, 428, 490
QuickWin	22, 38, 41
QuickWin Library	38
QuickWin Statuszeile	53
QuickWin-Fenstertitel	45
QuickWin-Menü auslösen	49
R2_COPYPEN	227
Radio-Button	448, 458
Rahmen	447
Raster Operation	267
Raster-Operation-Code	707, 708
RC-Compiler	133
Read	38, 66, 67, 73
ReadBuf	73, 74
ReadKey	70, 73, 80
ReadLn	65, 66, 73
Reaktion auf Funktionen oder Prozeduren	656
RealizePalette	227
Rechnerblockade	50
Record	168
RECT	223
Rectangle	255
Referenz	210
ReflectDosInt2A=False	584
Refresh	218, 261, 262
REG.DAT	613
RegCloseKey	617

Stichwortverzeichnis

RegCreateKey 617
RegDeleteKey 617
REGEDIT.EXE 555, 614
RegEnumKey 617
RegisterClass 150, 159, 449
RegisterClipboardFormat 731, 742, 781
Registerinhalte 658
Registrierung 148
Registrierungs-Datenbank 748, 779
RegOpenKey 617
RegQueryValue 617
RegSetValue 617
ReleaseDC 224, 286
RemoveItem 468, 469, 609
RemoveMenu 424
RequestDataFormats 621
RES-Datei 486
ReservedHighArea 584, 587
ReservePageFrame=True 584
ReserveVideoROM 584
Resize 117, 261
Resource 86, 104, 370
Resource Compiler 371
Resource Script-Datei 371
Resource Workshop 371, 372, 406, 430, 487
Resource-Segmente 370
Resource-Typ 373
Resourcedatei 86
RESTORE 30
RGB 234, 236
Richtungstaste 325
RIGHT_BUTTON 341
Rolleiste 41, 66, 447
ROMScanThreshold 585
Root-Verzeichnis 619
RoundRect 255
RTMessage 212, 603
RUN 30, 83, 87, 100, 105, 182, 185, 202
Run= 563

SADD 30
SBBottom 457
SBLineDown 457
SBLineUp 457
SBPageDown 457
SBPageUp 457
SBS_BOTTOMALIGN 480
SBS_HORZ 480
SBS_LEFTALIGN 480
SBS_RIGHTALIGN 480
SBS_SIZEBOX 480
SBS_SIZEBOXBOTTOM 480
SBS_SIZEBOXTOPLEFTALIGN 480
SBS_TOPALIGN 480
SBS_VERT 480
SBTop 457
Scale 307
Scale Mode 228, 253, 305
ScaleHeight 261, 306, 313
ScaleLeft 306, 313

ScaleMode 306, 607
ScaleTop 306, 313
ScaleWidth 261, 306, 313
Scancode 323
Scanf 38, 50, 52, 92
Schlüsselwort 550
Schreibzeiger 71
Schriftart 279
Schriftarten-Symbol 555, 561
SCREEN 30, 115, 279, 294
Screen SaveActive=1 564
ScreenLines=25 571
ScreenSaveTimeOut=120 565
SCREENSIZE.x 68, 69
SCREENSIZE.y 68, 69
Scrollbar 18, 447ff, 480, 552
Scrollbars 41, 66, 466
ScrollTo 74
SCurrency=$ 556
SDecimal=. 557
Seiteneffekt 641
SelectClipRgn 227
SelectObject 227, 264, 272, 707
SelectPalette 227
SelText 469
SendDlgItemMessage 452
SENDEN 789
SendMessage 163, 452, 598, 609, 664, 683
Separator 403
Server 734, 777
SetBkColor 227, 233, 242
SetBkMode 162, 164, 227, 233, 242
SetBrushOrg 227
SetCapture 388
SetCheck 459
SetClassWord 232, 381
SetClipboardData 723, 729, 730, 781
SetClipboardViewer 731
SetCursor 392, 393
SetDataFormats 621
SetDIBits 709
SetDIBitsToDevice 709
SetDlgItemInt 507, 515
SetDlgItemText 60, 88, 538
SetDoubleClickTime 342
SetFocus . . . 119, 320, 448, 462, 494, 669, 678, 685
SetMapMode 227, 308, 310, 755
SETMEM 30
SetMenu 425
SetMenuItemBitmaps 423
SetPixel 236
SetPolyFillMode 227, 255
SetPosition 481
SetRelAbs 227
SetROP2 . . . . 227, 267
SetScroll 481
SetScroll Range 453
SetScrollPos 453, 481, 507, 515
SetScrollRange 481, 507, 515
SetSelIndex 457, 599, 604

Stichwortverzeichnis 805

SetSelString 457	Standard-Ein-/Ausgaben 22
SetStretchBltMode 227	Standard-Font 281
SetText 461, 478, 703	Standard-Meldungsbearbeitung 87
SetTextAlign 228, 240, 242, 245	Standard-Pinsel 269
SetTextCaracterExtra 227	Standard-Protokoll 784
SetTextColor 227, 233	Standard-Stift 266
SetTimer 359, 361	Standard-Werkzeug 263
SetupWindow 243ff, 291, 502, 510f	Static 204, 449, 459, 688
SetViewportExt 227, 309, 310	Status 203
SetViewportOrg 227, 309, 310	Stdaux 92
SetWindowExt 227, 309, 310, 312	StdDlgs.tpu 529
SetWindowLong 534, 538, 541, 663	Stderr 41, 92
SetWindowOrg 227, 309, 310, 312	Stdin 41, 92
SetWindowPos 754	Stdout 41, 92
SetWindowText 361, 461, 473, 478, 598	StdWnds 333
SGrabLPT 585	Steuer-String 50
Shared Memory 692	Steuerelement 446
SHELL.DLL 349, 614	Steuerelementobjekt 502, 536
Shell=<filename> 568	SThousand=, ... 557
Shell\\open\\command 626	STICK 30
SHELLAPI.TPU 349, 353	Stift 264
SHIFT_MASK 324	STR$ 28
Show 505, 518, 599, 604	StrCat 78
ShowCursor 339	StrComp 78
ShowList 469	StrCopy 68, 78
ShowWindow 148, 154, 159, 598, 782	Strcpy 150
SLanguage=usa 557	StrDispose 78
SLEEP 30	Stream 39, 46
SLibCE 41	Streams von C++ 92
SLibCEWQ 41	StrECopy 78
SList=, ... 558	StrEnd 78
SmallChange 481, 518	StretchBlt 708
Sorted 607	StrIComp 78
SOUND 30	STRIG 30
Sound.drv 568	String-Editor 399
Spalten 69	Stringtable 398, 399
Spc 239	StrLCat 78
Speedbar 196	StrLComp 78
Speichermodell 148	StrLCopy 78
Spooler=yes 562	StrLen 78
Sprintf 671	StrLIComp 78
Spy 686	StrLower 78
SS_BLACKFRAME 460	StrMove 78
SS_BLACKRECT 460	StrNew 78
SS_CENTER 460	StrPas 78
SS_GRAYFRAME 460	StrPCopy 78
SS_GRAYRECT 460	StrPos 78
SS_ICON 460	StrRScan 78
SS_LEFT 460	StrScan 78
SS_LEFTNOWORDWRAP 460	Struktogramm 147
SS_NOPREFIX 460	StrUpper 78
SS_RIGHT 460	Style 607
SS_SIMPLE 460	Subclassing 533, 541, 544, 663, 673, 676
SS_USERITEM 460	Subclassing für statisches Textfeld 663
SS_WHITEFRAME 460	Subclassing in OOP 673
SS_WHITERECT 460	Subtype=<number> 569
Stacks 572	SWAP 30
StackSize 572	SwapDisk 571
Standard-Ausgaben emulieren 38	SwapMouseButtons=0 564
Standard-Dialogbox 287, 522	Switch-case 53

Stichwortverzeichnis

Symbol 18, 88, 132, 139, 376
SyncTime 586
SyncTime=True 585
Syntaktischen Fehler 633
Syntaxfehler 124
System-Color-Index 231
System-Farben 234
System-Message-Queue 155, 319
System-Registrations-Datenbank 613
SYSTEM.DRV 358, 568
SYSTEM.INI 549, 591, 599
Systemklänge aktivieren 561
Systemmenü 705
Systemmenüfeld 18
SystemROMBreakPoint 585
Systemsteuerung 231, 552
SystemVMPriority=100,500 585
SysVMEMSLimit 585
SysVMEMSLocked 585
SysVMEMSRequired 585
SysVMV86Locked 586
SysVMXMSLimit 586
SysVMXMSRequired 586

Tab 239
TabbedTextOut 240
TabIndex 490
TabStop 490
TApplication 86, 105, 172, 186, 199, 205, 213
Taschenrechner 30
TaskMan.Exe 568
Tastatur 319, 563
Tastaturmeldung 659
TastenAscii 660
Tastendruck 156
Tastenkürzel 428
Tätigkeitswort 733, 738
TBButton 207, 454
TBCheckBox 207, 454
TBDivider 207, 454
TBGroupBox 207, 454
TBitmap 706
TBRadioButton 207, 454
TBStatic 207, 454
TBStaticBmp 207, 454
TBufStream 190
TButton 189, 454, 602
TBWindow 207
TCClBit.CPP 718
TCClipEd.CPP 699
TCCRechD.CPP 101
TCCRechW.CPP 106
TCCURSOR.CPP 396
TCDIALOG.CPP 510
TCEdit.CPP 336
TCFIRST.CPP 197
TCFIRST2.CPP 203
TCFIRST3.CPP 208
TCFONT.CPP 291
TCGRAFIK.CPP 258

TCheckBox 172, 189, 454
TCICON.CPP 386
TCIniEdi.CPP 600
TCKOSYST.CPP 312
TCLISTBX.CPP 475
TCMAUS.CPP 346
TCMENU1.CPP 417
TCMENU2.CPP 436
TCMINI.CPP 205
TCMSGBOX.CPP 299
TCollection 190
TCombobox 188, 454, 469, 475, 476, 602
TControl 188, 454
TCOOPDLG.CPP 531
TCRechD.C 97
TCSUBCLA.CPP 542
TCTaste.CPP 330
TCTEDIT.CPP 464
TCTEXT.CPP 244
TCTIMER.CPP 363
TCTOOLS.CPP 275
TDialog 104, 189, 499, 510
TDialog.Cancel 501
TDialog.EndDlg 501
TDialog.OK 501
TDialogWindow 104
TDlgWindow 86, 189
TDosStream 190
TEdit 188, 333, 454, 460, 464, 535, 602, 603
TEditWindow 187, 333, 335, 412
TEmsStream 190
Test auf Grenzfälle 670
Test beenden 645
Test-Modus 643
Text 608
Text positionieren 71
Text-Box 448
Textbildschirm 41, 66, 91
Textfarbe 227
Textfeld 33, 60, 88, 448, 460
TextHeight 240, 247
TEXTMETRIC 283
Textmodus unter DOS 41, 66
Textorientiert 21
TextOut 228, 240, 242, 245
TextWidth 240, 247
TFileDialog 189, 529, 530, 532
TFileWindow 188, 333, 412, 529
TGroupBox 188, 454
This 602, 674
TileWallpaper=0 554
Time-slice 158
Timer 115, 358, 360, 448
TimerCriticalAbschnitt 586
TInputDialog 189, 529, 530, 532
Titel 152
Titelleiste 18
Titelzeile 131
TitleText 552
TListBox 188, 454, 456, 467, 475, 476

Stichwortverzeichnis

TLogBrush 270
TLogPen 266
TMDIClient 188, 207
TMDIWindow 187
TMessage 194, 211
TModule 202, 207, 381, 500
TMsg 184, 682
TObject 182, 186
TokenRingSearch=True 586
Toolbar von QuickC 138
Toolbox 122, 125, 301, 447, 484
Top 122, 607
TOpenFileName 523
TPaintStruct 224
TPClBit.PAS 716
TPClipEd.PAS 701
TPCURS0.PAS 391
TPCursor.PAS 395
TPDIALOG.PAS 512
TPDRAG.PAS 353
TPEDIT.PAS 335
TPFIRST.PAS 170
TPFIRST2.PAS 183
TPFIRST3.PAS 191
TPFONT.PAS 291
TPGRAFIK.PAS 259
TPICON.PAS 386
TPKOSYST.PAS 311
TPListBx.PAS 476
TPMaus.PAS 346
TPMenu1.PAS 417
TPMenu2.PAS 437
TPMINI.PAS 185
TPMSGBOX.PAS 298
TPOOPDLG.PAS 530
TPRechD.PAS 80
TPRechOD.PAS 84
TPRechW.PAS 89
TPSTDDLG.PAS 527
TPSUBCLA.PAS 543
TPTaste.PAS 329
TPTEDIT.PAS 464
TPTEXT.PAS 244
TPTimer.PAS 363
TPTOOLS.PAS 274
TrackCursor 75
TrackPopupMenu 425, 433, 440
TRadioButton 189, 454
TranslateAccelerator 430, 433
TranslateMessage 158, 159, 325, 668
TranslateScans 586
TransmissionRetryTimeout=45 563
TrapTimerPorts 585, 586
TRect 223
TROFF 30
TRON 30
TrueType 560
TrueType-Font 280, 282
TScrollBar 188, 454, 456, 481
TScroller 190

TSearchDialog 189
TSortedCollection 190
TStatic 188, 454, 459f, 475f, 537, 602, 673ff
TStrCollection 190
TStream 190
TTEnable=1 561
TTextMetric 292
TTOnly=0 561
TTY 92
TurboC++-Editor 195
TurboDebugger 642, 675
TurboDebugger Quit 645
TurboPascal Add watch... 655
TurboPascal Animate... 653
TurboPascal Execute to... 652
TurboPascal Haltepunkt 648
TurboPascal Registers 658
TurboPascal Step over 652
TurboPascal Trace into 651
TWindow . . . 181, 186, 200, 206, 210, 213, 224, 417
TWindowAttr 408
TWindowsObject 87, 186, 675
TWIP 228, 306
TWndClass 184, 193, 377, 389
Type 82, 569
TypeOf 356

Überwachungsausdruck 654
Überwachungspunkt 653
Ungültiger Wertebereich 640
UniqueDOSPSP 584, 586
Unit 184
Unit CRT 66
Unit Strings 68, 77
Unit WinCrt 66
Unload 419, 427, 505, 521
UnrealizeObject 227
UnregisterClass 159
Unterbrechungsmodus 643
Untermenü 18
UpdateWindow 217, 262
UseableHighArea 587
UseInstFile 587
USER 114
UseROMFont=True 587
Uses Strings 77
Uses wincrt 66
USING$ 30

VAL 28
Value 459, 481, 518
Variable global und lokal 637
Variable-pitch 281
Variablen analysieren 654
VARPTR 30
VARPTR$ 30
VBASIC1.FRM 26
VBAUSGAB.FRM 305
VBCLBIT.FRM 727
VBClient 785

VBClipEd.FRM 703
VBCURSOR.FRM 398
VBDIALOG.MAK 519
VBDRAG.FRM 358
VBEDIT.FRM 466
VBFIRST.FRM 122
VBFIRST2.FRM 127
VBICON.FRM 388
VBIniEdi.FRM 609
VBKOSYST.FRM 313
VBLISTBX.FRM 471
VBMAUS.FRM 348
VBMENU1.FRM 419
VBMENU2.FRM 442
VBOLECL.FRM 758
VBOLEDLG.FRM 760
VBOLELNK.FRM 759, 760
VBRechW.FRM 37
VBRUN100.DLL 113
VBServer 785
VBSUBCLA.MAK 545
VBTASTE.FRM 332
VBTIMER.FRM 365
VBTIMER2.FRM 366
VCPIWarning=True 587
Verb 733, 738, 780
Verb\0 620
Verbindungsaufbau 785, 787
Verbs 620
Verbund 168
Vererbung 169
Verkettung 733
Verkettung aufbrechen 753
Verkettung prüfen 750
Verzeichnis 138, 172, 199
Verzögerung 563
VGAMonoText 587
VideoBackgroundMsg 587
VideoSuspendDisable 587
VIEW 30
Viewport 227, 309
VIRTKEY 429
Virtual 173, 175
Virtual Key 322
VirtualHDIrq 588
Virtuelle Methode 175
Virtueller Bildschirm 66
Virtueller Tastaturcode 322
Visible 426, 608
VisualBasic Beenden 645
VisualBasic Direktfenster 656
VisualBasic Einzelschritt 651
VisualBasic Prozedurschritt 652
VisualBasic Starten 643
VisualBasic STOP 648
VisualBasic-Haltepunkt 647
VK_DELETE 429
VK_INSERT 429
VMT 175, 177, 179
VMT-Feld 176, 177

Vollbild 18, 132
Vordergrundfarbe 129
Vorfahre 170, 173
WAIT 30
Wall paperOriginY=0 554
Wallpaper= 554
WallpaperOriginX=0 554
Warteschlange 212
Watch Expression 654
Watch-Fenster 654, 676
Watch-Point 653
Werkzeugpalette 378, 487
WhereX 70, 72, 80, 95, 96
WhereY 70, 72, 80, 95, 96
Width 122, 607
WIDTH LPRINT 30
Wiederholrate 319, 563
Wiederholungszähler 323
WIN-Datei 133
WIN.INI 549, 550, 589, 591, 599
WIN31.TPU 349
WinCrt 22, 65, 66
WinCrt-Fenstervariable 67
WinCrt-Funktion 70
WINCRT-Unit 66
WinCrt-Variable 70
WINDOBJ.H 212
WINDOW 30, 552
Window Setup-Symbol 567
Window-Funktion 148, 160, 184, 212
WindowFrame 552
WindowKBRequired 588
WindowMemSize 588
WindowOrg.X 68, 69
WindowOrg.Y 68, 69
Windows-Setup-Symbol 567
WINDOWS.H 144, 157, 184, 322
WindowSize.X 68, 70
WindowSize.Y 68, 70
WindowText 552
WindowTitle 68
WindowUpdateTime 588
WinExclusive 588
WinHelp 413, 416, 421
WINHELP.HLP 416
WinMain 144, 159, 184, 202, 204, 212
WinProcs 184, 192
WinSight 686, 687
WINSTUB.EXE 165
WinTimeSlice 588
WinTypes 184, 192, 194
WinTypes.tpu 501
WinWord 788
WM_CHAR 659
WM_CLOSE 163
WM_CHAR 157, 325f, 663, 667f, 674, 687
WM_CLOSE 157, 161, 184, 193, 277, 495, 783
WM_COMMAND 61, 409ff, 440, 451, 494, 676f
WM_CREATE 60, 146, 161, 283

Stichwortverzeichnis

WM_DESTROY 146
WM_DESTROYCLIPBOARD 730
WM_DROPFILES 350, 351
WM_ERASEBKGND 223, 232
WM_FIRST 194, 211
WM_GETDLGCODE 668
WM_GETTEXT 668
WM_HSCROLL 451, 480, 508
WM_INITDIALOG . . 60, 494, 496, 508, 514, 663, 752
WM_INITMENU 410
WM_INITMENUPOPUP 410
WM_KEYDOWN 158, 320ff, 659, 668, 674, 687
WM_KEYUP 320, 328, 659, 668
WM_KILLFOCUS 320
WM_LBUTTONDBLCLK 342
WM_LBUTTONDOWN 160, 340, 344
WM_LBUTTONUP 340
WM_MBUTTONDOWN 340
WM_MBUTTONUP 340
WM_MOUSEMOVE 308, 340, 344
WM_MOVE 146, 161, 162
WM_NCLBUTTONDOWN 343
WM_PAINT 157, 161f, 215, 223, 231, 242, 754
WM_QUIT 157, 159, 162, 184
WM_RBUTTONDBLCLK 344
WM_RBUTTONDOWN 194, 340, 425
WM_RBUTTONUP 194, 211, 340
WM_RENDERALLFORMAT 730
WM_RENDERFORMAT 730
WM_SETFOCUS 320, 462
WM_SIZE 146, 161, 162, 215, 284, 308, 397
WM_SYSCHAR 325
WM_SYSCOMMAND 163, 410
WM_SYSKEYDOWN 163, 324, 325
WM_SYSKEYUP 324
WM_TIMER 359, 361
WM_USER 260
WM_VSCROLL 451, 480
WM_WININICHANGE 591, 599
WmChar 659, 674
WMInitDialog 502
WmKeyDown 659, 674, 682
WmKeyUp 659
WMPAINT 218
WMSize 258, 259
WNDCLASS 149, 230, 377, 389, 408
WOAFont 588
WObjects 172, 194
WORD 144
Workshop 86
Write 38, 66, 67, 72
WriteBuf 73
WriteChar 73
WriteLn 65, 66, 72
WritePrivateProfileString 591, 592, 609
WriteProfileString 590, 591, 592, 599, 609
WS_OVERLAPPEDWINDOW 450
WS_BORDER 152
WS_CAPTION 152
WS_CHILD 152, 153, 450
WS_CHILDWINDOW 153
WS_CLIPCHILDREN 152
WS_CLIPSIBLINGS 152
WS_DISABLED 152
WS_DLGFRAME 152
WS_HSCROLL 152, 480
WS_MAXIMIZE 152
WS_MAXIMIZEBOX 152
WS_MINIMIZE 152
WS_MINIMIZEBOX 152
WS_OVERLAPPED 152
WS_OVERLAPPEDWINDOW 153
WS_POPUP 152, 153
WS_POPUPWINDOW 153
WS_SYSMENU 152, 410
WS_TABSTOP 485, 494, 686
WS_THICKFRAME 152
WS_VISIBLE 152, 450, 477
WS_VSCROLL 152, 480
Wvsprintf 242, 245

XlatBufferSize 589
XMSUMBInitCalls 589
XTYP_ADVSTART 791
XTYP_CONNECT 791
XTYP_REQUEST 791

Zeichenbildschirm 92
Zeichenwerkzeug 263
Zeilen 69
Zeitgeber 358, 448
Zugriffstaste 401, 405
Zwischenablage 376, 692
Zwischenablage-Funktionen 711

DATA BECKER

Durchstarten in eine neue Tool-Dimension

Die BeckerTools deluxe 2 liegen vor: Mit 20 erweiterten oder neuen Hilfsprogrammen, die die täglichen Routinen, aber auch schwierige Situationen (wie etwa Datenverlust) zum Kinderspiel werden lassen.

BeckerTools deluxe 2 ist eine Hilfsprogramm-Sammlung, die große Leistungsfähigkeit und Benutzerfreundlichkeit einmalig kombiniert. Ob Sie mit Dateien arbeiten wollen, die über die Festplatte verteilt sind, oder Files platzsparend komprimieren, ein einheitliches Symbolsystem sorgt für große Übersichtlichkeit.

- 20 professionelle Tools
- Intuitive Shell, Disk Info
- Undelete-Modul, Dateisuche
- Leistungsstarke Archiv-Programme
- Drei verschiedene Editoren
- Festplatten-Komprimierung
- Disketten Service u.v.a.m.

BeckerTools deluxe 2
($3^1/2$"-HD-Disketten)
unverb. Preisempfehlung:
DM 198,-
Bestell-Nr.: 352030

Vielen Dank!

Wenn Sie Ihr Buch nicht von hinten nach vorne studieren, dann haben Sie jetzt den ganzen Band gelesen und können ihn an Ihren eigenen Erwartungen messen.
Schreiben Sie uns, wie Ihnen das Buch gefällt, ob der Stil Ihrer "persönlichen Ader" entspricht und welche Aspekte stärker oder weniger stark berücksichtigt werden sollten.
Natürlich müssen Sie diese Seite nicht herausschneiden, sondern können uns auch eine Kopie schicken; für längere Anmerkungen fügen Sie einfach ein weiteres Blatt hinzu.
Vielleicht haben Sie ja auch Anregungen für ein neues Buch oder ein neues Programm, das Sie selbst schreiben möchten.
Wir freuen uns auf Ihren Brief!

Mein Kommentar: _____

_____

_____

_____

_____

❏ Ich möchte selbst DATA-BECKER-Autor werden.
   Bitte schicken Sie mir Ihre Informationen für Autoren.

Name _____

Straße _____

PLZ Ort _____ _____

Ausschneiden oder kopieren und einschicken an:
DATA BECKER, Abteilung Lektorat
Merowingerstr. 30, 4000 Düsseldorf 1

440 005

DATA BECKER

Doors! macht Ihr Windows komfortabler

Wer Dateien und Verzeichnisse mit Windows verwalten will, muß oft umständlich zwischen Programm- und Datei-Manager hin- und herschalten. Nicht so bei Doors! Denn hier sind Programm- und Dateiverwaltung einzigartig kombiniert.

Mit dem Windows-Desktop Doors können Sie ohne lästige Programm-Gruppen direkt auf jede Datei zugreifen. Programm- und Dateiverwaltung sind nicht künstlich voneinander getrennt, sondern funktional integriert. Sie verwalten Ihr System völlig intuitiv und objektorientiert.

- Intuitives Windows-Desktop
- Datei-und Programm-Verwaltung ohne lästige Programm-Gruppen
- Komplett objektorientiert
- Formatieren u.ä. im Multitasking
- Such-/Packfunktionen, Virenschutz
- Unterstützt Windows-3.1-Funktionen

**Doors! (für Windows)
unverb. Preisempfehlung:
DM 99,-
ISBN 3-89011-836-4**

Das neue Desktop, das Windows schneller, schöner und komfortabler macht

für Windows 3.0 und 3.1

DATA BECKER SOFTWARE

DATA BECKER

Heiße Tips und Tricks zu Windows 3.1

Windows 3.1 Tips und Tricks ist für alle, die mehr aus Windows 3.1 herausholen wollen! Und zwar mit konkreten Hilfestellungen, die in der Regel unbekannt sind.

Die täglich anfallenden Arbeitsabläufe mit Windows 3.1 lassen sich optimieren, wenn man die Praxistips aus diesem Buch beachtet. Sie können z.B. mit einer effektiveren Bedienung viel Zeit sparen. Das gilt auch, wenn man das sog. OLE richtig anwendet. Die Autoren verraten Ihnen zudem Tips zum Windows-Tuning, zum Netzwerkeinsatz oder zur Datenkonvertierung.

Tornsdorf/Tornsdorf/Zoller
Windows 3.1 Tips & Tricks
363 Seiten
DM 29,80
ISBN 3-89011-552-7

- Zahlreiche Anregungen
- Effektive Bedienung
- Tuning von Windows 3.1
- Datenkonvertierung
- Anregungen zu OLE
- Tips zur Makroprogrammierung
- Tricks zur Speicherverwaltung

DATA BECKER

Unsere besten Autoren zu Windows 3.1

Windows 3.1 – zweifellos eines der Themen des Jahres. Und dazu haben wir unsere besten Autoren versammelt: 6 mal langjährige Erfahrung und 6 mal geballte Fachkompetenz.

Das rundum gelungene Ergebnis: Das große Windows-3.1-Buch. Hier finden Sie alles Wissenswerte zum neuen Windows – anschaulich und praxisnah aufbereitet.
Windows 3.1 wird in seiner ganzen Funktionsvielfalt durchsichtig: Ob Sie mit dem neuen Programm- und Dateimanager arbeiten oder die True-Type-Schriften nutzen wollen.

- Der komplette Überblick
- Windows-Bedienung
- Effektive Speicherverwaltung
- Alles über das Windows-Zubehör
- Multimedia-Anwendungen, OLE
- True-Type-Schriften u.v.a.m.
- Backup- und Snapshot-Programm

Bär/Bauder/Frater/Schüller/Tornsdorf/Tornsdorf
Das große Windows-3.1-Buch
Hardcover, 1.088 Seiten
inklusive Diskette, DM 69,-
ISBN 3-89011-257-9

DATA BECKER

Intern – Insider-Infos vom Feinsten

Windows intern: Dieser Titel hat bei Kennern einen guten Klang. Denn hier finden Sie die geballten Fakten, die tief unter die Oberfläche gehen.

Dieses geballte Know-how gibt es jetzt auch zu Windows 3.1. Windows intern bietet Ihnen Insider-Infos vom Feinsten. Mit geballten Fakten zu allen Neuerungen der aktuellen Version 3.1.
Hier können Sie sich zum Beispiel ausgiebig über die Grundlagen der verbesserten Speicherverwaltung, über die erweiterten Möglichkeiten des Datenaustauschs oder die neue Schriftenverwaltung informieren.

**Bär/Bauder
Windows 3.1 intern
Hardcover, 968 Seiten
inkl. Diskette, DM 99,-
ISBN 3-89011-563-2**

- Insider-Know-how
- Windows-3.1-Programmierung
- Speicherverwaltung
- True Type Schriften
- MDI, Bitmaps, Mapping u.v.a.m.
- Kurzreferenz der Api-Funktionen

DATA BECKER

PC Praxis: Ihr zuverlässiger Partner

Ob Einsteiger, Fortgeschrittener oder Profi – wer die neuesten Entwicklungen auf dem PC-Markt miterleben will, der liest die PC Praxis.

Monat für Monat finden Sie hier das Know-how, das Sie sofort nutzen können. Unter Rubriken wie Praxis-Tests, DOS-Praxis, Software, Hardware, Windows-Praxis u.v.a.m. bekommen Sie Informationen rund um Ihren PC.

Immer verbunden mit zahlreichen praktischen Tips und Tricks. Dazu aktuelle Berichte, schonungslose Produkt-Tests, gut recherchierte Hintergrundberichte und und und. Das ist PC-Praxis in purer Form.

- Praxis-Tests
- Hardware und PC Tuning
- DOS-Praxis
- Software
- Windows-Praxis
- Aktuelles, Shareware u.v.a.m.

Holen Sie sich diese Praxis! Monat für Monat neu im Zeitschriftenhandel